DIE BERLINER
ALTERSSTUDIE

Berlin-Brandenburgische
Akademie der Wissenschaften
Interdisziplinäre Arbeitsgruppen
Forschungsberichte, Band 3

Arbeitsgruppe:
Altern und gesellschaftliche Entwicklung (AGE)

Paul B. Baltes (Sprecher)
Georg Elwert
Angela Friederici
Wolfgang Gerok
Hanfried Helmchen
Karl Ulrich Mayer (stellvertretender Sprecher)
Jürgen Mittelstraß
Elisabeth Steinhagen-Thiessen
Reinhard Nuthmann (BASE-Koordination)
Ursula M. Staudinger (AGE-Koordination)

Erweitertes Leitungsgremium
der Berliner Alterstudie (BASE)

Paul B. Baltes
Markus Borchelt
Hanfried Helmchen
Michael Linden
Karl Ulrich Mayer
Jacqui Smith
Elisabeth Steinhagen-Thiessen
Michael Wagner
Reinhard Nuthmann (Koordination)

Wissenschaftliche Redaktion

Julia Delius

DIE BERLINER ALTERSSTUDIE

Herausgegeben von
Karl Ulrich Mayer und
Paul B. Baltes

Ein Projekt
der Berlin-Brandenburgischen
Akademie der Wissenschaften

Akademie Verlag

Die Deutsche Bibliothek – CIP-Einheitsaufnahme

Die **Berliner Alterstudie** : [das höhere Alter in interdisziplinärer Perspektive] / hrsg. von Karl Ulrich Mayer und Paul B. Baltes.
- Berlin : Akad. Verl., 1996
ISBN 3-05-002 574-3 brosch.
ISBN 3-05-002 905-6 Pp.
NE: Mayer, Karl Ulrich [Hrsg.]; Berlin-Brandenburgische Akademie der Wissenschaften

Der Akademie Verlag ist ein Unternehmen der VCH-Verlagsgruppe.

Gedruckt auf chlorfrei gebleichtem Papier. Das eingesetzte Papier ist alterungsbeständig (holz- und säurefrei) im Sinne der DIN-ISO 9706.

Gesamtgestaltung: Chamäleon Grafik; Berlin
Titelphoto: K. Groß, Berlin
Satz und Grafiken: Chamäleon Design Agentur, J. Metze, Berlin
Druck: Oktoberdruck GmbH, Berlin
Bindung: H. Stein, Berlin

Printed in the Federal Republic of Germany

Inhalt

Vorwort

1. Einleitung

Gegenwart und Zukunft unserer Gesellschaft werden durch einen hohen und wachsenden Anteil alter und sehr alter Menschen geprägt. Abnehmende Kinderzahlen und eine verringerte Sterblichkeit sind dafür die wichtigsten Ursachen. Mit der positiven und berechtigten Erwartung einer längeren Lebensspanne verbinden sich aber überwiegend negative Vorstellungen über die Lebensphase des Alters: den Abbau geistiger Fähigkeiten und der körperlichen Gesundheit, soziale Vereinsamung und Inaktivität, ökonomische Unsicherheit und soziale Abhängigkeit. Die Zunahme der Anzahl und des Anteils alter und sehr alter Menschen – oft als schleichende demographische Revolution bezeichnet – führt daher zu Erwartungen und Befürchtungen nur schwer zu bewältigender gesellschaftlicher Belastungen: finanzielle Belastungen für die Einkommenssicherung im Alter, steigende Anforderungen an soziale Betreuung, medizinische Versorgung, Hilfe und Pflege bei Gebrechlichkeit. Vor allem aber stellt sich für den einzelnen Menschen und die Gesellschaft die Frage nach der Möglichkeit eines aktiven, selbstbestimmten und sinnerfüllten Lebens im Alter.

Bei genauerer Betrachtung erweist es sich freilich rasch, daß viele unserer Vorstellungen über das Alter und das Altern und die damit verbundenen Belastungen und Gestaltungschancen auf einer sehr unzureichenden und unsicheren Wissensbasis beruhen: Wie alt ist man im Alter? Wie hängen Lebensalter und „funktionales" Alter miteinander zusammen? Welche Bandbreite hat der Alternsprozeß für verschiedene Menschen? Wie unterscheiden sich Frauen und Männer und Angehörige verschiedener sozialer Schichten in der Art und Weise, wie sie im Alter leben und wie sie altern? Wie eng verwoben oder unabhängig voneinander sind Alternsprozesse in verschiedenen Lebens- und Funktionsbereichen? In welchem Sinn ist das Altern unabwendbares Schicksal, und welche Gestaltungs- und Interventionschancen sind realistisch? Die Antworten auf solche Fragen über das individuelle Altern haben recht weitreichende Folgen für die Konsequenzen, die sich aus dem Altern von Bevölkerungen ergeben können.

Solche Fragen waren der Ausgangspunkt der Gründung einer Arbeitsgruppe der ehemaligen Westberliner Akademie der Wissenschaften (P. B. Baltes & Mittelstraß, 1992) und der sich hieran anschließenden Projektgruppe, die die im vorliegenden Band zusammengefaßte Berliner Altersstudie entwarf und durchführte. Die Berliner Altersstudie ist weltweit einzigartig in der Breite des Spektrums der beteiligten Wissenschaften und der sowohl disziplinär als auch interdisziplinär bestimmten Untersuchungsgebiete, in dem Fokus auf das hohe Alter (70- bis über 100jährige) und in dem empirischen Bezug auf eine repräsentativ ausgewählte Großstadtbevölkerung. Der Band enthält Untersuchungen unter anderem über geistige Leistungsfähigkeit, Persönlichkeit und soziale Beziehungen im Alter, über körperliche Gesundheit, medizinische Versorgung und zahnmedizinischen Status, über psychische Erkrankungen wie Demenz und Depression, über die soziale Lage, soziale und kulturelle Aktivitäten und wirtschaftliche Situation, über Alltagskompetenz, subjektives Wohlbefinden und Unterschiede zwischen Frauen und Männern.

2. Altern in Wissenschaft und Gesellschaft

Eine Herausforderung für die Wissenschaft ist nicht nur die Tatsache, daß die Alternsforschung (Gerontologie) immer noch weitgehend Neuland ist, sondern auch der Umstand, daß es kaum ein Gebiet gibt, das von so vielen Seiten zugänglich ist und so viele Facetten unseres Lebens berührt. Um das Alter und das Altern in seinen vielfältigen körperlichen, psychischen, sozioökonomischen und sozialpolitischen Aspekten zu verstehen, bedarf es einer besonderen multidisziplinären und interdisziplinären Anstrengung. Die Zugänge der Einzeldisziplinen, z. B. der Biologie, der Inneren Medizin, der Psychiatrie, der Psychologie, der Nationalökonomie und der Soziologie sowie der Anthropologie des Alterns, sind eine wichtige und unverzichtbare Grundlage guter Forschung. Es ist aber ebenso bedeutsam und mit sehr viel größeren intellektuellen und organisatorischen Schwierigkeiten verbunden, diese Forschungslinien zusammenzuführen, die wissenschaftliche Analyse auf systemische Vernetzungen und Wechselwirkungen zu richten, um Alter und Altern in ihrer Gesamtheit und als Gestalten des Lebens zu verstehen.

Die Herausforderung für die Gesellschaft, vornehmlich für die Sozialpolitik, besteht darin, nach Strukturen und Regelungen zu suchen, die dem Menschen in allen Lebensetappen eine faire Chance zu weiterer Entwicklung und einem guten (erfüllten) Leben geben, und dies in einer Situation, in der die Bevölkerung immer älter wird. Diese gesellschaftliche Lage, oft mißverständlich und negativ als „Vergreisung" der Gesellschaft gekennzeichnet, gibt aber nicht nur Anlaß zu resignativem Pessimismus. Erst in diesem Jahrhundert hat die menschliche Zivilisation es in westlichen Industrienationen zustande gebracht, daß die meisten Menschen älter als 70 Jahre werden. Die Gestaltung dessen, was im Alter prinzipiell möglich ist, hat folglich noch keine lange Tradition. Als Gesellschaft stehen wir erst am Anfang eines „Lernprozesses" über das Alter. In diesem Sinne ist das Alter noch jung, sein Potential noch weitgehend unausgeschöpft, und für das Alter günstige Institutionen und Werte gilt es erst noch zu entwickeln.

3. „Altern und gesellschaftliche Entwicklung" (AGE): Eine Arbeitsgruppe der Berlin-Brandenburgischen Akademie der Wissenschaften

Weil das Alter und das Altern ein Brennpunkt moderner Gesellschaften geworden sind, war es nicht überraschend, daß die im Jahr 1987 gegründete und auf eine enge Verknüpfung von Grundlagenforschung und gesellschaftlicher Praxis angelegte Akademie der Wissenschaften zu Berlin sich diesem Themenkreis mit Überzeugung zuwandte. In einer ihrer ersten Sitzungen und mit starker Unterstützung ihres Präsidenten Horst Albach rief sie eine multidisziplinäre Arbeitsgruppe mit dem Namen „Altern und gesellschaftliche Entwicklung" ins Leben.

Von den 30 Gründungsmitgliedern der Akademie erklärten sich sechs bereit, den Kern dieser Gruppe zu bilden: der Psychologe Paul B. Baltes, Max-Planck-Institut für Bildungsforschung (Berlin), der auch als Sprecher fungierte, der Internist Wolfgang Gerok, Universität Freiburg, der Ökonom Hans-Jürgen Krupp, (damals) Deutsches Institut für Wirtschaftsforschung (Berlin), die Gerontologin Ursula Lehr (bis 1990), Universität Heidelberg, der Philosoph Jürgen Mittelstraß, Universität Konstanz, und der Biologe Heinz-Günter Wittmann, Max-Planck-Institut für Molekulare Genetik (Berlin). Die Arbeitsgruppe wurde bald durch drei externe Experten ergänzt: den Psychiater Hanfried Helmchen, Freie Universität Berlin, den Soziologen Karl Ulrich Mayer (stellvertretender Sprecher der Arbeitsgruppe), Max-Planck-Institut für Bildungsforschung (Berlin), und die Internistin Elisabeth Steinhagen-Thiessen, (damals) Freie Universität Berlin. Ursula M. Staudinger ist wissenschaftliche Koordinatorin der Arbeitsgruppe.

Nach intensiven Diskussionen setzte sich die Arbeitsgruppe im Frühjahr 1988 zwei eng miteinander verknüpfte Ziele (siehe Jahrbuch der Akademie, 1989, S. 412–431). Erstens sollte ein Perspektivenband *„Zukunft des Alterns und gesellschaftliche Entwicklung"* erstellt werden. Dieser Band wurde 1992 als fünfter Forschungsbericht der Akademie der Wissenschaften zu Berlin vorgelegt (P. B. Baltes & Mittelstraß, 1992) und 1994 als Studienausgabe neu aufgelegt (P. B. Baltes, Mittelstraß & Staudinger, 1994). Zweitens wollte die Arbeitsgruppe, gemeinsam mit einer mehrere Berliner Forschungseinrichtungen umfassenden Projektgruppe, eine empirische und repräsentative Studie über alte und hochbetagte Menschen in Berlin durchführen: die sogenannte *Berliner Altersstudie* (BASE). Der vorliegende Band ist das erste größere zusammenfassende „Produkt" dieser zweiten Zielsetzung der Arbeitsgruppe. Eine erste Zusammenfassung von Teilergebnissen erschien in Englisch (P. B. Baltes, Mayer, Helmchen & Steinhagen-Thiessen, 1993).

Die 1993 neugegründete Berlin-Brandenburgische Akademie der Wissenschaften hat unter ihrem Präsidenten Hubert Markl die Arbeitsgruppe „Alter und gesellschaftliche Entwicklung" wiederum in ihr Arbeitsprogramm aufgenommen. 1995 gehörten dieser Arbeitsgruppe folgende Mitglieder an: Paul B. Baltes (Sprecher), Georg Elwert, Angela Friederici, Wolfgang Gerok, Hanfried Helmchen, Karl Ulrich Mayer (stellvertretender Sprecher), Jürgen Mittelstraß und Elisabeth Steinhagen-Thiessen. Während der Trägerschaft der Berlin-Brandenburgischen Akademie der Wissenschaften konzentrierte sich der Schwerpunkt der Tätigkeit dieser Arbeitsgruppe auf die wissenschaftliche Begleitung der Berliner Altersstudie. Die Studie selbst wurde von einer Projektgruppe (siehe unten) durchgeführt.

4. Die Berliner Altersstudie (BASE)

Bei dem zweiten Projekt, der Berliner Altersstudie (BASE), kooperiert die Arbeitsgruppe „Altern und gesellschaftliche Entwicklung“ mit Einrichtungen und Instituten der Freien Universität (FU) Berlin und mit dem Max-Planck-Institut (MPI) für Bildungsforschung. (Durch Veränderungen der institutionellen Zuordnungen kam 1994 die Humboldt-Universität [HU] Berlin hinzu.) Primär verantwortlich für die Berliner Altersstudie sind Paul B. Baltes (Sprecher der Arbeitsgruppe, Ko-Leiter der Forschungseinheit [FE] Psychologie, MPI für Bildungsforschung) und Karl Ulrich Mayer (stellvertretender Sprecher der Arbeitsgruppe, Ko-Leiter der FE Soziologie und Sozialpolitik, MPI für Bildungsforschung). Sie bilden zusammen mit Hanfried Helmchen (Ko-Leiter der FE Psychiatrie, Psychiatrische Klinik und Poliklinik, Universitätsklinikum Benjamin Franklin, FU Berlin) und Elisabeth Steinhagen-Thiessen (Ko-Leiterin der FE Innere Medizin und Geriatrie, Virchow-Klinikum, HU Berlin, und Evangelisches Geriatriezentrum Berlin) sowie Markus Borchelt (Innere Medizin/Geriatrie), Michael Linden (Psychiatrie), Jacqui Smith (Psychologie) und Michael Wagner (Soziologie/Sozialpolitik) das *Leitungsgremium* der Studie. Für die Organisation und Koordination der Berliner Altersstudie ist Reinhard Nuthmann verantwortlich.

Die *Projektgruppe der Berliner Altersstudie* besteht aus mehr als 30 Wissenschaftlerinnen und Wissenschaftlern (siehe Übersicht am Ende des Vorwortes) und repräsentiert ein breites Spektrum wissenschaftlicher Disziplinen (vor allem: Biochemie, Innere Medizin und Geriatrie, Zahnmedizin, Radiologie, Psychiatrie, Neuropsychologie, Psychologie, Soziologie, Ökonomie und Sozialpolitik). Die Wissenschaftlerinnen und Wissenschaftler der Projektgruppe sind den Forschungseinheiten der Studie zugeordnet und kooperierten in allen Phasen der Studie: bei den theoretisch-methodischen Planungen, den Erhebungen, den Auswertungen und bei Veröffentlichungen von Ergebnissen der Studie. Ein wesentlicher Bestandteil dieser Kooperation waren regelmäßige Projektsitzungen, die 1989 bis 1994 im Durchschnitt etwa zweimal im Monat im MPI für Bildungsforschung stattfanden und an denen fast immer etwa 20 bis 25 Wissenschaftler teilnahmen.

Die *Konzeption der Berliner Altersstudie* (siehe P. B. Baltes et al., Kapitel 1 in diesem Band) nimmt Diskussionen gerontologischer Forschung auf und hat zum Ziel, mit vier Schwerpunkten zur Weiterentwicklung der Alternsforschung beizutragen. Sie versucht dieses Ziel durch (1) breite Multi- und Interdisziplinarität der Erhebungen und der Auswertungen, (2) durch eine Konzentration der Studie auf das hohe Alter (70–100+ Jahre), (3) durch die Arbeit mit einer lokal repräsentativen und heterogenen Stichprobe sowie schließlich auch dadurch einzulösen, daß sie (4) eine Bestandsaufnahme und die Erarbeitung von Referenzdaten für die Altenpopulation einer Großstadt anstrebt.

Bei der Konzeption des Projekts haben sich die Forschungseinheiten der Berliner Altersstudie – Innere Medizin und Geriatrie, Psychiatrie, Psychologie, Soziologie und Sozialpolitik –, die die Multidisziplinarität der Studie kennzeichnen, auf folgende theoretische Orientierungen verständigt, die den Fragestellungen, den Hypothesen sowie den Erhebungsinstrumenten zugrunde liegen und die Auswertungen der erhobenen Daten anleiten: (1) *differentielles Altern,* (2) *Kontinuität und Diskontinuität im Lebens- und Alternsverlauf,* (3) *Kapazitäts- und Handlungsreserven älterer Menschen* und (4) *Altern als systemisches Phänomen.*

Diese theoretischen Orientierungen haben für die Forschungseinheiten im Rahmen ihrer disziplinspezifischen Ansätze und Fragestellungen zunächst durchaus unterschiedliche Bedeutung. Gleichwohl haben sie sich darin bewährt, den Diskurs der Disziplinen bei den multi- und interdisziplinären Auswertungen zu strukturieren, disziplinübergreifende Konzepte zu entwickeln und Interpretationen von Ergebnissen der Auswertungen aufeinander zu beziehen.

Bei den Erhebungen und den Auswertungen konzentrieren sich die Forschungseinheiten vor allem auf folgende Aspekte des Alterns, die sowohl disziplinär als auch disziplinübergreifend bearbeitet werden:

FE Innere Medizin und Geriatrie: Objektive Gesundheit (kardiovaskuläres System, Bewegungsapparat und Mobilität, Zahnstatus und orale Funktionen, Immunsystem und -funktionen, respiratorisches System und Lungenfunktion, Referenzwerte), subjektive Gesundheit, funktionelle Kapazität (objektive Leistungsfähigkeit, Versorgung von Behandlungs- und Pflegebedürftigen), Risikoprofile, Multimorbidität und Behandlungsbedarf.

FE Psychiatrie: Erfassung psychiatrischer Altersmorbidität (psychische Krankheit, depressives und dementielles Syndrom, subdiagnostische Psychopathologie), Determinanten psychiatrischer Altersmorbidität (frühere Erkrankungen, Multi- und Komorbidität) und Umgang mit psychiatrischer Altersmorbidität (Gesundheits- und Krankheitsverhalten, Alltagskompetenz und Selbstwirksamkeit).

FE Psychologie: Selbst und Persönlichkeit (Selbstbeschreibungen, Persönlichkeitsdimensionen, selbstregulative Prozesse), Intelligenz und Kognition (Mechanik und Pragmatik der Intelligenz) sowie soziale Netzwerke (Netzwerkstruktur und Veränderungen der Netzwerke, soziale Unterstützung, Zufriedenheit mit den sozialen Beziehungen, soziale Beziehungen im Rückblick).

FE Soziologie und Sozialpolitik: Lebensverlauf und Generationenschicksal (soziale Herkunft, Wanderungs-, Bildungs- und Erwerbsverläufe, Partnerschaften und Familienbildung im Lebensverlauf), späte Phasen des Familienverlaufs (aktuelle Sozialstruktur der Familie und ihre Veränderungen, Sozialstruktur der Generationen), Handlungsressourcen und gesellschaftliche Beteiligung (Wohnstandard und -umwelt, soziale Versorgung, Teilhabe am sozialen und kulturellen Leben), wirtschaftliche Lage und soziale Sicherung (Einkommensquellen und -verwendung, Transferleistungen).

5. Gliederung und Inhalt des vorliegenden Bandes

Der Band ist in vier Teile gegliedert: A. *Theoretische Orientierungen und Methodik*, B. *Disziplinspezifische Befunde*, C. *Fachübergreifende Fragestellungen*, D. *Zusammenfassende Perspektiven.*

Im *ersten* Teil werden grundlegende Informationen über die Berliner Altersstudie vorgestellt. Zunächst geht das erste Kapitel (P. B. Baltes et al.) auf das konzeptuelle und methodische Gerüst der Studie ein. Die verschiedenen BASE-Stichproben werden erläutert und die sich aus der Schichtung der Hauptstichprobe nach Alter und Geschlecht ergebenden Fragen zur Gewichtung der Daten diskutiert. Außerdem wird bereits auf ein wichtiges, häufig vernachlässigtes Problem gerontologischer Untersuchungen hingewiesen, das in Kapitel 3 (Lindenberger et al.) im Detail ausgeführt wird: die Stichprobenselektivität. Durch den Vergleich vorhandener Informationen über Studienteilnehmer und Nichtteilnehmer wird untersucht, inwieweit Personen mit bestimmten Merkmalen (z. B. Kranke) in den BASE-Stichproben unterrepräsentiert sind. In Kapitel 2 (Nuthmann & Wahl) wird die Durchführung der Studie erläutert, wobei die Probleme der Gewinnung von Menschen im Alter von 70 bis über 100 Jahren für die Teilnahme an dieser 14 Sitzungen umfassenden multidisziplinären Studie und die Betreuung der Teilnehmer im Vordergrund stehen.

Da die in diesem Band vorgestellten Ergebnisse auf Querschnittsdaten beruhen, sollte nicht übersehen werden, daß die in vielen Kapiteln beschriebenen Altersunterschiede zumindest zum Teil auch auf Kohortenunterschiede zurückzuführen sein können. Um dem Leser dies zu verdeutlichen, wird in Kapitel 4 (Maas et al.) gezielt auf die Unterschiede zwischen Studienteilnehmern eingegangen, die sich daraus ergeben, daß sie aufgrund ihrer verschiedenen Geburtsdaten die historischen Ereignisse und Umwälzungen dieses Jahrhunderts in verschiedenen Phasen ihres Lebens erfuhren. Kapitel 5 (Schütze et al.) konzentriert sich dagegen auf sechs ausgewählte Lebensgeschichten von BASE-Teilnehmern und vergegenwärtigt damit, daß sich hinter den in den meisten anderen Kapiteln angegebenen statistischen Werten Daten über *Individuen* verbergen, deren Lebensgeschichten einerseits die historischen Ereignisse und gesellschaftlichen Entwicklungen des 20. Jahrhunderts widerspiegeln, aber andererseits vor allem auch durch ihre Herkunft sowie verschiedenste persönliche Entscheidungen und Erfahrungen geprägt sind. (Dieses Thema wird am Ende des Bandes unter einer etwas anderen Perspektive in Kapitel 21 von Maas & Staudinger wieder aufgegriffen.)

Im *zweiten Teil* stellen die vier Forschungseinheiten der Berliner Altersstudie ihre Ergebnisse aus der Sicht ihrer jeweiligen Disziplin vor. Hierbei werden viele der in BASE verwendeten Instrumente, Maße und Begriffe eingeführt, auf die in den folgenden Kapiteln Bezug genommen wird.

In Kapitel 6 (Steinhagen-Thiessen & Borchelt) werden zunächst die wesentlichen Fragestellungen der FE Innere Medizin/Geriatrie vorgestellt. Es folgen Ergebnisse zur Prävalenz körperlicher Erkrankungen im Alter. Am Beispiel der Gefäßerkrankungen (Arteriosklerose) wird überprüft, inwieweit das im jüngeren Alter gültige Risikofaktormodell auch auf alte Menschen zutrifft. Weitere Schwerpunkte beschäftigen sich mit der geriatrischen Pharmakotherapie und der funktionellen Kapazität (d. h. Behinderung und Hilfsbedürftigkeit) alter Menschen. Die FE Psychiatrie stellt in Kapitel 7 (Helmchen et al.) Ergebnisse zur Art und Häufigkeit psychischer Erkrankungen sowie zu ihren Prädiktoren und Folgen vor. Dabei stehen Demenz und Depression als häufigste psychische Erkrankungen im Alter im Vordergrund. Besonderes Gewicht wird auch auf die sogenannte „subdiagnostische psychiatrische Morbidität" gelegt. Kapitel 8 (Smith & Baltes) befaßt sich mit dem Altern aus psychologischer Perspektive. Hier werden drei Bereiche psychologischer Forschung untersucht: geistige Leistungsfähigkeit,

Selbst und Persönlichkeit sowie soziale Beziehungen. Nach Darstellung dieser drei Bereiche wird eine systemische Perspektive gewählt, um Zusammenhänge zwischen den Funktionsbereichen zu veranschaulichen. Schließlich werden in Kapitel 9 (Mayer & Wagner) Befunde der FE Soziologie/Sozialpolitik vorgestellt. Die Zusammenhänge zwischen sozioökonomischen Bedingungen und Lebenslagen sowie sozialen Aktivitäten alter Menschen stehen im Mittelpunkt. So werden beispielsweise die Auswirkungen sozioökonomischer Merkmale (wie Schichtzugehörigkeit und Sozialprestige) auf die gesellschaftliche Beteiligung und auf Aspekte körperlicher und psychischer Gesundheit im Alter untersucht.

Der *dritte, umfangreichste Teil* der Monographie umfaßt Kapitel zu disziplinübergreifenden Themen, die von Autorengruppen aus verschiedenen Fachrichtungen bearbeitet wurden. Bei der Diskussion ihrer Ergebnisse dienen die in Kapitel 1 eingeführten theoretischen Orientierungen der Studie immer wieder als Leitgedanken.

Kapitel 10 (G. Wagner et al.) geht auf die wirtschaftliche Lage alter Menschen ein. Es wird nicht nur die ökonomische Situation dargestellt, sondern es werden beispielsweise auch Auswirkungen auf die Nutzung professioneller Dienste durch alte Menschen und auf den Umgang mit den finanziellen Ressourcen in bezug auf Sparen und Vererbung diskutiert. In Kapitel 11 (M. Wagner et al.) werden die sozialen Beziehungen alter Menschen unter Berücksichtigung der Einbettung in die Familie und den Freundeskreis sowie von Aspekten wie Unterstützung und Einsamkeit analysiert. Kapitel 12 (Staudinger et al.) untersucht psychologische Widerstandsfähigkeit. Hier zeigt sich, daß selbstregulative Prozesse eine wesentliche Rolle bei der Bewältigung von Einschränkungen im Alter spielen und bis zu einem gewissen Grade für die Aufrechterhaltung des Anpassungsniveaus sorgen. In Kapitel 13 (Reischies & Lindenberger) geht es um Aspekte der kognitiven Leistungsfähigkeit im Alter. Obwohl eine allgemeine Abnahme der kognitiven Leistungen mit dem Alter zu verzeichnen ist, bleibt ein hohes Maß an interindividueller Variabilität und individueller Lernfähigkeit erhalten. Die wesentlichen Ausnahmen sind Personen, die an einer Demenz leiden. Dies sind allerdings im fortgeschrittenen Alter, also bei den 90jährigen und Älteren fast 50%. In einem engen Zusammenhang mit kognitiven Leistungen (Intelligenz) steht auch die sensorische Funktionsfähigkeit. Dieser enge Zusammenhang entsteht wahrscheinlich dadurch, daß die biologische Alterung des Gehirns beide Systeme gemeinsam und in gleicher Richtung beeinflußt. Kapitel 14 (Marsiske et al.) untersucht Sehvermögen, Gehör und Gleichgewicht/Gang und stellt die Zusammenhänge zwischen den im Alter sehr häufigen sensorischen Beeinträchtigungen und Bereichen wie Alltagskompetenz und Wohlbefinden dar. Auswirkungen von Hilfsmitteln wie Hörgeräte und Brillen werden ebenfalls betrachtet.

In Kapitel 15 (Kage et al.) geht es um die klinisch-chemische Analyse von Blut und Speichel bei alten Menschen. Es stellt sich die Frage, inwieweit sich Alter, Medikation und Morbidität auf die gemessenen Konzentrationen von Elektrolyten, Enzymen usw. auswirken und ob deshalb im höheren Alter andere Referenzwerte als im jüngeren Alter festgelegt werden sollten. Die zahnmedizinische Versorgung alter Menschen steht im Mittelpunkt von Kapitel 16 (Nitschke & Hopfenmüller). Trotz vielfältiger therapeutischer Möglichkeiten ergibt sich ein verhältnismäßig ungünstiges Bild der Versorgung. Dies ist zum Teil darauf zurückzuführen, daß die Notwendigkeit regelmäßiger Zahnarztbesuche von alten Menschen nicht ernstgenommen wird. Es entstehen aber auch besondere Versorgungsprobleme durch die mit dem Alter zunehmende Gebrechlichkeit und Hilfsbedürftigkeit alter Menschen. Kapitel 17 (Borchelt et al.) befaßt sich mit den Wechselwirkungen zwischen körperlicher und seelisch-geistiger Gesundheit und zwischen gesundheitlichen und psychosozialen Faktoren. Im Gegensatz zu diesen deutlichen, altersunabhängigen Zusammenhängen zeigt sich eine zunehmende Diskrepanz zwischen objektiver und subjektiver Gesundheit im Alter. In Kapitel 18 (Linden et al.) werden Bedingungen für die Inanspruchnahme von medizinischer und pflegerischer Hilfe untersucht. Ein komplexes Geflecht von sozialstrukturellen, medizinischen und psychologischen Faktoren spielt eine Rolle bei der Nutzung von formeller und informeller Unterstützung.

Kapitel 19 (Smith et al.) geht auf das subjektive Wohlbefinden ein. Auch hier ergibt sich eine Diskrepanz zwischen den objektiven Lebensbedingungen alter Menschen und ihrer subjektiven Bewertung. Im allgemeinen berichten ältere Menschen eine für ihre objektive Lebenslage überraschend gute Lebenszufriedenheit. Das Ergebnis ist allerdings weniger günstig, wenn man das gesamte Bild psychischer Befindlichkeit (einschließlich emotionaler Einsamkeit) betrachtet (vgl. auch Smith & Baltes, Kapitel 8). Auf jeden Fall scheint es so, als spielte die individuelle Wahrnehmung verschiedener Lebensbereiche (wie z. B. Gesundheit, soziale Beziehungen) für das angegebene allgemeine Wohlbefinden eine größere Rolle als die jeweilige objektive Lage in diesen Bereichen.

In Kapitel 20 (M. M. Baltes et al.) werden unter Nutzung eines multidisziplinären Ansatzes zwei Komponenten der Alltagskompetenz identifiziert. Die basale Kompetenz zur eigenen Versorgung ist dabei vor allem durch Gesundheits- und Mobilitätsindikatoren festgelegt. Die erweiterte Kompetenz, die die Fähigkeit zur Teilnahme an sozialen und damit komplexeren Aktivitäten umfaßt, ist dagegen stärker von psychosozialen Faktoren abhängig. Kapitel 21 (Maas & Staudinger) geht auf die Auswirkungen des Lebensverlaufs auf das Alter ein und untersucht mit retrospektiven Daten, inwieweit gesellschaftliche Beteiligung, subjektives Lebensinvestment und die Akkumulation ökonomischer Ressourcen im jüngeren Alter auf das höhere Alter fortwirken.

In Kapitel 22 (M. M. Baltes et al.) werden die aufgrund der „Feminisierung des Alters" besonders interessanten Unterschiede zwischen alten Männern und Frauen thematisiert. Überraschenderweise ergeben sich verhältnismäßig geringfügige Differenzen zwischen den Geschlechtern (z. B. ein höheres Maß der Behinderungen bei Frauen bei höherer Lebenserwartung). Geschlechtsunterschiede werden allerdings größer, wenn man sich nicht auf Einzelvariablen beschränkt, sondern das Gesamtmuster des Funktionsstatus erfaßt (vgl. Smith & Baltes, Kapitel 8; Mayer et al., Kapitel 23). Bei gesamtheitlicher Betrachtung stellt sich heraus, daß gerade ältere Frauen häufiger in Gruppen zu finden sind, die man als dysfunktional bzw. als Risikogruppen bezeichnen könnte.

Im letzten Kapitel (Mayer et al.) werden schließlich zentrale Befunde aus der Berliner Altersstudie zusammengefaßt und interpretiert. Ferner werden mit Hilfe von Clusteranalysen Zusammenhänge zwischen Funktionsbereichen aller beteiligten Disziplinen veranschaulicht und Teilgruppen identifiziert. Wir empfehlen, daß der Leser, der sich einen ersten Eindruck verschaffen möchte, vor allem das Einführungs- und das Abschlußkapitel liest.

6. Anspruch und Grenzen dieser Monographie

Mit diesem Band wollen wir die Zielsetzungen, theoretischen Orientierungen, methodischen Grundlagen und ersten Befunde der Haupterhebung der Berliner Altersstudie dokumentieren. Die Analysen, die wir hier vorstellen, sollen in erster Linie dazu dienen, einen Überblick über wichtige Schwerpunkte der Studie zu bieten. Dabei ist zu bedenken, daß es sich zunächst um den Ertrag einer ersten Auswertungsstufe handelt. Obgleich von den 23 Kapiteln 19 Kapitel in interdisziplinärer Zusammenarbeit entstanden sind, wird insbesondere eine Reihe interdisziplinärer Untersuchungen, wie z. B. zu der Frage sozioökonomischer Morbiditätsdifferenzen, erst zu einem späteren Zeitpunkt abgeschlossen sein. Dies gilt vor allem auch für solche Bereiche, in denen neue, erklärungsbedürftige Befunde durch unsere Studie erarbeitet worden sind.

Die wissenschaftliche Sorgfalt gebietet, den Leser sehr explizit auf Einschränkungen und Grenzen unserer Aussagen und Verallgemeinerungen hinzuweisen (vgl. dazu auch P. B. Baltes et al., Kapitel 1, Abschnitte 5 und 6). Die wichtigste systematische Einschränkung in dem Geltungsbereich der Aussagen dieses Bandes ergibt sich aus der Tatsache, daß es sich bei der Haupterhebung der Berliner Altersstudie um eine Querschnittsstudie handelt. Wir vergleichen Altersgruppen und verfolgen nicht individuelle Alternsverläufe. Wir haben uns bemüht, dieses sprachlich so eindeutig wie möglich zu kennzeichnen, aber es lassen sich nicht bei jeder einzelnen Formulierung mögliche Mißverständnisse völlig vermeiden. Je nach der theoretischen Ausgangslage und bereits vorliegenden Befunden aus anderen Studien werden in den folgenden Kapiteln zum Teil bereits die Implikationen und Schlußfolgerungen für Alterungsprozesse gezogen. Dabei sollte diese Einschränkung des Untersuchungsdesigns und der Daten vom Leser aber immer mitbedacht werden. Glücklicherweise hat sich inzwischen die Chance ergeben, die Berliner Altersstudie insgesamt und in Teilen als Längsschnittstudie weiterzuführen. Dies wird uns erlauben, in absehbarer Zeit einige der aus dem Altersgruppenvergleich abgeleiteten Verlaufshypothesen zu überprüfen (vgl. P. B. Baltes et al., Kapitel 1).

Zum zweiten muß dem Leser bewußt sein, daß die Stichprobe der Intensiverhebung insgesamt nur eine Anzahl von 516 Personen umfaßt. Wir erfassen zwar vor allem in den höchsten Altersgruppen und bei Männern im Vergleich zu den allermeisten Studien ungewöhnliche viele Probanden. Dennoch ist bei einem solchen Stichprobenumfang nie auszuschließen, daß wir schwache Zusammenhänge nicht statistisch absichern können und daher theoretisch unterbewerten. Ebenso ist es möglich, daß seltene, aber doch wichtige Phänomene nur unzureichend erfaßt werden.

Drittens ist der Umstand, daß sehr alte und gebrechliche Menschen schwer erreichbar oder nicht befragbar sind, eine unüberwindbare Hürde von Studien des hohen Alters. Wir haben in der Anlage und in der Auswertung der Studie besondere Anstrengungen unternommen, um mögliche Folgen selektiver Teilnahme offenlegen zu können (vgl. P. B. Baltes et al., Kapitel 1; Nuthmann & Wahl, Kapitel 2; Lindenberger et al., Kapitel 3) und soweit wie möglich zu korrigieren (vgl. z. B. Helmchen et al., Kapitel 7; G. Wagner et al., Kapitel 10). Einerseits haben die Selektivitätsanalysen erfreulicherweise gezeigt, daß sich die Abweichungen aufgrund von Selektivität, insbesondere bei den zentralen Aussagen über Variablenzusammenhänge und die Vielfalt des Alterns, in engen Grenzen halten. Andererseits führen bei bestimmten Verteilungen, z. B. bei der Demenzprävalenz, Selektivitätskorrekturen möglicherweise zu einer Revision, die theoretisch bedeutsam ist. Auch bei der Interpretation der Befunde in den einzelnen Kapiteln werden mögliche Verzerrungen durch Selektivität häufig reflektiert. Insgesamt weisen die Selektivitätsanalysen darauf hin, daß unsere Befunde eher ein etwas zu positives Bild des Alters zeichnen. Gleichzeitig wollen wir aber nochmals betonen, daß die Größe dieses Verzerrungseffektes nach unserer Einschätzung eher klein als groß ist.

Eine weitere Begrenzung der Generalisierbarkeit der BASE-Befunde ergibt sich daraus, daß sich die Studie auf West-Berlin beschränkt. Wir haben nach der Maueröffnung eingehend geprüft, ob die organisatorischen und finanziellen Voraussetzungen gegeben waren, eine so schwierige und komplexe Untersuchung auf den Ostteil Berlins auszudehnen. Leider war dies nicht möglich. Einige der Besonderheiten West-Berlins als Großstadt und als historischem Sonderfall werden in Kapitel 1 im Hinblick auf die Generalisierungsproblematik diskutiert. Global kann geltend gemacht werden, daß Aussagen über Verteilungen davon eher betroffen sind als Aussagen über Zusammenhänge, ebenso Aussagen über sozioökonomische Verhältnisse eher als Aussagen über psychologische und medizinische Befunde. Im übrigen kann man eine großstädtische Bevölkerung, z. B. im Hinblick auf die Anteile Alleinlebender, mit guten Gründen als ein Zukunftsszenario für Deutschland als Ganzes ansehen.

Schießlich möchten wir den Leser dafür sensibilisieren, daß wir aus Gründen der Lesbarkeit für die Kennzeichnung der verschiedenen Altersgruppen in unserer Studie mehrere Ausdrücke gleichbedeutend verwenden. Für die häufig vorgenommene Unterscheidung zwischen der Gruppe der 70- bis 84jährigen und der Gruppe der 85- bis 103jährigen verwenden wir die Begriffspaare „alt“ und „sehr alt“ sowie „alt“ und „hochbetagt“. Ferner versteht es sich von selbst, daß, wenn immer wir von den Alten oder der älteren Bevölkerung sprechen, wir aufgrund unserer Stichprobe die 70jährigen und Älteren meinen.

Die Berliner Altersstudie ist nach Umfang und Intensität der multidisziplinären Erhebungen, nach der Anzahl der beteiligten Wissenschaftlerinnen und Wissenschaftler und nicht zuletzt nach dem Umfang der eingesetzten Mittel sicherlich ein gewichtiges Forschungsvorhaben. Wir hoffen, daß die hier dokumentierten Erträge diese Anstrengungen rechtfertigen. Wir sind uns allerdings auch dessen sehr bewußt, daß wir uns angesichts der gegenwärtigen Forschungslage gerontologischer interdisziplinärer Forschung (vgl. P. B. Baltes & Baltes, 1992) eher am Anfang als am Ende dieser Arbeit befinden.

Berlin, im November 1995

Karl Ulrich Mayer
Paul B. Baltes

Literaturverzeichnis

Akademie der Wissenschaften zu Berlin (1989). *Jahrbuch 1988*. Berlin: de Gruyter.

Baltes, P. B. & Baltes, M. M. (1992). Gerontologie: Begriff, Herausforderung und Brennpunkte. In P. B. Baltes & J. Mittelstraß (Hrsg.), *Zukunft des Alterns und gesellschaftliche Entwicklung* (S. 1–34). Berlin: de Gruyter.

Baltes, P. B., Mayer, K. U., Helmchen, H. & Steinhagen-Thiessen, E. (1993). The Berlin Aging Study (BASE): Overview and design. *Ageing and Society, 13,* 483–515.

Baltes, P. B. & Mittelstraß, J. (Hrsg.) (1992). *Zukunft des Alterns und gesellschaftliche Entwicklung.* Berlin: de Gruyter.

Baltes, P. B., Mittelstraß, J. & Staudinger, U. M. (Hrsg.) (1994). *Alter und Altern: Ein interdisziplinärer Studientext zur Gerontologie.* Berlin: de Gruyter.

Übersicht 1: Mitarbeiterinnen und Mitarbeiter der Arbeitsgruppe „Altern und gesellschaftliche Entwicklung" (AGE) und der Berliner Altersstudie (BASE) im Mai 1995. Die institutionellen Zuordnungen haben sich im Verlauf der Studie verändert (siehe Fußnoten).

Arbeitsgruppe „Altern und gesellschaftliche Entwicklung" (AGE) der Berlin-Brandenburgischen Akademie der Wissenschaften

Prof. Dr. P. B. Baltes (Sprecher)	Max-Planck-Institut (MPI) für Bildungsforschung, Berlin
Prof. Dr. G. Elwert	Freie Universität (FU) Berlin
Prof. Dr. A. Friederici	MPI für neuropsychologische Forschung, Leipzig
Prof. Dr. W. Gerok	Universität Freiburg
Prof. Dr. H. Helmchen	FU Berlin – Psychiatrische Klinik und Poliklinik[1,2]
Prof. Dr. K. U. Mayer (stellvertretender Sprecher)	MPI für Bildungsforschung, Berlin
Prof. Dr. J. Mittelstraß	Universität Konstanz
Prof. Dr. E. Steinhagen-Thiessen	Humboldt-Universität (HU) Berlin – Virchow-Klinikum[1] und Evangelisches Geriatriezentrum Berlin (EGZB)
Dr. R. Nuthmann (BASE-Koordination)	MPI für Bildungsforschung, Berlin
Dr. U. M. Staudinger (AGE-Koordination)	MPI für Bildungsforschung, Berlin

Zentrale Projektkoordination der Berliner Altersstudie (BASE)

Dr. R. Nuthmann, Dipl.-Soz. (verantwortlich)	MPI für Bildungsforschung, Berlin
Dr. J. Delius, Ärztin – wissenschaftliche Redakteurin	Berlin-Brandenburgische Akademie der Wissenschaften (BBAW)

Wissenschaftlerinnen und Wissenschaftler der Berliner Altersstudie (BASE)

Forschungseinheit Innere Medizin und Geriatrie

Prof. Dr. E. Steinhagen-Thiessen, Ärztin (verantwortlich)	HU Berlin – Virchow-Klinikum[1] und EGZB
Dr. M. Borchelt, Arzt (verantwortlich)	EGZB
Prof. Dr. D. Huhn, Arzt	HU Berlin – Virchow-Klinikum[1]
Dr. A. Kage, Arzt	HU Berlin – Virchow-Klinikum[1]
Prof. Dr. E. Köttgen, Arzt	HU Berlin – Virchow-Klinikum[1]
Dr. R. Nieczaj, Dipl.-Biologe	BBAW
Dr. I. Nitschke, Zahnärztin	HU Berlin – Zentrum für Zahnmedizin[3]

Der Forschungseinheit assoziiert:

Prof. Dr. R. Eckstein, Arzt	Universität Erlangen-Nürnberg – Klinikum
Dr. D. Felsenberg, Arzt	FU Berlin – Klinikum Benjamin Franklin[4]
Dr. W. Hopfenmüller, Arzt/Informatiker	FU Berlin – Klinikum Benjamin Franklin[4]
Dr. G. Wittmann, Arzt	HU Berlin – Virchow-Klinikum[1]

Forschungseinheit Psychiatrie

Prof. Dr. H. Helmchen, Arzt (verantwortlich)	FU Berlin – Psychiatrische Klinik[1,2]
Prof. Dr. M. Linden, Arzt, Dipl.-Psych. (verantwortlich)	FU Berlin – Psychiatrische Klinik[1,2]
Prof. Dr. M. M. Baltes, Dipl.-Psych.	FU Berlin – Psychiatrische Klinik[1,2]

Dr. B. Geiselmann, Arzt	Max-Bürger-Krankenhaus Berlin
Dr. A. L. Horgas, Reg. Nurse	FU Berlin – Psychiatrische Klinik[1,2]
Prof. Dr. S. Kanowski, Arzt	FU Berlin – Psychiatrische Klinik[1,2]
H. Krüger, Dipl.-Mathematikerin	FU Berlin – Psychiatrische Klinik[1,2]
Dr. F. R. Lang, Dipl.-Psych.	FU Berlin – Psychiatrische Klinik[1,2]
Priv. Doz. Dr. F. M. Reischies, Arzt	FU Berlin – Psychiatrische Klinik[1,2]
Dr. T. Wernicke, Arzt	FU Berlin – Psychiatrische Klinik[1,2]
Dr. H.-U. Wilms, Dipl.-Psych.	FU Berlin – Psychiatrische Klinik[1,2]
Forschungseinheit Psychologie	
Prof. Dr. P. B. Baltes, Dipl.-Psych. (verantwortlich)	MPI für Bildungsforschung, Berlin
Dr. J. Smith, B. A., Hons.: Psychology (verantwortlich)	MPI für Bildungsforschung, Berlin
Dr. A. M. Freund, Dipl.-Psych.	MPI für Bildungsforschung, Berlin
Dr. B. Klingenspor, Dipl.-Psych.	MPI für Bildungsforschung, Berlin
Dr. U. Lindenberger, Dipl.-Psych.	MPI für Bildungsforschung, Berlin
Dr. T. D. Little, M. A. (Psychologie)	MPI für Bildungsforschung, Berlin
Dr. M. Marsiske, M. S. (Psychologie)	MPI für Bildungsforschung, Berlin
Dr. U. M. Staudinger, Dipl.-Psych.	MPI für Bildungsforschung, Berlin
Der Forschungseinheit assoziiert:	
Dr. W. Fleeson, M. A. (Psychologie)	MPI für Bildungsforschung, Berlin
Prof. Dr. A. Friederici, Dipl.-Psych.	MPI für neuropsychologische Forschung, Leipzig
Prof. Dr. H. Scherer, Arzt	FU Berlin – Klinikum Benjamin Franklin[4]
Prof. Dr. Y. Schütze, Dipl.-Soz.	HU Berlin
Dr. C. Tesch-Römer, Dipl.-Psych.	Universität Greifswald
Forschungseinheit Soziologie und Sozialpolitik	
Prof. Dr. K. U. Mayer, M. A. (verantwortlich)	MPI für Bildungsforschung, Berlin
Dr. M. Wagner, Dipl.-Soz. (verantwortlich)	MPI für Bildungsforschung, Berlin
Dr. I. Maas, Dipl.- Soz.	MPI für Bildungsforschung, Berlin
Der Forschungseinheit assoziiert:	
R. Gilberg, Dipl.-Soz.	MPI für Bildungsforschung, Berlin
A. Motel, Dipl.-Soz.	FU Berlin
K. Spieß, Dipl.-Volksw.	Ruhr-Universität Bochum
Prof. Dr. G. Wagner, Dipl.-Volksw.	Ruhr-Universität Bochum und Deutsches Institut für Wirtschaftsforschung (DIW), Berlin

Forschungstechnische Assistentinnen und Assistenten (FTA) und medizinisches Hilfspersonal

R. Adair (bis 1993)	FU Berlin – Universitätsklinikum Rudolf Virchow
D. Barth (bis 1992)	Akademie der Wissenschaften zu Berlin
A. zu Bentheim (bis 1992)	Akademie der Wissenschaften zu Berlin
H. Borkenhagen (bis 1992)	Akademie der Wissenschaften zu Berlin
C. Dautert (bis 1993)	Akademie der Wissenschaften zu Berlin
G. Faust (bis 1992)	Akademie der Wissenschaften zu Berlin
U. Feierabend (bis 1991)	Akademie der Wissenschaften zu Berlin
N. Gielen (bis 1993)	Akademie der Wissenschaften zu Berlin
L. Groh (bis 1993)	Akademie der Wissenschaften zu Berlin
A. Günther (bis 1991)	MPI für Bildungsforschung, Berlin

K. Haenel (bis 1992)	MPI für Bildungsforschung, Berlin
K. Häring (bis 1991)	Akademie der Wissenschaften zu Berlin
S. Kahle (bis 1991)	Akademie der Wissenschaften zu Berlin
C. Kahnt (bis 1992)	Akademie der Wissenschaften zu Berlin
G. Kleinknecht (bis 1991)	Akademie der Wissenschaften zu Berlin
J. Menzel (bis 1992)	MPI für Bildungsforschung, Berlin
B. Mucke (bis 1993)	FU Berlin – Zahnklinik Nord
I. Nentwig (bis 1990)	Akademie der Wissenschaften zu Berlin
A. Rentz (bis 1991)	MPI für Bildungsforschung, Berlin
A. Schlüter (bis 1993)	Akademie der Wissenschaften zu Berlin
R. Scholz (bis 1992)	Akademie der Wissenschaften zu Berlin
D. Schrader	Akademie der Wissenschaften zu Berlin
G. Schubert	MPI für Bildungsforschung, Berlin
R. Straßburger	Akademie der Wissenschaften zu Berlin
K. Tamborini (bis 1992)	Akademie der Wissenschaften zu Berlin
F. Thiel (bis 1991)	MPI für Bildungsforschung, Berlin
J. Umlauf (bis 1993)	Akademie der Wissenschaften zu Berlin

Ehemalige Wissenschaftlerinnen und Wissenschaftler der Berliner Altersstudie (BASE)

C. Borchers, M. A. (bis 1993)	Akademie der Wissenschaften zu Berlin
Dr. G. Clausen, Dipl.-Soz. (bis 1992)	MPI für Bildungsforschung, Berlin
Dr. S. Englert, Ärztin (bis 1995)	FU Berlin – Psychiatrische Klinik[1,2]
J. Fischer-Pauly, Arzt (bis 1993)	Akademie der Wissenschaften zu Berlin
Prof. Dr. R. Kliegl, Dipl.-Psych. (bis 1994)	MPI für Bildungsforschung, Berlin
J. Lüthje, Arzt (bis 1992)	Max-Bürger-Krankenhaus Berlin
Dr. U. Mayr, Dipl.-Psych. (bis 1993)	MPI für Bildungsforschung, Berlin
Dr. A. Mochine, Arzt (bis 1992)	Akademie der Wissenschaften zu Berlin
Priv. Doz. Dr. Hans-Werner Wahl, Dipl.-Psych. (bis 1989)	Akademie der Wissenschaften zu Berlin

1 Bis April 1995 FU Berlin, Universitätsklinikum Rudolf Virchow (UKRV).
2 FU Berlin, Psychiatrische Klinik und Poliklinik, Universitätsklinikum Benjamin Franklin.
3 Bis April 1994 FU Berlin, Zahnklinik Nord.
4 Bis April 1995 FU Berlin, Klinikum Steglitz.

Danksagungen

Die im Namen der Arbeitsgruppe wirkenden Herausgeber haben vielen für ihre Unterstützung zu danken. Unser allererster Dank gilt den Berlinerinnen und Berlinern, die sich an der Studie beteiligt haben. Sie haben uns ihr Vertrauen und ihre Zeit geschenkt. Sie haben die Studie mit Engagement begleitet, und sie haben unsere Mitarbeiterinnen und Mitarbeiter mit großer Offenheit aufgenommen. In einer Zeit, die eher durch Distanz zur Wissenschaft als durch Wissenschaftsgläubigkeit gekennzeichnet ist, haben sie die Voraussetzungen für das geschaffen, was wir aus der Berliner Altersstudie (BASE) berichten können.

Des weiteren gilt unser besonderer Dank den institutionellen Trägern der Arbeitsgruppe, der vormaligen (Westberliner) Akademie der Wissenschaften zu Berlin und der Berlin-Brandenburgischen Akademie der Wissenschaften (BBAW). Ohne die Akademie der Wissenschaften zu Berlin und die tatkräftige und unkonventionelle Unterstützung durch deren Präsidenten, Horst Albach, ihren Generalsekretär, Wolfgang Holl, sowie durch die Mitarbeiter der Geschäftsstelle wäre die Berliner Altersstudie nicht begonnen worden. Die im Anschluß an die Schließung der Westberliner Akademie im Zusammenhang mit der Vereinigung Deutschlands im Jahre 1993 neugegründete Berlin-Brandenburgische Akademie der Wissenschaften hat die Arbeitsgruppe und damit die Berliner Altersstudie ohne Zögern weitergeführt. Wir danken ihrem ersten Präsidenten, Hubert Markl, und seinem Nachfolger, Dieter Simon, für diese Entscheidung, ebenso ihrem Generalsekretär, Diepold Salvini-Plawen, dem Sekretar der Sozialwissenschaftlichen Klasse, Friedhelm Neidhardt, und den Mitarbeitern der Verwaltung.

Wir haben keinen Zweifel daran, daß ohne den Kontext dieser beiden Akademien weder die beteiligten Institutionen noch die Vielzahl der beteiligten Wissenschaftler aus vielen Fachdisziplinen so kooperiert hätten, wie dies für das Zustandekommen und Gelingen der Berliner Altersstudie erforderlich war. Ohne den Kontext der Akademien wäre es auch nicht möglich gewesen, einen großen Kreis von Wissenschaftlern in die Planung und wissenschaftliche Begleitung der Studie einzubeziehen – als Mitglieder der Akademie-Arbeitsgruppe „Altern und gesellschaftliche Entwicklung", als Mitglieder der BASE-Projektgruppe und als Gutachter der Kapitel dieses Bandes. Von den Mitgliedern der ursprünglichen Akademie-Arbeitsgruppe waren Ursula Lehr (Universität Heidelberg) und Wolfgang Gerok (Universität Freiburg) besonders hilfreich, als es darum ging, die Zielsetzungen der Berliner Altersstudie zu formulieren und die hierfür notwendigen finanziellen, administrativen und disziplinenübergreifenden Voraussetzungen zu schaffen.

Eine Studie von der Größenordnung der Berliner Altersstudie bedarf eines wohlwollenden und ressourcenstarken Trägers. Neben den an der Freien Universität Berlin (inzwischen auch an der Humboldt-Universität) angesiedelten Forschungseinheiten und dem Berliner Max-Planck-Institut für Bildungsforschung waren dies zwei Bundesministerien. Nach einer Anfangsunterstützung durch das Bundesministerium für Forschung und Technologie (1989–91) war es vor allem das Bundesministerium für Familie, Senioren, Frauen und Jugend (bis 1994: Bundesministerium für Familie und Senioren), das ab 1992 in großzügiger Weise die Finanzierung dieses Projektes übernommen hat. Daß die Finanzierung sich dem Verlauf des Projektes angepaßt hat und nicht, umgekehrt, wissenschaftliche Entscheidungen den schwierigen Entwicklungen von Bundes- und Ressorthaushalten zu unterwerfen waren, ist vor allem Annette Niederfranke zu danken, die als zuständige Bearbeiterin im Bundesministerium für Familie und Senioren dem Projekt mit kritischer Sachkunde und Eigeninitiative verbunden war. In dem Interregnum zwischen den Akademien haben auch der Senator für Wissenschaft des Landes Berlin und seine Mitarbeiter in sehr flexibler und kooperativer Weise die verwaltungs- und finanztechnische Betreuung der Studie und der Drittmittel übernommen und damit die Kontinuität des Projektes gesichert.

Einen besonderen Dank richten wir an unsere eigene Heimatinstitution, das Max-Planck-Institut für Bildungsforschung. Nicht nur haben unsere Kollegen im Institutsdirektorium die finanziellen und infrastrukturellen Anliegen der Berliner Altersstudie mehr als kollegial behandelt. Auch die Mitarbeiter und Mitarbeiterinnen der Verwaltung haben mit großzügigem Engagement die zahlreichen Engpässe gemeistert, die die finanzielle Belastung und räumlichen Ansprüche der Berliner Altersstudie dem Institut aufbürdeten.

Die organisatorische Durchführung der Studie erforderte ein Höchstmaß an sozialer Kompetenz und administrativer Effizienz in den Beziehungen mit den Zuwendungsgebern, Trägerinstitutionen sowie den beteiligten Instituten und Kliniken, in der Sicherung der Interaktion der beteiligten Wissenschaftler und in der Betreuung der forschungstechnischen Mitarbeiterinnen und Mitarbeiter sowie der Studienteilnehmer. Diese Aufgabe haben Hans-Werner Wahl (1988–1989), Cornelia Borchers (1992–1993) und Reinhard Nuthmann (seit 1989) mit großem persönlichem Einsatz, großer Frustrationstoleranz, Loyalität und hoher sozialer Intelligenz erfüllt.

Insbesondere Reinhard Nuthmann hat in einer außerordentlich schwierigen Projektumwelt und einer ebenso komplexen und dynamischen Projektbinnenstruktur die Stabilität und Kontinuität der Berliner Altersstudie gewährleistet. Ihm gebührt mehr als Lob, er verdient Respekt und Anerkennung. Die Arbeit der von Reinhard Nuthmann geleiteten Projektkoordination wurde auf vielfältige Weise durch die weiter unten genannten Mitarbeiterinnen des BASE-Sekretariats unterstützt. Was die Datenverarbeitung und EDV-Organisation der Projektzentrale betrifft, so übernahmen diese Wolfgang Otto, Gregor Caregnato und Alexa Breloer mit großem Engagement.

Wesentlich für die Durchführung der Studie war die Feldarbeit, an der mehr als 30 Personen beteiligt waren. Unser Dank gilt den beteiligten Ärzten: Markus Borchelt, Sabine Englert, Johannes Fischer-Pauly, Dieter Felsenberg, Franz Fobbe, Bernhard Geiselmann, Heiko Hennersdorf, Jürgen Lüthje, Alexandre Mochine, Ina Nitschke, Hans-Peter Stahl, Mathias Taupitz, Thomas Wernicke und Jens Zanther.

Ebenso wichtig und zeitlich am intensivsten war die Feldarbeit der forschungstechnischen Assistentinnen und Assistenten und des medizinischen Hilfspersonals: Rosemarie Adair, Doris Barth, Alexandra zu Bentheim, Heike Borkenhagen, Christine Dautert, Gabriele Faust, Ursula Feierabend, Noëlle Gielen, Lutz Groh, Anita Günther, Kerstin Haenel, Klaus Häring, Sabine Kahle, Christiane Kahnt, Günter Kleinknecht, Jürgen Menzel, Bärbel Mucke, Iris Nentwig, Annette Rentz, Alexandra Schlüter, Rudi Scholz, Dorothea Schrader, Gisela Schubert, Ralf Straßburger, Katharina Tamborini, Felicitas Thiel und Jacqueline Umlauf. Deren schwierige Arbeit wurde unterstützt durch die psychologische und auch auf forschungsethische Fragen abzielende Supervision von Renate Gebhardt und Hasso Klimitz. Die Planung dieser externen Supervision erfolgte in einer kritischen Phase durch die engagierte Mitwirkung von Hans Peter Rosemeier.

Es gibt eine Reihe von Wissenschaftlerinnen und Wissenschaftlern, die in der Anfangsphase der Berliner Altersstudie entscheidend beteiligt waren, bei der Konzeption einiger Fragestellungen sowie bei der Entwicklung neuer Meßinstrumente und dem Training der Forschungsassistenten. Da ihre beruflichen Wege diese Personen in andere Institutionen führte, waren sie an den abschließenden Arbeiten weniger beteiligt, als dies von ihren ursprünglichen Beiträgen zu erwarten war. Zu diesen Wissenschaftlern gehören vor allem Gisela Clausen, Reinhold Kliegl und Ulrich Mayr. Wir danken ihnen von Herzen.

Die Autorinnen und Autoren der einzelnen Beiträge sind die eigentlichen Schöpfer dieses Buches. Wir sind ihnen zu vielfältigem Dank verpflichtet, besonders aber auch für ihre Bereitschaft, ihre Kapitel mehrmals der internen und externen Kritik zu stellen. Entsprechend der Zielsetzung und dem Arbeitsstil der Akademie und ihrer Arbeitsgruppen entstanden die Kapitel nicht in der Abgeschiedenheit des Einzelforschers oder der kleinen Forschergruppe, sondern sie sind das Ergebnis von Arbeitssitzungen der Projektgruppe, einer Evaluierungskonferenz auf Schloß Ringberg im Oktober 1994 und externen schriftlichen Gutachten.

Gutachter und kollegiale Kritik haben in der Tat eine eminent wichtige Rolle bei der Gestaltung dieses Buches gespielt. So danken wir an dieser Stelle den zahlreichen Wissenschaftlern und Wissenschaftlerinnen, die uns als Gutachter und Kommentatoren bereitwillig ihre Kompetenz zur Verfügung gestellt haben: Jutta Allmendinger, Anton Amann, Bernhard Badura, Axel Börsch-Supan, Erika Brückner, Angelika Callaway, Charles Chappuis, Brian Cooper, Helmut Coper, John F. Corso, D. Yves von Cramon, Margret Dieck, Martin Diewald, Hanneli Döhner, Georg Elwert, Alexander von Eye, Sigrun-Heide Filipp, Insa Fooken, James L. Fozard, Dieter Frey, Angela Friederici, Vjenka Garms-Homolová, Matthias Geiser, Wolfgang Glatzer, Werner Greve, Heinz Häfner, Richard Hauser, William J. Hoyer, Hartmut Kaelble, Hans-Joachim von Kondratowitz, Andreas Kruse, Adelheid Kuhlmey, Hans Lauter, Elisabeth Minnemann, Jürgen Mittelstraß, Walter Müller, Joep Munnichs, Gerd Naegele, Dieter Neumeier, Annette Niederfranke, Erhard Olbrich, Wolf D. Oswald, Klaus Poeck, Jürgen Reulecke, Dorothea Roether, Leopold Rosenmayr, Georg Rudinger, Timothy Salthouse, Günther Schlierf, Dietrich Seidel, Annemette Sørensen, Georg Strohmeyer, Andreas Stuck, Hans Thomae, Klaus-Peter Wefers, Siegfried Weyerer, Brita Willershausen-Zönnchen, Hans-Ulrich Wittchen und Jürgen Wolf. Ihnen allen sprechen wir für ihre kollegiale und konstruktive Kritik unseren herzlichen Dank und unsere Anerkennung aus. Unter diesen Kollegen waren es vor allem Heinz Häfner und Andreas Kruse, die uns fast kontinuierlich mit Rat, Tat, Ermunterung und ungeschönter Kritik zur Seite standen. Betonen wollen wir allerdings auch, daß die verbliebenen Unzulänglichkeiten nur den Autoren und keineswegs den Gutachtern angerechnet werden können.

Der Alltag der Berliner Altersstudie vollzog sich primär in dem am Max-Planck-Institut für Bildungsforschung beheimateten BASE-Projektsekretariat. Für ihre engagierte Arbeit im BASE-Sekretariat, die unter anderem vielfältige Organisations- und Koordinationsaufgaben im Zusammenhang mit dem Projekt und zuletzt vor allem auch die teilweise unter großem Zeitdruck stehende Manuskriptbearbeitung und Erstellung von Graphiken umfaßte, bedanken wir uns herzlich bei Jane Johnston, Natalia Geb, Noëlle Gielen und Susannah Goss. Sie wurden tatkräftig durch Manuela Giertz unterstützt. Siegbert Hein und Jutta Raulwing waren als sorgfältige Korrekturleser der Manuskripte eine große Hilfe.

Wir hatten auch hervorragende Unterstützung durch externe und interne Redaktionsassistenz. Bei Uta Eckensberger bedanken wir uns für die Übersetzung von Kapitel 22 aus dem Englischen, Irmgard Pahl, Jürgen Baumgarten und Peter Wittek unterstützten uns bei der redaktionellen Bearbeitung verschiedener Kapitel und mit hilfreichen Hinweisen. Florian Voß und Jutta Raulwing leisteten mit der Erstellung des Sachregisters einen wesentlichen Beitrag.

Schließlich gilt unser Dank dem Akademie Verlag und dort insbesondere Gerd Giesler, Thomas Egel, Alexander Herz und Hans Herschelmann sowie auch Jörg Metze von Chamäleon Design Berlin. Wir sind uns bewußt, daß der Entstehungs- und Herstellungsprozeß des vorliegenden interdisziplinären Viel-Autoren-Werks eine besondere Herausforderung war.

Neben Reinhard Nuthmann, Projektkoordinator der Berliner Altersstudie, gab es eine zweite Person, die in zentraler Funktion unser Leben in und mit der Berliner Altersstudie während der letzten Jahre mit hoher Kompetenz, Toleranz und Engagement begleitete: Julia Delius, die als wissenschaftliche Redakteurin den gesamten Prozeß der Entstehung und Fertigstellung dieses Bandes organisiert und getragen hat. Julia Delius war nicht nur Anlaufstelle, sie war die Schalt- und Produktionsstelle des vorliegenden Bandes. Sie hat die Herausgeber und Autoren unter Druck gehalten, sie hat ihnen aus schwierigen Situationen Lösungswege gezeigt, sie hat eine Reihe von Beiträgen aus dem Englischen übersetzt, sie hat die vielen Kleinarbeiten der Konsistenzprüfung der Begriffe und Konventionen übernommen, und sie hat die Beziehungen zum Akademie Verlag betreut.

Wenn wir also gegenwärtig an die Berliner Altersstudie und deren erste Buchmonographie denken, dann richtet sich unsere Wahrnehmung und unser Dank auf Julia Delius. Sie und Reinhard Nuthmann sind diejenigen, die mehr als andere sichergestellt haben, daß wir an diesem Punkt angekommen sind. Herzlichen Dank!

Berlin, im November 1995

Karl Ulrich Mayer
Paul B. Baltes

A. Theoretische Orientierungen und Methodik

1. Die Berliner Altersstudie (BASE): Überblick und Einführung

Paul B. Baltes, Karl Ulrich Mayer,
Hanfried Helmchen & Elisabeth Steinhagen-Thiessen

Zusammenfassung

Dieses einleitende Übersichtskapitel hat zum Ziel, die allgemeinen Grundlagen, Zielsetzungen und Vorgehensweisen der Berliner Altersstudie (BASE) zu beschreiben. Die besonderen Merkmale von BASE sind: (1) Stichprobenheterogenität durch örtliche Repräsentativität (West-Berlin), (2) ein Schwerpunkt auf sehr alte Menschen (70–105 Jahre), (3) Interdisziplinarität auf breiter Basis (Innere Medizin, Geriatrie, Psychiatrie, Psychologie, Soziologie und Sozialpolitik). Neben disziplinspezifischen Themen leiten vier disziplinenübergreifende theoretische Orientierungen die Studie: (1) differentielles Altern, (2) Kontinuität versus Diskontinuität des Alterns, (3) Umfang und Grenzen von Plastizität und Kapazitätsreserven und (4) Alter und Altern als interdisziplinäre und systemische Phänomene.

Im Anschluß an diesen theoretischen Überblick und eine Diskussion der methodischen Begrenzungen einer Querschnittsstudie stellt dieses Kapitel drei empirische Aspekte der Studie ausführlicher dar, die für alle Kapitel des Bandes relevant sind: (1) eine Übersicht über die in den 14 Erhebungssitzungen angewandten Meßverfahren, (2) zusammenfassende Ergebnisse von Selektivitätsanalysen der Stichprobe und (3) Probleme der Generalisierbarkeit, insbesondere das Problem der Gewichtung.

Die Selektivitätsanalysen deuten darauf hin, daß trotz eines hohen Stichprobenausfalls die Daten von BASE eine beträchtliche Heterogenität und Generalisierbarkeit aufweisen. Ferner gibt es nur wenige Hinweise auf Wechselwirkungen zwischen Selektivität und den primären Designvariablen, Alter und Geschlecht. Diese Schlußfolgerung basiert auf der vergleichenden Selektionsanalyse von insgesamt 25 Indikatoren. Die Ergebnisse der Berliner Altersstudie können also mit einer recht guten Zuverlässigkeit und Gültigkeit auf die Gesamtbevölkerung der alten Menschen in West-Berlin verallgemeinert werden. Wo dies weniger der Fall ist, können die Größe und die Richtung des Verzerrungseffekts durch Berücksichtigung der Selektivitätsanalysen und die Anwendung entsprechender Korrekturformeln (vgl. Abb. 3; siehe auch Lindenberger et al., Kapitel 3 in diesem Band) zumindest im linearen Bereich geschätzt werden. Die Explizitheit dieses Vorgehens scheint uns eine besondere Stärke der Berliner Altersstudie darzustellen.

Schließlich gehen wir in diesem Kapitel kurz auf ein weiteres methodisches Thema ein, das der objektiven und subjektiven Messung. Besonders wichtig ist uns, darauf hinzuweisen, daß die menschliche Psyche – trotz ihrer grundlegenden Realitätsorientierung – nicht primär auf eine perfekte Abbildung objektiver (interner und externer) Realität hinstrebt. Im Gegenteil, die Anpassungs- und Bewältigungsformen des menschlichen Selbst beinhalten auch die Transformation von objektiv vorhandenen Lebensbedingungen und Lebensereignissen zur Schaffung einer subjektrelevanten Realität. Es ist wichtig, diese doppelgesichtige Funktion von „self-reports", das Erkennen von Realität und die Transformation von Realität, im Auge zu behalten.

1. Einleitung

Dieses Kapitel ist als Einführung in die Berliner Altersstudie gedacht (vgl. P. B. Baltes, Mayer, Helmchen & Steinhagen-Thiessen, 1993, 1994). Die Berliner Altersstudie (BASE) ist eine interdisziplinär angelegte Erhebung, die in ihrem Kern eine nach Alter und Geschlecht stratifizierte und auf Repräsentativität (West-Berlin) angelegte Stichprobe von 516 älteren Menschen im Alter von 70 bis über 100 Jahren untersucht hat. Die Erstuntersuchung fand von Mai 1990 bis Juni 1993 als Querschnittsstudie statt. Das Datenprotokoll umfaßte medizinisch-geriatrische, psychiatrische, psychologische, soziologische und ökonomische Informationen, die an insgesamt 14 Untersuchungsterminen erhoben wurden. Die Studie wird gegenwärtig (1995–1997) in reduzierter Form als Längsschnittstudie weitergeführt.

Dargestellt werden zunächst der theoretische Rahmen, das Untersuchungsdesign und die verwendeten Meßverfahren. Hierbei wird auch auf die begrenzten interpretatorischen Möglichkeiten einer Querschnittsstudie eingegangen, da der vorliegende Datensatz sich lediglich auf den ersten Untersuchungspunkt bezieht. Anschließend werden Fragen der Stichprobenziehung, der Generalisierbarkeit und der Stichprobenselektivität behandelt. Hierzu werden zusammenfassende Befunde einer Selektivitätsanalyse vorgelegt. Schließlich wird auf vier weitere Problemlagen und deren Bedeutung für die Interpretation der Befunde eingegangen: Fragen der Besonderheit West-Berlins, der selektiven Mortalität, der Gewichtung, wenn Ergebnisse der Berliner Altersstudie benutzt werden, um Häufigkeitsverteilungen für die gesamte Population der Westberliner Altenbevölkerung zu schätzen, sowie der meßtheoretischen Interpretation subjektiver Angaben („self-reports") der Studienteilnehmer.

Die Berliner Altersstudie beschäftigt sich mit dem Alter und dem Altern. Wenn der Begriff *Alter* benützt wird, stehen die älteren Menschen und das Resultat des Älterwerdens im Vordergrund, das Alter als Lebensperiode und die Alten als Bestandteil der Gesellschaft. Wenn dagegen von *Altern* gesprochen wird, liegt der Schwerpunkt auf der Untersuchung von Prozessen und Mechanismen, die mit dem Altwerden einhergehen oder dem Altwerden zugrunde liegen. Gelegentlich scheint es uns wichtig, auf beide Schwerpunkte hinzuweisen. In diesen Fällen verwenden wir den Begriff Alter(n). Da es sich bei dem hier berichteten Teil der Berliner Altersstudie um Querschnittsdaten handelt, sind allerdings Aussagen über individuelle Verlaufsformen des Alternsprozesses strenggenommen nicht möglich. Hierzu wären längsschnittlich erhobene Daten erforderlich.

2. Die Berliner Altersstudie (BASE): Überblick

Was sind die Hauptmerkmale von BASE? Die Berliner Altersstudie ist eine umfassende Untersuchung einer Stichprobe alter und sehr alter Menschen aus der Stadt Berlin (West).

Da die Arbeit an BASE vor der Vereinigung Deutschlands begann, war die Datenerhebung auf das Stadtgebiet West-Berlins beschränkt. Die Begrenzung auf die Westberliner Altenbevölkerung bringt sicherlich gewisse Nachteile mit sich, gerade wenn es um Fragen der Nutzung der vorliegenden Befunde für sozialpolitische Maßnahmen aus Gesamtberliner Perspektive geht. Allerdings scheint es in diesem Zusammenhang auch so, als ob die Unterschiede zwischen den früheren Ost- und Westteilen der Stadt gelegentlich überschätzt werden. Eine neuere Studie der World Health Organization (Linden & Helmchen, 1995) hat beispielsweise eine bemerkenswerte Ähnlichkeit im psychiatrisch-pathologischen Profil für West- und Ostberliner aufgezeigt. Die Unterschiede waren weit geringer als erwartet (vgl. P. B. Baltes et al., 1994).

Aus wissenschaftlicher Sicht ist die Frage der Größe und des territorialen Ausmaßes einer der Stichprobe zugrundeliegenden Population immer relativ (vgl. Rendtel & Pötter, 1992), und ihre Beurteilung bezieht sich auf die Angemessenheit der Stichprobe vor dem Hintergrund des wissenschaftlichen Unterfangens. Aus unserer Sicht ist die Begrenzung der Stichprobe auf West-Berlin für die meisten der die Studie leitenden wissenschaftlichen Fragen von eher geringer Bedeutung. Wichtiger für die meisten gerontologischen Fragestellungen ist, daß die Stichprobe aufgrund ihrer Zufallsziehung der in der Bevölkerung existierenden Variationsbreite (Heterogenität) nahekommt und hierzu aufgrund der Schichtung nach Alter und Geschlecht (siehe unten) auch zuverlässige Aussagen über die Hochbetagten und alte Männer ermöglicht.

Die besonderen Merkmale der Berliner Altersstudie sind:

1. örtliche *Repräsentativität* und *Heterogenität* der Teilnehmer durch die Ziehung einer Zufallsstichprobe aus dem städtischen Melderegister;
2. ein Fokus auf *sehr alte* Menschen durch Erfassung jeweils gleich großer Altersgruppen der 70- bis über 100jährigen;
3. *Interdisziplinarität* durch breitgefächerte und intensive, in 14 Sitzungen erhobene Datensätze; und

4. die Erhebung eines *Referenzdatensatzes* von der älteren Bevölkerung einer deutschen Großstadt.

Mit diesen Schwerpunkten greift die Berliner Altersstudie neuere Bemühungen in der Gerontologie auf, Teilnehmerheterogenität (Maddox, 1987) anzustreben und Hochbetagte (Poon, 1992) in die Untersuchungen einzubeziehen. So sind unsere Ziele beispielsweise denjenigen ähnlich, die durch die vom US National Institute on Aging initiierte *Health and Retirement Study* formuliert wurden. Dies gilt auch für die Alternsforschung, die vom MacArthur Foundation Network on Aging ausging (Berkman et al., 1993; Rowe & Kahn, 1987).

2.1 Lokale Repräsentativität und Stichprobenheterogenität

Die Berliner Altersstudie reagiert mit ihrem ersten Schwerpunkt, der auf *lokale Repräsentativität* und damit *Stichprobenheterogenität* gelegt wurde, auf die häufig gestellte Forderung, daß sich Alter(n)sforschung auf Stichproben aus der gesamten Bevölkerung und nicht nur auf bequemere Freiwilligenstichproben oder auf Stichproben auf der Grundlage von Klinik- oder Krankenkassenpopulationen stützen sollte (Maddox, 1987; Nelson & Dannefer, 1992; Rowe & Kahn, 1987). Die Einschätzung der lokalen Repräsentativität und der Heterogenität ist in BASE deshalb möglich, weil es ein obligatorisches staatliches Melderegister gibt, das alle in West-Berlin Wohnenden umfaßt. Obwohl dieses Register nicht fehlerfrei ist, bietet es doch den besten Zugang zur gesamten Bevölkerung.

2.2 Schwerpunkt auf dem sehr hohen Alter

Mit ihrem zweiten Schwerpunkt, der Berücksichtigung *sehr alter Menschen* (Hochbetagte), reagiert BASE auf die Kritik, daß ein Großteil der bisher vorliegenden gerontologischen Forschung sich auf Stichproben relativ „junger" Alter stützt, die Gruppe der 65- bis 85jährigen (P. B. Baltes & Baltes, 1990a; Bromley, 1988; Neugarten, 1974; Svanborg, 1985). Es gibt gute Gründe anzunehmen, daß Daten über das fortgeschrittene Alter wegen der zunehmenden Todesnähe der sehr Alten (85 Jahre und darüber) neue Einblicke in Mechanismen und Regelmäßigkeiten menschlichen Alterns bieten können. Die relative zeitliche Nähe des Todes könnte bei der Bestimmung der Variationen des Erwachsenenalters eine wichtigere Variable sein als das schiere Lebensalter, also der Abstand von der Geburt (Kleemeier, 1962; Riegel & Riegel, 1972; Siegler, 1975).

Aus diesem Grund entschieden wir uns, wie weiter unten genauer beschrieben, die BASE-Stichprobe nach Alter und Geschlecht zu schichten, d. h. aus jeder Altersgruppe die gleiche Anzahl von Männern und Frauen zu untersuchen. Dieses Vorgehen erlaubt es, auch für die Teilgruppen (wie Hochbetagte) hinreichend präzise Aussagen machen zu können, die bei einer ungeschichteten Zufallsauswahl aus der Gesamtbevölkerung nur in relativ kleiner Zahl erfaßt würden. Dies trifft insbesondere auch auf Männer zu, die wegen ihrer durchschnittlich kürzeren Lebenszeit in Stichproben der Hochbetagten meist in nur sehr kleiner Zahl vorkommen, ein Effekt, der in Deutschland noch durch den überproportionalen Verlust von Männern in den beiden Weltkriegen verstärkt wird.

2.3 Interdisziplinarität

Drittens versucht BASE eine breite Spannweite von *Interdisziplinarität* zu erreichen. Multi-, Inter- und Transdisziplinarität sind häufig genannte Ziele gerontologischer Forschung (P. B. Baltes & Mittelstraß, 1992; Birren, 1959; Birren & Bengtson, 1988; Cowdry, 1939; Lehr & Thomae, 1987; Maddox, 1987; Olbrich, Sames & Schramm, 1994; Oswald, Herrmann, Kanowski, Lehr & Thomae, 1984). Das erwünschte disziplinäre Spektrum ist jedoch sowohl in der Datenerhebung als auch in der interdisziplinären Auswertung nur selten wirklich zu erreichen.

In der Berliner Altersstudie versuchen über 30 Wissenschaftler aus den Gebieten der Biochemie, Inneren Medizin, Zahnmedizin, Psychiatrie, Neuropsychologie, Psychologie, Soziologie und Ökonomie inter- und multidisziplinäre Kooperation zu verwirklichen. Sie bilden vier eng zusammenarbeitende Forschungseinheiten (Innere Medizin/Geriatrie, Psychiatrie, Psychologie und Soziologie/Sozialpolitik), die sich gleichermaßen an Planung und Entscheidungsprozessen beteiligten und denen eine vergleichbare Zeitdauer für Untersuchungen der Studienteilnehmer zur Verfügung gestellt wurde (im Jahr 1995 wurde eine fünfte Forschungsgruppe ins Leben gerufen, die sich mit Fragen molekularbiologischer Analysen beschäftigen soll). Im Gegensatz zu den meisten bisherigen gerontologischen Untersuchungen gab es also in BASE kein Primat einer bestimmten Disziplin.

2.4 Referenzdatensatz

Der vierte Schwerpunkt der Berliner Altersstudie, die Sammlung eines *Referenzdatensatzes* einer wohldefinierten und heterogenen Stadtbevölkerung älterer Menschen, wird primär durch Fragen der Anwendung und der Sozialpolitik motiviert (Alber, 1992; P. B. Baltes & Mittelstraß, 1992; Bundesministerium für Familie und Senioren [BMFuS], 1993; Dieck, Igl & Schwichtenberg-Hilmert, 1993; Klose, 1993a, Mayer et al., 1992). Die in Deutschland im Pflegebereich und in medizinischen oder sozialpolitischen Bereichen Tätigen sowie die Politikplaner haben ein starkes Interesse an Auskunft über Indikatoren des Alter(n)s, die für ihre Arbeit relevant sein könnten.

So brauchen beispielsweise Ärzte eine zuverlässige Information über Verteilungen von Laborparametern im hohen Alter; im Pflegebereich Tätige, die örtliche Hilfsangebote oder klinische Dienste vermitteln, wüßten gerne Genaueres über die Alltagsbedürfnisse älterer Menschen, über ihre Lebensbedingungen und über die Prävalenz körperlicher und geistiger Krankheiten. Politikplaner halten Ausschau nach Makroentwicklungen wie dem Altern der Gesellschaft oder neuen Trends in der Morbiditätsentwicklung wie etwa der Frage der altersbezogenen Häufigkeit der Alzheimerschen Demenz.

Mit den BASE-Daten versuchen wir, unseren Teil dazu beizutragen, Antworten auf solche und ähnliche Fragestellungen zu finden. BASE hat also auch einen epidemiologischen Schwerpunkt. Allerdings ist BASE keine epidemiologische Studie im „klassischen" Sinn (Häfner, 1992). Aufgrund unseres vorrangigen Interesses an interdisziplinärer Tiefe und Intensität der Erhebungen mußten wir unsere Stichprobengröße begrenzen. Von daher ist es möglich, daß Phänomene geringer Prävalenz (Auftretenshäufigkeit) in unserer Studie nicht adäquat berücksichtigt sind oder deren Niederschlag nicht erkennbar ist. Diese Einschränkung betrifft allerdings weniger die in BASE zentralen epidemiologischen Themenkreise wie Pflegebedürftigkeit, Depression und Demenz.

2.5 Longitudinale Perspektive und Pläne für die Zukunft

Obwohl die Berliner Altersstudie bisher eine Querschnittsstudie ist, also Alter(n) dadurch erfaßt, daß Personen unterschiedlichen Alters zu einem Zeitpunkt im Sinne einer Momentaufnahme beobachtet wurden, hat BASE auch longitudinale Eigenschaften. Erstens umfaßt ihr Protokoll die retrospektive Erhebung lebensgeschichtlicher Daten. Die Untersuchungsprogramme der medizinischen und soziologischen Forschungseinheiten schließen beispielsweise frühere Charakteristika und Lebensereignisse der untersuchten Personen sowie ihre vergangenen sozialen, ökonomischen und bildungsbedingten Umwelten ein. Zweitens ermöglicht die relativ lange Dauer der Erhebungsphase (im Mittel vier bis fünf Monate je Studienteilnehmer) eine kurzfristige prospektive Weiterverfolgung, die z. B. wegen der beschleunigten altersspezifischen Veränderungen, insbesondere bei sehr Alten oder bei pathologischen Teilgruppen, von Bedeutung sein könnte. Drittens ist BASE so entworfen, daß sie in eine *Längsschnittstudie* einschließlich einer *Kohortensequenzstudie* umgewandelt werden könnte (P. B. Baltes, Reese & Nesselroade, 1988; Magnusson & Bergman, 1990; Nesselroade & Baltes, 1979; Rutter, 1988; Schaie, 1965, 1995). Erste Schritte in diese Richtung sind bereits erfolgt.

Da wichtige Fragen über den Alternsverlauf und dessen Entstehungsquellen nur aufgrund von Längsschnittdaten beantwortet werden können, haben wir uns in jüngster Zeit vor allem der längsschnittlichen Ausgestaltung der Berliner Altersstudie zugewandt. Hierbei gibt es vier Zielsetzungen für die gegenwärtige und zukünftige Arbeit. Erstens beabsichtigen wir die längsschnittliche Weiterverfolgung der derzeitigen Stichprobe hinsichtlich ihrer langfristigen Überlebens- und Sterblichkeitsmerkmale. Diese Information kann im wesentlichen in Zusammenarbeit mit dem Landeseinwohneramt von Berlin erhalten werden. Zweitens haben wir die Erhebung in stark verkürzter Form als eine Art Minimal-Längsschnittstudie nach etwa zwei Jahren wiederholt. Diese erste Zwei-Jahres-Nachuntersuchung wurde im Jahre 1994 abgeschlossen. Es kam eine modifizierte Version des Ersterhebungsprotokolls zur Anwendung (siehe unten). Die Ergebnisse sind allerdings noch nicht ausgewertet. Drittens führen wir gegenwärtig eine zweite longitudinale Nachuntersuchung mit einem größeren Erhebungsprotokoll (fünf Untersuchungssitzungen) durch, die 1996/97 abgeschlossen werden soll (d. h. im Durchschnitt knapp vier Jahre nach der Erstuntersuchung). Viertens stellen wir uns neue Projekte vor, die spezifische Folgefragen, beispielsweise an ausgewählten Substichproben (wie Dementen), untersuchen. Als ein Beispiel für diese Art von longitudinaler Forschungserweiterung ist ein Einzelprojekt der Forschungsgruppe Psychologische Gerontologie an der Freien Universität Berlin (Leiterin: Margret M. Baltes) zu nennen. Um ein detaillierteres Bild des Alltagslebens zu erhalten, werden in dieser von der DFG finanzierten Zusatzstudie die Tagesaktivitäten der BASE-Teilnehmer kontinuierlicher und vollständiger erfaßt, als dies in der Hauptstudie möglich war.

Im allgemeinen ist es also unsere Absicht, die Berliner Altersstudie in einem begrenzten Ausmaß als Längsschnittstudie fortzuführen. Bei diesem Vorgehen leiten uns zwei Perspektiven. Einerseits wird die Studie so weitergeführt, daß sie ein notwendiges Minimum an längsschnittlichen Informationen erbringt. Andererseits soll sie Daten und Teilnehmer für verschiedene Anschlußprojekte bieten, die eine gründlichere Analyse spezifischer Forschungsfragen und theoriegeleiteter Substichproben erlauben (Kruse, Lindenberger & Baltes, 1993).

3. Studienentwurf und strategisches Konzept

Abbildung 1 gibt einen Überblick über das Forschungsdesign, die drei prototypischen Fragen und die Stichproben von BASE.

3.1 Zur Stichprobe

Die Brutto-Stichprobe wurde randomisiert aus dem Westberliner Melderegister gezogen und nach Alter und Geschlecht geschichtet. Für die vollständige Messung (sogenanntes Intensivprotokoll, siehe unten) wurden sechs Alterskategorien (70–74, 75–79, 80–84, 85–89, 90–94 und 95+ Jahre) ausgewählt, mit der gleichen Anzahl (N=43) von Männern und Frauen in jeder der zwölf Zellen. Die Gesamtstichprobe bestand also aus 516 Personen (vgl. auch Tabellen 8–10 unten). Weitere Personen aus der Ausgangsstichprobe nahmen an weniger intensiven Messungen teil (vgl. Nuthmann & Wahl, Kapitel 2).

Warum haben wir uns für diesen Zugang einer nach Alter und Geschlecht geschichteten Stichprobe entschieden? Viele Studien streben Repräsentativität an und untersuchen Stichproben, die in ihren wichtigsten Verteilungen (wie z. B. Alter, Geschlecht und Bildungsstand) die Demographie der gesamten Ausgangspopulation widerspiegeln. Diese Strategie ist immer dann sinnvoll, wenn die durch eine Studie gewonnenen Aussagen unmittelbar auf die Gesamtpopulation generalisiert werden sollen; also beispielsweise bei den Fragen, wie viele aller über 70jährigen an einer Altersdemenz erkrankt sind oder eine politische Partei wählen. Wegen der ungleichen Alters- und Geschlechtsverteilung in der alten Bevölkerung (es gibt mehr „junge" Alte als „alte" Alte und mehr Frauen als Männer) enthält ein solcher auf Repräsentativität der Gesamtpopulation angelegter Ansatz der Stichprobenziehung viel mehr jüngere als ältere Personen und viel mehr Frauen als Männer, beispielsweise etwa fünfmal mehr 70jährige als

Abbildung 1: Der Entwurf der Berliner Altersstudie und die prototypischen Fragen. In jeder Alters- und Geschlechtsgruppe wurden 43 Personen untersucht (Gesamt N=516).

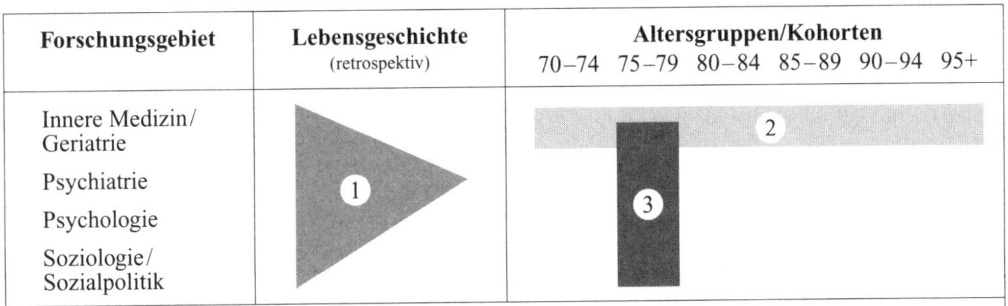

Forschungsgebiet	**Lebensgeschichte** (retrospektiv)	**Altersgruppen/Kohorten** 70–74 75–79 80–84 85–89 90–94 95+
Innere Medizin/ Geriatrie Psychiatrie Psychologie Soziologie/ Sozialpolitik	1	2 3

1. Sind individuelle Unterschiede im Alter aus lebensgeschichtlichen Daten vorhersagbar?
2. Wie groß sind die Alter(n)sunterschiede innerhalb der Funktionen oder Bereiche, die durch jede einzelne Disziplin identifiziert wurden, und in welche Richtung weisen sie?
3. Wie stellen sich Zusammenhänge zwischen medizinischen, psychologischen und sozioökonomischen Merkmalen auf intersystemischer Ebene dar?

90jährige und etwa fünfmal mehr 90jährige Frauen als 90jährige Männer (vgl. Tabelle 11 unten).

Gerontologische Forschung ist allerdings nicht nur an den Parametern der Gesamtbevölkerung der Alten interessiert. Im Gegenteil, für viele Alter(n)sforscher(innen) liegt der Schwerpunkt zunächst auf dem Wirkungsfaktor Alter (P. B. Baltes et al., 1988; Birren, 1959; Maddox, 1987). Dabei interessiert beispielsweise die Frage, ob und wie sich 70jährige und 90jährige in ihrer Gedächtnisleistung oder in ihrem allgemeinen Gesundheitszustand voneinander unterscheiden. Daher streben Gerontologen zunächst eine vergleichbare statistische Aussagekraft für die Analyse von Alterseffekten an. Um etwa 70- und 90jährige vergleichen zu können, sind zwei Altersstichproben vergleichbarer Größe am nützlichsten. Deshalb haben wir uns entschieden, in der Berliner Altersstudie nach dem Alter zu schichten mit der Folge einer „Überrepräsentation" von sehr Alten. Wegen der allgemeinen Bedeutung von Geschlechtsunterschieden haben wir dieselbe Logik auf die Variable des Geschlechts angewendet. Das Übersampling der alten Männer erlaubt es uns, Geschlechtsunterschiede bis ins hohe Alter mit vergleichbarer statistischer Präzision zu untersuchen (vgl. M. M. Baltes et al., Kapitel 22).

Unser auf Stratifizierung (Alter, Geschlecht) angelegtes Vorgehen schließt natürlich die Schätzung von Populationsverteilungen nicht aus. Wenn Schätzungen von Populationsverteilungen bestimmter Indikatoren wie des Wohlbefindens der gesamten Altenbevölkerung benötigt werden, d. h. Verteilungen von Indikatoren, wie sie in der zum Zeitpunkt der Untersuchung lebenden Altenbevölkerung existieren, werden sie durch nachträgliche Gewichtung berechnet. Auf die besonderen Möglichkeiten, aber auch speziellen Probleme, die sich aus diesem Zugang ergeben, werden wir in Abschnitt 7.4 dieses Kapitels näher eingehen (siehe auch Lindenberger et al., Kapitel 3).

3.2 Möglichkeiten und Grenzen einer Querschnittsuntersuchung

Die hier berichteten Daten aus der Berliner Altersstudie beruhen auf sogenannten Querschnittsdaten, was heißt, daß die Studienteilnehmer(innen) zu einem Zeitpunkt nur einmal (wenn auch in mehreren Sitzungen) untersucht wurden.

Die vollständige Erfassung des Alterns erfordert aber längsschnittliche Untersuchungspläne (wiederholte Beobachtungen), und dies möglichst aufgrund mehrerer Geburtskohorten (P. B. Baltes, Reese, & Nesselroade, 1988; Nesselroade & Baltes, 1979; Magnusson, Bergman, Rudinger & Törestad, 1991; Schaie, 1995).

Längsschnittliche Daten (siehe unten) werden erst 1996/97 vorliegen. Wohl wissend, daß querschnittlich gewonnene Altersvergleiche nur erste (und gelegentlich auch falsche) Schätzungen von Alternsveränderungen darstellen und keine Information über individuelle Verlaufsmuster enthalten, versuchen wir dennoch in diesem Buch, eine erste Übersicht über das Altern der Teilnehmer der Berliner Altersstudie zu geben. Was ist möglich, was ist gefährlich, und was ist unmöglich in diesem Unterfangen, das zunächst auf querschnittlichen Daten beruhen muß?

Festzuhalten ist zunächst, daß es nur durch längsschnittliche Information möglich ist, (a) Alternsverläufe auf individueller und gruppenspezifischer Ebene zu erhalten, (b) die temporale Stabilität von individuellen Differenzen abzuschätzen sowie (c) kausale Hypothesen über Determinanten und Wirkungssequenzen des Alterns adäquat zu testen. In der Alternsforschung können diese Ziele nur sukzessiv und durch das kreative Neben- und Miteinander von Quer- und Längsschnittforschung (Kruse et al., 1993) erreicht werden.

Möglich in Querschnittsstudien, wie der jetzigen Berliner Altersstudie, ist die Schätzung von *durchschnittlichen Altersunterschieden*. Ob diese Schätzungen von durchschnittlichen Alterseffekten letzlich gültig sind, hängt wesentlich von zwei Grundbedingungen ab (vgl. P. B. Baltes et al., 1988).

Erstens, daß die Ergebnisse, die wir für die verschiedenen Altersgruppen finden, nicht vor allem aufgrund selektiver Altersmortalität zustande gekommen sind; daß also die Altersgruppen sich in der Zielvariablen nicht einfach deshalb unterscheiden, weil sie unterschiedliche Zusammensetzungen (Überlebensquoten) der anfänglichen Geburtskohorten darstellen. Dies wäre beispielsweise für die Zielvariable Einkommen der Fall, wenn es eine hohe Korrelation zwischen Einkommen und Lebensdauer gäbe, die in ihrer Größenordnung dem in der Querschnittsanalyse vorgefundenen Alterseffekt entspräche.

Eine zweite wichtige Fehlerquelle bei der Interpretation von querschnittlich gefundenen Altersdifferenzen besteht in sogenannten Kohortenunterschieden. Im Querschnitt beobachtete Altersgruppen unterscheiden sich nämlich nicht nur im Lebensalter, sondern auch darin, daß sie in verschiedenen gesellschaftlich-historischen Perioden gealtert sind. So verbrachten die in BASE untersuchten 100jährigen ihre ersten 20 Jahre etwa von 1890 bis 1910, während die in BASE untersuchten 80jährigen ihre ersten

20 Lebensjahre etwa von 1910 bis 1930 erlebten (vgl. Maas et al., Kapitel 4). Wie man seit dem Beginn der Methodendiskussion in der gerontologischen Lebensverlaufsforschung (P. B. Baltes, 1968; Riley, 1973; Ryder, 1965; Schaie, 1965) weiß, sind querschnittlich gewonnene Altersdifferenzen immer dann schlechte Schätzungen von durchschnittlichen Alternsveränderungen, wenn solche historisch verankerten Bedingungskonstellationen die Gestaltung des Lebensverlaufs dominieren.

Auf pragmatischer Ebene in Querschnittsanalysen möglich ist ebenfalls die Untersuchung der *korrelativen Beziehungen zwischen Funktionssystemen*. Ein Beispiel wäre der Zusammenhang zwischen Intelligenz und Gesundheit. Aus der bisherigen Forschung gibt es nämlich wenige Anhaltspunkte dafür, daß solche korrelativen „systemischen" Kovarianzmuster deutlichen Veränderungen unterliegen, beispielsweise, wenn diese aufgrund längsschnittlicher Daten für Jüngere und Ältere getrennt berechnet werden.

Ferner ist es vertretbar, Querschnittsdaten als erste *Schätzung für korrelative Bedingungsanalysen* zu nutzen. Mit korrelativen Bedingungsanalysen meinen wir die Überprüfung von kausal „gedachten" (theoriegeleiteten) longitudinalen Wirksystemen. Ein Beispiel wäre die Frage, ob objektive Lebensumstände den Zusammenhang zwischen Krankheit und geistiger Leistungsfähigkeit beeinflussen; oder etwa auch die Frage nach dem Zusammenhang zwischen Bildungsstand im Erwachsenenalter und Demenz im Alter. In jedem dieser Fälle handelt es sich allerdings um Zusammenhangsmuster, deren temporale und kausale Struktur nur „simuliert" und nicht direkt getestet werden kann. Die erhaltenen Ergebnisse haben also, was die Bewertung einer Kausalbeziehung angeht, nicht Beweis-, sondern lediglich Stützcharakter.

Ob und wie Querschnittsdaten für die dargelegten Fragestellungen nutzbar gemacht werden, hängt auch ganz wesentlich vom bisherigen Forschungsstand in den Einzelgebieten ab. In der gerontologischen Intelligenzforschung, wo es gute Vergleichsmöglichkeiten zwischen querschnittlich und längsschnittlich gewonnenen Datensätzen gibt (Lindenberger & Baltes, 1995; Salthouse, 1991), hat sich beispielsweise herausgestellt, daß die Unterschiede zwischen Kohorten geringer sind, als man dies ursprünglich angenommen hat. Querschnittlich gewonnene Ergebnisse scheinen auf diesem Funktionsgebiet daher relativ gute Schätzungen für durchschnittliche Altersunterschiede zu liefern.

Bei der Darstellung ihrer jeweiligen Befunde waren die Autoren in diesem Band angehalten, die jeweilige Forschungslage hinsichtlich der möglichen Rolle von Kohorten und selektiven Mortalitätseffekten zu berücksichtigen und diese Bewertung in ihre Interpretationen einfließen zu lassen. Ebenso sollten sie Schlußfolgerungen hinsichtlich individueller Alterungsprozesse und kausaler Wirkungszusammenhänge möglichst vermeiden und deutlich machen, daß es sich um erste Schätzungen handelt. Gleichzeitig ist uns und den Autoren der Einzelkapitel bewußt, daß der stetige Hinweis auf die begrenzten Interpretationsmöglichkeiten querschnittlicher Daten auch eine Art intellektuelle Sterilität erzeugen kann, die dem wissenschaftlichen Fortschritt eher undienlich ist. Wir hoffen aber, daß es uns insgesamt gelungen ist, die Gewinn- und Verlustbilanz dieser Methodenproblematik sinnvoll auszuschöpfen bzw. einzugrenzen.

3.3 Prototypische Fragestellungen

Jedes multidisziplinäre Projekt ist natürlich durch viele Strömungen intellektueller Motivation gekennzeichnet, die gelegentlich auch in verschiedene oder gar entgegengesetzte Richtungen weisen können. Es ist daher wichtig, daß bei einem so umfangreichen Projekt ein gemeinsames Territorium abgesteckt wird, um ein intellektuelles Fundament für langfristige Integration und Zusammenarbeit zu legen. Wie auch in Abbildung 1 dargestellt, haben wir zu diesem Zweck drei prototypische Fragen bewußt atheoretisch formuliert, die sich vor allem aus dem Untersuchungsdesign ableiten:

1. *Sind individuelle Unterschiede im Alter aus lebensgeschichtlichen Daten vorhersagbar?*
2. *Wie groß sind die Alter(n)sunterschiede innerhalb der Funktionen oder Bereiche, die durch jede einzelne Disziplin identifiziert wurden, und in welche Richtung weisen sie?*
3. *Wie stellen sich Zusammenhänge zwischen medizinischen, psychologischen und sozioökonomischen Merkmalen auf intersystemischer Ebene dar?*

Diese Fragen stellen natürlich nur eine kleine Auswahl aus vielen möglichen dar. Sie sind eng an die Rolle des chronologischen Alters in der Alternsforschung gekoppelt. Als erste Annäherung und wegen ihrer engen Verknüpfung mit dem Untersuchungsdesign ermöglichen diese prototypischen Fragen jedoch eine gemeinsame Orientierung und erzeugen die Notwendigkeit eines fortdauernden interdisziplinären Diskurses. Außerdem erleichtern sie die Untersuchung der Unterschiede zwischen „jungen" und „alten" Alten (Hochbetagten).

4. Gemeinsame theoretische Orientierungen

Über diese drei eben genannten prototypischen Fragen hinaus hat die BASE-Forschungsgruppe vier gemeinsame theoretische Orientierungen entwickelt (siehe Tabelle 1). Immer wenn wir in der Komplexität der Studie und auf den divergierenden Wegen fachspezifischer Vorlieben und Neigungen auseinanderzudriften scheinen, kehren wir zu ihnen zurück, um Gemeinsamkeit und Orientierung wiederzuerlangen. Diese gemeinsamen theoretischen Orientierungen (vgl. Tabelle 1) sind:
1. *differentielles Altern;*
2. *Kontinuität versus Diskontinuität des Alterns;*
3. *Bandbreite und Grenzen von Plastizität und Kapazitätsreserven im Alter*; und
4. *Alter und Altern als systemische und interdisziplinäre Phänomene.*

Die meisten dieser theoretischen Orientierungen haben eine lange Tradition in der Gerontologie, und sie sind nicht als unabhängig voneinander zu verstehen. So besteht ein enger Zusammenhang zwischen der ersten (differentielles Altern) und der zweiten Orientierung (Kontinuität versus Diskontinuität des Alterns). Ausführlichere Informationen zu jeder dieser theoretischen Orientierungen finden sich in dem von P. B. Baltes und J. Mittelstraß (1992) herausgegebenen begleitenden Buchprojekt der Arbeitsgruppe „Altern und gesellschaftliche Entwicklung" (AGE) der Akademie der Wissenschaften zu Berlin sowie der ersten englischsprachigen Zusammenfassung, die zur Berliner Altersstudie erstellt wurde (P. B. Baltes et al., 1993).

Die erste gemeinsame theoretische Orientierung, *differentielles Altern*, reflektiert zwei der Hauptthemen gerontologischer Arbeit (P. B. Baltes & Baltes, 1992; Birren & Bengtson, 1988; Bromley, 1988; Gerok & Brandtstädter, 1992; Kohli, 1992; Lehr, 1991; Lehr & Thomae, 1987; Maddox, 1987; Nelson & Dannefer, 1992; Oswald et al., 1984; Rowe & Kahn, 1987; Schaie, 1995; Steen & Djurfeldt, 1993; Steinhagen-Thiessen, Gerok & Borchelt, 1992; Thomae, 1976, 1992; Weinert, 1992). Zunächst wird im Fokus auf das chronologische Alter als primärer Designvariable unsere Annahme deutlich, daß Altern (Alterungsprozesse) zu einem wesentlichen Grad durch ein Maß der Lebenszeit erfaßt werden kann. Die Kombination von Altern mit Variabilität (differentielles Altern) soll gleichzeitig aber verdeutlichen, daß chronologisches Alter weder die Gesamtvarianz des Alterns einheitlich abbildet noch die Quelle für alle „Alternsphänomene" darstellt. Im Gegenteil, es gibt Einflußgrößen auf das Alter und Prozesse des Alterns, die nur eine geringe Beziehung zum chronologischen Lebensalter aufweisen.

Beim Vergleich von Individuen, Teilgruppen oder Funktionssystemen fallen also für den Verlauf des Alterns sowohl deutliche interindividuelle (zwischen Personen bestehende) Differenzen als auch Unterschiede zwischen Funktionsbereichen innerhalb derselben Person auf. Über Personen und Funktionsbereiche gemittelte Alterstrends bieten daher nur einen beschränkten Blick auf das Alter und das Altern, d. h. den Alterungsverlauf. Ebenso wichtig ist die Einsicht, daß diese Tatsache auch bedeuten kann, daß es altersirrelevante Bedingungen sein können, die diese Unterschiede hervorrufen (P. B. Baltes, 1973, 1987; Thomae, 1979). Als Veranschaulichung

Tabelle 1: Gemeinsame theoretische Orientierungen der Berliner Altersstudie.

Theoretische Orientierungen	
Differentielles Altern	a) nach Funktionsbereichen b) nach Teilgruppen von Individuen
Kontinuität versus Diskontinuität des Alterns	a) quantitative versus qualitative Veränderungen b) Ausmaß der Vorhersagbarkeit des Alters aufgrund lebensgeschichtlicher Vorgänge
Bandbreite und Grenzen von Plastizität und Kapazitätsreserven im Alter	a) Entwicklungskapazitätsreserven im Alter b) interne versus externe Handlungsressourcen
Alter und Altern als systemische und interdisziplinäre Phänomene	a) Zusammenhänge zwischen physischem, sozialem und psychischem Altern sowie institutionellen Kontexten b) normales versus optimales versus pathologisches Altern

der beträchtlichen individuellen Variationen in den Altersveränderungen kann die Unterscheidung zwischen „normalem“ und „pathologischem“ Altern dienen. Sind also beim Altern auftretende Veränderungen Ausdruck normalen Alterns oder Zeichen von Krankheit? Ein anderes, sozialwissenschaftliches Beispiel ist die „soziale Differenzierung“, die mit sozialem Status, ethnischer Zugehörigkeit, Geschlecht, Bildung und Arbeit zusammenhängt (Kohli, 1992; Kohli & Meyer, 1986; Mayer, 1992; Nelson & Dannefer, 1992; Riley, 1987; Riley, Kahn & Foner, 1994; Tews, 1990).

Wie viele andere Forscher auf diesem Gebiet haben wir Interesse daran, das Faktum der interindividuellen Differenzen und der Funktionsbereichs-Variabilität für wissenschaftliche und sozialpolitische Fragestellungen auszunutzen. Dies ist auch deshalb von Bedeutung, weil das gesellschaftliche Stereotyp des Alters (P. B. Baltes & Staudinger, 1993; Tews, 1991) alte Menschen „homogenisiert“. Auf wissenschaftlicher Ebene wird dagegen oft behauptet, daß das Ausmaß interindividueller Variabilität (Heterogenität) mit dem Alter ansteigt (Nelson & Dannefer, 1992).

Die zweite theoretische Orientierung, *Kontinuität versus Diskontinuität* des Alterns, bringt mindestens zwei Themen in den Vordergrund (P. B. Baltes, 1973; Birren, 1959; Brim & Kagan, 1980; Neugarten, 1969). Erstens wird die Frage aufgeworfen, ob und inwieweit die Phänomene des Alter(n)s durch „qualitativ“ neue Funktionsaspekte oder hauptsächlich durch „quantitative“ Verschiebungen innerhalb des auch schon in den früheren Lebensphasen bestimmenden Parametersatzes gekennzeichnet sind. Das „Entstehen“ von Weisheit im Alter als einer innovativen Form des Lebenswissens wäre ein Fall von positiv bewerteter qualitativer Diskontinuität, die klinische Manifestation von Demenz oder der Übergang in Pflegebedürftigkeit wären Beispiele für negative qualitative Diskontinuität.

Die zweite Frage, die sich in diesem Zusammenhang von Kontinuität versus Diskontinuität stellt, betrifft die relative Vorhersagbarkeit (Prädiktion) von Alter(n)sphänomenen aufgrund der früheren Lebensgeschichte. Wären einerseits Zustände im Alter oder Alternsverläufe weitgehend aufgrund früherer Lebenscharakteristika vorhersagbar, wäre dies ein Beispiel für lebenszeitliche Kontinuität. Wäre es dagegen so, daß Altern und interindividuelle Funktionsvariationen im Alter Ausdruck von Determinanten sind, die wenig mit früheren Konstellationen zu tun haben, sondern erst im Alter aufgrund neuer Konstellationen von Einflußfaktoren entstehen, wäre dies ein Beispiel für prädiktive Diskontinuität. Zu beachten ist auch, daß Aspekte der Kontinuität versus Diskontinuität von gesellschaftlich-kontextuellen Faktoren (z. B. der Struktur des Lebensverlaufs) abhängig sind. Dies ist vor allem ein Thema komparatistisch angelegter internationaler Alternsforschung (z. B. Guillemard, 1992) einschließlich der vergleichenden Ethnologie (Elwert, 1992).

Die dritte gemeinsame theoretische Orientierung, die Identifikation von *Bandbreite und Grenzen der Plastizität und Kapazitätsreserven* im Alter, ist jüngeren Datums (P. B. Baltes & Graf, 1996; Coper, Jänicke & Schulze, 1985). Sie entwickelte sich in Reaktion auf die lange bestehende Auffassung, die ursprünglich besonders unter biologisch orientierten Wissenschaftlern im Vordergrund stand, daß Verlust der Anpassungsfähigkeit oder Plastizität das wesentliche Merkmal des Alterns darstellt (Finch, 1990; Shock, 1977). Im letzten Jahrzehnt und nicht zuletzt stimuliert durch psychologische und sozialwissenschaftliche Forschung hat sich eine weitere Akzentsetzung der Plastizitätsforschung ergeben. Zunehmend im Vordergrund stehen „zwei Gesichter“ (P. B. Baltes, 1987, 1993) der Plastizität im Alter: Verlust und latentes Potential. Wegen der vielen geistigen und kulturellen Facetten des Alterns und des möglichen Fortschritts einer positiven Alterskultur wird zunehmend mehr Aufmerksamkeit auf die Identifizierung potentieller Gewinne und latenter, d. h. aktivierbarer Reserven des Alter(n)s gerichtet (P. B. Baltes & Baltes, 1992; P. B. Baltes & Staudinger, 1993; Bortz, 1991; Fries, 1990; Gerok & Brandtstädter, 1992; Kliegl & Baltes, 1991; Kruse, 1992a, 1992b; Lehr, 1991; Mayer, 1992; Perlmutter, 1990, Riley & Riley, 1992; Rowe & Kahn, 1987; Steinhagen-Thiessen, Gerok & Borchelt, 1992; Svanborg, 1985). So ist eine neue „doppelgesichtige“ Forschungsperspektive entstanden, die in der Gegenüberstellung von „Bandbreite und Grenzen“ der Plastizität zum Ausdruck kommen soll.

Gemäß dieser theoretischen Orientierung geht also das Altern einerseits mit dem Erreichen klarer Grenzen und Einschränkungen von physischen, neurophysiologischen, geistigen und sozialen Fähigkeiten einher. Andererseits hat jedoch die gerontologische Forschung des letzten Jahrzehnts eindrucksvolle Nachweise der Plastizität erbracht und so auf beträchtliche unausgeschöpfte Reserven und latente Potentiale alter Menschen hingewiesen. Diese erstrecken sich über ein großes Spektrum von Bereichen: vom biochemischen Status über körperliche Leistungsfähigkeit bis zu kognitiven und sozialen Funktionen.

Die Suche nach latenten Reserven und Plastizität des Alterns ist auch deswegen von höchster Bedeutung, weil die derzeitige Ökologie oder „Kultur" des Alters dazu neigt, das Potential der letzten Segmente der Lebensspanne zu unterschätzen. Es gibt eine Art Paradox des Alters (P. B. Baltes & Baltes, 1990a, 1992): In einem gewissen kulturhistorischen Sinne ist das hohe Alter „jung", weil seine Kulturgeschichte die jüngste aller Altersphasen des Lebens ist. Daher gibt es noch keine hochentwickelte positive Kultur für alte Menschen. Dies trifft insbesondere auf das hohe Alter, die Hochbetagten, zu. Sozialpolitische Abhandlungen und parteipolitische Manifeste sind entscheidend von dieser Ausgangsposition und der Suche nach einer besseren Lebenslage für die künftigen Alten geprägt (BMFuS, 1993; Dieck, 1992; Klose, 1993b; Kohli, 1993; Mayer et al., 1992; Tews, 1990; Thomae & Maddox, 1982).

In BASE wollen wir deshalb mehr darüber erfahren, was unter derzeitigen Bedingungen im Alter prinzipiell möglich ist und was darüber hinaus unter anderen individuellen und kulturellen Bedingungen möglich sein könnte. Dies betrifft sowohl die „internen" oder endogenen persönlichen Merkmale alternder Individuen als auch die „externen" Bedingungen der materiellen, institutionellen und kulturellen Welt, in der sich das Altern vollzieht. Ebenso bedeutungsvoll ist in diesem Zusammenhang die Herausforderung, gesellschaftliche und persönliche Zielsetzungen des Alters nicht uniform für alle älteren Menschen zu definieren, da es, wie bereits erwähnt, große Unterschiede im Altern einzelner Personen gibt. Ein konkretes Problem ist beispielsweise die Frage, ob das nach Vitalität strebende Bild der jungen Alten (Karl & Tokarski, 1989) auch für das hohe Alter als zentrales Bild propagiert werden kann.

In der vierten gemeinsamen theoretischen Orientierung, der Verpflichtung zur *Interdisziplinarität*, spiegelt sich die langjährige Auffassung der Gerontologen, daß die Untersuchung des Alterns nach reichhaltigem multi-, inter- und transdisziplinärem Diskurs und Zusammenarbeit verlangt (P. B. Baltes & Baltes, 1992; Birren & Bengtson, 1988; Cowdry, 1939; Lehr & Thomae, 1987; Maddox, 1987; Mittelstraß et al., 1992; Olbrich et al., 1994; Oswald et al., 1984). Alter und Altern sind gleichzeitig biologisch, psychisch, sozial und gesellschaftlich verfaßt. Aus dieser Perspektive nimmt keine Disziplin eine Vorherrschaft im Verstehen des Alterns ein. Jede Disziplin hat nur einen teilweisen und begrenzten Ausblick.

Altern und Alter sind also dem Wesen nach ein System „interagierender" physischer, psychischer, sozialer und institutioneller Phänomene, die jeweils im Zentrum verschiedener wissenschaftlicher Disziplinen (Biologie, Medizin, Psychologie, Soziologie usw.) stehen. Darüber hinaus sind Altern und Alter Charakteristika sowohl von Individuen als auch von Gruppen. Man spricht in diesem Zusammenhang von Altern von Individuen, von Altern der Gesellschaft sowie der Bevölkerung (Kohli, 1992; Mayer et al., 1992; Myles, 1984). Durch die Hervorhebung des systemischen Aspektes des Alterns wollen wir nicht nur die analytischen und empirischen Perspektiven der verschiedenen wissenschaftlichen Disziplinen kombinieren. Wir wollen auch die Erkenntnis ausbauen, daß das Altern in ein vielschichtiges System eingebettet ist, das von der Molekularbiologie bis zur politischen Ökonomie reicht. Ebenso wie die Biologie des Alterns eine Reihe von Einschränkungen und Möglichkeiten bestimmt, legt die soziokulturelle Umwelt Einschränkungen und Möglichkeiten für Bildung, Freizeit, Einkommen und Gesundheit im Alter fest (Dieck, 1992; Krämer, 1992; Mayer et al., 1992).

Die Wahrscheinlichkeit einer erfolgreichen interdisziplinären Zusammenarbeit wird in BASE, ähnlich wie in der amerikanischen MacArthur-Studie über das Altern (Berkman et al., 1993; Rowe & Kahn, 1987), am ehesten durch die organisatorische Struktur der die Studie unterstützenden Institutionen und durch unsere Verpflichtung zur Gleichheit unter den Forschungsgruppen gesteigert. Letztlich wird allerdings nur die Qualität unserer Ergebnisse und Veröffentlichungen zu erkennen geben, inwieweit unsere Bemühungen um Interdisziplinarität erfolgreich waren.

Gleichzeitig sollte Interdisziplinarität nicht das primäre Bewertungskriterium sein. Wie auch einer der Begutachter unserer ersten größeren englischsprachigen Gemeinschaftspublikation (P. B. Baltes et al., 1993) bemerkte, ist Interdisziplinarität nicht das einzige Ziel einer Studie bei der Zusammenarbeit von Wissenschaftlern verschiedener Disziplinen. Diese Zusammenarbeit kann auch den Wert spiegeln, „in einem systemischen Zugang soziologische, psychologische und medizinische Facetten des Alterns" getrennt zu untersuchen und damit weniger direkt als indirekt und langfristig „Holismus und Integration" zu erstreben, ohne von vornherein Interdisziplinarität im theoretischen und gegenwärtigen Sinne zu erwarten (vgl. Mittelstraß et al., 1992, zu den Begriffen der Multi-, Inter- und Transdisziplinarität). Und ferner ist es wichtig zu erkennen, daß auch in interdisziplinär angelegten Forschungsprojekten der disziplinär verankerte Erkenntnisstand vorangetrieben werden soll. Wissenschaftstheoretisch und wissenschaftspolitisch ist es nur schwer vorstellbar, daß gerontologische Forschung und Erkenntnisfortschritt primär oder vorwiegend interdisziplinär konzipiert sind. Im Gegenteil bedarf es im Regelfall guter disziplinärer Arbeiten, um fruchtbare Interdisziplinarität erst zu ermöglichen.

5. Ersterhebung und Intensivprotokoll

Dieser Abschnitt gibt einen Überblick über Meßverfahren und Strategien der Beobachtung, die in der Berliner Altersstudie verwendet wurden. Das volle in der Studie angewandte Datenprotokoll ist in Tabelle 2 zusammengefaßt. Jede der vier Forschungseinheiten ist für drei bis vier der insgesamt 14 Sitzungen des Untersuchungsprotokolls hauptverantwortlich. Der Inhalt dieser Sitzungen ist jedoch nicht ganz nach Disziplinen trennbar, weder in der theoretischen Begründung und Auswahl der Verfahren noch in deren Anwendung.

Die Sitzungen wurden durch die zentrale Projektkoordination organisiert und dauerten ungefähr eineinhalb Stunden. Über weitere Details, und insbesondere auch administrative Steuerungsstrategien sowie Abweichungen vom Standardvorgehen, wird in Kapitel 2 von Nuthmann und Wahl berichtet. Die meisten der Untersuchungen fanden bei den Teilnehmern zu Hause statt, d. h. in ihren Wohnungen, in Institutionen wie Pflegeheimen oder wo immer sie wohnten. Die großen Ausnahmen hiervon sind die drei Sitzungen, in denen internistische, geriatrische und zahnmedizinische Untersuchungen stattfanden. In diesen Fällen kamen die Studienteilnehmer in der Regel zu den verschiedenen medizinischen Einrichtungen der Freien Universität Berlin (Charlottenburg und Steglitz) oder wurden mit Taxis dorthin gebracht.

Das Datenerhebungspersonal bestand aus hochqualifizierten, ganztägig arbeitenden forschungstechnischen Assistenten und medizinischem Personal, einschließlich Internisten, Zahnmedizinern und Psychiatern. Zusätzlich wurde jedem einzelnen Studienteilnehmer für die gesamte Dauer der Studie ein(e) forschungstechnische Assistent(in) zugeteilt, der (die) als kontinuierliche(r) Ansprechpartner(in) diente.

Besondere Aufmerksamkeit galt auch der *forschungsethischen* Problematik der Studie (vgl. Nuthmann & Wahl, Kapitel 2; Geiselmann & Helmchen, 1994; Helmchen & Lauter, 1995). Zu den medizinischen Untersuchungen lag auch eine Stellungnahme der Ethik-Kommission der Ärztekammer Berlin vor. Die forschungstechnischen Assistenten wurden regelmäßig durch außenstehende medizin-psychologi-

Tabelle 2: Überblick über die BASE-Datenerhebung und ihre typische Reihenfolge.

Sitzung	Inhalt
Multidisziplinäre Ersterhebung (Sitzung 1)	
1	Kurzbefragung/Ersterhebungsprotokoll/Begleitende Beobachtung
Intensivprotokoll (Sitzungen 2–14)	
2	Soziologie I (Ursprungsfamilie und Berufsgeschichte)
3	Soziologie II (Familiengeschichte und -beziehungen)
4	Soziologie III (ökonomische Lage und Aktivitäten)
5	Psychologie I (Intelligenz und geistige Leistungsfähigkeit)
6	Psychologie II (soziale Beziehungen)
7	Psychiatrie I (neuropsychologische Tests)
8	Psychologie III (Selbst und Persönlichkeit)
9	Psychiatrie II (Yesterday-Interview und psychiatrische Skalen)
10	Innere Medizin und Geriatrie I (Anamnese)
11	Innere Medizin und Geriatrie II (körperliche Untersuchung)
12	Psychiatrie III (psychiatrische Untersuchung)
13	Innere Medizin und Geriatrie III (zahnmedizinische Untersuchung)
14	Innere Medizin und Geriatrie IV (qCT, Dopplersonographie)

Anmerkung: Sitzungen dauerten durchschnittlich 1,5 Stunden. Mit Ausnahme von Sitzungen 11, 13 und 14 wurden alle Sitzungen in der Wohnung des Studienteilnehmers durchgeführt. Für weitere Details siehe Kapitel 2 (Nuthmann & Wahl).

sche Experten beraten, z. B. in Hinblick auf die Bewältigung von Situationen, in denen ein Konflikt zwischen den Bedürfnissen der Studienteilnehmer und den Forschungsnotwendigkeiten entstehen könnte. Darüber hinaus gab es explizite Verfahren zur Beurteilung der kognitiven Fähigkeit jedes einzelnen Studienteilnehmers, seine Teilnahmebereitschaft zu äußern, und zur Beurteilung der Durchführbarkeit von Untersuchungen bei erheblichen gesundheitlichen Einschränkungen. In insgesamt 61 Fällen wurde entschieden, daß es aus gesundheitlichen Gründen ethisch nicht vertretbar war, von einer Einwilligungs- bzw. Untersuchungsfähigkeit des anvisierten Studienteilnehmers auszugehen. In diesen Fällen wurden die für die Studie verwendeten Daten auf die demographischen Charakteristika dieser Person oder die Kurzbefragung (falls gegeben) eingegrenzt.

5.1 Multidisziplinäre Ersterhebung (Sitzung 1)

Die erste von 14 Sitzungen bestand aus einer multidisziplinären Ersterhebungsuntersuchung. Sie stellt einen ersten umfassenden Datensatz dar und schloß Maße und Erhebungsmethoden aller Forschungseinheiten ein (vgl. Tabelle 3). Vom Arbeits- und Zeitaufwand her ähnelte diese Ersterhebung in vieler Hinsicht typischen Umfragestudien bei älteren Menschen.

Es gab zwei prinzipielle Überlegungen zur Konstruktion des Ersterhebungsprotokolls (Sitzung 1). Das erste Ziel war die Überprüfung von Stichprobenausfall und Selektivität. Da wir mit Ausfall im Verlauf der auf 14 Sitzungen angelegten Erhebungsphase rechneten, wollten wir möglichst zu Beginn der Erhebungsphase eine Datenbasis mit einem breiten Informationsspektrum in bezug auf Fragen der Stichprobenheterogenität und -selektivität zur Verfügung haben. Eine zweite Überlegung galt der Möglichkeit einer späteren longitudinalen Nachuntersuchung mit einer weniger intensiven Erhebungsbatterie. Das Ersterhebungsprogramm wurde deswegen so entworfen, daß es später als Kerninstrument einer solchen longitudinalen Nachuntersuchung dienen könnte. Inzwischen ist dieser Schritt einer ersten längsschnittlichen Nachbefragung auch so realisiert worden (siehe oben).

Wie in Tabelle 3 dargestellt, enthält die erarbeitete Ersterhebung „harte“ und „weiche“ Maße physischer, psychiatrischer, psychologischer, sozialer und ökonomischer Merkmale. Zusätzlich wurden unter Verwendung von Beurteilungsskalen und eines Fragebogens Beobachtungen über das allgemeine Aussehen und Auftreten der Studienteilnehmer und über ihre Wohnbedingungen festgehalten. Bei den meisten Studienteilnehmern konnte diese Ersterhebung in einer Untersuchungssitzung abgeschlossen werden. Es gab jedoch große individuelle Variationen. Die Notwendigkeit zusätzlicher Sitzungstermine war mit Alter und Ausmaß der Pathologie korreliert. Um vollständige Information von so vielen Personen wie möglich zu erhalten, entschieden wir uns dafür, so viele Sitzungen abzuhalten, wie für den Abschluß der Ersterhebung nötig waren. Die maximale Anzahl betrug bei einem Teilnehmer sieben Sitzungen (vgl. Nuthmann & Wahl, Kapitel 2).

5.2 Intensivprotokoll (Sitzungen 2–14)

Die nächsten vier Tabellen (Tabellen 4–7) fassen das Datenprotokoll der übrigen 13 Sitzungen der BASE-Beurteilungsbatterie zusammen. Wenn wir in diesem Buch vom Intensivprotokoll (IP) sprechen, hat dies je nach Kontext zwei Bedeutungen: Entweder handelt es sich um das gesamte Datenprotokoll einschließlich der Ersterhebung (Sitzungen 1–14) oder um das Intensivprotokoll (Sitzung 2–14), das auf die Ersterhebung folgte.

In den verschiedenen Kapiteln dieses Buches werden einzelne verwendete Meßverfahren, Beobachtungsstrategien und Interviewmethoden in größerem Detail beschrieben. Ein Manual kann ebenfalls als Technical Report angefordert werden. Um einen Eindruck des allgemeinen Umfangs der Untersuchungen zu geben, wird hier eine Tabelle für jede Forschungseinheit gezeigt, in der jeweils die wesentlichen Funktionsbereiche, die allgemeinen Untersuchungsformate und die wichtigsten theoretischen Konstrukte, die die Untersuchung motivieren, dargestellt sind. Jede Tabelle bietet neben der Charakterisierung des *Beurteilungsumfangs* spezifischere Beispiele zur Darstellung der *Beurteilungstiefe*. Das kursiv Gedruckte zeigt in den ersten Tabellenspalten jeweils das Konstrukt an, für das diese Tiefendarstellung gilt.

Die drei Sitzungen (2–4), die auf die Ersterhebung folgten, beschäftigten sich mit Themen und Konstrukten, die vorrangig von der *Forschungseinheit Soziologie und Sozialpolitik* erarbeitet wurden (Mayer & Wagner, Kapitel 9). Wie in Tabelle 4 dargestellt, sind dies (1) retrospektive Berichte des Lebenslaufs und Generationsunterschiede, (2) späte Phasen des Familienlebens, (3) ökonomische Bedingungen und soziale Absicherung und (4) soziale Ressourcen und Teilhabe. Die Zusammenstellung

Tabelle 3: Die multidisziplinäre Ersterhebung (Sitzung 1) der Berliner Altersstudie.

	Forschungseinheiten und ihre primären Verantwortungsbereiche		
Innere Medizin und Geriatrie	**Psychiatrie**	**Psychologie**	**Soziologie und Sozialpolitik**
Objektive Gesundheit Body-Mass-Index Medikamentenverbrauch Letzter Arztbesuch	**Beurteilung der psychiatrischen altersassoziierten Morbidität** SMMCO[2] Selbstberichtete Depressivität Ängste und Sorgen	**Intelligenz und geistige Leistungsfähigkeit** Zahlen-Buchstaben-Test Aufzählung rückwärts	**Sozioökonomischer Status** Bildungsniveau Sozialprestige Einkommen und Ersparnisse Familienmitglieder Wohnsituation
Subjektive Gesundheit	**Umgang mit psychiatrischer altersassoziierter Morbidität** Medikamentenverbrauch Yesterday-Interview (Kurzfassung) Vorheriger Kontakt mit Psychiater	**Soziale Beziehungen** Anzahl eng Verbundener Verlust von eng Verbundenen	**Gesellschaftliche Beteiligung** Wahlverhalten
Funktionelle Kapazität ADL[1] Handkraft Handgelenksumfang Subjektive Gehstrecke Sehschärfe und Gehör		**Selbst und Persönlichkeit** PGCMS[3] (Lebenszufriedenheit, Zufriedenheit mit dem eigenen Altern, Ausgeglichenheit) Kontrollüberzeugungen	
Begleitende Beobachtung des Studienteilnehmers durch Feldpersonal			
Gesundheitliche Risikofaktoren Behinderung/Gebrechlichkeit Verhaltens- und Sprachcharakteristika Wohnbedingungen Wohnungsumgebung			

1 ADL: Activities of Daily Living.
2 SMMCO: Short Mini Mental Cut-Off, Kurzform der Mini Mental State Examination.
3 PGCMS: Philadelphia Geriatric Center Morale Scale.

dieser Komponenten des Protokolls profitierte von früheren Untersuchungen von Mayer und Mitarbeitern zur Analyse der Lebensgeschichte von Deutschen, die sich in Alter und Kohortenmitgliedschaft unterschieden (Mayer, 1990; Mayer & Brückner, 1989). Ein Konstrukt, das zur Tiefendarstellung gewählt wurde, ist „Berufsgeschichte" (siehe kursiv Gedrucktes in Tabelle 4).

Tabelle 5 faßt die Untersuchungen zusammen (Sitzungen 5, 6 und 8), die vor allem durch die *Forschungseinheit Psychologie* geplant und organisiert wurden (Smith & Baltes, Kapitel 8). Diese umfassen drei Gebiete psychologischer Verhaltensbereiche: (1) Intelligenz und geistige Leistungsfähigkeit, (2) Selbst und Persönlichkeit sowie (3) soziale Beziehungen. Die Auswahl der Konstrukte, die in diesen drei Gebieten untersucht werden, wurde durch die Psychologie der Lebensspanne (P. B. Baltes, 1990) und durch Theorien und Modelle des erfolgreichen Alterns (M. M. Baltes, 1987; P. B. Baltes & Baltes, 1990b) bestimmt. Wir versuchten auch, einige der Schwerpunkte zu berücksichtigen, die in der Bonner Gerontologischen Längsschnittstudie (Lehr & Thomae, 1987; Thomae, 1976) zentral waren. Instrumente wurden so ausgewählt und entwickelt, daß ein breites psychologisches Funktionsspektrum abgedeckt wird und ein Vergleich mit jüngeren Altersgruppen möglich ist. Angewandte Methoden reichen von einer rechner-

Tabelle 4: Schwerpunkte der Forschungseinheit Soziologie und Sozialpolitik im Intensivprotokoll.

Hauptthemen/ Konstrukte	Ausführliches Beispiel eines Konstrukts	Darstellung der Methoden
Lebensgeschichte und Generationsdynamik		
Soziale Herkunft	- *Beweglichkeit in der Karriere*	- Magnitude Prestige Scale (MPS)
Migrationsgeschichte	- *Teilnahme am Arbeitsmarkt*	
Bildungsgeschichte	- *Karrierenkontinuität*	- Lebensgeschichtliches Instrument
Berufsgeschichte [1]	- *Arbeitslosigkeit*	
Partnerschaftsgeschichte	- *Übergänge (Berufstätigkeit/ Pensionierung)*	
Geschichte des Familienlebens		
Späte Phasen des Familienlebens		
Derzeitige Sozialstruktur der Familie	- *Familiengröße*	- Familiengeschichtliches Inventar
Sozialstruktur der Generationen	- *Entfernung zum Wohnort und Kontakte*	- Befragung zu sozialen Beziehungen und zur Unterstützung
Veränderungen in der familialen Sozialstruktur	- *Haushaltsstruktur*	
	- *Familiale Unterstützung*	
Ökonomische Bedingungen und soziale Absicherung		
Vermögen	- *Ersparnisse*	- Sozio-ökonomisches Panel (SOEP)
Einkommensquellen	- *Grundbesitz*	
Transfer		
Ausgaben		
Verbrauchereigenständigkeit		
Soziale Ressourcen und Teilhabe		
Sozialstatus	- *Formelle und informelle Unterstützung*	- Inventar der Pflegebedürfnisse
Wohnstandard/Umgebung		
Pflege	- *Haushaltshilfe*	
Soziale und kulturelle Beteiligung	- *Institutionalisierung*	
	- *Institutionalisierungsverlauf*	

1 Zur Demonstration der Darstellungstiefe werden ausgewählte Themen oder Konstrukte (kursiv) im Detail aufgeführt.

gesteuerten Batterie von Intelligenztest-Standardmaßen (Lindenberger & Baltes, 1994, 1995; Lindenberger, Mayr & Kliegl, 1993), Standard-Persönlichkeitstests, offenen Antworten über das Selbst, einem Fragebogen über Bewältigungsstrategien bis zu einem strukturierten Interview über das Sozialleben und Unterstützungsnetzwerke (Kahn & Antonucci, 1980).

Tabelle 6 beschreibt die Hauptthemen und Methoden der *Forschungseinheit Psychiatrie* (Helmchen et al., Kapitel 7). Dieser Teil der Erhebung fand normalerweise in den Sitzungen 7, 9 und 12 statt. Sitzung 12 wurde durch Psychiater durchgeführt, Sitzungen 7 und 9 durch Forschungsassistenten. Die zentralen Schwerpunkte der psychiatrischen Erhebung sind:

1. Beurteilung des Spektrums psychiatrischer Morbidität, besonders von Depression und Demenz, aber auch der sogenannten „subdiagnostischen Morbidität" (psychische Störungen, die, obwohl sie nicht die festgelegten Kriterien des psychiatrischen Diagnosesystems erfüllen, Krankheitswert und Relevanz für das Leben der Betroffenen haben),
2. Beurteilung von lebensgeschichtlichen Vorläufern und von derzeitigen Korrelaten psychiatrischer Morbidität und Komorbidität, und
3. Einschätzung der Bewältigung psychiatrischer Morbidität durch Betroffene.

Dieser letzte Schwerpunkt umfaßt zum einen die Inanspruchnahme medizinischer Hilfen mit besonderer Berücksichtigung der Arzneimitteltherapie und zum anderen die Untersuchung von Alltagskompetenz und täglichen Aktivitätsprofilen. Die Auswahl der Themen und Methoden geschah auf dem Hintergrund von Vorarbeiten zur psychiatrischen Diagnostik (Helmchen, 1991; Reischies, von Spiess & Hedde, 1990), zur Versorgungs- und Arzneimittelerforschung (Geiselmann, Linden & Sachs-Ericsson, 1989; Heinrich, Linden & Müller-Oerlinghausen, 1989; Helmchen & Linden, 1992) und zum Thema der Verhaltenskompetenz im hohen Alter unter Verwendung des sogenannten Yesterday-Interviews (M. M. Baltes, Mayr, Borchelt, Maas & Wilms, 1993).

Zu den primären Methoden, die im psychiatrischen Bereich angewandt werden, gehören das „Geriatric

Tabelle 5: Schwerpunkte der Forschungseinheit Psychologie im Intensivprotokoll.

Hauptthemen/ Konstrukte	Ausführliches Beispiel eines Konstrukts	Darstellung der Methoden
Intelligenz und geistige Leistungsfähigkeit		
Mechanik der Intelligenz[1]	- *Denkfähigkeit*	- Buchstabenfolgen
Pragmatik der Intelligenz	- *Gedächtnis*	- Figurale Analogien
	- *Geschwindigkeit*	- Aufgaben erinnern
		- Paarverbindungslernen
		- Zahlensymboltest
Selbst und Persönlichkeit		
Selbstbeschreibung	- *Derzeitiges Zielsystem/ Lebensinvestment*	- „Wer bin ich?"
Persönlichkeitsdimensionen		- Mögliche Selbstbilder
Emotionale Befindlichkeit	- *Veränderungen des Zielsystems*	- NEO[2]
Selbstregulative Prozesse	- *Kontrollüberzeugungen*	- PANAS[3]
	- *Bewältigungsstile*	
Soziale Beziehungen		
Netzwerkstruktur	- *Nähe/Distanz*	- Befragung zum sozialen Netzwerk und zur sozialen Unterstützung
Soziale Unterstützung	- *Größe*	
Veränderungen des Netzwerks	- *Altersstruktur*	
Negative Aspekte	- *Verluste*	
Zufriedenheit mit dem Netzwerk	- *Homogenität*	
Beziehungen im Rückblick		

1 Zur Demonstration der Darstellungstiefe werden ausgewählte Themen oder Konstrukte (kursiv) im Detail aufgeführt.
2 NEO: Neurotizismus, Extraversion, Offenheit (vgl. Costa & McCrae, 1985).
3 PANAS: Positive and Negative Affect Schedule (vgl. Watson, Clark & Tellegen, 1988)

Mental State, Version A"-Interview (GMS-A), diverse Skalen wie Radloffs Depressionsskala CES-D (1977) und Fragebogen, die sich z. B. mit Medikamenteneinnahme, Annahme medizinischer Behandlung und mit subjektiven Krankheitsauffassungen beschäftigen. Um die diagnostische Kategorisierung zu validieren, wurden mit der Forschungseinheit Innere Medizin und Geriatrie *Konsensuskonferenzen* durchgeführt. In diesen Konsensuskonferenzen wurden Studienteilnehmer vorgestellt und, wenn nötig, diagnostische Beurteilungen spezifiziert oder modifiziert. Die in jedem diagnostischen Schritt zusätzlich gewonnenen Informationen wurden jedoch separat gespeichert, um Kontamination der Daten und Artefakte zu vermeiden, die durch kumulatives und tautologisches Denken zustande kommen könnten.

Tabelle 7 faßt die Arbeitsbereiche und thematischen Schwerpunkte der *Forschungseinheit Innere Medizin und Geriatrie* zusammen (Steinhagen-Thiessen & Borchelt, 1993; Steinhagen-Thiessen & Borchelt, Kapitel 6). Neben einer standardisierten medizinischen Anamnese, einer nicht-invasiven, internistisch-neurologisch nahezu vollständigen körperlichen Untersuchung und einer zahnärztlichen Untersuchung wurden weitere Methoden wie klinisch-chemische Laboranalysen oder bildgebende radiologische Verfahren (Computertomographie) angewandt. So wurden beispielsweise auch Blut-, Harn- und Speichelproben gewonnen, von denen ein Teil für spätere Analysen tiefgefroren aufgehoben worden ist. Damit besteht die Möglichkeit, zukünftige Verbesserungen z. B. in der genetischen Analytik nutzen zu können. Bei etwa der Hälfte der Teilnehmer konnten die aufwendigeren radiologischen Untersuchungen zur Messung der Knochendichte der Wirbelsäule (quantitative Computertomographie, qCT), zur Morphologie des Gehirns (Schädel-CT) und zur Morphologie und Durchblutung der hirnversorgenden Gefäße, d. h. der

Tabelle 6: Schwerpunkte der Forschungseinheit Psychiatrie im Intensivprotokoll.

Hauptthemen/ Konstrukte	Ausführliches Beispiel eines Konstrukts	Darstellung der Methoden
Spektrum der psychiatrischen Morbidität		
Psychische Erkrankung	- *Klinische Diagnose*	- GMS-A/HAS[2]
Depressionssyndrom[1]	- *Schweregrad*	- DSM-III-R
Demenzsyndrom	- *Differentialdiagnose*	- ICD-10
Psychopathologie (subdiagnostisch)	*vs. Gesundheit*	- HAMD[3]
	vs. somatische Gesundheit	- CES-D[4]
	vs. Demenz	
Prädiktoren psychiatrischer Morbidität		
Vorherige Erkrankungen	- *Psychopathologische Morbidität*	- Psychiatrische Anamnese/Diagnose
Multi-/Komorbidität	- *Somatische Morbidität*	- Internistische Anamnese/Diagnose
	- *Subdiagnostische Morbidität*	- Konsensuskonferenz
Konsequenzen psychiatrischer Morbidität		
Gesundheits-/Krankheitsverhalten	- *Inanspruchnahme von medizinischer Behandlung*	- Befragung zum Gesundheitsverhalten
Alltagskompetenz	- *Medikamentenverbrauch*	- Interview mit dem Hausarzt
Selbstwirksamkeit	- *Krankheitswahrnehmung*	
	- *Krankheitskonzepte*	

1 Zur Demonstration der Darstellungstiefe werden ausgewählte Themen oder Konstrukte (kursiv) im Detail aufgeführt.
2 GMS-A/HAS: Geriatric Mental State, Version A/History and Aetiology Schedule.
3 HAMD: Hamilton Depression Scale.
4 CES-D: Center for Epidemiologic Studies-Depression Scale.

extrakraniellen, hirnversorgenden Arterien (farbkodierte Dopplersonographie), durchgeführt werden. Gemeinsam mit anderen Forschungseinheiten wurde entschieden, Verfahren zur Messung der Sensorik und des Gleichgewichts aufzunehmen.

Wie bei jeder großen multidisziplinären Studie ist freilich auch hier der erhobene Datensatz zu groß, und die untersuchten theoretischen Fragen sind zu zahlreich und zu verschiedenartig, als daß sie in einer einzigen und konsistenten Analyse ausgewertet werden können. Statt dessen hoffen wir, daß es uns gelungen ist, umfassende Informationen über alternde Menschen und ihre Lebenskontexte zu erhalten, die zur Beantwortung der aufgeführten und vieler weiterer Forschungsfragen beitragen können. Das Leitungsgremium der Berliner Altersstudie hat deshalb beschlossen, das Datenmaterial der Studie baldmöglichst auch externen Gastwissenschaftlern zur Verfügung zu stellen.

Tabelle 7: Schwerpunkte der Forschungseinheit Innere Medizin und Geriatrie im Intensivprotokoll.

Hauptthemen/ Konstrukte	Ausführliches Beispiel eines Konstrukts	Darstellung der Methoden
Objektive Gesundheit[1]	- *Kardiovaskuläres System*	- Standardisierte Anamnese
		- Körperliche Untersuchung (internistisch-neurologisch)
		- Ruhe-EKG, Blutdruckmessung
		- Farbkodierte Ultraschalluntersuchung (Dopplersonographie)
	- *Muskuloskeletales System*	- Quantitative Computertomographie (qCT)
	- *Immunsystem*	- Durchflußzytometrie
		- Lymphozyten-Stimulation
		- HLA-Typisierung
	- *Zahnstatus*	- Zahnmedizinisches Interview
		- Zahnärztliche Untersuchung
		- Kiefer-Röntgen
	- *Multimorbidität*	- Diagnosen nach ICD-9
		- Konsensuskonferenzen
Subjektive Gesundheit		- Standardisierte Interviews
Funktionelle Kapazität	- *Aktivitäten des täglichen Lebens*	- Barthel-Index, IADL-Index
	- *Körperliche Leistungsfähigkeit*	- Gehstrecke, Handkraft
		- Hilfsmittelgebrauch
	- *Koordination, Gleichgewicht*	- Romberg-Versuch
		- Unterberger-Tretversuch
	- *Sensorische Funktionen*	- Nahvisus, Fernvisus
		- Audiometrie
Risikoprofil		- Verschiedene Untersuchungsverfahren
Behandlungsbedarf	- *Insgesamt*	- Konsensuskonferenzen
	- *Medikamentös*	- Medikationsanalysen
	- *Zahnärztlich*	- Zahnärztliche Beurteilung
Referenzwerte		- Verschiedene Untersuchungsverfahren

1 Zur Demonstration der Darstellungstiefe werden ausgewählte Themen oder Konstrukte (kursiv) im Detail aufgeführt.

6. Die BASE-Stichprobe: Methoden und Probleme

Jede gerontologische Forschung wird mit der Frage externer Validität (Generalisierbarkeit) konfrontiert. Wir erwarten deshalb, daß Forscher aller Disziplinen Besorgnis über externe Validität äußern. Die Auffassungen darüber, welche Dimensionen der Generalisierbarkeit, z. B. welche Maße, Zeitpunkte, Teilnehmer, für wichtig gehalten werden, variieren jedoch in Abhängigkeit von disziplinären Präferenzen und der Art der Forschungsfragen (P. B. Baltes et al., 1988; Magnusson & Bergman, 1990). Wenig überraschend ist deshalb, daß auch BASE-Forscher(innen) verschiedene Schwerpunkte setzten. Die Soziologen waren z. B. am meisten über die Größe und Zusammensetzung der Stichprobe besorgt, die Psychologen konzentrierten sich eher auf Fragen replizierbarer Messungen, die Psychiater waren über den selektiven Verlust von Personen, die unter Demenz leiden, beunruhigt, und die Internisten machten sich Sorgen über die Verweigerungsraten für medizinische Untersuchungen.

Im letzten Teil dieses einleitenden Kapitels konzentrieren wir uns deshalb auf methodische Aspekte von BASE, die für jedes der übrigen Kapitel dieses Buches relevant sind. Neben Fragen der Meßvalidität gehörten hierzu vor allem die Ziehung der Teilnehmerstichprobe und mögliche Stichprobenselektivität. Es ist eines der Ziele und beabsichtigten Stärken von BASE, die Heterogenität des Alter(n)s zu erfassen. Wir haben versucht, dies zu erreichen, indem wir eine repräsentative Stichprobe aus einem Ort untersucht haben. Die Überprüfung unserer Effektivität in Hinsicht auf dieses Ziel ist daher eines unserer wichtigsten Anliegen. Neben dieser Zusammenfassung informiert Kapitel 3 (Lindenberger et al.) über weitere Details und Ergebnisse.

6.1 Die Stichprobenziehung

Wie bereits oben angedeutet, wurde die Brutto-Stichprobe randomisiert aus dem Westberliner Melderegister gezogen und nach Alter und Geschlecht geschichtet (Tabelle 8, vgl. Abb. 1). Sechs Alterskategorien (70–74, 75–79, 80–84, 85–89, 90–94, 95+) wurden gewählt. Wie zu Anfang dieses Kapitels erläutert, war es unsere Absicht, eine gleiche Anzahl von Frauen und Männern in jeder dieser Alterskategorien bzw. Kohorten zu erreichen.

Im Rahmen des Untersuchungsbudgets und der geplanten Untersuchungsdauer hatten wir uns zum Ziel gesetzt, die Intensiverhebung von BASE (14 Sitzungen) an mindestens 500 Personen zu realisieren. Letztlich war es uns möglich, dies für eine Gesamtstichprobe von N=516 (258 Männer und 258 Frauen) zu tun. In jeder der Zellen des aus sechs Alterskategorien und den beiden Geschlechtern bestehenden Versuchsplans befinden sich 43 Personen. Jede dieser jeweils 43 Personen hat also am gesamten Untersuchungsprogramm teilgenommen.

Tabelle 8: Die wichtigsten BASE-Stichproben (Intensivprotokoll, N=516; Ersterhebung, N=928).

	Altersgruppe/Kohorte					
	70–74	**75–79**	**80–84**	**85–89**	**90–94**	**95+**
			Intensivstichprobe (IP, N=516)			
Männer	43	43	43	43	43	43
Frauen	43	43	43	43	43	43
Gesamt	86	86	86	86	86	86
			Ersterhebungsstichprobe (EE, N=928)			
Männer	58	69	82	83	80	85
Frauen	60	74	76	85	79	97
Gesamt	118	143	158	168	159	182

Anmerkung: Die Geburtsjahre der Altersgruppen sind: *1915–22* (70–74), *1910–1917* (75–79), *1905–13* (80–84), *1900–08* (85–89), *1896–02* (90–94) und *1883–97* (95+). Sie überlappen, weil die Gesamtdauer der Datenerhebung fast drei Jahre betrug. Diese Stichproben entstammen einer verifizierten Grundgesamtheit von N=1.908 nach dem Zufall aus dem Westberliner Melderegister gezogenen Personen (Alter und Geschlecht waren stratifiziert). 1.219 Personen (64%) waren an einer Kurzbefragung beteiligt (siehe Abb. 2).

Um zu dieser Endzahl von 516 Personen zu gelangen, war es notwendig, mit einer größeren Brutto-Stichprobe zu beginnen. Nicht alle Personen, die angefragt werden, nehmen an einer Untersuchung teil; dies entspricht dem Problem der selektiven Rekrutierung. Weiterhin bleiben nicht alle Personen im Untersuchungsprotokoll, wenn dieses wie im Fall von BASE mindestens 14 Sitzungen erfordert. Daraus ergibt sich das Problem des selektiven „experimentellen" Verlustes (drop-out). Im Durchschnitt dauerte der gesamte Untersuchungsverlauf pro Person vier bis fünf Monate.

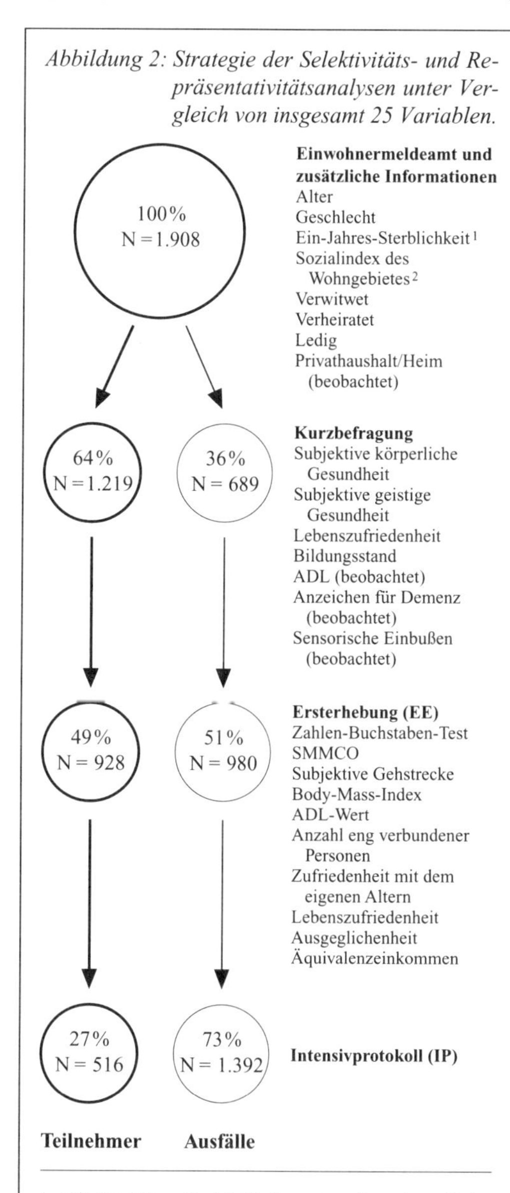

Abbildung 2: Strategie der Selektivitäts- und Repräsentativitätsanalysen unter Vergleich von insgesamt 25 Variablen.

1 Die Ein-Jahres-Sterblichkeit wurde aufgrund von Daten ermittelt, die nachträglich vom Einwohnermeldeamt beim Abgleich der Stichproben zur Verfügung gestellt wurden.

2 Angaben des Einwohnermeldeamts, die bei der Ziehung der Stichprobe übermittelt wurden, erlauben eine Verknüpfung von Daten der Studie mit dem von Meinlschmidt, Imme und Kramer (1990) zusammengestellten Sozialindex.

Abbildung 2 faßt den Ablauf der Stichprobenziehung zusammen. Wir begannen mit einer Ausgangsstichprobe von 1.908 verifizierten Personen aus dem Melderegister. Tatsächlich bestand unsere anfängliche Brutto-Stichprobe aus dem Melderegister aus 2.297 Personen. Von diesen waren aber nur die angegebenen 1.908 (83%) verifizierbar: 194 waren vor Beginn der Studie gestorben, bei 180 Personen waren die Adressen falsch, oder sie waren unbekannt verzogen, und 15 waren aus dem Berliner Stadtgebiet weggezogen.

Von diesen 1.908 (100%) verifizierten Personen ließen sich 64%, d. h. 1.219 Personen, für eine Kurzbefragung erreichen. Von diesen 1.219 Personen waren 928 (49% der Ausgangsstichprobe) bereit, an der multidisziplinären Ersterhebung (Sitzung 1) teilzunehmen. Von diesen wiederum blieben 516 Personen (27% der Ausgangsstichprobe von 1.908 bzw. 56% der 928 Teilnehmer der Ersterhebung) übrig, mit denen das vollständige Untersuchungsprotokoll zu Ende gebracht werden konnte. Wir hatten wesentliche Ausfälle allerdings erwartet, da es sich nicht nur um eine Stichprobe von Hochbetagten handelt, sondern wegen der Intensität und Dauer der Untersuchung weiterhin ein beträchtliches Engagement seitens der Studienteilnehmer(innen) erforderlich war.

Wir waren aber dennoch enttäuscht über den Stichprobenanteil der Nichtteilnehmer (51%, wenn man die Ersterhebung als Kriterium wertet). Zu den Bemühungen, Personen zur Teilnahme zu bewegen, gehörten eine attraktive Broschüre über die Berliner Altersstudie, Zeitungsartikel, die die Studie ankündigten und beschrieben, die Zahlung von 500 DM an die tatsächlich Teilnehmenden und mindestens sechs Versuche der Kontaktaufnahme einschließlich direkter Wohnungsbesuche. Wie schon angedeutet, mag dieses Ergebnis jedoch weniger erstaunlich sein, wenn man bedenkt: (1) das hohe Alter der Angesprochenen und die Intensität des Untersuchungsprotokolls (unseres Wissens hat bisher noch niemand versucht, eine randomisierte, geschichtete Stichprobe von 70- bis über 100jährigen für die Teilnahme an 14 Sitzungen einer interdisziplinären Datenerhebung zu rekrutieren), (2) daß dies eine Stichprobe aus einer großen Metropole ist und (3) daß deutsche Umfragen (die meistens nur aus Interviews mit einer einzigen Sitzung bestehen) auf der Grundlage randomisierter Stichproben normalerweise Teilnahmeraten von 50–70% erzielen.

Unser allgemeiner Ansatz zur Behandlung der Problemlage besteht darin, das Problem der Stichprobenverzerrung und -selektivität nicht zu verbergen, sondern es in den Mittelpunkt zu stellen und so vollständig wie möglich zu verstehen. Nach unserer Einschätzung ist dies aus zwei Gründen der richtige Zugang. Zunächst ist Altern inhärent ein „Selektionsprozeß", da nicht alle Personen gleich alt werden. Ferner haben wir den Eindruck, daß der Großteil der vorliegenden Alternsforschung (selbst wenn sie vor allem junge Alte untersucht und weniger intensiv angelegt ist) ähnliche Probleme wie die Berliner Altersstudie hat, diese aber nicht ausführlich darlegt.

Einige Aspekte des BASE-Entwurfs und -Ablaufs ermöglichen die zumindest teilweise Untersuchung der Stichprobenmerkmale und -selektivität: (1) die Verfügbarkeit eines städtischen Melderegisters, (2) der Entwurf des ersten Kontaktes und der Ersterhebung und (3) Folgeinformationen (wie über Sterblich-

Tabelle 9: Charakteristika der Ersterhebungsstichprobe (EE), N=928, und der Intensivstichprobe (IP), N=516.

Demographische Charakteristika	**Männer**		**Frauen**		**Gesamt**	
	EE N=459	**IP N=258**	**EE N=469**	**IP N=258**	**EE N=928**	**IP N=516**
Geschlecht (in %)	50,0	50,0	50,0	50,0	—	—
Alter in Jahren						
$\bar{x}$[1]	85,9	84,7	86,2	85,1	86,1	84,9
s[2]	8,4	8,4	8,9	8,9	8,6	8,7
Schulbildung (in %)						
Volksschulbildung	65,4	61,8	71,8	67,6	68,6	64,7
Mittlere Reife	23,8	26,4	25,4	28,9	24,6	27,6
Abitur	10,7	11,8	2,8	3,5	3,5	7,7
Berufsausbildung vorhanden (in %)	75,2	74,8	42,5	42,0	58,7	58,4
Äquivalenzeinkommen[3] (in %)						
unter 1.000 DM	6,5	4,7	7,5	5,0	7,0	4,8
1.000 bis 1.399 DM	20,3	18,2	20,0	19,8	20,2	19,0
1.400 bis 1.799 DM	17,6	18,2	17,1	20,5	17,3	19,4
1.800 bis 2.199 DM	13,7	15,1	24,3	26,4	19,1	20,7
2.200 DM und mehr	41,8	43,8	31,1	28,3	36,4	36,0
$\bar{x}$ (in DM)	2.104	2.208	1.857	1.877	1.980	2.042
s (in DM)	1.194	1.294	693	664	981	980
Familienstand (in %)						
verheiratet	47,7	52,3	7,5	7,4	27,4	29,8
verwitwet	44,0	39,9	68,7	69,8	56,5	54,8
geschieden	4,6	4,3	9,2	10,5	6,9	7,4
ledig	3,7	3,5	14,7	12,4	9,3	7,9
Wohnsituation (in %)						
allein lebend	39,0	37,6	65,5	65,4	52,3	51,6
mit anderen	50,0	52,7	16,1	17,1	33,0	34,9
im Heim	11,0	9,7	18,4	17,5	14,7	13,6
Sterblichkeit (in %)						
innerhalb eines Jahres verstorben	12,1	7,7	9,3	3,5	10,6	5,6

1 $\bar{x}$: Mittelwert.
2 s: Standardabweichung.
3 Äquivalenzeinkommen: nach Haushaltsgröße gewichtetes Pro-Kopf-Einkommen.

keit) aus dem Melderegister. Diese Informationsquellen sind im rechten Teil der Abbildung 2 angegeben.

Ein besonderer Vorteil für die Untersuchung einer lokal repräsentativen und heterogenen Stichprobe und deren Selektivität liegt in dem in Deutschland möglichen Zugriff auf ein Melderegister. Das Register umfaßt Angaben über Alter, Geschlecht, Familienstand und Wohnsitz aller in West-Berlin lebenden Bürger. Potentielle Studienteilnehmer waren randomisiert aus dem Register gezogen und mit gleicher Repräsentation in Fünf-Jahres-Altersgruppen und nach Geschlecht geschichtet. Die Verfügbarkeit der Information aus dem Melderegister ermöglichte es BASE, also im Gegensatz zu vielen vorherigen Studien, Ausmaß und Größe der Selektionseffekte zu schätzen.

6.2 Allgemeine Strategie der Selektivitätsanalyse

Abbildung 2 stellt unseren allgemeinen Ansatz dar (vgl. Lindenberger et al., Kapitel 3). Von der Netto-Stichprobe (N=1.908) ausgehend, können wir die Geschichte unserer Kontakte mit den Studienteilnehmern verfolgen. Uns steht so im Laufe der Studie immer mehr Information zur Verfügung, die wir auswerten können, um Fragen der Repräsentativität und Selektivität zu überprüfen. Ein erster Vergleich, beispielsweise zwischen der Netto-Ausgangsstichprobe (N=1.908) und den Teilnehmern, die wir erreichen und um erste Auskünfte bitten konnten (N=1.219), war möglich auf der Grundlage von Variablen aus dem Einwohnermelderegister (Alter, Geschlecht, Familienstand), Wohnungskategorisierung auf Beobachtungsbasis (z. B. im Privathaushalt wohnhaft oder institutionalisiert), einem Index zur Sozialstruktur von städtischen Wohngebieten (Meinlschmidt, Imme & Kramer, 1990) und Folgeinformation über die Sterblichkeit innerhalb eines Jahres. Weitere Vergleiche zwischen den Personen, die das gesamte Intensivprotokoll (N=516), und denjenigen, die nur die Ersterhebung absolvierten (N=928), beruhen auf der gesamten Ersterhebung und den Variablen aus der Kurzbefragung. So konnten insgesamt bis zu 25 Variablen berücksichtigt werden.

6.3 Die BASE-Stichproben

Tabelle 9 faßt wesentliche demographische Informationen über die Intensivstichprobe (N=516) zusammen. Beispielsweise ist (über Frauen und Männer gemittelt) das Durchschnittsalter der gesamten BASE-Stichprobe etwa 85 Jahre, etwa 30% sind verheiratet, etwa 50% leben allein, fast 14% in Institutionen, und 5,6% starben in den zwölf Monaten nach Beginn der Studie. Dies sind nur erste Eckwerte. Vor allem in den Kapiteln zu soziologischen Analysen der Berliner Altersstudie (Mayer & Wagner, Kapitel 9; siehe auch Maas et al., Kapitel 4) finden sich weitere Informationen zur Sozialstatistik der Stichprobe.

Wie heterogen und repräsentativ ist unsere Stichprobe? Unten werden wir über detaillierte Selektivitätsanalysen berichten. Tabelle 10 enthält aber einen ersten Versuch, darzulegen, in welchen demographischen Variablen sich die BASE-Intensivstichprobe von der Gesamtbevölkerung der 70jährigen und Älteren in West-Berlin unterscheidet. Hierzu wurde ein Vergleich mit dem Mikrozensus von 1991 durchgeführt. Einerseits wird hierdurch demonstriert, daß die BASE-Intensivstichprobe eine ähnlich beträchtliche Heterogenität wie die Gesamtbevölkerung aufweist. Andererseits wird auch deutlich, daß die BASE-Teilnehmer im Durchschnitt einen höheren Bildungsstand und ein höheres Einkommen aufweisen, als dies in den Daten des Mikrozensus für die Gesamtbevölkerung berichtet wird. Der Mikrozensus ist keine perfekte Repräsentation der Westberliner Altenbevölkerung, und für die eine oder andere Variable (z. B. Einkommen) ist unsere Information unter Umständen besser. Dennoch zeigt unser erster Eindruck: Es gibt einen positiven Selektionseffekt für die BASE-Stichprobe.

6.4 Die Ergebnisse der Selektivitätsanalysen (Intensivstichprobe)

Abbildung 3 faßt eine umfassende Selektivitätsanalyse zusammen, die in Kapitel 3 (Lindenberger et al.) noch weiter ausgeführt wird. Die Ergebnisse dieser Analyse beruhen auf dem sukzessiven Vergleich der BASE-Intensivstichprobe (N=516, 27%) mit den Stichproben, aus denen die Intensivstichprobe hervorgegangen ist, also mit der verifizierten Brutto-Stichprobe (N=1.908), der Kurzbefragungsstichprobe (N=1.219, 64%) sowie der Stichprobe der Ersterhebung (N=928, 49%). Bei jedem dieser Schritte konnten zusätzliche Informationen, z. B. auch für einzelne Teilgruppen dieser Stichproben, in den Vergleich einbezogen werden.

Der Geltungsbereich der auf der Ebene des Intensivprotokolls getroffenen Aussagen ist strenggenommen zunächst auf jene Personen begrenzt, die das Intensivprotokoll auch tatsächlich durchlaufen haben. Somit ergibt sich die Frage, ob man bei einer perfekten oder zumindest höheren Ausschöpfung der verifizierten Ausgangsstichprobe zu anderen Aussagen gelangen würde. Dies wäre vor allem dann der Fall, wenn personenbezogene Merkmale, die das vorzeitige Ausscheiden aus der Studie vorhersagen, überzufällig mit den zu untersuchenden Merkmalen zusammenhingen (non-random missing data; vgl. Little & Rubin, 1987).

Zur Untersuchung der Stichprobenselektivität wurden in BASE bislang drei verschiedene Methoden verwendet: (1) logistische Regressionen als Verfahren zur Überprüfung der Unterschiedlichkeit von Häufigkeiten und Mittelwerten, (2) Strukturgleichungsmodelle als Verfahren zur Überprüfung der Unterschiedlichkeit von Varianzen und Kovarianzen sowie (3) die Anwendung von Pearson-Lawleyschen Selektivitätsformeln zur Projektion von Selektivitätseffekten auf die Konstrukte der Intensiverhebung (Lawley, 1943; Pearson, 1903; vgl. Little & Rubin, 1987). Wie in Kapitel 3 (Lindenberger et al.) im einzelnen dargelegt wird, vermittelt die gleichzeitige Anwendung dieser drei Methoden ein recht umfassendes Bild über das Ausmaß und die Qualität der Stichprobenselektivität.

Es folgen nun die wichtigsten Ergebnisse dieser Selektivitätsanalysen:

1. Die Teilnehmer der BASE-Intensivstichprobe weisen gegenüber der Ausgangsstichprobe eine deutlich *verringerte Mortalität* auf. Während in der BASE-Intensivstichprobe 5,6% innerhalb eines Jahres nach Verschicken des Anschreibens starben, waren es in der Ausgangsstichprobe 13,5%. Hierbei muß allerdings berücksichtigt werden, daß ein Teil dieses Selektivitätseffekts zwangsläufig aus dem Untersuchungsdesign hervorgeht, da die durchschnittliche Untersuchungszeit selbst fast ein halbes Jahr betrug.
2. Die logistischen Regressionen sowie die kumulative Analyse der Selektivität mit Hilfe der Pearson-Lawleyschen Formeln ergeben, daß die Stich-

Tabelle 10: Wie gut entspricht die BASE-Intensivstichprobe (N = 516) in demographischen Charakteristiken der Gesamtbevölkerung der 70jährigen und Älteren von West-Berlin? Ein erstes Bild bietet ein Vergleich der Ergebnisse des Mikrozensus 1991 mit hochgerechneten Werten aufgrund der BASE-Stichprobe.

Demographische Charakteristika	**Männer**		**Frauen**		**Gesamt**	
	Mikrozensus	**IP (gewichtet)**	**Mikrozensus**	**IP (gewichtet)**	**Mikrozensus**	**IP (gewichtet)**
Schulbildung (in %)						
Volksschulbildung	70,2	57,9	75,4	65,5	73,5	63,6
Mittlere Reife	18,8	28,4	19,9	30,4	19,5	29,6
Abitur	11,0	13,7	5,7	3,1	7,0	6,8
Berufsausbildung vorhanden (in %)	68,3	78,5	50,4	48,8	55,1	56,6
Äquivalenzeinkommen (in %)						
unter 1.000 DM	5,2	3,2	20,3	16,1	16,3	12,6
1.000 bis 1.399 DM	10,3	3,2	23,8	17,1	20,3	13,3
1.400 bis 1.799 DM	21,9	11,5	22,3	17,6	22,2	16,0
1.800 bis 2.199 DM	27,3	21,7	16,3	25,3	19,2	24,3
2.200 DM und mehr	35,3	60,4	17,3	23,8	22,0	33,9
Familienstand (in %)						
verheiratet	68,1	62,8	14,8	9,7	28,7	23,5
verwitwet	22,1	27,3	65,6	66,4	54,3	56,2
geschieden	6,0	5,5	8,0	13,3	7,5	11,3
ledig	3,8	4,5	11,6	10,7	9,5	9,0
Wohnsituation (in %)						
allein lebend	26,4	33,5	68,0	73,0	57,2	62,7
mit anderen	69,7	62,6	25,5	16,9	37,0	28,8
im Heim	3,9	3,8	6,5	10,1	5,8	8,4

Abbildung 3: Stichprobenselektivität und deren Effektstärken in der Berliner Altersstudie.

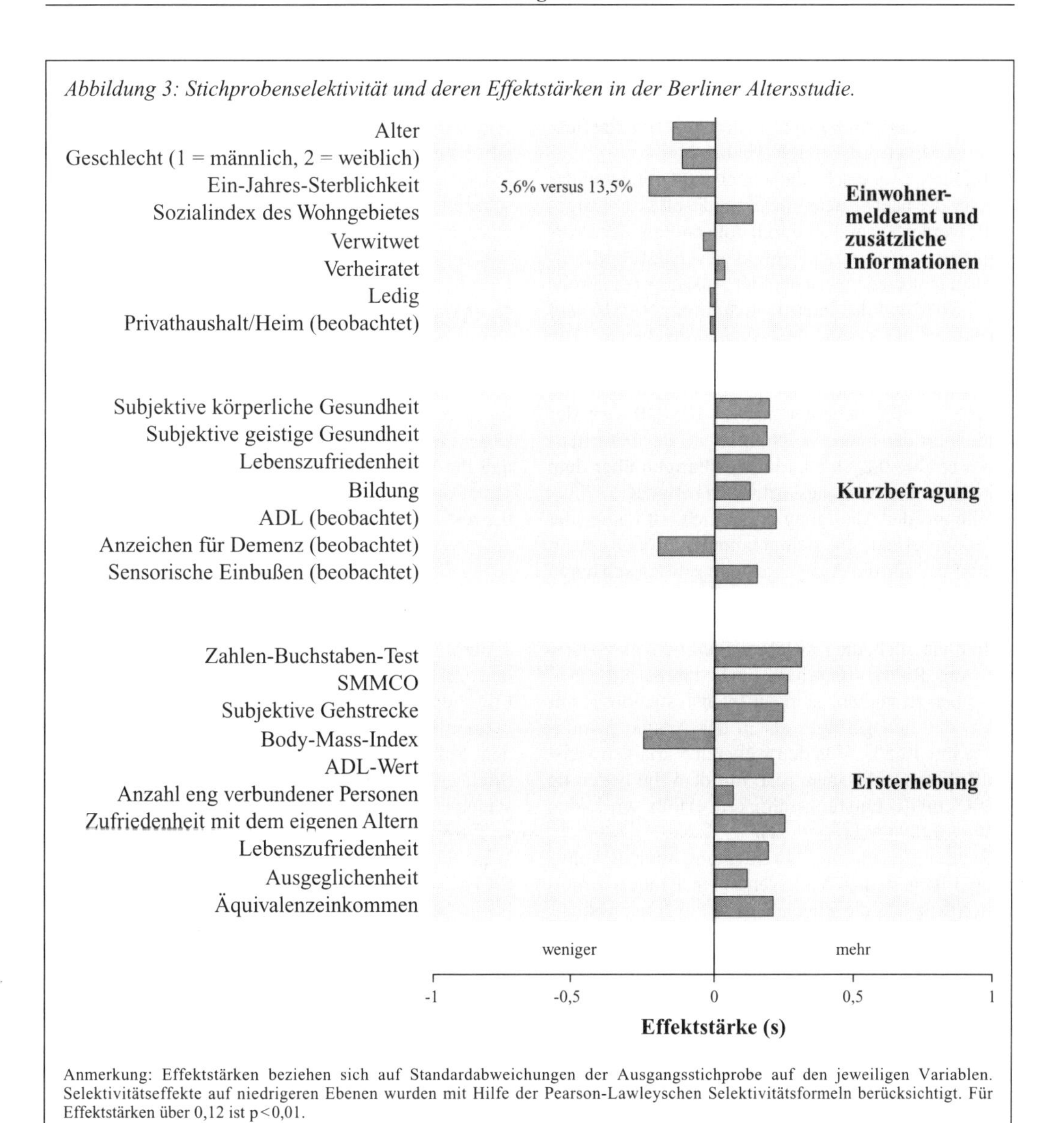

Anmerkung: Effektstärken beziehen sich auf Standardabweichungen der Ausgangsstichprobe auf den jeweiligen Variablen. Selektivitätseffekte auf niedrigeren Ebenen wurden mit Hilfe der Pearson-Lawleyschen Selektivitätsformeln berücksichtigt. Für Effektstärken über 0,12 ist $p<0,01$.

probe der Intensiverhebung in allen in Betracht gezogenen Bereichen, was die *Mittelwerte* angeht, positiv selegiert ist. Das Ausmaß dieser Selektivitätseffekte auf die Mittelwerte ist jedoch gering und überschreitet in keinem der untersuchten Funktionsbereiche (Intelligenz, Gesundheit, Wohlbefinden usw.) eine halbe Standardabweichung.

3. Die Selektivitätsanalysen bieten keine starken Anhaltspunkte dafür, daß sich *Zusammenhangsmuster* und *Variabilität* der Merkmale der Intensivstichprobe von den Stichproben niedrigerer Teilnahmeebenen wesentlich unterscheiden. Insbesondere gibt es mit einer Ausnahme – einer leichten Abnahme der Varianz des Sozialindexes – keinen Hinweis auf eine Reduktion der Varianzen. Dieses Ergebnis deutet darauf hin, daß die Unterschiedlichkeit der Alternsformen und Lebenslagen in der Intensivstichprobe erhalten bleibt. Für korrelative Analysen der BASE-Daten ist dies von großer Wichtigkeit. Da es keinen Hinweis auf deutliche

Selektivitätseffekte in der Varianz gibt, ist wahrscheinlich, daß die Generalisierbarkeit von *Merkmalszusammenhängen* trotz der Selektivitätseffekte im Mittelwertsbereich erhalten bleibt.

Abbildung 3 veranschaulicht auch die Größe und das Muster der beobachteten Selektivitätseffekte. Dargestellt werden (zum Teil durch Anwendung der Pearsonschen Selektivitätsformeln geschätzte) Mittelwertsunterschiede zwischen der Ausgangsstichprobe (N=1.908) und der Intensivstichprobe (N=516) auf Variablen der ersten drei Teilnahmeebenen. Die Effektstärke der Mittelwertsunterschiede wird in Standardabweichungseinheiten (E_s) ausgedrückt. Ein Wert von +0,2 bedeutet also z. B., daß sich der Mittelwert der Intensivstichprobe auf der betreffenden Variable 0,2 Standardabweichungen über dem Mittelwert der Ausgangsstichprobe befindet.

Wie aus der Abbildung ersichtlich, ist keiner der Selektionseffekte für sich genommen größer als ein Drittel der für die Ausgangsstichprobe geschätzten Standardabweichung. Unter den Variablen der ersten Teilnahmeebenen (N=1.908) ist, wie bereits erwähnt, vor allem die Ein-Jahres-Sterblichkeit zu nennen; das Risiko, innerhalb eines Jahres nach Anschreiben zu sterben, ist in der Intensivstichprobe mit 5,6% deutlich geringer als in der Ausgangsstichprobe mit 13,5%. Von den weiteren Variablen weist der Zahlen-Buchstaben-Test, mit dem die generelle intellektuelle Leistungsfähigkeit erfaßt wird, den größten Effekt auf (E_s=0,31).

Bei der *gleichzeitigen* Betrachtung aller in Abbildung 3 dargestellten Variablen in einer Linearkombination läßt sich die Zugehörigkeit zur Intensivstichprobe (0=nicht zugehörig, 1=zugehörig) zu 12,2% vorhersagen (multiples R=0,35; p<0,01). Eine Inspektion der Regressionskoeffizienten ergibt, daß acht der insgesamt 25 Variablen einen signifikanten Einzelbeitrag (d. h. p<0,01) zu dieser Vorhersage leisten (Alter: β=0,09; Ein-Jahres-Sterblichkeit: β=-0,07; nicht in Privathaushalt lebend: β=0,12; Sozialindex des Wohngebietes: β=0,06; Äquivalenzeinkommen: β=0,09; Body-Mass-Index: β=-0,10; Zufriedenheit mit dem eigenen Altern: β=0,08; Kurzform der Mini Mental State Examination [SMMCO]: β=0,08).

Obwohl die Effekte relativ gering sind, muß also festgehalten werden, daß die 516 Teilnehmer(innen) der BASE-Intensivstichprobe im Durchschnitt „positiv" selegiert sind. Diese Effekte sind aber in ihrer Gesamtheit weder derart, daß sie die Heterogenität der Stichprobe wesentlich reduzieren, noch derart, daß sie die strukturellen (korrelativen) Zusammenhänge zwischen den Variablen beträchtlich verändern. Diese Schlußfolgerungen beziehen sich allerdings strenggenommen nur auf die berücksichtigten 25 Vergleichsvariablen (siehe Abb. 3). Es könnte sein, daß wir trotz unseres Versuches, möglichst sensitive und heterogene Variablen zu nutzen, andere Indikatoren nicht berücksichtigten, die bei systematischer Untersuchung größere Selektivität aufweisen würden.

7. Weitere Probleme der Generalisierbarkeit

Im folgenden berichten wir über drei weitere Aspekte der Generalisierbarkeit, von denen wir annehmen, daß ihr Verständnis und ihre Bewertung die Interpretation der vorliegenden Befunde und das Lesen der restlichen Kapitel dieses Buches erleichtern.

7.1 Ist West-Berlin einzigartig?

Trotz unserer Bemühungen, mit einer heterogenen und repräsentativen Stichprobe zu arbeiten, mag die Frage der Generalisierbarkeit als besonderes Problem einer *Berliner* Altersstudie aufgeworfen werden. Selbstverständlich handelt es sich bei unserer Stich-probe um eine der Großstadt und wird daher stadtspezifische (West-Berlin-spezifische) Ergebnisse für Variablen liefern, die von Stadt-/Land- und West-/Ost-Berlin-Unterscheidungen betroffen sind. So ist z. B. der Anteil der Hausbesitzer in West-Berlin besonders niedrig, der Anteil kinderloser alter Menschen hingegen besonders hoch. Auch können wir davon ausgehen, daß Armut unter alten Menschen in West-Berlin in geringerem Maß verbreitet ist als in ländlichen Regionen. Wir können auch nicht ausschließen, daß das Niveau der Intelligenz in West-Berlin bei den alten Menschen höher, die Verbreitung der Demenz aber niedriger ist als in Regionen mit einem niedrigeren Bildungsniveau der Altenbevölkerung.

Die Fragen nach Stichproben- und ökologischer Generalisierbarkeit der Berliner Altersstudie sind jedoch möglicherweise grundlegender (vgl. P. B. Baltes et al., 1994). Für viele ist Berlin eine „besondere" Stadt mit historisch einzigartigen Bedingungen. Neben dem Argument, daß die Suche nach Generalisierbarkeit eine „unendliche Geschichte" ist, können wir nichts gegen diesen prinzipiellen Einwand setzen.

Nach unserer Einschätzung trägt der Einwand fehlender Generalisierbarkeit vor allem bei Sozialwissenschaftlern, deren zentrales Forschungsfeld die Erforschung unterschiedlicher gesellschaftlicher Bedingungsfaktoren einschließt sowie die Charakterisierung von Populationen. Biologen, Mediziner und Psychologen dagegen, die in ihrer Arbeit oft stärker von dem Vorhandensein universalistischer Prinzipien und Mechanismen ausgehen, werden weniger Unsicherheit dabei verspüren, an der Westberliner Altenpopulation gewonnene Ergebnisse als bedeutsam für gerontologischen Erkenntnisgewinn im allgemeinen zu akzeptieren. Ein Beispiel: Die durch den BASE-Datensatz mögliche gemeinsame Analyse von sensorischen Funktionen (Gehör, Sehvermögen und Gleichgewicht) und Intelligenz im hohen Alter hat eine außerordentlich hohe Korrelation zwischen diesen Funktionsbereichen angezeigt (P. B. Baltes & Lindenberger, 1995). Dies ist ein neuer Befund. Sollte diese Korrelation in West-Berlin tatsächlich wesentlich anders aussehen als in anderen Regionen Deutschlands?

Aber auch sozialwissenschaftliche demographische Forschung ist durch die Begrenzung auf West-Berlin vielleicht weniger eingeschränkt, als dies oft geglaubt wird. Demographisch gesehen unterscheidet sich West-Berlin nämlich weniger deutlich vom Rest Westdeutschlands als häufig angenommen. Die folgende Information stammt vom Mikrozensus Westdeutschlands von 1989 und vom Westberliner Melderegister von 1991. Während 12,1% der Westberliner Einwohner 70jährig und älter waren, betrug dieser Anteil in der alten Bundesrepublik Deutschland 10,5%. Der Unterschied war vorwiegend dem höheren Anteil von Frauen in den ältesten Altersgruppen zuzuschreiben. 17,1% der weiblichen Bevölkerung West-Berlins waren 70jährig und älter im Vergleich zu 14,0% in Westdeutschland. Ältere Menschen in West-Berlin erreichen auf Bildungs- und ökonomischen Skalen auch höhere Werte als ihre westdeutschen Altersgenossen. In dieser Hinsicht ähnelt West-Berlin anderen westdeutschen Großstädten wie z. B. Hamburg.

Nach unserer Meinung ist also die Frage der Generalisierbarkeit für viele Ergebnisse der Berliner Altersstudie, besonders für diejenigen mit biologischer Grundlage, weniger problematisch, als es auf den ersten Blick zu vermuten gewesen wäre. Man könnte sogar argumentieren, daß die beobachteten Unterschiede zwischen der Westberliner und der westdeutschen Altenpopulation (z. B. der höhere Anteil älterer Menschen in West-Berlin sowie ihre Bildungs- und ökonomischen Vorteile) einen gewissen Reiz haben. Diese Unterschiede entsprechen den demographischen Veränderungen, die man in der zukünftigen Allgemeinbevölkerung erwartet (P. B. Baltes & Mittelstraß, 1992). Wir werden dennoch bei unseren Interpretationen die Möglichkeit in Betracht ziehen, daß Leben und Altern in West-Berlin mit mehr Besonderheiten einhergingen, als dies für andere Städte der Fall war (Schröder, 1995; Senatsverwaltung für Soziales, Berlin, 1995).

7.2 Alter(n) und selektive Mortalität (selektives Überleben)

Ein weiteres Problem der Generalisierbarkeit, das zu den besonderen Problemen einer sich auf das Alter und die Hochbetagten konzentrierenden Studie gehört, betrifft die Frage nach dem selektiven Überleben. Neben Kohortenunterschieden stellen Selektivitätseffekte den zweiten der wesentlichen Faktoren dar, die die interne Validität von Querschnittsstudien beeinträchtigen (P. B. Baltes, 1968; Mayer & Huinink, 1990; Riley, 1973).

Eine Studie, die sich mit der Lebensperiode des Alters beschäftigt, muß im besonderen Maße Fragen des Überlebens und der Mortalität beachten (P. B. Baltes et al., 1988). Da der derzeitige Entwurf der Studie querschnittlich ist und 70 Jahre als unteres Alter festlegte, betreffen ihre Ergebnisse strenggenommen nur die Personen, die mindestens 70 Jahre alt und älter werden. Die Ergebnisse unserer Studie beziehen sich also nicht auf das Altwerden aller derjenigen, die die Geburtskohorte (z. B. im Jahr 1900 Geborene) der Studienteilnehmer ausmachen. Eine Veränderung der „strukturellen" Zusammensetzung der überlebenden Kohorten ist daher im höheren Alter zu erwarten. Wenn man sich beispielsweise das Durchschnittsalter (etwa 85 Jahre) der BASE-Stichprobe ansieht, so waren mehr als die Hälfte ihrer Geburtskohorte bereits zu Beginn der Studie verstorben. Ihr „potentielles" Altern konnte also nicht untersucht werden. Im großen und ganzen überleben diejenigen länger, denen es biologisch und lebensweltlich „gutgeht" (Riegel & Riegel, 1972; Siegler, 1975). So ist es angemessen, anzunehmen, daß die höheren Altersgruppen, d. h. die länger Überlebenden, im Mittel in einigen Bereichen höhere Funktionswerte erreichen, als dies auf die gesamte Geburtskohorte zutreffen würde, wenn alle Mitglieder ein hohes Alter erreicht hätten.

Statistisch gesehen können diese „selektiven" Mortalitätseffekte sowohl positive als auch negative Verzerrungen zur Folge haben (P. B. Baltes et al., 1988). Die Richtung der Verzerrung hängt von der Richtung der Korrelation zwischen Alter und der betrachteten Variablen ab (z. B. Intelligenz und Krankheit). Bei positiver Korrelation, wie für die Intelligenz zutreffend, bevorzugt die Langlebigkeitsverzerrung diejenigen mit höheren Werten. Bei negativen Korrelationen, wie etwa bei den Blutfettwerten, haben die Überlebenden eher niedrigere Werte. Darüber hinaus gibt es selbstverständlich Beispiele kurvilinearer und diskontinuierlicher Beziehungen mit komplizierterer Dynamik. Und ferner ist die Mortalität kohortenabhängig, so daß selektive Langlebigkeitseffekte auch historischen Veränderungen unterliegen. In der Tat gibt es Argumente dafür (Krämer, 1992), daß die modernen Alterskohorten zwar lebensweltlich besser gestellt sind, aber biologisch-genetisch eher vulnerabler seien (bzw. weniger selegiert), als dies für frühere historische Kohorten zutrifft. Bei der Interpretation unserer Daten, vor allem bei der prognostischen Nutzung der Befunde für das Altern der „gesamten" Bevölkerung, müssen wir daher stets die Möglichkeit einer Verzerrung durch selektive Überlebenseffekte in Erwägung ziehen.

Gibt es Strategien, die man einsetzen kann, um das Problem der selektiven Mortalität angemessen zu behandeln? Nach unserer Einschätzung scheint es vor allem drei Möglichkeiten der Kontrolle oder Schätzung solcher Effekte zu geben:

1. den Vergleich der in BASE untersuchten Kohorten mit früheren Zensusergebnissen zu den gleichen Kohorten, also zu einem jüngeren Alter dieser von uns untersuchten Kohorten (Maas et al., Kapitel 4);
2. die Verwendung von Daten aus anderen Untersuchungen, die sich explizit mit Fragen des alters- und kohortenabhängigen selektiven Überlebens auseinandergesetzt haben und dies auch aufgrund einer längsschnittlichen und kohortenvergleichenden Datenbasis tun konnten;
3. innerhalb des vorliegenden Datensatzes differenzierte Selektivitätsanalysen durchzuführen und dies auch auf die längsschnittlichen Nachfolgeuntersuchungen der Berliner Altersstudie auszudehnen (siehe oben; vgl. auch Lindenberger et al., Kapitel 3).

7.3 Statistische Zuverlässigkeit und Gültigkeit der Substichproben

Aussagen von Stichproben auf Populationen sind unter anderem davon abhängig, wie zuverlässig und gut die Stichprobe die Population repräsentiert. Dieses Problem wird oft unter den Themen Stichproben-Reliabilität sowie -Validität diskutiert. Insgesamt lebten zum Zeitpunkt der Durchführung der Berliner Altersstudie etwa 282.000 Personen, die 70 Jahre und älter waren, in West-Berlin (etwa 208.000 Frauen und 74.000 Männer).

Wegen der Schichtung der Alters- und Geschlechtsvariablen in unserer Stichprobe gibt es hierzu eine besondere Problemlage in der Berliner Altersstudie. Die relative Ausschöpfung der sechs Alterskategorien (70–74, 75–79 usw.) und der beiden Geschlechtskategorien durch die jeweiligen Stichproben ist sehr unterschiedlich. Dies wird im linken Teil von Tabelle 11 dargestellt. Für die gesamte Stichprobe beispielsweise ist die Ausschöpfungsrate 0,18%. Die Ausschöpfungsraten variieren aber – wegen der Festlegung auf identische Fallzahlen der Alterszellen (N=86) des Untersuchungsplans – beträchtlich. So ist die Ausschöpfungsrate der 70- bis 74jährigen im Durchschnitt 0,12%, die der 95jährigen und Älteren aber 2,86%, also etwa 23mal größer. Ähnliche Unterschiede treffen auf die Geschlechtsgruppen (N=258) zu, wobei im Durchschnitt (siehe letzte Zeile der Tabelle 11) die Ausschöpfungsraten für Männer etwa dreimal so hoch sind wie die für Frauen (0,35% vs. 0,12%).

Im großen und ganzen ist es also so, daß die statistische Zuverlässigkeit (power) der Generalisierung von unseren Stichproben auf die Gesamtbevölkerung zwei allgemeine Trends aufweist: (1) Die Zuverlässigkeit ist desto größer, je älter die Altersgruppe ist; (2) die Zuverlässigkeit ist größer für die Männer als für die Frauen. Die gleiche Stichprobenzahl (N=43) indiziert also eine unterschiedlich große Generalisierungszuverlässigkeit.

Diese allgemeinen Aussagen über die unterschiedlichen Zuverlässigkeiten der Substichproben müssen natürlich im Validitätskontext der oben und in Kapitel 3 beschriebenen Selektivitätsanalysen gesehen werden. Wichtig ist aber zu wissen, daß diese Selektivitätsanalysen auf nur geringe Wechselwirkungen zwischen den für die 25 Indikatoren gefundenen Selektivitätseffekten und Alter sowie Geschlecht hinweisen. Im Gegenteil, die Selektivitätseffekte (vgl. Abb. 3 oben) treffen im wesentlichen auf alle Altersgruppen und beide Geschlechter zu. Lindenberger und andere berichten hierzu in Kapitel 3 über weitere Analysen und mögliche Korrekturstrategien.

7.4 Generalisierung von der Stichprobe auf die Gesamtpopulation der Westberliner Alten: Das Gewichtungsproblem

Es gibt eine weitere Problemlage, die sich aus der Schichtung der Stichprobe und der daraus resultierenden ungleichen Ausschöpfungsrate der Alters- und Geschlechtsgruppen ergibt. Die hierfür relevante Information ist in der rechten Seite der Tabelle 11 dargestellt.

Zu Beginn dieses Kapitels hatten wir bereits darauf hingewiesen, daß es für bestimmte Fragen wichtig ist, die Verteilung des Auftretens eines Phänomens für die gesamte Population der Altenbevölkerung West-Berlins zu wissen oder schätzen zu können. Für diesen Fall ist es notwendig, die in der BASE-Stichprobe (N=516) erhaltenen Werte zu gewichten, so daß Werte für die gesamte Bevölkerung der Westberliner Alten (etwa 74.000 Männer und 208.000 Frauen, die im Untersuchungszeitraum in West-Berlin 70 Jahre und älter waren) erhalten werden. Der Gewichtungsfaktor ist dabei eine direkte Funktion der relativen Ausschöpfungsraten.

Die für die BASE-Intensivstichprobe zutreffenden Gewichtungsfaktoren sind im rechten Teil der Tabelle 11 aufgelistet. Auch in diesen Zahlen wird die relative Zuverlässigkeit der Generalisierung auf die Gesamtbevölkerung der Westberliner Senioren deutlich. Sie reicht von einem Hochrechnungsfaktor von 8 (für 95jährige und ältere Männer) bis zu einem Hochrechnungsfaktor von 1.296 (für Frauen zwischen 70 und 74 Jahren und zwischen 75 und 79 Jahren).

In Abbildung 4 haben wir drei Beispiele angeführt, um das Problem und die Strategie der Gewichtung zu verdeutlichen: Demenz, Familienstand und Institutionalisierung. Wir verzichten hier auf eine weitere Spezifizierung dieser Variablen, da es uns lediglich um eine möglichst klare Darstellung der Problemlage geht.

Die dunklen Säulen von Abbildung 4 stellen dar, wie häufig (in Prozent) ein gewisses Phänomen aufgrund der Information in der BASE-Intensivstichprobe (N=516) auftrat, getrennt für Männer und Frauen. Die weißen Säulen geben an, wie die Ergebnisse aussehen, wenn die Häufigkeiten auf die entsprechenden Gesamtpopulationen hochgerechnet werden. Dabei zeigen sich deutliche Unterschiede zwischen den nach dem Alter gewichteten und ungewichteten Werten im Hinblick auf die Verbreitung der Demenz, den Anteil Verheirateter (insbesondere bei den Männern) sowie den Anteil der Heimbewohner. Relativ gesehen sind also die Studienteilnehmer(innen) von BASE häufiger dement, häufiger verheiratet (Gesamtstichprobe) und häufiger im Heim, als dies für die Gesamtbevölkerung der Westberliner Alten zutrifft. Beispielsweise kommt der im Vergleich zur Stichprobe niedrigere Anteil von Verheirateten in der Population vor allem dadurch zustande,

Tabelle 11: Anteil der BASE-Stichprobe (Intensivprotokoll, N=516) an der Westberliner Gesamtpopulation (1.1.1991) nach Altersgruppen und Geschlecht sowie die hieraus resultierenden Hochrechnungsfaktoren. Jede kleinste Zelleinheit des Designs enthält N=43.

		Anteil in %			Hochrechnungsfaktor		
Altersgruppe	**N**	**Männer N=258**	**Frauen N=258**	**Gesamt N=516**	**Männer**	**Frauen**	**Gesamt**
70–74	86	0,18	0,08	0,12	532	1.296	860
75–79	86	0,20	0,08	0,11	488	1.296	892
80–84	86	0,24	0,08	0,12	422	1.188	859
85–89	86	0,49	0,14	0,21	205	733	469
90–94	86	1,83	0,38	0,62	55	266	160
95+	86	12,25	1,62	2,86	8	62	35
Gesamt	516	0,35	0,12	0,18	353	1.001	546

Anmerkungen: Diese Tabelle zeigt auf der linken Seite den prozentualen Anteil der BASE-Intensivstichprobe (N=516) an der Westberliner Gesamtbevölkerung der Alten. Dabei zeigt sich, daß aufgrund der Stratifizierung nach Alter und Geschlecht Hochbetagte und Männer stärker vertreten sind, z. B. 12% aller 95jährigen und älteren Männer. Auf der rechten Seite finden sich die Faktoren, mit denen die Ergebnisse der Berliner Altersstudie multipliziert werden müssen, um die Gesamthäufigkeit eines Phänomens in der Berliner Altenbevölkerung zu schätzen (z. B. Anzahl der alten Menschen in West-Berlin, die an einer Demenz erkrankt sind).

daß hier bei der Gewichtung nach Alter *und* Geschlecht die gegenüber den Männern viel häufigeren, aber seltener verheirateten Frauen besonders stark hervortreten.

Wenn man also daran interessiert ist, aus der BASE-Stichprobe Verallgemeinerungen hinsichtlich „Häufigkeit des Auftretens eines Phänomens" in der Gesamtbevölkerung der Westberliner Altenpopulation abzuleiten, so sind Gewichtungsschritte aufgrund der auch in Tabelle 11 angegebenen Hochrechnungsfaktoren durchzuführen, und diese variieren je nach Alter und Geschlecht.

Wichtig ist festzuhalten, daß diese Gewichtungen für viele der in BASE untersuchten Fragestellungen nicht sinnvoll oder erforderlich sind. Sie sind nur dann von Bedeutung, wenn gefragt wird, wie häufig ein gewisses Phänomen in der zugrundeliegenden Gesamtbevölkerung oder einer spezifizierten Teilgruppe (z. B. Frauen) auftritt. Wenn dagegen die Frage lautet: Unterscheiden sich 70jährige, 80jährige und 90jährige voneinander (beispielsweise in ihrer Sehschärfe oder im Blutdruck), so ist es angebracht, die in BASE untersuchten Altersgruppen direkt miteinander zu vergleichen. Für diese altersvergleichende Fragestellung ist es nämlich von Vorteil, eine vergleichbare statistische Zuverlässigkeit (power) der Stichproben anzustreben. Die Autoren und Autorinnen dieser Monographie haben versucht, immer deutlich zu machen, wann und warum sie mit gewichteten (hochgerechneten) oder ungewichteten Daten arbeiten.

Es soll hier nicht verschwiegen werden, daß die Frage der angemessenen Gewichtung methodisch vielschichtig ist und komplizierter, als hier dargestellt worden ist. Dies ist auch deshalb so, weil es zusätzlich zu dem Problem der Alters- und Geschlechtsunterschiede in der Ausschöpfungsrate (Tabelle 11) weitere Stichprobenselektionseffekte gibt, die konfundierende Konsequenzen haben könnten. So war beispielsweise der Rekrutierungserfolg innerhalb der Alters- und Geschlechtsgruppen unterschiedlich groß, d. h., es bedurfte einer unterschiedlich großen Zahl von Teilnehmerkontakten (z. B. N=119 Adressen bei den 70- bis 74jährigen Männern bis N=316 bei den 95jährigen und älteren Frauen), um die erforderliche Mindestmenge von N=43 (je Alters- und Geschlechtsgruppe) zu realisieren. Auch diese Frage ist in den Kapiteln 2 und 3 näher behandelt, die sich mit der Thematik Stichprobenrekrutierung und Stichprobenselektivität eingehender beschäftigen.

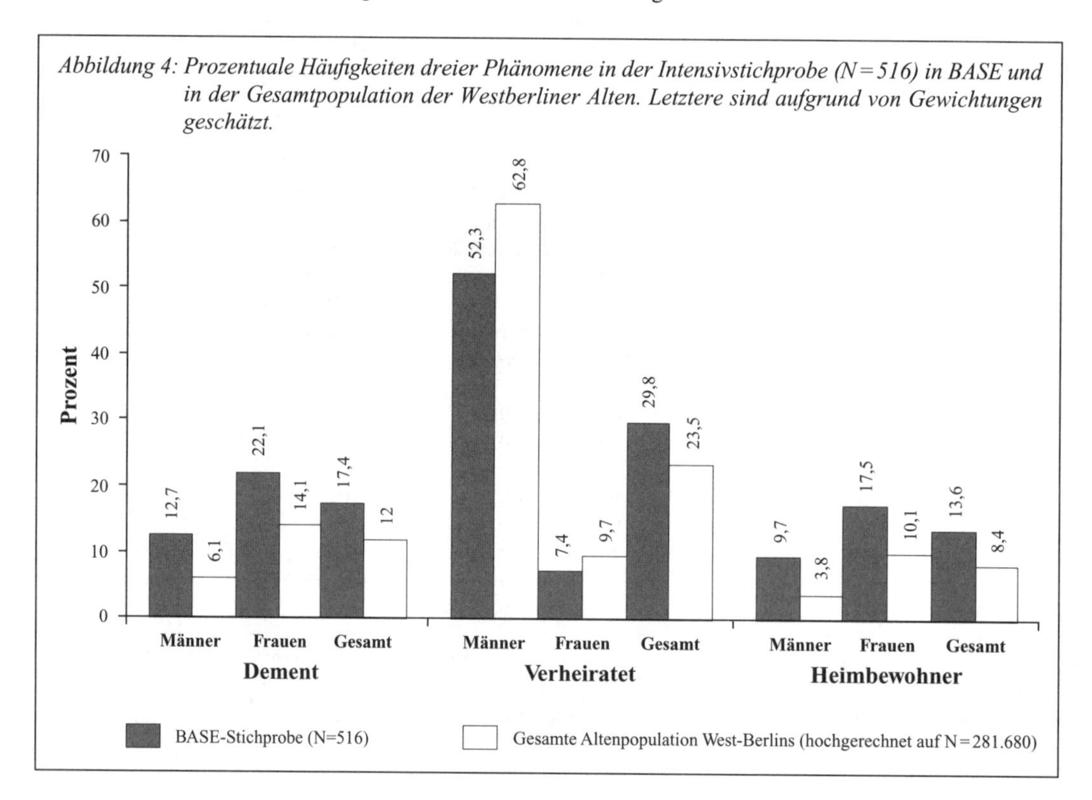

Abbildung 4: Prozentuale Häufigkeiten dreier Phänomene in der Intensivstichprobe (N=516) in BASE und in der Gesamtpopulation der Westberliner Alten. Letztere sind aufgrund von Gewichtungen geschätzt.

7.5 Über Subjektivität und Objektivität in der Messung

Eine ausführlichere Diskussion der Gültigkeit (Validität) und Zuverlässigkeit (Reliabilität) der in der Berliner Altersstudie erhobenen Messungen ist jenseits der Zielsetzung dieses Kapitels. Hierzu bieten die einzelnen Kapitel detaillierte Informationen und Bewertungen. Allerdings scheint es uns wichtig, an dieser Stelle auf eines der grundlegenden Probleme hinzuweisen, das mit der Validität und Bedeutung von „self-reports" (subjektiven Angaben der Studienteilnehmer) und deren Beziehung zu objektiven Lebensphänomenen zu tun hat.

Insgesamt ist das BASE-Erhebungsprotokoll so angelegt, daß es einen multimethodischen Zugang ermöglicht. Die Methoden variieren beispielsweise auf Dimensionen wie disziplinär-interdisziplinär, subjektiv-objektiv oder auch qualitativ-quantitativ. Multimethodische Erfassungen eines Untersuchungsgegenstands sind in der Wissenschaft erwünscht. Die entscheidenden Vorteile liegen in der Möglichkeit, ein Phänomen umfassender darzustellen sowie die relative Konvergenz unterschiedlicher methodischer Zugänge zu überprüfen. Nachteile können aber aus zwei Quellen entstehen. Erstens, daß unterschiedliche Disziplinen trotz identischer Wortwahl gelegentlich verschiedene Phänomene meinen. Ein gutes Beispiel ist die unterschiedliche Behandlung der Konzepte Angst und Depression in der Psychologie und Psychiatrie. Zweitens, daß subjektiv und objektiv gemessene Phänomene miteinander in unangemessener Weise ausgetauscht oder konfundiert werden. Letzteres Problem wird im folgenden angesprochen.

Das hier im Vordergrund stehende Problem ist das der „objektiven" Bedeutung von „subjektiven" Angaben. Sollten objektive Messungen eines Phänomens und subjektive Reports immer übereinstimmen, und sind diese austauschbar? Oder gibt es gute Gründe, warum dies oft nicht so ist? Da dieses Problem in den meisten Kapiteln dieses Buches eine Rolle spielt, aber nicht immer mit der gleichen Intensität diskutiert wird, möchten wir den Leser an dieser Stelle durch einige allgemeine Beobachtungen darauf einstimmen. Eine intensive und für die breitere Öffentlichkeit angelegte Diskussion dieses Themas findet sich in einer polemischen Auseinandersetzung, die jüngst in *The New York Review* (20. April und 25. Mai 1995) im Zusammenhang mit der Validität von Surveyforschung über einen gesellschaftlichen Tabubereich (Sexualität) erschienen ist.

Zur Problemlage in der Berliner Altersstudie: Man stelle sich z. B. vor, ältere Menschen werden befragt, wieviel Geld sie ihren Kindern monatlich geben bzw. wieviel monetäre Zuwendung sie selbst von ihren Kindern empfangen, oder auch darüber, wie zufrieden sie mit ihrem Leben sind. In diesen Fällen ist es wichtig zu wissen, daß die Gültigkeit der Antworten auf derartige Fragen nicht nur durch das Problem „eines fehlerhaften Gedächtnisses" oder der „fehlenden Einsicht" in die eigene Bewußtseins- bzw. Befindlichkeitslage beeinflußt ist, also, daß man sich nicht genau daran erinnern kann, wieviel Geld man gegeben oder empfangen hat. Oder dadurch, daß man einfach nicht genau weiß, wie lebenszufrieden man an sich ist, und deshalb in seiner Einschätzung fluktuiert.

Neben diesen nicht-intendierten Fehlerfaktoren gibt es „gute" andere Gründe, warum objektive und subjektive Messungen nicht übereinstimmen. Diese hängen vor allem damit zusammen, daß die Herstellung einer perfekten Identität zwischen Objektivität und Subjektivität (wie dies sich Forscher gelegentlich wünschen, wenn sie beispielsweise Antworten von Versuchspersonen über ihren Zigarettenverbrauch als Indikatoren der Realität ansehen) gerade *nicht* das alles definierende Ziel menschlichen Verhaltens ist. Im Gegenteil, es gehört zur menschlichen Psyche, daß Realität konstruiert und transformiert wird. Antworten auf Fragen der Lebenszufriedenheit, der körperlichen Gesundheit oder des monetären Transfers zwischen den Generationen sind daher auch das Resultat selbstbezogener Prozesse (beispielsweise das Selbst schützende und stärkende Prozesse der Lebensbewältigung und der individuellen Lebenssinngebung [vgl. Staudinger et al., Kapitel 12; Borchelt et al., Kapitel 17; Smith et al., Kapitel 19]). So kann die Tatsache, daß ältere Menschen sich im Durchschnitt als genauso lebenszufrieden darstellen wie jüngere Menschen, durchaus auch bedeuten, daß die Beibehaltung der Lebenszufriedenheit im Alter ein Lebensziel ist, das es zu erreichen gilt. Ebenso kann die Aussage, daß man monetär mehr gibt, als man nimmt, Ausdruck eines psychologischen Diskurses zwischen Eltern und Kindern bzw. zwischen den Generationen sein, so daß dem vom Forscher angestrebten Einklang von Objektivität und Subjektivität der Alltagsdiskurs zwischen den Lebensaltern im Wege steht.

Die Beziehung zwischen objektiver und subjektiver Messung ist also nicht nur ein Problem methodischer Unzulänglichkeiten. Es ist auch ein Problem der menschlichen Konstruktion von Realität und der Einbettung von Realität in die Subjektivität des Lebens. So gehört es zu einem „gut" geführten Leben, objektive Realität zu vernachlässigen oder zu verändern, um beispielsweise dem eigenen Selbst das „Gefühl" von Handlungskontrolle zu geben, um durch Transformation von objektiven Lebensbedingungen und Lebensereignissen retroaktiv und proaktiv Lebenssinn zu schaffen. Deshalb ist es bei der Interpretation von subjektiven Reports immer wichtig, die kognitiven und motivationalen Quellen für die vorgelegten Angaben der Studienteilnehmer im Auge zu haben.

Oft ist also das vom Forscher angestrebte Ziel, eine Konsistenz zwischen Objektivität und Subjektivität zu erhalten, den Intentionen der Antwortenden oder grundlegenden psychischen Verarbeitungs- und Bewältigungsprozessen entgegengesetzt. Und genau deshalb wäre es auch falsch, bei der Bewertung von Subjektivitäts-/Objektivitätszusammenhängen die Schlußfolgerung zu vertreten, daß die Antwortenden „lügen", wenn es Diskrepanzen zwischen (anders gemessener) Objektivität und Subjektivität gibt. Derartige Diskrepanzen gibt es nicht nur, weil das menschliche Gedächtnis und der Zugang auf unsere Bewußtseinslage fehlerhaft sind. Objektive und subjektive Messung bilden auch deshalb keine identische Beschreibung eines Phänomens, weil das Subjekt (der Studienteilnehmer) das Objekt bzw. die Realität psychologisch verarbeitet und diese vor dem Hintergrund menschlicher Anpassungs- und Bewältigungsziele (etwa der Aufrechterhaltung eines intakten Selbstgefühls) transformiert.

Die Kapitel dieses Buches haben unterschiedliche Zielsetzungen und Annahmen, was das Problem der objektiven und subjektiven Messung und deren Übereinstimmung betrifft. In einigen (vgl. Staudinger et al., Kapitel 12; Borchelt et al., Kapitel 17; Smith et al., Kapitel 19) steht die Bewältigungsdynamik von Objektivität durch Subjektivität explizit im Vordergrund. So, wenn es beispielsweise darum geht, zu verstehen, wieso Personen dieselben Werte der Lebenszufriedenheit angeben, obwohl sie in objektiv ganz unterschiedlichen Welten zu leben scheinen. In anderen Kapiteln steht eher im Vordergrund, subjektive Angaben als valide Indikatoren objektiver Ereignisse und psychischer Phänomene zu nutzen. Dies ist vor allen dann vertretbar, wenn es sich dabei um sorgfältig entwickelte Meßinstrumente handelt, deren Validität und Reliabilität aufgrund früherer Untersuchungen bekannt ist. Es ist eine besondere Herausforderung einer interdisziplinären Studie, dieses vielschichtige Verhältnis von objektiven und subjektiven Messungen nicht gegeneinander auszuspielen, sondern beide Interpretationslinien explizit im Auge zu behalten.

Literaturverzeichnis

Alber, J. (1992). *Social and economic policies for the elderly in Germany.* Konstanz: Universität Konstanz, Fachbereich Verwaltungswissenschaften.

Baltes, M. M. (1987). Erfolgreiches Altern durch Verhaltenskompetenz und Umweltqualität. In C. Niemitz (Hrsg.), *Der Mensch in Zusammenspiel von Anlage und Umwelt* (S. 353–377). Frankfurt/M.: Suhrkamp.

Baltes, M. M., Mayr, U., Borchelt, M., Maas, I. & Wilms, H.-U. (1993). Everyday competence in old and very old age: An inter-disciplinary perspective. *Ageing and Society, 13,* 657–680.

Baltes, P. B. (1968). Longitudinal and cross-sectional sequences in the study of age and generation effects. *Human Development, 11,* 145–171.

Baltes, P. B. (1973). Prototypical paradigms and questions in life-span research on development and aging. *The Gerontologist, 13,* 458–467.

Baltes, P. B. (1987). Theoretical propositions of life-span developmental psychology: On the dynamics between growth and decline. *Developmental Psychology, 23,* 611–626.

Baltes, P. B. (1990). Entwicklungspsychologie der Lebensspanne: Theoretische Leitsätze. *Psychologische Rundschau, 41,* 1–24.

Baltes, P. B. (1993). Die zwei Gesichter des Alterns der Intelligenz. *Jahrbuch der Leopoldina, 39,* 169–190.

Baltes, P. B. & Baltes, M. M. (1990a). Psychological perspectives on successful aging: The model of selective optimization with compensation. In P. B. Baltes & M. M. Baltes (Hrsg.), *Successful aging: Perspectives from the behavioral sciences* (S. 1–34). Cambridge: Cambridge University Press.

Baltes, P. B. & Baltes, M. M. (Hrsg.) (1990b). *Successful aging: Perspectives from the behavioral sciences.* Cambridge: Cambridge University Press.

Baltes, P. B. & Baltes, M. M. (1992). Gerontologie: Begriff, Herausforderung und Brennpunkte. In P. B. Baltes & J. Mittelstraß (Hrsg.), *Zukunft des Alterns und gesellschaftliche Entwicklung* (S. 1–34). Berlin: de Gruyter.

Baltes, P. B. & Graf, P. (1996). Psychological aspects of aging: Facts and frontiers. In D. Magnusson (Hrsg.), *The life-span development of individuals: Behavioural, neurobiological and psychosocial perspectives* (S. 427–459). Cambridge: Cambridge University Press.

Baltes, P. B. & Lindenberger, U. (1995). Sensorik und Intelligenz: Intersystemische Wechselwirkungen. *Akademie-Journal, 1,* 20–28.

Baltes, P. B., Mayer, K. U., Helmchen, H. & Steinhagen-Thiessen, E. (1993). The Berlin Aging Study (BASE): Overview and design. *Ageing and Society, 13,* 483–515.

Baltes, P. B., Mayer, K. U., Helmchen, H. & Steinhagen-Thiessen, E. (1994). The Berlin Aging Study: Reply to and reflections on commentaries. *Ageing and Society, 14,* 604–617.

Baltes, P. B. & Mittelstraß, J. (Hrsg.) (1992). *Zukunft des Alterns und gesellschaftliche Entwicklung.* Berlin: de Gruyter.

Baltes, P. B., Reese, H. W. & Nesselroade, J. R. (1988). *Life-span developmental psychology: Introduction to research methods.* Hillsdale, NJ: Erlbaum.

Baltes, P. B. & Staudinger, U. M. (1993). Über die Gegenwart und Zukunft des Alterns: Ergebnisse und Implikationen psychologischer Forschung. *Berichte und Mitteilungen der Max-Planck-Gesellschaft, 4,* 154–185.

Berkman, L. F., Seeman, T. E., Albert, M., Blazer, D., Kahn, R., Mohs, R., Finch, C., Schneider, E., Cotman, C., McClearn, G. et al. (1993) Successful, usual and impaired functioning in community-dwelling elderly: Findings from the MacArthur Foundation Research Network on Successful Aging. *Journal of Clinical Epidemiology, 46,* 1129–1140.

Birren, J. E. (Hrsg.) (1959). *Handbook of aging and the individual: Psychological and biological aspects.* Chicago, IL: University of Chicago Press.

Birren, J. E. & Bengtson, V. L. (1988). *Emergent theories of aging.* New York: Springer.

Bortz, W. M. (1991). *Living short and dying long.* New York: Bantam.

Brim, O. G., Jr. & Kagan, J. (1980). Constancy and change: A view of the issues. In O. G. Brim, Jr. & J. Kagan (Hrsg.), *Constancy and change in human development* (S. 1–25). Cambridge, MA: Harvard University Press.

Bromley, D. B. (1988). Approaching the limits. *Social Behavior, 3,* 71–84.

Bundesministerium für Familie und Senioren (BMFuS) (Hrsg.) (1993). *Erster Altenbericht: Die Lebenssituation älterer Menschen in Deutschland.* Bonn: Eigenverlag.

Coper, H., Jänicke, B. & Schulze, G. (1985). Adaptivität. In D. Bente, H. Coper & S. Kanowski (Hrsg.), *Hirnorganische Psychosyndrome im Alter: II. Methoden zur Objektivierung pharmakotherapeutischer Wirkungen* (S. 159–170). Berlin: Springer-Verlag.

Costa, P. T., Jr. & McCrae, R. R. (1985). *NEO: Five-factor personality inventory.* Talahassee, FL: Psychological Assessment Resources.

Cowdry, E. V. (1939). *Problems of ageing.* Baltimore, MD: Williams & Wilkins.

Dieck, M. (1992). Besondere Perspektiven des Alterns und des Alters im vereinten Deutschland. In P. B. Baltes & J. Mittelstraß (Hrsg.), *Zukunft des Alterns und gesellschaftliche Entwicklung* (S. 640–667). Berlin: de Gruyter.

Dieck, M., Igl, G. & Schwichtenberg-Hilmert, B. (Hrsg.) (1993). *Dokumente der internationalen Altenpolitik.* Berlin: Deutsches Zentrum für Altersfragen.

Elwert, G. (1992). Alter im interkulturellen Vergleich. In P. B. Baltes & J. Mittelstraß (Hrsg.), *Zukunft des Alterns und gesellschaftliche Entwicklung* (S. 260–282). Berlin: de Gruyter.

Finch, C. E. (1990). *Longevity, senescence, and the genome.* Chicago, IL: University of Chicago Press.

Fries, J. F. (1990). Medical perspectives upon successful aging. In P. B. Baltes & M. M. Baltes (Hrsg.), *Successful aging: Perspectives from the behavioral sciences* (S. 35–49). Cambridge: Cambridge University Press.

Geiselmann, B. & Helmchen, H. (1994). Demented subjects' competence to consent to participate in field studies: The Berlin Aging Study. *Medicine and Law, 13,* 177–184.

Geiselmann, B., Linden, M. & Sachs-Ericsson, N. (1989). Benzodiazepine prescription and therapist non-compliance. *European Archives of Psychiatry and Neurological Sciences, 239,* 180–187.

Gerok, W. & Brandtstädter, J. (1992). Normales, krankhaftes und optimales Altern: Variations- und Modifikationsspielräume. In P. B. Baltes & J. Mittelstraß (Hrsg.), *Zukunft des Alterns und gesellschaftliche Entwicklung* (S. 356–385). Berlin: de Gruyter.

Guillemard, A.-M. (1992). Europäische Perspektiven der Alternspolitik. In P. B. Baltes & J. Mittelstraß (Hrsg.), *Zukunft des Alterns und gesellschaftliche Entwicklung* (S. 614–639). Berlin: de Gruyter.

Häfner, H. (1992). Psychiatrie des höheren Lebensalters. In P. B. Baltes & J. Mittelstraß (Hrsg.), *Zukunft des Alterns und gesellschaftliche Entwicklung* (S. 151–179). Berlin: de Gruyter.

Heinrich, K., Linden, M. & Müller-Oerlinghausen, B. (1989). *Werden zu viele Psychopharmaka verbraucht? Methoden und Ergebnisse der Pharmakoepidemiologie und Phase-IV-Forschung.* Stuttgart: Thieme.

Helmchen, H. (1991). The impact of diagnostic systems on treatment planning. *Integrative Psychiatry, 7,* 16–20.

Helmchen, H. & Lauter, H. (Hrsg.) (1995). *Dürfen Ärzte mit Demenzkranken forschen? Analyse des Problemfeldes: Forschungsbedarf und Einwilligungsproblematik.* Stuttgart: Thieme.

Helmchen, H. & Linden, M. (Hrsg.) (1992). *Die jahrelange Behandlung mit Psychopharmaka.* Berlin: de Gruyter.

Kahn, R. L. & Antonucci, T. C. (1980). Convoys over the life course: Attachment, roles, and social support. In P. B. Baltes & O. G. Brim, Jr. (Hrsg.), *Life-span development and behavior* (Bd. 3, S. 254–283). New York: Academic Press.

Karl, F. & Tokarski, W. (1989). *Die neuen Alten.* Kassel: Gesamthochschulbibliothek.

Kleemeier, R. W. (1962). Intellectual change in the senium. *Proceedings of the Social Statistics Section of the American Statistical Association, 1,* 290–295.

Kliegl, R. & Baltes, P. B. (1991). Testing the limits: Kognitive Entwicklungskapazität in einer Gedächtnisleistung. *Zeitschrift für Psychologie, 11* (Suppl.), 84–92.

Klose, H.-U. (Hrsg.) (1993a). *Altern der Gesellschaft: Antworten auf den demographischen Wandel.* Köln: Bund.

Klose, H.-U. (Hrsg.) (1993b). *Altern hat Zukunft: Bevölkerungsentwicklung und Wirtschaftsdynamik.* Opladen: Westdeutscher Verlag.

Kohli, M. (1992). Altern in soziologischer Perspektive. In P. B. Baltes & J. Mittelstraß (Hrsg.), *Zukunft des Alterns und gesellschaftliche Entwicklung* (S. 231–259). Berlin: de Gruyter.

Kohli, M. (1993). *Engagement im Ruhestand: Rentner zwischen Erwerb, Ehrenamt und Hobby.* Opladen: Leske + Budrich

Kohli, M. & Meyer, J. W. (1986). Social structure and social construction of life stages. *Human Development, 29,* 145–180.

Krämer, W. (1992). Altern und Gesundheitswesen: Probleme und Lösungen aus der Sicht der Gesundheitsökonomie. In P. B. Baltes & J. Mittelstraß (Hrsg.), *Zukunft des Alterns und gesellschaftliche Entwicklung* (S. 563–580). Berlin: de Gruyter.

Kruse, A. (1992a). Alter im Lebenslauf. In P. B. Baltes & J. Mittelstraß (Hrsg.), *Zukunft des Alterns und gesellschaftliche Entwicklung* (S. 331–355). Berlin: de Gruyter.

Kruse, A. (1992b). *Kompetenz im Alter in ihren Bezügen zur objektiven und subjektiven Lebenssituation.* Darmstadt: Steinkopff.

Kruse, A., Lindenberger, U. & Baltes, P. B. (1993). Longitudinal research on human aging: The power of combining real-time, microgenetic, and simulation approaches. In D. Magnusson & P. Casaer (Hrsg.), *Longitudinal research on individual development: Present status and future perspectives* (S. 153–193). Cambridge: Cambridge University Press.

Lawley, D. N. (1943). A note on Karl Pearson's selection formulae. *Proceedings of the Royal Society of Edinburgh, 62,* 28–30.

Lehr, U. (1991). *Psychologie des Alterns* (7. Aufl.). Heidelberg: Quelle & Meyer.

Lehr, U. & Thomae, H. (Hrsg.) (1987). *Formen seelischen Alterns: Ergebnisse der Bonner Gerontologischen Längsschnittstudie (BOLSA).* Stuttgart: Enke.

Linden, M. & Helmchen, H. (1995). WHO International Collaborative Study on psychological problems in general health care: Results from the Berlin centre. In T. B. Üstün & N. Sartorius (Hrsg.), *Mental illness in general health care: An international study* (S. 99–119). Chichester: Wiley.

Lindenberger, U. & Baltes, P. B. (1994). Sensory functioning and intelligence in old age: A strong connection. *Psychology and Aging, 9,* 339–355.

Lindenberger, U. & Baltes, P. B. (1995). Kognitive Leistungsfähigkeit im Alter: Erste Ergebnisse aus der Berliner Altersstudie. *Zeitschrift für Psychologie, 203,* 283–317.

Lindenberger, U., Mayr, U. & Kliegl, R. (1993). Speed and intelligence in old age. *Psychology and Aging, 8,* 207–220.

Little, R. & Rubin, D. (1987). *Statistical analysis with missing data.* New York: Wiley.

Maddox, G. L. (1987). Aging differently. *The Gerontologist, 27,* 557–564.

Magnusson, D. & Bergman, L. (Hrsg.) (1990). *Data quality in longitudinal research.* Cambridge: Cambridge University Press.

Magnusson, D., Bergman, L., Rudinger, G. & Törestad, B. (Hrsg.) (1991). *Problems and methods in longitudinal research: Stability and change.* Cambridge: Cambridge University Press.

Mayer, K. U., (Hrsg.) (1990). Lebensverläufe und sozialer Wandel. *Kölner Zeitschrift für Soziologie und Sozialpsychologie, 31* (Sonderheft).

Mayer, K. U. (1992). Bildung und Arbeit in einer alternden Bevölkerung. In P. B. Baltes & J. Mittelstraß (Hrsg.), *Zukunft des Alterns und gesellschaftliche Entwicklung* (S. 518–543). Berlin: de Gruyter.

Mayer, K. U., Baltes, P. B., Gerok, W., Häfner, H., Helmchen, H., Kruse, A., Mittelstraß, J., Staudinger, U. M., Steinhagen-Thiessen, E. & Wagner, G. (1992). Gesellschaft, Politik und Altern. In P. B. Baltes & J. Mittelstraß (Hrsg.), *Zukunft des Alterns und gesellschaftliche Entwicklung* (S. 721–757). Berlin: de Gruyter.

Mayer, K. U. & Brückner, E. (1989). *Lebensverläufe und Wohlfahrtsentwicklung: Konzeption, Design und Methodik der Erhebung von Lebensverläufen der Geburtsjahrgänge 1929–1931, 1939–1941, 1949–1951* (Materialien aus der Bildungsforschung, Bd. 35, Teil I–III). Berlin: Max-Planck-Institut für Bildungsforschung.

Mayer, K. U. & Huinink, J. (1990). Age, period and cohort in the study of the life course: A comparison of classical A-P-C-analysis with event history analysis, or farewell to Lexis? In D. Magnusson & L. R. Bergman (Hrsg.), *Data quality in longitudinal research* (S. 211–232). Cambridge: Cambridge University Press.

Meinlschmidt, G., Imme, U. & Kramer, R. (1990). *Sozialstrukturatlas Berlin (West): Eine statistisch-methodische Analyse mit Hilfe der Faktorenanalyse.* Berlin: Senatsverwaltung für Gesundheit und Soziales.

Mittelstraß, J., Baltes, P. B., Gerok, W., Häfner, H., Helmchen, H., Kruse, A., Mayer, K. U., Staudinger, U. M., Steinhagen-Thiessen, E. & Wagner, G. (1992). Wissenschaft und Altern. In P. B. Baltes & J. Mittelstraß (Hrsg.), *Zukunft des Alterns und gesellschaftliche Entwicklung* (S. 695–720). Berlin: de Gruyter.

Myles, J. (1984). *Old age in the welfare state: The political economy of public pensions.* Boston, MA: Little, Brown & Co.

Nelson, A. E. & Dannefer, D. (1992). Aged heterogeneity: Fact or fiction? The fate of diversity in gerontological research. *The Gerontologist, 32,* 17–23.

Nesselroade, J. R. & Baltes, P. B. (Hrsg.) (1979). *Longitudinal research in the study of behavior and development.* New York: Academic Press.

Neugarten, B. L. (1969). Continuities and discontinuities of psychological issues into adult life. *Human Development, 12,* 121–130.

Neugarten, B. L. (1974). Age groups in American society and the rise of the young-old. *Annals of the American Academy of Political and Social Sciences, 9,* 187–198.

Olbrich, E., Sames, K. & Schramm, A. (1994). *Kompendium der Gerontologie: Interdisziplinäres Handbuch für Forschung, Klinik und Praxis.* Landsberg/Lech: Ecomed.

Oswald, W. D., Herrmann, W. M., Kanowski, S., Lehr, U. M. & Thomae, H. (1984). *Gerontologie.* Stuttgart: Kohlhammer.

Pearson, K. (1903). Mathematical contributions to the theory of evolution: XI. On the influence of natural selection on the variability and correlation of organs. *Philosophical Transactions of the Royal Society of London (Series A), 200,* 1–66.

Perlmutter, M. (Hrsg.) (1990). *Late-life potential.* Washington, DC: Gerontological Society of America.

Poon, L. W. (Hrsg.) (1992). *The Georgia Centenarian Study.* Amityville, NY: Baywood.

Radloff, L. S. (1977). The CES-D Scale: A self-report depression scale for research in the general population. *Applied Psychological Measurement, 1,* 385–401.

Reischies, F. M., Spiess, P. von & Hedde, J. P. (1990). Cognitive deterioration and dementia outcome in depression: The search for prognostic factors. In K. Maurer, P. Riederer & H. Beckmann (Hrsg.), *Alzheimer's disease, epidemiology, neuropathology, neurochemistry and clinics* (S. 687–691). Wien: Springer.

Rendtel, U. & Pötter, U. (1992). *Über Sinn und Unsinn von Repräsentativitätsstudien* (DIW-Diskussionspapier Nr. 61). Berlin: Deutsches Institut für Wirtschaftsforschung.

Riegel, K. F. & Riegel, R. M. (1972). Development, drop, and death. *Developmental Psychology, 6,* 306–319.

Riley, M. W. (1973). Aging and cohort succession: Interpretations and misinterpretations. *Public Opinion Quarterly, 37,* 35–49.

Riley, M. W. (1987). On the significance of age in sociology. *American Sociological Review, 52,* 1–14.

Riley, M. W., Kahn, R. L. & Foner, A. (Hrsg.) (1994). *Age and structural lag.* New York: Wiley.

Riley, M. W. & Riley, J. W., Jr. (1992). Individuelles und gesellschaftliches Potential des Alterns. In P. B. Baltes & J. Mittelstraß (Hrsg.), *Zukunft des Alterns und gesellschaftliche Entwicklung* (S. 437–460). Berlin: de Gruyter.

Rowe, J. W. & Kahn, R. L. (1987). Human aging: Usual and successful. *Science, 237,* 143–149.

Rutter, M. (1988). *Studies of psychosocial risk: The power of longitudinal data.* New York: Cambridge University Press.
Ryder, N. B. (1965). The cohort as a concept in the study of social change. *American Sociological Review, 30,* 843–861.
Salthouse, T. A. (1991). *Theoretical perspectives on cognitive aging.* Hillsdale, NJ: Erlbaum.
Schaie, K. W. (1965). A general model for the study of developmental problems. *Psychological Bulletin, 64,* 92–107.
Schaie, K. W. (1995). *Intellectual development in adulthood: The Seattle Longitudinal Study.* New York: Cambridge University Press.
Schröder, H. (1995). Materiell gesichert, aber häufig isoliert: Zur Lebenssituation älterer Menschen in Deutschland. *Informationsdienst Soziale Indikatoren, 13,* 11–15.
Senatsverwaltung für Soziales, Berlin (1995). *Bericht zur sozialen Lage im Land Berlin.* Berlin: Eigenverlag.
Shock, N. W. (1977). System integration. In C. E. Finch & L. Hayflick (Hrsg.), *Handbook of the biology of aging* (1. Aufl., S. 639–665). New York: Van Nostrand Reinhold.
Siegler, I. C. (1975). The terminal drop hypothesis: Fact or artifact? *Experimental Aging Research, 1,* 169–185.
Steen, B. & Djurfeldt, H. (1993). Die gerontologischen und geriatrischen Populationsstudien in Göteborg. *Zeitschrift für Gerontologie, 26,* 163–169.
Steinhagen-Thiessen, E. & Borchelt, M. (1993). Health differences in advanced old age. *Aging and Society, 13,* 619–655.
Steinhagen-Thiessen, E., Gerok, W. & Borchelt, M. (1992). Innere Medizin und Geriatrie. In P. B. Baltes & J. Mittelstraß (Hrsg.), *Zukunft des Alterns und gesellschaftliche Entwicklung* (S. 124–150). Berlin: de Gruyter.
Svanborg, A. (1985). The Gothenburg longitudinal study of 70-year-olds: Clinical reference values in the elderly. In M. Bergener, M. Ermini & H. B. Stähelin (Hrsg.), *Thresholds in aging* (S. 231–239). London: Academic Press.
Tews, H. (1990). Leistung im Strukturwandel des Alters. In R. Schmitz-Scherzer, A. Kruse & E. Olbrich (Hrsg.), *Altern: Ein lebenslanger Prozeß der sozialen Interaktion* (S. 357–363). Darmstadt: Steinkopff.
Tews, H. P. (1991). *Altersbilder.* Köln: Kuratorium Deutsche Altershilfe.
Thomae, H. (1976). *Patterns of aging: Findings from the Bonn Longitudinal Study of Aging. Contributions to human development.* Basel: Karger.
Thomae, H. (1979). The concept of development and life-span developmental psychology. In P. B. Baltes & O. G. Brim, Jr. (Hrsg.), *Life-span development and behavior* (Bd. 2, S. 282–312). New York: Academic Press.
Thomae, H. (1992). Emotion and personality. In J. E. Birren, R. B. Sloan & G. D. Cohen (Hrsg.), *Handbook of mental health and aging* (2. Aufl., S. 355–375). San Diego, CA: Academic Press.
Thomae, H. & Maddox, G. L. (Hrsg.) (1982). *New perspectives on old age: A message to decision makers.* New York: Springer.
Watson, D., Clark, L. A. & Tellegen, A. (1988) Development and validation of brief measures of positive and negative affect: The PANAS scales. *Journal of Personality and Social Psychology, 54,* 1063–1070.
Weinert, F. E. (1992). Altern in psychologischer Perspektive. In P. B. Baltes & J. Mittelstraß (Hrsg.), *Zukunft des Alterns und gesellschaftliche Entwicklung* (S. 180–203). Berlin: de Gruyter.

2. Methodische Aspekte der Erhebungen der Berliner Altersstudie

Reinhard Nuthmann & Hans-Werner Wahl

Zusammenfassung

Die Berliner Altersstudie hat zum Ziel, in umfassender Weise gesundheitliche, psychische, soziale und ökonomische Aspekte des Lebens alter und hochbetagter Menschen in einer Großstadt (Berlin-West) zu erfassen und zur Weiterentwicklung gerontologischer Forschung des hohen Alters beizutragen. 1988/1989 wurde dafür eine breit angelegte multidisziplinäre empirische Intensiverhebung konzipiert, die 13 Untersuchungsteile vorsah und mit nach Alter und Geschlecht geschichteten Zufallsstichproben arbeiten sollte. Obwohl bei der Konzeption dieser Intensiverhebung auf eigene Vorarbeiten und vielfältige Erfahrungen gerontologischer und anderer empirischer Studien zurückgegriffen werden konnte, gab es eine Reihe methodischer, organisatorischer und forschungsethischer Fragen, die einer Klärung bedurften. Vor allem war offen, ob und inwieweit alte und hochbetagte Menschen für eine Teilnahme an der Intensiverhebung gewonnen werden könnten. Das Kapitel informiert deshalb zunächst über die Pilotstudien, die von Juni 1989 bis April 1990 durchgeführt wurden, um die Machbarkeit der Studie zu prüfen und das Erhebungskonzept zu optimieren. Danach wird die Methodik der Erhebungen der Hauptstudie, die von Mai 1990 bis Juni 1993 stattfanden, dargestellt. Dabei wird zunächst über die Ziehung und den Einsatz der Stichproben berichtet. Daran anschließend wird dargestellt, wie vorgegangen wurde, um mit den Adressaten der Studie persönlich Kontakt aufzunehmen und sie für eine Teilnahme zu motivieren. Danach konzentriert sich das Kapitel auf die Steuerung des Feldes, auf Stichprobenausfälle sowie auf die Beteiligung der Studienteilnehmerinnen und -teilnehmer an den Erhebungen. Die Beschreibung der Beteiligung orientiert sich an drei Ebenen unterschiedlicher Teilnahmeintensität und bezieht hierbei auch Rahmendaten der Erhebungen dieser Teilnahmeebenen (z. B. Dauer der Erhebungen) mit ein. Nach Informationen zur Arbeit der forschungstechnischen Assistentinnen und Assistenten sowie der Projektärzte schließt das Kapitel mit der Darstellung des Betreuungskonzepts der Berliner Altersstudie und weiterer forschungsethisch und -rechtlich begründeter Regelungen, die bei den Erhebungen praktiziert wurden.

1. Zur Konzeption der Erhebungen der Berliner Altersstudie

1.1 Zielsetzungen und Planungsvorgaben für die Erhebungen

Die Konzeption der Berliner Altersstudie wurde 1988/1989 von der Arbeitsgruppe „Altern und gesellschaftliche Entwicklung“ (AGE) der Akademie der Wissenschaften zu Berlin, Sprecher: Paul B. Baltes, und den sich zu dieser Zeit konstituierenden vier Forschungseinheiten der Studie (Innere Medizin und Geriatrie, Psychiatrie, Psychologie sowie Soziologie und Sozialpolitik) entwickelt. Die Schritte der Konzeption, Planung und Durchführung der Berliner Altersstudie sind in den Jahresberichten der ehemaligen Akademie der Wissenschaften zu Berlin und der neugegründeten Berlin-Brandenburgischen Akademie der Wissenschaften ausführlich dargestellt (Arbeitsgruppe „Altern und gesellschaftliche Entwicklung“ [AGE], 1988, 1989b, 1990a, 1993, 1994, 1995; vgl. P. B. Baltes, Mayer, Helmchen & Steinhagen-Thiessen, 1993; P. B. Baltes et al., Kapitel 1, sowie das Vorwort in diesem Band).

Die Konzeption der Berliner Altersstudie sah folgende Zielsetzungen und Planungsvorgaben für das

Erhebungsdesign und die Durchführung der Erhebungen vor (vgl. AGE, 1989a):

1. Als Zielgruppen der Studie wurden Männer und Frauen der Altersgruppen 70–74, 75–79, 80–84, 85–89, 90–94 sowie 95 und mehr Jahre bestimmt, die aus nach Alter und Geschlecht geschichteten Zufallsstichproben der Bevölkerung von Berlin (West) für eine Teilnahme an den Erhebungen gewonnen werden sollten.
2. Den Schwerpunkt der Erhebungen sollte eine *Intensiverhebung* mit einem breitgefächerten multidisziplinären Untersuchungsprogramm (*Intensivprotokoll*) bilden. Diese Intensiverhebung, für die 13 Erhebungstermine vorgesehen waren, sollte im Verlauf einer vorgegebenen Untersuchungssequenz mit den Studienteilnehmerinnen und -teilnehmern (im folgenden als ST bezeichnet) durchgeführt werden.
3. Da abzusehen war, daß sich bei der Kontaktaufnahme zu den zufällig ausgewählten Personen Ausfälle ergeben würden, war geplant, bereits beim ersten Kontakt zur Gewinnung der ST Informationen zu erheben, um die Ausfälle beschreiben, Selektivitätseffekte analysieren und die Generalisierbarkeit von Ergebnissen der Studie abschätzen zu können.
4. Ferner sollten Stichprobenausfälle bei der Feldarbeit kompensiert und eine Gleichverteilung vollständig absolvierter Intensiverhebungen bei allen Zielgruppen der Studie (siehe oben, Punkt 1) erreicht werden, um bei Auswertungen des Intensivprotokolls auch für einzelne Untergruppen statistisch hinreichend gesicherte Aussagen machen zu können.
5. Die medizinischen Erhebungen, die von Ärztinnen und Ärzten vorgenommen werden mußten, sollten von Mitarbeiterinnen und Mitarbeitern der Forschungseinheiten Innere Medizin und Geriatrie sowie Psychiatrie (im folgenden als Projektärzte bezeichnet) durchgeführt werden. Für alle anderen Erhebungen waren speziell rekrutierte forschungstechnische Assistentinnen und Assistenten (im folgenden als FTA bezeichnet) vorgesehen, die für die Zeit der Erhebungen fest eingestellt und für ihre unterschiedlichen Aufgaben (Gewinnung der ST, Arbeit mit verschiedenen Erhebungsinstrumenten, Betreuung der ST, vgl. Punkt 7) von den Forschungseinheiten und der Projektkoordination trainiert werden sollten.
6. Darüber hinaus enthielten Konzeption und Design der Studie eine Reihe von Vorgaben, die ethische und rechtliche Prinzipien und Regelungen berücksichtigten, die für medizinische und sozialwissenschaftliche Forschungsprojekte bestehen (American Psychological Association [APA], 1990, 1992; Berliner Datenschutzgesetz [BlnDSG], 1983, 1991; Bundesdatenschutzgesetz [BDSG], 1990; vgl. Helmchen, 1990; Helmchen & Lauter, 1995; Helmchen & Winau, 1986; Max-Planck-Gesellschaft [MPG], 1984; Metschke, 1994; Mittelstraß et al., 1992). So waren zum einen Vorkehrungen zu treffen, um bei der Durchführung der Intensiverhebungen physische, psychische und soziale Belastungen der ST soweit als möglich zu vermeiden. Zum anderen ging es darum, sich an bestehenden Prinzipien und Regelungen zur Aufklärung und Einwilligung der ST, zum Abbruch von Untersuchungen bei Gefahr von Überlastungen, zum Umgang mit pathologischen Untersuchungsbefunden und zum Schutz der erhobenen Daten zu orientieren und sie den Besonderheiten der Zielpopulation anzupassen.
7. Forschungsethische Überlegungen führten schließlich auch zu der Planung, den größten Teil der Intensiverhebungen unter Beachtung der Bedürfnisse und Gewohnheiten alter Menschen am Wohnort (Privatwohnung oder Heim) durchzuführen und Untersuchungen in Kliniken auf wenige Termine zu beschränken. Um die ST bei den Erhebungen nicht durch mehrfach wechselndes Erhebungspersonal zu belasten, sollte den ST außerdem vom Erstkontakt und der Motivierung für die Teilnahme bis zum Abschluß der Untersuchungen eine oder ein FTA (forschungstechnische/r Assistent/in) als Ansprechpartner fest beigeordnet werden. Zusätzlich zur Gewinnung der ST und der Durchführung der Erhebungen, die nicht von Projektärzten vorgenommen werden mußten, sollten diese FTA die ST während der Zeit der Erhebungen auch persönlich betreuen.

Auf der Grundlage dieser Vorgaben wurden dann die Erhebungen vorbereitet und hierbei auch Vorarbeiten der beteiligten Forschungseinheiten (vgl. AGE, 1989a, 1989b, 1990a) sowie Erfahrungen anderer multidisziplinär angelegter gerontologischer Studien (vgl. Berkman et al., 1993; Deeg, 1989; Lehr & Thomae, 1987; Rowe & Kahn, 1987; Schaie, 1983; vgl. auch Busse, 1993; Costa & McCrae, 1993; Joukamaa, Saarijärvi & Salokangas, 1993; Mossey, Havens, Roos & Shapiro, 1981; Steen & Djurfeldt, 1993) und einiger größerer sozialwissenschaftlicher Studien in Deutschland mit einbezogen (vgl. Bundesminister für Arbeit und Sozialordnung, 1988; Esser, Grohmann, Müller & Schäffer, 1989; Hanefeld, 1987; Infratest Sozialforschung, 1985; Mayer & Brückner, 1989; Mayer & Schmidt, 1984; G. Wagner, Schupp & Rendtel, 1994).

Trotz der Erfahrungen, auf die zurückgegriffen werden konnte, blieb eine Reihe von Fragen offen. So gab es z. B. nur wenige Anhaltspunkte dafür, inwieweit sich alte und hochbetagte Menschen an der Intensiverhebung beteiligen würden. Darüber hinaus mußte erprobt werden, ob die Erhebungen zu nicht vertretbaren Belastungen der ST führen würden und ob die geplante Betreuung der ST bei den Erhebungen durchführbar sein würde. Offen waren auch die Bewährung der Erhebungsinstrumente im Feld und die Frage nach einer sowohl methodisch wie forschungspraktisch optimalen Abfolge der Untersuchungen. Ebenso bedurften Fragen zur Organisation, zum Ablauf und zur Kooperation der Forschungseinheiten bei den Erhebungen, zu den benötigten personellen Kapazitäten bei der Feldarbeit sowie zur Rekrutierung, zum Training und zur Arbeit der FTA weiterer Klärungen.

1.2 Die Pilotstudien und ihre Ergebnisse

Um für diese Fragen empirisch begründete Antworten zu finden, wurden zunächst zwei aufeinander aufbauende Pilotstudien durchgeführt, bei denen kleinere repräsentative Stichproben eingesetzt wurden, die dem Design der Studie entsprachen. Pilotstudie I (N=49) fand von Juni 1989 bis September 1989 und Pilotstudie II (N=65) von Oktober 1989 bis April 1990 statt (vgl. AGE, 1990a, 1990b, 1992, 1993).

Das wichtigste Ergebnis der Pilotstudien war, daß die Intensiverhebung der Berliner Altersstudie empirisch durchführbar und die Belastungen, die sich hierbei für alte und hochbetagte ST ergeben konnten, ethisch vertretbar waren. Den FTA und den Projektärzten kam dabei nicht nur eine anspruchsvolle Datenerhebungsaufgabe, sondern zugleich eine wichtige Funktion bei der Motivierung, der Betreuung und der frühzeitigen Einschätzung möglicher Überbelastungen der ST zu.

Insgesamt bewährten sich das Erhebungsprogramm und die -instrumente bei den Pilotstudien. Veränderungen, die dennoch vorgenommen wurden, zielten vor allem darauf, die Erhebungen der Forschungseinheiten noch effektiver aufeinander abzustimmen, Doppelerfassungen einzelner Sachverhalte zu vermeiden und das Erhebungsprogramm zu straffen. Außerdem wurden einzelne Erhebungsinstrumente modifiziert, um mit ihnen noch besser bei sehr alten und bei gesundheitlich beeinträchtigten Personen arbeiten zu können[1].

Schließlich wurde bei den Pilotstudien auch über die Abfolge der verschiedenen Untersuchungen der Intensiverhebung entschieden. Zu der Festlegung der Untersuchungssequenz, die für die Hauptstudie vorgesehen wurde (vgl. P. B. Baltes et al., Kapitel 1, siehe dort auch Tabelle 2), trug bei, daß eine Variation der Sequenz (Beginn mit den sozial- und verhaltenswissenschaftlichen Untersuchungsteilen versus Beginn mit den medizinischen Untersuchungen), die erprobt worden war, keinen Effekt hinsichtlich der Beteiligung der ST an der Intensiverhebung erkennen ließ. Zudem zeigte sich, daß der Beginn mit den Befragungen der Forschungseinheit Soziologie und Sozialpolitik zum Lebensverlauf und zur Lebensgeschichte den FTA einen guten Einstieg bot, mit den ST in ein Gespräch zu kommen und das für die weiteren Erhebungen benötigte Vertrauensverhältnis zu ihnen aufzubauen. Außerdem bewährte sich die Plazierung der kognitiven und neuropsychologischen Tests der Forschungseinheiten Psychologie und Psychiatrie etwa in der Mitte der Erhebungen. Aufgrund der bis dahin erreichten Vertrauensbasis konnten so gelegentlich bestehende Vorbehalte gegenüber diesen Tests weitgehend abgebaut, zugleich gewisse Trainingseffekte durch die vor den Tests liegenden Untersuchungen zwar nicht völlig ausgeschlossen, immerhin aber doch begrenzt werden. Schließlich kam hinzu, daß die den medizinischen Untersuchungen vorangestellten sozial- und verhaltenswissenschaftlichen Erhebungen es erleichterten, die Arzt- und die Kliniktermine der einzelnen ST zu koordinieren und die hierfür nur begrenzt zur Verfügung stehenden Untersuchungstermine besser auszulasten. Gewisse Variationen der Untersuchungssequenz wurden im übrigen in Einzelfällen zugelassen, um Besonderheiten und Bedürfnissen der ST flexibel Rechnung tragen zu können.

Hinsichtlich der Stichprobenausschöpfung zeigten die Pilotstudien, daß nur etwa ein Drittel der im Feld angesprochenen Personen zu einer Teilnahme an der Intensiverhebung bereit war. Da eine größere Zahl von Personen aber interessiert und fähig war, sich an einer zeitlich kürzeren und weniger umfangreichen Erhebung zu beteiligen, wurde im Verlauf der Pilotstudien eine 100 Fragen umfassende *multidisziplinäre Ersterhebung* entwickelt und erprobt, die der In-

[1] Neben Vereinfachungen von Fragen wurden Fragebogen und Skalen, die den ST bei den Erhebungen vorgelegt wurden, noch übersichtlicher und lesbarer gestaltet. Teilweise wurden zudem für Schwerhörige (Mit-)Leseversionen erstellt, um ihnen die Befragung zu erleichtern. Diese Versionen wurden auch bei sehr verlangsamten Personen eingesetzt, die eine visuelle Unterstützung benötigten. Die kognitive Testbatterie wurde in der Regel per Computer mit einem berührungsempfindlichen Bildschirm („Touchscreen") dargeboten. Obwohl dieses Medium für die meisten ST völlig neu war, wurde es durchweg sehr gut angenommen (vgl. Reischies & Lindenberger, Kapitel 13).

tensiverhebung vorangestellt wurde und dazu diente, Basisinformationen für alle an der Studie beteiligten Forschungseinheiten zu erheben (vgl. P. B. Baltes et al., Kapitel 1, siehe dort auch Tabellen 2 und 3). Da sich die ersten 16 Fragen der Ersterhebung (einschließlich einer Frage zu weiteren Kontakten) auf spezifisch ausgewählte Variablen der vier Forschungseinheiten bezogen, konnten diese im Rahmen eines kurzen persönlichen Kontakts oder in Form einer schriftlichen Befragung (*Kurzkontakt* bzw. *Kurzfragebogen*) gegebenenfalls auch als eine *multidisziplinäre Kurzbefragung* durchgeführt werden.

Die Intensiverhebung, die Ersterhebung und die Kurzbefragung definierten zugleich unterschiedliche Ebenen der Beteiligung an der Studie. Die erfolgreiche Absolvierung der Ersterhebung und der 13 Untersuchungsteile der Intensiverhebung bildete die primär intendierte und umfassendste Teilnahmeebene. Personen, die nicht bereit oder nicht fähig waren, sich daran zu beteiligen, konnte als nächstfolgende Teilnahmeebene eine allein auf die Ersterhebung begrenzte Teilnahme angeboten werden. Für Personen, die auch das nicht wünschten oder für die selbst die Ersterhebung zu belastend war, bestand schließlich als weitere abgestufte Teilnahmeebene die Möglichkeit, nur an der Kurzbefragung teilzunehmen.

Diese Konzeption erlaubte es auch, die Teilnehmer der unterschiedlichen Ebenen untereinander zu vergleichen und Selektivitätsprozesse zu analysieren (vgl. P. B. Baltes et al., Kapitel 1; Lindenberger et al., Kapitel 3). Zusätzliche Daten für diese Selektivitätsanalysen ergaben sich aus einer die Kontakte zur Gewinnung der ST *„Begleitenden Beobachtung"* (vgl. P. B. Baltes et al., Kapitel 1, siehe dort auch Tabellen 2 und 3; Webb, Campbell, Schwartz & Sechrest, 1966). Dieses Instrument, mit dem Informationen zur Wohnsituation, zum Wohnumfeld, zum Setting des Kontakts und, soweit beobachtbar, zu gesundheitlichen Einschränkungen und zu Hilfs- und Pflegebedürftigkeit erhoben werden konnten, diente dazu, Rahmenbedingungen der Erstkontakte mit den ST der verschiedenen Teilnahmeebenen und mit Nichtteilnehmern in standardisierter Weise festzuhalten (vgl. Abschnitt 4.2.2).

2. Die Stichproben der Hauptstudie

2.1 Ziehung der Stichproben

Bei den Erhebungen der Hauptstudie, die im Mai 1990 begannen und im Juni 1993 abgeschlossen wurden, wurden insgesamt vier nach Alter und Geschlecht geschichtete und nach einem gesteuerten Zufallsverfahren (siehe unten) gewonnene Stichproben eingesetzt, die im März 1990, im März 1991, im Juli 1991 und im Januar 1992 vom Landeseinwohneramt Berlin (West) aus dem Melderegister der Stadt gezogen wurden[2]. Basis der vier Ziehungen war jeweils die 70jährige und ältere Wohnbevölkerung, die im Melderegister erfaßt war[3]. Durch die mehrfache („sequentielle") Ziehung von Stichproben sollten zum einen Ausfälle durch Tod, zum anderen aber auch Stichprobenausfälle reduziert werden, die dadurch entstehen, daß bei einer langen Feldphase – bei der Berliner Altersstudie immerhin drei Jahre – zunehmend mehr Adressen mit größer werdendem Abstand zum Ziehungszeitpunkt nicht mehr verwendbar sind, z. B. weil Personen inzwischen verzogen oder aus anderen Gründen unter der vorliegenden Adresse nicht mehr erreichbar sind (vgl. Abschnitt 4.2.1).

Die gewünschte Anzahl an Adressen für Männer und Frauen wurde aus einzelnen Geburtsjahrgängen gezogen, die nach dem Design der Studie hierfür in Frage kamen. Im Jahr 1990 wurden deshalb bei der Ziehung Männer und Frauen des Geburtsjahrgangs 1920 („70jährige") bis zum Geburtsjahrgang 1886 („104jährige") einbezogen. Um eine gleichmäßige Schichtung der Stichprobe nach Alter und Geschlecht zu erreichen, wurde dabei immer eine gleiche Anzahl an Adressen aus jedem Jahrgang gezogen. War eine Zufallsziehung in der gewünschten Größenordnung aufgrund zu geringer Besetzungszahlen einzelner Geburtsjahrgänge nicht mehr möglich, wurden alle für sie noch vorliegenden Adressen im Sinne einer Totalziehung übermittelt[4].

Dieses Vorgehen wurde bei den folgenden Stichprobenziehungen beibehalten. Allerdings variierte die Vorgabe der zu ziehenden Adressen. Bei der ersten Stichprobenziehung im März 1990 wurden

2 Wir sind den Mitarbeiterinnen und Mitarbeitern des Landeseinwohneramtes, die die Ziehungen durchgeführt haben, und die seit 1991 jährlich Sterbedaten der Stichproben aktualisieren, für ihre hervorragende Kooperation zu großem Dank verpflichtet.

3 Selbst ein gut geführtes (obligatorisches) Melderegister ist nicht frei von Fehlern, z. B. weil An- oder Ummeldungen nicht oder nur verspätet erfolgen oder zum Ziehungszeitpunkt noch nicht erfaßt sind. Hinzu kommt, daß nach den Meldegesetzen (vgl. z. B. Meldegesetz des Landes Berlin [MeldeG], 1985; Melderechtsrahmengesetz [MRRG], 1994) Personen verlangen können, daß ihre Adresse „gesperrt" und nicht weitergegeben wird, wenn sich aus der Weitergabe für sie selbst oder für andere Personen eine Gefahr ergeben könnte. Solche Adressen wurden bei der Stichprobenziehung nicht einbezogen; sie sind auch in den übermittelten Grundgesamtheiten nicht enthalten. Der Anteil gesperrter Adressen lag aber nach Auskunft des Landeseinwohneramtes bei den Männern bei nur etwa 0,04% und bei den Frauen bei nur 0,02% in bezug auf die jeweils übermittelten Grundgesamtheiten.

4 Aufgrund dieser Vereinbarung wurden z. B. bei der ersten Ziehung 1990 bei den Männern für die Jahrgänge 1886–1892 und bei den Frauen für die 1886–1887 Geborenen alle zur Verfügung stehenden Adressen in die Stichprobe einbezogen.

zunächst, soweit möglich, jeweils 40 Adressen nach dem Zufall aus den Geburtsjahrgängen der Männer und Frauen gezogen. Im Jahr 1991 wurde hingegen mit zwei kleineren Stichproben gearbeitet, die in kürzerem Abstand voneinander eingesetzt wurden, um Ausfälle der Adressen im Feld zu reduzieren. Hier wurden einmal 20 (März 1991), das andere Mal zehn Adressen pro Geburtsjahrgang (Juli 1991) zufällig ausgewählt. Bei der letzten Ziehung im Jahr 1992 wurde die Auswahl dann wieder auf je 30 Adressen angehoben[5].

Jede der vier Ziehungen beim Landeseinwohneramt erfolgte nach einem gesteuerten Zufallsverfahren, bei dem „Schrittzahlen" berechnet werden, die festlegen, welche Adresse jeweils aus dem Adreßregister zu ziehen ist. Die Schrittzahl für die Ziehung der Adressen war bei jedem Geburtsjahrgang der Männer und Frauen unterschiedlich und errechnete sich aus der Gesamtzahl der für die einzelnen Jahrgänge vorliegenden Adressen, die durch die für die Studie gewünschte Anzahl zu ziehender Adressen geteilt wurde[6]. Außerdem wurde die „Startzahl", d. h. der Beginn der schrittweisen Auswahl mit der ersten oder einer anderen nachfolgenden Adresse im Register, variiert.

Die Ziehung der Stichproben aus dem Melderegister hatte den Vorteil, daß mit den Stichproben die jeweils zugrundeliegenden Grundgesamtheiten und ihre Verteilungen mitgeteilt wurden und dadurch Schätzungen der Grundgesamtheiten, z. B. durch Fortschreibungen von Volkszählungsdaten, nicht erforderlich waren[7]. Ein weiterer Vorteil lag darin, daß grundlegende demographische Merkmale der ausgewählten Personen bereits vor jedem Kontakt in Übereinstimmung mit melderechtlichen Bestimmungen zur Verfügung gestellt werden konnten (siehe MeldeG, 1985; vgl. MRRG, 1980, 1994). So wurden aufgrund eines entsprechenden Antrags neben dem Namen und der Anschrift der ausgewählten Personen zusätzlich folgende Informationen übermittelt: Geburtsdatum, Geschlecht, formaler Familienstand, zuständiger Verwaltungsbezirk der Stadt Berlin (West) und eine Kennziffer des „statistischen Gebietes" der Adresse, mit dem eine kleinräumigere Unterteilung der Verwaltungsbezirke gekennzeichnet wird. Namen und Anschrift, die in diesem Basisdatensatz enthalten waren, wurden von den übrigen Informationen getrennt und gesondert gespeichert. Nach dieser Anonymisierung konnte der Basisdatensatz dann auch bei den Selektivitätsanalysen der Studie mit verwendet werden (vgl. P. B. Baltes et al., Kapitel 1; Lindenberger et al., Kapitel 3).

Die Arbeit mit vier Stichproben hatte aber auch einen gewissen Nachteil. Die mehrfache Ziehung führte nämlich dazu, daß sich die Altersgruppen der Studie jeweils auf mehr als fünf Geburtsjahrgänge (Geburtskohorten) erstrecken. Zwar umfassen die Altersgruppen dem Design der Studie entsprechend immer nur 70- bis 74jährige, 75- bis 79jährige usw. Um dies zu erreichen, mußten jedoch in den Jahren 1991 und 1992 jeweils neue Geburtsjahrgänge bzw. Geburtskohorten in die Stichprobenziehungen einbezogen werden, nämlich 1921 bzw. 1922 Geborene. Dadurch „überlappen" aber bei den Altersgruppen immer einzelne Geburtsjahrgänge. Zum Beispiel setzt sich die Altersgruppe 70–74 insgesamt aus den Jahrgängen 1922–1916 und die Altersgruppe 75–79 aus den Jahrgängen 1917–1911 zusammen. Sie überlappen damit bei den Jahrgängen 1917 und 1916, und solche Überlappungen setzen sich dann bei den weiteren Altersgruppen fort (vgl. Maas et al., Kapitel 4).

2.2 Arbeits- und Reservestichproben

Die Stichproben wurden nach ihrer Übermittlung zufällig in Arbeits- und Reservestichproben aufgeteilt, um von vornherein aus derselben Ziehung Reserven für spätere Kontrolluntersuchungen und vertiefende Einzelstudien zur Verfügung zu haben. Da ab der zweiten Ziehung (März 1991) auch Adressen übermittelt wurden, die trotz Variationen der „Startzahl" bereits in einer vorangegangenen Auswahl enthalten und im Feld schon einmal eingesetzt worden waren, mußten solche Doppelziehungen („Doubletten") vor der Aufteilung aussortiert werden. Das war vor allem bei den höheren Altersgruppen (Hochbetagten) und insbesondere bei den Männern der Fall, bei denen die Pools, aus denen die Adressen gezogen werden konnten, demographisch bedingt deutlich kleiner waren. Allerdings wurden die Adressen der Stichprobenziehungen nicht völlig gleichmäßig auf die Arbeits- und die Reservestichproben verteilt, um erhöhte Ausfälle von Adressen,

5 Da mit dieser Stichprobe wieder längere Zeit gearbeitet wurde, wurden für die Feldarbeit vorgesehene Adressen mit größer werdendem Abstand zum Ziehungszeitpunkt noch einmal zur Überprüfung an das Landeseinwohneramt gegeben.

6 Für die 1920 geborenen Frauen ergab sich bei der ersten Ziehung im Jahr 1990 z. B. ein Bestand von 13.943 Adressen, der durch die gewünschte Anzahl an Adressen (40) geteilt wurde. Daraus ergab sich die Schrittzahl 348,6, was zur Auswahl jeder 348. Adresse führte.

7 Insgesamt stellen die übermittelten Grundgesamtheiten auch nur eine Annäherung an die tatsächliche Population dar, soweit diese überhaupt vollständig erfaßbar ist. Zu Fehlern im Melderegister, die neben anderem hierbei zu berücksichtigen sind, vgl. Fußnote 3.

Tabelle 1: Gezogene Adressen, Arbeitsstichproben und im Feld bearbeitete Adressen nach Altersgruppen für Männer und Frauen in bezug zu Mittelwerten der vier Stichprobenziehungen.

Altersgruppen (Geburtsjahrgänge)	$\bar{x}$ der vier Grundgesamtheiten[1]		Gezogene Adressen[2]		Arbeitsstichproben		Im Feld bearbeitete Adressen	
Männer								
70–74 (1922–1916)	22.694	100,0%	498	2,2% 100,0%	245	1,1% 49,2% 100,0%	119	0,5% 23,9% 48,6%
75–79 (1917–1911)	20.895	100,0%	496	2,4% 100,0%	245	1,2% 49,4% 100,0%	137	0,7% 27,6% 55,9%
80–84 (1912–1906)	18.020	100,0%	495	2,8% 100,0%	245	1,4% 49,5% 100,0%	175	1,0% 35,3% 71,4%
85–89 (1907–1901)	8.765	100,0%	496	5,7% 100,0%	265	3,0% 53,4% 100,0%	182	2,1% 36,7% 68,7%
90–94 (1902–1898)	2.306	100,0%	460	20,0% 100,0%	265	11,5% 57,6% 100,0%	197	8,5% 42,8% 74,3%
95+ (1897–1883)	(357)[a] 422	100,0%	405	96,0% 100,0%	239[b]	56,6% 59,0% 100,0%	239	56,6% 59,0% 100,0%
insgesamt	73.102	100,0%	2.850	3,9% 100,0%	1.504	2,1% 52,8% 100,0%	1.049	1,4% 36,8% 69,7%

				Frauen				
70–74 (1922–1916)	50.851	100,0%	499	1,0% 100,0%	245	0,5% 49,1% 100,0%	136	0,3% 27,3% 55,5%
75–79 (1917–1911)	55.398	100,0%	491	0,9% 100,0%	245	0,4% 49,9% 100,0%	178	0,3% 36,3% 72,7%
80–84 (1912–1906)	55.582	100,0%	498	0,9% 100,0%	245	0,4% 49,2% 100,0%	197	0,4% 39,6% 80,4%
85–89 (1907–1901)	31.282	100,0%	496	1,6% 100,0%	265	0,8% 53,4% 100,0%	227	0,7% 45,8% 85,7%
90–94 (1902–1896)	11.398	100,0%	495	4,3% 100,0%	265	2,3% 53,5% 100,0%	194	1,7% 39,2% 73,2%
95+ (1897–1883)	2.646	100,0%	683	26,0% 100,0%	391	14,8% 56,8% 100,0%	316	11,9% 45,9% 80,8%
insgesamt	207.157	100,0%	3.167	1,5% 100,0%	1.656	0,8% 52,3% 100,0%	1.248	0,6% 39,4% 75,3%

1 Da insgesamt mit vier Stichproben gearbeitet wurde, wurden jeweils für die Altersgruppen Mittelwerte aus den vier Grundgesamtheiten gebildet und Prozentuierungen auf diese Mittelwerte hin berechnet.
2 Nach Aussortierung von „Doubletten" (vgl. Text).
a Da der Mittelwert der vier Grundgesamtheiten bei dieser Altersgruppe kleiner ist als die Gesamtzahl der gezogenen Adressen, wird hier als Bezugsgröße die Anzahl in der vierten Grundgesamtheit (N=422) genommen.
b Zunächst wurden nur 175 Adressen in die Arbeitsstichproben aufgenommen, die nachträglich aus der Reserve um 64 Adressen auf N=239 ergänzt wurden.

Tabelle 2: Bearbeitete Adressen, nichterreichbare Personen, Personen der verifizierten Ausgangsstichprobe und erzielte Intensivprotokolle für Männer und Frauen nach Altersgruppen.

Altersgruppen (Geburtsjahrgänge)	Im Feld bearbeitete Adressen	Nichterreichbare Personen[1]	Personen der verifizierten Ausgangsstichprobe[2]	Erzielte Intensivprotokolle (IP)	Pro IP bearbeitete Adressen[3]
			Männer		
70–74 (1922–1916)	119 100,0%	10 8,4%	109 91,6% 100,0%	43 36,1% 39,4%	2,8
75–79 (1917–1911)	137 100,0%	18 13,1%	119 86,9% 100,0%	43 31,4% 36,1%	3,2
80–84 (1912–1906)	175 100,0%	23 13,1%	152 86,9% 100,0%	43 24,6% 28,3%	4,1
85–89 (1907–1901)	182 100,0%	25 13,7%	157 86,3% 100,0%	43 23,6% 27,4%	4,2
90–94 (1902–1898)	197 100,0%	56 28,4%	141 71,6% 100,0%	43 21,8% 30,5%	4,6
95+ (1897–1883)	239 100,0%	70 29,3%	169 70,7% 100,0%	43 18,0% 25,4%	5,6
insgesamt	1.049 100,0%	202 19,3%	847 80,7% 100,0%	258 24,6% 30,5%	4,1

Frauen					
70–74 (1922–1916)	136 100,0%	5 3,7%	131 96,3% 100,0%	43 31,6% 32,8%	3,2
75–79 (1917–1911)	178 100,0%	18 10,1%	160 89,9% 100,0%	43 24,2% 26,9%	4,1
80–84 (1912–1906)	197 100,0%	19 9,6%	178 90,4% 100,0%	43 21,8% 24,2%	4,6
85–89 (1907–1901)	227 100,0%	23 10,1%	204 89,9% 100,0%	43 18,9% 21,1%	5,3
90–94 (1902–1898)	194 100,0%	41 21,1%	153 78,9% 100,0%	43 22,2% 28,1%	4,5
95+ (1897–1883)	316 100,0%	81 25,6%	235 74,4% 100,0%	43 13,6% 18,3%	7,3
insgesamt	1.248 100,0%	187 15,0%	1.061 85,0% 100,0%	258 20,7% 24,3%	4,8

1 Verstorbene, unbekannt verzogene, aus Berlin weggezogene, unter der vorliegenden Adresse nicht auffindbare und – auch wiederholt – nicht antreffbare Personen, vgl. Abschnitt 4.2.1.
2 Direkt oder über Dritte (mittelbar) erreichte Personen, bei denen Teilnahme oder Nichtteilnahme geklärt werden konnte, vgl. Abschnitt 4.2.1.
3 Quotient aus jeweils bearbeiteten Adressen und erzielten Intensivprotokollen (IP).

die sich vor allem bei den Hochbetagten (85jährige und Ältere) bei der Feldarbeit ergaben, ausgleichen zu können[8].

Insgesamt wurden bei den vier Stichproben 6.017 Adressen gezogen, von denen 2.857 (47%) in der Reserve blieben und 3.160 (53%) für die Arbeitsstichproben der Studie herangezogen wurden. Von den 3.160 Adressen der Arbeitsstichproben wurden insgesamt 2.297 Adressen (73% der Arbeitsstichproben) im Feld bearbeitet. Von diesen 2.297 Adressen betrachten wir N=1.908 als verifizierte Ausgangsstichprobe (Netto-Stichprobe) der Erhebungen (vgl. Abschnitt 4.2.1).

Tabelle 1 zeigt, wie sich die gezogenen Adressen, die der Arbeitsstichproben und die im Feld bearbeiteten Adressen bei Männern und Frauen auf die Altersgruppen verteilen und in welchem Maße die aus den vier Ziehungen zusammengefaßten Arbeitsstichproben bei ihnen jeweils ausgeschöpft wurden. Daß nicht alle Adressen der Arbeitsstichproben abgearbeitet wurden, erklärt sich zum einen daraus, daß nach einer neuen Stichprobenziehung zwar noch Adressen der alten Stichprobe, die bereits im Feld waren, weiter bearbeitet wurden, noch nicht eingesetzte Adressen der jeweils älteren Arbeitsstichprobe jedoch nicht mehr verwendet und nur noch neu gezogene Adressen ausgegeben wurden. Zum anderen führten unterschiedliche Ausfälle und Beteiligungsraten bei Männern und Frauen der sechs Altersgruppen dazu, daß nicht alle Adressen gleichmäßig bearbeitet wurden.

Um dies zu verdeutlichen, weist Tabelle 2 für die Altersgruppen bei Männern und Frauen die im Feld bearbeiteten Adressen, die bei Kontakten nicht erreichbaren Personen (vgl. Abschnitt 4.2.1: „Nichterreichbare") und die Personen aus, die kontaktiert („erreicht") werden konnten und die damit die verifizierte Ausgangsstichprobe bilden (vgl. Abschnitt 4.2.1). Dabei werden die jeweils erzielten vollständigen Datenprotokolle der Intensiverhebung (Intensivprotokolle – IP) sowohl auf die bearbeiteten Adressen als auch auf die kontaktierten („erreichten") Personen bezogen. Dabei zeigt sich, daß Frauen schwerer als Männer für eine Beteiligung zu gewinnen waren, zusätzlich aber auch das Alter eine Rolle spielte (vgl. Abschnitt 4.1). In bezug auf die erreichten Personen variierte die Beteiligung an der Intensiverhebung bei den Männern zwischen fast 40% der Altersgruppe 70–74 und gut 25% der Altersgruppe 95 und mehr Jahre. Bei den Frauen liegt die Beteiligung zwischen 33% der Altersgruppe 70–74 und nur wenig mehr als 18% bei denen, die 95 Jahre und älter waren. Um die Unterschiede bei Männern und Frauen sowie bei den Hochbetagten beider Geschlechter noch in anderer Weise hervorzuheben, weist Tabelle 2 zusätzlich aus, wie viele Adressen erforderlich waren, um je ein vollständiges Intensivprotokoll zu erhalten.

3. Gewinnung der Studienteilnehmer

3.1 Vorgehensweisen zur Motivierung der Studienteilnehmer und ihres Umfeldes

Die Kontaktaufnahme zu den Personen, die für die Erhebungen gewonnen werden sollten, erfolgte über ein Anschreiben, dem Informationen zur Studie beigelegt waren und in dem ein Termin für ein Gespräch vorgeschlagen wurde. Mit dem Anschreiben und dem Terminvorschlag sollte vor allem der vermuteten Furcht alleinlebender alter Menschen vorgebeugt werden, unangemeldeten Besuchern die Tür zu öffnen. Es wurde aber auch mit einer Reihe bewegungseingeschränkter oder gar bettlägeriger Personen gerechnet, die bei unangemeldeten Kontakten nicht reagieren würden oder könnten. Bei solchen Personen bestand eine Chance, daß die Vorankündigung sowie die beigefügten Informationen ein Interesse an der Studie wecken und so, gegebenenfalls mit Hilfe familiärer oder professioneller Betreuer, ein Besuch der FTA ermöglicht werden könnte. Außerdem gab es Erfahrungen der Pilotstudien, daß Kontakte zu Personen, die in Heimen lebten, ohne Vorankündigung und vorbereitende Informationen Schwierigkeiten bereiten würden. Schließlich sollte von vornherein erfolglosen Kontaktversuchen in einem gewissen Maße vorgebeugt werden (vgl. Abschnitt 3.2 und 4.2.1).

Das Anschreiben enthielt zunächst einige persönlich ansprechende Aussagen zum Altwerden sowie zum Leben im Alter, um den Adressaten die Fragestellungen und Zielsetzungen der Studie nahezubringen. Dem folgte die Bitte, sich an der Studie zu beteiligen, wobei die Freiwilligkeit der Teilnahme betont wurde. Außerdem wurden im Anschreiben die

8 Gelegentlich mußten Adressen aus den Reservestichproben, vor allem bei den älteren Männern, für die Feldarbeit mit herangezogen werden, da die zunächst gebildeten Arbeitsstichproben sich bei der Feldarbeit als zu klein erwiesen und zu schnell aufgebraucht wurden (vgl. Tabelle 1).

an der Berliner Altersstudie beteiligten Institutionen und die primär verantwortlichen Wissenschaftler genannt. Am Schluß des Anschreibens wurde dann ein Termin genannt, zu dem namentlich genannte FTA die Adressaten besuchen würden, um mit ihnen ausführlicher über die Studie und eine Beteiligung zu sprechen.

Als weitere Informationen waren dem Anschreiben ein gemeinsamer Brief der Senatorin für Soziales und des Senators für Gesundheit der Stadt Berlin (West) und eine farbige Broschüre beigelegt, die Kurztexte, Abbildungen und Zeitungsberichte über die Studie enthielt. Dieser Broschüre war ein Einlegeblatt mit Fotos der Projektärzte und der FTA beigefügt, um sich ein Bild von den Mitarbeiterinnen und Mitarbeitern der Studie machen zu können. Die Abbildungen der FTA dienten dabei auch dazu, sie bei dem angekündigten Besuch nicht nur anhand schriftlicher Unterlagen (Projektausweis, Kopie des Anschreibens), sondern auch persönlich identifizieren zu können.

Kam aufgrund des Anschreibens ein Kontakt vis-à-vis oder per Telefon zustande, stellten sich die FTA vor und baten darum, ausführlicher über die Studie sprechen zu können. Bei diesen Gesprächen stand dann die Vermittlung der Studieninhalte und die Motivierung zur Teilnahme im Mittelpunkt. Bei Kontakten vis-à-vis erhielten die potentiellen ST zusätzlich zu der bereits versandten Broschüre ein Informationsblatt, mit dessen Hilfe typische Fragen zur Studie und eventuelle Bedenken gegen die Beteiligung besprochen werden konnten. Außerdem wurde darauf hingewiesen, daß vorgesehen war, die ST bei allen Untersuchungen persönlich zu betreuen. Ferner wurde als Ausgleich für die Mühen einer Teilnahme ein Honorar in Höhe von bis zu 500 DM angeboten[9].

In der Regel mußten die FTA bei den in dieser Weise durchgeführten Kontakten zur Gewinnung der ST auch das Umfeld der angeschriebenen Person mit einbeziehen. Bereits bei der Versendung der Anschreiben wurde anhand vorliegender Verzeichnisse geprüft, ob die Adressaten in einem Heim lebten. Bei Heimbewohnern wurde dann etwa vier bis sechs Tage nach Versendung des Anschreibens telefonisch mit der Heimleitung Kontakt aufgenommen. Bei Personen, die in Privathaushalten lebten, ergab sich hingegen nicht selten die Aufgabe, (Ehe-)Partner, aber auch Kinder, Enkel oder Bekannte, die zum Besuchstermin der FTA hinzugezogen wurden, in das Informationsgespräch und die Motivierung für eine Beteiligung mit einzubeziehen.

Bei Adressaten in Privathaushalten erwiesen sich zudem die Hausärzte als wichtige Bezugspersonen der ST. Einige ST zogen diese nicht nur hinsichtlich der medizinischen Erhebungen, sondern bereits bei der anfänglichen Entscheidung für eine Teilnahme an der Studie zu Rate. Gelegentlich wurden sie sogar gebeten, sich zunächst einmal genauer über die Studie zu erkundigen, ehe ein Besuch der FTA gestattet wurde. Wegen der herausragenden Rolle der Hausärzte war für sie ein spezielles Informationsblatt entwickelt worden, das zusätzlich zu allgemeinen Informationen die geplanten medizinischen Untersuchungen noch näher beschrieb. Wünschten ST, sich zunächst mit ihren Ärzten zu beraten, wurden sie gebeten, ihnen dieses Informationsblatt zu geben. Ebenso wurde dieses Informationsblatt den Ärzten geschickt, die sich für ihre Patienten über die Studie erkundigen wollten. Da das Ärzteblatt der Berliner Ärztekammer zu Beginn der Hauptstudie eine knappe Darstellung der Berliner Altersstudie veröffentlicht hatte, konnte eine Kopie dieses Artikels dem Informationsblatt der Ärzte beigefügt werden.

3.2 Feldroutinen für die Kontaktaufnahme

Das Anschreiben und die Materialien wurden in der Regel fünf bis sieben Tage vor dem vorgeschlagenen Besuchstermin verschickt. Die Kontakte zu den angeschriebenen Personen erfolgten dann stets im Rahmen festgelegter Feldroutinen. Soweit keine Reaktion von den Adressaten auf das Anschreiben erfolgte, hatten die FTA die Anweisung, sie zu dem angekündigten Termin aufzusuchen und möglichst einen persönlichen Kontakt vis-à-vis herzustellen. Eine Ausnahme bildeten nur Kontakte zu Heimbewohnern, soweit dies bei der Versendung des Anschreibens erkannt werden konnte; hier galt das bereits beschriebene Verfahren (vgl. Abschnitt 3.1).

Konnten Adressaten der Anschreiben bei einem ersten Kontaktversuch nicht erreicht werden, wurde nach einer halben Stunde ein weiterer Versuch unter-

9 Daten zum Einfluß des Honorars auf die Studienbeteiligung wurden nicht systematisch erhoben. Nach Einschätzung der FTA spielte das Honorar aber nur bei etwa der Hälfte der ST eine Rolle. Ein Teil verzichtete sogar auf das Honorar und bat darum, es einer karitativen Einrichtung zu spenden. Die Auszahlung des Honorars fand im übrigen gestaffelt statt: Für die Teilnahme an der Ersterhebung wurden zunächst nur 50 DM ausgezahlt. Beteiligten sich die ST an der Intensiverhebung, erhielten sie weitere 250 DM vor Beginn der medizinischen Untersuchungen und eine Restzahlung in Höhe von 200 DM beim Abschluß der Intensivsequenz. Von sehr wenigen Ausnahmen abgesehen, für die Einzelregelungen getroffen wurden, fand diese Staffelung hohe Akzeptanz bei den ST.

nommen. War auch dieser (erste) Wiederholungskontakt erfolglos, hinterließen die FTA ein Schreiben, in dem weitere Kontaktversuche angekündigt wurden, zugleich aber auch darum gebeten wurde, sich gegebenenfalls selber zu melden. Hierzu wurden die Telefonnummern der Feldkoordination und der FTA, die sich bereits im Anschreiben fanden, noch einmal genannt. Waren dann noch weitere Kontaktversuche erforderlich, konnten die FTA versuchen, einen Telefonkontakt herzustellen; gegebenenfalls wurde mehrfach im Abstand mehrerer Tage und zu unterschiedlichen Tageszeiten telefoniert. War ein Telefonanschluß nicht bekannt, wurden weiterhin Kontaktversuche vis-à-vis unternommen. Ergab sich bei den weiteren Kontaktversuchen auch kein Erfolg, wurde nach etwa vier bis fünf Wochen nochmals ein Anschreiben mit einem neuen Terminvorschlag verschickt. Kam auch an diesem Termin (einschließlich einer Wiederholung nach etwa einer halben Stunde) kein Kontakt zustande, bestand die Anweisung, die Adresse an die Feldkoordination zurückzugeben. Insgesamt wurden *immer mindestens sechs Kontaktversuche* durchgeführt, ehe die Adresse zurückgegeben werden konnte. In der Regel erfolgten aber mehr Versuche, auch wenn sie sehr zeitaufwendig waren.

Wie bereits erwähnt, wurden von den FTA auch Telefonkontakte zur Gewinnung der ST durchgeführt. Insgesamt waren die Erfahrungen mit Telefonkontakten jedoch nicht nur positiv. Zum einen waren korrekte Telefonnummern aufgrund der Einträge im Telefonbuch nicht immer eindeutig zu identifizieren. Zum anderen zeigte sich, daß telefonische Kontakte es offensichtlich sehr viel eher erleichterten, eine Teilnahme abzulehnen. Schließlich wurde deutlich, daß schwerhörige alte Menschen nicht gern auf unbekannte Anrufer reagierten. Immerhin erwies es sich bei einer Reihe von Telefonkontakten als sehr hilfreich, daß sich die FTA auf das bereits vorliegende Anschreiben und die weiteren Materialien beziehen konnten und daß für die Ersterhebung eine am Telefon abfragbare Fassung entwickelt worden war, bei der allerdings zwangsläufig einige Tests (z. B. Handkraftmessung, Visusprüfung, Zahlen-Buchstaben-Test) nicht durchgeführt werden konnten. Gelegentlich wurde auch nur die Kurzbefragung am Telefon durchgeführt.

4. Steuerung des Feldes, Ausfälle und Beteiligung an den Erhebungen

4.1 Steuerung des Feldes

Bei den Pilotstudien hatten sich bereits unterschiedliche Stichprobenausfälle und Beteiligungsraten bei Männern und Frauen abgezeichnet. Um sie besser einschätzen zu können, wurden die Feldentwicklungen der Hauptstudie zunächst für etwa ein Jahr genauer beobachtet. Hierbei zeigten sich dann folgende Tendenzen: Insgesamt waren Ausfälle aufgrund erfolgloser Kontaktversuche und bei Kontakten, die zur Gewinnung von ST durchgeführt werden konnten (vgl. Abschnitte 4.2.1 und 4.2.2 sowie Tabelle 2), bei Männern und Frauen recht hoch. Zudem waren Frauen in geringerem Maße als Männer für eine Beteiligung an der Intensiverhebung zu aktivieren. Dafür nahmen sie aber in etwas höherem Maße an den weniger intensiven Erhebungen, also an der Kurzbefragung und der Ersterhebung, teil. Darüber hinaus zeichneten sich deutliche Unterschiede bei den Altersgruppen ab: Die Stichprobenausfälle bei den Hochbetagten waren höher als bei den jüngeren Altersgruppen, es war schwerer, sie für eine Beteiligung an der Intensiverhebung zu gewinnen, und die Erhebungen konnten bei ihnen häufiger nicht vollständig durchgeführt werden.

Aufgrund dieser Feldentwicklungen war es erforderlich, die weitere Feldarbeit zu steuern, um eine gleiche Anzahl vollständiger Intensivprotokolle bei Männern und Frauen aller Altersgruppen, ein wesentliches Ziel der Berliner Altersstudie (vgl. Abschnitt 1.1), zu erreichen. Dabei ging es darum, gezielt besonders diejenigen Altersgruppen bei den Männern und den Frauen anzusprechen, die schwieriger für eine Beteiligung an der Intensiverhebung zu gewinnen waren. Ausfälle und Abbrüche bei den Erhebungen wurden dabei zunehmend mit einem höheren Einsatz von Adressen ausgeglichen.

Mit dieser Steuerung des Feldes konnte dann bis zur Beendigung der Erhebungen im Juni 1993 die geplante Gleichverteilung mit N=43 für alle Designzellen realisiert werden. Damit lagen beim Abschluß der Feldarbeit insgesamt 516 vollständig verwertbare Datenprotokolle der Intensiverhebungen vor, womit das intern vorgegebene Ziel, im Rahmen der verfügbaren Ressourcen zumindest 500 Intensivprotokolle zu erreichen, noch übertroffen werden konnte. Allerdings bedurfte dies eines nicht geringen zeitlichen, finanziellen und organisatorischen Aufwandes wie auch der engagierten Mitarbeit der FTA und der Projektärzte, die mit hohem persönlichem Einsatz sowie fachlicher und sozialer Kompetenz zum Gelingen der Erhebungen beigetragen haben.

4.2 Ausfälle bei der Gewinnung von Studienteilnehmern

4.2.1 Erreichte Personen (verifizierte Ausgangsstichprobe) und Nichterreichbare

Insgesamt wurden, wie bereits berichtet, von Mai 1990 bis ins Jahr 1993 hinein 2.297 Personen angeschrieben, um sie für eine Teilnahme an den Erhebungen zu gewinnen. Hierbei konnten N=1.908 Personen erreicht werden (83% von N=2.297; vgl. Tabelle 3, Teil 1). Diese 1.908 Personen bezeichnen wir als die *verifizierte Ausgangsstichprobe* der Erhebungen der Berliner Altersstudie. Dabei umfaßt die verifizierte Ausgangsstichprobe *alle* Personen, zu denen aufgrund des Anschreibens der Studie *direkt oder mittelbar* – durch eine schriftliche Reaktion oder über Angehörige und Dritte (etwa Heimleitung, Pflegepersonal, Bekannte oder betreuende Nachbarn) – ein Kontakt hergestellt werden konnte und hierbei, in welcher Form auch immer, eine Information zur Teilnahme oder Nichtteilnahme gegeben wurde. Die verifizierte Ausgangsstichprobe bildet damit die Netto-Stichprobe der Berliner Altersstudie und ist die Bezugsbasis der Stichprobenausschöpfung sowie der nach Teilnahmeintensität differenzierten Beteiligung der ST an den Erhebungen[10].

Bevor die verifizierte Ausgangsstichprobe und die Beteiligung an den Erhebungen näher beschrieben werden, seien die Personen, die nicht erreicht werden konnten (*Nichterreichbare*), kurz charakterisiert. Insgesamt handelt es sich um 389 Personen (17% von N=2.297). Differenziert man die Nichterreichbaren nach Alter und Geschlecht, dann finden sich bei ihnen vor allem 90jährige und ältere Männer und Frauen. Außerdem waren mehr Männer als Frauen nicht erreichbar. Darüber hinaus lassen sich bei den 389 Nichterreichbaren folgende Teilgruppen unterscheiden:

Bei 194 von ihnen (rund 8% aller 2.297 Angeschriebenen bzw. 50% der Nichterreichbaren) wurden die Anschreiben mit der Information „gestorben" zurückgeschickt. In der Mehrzahl der Fälle kam diese Information von der Post und nur bei einem kleinen Teil von Angehörigen oder Dritten. 109 Personen (fast 5% der Anschreiben bzw. 28% der Nichterreichbaren) waren hingegen unbekannt verzogen. Zum größten Teil gab es hierzu einen entsprechenden Vermerk der Post, die auch fast ausschließlich darüber informierte, daß Personen inzwischen aus Berlin weggezogen waren (15 oder nicht ganz 1% der Angeschriebenen bzw. rund 4% der Nichterreichbaren). Diese Rückmeldungen erfolgten fast immer binnen weniger Tage nach Versendung des Anschreibens.

Des weiteren gab es 71 Personen (3% der Angeschriebenen bzw. 18% der Nichterreichbaren), die unter der vom Landeseinwohneramt übermittelten Adresse nicht auffindbar waren oder trotz wiederholter Bemühungen nicht angetroffen werden konnten. Es wurde stets versucht, für Nichtauffindbare eine neue Adresse zu erhalten, z. B. auch dadurch, daß die Adresse noch einmal zur Überprüfung an das Landeseinwohneramt gegeben wurde. Außerdem wurden bei denen, die nicht angetroffen werden konnten, wiederholt Kontaktversuche durchgeführt, die weit über das übliche Maß hinausgingen (vgl. Abschnitt 3.2). In einer Reihe von Fällen hatte dieses aufwendige Vorgehen dann Erfolg. Es blieb schließlich aber ein Rest, der nicht geklärt werden konnte und auf den sich die Angaben in Tabelle 3 beziehen.

4.2.2 Ausfälle der verifizierten Ausgangsstichprobe bei Erstkontakten

Rund 84% der Kontakte, die bei der verifizierten Ausgangsstichprobe (N=1.908) zur Gewinnung von ST durchgeführt werden konnten, waren persönliche *Direktkontakte* mit den Adressaten der Studie. Zum größten Teil fanden diese Kontakte vis-à-vis statt (79% der Direktkontakte), nur ein kleinerer Teil (21% der Direktkontakte) erfolgte per Telefon. Bei 16% der verifizierten Ausgangsstichprobe waren jedoch nur *mittelbare Kontakte* möglich. Sie betreffen Personen, die schriftlich eine Beteiligung verweigerten, und Adressaten, bei denen Partner, Kinder, Pflegepersonal oder andere Personen persönliche Kontakte der FTA und eine Teilnahme ablehnten.

Betrachtet man die *Direktkontakte* noch etwas genauer, dann zeigt sich, daß bei 36% dieser Kontakte andere Personen anwesend waren; 46% der Direktkontakte konnten dagegen allein mit den Adressaten durchgeführt werden. Bei den übrigen 18% war aufgrund von Telefonkontakten nicht beurteilbar, ob sie in Anwesenheit anderer Personen stattfanden. Die Kontakte in Anwesenheit anderer Personen machten

10 Vgl. zur Definition der verifizierten Ausgangsstichprobe als Netto-Stichprobe die Diskussion bei Esser et al., 1989, Teil 5, S. 95ff.

im übrigen nur 31% aller Direktkontakte in Privathaushalten aus. Direktkontakte in Heimen fanden hingegen zu 59% in Anwesenheit Dritter, vor allem von Zimmernachbarn, statt, was die Motivierung zur Teilnahme und die Durchführung von Erhebungen nicht unerheblich erschwerte.

Der Teilnahmestatus, d. h. Beteiligung und Intensität der Teilnahme (*Teilnahmeebene*) bzw. Nichtteilnahme an den Erhebungen, konnte mit den Direktkontakten und jenen, die nur mittelbar, also über andere erfolgten, im Mittel innerhalb von 19 Tagen nach Versendung des Anschreibens geklärt werden. Allerdings ist dieser Mittelwert durch Extremwerte

Tabelle 3: Stand des Feldes beim Abschluß der Erhebungen – Ausfälle und Beteiligung der Studienteilnehmer nach Teilnahmeebenen.

Kategorien	**N**	**%**
1.		
Bearbeitete Adressen – Anschreiben versandt	2.297	100,0
Nicht erreichbare Personen – insgesamt	389	16,9
davon:		
- gestorben	194	8,4
- unbekannt verzogen	109	4,7
- unter der vorliegenden Adresse nicht auffindbar oder (wiederholt) nicht antreffbar	71	3,1
- aus Berlin (West) weggezogen	15	0,7
Verifizierte Ausgangsstichprobe der Erhebungen (erreichte Personen)	1.908	83,1
2.		
Verifizierte Ausgangsstichprobe	1.908	100,0
Ausfälle durch:		
- Ablehnung der Teilnahme („harte“ Verweigerer)	610	32,0
- aus gesundheitlichen Gründen nicht befragbar	45	2,3
- aus anderen Gründen nicht befragbar	13	0,7
- unvollständige Daten – weitere Daten nicht erhebbar	21	1,1
Ausfälle insgesamt	689	36,1
3.		
Verifizierte Ausgangsstichprobe	1.908	100,0
Von Ausfällen bereinigte verifizierte Ausgangsstichprobe	1.219	63,9
Beteiligung nur an der Kurzbefragung oder der Ersterhebung – insgesamt	584	30,6
davon:		
- nur Kurzbefragung	233	12,2
- unvollständige Ersterhebungen	58	3,0
- vollständige Ersterhebungen	293	15,4
Beteiligung an der Intensiverhebung – insgesamt	635	33,3
davon:		
- vollständig absolvierte Intensiverhebungen	516	27,0
- Ausfälle bei den Intensiverhebungen	119	6,3
4.		
Verifizierte Ausgangsstichprobe	1.908	100,0
Auswertbare Daten		
- mindestens der Kurzbefragung	1.219	63,9
- mindestens der Ersterhebung	928	48,6
- der vollständig absolvierten Intensiverhebung	516	27,0

deutlich erhöht, denn bei 25% der Angeschriebenen war die *Klärung des Teilnahmestatus* schon innerhalb von sieben Tagen nach Versendung der Anschreiben, also im Rahmen der Zeit, mit der normalerweise gerechnet wurde, möglich. Bei weiteren 25% wurden hierfür bis zu neun Tage und bei nochmals weiteren 25% bis zu 16 Tage benötigt. Bei diesen waren dann in der Regel auch mehrere Kontaktversuche erforderlich, um eine Information zur Beteiligung zu erhalten. Bei den restlichen Personen konnte der Teilnahmestatus erst nach noch längerer Zeit und einer größeren Anzahl an Kontaktversuchen geklärt werden.

Wie der zweite Teil von Tabelle 3 zeigt, ergaben sich bei diesen Kontakten nun aber zusätzlich zu den Nichterreichbaren (siehe Abschnitt 4.2.1) nochmals *Ausfälle auf der Ebene der verifizierten Ausgangsstichprobe*, und zwar vor allem Teilnahmeverweigerungen (vgl. zu dieser Problematik bei gerontologischen Studien Carp, 1989; Deeg, 1989; Herzog & Rodgers, 1988; Jay, Liang, Liu & Sugisawa, 1993; Wahl & Richter, 1994; zu Teilnahmeverweigerungen bei sozialwissenschaftlichen Feldstudien vgl. Esser et al., 1989). Wir bezeichnen diese Ausfälle im folgenden als *„Ausfälle bei Erstkontakten"*. Zur Ergänzung der Tabelle 3 werden die Entwicklung des Feldes und diese Ausfälle in Abbildung 1 graphisch dargestellt.

Den größten Anteil an den Ausfällen bei Erstkontakten (610 oder 32% der verifizierten Ausgangsstichprobe bzw. 89% aller Ausfälle bei Erstkontakten) tragen Personen bei, die auch nach mehrmaligen Versuchen für eine Teilnahme an der Studie nicht zu gewinnen waren (*„harte" Verweigerer*). Ursprünglich hatte es bei den Erstkontakten nicht nur 610, sondern insgesamt sogar 768 Personen gegeben, die eine Beteiligung ablehnten (andererseits aber auch 1.063 Personen, die von vornherein in die Studie einwilligten; vgl. Abb. 1). 575 dieser 768 Personen wurden etwa drei bis vier Wochen nach dem Erstkontakt noch einmal angeschrieben und darum gebeten, nach Möglichkeit zumindest die 16 Fragen des Kurzfragebogens der Studie (vgl. Abschnitt 1.2) schriftlich zu beantworten. Ausgenommen von diesem Verfahren waren 193 Personen, bei denen aufgrund ihres gesundheitlichen Zustands ein weiterer Kontakt ethisch nicht zu vertreten war, und solche Personen, die bereits bei ihrer Ablehnung ausdrücklich darum gebeten hatten, nicht nochmals mit ihnen in Kontakt zu treten. 377 der 575 mit der Post versandten Fragebogen wurden nicht zurückgeschickt, 40 kamen ohne jegliche Angaben zurück, 158 enthielten aber Angaben zum Kurzfragebogen. Damit setzen sich also die 610 „harten" Verweigerer, die Tabelle 3 in Teil 2 ausweist, zum einen aus den 193 Personen, denen die Kurzbefragung nicht geschickt worden war, zum anderen aus den 377 Personen, die auf den Kurzfragebogen nicht reagierten, und schließlich aus jenen 40 zusammen, die den Fragebogen unbeantwortet zurücksandten (vgl. Abb. 1, in der die 377 und die 40 Personen zu N=417 zusammengezogen wurden).

Von den 158 Kurzfragebogen, die mit Angaben zurückgeschickt worden waren, waren dann nur 156 verwertbar, denn bei zwei von ihnen waren jeweils nur wenige Fragen beantwortet und der Rest offen gelassen worden (vgl. unten). Von den 156 Personen, deren Angaben verwendet werden konnten, erklärten sich 17 dazu bereit, sich doch noch über die Kurzbefragung hinaus an der Studie zu beteiligen. Bei nochmaligen Direktkontakten der FTA mit diesen 17 ST blieb dann eine Ersterhebung unvollständig, bei elf von ihnen konnte die Ersterhebung abgeschlossen werden, und fünf beteiligten sich sogar an der Intensiverhebung. Aufgrund eines Abbruchs konnten jedoch nur vier vollständige Intensivprotokolle bei ihnen erreicht werden, und der Abbruch wurde der Teilnahmeebene der Ersterhebung zugerechnet. Einschließlich der beim nochmaligen Direktkontakt nicht vollständig abgeschlossenen Ersterhebung blieb es damit in 140 Fällen bei Daten der schriftlichen Kurzbefragung (vgl. Abb. 1).

Neben den „harten" Verweigerern fallen die *übrigen („sonstigen") Ausfälle bei Erstkontakten* deutlich weniger ins Gewicht, umfassen sie doch insgesamt nur 79 Personen und damit nur etwa 4% der verifizierten Ausgangsstichprobe bzw. 11% der gesamten Ausfälle bei Erstkontakten. Diese übrigen Ausfälle bei den Erstkontakten der Studie lassen sich wie folgt beschreiben (vgl. Tabelle 3, Teil 2):

Die *aus gesundheitlichen Gründen nicht Befragbaren*, die insgesamt 45 Personen umfassen (2% der verifizierten Ausgangsstichprobe bzw. fast 7% der Ausfälle bei Erstkontakten), waren meist kaum mehr ansprechbar. Mehr als 90% von ihnen gehörten zur Altersgruppe der 85jährigen und Älteren, fast 90% lebten in einem Heim. Außerdem waren zwei Drittel der aus gesundheitlichen Gründen nicht mehr Befragbaren Frauen.

Bei den *aus anderen (sonstigen) Gründen nicht Befragbaren* (13 oder nicht ganz 1% der verifizierten Ausgangsstichprobe bzw. rund 2% der Ausfälle bei Erstkontakten) handelt es sich zum einen um einige wenige Ausländer, deren Deutschkenntnisse nicht ausreichten, um sie wie andere in die Befragungen einbeziehen zu können. Zum anderen sind in dieser

Abbildung 1: Wanderungsbewegungen der Personen der verifizierten Ausgangsstichprobe (N=1.908) vom Erstkontakt bis zur endgültigen Klärung ihres Teilnahmestatus.

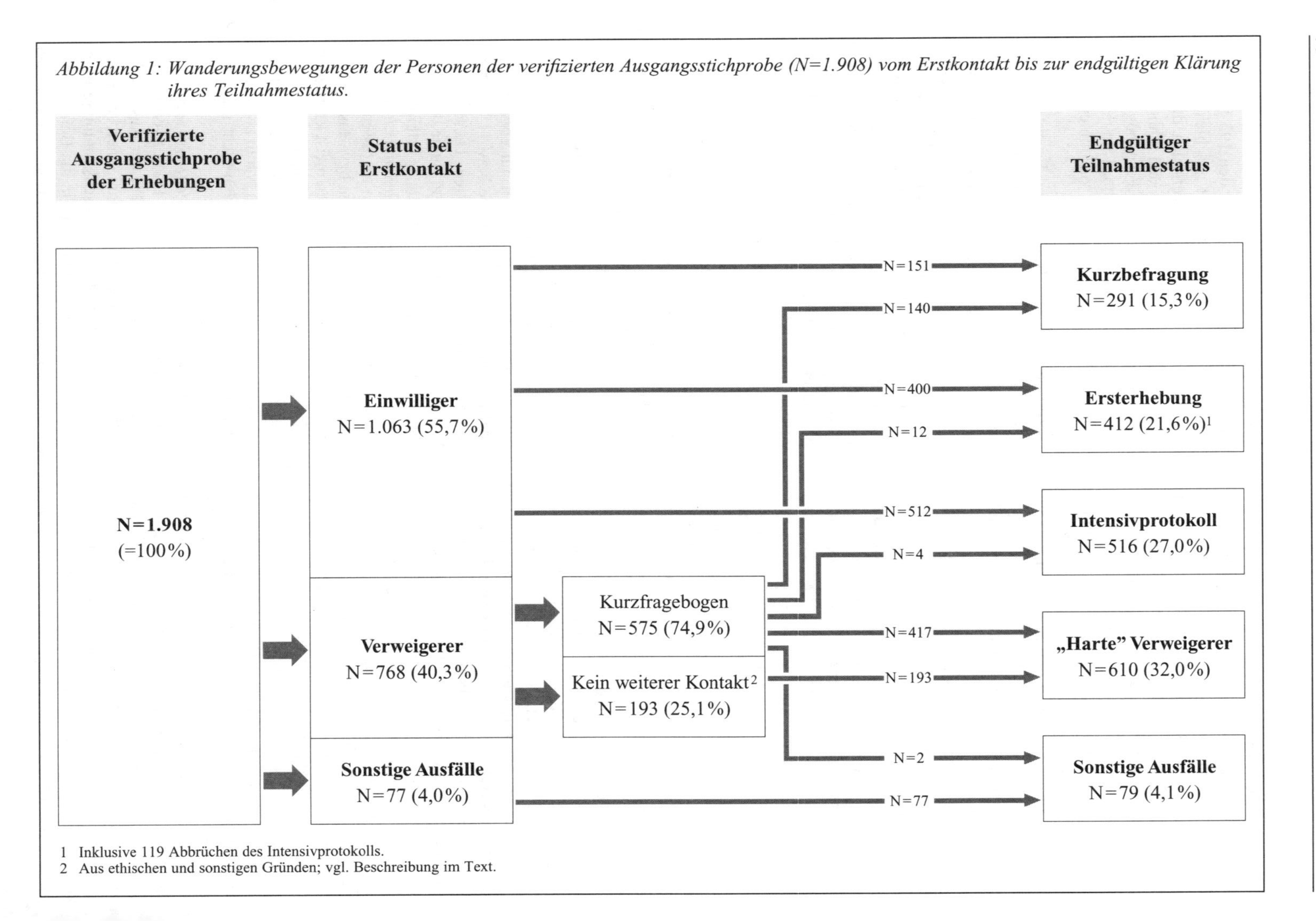

1 Inklusive 119 Abbrüchen des Intensivprotokolls.
2 Aus ethischen und sonstigen Gründen; vgl. Beschreibung im Text.

Gruppe aber überwiegend Personen vertreten, zu denen zunächst Kontakt bestand, ohne bereits ein Interview beginnen zu können, zu denen der Kontakt dann aber abbrach und auch trotz mehrfacher neuer Kontaktversuche, die über längere Zeit erfolgten, nicht wiederhergestellt werden konnte.

Schließlich gibt es 21 Personen (1% der verifizierten Ausgangsstichprobe bzw. 3% der Ausfälle bei Erstkontakten), für die *nur unvollständige Erhebungsdaten* vorliegen. Es sind vor allem Personen, die sich zunächst an der Studie beteiligen wollten, mit denen dann aber bei Direktkontakten nicht einmal das Kurzinterview abgeschlossen werden konnte. Außerdem sind hier die zwei Personen hinzugerechnet worden, die den Kurzfragebogen, der an sie geschickt worden war, mit nur zwei oder drei Angaben zurückgeschickt haben, so daß er nicht verwertbar war (vgl. oben).

Neben den hier beschriebenen Ausfällen bei den Erstkontakten ergaben sich dann, gemessen an der Teilnahme an der Intensiverhebung, noch *weitere Stichprobenverluste*. Dabei handelt es sich erstens um 58 ST (3%), mit denen die Ersterhebung zwar über das Kurzinterview hinaus geführt, aber nicht abgeschlossen werden konnte, zweitens um 293 ST (15%), die sich nur an der Ersterhebung beteiligten, und schließlich, drittens, um 119 Teilnehmer an den Intensiverhebungen (6%), bei denen das Intensivprotokoll zwar begonnen wurde, jedoch unvollständig blieb (Ausfälle bei der Intensiverhebung). Bei der folgenden Darstellung, bei der die Beteiligung der ST nach den Teilnahmeebenen der Studie (vgl. Abschnitt 1.2), also nach der Teilnahme an der Kurzbefragung, an der Ersterhebung und an der gesamten Intensiverhebung, differenziert wird, werden diese Teilgruppen noch näher beschrieben.

4.3 Beteiligung der Studienteilnehmer an den Erhebungen nach Teilnahmeebenen der Studie

Die Beteiligung der ST an den Erhebungen wird im folgenden unter einer zweifachen Perspektive beschrieben. Zum einen wird berichtet, *für wie viele ST insgesamt mindestens Daten der jeweiligen Teilnahmeebene* erhoben werden konnten. Dabei werden auf der Teilnahmeebene der Kurzbefragung und der der Ersterhebung auch immer die ST mit einbezogen, die jeweils über die Kurzbefragung hinaus noch an der Ersterhebung bzw. zusätzlich zur Ersterhebung (einschließlich der Kurzbefragung) auch an der Intensiverhebung teilgenommen haben. Zum anderen werden aber auch diejenigen näher beschrieben, für die *nur Informationen der jeweiligen Teilnahmeebene* vorliegen, z. B. weil sie sich nicht weiter beteiligen wollten oder weitere Erhebungen bei ihnen nicht (mehr) durchführbar waren. Betrachtet man die Beteiligung der ST an den Erhebungen unter diesen beiden Perspektiven, dann ergibt sich folgendes Bild (vgl. Tabelle 3, Teile 3 und 4):

4.3.1 Teilnahme an der Kurzbefragung

Mindestens die Teilnahmeebene des Kurzinterviews erreichten insgesamt 1.219 ST (64%; diese und die folgenden Abgaben zum Feldstand werden stets auf die verifizierte Ausgangsstichprobe von N=1.908 prozentuiert; gelegentlich vorgenommene andere Prozentuierungen werden gesondert ausgewiesen). Während bei 928 ST (49%) dann zumindest noch die Ersterhebung erhoben werden konnte (vgl. Abschnitt 4.3.2), konnten 291 (15%) nur der Teilnahmeebene der Kurzbefragung zugerechnet werden (vgl. auch Abb. 1).

In dieser Teilgruppe von 291 ST sind zum einen 93 Personen (5%) enthalten, bei denen bei Direktkontakten mit den FTA nicht mehr als das Kurzinterview durchgeführt werden konnte. Die bei ihnen für eine Nichtteilnahme an weiteren Untersuchungsschritten angeführten Gründe bestanden hauptsächlich aus „kein Interesse mehr, weiter teilzunehmen" (40% von N=93) und der Angabe „psychisch-gesundheitlich zu belastet" (29% von N=93). Die Erhebungszeit lag bei ihnen im Durchschnitt bei 14,0 Minuten (Standardabweichung s=8,5 Minuten). Weitere 58 ST (3%) wollten zunächst an der gesamten Ersterhebung teilnehmen. Die Ersterhebung, die zwar über die Kurzbefragung hinaus durchgeführt wurde, konnte dann aber bei ihnen nicht vollständig absolviert werden („unvollständige Ersterhebungen", vgl. Tabelle 3, Teil 3). Im Durchschnitt dauerten diese unvollständigen Ersterhebungen 36,1 Minuten (s=20,3 Minuten). Als Gründe, nicht weiter teilzunehmen, wurden von diesen 58 Personen „kein Interesse mehr, weiter teilzunehmen" (40%) sowie zu etwa gleichen Teilen „allgemein zu belastet" oder „psychisch-gesundheitlich zu sehr belastet" (insgesamt 36%) angegeben. Da die Ersterhebung unvollständig blieb, wurden auch diese 58 Personen der Teilnahmeebene der Kurzbefragung zugerechnet. Schließlich sind in den 291 ST jene 140 Personen (7%) enthalten, von denen nur eine verwertbare schriftliche Kurzbefragung vorliegt (vgl. Abschnitt 4.2.2).

4.3.2 Teilnahme an der Ersterhebung

Zumindest an der Ersterhebung teilgenommen haben insgesamt 928 (49%) ST (vgl. Tabelle 3, Teil 4, „mindestens Ersterhebung"). Auch hier finden sich wieder verschiedene Teilgruppen. Eine erste besteht, wie Tabelle 3 im Teil 3 zeigt, aus 293 ST (15%), mit denen die Ersterhebung zwar bis zum Abschluß geführt werden konnte, mit denen weitere Erhebungen jedoch nicht möglich waren (darin sind auch jene zwölf Personen mit enthalten, die zunächst nur schriftlich die Kurzbefragung, später dann aber doch noch die Ersterhebung absolvierten; vgl. Abb. 1). Soweit Gründe dafür genannt wurden oder in Erfahrung gebracht werden konnten, dominierten „kein Interesse (mehr), weiter teilzunehmen" (41%) und, noch entschiedener formuliert, „lehne weitere Befragungen (jetzt) ab" (21%). Es starben aber auch zwei Personen in der Zeit zwischen Ersterhebung und geplanter Intensiverhebung, und in 31 Fällen wurde die weitere Datenerhebung vorsorglich seitens der zentralen Projektkoordination beendet. Bei dieser Entscheidung stand vor allem im Vordergrund, die ST nicht mit der Intensiverhebung zu belasten, die bei ihnen auch zeitlich sehr aufwendig geworden wäre.

Darüber hinaus sind in den 928 Personen, für die zumindest die Ersterhebung vorliegt, die 635 ST (33%) eingeschlossen, die nach der Ersterhebung mit der Intensiverhebung begonnen haben. Da bei 119 von ihnen (6%) diese Erhebung unvollständig beendet werden mußte, mußten sie der Teilnahmeebene der Ersterhebung zugerechnet werden. Bei den Abbruchgründen wurden an erster Stelle psychisch-gesundheitliche Belastungen bzw. sonstige Belastungen (37%) genannt. Bei 29 der 119 Abbrecher (24% von N=119) ging die Initiative zum Abbruch von Angehörigen oder von Dritten (vor allem in der Heimsituation) aus. In 23 Fällen (19% von N=119) erkrankten und starben ST im Verlauf der Erhebungen, und in sieben Fällen (rund 6% von N=119) erfolgte auch hier, vor allem aus Gründen einer zu großen Belastung der ST, ein Abbruch seitens der zentralen Projektkoordination. Aufgrund dieser Ausfälle und Abbrüche verblieben dann die 516 Personen, für die Intensivprotokolle mit von allen Forschungseinheiten verwendbaren Daten vorliegen (vgl. Tabelle 3, Teile 3 und 4; vgl. Abschnitt 4.3.3).

Bei den 928 ST mit mindestens der Ersterhebung lag die zeitliche Belastung für die Durchführung dieser Befragung im Durchschnitt bei 61,0 Minuten (s=23,4 Minuten). Die Extremfälle sind dadurch gekennzeichnet, daß es in einem Fall gelang, die Befragung schon in 20 Minuten durchzuführen; in einem anderen Fall waren dazu im Verlauf mehrerer Erhebungstermine sogar 198 Minuten, insgesamt also gut drei Stunden, erforderlich. Rechnet man dem Durchschnittswert noch die Dauer der Einführungsgespräche mit den ST und der Gespräche, die nach der Befragung zum Ausklang miteinander geführt wurden, hinzu, dann lag die zeitliche Beanspruchung durch die Teilnahme an der Ersterhebung insgesamt im Mittel bei etwa 90 Minuten. Dabei benötigte die überwiegende Mehrzahl der 928 ST (685 bzw. 74% von N=928) nur eine Sitzung, um die Ersterhebung abzuschließen. Bei 204 ST (22% von N=928) war jedoch eine zweite Sitzung erforderlich, und bei 39 ST (4% von N=928) gelang das erst nach drei oder auch mehr Terminen[11].

4.3.3 Teilnahme an der Intensiverhebung

Bei den 516 ST (258 Frauen und 258 Männer mit jeweils N=43 für jede Altersgruppe), die an der Intensiverhebung teilgenommen und diese auch abgeschlossen haben, dauerte die Ersterhebung im Mittel 59 Minuten (s=20,3 Minuten) und war damit im Vergleich zur Gesamtgruppe der 928 ST, die mindestens an der Ersterhebung teilgenommen haben, nur geringfügig kürzer. 77% von ihnen benötigten für die Ersterhebung nur eine Sitzung, 22% eine zweite und 1% noch eine dritte. Auch damit sind die 516 ST der Intensiverhebung der Gesamtgruppe der 928 ST sehr ähnlich. Die der Ersterhebung folgenden Untersuchungsteile wurden dann in der Regel im Rahmen der für die Hauptstudie festgelegten Untersuchungssequenz durchgeführt (vgl. P. B. Baltes et al., Kapitel 1, Tabelle 2, und oben, Abschnitt 1.2). Allerdings ergaben sich gewisse Variationen dieser Sequenz. Diese betrafen zum einen die Abfolge der medizinischen Untersuchungen im letzten Drittel der Sequenz und dienten vor allem dazu, Engpässe bei den Klinikterminen, die nur begrenzt zur Verfügung standen, zu vermeiden. Zum anderen kam es vor, daß bei einzelnen Untersuchungsterminen die Erhebungen noch nicht ganz abgeschlossen werden konnten und bei einem weiteren Termin vervollständigt werden mußten.

Für solche Aufteilungen einzelner Untersuchungsteile der Sequenz auf mehrere Sitzungen bestanden

11 Darin eingeschlossen ist ein Fall mit insgesamt sieben Erhebungsterminen, bei dem es sich um eine Person handelt, die immer nur kurzzeitig belastbar war, die dennoch an der Ersterhebung teilnehmen wollte und diese mehrfachen Erhebungstermine trotz Mühen auf sich nahm.

jeweils Kriterien der Forschungseinheiten. Dabei wurden Teilungen z. B. erforderlich, wenn ST längere Zeit als vorgesehen für einen Untersuchungsteil benötigten oder wenn Sitzungen auf Wunsch oder wegen Belastungen der ST zeitlich verkürzt werden mußten. Es gab aber auch Fälle, in denen einzelne Erhebungen sehr schnell durchgeführt werden konnten. Waren die ST damit einverstanden und war ihnen das zumutbar, wurde nach einer Pause gleich noch mit dem nächsten Teil der Intensivsequenz begonnen. Schließlich wurde in Einzelfällen nicht mit den sozialwissenschaftlichen, sondern mit den medizinischen Untersuchungen begonnen. Dies geschah vor allem bei ST, die möglichst rasch ihre medizinischen Untersuchungsergebnisse wissen wollten, zu einem Teil aber auch bei Personen, bei denen die weitere Beteiligung an den Erhebungen von den Ergebnissen dieser Untersuchungen abhängig gemacht wurde.

Bei Beteiligung an den Intensiverhebungen wurde den ST vorgeschlagen, nicht mehr als eine Untersuchungssitzung pro Woche durchzuführen (vgl. Abschnitt 5.1). Unter Einschluß der Ersterhebung waren deshalb im Normalfall für die Ersterhebung und die gesamte Intensiverhebung 14 Sitzungen und damit 14 Wochen bzw. 3,2 Monate[12] erforderlich. Hinzukommen konnte noch eine weitere Sitzung für ein Abschlußgespräch, das zwar bei der jeweils letzten Sitzung der Untersuchungssequenz durchgeführt werden konnte, bei rund 70% der ST jedoch bei einem zusätzlichen Termin stattfand. Hierdurch konnte sich der Abschluß um eine weitere Woche verzögern und insgesamt zu einer Dauer von 3,5 Monaten für die Erhebungen führen. Vergleicht man diese Planungswerte mit denen, die sich im Verlauf der Erhebungen empirisch ergeben haben, dann zeigt sich folgendes (vgl. Tabelle 4):

Tatsächlich wurde die Sequenz nur bei 25% der 516 ST von der Ersterhebung bis zur letzten Untersuchung bzw. dem Abschlußgespräch im Verlauf von bis zu 3,3 Monaten abgeschlossen. Der Mittelwert liegt hingegen bei 4,5 Monaten (s=1,9 Monate), und der Median kennzeichnet, daß 50% der ST bis zu 4,1 Monate für die Intensivsequenz benötigten. Bezieht man zusätzlich das dritte Quartil in die Betrachtung mit ein, dann waren bei weiteren 25% bis zu 5,1 Monate erforderlich. Bei den restlichen 25% ergaben sich sogar noch längere Zeiten. Differenziert man die Werte, die sich für alle ST der Intensiverhebungen ergeben haben, dann weisen Hochbetagte und Frauen eine gewisse Tendenz in Richtung längerer Erhebungszeiten auf; insgesamt sind die Unterschiede aber nur gering.

Längere Erhebungszeiten ergaben sich zu einem Teil aus Bedingungen der Feldarbeit, z. B. wegen Ausfallzeiten (Krankheit, Urlaub) der FTA, gelegentlichen Engpässen bei den Klinikterminen oder zeit-

Tabelle 4: Vom Beginn der Ersterhebung bis zum Abschluß der Intensiverhebung benötigte Zeit in Monaten[1] für die Teilnehmer der Intensiverhebung (IP-Teilnehmer; N=516) insgesamt und für Teilgruppen.

	$\bar{x}$[a]	s[b]	1. Quartil	2. Quartil (Median)	3. Quartil	Minimum	Maximum
IP-Teilnehmer							
(N=516)	4,5	1,9	3,3	4,1	5,1	1,2	15,5
Altersgruppe							
70–84 (N=258)	4,4	1,9	3,3	4,0	4,9	1,2	15,5
85+ (N=258)	4,5	1,9	3,2	4,2	5,3	1,2	13,1
Männer							
(N=258)	4,3	1,8	3,1	3,9	4,8	1,2	12,4
Frauen							
(N=258)	4,6	2,0	3,4	4,2	5,3	1,2	15,5

1 Umrechnungsfaktor von Tagen in Monate: x Tage ×12/365.
a $\bar{x}$: Mittelwert.
b s: Standardabweichung.

12 Die Dauer wurde in Tagen vom Beginn der Ersterhebung (gegebenenfalls erster Erhebungstermin [vgl. Abschnitt 4.3.2] bis zum Abschluß der Intensivsequenz [letzte Sitzung der Sequenz]) berechnet. Die Umrechnung von Tagen in Monate erfolgte nach der Formel: x Tage ×12/365 (vgl. Tabelle 4).

weiligem Ausfall von Geräten, die für einzelne Untersuchungen benötigt wurden[13]. Zu einem anderen Teil ergaben sich längere Erhebungszeiten aber auch aus Bedingungen auf seiten der ST. Es gab z. B. ST, mit denen die Intensiverhebung wegen einer Erkrankung oder eines Krankenhausaufenthaltes erst lange Zeit nach der Ersterhebung begonnen werden konnte. Hinzu kamen ST, bei denen noch ausstehende Erhebungen wegen anderer Aktivitäten (z. B. eine Reise, Besuch von Verwandten) oder wegen unvorhergesehener Ereignisse (z. B. Todesfall in der Familie, schwere Erkrankung einer nahestehenden Person, Erkrankungen der ST selbst) für kürzere oder längere Zeit verschoben werden mußten. Schließlich gab es ST, die nur alle 14 Tage oder in noch größeren Abständen Erhebungstermine wünschten oder ermöglichen konnten. Allerdings konnten die Erhebungen bei einer Reihe von ST auch in relativ kurzer Zeit durchgeführt werden, z. B. weil diese ST sonst länger nicht erreichbar gewesen wären oder sich nicht für längere Zeit durch ihre Beteiligung binden lassen wollten.

Berechnet man, wie viele Sitzungen bei den 516 Teilnehmern der Intensiverhebungen für die 13 Untersuchungsteile des Intensivprotokolls erforderlich waren, dann zeigt sich, daß die ST im Mittel 13,3 Sitzungen benötigten und der Median genau bei 13 Sitzungen liegt (vgl. Tabelle 5). Bezieht man hierbei das erste Quartil mit ein, dann schlossen 25% mit nur bis zu zwölf Sitzungen ab, was durch Zusammenfassungen verschiedener Untersuchungsteile (vgl. oben) oder z. B. auch dadurch möglich war, daß die computertomographische und die sonographische Untersuchung bei einer Reihe von ST nicht durchführbar waren[14]. Dagegen kennzeichnet das dritte Quartil 25% der ST, die bis zu 14 Sitzungen für die Intensivsequenz benötigten, und weitere 25%, bei denen auch mehr als 14 (bei Extremfällen sogar bis zu 19) Sitzungen erforderlich waren. Tendenziell waren mehr als 14 Sitzungen bei den Hochbetagten stärker ausgeprägt; mehrfache Sitzungen gab es aber, wie Tabelle 5 zeigt, auch bei jüngeren Alten sowie bei Männern und bei Frauen.

Tabelle 5: Anzahl der Sitzungen bei den Intensiverhebungen zusätzlich zur Ersterhebung ***ohne*** *Abschlußgespräch für die Teilnehmer der Intensiverhebung (IP-Teilnehmer; N=516) und für Teilgruppen.*

	$\bar{x}$[a]	s[b]	1. Quartil	2. Quartil (Median)	3. Quartil	Minimum	Maximum
IP-Teilnehmer							
(N=516)	13,3	1,7	12	13	14	10	19
Altersgruppe							
70–84 (N=258)	12,7	1,3	12	13	13	10	18
85+ (N=258)	13,9	1,9	13	14	15	10	19
Männer							
(N=258)	13,2	1,8	12	13	14	10	19
Frauen							
(N=258)	13,4	1,6	12	13	14	10	19

a $\bar{x}$: Mittelwert.
b s: Standardabweichung.

13 Zwei Beispiele: Gelegentlich fielen die Testcomputer aus, weil sie gegenüber Schwankungen im Berliner Stromnetz empfindlich waren; in diesen Fällen mußten die ST dann gegebenenfalls zu einer nochmaligen Testsitzung ins Max-Planck-Institut (MPI) für Bildungsforschung gebeten werden. – Der Computertomograph des Klinikums Steglitz (inzwischen Klinikum Benjamin Franklin) der Freien Universität Berlin stand der Studie nur zu bestimmten Zeiten zur Verfügung. Wurde er für Notfälle oder die allgemeine Patientenbetreuung gebraucht, mußten Termine, häufig sehr kurzfristig, abgesagt und später wiederholt werden.

14 An der computertomographischen und der sonographischen Untersuchung nahmen nur etwa 45% der Studienteilnehmer teil. Eine Reihe von Studienteilnehmern wollte auch bei Betreuung den Weg nicht auf sich nehmen, andere waren nicht transportfähig. Hinzu kam, daß bei der tomographischen Untersuchung eine kurzzeitige Überstreckung des Rückens erforderlich war, die die Ärzte nicht allen ST zumuten wollten. Da die tomographische und die sonographische Untersuchung miteinander verbunden waren, fielen dadurch bei einer Reihe von ST beide Untersuchungen aus, die dann wie bei anderen Erhebungen als „missing values" gewertet wurden. Allerdings wurde, soweit möglich, immer versucht, zumindest die sonographische Untersuchung durchzuführen. Wenn anders nicht machbar, wurden die internistisch-geriatrische körperliche Untersuchung und die zahnmedizinischen Untersuchungen zu Hause durchgeführt. Auch hierbei konnten sich einzelne fehlende Werte ergeben (vor allem Wegfall des Röntgenstatus des Kiefers). Die zahnmedizinischen Untersuchungen wurden bei etwa 40% und die körperliche Untersuchung bei etwa einem Drittel der Studienteilnehmer zu Hause durchgeführt.

Aufgrund von Erfahrungen bei den Pilotstudien waren die einzelnen Untersuchungsteile der Intensivsequenz so konzipiert worden, daß sie die ST etwa 60–90 Minuten beanspruchen würden. Betrachtet man die Aufstellungen in Tabelle 6, dann zeigt sich anhand der Mittel- und der Medianwerte, die nicht sehr voneinander abweichen, daß dies im wesentlichen eingehalten werden konnte, selbst wenn für einzelne Untersuchungsteile mehrere Sitzungen durchgeführt wurden, die hier bei der Berechnung der Untersuchungszeiten mit eingeschlossen sind. Längere Zeiten weisen insbesondere die internistisch-geriatrischen Anamnesen wie auch die medizinischen Untersuchungen (körperliche Untersuchungen) auf. Selbst wenn diese Untersuchungen länger dauerten, war das fast nie ein Problem, weil sich die ST, wie sie selbst berichteten, ganz unmittelbar in der Hand von Ärzten wußten und darauf vertrauten, daß ihnen bei Beschwerden sofort geholfen würde. Aber auch bei den anderen Untersuchungen der Intensivsequenz wurden längere Erhebungszeiten akzeptiert, wenn ein gutes Vertrauensverhältnis zu den FTA bestand (vgl. Abschnitt 6.1).

5. Zur Arbeit der forschungstechnischen Assistenten und der Projektärzte bei den Erhebungen

5.1 Zur Arbeit der forschungstechnischen Assistenten

Wie bereits berichtet wurde, wurden die Gewinnung der ST, sämtliche Erhebungen, die nicht von Projektärzten vorgenommen werden mußten, und die Betreuung der ST während der Erhebungen, die im folgenden Abschnitt noch näher beschrieben wird, einer Gruppe forschungstechnischer Assistentinnen und Assistenten (FTA) übertragen. Die FTA erhielten für die Zeit der Erhebungen zeitlich befristete Arbeitsverträge. Abgesehen von zwei Mitarbeiterinnen des MPI für Bildungsforschung, die zunächst die Pilotstudien und dann auch die Erhebungen der Hauptstudie für rund ein Jahr unterstützten, wurden alle FTA im Rahmen von Ausschreibungen rekrutiert.

Für die Pilotstudien und die Erhebungen der Hauptstudie wurden von 1989 bis 1993 insgesamt 19 Personen – 13 Frauen und sechs Männer – als FTA rekrutiert. Bei Beginn der Hauptstudie lag das Alter der FTA zwischen 25 und 46 Jahren, den größten

Tabelle 6: Erhebungszeiten („Nettozeiten") für die Untersuchungen der Intensivsequenz bei den Teilnehmern der Intensiverhebung (N=516) in Minuten[1].

	$\bar{x}$[a]	s[b]	1. Quartil	2. Quartil (Median)	3. Quartil	Minimum	Maximum
Soziologie insgesamt[2]	196,6	76,1	145,0	185,0	240,0	25,0	515,0
Intelligenz und Kognition	86,7	23,3	75,0	85,0	100,0	20,0	175,0
Soziale Beziehungen	57,9	25,3	40,0	55,0	70,0	15,0	220,0
Neuropsychologische Tests	53,8	17,7	43,0	50,0	63,0	10,0	148,0
Selbst und Persönlichkeit	78,0	25,4	60,0	75,0	90,0	25,0	180,0
Yesterday-Interview und psychiatrische Skalen	56,4	18,7	45,5	53,5	65,0	20,0	135,0
Medizinische Anamnese	92,8	30,1	75,0	90,0	110,0	15,0	325,0
Medizinische Untersuchung	92,3	21,7	75,0	90,0	105,0	15,0	210,0
Psychiatrische Untersuchung	86,0	35,4	60,0	80,0	105,0	25,0	270,0
Zahnmedizinische Untersuchung	74,9	20,6	60,0	73,5	90,0	30,0	180,0
qCT, Dopplersonographie	44,6	16,6	35,0	41,0	55,0	10,0	115,0

1 Ohne „Kombinations"-Sitzungen (vgl. Text).
2 In der Regel drei Sitzungen.
a $\bar{x}$: Mittelwert.
b s: Standardabweichung.

Anteil hatten aber FTA, die Ende 20/Anfang 30 waren. Obwohl versucht wurde, Männer und Frauen in der FTA-Gruppe gleichmäßig zu repräsentieren, gelang das nicht. Schon bei den Bewerbungen dominierten deutlich Frauen; sie hatten auch eher als Männer bereits praktische Erfahrungen bei der Betreuung alter Menschen, und Männer zogen häufiger ihre Bewerbungen zurück, wenn sie nähere Informationen über die vorgesehene Arbeit erhielten. Neben einigen wenigen anderen setzte sich die FTA-Gruppe vor allem aus Personen mit einem Hochschulabschluß zusammen. Die wissenschaftliche Vorqualifikation der meisten FTA erwies sich als ein gewisser Vorteil bei der Arbeit mit den Erhebungsinstrumenten. Ein „Nachteil" ergab sich allerdings daraus, daß die Personalfluktuation bei ihnen relativ groß war. Dabei standen aber weniger Unzufriedenheiten mit der Tätigkeit, sondern vor allem attraktive Angebote längerfristiger Tätigkeiten, z. B. im Hochschulbereich, im Vordergrund.

Um die FTA auf die unterschiedlichen Aspekte ihrer Tätigkeit vorzubereiten, führten die Forschungseinheiten ein mehrwöchiges Training durch, bei dem sowohl Grundlagen in Hinsicht auf die Zielsetzungen der Studie und gewisse geriatrische und psychiatrische Basiskenntnisse vermittelt, als aber auch die Arbeit mit den verschiedenen Erhebungsinstrumenten der Forschungseinheiten (unterschiedlich aufgebaute Fragebogen mit offenen und geschlossenen Fragen, Tests, Skalen usw.) eingeübt und mehrfach überprüft wurden. Beim Training für die Erstkontakte und für die weitere Feldarbeit wurden konkrete Felderfahrungen der Pilotstudien, im weiteren Verlauf dann auch der Hauptstudie, mit einbezogen. Bei Nachrekrutierungen im Verlauf der Erhebungen, die aufgrund der Personalfluktuation erforderlich wurden, mußte das aufwendige Training der Forschungseinheiten für die neuen FTA wiederholt werden. Ihnen wurden dann zusätzlich felderfahrene FTA als „Mentoren" zugeordnet, die sie, soweit das mit den Studienteilnehmern vorher besprochen werden konnte, auch bei ersten Erhebungen im Feld begleiteten und berieten.

Während der Erhebungen wurden die FTA von den Forschungseinheiten und der Projektkoordination angeleitet und supervidiert. Soweit das von den ST oder ihren Betreuern ermöglicht wurde, wurden die FTA im Falle besonders schwieriger Erhebungssituationen, die sich gelegentlich ergaben, im Feld von wissenschaftlichen Mitarbeiterinnen und Mitarbeitern der Forschungseinheiten oder der Projektkoordination begleitet und unterstützt. Darüber hinaus führten die Forschungseinheiten regelmäßig Nachschulungen durch, die auf konkreten Beispielen aufbauten und dazu dienten, die Arbeit der FTA weiter zu optimieren. Zusätzlich fanden wöchentlich Teambesprechungen der Projektkoordination mit den FTA statt, bei denen neben organisatorischen Fragen immer auch allgemein interessierende Fallbeispiele vorgestellt und diskutiert wurden. Soweit erforderlich, nahmen hieran die jeweils involvierten Forschungseinheiten mit teil. Feldprobleme und einzelne schwierige Erhebungen konnten aber auch in Einzelfallgesprächen mit der Projektkoordination, den Forschungseinheiten oder den Projektärzten besprochen werden. Schließlich stand den FTA für Ablösungsprobleme von den Studienteilnehmern sowie für andere im Verlauf der Erhebungen auftretende Belastungen, z. B. für Konfrontationen mit schwerer Krankheit, mit Sterben und Tod oder für Konfliktsituationen zwischen Anforderungen der Erhebungsarbeit und der Betreuungsfunktion, eine von der Studie unabhängige externe Supervision durch erfahrene klinische Psychologen zur Verfügung, die hierfür eingerichtet wurde.

Die Feldarbeit der FTA begann, wie beschrieben, mit Erstkontakten, bei denen jeweils von der Projektkoordination ausgegebene Adressen abgearbeitet werden mußten. Hatten die FTA bei diesen Kontakten dann jeweils etwa acht bis neun ST für die Intensiverhebung gewonnen, konzentrierten sie sich auf die Durchführung dieser Erhebungen. Wurden Intensiverhebungen beendet oder kam es zu Ausfällen oder Abbrüchen, mußten die FTA parallel zu den noch laufenden Intensiverhebungen neue Erstkontakte durchführen, um wieder auf ihr „Soll" von acht bis neun ST der Intensivsequenz zu kommen. Dieses „Soll" ergab sich daraus, daß die ST über das gesamte Gebiet von Berlin (West) verstreut lebten und für die Fahrt zu den Studienteilnehmern und die Durchführung der Erhebungen fast immer ein Halbtag benötigt wurde. Mehr als acht oder neun Erhebungstermine waren dann meist in einer Woche nicht zu schaffen, zumal die Erhebungen vor- und nachbereitet werden mußten und auch noch Zeit für Einzelfallgespräche, Nachschulungen und die Teambesprechungen bleiben mußte. Die Erstkontakte, die Erhebungen der Intensivsequenz und die hierbei vorgesehenen Arzt- und Kliniktermine mußten von den FTA selbständig organisiert und mit den Terminwünschen der Studienteilnehmer, aber auch der Feldkoordination, bei der die Arzt- und Kliniktermine vergeben wurden, abgestimmt werden.

5.2 Zur Arbeit der Projektärzte

Die Projektärzte, die zu einem großen Teil aus Mitteln der Studie finanziert wurden, hatten eine doppelte Funktion. Zum einen waren sie Mitglieder der Projektgruppe der Berliner Altersstudie und damit an den Planungen und wissenschaftlichen Arbeiten der Projektgruppe beteiligt, die parallel zu den Erhebungen stattfanden (vgl. Vorwort). Zum anderen waren ihnen aber auch die Untersuchungen der Intensiverhebung übertragen, die nur von Ärzten durchgeführt werden konnten. Obwohl den Projektärzten die Arbeit in nicht-klinischen Settings vertraut war, wurden sie für Besonderheiten, die sich dabei ergaben, und für die Handhabung standardisierter Erhebungsverfahren, die bei den Untersuchungen mit eingesetzt wurden, von den Forschungseinheiten Innere Medizin und Geriatrie sowie Psychiatrie zusätzlich geschult. Wie den FTA kam auch den Projektärzten bei den Erhebungen eine wichtige Funktion für die Motivierung und die Betreuung der ST zu. Eine Reihe von ST, die sich zunächst vor den medizinischen Untersuchungen ängstigte, konnte nicht zuletzt dadurch für die Beteiligung an der Studie gewonnen werden, daß die Projektärzte wie die FTA auf die ST persönlich eingingen und stets versuchten, die Untersuchungen in einer für die ST möglichst angenehmen Weise durchzuführen.

Die internistisch-geriatrischen Projektärzte boten in der Regel pro Woche sechs bis sieben Termine für Anamnesen und für körperliche Untersuchungen an. Zusätzlich standen sie für Prüfungen zur (weiteren) Durchführbarkeit von Erhebungen (vgl. Abschnitt 6.3) auf Abruf bereit. Konnte die körperliche Untersuchung nicht wie vorgesehen in der Klinik stattfinden, wurde sie einschließlich der Funktionsdiagnostik am Wohnort (Privatwohnung oder Heim) der Studienteilnehmer durchgeführt. Bei den zahnmedizinischen Untersuchungen wurden fünf bis sechs Termine pro Woche angeboten. Feste Terminvorgaben gab es hierbei nur zu einem Teil. Meist wurde versucht, sich Terminwünschen der ST anzupassen. Die psychiatrischen Projektärzte boten etwa acht Termine pro Woche für die psychiatrischen Anamnesen an, die am Wohnort der ST durchgeführt wurden. Darüber hinaus konnten auch sie kurzfristig für Prüfungen der Einwilligungsfähigkeit von ST (vgl. Abschnitt 6.3) herangezogen werden. Außerdem oblag den psychiatrischen Projektärzten die Durchführung von *Hausarzt-Interviews*, bei denen, soweit eine Einwilligung der ST dafür vorlag, psychiatrisch relevante Befunde mitgeteilt, darüber hinaus aber auch weitere Informationen zu den Studienteilnehmern erhoben wurden (vgl. Helmchen et al., Kapitel 7). Schließlich kamen die psychiatrischen und die internistisch-geriatrischen Projektärzte regelmäßig zu sogenannten „Konsensuskonferenzen“ zusammen, bei denen alle Einzelbefunde der ST zusammengetragen, ausgetauscht und zusätzlich zu den Einzelbefunden der Forschungseinheiten zu einem Gesamtbefund zusammengeführt wurden (vgl. Steinhagen-Thiessen & Borchelt, Kapitel 6; Helmchen et al., Kapitel 7).

6. Forschungsethisch begründete Regelungen bei den Erhebungen

6.1 Das Betreuungskonzept der Berliner Altersstudie

Bei allen Erhebungen der Berliner Altersstudie wurde versucht, Bedürfnissen, Wünschen, Belastungen und besonderen persönlichen Situationen der ST soweit als möglich Rechnung zu tragen. Bei der Intensiverhebung wurde den ST zudem von Anfang an eine über die eigentliche Erhebungsarbeit hinausgehende Betreuung durch die FTA angeboten, die bereits bei den Pilotstudien erprobt worden war (vgl. Abschnitt 1.2).

Grundbestandteil dieses Betreuungskonzepts war, den ST vom Erstkontakt bis zum Abschluß der Intensivsequenz aus dem Kreis der FTA eine Person als festen Ansprechpartner beizuordnen, die dann auch alle Untersuchungen durchführte, soweit, wie erwähnt, hierfür nicht die Projektärzte erforderlich waren. Standen die medizinischen Untersuchungen an, wurden die Projektärzte durch die FTA bei den ST eingeführt, um mögliche Ängste gegenüber bisher fremden Mitarbeitern der Studie abzubauen. Die FTA begleiteten die ST dann auch bei den Untersuchungsterminen, die in Kliniken durchgeführt wurden. Dabei fand die Fahrt zu diesen Untersuchungsterminen in der Regel mit Taxen, zu einem Teil auch mit Dienstfahrzeugen des MPI für Bildungsforschung statt; einige ST mußten dafür auch „Tele-Busse“ (Transporte für Personen mit körperlichen Einschränkungen) in Anspruch nehmen. Für viele gesundheitlich belastete, aber auch ängstliche ST war die Begleitung durch die FTA häufig eine Voraussetzung, daß sie überhaupt für die Teilnahme an diesen Untersuchungen motiviert werden konnten, und nur so konnte erreicht werden, daß daran auch Personen teilnahmen, die schon seit längerer Zeit ihre Wohnungen kaum mehr verlassen hatten.

Ein weiterer Bestandteil der Betreuung der ST waren Vor- und Nachbesprechungen der Untersuchungen der Intensivsequenz, für die bei allen Erhebungen immer Zeit mit eingeplant wurde. Dadurch lagen die „Bruttozeiten" der Untersuchungen auch deutlich über den bereits berichteten „Nettozeiten" der Erhebungen (vgl. Abschnitt 4.3.3, Tabelle 6). Bei der Vorbesprechung der Untersuchungen war von den FTA dann auch jedes Mal erneut die Belastbarkeit der ST einzuschätzen, um, wenn nötig, die jeweilige Untersuchung zu verkürzen, von vornherein auf einen anderen Termin zu verschieben oder die Erhebungen nach Rücksprache mit der Projektkoordination ganz abzubrechen. Darüber hinaus hielten die FTA zwischen den Untersuchungsterminen (meist per Telefon) Kontakt mit den von ihnen betreuten ST und boten im Fall von akuten Erkrankungen oder Krankenhausaufenthalten auch Krankenbesuche an. Bei Geburtstagen oder anderen Festtagen der ST während der Intensivsequenz war zudem vorgesehen, die Teilnehmer mit Blumen oder einer anderen kleineren Aufmerksamkeit zu bedenken.

Aus den engen Kontakten, die sich hierbei zu einem guten Teil zwischen den FTA und den ST bildeten, ergab sich häufig, daß die ST mehr und mehr alltägliche Erlebnisse, Freuden, aber auch Sorgen und Nöte mit den FTA besprachen. Dabei kamen die FTA nicht selten in die Rolle, von ihren ST bei Stimmungstiefs und Schwierigkeiten des Alltags um zusätzliche Kontakte und um Hilfe gebeten zu werden. Aufgrund der Beziehungsintensität, die sich daraus entwickelte, war dann der Ablösungsprozeß der ST von den FTA beim Abschluß der Intensivsequenz nicht immer einfach[15]. Zum Teil wurden deshalb Kontakte zu den ST noch nach Beendigung der Erhebungen in länger werdendem Abstand fortgesetzt, um sie erst allmählich ausklingen zu lassen.

Abschließend sei erwähnt, daß die ST regelmäßig zu Informationsveranstaltungen mit Kaffee und Kuchen im MPI für Bildungsforschung eingeladen wurden, wenn die Erhebungen bei ihnen beendet worden waren. An- und Abfahrt wurden ihnen dabei wiederum, z. B. durch die Bereitstellung von Taxen, erleichtert. Diese Veranstaltungen, die bei den ST großes Interesse fanden, dienten zum einen dazu, den ST eine Rückmeldung über den Fortgang der Studie zu geben und den Kontakt zu ihnen nicht ganz abbrechen zu lassen; zum anderen gaben sie den ST aber auch eine Möglichkeit, Eindrücke und Erfahrungen mit anderen Teilnehmern in einer gemeinsamen Runde auszutauschen. Insgesamt nahmen etwa 70% der ST, die sich an der Intensiverhebung beteiligten, an diesen Informationsveranstaltungen teil.

6.2 Regelungen zur Aufklärung und Beteiligung der Studienteilnehmer

Wie bei anderen medizinischen und sozialwissenschaftlichen Forschungsprojekten stellte sich auch für die Berliner Altersstudie die Frage, ob der erwartete Erkenntniszuwachs mit einer ethisch vertretbaren, insgesamt aber allenfalls nur mäßigen Belastung der ST erreichbar sein würde und ob abschätzbare Risiken nicht über solche hinausgehen würden, mit denen alltäglich, z. B. auch bei medizinischen Routineuntersuchungen, gerechnet werden muß. Dabei war klar, daß mit Befragungen, die nicht einen unmittelbaren Nutzen für die Betroffenen haben, und mit medizinischen Untersuchungen, die sich nicht aus einem Behandlungsbedarf ergeben, die persönliche Sphäre der ST immer in gewisser Weise berührt wird. Es war deshalb notwendig, die Teilnehmer über alle Untersuchungen ausreichend aufzuklären, die Freiwilligkeit der Teilnahme deutlich hervorzuheben und nur auf der Basis dokumentierter Willenserklärungen mit ihnen zu arbeiten.

In Hinsicht auf geltende forschungsethische Kriterien (vgl. Abschnitt 1.1) wurde bei der Konzeption der Studie die Teilnahme an den Erhebungen als Inkaufnahme eines sogenannten „minimalen Risikos" eingeschätzt, und bei den Blutentnahmen und Röntgenaufnahmen der medizinischen Untersuchungen konnte erwartet werden, daß Belastungen und Risiken in der Regel die medizinischer Routineuntersuchungen nicht überschreiten würden. Vorsorglich wurde aber schon vor der Durchführung der Pilotstudien und noch einmal vor Beginn der Hauptstudie die Ethik-Kommission der Berliner Ärztekammer um eine Stellungnahme zu den medizinischen Erhebungen gebeten, die hierbei zugleich über die insgesamt bei der Intensiverhebung geplanten Untersuchungen informiert wurde. Ein explizites Votum einer Ethik-Kommission in bezug auf die psychologischen und sozialwissenschaftlichen Erhebungen der Berliner Altersstudie wurde entsprechend allgemeiner Forschungspraxis in der Bundesrepublik Deutschland nicht eingeholt. Gleichwohl wurden mögliche ethische Implikationen auch dieser Erhebungen mehrfach sehr ausführlich diskutiert und

15 Natürlich gab es Ablösungsprobleme auch auf seiten der FTA, die mit Mitarbeiterinnen und Mitarbeitern der Forschungseinheiten oder der Projektkoordination und insbesondere mit der unabhängigen externen Supervision besprochen werden konnten (vgl. Abschnitt 5.1).

abgewogen, wobei Vorschläge von Mitarbeitern des Berliner Datenschutzbeauftragten und des Datenschutzbeauftragten der Max-Planck-Gesellschaft zu forschungsethischen und -rechtlichen Aspekten bei der Gewinnung der ST und zur Durchführung der Erhebungen mit einbezogen wurden. Aufgrund dieser Diskussionen wurden dann folgende Regelungen für die Aufklärung der ST und ihre Beteiligung an den Erhebungen festgelegt:

Bereits im Anschreiben und bei den Erstkontakten wurden die ST auf die Freiwilligkeit der Teilnahme hingewiesen sowie über die Studie und über mögliche, in der Regel aber als minimal anzusehende Risiken und Belastungen aufgeklärt. Bei den Erstkontakten wurde zudem auf die Möglichkeit hingewiesen, die Beteiligung zu jeder Zeit abbrechen und bereits gegebene Daten zurückziehen zu können. Weitere Aufklärungen und Informationen erhielten die ST dann vor den Einzeluntersuchungen der Intensiverhebungen. Darüber hinaus wurden die ST gebeten, ihr Einverständnis für die Teilnahme an der Ersterhebung, an den nicht-medizinischen Teilen der Intensiverhebung und an den medizinischen Untersuchungen jeweils schriftlich zu dokumentieren. In Hinsicht auf die Intention, die Berliner Altersstudie als Längsschnittstudie fortzuführen (vgl. P. B. Baltes et al., Kapitel 1), wurde schließlich um eine schriftliche Einverständniserklärung gebeten, die ST erneut ansprechen und hierfür die Adresse getrennt von den erhobenen Daten speichern zu dürfen.

Aufklärung und Einwilligung der ST erfolgten immer in zwei Schritten. Zunächst mußten die FTA vor Beginn der Ersterhebung alle erforderlichen Aufklärungen und Informationen geben und dies im Beisein der ST schriftlich bestätigen. In einem zweiten Schritt wurden dann die ST gebeten, die Freiwilligkeit ihrer Teilnahme an der Befragung, ihre Einwilligung zur Aufzeichnung der Untersuchung auf Tonband (was selbstverständlich auch abgelehnt werden konnte) und zur Verwendung ihrer Daten in anonymisierter Form für die wissenschaftlichen Zwecke der Studie in schriftlicher Form zu geben. War jemand zwar gewillt, an der Erhebung teilzunehmen, aber nicht bereit, schriftlich einzuwilligen, so hatten die FTA die Anweisung, die mündliche Einwilligung zu protokollieren und zusätzlich, wenn möglich, diese Erklärung auf Tonband aufzunehmen. Vor Eintritt in die Intensivsequenz wurden die ST dann um ihre schriftliche Einwilligung in die nicht-medizinischen Untersuchungen gebeten. Auch hierbei mußten die FTA eine Erklärung unterzeichnen, daß sie ihrer Pflicht zur Aufklärung und Information der ST über die Untersuchungen der Intensivsequenz nachgekommen waren.

Die für die Teilnahme an den medizinischen Erhebungen erforderlichen Einwilligungserklärungen wurden erst vor diesen Untersuchungen von den Ärzten eingeholt, die die ST dabei noch einmal ausführlich über dabei entstehende mögliche Belastungen und Risiken informierten. Insgesamt wurden für die medizinischen Erhebungen folgende Einwilligungen bei den ST eingeholt:

1. zur Teilnahme an den Untersuchungen, zur Entnahme von zwei Blutproben sowie zur Durchführung von bis zu drei Röntgenaufnahmen,
2. zur Weitergabe der erhobenen Befunde an den behandelnden Hausarzt (und/oder Zahnarzt),
3. zur Entbindung der Hausärzte von der Schweigepflicht, um ergänzende medizinische Informationen bei ihnen einholen zu dürfen, sowie
4. zur Bestätigung, die medizinischen Daten auch über die medizinischen Forschungseinheiten hinaus im Rahmen der Studie verwenden zu können.

Alle genannten Erklärungen waren in einem Formular zusammengefaßt, das mit den ST Punkt für Punkt durchgegangen wurde. Einzelne Erklärungen, z. B. die Weitergabe der Befunde an die Hausärzte oder die Befragung der Hausärzte, konnten von den ST natürlich abgelehnt werden.

6.3 Regelungen zum Ausschluß von Studienteilnehmern von den Erhebungen und zum Umgang mit pathologischen Untersuchungsbefunden

Die beschriebenen Regelungen zur Einholung der erforderlichen Zustimmungen setzten ein relativ hohes Verständnis der Befragungssituation auf seiten der ST voraus. Aufgrund der spezifischen Stichprobe der Berliner Altersstudie wurden aber auch Personen angetroffen, die Kontakte zwar nicht ablehnten, bei denen jedoch Auffassungsvermögen, Gedächtnis und Urteilsfähigkeit eingeschränkt oder die aus anderen Gründen gesundheitlich beeinträchtigt waren. Da in solchen Fällen entschieden werden mußte, ob eine Teilnahme an den Erhebungen ethisch vertretbar war, wurden mit den Forschungseinheiten Psychiatrie sowie Innere Medizin und Geriatrie spezifische Regelungen zur Prüfung der Einwilligungsfähigkeit und zur Durchführbarkeit von Untersuchungen bei gesundheitlichen Einschränkungen erarbeitet und praktiziert.

War es aufgrund von Hinweisen der FTA beim Erstkontakt oder im Verlauf der Erhebungen möglich, die psychiatrischen Projektärzte zur Beurteilung der Einwilligungsfähigkeit hinzuzuziehen, wurde von ihnen zunächst geprüft, ob ein Verständnis der Befragungssituation gegeben und ein in sich schlüssiges Verhalten („konkludentes Handeln") erkennbar war. Um Art und Ausmaß einer psychischen Beeinträchtigung feststellen und den psychopathologischen Befund objektivieren zu können, wurden Teile der ohnehin bei den psychiatrischen Untersuchungen vorgesehenen strukturierten Interviews eingesetzt (vgl. Helmchen et al., Kapitel 7). Weiterhin wurde durch die Psychiater geklärt, inwieweit eine sachbezogene Interaktion mit den ST trotz psychopathologischer Symptomatik möglich war und ob weitere Befragungen, z. B. der Abschluß der Ersterhebung, die Aufnahme in die Intensiverhebungen oder die Fortsetzung dieser Erhebungen, ethisch vertretbar waren (vgl. Geiselmann & Helmchen, 1994; Geiselmann, Helmchen & Nuthmann, 1996; Helmchen & Lauter, 1995).

In einigen Fällen waren die FTA bei Erstkontakten oder bei den Erhebungen aber auch mit körperlich-gesundheitlichen Beeinträchtigungen der ST konfrontiert, die Zweifel an der (weiteren) Durchführung der Erhebungen begründeten. Zweifel konnten sich z. B. ergeben, wenn ST sehr entkräftet waren, nur noch mit Mühe sprechen konnten, nur sehr kurzzeitig befragbar waren oder anhaltend über körperliche Beschwerden klagten. Bei Zustimmung der ST versuchten die FTA in solchen Fällen zwar zunächst, die unterhalb der Belastungsschwelle gewinnbaren Daten zu erheben; gegebenenfalls wurden mit Zustimmung der ST auch mehrfache Sitzungen durchgeführt (vgl. Abschnitt 4.3.2 und 4.3.3). War das nicht möglich oder zumutbar, wurde den ST vorgeschlagen, sich bei einem nochmaligen Kontakt von den Projektärzten beraten und die Möglichkeit einer (weiteren) Teilnahme prüfen zu lassen.

Die FTA waren während ihrer Ausbildung für die Entscheidungen, die mit diesen Verfahren verbunden waren, vorbereitet worden. Da ihre Entscheidungen in professionellem Sinne nur „Laienurteile" sein konnten, standen hierbei Verhaltensbeobachtungen im Vordergrund. Ihre Einschätzungen und Entscheidungen wurden regelmäßig mit den Ärzten und mit der Projektkoordination besprochen. Außerdem erhielten die FTA bei ihrem Training vorsorglich eine Grundausbildung für den Umgang mit medizinischen Notfallsituationen.

Insgesamt wurden bei den Erhebungen 89 Prüfungen auf Einwilligungsfähigkeit durchgeführt, wobei 54 (61 %) zum Ausschluß oder Abbruch von Erhebungen führten. Bei 33 von diesen 54 Personen bestanden bereits beim Erstkontakt so große Zweifel an ihrer Einwilligungsfähigkeit, daß Erhebungen gar nicht erst begonnen wurden. Darin eingeschlossen sind zwei Fälle, bei denen noch bei der Prüfung Angehörige oder Dritte weitere Kontakte zu diesen Personen verweigerten. Bei 16 ST war zwar die Ersterhebung begonnen worden, sie wurde aber aufgrund des beschriebenen Verfahrens nicht weitergeführt. Zwei ST wurden nach Abschluß der Ersterhebung von einer weiteren Teilnahme im Rahmen der Intensiverhebungen ausgeschlossen. Bei insgesamt drei Personen wurde schließlich die Intensiverhebung abgebrochen, da sich ihr psychischer Zustand so verschlechtert hatte, daß eine Fortführung der Untersuchungen nicht mehr vertretbar war.

An Prüfungen zur Durchführbarkeit von Erhebungen aufgrund körperlich-gesundheitlicher Beeinträchtigungen waren in 21 Fällen Projektärzte beteiligt. Dabei brach eine Person von sich aus die Untersuchung des Projektarztes und weitere Kontakte mit der Studie ab. Von den verbleibenden 20 Prüfungen führten dann insgesamt sieben (35 %) zum Ausschluß aus der Studie. Dabei wurde hier mit zwei Personen die Erhebung gar nicht erst begonnen, bei zwei weiteren wurde die Ersterhebung abgebrochen, und die restlichen drei wurden aufgrund ihres Gesundheitszustandes während der Intensiverhebungen ausgeschlossen.

Bei den Intensiverhebungen prüften die Projektärzte dann auch, ob den ST ein Transport in die Kliniken für die dort vorgesehenen Untersuchungen möglich und zumutbar war. Sprachen medizinische Gründe dagegen oder trauten sich ST die Fahrt in Begleitung der FTA nicht mehr zu, wurden diese Erhebungen bei ihnen nicht durchgeführt (vgl. Fußnote 14).

Lag eine entsprechende Einwilligung der ST vor, wurden behandlungsrelevante Befunde der internistisch-geriatrischen Untersuchungen sobald als möglich den behandelnden Hausärzten in Form eines Arztbriefes mitgeteilt. Behandlungsrelevante psychiatrische Befunde teilten die Forschungspsychiater bei Vorliegen entsprechender Einwilligungen in der Regel dem Hausarzt im Rahmen des Hausarzt-Interviews der Forschungseinheit Psychiatrie mit (vgl. Abschnitt 5.2). Konnten die ST einen behandelnden Arzt nicht angeben oder lag eine Einwilligung hierfür nicht vor, wurden sie von den Projektärzten über den Gesamtbefund der medizinischen Untersuchungen informiert. Soweit behandlungsbedürftige Befunde nicht unmittelbare Maßnahmen der Projektärzte im Rahmen ihrer Berufspflicht erforderten, wurden die ST dann nachdrücklich darum ersucht, sich möglichst umgehend in ärztliche Behandlung zu begeben.

6.4 Regelungen zum Schutz der erhobenen Daten

Hinsichtlich des Datenschutzes wurden alle Mitarbeiterinnen und Mitarbeiter der Berliner Altersstudie zur Verschwiegenheit und auf die Einhaltung der gesetzlichen Bestimmungen zur Einhaltung des Datengeheimnisses verpflichtet. Zudem enthält das Erhebungsmaterial keine Namen, Adressen usw., sondern lediglich Identifikationsnummern. Bei Veröffentlichungen wird, wie es den ST zugesichert wurde, darauf geachtet, daß Re-Identifikationen ausgeschlossen sind. Zudem werden alle Erhebungsmaterialien in speziellen Räumen und zusätzlich gesichert aufbewahrt, wobei der Zugang zu diesen Materialien auf ausgewählte Personen der Forschungseinheiten beschränkt ist.

Die Daten der Forschungseinheiten sind jeweils in voneinander getrennten Teildatenbanken gespeichert und durch Zugangsroutinen sorgfältig geschützt. Zusätzlich unterliegt der Zugang zu ihnen abgestuften Zugangsrechten, wobei die Forschungseinheiten entscheiden, welchen Mitarbeiterinnen und Mitarbeitern in welchem Umfang Daten für einzelne Auswertungen zugänglich gemacht werden. Verknüpfungen und Austausch unterschiedlicher Teildatenbestände sind damit nur kontrolliert, in gegenseitiger Absprache und in bezug auf jeweils spezifische Fragestellungen möglich.

7. Schlußbemerkung

Obwohl die Berliner Altersstudie auf Vorarbeiten der Forschungseinheiten, einer Reihe anderer Studien und den Erfahrungen der Pilotstudien aufbauen konnte, blieben die Durchführung der Erhebungen mit zufällig ausgewählten alten und hochbetagten Menschen methodisch und forschungspraktisch ein Wagnis. Das Ziel, eine gleiche Anzahl vollständiger Intensivprotokolle bei Männern und Frauen aller Altersgruppen (von 70 bis über 100 Jahren) zu erheben, war dann auch nur im Rahmen einer zeitlich sehr ausgedehnten Feldphase und mit einem nicht geringen personellen und finanziellen Aufwand zu erreichen. Darüber hinaus mußten trotz sorgfältiger Vorbereitung während der Erhebungen methodische Entscheidungen überprüft, organisatorische Konzepte verändert und optimiert sowie die Routinen der Feldarbeit unvorhergesehenen Bedingungen angepaßt werden. Daß die Erhebungen, wie in diesem Kapitel beschrieben, durchgeführt werden konnten und das Wagnis, das mit ihnen verbunden war, bestanden wurde, ist neben dem intellektuellen und institutionellen Kontext sowie der finanziellen Absicherung der Berliner Altersstudie (vgl. Vorwort) auch der engagierten Mitarbeit der FTA, der Projektärzte und der Wissenschaftlerinnen und Wissenschaftler der Forschungseinheiten, die die Erhebungen unterstützt haben, zu verdanken. Nicht zuletzt haben zum Gelingen der Erhebungen aber die vielen Teilnehmerinnen und Teilnehmer der Berliner Altersstudie beigetragen. Ihnen sei deshalb auch an dieser Stelle noch einmal gedankt.

Literaturverzeichnis

American Psychological Association (APA) (1990). Ethical principles of psychologists. *American Psychologist, 3,* 390–395.

American Psychological Association (APA) (1992). Ethical principles of psychologists and code of conduct. *American Psychologist, 47,* 1597–1611.

Arbeitsgruppe „Altern und gesellschaftliche Entwicklung" (AGE) (1988). In Akademie der Wissenschaften zu Berlin (Hrsg.), *Jahrbuch 1987* (S. 106–113). Berlin: de Gruyter.

Arbeitsgruppe „Altern und gesellschaftliche Entwicklung" (AGE) (1989a). *Antrag auf Gewährung einer finanziellen Unterstützung durch das BMFT (März 1989).* Vervielfältigtes Manuskript (202 S.), AGE, Berlin.

Arbeitsgruppe „Altern und gesellschaftliche Entwicklung" (AGE) (1989b). Bericht der Arbeitsgruppe „Altern und gesellschaftliche Entwicklung". In Akademie der Wissenschaften zu Berlin (Hrsg.), *Jahrbuch 1988* (S. 412–431). Berlin: de Gruyter.

Arbeitsgruppe „Altern und gesellschaftliche Entwicklung" (AGE) (1990a). Bericht der Arbeitsgruppe „Altern und gesellschaftliche Entwicklung". In Akademie der Wissenschaften zu Berlin (Hrsg.), *Jahrbuch 1989* (S. 252–282). Berlin: de Gruyter.

Arbeitsgruppe „Altern und gesellschaftliche Entwicklung" (AGE) (1990b). *Zwischenbericht über die erste Arbeitsphase an das BMFT (1. Juli 1990).* Vervielfältigtes Manuskript, AGE, Berlin.

Arbeitsgruppe „Altern und gesellschaftliche Entwicklung" (AGE) (1992). *Zweiter Zwischenbericht der Arbeitsgruppe: Arbeitsphase Juli 1990–Dezember 1991.* Vervielfältigtes Manuskript, AGE, Berlin.

Arbeitsgruppe „Altern und gesellschaftliche Entwicklung" (AGE) (1993). In Akademie der Wissenschaften zu Berlin (Hrsg.), *Jahrbuch 1990–1992* (S. 675–687). Berlin: de Gruyter.

Arbeitsgruppe „Altern und gesellschaftliche Entwicklung“ (AGE) (1994). In Berlin-Brandenburgische Akademie der Wissenschaften (Hrsg.), *Jahrbuch 1992/93* (S. 285–293). Berlin: Akademie Verlag.

Arbeitsgruppe „Altern und gesellschaftliche Entwicklung“ (AGE) (1995). In Berlin-Brandenburgische Akademie der Wissenschaften (Hrsg.), *Jahrbuch 1994* (S. 337–365). Berlin: Akademie Verlag.

Baltes, P. B., Mayer, K. U., Helmchen, H. & Steinhagen-Thiessen, E. (1993). The Berlin Aging Study (BASE): Overview and design. *Ageing and Society, 13,* 483–515.

Berkman, L. F., Seeman, T. E., Albert, M., Blazer, D., Kahn, R., Mohs, R., Finch, C., Schneider, E., Cotman, C., McClearn, G. et al. (1993). Successful, usual and impaired functioning in community-dwelling elderly: Findings from the MacArthur Foundation Research Network on Successful Aging. *Journal of Clinical Epidemiology, 46,* 1129–1140.

Berliner Datenschutzgesetz (BlnDSG) (1983). *Gesetz- und Verordnungsblatt für Berlin, 62,* 1562.

Berliner Datenschutzgesetz (BlnDSG) (1991). *Gesetz- und Verordnungsblatt für Berlin, 47* (4), 16–23.

Bundesdatenschutzgesetz (BDSG) (1990). *Bundesgesetzblatt, Teil 1,* 2954–2971.

Bundesminister für Arbeit und Sozialordnung (Hrsg.) (1988). *Alterssicherung in Deutschland 1986 (ASID '86): Zusammenfassender Bericht* (Forschungsbericht Nr. 200-Z Sozialforschung). Bonn: Eigenverlag.

Busse, E. W. (1993). Duke Längsschnittstudie des Alterns. *Zeitschrift für Gerontologie, 26,* 123–128.

Carp, F. M. (1989). Maximizing data quality in community studies of older people. In M. P. Lawton & A. R. Herzog (Hrsg.), *Special research methods for gerontology* (S. 93–122). Amityville, NY: Baywood.

Costa, P. T., Jr. & McCrae, R. R. (1993). Psychologische Forschung in der Baltimore Längsschnittstudie des Alterns. *Zeitschrift für Gerontologie, 26,* 123–128.

Deeg, D. J. H. (1989). *Experiences from longitudinal studies of aging: Conceptualization, organization, and output.* Nijmegen, NL: Netherland Institute of Gerontology.

Esser, H., Grohmann, H., Müller, W. & Schäffer, K.-A. (1989). *Mikrozensus im Wandel: Untersuchungen und Empfehlungen zur inhaltlichen und methodischen Gestaltung* (Schriftenreihe Forum der Bundesstatistik, Bd. 11). Stuttgart: Metzler-Poeschel.

Geiselmann, B. & Helmchen, H. (1994). Demented subjects' competence to consent to participate in field studies: The Berlin Aging Study. *Medicine and Law, 13,* 177–184.

Geiselmann, B., Helmchen, H. & Nuthmann, R. (1996). Einwilligungsfähigkeit in der Demenzforschung: Ethische und durchführungstechnische Probleme. In U. H. Peters, M. Schifferdecker & A. Krahl (Hrsg.), *150 Jahre Psychiatrie* (Bd. 2, S. 962–965). Köln: Martini Verlag.

Hanefeld, U. (1987). *Das Sozio-ökonomische Panel: Grundlagen und Konzeption.* Frankfurt/M.: Campus.

Helmchen, H. (1990). The unsolved problem of informed consent in dementia research. *Medicine and Law, 9,* 1206–1213.

Helmchen, H. & Lauter, H. (Hrsg.) (1995). *Dürfen Ärzte mit Demenzkranken forschen? Analyse des Problemfeldes: Forschungsbedarf und Einwilligungsproblematik.* Stuttgart: Thieme.

Helmchen, H. & Winau, R. (Hrsg.) (1986). *Versuche mit Menschen in Medizin, Humanwissenschaft und Politik.* Berlin: de Gruyter.

Herzog, A. R. & Rodgers, W. L. (1988). Age and response rates to interview sample surveys. *Journal of Gerontology: Social Sciences, 43,* S200–S205.

Infratest Sozialforschung (1985). *Das Sozio-ökonomische Panel – Welle 1: Methodenbericht zur Haupterhebung.* München: Eigenverlag.

Jay, G. M., Liang, J., Liu, X. & Sugisawa, H. (1993). Patterns of nonresponse in a national survey of elderly Japanese. *Journal of Gerontology: Social Sciences, 48,* S143–S152.

Joukamaa, M., Saarijärvi, S. & Salokangas, R. K. R. (1993). Das TURVA-Projekt: Ruhestand und Anpassung im Alter. *Zeitschrift für Gerontologie, 26,* 170–175.

Lehr, U. & Thomae, H. (Hrsg.) (1987). *Formen seelischen Alterns: Ergebnisse der Bonner Gerontologischen Längsschnittstudie (BOLSA).* Stuttgart: Enke.

Max-Planck-Gesellschaft (MPG) (1984). *Verantwortung und Ethik in der Wissenschaft* (Berichte und Mitteilungen 3/84). München: MPG.

Mayer, K. U. & Brückner, E. (1989). *Lebensverläufe und Wohlfahrtsentwicklung: Konzeption, Design und Methodik der Erhebung von Lebensverläufen der Geburtsjahrgänge 1929–1931, 1939–1941, 1949–1951* (Materialien aus der Bildungsforschung, Bd. 35, Teil I–III). Berlin: Max-Planck-Institut für Bildungsforschung.

Mayer, K. U. & Schmidt, P. (Hrsg.) (1984). *Allgemeine Bevölkerungsumfrage der Sozialwissenschaften: Beiträge zu methodischen Problemen des ALLBUS 1980*. Frankfurt/M.: Campus.
Meldegesetz des Landes Berlin (MeldeG) (1985). *Gesetz- und Verordnungsblatt für Berlin, 41* (15), 507–514.
Melderechtsrahmengesetz (MRRG) (1980). *Bundesgesetzblatt, I, 50,* 1429–1436.
Melderechtsrahmengesetz (MRRG) (1994). *Bundesgesetzblatt, I, 40,* 1420–1436.
Metschke, R. (1994). *Datenschutz in Wissenschaft und Forschung*. Berlin: Datenschutzbeauftragter.
Mittelstraß, J., Baltes, P. B., Gerok, W., Häfner, H., Helmchen, H., Kruse, A., Mayer, K. U., Staudinger, U. M., Steinhagen-Thiessen, E. & Wagner, G. (1992). Wissenschaft und Altern. In P. B. Baltes & J. Mittelstraß (Hrsg.), *Zukunft des Alterns und gesellschaftliche Entwicklung* (S. 695–720). Berlin: de Gruyter.
Mossey, J. M., Havens, B., Roos, N. P. & Shapiro, E. (1981). The Manitoba Longitudinal Study of Aging: Description and methods. *The Gerontologist, 21,* 551–558.
Rowe, J. W. & Kahn, R. L. (1987). Human aging: Usual and successful. *Science, 237,* 143–149.
Schaie, K. W. (1983). The Seattle Longitudinal Study: A twenty-one year exploration of psychometric intelligence in adulthood. In K. W. Schaie (Hrsg.), *Longitudinal studies of adult psychological development* (S. 64–135). New York: Guilford.
Steen, B. & Djurfeldt, H. (1993). Die gerontologischen und geriatrischen Populationsstudien in Göteborg. *Zeitschrift für Gerontologie, 26,* 163–169.
Wagner, G., Schupp, J. & Rendtel, U. (1994). Das Sozio-oekonomische Panel (SOEP): Methoden der Datenproduktion und -aufbereitung im Längsschnitt. In R. Hauser, N. Ott & G. Wagner (Hrsg.), *Mikroanalytische Grundlagen der Gesellschaftspolitik. Bd. 2: Erhebungsverfahren, Analysemethoden und Mikrosimulation* (S. 70–112). Berlin: Akademie Verlag.
Wahl, H.-W. & Richter, P. (1994). Forschungsmethoden in der Gerontologie: Der Zugang der Sozialwissenschaften. In E. Olbrich, K. Sames & A. Schramm (Hrsg.), *Kompendium der Gerontologie: Interdisziplinäres Handbuch für Forschung, Klinik und Praxis* (Bd. 3, 6.1, S. 1–44). Landsberg/Lech: Ecomed.
Webb, E. J., Campbell, D. T., Schwartz, R. D. & Sechrest, L. (1966). *Unobtrusive measures: Nonreactive research in the social sciences*. Chicago, IL: Rand McNally.

3. Stichprobenselektivität und Generalisierbarkeit der Ergebnisse in der Berliner Altersstudie

Ulman Lindenberger, Reiner Gilberg, Ulrich Pötter,
Todd D. Little & Paul B. Baltes

Zusammenfassung

Die Stichprobe der Berliner Altersstudie beruht auf Zufallsziehungen aus dem Melderegister des Landeseinwohnermeldeamts von Berlin (West). Es werden fünf aufeinanderfolgende Teilnahmeebenen unterschieden, denen jeweils Stichproben abnehmender Größe zugeordnet sind: (1) Informationen des Landeseinwohnermeldeamts (*Ausgangsstichprobe*, N= 1.908 oder 100%); (2) Kurzform der Ersterhebung (N=1.264; d. h. 66% von N=1.908); (3) vollständige Ersterhebung (N=928; 49%); (4) Einwilligung in die Intensiverhebung (N=638; 33%); (5) vollständige Intensiverhebung (*Intensivstichprobe*, N=516; 27%). Die Intensivstichprobe bildet das Kernstück der Berliner Altersstudie. Sie ist nach Alter und Geschlecht geschichtet und entspricht einem Zwölf-Zellen-Design mit jeweils 43 Männern und 43 Frauen in sechs verschiedenen Altersgruppen (70–74, 75–79, 80–84, 85–89, 90–94 und 95+ Jahre). Die Schichtung wurde durch zellenspezifisches, an der Größe des Stichprobenausfalls orientiertes Nachziehen von Adressen erreicht (siehe auch Nuthmann & Wahl, Kapitel 2 in diesem Band). Angesichts der unterschiedlichen Größe der Stichproben und des damit einhergehenden *Stichprobenausfalls* stellt sich die Frage nach der *Stichprobenselektivität*, d. h. nach dem Ausmaß, in dem Merkmale, die den Stichprobenausfall vorhersagen, mit untersuchungsrelevanten Merkmalen zusammenhängen. Die Selektivitätsanalysen zeigen, daß die Intensivstichprobe die angestrebte Heterogenität behält. Insbesondere gibt es keine Anhaltspunkte dafür, daß sich die in der Intensivstichprobe beobachteten Zusammenhangsmuster und Varianzen von den auf niedrigeren Teilnahmeebenen beobachteten wesentlich unterscheiden. Die Projektion der insgesamt beobachteten Selektivität auf zentrale Konstrukte der Intensiverhebung ergibt, daß die Stichprobe der Intensiverhebung zwar durchweg positiv selegiert ist, die Größe dieser Selektivitätseffekte jedoch bei keinem der Konstrukte eine halbe Standardabweichung überschreitet[1].

1. Einleitung

Sowohl in der sozialwissenschaftlichen wie auch in der naturwissenschaftlichen Forschung ist man daran interessiert, daß die Gültigkeit beobachteter empirischer Regelmäßigkeiten nicht auf die tatsächlich beobachteten Ereignisse beschränkt bleibt, sondern sich auf einen Raum möglicher, aber nicht durchgeführter Beobachtungen verallgemeinern läßt. Die *Repräsentativität der Messung* bezeichnet mithin das Ausmaß, in dem die in einer Untersuchung gemachten Beobachtungen für andere, nicht beobachtete Ereignisse stehen können[2].

1 Im vorliegenden Beitrag verweisen die Begriffe Teilnahmeebene und Teilnahmetiefe auf die Menge an Informationen, die der Berliner Altersstudie über eine Person zur Verfügung stehen. Aufgrund dieser formalen Definition ist es durchaus möglich, daß Personen, über die nur Informationen auf der niedrigsten Teilnahmeebene vorliegen, zu keinem Zeitpunkt die Absicht besaßen, an der Studie „teilzunehmen". Eine differenzierte Betrachtung von „non-response" und Verweigerung findet sich im Beitrag von Nuthmann und Wahl, Kapitel 2.

2 Die Ausgangsstichprobe von BASE basiert auf einer an bestimmten Kriterien orientierten Zufallsziehung von Adressen aus dem Berliner Landeseinwohnermeldeamt. Diese Form der Zufallsziehung weist den großen Vorteil auf, daß systematische, mit den Fragestellungen der Untersuchung verknüpfte Verzerrungen weitaus weniger wahrscheinlich sind als bei nichtzufälligen Formen der Stichprobengewinnung. Jedoch gäbe es auch bei einer Stichprobenausschöpfung von 100% (d. h. bei vollkommener Abwesenheit von Stichprobenausfall) keine Gewähr dafür, daß die zufällig ausgewählten Personen eine perfekte „Miniatur" der Berliner Bevölkerung über 70 Jahre darstellten (vgl. Kruskal & Mosteller, 1979a, 1979b, 1979c; Rendtel & Pötter, 1992; Rudinger & Wood, 1990). Auf die Frage nach der Generalisierbarkeit der

(weiter auf der nächsten Seite)

Das Hauptanliegen des vorliegenden Kapitels besteht darin, eine wichtige Quelle der Gefährdung von Repräsentativität und Generalisierbarkeit zu dokumentieren und zu analysieren: die mit dem Stichprobenausfall unter Umständen verbundene Stichprobenselektivität. Mit *Stichprobenausfall* bezeichnen wir den Sachverhalt, daß nicht alle Personen, die zur Teilnahme an der Berliner Altersstudie (BASE) aufgefordert wurden, auch tatsächlich das gesamte Erhebungsprotokoll der Berliner Altersstudie durchlaufen haben (zur Beschreibung von Rekrutierung, Feldverlauf und Feldsteuerung siehe auch Kapitel 2 von Nuthmann & Wahl). Dieser Stichprobenausfall kann zu einer *Selektivität* (Verzerrung) der Stichprobe führen, falls Teilnehmer sich von Abbrechern in untersuchungsrelevanten Merkmalen unterscheiden (Glynn, Laird & Rubin, 1993; Kessler, Little & Groves, im Druck; Little & Rubin, 1987). Diese mit dem Stichprobenausfall unter Umständen verbundene Selektivität sollte nicht mit Selektivität verwechselt werden, die mit der *Ziehung* der Stichprobe verbunden sein kann („selective sampling" versus „selective dropout"; vgl. P. B. Baltes, Reese & Nesselroade, 1988). Hinsichtlich der Ziehung ist die in der BASE verwendete Methode der Zufallsziehung aus einer Grundgesamtheit, bei der alle Beobachtungseinheiten die gleiche Wahrscheinlichkeit aufweisen, gezogen zu werden, nach einhelliger Auffassung am besten dazu geeignet, systematische Verzerrungen zu minimieren (Kruskal & Mosteller, 1979a, 1979b, 1979c).

Unabhängig von dem mit der Stichproben*ziehung* verknüpften Ausmaß an Generalisierbarkeit – das im Fall von BASE als hoch anzusehen ist – besteht das Problem des Stichproben*ausfalls* also darin, daß sich die an den reduzierten Stichproben getroffenen Aussagen nicht mehr ohne weiteres auf die Ausgangsstichprobe übertragen lassen und die Generalisierbarkeit der BASE-Ergebnisse aufgrund dieser der Ziehung nachgelagerten Tatsache mit einschränkenden Kommentaren versehen werden müßte. Die Analyse der Stichprobenselektivität ist geboten, wenn der Stichprobenausfall ein gewisses Maß überschreitet. Ihre Hauptaufgabe besteht darin, Art und Ausmaß der Stichprobenselektivität zu bestimmen und somit einen Beitrag zur angemessenen Interpretation der am Datensatz der Berliner Altersstudie getroffenen Aussagen zu leisten. Darüber hinaus kann die Untersuchung der Stichprobenselektivität inhaltlich bedeutsame Beiträge zum Verständnis von Morbidität und Mortalität im hohen Alter leisten (vgl. Kruse, Lindenberger & Baltes, 1993). Zum Beispiel ist zu erwarten, daß Personen mit dementiellen Syndromen erhöhte Sterbewahrscheinlichkeiten und erhöhte Ausfallwahrscheinlichkeiten aufweisen.

Im folgenden werden wir zunächst den Begriff der Selektivität näher erläutern. Danach werden wir die Teilnahmeebenen der Berliner Altersstudie sowie die in den Analysen verwendeten statistischen Verfahren und Variablen im Überblick darstellen. Anschließend berichten wir über die Ergebnisse der Selektivitätsanalysen und diskutieren die Frage, in welchem Ausmaß und in welcher Weise die auf der Ebene der BASE-Intensiverhebung gemachten Beobachtungen von der Stichprobenselektivität beeinflußt worden sind.

2. Fragestellung

2.1 Zur Untersuchung von Stichprobenselektivität

In einer Untersuchung wie BASE werden Aussagen über die Zuordnung von Merkmalen zu Personen und Personengruppen getroffen. Diese Aussagen lassen sich, in Abhängigkeit von der Fragestellung, in den meisten Fällen mit Hilfe von statistischen Kennwerten wie Mittelwerten, Häufigkeitsverteilungen (Prävalenzraten), Varianzen und Korrelationen angemessen beschreiben. Einige Beispiele mögen dies veranschaulichen: (a) Wie groß ist das soziale Netzwerk von Frauen und Männern? (Mittelwert); (b) Wie hoch ist der Anteil Dementer bei 95jährigen und älteren Personen? (Prävalenz); (c) Wie groß sind die individuellen Unterschiede in der geistigen (kognitiven) Leistungsfähigkeit bei 70- bis 80jährigen Personen? (Varianz); (d) Wie eng sind sensorische und kognitive Funktionen im hohen Alter miteinander verknüpft? (Korrelation).

Der Geltungsbereich derartiger Aussagen ist zunächst auf jene Personen begrenzt, bei denen die in Frage stehenden Merkmale auch tatsächlich erhoben wurden. Da jedoch nicht alle angeschriebenen Personen die gesamte Untersuchungssequenz der Berliner Altersstudie durchlaufen haben, ergibt sich die Frage, ob man bei einer perfekten Ausschöpfung der Stichprobe zu anderen Aussagen gelangen würde. Dies wäre vor allem dann der Fall, wenn jene perso-

am Datensatz der Berliner Altersstudie getroffenen Aussagen kann es somit keine pauschale Antwort geben. Vielmehr variiert die Generalisierbarkeit der Ergebnisse je nach Inhaltsbereich, Aussagentyp und gegenwärtigem Kenntnisstand und wird sich bisweilen auf eine eher kleine (z. B. die Berliner Wohnbevölkerung über 70) oder auf eine eher große Grundgesamtheit (z. B. ältere Menschen in westlichen Industriegesellschaften) beziehen (siehe auch P. B. Baltes et al., Kapitel 1).

nenbezogenen Merkmale, die den Verbleib bzw. das vorzeitige Ausscheiden aus der Studie vorhersagen, einen systematischen Zusammenhang mit den zu untersuchenden Merkmalen aufweisen würden (Little & Rubin, 1987). So wäre es z. B. möglich, daß Demente eine geringere Wahrscheinlichkeit aufweisen, jenen Teil des Erhebungsprotokolls der Berliner Altersstudie zu erreichen, in dem die klinische Demenzdiagnose vorgenommen wird. In diesem Fall könnten Aussagen zur Demenzprävalenz die Prävalenz in der Ausgangsstichprobe unterschätzen (siehe auch Helmchen et al., Kapitel 7).

Die Untersuchung der Stichprobenselektivität ist demnach eine methodische Vorsichtsmaßnahme, mit der die Wahrscheinlichkeit von falschen Schlußfolgerungen und irreführenden Generalisierungen verringert werden soll. Überschätzen wir das Bildungsniveau, weil Personen mit niedrigem Bildungsniveau weniger häufig teilnehmen als Personen mit hoher Schulbildung? Unterschätzen wir die Variabilität kognitiver Leistungen, weil sowohl sehr leistungsstarke als auch demente Personen weniger häufig teilnehmen als Personen mit durchschnittlichem Leistungsniveau?

Die *Analyse* der Stichprobenselektivität steht nun vor einem grundlegenden Problem: Um Fragen nach der Nichtzufälligkeit des Stichprobenausfalls perfekt zu beantworten und das Ausmaß der Selektivität präzise zu quantifizieren, bräuchte man genau jene Informationen, die einem fehlen. Man müßte die Merkmalsausprägungen der Nichtteilnehmer kennen – aber dann wären sie keine Nichtteilnehmer mehr. Diese paradoxe Situation hat in der einschlägigen methodologischen Literatur zu der Forderung geführt, von allen Personen, d. h. auch von späteren Nichtteilnehmern, zumindest einige zentrale Angaben oder Basisinformationen zu erhalten (Dalenius, 1988; Esser, Grohmman, Müller & Schäffer, 1989; von Eye, 1989; Herzog & Rogers, 1988; Oh & Scheuren, 1983; Panel on Incomplete Data, 1983; Tennstedt, Dettling & McKinlay, 1992; Weaver, Holmes & Glenn, 1975). Nur dann ist eine immanente empirische Untersuchung der Selektivität – d. h. ohne Bezug auf externe Datenquellen wie z. B. Zensusinformationen – überhaupt möglich.

Für eine zeitlich ausgedehnte Untersuchung wie BASE erweist es sich deshalb als sinnvoll, die Dichotomie Teilnahme versus Nichtteilnahme durch das mehrfach gestufte Konzept der „Teilnahmeebenen" oder der *Teilnahmetiefe* zu ersetzen. Das Untersuchungsdesign der Berliner Altersstudie war von vornherein auf eine derartige Staffelung der Teilnahmetiefe angelegt (vgl. P. B. Baltes et al., Kapitel 1; Nuthmann & Wahl, Kapitel 2). Für Selektivitätsanalysen ergibt sich daraus der entscheidende Vorteil, daß bei jedem Übergang von einer Teilnahmeebene zur nächsten die Gruppe der weiterhin Teilnehmenden mit der Gruppe der die Teilnahme beendenden Personen auf den bereits gemessenen Merkmalen verglichen werden kann. Auf diese Weise können in einem ersten Schritt Merkmale identifiziert werden, auf denen sich die beiden Gruppen unterscheiden, und es kann in einem zweiten Schritt der Versuch unternommen werden, Schätzwerte für später erhobene Konstrukte zu berechnen, die die Auswirkungen der Stichprobenselektivität berücksichtigen.

2.2 Definition der Teilnahmeebenen

Wie bereits an anderer Stelle dargestellt, basiert die Ausgangsstichprobe der Berliner Altersstudie auf Adressen, die vom Berliner Landeseinwohnermeldeamt nach dem Zufall ausgewählt und zur Verfügung gestellt wurden. Zusätzlich ist die Stichprobe auf der für die meisten Auswertungen maßgeblichen höchsten Teilnahmeebene, der Intensiverhebung (N=516), nach Alter und Geschlecht geschichtet, d. h., die Ausprägungen der Variablen Geschlecht und Alter sind jeweils gleichverteilt. Somit befinden sich auf der Ebene der Intensiverhebung in sechs aufeinanderfolgenden Altersgruppen (70–74, 75–79, 80–84, 85–89, 90–94 und 95+ Jahre) je 43 Männer und 43 Frauen.

Die Schichtung der Stichprobe auf der Ebene der Intensiverhebung weist gegenüber einer Zufallsverteilung den Vorteil auf, daß Altersunterschiede über den gesamten Altersbereich und in beiden Geschlechtern mit der gleichen Zuverlässigkeit erfaßt werden können. Ein Vergleich mit den Erwartungswerten für eine nicht geschichtete Zufallsstichprobe der Berliner Wohnbevölkerung über 70 Jahre mag dies veranschaulichen: Hätte man die Stichprobe nicht nach Alter und Geschlecht geschichtet, sondern statt dessen 516 70jährige und ältere Personen nach dem Zufall aus der Westberliner Wohnbevölkerung gezogen, so hätten sich in einer derartigen Stichprobe zirka 94 70- bis 74jährige Frauen, 42 70- bis 74jährige Männer, 5 Frauen über 94 und lediglich 1 Mann über 94 befunden.

Die Gleichverteilung über Alter und Geschlecht auf der Ebene der Intensiverhebung wurde erreicht, indem für jede der zwölf Zellen des Stichprobenplans eine an den unterschiedlichen Ausschöpfungsraten orientierte Zahl von Adressen eingesetzt wurde. Abbildung 1 veranschaulicht diesen Sachverhalt. In der Abbildung werden fünf verschiedene Teilnahme-

Abbildung 1: Stichprobenausfall als Funktion von Alter und Geschlecht. Die Säulen innerhalb der zwölf Zellen entsprechen den fünf Teilnahmeebenen: (1) Einwohnermeldeamt (N=1.908); (2) Kurzform der Ersterhebung (N=1.264); (3) vollständige Ersterhebung (N=928); (4) Einwilligung in die Intensiverhebung (N=638); (5) vollständige Intensiverhebung (N=516). Auf der Ebene der Intensiverhebung befinden sich genau 43 Personen in jeder der zwölf Zellen.

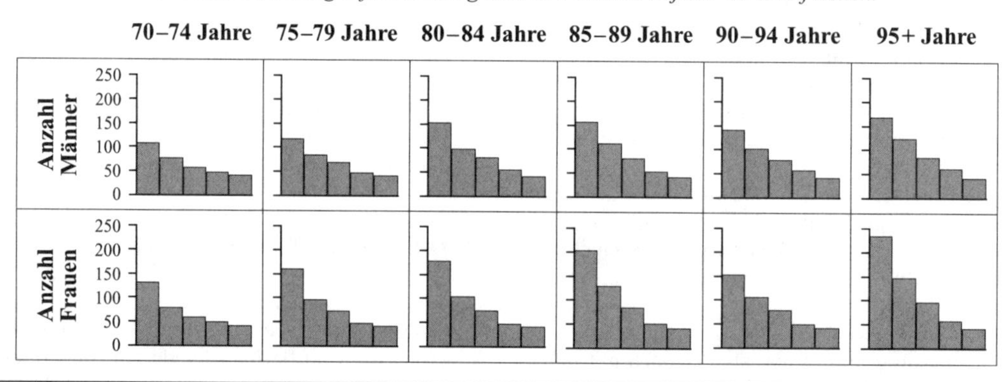

ebenen unterschieden. *Teilnahmeebene 1* besteht aus allen Personen, an die ein Schreiben verschickt wurde, in dem sie zur Teilnahme an der Studie aufgefordert wurden, abzüglich derjenigen Personen, die sich erst *nach* Versenden des Anschreibens aus verschiedenen Gründen als nicht zur Grundgesamtheit zugehörig erwiesen (N=389; siehe auch Nuthmann & Wahl, Kapitel 2). Die auf dieser Ebene anzutreffende Stichprobe bezeichnen wir als die *Ausgangsstichprobe* (N=1.908). Der Ausschöpfungsgrad dieser Stichprobe, die der „erreichten Stichprobe" im Beitrag von Nuthmann und Wahl (Kapitel 2) entspricht, ist definitionsgemäß 100% (vgl. Fußnote 1).

Teilnahmeebene 2 (N=1.264 oder 66% der verifizierten Ausgangsstichprobe von N=1.908) bezieht sich auf alle Personen, mit denen die Kurzbefragung durchgeführt wurde. Dies sind zum einen Personen, die alle der ersten 16 Fragen der Ersterhebung beantwortet haben (N=1.219; vgl. Nuthmann & Wahl, Kapitel 2), sowie weitere 45 Teilnehmer, für die, zum Teil aufgrund von Angehörigen-Interviews, zumindest Informationen zur Mehrzahl der ersten 16 Fragen der Ersterhebung vorliegen. Voraussetzung für das Erreichen von *Teilnahmeebene 3* (N=928; 49% der verifizierten Ausgangsstichprobe von N=1.908) ist eine vollständige Ersterhebung (ein im Rahmen von BASE entwickeltes Erhebungsinstrument zu zentralen Konstrukten aller beteiligten Disziplinen; siehe auch P. B. Baltes et al., Kapitel 1; Nuthmann & Wahl, Kapitel 2).

Die vierte und fünfte Teilnahmeebene unterscheiden sich lediglich hinsichtlich der Informationen, die aus dem Intensivprotokoll vorliegen. Alle Personen, die ihre Bereitschaft bekundeten, an der Intensiverhebung teilzunehmen, erreichten *Teilnahmeebene 4* (N=638; 33% von N=1.908). Manche dieser Personen nahmen aber nicht vollständig an der Intensiverhebung teil, und nur jene Personen, die die gesamte Erhebung durchliefen und für die ein vollständiges Intensivprotokoll vorliegt, befinden sich auf *Teilnahmeebene 5* (N=516; 27% von N=1.908). Für diese Personen liegt ein außerordentlich umfangreicher multidisziplinärer Datensatz vor (vgl. P. B. Baltes et al., Kapitel 1, für einen Überblick über die erfaßten Konstrukte). *Teilnahmeebene 5 bildet das Kernstück der Berliner Altersstudie.* Die Größe des Stichprobenausfalls auf dieser Ebene unterstreicht die Notwendigkeit von Selektivitätsanalysen.

Ein wesentliches Ziel der BASE-Feldsteuerung bestand darin, die Stratifizierung nach Alter und Geschlecht auf Teilnahmeebene 5 zu gewährleisten. Wie aus Abbildung 1 ersichtlich ist, wurde dieses Ziel auch erreicht, denn in jeder der zwölf Zellen des Designs befinden sich 43 Personen auf der fünften Teilnahmeebene. Abweichungen von der Gleichverteilung auf niedrigeren Teilnahmeebenen bringen zum Ausdruck, daß in den verschiedenen Designzellen eine unterschiedlich große Anzahl von Adressen eingesetzt werden mußte, um im Ergebnis eine Stratifizierung auf der höchsten Teilnahmeebene zu erreichen. So befinden sich z. B. auf Teilnahmeebene 1 in der Zelle der 95jährigen und älteren Frauen 235 Personen, in der Zelle der 70- bis 74jährigen Männer jedoch nur 109 Personen. Die Gleichverteilung auf der Ebene vollständig abgeschlossener Intensivprotokolle wurde also durch eine an unterschiedlichen Ausschöpfungsraten orientierte Feldsteuerung ermöglicht[3].

Die Tatsache eines nach Alter und Geschlecht in seiner Größe variierenden Stichprobenausfalls wirft die Frage auf, ob das Ausmaß der Stichprobenselektivität ebenfalls mit dem Alter und dem Geschlecht zusammenhängt. Zum Beispiel könnte die Stichprobenselektivität bei Hochbetagten größer als bei jungen Alten und bei Frauen größer als bei Männern sein. Aus dieser Überlegung ergibt sich die methodische Anforderung, die Designvariablen Alter und Geschlecht in den Selektivitätsanalysen systematisch zu berücksichtigen.

2.3 Zusammenfassung

Der Geltungsbereich der auf der Ebene der Intensiverhebung getroffenen Aussagen ist zunächst auf jene Personen begrenzt, die das Intensivprotokoll auch tatsächlich durchlaufen haben. Es stellt sich somit die Frage, ob die an diesen Personen gemachten Beobachtungen auch für die Ausgangsstichprobe gültig sind. Die Gültigkeit wäre in dem Maße eingeschränkt, in dem beobachtete oder unbeobachtete personenbezogene Merkmale, die das vorzeitige Ausscheiden aus der Studie vorhersagen, mit den Untersuchungsgegenständen der Intensiverhebung zusammenhingen. Die Tatsache, daß für 73% der Ausgangsstichprobe kein vollständiger Datensatz aus der Intensiverhebung vorliegt, ist für sich genommen noch kein Beweis für das Vorhandensein von *Selektivität*, sondern dokumentiert lediglich den Stichprobenausfall. Von Selektivität kann erst dann die Rede sein, wenn der Ausfall im soeben definierten Sinne nicht zufällig erfolgte. Die im folgenden dargestellten statistischen Verfahren konzentrieren sich auf diese Fragestellung.

3. Methode

Im folgenden geben wir zunächst eine Übersicht über die in den Selektivitätsanalysen verwendeten Variablen (Abschnitt 3.1). Anschließend werden aufgrund früherer gerontologischer Untersuchungen Erwartungen über mögliche Auswirkungen der Stichprobenselektivität zusammengefaßt (Abschnitt 3.2). Schließlich geben wir einen formalen Überblick über die zur Analyse der Stichprobenselektivität verwendeten statistischen Verfahren (Abschnitt 3.3).

3.1 Variablenauswahl

Die in den folgenden Analysen verwendeten Variablen werden in Tabelle 1 aufgelistet. Bei der Auswahl der Variablen stand das Bemühen im Vordergrund, das etwaige Vorhandensein von Selektivität möglichst früh (d. h. bereits auf niedrigen Teilnahmeebenen) und möglichst gut zu erfassen.

Auf Teilnahmeebene 1 wurden alle verfügbaren Informationen in die Analysen aufgenommen. Wie aus Tabelle 1 ersichtlich wird, handelt es sich hierbei um Auskünfte des Landeseinwohnermeldeamtes, um die Einschätzung der Wohngegend auf der Grundlage eines von anderen Autoren für das Stadtgebiet von Berlin (West) entwickelten Indexes (Meinlschmidt, Imme & Kramer, 1990) sowie um eine durch die Interviewer erfolgte Wohnquartiersbeschreibung, die die Unterscheidung zuläßt, ob Studienteilnehmer selbständig oder in einer Einrichtung der stationären Altenhilfe leben (Privathaushalt oder Seniorenwohnung versus Seniorenheim, Krankenheim, Pflegeheim oder Krankenhaus für chronisch Kranke).

Besonders erwähnt werden sollte die Variable Ein-Jahres-Sterblichkeit. Sie basiert auf Mortalitätsinformationen, die nachträglich vom Landeseinwohnermeldeamt zur Verfügung gestellt wurden. Die Ein-Jahres-Sterblichkeit gibt Auskunft darüber, ob eine Person ein Jahr nach Versenden des Anschreibens mit der Aufforderung zur Teilnahme an der Studie noch am Leben war.

Auf den höheren Teilnahmeebenen werden diese Informationen durch eine Reihe weiterer Merkmale ergänzt. Bei der Auswahl dieser Variablen stand das

3 Das an Ausschöpfungsraten orientierte Nachziehen von Adressen ist aus stichprobentheoretischer Sicht problematisch, da die einzelnen Beobachtungen nicht länger als stochastisch unabhängig angesehen werden können. Eine derartige Abhängigkeit der Beobachtungen bedürfte im Rahmen der hier berichteten Selektivitätsanalysen vor allem dann näherer Betrachtung, falls sich später rekrutierte von früher rekrutierten Personen auf den beobachteten Merkmalen unterscheiden würden. Um diese Frage zu untersuchen, wurden die in Tabelle 1 (siehe unten) aufgeführten Variablen mit dem Datum der Versendung des Anschreibens korreliert. Über Alter und Geschlecht hinweg sowie innerhalb der zwölf Zellen des Designs ergaben sich keine starken Beziehungen zwischen dem Datum des Anschreibens und den betrachteten Merkmalen. Dieses Ergebnis deutet darauf hin, daß die durch das an Ausschöpfungsraten orientierte Nachziehen von Adressen entstandene Abhängigkeit der Messungen keinen nennenswerten Einfluß auf die Zusammensetzung der Stichprobe ausgeübt hat.

Tabelle 1: Liste der in den Selektivitätsanalysen verwendeten Variablen[1] (Mittelwerte und in Klammern Standardabweichungen).

	Teilnahmeebene									
	1 N=1.908		2 N=1.264		3 N=928		4 N=638		5 N=516	
Einwohnermeldeamt										
Alter bei Anschreiben (in Jahren)	86,1	(8,6)	86,3	(8,7)	86,0	(8,6)	85,5	(8,8)	84,9	(8,7)
Geschlecht (Frauenanteil in %)	55,6		52,6		50,9		48,4		50,0	
Ein-Jahres-Sterblichkeit (in %)	13,5		12,0		10,7		9,9		5,6	
Verheiratet (in %)	28,6		28,6		28,0		29,5		30,4	
Verwitwet (in %)	55,9		56,8		55,3		54,4		53,9	
Ledig (in %)	8,2		7,8		9,1		7,8		7,9	
Geschieden (in %)	7,2		6,8		7,7		8,3		7,7	
Heimbewohner (in %)	14,9		15,1		15,4		16,3		14,5	
Sozialindex des Wohngebietes	24,2	(117,8)	24,7	(114,7)	31,4	(110,1)	36,1	(109,6)	40,7	(107,2)
Kurzbefragung										
Beobachtungs-Rating: ADL[2]	—		3,9	(1,3)	4,0	(1,3)	4,1	(1,2)	4,2	(1,2)
Beobachtungs-Rating: Demenz	—		4,3	(5,8)	3,7	(5,6)	3,7	(5,5)	3,1	(4,9)
Beobachtungs-Rating: Sensorische Einbußen	—		3,2	(0,8)	3,2	(0,8)	3,2	(0,8)	3,3	(0,8)
Grober Bildungsindex	—		1,9	(0,7)	1,9	(0,7)	1,9	(0,7)	1,9	(0,7)
Lebenszufriedenheit (Item)	—		3,5	(1,1)	3,6	(1,0)	3,6	(1,0)	3,7	(1,0)
Subjektive körperliche Gesundheit (Item)	—		2,7	(1,1)	2,8	(1,1)	2,9	(1,1)	2,9	(1,1)
Subjektive seelisch-geistige Gesundheit (Item)	—		3,3	(1,1)	3,5	(1,0)	3,5	(1,0)	3,5	(1,0)
Ersterhebung										
ADL-Wert	—		—		4,4	(1,3)	4,4	(1,3)	4,5	(1,2)
Subjektive Gehstrecke (in km)	—		—		4,2	(1,4)	4,3	(1,4)	4,4	(1,3)
Body-Mass-Index	—		—		1,2	(0,2)	1,2	(0,2)	1,2	(0,2)
SMMCO[3]	—		—		0,45	(1,3)	0,51	(1,3)	0,59	(1,2)
Zahlen-Buchstaben-Test	—		—		68,1	(28,3)	70,3	(29,1)	73,3	(28,2)
Äquivalenzeinkommen (in DM)	—		—		1.979	(981)	2.020	(1.078)	2.042	(1.037)
Anzahl eng verbundener Personen	—		—		2,1	(3,0)	2,2	(3,3)	2,2	(3,3)
Depressivität	—		—		10,4	(5,8)	10,1	(5,6)	10,0	(5,5)
Ausgeglichenheit	—		—		4,0	(0,9)	4,0	(0,9)	4,1	(0,8)
Zufriedenheit mit dem eigenen Altern	—		—		4,0	(0,8)	4,1	(0,8)	4,1	(0,8)
Lebenszufriedenheit (Skala)	—		—		4,0	(0,8)	4,1	(0,8)	4,1	(0,8)

Intensivprotokoll						
Anzahl der mittel-bis schwergradigen						
Erkrankungen	–	–	–	–	8,1	(4,0)
ADL/IADL[2] (T-Wert)	–	–	–	–	50,0	(10,0)
Sehschärfe (in Snellen-Einheiten)	–	–	–	–	0,32	(0,18)
Gehör (Hörschwelle in Dezibel)	–	–	–	–	54,4	(16,0)
Demenz (klinische Diagnose; Anteil in %)	–	–	–	–	21,1	
Kognitive Leistungsfähigkeit (T-Wert)	–	–	–	–	50,0	(10,0)
Bildung (in Jahren)	–	–	–	–	10,8	(2,4)
Freizeitaktivitäten (Anzahl im letzten Jahr)	–	–	–	–	2,9	(2,4)
Größe des sozialen Netzwerks						
(Anzahl der Personen)	–	–	–	–	10,9	(7,2)
Neurotizismus (T-Wert)	–	–	–	–	50,0	(10,0)
Offenheit (T-Wert)	–	–	–	–	50,0	(10,0)
Depressivität (HAMD[4])	–	–	–	–	5,7	(6,1)
Depression (klinische Diagnose; Anteil in %)	–	–	–	–	25,6	

1 Die Variablen werden in den disziplinspezifischen Kapiteln dieses Bandes ausführlich eingeführt (vgl. Steinhagen-Thiessen & Borchelt, Kapitel 6; Helmchen et al., Kapitel 7; Smith & Baltes, Kapitel 8; Mayer & Wagner, Kapitel 9).
2 ADL/IADL: Activities of Daily Living/Instrumental Activities of Daily Living
3 SMMCO: Short Mini Mental Cut-Off; Demenz-Screening.
4 HAMD: Hamilton Depression Scale.

Bemühen im Vordergrund, wichtige inhaltliche Bereiche von BASE wie z. B. Gesundheit, funktionelle Kapazität, kognitives Leistungsniveau, Alltagskompetenz, soziales Netzwerk, Bildung und Wohlbefinden möglichst frühzeitig zu erfassen.

3.2 Vorhersagen

Die in diesem Kapitel berichteten Analysen haben vornehmlich explorativ-deskriptiven Charakter. Jedoch lassen sich auf der Grundlage von Selektivitätsanalysen, die im Rahmen anderer gerontologischer Untersuchungen durchgeführt worden sind, einige Erwartungen hinsichtlich der Richtung der Selektivitätseffekte formulieren. In diesen zumeist längsschnittlich angelegten Untersuchungen hat sich gezeigt, daß die Wahrscheinlichkeit der Teilnahme sowie die Teilnahmedauer in der Regel positiv mit einer Vielzahl von Dimensionen korreliert, die sich insgesamt unter dem Begriff „Fitneß" oder „Kompetenz" zusammenfassen lassen. So sind Personen mit längerer Teilnahmedauer *jünger* (DeMaio, 1980; Hawkins, 1975; Lowe & McCormick, 1955; Mercer & Butler, 1967/68; Weaver et al., 1975), *gesünder* (Goudy, 1976; Hertzog, Schaie & Gribbin, 1978; McArdle, Hamagami, Elias & Robbins, 1991; Norris, 1985; Powers & Bultena, 1972; Schaie, Labouvie & Barrett, 1973; Siegler & Botwinick, 1979) und entstammen einer *höheren sozialen Schicht* (Goudy, 1976; Powers & Bultena, 1972; Streib, 1966) als Personen, die ihre Teilnahme von vornherein verweigern oder im Laufe der Untersuchung ausscheiden. Außerdem weisen Teilnehmer zumeist ein *höheres kognitives Leistungsniveau* (P. B. Baltes, Schaie & Nardi, 1971; Cooney, Schaie & Willis, 1988; Goudy, 1976; Norris, 1985; Powers & Bultena, 1972; Schaie, Labouvie & Barrett, 1973; Siegler & Botwinick, 1979) sowie eine *niedrigere Sterbewahrscheinlichkeit* auf (Manton & Woodbury, 1983; Powell et al., 1990; Siegler & Botwinick, 1979; Cooney et al., 1988). Schließlich gibt es Hinweise darauf, daß die Teilnahmedauer positiv mit erwünschten Persönlichkeitsmerkmalen wie z. B. Flexibilität korreliert (Cooney et al., 1988)[4].

Die Vermutung liegt nahe, daß die Selektivitätseffekte der BASE-Stichprobe diesem Bild entsprechen sollten. Darüber hinaus weist BASE zumindest zwei Besonderheiten auf, die dafür sprechen, daß die *beobachteten* Selektivitätseffekte *größer* ausfallen dürften als in den meisten anderen Untersuchungen: die Schichtung der Altersvariablen – mit der Konsequenz eines ungewöhnlich hohen Anteils sehr alter Menschen in der Stichprobe – sowie die Zufallsziehung der Adressen durch das Landeseinwohnermeldeamt.

So ist im untersuchten Altersbereich das Lebensalter negativ mit der körperlichen Gesundheit und positiv mit der Sterbewahrscheinlichkeit korreliert (Siegler & Botwinick, 1979). Gesundheitsbezogene und sterblichkeitsbezogene Selektivität sollte in einer nach Alter geschichteten Stichprobe älterer Menschen demnach stärker ausgeprägt sein als in einer Stichprobe älterer Menschen, in der sich das Alter nach dem Zufall verteilt.

Ferner läßt sich argumentieren, daß die Zufallsziehung der Adressen durch das Landeseinwohnermeldeamt mit großer Wahrscheinlichkeit eine Ausgangsstichprobe mit geringem Vorab-Bias auf den vermuteten Selektionsvariablen ergeben hat. In konkreten Worten: Es besteht kein Grund zu der Annahme, daß die vom Landeseinwohnermeldeamt zufällig ausgewählten Personen besonders intelligent, besonders gesund und besonders gebildet waren. Dies steht im Gegensatz zu Untersuchungen, deren Ausgangsstichprobe durch andere Verfahren zustande gekommen ist, beispielsweise über die Mitgliedschaft in einer privaten Krankenversicherung (Schaie, 1983) oder die Zugehörigkeit zur Ärzteschaft (Shock et al., 1984). Die zufällige Ziehung der Ausgangsstichprobe verringert die Wahrscheinlichkeit, daß Selektivität bereits stattgefunden hat, bevor sie überhaupt beobachtet werden konnte. Demnach sollte die Zufallsziehung, ähnlich wie die Schichtung der Altersvariable, das Ausmaß an *beobachtbaren* Selektivitätseffekten eher erhöhen als verringern.

3.3 Methodische Überlegungen

3.3.1 Übersicht über die verwendeten statistischen Verfahren[5]

Im vorliegenden Kapitel wird die Stichprobenselektivität mit drei eng aufeinander bezogenen Verfahren untersucht: (a) logistische Regressionen zur Erfassung von Unterschieden in Mittelwerten und Häufigkeitsverteilungen (Aldrich & Nelson, 1984; Kühnel, Jagodzinski & Terwey, 1989); (b) der Vergleich von Varianz-Kovarianz-Matrizen zur Erfassung von Variabilitäts- und Zusammenhangsunterschieden (Bentler, 1989); (c) die Pearson-Lawleyschen Formeln zur Schätzung von statistischen Kennwerten für die Ausgangsstichprobe auf Merkmalen der Intensiverhebung (Lawley, 1943; Neale, 1991). Die gleichzeitige Betrachtung der mit den drei Verfahren erzielten Ergebnisse soll eine möglichst genaue Dokumentation sowie eine relativ umfassende Relevanzabschätzung von Selektivitätseffekten in der Berliner Altersstudie ermöglichen.

Um den Zusammenhang zwischen den drei Verfahren zu verdeutlichen, ist es hilfreich, die bereits oben beschriebene Struktur der Datenbasis zu formalisieren. Zu jeder Teilnahmeebene n wurden verschiedene Personenmerkmale der Studienteilnehmer erhoben, die sich in einem Vektor x_n zusammenfassen lassen. Für Personen der höchsten Teilnahmeebene (N=516 von N=1.908) liegen beispielsweise Informationen auf x_1, x_2, x_3, und x_5 vor (x_4 kann ausgelassen werden, da hier keine neuen Informationen hinzukommen). Hingegen weisen Studienteilnehmer, die nicht einmal die zweite Teilnahmeebene (Kurzform der Ersterhebung) erreicht haben (N=644 von N=1.908), lediglich auf dem Vektor x_1 Informationen auf.

Weiterhin sei y_n ein Indikator für den Ausfall der Beobachtung nach der n-ten Teilnahmeebene. Dementsprechend weist y_n den Wert 1 auf, wenn eine Person die Ebene n erreicht hat, nicht aber die Ebene n+1. Hätte die Person auch die Ebene n+1 erreicht, dann müßte y_n den Wert 0 aufweisen. Für Personen ohne Beobachtungen auf der Ebene n ist y_n nicht definiert.

Die drei verwendeten statistischen Verfahren beruhen nun auf der Annahme, daß sich x_n und y_n als Ziehungen aus einer „Superpopulation" beschreiben lassen, die durch eine Wahrscheinlichkeitsverteilung

4 Zu den Auswirkungen von Selektivität auf Zusammenhangsmuster gibt es bislang auf gerontologischem Gebiet kaum empirische Befunde (siehe aber McArdle et al., 1991). Auch sind bislang in der gerontologischen Literatur kaum Versuche unternommen worden, die Auswirkungen von Selektivität auf später erfaßte Variablen mit Hilfe von Schätzverfahren zu quantifizieren (siehe aber auch hier McArdle & Hamagami, 1991; McArdle et al., 1991).

5 Die Verfahren werden in den entsprechenden Abschnitten des Ergebnisteils jeweils kurz erläutert. Der methodisch weniger interessierte Leser kann diesen Unterabschnitt auslassen.

charakterisiert ist (Cassel, Särndal & Wretman, 1977). Die Annahme einer Superpopulation erlaubt es, Aspekte der Population durch entsprechende Parameter auszudrücken und klassische statistische Verfahren zu ihrer Schätzung anzuwenden. Insbesondere lassen sich drei verschiedene Fragestellungen formulieren, die unter Zuhilfenahme weiterer Annahmen Aufschluß über die Stichprobenselektivität geben können:

1. *Stichprobenausfall in Abhängigkeit von Mittelwerten und Häufigkeitsverteilungen auf bereits beobachteten Merkmalen.* Kann die Wahrscheinlichkeit für den Ausfall einer Beobachtung durch eine Funktion von Ausprägungen bereits erfaßter Merkmale beschrieben werden? Um dies zu untersuchen, wird die Ausfallwahrscheinlichkeit als eine Funktion der bereits erfaßten Merkmale beschrieben:
$$E(y_n|x_n)=Pr(y_n=1|x_n) \quad (1)$$
2. *Unterschiede in Varianzen und Kovarianzen zwischen Personen unterschiedlicher Teilnahmetiefe.* Unterscheiden sich die weiter teilnehmenden Personen von den ausfallenden Personen hinsichtlich der Varianzen und Kovarianzen der bereits erfaßten Merkmale? Gilt:
$$cov(x_n|y_n=0)\neq cov(x_n|y_n=1)? \quad (2)$$
3. *Kumulative Auswirkungen des Ausfallprozesses auf Konstrukte der Intensiverhebung.* Gibt es Unterschiede in den Erwartungswerten E (d. h. in den Mittelwerten und Häufigkeitsverteilungen) der Merkmale der Intensiverhebung zwischen Personen, die diese Ebene erreicht haben, und Personen, deren Teilnahme auf einer niedrigeren Ebene endete? Gilt:
$$E(x_5|x_n, y_n=0)\neq E(x_5|x_n)? \quad (3)$$

Gefragt wird also: (1) nach dem Verhältnis des Ausfallindikators zu bereits erhobenen Merkmalen; (2) nach Unterschieden zwischen weiter teilnehmenden und ausfallenden Personen auf den zweiten Momenten (d. h. Varianzen und Kovarianzen) der bereits erfaßten Merkmale; und (3) nach der Beziehung von Merkmalen, die auf der höchsten Teilnahmeebene erhoben wurden, zu Merkmalen der vorherigen Teilnahmeebenen und dem Ausfallindikator.

Wenn bei Anwendung der diesen Fragestellungen entsprechenden statistischen Verfahren Unterschiede zwischen weiter teilnehmenden und nicht weiter teilnehmenden Personengruppen auf den untersuchten Merkmalen zutage treten, so deutet dies darauf hin, daß der Stichprobenausfall mit Stichprobenselektivität einherging, deren Stärke dann mit Hilfe statistischer Kennwerte dargestellt werden kann. Werden keine Unterschiede gefunden, so darf ein derartiges Ergebnis nicht im Sinne eines Nachweises der Abwesenheit von Stichprobenselektivität gedeutet werden. Zum Beispiel kann nicht ausgeschlossen werden, daß einige untersuchungsrelevante Merkmale, die den Stichprobenausfall vorhersagen, von vornherein nicht beobachtet wurden und deswegen auch nicht in die Analyse aufgenommen werden konnten. Dieses Problem ist im vorliegenden Fall insbesondere für die Analyse des Stichprobenausfalls beim Übergang von der ersten zur zweiten Teilnahmeebene von Bedeutung, für den lediglich die bereits auf der ersten Teilnahmeebene erfaßten Merkmale zur Verfügung stehen. Weiterhin erfassen die verwendeten Verfahren nicht alle prinzipiell möglichen Formen von Stichprobenselektivität, sondern beschränken sich auf Mittelwerte, Häufigkeitsverteilungen, Varianzen und Kovarianzen. Da sich die Analysen der Berliner Altersstudie ohnehin auf diese Aspekte des Datensatzes konzentrieren, scheint diese Beschränkung auf die ersten und zweiten Momente vertretbar.

3.3.2 Selektivität in Abhängigkeit von Altersgruppe und Geschlecht

Die Merkmale Alter und Geschlecht sind für die Berliner Altersstudie von herausragender Bedeutung. Zum einen definieren sie als Schichtungsvariablen den Erhebungsplan von BASE. Zum anderen ist die Beschreibung und Erklärung insbesondere von Alters-, aber auch von Geschlechtsunterschieden über alle Bereiche hinweg ein zentrales Anliegen der gesamten Untersuchung.

Die Validität von Aussagen zu Altersgradienten und Geschlechtsunterschieden wird beeinträchtigt, falls das Ausmaß an Selektivität mit Alter und Geschlecht zusammenhängt. Mit anderen Worten: Wenn die Selektivität der Frauen sich von der der Männer unterscheidet oder wenn die Selektivität mit dem Alter zu- oder abnimmt, dann sind die an der Intensivstichprobe beobachteten Alters- und Geschlechtsunterschiede zumindest teilweise ein Abbild dieser differentiellen Selektivität.

Ein gutes Beispiel für diese Problematik sind Prävalenzschätzungen. So wäre es möglich, daß Selektivitätseffekte zu einer generellen Unterschätzung der Prävalenz einer Krankheit führen. Eine Untersuchung der Selektivität getrennt nach Altersgruppen könnte zeigen, daß das Ausmaß dieser Prävalenzunterschätzung im jüngeren Altersbereich eher gering, im höheren Altersbereich jedoch beträchtlich ist. In diesem Fall würden die Ergebnisse der Selektivitätsanalysen nicht nur die Interpretation der beobachteten Prävalenzrate, sondern auch die Interpretation der Alterstrends beeinflussen.

Für die Selektivitätsanalysen ergibt sich daraus die Forderung, etwaige Auswirkungen des Stichprobenausfalls gesondert für Männer und Frauen und getrennt nach Altersgruppen zu untersuchen. Im Idealfall würde man die Selektivität getrennt für jede der zwölf Zellen des Erhebungsplans analysieren (d. h. für Männer und Frauen in je sechs Altersgruppen), um *Interaktionen* zwischen Alter und Geschlecht in ihren Wirkungen auf die Selektivität erfassen zu können. Derartige Analysen, die dem Erhebungsplan der Studie exakt entsprächen, sind jedoch aufgrund niedriger Fallzahlen mit einer deutlichen Reduktion der statistischen Power verbunden. Vornehmlich aus diesem Grund beschränken sich die hier berichteten Ergebnisse auf einen Vergleich der Selektivität zwischen Männern und Frauen über Altersgruppen hinweg sowie zwischen den sechs Altersgruppen (70- bis 74jährige, 75- bis 79jährige usw.) über Männer und Frauen hinweg.

Inhaltliche Aussagen zu Häufigkeiten, Verteilungen und anderen statistischen Kennwerten können sich entweder direkt auf die jeweilige Stichprobe beziehen, oder sie können bei Anwendung von Gewichtungsfunktionen die Tatsache berücksichtigen, daß es in der Westberliner Wohnbevölkerung über 70 im Vergleich zu einer nach Alter und Geschlecht geschichteten Stichprobe relativ mehr Frauen als Männer und mehr „junge" als „alte" Alte gibt. Die in diesem Kapitel berichteten Daten beziehen sich, sofern nicht anders vermerkt, auf *ungewichtete* Daten.

4. Ergebnisse

Im folgenden berichten wir die Ergebnisse der Selektivitätsanalysen unter drei verschiedenen Fragestellungen: (1) Mittelwerte und Häufigkeiten; (2) Variabilität und Zusammenhangsmuster; (3) kumulative Auswirkungen der Stichprobenselektivität auf Konstrukte der Intensiverhebung. Wegen seiner herausragenden Bedeutung beginnen wir die Darstellung mit einer gesonderten Betrachtung der Ein-Jahres-Sterblichkeit.

4.1 Ein-Jahres-Sterblichkeit und Teilnahmetiefe

In einer Untersuchung über das hohe Alter sind Zusammenhänge zwischen der Teilnahmewahrscheinlichkeit und der Sterblichkeit von besonderer Bedeutung. Abbildung 2 zeigt die Ein-Jahres-Sterblichkeit als eine Funktion der Teilnahmetiefe. In der Ausgangsstichprobe (Teilnahmeebene 1) beträgt die Ein-Jahres-Sterblichkeit 13,5%, in der Stichprobe der Personen mit vollständiger Intensiverhebung (Teilnahmeebene 5) hingegen weniger als 6%.

Eine direkte Interpretation dieser Werte ist problematisch, weil die Sterbewahrscheinlichkeit für Personen, die höhere Teilnahmeebenen erreicht haben, bereits aufgrund der längeren zeitlichen Ausdehnung der Datenerhebung zwangsläufig niedriger ausfallen muß als für Personen niedriger Teilnahmeebenen. Unterschiede zwischen den Teilnahmeebenen in der Ein-Jahres-Sterblichkeit wären also auch dann zu beobachten, wenn Personen unterschiedlicher Teilnahmeebenen sich in ihrem Sterberisiko nicht von vornherein voneinander unterscheiden würden. Aus diesem Grund ist es notwendig, die empirisch beobachteten Werte mit geschätzten Erwartungswerten in Beziehung zu setzen, die sich nach Berücksichtigung der unterschiedlichen Untersuchungsdauer bei teilnahmeebenen-unabhängiger Sterbewahrscheinlichkeit ergeben würden[6].

Wie der Vergleich der beobachteten und der unter Annahme der Teilnahmeebenen-Unabhängigkeit erwarteten Werte verdeutlicht (siehe Abb. 2), *zeigt sich auch nach Berücksichtigung der unterschiedlichen Teilnahmedauern, daß Personen, die Teilnahmeebene 5 erreicht haben, weiterhin eine leicht verringerte Ein-Jahres-Sterblichkeit aufweisen.* Dabei beträgt der Unterschied zwischen der beobachteten und der aufgrund der Teilnahmedauer erwarteten Ein-Jahres-Sterblichkeit der Intensivstichprobe 3%. Komplementär zur relativ niedrigen Ein-Jahres-Sterblichkeit der Intensivstichprobe sind die Stichproben der niedrigeren Teilnahmeebenen durch eine gemessen an der Teilnahmedauer leicht erhöhte Ein-Jahres-Sterblichkeit gekennzeichnet.

Zusammenfassend läßt sich feststellen, daß die Intensivstichprobe gegenüber der Ausgangsstichprobe

6 Die in Abbildung 2 berichteten Schätzwerte der Ein-Jahres-Sterblichkeit bei Berücksichtigung der differentiellen Teilnahmedauer wurden wie folgt berechnet. Für jeden Studienteilnehmer, der zumindest die zweite Teilnahmeebene erreicht hatte, wurde die Teilnahmedauer in Tagen (s) von 365 abgezogen, um den Zeitraum zu bestimmen, in dem Sterblichkeit bei dieser Person auftreten konnte. Bei gegebener Ein-Jahres-Sterblichkeitsrate m in der Ausgangsstichprobe (m=0,1347) ließ sich die aufgrund der Teilnahmedauer erwartete Wahrscheinlichkeit Pr einer Person, die verbleibenden Tage des Jahres zu überleben, unter der vereinfachenden Annahme eines zeitlich konstanten Sterberisikos durch folgende Gleichung ausdrücken:

$$Pr=(1-m)^{(365-s)/365} \qquad (1)$$

Durch Subtraktion der Überlebenswahrscheinlichkeit von eins ergibt sich die gesuchte teilnahmedauerkorrigierte Sterbewahrscheinlichkeit. Die in Abbildung 3 dargestellten Erwartungswerte beruhen auf dem arithmetischen Mittel dieser Wahrscheinlichkeiten.

Abbildung 2: Ein-Jahres-Sterblichkeit in Abhängigkeit von der Teilnahmeebene. Die dunklen Säulen stellen die beobachtete, die hellen Säulen die nach Berücksichtigung der Teilnahmedauer erwartete Wahrscheinlichkeit dar, innerhalb eines Jahres nach Kontakt mit der Studie zu versterben. Die Intensivstichprobe (Teilnahmeebene 5) zeigt gegenüber der Ausgangsstichprobe (Teilnahmeebene 1) eine reduzierte Ein-Jahres-Sterblichkeit, die sich nicht vollständig auf die längere Teilnahmedauer zurückführen läßt.

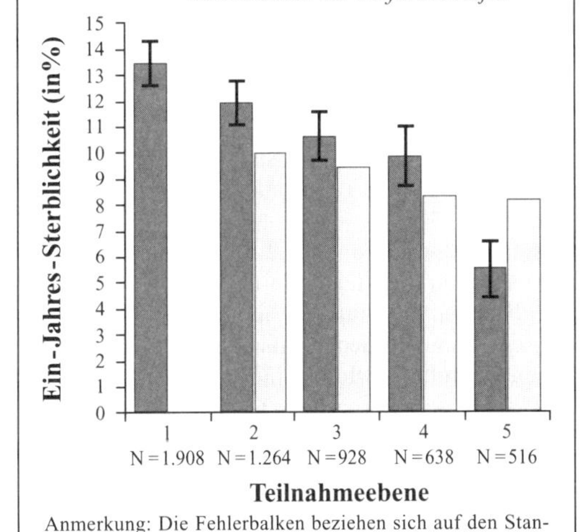

Anmerkung: Die Fehlerbalken beziehen sich auf den Standardfehler des beobachteten Prozentwerts.

eine deutlich reduzierte Ein-Jahres-Sterblichkeit aufweist. Angesichts der hohen Mortalität alter und sehr alter Menschen ist dieses Ergebnis allein aufgrund der zeitlichen Ausdehnung des Intensivprotokolls (Median=133 Tage) zu erwarten. Eine statistische Auswertung dieser Erwartung ergibt, daß sich die beobachtete Reduktion der Ein-Jahres-Sterblichkeit in der Intensivstichprobe (N=516) gegenüber der Ausgangsstichprobe (N=1.908) in der Tat zum größten Teil, aber nicht vollständig, mit der zeitlichen Ausdehnung der Intensiverhebung aufklären läßt. Personen, die an der Intensiverhebung teilnahmen, wiesen demnach eine überzufällig niedrigere Sterbewahrscheinlichkeit gegenüber der Ausgangsstichprobe auf. Eine (hier nicht mögliche) eingehende inhaltliche Würdigung dieses Befunds, der gut mit den Ergebnissen anderer Untersuchungen übereinstimmt (Cooney et al., 1988; Manton & Woodbury, 1983; Powell et al., 1990; Siegler & Botwinick, 1979), erfordert unter anderem die Identifikation von Variablen, die sowohl mit der Teilnahmetiefe als auch mit der Sterblichkeit in Zusammenhang stehen (vgl. P. B. Baltes et al., 1971; Kruse et al., 1993; Manton & Woodbury, 1983).

4.2 Mittelwerte und Häufigkeitsverteilungen

Zur Beantwortung der Frage nach der Abhängigkeit des Stichprobenausfalls von der Höhe der Ausprägung auf bereits erfaßten Merkmalen wurden logistische Regressionen verwendet, deren exponierte Regressionskoeffizienten als „Odds-ratios" interpretiert werden können. Zum besseren Verständnis der Ergebnisse gehen wir kurz auf die Bedeutung dieses Kennwerts ein.

Bei zweifach gestuften (dichotomen) unabhängigen Variablen kann ein Odds-ratio direkt als Wahrscheinlichkeitsverhältnis der Ausprägungen dieser Variablen interpretiert werden. So bedeutet ein Odds-ratio von 2,0 auf der Variablen Geschlecht mit den Ausprägungen 0 für Männer und 1 für Frauen, daß das Ausfallwahrscheinlichkeitsverhältnis der Frauen doppelt so groß ist wie das der Männer.

Bei stetigen unabhängigen Variablen ist zu beachten, daß die in Odds-ratios ausgedrückten Wahrscheinlichkeitsverhältnisse in den Einheiten der unabhängigen Variablen skaliert sind. Wird also beispielsweise das Alter in Jahren gemessen und der Odds-ratio betrüge 1,1, so wäre die Wahrscheinlichkeit des Nichterreichens der nächsten Teilnahmebene bei 71jährigen 1,1mal größer als bei 70jährigen Personen und bei 80jährigen $1{,}1^{10}=2{,}59$mal größer als bei 70jährigen Personen[7].

4.2.1 Kontrast 1: Nur Teilnahmeebene 1 (N=644) versus höhere Teilnahmeebenen (N=1.264)

Als Kovariablen wurden die auf der Teilnahmeebene 1 zur Verfügung stehenden Variablen Alter, Geschlecht, Familienstand, Sozialindex des Wohngebietes, Wohnsituation sowie die Ein-Jahres-Sterblichkeit in das Modell aufgenommen. Die Variablen Alter und Sozialindex sind intervallskaliert, bei den Variablen Geschlecht, Wohnsituation und Ein-Jahres-Sterblichkeit handelt es sich um dichotome Va-

7 Es sei darauf hingewiesen, daß die Ergebnisse der logistischen Regression mit denen der Diskriminanzanalyse übereinstimmen, wenn die unabhängigen Variablen annähernd normal verteilt sind (vgl. Haggstrom, 1983).

Tabelle 2: Ausfallwahrscheinlichkeit von Teilnahmeebene 1 zu Teilnahmeebene 2.

Variable	B	s	p-Wert	Odds-ratio
Alter bei Anschreiben	-0,01	0,01	0,29	0,99
Geschlecht (weiblich)	0,50	0,12	0,00	1,65
Ein-Jahres-Sterblichkeit	0,52	0,15	0,00	1,68
Familienstand[1]				
geschieden	-0,10	0,21	0,65	0,91
verwitwet	-0,25	0,14	0,06	0,78
ledig	-0,09	0,21	0,67	0,91
Heimbewohner	-0,13	0,15	0,40	0,88
Sozialindex des Wohngebietes	-0,01	0,04	0,97	0,99
Konstante	-0,87	0,10	0,00	

Pseudo-R^2=0,014

1 Referenzkategorie: verheiratet.

riablen mit den Ausprägungen 0 und 1. Die Variable Familienstand wurde in vier Dummyvariablen zerlegt, wobei die Gruppe der Verheirateten als Referenzkategorie gewählt wurde. In Tabelle 2 sind die Koeffizienten (B), deren Standardfehler (s), die zufallskritische Absicherung der Koeffizienten gegen den Erwartungswert Null (p-Werte), die Odds-ratios sowie das Pseudo-R^2 für den Kontrast 1 wiedergegeben.

Es fällt auf, daß die Erklärungskraft des Gesamtmodells mit einem Pseudo-R^2 von 0,014 sehr gering ist. Systematische Ausfälle bei den auf dieser Teilnahmestufe zur Verfügung stehenden Variablen erklären also nur einen sehr geringen Teil des Ausfallprozesses. Signifikante Unterschiede zwischen weiter teilnehmenden und die Teilnahme beendenden Personen finden sich nur bei der Variablen Geschlecht und der Ein-Jahres-Sterblichkeit. So ist die Wahrscheinlichkeit, nicht weiter an der Studie teilzunehmen, für Personen, die innerhalb eines Jahres nach dem Anschreiben verstorben sind, um den Faktor 1,68 größer als für Personen, die in diesem Zeitraum nicht verstarben. Für Frauen ist die Ausfallwahrscheinlichkeit um den Faktor 1,65 größer als für Männer. Letzteres bedeutet, daß bei den Frauen eine größere Anzahl von Adressen eingesetzt werden mußte, um in der Stichprobe der höchsten Teilnahmeebene, dem Intensivprotokoll, die gleiche Anzahl von Männern und Frauen in den Altersgruppen zu erzielen. Ein systematischer Zusammenhang zwischen Teilnahmewahrscheinlichkeit und dem Familienstand und der Wohnsituation läßt sich auf dieser Teilnahmeebene nicht feststellen. Dies gilt überraschenderweise auch für das Alter.

4.2.2 Kontrast 2: Nur bis Teilnahmeebene 2 (N=336) versus höhere Teilnahmeebenen (N=928)

Zusätzlich zu den unter 4.2.1 aufgeführten Variablen konnten die Merkmale der Teilnahmeebene 2 (Beobachtungs-Rating der ADL, Beobachtungs-Rating der Demenz, Beobachtungs-Rating der sensorischen Einbußen, Bildungsindex, Lebenszufriedenheit, subjektive körperliche Gesundheit, subjektive seelisch-geistige Gesundheit; vgl. Tabelle 1) mitberücksichtigt werden. Das Ergebnis der logistischen Regression ist in Tabelle 3 dargestellt.

Die Einbeziehung weiterer Variablen hat erwartungsgemäß eine im Vergleich zum Modell der ersten Stufe deutlich höhere Erklärungskraft des Modells zur Folge (Pseudo-R^2=0,19). Dies geht im wesentlichen auf den Wohngebiets-Sozialindex, das Demenz-Rating aus der begleitenden Beobachtung sowie auf die subjektive seelisch-geistige Gesundheit zurück. Je höher der Wert des Wohngebiets-Sozialindexes, d. h., je „besser“ das Wohngebiet, desto niedriger die Ausfallwahrscheinlichkeit (Odds-ratio=0,73; $p<0{,}01$). Auch bei der subjektiven seelisch-geistigen Gesundheit sinkt die Ausfallwahrscheinlichkeit mit höheren Werten, also mit zunehmend besserer subjektiver Beurteilung (Odds-ratio=0,70; $p<0{,}01$). Für das Demenz-Rating der begleitenden Beobachtung läßt sich eine Zunahme der Ausfallwahrscheinlichkeit mit steigenden Werten feststellen (Odds-ratio=1,09; $p<0{,}01$). Personen mit dementiellen Symptomen haben also eine tendenziell größere Wahrscheinlichkeit, nicht weiter an der Studie teilzunehmen. Zusätzlich zu diesen Variablen zeigt sich auch auf dieser Stufe wieder

Tabelle 3: Ausfallwahrscheinlichkeit von Teilnahmeebene 2 zu Teilnahmeebene 3.

Variable	B	s	p-Wert	Odds-ratio
Alter bei Anschreiben	0,02	0,02	0,31	1,02
Geschlecht (weiblich)	0,62	0,30	0,04	1,85
Ein-Jahres-Sterblichkeit	-0,08	0,37	0,81	0,91
Familienstand[1]				
geschieden	-1,14	0,72	0,11	0,32
verwitwet	0,00	0,36	0,99	1,00
ledig	-0,94	0,65	0,15	0,39
Heimbewohner	-0,17	0,33	0,61	0,85
Sozialindex des Wohngebietes	-0,01	0,10	0,00	0,73
Beobachtungs-Rating: ADL	-0,12	0,10	0,20	0,88
Beobachtungs-Rating: Demenz	0,09	0,02	0,00	1,09
Beobachtungs-Rating: Sensorische Einbußen	-0,11	0,16	0,48	0,89
Grober Bildungsindex	-0,44	0,20	0,03	0,64
Lebenszufriedenheit (Item)	-0,09	0,14	0,50	0,91
Subjektive körperliche Gesundheit	-0,08	0,13	0,56	0,93
Subjektive seelisch-geistige Gesundheit	-0,35	0,14	0,01	0,70
Konstante	0,30	0,83	0,72	

Pseudo-R^2=0,19

1 Referenzkategorie: verheiratet.

eine größere Ausfallwahrscheinlichkeit für Frauen. Allerdings ist dieser Effekt mit einem größeren Standardfehler behaftet (Odds-ratio=1,85; $p<0{,}05$). Auch die Bildung steht in dem aus der Literatur bekannten Zusammenhang mit der Ausfallwahrscheinlichkeit: Mit zunehmendem Bildungsstand sinkt die Ausfallwahrscheinlichkeit (Odds-ratio=0,64; $p<0{,}05$). Auf den anderen verwendeten Variablen ließen sich dagegen keine Selektivitätseffekte nachweisen.

4.2.3 Kontrast 3: Nur bis Teilnahmeebene 3 (N=290) versus höhere Teilnahmeebenen (N=638)

Auf dieser Stufe wurden zusätzlich zu den unter Abschnitt 4.2.2 aufgeführten Merkmalen zentrale Variablen aus der Ersterhebung mit in das Modell aufgenommen (vgl. Tabelle 1). Gegenüber dem Modell der zweiten Stufe ist die Erklärungskraft des Modells mit einem Pseudo-R^2 von 0,05 auf dieser Stufe deutlich niedriger. Die Wahrscheinlichkeit, nach der Ersterhebung nicht weiter teilzunehmen, läßt sich demnach nur in sehr geringem Umfang systematisch auf die hier verwendeten Variablen beziehen. Wie Tabelle 4 verdeutlicht, sind dabei die Wohnsituation und die Lebenszufriedenheit von Bedeutung.

So ist die Ausfallwahrscheinlichkeit von Personen, die in einem Privathaushalt leben, im Vergleich zu Personen in stationären Altenhilfeeinrichtungen auf dieser Stufe etwa doppelt so groß (Odds-ratio=0,49; $p<0{,}05$). Schließlich nimmt die Ausfallwahrscheinlichkeit mit höheren Werten auf der Lebenszufriedenheitsskala erwartungsgemäß ab (Odds-ratio=0,70; $p<0{,}05$). Keine der anderen in dem Modell verwendeten Variablen weist einen signifikanten Zusammenhang mit der Teilnahmewahrscheinlichkeit auf dieser Teilnahmeebene auf.

4.2.4 Kontrast 4: Abbruch im Laufe der Intensiverhebung (N=122) versus höchste Teilnahmeebene (N=516)

Auf dieser Stufe wurden keine zusätzlich zu den unter 4.2.3 aufgeführten Variablen verwendet. Mit einem Pseudo-R^2 von 0,16 beschreibt das Modell den Ausfallprozeß während der Intensiverhebung im Vergleich zur dritten Stufe wesentlich besser. Aus Tabelle 5 läßt sich ersehen, daß auf dieser Stufe die Ein-Jahres-Sterblichkeit den stärksten Effekt hat (Odds-ratio=7,07; $p<0{,}01$), was, wie oben bereits ausgeführt, angesichts der Dauer der Intensiverhebung durchaus plausibel ist.

Neben der Ein-Jahres-Sterblichkeit erweist sich der Sozialindex des Wohngebietes auf dieser Stufe erneut als bedeutsam (Odds-ratio=0,80; p<0,05), wobei auch hier wiederum Personen aus besseren Wohngebieten eine niedrigere Ausfallwahrscheinlichkeit haben. Ebenfalls von Bedeutung sind die Effekte des Body-Mass-Index und des Zahlen-Buchstaben-Tests. Je besser die kognitiven Fähigkeiten, gemessen mit Hilfe des Zahlen-Buchstaben-Tests, desto geringer ist die Wahrscheinlichkeit, die Intensiverhebung nicht zu beenden (Odds-ratio=0,99; p<0,05). Auch für den Body-Mass-Index, einem Indikator körperlicher Gesundheit, gilt, daß mit dessen Abnahme die Ausfallwahrscheinlichkeit sinkt (Odds-ratio=0,17; p<0,05). Für alle anderen hier verwendeten Merkmale ist kein systematischer Zusammenhang mit der Ausfallwahrscheinlichkeit während der Intensiverhebung festzustellen.

4.2.5 Zusammenfassung der Analysen zu Mittelwerten und Häufigkeitsverteilungen

Zusammenfassend läßt sich festhalten, daß über alle Teilnahmeebenen der Studie hinweg die Teilnahmewahrscheinlichkeit in einem relativ schwachen Zusammenhang mit den beobachteten Merkmalen steht. Die deutlichste Selektivität zeigt sich für Personen,

Tabelle 4: Ausfallwahrscheinlichkeit von Teilnahmeebene 3 zu Teilnahmeebene 4.

Variable	B	s	p-Wert	Odds-ratio
Alter bei Anschreiben	0,01	0,02	0,61	1,01
Geschlecht (weiblich)	-0,05	0,23	0,82	0,95
Ein-Jahres-Sterblichkeit	0,15	0,30	0,61	1,16
Familienstand[1]				
geschieden	-0,36	0,43	0,41	0,70
verwitwet	0,00	0,25	1,00	1,00
ledig	0,41	0,38	0,28	1,51
Heimbewohner	-0,71	0,32	0,03	0,49
Sozialindex des Wohngebietes	-0,08	0,08	0,30	0,92
Beobachtungs-Rating: ADL	0,01	0,10	0,96	1,01
Beobachtungs-Rating: Demenz	-0,01	0,02	0,52	0,98
Beobachtungs-Rating: Sensorische Einbußen	-0,14	0,12	0,26	0,87
Grober Bildungsindex	0,06	0,14	0,68	1,06
Lebenszufriedenheit (Item)	0,22	0,12	0,07	1,25
Subjektive körperliche Gesundheit	-0,10	0,10	0,34	0,90
Subjektive seelisch-geistige Gesundheit	0,06	0,11	0,55	1,07
ADL-Wert	0,08	0,09	0,36	1,09
Subjektive Gehstrecke	-0,03	0,10	0,80	0,97
Body-Mass-Index	0,38	0,49	0,43	1,45
SMMCO	-0,19	0,10	0,06	0,83
Zahlen-Buchstaben-Test	-0,01	0,01	0,31	0,99
Äquivalenzeinkommen	0,00	0,00	0,66	1,00
Anzahl eng verbundener Personen	-0,02	0,04	0,51	0,98
Depressivität	-0,01	0,02	0,55	0,99
Ausgeglichenheit	-0,20	0,13	0,14	0,82
Zufriedenheit mit dem eigenen Altern	-0,16	0,16	0,31	0,85
Lebenszufriedenheit (Skala)	-0,35	0,16	0,03	0,70
Konstante	1,40	1,22	0,25	

Pseudo-R^2=0,05

1 Referenzkategorie: verheiratet.

die innerhalb eines Jahres nach dem Anschreiben verstorben sind. Ausfälle im Verlauf der Intensiverhebung werden in erheblichem Maße durch dieses Merkmal bestimmt. Dies kann zum Teil, jedoch nicht vollständig, auf die zeitliche Ausdehnung der Intensiverhebung zurückgeführt werden. Weitere signifikante Effekte auf die Teilnahmewahrscheinlichkeit fanden sich beim Sozialindex des Wohngebietes auf der zweiten und vierten Teilnahmeebene. Personen aus besseren Wohngebieten sind demnach in der Stichprobe, für die eine vollständige Intensiverhebung vorliegt, leicht überrepräsentiert. Gemeinsam mit dem positiven Zusammenhang zwischen Bildung und Teilnahmewahrscheinlichkeit deutet dies auf eine Überrepräsentierung von Personen aus höheren Schichten hin. Allerdings ist der Bildungseffekt nur auf der zweiten Teilnahmestufe bedeutungsvoll und überdies mit einem relativ großen Standardfehler behaftet.

Auf der dritten Teilnahmeebene konnte demgegenüber kein Effekt der Bildung und auch kein Effekt des Einkommens auf die Teilnahmewahrscheinlichkeit festgestellt werden, was der These eines eindeutig positiven Selektivitätseffekts nach sozialer Schicht entgegensteht. Die Effekte des Demenz-Ratings und der subjektiven seelisch-geistigen Gesundheit auf der zweiten Teilnahmeebene, wie auch der Lebenszufriedenheit auf der dritten sowie des Body-Mass-Index und des Zahlen-Buchstaben-Tests

Tabelle 5: Ausfallwahrscheinlichkeit von Teilnahmeebene 4 zu Teilnahmeebene 5.

Variable	B	s	p-Wert	Odds-ratio
Alter bei Anschreiben	0,03	0,02	0,25	1,03
Geschlecht (weiblich)	-0,35	0,33	0,29	0,70
Ein-Jahres-Sterblichkeit	1,96	0,39	0,00	7,07
Familienstand[1]				
geschieden	0,57	0,52	0,27	1,77
verwitwet	-0,10	0,36	0,78	0,90
ledig	0,47	0,58	0,42	1,60
Heimbewohner	0,03	0,41	0,94	1,03
Sozialindex des Wohngebietes	-0,23	0,11	0,04	0,80
Beobachtungs-Rating: ADL	0,09	0,14	0,54	1,09
Beobachtungs-Rating: Demenz	0,03	0,03	0,19	1,04
Beobachtungs-Rating: Sensorische Einbußen	-0,08	0,18	0,64	0,92
Grober Bildungsindex	-0,13	0,20	0,51	0,88
Lebenszufriedenheit (Item)	-0,07	0,17	0,68	0,93
Subjektive körperliche Gesundheit	0,05	0,14	0,73	1,05
Subjektive seelisch-geistige Gesundheit	-0,12	0,15	0,42	0,89
ADL-Wert	0,19	0,13	0,16	1,21
Subjektive Gehstrecke	-0,02	0,15	0,90	0,98
Body-Mass-Index	-1,77	0,77	0,02	0,17
SMMCO	0,03	0,13	0,82	1,03
Zahlen-Buchstaben-Test	-0,01	0,01	0,02	0,99
Äquivalenzeinkommen	0,00	0,00	0,51	1,00
Anzahl eng verbundener Personen	0,08	0,04	0,06	1,08
Depressivität	-0,02	0,03	0,44	0,98
Ausgeglichenheit	0,02	0,19	0,92	1,02
Zufriedenheit mit dem eigenen Altern	-0,32	0,23	0,16	0,73
Lebenszufriedenheit (Skala)	-0,26	0,23	0,27	0,77
Konstante	3,61	1,89	0,06	

Pseudo-R^2=0,16

1 Referenzkategorie: verheiratet.

auf der vierten Teilnahmeebene, deuten auf eine Überrepräsentierung von Personen mit höherem kognitivem Leistungsniveau, von gesünderen und zufriedeneren Personen hin.

Es muß jedoch einschränkend hinzugefügt werden, daß von der Vielzahl der verwendeten Merkmale nur wenige in einem statistisch signifikanten Zusammenhang mit der Teilnahmewahrscheinlichkeit stehen. Dies gilt insbesondere auch für die Gesundheitsmaße, von denen nur der Indikator des Body-Mass-Index auf der letzten Teilnahmestufe einen erwähnenswerten Einfluß auf die Teilnahmewahrscheinlichkeit ausübt, so daß nicht von einer generellen Überrepräsentierung gesünderer Personen ausgegangen werden kann. Vielmehr zeigt sich auf der dritten Teilnahmeebene eine größere Teilnahmewahrscheinlichkeit von Personen in stationären Altenhilfeeinrichtungen, was einem positiven Selektivitätseffekt des Gesundheitszustandes entgegensteht. Überraschenderweise konnte auf keiner der Teilnahmeebenen ein linearer, von den in die Modelle einbezogenen Variablen unabhängiger Alterseffekt nachgewiesen werden. Die Geschlechtseffekte auf der ersten und zweiten Teilnahmestufe weisen in die aus der Literatur bekannte Richtung einer höheren Ausfallwahrscheinlichkeit von Frauen. Aufgrund der proportional nach dem Geschlecht stratifizierten Stichprobe der Intensiverhebung hat dies jedoch keinen Einfluß auf die Zusammensetzung dieser Stichprobe.

4.3 Variabilität und Zusammenhangsmuster

Ein Vergleich der Varianzen und Kovarianzen kann weitere Aufschlüsse über die Stichprobenselektivität geben. So wäre es denkbar, daß die logistischen Regressionen zu dem Ergebnis führen, daß Personen mit niedrigen oder hohen Werten auf gewissen Variablen eine niedrigere Wahrscheinlichkeit aufweisen, die nächste Teilnahmeebene zu erreichen. Dieser Selektivitätseffekt auf der Ebene der Mittelwerte bedeutet jedoch nicht zwangsläufig, daß sich die beiden Gruppen in ihrer Variabilität und in ihrem Zusammenhangsmuster voneinander unterscheiden.

Auf der anderen Seite ist es auch möglich, daß die Auswirkungen des Stichprobenausfalls deutlicher in den Varianzen und Kovarianzen als in den Mittelwerten zutage treten. Wenn z. B. besonders gesunde und besonders kranke Personen aus verschiedenen Gründen eine gegenüber durchschnittlich gesunden Personen verringerte Wahrscheinlichkeit aufweisen, die nächste Teilnahmeebene zu erreichen, dann könnte dies zur Folge haben, daß sich die Abbrecher im Mittelwert auf einer gesundheitsbezogenen Variablen nicht von der ursprünglichen Stichprobe unterscheiden würden. Ein derartiger die Variabilität betreffender Selektivitätseffekt ließe sich mit Hilfe linearer logistischer Regressionen kaum nachweisen (d.h., das LOGIT-Modell wäre fehlspezifiziert). Die Uneinheitlichkeit des Ausfallprozesses sollte aber bei den Abbrechern zu einer Erhöhung der Varianz auf den gesundheitsbezogenen Variablen führen, so daß die Varianz von Abbrechern und weiterhin Teilnehmenden durch zwei unterschiedliche Parameter geschätzt werden müßte. Der Vergleich der Varianz-Kovarianz-Matrizen erlaubt demnach zum einen die Untersuchung der Stichprobenselektivität auf der Ebene der Varianzen und Kovarianzen und zum anderen die Überprüfung von statistischen Annahmen der logistischen Regression[8].

Ähnlich wie bei den logistischen Regressionen wurde beim Vergleich der Varianzen und Kovarianzen überprüft, ob sich die Gruppe der weiterhin Teilnehmenden von der Gruppe der die Teilnahme vorzeitig beendenden Personen unterscheidet. Zu diesem Zweck wurden drei Kontraste definiert. Mit dem ersten Kontrast wurde überprüft, ob sich Personen, für die lediglich Informationen der Teilnahmeebene 1 vorliegen (N=644) von Personen unterscheiden, für die zusätzliche Informationen, also zumindest Informationen aus Teilnahmeebene 2, vorhanden sind (N=1.264). Der zweite Kontrast erfaßt Unterschiede zwischen Personen, für die Informationen aus Teilnahmeebene 2, aber nicht aus Ebene 3 vorliegen (N=336), und Personen, für die zumindest eine vollständige Ersterhebung vorhanden ist (Teilnahmeebene 3 und höher; N=928). Schließlich dient der dritte Kontrast dem Vergleich zwischen Personen mit Ersterhebung, aber ohne vollständigem Intensivprotokoll (N=412) und Personen, die die Intensiverhebung vollständig durchlaufen haben (N=516). Für Personen, die ihre Bereitschaft zur Teilnahme an der Intensiverhebung bekundeten, aber keinen vollständigen Datensatz aus der Intensiverhebung aufweisen, wurde – im Gegensatz zu den logistischen Regressionen – wegen geringer Fallzahl (N=122) kein gesonderter Kontrast definiert.

8 Der Vergleich der Varianz-Kovarianz-Matrizen wurde mit dem für Strukturgleichungsmodelle entwickelten Statistikprogramm EQS durchgeführt (Bentler, 1989). Der Hauptvorteil dieses Programms gegenüber Standardverfahren (z. B. der Box-M-Test in der Prozedur von SPSSX) besteht darin, daß für einzelne Elemente oder auch für vom Anwender bestimmte Gruppen von Elementen der zu vergleichenden Matrizen Signifikanztests durchgeführt werden können. Ein Ausdruck der verwendeten Programme wird von den Autoren auf Anfrage zur Verfügung gestellt.

Auf eine vollständige Auflistung der statistischen Kennwerte wurde aus Gründen der Übersichtlichkeit verzichtet. Statt dessen werden Gruppenunterschiede auf einzelnen Variablen nur dann berichtet, wenn deren statistische Signifikanz auf einem α-Niveau von $p=0,01$ abgesichert werden konnte. Dichotome Variablen wie Alter und Geschlecht wurden nicht berücksichtigt, da bei derartigen Merkmalen die Varianzunterschiede und die bereits zuvor geprüften Mittelwertsunterschiede statistisch voneinander abhängig sind. Als globales Maß der Anpassungsgüte des Modells, das die Gleichheit der Varianzen und Kovarianzen zwischen den Vergleichsgruppen zum Ausdruck bringt, wird der *Comparative Fit Index* aufgeführt (CFI; vgl. Bentler, 1989). Werte über 0,95 auf diesem Index gelten als ein Hinweis auf die hohe Anpassungsgüte des Modells.

4.3.1 Kontrast 1: Nur Teilnahmeebene 1 (N=644) versus höhere Teilnahmeebenen (N=1.264)

Überprüft wurde die Unterschiedlichkeit der Varianzen und Kovarianzen von Alter und Sozialindex (die einzigen nicht-dichotomen Merkmale auf dieser Ebene). Zu diesem Zweck wurde ein Modell spezifiziert, in dem die Varianzen und Kovarianzen in den beiden Gruppen mit jeweils *demselben* Parameter geschätzt wurden. Anschließend wurde überprüft, ob das Schätzen durch zwei *verschiedene* Parameter zu einer signifikanten Verbesserung der Anpassungsgüte des Modells führt. Dies war nicht der Fall ($\chi^2=5,25$; df=3; $p=0,15$). Die Anpassungsgüte des Modells war hoch (CFI=1,000).

4.3.2 Kontrast 2: Nur bis Teilnahmeebene 2 (N=336) versus höhere Teilnahmeebenen (N=928)

Überprüft wurde die Unterschiedlichkeit der Varianzen und Kovarianzen von Alter, Geschlecht, Bildung (Bildungsindex der Kurzbefragung), Lebenszufriedenheit (Item), subjektiver körperlicher sowie seelisch-geistiger Gesundheit. Es ergaben sich keine signifikanten Unterschiede zwischen den Gruppen. Die Anpassungsgüte des Modells war hoch (CFI=0,979).

4.3.3 Kontrast 3: Nur bis Teilnahmeebene 3 (N=412) versus höchste Teilnahmeebene (N=516)

Zusätzlich zu den unter 4.3.2 aufgeführten Variablen wurden die Variablen subjektive Gehstrecke, Äquivalenzeinkommen, Anzahl eng verbundener Personen, ADL-Wert, Body-Mass-Index, emotionale Ausgeglichenheit, Zufriedenheit mit dem eigenen Altern, Lebenszufriedenheit (Skala), Kurzform der Mini Mental State Examination (SMMCO), der Zahlen-Buchstaben-Test sowie der Depressivitäts-Score berücksichtigt (siehe auch Tabelle 1).

Der Overall-Test über alle 17 Varianzen war statistisch signifikant ($\chi^2=62,13$; df=17; $p<0,01$). Eine Inspektion der einzelnen Varianzen ergab, daß dieses signifikante Gesamtergebnis auf zwei Parameter zurückging: Erstens wies der Sozialindex des Wohngebietes in der Intensivstichprobe eine niedrigere Varianz auf als in der Gruppe der Personen, die nur bis Teilnahmeebene 3 gelangten ($s=1,07$ versus $s=1,15$; $\chi^2=26,24$; df=1; $p<0,001$). Zweitens wies das Äquivalenzeinkommen in der Intensivstichprobe eine höhere Varianz auf als in der Nur-Teilnahmeebene-3-Gruppe ($s=1.037$ versus $s=898$; $\chi^2=10,23$; df=1; $p<0,001$)

Bei den Kovarianzen ergab sich für den Overall-Test ebenfalls ein signifikanter Wert ($\chi^2=204,45$; df=136; $p<0,01$). Allerdings erwiesen sich von den 136 Einzelvergleichen lediglich drei als signifikant. Dabei handelte es sich um den Zusammenhang zwischen subjektiver körperlicher Gesundheit und Ausgeglichenheit ($\chi^2=11,38$; df=1; $p<0,01$), zwischen subjektiver seelisch-geistiger Gesundheit und Lebenszufriedenheit (Skala; $\chi^2=7,36$; df=1; $p<0,01$) sowie zwischen subjektiver Gehstrecke und Depressivitäts-Score ($\chi^2=9,73$; df=1; $p<0,01$). In allen drei Fällen war der Zusammenhang in der Intensivstichprobe stärker ausgeprägt als in der Nur-Teilnahmeebene-3-Gruppe.

Bei diesem Kontrast erbrachten also fünf von insgesamt 153 Vergleichen Hinweise auf das Vorhandensein von Gruppenunterschieden. Diese Hinweise sollten jedoch nicht überbewertet werden, da sich bei der großen Zahl der durchgeführten Vergleiche solche Unterschiede auch zufällig ergeben können. Wie bei den vorangegangenen Kontrasten überwiegt also auch hier der Eindruck einer großen Ähnlichkeit der Varianzen und Kovarianzen der beiden Vergleichsgruppen. Dies kommt erneut in der hohen Anpassungsgüte des Gleichheitsmodells zum Ausdruck (CFI=0,983).

4.4 Kumulative Auswirkungen der Selektivität auf ausgewählte Konstrukte der Intensiverhebung

Die von Pearson (1903) und Lawley (1943) entwikkelten Formeln zur Selektivität erlauben es, mit Hilfe von linearen Regressionen statistische Kennwerte (Mittelwerte, Varianzen und Kovarianzen) für die Ausgangsstichprobe zu schätzen, die die beobachtete Selektivität berücksichtigen (Meredith, 1964; Muthén, Kaplan & Hollis, 1987; Smith, Holt & Smith, 1989). Es wird unterschieden zwischen unabhängigen Variablen, die auch als Selektionsvariablen bezeichnet werden, und abhängigen Variablen (d. h. Variablen, auf denen lediglich die weiterhin teilnehmenden Personen Werte aufweisen). Auf der Grundlage des linearen Zusammenhangs zwischen Selektions- und abhängigen Variablen sowie der Mittelwertsdifferenz zwischen der Ausgangsstichprobe und der selegierten Teilstichprobe auf den Selektionsvariablen werden die Mittelwerte, Varianzen und Kovarianzen der Ausgangsstichprobe auf den abhängigen Variablen geschätzt.

Das Pearson-Lawleysche Verfahren benutzt Antworten auf die zuvor gestellten Fragen über den Zusammenhang von Erwartungswerten (Mittelwerten, Häufigkeiten), Varianzen und Kovarianzen zusammen mit (empirisch nicht testbaren) Annahmen über die Linearität der Regression der abhängigen Variablen auf die Selektionsvariablen sowie über die Konstanz der bedingten Varianzen (Homoskedastizität). Unter diesen Annahmen erlaubt das Verfahren die Projektion von Selektivitätseffekten auf Konstrukte des Intensivprotokolls und führt somit zu einer direkten Abschätzung der Auswirkung von Selektivitätseffekten auf die zentralen Konstrukte der Berliner Altersstudie. Bei dieser Projektion wird (im Rahmen des linearen Modells) die gesamte verfügbare Information optimal genutzt.

Bereits Aitkin (1934) und Lawley (1943) haben darauf hingewiesen, daß die Formeln *mehrmals nacheinander* angewendet werden können. Für die Selektivitätsanalysen von BASE bedeutet dies, daß zunächst die auf der Teilnahmeebene 1 vorliegenden Variablen genutzt werden, um die Ausprägungen der Ausgangsstichprobe auf Variablen der Teilnahmeebene 2 zu schätzen. Anschließend dienen die Variablen der Teilnahmeebenen 1 *und* 2 (d. h. die *beobachteten* Werte von Ebene 1 und die *geschätzten* Werte von Ebene 2) als Selektionsvariablen, und die Variablen der Teilnahmeebene 3 fungieren als abhängige Variablen. Schließlich werden die Variablen der ersten drei Teilnahmeebenen zu Selektionsvariablen, mit denen sich die Ausprägungen der Ausgangsstichproben auf den Konstrukten des Intensivprotokolls schätzen lassen[9].

Abbildung 3: Die gemeinsame Vorhersagekraft der für die Selektivitätsanalysen genutzten Variablen in der Intensivstichprobe (N=516).

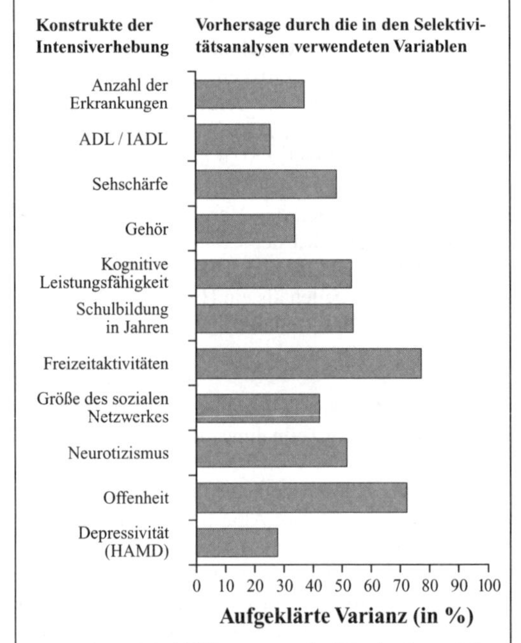

Anmerkung: Die Abbildung veranschaulicht das Ausmaß, in dem die in den Selektivitätsanalysen berücksichtigten Variablen individuelle Unterschiede auf zentralen Konstrukten der Intensiverhebung vorherzusagen vermögen. Dargestellt ist also *nicht* das Ausmaß der Selektivitätseffekte, sondern der Zusammenhang zwischen Selektionsvariablen und Konstrukten der Intensiverhebung.

Bei der Interpretation der mit diesem Verfahren erzielten Ergebnisse sollte bedacht werden, daß die berechneten Schätzwerte um so aussagekräftiger sind, je höher die Merkmale niedrigerer Teilnahmeebenen (d. h. die Selektionsvariablen) mit den Merkmalen der jeweiligen höheren Teilnahmeebene (d. h. den unabhängigen Variablen) zusammenhängen. Abhängige Variablen, für die es auf niedrigeren Teilnahmeebenen keine „Vorläufer" gibt, können nicht korrigiert werden und behalten zwangsläufig den Mittelwert, den sie in der selegierten Teilstichprobe aufweisen. Diese Eigenschaft des Verfahrens reflektiert das (eingangs erwähnte) Paradox bei der Analyse von Selektivität; nur Münchhausen konnte sich an seinen eigenen Haaren aus dem Sumpf ziehen.

9 Für die Berechnung der Schätzwerte mit Hilfe der Pearson-Lawleyschen Formeln wurde das Statistikprogramm Mx (Neale, 1991) verwendet. Ein Ausdruck der verwendeten Programme wird von den Autoren auf Anfrage zur Verfügung gestellt.

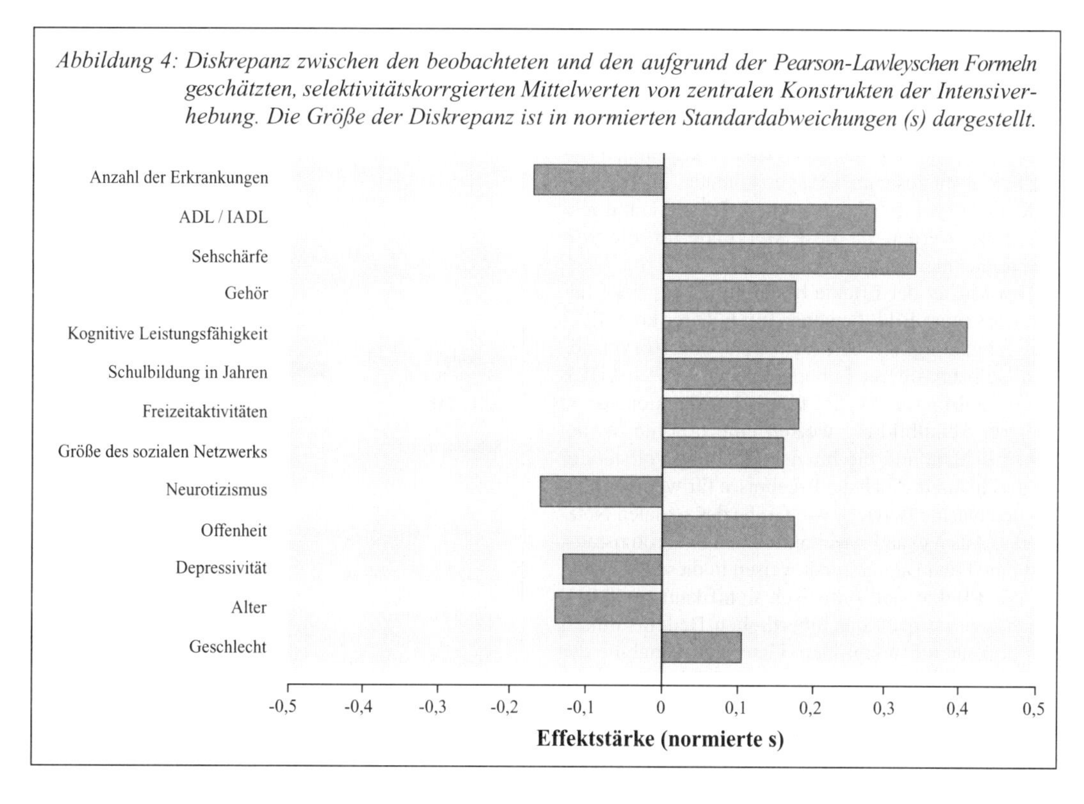

Abbildung 4: Diskrepanz zwischen den beobachteten und den aufgrund der Pearson-Lawleyschen Formeln geschätzten, selektivitätskorrgierten Mittelwerten von zentralen Konstrukten der Intensiverhebung. Die Größe der Diskrepanz ist in normierten Standardabweichungen (s) dargestellt.

Aus diesem Grund wurde vorab überprüft, wie gut die im Pearson-Lawleyschen Schätzverfahren berücksichtigten Selektionsvariablen zur Varianzaufklärung in den ausgewählten Konstrukten der Intensiverhebung beitragen. Für diese Analyse wurden keine Werte geschätzt; sie beruht also auf der Intensivstichprobe (N=516).

Wie sich aus Abbildung 3 entnehmen läßt, war die Varianzaufklärung in den Konstrukten der Intensiverhebung generell recht hoch. Der niedrigste Wert (28% aufgeklärte Varianz) ergab sich für die Anzahl der mittel- bis schwergradigen Erkrankungen, der höchste Wert für die allgemeine kognitive Leistungsfähigkeit (78%). Bei einer (hier nicht im einzelnen berichteten) Inspektion der Korrelationen und Semipartialkoeffizienten zeigt sich, daß es jeweils die als „Vorläufer" konzipierten Variablen sind, die in erster Linie zur Varianzaufklärung in den ihnen zugeordneten Konstrukten beitragen. Besonders hervorzuheben sind die im Rahmen der begleitenden Beobachtung erhobenen Ratings zu Demenz, Sensorik und ADL, die bereits auf Teilnahmeebene 2 erhoben wurden und wesentlich zur Varianzaufklärung in den entsprechenden Konstrukten der Intensiverhebung beitragen.

Die prädiktive Kraft der Selektionsvariablen reicht also durchaus aus, um – bei vorhandener Selektivität – zu Parameterschätzungen für die Ausgangsstichprobe auf den Konstrukten der Intensiverhebung zu gelangen, die deutlich von den für die Intensivstichprobe beobachteten Werten abweichen.

4.4.1 Auswirkungen der Selektivität auf die Gesamtstichprobe

Abbildung 4 zeigt die Diskrepanz zwischen den für die Ausgangsstichprobe geschätzten Mittelwerten und den beobachteten Mittelwerten der Intensiverhebung. Die Metrik des hierfür verwendeten Maßes ist die normierte Standardabweichung E_s ([Mittelwert der Ausgangsstichprobe minus Mittelwert der selegierten Stichprobe] / Standardabweichung der Ausgangsstichprobe; vgl. Hedges & Olkin, 1985). Sie gibt an, wie weit der Mittelwert der selegierten Stichprobe vom Mittelwert der Ausgangsstichprobe entfernt ist. Ein Wert von E_s=0,5 würde demnach bedeuten, daß sich der Mittelwert der selegierten Stichprobe eine halbe Standardabweichung über dem der Ausgangsstichprobe befindet. Positive Werte stehen somit für Fälle, in denen die beobachteten Mittelwerte über den für die Ausgangsstichprobe geschätzten Werten liegen. Die Variablen Alter und Geschlecht (0=Männer, 1=Frauen) sind ebenfalls aufgeführt, da einige der gezeigten Effekte mit den Designvariablen zusammenhängen könnten. Im Fall von Alter und Geschlecht konnten die Effektstärken direkt berechnet werden, da diese Merkmale für alle Studienteilnehmer bekannt sind.

Das Muster der Effekte bestätigt das aus der Literatur bekannte Bild: Personen mit höherer kognitiver Leistungsfähigkeit, besserem Seh- und Hörvermögen, selbständigerer Lebensführung (ADL/IADL), einer niedrigeren Anzahl von Erkrankungen sowie höherer Schulbildung weisen eine erhöhte Wahrscheinlichkeit auf, die Intensiverhebung vollständig zu durchlaufen. Auch die Ergebnisse für weniger häufig untersuchte Bereiche wie Größe des sozialen Netzwerks, Ausmaß an Freizeitaktivitäten, Neurotizismus, Offenheit und Depressivität weisen in diese Richtung.

Alle Effekte sind statistisch signifikant ($p<0,01$). Zu fragen ist nach der inhaltlichen Bedeutsamkeit der einzelnen Effektgrößen. Unter der Annahme der Normalverteilung bedeutet eine Effektstärke von 0,14 (die kleinste Effektstärke in Abb. 4 für Depressivität), daß sich 56% der Beobachtungen der Intensiverhebung – statt der nach dem Zufall erwarteten 50% – über dem Mittelwert der Ausgangsstichprobe befinden. Bei einer Effektstärke von 0,42 (die größte Effektstärke für kognitive Leistungsfähigkeit) sind es 66%. Die Effektstärken stehen also für relativ kleine Abweichungen vom geschätzten Erwartungswert.

Nicht aufgeführt in Abbildung 4 sind die geschätzten Häufigkeitsverteilungen für die klinischen Diagnosen Demenz und Depression. Für die Demenz ergab sich ein Erwartungswert von 30%, der deutlich über dem beobachteten Wert von 21% liegt. Bei der Depression kam es zu keinen wesentlichen Verschiebungen (geschätzter Wert für die Ausgangsstichprobe: 27%; beobachteter Wert: 26%).

Abbildung 5: Diskrepanz zwischen den beobachteten und den aufgrund der Pearson-Lawleyschen Formeln geschätzten, selektivitätskorrigierten Mittelwerten von zentralen Konstrukten der Intensiverhebung, getrennt für Männer und Frauen. Die Größe der Diskrepanz ist in normierten Standardabweichungen (s) dargestellt.

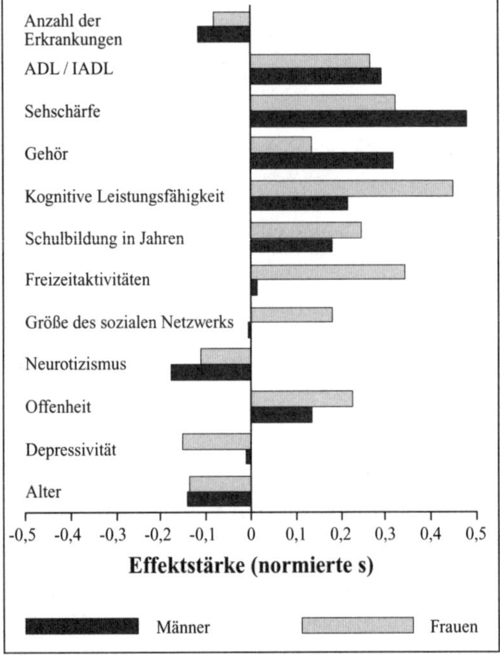

4.4.2 Auswirkungen der Selektivität auf Geschlechtsunterschiede

Abbildung 5 bezieht sich auf die Frage möglicher Geschlechtsunterschiede im Ausmaß der Selektivität. Am deutlichsten sind Geschlechtsunterschiede auf den Konstrukten Freizeitaktivitäten (Männer: 0,02; Frauen: 0,35), kognitive Leistungsfähigkeit (Männer: 0,22; Frauen: 0,45); Netzwerkgröße (Männer: -0,01; Frauen: 0,19). Diese Ergebnisse legen nahe, daß die Frauen der Intensiverhebung in bezug auf diese drei Konstrukte eine stärker positiv selegierte Stichprobe darstellen als die Männer.

4.4.3 Auswirkungen der Selektivität auf Altersunterschiede

Eine Inspektion der nach Altersgruppen getrennt berechneten Effektstärken ergab zumeist keine deutlichen Hinweise auf altersdifferentielle Selektivität. Eine Ausnahme bildet die klinische Diagnose der Demenz (siehe auch Helmchen et al., Kapitel 7). Abbildung 6 zeigt die beobachteten und geschätzten Werte für die Demenzprävalenz. Betrachtet man die *beobachteten* Werte, so deuten sie darauf hin, daß die Prävalenz in den beiden höchsten Altersgruppen nicht weiter ansteigt. Die *geschätzten* Werte hinge-

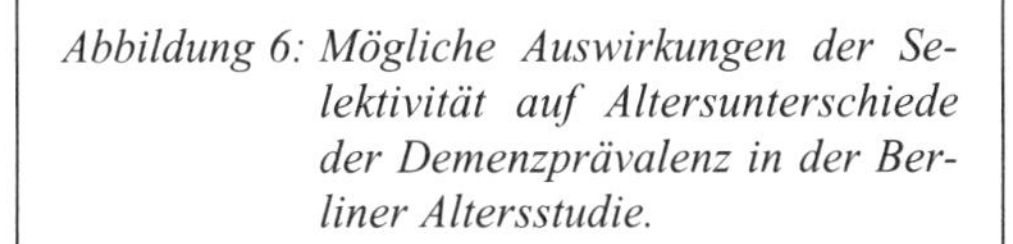

Abbildung 6: Mögliche Auswirkungen der Selektivität auf Altersunterschiede der Demenzprävalenz in der Berliner Altersstudie.

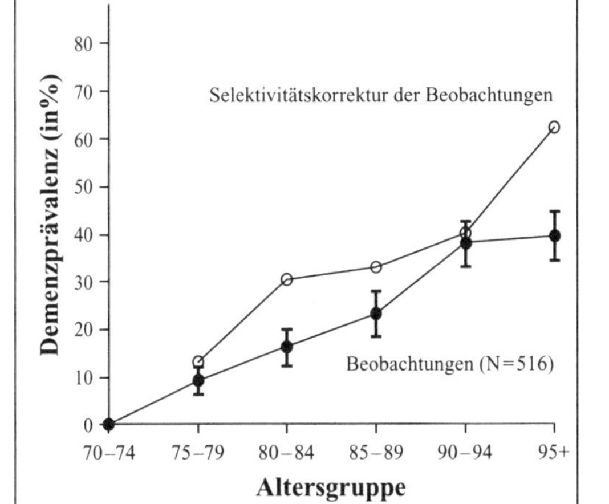

Anmerkung: Die ausgefüllten Kreise bezeichnen die auf der Ebene der Intensivstichprobe (N=516) beobachtete Häufigkeit dementieller Syndrome (siehe auch Helmchen et al., Kapitel 7). Die offenen Kreise bezeichnen die nach Berücksichtigung der Stichprobenselektivität geschätzten Häufigkeiten. Die Fehlerbalken beziehen sich auf die Standardfehler der beobachteten Prozentwerte.

gen stützen die Annahme, daß die Demenzprävalenz auch nach dem 90. Lebensjahr weiter zunimmt. In diesem Fall führt die Berücksichtigung der Selektivität also zu unterschiedlichen inhaltlichen Aussagen. Eine Inspektion der Regressionskoeffizienten zeigt, daß auf Teilnahmeebene 2 das Beobachtungs-Rating der Demenz und auf Teilnahmeebene 3 der SMMCO sowie der Zahlen-Buchstaben-Test die größten Beiträge zur Vorhersage der geschätzten Werte leisteten.

5. Zusammenfassung der Ergebnisse und abschließende Interpretation

Bevor wir die Ergebnisse der Selektivitätsanalysen zusammenfassen und kommentieren, wollen wir noch einmal ausdrücklich auf die Grenzen derartiger Analysen hinweisen. Selektivitätsanalysen machen Aussagen zum Ausmaß der beobachteten und nicht zum Ausmaß der prinzipiell denkbaren Selektivität. Sie versuchen, vorhandene Daten aufeinander zu beziehen und die in ihnen verborgene Information optimal auszuschöpfen, können jedoch auf Fragen, deren Beantwortung zusätzliche Informationen erfordert, keine abschließende Antwort geben. In diesem Zusammenhang ist insbesondere der Übergang von der ersten (N=1.908) zur zweiten (N=1.264) Teilnahmeebene zu erwähnen, der nur durch wenige Variablen dokumentiert ist. Die Frage, ob beim Vorhandensein weiterer Variablen auf der ersten Teilnahme ebene auch für diesen Übergang (und somit insgesamt) ein größeres Ausmaß an Selektivität beobachtet worden wäre, läßt sich nicht schlüssig beantworten.

Im Bewußtsein dieser in der Sache liegenden Grenzen lassen sich die Ergebnisse der Selektivitätsanalysen wie folgt zusammenfassen:

1. *Die Selektivitätsanalysen bieten keine Anhaltspunkte dafür, daß sich Zusammenhangsmuster und Variabilität der Merkmale der Intensivstichprobe (N=516) von den Stichproben niedrigerer Teilnahmeebenen wesentlich unterscheiden.* Insbesondere gibt es mit einer Ausnahme – einer leichten Abnahme der Varianz des Wohngebiets-Sozialindexes – keinen Hinweis auf eine Reduktion der Varianzen. Die Vielfältigkeit der Alternsformen und Lebenslagen sowie die Struktur der Merkmalszusammenhänge bleiben demnach in der Intensivstichprobe weitgehend erhalten. Unter dem Gesichtspunkt der Selektivität scheint die Generalisierbarkeit von Aussagen über *Merkmalszusammenhänge* also zulässig zu sein. Dieses Ergebnis ist insbesondere für Analysen wichtig, bei denen Fragen nach Zusammenhängen zwischen verschiedenen Funktionsbereichen im Vordergrund stehen.
2. Im Gegensatz zu den Varianzen und Kovarianzen gibt es bei den Mittelwerten und Häufigkeitsverteilungen einiger Merkmale Hinweise auf Selektivitätseffekte. Gemessen an der in den Analysen verwendeten Anzahl untersuchungsrelevanter Merkmale ist die Anzahl dieser Effekte jedoch eher gering. Über alle Stufen der Teilnahme betrachtet gibt es Hinweise auf eine positive Selektion nach sozialer Schicht, subjektiver Beurteilung der seelisch-geistigen Gesundheit, Lebenszufriedenheit sowie kognitiver Leistungsfähigkeit und Demenz. Bei den Gesundheitsmaßen finden sich, abgesehen vom Body-Mass-Index auf der letzten Teilnahmeebene, keine Hinweise auf systematische Ausfälle. Die höhere Teilnahmewahrscheinlichkeit von Heimbewohnern, die wahrscheinlich auf die bessere Erreichbarkeit dieser Gruppe zurückgeführt werden kann, ist ein Hinweis auf gegenläufige Selektivitätseffekte. Möglicherweise wird eine positive Selektion hinsichtlich Gesundheit und kognitiver

Leistungsfähigkeit durch die relativ hohe Teilnahmerate von Personen in stationären Altenhilfeeinrichtungen teilweise ausgeglichen.
Überraschenderweise besteht zwischen dem Alter und der Teilnahmewahrscheinlichkeit auf keiner der Teilnahmeebenen ein starker Zusammenhang. Dieses Ergebnis scheint im Widerspruch zu dem aus Abbildung 1 ersichtlichen Muster eines mit der Altersgruppe variierenden Stichprobenausfalls zu stehen. Es ist jedoch zu bedenken, daß mit den hier berichteten logistischen Regressionen lediglich lineare Alterseffekte erfaßt wurden (d. h. eine lineare Zu- oder Abnahme des Stichprobenausfalls mit dem Alter). Detailliertere Analysen der in Abbildung 1 dargestellten Daten ergaben Hinweise auf *nichtlineare* Zusammenhänge (Gilberg & Pötter, 1994). So ist z. B. der Stichprobenausfall in der Altersgruppe der 85- bis 89jährigen stärker ausgeprägt als in den beiden benachbarten Altersgruppen.
Deutlichere Selektivitätseffekte finden sich demgegenüber beim Geschlecht. Aufgrund der durch den Erhebungsplan garantierten Gleichverteilung von Männern und Frauen hat die niedrigere Teilnahmewahrscheinlichkeit von Frauen jedoch keinen Einfluß auf das Zahlenverhältnis von Männern zu Frauen in der Intensivstichprobe.

3. *Die Teilnehmer der BASE-Intensivstichprobe weisen gegenüber der Ausgangsstichprobe eine deutlich verringerte Mortalität auf* (siehe Abb. 2). Dieser Befund läßt sich zu einem großen Teil, aber nicht vollständig, auf die zeitliche Ausdehnung des Intensivprotokolls zurückführen. Die weiterführende Interpretation dieser mortalitätsbezogenen Stichprobenselektivität erfordert die Identifikation von Einflußgrößen, die sowohl die Teilnahmetiefe als auch die Sterberate vorhersagen. Dabei ist zu bedenken, daß sich im untersuchten Altersbereich bereits die Zusammensetzung der Grundgesamtheit mit dem Alter so sehr verändert, daß die Annahme einer über das Alter hinweg einheitlichen Ausgangsstichprobe eigentlich nicht zu halten ist. So erreichen in der Bundesrepublik ungefähr 81% der Frauen und 66% der Männer das Alter 70, jedoch nur etwa 18% der Frauen und 7% der Männer das Alter 90 (Statistisches Bundesamt, 1993). Es ist bekannt, daß individuelle Unterschiede in der Langlebigkeit mit persönlichen Merkmalen wie Gesundheitszustand, kognitivem Leistungsniveau und Wohlbefinden korrelieren (Siegler & Botwinick, 1979). Mortalität ist somit ein selektiver Prozeß, und altersbezogene Auswertungen des BASE-Datensatzes vermengen (konfundieren) den Alterungsprozeß der Überlebenden und die selektive Wirkung der Mortalität (vgl. Kruse et al., 1993; Mulder, 1993). Die Beziehungen zwischen diesen Prozessen sollen in weiterführenden Analysen, die auch längsschnittliche Daten sowie Sterblichkeitsinformationen über mehrere Jahre berücksichtigen, näher untersucht werden.
4. *Die kumulative Analyse von Selektivität und ihre Projektion auf die Konstrukte der Intensiverhebung mit Hilfe der Pearson-Lawleyschen Formeln ergibt, daß die Intensivstichprobe in allen in Betracht genommenen Bereichen positiv selegiert ist.* Das Ausmaß dieser Selektivitätseffekte überschreitet jedoch bei keinem der Konstrukte eine halbe Standardabweichung und variiert nur unwesentlich mit dem Alter. Für die Interpretation der Ergebnisse anderer Kapitel bedeutet dies, daß die auf der Ebene des Intensivprotokolls empirisch vorgefundenen Werte das Altsein und Altwerden tendenziell in einem etwas zu günstigen Licht erscheinen lassen.
Eine bedeutsame Abweichung von diesem Bild einer eher gering ausgeprägten und relativ alterskonstanten Selektivität bildet die Demenzprävalenz. Hier ergibt sich eine relativ deutliche Abweichung zwischen dem in der Intensivstichprobe beobachteten (21%) und dem mit Hilfe der Pearson-Lawleyschen Formeln geschätzten (30%) Wert. Offensichtlich führt der Stichprobenausfall zu einer Unterschätzung der Demenzprävalenz in der Ausgangsstichprobe. Diese Unterschätzung ist bei den 95jährigen und Älteren besonders stark ausgeprägt (40% versus 62%).

Leider ist es kaum möglich, das Ausmaß der Selektivität in der Berliner Altersstudie direkt mit den Ergebnissen anderer Untersuchungen zu vergleichen. Zum einen wird ein derartiger Vergleich durch zahlreiche methodische und inhaltliche Unterschiede zwischen den Studien erschwert. Zum anderen sind Angaben zur Selektivität in vielen Fällen lückenhaft und unvollständig, so daß über die Größe der Effekte lediglich Mutmaßungen angestellt werden können. Insgesamt ergibt sich jedoch der Eindruck, daß sich das Ausmaß der Selektivitätseffekte der Berliner Altersstudie eher im Rahmen des Üblichen bewegt. Angesichts der Größe des Stichprobenausfalls (siehe Abb. 1) und des hohen Altersdurchschnitts der Teilnehmer ist dies ein durchaus zufriedenstellendes Ergebnis.

Literaturverzeichnis

Aitkin, A. C. (1934). Note on selection from a multivariate normal population. *Proceedings of the Edinburgh Mathematical Society, 4,* 106–110.

Aldrich, J. H. & Nelson, F. D. (1984). *Linear probability, logit and probit models.* Beverly Hills, CA: Sage.

Baltes, P. B., Mayer, K. U., Helmchen, H. & Steinhagen-Thiessen, E. (1993). The Berlin Aging Study (BASE): Overview and design. *Ageing and Society, 13,* 483–515.

Baltes, P. B., Reese, H. W. & Nesselroade, J. R. (1988). *Life-span developmental psychology: Introduction to research methods.* Hillsdale, NJ: Erlbaum.

Baltes, P. B., Schaie, K. W. & Nardi, A. H. (1971). Age and experimental mortality in a seven-year longitudinal study of cognitive behavior. *Developmental Psychology, 5,* 18–26.

Bentler, P. M. (1989). *EQS: Structural equations manual (Version 3.0).* Los Angeles, CA: BMDP Statistical Software, Inc.

Cassel, C. M., Särndal, C. E. & Wretman, J. H. (1977). *Foundations of inference in survey sampling.* New York: Wiley.

Cooney, T. M., Schaie, K. W. & Willis, S. K. (1988). The relationships between prior functioning on cognitive and personality dimensions and subject attrition in longitudinal research. *Journal of Gerontology: Psychological Sciences, 43,* P12–P17.

Dalenius, T. (1988). A first course in survey sampling. In P. Krishnaiah & C. R. Rao (Hrsg.), *Handbook of statistics: Sampling* (Bd. 6, S. 15–46). Oxford: North-Holland.

DeMaio, T. J. (1980). Refusals: Who, where and why. *Public Opinion Quarterly, 44,* 223–233.

Esser, H., Grohmann, H., Müller, W. & Schäffer, K. H. (1989). *Mikrozensus im Wandel.* Stuttgart: Metzler-Poeschel.

Eye, A. von (1989). Zero-missing non-existing data: Missing data problems in longitudinal research and categorical data solutions. In M. Brambring, F. Lösel & H. Skowronek (Hrsg.), *Children at risk: Assessment, longitudinal research, and intervention* (S. 336–355). Berlin: de Gruyter.

Gilberg, R. & Pötter, U. (1994). *Poststratifizierungsgewichte für die BASE-Studie.* Unveröffentlichtes Manuskript, Max-Planck-Institut für Bildungsforschung, Berlin.

Glynn, R. J., Laird, N. M. & Rubin, D. B. (1993). Multiple imputation in mixture models for nonignorable nonresponse with follow-ups. *Journal of the American Statistical Association, 88* (423), 984–597.

Goudy, W. J. (1976). Nonresponse effects on relationships between variables. *Public Opinion Quarterly, 40,* 360–369.

Haggstrom, G. W. (1983). Logistic regression and discriminant analysis by ordinary least squares. *Journal of Business and Economic Statistics, 1,* 229–238.

Hawkins, D. F. (1975). Estimation of nonresponse bias. *Sociological Methods and Research, 3,* 461–488.

Hedges, L. V. & Olkin, I. (1985). *Statistical methods for meta-analysis.* Orlando, FL: Academic Press.

Hertzog, C., Schaie, K. W. & Gribbin, K. (1978). Cardiovascular disease and changes in intellectual functioning from middle to old age. *Journal of Gerontology, 33,* 872–883.

Herzog, A. R. & Rodgers, W. L. (1988). Age and response rates to interview sample surveys. *Journal of Gerontology: Social Sciences, 43,* S200–S205.

Kessler, R. C., Little, R. J. A. & Groves, R. M. (im Druck). Advances in strategies for minimizing and adjusting for survey non-response. *Epidemiologic Reviews* (Special issue).

Kruse, A., Lindenberger, U. & Baltes, P. B. (1993). Longitudinal research on human aging: The power of combining real-time, microgenetic, and simulation approaches. In D. Magnusson & P. Casaer (Hrsg.), *Longitudinal research on individual development: Present status and future perspectives* (S. 153–193). Cambridge: Cambridge University Press.

Kruskal, W. & Mosteller, F. (1979a). Representative sampling: I. Non-scientific literature. *International Statistical Review, 47,* 13–24.

Kruskal, W. & Mosteller, F. (1979b). Representative sampling: II. Scientific literature, excluding statistics. *International Statistical Review, 47,* 111–127.

Kruskal, W. & Mosteller, F. (1979c). Representative sampling: III. The current statistical literature. *International Statistical Review, 47,* 245–265.

Kühnel, S. M., Jagodzinski, W. & Terwey, M. (1989). Teilnehmen oder boykottieren: Ein Anwendungsbeispiel der binären logistischen Regression mit SPSSX. *ZA-Information, 25,* 44–75.

Lawley, D. N. (1943). A note on Karl Pearson's selection formulae. *Proceedings of the Royal Society of Edinburgh, 62,* 28–30.

Little, R. & Rubin, D. (1987). *Statistical analysis with missing data.* New York: Wiley.

Lowe, F. E. & McCormick, T. C. (1955). Some survey sampling biases. *Public Opinion Quarterly, 19,* 303–315.

Manton, K. G. & Woodbury, M. A. (1983). A mathematical model of the physiological dynamics of aging and correlated mortality selection: II. Application to Duke Longitudinal Study. *Journal of Gerontology, 38,* 406–413.

McArdle, J. J. & Hamagami, F. (1991). Modeling incomplete longitudinal and cross-sectional data using latent growth structural models. In L. M. Collins & J. L. Horn (Hrsg.), *Best methods for the analysis of change: Recent advances, unanswered questions, future directions* (S. 276–298). Washington, DC: American Psychological Association.

McArdle, J. J., Hamagami, F., Elias, M. F. & Robbins, M. A. (1991). Structural modeling of mixed longitudinal and cross-sectional data. *Experimental Aging Research, 17,* 29–51.

Meinlschmidt, G., Imme, U. & Kramer, R. (1990). *Sozialstrukturatlas Berlin (West): Eine statistisch-methodische Analyse mit Hilfe der Faktorenanalyse.* Berlin: Senatsverwaltung für Gesundheit und Soziales.

Mercer, J. R. & Butler, E. W. (1967/68). Disengagement of the aged population and response differentials in survey research. *Social Forces, 46,* 89–96.

Meredith, W. (1964). Notes on factorial invariance. *Psychometrika, 29,* 177–185.

Mulder, P. G. H. (1993). The simultaneous processes of ageing and mortality. *Statistica Nederlandica, 47,* 253–267.

Muthén, B. O., Kaplan, D. & Hollis, M. (1987). On structural equation modeling with data that are not completely missing at random. *Psychometrika, 52,* 431–462.

Neale, M. C. (1991). *Mx: Statistical modelling.* Box 3MCV, Richmond, CA 23298: Department of Human Genetics.

Norris, F. H. (1985). Characteristics of nonrespondents over five waves of a panel study. *Journal of Gerontology, 40,* 627–636.

Oh, H. L. & Scheuren, F. J. (1983). Weighting adjustment for unit non-response. In W. G. Madow, I. Olkin & D. B. Rubin (Hrsg.), *Incomplete data in sample surveys: Theory and bibliographies* (Bd. 2, S. 143–184). New York: Academic Press.

Panel on Incomplete Data (1983). Part I: Report. In W. G. Madow, I. Olkin & D. B. Rubin (Hrsg.), *Incomplete data in sample surveys: Report and case studies* (Bd. 1, S. 3–106). New York: Academic Press.

Pearson, K. (1903). Mathematical contributions to the theory of evolution: XI. On the influence of natural selection on the variability and correlation of organs. *Philosophical Transactions of the Royal Society of London (Series A), 200,* 1–66.

Powell, D. A., Furchtgott, E., Henderson, M., Prescott, L., Mitchell, A., Hartis, P., Valentine, J. D. & Milligan, W. L. (1990). Some determinants of attrition in prospective studies on aging. *Experimental Aging Research, 16,* 17–24.

Powers, E. A. & Bultena, G. L. (1972). Characteristics of deceased dropouts in longitudinal research. *Journal of Gerontology, 27,* 350–353.

Rendtel, U. & Pötter, U. (1992). *Über Sinn und Unsinn von Repräsentativitätsstudien* (DIW-Diskussionspapier Nr. 61). Berlin: Deutsches Institut für Wirtschaftsforschung.

Rudinger, G. & Wood, P. K. (1990). N's, times and number of variables in longitudinal research. In D. Magnusson & R. L. Bergman (Hrsg.), *Data quality in longitudinal research* (S. 157–180). Cambridge: Cambridge University Press.

Schaie, K. W. (1983). The Seattle Longitudinal Study: A twenty-one year exploration of psychometric intelligence in adulthood. In K. W. Schaie (Hrsg.), *Longitudinal studies of adult psychological development* (S. 64–135). New York: Guilford.

Schaie, K. W., Labouvie, G. V. & Barrett, T. J. (1973). Selective attrition effects in a fourteen-year study of adult intelligence. *Journal of Gerontology, 28,* 328–334.

Shock, N. W., Greulich, R. C., Costa, P. T., Jr., Andres, R., Lakatta, E. G., Arenberg, D. & Tobin, J. D. (1984). *Normal human aging: The Baltimore Longitudinal Study on Aging* (NIH Publication Nr. 84-2450). Washington, DC: Government Printing Office.

Siegler, I. C. & Botwinick, J. (1979). A long-term longitudinal study of intellectual ability of older adults: The matter of selective subject attrition. *Journal of Gerontology, 34,* 242–245.

Smith, C. J., Holt, D. & Smith, T. M. F. (1989). *Analysis of complex surveys.* New York: Wiley.

Statistisches Bundesamt (1993). *Statistisches Jahrbuch 1993.* Wiesbaden: Metzler-Poeschel.

Streib, G. F. (1966). Participants and dropouts in a longitudinal study. *Journal of Gerontology, 21,* 200–209.

Tennstedt, S. L., Dettling, U. & McKinlay, J. B. (1992). Refusal rates in a longitudinal study of older people: Implications for field methods. *Journal of Gerontology: Social Sciences, 47,* S313–S318.

Weaver, C. N., Holmes, S. L. & Glenn, N. D. (1975). Some characteristics of inaccessible respondents in a telephone survey. *Journal of Applied Psychology, 60,* 260–262.

4. Kohortenschicksale der Berliner Alten

Ineke Maas, Markus Borchelt & Karl Ulrich Mayer

Zusammenfassung

In diesem Kapitel werden kohortenspezifische Charakteristika alter Menschen in der Berliner Altersstudie dargestellt, um die Interpretation von Kohortendifferenzen als Altersunterschiede zu vermeiden und die Aufmerksamkeit auf mögliche erklärende Faktoren für individuelle Unterschiede zu richten. Es wird untersucht, ob sich drei Geburtskohorten, 1887–1900, 1901–1910 und 1911–1922 geboren, im erreichten Bildungsstand, in Berufstätigkeit und beruflicher Karriere, Familiengründung und gesundheitlicher Beeinträchtigung einem allgemeinen Trend der gesellschaftlichen Entwicklung entsprechend unterscheiden. Außerdem werden die differentiellen Auswirkungen historischer Ereignisse und Perioden, speziell die der beiden Weltkriege und der Weltwirtschaftskrise, betrachtet, und es wird untersucht, welche dieser Auswirkungen sich bis ins hohe Alter durchsetzen. Unter den vielen deskriptiven Befunden wollen wir zwei herausheben. Erstens waren die jüngeren Kohorten beruflich nicht erfolgreicher als die älteren. Obwohl Männer und Frauen der jüngeren Kohorten eine bessere Bildung genossen, trafen die historischen Ereignisse sie härter, und sie beendeten ihre Karrieren auf gleichem Niveau wie die älteren Kohorten. Zweitens wird der Mythos des „goldenen Zeitalters", in dem vor allem die älteren Kohorten durch ihre großen Familien versorgt würden, verworfen. Die ältere Kohorte blieb öfter unverheiratet, hatte im Vergleich zu jüngeren Kohorten weniger Kinder und wies ein höheres Risiko auf, ihre Kinder früh zu verlieren.

1. Einleitung

Die Berliner Altersstudie (BASE) konzentriert sich sowohl auf die Situation alter Menschen als auch auf die Korrelate und Determinanten von Alterungsprozessen. Die Menschen, die wir beobachten, sind allerdings nicht nur durch ihr hohes Alter charakterisiert, sondern auch dadurch, daß sie Mitglieder bestimmter Geburtskohorten sind und die kollektive Lebensgeschichte ihrer Generation teilen[1]. Wenn wir Unterschiede zwischen Altersgruppen beschreiben – wie es häufig in diesem Buch geschieht – können wir fast nie sicher sein, ob diese altersbedingt oder auf unterschiedliche Geburtskohorten zurückzuführen sind (P. B. Baltes, 1968; Mayer & Huinink, 1990; Riley, 1987; Schaie, 1965). In diesem Kapitel wollen wir deswegen einige Aspekte der kollektiven generationalen Lebensgeschichte der BASE-Stichprobe beschreiben. Unsere Absicht ist es hierbei, Hintergrundinformationen für die anderen Kapitel dieses Buches zu liefern. Dazu wollen wir auf die potentiell einzigartigen historischen Merkmale unserer Stichprobe alter Menschen aufmerksam machen und uns vor unbegründeten Verallgemeinerungen von Alterseffekten dort bewahren, wo wir möglicherweise nur historisch spezifische Erfahrungen von Deutschen oder Berlinern bestimmter Jahrgänge beobachten, die besondere Zeiten gemeinsam durchlebt haben.

Wegen methodischer Probleme im Zusammenhang mit Mortalität und Stichprobenselektivität, die in Abschnitt 2 diskutiert werden, ist es schwer zu erkennen, ob beobachtete Generationenunterschiede der BASE-Lebensgeschichten historisch bedingt sind

1 Im folgenden werden wir sowohl das Konzept der Geburtskohorte (Ryder, 1965) als auch das Konzept der Generation austauschbar zur Bezeichnung einer Gruppe von Personen, die zur ungefähr gleichen historischen Zeit geboren wurden, anwenden. Es sollte aber hier darauf aufmerksam gemacht werden, daß das Generationenkonzept in den Sozialwissenschaften eine Vielzahl weiterer Bedeutungen hat, wie die Bezeichnung der Beziehungen zwischen Eltern und Kindern (Bengtson, Cutler, Mangen & Marshall, 1985) oder sehr selbstbewußter und aktiver Gruppen, die durch historische Perioden geprägt wurden, wie die 68er Generation (Mannheim, 1928).

oder nur Artefakte unserer Methode darstellen. Zur Überprüfung der Ursachen für Generationenunterschiede benötigen wir deshalb externe Daten. Um zu untersuchen, inwieweit BASE-Kohorten echte historische Veränderungen widerspiegeln, werden wir insbesondere auf Daten aus der 1%-Mikrozensus-Zusatzerhebung 1971 (MZ71) zurückgreifen (Tegtmeyer, 1976). Wir haben uns auf diesen Vergleich konzentriert, weil die MZ71, im Gegensatz zu den meisten anderen Studien, eine ausreichende Zahl in Berlin wohnhafter Personen der von uns untersuchten Jahrgänge umfaßt.

Historisch bedingte Unterschiede zwischen Kohorten können auf verschiedene Weise zustande kommen. Erstens ist das 20. Jahrhundert durch Bewegungen in Richtung einer „modernen" Gesellschaft geprägt. So verbesserten sich beispielsweise Wohnbedingungen, Bildungsmöglichkeiten, ökonomische und soziale Sicherheit, während die Größe der Familien abnahm. Zweitens entstehen Kohortenunterschiede dadurch, daß Mitglieder von Geburtskohorten verschiedene historische Ereignisse oder das gleiche Ereignis zu verschiedenen Zeitpunkten in ihrem Leben erfahren (Elder, 1974, 1975). Untersuchungen der Auswirkungen der Weltwirtschaftskrise und des Zweiten Weltkrieges haben gezeigt, daß der Zeitpunkt eines historischen Ereignisses innerhalb des Lebens eines Einzelnen von entscheidender Bedeutung ist (Elder, 1974, 1986; Mayer & Schoepflin, 1989). Drittens müssen die unterschiedlichen Auswirkungen historischer Bedingungen auf das Leben von Mitgliedern verschiedener Geburtskohorten nicht für ihr gesamtes Leben gelten. Es ist durchaus möglich, daß die von einem historischen Ereignis am schwersten betroffenen Personen später mit den anderen gleichziehen (Elder, 1974).

Wir möchten einleitend an einigen Beispielen veranschaulichen, inwiefern die Untersuchung von Generationen im Kontext der Alternsforschung bedeutsam ist. Es gibt z. B. die weit verbreitete Annahme, daß ältere Menschen von Kohorte zu Kohorte gesünder sind, vermutlich wegen besserer Wohnbedingungen, verbesserter medizinischer Versorgung und bewußterem Gesundheitsverhalten. Für Deutschland könnte es jedoch zutreffen, daß wir bei den älteren Kohorten einige besonders gesunde Jahrgänge beobachten, weil überdurchschnittlich viele anfällige und gebrechliche Personen aus diesen Jahrgängen schon früh während der Wirtschaftskrisen und Kriege oder als verspätete Folge dieser schweren Zeiten starben (Dinkel, 1984). Viele psychologische Studien zeigten einen starken negativen Zusammenhang zwischen kognitiven Leistungen und Alter. Dies wurde als ein negativer, fast unumgänglicher Effekt des Alterns interpretiert, bis Untersuchungen aufwiesen, daß später geborene Kohorten ihr ganzes Leben lang höhere Leistungen erbrachten (Hertzog & Schaie, 1988; Schaie, Labouvie & Buech, 1973). Wenn frühe Verwitwung und Ehescheidung berufliche Karrieren, Rentenansprüche und das Muster sozialer Beziehungen beeinflussen, werden historische Ereignisse wie der Zweite Weltkrieg mit den Folgen der Verwitwung und der Ehescheidung den sozialen Kontext des Alterns entsprechend auf einzigartige Weise formen. Insbesondere neigt man dazu, zunehmende Langlebigkeit als Trend aufzufassen. Die Verluste in den Kriegen betrafen jedoch die Geburtskohorten der derzeitigen Alten sehr unterschiedlich (Brückner & Mayer, 1987). Die Überlebenden könnten daher sehr spezifische Subgruppen darstellen, die völlig unrepräsentativ für zukünftige Generationen alter Menschen sind, die ihr ganzes Leben in Friedenszeiten verbracht haben.

Wir werden in diesem Kapitel keine direkten oder indirekten Verbindungen zwischen Alterserscheinungen und vorherigen generationsspezifischen Erfahrungen zeigen. Dies würde entweder ein breiteres Spektrum von Geburtskohorten erfordern, die aggregiert zu vergleichen wären – eine Analyse, für die wir nicht die nötigen Daten haben –, oder es würde den Nachweis des Einflusses kollektiver Bedingungen auf das resultierende Alter über individuelle Lebensgeschichten erfordern. Letzteres wird das Thema von Kapitel 21 in diesem Band (Maas & Staudinger) sein. Dort wird die zur Herstellung solcher Zusammenhänge nötige Information über Lebensgeschichten aufgegriffen.

Die Teilnehmer der Berliner Altersstudie waren in der Zeit der Befragung (1990–1993) zwischen 70 und 103 Jahre alt. Dies bedeutet, daß sie zwischen 1887 und 1922 geboren wurden. Je weniger Jahre Geburtskohorten umfassen, desto präziser kann man Effekte historischer Ereignisse nachzeichnen. Allerdings sind bei einer Gesamtzahl von 516 Teilnehmern und bei gesonderter Analyse von Männern und Frauen maximal drei Kohortengruppen unterscheidbar. Da wir so verschiedene Merkmale des Lebenslaufes wie Bildung, berufliche Karriere, Ehe, Geburt von Kindern und chirurgische Eingriffe in Betracht ziehen wollen, ist es unmöglich, die Kohorten auf eine theoretische Art zu definieren, die dem Einfluß historischer Umstände auf alle diese Merkmale gerecht würde.

Wir entschieden uns daher, drei Kohorten von etwa gleicher Größe zu untersuchen. Die Mitglieder dieser Kohorten wurden in der Zeit von 1887–1900,

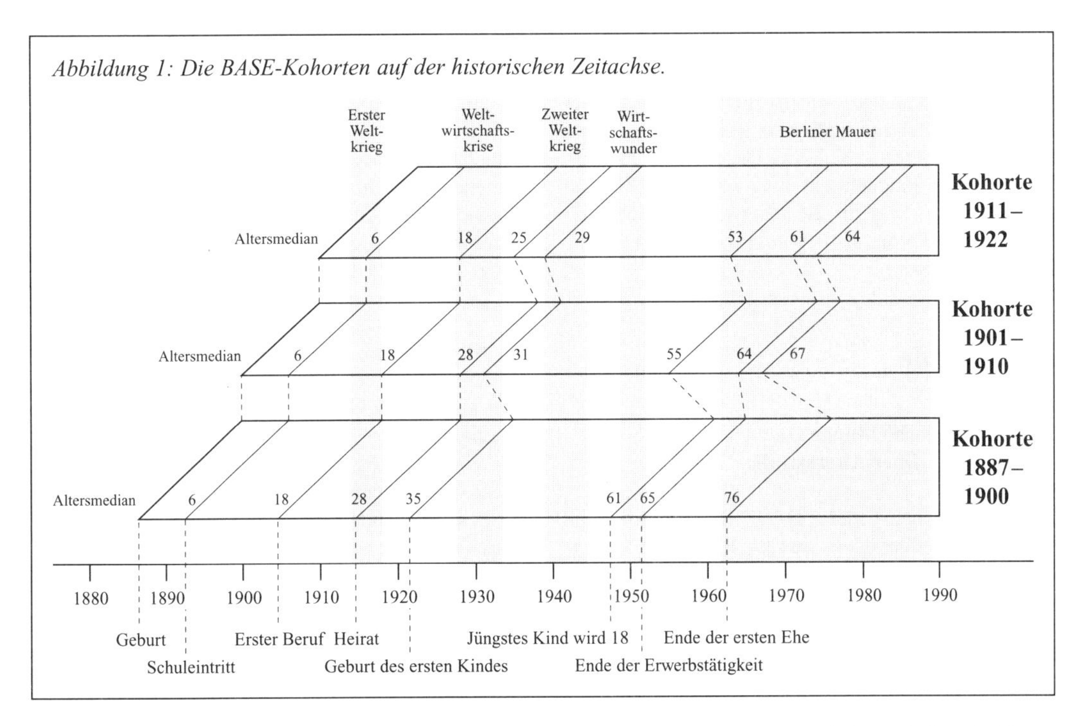

Abbildung 1: Die BASE-Kohorten auf der historischen Zeitachse.

1901–1910 und 1911–1922 geboren. Im folgenden werden wir untersuchen, ob Trends im erreichten Bildungsstand, in Berufstätigkeit und beruflicher Karriere, Familiengründung und gesundheitlicher Beeinträchtigung vorhanden sind. Wir werden außerdem die differentiellen Auswirkungen historischer Ereignisse und Perioden betrachten und untersuchen, ob diese im hohen Alter noch sichtbar sind. Diese Bereiche der Bildungs- und Berufskarrieren, der familiären Beziehungen und der Gesundheit wurden wegen der direkten und großen Auswirkungen ausgewählt, die sie auf das materielle, soziale und körperliche Wohlbefinden im hohen Alter haben (siehe Smith et al., Kapitel 19). Obwohl es viele andere historische Ereignisse gibt, die das Leben dieser Kohorten geformt haben könnten, beispielsweise der Bau der Berliner Mauer, werden wir uns hier auf den Ersten Weltkrieg, die Weltwirtschaftskrise und den Zweiten Weltkrieg konzentrieren.

Die drei BASE-Kohorten befanden sich in verschiedenen Lebensphasen, als diese historischen Ereignisse stattfanden. Zu Beginn des Ersten Weltkrieges waren viele der 1911–1922 geborenen BASE-Teilnehmer (im folgenden: die jüngste Kohorte) noch nicht geboren, die 1901–1910 Geborenen (mittlere Kohorte) gingen zur Schule, und die Mitglieder der Kohorte 1887–1900 (älteste Kohorte) waren auf dem Arbeitsmarkt und gründeten eigene Familien, wenn sie nicht als Soldaten dienen mußten (siehe Abb. 1)[2]. In der Mitte der Weltwirtschaftskrise lag die Altersspanne der BASE-Teilnehmer bei 8 bis 43 Jahren. Die Angehörigen der jüngsten Kohorte waren in der Schule oder in der Ausbildung, die der mittleren Kohorte hatten gerade ihre erste Stelle angetreten, während die 1887–1900 Geborenen in der Mitte der beruflichen Karriere standen und Kinder hatten. Der Zweite Weltkrieg traf die Mitglieder der jüngsten Kohorte, als sie gerade die Schule verließen oder in ihrer ersten Stelle waren. Viele von ihnen beschleunigten die Heirat und die Familiengründung, bevor die Männer zum Krieg eingezogen wurden. Die mittlere Kohorte hatte zu dieser Zeit junge Kinder, während die Kinder der ältesten Kohorte fast erwachsen waren und teilweise selbst Militärdienst leisten mußten.

Nach der Rezession der Nachkriegsjahre kamen ökonomisch bessere Zeiten zu Beginn der 50er Jahre. Einige Jahre lang gab es ein außergewöhnlich starkes Wirtschaftswachstum („Wirtschaftswunder") (Abelshauser, 1983). Die 1911–1922 Geborenen machten in

2 Obwohl es einige Unterschiede gibt, waren die Muster der beruflichen und familiären Verläufe für die Männer und Frauen der BASE-Kohorten einander ähnlich. Mit Ausnahme des Schulanfanges erlebten Frauen alle Ereignisse etwas früher als Männer.

diesen Jahren einen beruflichen Neuanfang. Die ältesten BASE-Teilnehmer erreichten allmählich das Rentenalter. Als 1961 die Berliner Mauer gebaut wurde, arbeiteten nur noch sehr wenige Männer und Frauen dieser ältesten Kohorte. Die Teilung Deutschlands, die den Jüngeren ein ewig währender Zustand zu sein schien, war für die Mitglieder der ältesten Kohorte eine Phase, die begann (und endete), als sie schon alt waren.

2. Methode

2.1 Lebensgeschichtliche Daten in der Berliner Altersstudie

Im soziologischen Teil des BASE-Intensivprotokolls wurden Daten über die Bildungs-, Berufs- und Familiengeschichte der Teilnehmer erhoben. Die Entwicklung des Fragebogens stützte sich auf Erfahrungen früherer lebensgeschichtlicher Untersuchungen (z. B. Mayer & Brückner, 1989). Ein Grundprinzip des Fragebogens besteht darin, daß Personen nicht nach einzelnen Ereignissen in ihrer Lebensgeschichte gefragt werden, sondern daß Tätigkeiten und Geschehnisse auf einer kontinuierlichen Zeitachse innerhalb vorgegebener Lebensbereiche erinnert werden sollen. Nach der Befragung wurden die Antworten auf fehlende und inkonsistente Informationen hin überprüft. Wenn nötig, wurde noch einmal mit den Studienteilnehmern Kontakt aufgenommen, um zu versuchen, Lücken aufzufüllen. Die Forschung auf diesem Gebiet hat gezeigt, daß Lebensgeschichten, die auf diese Weise erhoben wurden, zumindest bei jüngeren Kohorten zuverlässige Informationen liefern, die im Vergleich zu querschnittlichen Untersuchungen konsistent sind (Blossfeld, 1987; Brückner, 1994).

Daten zur Krankheitsgeschichte wurden im medizinischen Teil des Intensivprotokolls erhoben. Die strukturierte Anamnese, die durchschnittlich 90 Minuten dauerte, begann mit standardisierten Fragen über aktuelle Beschwerden und Krankheiten, wurde mit Fragen über Knochenbrüche (Frakturen) und Operationen sowie über Tuberkulose, Schlaganfälle und Herzinfarkte fortgesetzt und endete mit einer offenen Frage nach weiteren Erkrankungen im Lebensverlauf. Zu allen medizinischen Ereignissen wurden Monat und Jahr aufgenommen. Erkrankungen wurden mit der ICD-9 (1988) kodiert. Antworten auf die offene Frage werden hier nur genutzt, um den zeitlichen Beginn jeder zum Untersuchungszeitpunkt bestehenden Krankheit weiter einzugrenzen. Im Anschluß an diese umfassende Rekonstruktion der individuellen Krankheitsgeschichte wurden die Studienteilnehmer aufgefordert, retrospektiv ihre körperliche Gesundheit im Alter von 40 Jahren (im Vergleich zu anderen 40jährigen) sowie global für die Zeit zwischen dem 20. und 30. Lebensjahr einzuschätzen.

2.2 Methodische Probleme

Vier methodische Probleme sind diskussionswürdig: Datenqualität, selektive Mortalität, selektive Migration und Gewichtung. Ein fünftes Problem, das der selektiven Teilnahme, wird in Kapitel 3 (Lindenberger et al.) behandelt. Was die Datenqualität betrifft, so ist entscheidend, ob ältere Personen systematische Information über ihren Lebensverlauf erinnern konnten. Gedächtnisprobleme sind eher in älteren als in jüngeren Kohorten zu erwarten. Im hohen Alter ist nicht nur die zu erinnernde Zeitspanne viel länger, sondern auch die Fähigkeit einiger Personen, einen geordneten Überblick über ihr Leben zu geben, durch psychische Beeinträchtigungen wie Demenz negativ beeinflußt. In Kapitel 7 zeigen Helmchen und Mitarbeiter, daß die bei schwer dementen Personen erhobenen Daten durch eine große Anzahl fehlender Angaben gekennzeichnet sind. Wir überprüften auch die Daten zur Berufsgeschichte auf fehlende Angaben (siehe Tabelle 1). Für fast alle nicht-dementen Teilnehmer war es möglich, vollständige Berufsgeschichten zu rekonstruieren. Im Durchschnitt bestehen diese aus neun Episoden (Arbeits- oder Unterbrechungsphasen). Es ist für alle Episoden bekannt, welcher Beschäftigung der Teilnehmer nachging (berufstätig, arbeitslos, Soldat oder Hausfrau usw.). Der Beginn oder das Ende der Episoden war in nur 2% der Fälle nicht zu ermitteln.

Mit zunehmendem Schweregrad der Demenz nahm jedoch die Anzahl der erinnerten Episoden ab. Eine Art, mit Gedächtnisschwierigkeiten umzugehen, scheint für die Betroffenen die weniger komplexe Darstellung ihres Lebens zu sein[3]. Besonders die schwer Dementen haben Lücken in ihren Berufsgeschichten: Für einige Phasen erinnerten sie sich nicht an ihre berufliche Tätigkeit oder ihre Dauer. Bei 44% aller Episoden in den beruflichen Karrieren der schwer Dementen fehlten zeitliche Daten. Wir ent-

3 Eine alternative Erklärung für diesen Befund ist, daß eine Berufskarriere mit nur wenigen Episoden und ein hohes Risiko der Demenzerkrankung eine gemeinsame Ursache haben könnten (wie z. B. geringe Bildung).

Tabelle 1: Charakteristika der Berufsgeschichte in Abhängigkeit von Schweregraden der Demenz.

	Demenz			
	Keine (N=407)	**Leicht** (N=37)	**Mittel** (N=33)	**Schwer** (N=39)
Durchschnittliche Anzahl der Episoden	9,2	7,9	7,0	4,6
Anteil der Episoden mit unbekanntem Beschäftigungsstatus	0%	1%	2%	12%
Anteil der Episoden mit unbekanntem Anfangs- oder Endjahr	2%	9%	17%	44%

schieden uns daher, die schwer dementen Personen aus allen Analysen in diesem Kapitel auszuschließen. Damit bleiben uns von 516 insgesamt 477 Personen: 244 Männer (in den drei Kohorten jeweils 72, 79 und 93) und 233 Frauen (64, 75 und 94). Nach unserer Einschätzung ist dieser Ausschluß für die Generalisierbarkeit der Befunde weniger bedeutsam als vielleicht angenommen, da es sich bei Demenzerkrankungen vor allem um einen genetisch bedingten Prozeß zu handeln scheint.

Selektive Mortalität, selektive Migration und Gewichtung betreffen vor allem die Repräsentativität einer Stichprobe. Wir beschreiben nur kollektive Lebensgeschichten von Überlebenden, die heute in Berlin wohnen. Was bedeutet dies für die durchzuführenden Kohortenanalysen? Selektive Mortalität ist nicht nur ein wichtiger Aspekt von Kohortenschicksalen, sie kann außerdem Kohortenunterschiede in anderen Variablen sowohl verschwinden als auch hervortreten lassen. Wenn Personen mit niedrigerer Bildung mit geringerer Wahrscheinlichkeit das Alter 100 erreichen als solche mit höherer Bildung, werden Bildungsunterschiede zwischen Kohorten zu Beginn des Jahrhunderts im hohen Alter ausgelöscht. Umgekehrt kann die Entwicklung von Behandlungen gewisser Krankheiten dazu führen, daß wir Überlebende solcher Krankheiten in der jüngsten, aber nicht in der ältesten Kohorte finden. Daraus zu schließen, daß diese Krankheit keine Rolle im Leben der Ältesten gespielt habe, wäre falsch. Selektive Mortalität stellt daher einen Fehlerfaktor dar, wenn es um die Analyse anderer Effekte geht. Wir können dieses Problem zwar nicht lösen, haben aber zwei Möglichkeiten, damit umzugehen. Erstens werden wir Theorie und Wissen über selektive Mortalität in die Interpretation unserer Ergebnisse einbringen. Zweitens ist es in einigen Fällen möglich, die Auswirkungen selektiver Mortalität mit Hilfe von zu einem früheren Zeitpunkt erhobenen Daten für gleiche Kohorten zu überprüfen. Wir werden dazu Daten aus der 1%-Mikrozensus-Zusatzerhebung 1971 (MZ71) verwenden.

Selektive Migration macht ebenfalls die Interpretation der Ergebnisse schwieriger. Obwohl alle Teilnehmer zum Zeitpunkt der Untersuchung in Berlin lebten, traf dies nicht für ihr gesamtes Leben zu. Nur 36% der BASE-Teilnehmer wurden in Berlin geboren, 46% lebten im Alter von 20 in Berlin, 82% im Alter von 50 und 97% im Alter von 70 Jahren. Bei einer beträchtlichen Anzahl von BASE-Teilnehmern spielten sich Teile ihrer Lebensgeschichten außerhalb der Berliner Großstadt in kleineren Städten oder sogar in ländlichen Gebieten ab. Sie sind daher auch durch die Wanderung von ländlichen in städtische Gebiete, Erfahrungen als Flüchtlinge oder Lebensphasen in der DDR geprägt.

Wir entschieden uns gegen eine Gewichtung der Daten (vgl. P. B. Baltes et al., Kapitel 1). Hierfür spricht, daß fast alle Analysen für Männer und Frauen getrennt durchgeführt werden. Außerdem überschneidet sich jede unserer drei Kohorten zum Großteil mit zwei der Altersgruppen des Studiendesigns. Gewichtung würde daher nur zu geringfügigen Veränderungen der Ergebnisse führen. Alternativ könnten die Daten so gewichtet werden, daß sie für die ursprünglichen Kohorten repräsentativ werden. Praktische Gründe machen diese Alternative allerdings unmöglich. Eine solche Gewichtung würde nicht existente Information über die vielen Männer, die während des Krieges starben, und über selektive Mortalität im hohen Alter erfordern.

3. Kohortenunterschiede der Bildung

Der Trend zur höheren Bildung ist eine der am besten dokumentierten Veränderungen des 20. Jahrhunderts (z. B. Handl, 1984; Mayer, 1980). Heutige alte Menschen haben den Beginn dieses Trends um die Jahrhundertwende erfahren (Tabelle 2). In der ältesten BASE-Kohorte, die vor 1901 geboren wurde, erreichten 31% der Männer und 57% der Frauen keine höhere Ausbildung als die Volksschule. Der wesentliche Unterschied zwischen Männern und Frauen dieser Kohorte besteht darin, daß die meisten Männer im Anschluß an den Besuch der Volksschule eine Lehre machten. Die jüngeren Kohorten erreichten deutlich höhere Bildungsniveaus als die älteste. Der Unterschied zwischen ältester und mittlerer Kohorte wird fast ausschließlich durch eine Zunahme von Personen mit Volkschulabschluß und folgender Berufsausbildung verursacht. Zwischen mittlerer und jüngster Kohorte besteht der Hauptunterschied bei Männern in der Zunahme der Personen mit Abitur. Bei Frauen ist der größte Anstieg in der Kategorie der Mittleren Reife und Berufsausbildung zu verzeichnen.

Es gibt also einen deutlichen Unterschied der Bildungsniveaus von Männern und Frauen. Frauen zeigen eine niedrigere Rate an Berufsausbildungen und einen geringeren Anteil von Abiturientinnen. Obwohl es einige geringfügige Unterschiede[4] gibt, bestätigt das allgemeine Muster der BASE-Daten sowohl das bekannte Bild der Entwicklung von Bildungschancen als auch die Bildungstrends bei den Berliner Teilnehmern der MZ71.

Die größte Abweichung vom Trend zur höheren Bildung trat bei den Geburtskohorten um 1930 auf und wurde durch den Zweiten Weltkrieg verursacht (Handl, 1984; Mayer, 1988). Handl und Mayer zeigen, daß die Bildungschancen einiger Geburtskohorten unserer Studie auch durch andere historische Bedingungen negativ beeinflußt wurden. Wegen des Ersten Weltkrieges waren die Bildungschancen von

Tabelle 2: Bildung und Berufsausbildung von Männern und Frauen[1].

	Geburtskohorten 1887–1900 (in %)	1901–1910 (in %)	1911–1922 (in %)
Männer			
Volksschule[2]	31	18	24
Volksschule und Berufsausbildung	43	55	38
Mittlere Reife	6	3	3
Mittlere Reife und Berufsausbildung	14	19	20
Abitur	1	0	4
Abitur und Berufsausbildung	4	5	11
Frauen			
Volksschule[2]	57	47	32
Volksschule und Berufsausbildung	16	27	28
Mittlere Reife	13	14	14
Mittlere Reife und Berufsausbildung	12	10	23
Abitur	0	1	1
Abitur und Berufsausbildung	2	1	2

1 Es wird nur Bildung berücksichtigt, die vor dem ersten Eintritt in den Arbeitsmarkt abgeschlossen wurde.
2 Dies bezieht „Volksschule ohne Abschluß" mit ein. Zu Beginn des Jahrhunderts wurde die Volksschule nicht immer mit einem formellen Abschluß beendet. Wir können daher nicht klar zwischen abgeschlossener und nicht-abgeschlossener Volksschule unterscheiden.

4 Wie aus vielen anderen Untersuchungen bekannt, sind Männer und Frauen mit höherer Bildung eher bereit, an Studien teilzunehmen. Dies traf auch auf BASE zu. Im Vergleich mit den Berliner Teilnehmern der MZ71 überschätzen wir den Anteil der Frauen mit der Mittleren Reife (in der ältesten und jüngsten Kohorte) und den Anteil der Männer mit einer Berufsausbildung (in der mittleren Kohorte). Beides führt dazu, daß der historische Trend zur höheren Bildung in unseren Daten weniger deutlich ist. Von besonderem Interesse sind unsere Ergebnisse zur Berufsausbildung von Frauen. Wir überschätzen die Anteile in allen Kohorten, aber zunehmend in den älteren. Dies legt die Vermutung nahe, daß Frauen ohne Berufsausbildung ein höheres Risiko eines relativ frühen Todes tragen (Maas, 1994).

Männern und Frauen, die um 1906 geboren wurden, schlechter. Ein ähnlich kleiner Effekt der Weltwirtschaftskrise ist für die um 1920 Geborenen deutlich. Zwischen 1919 und 1922 geborene Frauen erreichten eine niedrigere Bildung aufgrund der restriktiven Bildungspolitik nach 1933, die gegen Berufsausbildungen von Frauen und deren Teilnahme am Arbeitsmarkt gerichtet war (Handl, 1984; Mayer, 1980). Da diese historischen Ereignisse unsere Kohorten durchschneiden (die mittlere Kohorte traf die Entscheidung zu einer Berufsausbildung sowohl während des Ersten Weltkrieges als auch in den Jahren danach; die jüngste Kohorte traf diese Entscheidung vor, während und nach der Weltwirtschaftskrise), können wir diese Effekte bei unseren Kohorten nicht nachweisen.

Wir können die folgenden Schlußfolgerungen ziehen: Die BASE-Kohorten weisen unterschiedliche Bildungsniveaus auf, die vor allem das Ergebnis des Trends zu höherer Bildung in den ersten Jahrzehnten des Jahrhunderts sind. Sie sind aber auch teilweise auf höhere Teilnahmeraten der höher gebildeten Männer und Frauen zurückzuführen. Kohortenunterschiede der erreichten Bildung sind im Vergleich zu den Unterschieden zwischen Männern und Frauen klein.

4. Die Berufsgeschichte

4.1 Berufliche Karrieren von Männern

Obwohl schlechter dokumentiert als die Bildungsveränderungen, wandelte sich im letzten Jahrhundert auch die berufliche Struktur sehr stark. Es gab eine kontinuierliche Abnahme des Anteils der Selbständigen (besonders der Bauern und mithelfenden Familienangehörigen) an allen Erwerbstätigen. Dies führte unter anderem zu einem Anwachsen der Angestellten- und Beamtengruppen. Der Anteil der Arbeiter änderte sich bis zu den 70er Jahren nicht sehr (Kleber, 1983; Statistisches Bundesamt, 1972).

Die ersten Berufe der Männer der BASE-Kohorten spiegeln diese Veränderungen nicht wider (Tabelle 3). Die Unterschiede zwischen Kohorten sind geringfügig (unter Berücksichtigung der kleinen Anzahl der Männer in jeder Kohorte). Im Gegensatz zur allgemeinen Tendenz begannen Männer der jüngsten Kohorte, die kurz vor dem Zweiten Weltkrieg in den Arbeitsmarkt traten, im Vergleich zu älteren Männern ihre Karriere häufiger als Arbeiter und seltener als Angestellte.

Im Laufe ihrer beruflichen Karrieren bewegten sich die Männer aller drei Kohorten aus den Gruppen der Arbeiter und der unqualifizierten Angestellten in die Gruppen der Beamten und qualifizierten Angestellten hinein. Nach einem allgemeinen (χ^2-)Test unterscheiden sich die Kohorten nicht hinsichtlich ihrer letzten beruflichen Position. Allerdings zeigt sich, daß in der ältesten Kohorte Selbständigkeit noch ein wichtiger Karrierepfad für Männer war, was auf die Männer der jüngeren Kohorten nicht zutrifft (vgl. Kleber, 1983)[5].

Unter Verwendung des fünfstufigen Maßes der Schichtzugehörigkeit nach Mayer und M. Wagner (siehe Kapitel 9) ist es möglich, Aussagen über beruflichen Auf- und Abstieg zu treffen. Über den Lebenslauf fanden im Durchschnitt mehr Auf- als Abstiege statt. Über 80% der Männer rückten mindestens einmal in ihrem Leben in eine höhere Schicht auf. Abwärtsbewegungen sind etwas seltener, aber immerhin 62% der Männer erlebten mindestens einen Abstieg, meistens vorübergehend während der Weltwirtschaftskrise und nach dem Zweiten Weltkrieg. Die Kohorten unterscheiden sich wieder nicht sehr.

Auch wenn wir selektive Mortalität als Kraft betrachten, die berufliche Veränderungen verringert, ist die Ähnlichkeit der drei Kohorten hinsichtlich der Position der ersten und letzten beruflichen Stellung und der Auf- und Abstiege überraschend, wenn man die stark differentiellen Auswirkungen des Ersten Weltkrieges, der Weltwirtschaftskrise und des Zweiten Weltkrieges bedenkt. Der Erste Weltkrieg unterbrach die Berufskarrieren vieler Männer der ältesten Kohorte. Immerhin 53% der BASE-Teilnehmer dieser Kohorte dienten in diesem Krieg als Soldaten. Im Durchschnitt waren sie drei Jahre als aktive Soldaten oder Kriegsgefangene nicht zu Hause. Der Zweite Weltkrieg beeinträchtigte die Berufskarriere aller drei Kohorten. Die jüngste Kohorte war hiervon am meisten betroffen. 86% der Männer nahmen am Krieg teil. Sie dienten durchschnittlich sechs Jahre lang (oder waren Kriegsgefangene). Nur 34% der mittleren Kohorte entkamen der aktiven Teilnahme am Krieg, und immerhin 46% der ältesten mußten dienen. Es ist dabei zu bedenken, daß diese Anteile sich nur auf die Gruppe der Männer beziehen, die 70

5 Ein wichtiger Grund dafür, daß wir kaum Veränderungen der beruflichen Struktur beobachten, könnte selektive Mortalität sein. Im Vergleich zu den Berliner Teilnehmern der MZ71 gab es in den ältesten BASE-Kohorten durchgehend (wie für die Jahre 1939, 1950 und 1960 festgestellt) weniger Arbeiter und mehr Angestellte und Beamte (Maas, 1994). Ähnliche berufsspezifische Mortalität ist an anderen Daten nachgewiesen worden (z. B. Klein, 1993b).

Tabelle 3: Merkmale der Berufsgeschichte von Männern nach Geburtskohorten.

	Geburtskohorten 1887–1900	1901–1910	1911–1922
Erste berufliche Stellung (%)			
Selbständige	3	4	7
Mithelfende Familienangehörige	7	6	2
Beamte	6	5	5
Qualifizierte Angestellte	24	28	19
Unqualifizierte Angestellte	18	8	12
Gelernte Arbeiter	23	35	31
Ungelernte Arbeiter	20	14	24
Letzte berufliche Stellung (%)			
Selbständige	20	13	8
Mithelfende Familienangehörige	0	0	0
Beamte	24	14	15
Qualifizierte Angestellte	34	38	36
Unqualifizierte Angestellte	6	6	8
Gelernte Arbeiter	10	23	20
Ungelernte Arbeiter	7	6	14
Beruflich Aufgestiegene (%)	78	85	82
Anzahl der Aufstiege[1]	2	2	2
Beruflich Abgestiegene (%)	53	66	65
Anzahl der Abstiege[1]	2	2	2
Abgestiegene 1945–1950 (%)	33	38	33
Soldat im Ersten Weltkrieg (%)	53	0	0
Dauer (in Monaten)[1]	36	—	—
Soldat im Zweiten Weltkrieg (%)	46	66	86*
Dauer (in Monaten)[1]	54	55	73*
Arbeitslos 1928–1932 (%)	11	28	8*
Arbeitslos 1945–1950 (%)	18	17	24
Arbeitslos zu anderer Zeit (%)	24	29	31
Insgesamt arbeitslos (%)	38	57	47
Dauer (in Monaten)[1]	41	43	37

* Unterschiede zwischen Kohorten signifikant, $p<0{,}05$.
1 Jeweils nur für die Betroffenen.

Jahre und älter wurden. Viele Männer dieser Kohorten überlebten den Krieg nicht oder starben in den Folgejahren.

Die Kriege verursachten nicht nur Lücken in den Berufskarrieren, sondern auch Arbeitslosigkeit und beruflichen Abstieg. Dasselbe gilt für die Wirtschaftskrisen (siehe Abb. 2). Um 1930 waren die Karrieren der Männer durch ein hohes Arbeitslosigkeitsrisiko geprägt. Von allen Männern in BASE, die bereits auf dem Arbeitsmarkt waren[6], erlebten 15% 1932, als die Arbeitslosigkeit ihren Höhepunkt erreichte, mindestens eine Phase der Arbeitslosigkeit. Die Auswirkungen sind jedoch für die Kohorten unterschiedlich (Tabelle 3). Während der Jahre der Wirtschaftskrise erfuhren 28% der zwischen 1901 und 1910 geborenen Männer Arbeitslosigkeit. Dieser Anteil ist mehr als doppelt so hoch wie der der älteren Kohorte (11%), so daß die These unterstützt

6 Männer wurden zwischen Beginn der ersten Berufstätigkeit und ihrer Pensionierung als auf dem Arbeitsmarkt befindlich betrachtet.

wird, daß die Berufskarrieren derjenigen, die während der Weltwirtschaftskrise in den Arbeitsmarkt eintraten, am meisten betroffen wurden (Elder, 1974; Mayer, 1988). Der niedrige Arbeitslosenanteil in der jüngsten Kohorte (8%) folgt aus der Tatsache, daß die meisten ihrer Mitglieder in dieser Zeit noch zur Schule gingen. Alle Kohorten erlebten kaum berufliche Auf- oder Abstiege während der Weltwirtschaftskrise.

Von 1933 an wurden Berufschancen besser, wie an der sinkenden Arbeitslosigkeit, abnehmenden Abstiegen und zunehmenden Aufstiegen erkennbar wird. Allein im Jahr 1935 stiegen 7% aller männlichen BASE-Teilnehmer in eine höhere Schicht auf. Der Anteil der Aufstiege blieb bis zum Beginn des Zweiten Weltkrieges hoch. Während der Kriegsjahre stagnierten Arbeitslosigkeit und berufliche Auf- und Abstiege. Da die Mehrheit der Männer in der Reichswehr diente, ist dies wenig überraschend. Bei der Heimkehr ab 1945 war der Wiedereintritt in den Arbeitsmarkt für viele Männer mit einem Abstieg verbunden. Sie konnten ihre alten Tätigkeiten nicht wieder aufnehmen, sondern mußten Stellen auf niedrigerem Niveau annehmen. Es scheint dabei keinen Einfluß gehabt zu haben, in welchem Lebensalter der Krieg die Teilnehmer unserer Untersuchung getroffen hat. Die Anteile derjenigen, die Abstiege erlebten, betragen in den drei Kohorten jeweils 33%, 38% bzw. 33% (siehe Tabelle 3). Dies unterstützt den früheren Befund, daß die negativen Einflüsse des Zweiten Weltkrieges auf Karrieren nicht bei denjenigen Männern am stärksten waren, die den längsten Militärdienst leisteten (Mayer, 1988).

Wenn man Arbeitslosigkeit und Abstiege betrachtet, waren die Nachkriegsjahre offensichtlich nicht günstig für einen beruflichen Erfolg. Die Männer, die einige Jahre nach dem Krieg aus der Gefangenschaft zurückkehrten, traten in einen Arbeitsmarkt mit hoher Arbeitslosigkeit. 1949 waren 10% aller männlichen BASE-Teilnehmer einige Zeit arbeitslos. Im Gegensatz zur Weltwirtschaftskrise traf die Rezession nach dem Krieg alle Kohorten gleichermaßen. Zwischen 1945 und 1950 waren 18% der ältesten, 17% der mittleren und 24% der jüngsten Kohorte arbeitslos. Allerdings waren die Nachkriegsjahre nicht ausschließlich Zeiten des Abstiegs und der Arbeitslosigkeit. Viele Männer machten auch Aufstiege. Zwischen 1945 und 1950 waren die Aufstiege so häufig wie zu Beginn dieser beruflichen Karrieren. Auf die Umordnung der beruflichen Positionen durch den Krieg folgte innerhalb von zehn Jahren die Wiederherstellung der alten beruflichen Strukturen.

Nach 1955 blieben die Anteile der Auf- und Abstiege auf einem konstanten, relativ niedrigen Niveau.

Abbildung 2: a) Berufliche Aufstiege, b) Abstiege und c) Arbeitslosigkeit von Männern nach Jahr (prozentuale Anteile der Männer auf dem Arbeitsmarkt).

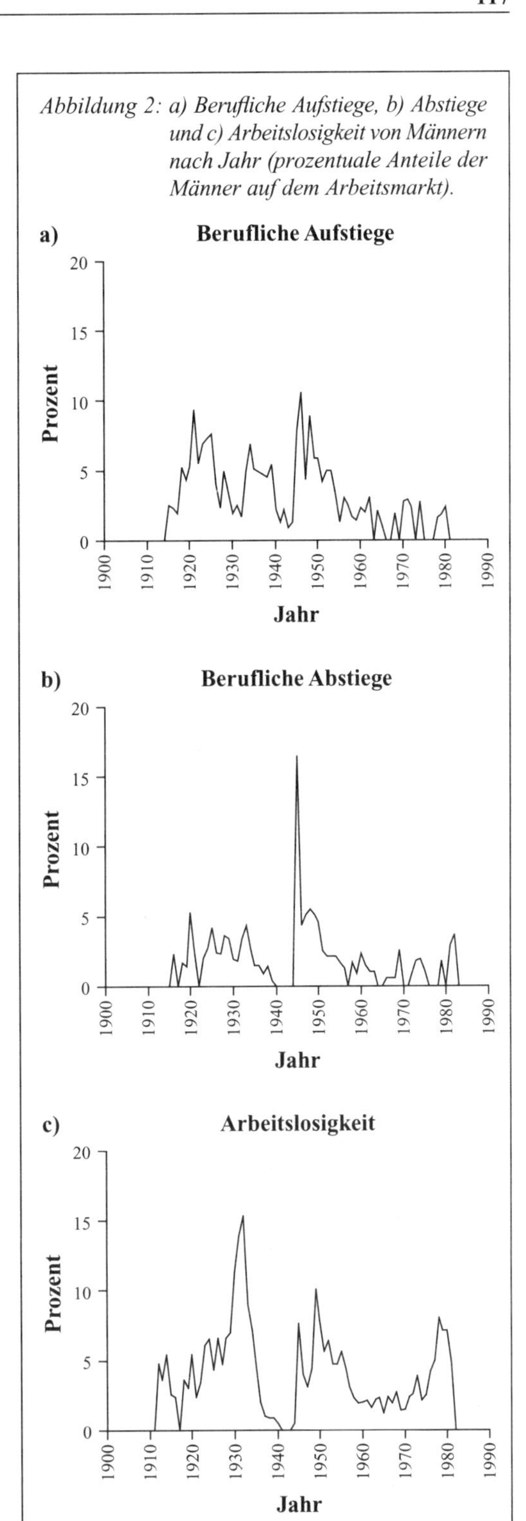

Tabelle 4: Berufliche Aufstiege der Männer in den Nachkriegsjahren in Abhängigkeit von 1945 erfahrenen Abstiegen.

	Abstiege 1945	
	nein (N=206)	**ja (N=38)**
Aufstieg zwischen 1946 und 1950 (%)	27	53*
Kein Aufstieg zwischen 1946 und 1950 (%)	73	47
Summe	100	100

Signifikanzniveau: * $p<0{,}05$.

Im Gegensatz dazu stieg die Arbeitslosigkeit für unsere Kohorten ein letztes Mal Ende der 70er Jahre an. Obwohl wir diese Zahlen mit Vorsicht interpretieren müssen[7], weisen sie darauf hin, daß das Ende der beruflichen Karrieren der jüngsten Kohorte durch die ökonomisch ungünstigere Lage beeinflußt wurde.

Eine weitere Frage lautet, ob der Krieg wirklich Berufschancen umgeordnet hat, indem einige Männer gute Positionen verloren und andere sie einnehmen konnten? Oder konnten die Männer, die ihre guten Positionen nach dem Krieg verloren, sie kurze Zeit später wiedererlangen? Tabelle 4 zeigt, daß eher das letztere zutrifft. Von denen, die 1945 abstiegen, konnten 50% zwischen 1946 und 1950 wieder aufsteigen. Von denen, die 1945 nicht abstiegen, stiegen nur 27% in den nächsten fünf Jahren auf.

Die lebensgeschichtlichen Daten der Berliner Altersstudie weisen also darauf hin, daß große Veränderungen der beruflichen Struktur während des Arbeitslebens unserer Stichprobe vor allem durch berufliche Auf- und Abstiege in allen Kohorten zustande kamen und nicht durch den Ersatz von älteren, traditionellen Kohorten durch jüngere und modernere Kohorten. Eine Selbständigen-Karriere wurde in den jüngeren Kohorten zunehmend unwahrscheinlich. Anfängliche Kohortenunterschiede der Berufsstruktur sind vermutlich durch eine höhere Sterblichkeit von Arbeitern gegenüber Angestellten und Beamten verringert worden. Die Berufsleben unserer Kohorten waren durch zwei Phasen hoher Arbeitslosigkeit gekennzeichnet: die Jahre der Weltwirtschaftskrise und die Jahre nach dem Zweiten Weltkrieg. Die mittlere Kohorte, die während der Weltwirtschaftskrise auf den Arbeitsmarkt trat, wurde besonders von der Arbeitslosigkeit betroffen. Obwohl die jüngste Kohorte am längsten im Zweiten Weltkrieg diente, war ihr beruflicher Erfolg nicht unmittelbar beeinträchtigt. Alle Kohorten trugen ähnliche Risiken der Arbeitslosigkeit und des Abstiegs in den Nachkriegsjahren. Die längerfristigen Folgen des Zweiten Weltkriegs für die beruflichen Karrieren waren gering. Diejenigen Männer, die direkt nach dem Krieg beruflich abstiegen, hatten auch die größten Chancen, in den folgenden Jahren aufzusteigen. Schließlich ist die große Ähnlichkeit der Kohorten in bezug auf Schichtzugehörigkeit des ersten und letzten Berufs und berufliche Auf- und Abstiege angesichts ihrer Erfahrung turbulenter historischer Ereignisse zu unterschiedlichen Zeitpunkten innerhalb ihrer Lebensläufe sehr bemerkenswert.

4.2 Berufliche Karrieren von Frauen

Im Gegensatz zu verbreiteten Annahmen ist die Gesamtteilnahme der Frauen am Arbeitsmarkt seit Anfang des Jahrhunderts sehr konstant geblieben (Willms, 1983). Zwischen 1907 und 1980 waren immer ungefähr 50% der Frauen zwischen 15 und 60 Jahren in bezahlten Beschäftigungsverhältnissen. Es gab allerdings große Veränderungen der von Frauen ausgeführten Arbeitsarten. So gab es eine Verschiebung von Teilzeit- zu Vollzeitarbeit und aus abhängigen Positionen (wie die der mithelfenden Familienangehörigen).

Die Anzahl der Frauen, die nie mit einer Vollzeitbeschäftigung (mindestens 20 Stunden pro Woche über wenigstens drei Monate) auf dem Arbeitsmarkt waren, nahm über die BASE-Kohorten ab (siehe Tabelle 5). In der ältesten Kohorte waren es noch 14%, in den beiden jüngeren jeweils 4% und 3%, die nie bezahlte Vollzeitarbeit leisteten. Diejenigen, die arbeiteten, nahmen durchschnittlich 25 Jahre lang am Arbeitsmarkt teil. Dies ist etwas mehr als das Ergebnis von Allmendinger, Brückner und Brückner (1993) für die westdeutsche Geburtskohorte von 1919 bis 1921, die durchschnittlich 22 Jahre lang arbeitete. Abbildung 3 zeigt die Berufstätigkeit der Frauen nach Jahr und Geburtskohorte. Die Verläufe weisen für alle drei Kohorten die gleiche Form auf: hohe Berufstätigkeitsraten in den jungen Erwachsenenjahren, geringere in der Phase der Familiengründung (aber nicht unter 40%!) und danach eine Zunahme.

7 Da die meisten Männer der älteren Kohorten und einige aus der jüngsten schon pensioniert waren, wird die Anzahl der Männer auf dem Arbeitsmarkt ziemlich klein (1978: 50, 1979: 42, 1980: 28, 1981: 21).

Tabelle 5: Merkmale der Berufsgeschichte von Frauen nach Geburtskohorten.

	Geburtskohorten		
	1887–1900	1901–1910	1911–1922
Berufstätig (%)	86	96	97*
Dauer (in Jahren)[1]	26	24	24
Erste berufliche Stellung (%)			
Selbständige	3	3	0
Mithelfende Familienangehörige	9	15	8
Beamtinnen	3	0	0
Qualifizierte Angestellte	22	23	26
Unqualifizierte Angestellte	45	43	46
Gelernte Arbeiterinnen	5	6	8
Ungelernte Arbeiterinnen	12	11	13
Letzte berufliche Stellung (%)			
Selbständige	5	7	5
Mithelfende Familienangehörige	10	8	3
Beamtinnen	9	1	1
Qualifizierte Angestellte	26	30	38
Unqualifizierte Angestellte	35	25	27
Gelernte Arbeiterinnen	3	7	4
Ungelernte Arbeiterinnen	12	22	22
Beruflich Aufgestiegene (%)	33	48	53*
Anzahl der Aufstiege[1]	2	1	2
Berufliche Abgestiegene (%)	30	43	47
Anzahl der Abstiege[1]	2	1	1
Eigene Rentenansprüche (%)	67	79	85*
Arbeitslos 1928–1932 (%)	6	11	1*
Arbeitslos 1945–1950 (%)	5	23	18*
Arbeitslos zu anderer Zeit (%)	14	25	19
Insgesamt arbeitslos (%)	17	40	34*
Dauer (in Monaten)[1]	48	65	64

* Unterschiede zwischen Kohorten signifikant, $p<0{,}05$.
1 Jeweils nur für die Betroffenen.

Die später geborenen Kohorten traten mit einer größeren Wahrscheinlichkeit nach der Phase der Familiengründung wieder in den Arbeitsmarkt ein[8].

78% aller Frauen erhielten schließlich Renten aufgrund ihrer eigenen Berufstätigkeit (im Vergleich zu 100% der Männer). Dies spiegelt die Tatsache wider, daß viele Frauen trotz langer Arbeitsphasen nicht die Kriterien für die Auszahlung einer Pension erfüllten. Im Gegensatz zu den Ergebnissen der Untersuchung von Allmendinger und anderen (1993) über die deutsche Geburtskohorte von 1920 erarbeiteten relativ viele der Berliner Frauen aus der BASE-Stichprobe ihre eigene Rente. Dies kann eine Folge der in Berlin relativ hohen Zahl von Frauen sein, die als Angestellte oder Arbeiterinnen tätig waren, oder, zu einem geringeren Grad, Folge der veränderten Rentengesetzgebung von 1992 (Bundesminister für Arbeit und Sozialordnung, 1992). In der jüngeren Kohorte ist

8 Die Anteile der Berliner Frauen auf dem Arbeitsmarkt sind nach MZ71 1939, 1950 und 1960 in den drei Kohorten den BASE-Anteilen sehr ähnlich. Es gibt keine Anzeichen für selektive Mortalität oder für selektive Studienteilnahme von berufstätigen Frauen oder Hausfrauen (Maas, 1994).

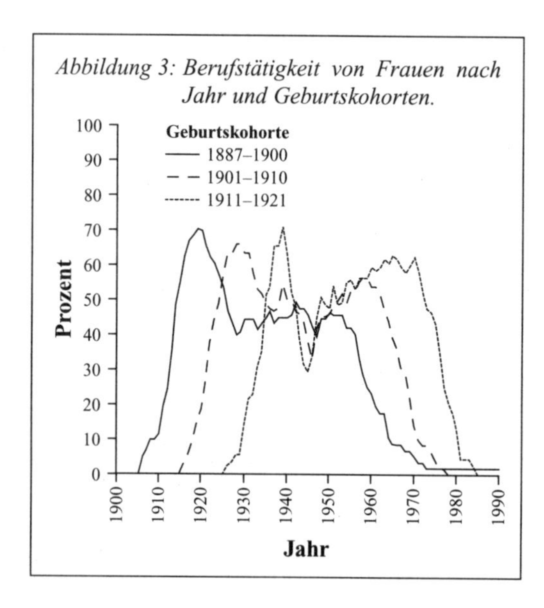

Abbildung 3: Berufstätigkeit von Frauen nach Jahr und Geburtskohorten.

die Anzahl der Frauen, die ihren eigenen Rentenanspruch erarbeiten, deutlich höher als in den anderen Kohorten.

Die Verteilung der beruflichen Stellungen des ersten Berufs war über die drei Kohorten hinweg ziemlich konstant. Mehr als 40% der Frauen begannen ihre Karrieren als unqualifizierte Angestellte, ein Viertel begann als qualifizierte Angestellte. Offensichtlich war der Dienstleistungssektor schon in der ersten Hälfte dieses Jahrhunderts der günstigste Ort für die erste Stellensuche Berliner Frauen. Mehr Frauen als Männer begannen ihre Karriere in traditionellen Stellungen (mithelfende Familienangehörige), aber sogar der Anteil der Frauen in dieser Kategorie ist relativ klein (10%). Die in der ersten Hälfte des Jahrhunderts unter deutschen Frauen zu verzeichnende allgemeine Tendenz, Positionen als mithelfende Familienangehörige zu verlassen und Stellen als Arbeiterinnen und Angestellte einzunehmen (Statistisches Bundesamt, 1972), scheint offensichtlich in Berlin schon abgeschlossen gewesen zu sein.

Wenn wir die erste Tätigkeit mit der letzten vergleichen, scheinen zwei wichtige Verschiebungen stattgefunden zu haben. 29% der Frauen in Positionen als unqualifizierte Angestellte rückten in Positionen qualifizierter Angestellter. Viele Frauen beendeten aber auch ihre Berufskarrieren als ungelernte Arbeiterinnen (22% der jüngeren Kohorten).

Diese Kohortenunterschiede der beruflichen Veränderungen über den Lebenslauf spiegeln sich in den Mustern der Auf- und Abstiege. Aufstiegschancen nahmen über die Kohorten zu. Jeweils 33% (älteste Kohorte), 48% und 53% (jüngste Kohorte) der Frauen stiegen mindestens einmal im Leben beruflich auf, am häufigsten von der Position einer unqualifizierten zu der einer qualifizierten Angestellten. Abstiege sind insgesamt seltener als Aufstiege. Die Zahl der Abstiege ist in den Kohorten nicht signifikant unterschiedlich.

Während der Weltwirtschaftskrise und in den folgenden Jahren war es für Frauen schwer, in bezahlten Arbeitsstellen zu bleiben. Es wurde eine politische Kampagne gegen Berufsausbildung und -tätigkeit der Frauen (unter dem Schlagwort der „Doppelverdiener") geführt (Allmendinger et al., 1993; Handl, 1984; Lehr, 1987). Wie bei den Männern hatten die Frauen der mittleren Kohorte, die gerade in den Arbeitsmarkt traten, am meisten unter Arbeitslosigkeit während der Rezessionsjahre zu leiden (11% versus 6% in der ältesten Kohorte und 1% in der jüngsten, vgl. Tabelle 5). Die Stärke des Einflusses der wirtschaftlich schlechten Jahre auf die Karrieren der Frauen war offensichtlich abhängig von der Phase des Erwerbsverlaufs, in der sie sich gerade befanden (Müller, 1985; Müller, Handl & Willms, 1983).

Im allgemeinen eröffnete der Zweite Weltkrieg Berufschancen für Frauen. Bei Abwesenheit der Männer wurde ihre Arbeitskraft benötigt. Es ist jedoch schwer, positive Auswirkungen des Krieges auf die Berufstätigkeit der BASE-Teilnehmerinnen auszumachen (siehe Abb. 3). Allenfalls nahm die Berufstätigkeit der mittleren und der ältesten Kohorte geringfügig zu. Wahrscheinlich war die Berufstätigkeit der Frauen in Berlin so hoch, daß sie kaum noch erhöht werden konnte. Allerdings werden die Schwierigkeiten der Frauen auf dem Nachkriegsarbeitsmarkt deutlich. Die wirtschaftlich schweren Zeiten und die Rückkehr vieler Männer verdrängten die Frauen vom Arbeitsmarkt (Meyer & Schulze, 1984, 1985). Soweit Daten vorliegen (Willms, 1983), wurde die in diesem Jahrhundert niedrigste Berufstätigkeitsrate der Frauen 1950 erreicht (44% der Frauen zwischen 15 und 60). Alle drei BASE-Kohorten wiesen in diesen Jahren geringere Raten auf. 1945 waren insgesamt mehr als 10% der BASE-Teilnehmerinnen arbeitslos, wobei die Arbeitslosenzahlen bei den zwei jüngeren Kohorten viel höher lagen als in der ältesten (5%, 23% und 18%, siehe Tabelle 5). Offensichtlich waren die älteren Frauen eher in der Lage, an ihren Stellen festzuhalten als die jüngeren.

Männer erfuhren in den Nachkriegsjahren nicht nur hohe Arbeitslosigkeit und berufliche Abstiege, sondern auch Aufstiege. Letzteres war für Frauen nicht der Fall. Mit Ausnahme einiger Abstiege zwischen 1945 und 1950 änderten sich die Auf- und Abstiegsraten kaum.

Daraus kann gefolgert werden, daß die Berufskarrieren der BASE-Teilnehmerinnen bemerkenswert moderne Eigenschaften hatten. Die Berufstätigkeitsraten waren hoch, ebenso die Anzahl der Frauen, die im Dienstleistungssektor arbeiteten. Die jüngeren Kohorten waren insofern moderner, als Berufstätigkeit noch verbreiteter war, sie häufiger nach der Geburt ihrer Kinder auf den Arbeitsmarkt zurückkehrten und mehr Personen ihre eigenen Rentenansprüche erwarben. Die Weltwirtschaftskrise und besonders die Nachkriegsrezession drängte Frauen aus dem Arbeitsmarkt. In beiden Fällen waren die älteren Frauen besser in der Lage, ihre Stellen zu behalten als die jüngeren.

5. Die Familiengeschichte

Eigenschaften der Familie gehören zu den wichtigsten Determinanten des Lebens im hohen Alter. Unter anderem haben Männer und Frauen mit einem Partner oder Kindern ein geringeres Risiko der Institutionalisierung (Klein, 1994; Thiede 1988); Kinder sind für die Pflege alter Eltern wichtige Personen (Lang, 1994), und der Verlust eines Partners führt zumindest für einige Zeit zu einem höheren Sterblichkeitsrisiko (Gärtner, 1990; Klein, 1993a; Mellström, Nilsson, Odén, Rundgren & Svanborg, 1982).

In diesem Abschnitt sollen einige Aspekte der Familiengeschichten der drei Geburtskohorten der Berliner Altersstudie (1887–1900, 1901–1910 und 1911–1922) in ihren historischen Kontexten beschrieben werden. Da der Partner und die Kinder im hohen Alter die wichtigste Rolle spielen, konzentrieren wir uns auf sie und vernachlässigen andere Verwandte wie Eltern, Geschwister oder Enkelkinder. In Kapitel 11 von M. Wagner et al. werden die Beziehungen der BASE-Teilnehmer zu den Mitgliedern ihrer erweiterten Familien behandelt.

5.1 Ehe

Der gegenwärtige Familienstand offenbart nur einen kleinen Teil der Familiengeschichte. Hinter dem gegenwärtigen Familienstand verbargen sich 15 verschiedene Kombinationen von Ehe, Verwitwung und Scheidung (siehe Tabelle 6). Zwei Unterschiede zwischen Heiratsmustern von Männern und Frauen werden sehr deutlich. Fast keine Frau heiratete mehr als zweimal. Und Muster, die mit einer noch bestehenden Ehe enden, sind bei Männern häufiger als bei Frauen zu beobachten.

Fast alle BASE-Teilnehmer heirateten mindestens einmal. Dies trifft besonders auf die Männer (99%, 98% und 95%) und eher auf die jüngeren Kohorten der Frauen (91% und 89%) als auf die älteste zu (83%; siehe Tabelle 7). Männer heirateten in einem etwas höheren Alter als Frauen. Männer und Frauen der jüngsten Kohorte heirateten im jüngeren Alter als

Tabelle 6: Ehemuster der BASE-Teilnehmer.

							Männer (in %)	**Frauen (in %)**
Ledig							3,3	12,0
Ehe							31,6	4,7
Ehe	Verwitwung						31,6	54,9
Ehe	Scheidung						3,3	8,6
Ehe	Verwitwung	Ehe					6,1	0,9
Ehe	Verwitwung	Ehe	Verwitwung				2,9	7,3
Ehe	Verwitwung	Ehe	Scheidung				0,8	0,9
Ehe	Scheidung	Ehe					13,5	0,9
Ehe	Scheidung	Ehe	Verwitwung				4,5	7,7
Ehe	Scheidung	Ehe	Scheidung				0,4	1,7
Ehe	Verwitwung	Ehe	Verwitwung	Ehe			0,4	—
Ehe	Verwitwung	Ehe	Scheidung	Ehe			—	0,4
Ehe	Scheidung	Ehe	Verwitwung	Ehe			0,4	—
Ehe	Scheidung	Ehe	Scheidung	Ehe			0,8	—
Ehe	Scheidung	Ehe	Scheidung	Ehe	Scheidung	Ehe	0,4	—

die älteren Kohorten. Wenn wir die historische Zeitachse betrachten (vgl. Abb. 1), ist es möglich, daß die Heiraten dieser Kohorte durch die Familienpolitik des NS-Regimes und den Krieg beschleunigt wurden.

Von den ersten Ehen der Männer bestanden 32% noch zum Zeitpunkt der Befragung, bei den Frauen nur 5%. Bei Vergleich der Kohorten ist es jedoch interessanter, das Alter von 70 zu betrachten (das letzte Alter, über das wir für alle BASE-Teilnehmer dieselben Informationen haben). Mehr als die Hälfte der ersten Ehen der Männer bestanden noch, als sie 70 wurden. Die Situation der Frauen war weniger positiv. Nur 25% waren noch in ihrer ersten Ehe. Die Hauptursache dieser Diskrepanz ist zweifellos die allgemein höhere Mortalität der Männer (zusammen mit ihrem höheren Heiratsalter). Es gibt jedoch auch historische Einflüsse, wie an den Kohortenunterschieden deutlich wird. Von den Männern der ältesten BASE-Kohorte waren 70% im Alter von 70 noch mit ihrer ersten Ehefrau verheiratet, nur 49% der mittleren Kohorte, und 55% der jüngsten. Bei den Frauen betragen diese Anteile jeweils 28%, 35% und 20%. Wie sind diese Kohortenunterschiede und die Geschlechterdifferenzen zu erklären?

Die Männer der ältesten Kohorte heirateten um 1920. Im Alter von 70 (um 1965) waren 13% von ihrer ersten Ehefrau geschieden, und bei 16% war die erste Frau verstorben. Scheidung war unter den Männern der mittleren Kohorte viel häufiger, besonders in den Nachkriegsjahren. Mit 70 Jahren (um 1975) hatten 28% ihre erste Ehe durch Scheidung beendet. Der Anteil der Männer, deren erste Partnerin verstorben war, lag in dieser Kohorte auch etwas höher (22%) als in der ältesten Kohorte. Allerdings sind diese Zahlen zu klein, um zu entscheiden, ob dies Zufall oder beispielsweise eine Folge des Zweiten Weltkrieges ist. Männer der jüngsten Kohorte heirateten relativ jung. Wie bei der mittleren Kohorte endeten viele dieser Ehen (ungefähr 20%) kurz nach dem Krieg mit einer Scheidung. Im Alter von 70 war der kumulative Anteil der von ihren ersten Frauen geschiedenen Männer auf 27% angestiegen. Die

Tabelle 7: Merkmale der Familiengeschichte (Ehen) nach Geschlecht und Geburtskohorten.

	Geburtskohorten		
	1887–1900	**1901–1910**	**1911–1922**
Männer			
Erste Ehe (%)	99	98	95
Alter bei der ersten Heirat	29	29	27*
Im Alter 70 noch in erster Ehe (%)	70	49	55*
Verlust des ersten Partners durch Scheidung vor dem Alter 70 (%)	13	28	27*
Verlust des ersten Partners durch Verwitwung vor dem Alter 70 (%)	16	22	13
Zweite Heirat vor dem Alter 70 (%)	21	33	28
Zweite Heirat der Verwitweten und Geschiedenen (%)	70	65	62
Im Alter 70 noch in zweiter Ehe (%)	19	28	22
Frauen			
Erste Ehe (%)	83	91	89
Alter bei der ersten Heirat	27	27	24**
Im Alter 70 noch in erster Ehe (%)	28	35	20
Verlust des ersten Partners durch Scheidung vor dem Alter 70 (%)	5	16	27**
Verlust des ersten Partners durch Verwitwung vor dem Alter 70 (%)	50	40	42
Zweite Heirat vor dem Alter 70 (%)	9	16	29**
Zweite Heirat der Verwitweten und Geschiedenen (%)	13	25	36*
Im Alter 70 noch in zweiter Ehe (%)	2	5	10

Signifikanzniveau: * $p<0{,}05$; ** $p<0{,}01$.

Partnerinnen der Mitglieder dieser Kohorte scheinen länger gelebt zu haben als diejenigen der älteren Kohorten. Als diese Studienteilnehmer 70 waren, hatten nur 13% ihre Partnerinnen verloren.

Der große Unterschied zwischen den Zahlen der Männer der ältesten und der mittleren Kohorte, die mit 70 noch mit ihren ersten Frauen verheiratet waren (70% versus 49%), ist also vor allem durch die hohe Scheidungsrate während des Krieges und in den Folgejahren bei der mittleren Kohorte zu erklären. Die mittlere Stellung der jüngsten Kohorte (55%) ist wiederum die Folge hoher Scheidungsraten, besonders nach dem Krieg (mit denjenigen der mittleren Kohorte vergleichbar), aber niedrigerer Sterblichkeit[9].

Die Familiengeschichten der Frauen weisen hinsichtlich ihrer Ehen einige Parallelen, aber auch einige wesentliche Unterschiede zu denen der Männer auf. Wie erwähnt ist die Anzahl der Frauen, die nie heirateten, größer als die der stets unverheirateten Männer. In der ältesten BASE-Kohorte (1887–1900) erreicht der kumulative Anteil der verheirateten Frauen nur 83%. Keine dieser Ehen bestand noch zum Zeitpunkt der Befragung. Im Alter von 70 waren jedoch 28% der Frauen der ältesten Kohorte noch mit ihrem ersten Ehemann verheiratet. Nur wenige Ehen der Frauen dieser Kohorte endeten mit einer Scheidung (5%). Der hohe Anteil der verstorbenen ersten Partner dieser Frauen (50%) spiegelt die kumulativen Effekte des Ersten und Zweiten Weltkriegs. Frauen der mittleren Kohorte (1901–1910) erlebten häufiger eine Scheidung als diejenigen der ältesten. Wie bei den Männern fanden diese Scheidungen vor allem während des Krieges und in den Folgejahren statt. Die Anzahl der Scheidungen erreicht nicht die gleichen Werte wie bei den Männern (16% im Alter von 70 versus 28% bei den Männern). Bei den Frauen dieser mittleren Kohorte wirkte sich der Krieg aber vor allem durch Verwitwungen aus, nicht durch Scheidungen. Zwischen 1943 und 1945 starben die Partner von 20% dieser Frauen. Im Alter von 70 war die kumulative Häufigkeit der Frauen, deren erster Ehemann gestorben war, auf 40% angestiegen. In der jüngsten Kohorte (1911–1922) waren ungefähr 25% der Frauen aufgrund des Krieges verwitwet. Die hohen Scheidungsraten direkt nach dem Krieg verursachten das Ende der Ehe für 20% der Frauen. Mit 70 waren nur 20% der Frauen dieser Kohorte noch mit ihrem ersten Partner verheiratet. Folglich gab es für Frauen einen noch größeren Anstieg der Scheidungsraten als für Männer. Allerdings sollte dies nicht als eine „Modernisierungstendenz" aufgefaßt werden, sondern eher als Folge des Zweiten Weltkriegs[10].

28% aller Männer heirateten vor dem Alter 70 ein zweites Mal[11]. Dies bedeutet, daß ungefähr 65% der Männer, die ihre erste Frau verloren, eine neue Partnerin fanden (Tabelle 7). In allen drei Kohorten heirateten fast alle Männer, die ihre Partnerinnen relativ jung verloren, innerhalb weniger Jahre erneut. Erst später im Leben wird die Chance einer Wiederverheiratung viel kleiner. Die meisten der zweiten Ehen bestanden noch im Alter von 70. Unter der kleinen Gruppe der Männer, die ihre zweite Partnerin verloren, heirateten einige ein drittes oder sogar viertes Mal.

Im Unterschied dazu gab es bei den Frauen große Kohortenunterschiede hinsichtlich zweiter Ehen. Die meisten Frauen der Kohorte 1887–1900, die ihre Partner verloren hatten, verbrachten den Rest ihres Lebens alleine. Der Anteil der Frauen, die ein zweites Mal heirateten, liegt bei nur 13%. Außerdem endeten fast alle diese zweiten Ehen, bevor die Frauen das 70. Lebenjahr erreichten. Die Wahrscheinlichkeit der Wiederverheiratung war in der Kohorte 1901–1910 etwas höher (25%), und bei der Kohorte 1911–1922 fanden sich noch mehr zweite Ehen (36%). Die Anteilswerte der Personen, die eine zweite Ehe eingingen, unterscheiden sich zwischen Männern und Frauen dieser Kohorte nicht (29% versus 28%). Da aber viel mehr Frauen ihren ersten Mann verloren hatten, war die Chance der Wiederheirat für Frauen immer noch viel kleiner (36% versus 62%). Ein anderer auffälliger Unterschied betrifft die Tatsache, daß fast alle wiederverheirateten Frauen ihren zweiten Partner vor dem Alter 70 verloren, während mehr als die Hälfte der wiederverheirateten Männer in diesem Alter noch mit ihren Frauen zusammenlebten.

Wir können die folgenden Schlüsse ziehen: Die katastrophalen Folgen des Zweiten Weltkriegs für das Familienleben sind offenkundig. Fast alle deutschen

9 Die Kohortenunterschiede, die wir beobachten, sind auch teilweise Folgen selektiver Mortalität. Es ist gut bekannt, daß verheiratete Männer länger als Unverheiratete leben, die ihrerseits länger als Geschiedene und Verwitwete leben (Gärtner, 1990; Klein, 1993a). Ein Vergleich der männlichen BASE-Kohorten mit den Berliner Teilnehmern der MZ71 offenbart ähnliche Unterschiede. Im Vergleich zum Mikrozensus sind in der ältesten BASE-Kohorte mehr Männer, die 1971 verheiratet waren, und weniger Männer, die dann verwitwet waren. In den jüngeren Kohorten sind solche Unterschiede nicht nachweisbar (Maas, 1994).

10 Ein Vergleich des Familienstandes von Frauen 1971 nach MZ71 und für das gleiche Jahr nach BASE zeigt keine Unterschiede. Im allgemeinen ist die selektive Mortalität nach Familienstand bei Frauen geringer als bei Männern (Gärtner, 1990). In unseren Daten ist sie bei Frauen nicht erkennbar.

11 Einige Männer aus den älteren Kohorten heirateten zum zweiten Mal nach Erreichen des 70. Lebensjahres. Zu Vergleichszwecken zwischen den Kohorten werden sie hier nicht mitgezählt.

Männer verließen wegen des Militärdienstes ihre Familien. Viele kehrten nie zurück. Der Tod des Partners war allerdings nicht die einzige Ursache für das Ende von Ehen in den Kriegsjahren. Die BASE-Kohorten folgen den Veränderungen der Scheidungsraten, wie sie vom Statistischen Bundesamt (1972) beschrieben werden. In der Zwischenkriegszeit war die Scheidungsrate relativ stabil. Nach dem Zweiten Weltkrieg sprang sie vorübergehend auf ein viel höheres Niveau. Im hohen Alter ist dies für Frauen am meisten relevant, da sie viel häufiger ihre Partner verloren und viel geringere Wiederheiratsaussichten hatten als Männer. Bei den Frauen zeigen sich zwei kontrastierende Kohortenunterschiede. Einerseits hatten Frauen der jüngeren Kohorten (1911–1922) ein großes Risiko, ihre Partner im Zweiten Weltkrieg oder danach zu verlieren. Andererseits waren ihre Wiederheiratschancen beträchtlich größer als die der Frauen in den älteren Kohorten (1887–1900 und 1901–1910). Ein Teil der Unterschiede der Heiratsmuster der männlichen BASE-Kohorten wurde durch das höhere Mortalitätsrisiko Verwitweter verursacht.

5.2 Kinder

Neben dem Partner sind wahrscheinlich die Kinder die wichtigsten Personen im Leben alter Menschen. Es wird deswegen oft die Befürchtung geäußert, daß die abnehmende Größe der Familien negative Auswirkungen auf die Lebensqualität der älteren Generationen haben werde. Familiengröße und besonders Kinderlosigkeit sind daher wichtige Themen gerontologischer Forschung.

Es gibt klare Unterschiede zwischen den BASE-Kohorten in bezug auf die Anzahl der lebenden Kinder zum Befragungszeitpunkt (siehe Tabelle 8). Im Durchschnitt hat die Kohorte 1911–1922 1,5 lebende Kinder, die Kohorte 1901–1910 1,2 und die Kohorte 1887–1900 0,9. Um diese Unterschiede verstehen zu können, müssen viele Einflüsse betrachtet werden.

Wir beginnen mit den Unterschieden bei den Geburten. Zunächst wissen wir, daß während des Krieges und, zu einem geringeren Grade, während wirtschaftlicher Rezessionen weniger Kinder in Deutschland geboren wurden (Statistisches Bundesamt, 1972). Im Gegensatz zu den Rezessionsjahren und zu anderen Ländern folgten auf die Kriege keine Perioden höherer Fertilität. Es ist auch bekannt, daß die Fruchtbarkeit während der ersten Jahrzehnte des Jahrhunderts abnahm, daß aber um 1930 eine Umkehr dieser Tendenz einsetzte (Knodel, 1974). Die Fertilität der BASE-Kohorten muß eine Folge beider Arten historischer Wandlung sein.

Aus der Perspektive der Familiengröße ist es interessant, zwischen Kinderlosigkeit und Anzahl der Kinder in Familien zu unterscheiden. Tabelle 8 zeigt, daß nur der Anteil derjenigen, die nie Kinder hatten, sich zwischen den Kohorten unterscheidet (vgl. M. Wagner et al., Kapitel 11). In der ältesten Kohorte (1887–1900) hatten 40% nie Kinder, in den später geborenen Kohorten sind dies jeweils 29% und 26%. Familien mit Kindern hatten in allen Kohorten durchschnittlich zwei Kinder[12]. Passen diese Ergebnisse zur Umkehrung der Tendenz zu geringer Fruchtbarkeit und zum Einfluß historischer Ereignisse?

Für die untersuchten Kohorten begann die Familiengründung um das Alter 30. Die Kohorte 1887–1900 erreichte dieses Alter zwischen 1917 und 1930. Der

Tabelle 8: Kinder der BASE-Kohorten.

	Geburtskohorten		
	1887–1900	**1901–1910**	**1911–1922**
Durchschnittliche Anzahl der zum Befragungszeitpunkt lebenden Kinder	0,9	1,2	1,5*
Durchschnittliche Anzahl der geborenen Kinder	1,2	1,5	1,6*
Anteil der Personen, die nie Kinder hatten (%)	40	29	26*
Durchschnittliche Anzahl der Kinder (bei mindestens einem Kind)	2,0	2,0	2,2

* Unterschiede zwischen Kohorten signifikant, $p<0,05$.

12 Die hohe Zahl der Kinderlosen in der ältesten Kohorte und die konstante Familiengröße können auch in der MZ71 nachgewiesen werden.

Befund, daß so viele von ihnen kinderlos blieben (und so viele Frauen gar nicht heirateten), entsprach der allgemeinen Tendenz in Deutschland. Die Kohorte 1901–1910 wurde empfindlicher durch die Weltwirtschaftskrise getroffen (wie an den Arbeitslosenzahlen zu sehen), aber wahrscheinlich auch durch die geburtsfördernden sozialpolitischen Maßnahmen des NS-Regimes beeinflußt. Letztere müssen wirksam gewesen sein, da die Fertilität anstieg. Die Kohorte 1911–1922 erreichte das 30. Lebensjahr während und direkt nach dem Zweiten Weltkrieg. Im Vergleich zu der Zeit davor waren dies schlechte Zeiten für die Geburt von Kindern. Außerdem waren diese Ehen, wie oben gezeigt, verhältnismäßig instabil. Trotzdem hatten unerwarteterweise mehr Menschen aus dieser Kohorte Kinder als aus den älteren.

Eine weitere Ursache für Kohortenunterschiede der Familiengröße im Alter kann darin bestehen, daß Eltern ihre Kinder überleben. Neben Unfällen und anderen zufälligen Todesursachen gibt es drei wesentliche Ursachen für den Tod von Kindern: (1) Kindersterblichkeit, (2) der Zweite Weltkrieg, (3) altersbedingte Krankheiten der Kinder. Abbildung 4 stellt die kumulativen Anteile der nicht-überlebenden Kinder dar. Es gibt klare Kohortenunterschiede. Mehr als 20% aller Kinder der Kohorte 1887–1900 starben vor der Befragung, dagegen nur 13% der Kinder der Kohorte 1901–1910 und 10% der Kohorte 1911–1922. Alle drei erwähnten Todesursachen spielten eine Rolle. Bei den Kindern der Kohorte 1887–1900 war die Kindersterblichkeit (die nicht durch den Krieg verursacht wurde) viel häufiger als bei den Kindern der beiden anderen Kohorten (vgl. Knodel, 1974). Alle drei Kohorten verloren Kinder im Krieg. Die Kinder der Kohorte 1911–1922 waren in den Jahren 1939–1945 noch sehr jung, von den Kindern der Kohorte 1887–1900 waren einige schon Soldaten. Die ersten Kinder der 1887–1900 geborenen Kohorte wurden 1911 geboren. 1990 waren sie 79 Jahre alt. Wie zu erwarten, waren einige der Kinder dieser ältesten Kohorte zwischen 1980 und 1990 schon an altersabhängigen Krankheiten gestorben. Bei den Kindern der zwei jüngeren Kohorten ist dieser Effekt noch nicht zu erkennen.

Wir ziehen die Schlußfolgerung: Die Daten über die Kinder der BASE-Kohorten zeigen, daß einige der eingangs zitierten Befürchtungen unrichtig sind. Tatsächlich bestand bei der ältesten Kohorte eine viel höhere Wahrscheinlichkeit, ohne eigene Kinder alt

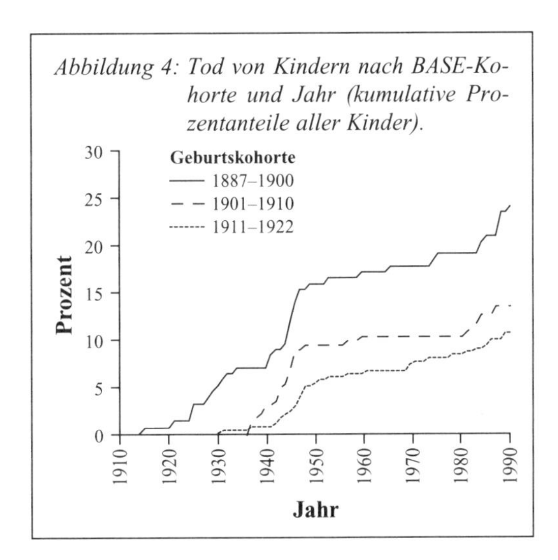

Abbildung 4: Tod von Kindern nach BASE-Kohorte und Jahr (kumulative Prozentanteile aller Kinder).

zu werden, als bei den jüngeren. Die 1887–1900 Geborenen hatten häufiger gar keine Kinder, sie hatten keine größeren Familien, und sie verloren mehr Kinder im jungen Alter. Daß sie mehr Kinder in den letzten Jahren verloren, hängt mit ihrem eigenen Alter zusammen.

6. Die Krankheitsgeschichte

Krankheiten im Lebensverlauf – akute wie chronische – sind in dem hier diskutierten Zusammenhang vor allem aus folgenden Aspekten von Bedeutung: Der erste Aspekt bezieht sich darauf, daß die Krankheitsgeschichten der BASE-Teilnehmer deutlich vor allem durch die beiden Weltkriege beeinflußt worden sein müssen, auch wenn sie ausnahmslos „Langzeitüberlebende“ sind (Mayer, 1988). Der zweite Aspekt ist der der Altersprädilektion von Krankheiten und bezieht sich darauf, daß bestimmte Krankheiten in bestimmten Lebensabschnitten gehäuft vorkommen (Brody & Schneider, 1986). Appendizitis (Blinddarmentzündung) ist z. B. eine typische Erkrankung des späteren Kindesalters, Cholelithiasis (Gallensteine) eine des mittleren Erwachsenenalters und die Katarakt (Linsentrübung) eine typische Alterserkrankung. Alle gehen regelmäßig mit chirurgischen Interventionen einher[13]. Der dritte Aspekt bezieht sich auf

13 Aufgrund der zeitlichen Nähe der betrachteten Geburtskohorten sind hinsichtlich der Altersprädilektion dieser Krankheiten keine wesentlichen Unterschiede zwischen den Kohorten zu erwarten, so daß bei einer zusammenfassenden Betrachtung mit Überlagerungseffekten zwischen individueller (Altern) und kollektiver Zeit (Kalenderjahre) zu rechnen ist. Wenn ein historisches Ereignis mit erhöhter Erkrankungsrate, wie beispielsweise der Zweite Weltkrieg, für eine Kohorte in eine ansonsten gesundheitlich ereignisarme Phase, für eine andere jedoch in eine ereignisreiche Zeit fällt, dann erscheint bei einer kumulativen Betrachtung letztere durch das historische Ereignis wesentlich stärker betroffen.

Abbildung 5: Mittleres Alter bei Erstmanifestation ausgewählter medizinischer Ereignisse, nach BASE-Kohorte.

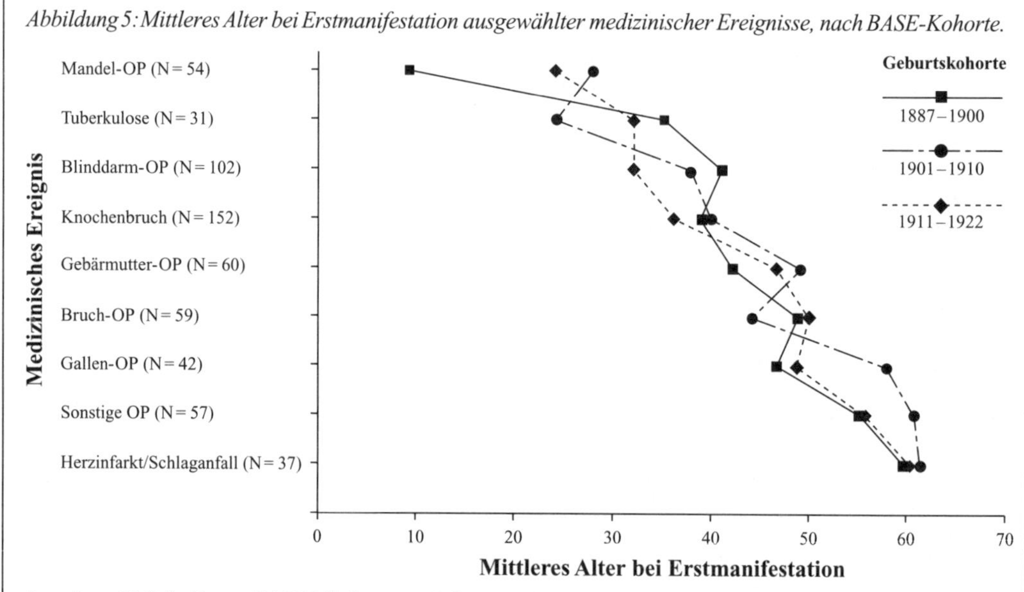

Anmerkung: Weil die jüngsten BASE-Teilnehmer zum Befragungszeitpunkt 70 Jahre alt waren, wurden nur Angaben berücksichtigt, die sich auf das 1.–70. Lebensjahr beziehen. Alle Mittelwertsunterschiede sind nicht signifikant (p>0,05).

die allgemeine Verbesserung (Modernisierung) der medizinischen Behandlung im 20. Jahrhundert, die sich beispielsweise auch in der Verminderung von Operationsrisiken wiederspiegelt. Weil aber diese Entwicklung für die verschiedenen BASE-Kohorten in unterschiedlichen Altersabschnitten stattgefunden hat und die Risiken vieler auch moderner Behandlungsmethoden noch mit dem Alter zunehmen, ist anzunehmen, daß die BASE-Kohorten von dieser Entwicklung in unterschiedlichem Ausmaß profitiert haben. Insgesamt resultiert daraus der vierte Aspekt, nämlich der der selektiven Mortalität, die sich zu einem gewissen Teil auf historische Ereignisse, auf akute und chronische Krankheiten sowie auf Interventionsmöglichkeiten zurückführen läßt (Dinkel, 1992).

Aus diesen Perspektiven sollen im folgenden einige Charakteristika der Krankheitsgeschichte (Operationen, Knochenbrüche, Herzinfarkt, Schlaganfall, Tuberkulose, chronische Krankheiten und subjektive Gesundheit) untersucht werden (vgl. Tabelle 9). Insgesamt wurden von den 477 betrachteten BASE-Teilnehmern 1.150 Operationen (OPs) und 334 Knochenbrüche (Frakturen) in den Zeitraum zwischen 1887 und 1989 datiert. Bis zum 70. Lebensjahr hatten 31 eine Tuberkulose und 37 einen Herzinfarkt oder Schlaganfall durchgemacht. Unter den OP-Arten fanden sich für die Zeit bis zum 70. Lebensjahr am häufigsten die Tonsillektomie (Entfernung der Rachenmandeln), die Appendektomie (Entfernung des Blinddarms), die Uterusexstirpation (Entfernung der Gebärmutter), die Herniotomie (Beseitigung eines Bauchwandbruches) und die Cholezystektomie (Entfernung der Gallenblase). Abbildung 5 zeigt die (charakteristische) Altersprädilektion der hier betrachteten medizinischen Ereignisse, wobei sich die Altersangaben in den Mittelwerten nicht signifikant zwischen den Kohorten unterscheiden. Dieses kann als ein wichtiger Hinweis auf die Datenkonsistenz auch in der ältesten Kohorte verstanden werden.

Ein systematischer Kohortenvergleich der Krankheitsgeschichte bis zum 70. Lebensjahr zeigt für einige Merkmale keine, für andere dagegen sehr deutliche Unterschiede. Die Kohorten unterscheiden sich nicht signifikant in ihren Angaben zur Tuberkulose sowie zum Herzinfarkt oder Schlaganfall. Gleiches gilt für die retrospektive Selbsteinschätzung der körperlichen Gesundheit im 40. Lebensjahr. Im Vergleich zu anderen Kohorten schätzten allerdings die Männer der jüngsten Kohorte (1911–1922 geboren) ihre körperliche Gesundheit zwischen dem 20. und 30. Lebensjahr signifikant besser ein. Hier kommt möglicherweise das subjektive Erleben von selektiver Mortalität retrospektiv zum Ausdruck, da für diese Kohorte der fragliche Lebensabschnitt unmittelbar vor, während und nach dem Zweiten Weltkrieg lag, der von sehr vielen Gleichaltrigen nicht überlebt wurde. Die Erinnerung an Not und Entbehrungen in Fronteinsätzen und Kriegsgefangenschaft könnte bei den Männern dieser Kohorte das Gefühl verstärkt haben, diese Zeit vor allem wegen einer ausgezeichneten körperlichen Verfassung überlebt zu haben.

Deutlichere Unterschiede zwischen den Kohorten finden sich allerdings in der Zahl der Operationen und Frakturen. Die Frauen und Männer der Kohorte 1911–1922 wurden mit durchschnittlich 2,4 OPs mehr als doppelt so oft operiert wie die der Kohorte 1887–1900 (etwa eine OP) und auch noch deutlich öfter als die der Kohorte 1901–1910 (etwa 1,5 OPs). Auch die Anzahl der erlittenen Frakturen ist für beide Geschlechter der jüngsten Kohorte größer als in den beiden anderen Kohorten. Diese Befunde können nur sinnvoll vor dem Hintergrund der historischen und der biologischen Zeit interpretiert werden. Die Prävalenz medizinischer Ereignisse – die rein zahlenmäßig überwiegend auf Operationen zurückgeht – variiert nachweislich in Abhängigkeit sowohl vom kalendarischen Jahrzehnt als auch vom Lebensjahrzehnt (vgl. Abb. 6). Für die Kohorte 1887–1900 liegt dabei ein erstes Maximum in der für die Dekade 1915–1924 berechneten Prävalenz und umfaßt damit auch die Jahre des Ersten Weltkrieges, für die mittlere Kohorte (1901–1910) dagegen in der Dekade 1925–1934, die Zeit der Weltwirtschaftskrise, und für die jüngste Kohorte (1911–1922) findet sich ein solches Maximum in der Dekade 1935–1944, der Zeit des Zweiten Weltkrieges (Abb. 6a). Diese Phasen lassen sich, bezogen auf die Altersachse, nicht so deutlich nachweisen, zumindest nicht für die mittlere und jüngste Kohorte, was als Hinweis auf einen stärkeren historischen Bezug verstanden werden kann (Abb. 6b).

Der extreme Prävalenzsprung im Bereich des 20. Lebensjahrs der ältesten Kohorte reflektiert dagegen das Maximum um 1920, was vermutlich darauf zurückzuführen ist, daß etwa 30% der Männer dieser BASE-Kohorte im Jahr 1896 geboren sind und damit bei Ausbruch des Ersten Weltkrieges genau 18 Jahre alt waren. Daß es sich hier um tatsächlich kriegsbedingte Ereignisse handelt, zeigt qualitativ die Verteilung der Operations- und Frakturursachen (Abb. 7).

Tabelle 9: Charakteristika der Krankheitsgeschichte der BASE-Kohorten nach Geschlecht (berücksichtigt wurden nur anamnestische Informationen, die sich auf die Kalenderjahre 1887–1989 und auf das 1.–70. Lebensjahr bezogen).

	Geburtskohorten		
	1887–1900	**1901–1910**	**1911–1922**
Männer			
Anzahl der Operationen	1,0	1,5	2,3**
Anzahl der Frakturen	0,3	0,5	0,8**
Tuberkulose (%)	5,6	6,3	7,5
Herzinfarkt/Schlaganfall (%)	5,6	7,6	15,1
Subjektive Gesundheit[1]			
im 40. Lebensjahr	2,5	2,5	2,6
im 20.–30. Lebensjahr	1,9	1,8	1,6*
Anzahl chronischer Krankheiten im 70. Lebensjahr	0,9	1,1	1,7**
Frauen			
Anzahl der Operationen	0,9	1,3	2,5**
Anzahl der Frakturen	0,2	0,4	0,6*
Tuberkulose (%)	7,8	5,3	6,4
Herzinfarkt/Schlaganfall (%)	3,6	4,0	9,6
Subjektive Gesundheit[1]			
im 40. Lebensjahr	2,5	2,6	2,8
im 20.–30. Lebensjahr	1,8	1,9	2,0
Anzahl chronischer Krankheiten im 70. Lebensjahr	0,7	1,5	1,9**

Signifikanzniveau: * $p<0,05$; ** $p<0,01$.

1 Bewertung auf fünfstufiger Skala: 1 = „sehr gut" bis 5 = „mangelhaft".

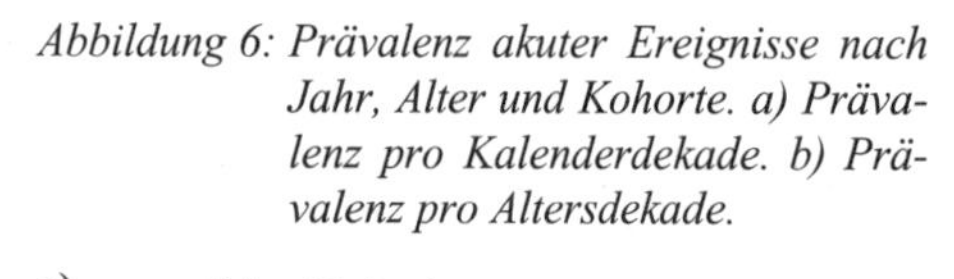

Abbildung 6: Prävalenz akuter Ereignisse nach Jahr, Alter und Kohorte. a) Prävalenz pro Kalenderdekade. b) Prävalenz pro Altersdekade.

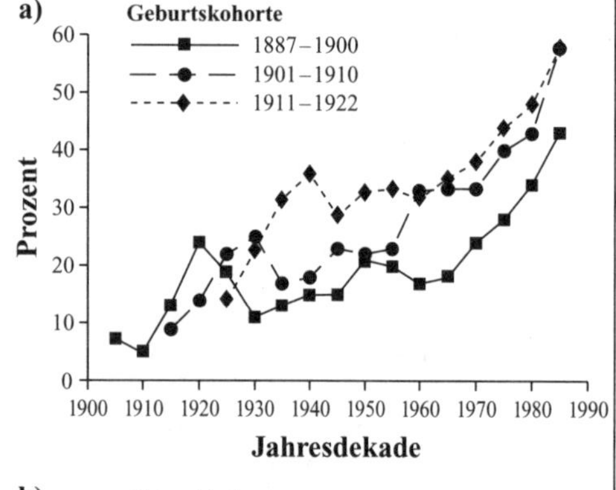

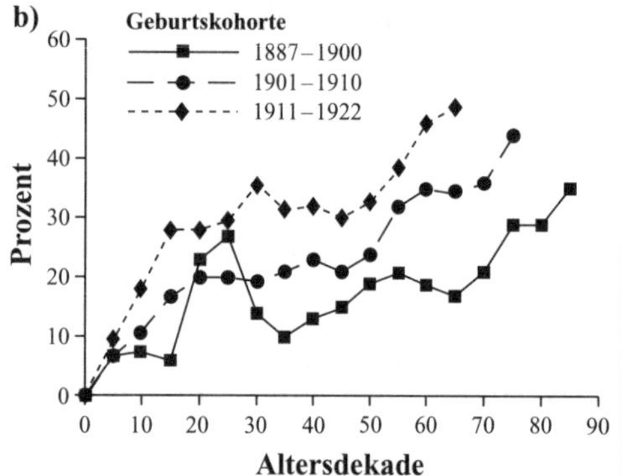

Anmerkung: Aufgrund klinischer Erfahrung ist anzunehmen, daß anamnestische Datierungen eine Genauigkeit von etwa ±5 Jahren haben, so daß auf Zeitachsen bezogene Angaben aus überlappenden Zehn-Jahres-Intervallen berechnet wurden (z. B. 1900–1909, 1905–1914, 1910–1919 usw.). Berücksichtigt wurden nur Zeiträume, in denen jeweils alle Personen einer Kohorte am Leben waren (z. B. 1910–1989, 1.–79. Lebensjahr für die mittlere Kohorte).

Dabei muß hinzugefügt werden, daß das relative Absinken vor allem der Tonsillektomie und der Appendektomie in den Kriegszeiten und der Wiederanstieg nach Kriegsende auch mit entsprechenden Änderungen der absoluten OP-Zahlen korrespondierte. Im Vergleich dazu markiert das Ende des Zweiten Weltkrieges im Ursachenspektrum für Frakturen den Wechsel von einem zwischen den Kriegen noch „jugendlichen“ Profil (Sport- und Verkehrsunfälle als Hauptursachen) zu einem Profil des Alters (Stürze als zunehmende Hauptursache für Frakturen). Der historische Einfluß der Kriegszeiten auf die Krankheitsgeschichten der BASE-Kohorten zeigt sich also in verschiedenen Richtungen – Zunahme der Verletzungen mit Wandel der Ursachen bei gleichzeitiger Abnahme „regulärer“ OP-Indikationen, die nach Kriegsende dann verstärkt eine Rolle spielen und zu einem Nachkriegsgipfel führen. Vor allem bei Betrachtung des Altersverlaufs der Überlebenden der ältesten Kohorte (Abb. 6b) gewinnt man den Eindruck, daß bis zur siebten Lebensdekade nur die Zeit des Ersten Weltkrieges zu einer extremen Zunahme der ansonsten je Lebensjahrzehnt nur etwa um 2–3 % zunehmenden Prävalenz akuter medizinischer Ereignisse geführt hat. Daß für alle Kohorten nach 1960 dann ein kontinuierlich stärkerer Anstieg zu verzeichnen ist, der sich so nicht in den altersabhängigen Darstellungen wiederfindet, könnte durch Wechselwirkungen zwischen Modernisierungstendenzen (OP-Möglichkeiten, vor allem in den jüngeren Kohorten) und Alterseffekten (Zunahme von Frakturen, Herz-Kreislauf-Erkrankungen, Katarakten, vor allem in der ältesten Kohorte) zurückgeführt werden.

Abschließend zum Kohortenvergleich der Krankheitsgeschichte bleibt noch hervorzuheben, daß für die zwischen 1911 und 1922 geborene Kohorte die geschätzte Anzahl der seit der siebten Lebensdekade bestehenden chronischen Krankheiten deutlich höher als in den beiden älteren Kohorten ist (vgl. Tabelle 9). Die Schätzung basiert dabei auf Informationen zur Dauer der zum Untersuchungszeitpunkt bestehenden Krankheiten, korrigiert gegenüber dem kohortenspezifisch unterschiedlichen Anteil von Krankheiten mit nicht bestimmbarem Beginn[14]. Trotz der resultierenden sehr konservativen Schätzung sind die Kohortenunterschiede signifikant. Das heißt, die 1887–1900 und 1901–1910 geborenen Kohorten waren im Alter zwischen 60 und 69 Jahren gesünder als die jüngste Kohorte (1911–1922). Aus der Perspektive der selektiven Mortalität wird dieser Befund unmittelbar plausibel. Es ist anzunehmen, daß nur ein relativ kleiner Teil der zum Untersuchungszeitpunkt jüngsten BASE-Kohorte das 90. oder 100. Lebensjahr erreichen wird. Die größten Chancen dafür haben

14 Der relative Anteil von Erkrankungen mit unbekannter Dauer betrug in der ältesten Kohorte etwa 49 %, in der mittleren etwa 18 % und in der jüngsten etwa 1 %. Der große Anteil in der ältesten Kohorte resultiert dabei nicht unmittelbar aus Einbußen der Erinnerungsfähigkeit, sondern daraus, daß den ältesten BASE-Teilnehmern nur etwa die Hälfte ihrer bestehenden Krankheiten tatsächlich bekannt waren. Dies wiederum hängt wesentlich mit der altersabhängig zunehmenden Unterdiagnostizierung von Krankheiten (vgl. hierzu Steinhagen-Thiessen & Borchelt, Kapitel 6) zusammen. Als Korrektur für diesen Effekt wurden die retrospektiv geschätzten Erkrankungszahlen in der ältesten Kohorte mit 1,96, in der mittleren mit 1,22 und in der jüngsten mit 1,01 multipliziert.

Abbildung 7: Ursachenspektrum im Zeitverlauf: a) für Operationen, b) für Frakturen.

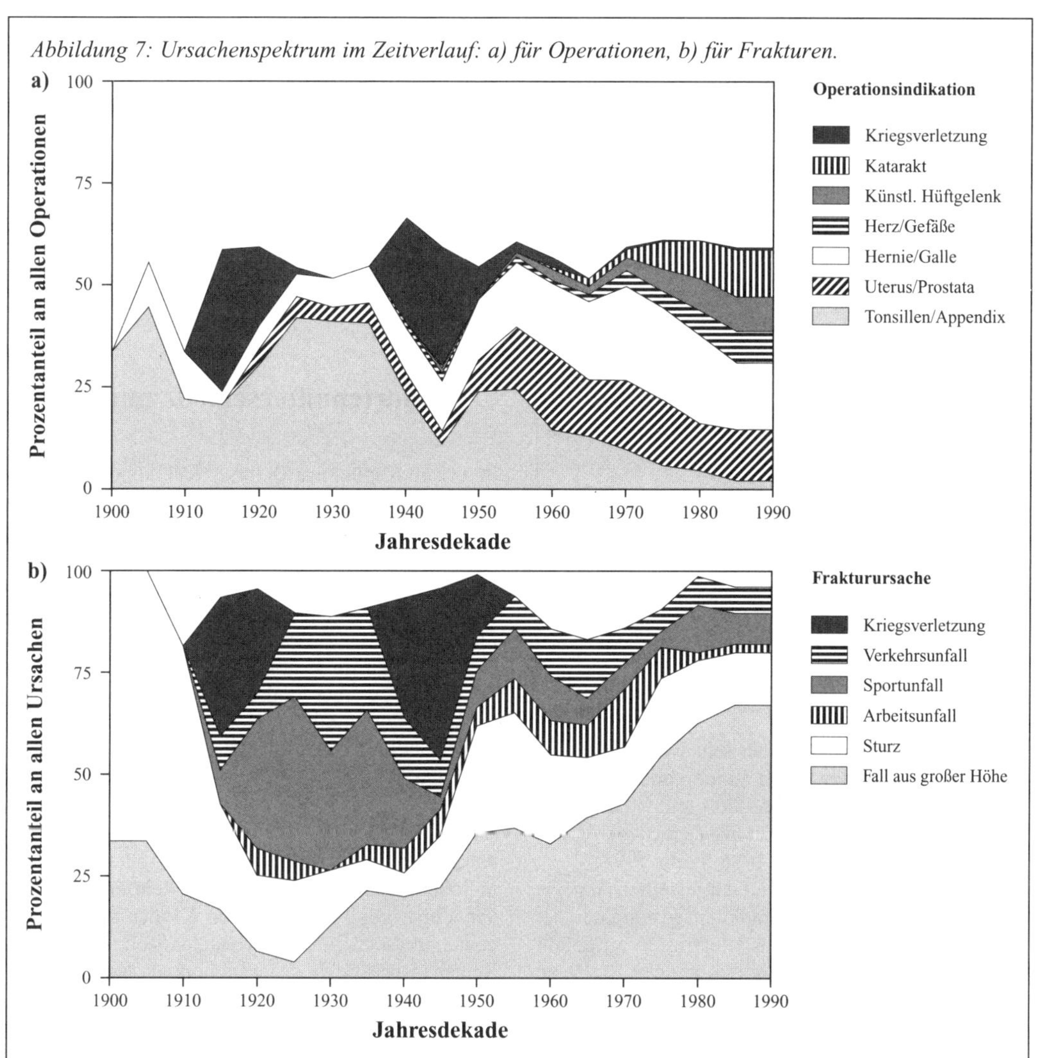

Anmerkung: Zu beachten ist, daß die absolute Anzahl von Operationen und Frakturen in den ersten Dekaden sehr viel geringer ist als in den späteren. Die Prozentangaben beziehen sich jeweils auf alle angegebenen Ereignisse in einer Dekade, wobei Dekaden in Fünf-Jahres-Abständen überlappend betrachtet werden; an 100 fehlende Prozent: sonstige Ursachen.

aber sicherlich die Personen, bei denen sich aktuell keine oder nur sporadisch chronische Krankheiten feststellen ließen, also eine Gruppe mit im Mittel deutlich niedrigerer Zahl chronischer Krankheiten in ihrer siebten Lebensdekade. Genau diese Hypothese wird durch die Rückrechnung der aktuellen Diagnosezahl der ältesten Kohorte (die zum Zeitpunkt der Untersuchung im Mittel 95 Jahre alt war) unterstützt. Auch für die Interpretation anderer in diesem Band vorgestellter Befunde zur Morbidität im höchsten Alter hat dieser potentielle Effekt selektiver Mortalität große Bedeutung. Je stärker nämlich selektive Mortalität im sehr hohen Alter von Morbidität abhängt, desto weniger sind die querschnittlich ermittelten Morbiditätstrends zur Schätzung von tatsächlichen Morbiditätsverläufen im höchsten Alter geeignet. Auf der Grundlage der hier vorgestellten retrospektiven Daten läßt sich dieser wichtige Aspekt sehr anschaulich illustrieren (siehe Abb. 8). Für alle Kohorten ist der retrospektiv geschätzte Morbiditätsanstieg wesentlich steiler, als es der Alterstrend der aktuellen Diagnosezahl im Querschnitt nahelegt. Die

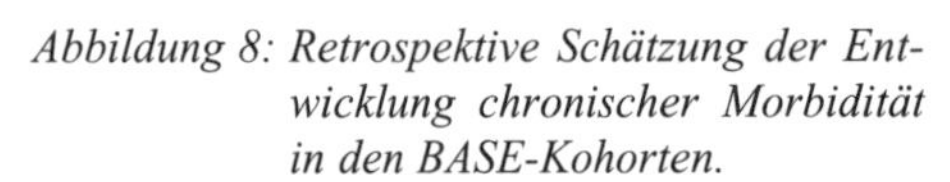

Abbildung 8: Retrospektive Schätzung der Entwicklung chronischer Morbidität in den BASE-Kohorten.

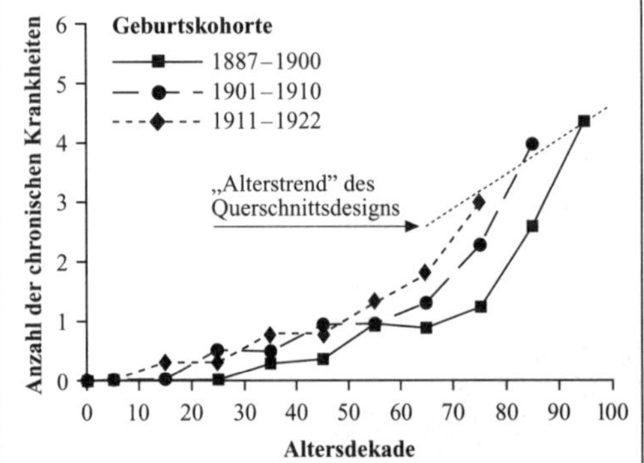

Anmerkung: Ausgehend von den Krankheiten zum Untersuchungszeitpunkt (1990–1992) wurden aus der Kenntnis von Erkrankungsdauern die mittlere Anzahl chronischer Krankheiten in zurückliegenden Altersdekaden berechnet, wobei für kohortenspezifisch unterschiedliche Anteile von Erkrankungen mit nicht bestimmbarer Dauer zum Untersuchungszeitpunkt korrigiert wurde (Faktor 1,96 für Kohorte 1887–1900; 1,22 für Kohorte 1901–1910; 1,01 für Kohorte 1911–1922). Mittelwertsdifferenz in der siebten Altersdekade statistisch signifikant ($p<0,001$).

retrospektiven Daten sind aber sehr wohl konsistent mit dem, was in letzter Zeit zunehmend Inhalt der Theorienbildung zur Morbiditäts- und Mortalitätsentwicklung im hohen Alter ist (Brody & Miles, 1990; Fries, 1980; Palmore, 1986; Perls, 1995).

Uns ist bewußt, daß alle hier dargestellten Aspekte der kohortenspezifischen Krankheitsgeschichten bei kritischer Wertung „nur" als Illustration aufgefaßt werden können. Wie stark und in welche Richtung beispielsweise Gedächtniseinbußen der Studienteilnehmer die Befunde beeinflußt haben, kann ebensowenig zuverlässig geschätzt werden wie der Einfluß durch die Art der Anamnesenerhebung. Dies hängt jedoch wesentlich damit zusammen, daß es bislang keine Studie gibt, die aufgrund eines ähnlichen methodischen Vorgehens für einen Vergleich herangezogen werden kann. Die Tatsache, daß die Daten insgesamt konsistent und plausibel sind, ist ein wichtiges Indiz, wenn auch kein Beweis ihrer Validität. Dasselbe gilt für die Tatsache, daß es keinen Hinweis auf eine monotone Verzerrung in eine bestimmte Richtung gibt und daß sich signifikante Kohortenunterschiede statistisch nicht durch kognitive Defizite aufklären ließen. In diesen Zusammenhang ist außerdem zu stellen, daß alle Studienteilnehmer an einer gründlichen körperlichen Untersuchung teilgenommen haben, in deren Verlauf auch Operationsnarben und deren anamnestischen Zusammenhänge verifiziert werden konnten – wenn auch nicht systematisch. Zusammenfassend kann damit betont werden, daß auch die Annahme, die Daten repräsentierten „nur" die detaillierten Erinnerungen der Studienteilnehmer an medizinische Ereignisse des vergangenen Jahrhunderts, nur eine Annahme ist. Aber selbst wenn dem nicht so wäre, bliebe dies immer noch ein einmaliges Zeugnis der historischen Ausnahmestellung der Generationen, zu denen die BASE-Kohorten gehören.

7. Kohortenunterschiede und Altern

In diesem Kapitel war es unser Ziel, kohortenspezifische Charakteristika alter Menschen in der Berliner Altersstudie darzustellen. Dies sollte uns nicht nur helfen, die Interpretation von Kohorten- als Altersunterschiede zu vermeiden, sondern auch unsere Aufmerksamkeit auf mögliche erklärende Faktoren für individuelle Unterschiede zu richten. Wir haben drei Ursachen für Kohortenunterschiede betrachtet: Tendenzen zu einer modernen Gesellschaft, bleibende Auswirkungen historischer Ereignisse und vorübergehende Effekte dieser Ereignisse.

Einige Modernisierungstrends haben sich ausmachen lassen: Die später geborenen Kohorten genossen eine höhere Bildung. Die Frauen unter ihnen hatten modernere berufliche Karrieren, beteiligten sich in hohem Maße am Arbeitsmarkt, kehrten öfter nach der Versorgung ihrer kleinen Kinder auf den Arbeitsmarkt zurück und erarbeiteten sich ihre eigenen Rentenansprüche. In später geborenen Kohorten heirateten mehr Frauen zum zweiten Mal, weniger Kinder starben in der frühen Kindheit. Schließlich hatten die jüngeren Kohorten mehr Operationen.

Allerdings sind Stabilität oder gar Trends in eine unerwartete Richtung so interessant wie die Modernisierungstendenzen. Die Verbesserung der Bildungschancen ging kaum mit einer Veränderung der Berufsstruktur in Richtung höher qualifizierter Positionen einher. Männer und Frauen der jüngeren Kohorten begannen und beendeten ihre Karrieren zu einem Großteil in den gleichen beruflichen Positionen wie die Angehörigen der älteren Kohorten. Die letzteren hatten keine größeren Familien als die jüngeren. Im Gegenteil, sie blieben häufiger kinderlos.

Der Erste Weltkrieg unterbrach die Berufskarrieren der ältesten Kohorte (1887–1900) und führte zu einer Zunahme der Anzahl der Operationen. Die Weltwirtschaftskrise führte zu hoher Arbeitslosigkeit, besonders unter Männern und Frauen der mittleren Kohorte (1901–1910). Der Zweite Weltkrieg hatte die größten Auswirkungen auf das Leben der Berliner Alten. Viele Männer aus allen drei Kohorten, besonders der jüngsten (1911–1922), dienten als Soldaten und waren in Kriegsgefangenschaft; viele Frauen aus der mittleren und jüngeren Kohorte verloren ihre Ehemänner; viele Ehen der Mitglieder dieser Kohorten wurden zerstört. Es mußten so viele Verletzte operiert werden, daß „normale" Operationen auf ein Minimum beschränkt wurden. Kinder aus allen Kohorten starben während des Krieges. Auswirkungen des Krieges erstreckten sich in die Folgejahre mit hoher Arbeitslosigkeit und beruflichen Auf- und Abstiegen bei Männern aller Kohorten und hoher Arbeitslosigkeit bei Frauen der Kohorten 1901–1910 und 1911–1922.

Einige Kohortenunterschiede wirkten sich nicht bis in das hohe Alter aus. Diejenigen, die direkt nach dem Krieg Abstiege erlebten, beendeten ihre Berufskarrieren häufig nicht in einer niedrigeren beruflichen Schicht, sondern konnten ihren ursprünglichen Status wiedererlangen. Männer aller Kohorten, die ihre Ehefrauen in jüngeren Jahren verloren hatten, fanden neue Partnerinnen. Dies war für Frauen der ältesten Kohorte nicht möglich, einer zunehmenden Anzahl jüngerer Frauen gelang die Wiederverheiratung jedoch.

Bevor wir auf die Bedeutung dieser Kohortenunterschiede für den Alternsprozeß eingehen, betrachten wir die Probleme der selektiven Mortalität. Im allgemeinen erschwert die selektive Sterblichkeit die Erkennbarkeit von Modernisierungstendenzen im hohen Alter. Aufgrund der Modernisierung waren jüngere Kohorten in einer besseren Lage in bezug auf Bildung, materielles Wohlbefinden, Gesundheit usw. Aufgrund der Korrelation dieser Merkmale mit der Sterblichkeit überleben allerdings in den älteren Kohorten eher die Personen mit hoher Bildung, besseren materiellen Bedingungen und besserer Gesundheit. Für die Gesundheit konnten wir diese selektive Mortalität sehr klar zeigen. Wenn wir daher noch einen Trend, z. B. bei der Bildung der älteren Kohorten, nachweisen können, ist dies ein starker Hinweis darauf, daß Modernisierung tatsächlich stattfand. Nichtsdestoweniger sollten wir nicht übersehen, daß es Ausnahmen von der Regel gibt, gemäß der Modernisierung Langlebigkeit fördert. Die höheren Scheidungsraten bei jüngeren Kohorten könnten beispielsweise negative Auswirkungen auf ihre Überlebenschancen haben. Das gleiche trifft auf das Rauchen zu, eine Gewohnheit, die bei den jüngeren Kohorten verbreiteter war als bei den älteren (Brenner, 1993). Tendenzen dieser Art werden daher leicht überschätzt, wenn man nur die Häufigkeiten im Alter betrachtet.

Ohne allen in diesem Kapitel vorgestellten deskriptiven Daten gerecht werden zu können, wollen wir zwei zusammenfassende Aussagen machen. Erstens trifft es im allgemeinen nicht zu, daß die jüngeren Kohorten beruflich erfolgreicher waren als die älteren. Obwohl Männer und Frauen der jüngeren Kohorten eine bessere Bildung genossen, trafen die historischen Ereignisse sie härter als die älteren. Da sie ihre Karrieren auf gleichem Niveau beendeten wie die älteren Kohorten, können sie aufgrund ihrer besseren Ausgangslage sogar als vergleichsweise weniger erfolgreich betrachtet werden. Da materielles Wohlbefinden im hohen Alter größtenteils von beruflichem Erfolg abhängt, sind Unterschiede im Alter wahrscheinlich nicht auf Kohortenunterschiede der Berufskarrieren, sondern eher beispielsweise auf Veränderungen der Sozialgesetzgebung zurückzuführen. In der Literatur wird die These vertreten, daß die ältesten lebenden Kohorten mit ihrer gegenwärtigen Lage zufriedener sind als die jüngeren Kohorten, deren Mitglieder erst vor kurzem das höhere Alter erreicht haben, weil die gegenwärtige Situation den Älteren im Vergleich zu den schlechten früheren Zeiten besser erscheint (Lehr, 1987; Thomae, 1983; vgl. auch Smith et al., Kapitel 19). In bezug auf den Rückblick auf die Berufskarriere scheint diese Erklärung einer höheren gegenwärtigen Lebenszufriedenheit der älteren Kohorten eher unwahrscheinlich: Die jüngste Kohorte war in unserer Untersuchung beruflich *weniger* erfolgreich als die älteren Kohorten. Es sind allerdings große Veränderungen der Zusammensetzung und der Lebenszufriedenheit der älteren Bevölkerung zu erwarten, wenn jene Kohorten alt werden, die während des „Wirtschaftswunders" und danach auf den Arbeitsmarkt traten.

Zweitens trifft es im allgemeinen nicht zu, daß die älteren Kohorten mehr Kinder haben, die für sie sorgen könnten. Der Mythos des „goldenen Zeitalters", in dem alte Menschen durch ihre großen Familien versorgt werden, gilt für die ältesten BASE-Kohorten nicht. Daß, wie in vielen Studien nachgewiesen wurde, heute viele Familien die Bereitschaft zeigen, ihre alten Verwandten zu pflegen (Bengtson & Schütze, 1992), ist dafür nicht der einzige Grund. Andere Gründe sind, daß heute sehr alte Menschen häufiger unverheiratet blieben, im Vergleich zu älteren und jüngeren Kohorten weniger Kinder hatten und ein höheres Risiko aufwiesen, ihre Kinder früh zu verlieren. Unterschiede zwischen Altersgruppen beispielsweise in Hinblick auf Einsamkeit, Größe des sozialen Netzwerks und Institutionalisierung können daher durchaus in den Prozessen der Familiengründung durch die Kohorten in der ersten Hälfte dieses Jahrhunderts begründet sein.

Literaturverzeichnis

Abelshauser, W. (1983). *Wirtschaftsgeschichte der Bundesrepublik Deutschland 1945–1980.* Frankfurt/M.: Suhrkamp.

Allmendinger, J., Brückner, H. & Brückner, E. (1993). The production of gender disparities over the life course and their effects in old age: Results from the West German Life History Study. In A. B. Atkinson & M. Rein (Hrsg.), *Age, work and social security* (S. 188–223). New York: St. Martin's Press.

Baltes, P. B. (1968). Longitudinal and cross-sectional sequences in the study of age and generation effects. *Human Development, 11,* 145–171.

Bengtson, V. L., Cutler, N. E., Mangen, D. J. & Marshall, V. W. (1985). Generations, cohorts, and relations between age groups. In R. Binstock & E. Shanas (Hrsg.), *Handbook of aging and the social sciences* (2. Aufl., S. 304–338). New York: Van Nostrand Reinhold.

Bengtson, V. L. & Schütze, Y. (1992). Altern und Generationenbeziehungen: Aussichten für das kommende Jahrhundert. In P. B. Baltes & J. Mittelstraß (Hrsg.), *Zukunft des Alterns und gesellschaftliche Entwicklung* (S. 492–517). Berlin: de Gruyter.

Blossfeld, H.-P. (1987). Zur Repräsentativität der Sfb-3-Lebensverlaufsstudie: Ein Vergleich mit Daten aus der amtlichen Statistik. *Allgemeines Statistisches Archiv, 71,* 126–144.

Brenner, H. (1993). A birth cohort analysis of the smoking epidemic in West Germany. *Journal of Epidemiology and Community Health, 47,* 54–58.

Brody, J. A. & Miles, T. P. (1990). Mortality postponed and the unmasking of age-dependent nonfatal conditions. *Aging, 2,* 283–289.

Brody, J. A. & Schneider, E. L. (1986). Diseases and disorders of aging: A hypothesis. *Journal of Chronic Disease, 39,* 871–876.

Brückner, E. (1994). Erhebung ereignisorientierter Lebensverläufe als retrospektive Längsschnittrekonstruktion. In R. Hauser, N. Ott & G. Wagner (Hrsg.), *Mikroanalytische Grundlagen der Gesellschaftspolitik. Bd. 2: Erhebungsverfahren, Analysemethoden und Mikrosimulation* (S. 38–69). Berlin: Akademie Verlag.

Brückner, E. & Mayer, K. U. (1987). Lebensgeschichte und Austritt aus der Erwerbstätigkeit im Alter: Am Beispiel der Geburtsjahrgänge 1919–21. *Zeitschrift für Sozialisationsforschung und Erziehungssoziologie, 2,* 101–116.

Bundesminister für Arbeit und Sozialordnung (Hrsg.) (1992). *Die Rente '92.* Bonn: Eigenverlag.

Dinkel, R. (1984). Sterblichkeit in Perioden- und Kohortenbetrachtung. *Zeitschrift für Bevölkerungswissenschaft: Demographie, 10,* 477–500.

Dinkel, R. H. (1992). Demographische Alterung: Ein Überblick unter besonderer Berücksichtigung der Mortalitätsentwicklungen. In P. B. Baltes & J. Mittelstraß (Hrsg.), *Zukunft des Alterns und gesellschaftliche Entwicklung* (S. 62–93). Berlin: de Gruyter.

Elder, G. H., Jr. (1974). *Children of the Great Depression: Social change in life experience.* Chicago, IL: University of Chicago Press.

Elder, G. H., Jr. (1975). Age differentiation and the life course. *Annual Review of Sociology, 1,* 165–190.

Elder, G. H., Jr. (1986). Military times and turning points in men's lives. *Developmental Psychology, 22,* 233–245.

Fries, J. F. (1980). Aging, natural death and the compression of morbidity. *New England Journal of Medicine, 303,* 130–135.

Gärtner, K. (1990). Sterblichkeit nach dem Familienstand. *Zeitschrift für Bevölkerungswissenschaft, 16,* 53–66.

Handl, J. (1984). Educational chances and occupational opportunities of women: A sociohistorical analysis. *Journal of Social History, 17,* 463–487.

Hertzog, C. & Schaie, K. W. (1988). Stability and change in adult intelligence: 2. Simultaneous analysis of longitudinal means and covariance structures. *Psychology and Aging, 3,* 122–130.

ICD-9 (1988). *Internationale Klassifikation der Krankheiten (ICD): 9. Revision.* Köln: Kohlhammer.

Kleber, W. (1983). Die sektorale und sozialrechtliche Umschichtung der Erwerbsstruktur in Deutschland, 1882–1970. In M. Haller & W. Müller (Hrsg.), *Beschäftigungssystem im gesellschaftlichen Wandel* (S. 24–75). Frankfurt/M.: Campus.

Klein, T. (1993a). Familienstand und Lebenserwartung: Eine Kohortenanalyse der Bundesrepublik Deutschland. *Zeitschrift für Familienforschung, 5,* 99–114.

Klein, T. (1993b). Soziale Position und Lebenserwartung: Eine kohortenbezogene Analyse mit den Daten des Sozio-ökonomischen Panels. *Zeitschrift für Gerontologie, 26,* 313–320.

Klein, T. (1994). Der Heimeintritt im Alter: Neue Befunde für die Bundesrepublik Deutschland. *Sozialer Fortschritt, 2,* 44–50.

Knodel, J. E. (1974). *The decline of fertility in Germany, 1871–1939.* Princeton, NJ: Princeton University Press.

Lang, F. R. (1994). *Die Gestaltung informeller Hilfebeziehungen im hohen Alter: Die Rolle von Elternschaft und Kinderlosigkeit. Eine empirische Studie zur sozialen Unterstützung und deren Effekt auf die erlebte soziale Einbindung.* Berlin: Edition Sigma.

Lehr, U. (1987). *Zur Situation der älterwerdenden Frau: Bestandsaufnahme und Perspektiven bis zum Jahre 2000.* München: Beck.

Maas, I. (1994). *Selektive Mortalität: Ein Vergleich der Berliner Altersstudie und der Mikrozensus-Zusatzerhebung 1971.* Unveröffentlichtes Manuskript, Max-Planck-Institut für Bildungsforschung, Berlin.

Mannheim, K. (1928). Das soziologische Problem der Generationen. *Kölner Vierteljahreshefte für Soziologie, 7,* 168–185/309–321.

Mayer, K. U. (1980). Sozialhistorische Materialien zum Verhältnis von Bildungs- und Beschäftigungssystemen bei Frauen. In U. Beck, K. H. Hörning & W. Thomssen (Hrsg.), *Bildungsexpansion und betriebliche Beschäftigungspolitik: Aktuelle Entwicklungstendenzen im Vermittlungszusammenhang von Bildung und Beschäftigung* (S. 60–79). Frankfurt/M.: Campus.

Mayer, K. U. (1988). German survivors of World War II: The impact on the life course of the collective experience of birth cohorts. In M. W. Riley (Hrsg.), *Social structures and human lives, social change and the life course* (Bd. 1, S. 229–246). Newbury Park, CA: Sage.

Mayer, K. U. & Brückner, E. (1989). *Lebensverläufe und Wohlfahrtsentwicklung: Konzeption, Design und Methodik der Erhebung von Lebensverläufen der Geburtsjahrgänge 1929–1931, 1939–1941, 1949–1951* (Materialien aus der Bildungsforschung, Bd. 35, Teil I–III). Berlin: Max-Planck-Institut für Bildungsforschung.

Mayer, K. U. & Huinink, J. (1990). Age, period and cohort in the study of the life course: A comparison of classical A-P-C-analysis with event history analysis, or farewell to Lexis? In D. Magnusson & L. R. Bergman (Hrsg.), *Data quality in longitudinal research* (S. 211–232). Cambridge: Cambridge University Press.

Mayer, K. U. & Schoepflin, U. (1989). The state and the life course. *Annual Review of Sociology, 15,* 187–209.

Mellström, D., Nilsson, Å., Odén, A., Rundgren, Å. & Svanborg, A. (1982). Mortality among the widowed in Sweden. *Scandinavian Journal of Social Medicine, 10,* 33–41.

Meyer, S. & Schulze, E. (1984). *Wie wir das alles geschafft haben: Alleinstehende Frauen berichten über ihr Leben nach 1945.* München: Beck.

Meyer, S. & Schulze, E. (1985). *Von Liebe sprach damals keiner: Familienalltag in der Nachkriegszeit.* München: Beck.

Müller, W. (1985). Women's labor force participation over the life course: A model case of social change? In P. B. Baltes, D. L. Featherman & R. M. Lerner (Hrsg.), *Life-span development and behavior* (Bd. 7, S. 43–67). Hillsdale, NJ: Erlbaum.

Müller, W., Handl, J. & Willms, A. (1983). Frauenarbeit im Wandel: Forschungsfragen und Datenbasis. In W. Müller, A. Willms & J. Handl (Hrsg.), *Strukturwandel der Frauenarbeit 1880–1980* (S. 7–24). Frankfurt/M.: Campus.

Palmore, E. B. (1986). Trends in the health of the aged. *The Gerontologist, 26,* 289–302.

Perls, T. T. (1995). The oldest old. *Scientific American, 272* (1), 50–55.

Riley, M. W. (1987). On the significance of age in sociology. *American Sociological Review, 52,* 1–14.

Ryder, N. B. (1965). The cohort as a concept in the study of social change. *American Sociological Review, 30,* 843–861.

Schaie, K. W. (1965). A general model for the study of developmental problems. *Psychological Bulletin, 64,* 92–107.

Schaie, K. W., Labouvie, G. V. & Buech, B. U. (1973). Generational and cohort-specific differences in adult cognitive functioning: A fourteen-year study of independent samples. *Developmental Psychology, 9,* 151–166.

Statistisches Bundesamt (1972). *Bevölkerung und Wirtschaft 1872–1972.* Stuttgart: Kohlhammer.

Tegtmeyer, H. (1976). Berufliche und soziale Umschichtung der Bevölkerung: Methodische Anmerkung zur Planung, Durchführung und Aufbereitung der Befragung. *Zeitschrift für Bevölkerungswissenschaft, 76,* 4–33.

Thiede, R. (1988). Die besondere Lage der älteren Pflegebedürftigen: Empirische Analysen und sozialpolitische Überlegungen auf der Basis aktueller Datenmaterials. *Sozialer Fortschritt, 11,* 250–255.

Thomae, H. (1983). *Alternsstile und Altersschicksale: Ein Beitrag zur differentiellen Gerontologie*. Bern: Huber.

Willms, A. (1983). Grundzüge der Entwicklung der Frauenarbeit von 1880 bis 1980. In W. Müller, A. Willms & J. Handl (Hrsg.), *Strukturwandel der Frauenarbeit 1880–1980* (S. 25–54). Frankfurt/M.: Campus.

5. Sechs Lebensgeschichten aus der Berliner Altersstudie

Yvonne Schütze, Clemens Tesch-Römer & Cornelia Borchers

Zusammenfassung

Jeder und jede der 516 Teilnehmer- und Teilnehmerinnen der Berliner Altersstudie[1] hat eine eigene Lebensgeschichte und eine eigene Art, mit den Annehmlichkeiten und Problemen des Lebens im Alter umzugehen. Um dies zu veranschaulichen, werden in diesem Kapitel beispielhaft drei männliche und drei weibliche Teilnehmer der Berliner Altersstudie vorgestellt. Dabei wird sowohl die individuelle Besonderheit der Personen herausgestellt als auch die zwischen ihnen bestehenden Gemeinsamkeiten, die aus der Gleichzeitigkeit von Erfahrungen in einer bestimmten historischen Epoche dieser Gesellschaft resultieren.

1. Einleitung

Während es in den anderen Kapiteln dieses Bandes um die quantitative Verteilung von Merkmalen nach bestimmten Kriterien klassifizierter Gruppen geht, die einzelnen Individuen aber keine deutlichen Konturen gewinnen, liegt in diesem Kapitel der Schwerpunkt auf den Lebensgeschichten einzelner Personen. Die Rekonstruktion dieser Lebensgeschichten erfolgt auf der Basis eines außergewöhnlichen methodischen Vorgehens. Wir haben es hier nämlich nicht mit erzählten Lebensgeschichten zu tun, die der oder die Erzählende aus einer subjektiv deutenden Perspektive konstruiert. Statt dessen handelt es sich bei dem vorliegenden Datenmaterial um standardisierte Interviews aus den einzelnen Disziplinen der Berliner Altersstudie, Soziologie, Psychologie, Medizin und Psychiatrie (vgl. Nuthmann & Wahl, Kapitel 2).

Eine allgemeine theoretische Orientierung der Berliner Altersstudie bezieht sich auf die Frage, ob die Lebenssituation im Alter als eine Folge vorausgegangener Bedingungen und Lebensereignisse aufzufassen ist oder ob mit dem Alter Einflüsse auftreten, die die Unterschiede zwischen Personen potenzieren oder aber im Gegenteil nivellieren. Bezogen auf die subjektive Deutung der individuellen Lebenssituation könnte dies bedeuten, daß es z. B. nicht eine dem vorausgegangenen Lebensverlauf geschuldete, ungleiche sozioökonomische Lage ist, aus der eine unterschiedliche Lebenszufriedenheit resultiert, sondern daß die Differenz bezüglich ökonomischer Ressourcen und der damit verbundenen Gelegenheitsstrukturen tendenziell verschwindet und statt dessen der Gesundheitszustand für das subjektive Erleben des Individuums eine weit größere Rolle spielt. Auf dem Hintergrund dieser Fragestellung haben wir die uns vorliegenden Informationen unter drei Gesichtspunkten geordnet.

Erstens geht es um die chronologische Abfolge von Ereignissen und Erfahrungen, die in modernen Gesellschaften gleichsam das Rückgrat von Lebensverläufen bilden. Hierzu gehören die mit der sozialen Herkunft gesetzten Ausgangsbedingungen, die Schulbildung, der berufliche Status, die Familiengründung und die Einbindung in gesellschaftliche Organisationen. Der zweite Gesichtspunkt betrifft die gegenwärtige sozioökonomische Lage, die körperliche und geistige Funktionstüchtigkeit und Integration in soziale Beziehungen. Und drittens schließlich werden die subjektiven Deutungen, mit denen das vergangene und gegenwärtige Leben versehen wird, erfaßt. Wie sieht man sich selbst und seine Umwelt, was fürchtet und was hofft man? Wie wird der Alltag bewältigt?

1 Sämtliche Namen und andere Angaben, aufgrund derer sich die Identität einer Person erschließen läßt, sind verändert worden.

In einem ersten Schritt haben wir die entlang dieser Leitfragen ausgewählten Informationen so aufeinander bezogen, daß jede der hier vorgestellten Personen sowohl in ihrer individuellen Besonderheit als auch in ihrer gesellschaftlichen Bestimmtheit zu erkennen ist. In einem zweiten Schritt haben wir aus der Perspektive der obengenannten theoretischen Fragestellung nach Kontinuität versus Diskontinuität Lebensgeschichte und gegenwärtige Lebenssituation der Personen zueinander in Beziehung gesetzt. Das Ergebnis gibt zu der Vermutung Anlaß, daß Kontinuität von lebenslaufbezogenen Bedingungen und Diskontinuität aufgrund von altersbedingten Einflüssen einander nicht ausschließen müssen, sondern in jeweils verschiedenen Bereichen wirksam sein können.

2. Auswahlverfahren

Um eine willkürliche Auswahl von Fällen zu vermeiden, sind wir von der gegenwärtigen Lebenssituation, gekennzeichnet durch ökonomische Lage, körperlichen und geistigen Gesundheitszustand und Lebenszufriedenheit, ausgegangen. Dabei kam es uns darauf an, Personen zu finden, die auf diesen Dimensionen über- oder unterdurchschnittliche Werte aufweisen, und solche, die so etwas wie den statistischen „Normalfall" repräsentieren. Es hat sich erwiesen, daß die global gestellte Frage nach der gegenwärtigen Lebenszufriedenheit, die nach einer ebenso globalen Antwort verlangt, nicht unbedingt mit dem in Übereinstimmung zu bringen ist, was die einzelnen Personen äußern, wenn sie Gelegenheit haben, ein differenzierteres Urteil abzugeben, das sich auf je unterschiedliche Lebensbereiche bezieht (vgl. Smith et al., Kapitel 19). Wie bereits erwähnt, wurden alle persönlichen Angaben so verändert, daß kein Rückschluß auf die Identität der beschriebenen Personen möglich ist.

Beim ersten Fall (Frau Simon) handelt es sich um eine Frau, die bei ausgezeichneter körperlicher und geistiger Gesundheit und überdurchschnittlichem Einkommen eine hohe Lebenszufriedenheit äußert. Beim zweiten Fall (Frau Gärtner) geht es um eine Frau, die bei schlechtem körperlichen und geistigen Gesundheitszustand ihre Lebenszufriedenheit mit einem „teils, teils" bewertet.

Der dritte Fall (Herr Bruckner) wird von einem Mann repräsentiert, der sich bei relativ guter Gesundheit befindet, ein überdurchschnittliches Einkommen hat und mit seinem Leben ausgesprochen unzufrieden ist. Beim vierten Fall (Herr Kleiber) handelt es sich um einen Mann, der pflegebedürftig, beinahe blind und in ausgesprochen schlechter ökonomischer Lage eine mangelnde Lebenszufriedenheit äußert.

Statistische „Normalfälle" haben wir – für Frauen und Männer getrennt – nach folgendem Verfahren ausgewählt. Wir legten sechs Basisvariablen fest, mit denen sich die objektive und subjektive Lebenssituation einer Person grob beschreiben läßt: Die sechs Variablen sind Familienstand, Wohnsituation, Schulabschluß (kategoriale Variablen) sowie Einkommen, funktionelle Kapazität (als Maß körperlicher Gesundheit) und gegenwärtige Lebenszufriedenheit (kontinuierliche Variablen). Für jede dieser Variablen lassen sich statistische Zentralwerte angeben (Modalwert, Median oder Mittelwert). Wir legten fest, daß eine Person *in allen sechs Variablen* den jeweiligen Zentralwert aufweisen muß, um als statistischer „Normalfall" zu gelten. Zentralwerte wurden für kategoriale und kontinuierliche Variablen unterschiedlich definiert. Bei kategorialen Variablen definierten wir die am häufigsten besetzte Ausprägung (Modalwert) als statistischen Zentralwert. Bei kontinuierlichen Variablen definierten wir jene Werte als statistische Zentralwerte, die zwischen dem 25. und 75. Perzentil liegen. Dieser Bereich umfaßt jene 50% aller Werte, die relativ nah am Median liegen und damit den mittleren Abschnitt einer Verteilung repräsentieren.

Wir möchten unser Vorgehen bei der Auswahl statistischer „Normalfälle" an den beiden Variablen Familienstand und Einkommen verdeutlichen. Für die kategoriale Variable Familienstand ist der Modalwert bei Männern die Ausprägung "verheiratet", da 52% der Männer in der Stichprobe verheiratet sind. Für Frauen lautet der Modalwert in dieser Variable dagegen „verwitwet", da 70% der Frauen in der Stichprobe verwitwet sind. Statistisch „typisch" sind also – im Hinblick auf die Variable Familienstand – jene Männer, die verheiratet, und jene Frauen, die verwitwet sind. Für die kontinuierliche Variable Einkommen werden die statistischen Zentralwerte ebenfalls für die Geschlechter ermittelt. Bei den Männern beträgt das 25. Perzentil 1.800 DM und das 75. Perzentil 3.275 DM. Dies bedeutet, daß 50% der Männer ein Monatseinkommen zwischen 1.800 und 3.275 DM aufweisen. Statistisch „typische" Männer sind nach dieser Definition jene Männer, die ein Monatseinkommen zwischen 1.800 und 3.275 DM aufweisen. Bei den Frauen liegt das Einkommen niedriger: Hier beträgt das 25. Perzentil 1.200 und das 75. Perzentil 2.068,50 DM. Die Hälfte der Frauen in der Stichprobe hat also ein Einkommen, das zwischen 1.200 und 2.068,50 DM liegt. Statistisch „typische“ Frauen verfügen also über ein Monatseinkommen zwischen 1.200 und 2.068,50 DM. Tabelle 1 zeigt einen Überblick über die statistischen Zentralwerte aller von uns ausgewählten Variablen.

Bei der Auswahl von statistischen „Normalfällen“ legten wir nun fest, daß in allen sechs Variablen gleichzeitig statistische Zentralwerte vorhanden sein müssen, damit die jeweilige Person als statistischer „Normalfall“ gelten kann. Für unsere Auswahl zogen wir also nicht jede Variable gesondert heran, sondern legten fest, daß in der Kombination der sechs Variablen die jeweiligen statistischen Zentralwerte vorhanden sein müssen. Bei den Männern wählten wir jene Personen aus, die verheiratet sind, in einem Privathaushalt leben, einen Volksschulabschluß besitzen, ein Monatseinkommen zwischen 1.800 und 3.275 DM haben, gute funktionelle Kapazität aufweisen, d. h. einen Wert von 5 auf dem „Activities of Daily Living“-Index (ADL-Wert) erreichen (vgl. Steinhagen-Thiessen & Borchelt, Kapitel 6), und einen gegenwärtigen Lebenszufriedenheitswert zwischen „gut“ und „befriedigend“ angeben (vgl. Smith et al., Kapitel 19). Zieht man diese sechs Variablen heran, so findet man unter den 258 Männern der Gesamtstichprobe nur 21 Männer, die nach der hier verwendeten Definition einen statistischen „Normalfall“ oder „Durchschnittsfall“ darstellen[2]. Ähnlich sieht das Ergebnis bei den Frauen aus: Hier finden sich unter den 258 Frauen der Stichprobe 26 typische Vertreterinnen ihres Geschlechts. Statistisch „typisch“ nach den hier verwendeten Kriterien sind Frauen, die verwitwet sind, in einem Privathaushalt leben, einen Volksschulabschluß besitzen, ein Monatseinkommen zwischen 1.200 und 2.069 DM haben, gute funktionelle Kapazität (ADL-Werte von 4 und 5) aufweisen und einen gegenwärtigen Lebenszufriedenheitswert zwischen „gut“ und „befriedigend“ angeben. Aus den beiden Gruppen statistisch „typischer“ Männer und Frauen haben wir jeweils eine Person im Alter zwischen 80 und 85 Jahren ausgewählt.

Tabelle 1: Statistische Zentralwerte der sechs ausgewählten Variablen nach Geschlecht.

	Zentralwerte	**Männer**	**Frauen**
Familienstand	Modalwert	52,1% verheiratet	70,0% verwitwet
Wohnsituation	Modalwert	86,1% Privathaushalt	73,0% Privathaushalt
Schulabschluß	Modalwert	62,0% Volksschule	67,4% Volksschule
Einkommen	Werte zwischen dem 25. und 75. Perzentil	50% liegen zwischen 1.800 und 3.275 DM	50% liegen zwischen 1.200 und 2.068,50 DM
Funktionelle Kapazität (ADL)	Werte zwischen dem 25. und 75. Perzentil	50% liegen auf dem Wert 5	50% liegen zwischen den Werten 4 und 5
Lebenszufriedenheit	Werte zwischen dem 25. und 75. Perzentil	50% liegen zwischen den Werten 2 und 3	50% liegen zwischen den Werten 2 und 3

2 Es mag erstaunen, daß die Suche nach statistischen „Normalfällen“ nur zu einer kleinen Gruppe von Personen führt (ca. 10% der Stichprobe sind nach den hier gewählten Kriterien als statistische „Normalfälle“ definiert). Die Reduktion der Zahl wird verständlich, wenn man sich überlegt, daß die Kombination von Variablen zu einer solchen Reduktion der Auswahl führen muß. Dies läßt sich anhand eines Gedankenexperiments verdeutlichen. Man nehme k *unkorrelierte*, kontinuierlich verteilte Variablen. Verwendet man das hier vorgestellte Auswahlkriterium für kontinuierliche Variablen, so ergibt sich bei der Verwendung einer Variablen eine Auswahl von 50% der Stichprobe, bei der Kombination von zwei Variablen eine Auswahl von 25% der Stichprobe (0,50 × 0,50), bei der Kombination von drei Variablen eine Auswahl von 12,5% der Stichprobe (0,50 × 0,50 × 0,50) und bei der Kombination von vier Variablen eine Auswahl von 6,25% der Stichprobe (0,50 × 0,50 × 0,50 × 0,50) usw. Da die hier verwendeten sechs Variablen nicht unkorreliert sind, resultiert eine höhere Auswahlquote.

3. Lebensgeschichten

3.1 Frau Simon – Blaustrumpf und Tantchen

Globale Angaben zur äußeren Lebenssituation. Alter zum Befragungszeitpunkt: 78 Jahre. Einkommen, körperliche Gesundheit und geistige Leistungsfähigkeit: positiv. Lebenszufriedenheit: gut.

Frau Simon wurde 1912 in Berlin geboren. Der Vater war höherer Angestellter (Schulabschluß mittlere Reife), die Mutter hatte ebenfalls mittlere Reife, aber keine Berufsausbildung. Frau Simon besuchte ein neusprachliches Lyzeum und machte 1932 das Abitur. Ihre beiden jüngeren Geschwister, ein Bruder, der bereits gestorben ist, und eine Schwester, haben ebenfalls Abitur gemacht. Der Bruder arbeitete im gleichen Beruf wie der Vater, die Schwester war Lehrerin.

Nach dem Abitur besuchte Frau Simon eine Handelsschule, die einen einjährigen Kurs für Abiturienten anbot. Danach arbeitete sie bis 1945 als Sekretärin, wobei sie aber 1942 ein Studium aufnahm, das sie 1944 mit dem Abschluß „akademisch geprüfter Übersetzer“ abschloß. Nach Kriegsende schlug sie sich zunächst ohne Einkünfte durch und lebte von ihren Ersparnissen. Von Ende 1945 bis 1955 arbeitete sie halbtags als wissenschaftliche Übersetzerin in verschiedenen Institutionen und promovierte 1955 in Romanistik. Nach der Promotion folgte eine Zeit freier Übersetzungstätigkeit, von 1965 bis zu ihrer Verrentung 1979 war sie wissenschaftliche Mitarbeiterin in einer Universitätsbibliothek. Seither arbeitet sie weiterhin stundenweise in einer Bibliothek. Dies tut sie ausschließlich aus Liebe zum Beruf, denn ihre Tätigkeit wird nicht bezahlt. Ihre materielle Lage empfindet sie als voll zufriedenstellend, ihre Rente beträgt 3.800 DM netto im Monat, wobei sie allerdings keine weiteren Einkünfte aus sonstigem Vermögen bezieht.

Neben ihrer Tätigkeit in der Bibliothek, die sie sich selbst einteilen kann, besucht sie Weiterbildungsveranstaltungen an der Volkshochschule. Dabei gilt ihre besondere Neigung der Sprachwissenschaft und der Archäologie. Sie wandert gerne und viel und zeigt sich besonders begeistert über die Möglichkeiten, nach dem Fall der Mauer Ausflüge in die Umgebung Berlins machen zu können.

Frau Simon repräsentiert eine interessante Mischung aus zwei Sozialtypen des frühen 20. Jahrhunderts, die im Prinzip kaum miteinander zu vereinbaren sind. Aufgrund ihrer biographischen Daten stellt sie einmal den Typus dar, der vor nicht allzu langer Zeit vielleicht noch mit dem Etikett „Blaustrumpf“ belegt worden wäre: eine ledige Frau mit vielseitigen intellektuellen Interessen und hohem beruflichem Engagement. Andererseits aber stellt sie auch den Typus der familienorientierten Tante dar, die für zahllose Verwandte – Schwester, Nichten, Cousinen und Vettern ersten und zweiten Grades – als Ansprechpartner figuriert. Dieser Aspekt ihrer Persönlichkeit ist ihr voll bewußt, und sie akzeptiert ihn auch: „Meine Schwester sagt ‘Tantchen’, also, das ist ja so ein bißchen, das charakterisiert es wohl, ich bin ja auch der Familie sehr verhaftet im Grunde.“ Doch ihre sozialen Beziehungen erschöpfen sich nicht in Verwandtschaftskontakten, ebenso zahlreich sind ihre Freundschaften, wobei die Freundschaften mit Frauen überwiegen. Sie nennt 15 Freundinnen, aber nur einen Freund. Daß es sich hier um wirkliche Freundschaften und nicht um Gelegenheitsbekanntschaften handelt, die es angesichts ihrer zahlreichen Aktivitäten sicherlich auch gibt, geht daraus hervor, daß keine dieser Freundschaften weniger als 30 Jahre währt.

Frau Simon hat zwar nie geheiratet, aber sie erzählt von einer Partnerschaft mit einem „dominanten“, komplizierten Mann. Diese Beziehung war, wie sie sagt, „das Schwierigste“ in ihrem Leben überhaupt. Es bedarf keiner besonderen Phantasie, um sich die Schwierigkeiten vorzustellen, die diese Beziehung gekennzeichnet haben mögen. Frau Simon war immerhin schon 43 Jahre alt, als sie promovierte, was auf eine starke Willenskraft, Ehrgeiz und Ausdauer hindeutet. Eigenschaften, die ein Mann, der zu dominieren gewöhnt war, vermutlich nicht akzeptieren konnte.

Frau Simon charakterisiert sich selbst folgendermaßen: „Ich bin gefühlsorientiert, also ich hänge sehr stark an anderen Menschen, also an manchen.“ Und weiter: „... daß mir immer menschliche Beziehungen wichtig sind, ganz egal wo, auch in der Arbeit und so“. Hier scheint der Schlüssel für die schwierige Beziehung zu jenem Mann zu liegen: einerseits „gefühls- und beziehungsorientiert“, wie es das Weiblichkeitsstereotyp verlangt, andererseits aber fällt ihr im Zusammenhang mit ihrer Gefühlsbetontheit doch auch sofort ihre Arbeit ein, wo sie ihr Interesse für Menschen mit ihrer Beschäftigung mit Themen in Einklang bringen kann. Damit rangiert die Arbeit nicht vor, aber auch nicht hinter den menschlichen Beziehungen, und dies wiederum korrespondiert bis in unsere Tage nicht mit dem Stereotyp von Weiblichkeit.

Frau Simons Lebensverlauf läßt sich fraglos mit dem Begriff Kontinuität kennzeichnen. Die Basis für diese Kontinuität wurde im Elternhaus gelegt, das ihr ermöglichte, das Abitur und anschließend eine „solide“ Ausbildung zu machen. Ein Studium dagegen war nicht vorgesehen, sondern war ihr eigenes Werk, das sie selbständig finanzierte und in relativ hohem Alter noch mit der Promotion abschloß. Die gleiche Kontinuität kennzeichnet auch ihre sozialen Beziehungen sowohl zu Verwandten als auch zu Freundinnen. Gleichwohl empfindet sie dieses mit Arbeit, Bildung und sozialen Aktivitäten so angefüllte Leben in seiner Kontinuität bedroht. Auf die Frage „Was ist gegenwärtig das Schwierigste in Ihrem Leben?“ antwortet sie, daß sie vor der Entscheidung steht, ihre Wohnung, in der sie seit 1969 lebt, aufzugeben und in eine Altenwohnung zu ziehen. Und ihre größte Befürchtung ist, nicht mehr im Vollbesitz ihrer geistigen Kräfte zu sein und in einem Mehrbettzimmer im Hospital zu enden. Paradoxerweise ist es also gerade ihre Realitätstüchtigkeit, ihre alle Eventualitäten einbeziehende Perspektive auf ihre Situation, die ihr Leben überschattet. Objektiv wird diese nüchterne Einschätzung einer zukünftigen Entwicklung ihr vermutlich dazu verhelfen, sich relativ annehmbare Lebensbedingungen herzustellen, z. B. durch die gezielte Auswahl einer Altenwohnung, die eine eventuelle spätere Betreuung garantiert. Gleichwohl ist gerade ein Mensch wie Frau Simon, der sich immer auf sich selbst und seine geistigen Fähigkeiten verlassen konnte, dem Schreckgespenst eines Verlustes dieser Fähigkeiten möglicherweise in stärkerem Maße ausgesetzt als jemand, der sein Leben als durch Schicksal, Gott oder andere Menschen bestimmt hinnimmt.

3.2 Frau Gärtner – „Hier verläuft ein Tag wie der andere.“

Globale Angaben zur äußeren Lebenssituation. Alter zum Befragungszeitpunkt: 95 Jahre. Einkommen, körperliche Gesundheit und geistige Leistungsfähigkeit: gering. Lebenszufriedenheit: „teils, teils“.

Frau Gärtner ist nach klinischen Kriterien mittelschwer dement. Dies bedeutet, daß sie sich an die Mehrzahl der Ereignisse, die für eine Biographie als konstitutiv erachtet werden, nicht mehr erinnern kann. Wir werden dennoch versuchen, aus den Bruchstücken der wenigen uns bekannten Daten den äußeren Verlauf ihres Lebens nachzuzeichnen. Bedeutsamer erscheint uns aber gerade in diesem Fall ein anderer Punkt. Das Etikett „dement“ evoziert häufig die Assoziation von geistigem Verfall, von unzusammenhängender Rede und einer Beeinträchtigung der Fähigkeit, sich anderen Menschen verständlich zu machen. Frau Gärtner liefert ein Beispiel dafür – und sie ist kein Ausnahmefall –, daß diese Vorstellungen nicht der Realität entsprechen, und daß eine Einschränkung der geistigen Fähigkeiten nicht gleichbedeutend ist mit der Unfähigkeit, die eigene Lebenssituation beschreiben und Alltagsgespräche führen zu können.

Frau Gärtner wurde 1895 in Berlin geboren. An den Beruf des Vaters erinnert sie sich nicht, die Mutter war Hausangestellte. Beide Eltern hatten einen Volksschulabschluß. Frau Gärtner hatte vier Brüder, zwei sind bereits gestorben, von den beiden anderen weiß sie nicht, ob sie noch leben.

Nach Abschluß der Volksschule machte Frau Gärtner eine Lehre in einem Lebensmittelgeschäft (Konsum) und arbeitete dort bis zur Heirat im Jahre 1916. Ihr Mann war Buchdrucker. 1917 wurde die Tochter geboren, und 1919 oder 1920 starb der Ehemann. An ihren Mann kann sie sich offenbar kaum noch erinnern, auch nicht an die Gelegenheit, bei der sie sich kennenlernten. Auch ist nicht klar, ob er tatsächlich schon so früh gestorben ist oder wesentlich später, denn an einer anderen Stelle des Interviews nennt sie auf die Frage, mit wem sie vor dem Einzug ins Heim zusammengelebt habe, ihren Mann. Sie erwähnt eine zwei bis drei Jahre währende Berufstätigkeit als Telefonistin bei der Post, kann sich aber nicht an den Zeitraum erinnern, und ob sie noch weitere Tätigkeiten ausgeübt hat oder nicht. Das heißt, daß die Zeitspanne von 1920 bis 1961, das Datum, das sie als Jahr der Verrentung nennt, im dunkeln bleibt, ebenso das Datum ihres Einzugs ins Heim. Hier handelte es sich um eine Einweisung durch einen Arzt und nicht um eine freie Entscheidung.

Ihre Selbstdefinition „Wer bin ich?“ umfaßt nur einen Satz, aber dieser Satz ist unmißverständlich und prägnant: „Ich bin alt und gebrechlich.“ Alle folgenden Sätze beziehen sich nicht mehr auf die eigene Person, sondern auf ihre Lebenssituation im Heim. Hier fallen ihr zuerst die außergewöhnlichen Ereignisse im Alltag des Heimlebens ein. Sie erinnert sich, daß man früher gemeinsam musiziert hat, und sie berichtet über ein Sommerfest, das offenbar kürzlich stattgefunden hat. Dieses Sommerfest stellt einen Höhepunkt im täglichen Einerlei dar. Sie sagt: „Hier verläuft ein Tag wie der andere.“ Aber anläßlich des Sommerfestes wären sie alle „für mehrere Stunden“ nach draußen in den Garten gebracht worden und sie hätten „Kaffee und Gulasch“ bekommen. Auch Umstände, die sie unmittelbar betreffen, registriert sie deutlich. So kommt z. B. während eines Interviews ein Pfleger ins Zimmer, der laut und polternd jede der fünf Zimmergenossinnen begrüßt und einige Worte an sie richtet. Er fragt Frau Gärtner: „Wer bin ich, wie heiße ich?“ Sie lacht ein bißchen und sagt: „Christian.“ „Richtig“, sagt Christian in der Manier eines Oberlehrers. Dann stellt er eine Frage, deren Antwort er ja bereits wissen müßte, nämlich: „Wann gehst Du denn nach Hause?“ Darauf antwortet sie: „Gar nicht, ich habe ja keine Wohnung mehr.“ „Na, dann bleibst Du eben bei mir“, sagt er, worauf sie zustimmend lacht. Man hat das Gefühl, daß hier ein eingespieltes Ritual abläuft, vielleicht eine kleine Prüfung seitens des Pflegers. Auf die Frage, ob es Personen gebe, denen sie sich sehr eng verbunden fühle, nennt sie die Oberschwester des Heims, an deren Namen sie sich auch, ohne zu zögern, erinnert. Als weniger eng verbundene Personen nennt sie zwei weitere Schwestern, deren Namen sie aber nicht weiß. Auf die Frage, ob sie während der letzten drei Monate mit jemandem über persönliche Dinge gesprochen habe, nennt sie ihren Schwiegersohn Rolf, der alle vier Wochen zu Besuch kommt. Rolf ist angeblich schon 90 Jahre alt und wird dann auf Nachfrage der Interviewerin auch als eine sehr eng verbundene Person bezeichnet.

Frau Gärtner hat eine blinde Zimmergenossin, die Aufmunterung von ihr erhält. Sie selbst hat keine Aufmunterung erfahren, befindet aber auch, daß sie derer nicht bedarf. Als die Frage nach eventuellen Besuchern während der letzten vier Wochen gestellt wird, fällt ihr sofort der Schwiegersohn und dann ihre Tochter ein. Auf die Frage nach dem Namen der Tochter entsteht eine kleine Pause, ein verlegenes kleines Lachen, schließlich fällt ihr der Name ein: Ingrid. Das Geburtsjahr von Ingrid hat sie dagegen sofort parat: 1917. Aus der Tatsache, daß sie Rolf, nicht aber die Tochter im Zusammenhang mit persönlichen Gesprächen nennt, daß sie seinen Namen, aber nicht den ihren präsent hat, ist zu entnehmen, daß der Schwiegersohn ihr näher steht. Es ist ihr offenbar klar, daß die Beziehung zur Tochter nur sehr locker ist. Auf die Frage „Wie würden Sie die Beziehung zu Ihren Kindern beschreiben?“ sagt sie, halb lachend, halb seufzend: „Wie soll ich das sagen?“ und schweigt. Bei anderen Gelegenheiten scheinen ihr Bemerkungen wie „Das ist schwer zu sagen“, „Wie soll ich das sagen?“, „teils, teils“ etc. als eine Art Joker bei Fragen zu dienen, die sie zwar nicht versteht, von denen sie aber offenbar weiß, daß sie sie nicht versteht. So antwortet sie z. B. auf die Frage, was „das Schwierigste“ in ihrem Leben war, mit „teils, teils“. Mit Hilfe dieser Strategie kann sie gleichsam eine kommunikative Fassade aufrechterhalten. „Das ist schwer zu sagen“ impliziert, daß man die Rede des anderen verstanden hat, daß man etwas sagen könnte, daß es aber zu schwierig ist. Auf diese Weise kann Frau Gärtner ihre Verständnisschwierigkeiten und Gedächtnislücken mit Würde kaschieren, wobei es ihr gleichzeitig gelingt, sich in ihrer Alltagswelt zurechtzufinden und sich an den spärlichen Abwechslungen des Heimlebens zu erfreuen.

3.3 Herr Bruckner – „Daß ich mit meiner Familie in Ordnung komme – (...) das ist Problem Nummer eins (...)“

Globale Angaben zur äußeren Lebenssituation. Alter zum Befragungszeitpunkt: 84 Jahre. Einkommen: gut. Körperliche Gesundheit: eingeschränkt. Geistige Leistungsfähigkeit: gut. Lebenszufriedenheit: gering.

Herr Bruckner wurde 1908 in Berlin geboren. Beide Eltern hatten einen Volksschulabschluß. Die Mutter war Schneiderin, der Vater hatte eine Lehre als Weber gemacht und sich zum technischen Betriebsleiter einer Weberei hochgearbeitet. Ein Jahr vor Herrn Bruckners Geburt waren Zwillinge geboren worden, die aber nur ein paar Tage gelebt haben. Herr Bruckner erwähnt noch zwei jüngere „Stiefbrüder“, wobei es sich aber nicht um „Stiefgeschwister“ im eigentlichen Sinne handelt, sondern um verwaiste Cousins, die von seinen Eltern aufgenommen worden waren. Beide „Stiefbrüder“ sind bereits verstorben.

Herr Bruckner schloß die Schule mit der mittleren Reife ab und machte anschließend eine kaufmännische Lehre. Nebenher besuchte er Abendkurse auf der Höheren Fachschule für Textil- und Bekleidungsindustrie. Zunächst war er kaufmännischer Angestellter in einer Abteilung für Textilien und wurde nach zwei Jahren deren Leiter. In dieser Firma lernte er auch seine spätere Frau kennen, die dort bis zu ihrer Heirat im Jahre 1935 als Sekretärin und Buchhalterin arbeitete. Im Jahr seiner Eheschließung wechselte er dann die Firma und wurde angestellter Vertreter. 1938 kam eine Tochter zur Welt, die aber bereits im ersten Lebensmonat starb – eine merkwürdige Parallele zu seiner Herkunftsfamilie, in der ja auch zwei Kinder kurz nach der Geburt gestorben sind. 1940 wurde er eingezogen, und im gleichen Jahr wurde sein erster Sohn geboren. 1942 kam ein zweiter Sohn zur Welt, der im Alter von zwei Jahren starb.

Herr Bruckner diente an nahezu allen Fronten, die sich das Dritte Reich geschaffen hatte: Frankreich, Italien, Rußland und Rumänien. Nach dreijähriger

Gefangenschaft in Sibirien kehrte er nach Berlin, mittlerweile Ost-Berlin, zurück. Drei Monate erholte er sich von der Kriegsgefangenschaft und arbeitete dann zunächst ein halbes Jahr lang in einer Gärtnerei. Von 1949 bis 1961 war er dann wieder Vertreter für Textilien und wechselte 1961 zu einem staatlichen Betrieb, wo er für Einkauf, Verkauf und Buchhaltung zuständig war. 1971 wurde er zum stellvertretenden Betriebsdirektor befördert. Sieben Jahre nach seiner Verrentung im Jahre 1973 zog er von Ost- nach West-Berlin. 1985 wurde seine Frau schwer krank. Herr Bruckner pflegte sie bis zu ihrem Tod im Jahre 1990. Diese Zeit bezeichnet er rückblickend auch als „das Schwierigste" seines vergangenen Lebens.

Seine gegenwärtige materielle Lage ist ausgesprochen gut. Seine Rente beträgt monatlich über 2.800 DM, wobei ein nicht unbeträchtliches Vermögen an Wertpapieren hinzukommt. Seinem Sohn hat er als Vorerbe bereits eine relativ hohe Summe ausgezahlt. Sein körperlicher Zustand ist insofern zufriedenstellend, als er sämtliche Verrichtungen des täglichen Lebens ohne Hilfe ausführen kann. Zwar hatte er drei Wochen nach dem Tod seiner Frau (18 Monate bevor er in die Berliner Altersstudie eintrat) einen Herzinfarkt und während der letzten drei Monate zwei Schwächeanfälle, die einen Notarzteinsatz erforderlich machten. Seine größte Befürchtung ist denn auch, einmal ein Pflegefall zu werden. „Ich möchte niemand zur Last fallen. Ich möchte auch kein Pflegefall werden." Gleichwohl ist es nicht sein Gesundheitszustand und nicht die Angst vor der Pflegebedürftigkeit, die ihn umtreibt. Er schreibt die Schwächeanfälle der letzten Monate ausschließlich seiner psychischen Situation zu.

Diese Belastungssituation resultiert einmal aus dem Tod seiner Frau – seitdem fühlt er sich einsam. Zum anderen – und dies ist der zentrale Grund für seine mangelnde Lebenszufriedenheit, seine depressiven Verstimmungen und körperlichen Beschwerden – nennt er sein gestörtes Verhältnis zu Sohn, Schwiegertochter und Enkelin.

Seine Einsamkeit und Lebensunlust wird auch nicht wettgemacht durch seine zahlreichen Verwandtschaftsbeziehungen und Freundschaften, wobei sich ein großer Teil der Freunde aus einem Verein rekrutiert, dem er seit über 10 Jahren angehört. Mit diesem Verein unternimmt er Ausflüge und andere Freizeitaktivitäten. Sein soziales Netzwerk umfaßt allein 39 Personen, und mit allen unterhält er Kontakte, die die gesamte Skala möglicher Kontakthäufigkeiten umfassen. Gleichwohl ist er der Auffassung, daß sich seine Beziehungen während der letzten fünf Jahre „sehr vermindert" haben.

Was zwischen ihm und „seinen Kindern" – wie er sagt – konkret vorgefallen ist, wissen wir nicht, aber es muß sich um ein tiefgehendes Zerwürfnis handeln. Auf die Frage „Was ist gegenwärtig das Schwierigste in Ihrem Leben?" antwortet er: „Na, das Verhältnis zu meinen Kindern", und auf die Frage nach seinen Hoffnungen und Wünschen antwortet er: „Daß ich mit meiner Familie in Ordnung komme – ja, also, das ist Problem Nummer eins, ja." Um dieses Problem kreist sein ganzes Sinnen und Trachten, gleichgültig, welches Thema angesprochen wird, immer wieder kommt er darauf zurück, wobei allerdings nicht klar ist, ob er seinerseits Versuche unternimmt, die Beziehung wieder herzustellen, oder ob er darauf wartet, daß „die Kinder" ihrerseits den ersten Schritt tun. Am Ende seines Lebens – und so sieht er es selbst auch – zählen nicht die zahlreichen netten, lieben Freunde und Bekannten, sondern einzig die Kinder, denen er sich verbunden fühlt, die aber ihrerseits diese Verbindung nicht oder nicht mehr zu wollen scheinen.

Dies bedeutet, daß die mangelnde Lebenszufriedenheit Herrn Bruckners nicht – oder nur indirekt – mit seinem Alter zusammenhängt. Den Tod seiner Frau hätte er vermutlich verwinden können, wenn ihm nicht das Zerwürfnis mit dem Sohn gefolgt wäre. Da es zu diesem Zerwürfnis erst nach dem Tod der Frau kam, besteht möglicherweise ein Zusammenhang zwischen beiden Ereignissen. Denkbar ist, daß sein Alter insofern seine Gemütsverfassung zusätzlich beeinträchtigt, als ihm vor Augen steht, unversöhnt sterben zu müssen.

3.4 Herr Kleiber – Methodische Lebensführung par excellence

Globale Angaben zur äußeren Lebenssituation. Alter zum Befragungszeitpunkt: 96 Jahre. Einkommen: gering. Körperliche Gesundheit: schlecht. Geistige Leistungsfähigkeit: gut. Lebenszufriedenheit: gering.

Herr Kleiber wurde 1896 in Ostpreußen geboren. Sein Vater war Schuhmachermeister, die Mutter hatte, wie zu dieser Zeit üblich, keine Ausbildung. Der Vater starb 1928, die Mutter 1943. Herr Kleiber hatte sieben Geschwister, davon fünf Halbgeschwister, die alle bereits gestorben sind. Da die Ehe der Eltern nicht geschieden wurde, ist anzunehmen, daß die Halbgeschwister aus einer vorhergehenden Ehe des Vaters oder der Mutter stammen. Nach Abschluß der Volksschule machte Herr Kleiber eine Lehre als Einzelhandelskaufmann in der Lebensmittelbranche. Mit 17 Jahren machte er sich auf nach Düsseldorf, wo einer seiner Stiefbrüder lebte, um dort, wie er sagt, „Fuß zu fassen". Bereits nach einer Woche schien aber für ihn festzustehen, daß die Bedingungen dort für ihn nicht günstig waren, denn er fuhr nach S. (im heutigen Polen) und nahm dort eine Stelle als Verkäufer in einem Lebensmittelgeschäft an. Da er einen Leistenbruch hatte, wurde er „uk" (unabkömmlich) gestellt und vom Kriegsdienst befreit. 1923 lernte er bei einer Tanzveranstaltung seine spätere Frau, ihrerseits auch Lebensmittelverkäuferin, kennen. 1924, im Jahr der Heirat, machte er sich selbständig, was mit Sicherheit auch dadurch begünstigt wurde, daß seine Frau im Geschäft mitarbeitete. Wie sonst hätte ein junger, mittelloser Mann eine Geschäftsgründung wagen können? Diese Frau hat offenbar kaum Spuren in seinem Leben hinterlassen. Auf die Frage nach Menschen, die zwar gestorben sind, denen man sich aber immer noch sehr eng verbunden fühlt, nennt er vier verstorbene Freunde, aber nicht seine Frau. Ebenso gehört sie weder zu den Personen, die eine wichtige Rolle in seinem Leben gespielt haben, noch zu denen, an die er gerne denkt.

Ein Jahr nach der Hochzeit wurde die erste Tochter, im Abstand von zwei Jahren die zweite Tochter geboren. Nach weiteren acht Jahren kam ein Sohn zur Welt, der seine Existenz möglicherweise den historischen Ereignissen verdankt. In der Nazizeit wurde die Anhebung der Geburtenzahlen massiv propagiert und finanziell unterstützt, was die Planung eines weiteren Kindes vergleichsweise lange nach der Geburt des zweiten Kindes befördert haben dürfte.

1945 wurde S. polnisch, Herrn Kleibers Geschäft fiel – wie er sagt – an die „Polaken". Dieses Ereignis war aus seiner Sicht „das Schwierigste" in seinem Leben. Er verließ also mit seiner Familie S. und ging nach Berlin. Dort betrieb er zunächst einen Pferdefuhrbetrieb. 1948 pachtete er ein Lebensmittelgeschäft, das er 1952 wieder aufgab, um in einem anderen Stadtteil ein neues zu pachten. In der Zwischenzeit starb seine erste Frau. 1961 ging er in Rente und übergab das Geschäft seinem Sohn, wobei er aber bis 1973 weiterhin für 1.200 DM Gehalt achteinhalb Stunden täglich arbeitete. Mit der Verrentung zog er in einen anderen Stadtteil, in ein Haus, das ihm zur Hälfte gehörte. 1965 gab er eine Bekanntschaftsanzeige auf und lernte eine zwölf Jahre jüngere Frau kennen. Sie war zwar nicht Lebensmittel-, aber Schmuckverkäuferin und half – nicht weiter erstaunlich – dann ebenfalls im Geschäft des Sohnes mit. Herrn Kleibers ganze Neigung galt dem Verkauf von Lebensmitteln, er hatte keinerlei Hobbys, gehörte keiner Organisation an außer einem Berufsverband für Einzelhändler, und er selbst sagt von sich: „Mein Beruf war mein Hobby." Und auf die Frage, was „das Beste" in seinem Leben war, nennt er seine erfolgreiche Geschäftstätigkeit.

Diese hohe Identifikation mit dem Beruf hatte offenbar eine starke Vorbildfunktion für seine Kinder. Sie schlossen alle die Schule mit der mittleren Reife ab, was für Kinder eines Volksschülers, vor allem Töchter der Jahrgänge 1925 und 1927, durchaus nicht selbstverständlich war. Der Sohn übernahm das Geschäft, aber auch die Töchter blieben in der Lebensmittelbranche. Die älteste, mittlerweile verwitwet, betrieb ein eigenes Lebensmittelgeschäft, und die zweite verheiratete Tochter, in nur marginaler Abweichung vom Vater, hat einen Fleischerladen. In den Enkeln setzt sich die Familientradition hinsichtlich der Bildungsaspirationen zeitgemäß fort. Der Enkel, 1950 geboren, hat die mittlere Reife, die Enkelin, 1956 geboren, das Abitur. Nicht wirklich abweichend ist die Berufswahl des Enkels, Lebensmittelgeschäfte haben keine Zukunft mehr: Er ist Makler. Die Enkelin dagegen schert aus der Tradition aus, sie ist Sozialarbeiterin. Beide Enkel scheinen, obwohl er sie mehrmals im Monat sieht, keine bedeutsame Rolle in seinem Leben einzunehmen, denn er rechnet sie nicht zu den Personen, die ihm nahestehen oder zu denen er Kontakt hat.

Bis etwa 1986 war er noch relativ rüstig und arbeitete auch noch in seinem Garten, danach wurde er mehr und mehr zum Pflegefall. 1988 fand die Trennung von seiner Lebensgefährtin statt, die Verbindung scheint aber nicht völlig abgerissen zu sein, da er sie als eine weniger eng verbundene Person aufführt und einmal im Monat mit ihr telefoniert.

Herr Kleiber hat sein Leben lang seine geschäftlichen und privaten Ziele in zweckrationaler Weise miteinander zu verbinden gewußt. Mit Hilfe der ersten Frau wurde die Geschäftsgründung möglich, die zweite Frau wurde gezielt gesucht und dann ebenfalls in den Dienst des Geschäfts gestellt, und die berufliche Karriere aller drei Kinder mündete mit Sicherheit nicht zufällig in den Verkauf von Lebensmitteln. Diese planerische Kompetenz ist ihm, obwohl bettlägerig, beinahe blind und fast völlig mittellos (740 DM Rente im Monat) bis heute geblieben. Es ist ihm nämlich gelungen, ein beispielloses Pflegearrangement herzustellen: Da gibt es eine Schwägerin und zwei weitere Frauen, alle über 60, alle in der ehemaligen DDR lebend, die abwechselnd je ein bis drei Monate bei ihm wohnen und ihn betreuen.

So wie sein aktives Leben stets planvoll geordnet war, so verläuft auch sein gegenwärtiges Leben in all seiner Gebrechlichkeit und Pflegebedürftigkeit nach

Plan. Morgens wird er von einer seiner Pflegerinnen versorgt, die ihn dann zum Mittagessen ins andere Zimmer bringt. Nachmittags trinkt er Kaffee und sieht fern, dann wird er früh zu Bett gebracht. Auch die Beziehungen zu seinen Kindern sind wohlgeordnet: „Jeden Sonntag kommen meine Kinder zum Kaffeetrinken her und bis abends kleine Unterhaltung.“ Ebenso selbstverständlich wie sie in die Fußstapfen des Vaters treten, ebenso selbstverständlich erscheint es offenbar diesen Kindern, jeden Sonntag, und nur dann, den Vater zu besuchen. Das heißt, seine Beziehungen zu den Kindern verlaufen in nüchternen Bahnen der Regelmäßigkeit, sie kommen nicht spontan und „nur so“ mal vorbei, sondern regelmäßig zu festgesetzten Tagen und Stunden. Allerdings gibt es Hinweise, daß die Beziehung zu den Töchtern eine Spur inniger ist – soweit hier von Innigkeit die Rede sein kann. Der Sohn kommt etwas seltener als die Töchter, und bei zu treffenden Entscheidungen würde er sie, aber nicht den Sohn um Rat fragen.

Umgekehrt nimmt er an, daß alle Kinder ihn um Rat fragen würden, was darauf hindeutet, daß er – zumindest aus seiner Sicht – noch die Zügel in der Hand hat. Keines der Kinder leistet ihm finanzielle Unterstützung, und keines beteiligt sich durch Hilfen anderer Art an seiner Pflege und Versorgung. Ob er dies nicht will oder ob sie es bei ihren sonntäglichen Besuchen bewenden lassen, ist nicht klar. Jedenfalls würde es vermutlich die einmal eingeführte Ordnung durcheinanderbringen, z. B. könnte es Kompetenzstreitigkeiten zwischen der jeweiligen Pflegerin und einem der Kinder geben. Soweit die vergangenen Lebensereignisse und seine gegenwärtige soziale und gesundheitliche Situation.

Wenden wir uns nun der Frage zu, wie dieser Mann, dessen ganzes Leben um rastlose Berufstätigkeit organisiert war, die nunmehr erzwungene Passivität erträgt. Seit dreieinhalb Jahren hat er z. B. aufgrund seines gesundheitlichen Zustandes die Wohnung nicht mehr verlassen. Wie schon erwähnt, folgt sein Pflegearrangement einem ausgeklügelten Plan, der mit Sicherheit nicht ohne sein Zutun ausgearbeitet wurde. Gleichwohl, er wird zum Objekt dieses Plans, er fühlt sich verwaltet und leidet darunter, daß er Tätigkeiten, die er noch bis vor wenigen Jahren ausüben konnte, wie z. B. die Gartenarbeit, nicht mehr machen kann.

Das Gefühl des Ausgeliefertseins an andere Personen, aber auch an das Schicksal, kommt in einer Formulierung zum Ausdruck, mit der er auf die Frage nach seinen Hoffnungen reagiert: „Ich wünsche, daß ich bald abgeholt werde. Man soll so einen Klumpen Menschen nicht sitzen lassen.“ Er sagt nicht „Ich wünsche, daß ich sterbe“, sondern „daß ich bald abgeholt werde“. So wie er im Alltagsleben darauf angewiesen ist, daß man ihn abholt, sei es zum Mittagessen oder um ins Bett zu gehen, so ergeht es ihm auch mit dem Tod, aber der läßt ihn sitzen. Indem er sich selbst als einen Klumpen Mensch bezeichnet, distanziert er sich von seinem Körper. Ein Klumpen ist letzten Endes nur unbeseelte Materie. Anders formuliert, der Körper funktioniert nicht mehr nach seinem Willen, er gehört und gehorcht ihm nicht, ist ein Objekt, das von anderen verwaltet wird, ein Klumpen, mit dem man nichts zu tun haben will.

Gleichzeitig ist dieser Klumpen, als den er sich selbst sieht, aber auf Hilfe angewiesen. Weil er dies erkennt, liegt seine zweite Hoffnung darin, von seinen Betreuerinnen nicht verlassen zu werden. Auf den Körper ist zwar kein Verlaß mehr, aber sein Geist ist ungebrochen. Dementsprechend antwortet er auch auf die Frage nach seinen Befürchtungen, daß er in Zukunft „geistig gestört“ sein könnte.

Diese Biographie entspricht in ihrer geordneten Eigenaktivität und planvollen Nüchternheit, dem was Weber (1964) als methodische Lebensführung oder Riesman (1960) als charakteristisch für den innengeleiteten Menschen beschrieben hat. Aus der Außenperspektive ist dieses Leben bis ins hohe Alter durch Kontinuität gekennzeichnet. Aus der Innenperspektive bedeutet die durch den Körper erzwungene Passivität natürlich einen Bruch, der mit einer Ambivalenz zur eigenen Person einhergeht. Inzwischen hat der Tod die an ihn gestellte Erwartung erfullt und hat Herrn Kleiber „abgeholt“.

4. Statistische „Normalfälle“

4.1 Hildegard Ebener – „Man muß doch schließlich fertig werden mit seiner Lage.“

Globale Angaben zur äußeren Lebenssituation. Alter zum Befragungszeitpunkt: 83 Jahre. Einkommen, körperliche Gesundheit und geistige Leistungsfähigkeit: durchschnittlich. Lebenszufriedenheit: durchschnittlich (gut bis befriedigend).

Frau Ebener wurde 1909 als erstes von drei Kindern in einer Kleinstadt in Sachsen geboren. Der Vater war ein selbständiger Instrumentenbauer. Die Mutter hatte eine abgeschlossene Lehre als Putzmacherin. Noch im Geburtsjahr Frau Ebeners zog die Familie nach Berlin. Dort wurden 1911 und 1920 die Brüder Heinz und Horst geboren. Mit dem älteren Bruder hat Frau Ebener seit Jahren keinen Kontakt mehr. Sie bemerkt, daß seine Kriegserlebnisse und eine Verwundung ihn sehr verändert hätten. Auch den jüngeren Bruder hat sie seit über eineinhalb Jahren nicht mehr gesehen, obwohl er mit seiner Familie in Berlin lebt. Einzig die gute Beziehung zu den Eltern blieb zeitlebens intakt. 1954 starb die Mutter, 1970 der Vater.

1911 zog die Familie aus einem Arbeiterbezirk in ein eher bürgerliches Viertel im Süden Berlins. Dort lebt Frau Ebener mit einigen Unterbrechungen heute noch. Als der Vater 1915 eingezogen wurde, wohnten die Kinder für drei Jahre bei den Großeltern in Sachsen. 1923 schloß Hildegard Ebener die Volksschule ab. Obwohl sie sich wünschte – wie die Mutter – „in der Modebranche" zu arbeiten, entschied sie sich doch dafür, etwas Solides zu lernen: Sie wurde Buchhalterin. Frau Ebener arbeitete fleißig und engagiert und wurde nach der Ausbildung von ihrer Lehrfirma übernommen. In den folgenden Jahren wurde ihr immer mehr Verantwortung übertragen. 1935 ging die Firma im Zuge der zunehmenden Verfolgung jüdischer Bürger und der sogenannten „Arisierung jüdischer Geschäfte" in Konkurs. Damit endete das Arbeitsverhältnis und zugleich ihre Erwerbstätigkeit.

Bereits 1932 hatte Hildegard den Textilkaufmann Johannes Ebener, einen ehemaligen Schulkameraden, geheiratet, sich ihre Rente auszahlen lassen und einen eigenen Hausstand gegründet. Erst als sie ihren Arbeitsplatz verlor, schien für sie der geeignete Zeitpunkt zur Familiengründung gekommen zu sein. Was vielen Frauen erst heute selbstverständlich ist, hat Hildegard Ebener bereits vorgelebt, auch wenn der Zeitpunkt ihrer Entscheidung letztlich durch wirtschaftliche und politische Entwicklungen der 30er Jahre bestimmt wurde. Sie suchte zunächst Bestätigung im Beruf und entschied sich erst danach für die Elternschaft.

Partnerschaft und Familie wurden zum neuen Lebensmittelpunkt. 1936 starb das erste Kind bereits nach zwei Monaten. Ein knappes Jahr später kam die Tochter Beate zur Welt. Als 1942 der Sohn Bernhard geboren wurde, war Johannes Ebener bereits im Krieg. Hildegard Ebener widerfuhr das typische Schicksal aller Mütter, deren Männer eingezogen wurden. Sie war mit den Kindern auf sich alleine gestellt. Die Bombardierung einer Großstadt, die sie aus unmittelbarer Nähe erlebte, erinnert sie als „das Schwierigste" in ihrem Leben. „Da wieder heil hervorzugehen... Das war grauenhaft. Wie kann man Menschen so auslöschen?" Im Herbst 1945 kehrte ihr Ehemann aus der Kriegsgefangenschaft zurück.

Die berufliche Entwicklung von Johannes Ebener zwang die Familie zu häufigen Umzügen. Zwischen 1951 und 1974 mußte Hildegard Ebener durchschnittlich alle drei Jahre den Hausrat zusammenpacken. Als die Familie 1953 nach Westdeutschland zog, blieb die 17 Jahre alte Tochter Beate mit ihrem zukünftigen Ehemann in Berlin. Nachdem Herr Ebener 1974 in Rente ging, konnte das Ehepaar nach Berlin zurückkehren. Bis 1981 ging Herr Ebener noch verschiedenen Nebentätigkeiten nach, zuletzt war er „Mädchen für alles" in einem Supermarkt. Der unmittelbaren Fürsorge für die Kinder enthoben, begann für Hildegard Ebener mit der Rückkehr nach Berlin ein Lebensabschnitt, in dem sie sich verstärkt dem Partner, Freunden und Bekannten zuwenden konnte. Das Ehepaar reiste zusammen ins Ausland, wanderte regelmäßig mit Freunden und besuchte häufig das Theater. Daheim spielten die Ebeners öfter Karten mit einer Tante, ein Kaffeekränzchen mit Freundinnen war fester Programmpunkt.

1984 starb Johannes Ebener nach kurzem Krankenhausaufenthalt. Die Witwe zog in ihre jetzige kleinere und billigere Wohnung. Damit verschlechterte sich zwar ihre Wohnsituation im Vergleich zu früheren Jahren. Doch sie ist zufrieden: „Man muß eben Abstriche machen." Ihr Enkelsohn Peter, den die Ebeners als Elfjährigen im Jahre 1974 nach der Scheidung des Sohnes adoptiert hatten, zog im Todesjahr des Großvaters, also 1984, bei seiner Groß- und zugleich Adoptivmutter ein. Damit hat Frau Ebener sich nach dem Tod ihres Mannes eine neue Aufgabe geschaffen, die ihren ganzen Einsatz fordert. Peter hat nämlich ein Suchtproblem, das Frau Ebener euphemistisch umschreibt mit „Der Junge kommt mit dem Leben nicht zurecht". Und sie fügt hinzu: „Wenn ich zu einem Menschen stehe, dann tue ich dies." Durch Peters Schwierigkeiten ist Hildegard Ebener gezwungen, sich mit Problemen auseinanderzusetzen, die ihr bisher völlig fremd waren. Von ihrem Sohn Bernhard, Peters Vater, der in Westdeutschland lebt, fühlt sie sich in dieser Angelegenheit im Stich gelassen. Doch sie kann und will sich der familiären Verantwortung nicht entziehen. „Schließlich", sagt sie mit der Hoffnung, daß 'sich alles zum Guten wendet', „muß man die Dinge so nehmen, wie sie sind."

Gesundheitlich auf der Höhe, kommt die 83jährige mit den Dingen des täglichen Lebens gut zurecht. Ihr labiler Blutdruck beunruhigt sie weniger als die Sehstörungen, die durch den grauen Star hervorgerufen werden, denn sie „möchte nicht von fremder Hilfe abhängig sein". Hildegard Ebener weiß, daß sie bei andauernder Pflegebedürftigkeit ins Heim gehen müßte. Die für Peter geleistete Unterstützung hat ihre finanziellen Rücklagen aufgebraucht. Frau Ebener und Peter leben von ihrer Witwenrente und seiner Sozialhilfe. Zusammen sind das 2.200 DM. Damit ist Frau Ebener, auch nach Abzug aller Unkosten, zufrieden.

Gute soziale Beziehungen sind für sie von zentraler Bedeutung. Zu ihren engsten Vertrauten gehört die Tochter Beate, die in den USA lebt. Es besteht ein regelmäßiger telefonischer und brieflicher Kontakt. Einmal im Jahr besucht Frau Ebener ihre Tochter in den USA. Die Beziehung zum leiblichen Sohn, dem Vater ihres Adoptivsohnes, der in Westdeutschland ein Textilgeschäft betreibt, ist auch, wie sie berichtet, wegen der neuen Schwiegertochter gestört. Mutter und Sohn haben zwar regelmäßig, aber „viel zu selten" Kontakt. Die große räumliche Entfernung zur Tochter und die unbefriedigende Beziehung zu Bernhard, ihrem leiblichen Sohn, lassen sie manchmal fürchten, „plötzlich ganz allein da zu stehen". Sie sagt aber: „Ich bin ein Mensch, der in allen Situationen auch verdrängen kann, für eine Zeit lang, man kann sich selbst nicht dauernd zermürben." So kompensiert Hildegard Ebener die Wünsche, die die familiären Beziehungen offen lassen, durch Freundschaften mit einigen Frauen, denen sie sich verbunden fühlt.

In den vergangenen fünf Jahren hat Hildegard Ebener auch neue Freundschaften dazugewonnen, z. B. erwähnt sie eine Freundin, mit der sie erst seit einiger Zeit „so richtig zusammengewachsen" ist. Dennoch glaubt sie, daß sie weniger Kontakte als ihre Altersgenossinnen hat. Während das Verhältnis zur Familie gleichgeblieben ist, sind ihr ihre Freunde und Bekannte, die im Gegensatz zu ihren Familienangehörigen ausreichend Zeit für sie haben, heute sehr viel wichtiger als früher. Mit ihren außerfamiliären sozialen Beziehungen ist sie sehr, mit den familiären Beziehungen hingegen nur teilweise zufrieden. Dennoch bezeichnet Hildegard Ebener „das lange Zusammenleben mit meinem Mann und die Kinder" im Rückblick als „das Beste", ihre eigene Familie, die Eltern und die Schwiegereltern als „das Wichtigste" in ihrem Leben. Diese Erfahrungen helfen ihr dabei, „Sorgen abzuschütteln" und die Gegenwart zu bewältigen.

Mit ihren Freundinnen wandert Hildegard Ebener mehrmals im Monat, macht Tagesausflüge und besucht Vorträge in der Urania. Das Kaffeekränzchen aus den 70er Jahren besteht immer noch. Ihr Hobby aus Jugendtagen, Briefmarken zu sammeln, pflegt sie noch heute.

Es lassen sich keine Anzeichen dafür finden, daß sich Hildegard Ebener jemals über den Familien- und Freundeskreis hinaus engagiert hat, obwohl sie auch im hohen Alter regen Anteil am aktuellen Geschehen nimmt. Sie war niemals Vereins-, Verbands- oder Parteimitglied. Ihre Aktivitäten waren stets auf ihre private Welt und deren überschaubares Umfeld gerichtet, so wie es dem Rollenstereotyp entspricht.

Hildegard Ebener möchte „keine bösen Erfahrungen mehr machen" müssen. Sie registriert einen mit dem Alter zunehmenden Energieverlust und eine sich häufiger einstellende Antriebslosigkeit. Doch sie arrangiert sich mit diesen Veränderungen, ohne sich ihnen zu beugen. Charakteristisch für sie ist die Bemerkung: „Man muß doch schließlich fertig werden mit seiner Lage." Und was die Zukunft betrifft, so äußert sie optimistisch und präzise: „Ich stehe im Leben und möchte noch lange nicht sterben."

4.2 Karl Steiner – Ein seßhafter Arbeiter mit Träumen

Globale Angaben zur äußeren Lebenssituation. Alter zum Befragungszeitpunkt: 82 Jahre. Einkommen, körperliche Gesundheit und geistige Leistungsfähigkeit: durchschnittlich. Lebenszufriedenheit: durchschnittlich (gut bis befriedigend).

Karl Steiner wird 1910 in einem Berliner Bezirk geboren, dem er Zeit seines Lebens die Treue hält: Dort arbeitete er bis zu seiner Berentung. Alle drei Wohnungen in Steiners Leben, die seiner Eltern und seine eigenen, liegen im Umkreis eines halben Kilometers in diesem Bezirk. Aus seiner ersten eigenen Wohnung, die er 1938 bezogen hat, zog er erst nach 32 Jahren aus, in der „neuen" Wohnung lebt er nun schon seit 22 Jahren. Auch die beiden Arbeitsstellen in seinem Leben, eine Möbelfirma und ein Berliner Theater, befinden sich in unmittelbarer Nähe.

Karl Steiners Mutter arbeitete als Krankenpflegerin, sein Vater als Straßenbahnführer. Die Mutter, geboren im Jahr 1888, wurde recht alt: Sie starb im Jahr 1977 mit 89 Jahren, während der 1879 geborene Vater mit 68 Jahren – zwei Jahre nach dem Ende des Zweiten Weltkriegs – starb. Die Eltern heirateten im April 1909, ein Jahr später wurde Karl, sieben Jahre darauf ein zweiter Sohn geboren. In der Steinerschen Familie wurde Bildung geschätzt, was man daran sehen kann, daß ihm die Eltern ermöglichten, das Geigenspiel zu erlernen. Die Eltern lasen häufig Zeitung und manchmal Bücher, und zu den Aktivitäten des Jugendlichen gehörten neben dem Sport (Herr Steiner war Mitglied im Arbeiter-Turn- und Sportverein) Besuche von Konzerten, Theatern, Museen, Ausstellungen und Kino. Herr Steiner wurde durch dieses Familieninteresse geprägt: Er wünschte sich, Musiker zu werden.

Allerdings konnte er seinen Berufswunsch nicht verwirklichen: Er trat nach Abschluß der Volksschule im Jahr 1924 als Lehrling in eine Berliner Möbelfabrik ein. Neben seiner Ausbildung zum Bau- und Möbeltischler besuchte er eine Abendschule, in der er das Zeichnen und Entwerfen von Möbeln erlernte. Im Jahr 1928, mit 18 Jahren, bestand er seine Gesellenprüfung. Er arbeitete weiterhin bei seiner Lehrfirma, bis diese ihn im Dezember 1929 während der Weltwirtschaftskrise entließ. Herr Steiner erlitt ein typisches Arbeiterschicksal dieser Zeit: Er war für dreieinhalb Jahre arbeitslos. Erst im Mai 1933, kurz nach der nationalsozialistischen Machtübernahme, fand er wieder Arbeit bei der Möbelfirma, die ihn drei Jahre zuvor entlassen hatte. Im selben Jahr trat er der SA bei, aus der er 1939 wieder austrat. Über die Motive Karl Steiners, der SA beizutreten und sie auf dem Höhepunkt des Nationalsozialismus wieder zu verlassen, haben wir keine Informationen. Möglicherweise war sein Beitritt zur SA jedoch eine Reaktion auf den wirtschaftlichen Aufschwung unter Hitler, der für ihn Arbeit und Brot bedeutete. Nach vier Jahren verließ Steiner seine Lehrfirma und begab sich 1937 in die Nähe seiner musikalischen Träume: Er wurde Bühnenarbeiter an einem Theater. An diesem Theater arbeitete er über einen Zeitraum von fast vierzig Jahren (von 1937 bis 1974) bis zu seiner Berentung, unterbrochen durch vier Jahre Kriegsdienst.

Auch als Soldat hatte Karl Steiner das typische Schicksal seiner Generation. Er wurde im Dezember 1939 mit 29 Jahren als Soldat eingezogen. Nach der Rekrutenzeit wurde er als Soldat zuerst nach Holland, Belgien und Frankreich und 1940/41 an die Ostfront nach Polen und Rußland geschickt. 1942 erkrankte er, und 1943 wurde er so schwer verwundet, daß er nach seiner Genesung nur noch „in der Heimat verwendungsfähig“ war. Dies rettete ihm möglicherweise das Leben, denn sein Bruder starb 1943, wahrscheinlich im Krieg. Der Krieg ist auch aus seiner heutigen Sicht „das Schwierigste“ in seinem Leben gewesen.

Karl Steiner lernte seine erste Frau Else einige Jahre vor Ausbruch des Krieges auf einem Tanzabend kennen – in einem Café, das in seinem Wohnbezirk lag. Er heiratete Else im August 1937 und gründete mit ihr seinen ersten eigenen Hausstand. Else war bereits schwanger, als sie heirateten. Die Tochter Anna wurde im Januar 1938 geboren. Anna war das einzige Kind der Ehe. Else war Schneiderin und arbeitete später ebenfalls an einem Theater als Kostümnäherin. Über die erste Ehe erzählt Steiner nicht viel, aber auf die Frage, was rückblickend in seinem Leben „das Beste“ war, antwortet er: „Die Liebe.“ Else starb 1965 nach anderthalbjährigem Aufenthalt in einem Krankenhaus.

Seine zweite Frau Eva lernte Steiner zwei Jahre nach dem Tod Elses während eines Kuraufenthalts kennen. Eva war vor der Hochzeit als Arbeiterin in einer Fabrik beschäftigt und wurde im Verlauf der Ehe Sachbearbeiterin in einer Behörde. Herr Steiner war zum Zeitpunkt der zweiten Eheschließung 57 Jahre, seine Frau 29 Jahre alt, so alt wie Steiners Tochter Anna. Die Beziehung Herrn Steiners zu seiner Tochter scheint durch die Existenz einer gleichaltrigen „Stiefmutter“ jedoch nicht getrübt zu sein: Herr Steiner sieht Anna mindestens einmal wöchentlich. Völlig anders ist dagegen die Beziehung zu der 1956 geborenen Stieftochter, die Eva mit in die Ehe brachte. Mit seiner Stieftochter und den drei Enkeln, seinen einzigen Enkeln, hat Herr Steiner nie Kontakt. Leider gibt es keine Informationen über die Gründe für diesen abgebrochenen Kontakt.

Die zweite Ehefrau und die leibliche Tochter Anna sind die beiden wichtigsten Personen in Steiners sozialem Netzwerk, das insgesamt 14 Personen umfaßt. Die engen Beziehungen zu Ehefrau und Tochter spiegeln sich auch in dem Ablauf eines Tages wider, den Karl Steiner schildert. Am Morgen dieses Tages steht Herr Steiner gemeinsam mit seiner Frau auf, bereitet für beide das Frühstück und macht die Betten, nachdem Eva das Haus verlassen hat, um zur Arbeit zu gehen. Die sehr viel jüngere Ehefrau übernimmt den Rest der Hausarbeiten: Eva bereitet Mittagessen und Abendbrot, nachdem sie von der Arbeit zurückkommt. An dem von Herrn Steiner geschilderten Tag wird er am Vormittag von seiner Tochter abgeholt, die ihn zum Arzt begleitet. Anschließend besuchen Vater und Tochter gemeinsam ein Café. Dieser Tagesablauf scheint nicht untypisch zu sein: Mit Anna telefoniert Karl Steiner täglich, sieht sie wöchentlich und würde sie bei wichtigen Entscheidungen um Rat fragen. Im übrigen wohnt auch Anna, die wegen einer schweren Erkrankung bereits berentet ist, ganz in der Nachbarschaft des Vaters. Die Beziehungen zu Frau und Tochter sind „das Beste“ in Herrn Steiners gegenwärtigem Leben, das allerdings vom schlechten Gesundheitszustand der Tochter überschattet ist. Steiner antwortet auf die Frage, was gegenwärtig „das Beste“ in seinem Leben sei: „Eigentlich der jetzige Zustand, wenn meine Tochter gesund bleibt und meine Frau und ich selbst wieder die Kraft haben, gemeinsam eine Reise zu verbringen, im Süden.“

Steiners finanzielle Verhältnisse würden eine Reise in den Süden auch durchaus zulassen. Auch die gesundheitliche Situation Karl Steiners ist zufriedenstellend: Obwohl er wegen einer Hüftoperation an Krücken läuft, ist er deswegen nicht allzu stark in seiner Mobilität eingeschränkt. Dies wird auch an seinem Hobby deutlich, das eine Kontinuität zu seinem früheren Beruf aufweist: Gemeinsam mit einem Freund, einem Bootsbauer, restauriert Herr Steiner ein Boot. Daneben sind Gartenarbeit im Schrebergarten und Münzensammeln weitere Interessen Herrn Steiners. Aber auch Bildung und Musik spielt für ihn noch eine Rolle. In der Antwort auf die Frage, wie er sich selbst beschreiben würde, blitzt sein lebenslanges Interessse an Bildung und Musik auf, das er selbst nie hat ausleben können: „Ich bin ein Mensch, welcher im jetzigen Alter über vieles nachdenkt von der Vergangenheit. Daß man in der Jugend doch einiges hätte anders machen müssen, was heute vielleicht von Vorteil wäre für das jetzige Leben. Zum Beispiel noch mehr schulische Aufgaben bewältigen müssen.“ Und: „Was mich interessiert, sind heutige Vorkommnisse in der Weltpolitik. Und was mit meinem früheren Beruf zusammenhängt. Zum Beispiel Neuinszenierungen im Theater.“

5. Unterschiede und Gemeinsamkeiten

Auf den ersten Blick sticht an diesen Lebensgeschichten die Vielfältigkeit ins Auge, in der sich Lebenssituationen im Alter darstellen. Diese Vielfältigkeit beweist sich am auffälligsten an dem je unterschiedlichen körperlichen und geistigen Gesundheitszustand dieser sechs Menschen. Betrachten wir nur einmal die Extreme. Frau Simon repräsentiert gleichsam das Idealbild einer Vorstellung erfolgreichen Alterns: Sie ist körperlich gesund und steht in kognitiver Hinsicht Angehörigen jüngerer Altersgruppen in nichts nach – ablesbar an der fortgesetzten Tätigkeit in ihrem angestammten Beruf. Frau Gärtner verkörpert das Schreckbild des Alterns. Sie ist körperlich bewegungsunfähig und geistig in ihrer Funktionstüchtigkeit eingeschränkt. Herrn Kleibers körperliche – wenn auch keineswegs geistige – Verfassung ist möglicherweise noch schlechter als die von Frau Gärtner. Er ist nicht nur ans Bett bzw. den Rollstuhl gefesselt, sondern auch beinahe blind. Frau Simon unterscheidet sich zwar von Frau Gärtner und Herrn Kleiber auch hinsichtlich ihres sozialen Status und ihrer ökonomischen Lage, gleichwohl dürfte aber die zentrale Differenz zwischen ihnen im Gesundheitszustand zu sehen sein. Frau Simon ist schließlich auch 17 bzw. 16 Jahre jünger als die beiden anderen.

In Anbetracht der schweren körperlichen Beeinträchtigungen, die sowohl für Frau Gärtner als auch Herrn Kleiber gelten, sind aber hier die Unterschiede in der Lebenssituation um so prägnanter. Diese Unterschiede – so unsere These – gründen sich auch auf je differentielle Handlungsstrategien (Bandura, 1982). Herr Kleiber läßt die Dinge nicht auf sich zukommen. Als sich sein Gesundheitszustand verschlechterte, hat er dafür gesorgt, daß andere für ihn sorgen. Frau Gärtner dagegen hat ihre sinkenden Handlungskompetenzen vermutlich nicht registriert. Sie wurde eines Tages in ein Heim eingewiesen, wobei offen ist, ob sie zu diesem Zeitpunkt bereits in gleicher Weise beeinträchtigt war wie heute. Zu vermuten ist, daß sich ihr Erinnerungsvermögen im Heim auch aufgrund ihrer sehr reduzierten Kommunikationsmöglichkeiten verschlechtert hat. Anders formuliert: Es besteht eine wechselseitige Distanz zwischen Umwelt und Person. Herr Kleiber dagegen distanziert sich von seinem Körper, nicht von seiner Umwelt. Er hat mit seinem Pflegearrangement eine Situation hergestellt, in der die in bestimmten Zeitabständen wechselnden Pflegepersonen gleichsam jeweils neu die Szene betreten. Dies bedeutet, daß er stets andere Kommunikationspartner hat, die ihrerseits nicht durch die Routine ständiger Pflegetätigkeit erschöpft sind.

Ein anderes Beispiel für den unterschiedlichen Umgang mit strukturell ähnlicher Lage bieten Frau Ebener und Herr Bruckner, die etwa gleich alt sind. Beide sind körperlich in relativ guter Verfassung, weisen keinerlei kognitive Beeinträchtigungen auf, und beide haben schwierige Familienverhältnisse. Während es Frau Ebener gelingt, das nicht sehr glückliche Verhältnis zu ihrem Sohn und die Belastung durch den drogenabhängigen Adoptivsohn und Enkel nicht zuletzt aufgrund ihrer emotional befriedigenden Beziehungen zu ihren Freundinnen zu bewältigen, konzentriert sich Herr Bruckner beinahe ausschließlich auf die gestörte Beziehung zu seinem Sohn, wobei ihm die freundschaftlichen Beziehungen zu anderen Menschen aus dem Blick geraten.

Während im vorherigen Abschnitt interindividuelle Differenzen im Umgang mit strukturell ähnlichen Lebenslagen akzentuiert wurden, wenden wir uns im folgenden erstens der Frage zu, welche Rolle die soziale Herkunft, historische Ereignisse, Geschlechts- und Generationszugehörigkeit für den Verlauf dieser Lebensgeschichten spielen. Zweitens geht es um die Frage, welche Faktoren sich jenseits individueller Persönlichkeitsunterschiede für die Lebenszufriedenheit im Alter als bedeutsam erweisen.

Betrachten wir zunächst diese Lebensverläufe unter dem Gesichtspunkt der Bildungs- und Erwerbskarrieren, so ist unschwer zu erkennen, daß es die soziale Herkunft ist, die in jedem einzelnen Fall die Weichen für die spätere Position in der Statushierarchie der Gesellschaft stellt (Mayer, 1981). Einzig Frau Simon stammt aus der Mittelschicht, und nur sie erwirbt mit dem Abitur das Eintrittsbillett für den Besuch der Universität. Alle anderen stammen aus dem Handwerker-, Arbeiter- oder Kleinbürgermilieu. Für diese Generation vielleicht nicht untypisch ist die (wenn auch minimale) Tendenz zu einer – im Vergleich zur Herkunftsfamilie – gewissen Aufwärtsmobilität, ablesbar an der Wahl kaufmännischer Berufe. Gemeinsam ist ihnen auch die Erfahrung von Weltwirtschaftskrise, Arbeitslosigkeit und Krieg, wobei allerdings die Kontinuität des beruflichen Werdegangs durch diese Ereignisse vielleicht be-, aber nicht verhindert wird (vgl. auch Maas et al., Kapitel 4). Dies trifft für die Männer und für die ledige Frau Simon zu, die nach dem Krieg ihre Karriere sogar auf einem höheren Niveau fortsetzt. Bei den beiden anderen Frauen ist es wie bei der Mehrheit dieser Generation die Familiengründung, die der beruflichen Tätigkeit ein Ende setzt. Frau Ebener bekommt ihre Kinder, nachdem sie arbeitslos geworden ist, und kehrt nicht in die Erwerbstätigkeit zurück, und Frau Gärtner scheidet mit der Heirat aus dem Berufsleben aus, wobei die Frage einer späteren Tätigkeit ungeklärt ist. Wenn auch der Krieg keinen dieser sechs Menschen aus der Bahn geworfen hat, so wird diese Zeit zum Teil doch als „das Schwierigste" erinnert, was man in der Vergangenheit erlebt hat. Gemeinsam ist den Angehörigen dieser Generation auch ihre Arbeitsorientierung; niemand scheidet frühzeitig aus dem Arbeitsprozeß aus. Frau Simon und Herr Kleiber setzen auch nach der Verrentung ihre Tätigkeit fort, und dies tut in anderer Hinsicht auch Frau Ebener, indem sie sich dem drogenabhängigen Enkel widmet.

Bildungs- und Erwerbsverlauf sind auch die zentralen Determinanten der ökonomischen Situation im Alter. Frau Simon bezieht die höchste Rente, hat aber kein Vermögen, der kleine Selbständige, Herr Kleiber, erhält – auch dies typisch für diesen Erwerbszweig – eine minimale Rente, besitzt aber ein halbes Haus. Frau Gärtner und Frau Ebener befinden sich in einer für alte verwitwete Frauen aus den unteren Schichten typischen schlechten Finanzlage (Allmendinger, Brückner & Brückner, 1991; vgl. G. Wagner et al., Kapitel 10). Dies gilt nicht für Herrn Bruckner und Herrn Steiner, die dank lebenslänglicher unselbständiger Arbeit eine Rente beziehen, die ihnen ein relativ gutes Auskommen sichert (Brückner & Mayer, 1987). Dabei scheint ein geringes Anspruchsniveau allerdings auch typisch für die Angehörigen dieser Generation zu sein, denn niemand äußert Unzufriedenheit mit seiner ökonomischen Situation.

Es ist auch nicht die ökonomische Situation, die den zentralen Beitrag zur Lebenszufriedenheit dieser sechs Menschen leistet, womit nicht gesagt sein soll, daß sie eine geringe Rolle spielt. Ausschlaggebender aber scheint vielmehr die Gesundheit zu sein, und zwar sowohl der gegenwärtige Zustand (Frau Gärtner, Herr Kleiber) als auch eine zu erwartende Verschlechterung und die damit einhergehende Angst, von anderen abhängig zu werden (Frau Simon, Frau Ebener, Herr Bruckner).

Im Sinne unserer theoretischen Ausgangsfrage, inwiefern Bedingungen, die mit dem Alter verknüpft sind, Unterschiede in Lebensschicksal und subjektiver Deutung zu nivellieren vermögen, deutet sich hier eine Antwort an: In der Ablehnung einer bereits bestehenden oder noch antizipierten Abhängigkeit von anderen werden die ansonsten beträchtlichen Unterschiede zwischen fünf von sechs Personen eingeebnet. Wer fürchtet, von „anderen" abhängig zu werden, meint damit, daß er von niemandem aus seinem informellen sozialen Netzwerk erhofft oder gar erwartet, betreut zu werden. Abhängigkeit ist somit ein Kürzel für Abhängigkeit von Institutionen und deren Personal. Dies bedeutet, daß eine antizipierte Funktionsuntüchtigkeit als solche weniger bedrohlich erlebt wird als ihre Assoziation mit Abhängigkeit von anonymen Rollenträgern. Betrachten wir dagegen Herrn Steiner, der bereits jetzt an Krücken geht und von daher allen Grund hätte, eine Verschlechterung seines Gesundheitszustandes und eine damit einhergehende Abhängigkeit von anderen zu befürchten, so bietet er ein Beispiel dafür, wie Unterschiede zwischen Menschen im Alter sich auch vergrößern können. Herr Steiner lebt nämlich im Gegensatz zu allen anderen in der Gewißheit, sich auf ihm nahestehende Personen verlassen zu können. (Auf die Frage „Wer würde Sie betreuen und versorgen, falls Sie einmal dauerhaft bettlägerig wären?" nennt er seine relativ junge Frau und die Tochter.) Ihm steht mögliche Pflegebedürftigkeit nicht als das Schwierigste seiner gegenwärtigen Lebenssituation vor Augen, womit er sich in dieser Hinsicht eindeutig von den anderen unterscheidet. Mit anderen Worten: die Abhängigkeit von „anderen", also von Fremden, die eigentlich keinen Platz in der eigenen Biographie haben, gegenüber der Gewißheit, sich auf nahestehende Personen verlassen zu können, stellt nicht nur Unterschiede zwischen Personen mit ansonsten ähnlicher Lebenslage her, sondern beeinträchtigt sowohl die Kontinuität des Alltagslebens wie auch die des Selbstbildes.

Das Lebensgefühl wird aber nicht nur durch einen tatsächlichen oder nur vorgestellten Verlust an Selbstbestimmtheit beeinträchtigt. Ebenso scheinen die emotionalen Bindungen, die man an andere hat, einen entscheidenden Einfluß zu haben. Zwar leidet Herr Kleiber schwer unter seiner Bewegungsunfähigkeit und der damit verbundenen Abhängigkeit von seinen Betreuerinnen, aber es wird dieses Leiden insofern gemildert, als er gute Beziehungen zu seinen Pflegepersonen und seinen Kindern unterhält.

Umgekehrt wirken sich Schwierigkeiten mit Menschen, die einem eigentlich nahestehen, negativ auf das Lebensgefühl aus. Dies trifft in besonders krasser Weise auf Herrn Bruckner zu, dessen materielle Lage gut ist und dessen Gesundheit primär durch das Zerwürfnis mit seiner Familie beeinträchtigt wird. In abgeschwächter Form trifft dies aber auch auf Frau Ebener zu, auch wenn sie – im Gegensatz zu Herrn Bruckner – die gestörten Beziehungen zur Familie tendenziell durch Freundschaften kompensiert.

Aus diesen sechs Biographien können wir keine Schlußfolgerungen auf die Lebenssituation alter Menschen schlechthin ziehen. Gleichwohl werfen sie ein Schlaglicht auf die Bedingungen, die für eine positive Lebenseinstellung von Menschen, die der heutigen Altengeneration angehören, konstitutiv zu sein scheinen. Da wäre zunächst einmal ein Gesundheitszustand zu nennen, der ein gewisses Maß an Eigenaktivität und Bewegungsfreiheit zuläßt. Möglicherweise ist aber eine emotional befriedigende Bindung an andere Menschen noch bedeutsamer. Eine solche Beziehung steht nicht nur für Geborgenheit und Verläßlichkeit, sondern trägt ebenso dazu bei, in der eigenen Lebensgeschichte einen Sinn zu erkennen.

Literaturverzeichnis

Allmendinger, J., Brückner, H. & Brückner, E. (1991). Arbeitsleben und Lebensarbeitsentlohnung: Zur Entstehung von finanzieller Ungleichheit im Alter. In K. U. Mayer, J. Allmendinger & J. Huinink (Hrsg.), *Vom Regen in die Traufe: Frauen zwischen Beruf und Familie* (S. 423–459). Frankfurt/M.: Campus.

Bandura, A. (1982). Self-efficacy mechanism in human agency. *American Psychologist, 37,* 122–147.

Brückner, E. & Mayer, K. U. (1987). Lebensgeschichte und Austritt aus der Erwerbstätigkeit im Alter: Am Beispiel der Geburtsjahrgänge 1919–21. *Zeitschrift für Sozialisationsforschung und Erziehungssoziologie, 2,* 101–116.

Mayer, K. U. (1981). Gesellschaftlicher Wandel und soziale Struktur des Lebenslaufs. In J. Matthes (Hrsg.), *Lebenswelt und soziale Probleme* (S. 492–501). Frankfurt/M.: Campus.

Riesman, D. (1960). *Die einsame Masse.* Hamburg: Rowohlt.

Weber, M. (1964). *Wirtschaft und Gesellschaft.* Köln: Kiepenheuer & Witsch.

B. Disziplinspezifische Befunde

6. Morbidität, Medikation und Funktionalität im Alter

Elisabeth Steinhagen-Thiessen & Markus Borchelt

Zusammenfassung

Dieses Kapitel gibt einen Überblick über Methoden, zentrale Fragestellungen und grundlegende Ergebnisse der Forschungseinheit Innere Medizin und Geriatrie der Berliner Altersstudie. Es fokussiert auf (a) körperliche Erkrankungen, (b) medikamentöse Behandlungen, (c) potentiell unerwünschte Arzneimittelwirkungen und (d) auf sensorische und sensomotorische Behinderungen sowie Hilfsbedürftigkeit in Alltagsaktivitäten. Zu jedem Bereich werden Funktionsprofile aus verschiedenen Perspektiven dargestellt. Besondere Schwerpunkte liegen auf der Ermittlung potentieller Determinanten von Krankheit im Alter – am Beispiel des kardiovaskulären Risikoprofils – und auf der Analyse qualitativer Aspekte der medikamentösen Behandlung (Über-, Unter- und Fehlmedikationen). Abschließend wird versucht, anhand eines theoretischen Modells zur Entwicklung von körperlicher Behinderung im Alter die einzelnen Bereiche unter einer integrativen (systemischen) Perspektive von Gesundheit im Alter zu betrachten, in deren Mittelpunkt die funktionelle Kapazität steht.

Die Ergebnisse zeigen einerseits ein hohes Maß an Morbidität in der Altenpopulation, andererseits weisen sie auf zahlreiche modifizierbare Risikofaktoren für Krankheit und Behinderung im Alter hin, die wesentliche Perspektiven für die Prävention und Therapie von Krankheit und Behinderung im hohen und höchsten Alter eröffnen.

1. Einleitung

Der Alternsprozeß selbst geht mit vielfältigen Veränderungen der Morphologie und Physiologie von Organen und Organsystemen einher (Rowe, Andres, Tobin, Norris & Shock, 1976; Shock et al., 1984; Svanborg, 1985). Im Mittel sind bei diagnostischen Untersuchungen z. B. der Nieren- oder Lungenfunktion älterer Patienten signifikante Funktionseinbußen zu erwarten, auch wenn es viele Personen gibt, deren Werte trotz eines fortgeschrittenen Alters innerhalb der Normgrenzen wesentlich jüngerer Personen liegen. Diese Variabilität erschwert im Alter die Unterscheidung zwischen „normal" und „pathologisch" (Gerok & Brandtstädter, 1992; Rowe & Kahn, 1987).

Es steht dennoch außer Zweifel, daß mit zunehmendem Alter – unabhängig voneinander oder sich wechselseitig bedingend – vermehrt chronische Erkrankungen entstehen und akkumulieren. Daraus entwickelt sich die für ältere Menschen bisweilen als „charakteristisch" bezeichnete Multimorbidität oder Polypathie (Gsell, 1973). Bei Untersuchungen von 100jährigen wurden beispielsweise nur selten weniger als zehn nebeneinander bestehende, krankhafte Organveränderungen nachgewiesen (Franke, 1973). Es gibt jedoch viele Hinweise, daß Morbidität nicht durch das Alter an sich, sondern vor allem auch durch modifizierbare Risikofaktoren wie Fettstoffwechselstörungen (Sorkin, Andres, Müller, Baldwin & Fleg, 1992; Zimetbaum et al., 1992) begünstigt wird. Hier spielen möglicherweise auch unerwünschte Arzneimittelwirkungen eine nicht zu unterschätzende Rolle (Grymonpre, Mitenko, Sitar, Aoki & Montgomery, 1988; Williamson & Chopin, 1980).

Die altersassoziiert zunehmende Morbidität wird begleitet von einer häufigeren Anwendung von Arzneimitteln (Chrischilles et al., 1992; Gilchrist, Lee, Tam, MacDonald & Williams, 1987). Multimedikation bei bestehender Multimorbidität stellt dabei schon aufgrund der zahlreichen potentiellen Wechsel- und Nebenwirkungen von Medikamenten einen besonderen Problembereich geriatrischer Medizin dar (Vestal, 1985). Die Entwicklung von Kriterien zur Beurteilung qualitativer Aspekte der medikamentösen Therapie im Alter wird deshalb seit einigen Jahren zunehmend zum Gegenstand systematischer Forschung (Beers et al., 1991; Stuck et al., 1994). Medikationsqualität ist dabei immer in Zusammenhang mit der Behandlungsintention zu sehen, die im Alter oft nicht auf Heilung, sondern auf funktionelle Kompensation mit Aufrechterhaltung der Selbständigkeit ausgerichtet ist (Meyer & Reidenberg, 1992).

Die Einbeziehung funktioneller Aspekte körperlicher Gesundheit ist inzwischen eine essentielle Komponente gerontologischer Forschung und geriatrischer Praxis (Lachs et al., 1990; Nikolaus, Kruse, Oster & Schlierf, 1994; Rubenstein & Rubenstein, 1992; Stuck, Siu, Wieland, Adams & Rubenstein, 1993). Signifikante Beziehungen zwischen körperlicher Krankheit und funktionellen Behinderungen sind für einige, im Alter häufige chronische Erkrankungen beschrieben worden – etwa für die Apoplexie (Schlaganfall), die koronare Herzerkrankung (Pinsky et al., 1985; Pinsky, Jette, Branch, Kannel & Feinleib, 1990) sowie für die Osteoarthrose (Jette, Branch & Berlin, 1990).

Davon abgesehen gibt es jedoch mit wenigen hervorzuhebenden Ausnahmen nur vergleichsweise spärliche Informationen über die Wechselwirkungen zwischen multiplen Erkrankungen, multiplen Medikationen und multiplen funktionellen Behinderungen im Alter zwischen 70 und über 100 Jahren (Heikkinen et al., 1984; Manton & Soldo, 1985; Nagi, 1976; Palmore, Nowlin & Wang, 1985; Verbrugge, 1988).

Nicht zuletzt aufgrund der insgesamt dramatisch gestiegenen Lebenserwartung mit Erhöhung des Anteils hochbetagter Personen in der Bevölkerung (Rosenwaike, 1985) kommt es in Zukunft sehr darauf an, die krankheitsabhängige Entwicklung von Behinderungen und die krankheitsunabhängige Entwicklung von „Gebrechlichkeit" (Mor et al., 1989) in ihrer Differenzierung besser zu verstehen. Es ist zu erwarten, daß hier jeweils andere Strategien der Prävention und Intervention erforderlich sein werden (Rubenstein, Josephson et al., 1984).

2. Schwerpunkte und zentrale Fragestellungen der Forschungseinheit Innere Medizin und Geriatrie

Für den mehr als drei Jahrzehnte überspannenden letzten Lebensabschnitt zwischen 70 und über 100 Jahren gibt es bislang keine repräsentativen Studien, die ein so breites Spektrum klinischer und funktioneller Informationen erfassen, welches erlaubt, alle einleitend erwähnten Aspekte körperlicher Gesundheit an einer repräsentativen Stichprobe betagter und hochbetagter Personen zu untersuchen. Insofern geht der Ansatz der Forschungseinheit Innere Medizin und Geriatrie (FE Geriatrie) über bisherige Studien hinaus und versucht, einen möglichst vollständigen Überblick sowohl über körperliche Multimorbidität als auch Multimedikation und funktionelle Kapazität auf der Grundlage standardisierter und objektiver, internistischer und geriatrisch-funktioneller Erhebungen zu gewinnen.

Die Erfassung körperlicher Gesundheit wurde auf sechs Schlüsselbereiche (Globalkonstrukte) fokussiert: (1) objektive Gesundheit, (2) funktionelle Kapazität, (3) subjektive Gesundheit, (4) Risikoprofil, (5) Behandlungsbedarf, (6) Referenzwerte (siehe Tabelle 1).

Diese Bereiche wurden in Zusammenhang mit den vier theoretischen Orientierungen der Berliner Altersstudie (P. B. Baltes et al., Kapitel 1 in diesem Band) auf der Basis spezifisch geriatrischer Fragestellungen ausgewählt und analysiert. Das Design der medizinischen Daten erlaubt beispielsweise, (a) im Hinblick auf differentielle Aspekte des Alterns sowohl zwischen verschiedenen Personengruppen als auch zwischen verschiedenen Gesundheits- oder Funktionsbereichen bestehende Unterschiede zu untersuchen (Steinhagen-Thiessen & Borchelt, 1993), (b) die Kontinuität oder Diskontinuität der Gesundheit im Alter zur (retrospektiven) Gesundheit in jüngeren Jahren zu analysieren (Maas et al., Kapitel 4), (c) spezifische funktionelle Kapazitätsreserven im Alter abzuschätzen (Kage et al., Kapitel 15), sowie (d) Altern als systemisches Phänomen im multidisziplinären Kontext zu analysieren (Borchelt et al., Kapitel 17) und im Rahmen einer interdisziplinären Theorien- und Konstruktbildung zu operationalisieren (M. M. Baltes et al., Kapitel 20).

Zur Realisierung des breiten Untersuchungsprogramms war der Einsatz eines umfangreichen und mobilen diagnostischen Assessments erforderlich, da von den sehr alten Studienteilnehmern der größte

Teil nur zu Hause untersucht werden konnte. Entsprechende Hausbesuche mit tragbaren Untersuchungsgeräten erfolgten ausschließlich durch Ärzte in Weiterbildung zu Fachärzten der Inneren Medizin sowie durch Fachärzte für Zahnmedizin. Dadurch konnte der internistisch-geriatrische und der zahnärztliche Untersuchungsteil vollständig für alle Studienteilnehmer abgeschlossen werden. Die radiologischen Untersuchungen ließen sich demgegenüber nur bei den weitgehend mobilen und körperlich belastbaren Studienteilnehmern (N=283) durchführen. Das labordiagnostische Screening-Programm einschließlich immunologischer Blutuntersuchungen machte zwar eine sorgfältige Koordination der beteiligten Labors erforderlich, ließ sich jedoch hinsichtlich der Immunologie weitgehend und hinsichtlich der Klinischen Chemie praktisch vollständig realisieren. Die Bereiche Zahnheilkunde (Nitschke & Hopfenmüller, Kapitel 16) und Klinische Chemie (Kage et al., Kapitel 15) werden an anderer Stelle in diesem Band vorgestellt.

Das übergeordnete Ziel der FE Geriatrie war, Ausmaß und Richtung von differentiellen Prozessen im Alter vor allem für die objektive Gesundheit oder Multimorbidität, den Behandlungsbedarf einschließlich Multimedikation sowie für die funktionelle Kapazität, respektive die Entwicklung von Behinderungen und Hilfsbedürftigkeit, zu untersuchen. Ergänzend zu diesen eher deskriptiven Aspekten stand die geriatrisch zentrale Frage nach den Bedingungs- oder Risikofaktoren von Krankheit und Behinderung im hohen und höchsten Alter im Vordergrund. Im folgenden werden die wesentlichen Ergebnisse zu diesen Bereichen unter Berücksichtigung differentieller Alters- und Geschlechtseffekte dargestellt.

Tabelle 1: Forschungsbereiche, -schwerpunkte und Erhebungsmethoden der Forschungseinheit Innere Medizin und Geriatrie der Berliner Altersstudie.

Bereich	Schwerpunkte	Erhebungsmethoden
Objektive Gesundheit	Kardiovaskuläres System	Interview, körperliche Untersuchung, Ruhe-EKG, Dopplersonographie, Blutdruck
	Muskuloskeletales System	Interview, körperliche Untersuchung, quantitative Computertomographie (qCT)
	Immunsystem	Durchflußzytometrie, Lymphozyten-Stimulation, HLA-Typisierung
	Zahnstatus	Interview, Untersuchung, Kiefer-Röntgen
Funktionelle Kapazität	Selbständigkeit	ADL/IADL-Status, Hilfsmittel
	Leistungsfähigkeit	Gehstrecke, Handkraft
	Koordination	Romberg-Versuch, Unterberger-Tretversuch
	Sensorische Funktionen	Visusprüfung, Audiometrie
Subjektive Gesundheit	Allgemein	Standardisierte Interviews
	Vergleichend	
	Gesundheitsverhalten	
Risikoprofil	Genetische Determinanten	HLA-Typisierung, Blutgruppen, Apo-E-Typisierung
	Anthropometrie	Body-Mass-Index (BMI), Armspannweite, Bauch-/Hüftumfang
	Ernährung	Fragebogen (qualitativ)
	Medikamentenkonsum	Interview
Behandlungsbedarf	Insgesamt	Konsensuskonferenzen
	Medikamentös	Medikationsanalysen
	Zahnärztlich	Zahnärztliche Beurteilung
Referenzwerte	Funktionsdiagnostik	EKG, Spirometrie, Audiometrie
	Klinische Chemie	Serum, Plasma, Urin
	Radiologie	qCT, Dopplersonographie
	Zahnheilkunde	Zahnstatus, Kiefer-Röntgen

3. Profile internistisch-geriatrischer Morbidität und Multimorbidität im sehr hohen Alter

Epidemiologische Kenntnisse zur somatischen Morbidität im Alter basieren zu einem großen Teil auf EPESE-Daten (Established Populations for Epidemiological Studies of the Elderly), also im wesentlichen auf Befragungen ohne breite objektive diagnostische Hintergrundinformationen und auf Informationen zu bestimmten, vorwiegend kardiovaskulären und pulmonalen Erkrankungen (Cornoni-Huntley, Brock, Ostfeld, Taylor & Wallace, 1986). Die Baltimore Longitudinal Study of Aging (BLSA) stellt zwar detaillierte objektive Befunde zur Verfügung (Shock et al., 1984), basiert jedoch auf einer selektierten Stichprobe. Die repräsentative Göteborg-Longitudinalstudie (Svanborg, 1985) hat wiederum keinen ausgesprochenen Schwerpunkt auf die Evaluation von Multimorbidität/-medikation gelegt.

3.1 Der geriatrische Diagnoseprozeß in BASE

Die diagnostischen Untersuchungen wurden ausnahmslos von vier Projektärzten und einer Arzthelferin durchgeführt. Zur Vorbereitung von Einzelfallkonferenzen, die für jeden Studienteilnehmer zusammen mit der FE Psychiatrie stattfanden (Konsensuskonferenzen), wurden computergestützt alle in einer Datenbank kodierten, diagnoserelevanten Auffälligkeiten in eine aus Klartexten bestehende Liste übersetzt, die den beurteilenden Projektärzten neben den Originalunterlagen zur Erleichterung der Diagnosenfindung zur Verfügung stand[1]. Die projektärztlichen Diagnosen basieren damit auf einer halbstandardisierten Interpretation der anamnestischen, laborchemischen, funktionsdiagnostischen und radiologischen Befunde des in Tabelle 1 dargestellten Untersuchungsprogramms. Zu jeder auf diese Weise diagnostizierten Erkrankung wurden weiterhin die Diagnosesicherheit (fünfstufig von „sicher" bis „sehr unsicher"), der medizinische Schweregrad (dreistufig von „leicht" bis „schwer"), die Beschwerden (vierstufig von „keine" bis „erhebliche Beschwerden") und die Art der Medikation einschließlich Indikationsstufen und potentieller Unterbehandlung von Projektärzten eingeschätzt und in den Fallkonferenzen diskutiert.

Alle diagnostizierten Erkrankungen wurden nach der gültigen ICD-9-Klassifikation (1988) vierstellig kodiert. Aufgrund sehr unterschiedlicher Erkrankungsprävalenzen in verschiedenen ICD-Bereichen werden im folgenden Angaben auf unterschiedlichen Aggregationsebenen gemacht (die Diagnosekategorie „Malignome" [bösartige Geschwulste] entspricht z. B. dem ICD-Bereich 140.0–209.9, „Osteoporose" dagegen der ICD-Nummer 733.0).

3.2 Prävalenzen körperlicher Erkrankungen bei 70jährigen und Älteren

Eine Übersicht über die mit Hilfe von Gewichtungswerten geschätzten Populationsprävalenzen[2] der nach ICD definierten Diagnosebereiche gibt Tabelle 2.

Unter Berücksichtigung der Diagnosesicherheit sind mit Prävalenzen zwischen 45% und 76% die häufigsten Krankheiten bei 70jährigen und Älteren die Hyperlipidämie (Fettstoffwechselstörung mit Gesamt-Cholesterin und/oder Triglyceriden über 200 mg/dl), Varikosis (Venenleiden), Zerebralarteriosklerose, Herzinsuffizienz, Osteoarthrose, Dorsopathie (Rückenleiden) und arterielle Hypertonie (Bluthochdruck). Unter Ausschluß aller jeweils als leichtgradig eingestuften Erkrankungen (zweites Spaltenpaar der Tabelle 2) zeigt ein Vergleich zwischen objektiv und subjektiv mittel- bis schwergradigen Erkrankungen relevante Unterschiede in den Häufigkeitsprofilen. Subjektiv im Vordergrund stehen Osteoarthrosen, Herzinsuffizienz, Dorsopathien und Osteoporose, gefolgt von koronarer Herzkrankheit (KHK) und arterieller Verschlußkrankheit (AVK). Die „subjektive" Perspektive rückt also ganz eindeutig die Erkrankungen des Bewegungsapparates in den Vordergrund.

Das letzte Spaltenpaar ist wiederum gewichtet nach medikamentöser Behandlung unabhängig von Diagnosesicherheit und Erkrankungsschweregrad. Aus dem Blickwinkel der medikamentösen Behandlung steht an der Spitze der häufigsten Krankheiten im Alter die Herzinsuffizienz, gefolgt von Hypertonie, KHK, Osteoarthrose, AVK und Varikosis. Im Gegensatz zur Gewichtung nach subjektivem Beschwerdegrad treten bei dieser Betrachtungsweise also die kardiovaskulären Erkrankungen wiederum ganz in den Vordergrund.

1 Eine Untersuchung zur Interrater-Reliabilität von Diagnosen zeigte eine hohe Konkordanz zwischen erst- und zweitbefundendem Arzt (85% für dreistellige ICD-Codes und 90% für die ICD-Bereiche der Tabelle 2).

2 „Populationsprävalenz" wird hier für alle Häufigkeitsangaben verwendet, die auf gewichteten Daten beruhen (vgl. hierzu P. B. Baltes et al., Kapitel 1; Lindenberger et al., Kapitel 3).

Aus welchem „objektiven" Blickwinkel Morbidität im Alter unter diesen Voraussetzungen auch immer betrachtet wird, es ergibt sich in der Summation insgesamt eine Prävalenz zwischen 87% und 96% für das Vorliegen von mindestens einer Diagnose. Immerhin ist ebenfalls mindestens eine Erkrankung mit subjektiv deutlichen Beschwerden noch bei 71% der Personen festzustellen. Auch Multimorbidität (mindestens fünf gleichzeitig bestehende körperliche Erkrankungen) ist insgesamt in diesem

Tabelle 2: Diagnoseprävalenzen nach Diagnosesicherheit, Schweregrad, Beschwerdegrad, Medikation und Medikationsbedarf (gewichtete Daten; Angaben in %).

	Sicherheit		**Schweregrad**		**Medikation**	
		mind.	**mittel bis schwer**		**vor-**	**zusätzl.**
	gesamt	**wahrsch.**	**objektiv**	**subjektiv**	**handen**	**Bedarf**
Malignome	11,2	10,8	2,5[a]	3,0	3,1	—
Schilddrüsenerkrankungen	11,4	7,6	0,7[a]	2,0	5,2	0,1
Diabetes mellitus	21,8	18,5	11,3	2,9	10,9	3,3
Hyperlipidämie	78,9	76,3	36,9	—	11,1	4,0
Gicht/Hyperurikämie	16,4	15,2	4,6	1,2	3,2	1,3
Anämie	13,9	13,1	2,9	0,9	2,4	1,7
ZNS-Erkrankungen	10,2	6,7	3,1[a]	3,5	3,2	—
PNS-Erkrankungen	22,7	20,0	9,2	6,0	5,5	0,1
Hypertonie	58,9	45,6	18,4	0,8	34,0	6,1
Zustand nach Myokardinfarkt	28,5	19,3	11,4	0,4	5,6	0,1
Koronare Herzkrankheit (KHK)	45,4	23,3	17,6	10,4	30,2	3,1
Erregungsleitungsstörung	36,5	35,7	16,7	0,6	—	—
Herzrhythmusstörung	34,6	33,0	13,4	2,2	5,7	0,4
Herzinsuffizienz	64,7	56,5	24,1	25,1	44,6	3,3
Zerebralarteriosklerose[1] (ZVK)	65,0	65,0	15,2	6,1	11,7	0,5
Arterielle Verschlußkrankheit (AVK)	40,4	35,6	18,4	10,4	18,1	1,3
Varikosis	72,8	72,1	36,2	9,7	14,3	0,9
Hypotonie	17,4	14,6	6,3	1,0	3,5	0,0
Chronisch obstruktive Lungenerkrankung	29,4	25,3	12,6	7,8	6,1	1,9
Chronische Obstipation	14,2	13,4	5,8	6,5	8,3	0,0
Hepatopathien	10,2	8,0	3,8	0,2	0,4	—
Nephropathien	11,2	9,0	5,5	0,6	1,0	0,4
Harninkontinenz	38,0	37,2	7,6[a]	6,8	3,1	—
Stuhlinkontinenz	12,4	11,3	3,0[a]	4,1	3,5	—
Osteoarthrosen	60,6	54,8	31,6	32,1	27,7	0,1
Dorsopathien	49,5	46,0	20,6[a]	20,4	10,2	0,1
Osteoporose	33,8	24,1	10,3[a]	12,3	8,1	1,6
Sonstige[2]	32,6	28,9	7,6	7,1	12,6	—
Gesamt						
- mindestens eine Diagnose	99,6	97,9	96,0	71,3	87,4	23,9
- fünf und mehr Diagnosen	94,0	87,7	30,2	6,0	20,7	—

PNS/ZNS: peripheres/zentrales Nervensystem.

a Bei einem größeren Teil dieser Diagnosen ließ sich der objektive Schweregrad nur global auf der Grundlage der körperlichen Untersuchung und anamnestischer Informationen beurteilen.

1 Ungewichtete Daten; nur Personen mit Dopplersonographie (N=283); beinhaltet auch Apoplexie.

2 Alle übrigen Diagnosen vergleichbarer Spezifität mit einer Prävalenz von 10% oder weniger.

Alterssegment häufig anzutreffen: Die Populationsprävalenz kann (bei Berücksichtigung der Diagnosesicherheit) auf 88% geschätzt werden, wobei immerhin 30% der 70jährigen und Älteren gleichzeitig an mindestens fünf mittel- bis schwergradigen und noch 21% an mindestens fünf gleichzeitig medikamentös behandelten Krankheiten leiden. Demgegenüber liegen jedoch gleichzeitig mehr als vier mit deutlichen bis erheblichen subjektiven Beschwerden einhergehende Erkrankungen bei nur 6% der 70jährigen und Älteren vor. Diese Befunde decken sich insgesamt mit der für das höhere Alter bekannten Diskrepanz zwischen deutlichen objektiven Befunden bei gleichzeitig geringen subjektiven Beschwerden (Gerok & Brandtstädter, 1992).

3.3 Medikamentöse Unterbehandlung internistischer Erkrankungen

Die letzte Spalte der Tabelle 2 gibt die diagnosespezifische Prävalenz (zusätzlichen) Behandlungsbedarfs an, der nur für subjektiv oder objektiv mittelbis schwergradige körperliche Erkrankungen angenommen wurde, die als prinzipiell medikamentös behandelbar anzusehen sind und von den beurteilenden Projektärzten im Rahmen der interdisziplinären Fallkonferenzen unter Berücksichtigung aller Erkrankungen und Medikationen tatsächlich als unterbehandelt und mit eindeutigem Behandlungsbedarf (kausal oder symptomatisch) markiert worden waren. Diese Definition wurde unter dem auch in der entsprechenden Literatur oft zitierten Eindruck einer im Alter vielfach zu schnell gestellten medikamentösen Behandlungsindikation gewählt (Beers & Ouslander, 1989; Campion, Avorn, Reder & Olins, 1987; Lisi, 1991; Melchert, 1991).

Mit Ausnahme der Hypertonie (6%) fand sich keine diagnosespezifische Unterbehandlungprävalenz von über 5%, so daß die einzelnen Schätzwerte für die Population keine ausreichend zuverlässigen Werte darstellen. Als häufigste unterbehandelte körperliche Erkrankungen wurden in der Stichprobe neben der Hypertonie noch die Hyperlipidämie, Herzinsuffizienz und der Diabetes mellitus festgestellt. Kumulativ betrachtet läßt sich daraus die Populationsprävalenz für das Vorliegen von mindestens einer höhergradigen, medikamentös nicht oder nur unzureichend behandelten Erkrankung trotz hoher Behandlungshäufigkeit insgesamt auf annähernd 24% schätzen. Ein Gesamteindruck ergibt sich jedoch erst unter Berücksichtigung unbehandelter psychischer Erkrankungen (Helmchen et al., Kapitel 7).

4. Das Risikofaktorenmodell der arteriosklerotischen Morbidität im sehr hohen Alter

Es hat sich insgesamt noch für keine Krankheit erwiesen, daß sie genuin altersbedingt, ihre Pathogenese also in Alterungsprozessen an sich begründet wäre, obwohl dieses beispielsweise besonders für die Arteriosklerose lange angenommen wurde (Hazzard, 1987). Es gibt jedoch nicht wenige Menschen, die bis in das höchste Alter keine klinischen Zeichen einer Gefäßerkrankung aufweisen.

Mehrere Untersuchungen haben gezeigt, daß Beginn und Verlauf der Arteriosklerose, die sich klinisch als koronare Herzkrankheit (KHK), periphere arterielle Verschlußkrankheit (AVK) und zerebrovaskuläre Krankheit (ZVK) manifestiert, durch verschiedene „Risikofaktoren“ beeinflußt wird (Bühler, Vesanen, Watters & Bolli, 1988; Castelli, 1988; Dahlöf et al., 1990; Kannel, D'Agostino, Wilson, Belanger & Gagnon, 1990; Kannel & Higgins, 1990; Reid et al., 1976; Wilson et al., 1980). Der überwiegende Teil dieser Studien umfaßt allerdings nahezu ausschließlich Teilnehmer im mittleren oder beginnenden hohen Lebensalter. Ein Schwerpunkt auf das sehr hohe Alter ist nur sporadisch gelegt worden (Barrett-Connor, Suarez, Khaw, Criqui & Wingard, 1984; Sorkin et al., 1992; Zimetbaum et al., 1992).

4.1 Diagnostische Kriterien für kardiovaskuläre Erkrankungen und die Erfassung assoziierter Risikofaktoren

Die umfangreichen Erhebungen im Rahmen von BASE ermöglichen eine differenzierte Betrachtung hinsichtlich Lokalisation und Ausprägung der Arteriosklerose. Grundlage dafür bilden anamnestisch und apparativ erhobene Informationen (vgl. Tabelle 1) sowie die standardisierten Hausarzt-Interviews (vgl. Helmchen et al., Kapitel 7).

Für die Diagnose einer KHK mußten folgende Kriterien erfüllt sein: eindeutige Zeichen der Ischämie oder eines abgelaufenen Herzinfarktes im EKG in Verbindung mit typisch pektanginöser Symptomatik oder Angabe eines zurückliegenden Infarktes. Eine AVK wurde bei sicheren klinischen Zeichen einer peripheren, arteriellen Durchblutungsstörung mit Claudicatio intermittens („Schaufensterkrankheit“) diagnostiziert. Die Diagnose einer ZVK basierte auf dem Nachweis von Plaques und/oder Stenosen in den dopplersonographisch untersuchten Arterien und auf anamnestischer Information über erlittene Schlaganfälle. Da die Dopplersonographie nur in der Klinik durchgeführt werden konnte und relativ vielen Studienteilnehmern Transport und Wartezeiten nicht zugemutet werden konnten, wurden insgesamt nur etwas mehr als die Hälfte der Studienteilnehmer (N=283; 54%), darunter aber auch eine beträchtliche Zahl der 85jährigen und Älteren (N=86; 33%), untersucht.

Im Hinblick auf kardiovaskuläre Risikofaktoren wurden neben einem detaillierten Serum-Lipid-Profil Informationen über Gesundheitsverhalten, begünstigende Krankheiten (Diabetes mellitus, Hypertonie) und familiäre Herz-Kreislauf-Erkrankungen erhoben. Übergewicht wurde mit dem Body-Mass-Index (BMI) aus Größe und Gewicht ermittelt. Als „Raucher" wurden alle Studienteilnehmer angesehen, die zur Zeit der Datenerhebung Tabak konsumierten, unabhängig von Art, Menge und Dauer des Tabakkonsums. „Bewegungsmangel" beeinhaltet das Fehlen regelmäßiger physischer Aktivitäten (z. B. Schwimmen, Radfahren, Wandern oder Gartenarbeit, mindestens zweimal wöchentlich).

Für die Entscheidung, ob ein bestimmter Lipidwert als mit einem erhöhten kardiovaskulären Risiko behaftet angesehen werden sollte, wurden die Richtlinien der European Atherosclerosis Society (EAS) zugrunde gelegt (European Atherosclerosis Society Group, 1988; Recommendations of the European Atherosclerosis Society, 1992). Schwellenwerte und daraus resultierende Populationsprävalenzen für das Alter ab 70 Jahre sind in Tabelle 3 zusammengefaßt. Mit einer Prävalenz von jeweils über 40% wurden als am häufigsten vorkommende arteriosklerotische Risikofaktoren ein erhöhtes LDL-Cholesterin, die arterielle Hypertonie, ein Mangel an körperlicher Aktivität und eine positive Familienanamnese (Herzinfarkt oder Schlaganfall bei Familienangehörigen) gefunden. Die geringen Prävalenzen der Apo-E-Genotypen 2/2 und 4/4, die nach bisherigen Kenntnissen mit einem massiven Arterioskleroserisiko verbunden sind, weisen bereits auf Effekte selektiver Mortalität hin, da sie in jüngeren Populationen bislang mit einer Prävalenz zwischen 3% und 6% gefunden wurden.

Tabelle 3: Kardiovaskuläre Risikofaktoren nach Alter und Geschlecht mit Schätzung der Populationsprävalenzen (Angaben in %).

	Altersgruppe				
	70–84 Jahre		**85+ Jahre**		**Gesamt**
	Männer	**Frauen**	**Männer**	**Frauen**	**(gewichtet)**
Cholesterin >250 mg/dl	25,6	41,9	11,6	33,3	36,9
LDL-Cholesterin >155 mg/dl	40,3	48,1	16,3	37,2	44,7
HDL-Cholesterin <35 mg/dl (m)/<42 mg/dl (w)	10,1	12,4	10,1	23,3	13,8
Cholesterin/HDL >5	42,6	31,0	22,5	28,7	33,4
Lipoprotein (a) >15 mg/dl	27,4	21,3	17,9	19,3	22,0
Apo E 2-2/4-4[1]	2,4	4,1	0,8	—	2,9
Triglyceride >200 mg/dl	24,8	26,4	16,3	26,4	26,5
Body-Mass-Index >28 kg/m^2	31,8	26,4	15,5	16,3	25,6
Diabetes mellitus	14,7	20,2	20,2	15,5	18,5
Hypertonie	39,5	43,4	38,8	57,4	45,6
Raucher	23,3	12,4	17,8	4,7	14,1
Bewegungsmangel	50,4	50,4	68,2	77,5	55,1
Positive Familienanamnese	47,3	49,6	21,7	33,3	45,9
Vier und mehr Risikofaktoren	54,3	51,9	32,6	45,7	51,6

LDL/HDL: Low/High Density Lipoprotein; m: männlich; w: weiblich.
1 Apolipoprotein-E-Genotyp 2-2 oder 4-4.

4.2 Risikoprofile der Studienteilnehmer mit manifesten Gefäßerkrankungen

Auch wenn sich BASE aufgrund des bisherigen Querschnittsdesigns nicht eignet, die Inzidenz der Arteriosklerose in Abhängigkeit vom Risikoprofil zu untersuchen, so lassen sich doch wichtige Informationen durch die Analyse signifikanter Koinzidenzen zwischen Gefäßerkrankungen und Risikofaktoren gewinnen. Dazu wurden Personen mit KHK, AVK oder ZVK hinsichtlich des gesamten Risikoprofils jeweils mit der Personengruppe verglichen, die an keiner arteriosklerotischen Erkrankung litt (N=153 für die gesamte Stichprobe bzw. N=57 für die dopplersonographisch untersuchte Gruppe). Da sowohl Erkrankung als auch Vorliegen eines Risikofaktors binär kodiert waren (ja/nein), wurden in den resultierenden Vierfeldertafeln jeweils die standardisierten Residuen für die Kombination „Risikofaktor und Erkrankung" bestimmt. Ein positives Vorzeichen zeigt dabei ein häufigeres, ein negatives Vorzeichen ein selteneres gemeinsames Vorkommen als erwartet an. Die Verteilungen wurden jeweils mittels χ^2-Analysen auf Unabhängigkeit getestet (exakter Test nach Fisher bei erwarteten Häufigkeiten unter fünf). Die Ergebnisse für die drei erkrankten Personengruppen zeigt Abbildung 1.

Zwei Befunde sind auf den ersten Blick zu erkennen: Erstens überwiegen in allen Gruppen die positiven Zusammenhänge, das heißt, die Risikofaktoren treten in diesen Gruppen insgesamt häufiger auf als statistisch erwartet. Zweitens unterscheiden sich erwartungsgemäß alle drei Gruppen in den Profilen dahingehend, daß jeweils andere Faktoren überzufällig häufig vorkommen (Steinhagen-Thiessen, Gerok & Borchelt, 1992).

Zwei weitere allgemeine Befunde sind hervorzuheben. In allen kardiovaskulären Erkrankungsgruppen ist eine leicht bis deutlich signifikante Häufung multipler Risikofaktoren zu konstatieren. Ferner finden sich im Alter nicht mehr die bei jüngeren Patienten bekannten Geschlechtsdifferenzen zuungunsten der Männer. Dieses steht in Einklang mit Befunden anderer Studien, die einen Anstieg des kardiovaskulären Risikos bei Frauen nach der Menopause konstatieren, der auf die Abnahme der Östrogensynthese zurückgeführt wird (Stampfer et al., 1985).

Im einzelnen fand sich bei Personen mit KHK (Abb. 1a) gehäuft ein ungünstiges Verhältnis von Gesamt- zu HDL-Cholesterin, eine Triglyceriderhöhung und körperliche Inaktivität. Dabei ist der Cholesterin-Quotient weniger durch ein erhöhtes Cholesterin als vielmehr durch ein niedriges HDL-Cholesterin bedingt. Hinsichtlich der Inaktivität ist anzumerken, daß neben dem höheren Alter der Gruppe durchaus auch die bereits manifestierte KHK zu einer Einschränkung der körperlichen Belastbarkeit geführt haben kann und nicht umgekehrt körperliche Inaktivität zur KHK. Daß Übergewicht in dieser Gruppe auffällig selten zu beobachten war, kann wiederum sehr unterschiedliche Gründe haben (z. B. viele ehemalige Raucher in der Gruppe, höheres Alter, Krankheitsschwere).

Bei Personen mit AVK (Abb. 1b) ist ebenfalls überzufällig häufig ein hoher Cholesterin-Quotient zu finden, gefolgt von Hypertonie und Hypertriglyceridämie. Alle übrigen Faktoren zeigen nur leichte, statistisch nicht abzusichernde Beziehungen zur AVK. Daß hier aber möglicherweise doch systematische Zusammenhänge bestehen, wird durch das hochsignifikant häufigere Vorliegen von mehr als drei Risikofaktoren gleichzeitig angedeutet. Dieses korrespondiert gut zur multifaktoriellen Genese peripher-arterieller Durchblutungsstörungen (Robbins & Austin, 1993; Valentine, Grayburn, Vega & Grundy, 1993).

Bei Personen mit ZVK (Abb. 1c) sind die Beziehungen zum Risikoprofil weit weniger deutlich, allerdings muß berücksichtigt werden, daß nur 57 arteriosklerotisch vollkommen gesunde Personen gegen die 184 erkrankten kontrastiert werden konnten. Dennoch ist die Koinzidenz mit der Hypertonie, dem nach bisherigen Erkenntnissen wesentlichsten Risikofaktor für einen Schlaganfall (Besdine, 1993; Furmaga, Murphy & Carter, 1993), signifikant. Weiterhin nicht unerwartet auffällig sind die Beziehungen zum Diabetes mellitus und dem Vorliegen mehrerer Risikofaktoren gleichzeitig.

4.3 Risikoprofile der Studienteilnehmer ohne Gefäßerkrankungen im Altersvergleich

Obwohl in BASE (bislang) keine klinischen Follow-up-Daten für die Analyse von Neuerkrankungsraten zur Verfügung stehen, so kann doch zumindest auf die vom Einwohnermeldeamt verfügbare Mortalität bis 28 Monate nach Studienabschluß zurückgegriffen werden (Abb. 2). Hier zeigte sich zwar eine vom Alter und dem Vorliegen arteriosklerotischer Erkrankungen abhängige Mortalitätsrate, allerdings auch, daß die Mortalität in diesem kurzen Zeitraum gerade unter den besonders interessierenden gesunden 70- bis 84jährigen für einen statistischen Vergleich mit den Überlebenden zu gering war (N=5).

Abbildung 1: Risikoprofile arteriosklerotisch erkrankter Studienteilnehmer: a) Studienteilnehmer mit koronarer Herzkrankheit (KHK; N=143). b) Studienteilnehmer mit arterieller Verschlußkrankheit (AVK; N=196). c) Studienteilnehmer mit zerebrovaskulärer Krankheit (ZVK; N=184)

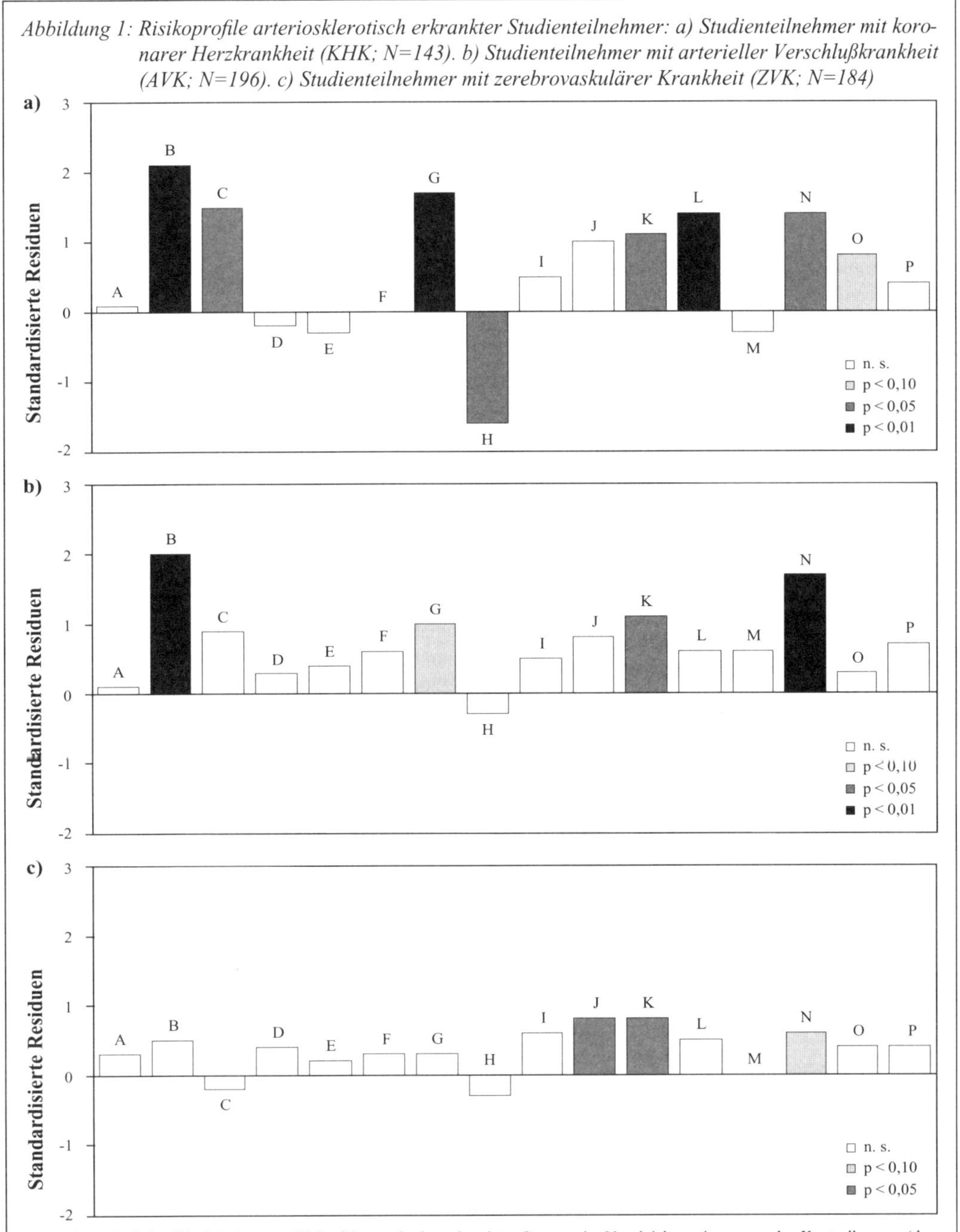

Anmerkung: Relative Häufigkeiten von Risikofaktoren in den erkrankten Gruppen im Vergleich zu einer gesunden Kontrollgruppe (dargestellt als standardisierte Residuen; weitere Erläuterungen im Text).
Risikofaktoren: A) Cholesterin >250 mg/dl, B) Cholesterin/HDL-Cholesterin >5, C) HDL-Cholesterin <35 mg/dl (Männer) / <42 mg/dl (Frauen), D) LDL-Cholesterin >155 mg/dl, E) Apolipoprotein-E-Genotyp 2-2 oder 4-4, F) Lp(a) >15 mg/dl, G) Triglyceride >200 mg/dl, H) Body-Mass-Index >28 kg/m^2, I) positive Familienanamnese, J) Diabetes mellitus, K) Hypertonie, L) Inaktivität, M) Rauchen, N) Mehr als drei Risikofaktoren, O) Alter über 84 Jahre, P) Männliches Geschlecht.

Unter der Annahme jedoch, daß eine Gruppe gesunder sehr alter Menschen eine Selektion darstellt, die wesentlich durch kardiovaskuläre Mortalität mitbestimmt wird (Kannel, McGee & Gordon, 1976), lassen sich mit ausreichenden Fallzahlen in BASE die Risikoprofile gesunder 70- bis 84jähriger mit denen von gesunden 85jährigen und älteren Menschen vergleichen. Dazu wurde kardiovaskuläre Gesundheit als die Abwesenheit sowohl einer KHK als auch einer AVK zum Untersuchungszeitpunkt bei einer weiteren Lebenserwartung von mindestens 28 Monaten definiert. Die ZVK konnte in diesem Zusammenhang nicht berücksichtigt werden, da in der Gruppe der untersuchten 85jährigen und Älteren (N=87) nur 15 Personen völlig frei von arteriosklerotischen Manifestationen waren. Dabei ist allerdings bemerkenswert, daß insgesamt nur eine von allen Personen *ohne* ZVK (N=99) im Verlauf der folgenden 28 Monate verstorben ist (1%), während die Mortalität unter denen *mit* ZVK (N=184) bei 9% lag.

Abbildung 2: Arteriosklerotische Mortalität innerhalb von 28 Monaten a) in der Gesamtstichprobe (N=516); b) in der radiologisch untersuchten Teilstichprobe (N=283).

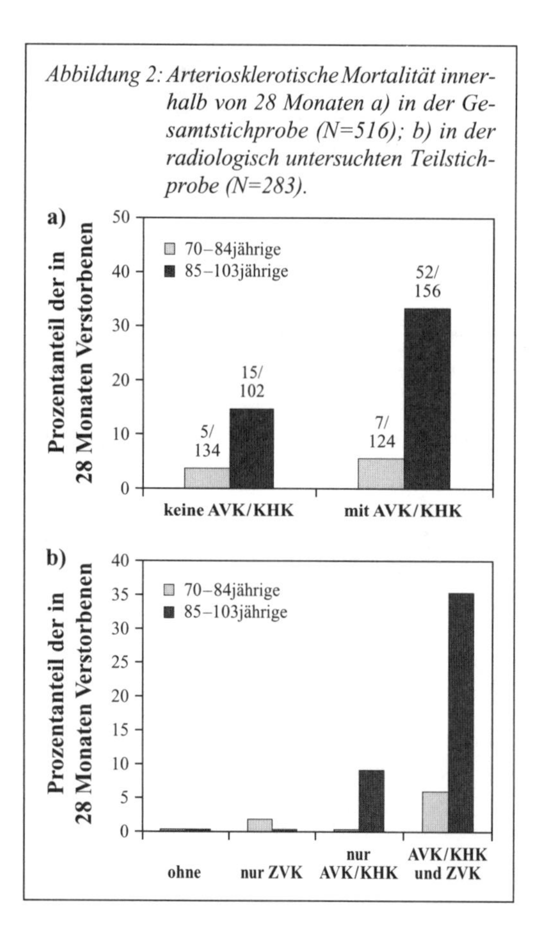

Das Risikoprofil der gefäßgesunden 70- bis 84jährigen ist im Vergleich zu den gesunden 85jährigen und Älteren in Abbildung 3 wiedergegeben. Hier zeigt sich eindeutig, daß die gesunden 70- bis 84jährigen ein – nach dem heute für jüngere Personen gültigen Kenntnisstand – noch wesentlich höheres kardiovaskuläres Risiko aufweisen als kardiovaskulär gesunde 85jährige und ältere Personen. Insbesondere erhöhte Lipidwerte (Gesamt-Cholesterin, Cholesterin-Quotient, LDL-Cholesterin und Triglyceride) sind neben einer positiven Familienanamnese signifikant häufiger unter den gesunden jüngeren als unter den gesunden älteren Personen zu finden. Die in der jüngeren Gruppe signifikant seltener anzutreffende Hypertonie läßt die Vermutung zu, daß es im sehr hohen Alter eine „benigne" („gutartige") Form des Bluthochdrucks gibt, die sich sehr oft entwickelt.

5. Geriatrische Pharmakotherapie

In Deutschland stellen die gesetzlichen Krankenversicherungen (GKV) jährlich ausführliche epidemiologische Informationen zu Medikamentenverordnungen im Alter zur Verfügung (Klauber & Selke, 1993). Daraus geht hervor, daß der überwiegende Teil zur Behandlung von über 60jährigen Patienten eingesetzt wird. Noch für die 70jährigen und Älteren, die nur etwa 12% der in der GKV Versicherten ausmachen, werden jährlich insgesamt 34% aller definierten Tagesdosen ärztlich verordnet (vgl. Linden et al., Kapitel 18). Die GKV-Informationen basieren jedoch ausschließlich auf Verordnungszahlen ohne Selbstmedikationen und geben deshalb nicht die tatsächlichen Verbrauchszahlen wieder (Melchert, 1991).

In gewisser Hinsicht ist die Multimedikation ein Spiegelbild der Multimorbidität. Obwohl es hierzu bereits Untersuchungen gibt, wurde Multimorbidität selten objektiv und detailliert erfaßt (Chrischilles et al., 1992; Gilchrist et al., 1987; Kruse et al., 1991; Melchert, 1991). Einige Studien kommen möglicherweise auch deshalb zu dem Schluß, daß älteren Personen prinzipiell zu viele Medikamente verordnet werden (Kruse et al., 1991; Lisi, 1991; Renner, Engle & Graney, 1992). Allerdings konnten prospektive klinische Studien durchaus auch nachweisen, daß sich bei älteren Patienten mit ganz unterschiedlichen Erkrankungen viele Medikamente gezielt und ohne Nebenwirkungen absetzen lassen (Kruse et al., 1991). Demgegenüber gibt es nur wenige Untersuchungen, die sich spezifisch mit der ebenso wichti-

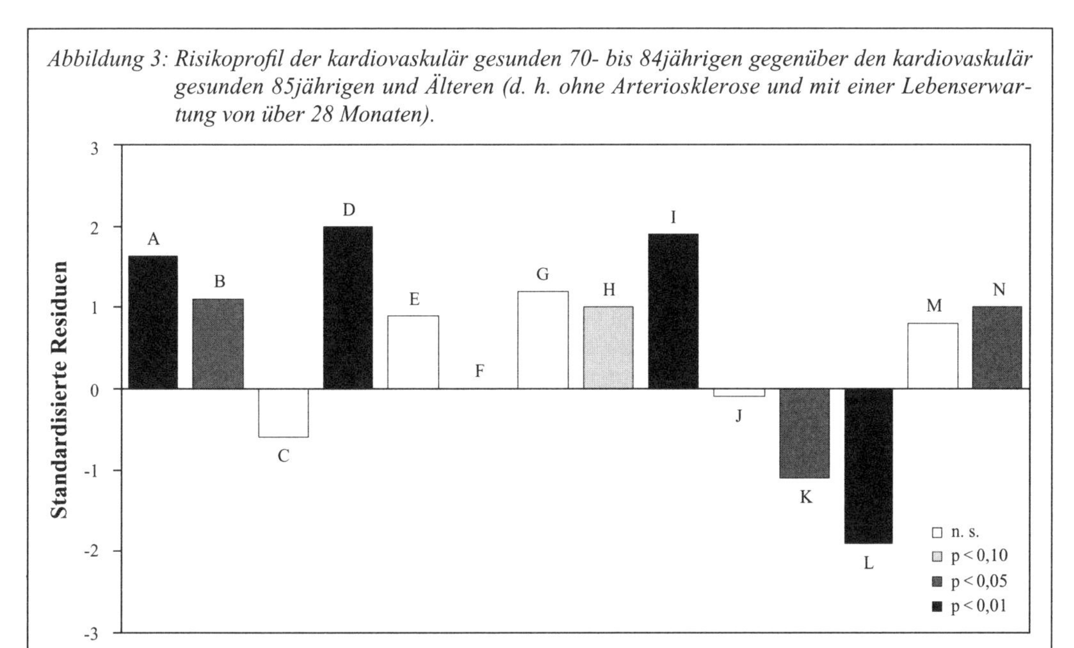

Abbildung 3: Risikoprofil der kardiovaskulär gesunden 70- bis 84jährigen gegenüber den kardiovaskulär gesunden 85jährigen und Älteren (d. h. ohne Arteriosklerose und mit einer Lebenserwartung von über 28 Monaten).

Risikofaktoren: A) Cholesterin >250 mg/dl, B) Cholesterin/HDL-Cholesterin >5, C) HDL-Cholesterin <35 mg/dl (Männer) / <42 mg/dl (Frauen), D) LDL-Cholesterin >155 mg/dl, E) Apolipoprotein-E-Genotyp 2-2 oder 4-4, F) Lp(a) >15 mg/dl, G) Triglyceride >200 mg/dl, H) Body-Mass-Index >28 kg/m^2, I) positive Familienanamnese, J) Diabetes mellitus, K) Hypertonie, L) Inaktivität, M) Rauchen, N) Mehr als drei Risikofaktoren.

gen Frage nach medikamentösen Unterbehandlungen im Alter auseinandersetzen (Lipton, Bero, Bird & McPhee, 1992).

Die Optimierung der geriatrischen Pharmakotherapie insgesamt stellt aber auch deshalb ein so dringendes Problem dar, weil verschiedene pharmakologische Studien bereits aufzeigen konnten, daß sich die Pharmakokinetik (Aufnahme, Verteilung und Ausscheidung) vieler Medikamente mit dem Alter verändert (Abernethy & Azarnoff, 1990; Coper & Schulze, 1992; Pfeifer, 1992; Platt & Habermann, 1989; Vestal, 1985). Diese für die Behandlung älterer Patienten wesentlichen Aspekte sind noch keineswegs selbstverständlicher Bestandteil klinischer Praxis (Borchelt & Steinhagen-Thiessen, 1995). In vielen Handbüchern zur Pharmakotherapie ebenso wie in der in Deutschland am häufigsten benutzten Referenzliste (Rote Liste, 1990) fehlen oft spezifische Hinweise für die Behandlung älterer Patienten. Demgegenüber haben in den Vereinigten Staaten die bislang vorliegenden Erkenntnisse zu ersten Bemühungen geführt, auf der Grundlage eines Expertenkonsens spezifisch geriatrische Empfehlungen zumindest für einige häufig eingesetzte, aber problematische Substanzen zu erstellen (Beers et al., 1991; Stuck et al., 1994).

5.1 Medikationsanamnese und -analyse in BASE

Zur vollständigen Erfassung der tatsächlichen Medikation wurde ein mehrfach abgestuftes Erhebungskonzept realisiert. Mit von entscheidender Bedeutung war dabei, daß die (doppelt erhobene) Medikamentenanamnese am Wohnort der Studienteilnehmer stattfand, so daß in den meisten Fällen die subjektiven Angaben mittels der Originalpackungen verifiziert werden konnten. Bei Medikamenten, die den untersuchenden Ärzten unbekannt waren, wurden alle verfügbaren Informationen (Hersteller, Handelsname und Inhaltsstoffe) notiert, so daß fast immer eine Zuordnung zu einer Substanz- oder Indikationsgruppe vorgenommen werden konnte. Von Personen, die sich nicht mehr selbstverantwortlich um ihre Medikation kümmerten, wurde die Erlaubnis zur Befragung von Betreuern oder zur Einsicht von Krankenakten eingeholt. Zu jedem ermittelten Medikament wurden außerdem Verordnungsstatus (Arzt/selbst/andere), Anwendungsart, Dosis, Einnahmedauer und -frequenz erhoben und durch Informationen zur pharmazeutischen Zusammensetzung (chemisch/pflanzlich/homöopathisch/organisch definiert) sowie zu allen Kontraindikationen und potentiellen unerwünschten Wirkungen (UAW) ergänzt.

Als Kodierung wurde die fünfstellige Medikamentennummer der Roten Liste (RL) von 1990 verwendet, deren ersten beiden Ziffern die Haupt- oder Indikationsgruppe angeben[3]. Aus epidemiologischer Sicht ist die Medikamentenklassifizierung nach RL-Hauptgruppen sicherlich nicht besser geeignet als andere bekannte Klassifikationsschemata, aber auch nicht schlechter. Bislang gibt es kein Klassifikationssystem, das eine eindeutige und gleichzeitig sinnvolle Trennung zwischen den prinzipiellen Unterscheidungsebenen nach Pharmakologie und Indikation erlaubt[4]. Um dieses Dilemma zumindest teilweise zu lösen, wurde die RL-Systematik etwas modifiziert, wobei einige Hauptgruppen – verordnungsschwache oder indikationsähnliche (z. B. Laxantia/Cholagoga, Geriatrika/Roborantia, Vitamine/Mineralstoffe) – zusammengefaßt, andere wiederum – verordnungsstarke und in sich heterogene (Analgetika, Kardiaka, Psychopharmaka, Magen-Darm-Mittel) – genauer aufgegliedert wurden.

5.2 Medikationsprävalenz bei 70jährigen und Älteren

Eine Übersicht über die in der Stichprobe vorgefundenen Indikationsbereiche mit Schätzungen der Populationsprävalenzen gibt Tabelle 4.

Die erste Spalte gibt die Prävalenz unter Berücksichtigung aller auf die jeweilige Medikamentengruppe beziehbaren Angaben an. Ohne Ausschluß unpräziser Angaben wie beispielsweise „Augentropfen" stehen damit Ophthalmika bei 34% der 70jährigen und Älteren an der Spitze des Medikamentengebrauchs, gefolgt von innerlich angewendeten Analgetika/nichtsteroidalen Antirheumatika (NSAR), Digitalisglykosiden, Diuretika und Vitaminen/Mineralstoffen.

Diese Reihenfolge ändert sich nur unwesentlich, wenn in einem ersten Schritt alle angegebenen Medikamente eliminiert werden, deren pharmazeutische Definition nicht genau identifiziert werden konnte (zweite Spalte), und in einem zweiten Schritt zusätzlich alle als pflanzlich, homöopathisch oder organisch definierten Präparate nicht mitberücksichtigt werden (dritte Spalte: „chem. def.").

Eine wesentliche Verschiebung tritt erst ein, wenn die Prävalenz nur noch für chemisch definierte, ärztlich verordnete Medikamente berechnet wird (vierte Spalte). An erster Stelle werden Kardiaka, vor allem Digitalisglykoside für 31% verordnet, gefolgt von Diuretika, Ophthalmika, durchblutungsfördernden Mitteln und Calciumantagonisten. Erst dann folgen die Analgetika/NSAR-Interna mit einer Verordnungsprävalenz von 22%, wobei sich aus der Differenz zu 32% eine ausschließliche Selbstmedikation mit entsprechenden Präparaten bei 10% der 70jährigen und Älteren ableiten läßt.

Die fünfte Spalte gibt Prävalenzen von ausschließlich chemisch definierten, ärztlich zur täglichen Anwendung verordneten Medikamenten an. Der erneute deutliche Abfall in der Prävalenz der innerlich angewendeten Analgetika/NSAR ist Ausdruck dafür, daß etwa 50% der mit diesen Präparaten behandelten Patienten eine Verordnung nach Bedarf erhalten haben. Ähnliches findet sich für die Diuretika, deren Prävalenz für tägliche Verordnungen ebenfalls deutlich von der Verordnungsprävalenz insgesamt abweicht (30% versus 24%). Allerdings wird der Unterschied nicht so sehr durch Bedarfsverordnungen, sondern durch intermittierende (tageweise wechselnde oder wöchentlich nur einmalige Einnahmen) bestimmt. Obwohl Dosisreduktionen bei älteren Patienten fast stets erforderlich und richtig sind, ist diese Verordnungspraxis doch deshalb kritisch zu bewerten, da bekannt ist, daß Compliance immer auch von der Komplexität des Verordnungsschemas abhängig ist (Vestal, 1985; Weintraub, 1990). Hinsichtlich anderer Indikations-/Stoffgruppen sei noch erwähnt, daß, entgegen der hohen Prävalenz der Hyperlipidämie in diesem Alterssegment, nur ein sehr kleiner Teil (7%) eine lipidsenkende Medikation erhält.

5.3 Über- und Fehlmedikationen bei 70jährigen und Älteren

In der kumulativen Betrachtung zeigt sich die bekannt hohe Prävalenz der Medikation an sich – 96% der 70jährigen und Älteren geben den Gebrauch mindestens eines Medikamentes an, wobei 87% mindestens ein chemisch definiertes Präparat auf ärztliche Verordnung hin täglich anwenden (vorletzte Zeile in Tabelle 4). Auch Multimedikation (gleichzeitige

3 Da sich die BASE-Erhebungen über den Zeitraum von 1990 bis 1993 erstreckten und sich RL-Nummern jährlich ändern, mußten neue Präparate anhand analoger, bereits 1990 existierender Präparate nach Wirkstoff verschlüsselt werden. Für neu eingeführte Wirkstoffe wurden pharmazeutische Informationen der jeweils aktuellen RL-Version entnommen.

4 Die Acetylsalicylsäure beispielsweise gehört zu den Salicylaten und wird als Analgetikum, Antipyretikum, Antirheumatikum und Thrombozytenaggregationshemmer eingesetzt. Andere Salicylate wiederum finden sich nur in Salben zur ausschließlichen Anwendung bei Rheumatismus.

Anwendung von fünf und mehr Medikamenten) ist mit einer Prävalenz von 56% unter Berücksichtigung aller Angaben, bzw. von 23% bei ausschließlicher Betrachtung chemisch definierter Medikationen zur

Tabelle 4: Medikationsprävalenzen nach Indikations-/Stoffgruppe, Pharmazeutik und Verordnungsart (gewichtete Daten; Angaben in %).

Indikations-/ Stoffgruppe	**Gesamt**	**Bekannte Pharmazeutik**		**Ärztlich verordnet (chemisch definiert)**		
		gesamt	chem. def.	gesamt	täglich	Übermedik.
Ophthalmika	33,8	32,5	31,2	29,6	27,8	0,2
Analgetika/NSAR (Interna)	32,8	32,8	31,7	22,1	12,5	0,1
Kardiaka	39,7	39,7	32,3	32,2	31,1	1,1
- Digitalisglykoside	31,0	31,0	31,0	30,9	30,3	1,1
Diuretika	30,4	30,0	30,0	30,0	23,5	1,8
Vitamine/Mineralstoffe	28,6	26,5	25,7	15,1	12,0	1,0
Durchblutungsfördernde Mittel/TAH	28,3	28,3	22,7	22,7	21,3	1,5
Analgetika/NSAR (Externa)	25,4	24,9	19,5	14,9	8,3	—
Calciumantagonisten	22,8	22,8	22,8	22,7	22,3	1,1
Geriatrika/Roborantia	22,8	22,5	5,0	5,0	0,3	—
Koronarmittel	21,7	21,6	21,6	21,2	16,3	—
Laxantia/Cholagoga [1]	18,8	15,4	4,0	7,1	3,5	0,0
Venenmittel	16,8	16,3	11,3	8,5	7,1	0,1
Magen-Darm-Mittel	25,1	25,1	24,8	18,0	9,6	2,2
- Antacida/Ulkusmittel	16,3	16,3	16,3	10,2	4,5	0,7
Psychopharmaka	25,1	24,6	23,4	21,7	15,7	3,0
- Neuroleptika	4,4	4,4	4,4	4,4	4,3	0,1
- Neurotropika	4,3	4,3	4,3	4,1	4,1	0,7
- Antidepressiva	3,3	3,3	3,3	3,3	2,8	0,3
Hypnotika/Sedativa	12,4	11,9	7,7	4,5	2,3	0,9
Antidiabetika	11,4	11,4	11,4	11,4	11,4	0,6
Antihypertensiva [2]	11,3	11,3	10,9	10,9	9,8	0,6
Urologika/Gynäkologika	10,9	9,4	3,4	3,2	2,2	0,5
Lipidsenker	7,5	7,5	7,5	7,3	7,3	—
Dermatika	6,4	6,3	5,9	4,9	2,2	0,6
Hormontherapeutika	6,0	6,0	6,0	6,0	3,6	—
Antitussiva	5,6	5,6	4,2	3,8	3,5	0,1
Betablocker	5,5	5,5	5,5	5,5	5,5	0,6
Antiasthmatika	5,5	5,5	5,5	5,5	4,3	—
Schilddrüsentherapeutika	5,4	5,4	5,4	5,4	4,9	—
ACE-Hemmer	5,3	5,3	5,3	5,3	5,3	—
Sonstige [3]	17,9	17,5	17,5	17,3	15,0	2,0
Gesamt						
- mindestens ein Medikament	96,4	95,9	93,8	91,7	86,7	13,7
- fünf und mehr Medikamente	56,0	53,7	32,1	24,3	23,1	—

ACE: Angiotensin-Converting-Enzyme; NSAR: nichtsteroidale Antirheumatika; TAH: Thrombozytenaggregationshemmer.
1 In der Katagorie „Ärztlich verordnet“ einschließlich pflanzlicher Präparate.
2 Ohne Diuretika, ACE-Hemmer, Betablocker, Calciumantagonisten.
3 Alle übrigen Gruppen mit einer Prävalenz von 5% oder weniger.

täglichen Anwendung, in diesem Alterssegment erwartungsgemäß häufig anzutreffen.

Die letzte Spalte der Tabelle 4 gibt die Prävalenzschätzungen für medikamentenspezifische Überbehandlung an. Überbehandlung wurde nur für die chemisch definierten, ärztlich verordneten Präparate angenommen, die sich entweder keiner der aktuell diagnostizierten Erkrankungen als kausale, symptomatische oder substituierende Behandlung zuordnen ließen oder aufgrund einer dieser Erkrankungen als kontraindiziert eingestuft werden mußten. Im Ergebnis fällt keine der Indikations-/Stoffgruppen mit einer diesbezüglichen Prävalenz von über 3% auf, so daß auch hier keine sicheren Detailschätzungen vorgenommen werden können. In der Stichprobe wurden Psychopharmaka, Magen-Darm-Mittel, Diuretika und durchblutungsfördernde Mittel am häufigsten als nicht indizierte oder kontraindizierte Verordnungen identifiziert. Insgesamt gesehen kann allerdings mindestens ein nicht indiziertes oder kontraindiziertes, ärztlich verordnetes Medikament bei jedem siebten 70jährigen und Älteren (etwa 14%) erwartet werden. Es muß dabei berücksichtigt werden, daß diese Beurteilungen jeglichen, auch geriatrischen Qualitätsaspekt bezüglich indizierter Medikamente außer acht lassen. Andere Studien, die sich ebenfalls mit Überbehandlungen bei älteren Patienten beschäftigen, rücken diesen Aspekt oft ganz in den Vordergrund und ermitteln Prävalenzraten für Übermedikation zwischen 25% und 50% (Campion et al., 1987; Kruse et al., 1991).

Es gibt inzwischen Bemühungen, auf der Grundlage vorhandener klinischer und pharmakologischer Studien explizite Kriterien für geriatrisch inadäquate Medikationen (Fehlmedikationen) zu definieren. Ein erster Expertenkonsens konnte sowohl für die Gruppe der institutionalisierten Personen (Beers et al., 1991) als auch für ambulant behandelte ältere Patienten (Stuck et al., 1994) erzielt werden. Wendet man die Kriterien auf die Daten der BASE-Teilnehmer an, so errechnet sich eine Populationsprävalenz für entsprechende Fehlmedikationen bei 70jährigen und Älteren von insgesamt 19%. Es wird also fast jede fünfte Person dieses Alters mit mindestens einem Medikament behandelt, das nach Expertenkonsens entweder überhaupt nicht (vor allem Reserpin, Diazepam, Amitriptylin, Indometacin), in niedrigerer Dosierung (Hydrochlorothiazid) oder nur über einen kürzeren Zeitraum (Oxazepam, Ranitidin) in der Behandlung älterer Patienten eingesetzt werden sollte. Werden Fehlmedikationen (für die Behandlung älterer Menschen prinzipiell ungeeignete Medikamente) und Übermedikationen (im Einzelfall nicht indizierte oder kontraindizierte Medikamente) zusammengenommen, so ergibt sich eine Prävalenz von 28% für insgesamt unangebrachte Medikationen im höheren Alter.

5.4 Unerwünschte Arzneimittelwirkungen (UAW) als Problemfeld geriatrischer Pharmakotherapie

Einen wichtigen Aspekt geriatrischer Pharmakotherapie stellen unerwünschte Arzneimittelwirkungen (UAW) dar. Schon aufgrund der Vielzahl der oft gleichzeitig eingesetzten Medikamente haben ältere im Vergleich zu jüngeren Patienten ein deutlich erhöhtes UAW-Risiko (Borchelt & Steinhagen-Thiessen, 1995; Klein et al., 1976; Williamson & Chopin, 1980). Auch wenn bislang kein unmittelbarer Alterseffekt auf die UAW-Gesamthäufigkeit belegt werden konnte (Hutchinson, Flegel, Kramer, Leduc & Hopingkong, 1986; Klein et al., 1976; Weber & Griffin, 1986), ist doch auch bekannt, daß ältere Personen gegenüber bestimmten – insbesondere zentralnervösen – Wirkungen empfindlicher sind (Beers & Ouslander, 1989; Castleden & Pickles, 1988; Greenblatt, Sellers & Shader, 1982; Meyer & Reidenberg, 1992). Die Evaluation potentieller UAW ist schwierig, und viele Verfahren haben sich bislang als wenig valide und/oder reliabel gezeigt (Hutchinson et al., 1983; Kewitz, 1978; Müller-Oerlinghausen, 1987; Venulet, Blattner, von Bülow & Berneker, 1982), so daß versucht wurde, standardisierte Algorithmen zu ihrer Erfassung und Bewertung einzuführen (Kramer, Leventhal, Hutchinson & Feinstein, 1979; Pere, Begaud, Haramburu & Albin, 1986).

Im Rahmen der Medikationsanalysen der FE Geriatrie wurde zur Ermittlung von potentiellen UAW – im Gegensatz zu den bereits entwickelten Algorithmen – von der aktuellen Medikation und nicht von etwaigen Symptomen oder Befunden ausgegangen (Borchelt & Horgas, 1994). Auf der Grundlage des RL-Signatursystems von 1990 wurde für jede Medikation computergestützt eine Liste aller potentiell möglichen UAW erstellt. Diese Liste wurde von Projektärzten mit der ebenfalls computergestützt erstellten Liste aller Symptome und Befunde (siehe Abschnitt 2) abgeglichen. Auf diese Weise wurden zunächst alle „UAW-analogen" Symptome identifiziert und diese dann hinsichtlich des vermuteten Zusammenhangs entweder als „Symptom einer vorbestehenden Erkrankung" oder als „UAW-Verdacht" kodiert.

5.5 Häufigkeit UAW-analoger Befunde bei 70jährigen und Älteren

Die Ergebnisse hinsichtlich der Prävalenzen von UAW-analogen Befunden und UAW-Verdacht sind in Tabelle 5 je Indikationsgruppe zusammengestellt.

Knapp 26% der 70jährigen und Älteren erhalten ein Diuretikum mit UAW-Potential, wobei sich in dieser Gruppe bei allen (100%) auch mindestens ein UAW-analoger Befund findet und bei 70% ein UAW-Verdacht ausgesprochen wurde. Damit lassen sich Diuretika am häufigsten koinzident mit typischen UAW-analogen Symptomen (vor allem Hyperurikämie, Azotämie, Kreatininanstieg, Sehstörungen) in der Population beobachten. Dieser Befund geht im wesentlichen auf Thiazide und Schleifendiuretika zurück (rechte Tabellenhälfte). Detailanalysen haben ergeben, daß diese Koinzidenz eindeutig nicht bloß altersvermittelt ist (Borchelt & Horgas, 1994).

Insgesamt ist zu konstatieren, daß vorliegende Symptome und Befunde extrem häufig als potentielle UAW interpretiert werden könnten. In der Risikopopulation (Personen mit Verordnung von Medikamenten mit UAW-Potential, etwa 87% der 70jährigen und Älteren) kann bei 87% mindestens ein UAW-analoges Symptom gefunden und bei 58% ein UAW-Verdacht ausgesprochen werden. Die Verifizierung oder Falsifizierung eines tatsächlichen Zusammenhangs ist damit eine fast unlösbare Aufgabe, da wegen der gleichzeitig prävalenten Multimorbidität ein Symptom eben oft auf mehrere verschiedene Erkrankungen und Medikamente beziehbar ist.

Die zunächst sehr hoch erscheinende Gesamtprävalenz des begleitenden UAW-Verdachts in der Risikopopulation (58%) wird durch wahrscheinlichkeitstheoretische Überlegungen durchaus plausibel. Wird je Medikament eine UAW-Häufigkeit von nur 5% angenommen (Hutchinson et al., 1986; Klein et al., 1976), so errechnet sich für die BASE-Stichprobe mit durchschnittlich fünf Medikamenten pro Person bereits eine erwartete UAW-Gesamthäufigkeit von 22%. Liegt jedoch die Rate je Medikament bei 15% (Williamson & Chopin, 1980), so ergibt sich bereits eine erwartete Gesamtprävalenz von 52%, wobei in diesen Modellrechnungen angenommen wird, daß die Auftretenswahrscheinlichkeit je Medikament durch Medikamentenkombinationen nicht beeinflußt wird. In der Medizin sind aber gerade auch zahllose Wechselwirkungen zwischen Medikamenten bekannt.

5.6 Alter und Geschlecht als Risikofaktoren für inadäquate medikamentöse Behandlung und UAW-analoge Befunde

Es muß an dieser Stelle eingefügt werden, daß unerwünschte Arzneimittelwirkungen zumindest teilweise als eigenständige Diagnosen in die bereits dargestellten Morbiditätsprofile eingegangen sind, wobei die Intensität dieser Beeinflussung nicht sicher abgeschätzt werden kann. Weiterhin stellt sich bezüglich der identifizierten Untermedikation die Frage nach einer möglichen Unterdiagnostizierung von Krankheiten im Alter. Eine wichtige Ergänzung stellen in diesem Kontext deshalb die hausärztlich bekannten Diagnosen dar. Bei ihrer Mitberücksichtigung können die verschiedenen Medikations- und Morbiditätseffekte spezifischer betrachtet werden.

Eine alters- und geschlechtsspezifische Darstellung der in der FE Geriatrie insgesamt verfügbaren, globalen Indikatoren zur Multimorbidität und Multimedikation sowie zu den begleitenden qualitativen Medikationsaspekten im Alter gibt Tabelle 6. Die mittels Hausarztdiagnosen geschätzte Populationsprävalenz multipler Erkrankungen spiegelt dabei mit 28% erwartungsgemäß die tatsächliche Prävalenz der mittel- bis schwergradigen Erkrankungen insgesamt (31%) wider. Allerdings fällt bei der geschlechts- und altersspezifischen Betrachtung eine extreme Diskrepanz vor allem bei den sehr alten Frauen auf. Während tatsächlich 54% der 85jährigen und älteren Frauen eine körperliche Multimorbidität aufweisen, stellt sich dies auf der Grundlage der Hausarztdiagnosen nur für 26% dar. Entsprechend findet sich ein signifikanter Alters- ($\chi^2=23{,}32$; $p<0{,}001$) und Geschlechtseffekt ($\chi^2=7{,}76$; $p<0{,}01$) in der Multimorbidität nur, wenn Projektarztdiagnosen zugrunde gelegt werden.

Im Hinblick auf Alters- und Geschlechtsunterschiede ist für die qualitativen Medikationsindikatoren zu bemerken, daß nur die Prävalenz der Untermedikation mit dem Alter zunimmt ($\chi^2=9{,}73$; $p<0{,}01$), während für Fehlmedikationen eine Abnahme mit dem Alter andeutungsweise bei den Männern zu konstatieren ist (χ^2 [Alter × Geschlecht]$=3{,}40$; $p<0{,}07$). Da sich diese Befunde mit der ausgeprägten Diskrepanz zwischen Hausarzt- und Projektarztdiagnosen decken, liegt die Vermutung nahe, daß Untermedikation im wesentlichen durch die mit dem Alter zunehmende Unterdiagnostizierung von körperlichen Krankheiten ($r=0{,}25$ für die Alterskorrelation der Differenz zwischen der Anzahl der Projektarzt- und der Hausarztdiagnosen; $p<0{,}001$) zustande kommt. Die alterskorreliert zunehmende

Tabelle 5: Prozentuale Häufigkeiten UAW-analoger Befunde oder von UAW-Verdacht in medikamentös behandelten Personengruppen (nach Indikationsgruppen und Signaturen der Roten Liste, 1990).

	Indikationsgruppe mit UAW-Gefährdung (Populationsprävalenz)	UAW-analoge Befunde	UAW-Verdacht		Signaturen mit UAW-Gefährdung (Populationsprävalenz)	UAW-analoge Befunde	UAW-Verdacht
02	Aldosteron-Antagonisten (1,9)	94,7	73,7	S15	Spironolacton (1,9)	66,7	44,4
35	Diuretika (25,9)	100,0	69,7	S12	Schleifendiuretika (8,0)	100,0	71,8
				T25	Thiazide (25,5)	100,0	61,0
				T52	Triamteren (12,7)	74,6	44,4
16	Antihypertensiva (13,7)	88,3	61,7	A95	ACE-Hemmer (7,2)	81,8	69,7
57	Lipidsenker (5,8)	75,0	50,0				
26	Calciumantagonisten und Betablocker (25,5)	87,7	47,1	B22	Betablocker (6,7)	95,5	63,6
				C1	Verapamil-Typ (7,6)	91,2	57,6
				C2	Nifedipin-Typ (13,7)	83,3	29,2
70	Psychopharmaka (24,6)	68,9	34,9	N15	Neuroleptika (4,4)	83,3	55,6
				T60	Trizyklische Antidepressiva (2,8)	90,9	54,5
				B10	Benzodiazepine (18,8)	61,2	31,8
43	Gichtmittel (3,9)	75,0	33,3	A30	Allopurinol (3,5)	79,4	35,3
36	Durchblutungsfördernde Mittel (22,0)	53,6	29,7	P22	Pentoxifyllin u. ä. (9,9)	66,0	34,8
54	Koronarmittel (20,8)	46,9	29,2	N40	Nitrate, Nitrite (20,6)	45,5	28,6
48	Hypnotika/Sedativa (9,3)	54,9	28,0				
05	Analgetika und NSAR (36,5)	51,1	27,1	N30	NSAR (9,9)	86,3	52,9
				A5	Acetylsalicylsäure (22,4)	36,9	16,7
75	Sexualhormone und Sexualhormonhemmstoffe (5,4)	54,5	22,7				
27	Antiasthmatika (4,9)	58,8	20,6	B23	Betablocker, lokal (5,1)	95,2	33,3
				T22	Theophyllin (4,6)	34,5	13,8
67	Ophthalmika (17,5)	54,0	18,4	C72	Cholinergika (2,5)	93,3	7,1
52	Kardiaka (33,5)	44,8	18,4	D25	Digitalis (29,2)	42,3	15,2
	Sonstige			P105	Piracetam (3,9)	85,7	35,7
				S45	Sulfonylharnstoffe (8,3)	53,7	25,0
	Gesamt (87,2)	86,6	58,4				

Beispiel: 25,9% aller 70jährigen und Älteren haben eine Diuretikaverordnung mit UAW-Potential (zumeist Kombinationen von Thiaziden [25,5%] mit Triamteren [12,7%]). In der Gruppe mit UAW-Gefährdung durch Diuretika konnte bei allen (100%) mindestens ein für Diuretika typischer, UAW-analoger Befund identifiziert werden, bei 69,7% wurde – in Kenntnis aller Begleitmedikationen und Begleiterkrankungen – ein diesbezüglicher UAW-Verdacht ausgesprochen, in der Untergruppe mit Schleifendiuretikum sogar bei 71,8%.

Tabelle 6: Zentrale Indikatoren der Multimorbidität und Multimedikation nach Alter und Geschlecht mit Schätzung der Populationsprävalenzen (Angaben in %).

	Altersgruppe				
	70–84 Jahre		85+ Jahre		Gesamt
	Männer	Frauen	Männer	Frauen	(gewichtet)
Fünf und mehr Hausarztdiagnosen	24,0	28,7	27,6	25,6	28,0
Fünf und mehr Projektarztdiagnosen[1]	18,6	27,1	40,9	54,3	30,1
Fünf und mehr Verordnungen[2]	34,1	39,5	42,6	35,7	37,5
Untermedikation[3]	9,3	10,9	17,8	17,1	11,1
Übermedikation[4]	15,5	12,4	20,9	15,5	13,7
Fehlmedikation[5]	19,4	17,8	10,9	20,9	18,7
UAW-analoge Befunde[6]					
- mindestens einer	70,5	69,8	71,3	81,4	72,8
- fünf und mehr	15,5	22,5	31,0	30,2	22,1

1 Projektärztliche Diagnosen, objektiv mittel- bis schwergradig (beinhalten auch „verifizierte" Hausarztdiagnosen).
2 Alle ärztlich verordneten Medikamente (einschließlich Bedarfsmedikationen und nicht chemisch definierter Präparate).
3 Mindestens eine *unbehandelte*, prinzipiell aber medikamentös behandelbare Erkrankung mittleren bis schweren Grades.
4 Mindestens eine ärztliche Verordnung, die unter Berücksichtigung aller Diagnosen entweder kontraindiziert oder eindeutig nicht indiziert ist.
5 Mindestens ein nach Expertenkonsens für die Behandlung älterer Menschen ungeeignetes Medikament (Kriterien für Heimbewohner nach Beers et al. [1991], für die übrige Bevölkerung nach Stuck et al. [1994]).
6 Laborchemische oder funktionsdiagnostische Befunde, die prinzipiell auch als unerwünschte Arzneimittelwirkungen (UAW) der aktuellen Medikation angesehen werden könnten.

Zahl unterbehandelter Krankheiten ist jedoch auch dann nachweisbar, wenn die Anzahl der hausärztlich unbekannten Diagnosen kontrolliert wird ($\beta=0{,}11$; $p<0{,}01$), so daß mit zunehmendem Alter sowohl die Unterdiagnostizierung von körperlichen Erkrankungen als auch die medikamentöse Unterbehandlung von diagnostizierten Erkrankungen zunehmen. Da die Morbidität aber auch in diesem letzten Lebensabschnitt tatsächlich noch weiter steigt, nimmt die Medikationsprävalenz insgesamt weder zu noch ab.

6. Funktionelle Kapazität im Alter

Die Erfassung und Beurteilung der „funktionellen" Gesundheit ist ein besonderes Charakteristikum der Geriatrie, das sie gerade auch von anderen medizinischen Spezialgebieten unterscheidet. Dabei geht es vor allem um die Erfassung von sensorischen und sensomotorischen Funktionseinbußen sowie um die Abschätzung von Hilfsbedürftigkeit in der Selbst-versorgung bei sogenannten basalen und instrumentellen „Aktivitäten des täglichen Lebens" (ADL/IADL) (Branch, Katz, Kniepmann & Papsidero, 1984; Katz, Ford, Moskowitz, Jackson & Jaffe, 1963; Lawton & Brody, 1969; Mahoney & Barthel, 1965; Nikolaus & Specht-Leible, 1992; Reuben, Laliberte, Hiris & Mor, 1990; Rubenstein & Rubenstein, 1992).

Im Verlauf der letzten drei Jahrzehnte haben sich zwar zahlreiche Modifikationen und Erweiterungen der ursprünglichen Erhebungsinstrumente ergeben (Feinstein, Josephy & Wells, 1986), inhaltlich haben sich aber der Barthel- oder Katz-Index als Standarderhebungen sowohl in der klinischen Geriatrie (Katz, Downs, Cash & Grotz, 1970; Nikolaus & Specht-Leible, 1992) als auch im Rahmen epidemiologischer Erhebungen (Branch et al., 1984; Cornoni-Huntley et al., 1986) durchgesetzt. Diese praxisbezogene Entwicklung hat ihre Nachteile immer noch darin, daß eine eindeutige und einheitliche Theorie und Terminologie der ADL-Konstrukte im speziellen sowie der funktionellen Gesundheit im allgemeinen bis heute eigentlich fehlt. In vielen Studien wird die Ermittlung von Hilfsbedürftigkeit im ADL-Bereich oft gleichgesetzt mit der Evaluation von Behinderung überhaupt. Vielfach wird nicht ausreichend berücksichtigt, daß ADL-Skalen nur eine begrenzte Zahl von vorwiegend motorischen, nur graduell unterschiedlich komplexen Aktivitäten erfassen.

Der ganzheitlich-interdisziplinäre Ansatz der Geriatrie hat dann vor allem dazu geführt, daß die ursprünglich zur Klassifizierung von Schlaganfallpatienten entwickelten Instrumente kontinuierlich erweitert wurden um zusätzliche Dimensionen wie beispielsweise soziale Aktivitäten und psychische Befindlichkeit (Applegate, Blass & Williams, 1990; Nagi, 1976; Pearlman, 1987; Reuben et al., 1990). Daneben hat sich außerdem ein Ansatz entwickelt, der sich verstärkt oder ausschließlich auf objektive Maße körperlicher Mobilität stützt (Guralnik, Branch, Cummings & Curb, 1989; Imms & Edholm, 1981; Tinetti, 1986). Ein wesentliches Argument für diese Verschiebung ist die oft in Frage gestellte Validität der zumeist subjektiven ADL-Evaluationen (Rubenstein, Schairer, Wieland & Kane, 1984). Demgegenüber liegen jedoch auch Befunde vor, die auf eine gute bis ausgezeichnete Kongruenz zwischen subjektiven und objektiven Funktionsmaßen hindeuten (Harris, Jette, Campion & Cleary, 1986; Myers & Huddy, 1986; Sager et al., 1992).

6.1 Funktionelles Assessment in BASE

Innerhalb der FE Geriatrie wurde ein multidimensionaler Ansatz zur Erfassung von körperlichen Behinderungen und Hilfsbedürftigkeit im Alter verwirklicht. Als zentrale Indikatoren wurden dabei verschiedene subjektiv evaluierte ADL-Maße und der Einsatz von Hilfsmitteln sowie objektive Tests zu Visus und Gehör und zur körperlichen Mobilität erhoben. Die basalen Aktivitäten des täglichen Lebens (Activities of Daily Living, ADL) wurden mit dem Barthel-Index (Mahoney & Barthel, 1965) bestimmt. Von den komplexen („instrumentellen") Aktivitäten des täglichen Lebens (IADL) wurden aus der Skala von Lawton und Brody (1969) die Items Einkaufen und Transport verwendet, da sie keine geschlechtsspezifischen Unterschiede zeigen und von der Wohnungsausstattung unabhängig sind.

In Anlehnung an die objektiven Mobilitätstests nach Tinetti (1986) wurden vier Tests durchgeführt, die auch in der klinischen Untersuchung zur Erfassung von Gleichgewicht und Koordination vor allem im Hinblick auf Gangsicherheit üblich sind: Der Romberg-Versuch (Stehen mit geschlossenen Augen, zusammengestellten Füßen und vorgehaltenen Armen) wurde qualitativ hinsichtlich der Standsicherheit auf einer sechsstufigen Skala von „schwankt praktisch nicht" bis „kann nicht frei stehen" ärztlich beurteilt, der Unterberger-Tretversuch (30 Schritte auf der Stelle mit geschlossenen Augen) hinsichtlich der Abweichung von der Ausgangslage in Grad, der Finger-Boden-Abstand als Abstand zwischen Boden und Fingerspitzen beim Vorbeugen mit gestreckten Knien und zusammengestellten Beinen und die 360°-Drehung um die eigene Körperachse als Anzahl der benötigten Schritte. Als Selbsteinschätzung ging weiterhin die subjektive Gehstrecke, die nach Angaben des Studienteilnehmers ohne Pause und ohne Schmerzen maximal zurückgelegt werden kann (Scheidegger, 1987), in die Untersuchungen ein. Darüber hinaus wurde eine standardisierte Dynamometrie durchgeführt, um die maximale Handkraft zu messen (Borchelt & Steinhagen-Thiessen, 1992; Steinhagen-Thiessen & Borchelt, 1993). Als Indikatoren für den sensorischen Funktionszustand wurden audiometrische Messungen zum Sprach- (0,5–2,0 kHz) und Hochtongehör (3,0–8,0 kHz) durchgeführt. Der Fernvisus wurde mittels Sehprobentafel aus mindestens 2,5 m Entfernung, der Nahvisus mittels Leseprobentafel nach Nieden jeweils mit und ohne Brille ermittelt. Komplettiert werden diese funktionellen Erhebungen durch Untersuchungen anderer Forschungseinheiten (vgl. Borchelt et al., Kapitel 17), beispielsweise durch psychometrische Tests zur geistigen Leistungsfähigkeit (Smith & Baltes, Kapitel 8), durch die DSM-III-R-Diagnosen der Demenz- und Depressionssyndrome (vgl. Helmchen et al., Kapitel 7) und durch soziologische Erhebungen zu psychosozialen Ressourcen und Risiken (vgl. Mayer & Wagner, Kapitel 9).

6.2 Prävalenz von Behinderungen und Hilfsbedürftigkeit bei 70jährigen und Älteren

Im oberen Teil der Tabelle 7 ist die Häufigkeit der Hilfsbedürftigkeit in acht ADL- und zwei IADL-Items nach Alter und Geschlecht zusammengestellt.

Im wesentlichen belegen die Daten für das sehr hohe Alter die beiden zentralen, wiederholt bereits für „jüngere" Populationen dokumentierten Befunde: (1) einen deutlich negativen Alterseffekt (χ^2=167,9; p<0,001) und (2) einen ausgeprägten Geschlechtseffekt zuungunsten der Frauen (χ^2=13,1; p<0,001). Dabei untermauern diese Befunde einerseits aufgrund der äquivalenten Besetzungszahlen der verschiedenen Alters- und Geschlechtsgruppen vor allem den sprunghaften Anstieg der Hilfsbedürftigkeit im höchsten Alter, und zwar bei beiden Geschlechtern (χ^2 [Alter × Geschlecht]=2,8; p>0,09), auch wenn dieser Effekt besonders die sehr alten Frauen zu betreffen scheint (über 80% der 85- bis 103jährigen Frauen geben an, beim Einkaufen und bei der Benut-

Tabelle 7: Hilfsbedürftigkeit[1] im ADL-Bereich, Hilfsmittelgebrauch und sensorische Behinderungen nach Alter und Geschlecht mit Schätzung der Populationsprävalenzen (Angaben in %).

	Altersgruppe				
	70–84 Jahre		85+ Jahre		Gesamt
	Männer	Frauen	Männer	Frauen	(gewichtet)
IADL					
Einkaufen	18,6	27,1	59,7	80,6	33,7
Transport[2]	17,8	22,5	62,0	83,7	31,2
ADL					
Baden/Duschen	9,3	8,5	31,8	60,5	16,0
Treppensteigen	3,1	8,5	22,5	42,6	11,4
Spazierengehen	5,4	6,2	27,1	42,6	10,6
Anziehen	5,4	3,1	11,6	24,0	5,9
WC benutzen	0,8	2,3	6,2	15,5	3,2
Transfer[3]	1,6	1,6	4,7	15,5	2,7
Körperpflege[4]	—	0,8	3,1	6,2	1,3
Essen	—	0,8	0,8	2,3	0,9
Hilfsmittel					
Brille[5]	99,2	96,9	86,6	85,5	95,6
Lupe	14,3	15,0	39,7	28,0	16,9
Hörgerät	18,3	14,1	24,4	14,3	15,5
Gehstock	14,3	14,8	56,7	44,4	20,9
Gehstütze	4,8	3,1	10,2	7,9	4,6
Deltarad	—	2,3	3,9	14,3	2,4
Rollstuhl	1,6	2,3	5,5	15,9	3,1
Sensorik					
Sehbehinderung[6]	18,6	20,9	56,6	65,9	26,6
Hörbehinderung[7]	14,0	15,5	45,3	43,4	18,6

1 Beinhaltet „Unterstützung erforderlich" und „vollständige Abhängigkeit".
2 Größere Distanz im Stadtverkehr zurücklegen (außerhalb der Reichweite zu Fuß).
3 Aufstehen vom Bett/Hinlegen.
4 Einschließlich Haare kämmen, Rasieren usw.
5 Fern- und/oder Nahbrille.
6 Nah- und/oder Fernvisus unter 0,2.
7 Audiometrie-Hörschwellen ≥55 dB (0,25–2 kHz) und/oder ≥75 dB (3–8 kHz).

zung von Transportmitteln auf Unterstützung angewiesen oder vollständig hilfsbedürftig zu sein; immerhin knapp zwei Drittel benötigen Hilfe bei der persönlichen Hygiene, zumindest beim Baden oder Duschen). Andererseits zeigte sich jedoch für die gesamte Population der 70jährigen und älteren Stadtbewohner, daß schätzungsweise etwa 66% nach eigenen Angaben völlig selbständig sind.

Alters- und Geschlechtsdifferenzen im Hilfsmitteleinsatz sind im unteren Teil der Tabelle 7 zusammengefaßt. Der verbreitete Einsatz von Fern- und/ oder Nahsichtgläsern läßt sich wohl im wesentlichen auf die physiologischen Altersveränderungen des optischen Systems zurückführen (Bron, 1992; vgl. Marsiske et al., Kapitel 14). Allerdings dürfen jedoch die höhergradigen Beeinträchtigungen, besonders durch die im Alter häufig auftretende Katarakt (Linsentrübung), nicht unterschätzt werden, da sie zu gravierenden Einbußen in der Lebensqualität beitragen können. Immerhin 34% der männlichen und 46% der weiblichen Studienteilnehmer gaben Probleme beim Lesen und/oder Fernsehen an, insgesamt hatten 7% eine Kataraktoperation in den der Befragung vorausgegangenen zwölf Monaten. Der statistische Vergleich zeigt – wie im ADL-Bereich – auch im sensorischen Bereich keinen geschlechtsspezifischen Alterseffekt.

Tabelle 8: Objektive Mobilität nach Alter und Geschlecht mit Schätzung der Populationsprävalenzen (Angaben in %).

	Altersgruppe				
	70–84 Jahre		85+ Jahre		Gesamt
	Männer	Frauen	Männer	Frauen	(gewichtet)
Blindgang [1]					
ungestört	44,2	41,1	32,8	25,2	39,7
gestört	48,1	48,1	35,9	16,5	44,2
nicht möglich	7,8	10,9	31,3	58,3	16,1
Blindstand [2]					
ungestört	62,0	46,5	14,0	7,8	43,7
gestört	34,1	47,3	63,6	47,7	46,2
nicht möglich	3,9	6,2	22,5	44,5	10,0
Drehung um 360° [3]					
zügig	82,2	72,9	37,5	20,3	66,4
langsam	16,3	21,7	47,7	49,2	26,4
nicht möglich	1,6	5,4	14,8	30,5	7,2
Vornüberbeugen [4]					
vollständig	18,6	47,6	11,7	18,1	35,2
weitgehend	48,8	33,3	25,8	20,5	35,2
geringfügig	28,7	13,5	38,3	12,6	17,4
nicht möglich	3,9	5,6	24,2	48,8	10,8

1 Unterberger-Tretversuch: mit geschlossenen Augen mindestens 30 Schritte auf der Stelle treten; „gestört" bei Abweichung über 45°.
2 Romberg-Versuch: freies Stehen mit geschlossenen Augen, zusammengestellten Füßen und vorgehaltenen Armen für mindestens 30 Sekunden; „gestört" bei starkem Schwanken mit Ausgleichsbewegungen.
3 Anzahl der Schritte für Kreisdrehung auf der Stelle; „zügig": unter elf Schritte, „langsam": mehr als zehn Schritte.
4 Finger-Boden-Abstand in Zentimeter: „vollständig" $=0$ cm, „weitgehend" <16 cm, „geringfügig" >16 cm.

Die Ergebnisse der objektiven Mobilitätstests in Anlehnung an Tinetti (1986) sind in Tabelle 8 zusammengefaßt. In fast allen Tests kommt eine vollständige Behinderung bei Frauen im Vergleich zu gleichaltrigen Männern doppelt so häufig vor, und zwar wiederum in beiden Altersgruppen.

Diese Befunde belegen erneut das lange bekannte Paradoxon in der Geriatrie/Gerontologie, daß nämlich Frauen eine höhere Behinderungs- und Morbiditätsrate aufweisen, Männer jedoch die höhere Mortalitätsrate und damit kürzere Lebenserwartung (Verbrugge, 1988). Möglicherweise spielen für diesen Zusammenhang erhebliche anthropometrische Unterschiede zwischen Männern und Frauen eine Rolle: BASE-Daten zeigen für die muskuläre Alterung eine zwar bei beiden Geschlechtern ausgeprägte Abnahme der Muskelkraft und Muskelmasse mit zunehmendem Alter (Handkraft: Pearson-Korrelationskoeffizient für Männer $r=-0{,}62$; $p<0{,}001$; für Frauen $r=-0{,}51$; $p<0{,}001$; Querschnittsfläche der Rückenmuskulatur aufgrund der quantitativen Computertomographie [qCT]: Männer $r=-0{,}47$; $p<0{,}001$; Frauen $r=-0{,}29$; $p<0{,}001$). Aufgrund der markant unterschiedlichen Ausgangswerte unter 70- bis 84jährigen (Handkraft: Männer 21 ± 6 kg, Frauen 8 ± 5 kg; $F=334{,}1$; $p<0{,}001$; Muskelquerschnitt: Männer 66 ± 10 cm^2, Frauen 49 ± 9 cm^2; $F=138{,}4$; $p<0{,}001$) bedeutet dieses aber überwiegend für die Frauen die Entwicklung einer funktionell bedeutsamen Muskelatrophie mit zunehmendem Alter (Abb. 4).

7. Morbidität, Medikation und Funktionseinbußen als Determinanten der Hilfsbedürftigkeit im hohen Alter

In der Synopsis der einleitend dargestellten Befunde zur körperlichen Morbidität und Medikation im Alter scheint es fast so, als wären alle 70jährigen und Älteren in gewisser Hinsicht morbide, würden deshalb ausnahmslos medikamentös behandelt und hätten

Abbildung 4: Geschlechtsunterschiede in der muskulären Alterung. a) Handkraft nach Geschlecht und Altersgruppe (Mittelwerte und halbe Standardabweichungen). b) Querschnittsfläche der Rückenmuskulatur nach Geschlecht und Altersgruppe (ermittelt aus der quantitativen Computertomographie in Höhe des lumbalen Wirbelkörpers III; Mittelwerte und halbe Standardabweichungen).

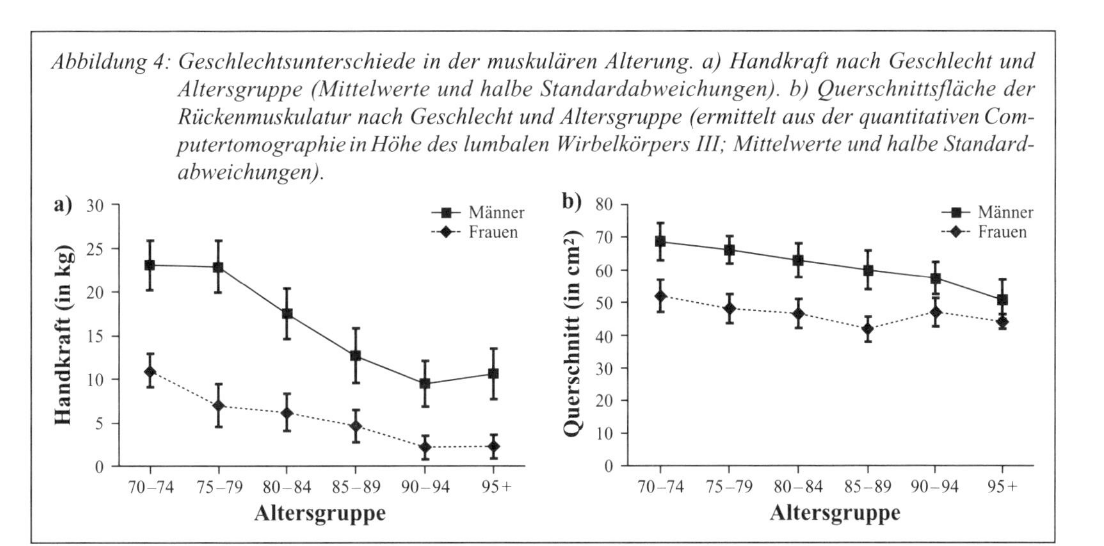

unter Nebenwirkungen möglicherweise zusätzlich zu leiden. Der vorstehende Abschnitt zur funktionellen Gesundheit zeigte jedoch, daß eine weitaus größere Variabilität diese Altersgruppen auszeichnet. Mit ein Grund dafür ist, daß viele der im Alter vorherrschenden körperlichen Krankheiten nicht unmittelbar vital bedrohlich sind (z. B. Arthrosen, Rückenleiden, Venenleiden, Obstipation). Diese Tatsache beinhaltet jedoch, daß viele ältere Menschen dauerhaft mit chronischen körperlichen Krankheiten leben müssen, wobei sich im Verlauf vor allem subjektive Beschwerden und Behinderungen entwickeln.

7.1 Das theoretische Modell des Behinderungsprozesses im Alter

Körperliche Krankheiten wie beispielsweise Arthrosen oder Durchblutungsstörungen werden heute als Risikofaktoren für Funktionseinbußen (z. B. Bewegungseinschränkungen, Seh- oder Hörminderungen) angesehen, die wiederum entscheidend zur Entwicklung von Behinderungen – im Sinne subjektiv erlebter Einschränkungen in den Aktivitäten des täglichen Lebens – und damit zur Hilfsbedürftigkeit beitragen (Nagi, 1976; World Health Organization [WHO], 1980). In der Weiterentwicklung dieses theoretischen Modells durch Verbrugge und Jette (1994) werden vor allem Risiko- und Interventionsfaktoren in den Vordergrund gerückt, die den Behinderungsprozeß beschleunigen oder verlangsamen können (Abb. 5). Die Bedeutung dieser Erweiterung liegt auf der Hand: Wenn Risikofaktoren für die Entwicklung von Hilfsbedürftigkeit im Alter und die Effizienz von Interventionsstrategien bekannt wären, könnten wirksame präventive Maßnahmen identifiziert werden, um einem wachsenden Teil der Bevölkerung Selbständigkeit bis in das hohe Alter zu ermöglichen.

Darüber hinaus ist das Modell von Verbrugge und Jette richtungweisend durch Integration und Weiterentwicklung des theoretisch basierten Nagi-Modells (1976) und der primär taxonomisch orientierten ICIDH-Klassifikation der Schädigungen, Fähigkeitsstörungen und Beeinträchtigungen (International Classification of Impairments, Disabilities and Handicaps, WHO, 1980) sowie auch durch das Bemühen um eine einheitliche Terminologie[5].

Dieses Modell ist geeignet, die dargestellten Aspekte körperlicher Gesundheit im Alter integrativ (systemisch) zu betrachten und die zentrale Frage nach potentiellen Konsequenzen der Morbidität, Medikation und Funktionseinbußen im Alter zu analysieren. Modellorientiert lassen sich die Hypothesen formulieren, daß (a) Hilfsbedürftigkeit vor allem durch Funktionseinbußen entsteht, für die wiederum Morbidität der entscheidende Risikofaktor ist, und daß (b) intraindividuelle psychosoziale und biologische Risikofaktoren sowie extraindividuelle Inter-

5 Die termininologischen Unklarheiten bestehen allerdings nach wie vor und werden durch die deutsche Übersetzung (Weltgesundheitsorganisation, 1995) eher noch verschärft, die in der Neuauflage den Begriff „Behinderung" nur noch implizit als Oberbegriff für alle drei Dimensionen der ICIDH (Schädigungen, Fähigkeitsstörungen und Beeinträchtigungen) verwendet. In Abbildung 5 sind daher die englischen und deutschen Bezeichnungen der Dimensionen angegeben, auf die sich die hier analysierten Konstrukte beziehen.

Abbildung 5: Entwicklung von Behinderung im Alter („disablement process" nach Verbrugge & Jette, 1994).

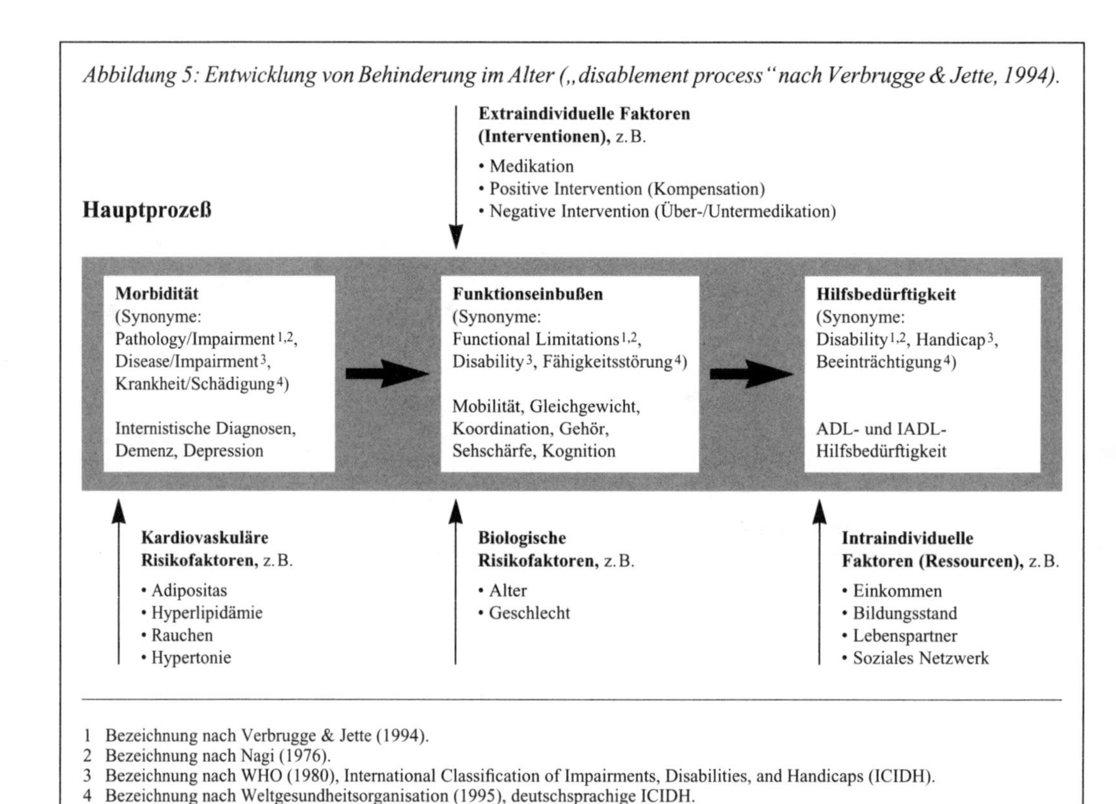

1 Bezeichnung nach Verbrugge & Jette (1994).
2 Bezeichnung nach Nagi (1976).
3 Bezeichnung nach WHO (1980), International Classification of Impairments, Disabilities, and Handicaps (ICIDH).
4 Bezeichnung nach Weltgesundheitsorganisation (1995), deutschsprachige ICIDH.

ventionen diesen Prozeß an unterschiedlichen Punkten beschleunigend oder verlangsamend beeinflussen.

Vor dem theoretischen Hintergrund dieses Modells kann auch der Frage nachgegangen werden, inwiefern qualitative Aspekte der Pharmakotherapie zur Verminderung negativer Auswirkungen von körperlichen Erkrankungen auf die funktionelle Kapazität und/oder die Selbständigkeit im Alter beitragen. Diese Frage ist deshalb von zentraler Bedeutung, weil die medikamentöse Behandlung in der bisherigen Forschung ganz überwiegend aus der Negativperspektive der Übermedikation untersucht wurde, ohne daß immer auch negative funktionelle Konsequenzen nachgewiesen wurden (Grymonpre et al., 1988; Lord, Clark & Webster, 1991; Ray, Griffin, Schaffner, Baugh & Melton, 1987; Studenski et al., 1994).

7.2 Globalindikatoren des Hauptprozesses: Morbidität, Funktionseinbußen und Hilfsbedürftigkeit

Bei der Operationalisierung des Modells durch erhobene Merkmale (Variablen) wird in Anlehnung an Verbrugge und Jette (1994) nicht zwischen Pathologie und organischen Funktionsstörungen unterschieden. Diese beiden Konstrukte des Modells werden unter dem Begriff „Morbidität" zusammengefaßt und durch die internistischen Diagnosen zusammen mit den klinisch-psychiatrischen Diagnosen der Demenz und der Depression abgebildet. Das Konstrukt der Funktionseinbußen wird durch die zentralen Indikatoren des BASE-Assessments für die sensomotorische, sensorische und kognitive Kapazität (Gleichgewicht/Gang, Nahvisus, Sprachgehör und Zahlen-Buchstaben-Test) operationalisiert.

Entgegen der ursprünglichen Modellintention und der Operationalisierung in der ICIDH, die unter „Behinderung" bzw. „Beeinträchtigung" die subjektiv erlebte Einschränkung von Aktivitäten in sehr unterschiedlichen Lebensbereichen verstehen, wird hier

Behinderung durch Hilfsbedürftigkeit ausschließlich in den basalen und instrumentellen Aktivitäten des täglichen Lebens (ADL/IADL) operationalisiert. Die wesentlichen Gründe dafür sind zum einen, daß diese Maße bislang noch am häufigsten verwendet werden und deshalb am besten untersucht sind, zum zweiten, daß sie sowohl klinisch als auch gesundheitsepidemiologisch (zur Einschätzung von Pflegebedürftigkeit) grundlegende Bedeutung haben, und zum dritten, daß ein um zahlreiche soziale Aktivitäten erweitertes Modell aus der komplementären Perspektive der Alltagskompetenz an anderer Stelle diskutiert wird (M. M. Baltes et al., Kapitel 20).

7.3 Modifizierbare Einflußfaktoren

Psychosoziale Ressourcen und Risiken sind wichtige bekannte Faktoren, die die Entwicklung von Hilfsbedürftigkeit im Alter beeinflussen können (Mor et al., 1989; Palmore et al., 1985). Sie werden im folgenden global durch die Anwesenheit eines Lebenspartners, die Anzahl eng verbundener Personen, den Bildungsstand und finanzielle Ressourcen (Einkommen, Vermögen, Grundbesitz) indiziert. Darüber hinaus werden als allgemeine gesundheitliche Risikofaktoren die vorwiegend kardiovaskulär bedeutsamen Merkmale Fettleibigkeit, Rauchen, Störungen des Fettstoffwechsels und Bluthochdruck berücksichtigt (vgl. Abschnitt 4). Um die statistische Analyse nicht durch eine zu große Variablenzahl zu sprengen, wird nur die Anzahl vorliegender Risikofaktoren verwendet, zumal Einzeleffekte bereits aufgezeigt wurden.

Hinsichtlich der medikamentösen Intervention werden als Indikatoren nur das Vorliegen einer Untermedikation und die Anzahl nachgewiesener UAW-analoger Befunde (vgl. Abschnitte 3 und 5) verwendet. Diese Auswahl beruht auf den Ergebnissen einer Modellanalyse, die bestätigte, daß qualitative Medikationsmerkmale wie Fehl- und Übermedikation die Beziehung zwischen Morbidität und funktioneller Kapazität über die Ausprägung von UAW moderieren, während Untermedikation einen unmittelbar negativen Effekt zeigt.

7.4 Prüfung des Modells

Zur statistischen Überprüfung des Modells der Behinderung im Alter als Ergebnis eines durch verschiedene Faktoren beeinflußten Prozesses wurden hierarchische Regressionsanalysen der drei Globalkonstrukte (Haupteffekte) – ADL-Hilfsbedürftigkeit, Funktionseinbußen und körperliche Morbidität – durchgeführt. Die ersten beiden Globalkonstrukte wurden dabei durch den ungewichteten, negativierten Mittelwert ihrer z-transformierten Indikatoren (Barthel- und IADL-Index einerseits, Gleichgewicht/Gang, subjektive Gehstrecke, Nahvisus, Gehör in den Sprachfrequenzen, Zahlen-Buchstaben-Test andererseits) repräsentiert, während körperliche Morbidität durch die Anzahl der mittel- bis schwergradigen körperlichen Erkrankungen indiziert wurde.

In den hierarchischen Analysen wurden zunächst die einzelnen Indikatoren des nach dem theoretischen Modell als proximaler angenommenen Bereichs aufgenommen, gefolgt von denen des distaleren.

Für die Einflußfaktoren wurde keine theoretisch motivierte Hierarchie definiert. Ihre unabhängige Wirksamkeit wurde statt dessen dadurch geprüft, daß sie den Modellen mit bereits enthaltenen Haupteffekten alternativ zuerst und zuletzt hinzugefügt wurden. Signifikanz im Sinne des Modells wurde nur dann angenommen, wenn die Indikatoren in beiden Schritten signifikante Beiträge zur Varianzaufklärung der jeweils abhängigen Variablen beitrugen. Die Ergebnisse sind in Tabelle 9 zusammengestellt.

Für den hypothesierten Hauptprozeß zeigte sich, daß die Indikatoren der Funktionseinbußen zusammen über 70% ($R^2=0{,}706$; $p<0{,}001$) der Variabilität im Bereich der ADL-Hilfsbedürftigkeit erklären, während körperliche Erkrankungen darüber hinaus keinen unabhängigen zusätzlichen Effekt haben (Tabelle 9a) – wobei dieses vor dem Hintergrund zu sehen ist, daß die direkte multiple Korrelation zwischen den internistischen Diagnosen und der ADL-Hilfsbedürftigkeit bei $r=0{,}41$ ($p<0{,}001$) lag. Dieser Morbiditätseffekt auf die Entwicklung von Hilfsbedürftigkeit kann offensichtlich vollständig durch Funktionseinbußen im sensomotorischen, sensorischen und kognitiven Bereich erklärt werden. In der Regressionsanalyse der Funktionseinbußen zeigt sich dazu konsistent ein hochsignifikanter Effekt körperlicher Erkrankungen ($R^2=0{,}187$; $p<0{,}001$), der vor allem auf KHK, Herzinsuffizienz, Arthrosen und Rückenleiden zurückzuführen war. Diese Ergebnisse bestätigen das in Abbildung 5 wiedergegebene Modell des Hauptprozesses.

Eine Betrachtung der standardisierten Regressionskoeffizienten der einzelnen Indikatoren (Tabelle 9b) zeigt allerdings, daß dieses Modell nicht für alle Erkrankungen gleichermaßen Gültigkeit besitzt. Für die Demenz ($\beta=0{,}13$; $p<0{,}001$), Depression ($\beta=0{,}08$; $p<0{,}001$) und koronare Herzkrankheit ($\beta=0{,}06$;

Tabelle 9: Hierarchische Regressionsanalysen von Hilfsbedürftigkeit, Funktionseinbußen und Morbidität auf andere, modifizierende Faktoren des Behinderungsprozesses im hohen Alter.

a) Änderungen in den Bestimmtheitsmaßen (R^2).

	Hilfsbedürftigkeit		Funktionseinbußen		Morbidität	
	maximal[1]	minimal[1]	maximal	minimal	maximal	minimal
Haupteffekte						
Funktionseinbußen	0,706***					
Morbidität	0,009		0,187***			
Einflußgrößen						
Intervention	0,002	0,000	0,026***	0,007**	0,264***	0,167***
Anzahl der Risikofaktoren	0,003*	0,001	0,037***	0,000	0,044***	0,051***
Psychiatrische Morbidität	0,017***	0,017***	0,150***	0,035***	0,037***	0,010*
Psychosoziale Faktoren	0,003	0,004	0,107***	0,023***	0,033**	0,011^{+}
Biologische Faktoren	0,006**	0,006**	0,392***	0,208***	0,067***	0,020***
R	0,862		0,805		0,590	
R^2	0,744		0,648		0,349	
Adj. R^2	0,729		0,633		0,334	
df	23;488		22;493		11;504	
F	52,409***		41,393***		24,522***	

Signifikanzniveau: $^{+}$ p<0,10; * p<0,05; ** p<0,01; *** p<0,001.
1 Die moderierenden Faktoren (Einflußgrößen) wurden jeweils alternativ einmal zuerst und einmal zuletzt dem Modell hinzugefügt, um den maximalen und minimalen (spezifischen) Varianzanteil abschätzen zu können; die Haupteffekte wurden strikt hierarchisch in die Analyse aufgenommen.

p<0,05) lassen sich unmittelbare, nicht von den betrachteten Funktionsindikatoren moderierte Effekte auf die Hilfsbedürftigkeit nachweisen. Aus einer Detailanalyse zur koronaren Herzerkrankung (KHK) ergab sich, daß die Korrelation zu ADL/IADL auf spezifische Items (Treppensteigen, Spazierengehen, Einkaufen und Transport) zurückgeht. Dieser Effekt ist zwar durchaus plausibel, da die genannten Aktivitäten ein hohes Risiko beinhalten, bei KHK-Patienten einen akuten Herzanfall (Angina pectoris) auszulösen, und darum von diesen oft gemieden werden, aber insgesamt kann die geringe Effektstärke eine prinzipielle Modifikation des Modells nicht ausreichend rechtfertigen. Für die robusteren und vergleichsweise deutlich stärkeren, direkten Effekte der psychiatrischen Morbidität auf die Hilfsbedürftigkeit mußte jedoch das Modell dahingehend modifiziert werden, daß diese als zu den Einflußfaktoren und nicht zum Hauptprozeß gehörig anzusehen sind. Dieses modifizierte Modell ist zusammen mit den jeweiligen Effektstärken (angegeben als Varianzanteile) in Abbildung 6 wiedergegeben.

Für die meisten der modifizierbaren Einflußfaktoren zeigten sich signifikante Effekte vor allem auf die Ausprägung von Funktionseinbußen, so für die Medikation (vor allem UAW-analoge Befunde), für die psychiatrische Morbidität (Demenz und Depression) und die psychosozialen Faktoren (finanzielle Ressourcen und Bildung). Zusammen erklären diese Faktoren zusätzlich zum Haupteffekt der körperlichen Morbidität über 25% der Variabilität in den Funktionseinbußen, wenn berücksichtigt wird, daß Alter und Geschlecht ebenfalls mindestens 20% der Variabilität erklären und alle Indikatoren gemeinsam maximal etwa 65%.

Für die nicht-modifizierbaren, biologischen Faktoren lassen sich signifikante Beziehungen zu allen Determinanten des Hauptprozesses (körperliche Morbidität, Funktionseinbußen, Hilfsbedürftigkeit) nachweisen. Dabei ist allerdings der direkte, von allen anderen Faktoren unabhängige Effekt auf die Entwicklung von Hilfsbedürftigkeit eher vernachlässigbar. Trotz der ausgeprägten Rohkorrelation zwischen Alter und ADL-Status (r=-0,60; p<0,001) ist Alter an sich also kein wesentlicher Risikofaktor für Hilfsbedürftigkeit. Auch die Geschlechtsunterschiede im ADL-Status zuungunsten der Frauen (Rohkorrelation zwischen ADL-Status und weiblichem

Tabelle 9: Fortsetzung

b) Standardisierte Regressionskoeffizienten (β).

	Hilfsbedürftigkeit	Funktionseinbußen	Morbidität
Funktionseinbußen			
Gleichgewicht/Gang	0,34***		
Gehstrecke	0,31***		
Sehschärfe	0,09**		
Gehör	0,01		
Kognitive Leistungsfähigkeit	0,07*		
Morbidität			
Diabetes	0,02	0,07*	
Schilddrüse	0,01	-0,01	
KHK	0,06*	0,06*	
AVK	0,00	0,02	
ZVK	-0,02	0,03	
Herzinsuffizienz	0,00	0,06*	
Osteoarthrose	0,01	0,10***	
Osteoporose	0,01	-0,01	
Dorsopathie	-0,03	0,07*	
Chronisch obstruktive Lungenerkrankung	-0,01	0,05+	
Sonstige	0,02	0,04	
Intervention			
Untermedikation	0,00	0,02	0,29***
UAW-analoge Befunde	0,02	0,09**	0,33***
Risikofaktoren			
Anzahl	-0,04	0,01	0,24***
Psychiatrische Morbidität			
Demenz	0,13***	0,19***	0,03
Depression	0,08***	0,09**	0,10**
Psychosoziale Faktoren			
Finanzielle Ressourcen	-0,04	-0,06*	0,07+
Bildung	-0,02	-0,13***	-0,05
Partnerschaft	-0,05+	-0,05	0,01
Eng verbundene Personen	0,02	0,00	-0,05
Biologische Faktoren			
Alter	0,11**	0,55***	0,17***
Geschlecht	0,05	0,04	0,02

Signifikanzniveau: + p<0,10; * p<0,05; ** p<0,01; *** p<0,001.

Geschlecht: r=0,17; p<0,001) können durch andere Faktoren erklärt werden.

7.5 Zusammenfassung

Zusammenfassend sind drei Ergebnisse hervorzuheben. Erstens, es besteht ein signifikanter Zusammenhang zwischen der Medikationsqualität und der Ausprägung von Funktionseinbußen im Alter. Zweitens, psychische Krankheit ist unabhängig von anderen Faktoren mit körperlicher Morbidität, mit Funktionseinbußen und mit Hilfsbedürftigkeit assoziiert. Drittens, biologische Faktoren (Alter, Geschlecht) wirken sich im Prozeß der Behinderung vor allem bei der Entwicklung von Funktionseinbußen aus.

Hinsichtlich der Medikationsqualität (Untermedikation und unerwünschte Arzneimittelwirkungen) als

Risikofaktor für Funktionseinbußen erscheint der Effekt mit 0,7% bis 2,4% Varianzanteil auf den ersten Blick zunächst als gering. Es ist jedoch zu berücksichtigen, daß Morbidität und Medikation deutlich interkorreliert sind (r=0,32), so daß die hierarchische Analyse eine sehr konservative Schätzung des Medikationseffektes darstellt. Es ist auch die umgekehrte theoretische Position vertretbar, nämlich daß Auswirkungen körperlicher Morbidität nur in Abhängigkeit von der Qualität medikamentöser Intervention zum Tragen kommen. Wenn nun aufgrund dieser Überlegungen der Medikationseffekt zuerst geschätzt wird, dann ergibt sich ein Varianzanteil an Funktionseinbußen von 10% für die Medikation und von 11% für die körperliche Morbidität. Für den Prozeß der Behinderung im Alter könnte also Medikationsqualität von durchaus ebenso großer Bedeutung sein wie körperliche Morbidität.

Hinsichtlich der Bedeutung psychischer Krankheit für den Behinderungsprozeß im Alter ist hervorzuheben, daß die Demenz auch unabhängig von globalen kognitiven Funktionseinbußen – die durch den Zahlen-Buchstaben-Test erfaßt wurden – zur Hilfsbedürftigkeit im ADL-Bereich beiträgt, was durch die Beeinträchtigung von alltagspraktischen Fähigkeiten bei Demenz erklärt werden könnte (zur Differenzierung physiologischer und pathologischer kognitiver Veränderungen im Alter siehe Reischies & Lindenberger, Kapitel 13).

Der Zusammenhang zwischen Depression und Hilfsbedürftigkeit ist aufgrund des verminderten Aktivitätsniveaus bei Depression (z. B. infolge Interesselosigkeit, Motivationsverlust, Antriebsarmut) durchaus konsistent im Sinne des Modells, könnte aber in kausal umgekehrter Richtung auch durch eine depressive Reaktion auf Hilfsbedürftigkeit erklärt werden. (Wells et al., 1989; Borchelt et al., Kapitel 17).

Die biologischen Faktoren Alter und Geschlecht wirken sich im Prozeß der Behinderung vor allem bei der Entwicklung von Funktionseinbußen aus. Ein größerer Teil der extrem starken Alterskorrelation der Funktionseinbußen (r=0,71; p<0,001) kann zwar ebenfalls auf andere Faktoren zurückgeführt werden, das Alter aber bleibt in dem vorgestellten Modell mit mindestens 21% Varianzanteil an den Funktionseinbußen der am stärksten wirksame Einzelfaktor.

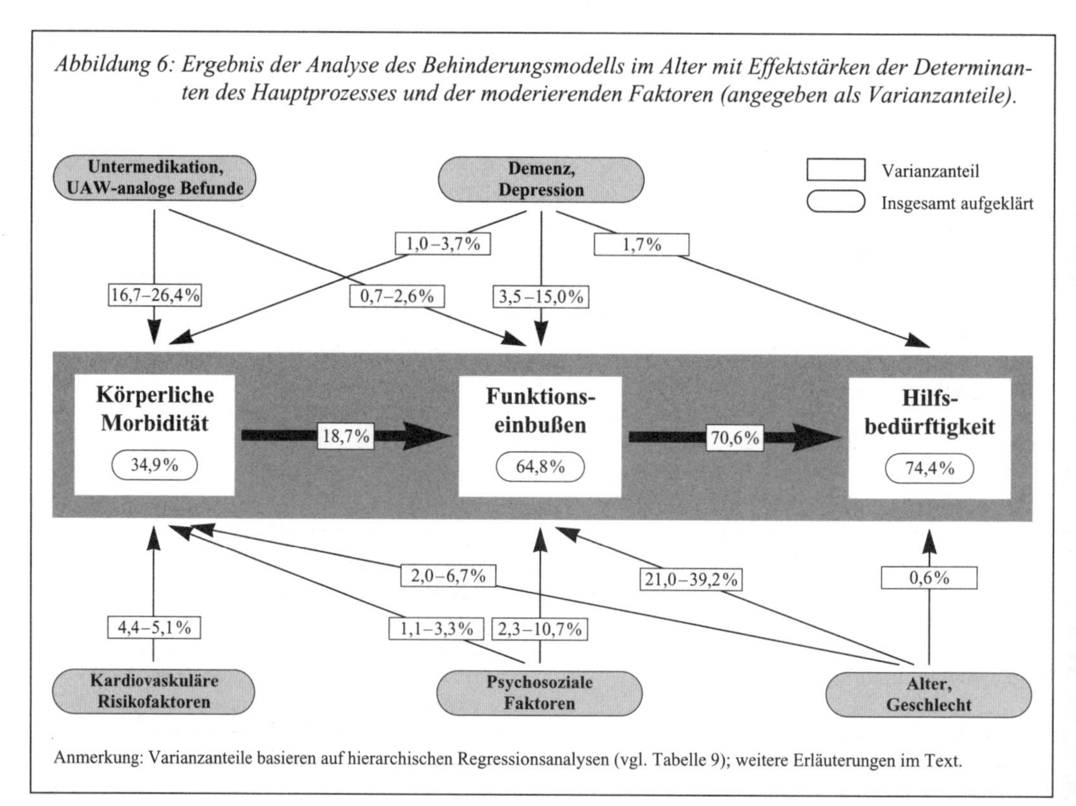

Abbildung 6: Ergebnis der Analyse des Behinderungsmodells im Alter mit Effektstärken der Determinanten des Hauptprozesses und der moderierenden Faktoren (angegeben als Varianzanteile).

Anmerkung: Varianzanteile basieren auf hierarchischen Regressionsanalysen (vgl. Tabelle 9); weitere Erläuterungen im Text.

8. Zusammenfassende Diskussion

Vor dem Hintergrund der theoretischen Orientierungen der Berliner Altersstudie können die zentralen Ergebnisse der FE Geriatrie dahingehend interpretiert werden, daß sich *differentielle Aspekte* des Alterns sowohl in den unterschiedlichen Alterskorrelationen der betrachteten Gesundheitsbereiche (Morbidität, Medikation, Funktionalität) als auch in deren unterschiedlichen Korrelationen zu intraindividuellen Charakteristiken (Risikofaktoren, Ressourcen) und extraindividuellen Interventionen (Medikation) zeigen. Der Gesundheitszustand „im Alter" scheint zwar oberflächlich durch Multimorbidität, Multimedikation und multiple Funktionseinbußen charakterisiert werden zu können, zeichnet sich tatsächlich aber durch eine große Variabilität aus, die nachweislich auf eine Vielzahl sehr unterschiedlicher, vielfach altersunabhängiger Faktoren zurückgeführt werden kann. Dieser Komplexität kann nur eine theoretische Position gerecht werden, die Gesundheit im Alter als ein *systemisches Phänomen* auffaßt. Dabei eröffnet aus medizinischer Sicht gerade der Nachweis von Beteiligungen modifizierbarer Risikofaktoren an der Entwicklung von Krankheit, Funktionseinbußen und Hilfsbedürftigkeit – die damit keine bloß graduellen Abstufungen von involutiven Alterungsvorgängen darstellen, sondern sich durchaus *qualitativ diskontinuierlich* zu diesen verhalten – wesentliche Perspektiven der Primär- und Sekundärprävention für das hohe und sehr hohe Alter. Dieses Potential deutet im übertragenen Sinne eine *Kapazitätsreserve* körperlicher Gesundheit an, die nicht nur von intra-, sondern gerade auch von extraindividuellen Faktoren abhängt.

8.1 Körperliche Morbidität und die Bedeutung kardiovaskulärer Risikofaktoren im hohen Alter

Hinsichtlich körperlicher Morbidität und Multimorbidität ist festzuhalten, daß (a) die Ausprägung mit der Perspektive variiert (objektiv, subjektiv oder interventionell), (b) körperliche Morbidität auch nach dem 70. Lebensjahr noch alterskorreliert zunimmt – d. h., als Gruppe sind die sehr Alten nicht gesünder als die Alten – und (c) modifizierbare Risikofaktoren an der Ausprägung von Krankheit im Alter beteiligt sind.

Es konnte für das hohe und sehr hohe Alter gezeigt werden, daß (a) kardiovaskuläre Erkrankungen nach wie vor mit den „klassischen" Risikofaktoren koinzidieren, (b) kardiovaskuläre Erkrankungen nach wie vor mit einer Übersterblichkeit einhergehen und (c) kardiovaskulär gesunde 70- bis 84jährige noch ein insgesamt höheres Erkrankungsrisiko tragen als entsprechend gesunde 85jährige und Ältere. Damit ist die Gültigkeit des betrachteten Risikofaktorenmodells für das höhere Alter zwar nicht bewiesen, aber die hochsignifikanten Befunde lassen zu, die Gegenhypothese zu verwerfen. Dieses hat natürlich große Bedeutung für die Diagnostik und Therapie, insbesondere die der Fettstoffwechselstörungen im Alter. Die aufgezeigten Zusammenhänge, die auch in Einklang mit einigen anderen Untersuchungen und Einschätzungen stehen (Benfante & Reed, 1990; Kafonek & Kwiterovich, 1990; Luepker, 1990; Scandinavian-Simvastatin-Survival-Studiengruppe, 1994), sind unseres Erachtens Grund genug, einem noch nicht arteriosklerotisch erkrankten älteren Menschen mit Fettstoffwechselstörung eine nötigenfalls medikamentöse, lipidsenkende Therapie nicht vorzuenthalten. Im Falle einer bereits vorliegenden klinischen Manifestation der Arteriosklerose müssen selbstverständlich weitere Aspekte in die Therapieentscheidung (Lebensqualität, Lebenserwartung, Medikationsrisiko) individuell mit einbezogen werden.

Insgesamt lassen diese Befunde erkennen, daß einerseits perspektivisch ein gewisses Potential besteht, durch Intervention und Prävention für einen größeren Teil der alternden Bevölkerung körperliche Gesundheit bis weit in das höhere Alter zu erhalten (Fries, 1990), daß aber andererseits der Ist-Zustand in den untersuchten Kohorten noch eher durch Krankheit, Behinderung und Behandlungsbedarf charakterisiert ist (McKinlay et al., 1989).

8.2 Medikationsqualität im Alter: Von Multi- zu Über-, Unter- und Fehlmedikation

Der Begriff der Multimedikation – obwohl noch etwas wertfreier als der der Polypharmazie oder Polypragmasie – hat in der geriatrischen Literatur eine deutlich negative Konnotation. Die Befunde der Berliner Altersstudie belegen die Notwendigkeit, diesen Begriff durch konkrete Benennungen von Qualitätsaspekten einer geriatrisch orientierten Pharmakotherapie zu ersetzen. Hinter einer Multimedikation kann sich durchaus eine Über- oder Fehlmedikation verbergen, jedoch ebensogut eine Untermedikation oder auch eine tatsächlich optimale Therapie zur Vermeidung negativer funktioneller Konsequenzen von körperlicher (Multi-)Morbidität.

Auch wenn es keine andere Studie mit einer vergleichbaren Breite an detaillierten, explizit definierten und standardisierten Indikatoren zur Medikationsqualität und objektiven Morbidität gibt, können doch einzelne Aspekte in den Kontext unabhängiger Information gestellt werden. Hinsichtlich der Medikationsprävalenz in bezug auf ärztliche Verordnungen zeigen die Daten eine so weitreichende Konsistenz, daß sich mit Hilfe der Dosierungsangaben in BASE die von der GKV für 1992 veröffentlichten Verbrauchszahlen rekonstruieren lassen (Klauber & Selke, 1993). Bezüglich der qualitativen Merkmale fanden wir für Fehlmedikationen unter nicht-institutionalisierten Personen eine Prävalenz von 17% verglichen mit 14% in der amerikanischen Studie von Stuck und anderen (1994). Die Prävalenz UAW-analoger Befunde ist bereits diskutiert worden und erscheint aufgrund von theoretischen Überlegungen als durchaus plausibel. Hier gibt es tatsächlich keine methodisch vergleichbare repräsentative Studie. Angesichts der beträchtlichen Koinzidenz von spezifischen Medikationen und UAW-analogen Befunden in dieser Stichprobe besteht hier großer Forschungsbedarf, zumal ein Großteil aller Verordnungen auf die Gruppe der älteren Patienten entfällt, die gleichzeitig systematisch von klinischen Arzneimittelprüfungen ausgeschlossen werden. Insofern könnte auch der hier gewählte methodische Ansatz, der je Medikament ausschließlich von bereits bekannten UAW ausgeht, sogar als zu konservativ diskutiert werden.

8.3 Funktionelle Kapazität und die Entwicklung von Behinderung und Hilfsbedürftigkeit im Alter

Die BASE-Ergebnisse zeigen, daß die funktionelle Gesundheit der entscheidende „Baustein" für eine integrative Perspektive von körperlicher Gesundheit im Alter ist. Hilfsbedürftigkeit in basalen Aktivitäten der Selbstpflege und instrumentellen Aktivitäten des täglichen Lebens zur Selbstversorgung sind unmittelbar abhängig von sensorischen (Sehen, Hören), sensomotorischen (Gleichgewicht, Koordination) und kognitiven (Intelligenz) Körperfunktionen und von Krankheit nur insofern, als daß Funktionen dieser Art beeinträchtigt werden. Körperliche Krankheit im Alter ist also ein Risikofaktor für Funktionseinbußen, aber kein hinreichender kausaler Faktor für die Entwicklung von Hilfsbedürftigkeit. Dieses scheint sich allerdings für psychische Krankheit anders darzustellen.

Von großer Bedeutung ist in diesem Zusammenhang, daß die Qualität der aufgrund organischer Störungen initiierten und auf die Behandlung derselben ausgerichteten Pharmakotherapie Einfluß auf die funktionelle Gesundheit hat. Es ist anzunehmen, daß die Analyse dieses Aspekts im Querschnittsdesign insgesamt eher zu einer Unter- als Überschätzung des Effekts führt. Eine sichere Unterscheidung von Befunden in primär krankheitsbedingte und primär medikationsbedingte kann es in diesem Design nicht geben, und Fehlattributionen finden in beide Richtungen statt. Die hierarchische Betrachtung der beiden Effekte muß deshalb immer den arbiträr nachgeordneten Aspekt unterschätzen.

Zwei weitere Ergebnisse zur funktionellen Kapazität im Alter sind hervorzuheben, nämlich die Entwicklung von Funktionseinbußen in Abhängigkeit vom Alter und der Geschlechtsunterschied in der muskulären Involution. Der starke unabhängige Alterseffekt auf die funktionelle Kapazität legt nahe, daß die krankheitsunabhängige Entwicklung von „Gebrechlichkeit" („frailty") im letzten Lebensabschnitt doch eine wesentliche Rolle spielt (Bortz, 1990; Mor et al., 1989). Es ist nicht anzunehmen, daß sich zusätzliche Faktoren identifizieren ließen, die diesen Zusammenhang noch weitergehend erklären könnten. Das Alter selbst ist damit ein wesentlicher Risikofaktor für die Entwicklung von Funktionseinbußen.

Die Ergebnisse bezüglich der beträchtlichen Geschlechtsunterschiede in der muskulären Alterung sind demgegenüber im Kontext des integrativen Modells der Behinderung im Alter anders zu interpretieren. Für keinen der Haupteffekte ist ein Geschlechtsunterschied nachweisbar, wenn andere Einflüsse (psychische Gesundheit, Medikation, psychosoziale Faktoren) kontrolliert werden. Obwohl diesbezüglich noch Detailanalysen erfolgen müssen, deckt sich dieser Befund insgesamt mit der an anderer Stelle ausführlich diskutierten geringen Geschlechterdifferenz im höchsten Alter (vgl. M. M. Baltes et al., Kapitel 22).

Literaturverzeichnis

Abernethy, D. R. & Azarnoff, D. L. (1990). Pharmacokinetic investigations in elderly patients. *Clinical Pharmacokinetics, 19,* 89–93.

Applegate, W. B., Blass, J. P. & Williams, T. F. (1990). Instruments for the functional assessment of older patients. *New England Journal of Medicine, 322,* 1207–1214.

Barrett-Connor, E., Suarez, L., Khaw, K. T., Criqui, M. H. & Wingard, D. L. (1984). Ischemic heart disease risk factors after age 50. *Journal of Chronic Disease, 37,* 903–908.

Beers, M. H. & Ouslander, J. G. (1989). Risk factors in geriatric drug prescribing. *Drugs, 37,* 105–112.

Beers, M. H., Ouslander, J. G., Rollingher, I., Reuben, D. B., Brooks, J. & Beck, J. C. (1991). Explicit criteria for determining inappropriate medication use in nursing home residents. *Archives of Internal Medicine, 151,* 1825–1832.

Benfante, R. & Reed, D. (1990). Is elevated serum cholesterol level a risk factor for coronary heart disease in the elderly? *Journal of the American Medical Association, 263,* 393–396.

Besdine, R. W. (1993). Stroke prevention in the elderly. *Connecticut Medicine, 57,* 287–292.

Borchelt, M. & Horgas, A. L. (1994). Screening an elderly population for verifiable adverse drug reactions: Methodological approach and initial data of the Berlin Aging Study (BASE). *Annals of the New York Academy of Sciences, 717,* 270–281.

Borchelt, M. & Steinhagen-Thiessen, E. (1992). Physical performance and sensory functions as determinants of independence in activities of daily living in the old and the very old. *Annals of the New York Academy of Sciences, 673,* 350–361.

Borchelt, M. & Steinhagen-Thiessen, E. (1995). Medikamentöse Therapie. In I. Füsgen (Hrsg.), *Der ältere Patient: Problemorientierte Diagnostik und Therapie* (S. 538–572). München: Urban & Schwarzenberg.

Bortz, W. M. (1990). The trajectory of dying: Functional status in the last year of life. *Journal of the American Geriatrics Society, 38,* 146–150.

Branch, L. G., Katz, S., Kniepmann, K. & Papsidero, J. A. (1984). A prospective study of functional status among community elders. *American Journal of Public Health, 74,* 266–268.

Bron, A. J. (1992). The ageing eye. In J. G. Evans & T. F. Williams (Hrsg.), *Oxford textbook of geriatric medicine* (S. 557–574). Oxford: Oxford University Press.

Bühler, F. R., Vesanen, K., Watters, J. T. & Bolli, P. (1988). Impact of smoking and heart attack, strokes, blood pressure control, drug dose and quality of life aspects in the International Prospective Primary Prevention Study in Hypertension. *American Heart Journal, 115,* 282–287.

Campion, E. W., Avorn, J., Reder, V. A. & Olins, N. J. (1987). Overmedication of low-weight elderly. *Archives of Internal Medicine, 147,* 945–947.

Castelli, W. P. (1988). Cholesterol and lipids in the risk of coronary heart artery disease: The Framingham Heart Study. *Canadian Journal of Cardiology, 4,* 5A–10A.

Castleden, C. M. & Pickles, H. (1988). Suspected adverse drug reactions in elderly patients reported to the Committee on Safety of Medications. *British Journal of Clinical Pharmacology, 26,* 347–353.

Chrischilles, E. A., Foley, D. J., Wallace, R. B., Lemke, J. H., Semla, T. P., Hanlon, J. T., Glynn, R. J., Ostfeld, A. M. & Guralnik, J. M. (1992). Use of medications by persons 65 and over: Data from the Established Populations for Epidemiologic Studies of the Elderly. *Journal of Gerontology: Medical Sciences, 47,* M137–M144.

Coper, H. & Schulze, G. (1992). Arzneimittelwirkungen im Alter: Bedingungen – Besonderheiten – Folgerungen. In P. B. Baltes & J. Mittelstraß (Hrsg.), *Zukunft des Alterns und gesellschaftliche Entwicklung* (S. 204–230). Berlin: de Gruyter.

Cornoni-Huntley, J., Brock, D. B., Ostfeld, A. M., Taylor, J. O. & Wallace, R. B. (1986). *Established Populations for Epidemiologic Studies of the Elderly (EPESE): Resource data book* (NIH Publication Nr. 86-2443). Rockville, MD: U.S. Department of Health and Human Services.

Dahlöf, B., Lindholm, L. H., Hansson, L., Schersten, B., Ekbon, T. & Wester, P. O. (1990). Morbidity and mortality in the Swedish Trial in Old Patients with Hypertension (STOP-Hypertension). *The Lancet, 338,* 1281–1285.

European Atherosclerosis Society Group (1988). The recognition and management of hyperlipidemia in adults: A policy statement of the European Atherosclerosis Society. *European Heart Journal, 9,* 571–600.

Feinstein, A. R., Josephy, B. R. & Wells, C. K. (1986). Scientific and clinical problems in indexes of functional disability. *Annals of Internal Medicine, 105,* 413–420.

Franke, H. (1973). Das Wesen der Polypathie bei Hundertjährigen. In R. Schubert & A. Störmer (Hrsg.), *Schwerpunkte der Geriatrie* (Bd. 2, S. 39–45). München: Werk-Verlag Dr. E. Banaschewski.

Fries, J. F. (1990). Medical perspectives upon successful aging. In P. B. Baltes & M. M. Baltes (Hrsg.), *Successful aging: Perspectives from the behavioral sciences* (S. 35–49). Cambridge: Cambridge University Press.

Furmaga, E. M., Murphy, C. M. & Carter, B. L. (1993). Isolated hypertension in older patients. *Clinical Pharmacy, 12,* 347–358.

Gerok, W. & Brandtstädter, J. (1992). Normales, krankhaftes und optimales Altern: Variations- und Modifikationsspielräume. In P. B. Baltes & J. Mittelstraß (Hrsg.), *Zukunft des Alterns und gesellschaftliche Entwicklung* (S. 356–385). Berlin: de Gruyter.

Gilchrist, W. J., Lee, Y. C., Tam, H. C., MacDonald, J. B. & Williams, B. O. (1987). Prospective study of drug reporting by general practitioners for an elderly population referred to a geriatric service. *British Medical Journal, 294,* 289–290.

Greenblatt, D. J., Sellers, E. M. & Shader, R. I. (1982). Drug disposition in old age. *New England Journal of Medicine, 306,* 1081–1088.

Grymonpre, R. E., Mitenko, P. A., Sitar, D. S., Aoki, F. Y. & Montgomery, P. R. (1988). Drug-associated hospital admissions in older medical patients. *Journal of the American Geriatrics Society, 36,* 1092–1098.

Gsell, O. (1973). Multimorbidität als Grundprinzip der klinischen Gerontologie und deren praktische Folgen. In R. Schubert & A. Störmer (Hrsg.), *Schwerpunkte der Geriatrie* (Bd. 2, S. 10–12). München: Werk-Verlag Dr. E. Banaschewski.

Guralnik, J., Branch, L. G., Cummings, S. R. & Curb, J. D. (1989). Physical performance measures in aging research. *Journal of Gerontology: Medical Sciences, 44,* M141–M146.

Harris, B. A., Jette, A. M., Campion, E. W. & Cleary, P. D. (1986). Validity of self-report measures of functional disability. *Topics in Geriatric Rehabilitation, 1,* 31–41.

Hazzard, W. R. (1987). Aging, lipoprotein metabolism and atherosclerosis: A clinical conundrum. In S. R. Bates & E. C. Gangloff (Hrsg.), *Atherogenesis and aging* (S. 75–103). New York: Springer.

Heikkinen, E. et al. (1984). *Functional capacity of men born in 1906–10, 1926–30, and 1946–50: A basic report* (Arbeitsbericht). Jyväskylä, Finland: University of Jyväskylä.

Hutchinson, T. A., Flegel, K. M., Hopingkong, H., Bloom, W. S., Kramer, M. S. & Trummer, E. G. (1983). Reasons for disagreement in the standardized assessment of suspected adverse drug reactions. *Clinical Pharmacology and Therapeutics, 34,* 421–426.

Hutchinson, T. A., Flegel, K. M., Kramer, M. S., Leduc, D. G. & Hopingkong, M. S. (1986). Frequency, severity and risk factors for adverse reactions in adult outpatients: A prospective study. *Journal of Chronic Disease, 39,* 533–542.

ICD-9 (1988). *Internationale Klassifikation der Krankheiten (ICD): 9. Revision*. Köln: Kohlhammer.

Imms, F. J. & Edholm, O. G. (1981). Studies of gait and mobility in the elderly. *Age and Ageing, 10,* 147–156.

Jette, A. M., Branch, L. G. & Berlin, J. (1990). Musculoskeletal impairments and physical disablement among the aged. *Journal of Gerontology: Medical Sciences, 45,* M203–M208.

Kafonek, S. D. & Kwiterovich, P. O. (1990). Treatment of hypercholesterolemia in the elderly. *Annals of Internal Medicine, 112,* 723–725.

Kannel, W. B., D'Agostino, R. B., Wilson, P. W. F., Belanger, A. J. & Gagnon, D. R. (1990). Diabetes, fibrinogen, and risk of cadiovascular disease: The Framingham Study. *American Heart Journal, 120,* 672–676.

Kannel, W. B. & Higgins, M. (1990). Smoking and hypertension as predictors of cardiovascular risk in population studies. *Journal of Hypertension, 8* (Suppl. 5), S3–S8.

Kannel, W. B., McGee, D. & Gordon, T. (1976). A general cardiovascular risk profile: The Framingham Study. *American Journal of Cardiology, 38,* 46–51.

Katz, S., Downs, T. D., Cash, H. R. & Grotz, R. C. (1970). Progress in development of the index of ADL. *The Gerontologist, 1,* 20–30.

Katz, S., Ford, A. B., Moskowitz, R. W., Jackson, B. A. & Jaffe, M. W. (1963). Studies of illness in the aged. The index of ADL: A standardized measure of biological and psychosocial function. *Journal of the American Medical Association, 185,* 914–919.

Kewitz, H. (1978). Unerwünschte Wirkungen von Arzneimitteln: Mechanismen, Erfassung, Bedeutung. *Der Internist, 19,* 357–365.

Klauber, J. & Selke, G. W. (1993). Arzneimittelverordnungen nach Altersgruppen. In U. Schwabe & D. Paffrath (Hrsg.), *Arzneiverordnungs-Report '93* (S. 498–507). Stuttgart: Gustav Fischer.

Klein, U., Klein, M., Sturm, H., Rothenbühler, M., Huber, R., Stucki, P., Gikalov, I., Keller, M. & Hoigné, R. (1976). The frequency of adverse drug reactions is dependent upon age, sex, and duration of hospitalization. *International Journal of Clinical Pharmacology, 13,* 187–195.

Kramer, M. S., Leventhal, J. M., Hutchinson, T. A. & Feinstein, A. R. (1979). An algorithm for the operational assessment of adverse drug reactions: I. Background, description, and instructions for use. *Journal of the American Medical Association, 242,* 623–632.

Kruse, W., Rampmaier, J., Frauenrath-Volkers, C., Volkert, D., Wankmüller, I., Oster, P. & Schlierf, G. (1991). Drug-prescribing patterns in old age. *European Journal of Clinical Pharmacology, 41,* 441–448.

Lachs, M. S., Feinstein, A. R., Cooney, L. M., Drickamer, M. A., Marottoli, R. A., Pannill, F. C. & Tinetti, M. E. (1990). A simple procedure for general screening for functional disability in elderly patients. *Annals of Internal Medicine, 112,* 699–706.

Lawton, M. P. & Brody, E. M. (1969). Assessment of older people: Self-maintaining and instrumental activities of daily living. *The Gerontologist, 9,* 179–186.

Lipton, H. L., Bero, L. A., Bird, J. A. & McPhee, S. J. (1992). Undermedication among geriatric outpatients: Results of a randomized controlled trial. *Annual Review of Gerontology and Geriatrics, 12,* 95–108.

Lisi, D. M. (1991). Reducing polypharmacy. *Journal of the American Geriatrics Society, 39,* 103–105.

Lord, S. R., Clark, R. D. & Webster, L. W. (1991). Physiological factors associated with falls in an elderly population. *Journal of the American Geriatrics Society, 39,* 1194–1200.

Luepker, R. V. (1990). Dyslipoproteinemia in the elderly: Special considerations. *Endocrinology and Metabolism Clinics of North America, 19,* 451–462.

Mahoney, F. I. & Barthel, D. W. (1965). Functional evaluation: The Barthel Index. *Maryland Medical Journal, 14,* 61–65.

Manton, K. G. & Soldo, B. J. (1985). Dynamics of health changes in the oldest old: New perspectives and evidence. *Milbank Quarterly: Health and Society, 63,* 206–285.

McKinlay, J. B., McKinlay, S. M. & Beaglehole, R. (1989). A review of the evidence concerning the impact of medical measures on recent mortality in the United States. *International Journal of Health Services, 19,* 181–208.

Melchert, H.-U. (1991). Der tatsächliche Medikamentenkonsum alter Menschen. *Geriatrie Praxis, 3,* 28–36.

Meyer, B. R. & Reidenberg, M. M. (1992). Clinical pharmacology and ageing. In J. G. Evans & T. F. Williams (Hrsg.), *Oxford textbook of geriatric medicine* (S. 107–116). Oxford: Oxford University Press.

Mor, V., Murphy, J., Masterson-Allen, S., Willey, C., Razmpour, A., Jackson, M. E., Greer, D. & Katz, S. (1989). Risk of functional decline among well elders. *Journal of Clinical Epidemiology, 42,* 895–904.

Müller-Oerlinghausen, B. (1987). Methodische Zugänge bei der Erfassung unerwünschter Arzneimittelnebenwirkungen. In O. K. Burger, P. Grosdanoff, D. Henschler, O. Kraupp & B. Schnieders (Hrsg.), *Aktuelle Probleme der Biomedizin* (S. 425–434). Berlin: de Gruyter.

Myers, A. M. & Huddy, L. (1986). Evaluating physical capabilities in the elderly: The relationship between ADL self-assessments and basic abilities. *Canadian Journal on Aging, 4,* 189–200.

Nagi, S. Z. (1976). An epidemiology of disability among adults in the United States. *Milbank Quarterly, 54,* 439–467.

Nikolaus, T., Kruse, W., Oster, P. & Schlierf, G. (1994). Aktuelle Konzepte in der Geriatrie. *Deutsches Ärzteblatt, 91,* 659–662.

Nikolaus, T. & Specht-Leible, N. (1992). *Das geriatrische Assessment* (Schriftenreihe Geriatrie Praxis). München: MMV Medizin Verlag.

Palmore, E. B., Nowlin, J. B. & Wang, H. S. (1985). Predictors of function among the old-old: A ten-year follow-up. *Journal of Gerontology, 40,* 242–250.

Pearlman, R. A. (1987). Development of a functional assessment questionnaire for geriatric patients: The Comprehensive Older Persons' Evaluation (COPE). *Journal of Chronic Disease, 40,* 85–94.

Pere, J. C., Begaud, B., Haramburu, F. & Albin, H. (1986). Computerized comparison of six adverse drug reaction assessment procedures. *Clinical Pharmacology and Therapeutics, 40,* 451–461.

Pfeifer, S. (1992). Pharmakokinetik im höheren Lebensalter. *Pharmazie, 5,* 319–332.

Pinsky, J. L., Branch, L. G., Jette, A. M., Haynes, S. G., Feinleib, M., Cornoni-Huntley, J. C. & Bailey, K. R. (1985). Framingham Disability Study: Relationship of disability to cardiovascular risk factors among persons free of diagnosed cardiovascular disease. *American Journal of Epidemiology, 122,* 644–656.

Pinsky, J. L., Jette, A. M., Branch, L. G., Kannel, W. B. & Feinleib, M. (1990). The Framingham Disability Study: Relationships of various coronary heart disease manifestations to disability in older persons living in the community. *American Journal of Public Health, 80,* 1363–1367.

Platt, D. & Habermann, E. (1989). Besonderheiten der Arzneimitteltherapie im Alter. In G. Füllgraff & D. Palm (Hrsg.), *Pharmakotherapie, klinische Pharmakologie* (S. 357–364). Stuttgart: Gustav Fischer.

Ray, W. A., Griffin, M. R., Schaffner, W., Baugh, D. K. & Melton, L. J. (1987). Psychotropic drug use and the risk of hip fracture. *New England Journal of Medicine, 316,* 363–369.

Recommendations of the European Atherosclerosis Society (1992). Prevention of coronary heart disease: Scientific background and new clinical guidelines (Prepared by the International Task Force for Prevention of Coronary Heart Disease). *Nutrition, Metabolism and Cardiovascular Disease, 2,* 113–156.

Reid, D. D., McCartney, P., Hamilton, P. J. S., Rose, G., Jarrett, R. J. & Keen, H. (1976). Smoking and other risk factors for coronary heart disease in British civil servants. *The Lancet, 6,* 979–984.

Renner, E. A., Engle, V. F. & Graney, M. J. (1992). Prevalence and predictors of regularly scheduled presciption medications of newly admitted nursing home residents. *Journal of the American Geriatrics Society, 40,* 232–236.

Reuben, D. B., Laliberte, L., Hiris, J. & Mor, V. (1990). A hierarchical exercise scale to measure function at the advanced activities of daily living (AADL) level. *Journal of the American Geriatrics Society, 38,* 855–861.

Robbins, J. M. & Austin, C. L. (1993). Common peripheral vascular disease. *Clinics in Podiatric Medicine & Surgery, 10,* 205–219.

Rosenwaike, I. (1985). A demographic portrait of the oldest old. *Milbank Quarterly: Health and Society, 63,* 187–205.

Rote Liste (1990). Aulendorf: Editio Cantor.

Rowe, J. W., Andres, R., Tobin, J. D., Norris, A. H. & Shock, N. W. (1976). The effect of age on creatinine clearance in men: A cross-sectional and longitudinal study. *Journal of Gerontology, 31,* 155–163.

Rowe, J. W. & Kahn, R. L. (1987). Human aging: Usual and successful. *Science, 237,* 143–149.

Rubenstein, L. Z., Josephson, K., Wieland, D., English, P., Sayre, J. A. & Kane, R. L. (1984). Effectiveness of a geriatric evaluation unit. *New England Journal of Medicine, 311,* 1664–1670.

Rubenstein, L. Z. & Rubenstein, L. V. (1992). Multidimensional geriatric assessment. In J. C. Brocklehurst, R. C. Tallis & H. M. Fillit (Hrsg.), *Textbook of geriatric medicine and gerontology* (S. 150–159). Edinburgh: Churchill Livingstone.

Rubenstein, L. Z., Schairer, C., Wieland, G. D. & Kane, R. (1984). Systematic biases in functional status assessment of elderly adults: Effects of different data sources. *Journal of Gerontology, 39,* 686–691.

Sager, M. A., Dunham, N. C., Schwantes, A., Mecum, L., Halverson, K. & Harlowe, D. (1992). Measurement of activities of daily living in hospitalized elderly: A comparison of self-report and performance-based measurements. *Journal of the American Geriatrics Society, 40,* 457–462.

Scandinavian-Simvastatin-Survival-Studiengruppe (1994). Randomisierte Studie zur Cholesterinsenkung an 4444 Patienten mit koronarer Herzkrankheit: The Scandinavian Simvastatin Survival Study. *The Lancet, 344* (Reprint), 1383–1390.

Scheidegger, M. J. (1987). *Die St. Galler Seniorenbefragung von 1985/89* (Europäische Hochschulschriften Bd. 152). Bern: Peter Lang.

Shock, N. W., Greulich, R. C., Costa, P. T., Jr., Andres, R., Lakatta, E. G., Arenberg, D. & Tobin, J. D. (1984). *Normal human aging: The Baltimore Longitudinal Study on Aging* (NIH Publication Nr. 84-2450). Washington, DC: Government Printing Office.

Sorkin, J. D., Andres, R., Muller, D. C., Baldwin, H. L. & Fleg, J. L. (1992). Cholesterol as a risk factor for coronary heart disease in elderly men: The Baltimore Longitudinal Study of Aging. *Annals of Epidemiology, 2,* 59–67.

Stampfer, M. J., Willett, W. C., Colditz, G. A., Rosner, B., Speizer, F. E. & Ennekens, C. H. (1985). A prospective study of postmenopausal estrogen therapy and coronary heart disease. *New England Journal of Medicine, 313,* 1044–1049.

Steinhagen-Thiessen, E. & Borchelt, M. (1993). Health differences in advanced old age. *Ageing and Society, 13,* 619–655.

Steinhagen-Thiessen, E., Gerok, W. & Borchelt, M. (1992). Innere Medizin und Geriatrie. In P. B. Baltes & J. Mittelstraß (Hrsg.), *Zukunft des Alterns und gesellschaftliche Entwicklung* (S. 124–150). Berlin: de Gruyter.

Stuck, A. E., Beers, M. H., Steiner, A., Aronow, H. U., Rubenstein, L. Z. & Beck, J. (1994). Inappropriate medication use in community-residing older persons. *Archives of Internal Medicine, 154,* 2195–2200.

Stuck, A. E., Siu, A. L., Wieland, G. D., Adams, J. & Rubenstein, L. Z. (1993). Comprehensive geriatric assessment: A meta-analysis of controlled trials. *The Lancet, 342,* 1032–1036.

Studenski, S., Duncan, P. W., Chandler, J., Samsa, G., Prescott, B., Hogue, C. & Bearon, L. B. (1994). Predicting falls: The role of mobility and nonphysical factors. *Journal of the American Geriatrics Society, 42,* 297–302.

Svanborg, A. (1985). The Gothenburg longitudinal study of 70-year-olds: Clinical reference values in the elderly. In M. Bergener, M. Ermini & H. B. Stähelin (Hrsg.), *Thresholds in aging* (S. 231–239). London: Academic Press.

Tinetti, M. E. (1986). A performance-oriented assessment of mobility problems in elderly patients. *Journal of the American Geriatrics Society, 34,* 119–126.

Valentine, R. J., Grayburn, P. A., Vega, G. L. & Grundy, S. M. (1993). Lp(a) lipoprotein is an independent, discriminating risk factor for premature peripheral atherosclerosis among white men. *Archives of Internal Medicine, 154,* 801–806.

Venulet, J., Blattner, R., Bülow, J. von & Berneker, G. C. (1982). How good are articles on adverse drug reactions? *British Medical Journal, 284,* 252–254.

Verbrugge, L. M. (1988). Unveiling higher morbidity for men: The story. In M. W. Riley (Hrsg.), *Social structures and human lives, social change and the life course* (S. 138–160). Newbury Park, CA: Sage.

Verbrugge, L. M. & Jette, A. M. (1994). The disablement process. *Social Science and Medicine, 38,* 1–14.

Vestal, R. E. (1985). Clinical pharmacology. In R. Andres, E. L. Bierman & W. R. Hazzard (Hrsg.), *Principles of geriatric medicine* (S. 424–443). New York: McGraw-Hill.

Weber, J. C. P. & Griffin, J. P. (1986). Adverse reactions and the elderly. *The Lancet, August 2,* 291–292.

Weintraub, M. (1990). Compliance in the elderly. *Clinics in Geriatric Medicine, 6,* 445–453.

Wells, K. B., Stewart, A., Hays, R. D., Burnam, M. A., Rogers, W., Daniels, M., Berry, S., Greenfield, S. & Ware, J. (1989). The functioning and well-being of depressed patients: Results from the Medical Outcomes Study. *Journal of the American Medical Association, 262,* 914–919.

Weltgesundheitsorganisation (1995). *International classification of impairments, disabilities and handicaps* (2. Aufl.) (Deutsche Übersetzung von R.-G. Matthesius). Berlin: Ullstein Mosby.

Williamson, J. & Chopin, J. M. (1980). Adverse reactions to prescribed drugs in the elderly: A multicentre investigation. *Age and Ageing, 9,* 73–80.

Wilson, P. W., Garrison, R. J., Castelli, W. P., Feinleib, M., McNamara, P. M. & Kannel, W. B. (1980). Prevalence of coronary heart disease in the Framingham Offspring Study: Role of lipoprotein cholesterols. *American Journal of Cardiology, 46,* 649–654.

World Health Organization (WHO) (1980). *International classification of impairments, disabilities, and handicaps.* Genf: Eigenverlag.

Zimetbaum, P., Frishman, W. A., Ooi, W. L., Derman, M. P., Aronson, M., Gidez, L. I. & Eder, H. A. (1992). Plasma lipids and lipoproteins and the incidence of cardiovascular disease in the very elderly: The Bronx Aging Study. *Arteriosclerosis and Thrombosis, 12,* 416–423.

7. Psychische Erkrankungen im Alter

Hanfried Helmchen, Margret M. Baltes, Bernhard Geiselmann, Siegfried Kanowski, Michael Linden, Friedel M. Reischies, Michael Wagner & Hans-Ulrich Wilms

Zusammenfassung

Zu psychiatrischen Fragen nach Art und Häufigkeit psychischer Erkrankungen im Alter, nach ihren somatischen wie sozialen Prädiktoren und nach ihren Folgen werden empirische Ergebnisse aus der Berliner Altersstudie (BASE) mitgeteilt.

Knapp die Hälfte (44%) der 70jährigen und älteren Westberliner zeigte keinerlei psychische Störungen, während knapp ein Viertel (24%) eindeutig psychisch krank war (spezifizierte DSM-III-R-Diagnostik). Das restliche knappe Drittel setzte sich aus Trägern psychopathologischer Symptome ohne Krankheitswert (16%) und psychischer Störungen mit Krankheitswert (17%) zusammen. Da diese Gruppe (vornehmlich affektiver Störungen) zwar nicht die Kriterien operationaliserter DSM-III-R-Diagnosen erfüllt, sich aber in Indikatoren gestörter Gesundheit (Activities of Daily Living, Psychopharmakaverbrauch, Prognose) von den psychisch gesunden Alten unterscheidet, wird hier von „subdiagnostischer psychiatrischer Morbidität" gesprochen, deren Abgrenzung zum Gesunden hin Gegenstand weiterführender Analysen in BASE ist. Beispielsweise wird zur Differenzierung zwischen psychischer Gesundheit und psychischer Störung mittels einer speziell entwickelten Konsensuskonferenz gezeigt, daß sich der HAM-Depressions-Score halbiert, wenn alle wahrscheinlich oder möglicherweise somatisch bedingten Merkmale (besonders bei multimorbid Kranken) ausgeschlossen werden.

Die häufigsten psychischen Krankheiten im Alter sind Demenzen mit 14% der 70jährigen und Älteren, was umgerechnet auf die Bevölkerung der über 65jährigen einer Prävalenz von 6% (ohne leichte Formen) entspricht. Demenzerkrankungen werden mit dem Alter eindeutig häufiger. Während bei den 70jährigen in BASE noch keine Demenzerkrankungen gefunden wurden, betrug ihr Anteil bei den 90jährigen über 40%. Die zweithäufigste Gruppe psychischer Erkrankungen sind Depressionen mit 9% in der Altenpopulation. Sie zeigen keine eindeutige Altersabhängigkeit. Zwischen Demenz und Depression läßt sich auf der Ebene der Diagnosen kein Zusammenhang zeigen. Auf der syndromalen Ebene findet sich bei leichten kognitiven Störungen (MMSE-Score über 16) jedoch ein positiver und bei schweren kognitiven Störungen ein negativer Zusammenhang mit Depressivität (CES-D, HAMD).

Menschen mit depressiven Erkrankungen oder Demenzen weisen eine vergleichsweise höhere Rate körperlicher Erkrankungen auf. Dabei muß allerdings offen bleiben, ob und inwieweit die körperlichen Erkrankungen Ursachen oder Folgen der psychischen Erkrankungen sind. Hinsichtlich möglicher sozialer Risikofaktoren ist hervorzuheben, daß, übereinstimmend mit anderen Befunden, ein niedriges Bildungsniveau die Wahrscheinlichkeit einer Demenzdiagnose erhöht.

Psychische Erkrankungen wirken sich in unterschiedlicher Weise auf das Alltagsverhalten aus. Bei Demenzerkrankungen kommt es zu einer Abnahme der instrumentellen Aktivitäten, Verdoppelung der Schlaf- und Ruhezeiten und Reduktion der Zeit im Freien. Depressive Störungen hingegen haben kaum entsprechende Auswirkungen.

Psychische Erkrankungen führen je nach Art zu unterschiedlichen Behandlungskonsequenzen. Etwa zwei Drittel der alten Menschen nehmen psychotrope Pharmaka (inkl. Analgetika) ein, und ein Viertel Psychopharmaka im eigentlichen Sinne. Von diesen Psychopharmakaverordnungen können zwei Drittel als indiziert angesehen werden. Überdosierungen werden nicht beobachtet. Bei Demenzerkrankungen findet sich eine vergleichsweise niedrige Rate von Arzneimittelverordnungen insgesamt bei gleichzeitig erhöhter Rate von Behandlungen mit Neuroleptika. Bei depressiven Erkrankungen ist eine erhöhte Gesamtmedikationsrate (d. h. einschließlich internistischer Medikationen) festzustellen. Es werden jedoch nur wenige depressive alte Menschen spezifisch mit Antidepressiva behandelt, so daß hier von einer Untermedikation gesprochen werden muß.

Nach diesen Ergebnissen der Berliner Altersstudie kann auch bei alten Menschen auf eine sorgfältige Differentialdiagnostik und differentielle Behandlung psychischer Störungen nicht verzichtet werden, da die Störungen auch bei Hochbetagten unterschiedlich in Gestalt, Verlauf und Behandlungsbedarf sind.

1. Einleitung

Die psychiatrische Forschungseinheit in der Berliner Altersstudie (BASE) fragt nach dem Was, Woher und Wohin psychiatrischer Morbidität im Alter, also nach Art und Häufigkeit psychischer Erkrankungen, nach ihren Prädiktoren und Determinanten und nach ihren Folgen speziell für die Alltagskompetenz und die Inanspruchnahme ärztlicher und pflegerischer Hilfe.

Antworten auf das Was sind wichtig für die Früherkennung und differentielle Diagnostik sowie die Planung von Versorgungsstrukturen. Befunde zur Frage nach dem Woher sollen ätio-pathogenetisches Verständnis und Kenntnis von Risikofaktoren und damit Voraussetzungen zur Prädiktion und gegebenenfalls Prävention verbessern. Von Antworten auf das Wohin wird ein Beitrag zur Optimierung von Kompensationsmöglichkeiten, Hilfen und Behandlung erwartet.

1.1 Inhaltliche Fragestellungen

Psychische Störungen und Erkrankungen werden weit verbreitet als ein zum Alter gehörendes Problem angesehen. Jedoch scheint – trotz der altersabhängigen Zunahme von Demenzerkrankungen – die psychiatrische *Gesamtmorbidität*[1] mit etwa 20–30% in repräsentativen Feldstudien (Cooper, 1986, 1992; Copeland et al., 1987; Meller, Fichter, Schröppel & Beck-Eichinger, 1993; Weissman et al., 1985; Welz, Lindner, Klose & Pohlmeier, 1989; Wernicke & Reischies, 1994) bei der Gesamtheit der über 65jährigen nicht wesentlich höher als bei Jüngeren zu sein (Dilling, Mombour & Schmidt, 1991; Dilling, Weyerer & Castell, 1984; Weyerer & Dilling, 1984).

Ein besonderes Problem dieser Prävalenzerhebungen ist, inwieweit die Prävalenzraten durch krankheitsunabhängige Faktoren sowie alters- und krankheitsspezifische Unsicherheiten der Erfassung beginnender oder nur leicht ausgeprägter psychischer Erkrankungen beeinflußt werden. Beispiele sind der mögliche Einfluß von Ausbildungsniveau, Geburtskohorte oder Geschlecht auf die Diagnose, eine unzureichende Differenzierung zwischen altersabhängig benigner kognitiver Leistungsabnahme und beginnender Demenz oder eine mangelnde diagnostische Spezifität somatoformer Depressionssymptome bei Multimorbidität.

Vor allem zur Häufigkeit und Struktur „subdiagnostischer Symptomatik“, d. h. jener für Lebensqualität und kostenträchtiges Inanspruchnahmeverhalten vermutlich relevanten psychopathologischen Symptomatik, die nach den Diagnosekriterien der heute üblichen operationalisierten Diagnosesysteme (DSM-III-R und ICD-10) für eine spezifizierte psychiatrische Diagnose nicht ausreicht, liegt gesichertes Wissen bisher kaum vor (Blazer, 1989, 1995; Blazer & Williams, 1980; Goldberg & Sartorius, 1990; Henderson et al., 1993).

Dies gilt besonders für depressive Störungen, da Depressivität eine kontinuierlich verteilte Krankheitsdimension ist und dementsprechend die Prävalenzraten von Schwellenwertsetzungen und Krankheitsdefinitionen abhängen (Häfner, 1992; Helmchen, 1992). Deshalb ist es besonders wichtig, die Frage zu beantworten, welchen Einfluß verschiedene Falldefinitionen auf die Prävalenzraten von Depressionen bzw. Depressionssymptomen haben. Danach kann dann eine Antwort auf die Frage gesucht werden, ob Depressionen altersunabhängig (Morgan et al., 1987) oder im Alter eher seltener sind (Gurland, Copeland & Kuriansky, 1983; Kramer, German, Anthony, Korff & Skinner, 1985; Weissman et al., 1988) oder auch positiv mit dem Alter korrelieren (Gertz & Kanowski, 1989; Lindesay, Briggs & Murphy, 1989; Welz et al., 1989).

Im Gegensatz dazu wird die Frage nach der Altersabhängigkeit für Demenzen eindeutig positiv beantwortet. Dabei ist jedoch die praktisch wie theoretisch bedeutsame Frage noch offen, inwieweit sich der exponentielle Anstieg der Demenzhäufigkeit (Hofmann et al., 1991; Jorm, Korten & Henderson,

1 Morbidität am Gesamt psychischer Erkrankungen zu einem bestimmten Zeitpunkt (Punktprävalenz) oder während eines meist kürzeren Zeitraumes (sechs bis zwölf Monate: Periodenprävalenz).

1987) auch im hohen Alter (bei 85jährigen und Älteren) unvermindert fortsetzt, da dort wegen der oft nur geringen Zellenbesetzungen die Häufigkeitsangaben sehr unsicher sind (Fratiglioni et al., 1991; Lauter, 1992; Ritchie, Kildea & Robine, 1992). Gleiches gilt für die Frage, ob Demenzen bei Frauen häufiger sind und ob sich ein solcher geschlechtsdifferenter Einfluß auf die Demenzprävalenz bis ins höchste Alter fortsetzt (Bachman et al., 1992; Fratiglioni et al., 1991).

Von speziellem Interesse sind schließlich die Beziehungen zwischen den beiden im Alter weitaus häufigsten Erkrankungen Demenz und Depression, insbesondere das weitgehend ungelöste Problem, ob sie wechselseitig füreinander Risikofaktoren sind. Es ist unbekannt, ob das gleichzeitige Vorliegen eines Demenz- und eines Depressionssyndroms bei älteren Personen zufällig oder überzufällig ist. Viele Befunde sprechen für ein häufigeres Auftreten von Depression bei leichter Demenz bzw. subdiagnostischen kognitiven Störungen (Copeland et al., 1992; Henderson, 1990; Kay et al., 1985; Lindesay et al., 1989; Welz et al., 1989), wobei die pathogenetische Richtung der Beziehung noch weitgehend unklar ist (Emery & Oxman, 1992; Helmchen, 1992; Henderson, 1990; Reischies & von Spiess, 1990).

Über *Ursachen und pathogenetische Determinanten* psychischer Erkrankungen im Alter ist wenig Gesichertes bekannt. Es gibt allerdings Hypothesen, die Zusammenhänge einerseits mit körperlichen Behinderungen oder Krankheiten und andererseits mit sozialen Gegebenheiten postulieren. Dem soll anhand von zwei Beispielen nachgegangen werden:

1. Multimorbidität und Multimedikation nehmen im Alter zu. Eine Reihe dieser somatischen Erkrankungen wie Hypothyreose, perniziöse Anämie, Urämie, Diabetes, Hypertonie, Schlaganfall oder Herzinsuffizienz (Kukull et al., 1986; Murphy, Smith, Lindesay & Slattery, 1988; Rodin & Voshart, 1986) oder Arzneimittel wie Betablocker, Kortikosteroide, Dopa oder sedierende Psychopharmaka (Naber & Hippius, 1989; Patten & Love, 1993) werden als Risikofaktoren für Demenz oder Depression angesehen. Diese Annahmen stützen sich jedoch eher auf klinische als auf Gemeindepopulationen.
   Da in letzteren zudem die Diagnostik körperlicher Erkrankungen meist nur auf Selbstberichten oder Interviews durch Laien beruht, soll geprüft werden, durch welche objektiven somatischen Indikatoren oder Medikationen sich dementiell Kranke und depressiv Kranke von Gesunden wie auch voneinander unterscheiden.
2. Ein niedriges (Aus-)Bildungsniveau wird – wenn auch nicht unwidersprochen (Moritz & Petitti, 1993) – als ein Risikofaktor für Demenz angesehen (Fratiglioni et al., 1991; Kay, Beamish & Roth, 1964; O'Connor, Pollitt & Treasure, 1991; Parsons, 1965). Ungeklärt ist, ob das Bildungsniveau nur die Manifestationsschwelle verändert, indem z. B. ein hohes Bildungsniveau kognitive Leistungseinbußen längere Zeit kompensieren könnte, oder ob es (auch) den Krankheitsprozeß selbst etwa dadurch beeinflußt, daß ein hohes Bildungsniveau mit einem höheren Ausmaß an neuronaler Stimulation oder mit gesünderer Lebensführung und dadurch geringerem Risiko für möglicherweise dementiogene chronische körperliche Krankheiten oder Defizite verbunden wäre (Berkman et al., 1986; Mortimer, 1990).

Aus der Fülle der *Folgen psychischer Erkrankungen* im Alter sind vor allem jene von Interesse, zu denen trotz ihrer praktischen Bedeutung sicheres Wissen zumal für die höchsten Altersgruppen nicht vorhanden ist. Dazu gehören Folgen für das Alltagsverhalten und für die Behandlung.

So evident es erscheint, daß kognitive Leistungseinbußen die Fähigkeiten alter Menschen beeinträchtigen, ihren Alltag zu meistern, so wenig ist jedoch erstaunlicherweise über spezifische Zusammenhänge zwischen kognitiven Störungen und dem Alltagsverhalten bekannt, wenn unter letzterem mehr als nur eine Reihe von als Activities of Daily Living (ADL) aufgelisteten basalen Handlungen der Selbstpflege und Selbstversorgung verstanden wird (M. M. Baltes, Mayr, Borchelt, Maas & Wilms, 1993; Wahl, 1990). Ähnliches gilt für depressive Störungen: Es ist unbekannt, in welchem Maße sie die Alltagskompetenz beeinträchtigen und ob sich das Profil dieser Beeinträchtigung von demjenigen bei kognitiven Störungen unterscheidet.

Es gilt als gesicherter Befund, daß die Arzneimittelverordnungen ab dem 40. Lebensjahr steil zunehmen (Klauber & Selke, 1993). Die über 60jährige Bevölkerung mit einem Anteil von 21% an der Gesamtbevölkerung verursacht 55% der gesamten Arzneimittelkosten der Gesetzlichen Krankenversicherung, d. h. etwa das 2,6fache im Vergleich zu ihrem Anteil an der Bevölkerung. Dabei sind selbstverordnete und nicht über Rezept abgerechnete Arzneimittel noch nicht einmal berücksichtigt. Derartige arzneimittelepidemiologische Daten zeigen, daß der Arzneimittelverbrauch insgesamt, und speziell der Verbrauch von Psychopharmaka im Alter, ein medizinisch wie ökonomisch relevantes Problem ist. Solchen Befunden kann aber nicht entnommen werden, ob der Verordnungsumfang Ausdruck von angemessener Medikation oder – wie oft behauptet – von Übermedikation oder aber auch von Untermedikation ist (von Herrath, 1992). Interessant ist auch die Beobachtung, daß etwa ab dem 80. Lebensjahr der Gesamtverordnungsumfang nicht weiter ansteigt oder sogar einen leichten Rückgang zeigt. Dies bedarf einer Erklärung, da doch von einer weiterhin ansteigenden Morbidität auszugehen ist.

1.2 Methodenkritische Fragestellungen

Das Problem der *Repräsentativität von Stichproben* in Feldstudien ist aus psychiatrischer Sicht besonders relevant, da psychiatrische Krankheit sowohl durch Verweigerung der Studienteilnahme (z. B. infolge paranoider Psychose) als auch durch Beeinträchtigung der Einwilligungsfähigkeit (z. B. infolge Demenz) zu selektiv gehäuften Ausfällen (Drop-outs) führen und damit die Stichprobe zuungunsten gerade der psychiatrisch besonders interessierenden Teilpopulation verzerren kann. Während sich zu dem erstgenannten potentiellen Selektionsfaktor (Verweigerung) immerhin einige Hinweise in der Literatur finden (Davies, 1986), ist zu dem zweiten potentiellen Selektionsfaktor (Einwilligungsunfähigkeit) nichts bekannt. Gerade der letztere könnte aber bei Untersuchung einer sehr alten Bevölkerung mit hoher Demenzhäufigkeit bedeutsam sein und bedarf deshalb besonderer Aufmerksamkeit.

Ein weiteres im Alter zunehmend bedeutsames methodenkritisches Problem ergibt sich aus der *selektiven Mortalität*, d. h. einer differentiellen Verteilung der Sterbehäufigkeiten bestimmter Krankheiten über die verschiedenen Altersgruppen. So sterben Kranke mit vaskulären Demenzen im Durchschnitt wahrscheinlich in jüngerem Alter als Kranke mit einer primär degenerativen Alzheimerschen Demenz, so daß der Anteil der Kranken mit vaskulärer Demenz bei 90jährigen Demenzkranken erheblich niedriger als bei 70jährigen Kranken liegen dürfte (Barclay, Zemcov, Blass & Sansone, 1985). Besonders eindrucksvoll kann dieser Effekt durch den mehrfach replizierten Befund (Geßner et al., 1994; Reischies, Geßner & Kage, 1994) illustriert werden, daß homozygote Träger des Apolipoprotein E 4 (Apo-E 4) Allels, deren Häufigkeit in der Gesamtbevölkerung bei ungefähr 2–3% liegt, bei Höchstbetagten nicht mehr zu finden sind, wohl weil sie infolge der durch dieses Allel bedingten Vorverlagerung des Erkrankungsalters an Demenz vom Alzheimer Typ bereits gestorben sind (Corder et al., 1993; Saunders et al., 1993). Daraus könnte sich ein Überlebensbias im Sinne einer positiven Selektion ergeben, so daß die Höchstbetagten (85jährige und Ältere) gesünder als die „jungen Alten" (65- bis 85jährige) wären, weil die Gesündesten am ehesten überleben. Zur Lösung dieses Problems bedürfte es allerdings zum einen der Kenntnis der Erkrankungen und der Todesursachen aller Verstorbenen in den jeweiligen Kohorten einer Querschnittserhebung und zum anderen einer Längsschnittuntersuchung. Denn allein mit Querschnittsdaten dürfte dieses Problem nicht zufriedenstellend zu lösen sein.

Schließlich kann die Repräsentativität auch durch die *Häufigkeit fehlender* sowie die *Güte erhobener Daten* beeinflußt werden, so insbesondere infolge Nicht- oder Fehlerinnerung anamnestischer Daten (Jorm & Henderson, 1992) und infolge Mehrdeutigkeit somatischer Beschwerden bei Multimorbidität (Burvill, 1990; Katon, 1982).

2. Methode

Die für die Beantwortung der genannten Fragen notwendige Berücksichtigung somatisch-internistischer, psychologischer und sozialer Befunde ist durch die interdisziplinäre Anlage von BASE in besonderer Weise sichergestellt und folgt den bereits früher beschriebenen *theoretischen Orientierungen* (P. B. Baltes, Mayer, Helmchen & Steinhagen-Thiessen, 1993; Helmchen & Linden, 1996; vgl. auch P. B. Baltes et al., Kapitel 1 in diesem Band).

Die Ziehung der in BASE untersuchten *Stichprobe*, ihre Charakteristika und eine Analyse ihrer Repräsentativität sowie ihrer psychiatrisch relevanten Selektivität aufgrund eingeschränkter Einwilligungsfähigkeit, für deren Beurteilung in BASE ein eigenes Verfahren entwickelt wurde, sind bereits beschrieben worden (Nuthmann & Wahl, Kapitel 2; Lindenberger et al., Kapitel 3; Geiselmann, Helmchen & Nuthmann, 1996). Für epidemiologische Aussagen werden relative (prozentuale) Häufigkeiten immer als Prävalenzraten angegeben. Dabei handelt es sich um nach Alter und Geschlecht der 70-jährigen und älteren Westberliner Bevölkerung zur Erhebungszeit gewichtete, d. h. hochgerechnete Prävalenzraten, da die Stichprobe nach Alter und Geschlecht geschichtet wurde. Um zu prüfen, inwieweit Verzerrungen der Stichprobe durch unvollständige Datensätze (Stichprobenausfall) die Generalisierbarkeit beeinflussen, wurden Selektivitätsanalysen durchgeführt (Lindenberger et al., Kapitel 3).

Für die psychiatrischen Untersuchungen wurden die in Tabelle 1 zusammengefaßten *Instrumente* verwendet. Im Hinblick auf die psychiatrischen Hauptfragen wurden sie nach dem in Tabelle 2 dargestellten *Untersuchungsplan* eingesetzt.

Dabei bestand die Ersterhebung mindestens aus dem Interview bei dem ersten Kontakt (Kurzbefragung) mit den ersten 16 Fragen aus dem Ersterhebungsinstrument sowie der Erfassung von Beobachtungsdaten bei 1.219 Studienteilnehmern, die dann bei 928 Studienteilnehmern mit der Beantwortung aller 100 Fragen des Ersterhebungsinstruments vervollständigt werden konnte (vgl. Nuthmann & Wahl, Kapitel 2). In der 13 Sitzungen umfassenden Intensiverhebung bei 516 Studienteilnehmern wurden die psychiatrischen Untersuchungen in der Regel in drei Sitzungen von je ein- bis zweistündiger Dauer durchgeführt.

Tabelle 1: Psychiatrische Untersuchungsinstrumente.

Funktion	Instrument	Autor
Fall- und Diagnosefindung	- Geriatric Mental State, Version A/History and Aetiology Schedule (GMS-A/HAS)	Copeland, Dewey & Griffiths-Jones, 1986; McWilliam, Copeland, Dewey & Wood, 1988
	- Diagnosekriterien nach DSM-III-R	American Psychiatric Association, 1987; Wittchen, Saß, Zaudig & Koehler, 1989
	- ICD-10	Dilling, Mombour & Schmidt, 1991
	- Internistische Zusatzinformation von der FE Geriatrie und vom Hausarzt	
Fremdbeurteilung Psychopathologie	- Brief Psychiatric Rating Scale (BPRS)	Overall & Gorham, 1962; Collegium Internationale Psychiatriae Scalarum (CIPS),1986
Depression	- Hamilton Depression Scale (HAMD)	Hamilton, 1967; CIPS, 1986
Selbstbeurteilung Depressivität	- Center for Epidemiologic Studies-Depression Scale (CES-D)	Radloff, 1977; Hautzinger, 1988
Körperliche Beschwerden	- Beschwerden-Liste (BL)	von Zerssen, 1976; CIPS, 1986
Hypochondrie	- Whiteley-Index	Pilowsky & Spence, 1983
Krankheitskonzepte	- Krankheitskonzept-Skala (KK-Skala)	Linden, Nather & Wilms, 1988
Beschwerden, Arzneimittel und medizinische Inanspruchnahme	- Halbstrukturiertes Interview	eigene Entwicklung
Neuropsychologie	- Mini Mental State Examination (MMSE)	Folstein, Folstein & McHugh, 1975
	- Komplexe Figur	Osterrieth, 1944; Read, 1987
	- Reitan Trail Making Test	Reitan, 1958
	- Enhanced Cued Recall	Grober, Buschke, Crystal, Bank & Dresner, 1988
Alltagskompetenz	- Yesterday-Interview	nach Moss & Lawton, 1982

Tabelle 2: Fragestellungen und Methoden der Forschungseinheit Psychiatrie in BASE zur psychiatrischen Morbidität bei Hochbetagten. Die zweite Spalte veranschaulicht jeweils weitergehende Fragestellungen zum kursiv gedruckten Beispiel in der ersten Spalte.

Themen		Methoden	
Hauptfragen	**Konkrete Beispiele**	**Ersterhebung**	**Intensivprotokoll**
Spektrum („Was?") Psychiatrische Störungen *Demenz* Depression „Subdiagnostische" Psychopathologie	- *Diagnose* - *Schwere* - *Differentialdiagnose vs. seelische Gesundheit vs. Depression*	- Short Mini Mental Cut-Off (SMMCO)[1] - Fragen zu Depressivität - psychopathologische Beobachtung	- standardisiertes psychiatrisches Interview: GMS-A/HAS - psychopathologische Selbst- und Fremdbeurteilungsskalen - neuropsychologische Tests
Prädiktoren („Woher?") Krankheiten - vorausgehend - gleichzeitig *Risikofaktoren* - vorausgehend - gleichzeitig (Kokonditionalität)	- *Behinderungen* - *riskanter Lebensstil* - *Lebensgeschichte* - *sozialer Kontakt* - *soziale Bedingungen*	- bereichsspezifische Variablen in der Erhebung durch Internisten, Soziologen und Psychologen	
Konsequenzen („Wohin?") *Gesundheits-/Krankheitsverhalten* Alltagskompetenz/Selbstwirksamkeit	- *Arztbesuche* - *Arzneimittelverbrauch* - *Krankheitswahrnehmung* - *Krankheitskonzepte*	- globale Indikatoren für jeden Bereich	- Hausarzt-Interview - Arzneimittel-Interview - Krankheitskonzept-Skala - Yesterday-Interview

[1] SMMCO: Kurzform der MMSE (Klein et al., 1985).

Die standardisierte Untersuchung nach dem GMS-A/HAS (siehe Tabelle 1) ermöglichte *Falldefinitionen* auf drei verschiedenen diagnostischen Ebenen: (1) Psychiatrisch unauffällig, (2) subdiagnostische Symptomatik, (3) DSM-III-R-Diagnose, spezifiziert. Die verschiedenen Falldefinitionen sind Tabelle 3 zu entnehmen.

Es wurden hier nur klinische Diagnosen und DSM-III-R-Diagnosen anhand der im GMS-A/HAS-Interview gewonnenen Informationen gestellt. Für die Schwelle zwischen den Fallgruppen 1 und 2a wurden die GMS-A-Scores für depressive und kognitive Störungen verwandt. Für die Schwelle zwischen den Fallgruppen 2b und 3 kamen die Kriterien von DSM-III-R zur Anwendung, d. h., die Schwelle zwischen syndrombezogener klinischer Krankheitsdiagnose und nosologisch spezifizierter Diagnose nach DSM-III-R wurde durch die Setzungen des letzteren bestimmt. Der GMS-A/AGECAT-Algorithmus wurde hier jedoch nicht benutzt.

Die Anwendung dieser Falldefinitionen sei am Beispiel der Depression erläutert (siehe Abb. 1). Zunächst wurden unter Verwendung eines Depressions-Score (GMS-A-Depression Score, short form) Studienteilnehmer mit depressivem Syndrom gegen nicht-depressive Studienteilnehmer abgegrenzt. Dabei wurde in der Bewertung der Antworten eine relativ hohe Sensitivität gewählt, d. h., es wurden nur eindeutig falsch positive Antworten, z. B. aufgrund von Perseveration bei fortgeschrittener Demenz, eliminiert. Die Gruppe von Studienteilnehmern mit psychopathologischer Symptomatik oberhalb des Schwellenwertes wurde dann in zwei weitere Gruppen aufgeteilt: In der einen Gruppe erfüllten die Studienteilnehmer die Kriterien einer spezifizierten DSM-III-R-Diagnose depressiver Störungen nicht (Fallgruppe 2: subdiagnostische Symptomatik), wohl aber in der anderen Gruppe (Fallgruppe 3: DSM-III-R-Diagnose, spezifiziert).

In unserer Stichprobe enthalten die Fallzahlen mit Major Depression drei Fälle, die zum Erhebungszeitpunkt unter noch bestehender Behandlung partiell remittiert waren und in Abbildung 1 getrennt aufgeführt sind. Ebenfalls eine eigene Kategorie bilden Fälle, die formal die Kriterien für Major Depression erfüllen, wegen ebenso deutlicher Demenzsymptomatik aber nicht als Major Depression klassifiziert werden können („Demenz mit Depression", siehe DSM-III-R-Manual). Dagegen erhielten Studienteilnehmer mit Major Depression und dementiellem Syndrom dann zwei getrennte Diagnosen, wenn sich die depressive Symptomatik deutlich gegen die dementielle abhob. So enthält die Gruppe Major Depression vier Fälle mit zusätzlich leichter Demenz.

Tabelle 3: Psychiatrische Morbidität: Falldefinitionen.

Falldefinition	Kriterien
1. **Psychiatrisch unauffällig**	- keine oder allenfalls vereinzelte psychopathologische Symptome unterhalb der in *2a* angegebenen Schwelle
2. **Subdiagnostische Symptomatik**	
2a Symptomträger	- mindestens ein psychopathologisches Leitsymptom - bei kognitiven Störungen zusätzlich GMS-A-Demenz-Score mit mindestens einem weiteren, bei depressiven Störungen zusätzlich GMS-A-Depressions-Score mit mindestens zwei weiteren Symptomen - Symptome anhaltend oder rezidivierend in den letzten vier Wochen
2b Psychische Krankheit (case), „nicht näher bezeichnete" (NNB) Diagnose	- Kriterien von *2a* erfüllt - klinische Krankheitsdiagnose (Anamnese, subjektives Krankheitserleben, objektive Funktionseinschränkungen) und therapeutische Interventionsbedürftigkeit, *aber* - *keine spezifizierte DSM-III-R-Diagnose möglich*
3. **DSM-III-R-Diagnose, spezifiziert**	- erste Kriterien von *2b* erfüllt, *aber* - *spezifizierte DSM-III-R-Diagnose möglich*

Nach klinischer Einschätzung wurden alle Fälle der Gruppen 2b und 3 grob in die Schweregrade leicht, mittel und schwer eingeteilt. Dazu wurde die GAF-Skala[2] benutzt sowie beurteilt, ob eine ärztliche Behandlungsintervention notwendig ist (vgl. Tabelle 4). Anzumerken ist, daß es sich bei den leichten Fällen um sehr leichte Fälle und bei den schweren Fällen im Vergleich zu stationären Patienten höchstens um mittelschwere Fälle handelt.

Eines der psychiatrischen Ziele der Studie ist es nun, die Gruppe mit subdiagnostischer Symptomatik (Fallgruppe 2) weiter zu spezifizieren, und zwar unter Annahme einer Krankheitsschwelle, d. h. zu unterscheiden zwischen „Symptomträgern", bei denen die Symptomatik keinen Krankheitswert erreicht (Symptomebene), und den Studienteilnehmern mit krankheitswertiger, aber nach DSM-III-R „nicht näher bezeichneter" (NNB), also nosologisch nicht spezifizierbarer Symptomatik (siehe Abb. 2). Kein Krankheitswert liegt z. B. vor, wenn Symptome die Alltagsfunktionen oder das subjektive Wohlbefinden nicht wesentlich beeinträchtigen, weil sie zu gering ausgeprägt sind oder nur sporadisch auftreten, oder wenn es sich um eine erst kurz andauernde Reaktion auf ein Lebensereignis, z. B. eine Trauerreaktion, handelt, die voraussichtlich keiner ärztlichen Behandlung bedarf. Vorläufig wurde diese Schwelle zur Identifikation von Krankheitsfällen nur nach dem kli-

Abbildung 1: Diagnostisches Vorgehen am Beispiel der depressiven Störung.

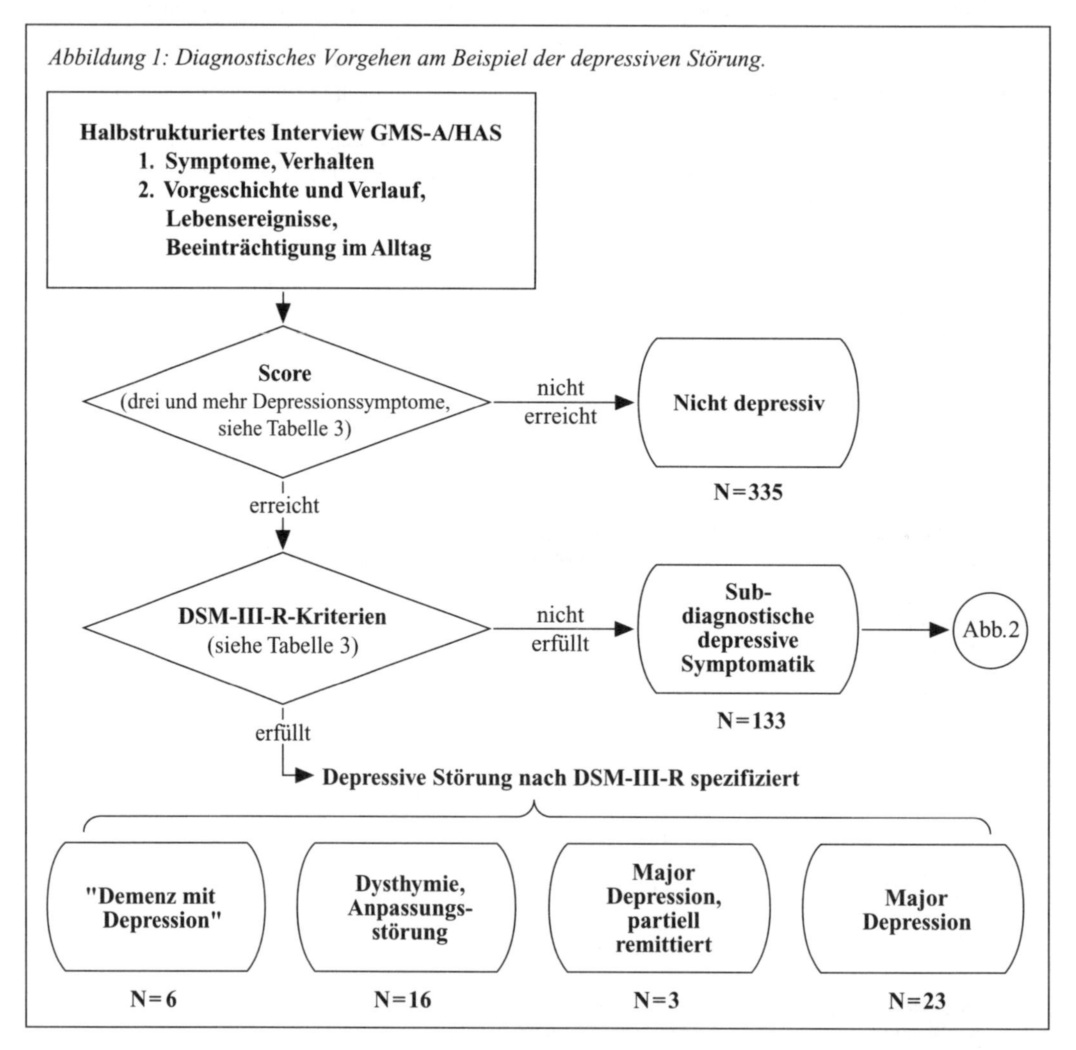

2 Global Assessment of Functioning Scale zur Globalbeurteilung des psychosozialen Funktionsniveaus.

Tabelle 4: Definitionen der Schweregrade psychiatrischer Morbidität.

Schweregrade	Kriterien
leicht	- GAF-Skala: 61–70 - therapeutische Intervention fraglich indiziert
mittel	- GAF-Skala: 41–60 - mäßige soziale Beeinträchtigung - therapeutische Intervention indiziert
schwer	- GAF-Skala: ≤40 - erhebliche Beeinträchtigung in mehreren Bereichen - therapeutische Intervention durch stationäre Aufnahme indiziert

nischen Urteil des untersuchenden Psychiaters festgelegt (siehe 2b in Tabelle 3).

Um eine hohe Interrater-Reliabilität zu erreichen, wurde jeder Fall im Kreise der drei Forschungspsychiater diskutiert. Zur Überprüfung der Reliabilität wurden 52 psychiatrische Untersuchungen im Feld durch einen zweiten Psychiater beobachtet und unabhängig mitbeurteilt. Dabei wurden 47 Studienteilnehmer (90%) von beiden Ratern gleich beurteilt, nämlich 16 als Krankheitsfälle und 31 als Nicht-Krankheitsfälle. Drei Teilnehmer wurden nur vom Untersucher und zwei nur vom Beobachter als Krankheitsfälle identifiziert.

Da auch Symptomträger, die nach klinischem Urteil keine Krankheit haben, krankheitscharakteristisches Verhalten zeigen können, ist die genauere Bestimmung der Schwelle zwischen psychopathologischer Symptomatik ohne Krankheitswertigkeit und solcher mit Krankheitswert sowie der Art und Häufigkeit dieser Symptomatik in BASE spezieller Untersuchungsgegenstand. Dabei ist eines der wichtigsten Auswertungsziele, die Validität der für die subdiagnostische Symptomatik vorläufig festgelegten relativ niedrigen Schwellen (gesund versus Symptomatik und Symptomatik ohne Krankheitswert versus Krankheitsdiagnose) zu überprüfen. Aus der Vorläufigkeit dieser Schwellendefinitionen folgt, daß Prävalenzraten zur psychiatrischen Morbidität mit Unsicherheit belastet sind, wenn sie bei weiter Definition jenen Bereich psychopathologischer Symptomatik mit einbeziehen, der zwar krankheitswertig ist, aber die Kriterien spezifizierter DSM-III-R-Diagnosen nicht erfüllt. Dieser bisher nicht scharf definierte, gleichwohl praktisch wichtige Bereich subdiagnostischer Morbidität wird in der Literatur auch als „subclinical“, „subthreshold“ oder „subsyndromal“ bezeichnet und in BASE als „nicht näher bezeichnete“ (NNB) psychische Krankheit klassifiziert.

Abbildung 2: Weitere Unterteilung der subdiagnostischen psychopathologischen Symptomatik.

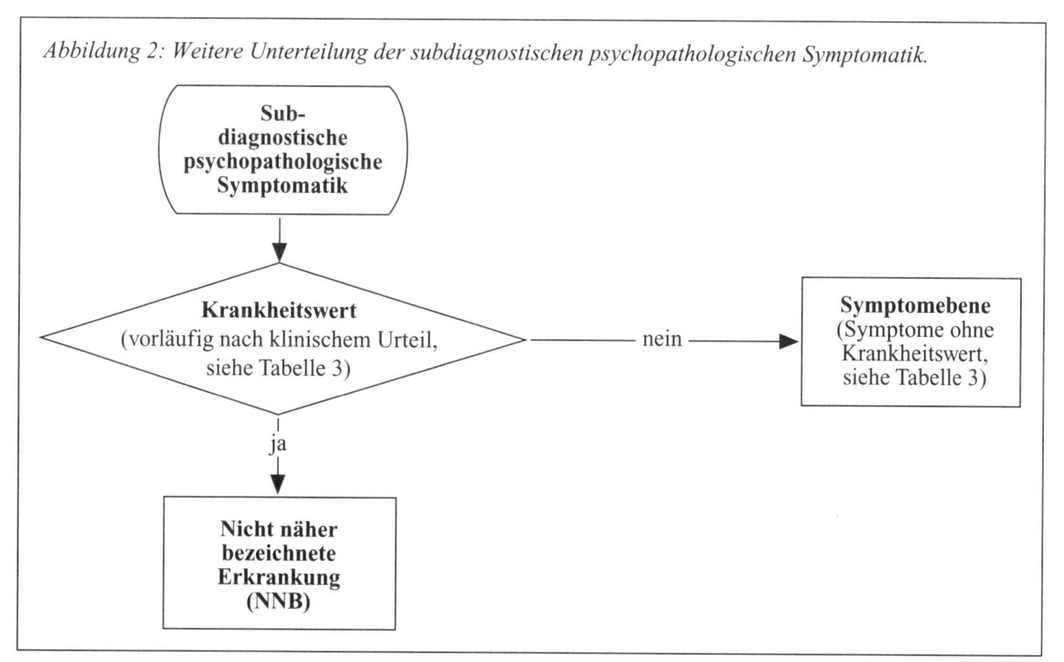

Besonders sei darauf hingewiesen, daß kognitive Störungen mit Krankheitswert ausschließlich als spezifizierte DSM-III-R-Diagnose Demenz kategorisiert wurden, obwohl die für diese Kategorie vorgesehene Spezifizierung nicht durchgeführt wurde. Der Grund liegt vor allem darin, daß die DSM-III-R-Kriterien für die Diagnose des dementiellen Syndroms zwar eindeutig vorlagen, die besonders für die nosologische Differenzierung der primär degenerativen von der vaskulären Demenz erforderlichen anamnestischen Daten jedoch zu unsicher waren und ebenfalls wünschenswerte neuroradiologische Befunde nur bei einem Teil der Studienteilnehmer erhoben werden konnten. In analoger Weise können die kognitiven Störungen ohne Krankheitswert in der Gruppe der reinen Symptomträger auch nicht danach differenziert werden, ob es sich dabei um „gutartige Altersvergeßlichkeit", d. h. um „age associated memory impairment", oder um Symptome einer beginnenden Demenz handelt, da dafür erforderliche Längsschnittdaten noch erhoben werden (siehe Reischies & Lindenberger, Kapitel 13).

Für die Symptomebene bzw. die „Symptomträger" schließlich ergeben sich zwei Möglichkeiten der Definition, je nach Auswertungsinteresse:

1. Bei der Betrachtung spezieller Syndrome ist es sinnvoll, nur die dem Syndrom entsprechenden Krankheiten auszuschließen, nicht aber jede psychiatrische Komorbidität. So liegen den Zahlen in den Tabellen 11, 12 und 14 sowie in Abbildung 5 auf der Symptomebene Studienteilnehmer zugrunde, bei denen eine Depressions- bzw. Demenzdiagnose, nicht aber andere Formen psychiatrischer Komorbidität, z. B. Diagnosen von Angsterkrankungen, ausgeschlossen sind. Diese Art von Syndromdefinition wurde als „Symptomebene" bzw. „Symptomträger" gekennzeichnet.
2. Betrachtet man jedoch alle psychiatrischen Erkrankungen zusammen, dann ist es notwendig, aus der Gruppe der Symptomträger alle Personen auszuschließen, die irgendeine psychiatrische Krankheitsdiagnose (nach DSM-III-R spezifiziert oder als NNB) erhalten haben (wie in Tabelle 5). Für die übrig bleibende Gruppe der ausschließlichen Symptomträger wurde die Bezeichnung „reine" Symptomebene bzw. „reine" Symptomträger gewählt.

Die *Konsensuskonferenz* wurde eigens für BASE entwickelt. In diesem Verfahren werden auf der Basis aller erhobenen Informationen für jeden Studienteilnehmer operationalisierte Ratings zu den vorliegenden Erkrankungen (diagnostische Sicherheit, objektive und subjektive Intensität) sowie zu den Behandlungen, d. h. besonders der Medikation (Art, Dosis, Dauer, unerwünschte Arzneimittelreaktionen, Angemessenheit der Indikationen), von Psychiatern und Internisten gemeinsam durchgeführt. Damit wird es möglich zu untersuchen, ob eine Behandlung angemessen ist oder ob eine Fehl-, Unter- oder Übermedikation vorliegt. Diese Beurteilungen erfolgen nach der Methode des Globalratings. Dabei liegt ein Manual mit definierten Ratingstufen zugrunde. Dieses Rating stützt sich jeweils auf die im Einzelfall maximal verfügbare klinische Information. Angesichts der altersabhängig häufigen Multimorbidität wird außerdem die Validität psychopathologischer Symptomerfassung dadurch überprüft, daß die Internisten die Wahrscheinlichkeit beurteilen, mit der eine bestimmte, mittels psychopathologischer Symptomskalen erfaßte Beschwerde auch Symptom einer vorliegenden internistischen Krankheit sein könnte.

Indikatoren des Alltagsverhaltens und der Alltagskompetenz wurden durch das Yesterday-Interview erfaßt (Moss & Lawton, 1982). Mit seiner Hilfe wurden Art, Häufigkeit und Dauer von Aktivitäten in verschiedenen Lebensbereichen innerhalb des vorangegangenen Tages rekonstruiert, so daß Aussagen über Komplexität und Rhythmus des Alltags möglich wurden. Informationen über die Orte, an denen Aktivitäten stattfanden, erlaubten Rückschlüsse auf die Mobilität im Alltag, und entsprechende Informationen über Personen, die während der Ausführung der Aktivitäten zugegen waren, ließen Schlußfolgerungen zur Nutzung des sozialen Netzwerkes und die Vielfalt sozialer Rollen zu (vgl. M. M. Baltes et al., Kapitel 20).

3. Ergebnisse

Im folgenden soll eine kurze Übersicht über zentrale Befunde des psychiatrischen Erhebungsteils gegeben werden. Detailfragen werden in gesonderten Publikationen behandelt und können aus Platzmangel hier nicht dargestellt werden.

Die Ergebnisse beziehen sich auf die Intensivstichprobe von 516 Studienteilnehmern, je 43 Männer und Frauen je Altersgruppe (70–74, 75–79, 80–84, 85–89, 90–94, 95+ Jahre). 74 Studienteilnehmer waren Heimbewohner[3].

3 Bewohner von Senioren- und Krankenheimen.

3.1 Art und Häufigkeit psychischer Erkrankungen im Alter

Die *Prävalenz*[4] der psychiatrischen Gesamtmorbidität (nach spezifizierten DSM-III-R-Diagnosen; Tabelle 5) liegt mit 24% relativ hoch, aber durchaus noch innerhalb des Bereiches der aus der Literatur bekannten Prävalenzraten, besonders wenn man berücksichtigt, daß diese meist für Bevölkerungen über 65 bzw. 60 Jahre, also mit wesentlich höherem Anteil jüngerer Menschen und geringerer Demenzprävalenz, angegeben werden. Auch unter Einbeziehung leichterer Erkrankungen, d. h. inklusive der „nicht näher bezeichneten" (NNB) psychischen Krankheiten, ergibt sich mit 40% eine mit anderen vergleichbare Prävalenzrate psychiatrischer Gesamtmorbidität, die in der Literatur zwischen 20 und 40% schwankt (Cooper, 1992; Häfner, 1992).

Die häufigsten psychiatrischen Krankheitsgruppen im höheren Lebensalter sind Demenzen und Depressionen. Die gewichtete, d. h. auf die Bevölkerung hochgerechnete *Demenzprävalenz* liegt mit 14% um mehr als das Doppelte über den aus anderen Studien berichteten Demenzhäufigkeiten von 3–7%. Das liegt offenbar daran, daß sich die letztgenannten Berechnungen im Gegensatz zur Berliner Altersstudie in der Regel ausschließlich auf mittelschwer und schwer ausgeprägte Demenzen sowie auf jüngere Populationen ab einem Alter von 65 oder gar nur 60 Jahren beziehen, in denen zudem höchstbetagte Personen mit hohem Demenzrisiko meist viel seltener als in BASE vertreten sind. Rechnet man die BASE-Daten unter Berücksichtigung dieser Einflußgrößen und der Annahme eines Anteils von 0,5% dementer Personen in der 60- bis 69jährigen Bevölkerung hoch, dann lauten die Prävalenzschätzungen 5% bei den über 60jährigen, 6% bei den über 65jährigen und 8% bei den über 70jährigen und entsprechen damit völlig den aus anderen Studien bekannten Befunden.

Für die im Vergleich zur Literatur hohe Prävalenz der *Major Depression* von 5% könnten im wesentlichen zwei Faktoren von Bedeutung sein:

1. Fälle mit wahrscheinlicher oder möglicher Somatogenese wurden hier nicht ausgeschlossen, da diese Differenzierung bisher noch nicht abgeschlossen werden konnte. Die im Abschnitt zur Methodenkritik (S. 211f.) diskutierten Befunde weisen aber auf deren Bedeutung für die Prävalenzraten hin: Denn wenn Depressionen mit ein oder mehreren Symptomen der Major Depression, die immerhin möglicherweise körperlich bedingt sind, ausgeschlossen werden, dann sinkt die Prävalenz für Major Depression auf 1% (N=8).
2. Die Validität von diagnostischen Untersuchungsinstrumenten nimmt im sehr hohen Alter wegen zunehmender Schwierigkeiten, die Untersuchungen unter standardisierten Bedingungen durchführen zu können (z. B. Probleme durch Schwerhörigkeit und Sehverlust oder durch geburtskohortenabhängige Verständnisschwierigkeiten), allgemein ab (Knäuper & Wittchen, 1994; Wells, 1980), so daß mit einer größeren Ergebnisunsicherheit zu rechnen ist.

Vergleicht man die Prävalenzraten der subdiagnostischen Symptomatik (Symptomträger und nicht näher bezeichnete [NNB] Erkrankungen) mit jenen der diagnostizierten Morbidität (spezifizierte DSM-III-R-Diagnosen), dann fällt folgendes auf: Subdiagnostische Symptomatik insgesamt ist mit 33% (16% und 17%) um etwa ein Viertel häufiger als die nach DSM-III-R spezifiziert diagnostizierte Gesamtmorbidität (24%). Weiterhin ist bemerkenswert, daß bei Depressionen subdiagnostische Symptomatik mit dem 2,5fachen (23%) der spezifiziert diagnostizierten Morbidität (10%) unerwartet hoch ist. Bei Angststörungen überwiegt die Prävalenz der subdiagnostischen Symptomatik mit 9% die geringe Prävalenz (2%) der spezifiziert diagnostizierten Angststörungen sogar um gut das Vierfache, wobei es sich in der Mehrheit allerdings nur um reine Symptomträger (6%) handelt. Diese auf psychiatrischen Diagnosen beruhenden Prävalenzraten sind allerdings nur mittelbar mit jenen vergleichbar, die mit Symptom-Scores von Selbstbeurteilungsskalen ermittelt wurden, z. B. in epidemiologischen Untersuchungen zur Depression (Blazer, 1995; Henderson et al., 1993). Bedeutsam ist, daß sich dabei nicht nur Fälle mit nicht näher bezeichneten (NNB) psychischen Erkrankungen, sondern auch reine Symptomträger hinsichtlich verschiedener Morbiditätsindikatoren, z. B. der Beeinträchtigung von Alltagsaktivitäten oder der Medikation, von psychisch unauffälligen Personen unterscheiden (siehe Tabelle 6).

Copeland und Mitarbeiter (1992) fanden in einer Dreijahreskatamnese, daß depressive Symptome bei Symptomträgern (subcase level of depression) eine spätere Depression prädizierten. Auch mit anderen Instrumenten erfaßte Merkmale subdiagnostischer Depressivität sind offenbar ein bedeutsamer Prädiktor späterer Depression (Ernst, Schmid & Angst, 1992; Wallace & O'Hara, 1992). Geiselmann (1995)

4 Punktprävalenz.

Tabelle 5: Häufigkeit psychischer Störungen der 70jährigen und älteren Westberliner anhand gewichteter, d. h. nach Alter und Geschlecht auf die Bevölkerung hochgerechneter BASE-Daten[1,2]. *(Schlafstörungen und somatoforme Störungen sind nicht berücksichtigt.)*

	Diagnostische Morbidität		Subdiagnostische Symptomatik	
	DSM-III-R spezifizierte Diagnosen		Nicht näher bezeichnete (NNB) Erkrankungen	„Reine" Symptomebene[3]
DSM-III-R-Nr.	**Bezeichnung**	**Prävalenz** *% gewichtet* **(N gesamt) [N leicht/mittel/schwer]**	**Prävalenz** *% gewichtet* **(N gesamt) [N leicht/mittel/schwer]**	**Prävalenz** *% gewichtet* **(N)**
Depressive Symptomatik				
	Gesamt	*9,1* (48) [13/31/4]	*17,8* (85) [47/38/–]	*5,2* (24)
296.22–296.24	Major Depression[4]	*4,8* (23) [–/20/3]		
296.25, 296.35	Major Depression, partiell remittiert	*0,6* (3) [nicht definiert]		
300.40	Dysthyme Störung	*2,0* (11) [3/8/–]		
309.00	Anpassungsstörung, depressiv	*0,7* (5) [4/1/–]		
290.21	Demenz mit Depression[5]	*1,0* (6) [2/3/1]		
Angst-Symptomatik				
	Gesamt	*1,9* (8) [3/5/–]	*2,5* (9) [9/–/–]	*6,0* (17)
300.02	Angststörung generalisiert	*0,9* (2) [–/2/–]		
300.01	Panikstörung ohne Agoraphobie	*0,0* (1) [–/1/–]		
300.22	Agoraphobie ohne Panikstörung	*0,8* (3) [2/1/–]		
309.24	Anpassungsstörung, ängstlich	*0,0* (1) [–/1/–]		
300.30	Zwangsstörung	*0,2* (1) [1/–/–]		
Organisch bedingte psychische Symptomatik, kognitiv				
290.00, 290.20, 290.21	Demenz	*13,9* (109) [37/33/39]	nicht definiert	*2,8* (20)

Organisch bedingte psychische Symptomatik, nicht-kognitiv				
	Gesamt		*1,6* (8) [5/3/–]	*2,0* (12)
293.81, 293.82	Organisch bedingte wahnhafte Störung oder Halluzinose	*0,6* (7) [2/5/–]		
310.10	Organisch bedingte Persönlichkeitsstörung	*0,6* (6) [1/5/–]		
Psychische Symptomatik durch psychotrope Substanzen				
	Gesamt		*0,0* (0) [–/–/–]	2,0 (9)
303.90, 305.00	Alkoholkrankheit oder -mißbrauch	*1,1* (9) [3/6/–]		
304.10, 305.40	Mißbrauch oder Abhängigkeit von Sedativa, Hypnotika, Anxiolytika	*0,7* (3) [–/3/–]		
Schizophrene und paranoide Symptomatik				
	Gesamt		*0,0* (0) [–/–/–]	0,0 (0)
295.62	Schizophrenie, residualer Typus, chronisch	*0,2* (1) [nicht definiert]		
297.10	Wahnhafte (paranoide) Störung	*0,5* (2) [–/2/–]		
Gesamt		Mindestens *eine* nach DSM-III-R spezifizierte Diagnose	Mindestens eine NNB Erkrankung, aber keine nach DSM-III-R spezifizierte Diagnose	Symptom, aber keine NNB Erkrankung oder nach DSM-III-R spezifizierte Diagnose
Alle		*23,5* (166)	*16,9* (72)	*16,0* (74)

1 Erhebungszeitraum 1990–1993.
2 Mehrfachnennungen bei Komorbidität, siehe z. B. Fußnote 4.
3 „Reine" Symptomträger: Studienteilnehmer, die keine Erkrankungsdiagnose aus der gleichen Tabellenzeile haben und auch nicht irgendeine andere nach DSM-III-R spezifizierte oder NNBDiagnose einer anderen Kategorie.
4 Inklusive vier Fällen mit zusätzlicher Diagnose einer leichten Demenz, wobei sich die depressive Symptomatik so deutlich abhebt, daß eine unabhängige Depressionsdiagnose gerechtfertigt erscheint.
5 Fälle, die formal die Kriterien für Major Depression erfüllen, wegen ebenso deutlicher Demenz-Symptomatik aber nicht als Major Depression klassifiziert werden können (siehe DSM-IIIR-Manual). Diese Fälle sind deshalb auch in der DSM-III-R-Kategorie „Demenz" erhalten.

Tabelle 6: Unterschiede zwischen verschiedenen Diagnosestufen von Depression hinsichtlich einiger häufig mit Depression assoziierter Morbiditätsindikatoren[1] (Mittelwerte ± Standardabweichungen).

	Nicht depressiv N=270	**Symptom-ebene N=34**	**Depressive Erkrankung NNB N=66**	**Depressive Störung DSM-III-R N=37**
ADL-Wert (Barthel-Index)	95,5 ± 8,8*	89,1 ± 16,7	89,8 ± 13,6	85,7 ± 16,3
IADL-Wert	16,6 ± 5,4	14,0 ± 7,3	13,3 ± 7,0*	9,7 ± 7,1
Anzahl häufiger körperlicher Erkrankungen	2,9 ± 1,8	3,5 ± 2,1	3,9 ± 1,9	3,6 ± 2,0
Anzahl somatischer Arzneimittel[2]	3,6 ± 2,5	4,4 ± 3,0	5,1 ± 2,8	4,9 ± 3,0
Anzahl der Psychopharmaka (inkl. Sedativa/Hypnotika)	0,25 ± 0,50	0,38 ± 0,70	0,48 ± 0,64*	0,89 ± 1,00

* Signifikanter Unterschied zur nächsten Diagnosestufe (Scheffé-Test, $p<0,05$).
1 Demenzfälle (N=109) wurden ausgeschlossen, um einen Effekt der Demenz auf die Variablen zu eliminieren. Alle fünf Variablen ändern sich signifikant mit der Depressionsdiagnosestufe (ANOVA, $p<0,01$).
2 Angaben der Studienteilnehmer bei der psychiatrischen Anamneseerhebung zum Arzneimittelgebrauch der letzten 14 Tage (ohne äußerlich angewandte Arzneimittel und ohne Psychopharmaka und Sedativa/Hypnotika).

zeigte an der BASE-Stichprobe, daß affektive Erkrankungen (illness case level), die das Zeitkriterium spezifizierter DSM-III-R-Diagnosen nicht erfüllten, praktisch das gleiche Symptomprofil wie die spezifiziert diagnostizierte Dysthymie aufwiesen. Dies entspricht Befunden von Angst, Merikangas, Scheidegger und Wicki (1990) aus der Züricher Feldstudie, die danach eine kurzdauernde und rezidivierende Depression (recurrent brief depression) mit erheblichen Folgen für Lebensqualität, Arbeitsfähigkeit und soziale Beziehungen definierten. Philipp und Mitarbeiter (1992) sahen die Differenzierung der Gruppe der im DSM-III-R nicht näher bezeichneten affektiven Störungen als Voraussetzung für pharmakotherapeutische Studien bei vorzugsweise ambulanten Patienten an. Henderson und Mitarbeiter (1993) haben kürzlich die Untersuchung der praktischen Bedeutung dieser subdiagnostischen affektiven Symptomatik zu einer wichtigen ungelösten Forschungsaufgabe erklärt.

Angesichts der hier beschriebenen Prävalenzraten psychischer Störungen muß aber auch besonders darauf hingewiesen werden, daß fast die Hälfte (44%) der alten Menschen psychiatrisch unauffällig ist.

Die allgemeinen Aussagen zur Prävalenz können nun erheblich differenziert werden, wenn die Altersabhängigkeit der Morbidität berücksichtigt wird (siehe Abb. 3). Der Befund bestätigt die aus der Literatur bekannte Tatsache (Jorm et al., 1987), daß die psychiatrische Morbidität im hohen Alter deutlich zunimmt, und zwar fast nur durch den Demenzanstieg.

Dies schlägt sich aber in der Morbidität der Gesamtheit aller 70jährigen und Älteren nicht nieder, da

Abbildung 3: Altersabhängigkeit der psychiatrischen Gesamtmorbidität sowie der Depressions- und Demenzprävalenz (nach Geschlecht gewichtete Daten); Rohwerte ohne Berücksichtigung der Selektivitätsanalysen. Es wurden jeweils spezifische DSM-III-R-Diagnosen sowie nicht näher bezeichnete (NNB) Diagnosen zusammengefaßt.

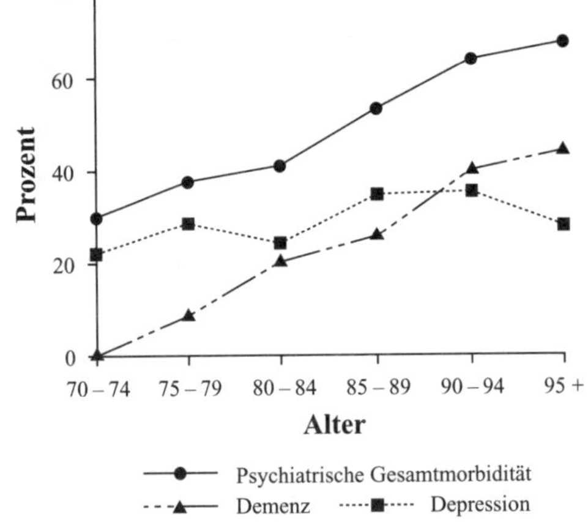

– wie die Betrachtung der Größenordnungen zeigt – der Anteil der Höchstbetagten mit relativ großer Häufigkeit von Demenzen an der 70jährigen und älteren Population sehr klein ist.

Darüber hinaus können in den folgenden Abschnitten weiterführende Aussagen zu noch offenen Detailfragen gemacht werden.

3.1.1 Demenzprävalenz

Die Prävalenz der Demenzen steigt mit zunehmendem Alter stark an: von 0% bei den 70- bis 74jährigen auf etwa 40% bei den 90- bis 94jährigen. Diese Alterskorrelation bleibt erhalten, wenn man sich nur auf die mittel und schwer ausgeprägten Demenzen beschränkt. Die Prävalenzraten lauten dann für 70- bis 74jährige 0%, für 80- bis 84jährige 11%, für 90- bis 94jährige 32%. Der Anstieg verläuft jedoch nicht exponentiell. Für Männer jenseits des 95. Lebensjahres findet sich kein Anstieg mehr (vgl. Abb. 4). Die Abweichung von der nach Jorm und Mitarbeitern (1987) in der Altersgruppe der 95jährigen und Älteren erwarteten Zunahme der Prävalenz ist für Männer wie für Frauen statistisch signifikant.

Dieser Befund erscheint angesichts des in der Literatur nicht bekannten Umfanges der hier untersuchten Population von Höchstbetagten (86 Personen im Alter von 95 und mehr Jahren) bedeutsam. Denn er könnte dafür sprechen, daß die in der Literatur eher extrapolierte als belegte exponentielle positive Altersabhängigkeit der Demenz weder für Frauen noch gar für Männer über 95 Jahre zutrifft. In die gleiche Richtung weist, daß der Befund sich gegen einen entgegenwirkenden Kohorteneffekt (niedrigeres Bildungsniveau der vor 1900 Geborenen) durchsetzt. Obwohl Selektivitätseffekte bei den Drop-outs nachweisbar sind (siehe Lindenberger et al., Kapitel 3), ist noch unklar, inwieweit sie die Abflachung des Prävalenzanstiegs ganz erklären können. Wenn diese Selektivitätseffekte in der Tat im Spiel sind, wäre es plausibel anzunehmen, daß in BASE die Demenzprävalenz mit dem Alter zwar nicht exponentiell, aber doch weiterhin zunimmt. Der Befund läßt überdies eine geschlechtsdifferente Altersabhängigkeit der Demenzhäufigkeit erkennen, deren Bedeutung jedoch nicht klar ist.

3.1.2 Depressionsprävalenz

Die Prävalenz der Depressionen zeigt keinen eindeutigen Trend über die Jahrgänge jenseits des 70. Lebensjahres. Dies gilt für Major Depression und Dysthymie ebenso wie für die unspezifischen, aber nach klinischem Urteil behandlungsbedürftigen depressiven Syndrome, die die spezifischen Kriterien nach DSM-III-R nicht erfüllen.

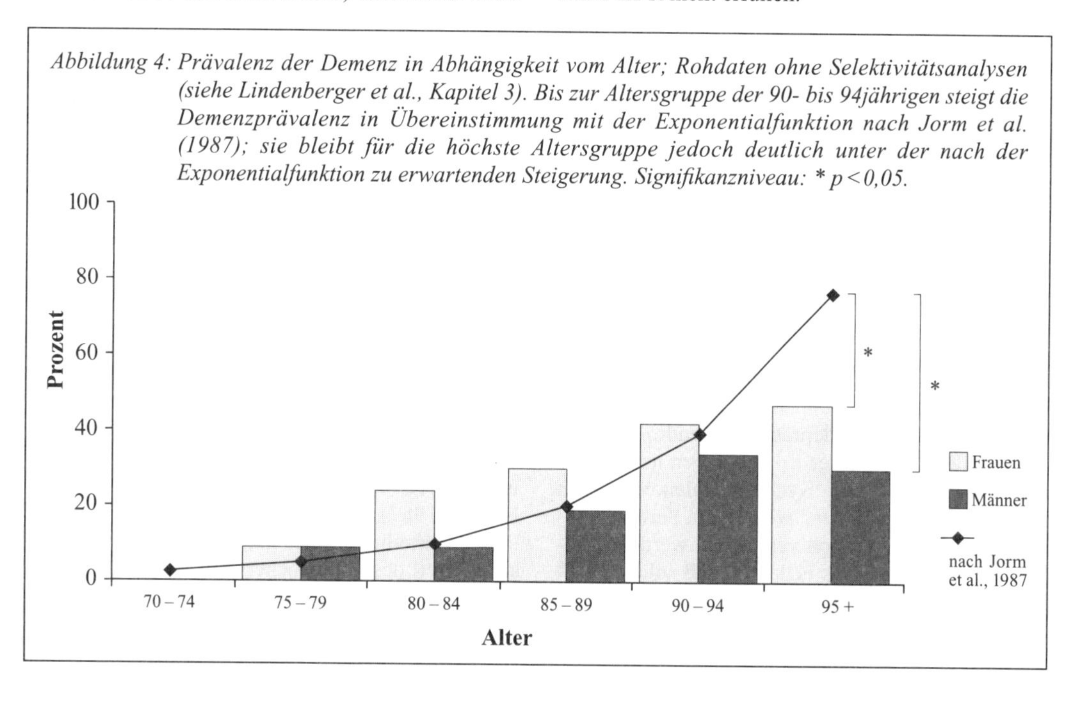

*Abbildung 4: Prävalenz der Demenz in Abhängigkeit vom Alter; Rohdaten ohne Selektivitätsanalysen (siehe Lindenberger et al., Kapitel 3). Bis zur Altersgruppe der 90- bis 94jährigen steigt die Demenzprävalenz in Übereinstimmung mit der Exponentialfunktion nach Jorm et al. (1987); sie bleibt für die höchste Altersgruppe jedoch deutlich unter der nach der Exponentialfunktion zu erwartenden Steigerung. Signifikanzniveau: * $p<0,05$.*

Die Prävalenz von aktueller Major Depression liegt für alle Studienteilnehmer – gewichtet nach Alter und Geschlecht – bei 5%, altersgewichtet für Frauen bei 6% und für Männer bei 4%. Die nach Geschlecht gewichteten Prozentanteile je Altersgruppe schwanken zwischen 4% und 9%. Da dies wegen der relativ kleinen Fallzahlen pro Gruppe aber nur einen Unterschied von maximal drei bis vier Fällen zwischen den Gruppen bedeutet, läßt sich kein signifikanter Trend einer Altersabhängigkeit der Major Depression sichern. Das gleiche gilt auch, wenn man alle depressiven Erkrankungen (Major Depression, Dysthymie und auch die klinisch auffälligen, aber nicht näher bezeichneten [NNB] depressiven Störungen) zusammenfaßt: Gewichtet nach Alter und Geschlecht finden sich 27% der Studienteilnehmer mit depressiven Erkrankungen, mit einem Minimum von 23% und einem Maximum von 36%, über die verschiedenen Altersgruppen verteilt. Auch für diese weitgefaßte Gruppe depressiver Erkrankungen läßt sich ein signifikanter Trend über die Altersgruppen nicht sichern.

Gleiches trifft für die durchschnittliche Ausprägung des depressiven Syndroms zu, so wie es im Fremdrating mittels HAMD erfaßt wird (vgl. Tabelle 7). Auch hier sind keine signifikanten Unterschiede zwischen den Altersgruppen festzustellen. Etwas anders stellt sich die Situation hingegen bei der Depressivitäts-Selbstbeurteilungsskala CES-D dar. Hier findet sich varianzanalytisch ein signifikanter Unterschied über die Altersgruppen hin, und zwar sowohl für die Gesamtgruppe als auch für Männer und Frauen getrennt. Die weitere Überprüfung auf Unterschiede zwischen den einzelnen Altersgruppen mittels des Scheffé-Tests zeigt, daß die wesentlichen Unterschiede zwischen den jüngeren Alten bis zum 85. Lebensjahr und den älteren Alten jenseits des 85. Lebensjahres liegen. Diese Befunde stimmen mit Ergebnissen von Wallace und O'Hara (1992) überein, die ebenfalls eine Zunahme der CES-D-Werte mit steigendem Alter fanden, sowie partiell mit denen von Fuhrer und Mitarbeitern (1992), die einen solchen Anstieg allerdings nur für Männer nachweisen konnten.

Zur Interpretation dieses Befundes muß man alle drei Meßebenen für Depression, d. h. Selbst- und Fremdbeurteilung des depressiven Syndroms sowie die Prävalenz depressiver Erkrankungen im Kontext miteinander betrachten. Syndromskalen, vor allem Selbstbeurteilungsskalen, können als Screeninginstrumente für Depression verstanden werden (Radloff & Teri, 1986). Das bedeutet, daß solche Meßinstrumente eine höhere Sensitivität auf Kosten der Spezifität haben. Sie erfassen somit zu einem Teil auch nicht-depressive unspezifische Beschwerden und Gefühle des Belastetseins (Wallace & O'Hara, 1992). Darauf deutet eine signifikante negative Korrelation (r = -0,64) zwischen der CES-D und dem psychologischen Konstrukt des subjektiven Wohlbefindens hin (siehe Smith et al., Kapitel 19). Als Indiz dafür könnte auch gewertet werden, daß in einer französischen Untersuchung für Frauen ein um sechs Punkte höherer Schwellenwert (23 versus 17) für Depressivität empfohlen wurde, d. h., daß Frauen häufiger als Männer CES-D-Beschwerden angeben, denen keine fremdbeurteilte Depressivität entspricht (Fuhrer & Rouillon, 1989).

Im gleichen Sinne können mit Depressivitätsskalen auch Beschwerden erfaßt werden, die mit der alterstypischen Multimorbidität zusammmenhängen. So könnte der Zusammenhang erhöhter CES-D-Werte mit körperlichen Behinderungen (Berkman et al., 1986; Gatz & Hurwics, 1990) dahingehend interpretiert werden, daß durch die CES-D auch nicht-depressive Beschwerden erfaßt werden. Ähnliches gilt für den Befund, daß die CES-D-Werte bei Männern zwar niedriger als bei Frauen liegen, aber stärker mit körperlichen Behinderungen korrelieren (Fuhrer & Rouillon, 1992). In unserer Stichprobe korreliert die Summe internistischer Erkrankungen etwas höher mit der Summe der eher somatischen CES-D-Merkmale als mit der Summe eher psychischer CES-D-Merkmale (0,23 versus 0,16). Analoges gilt für die HAMD (0,29 versus 0,17). Vor allem aber wird die Vermutung, daß mit diesen Depressionsskalen nicht nur psychopathologische, sondern auch somatische Beschwerden bei körperlichen Krankheiten erfaßt werden, durch den Befund gestützt, daß sich der durchschnittliche Summenwert der HAMD von 5,7 auf 2,9 nahezu halbiert bzw. der Prozentsatz der als depressionsfrei anzusehenden Studienteilnehmer (mit einem Score von 0–6) von etwas mehr als 60% auf über 80% steigt, wenn man solche Symptome nicht wertet, die ebensogut auch durch somatische Morbidität erklärt werden könnten (Linden & Borchelt, 1995). Denn was für die Fremdbeurteilungsskala HAMD gilt, muß für die Selbstbeurteilungsskala CES-D in noch stärkerem Maße angenommen werden. Fremdbeurteilungsskalen messen nämlich – wie seit langem bekannt ist – auch insofern partiell etwas anderes als Selbstbeurteilungsskalen (Boyle, 1985; Steer, Beck, Riskind & Brown, 1987), als in die Symptombewertung bei Fremdbeurteilungsskalen immer auch noch das klinische Urteil des Untersuchers mit eingeht, während Beschwerden bei Selbstbeurteilungsskalen quasi ungefiltert abgebildet werden und so z. B. durch depressive Kognitionen oder durch Anosognosie verzerrt

Tabelle 7: Alter, Geschlecht und Depression (Mittelwerte von CES-D und HAMD für jede Altersgruppe, gewichtete Prozentwerte je Gruppe für Depressionsdiagnosen).

	Syndrom-Ratingskalen						Psychiatrische Depressionsdiagnosen					
	CES-D Selbstbeurteilung			HAMD Fremdbeurteilung			Depressive Störung DSM-III-R und depressive Erkrankung NNB			DSM-III-R Major Depression (akut und teilremittiert)		
	Männer	Frauen	Alle	Männer	Frauen	Alle	Männer	Frauen	Alle	Männer	Frauen	Alle
70–74	10,1	11,7	10,9	3,7	5,0	4,4	16	26	23	2,3	4,7	3,9
75–79	11,3	15,6	13,4	3,8	7,9	5,9	16	33	28	2,3	4,7	4,0
80–84	10,8	14,6	12,7	5,3	6,7	6,0	19	26	24	4,7	7,0	6,4
85–89	13,7	16,8	15,2	5,3	7,0	6,1	33	35	33	7,0	7,0	7,0
90–94	14,6	19,7	17,1	5,2	6,9	6,1	19	40	36	4,7	9,3	8,5
95+	13,4	16,6	15,0	4,5	6,7	5,6	19	30	29	2,3	4,7	4,4
F/χ^2	2,3	3,0	4,9	0,8	0,9	1,0	2,3	3,7	5,1	1,0	1,3	2,3
p	0,05	0,012	0,0002	n.s.	n.s.	n.s.	n.s.	0,02	n.s.	n.s.	n.s.	n.s.
Alle	12,3	15,8	14,1	4,6	6,7	5,7	19	30	27	3,5	5,9	5,3
t-Test (zweiseitig)		p=0,000			p=0,000			χ^2=5,0 p=0,02			χ^2=1,1 n.s.	

werden können. Entsprechend ist auch die Korrelation zwischen CES-D und HAMD mit r=0,65 nur mäßig ausgeprägt.

Zusammengefaßt sollte demnach trotz der CES-D-Befunde an der Schlußfolgerung festgehalten werden, daß zumindest anhand der lediglich querschnittlichen Befundlage von BASE ein ausgeprägter Altersgang für depressive Erkrankungen jenseits des 70. Lebensjahres nicht nachzuweisen ist. Festzuhalten ist weiterhin, daß sich bei Frauen im Vergleich zu Männern sowohl in den Syndromskalen als auch in den Prävalenzraten der depressiven Erkrankungen eine vermehrte Depressivität oder mehr depressive Erkrankungen finden, auch wenn der Geschlechtsunterschied für Major Depression wegen der kleinen Zahlen keine Signifikanz aufweist. Der an jüngeren Altersgruppen vielfach beobachtete Geschlechtsunterschied bei depressiven Störungen (Gebhardt & Kliemitz, 1986) könnte danach auch für das hohe Alter gelten.

3.1.3 Assoziation von Demenz und Depression

Depression und Demenz zeigen auf der diagnostisch-kategorialen Ebene keine konsistent überzufällige Assoziation miteinander (Helmchen & Linden, 1993). Auf der dimensionalen Ebene der Ausprägung der Symptomatik sind die Beziehungen jedoch offenbar komplizierter. Einerseits findet sich ebenfalls kein Einfluß der nach DSM-III-R diagnostizierten Depression auf den MMSE-Score (Reischies & Geiselmann, 1995). Andererseits ist aber ein Zusammenhang zwischen leichter bis mittlerer kognitiver Störung und Depressivität nachzuweisen, speziell eine Zunahme von Studienteilnehmern mit depressiver Symptomatik bei steigender kognitiver Beeinträchtigung. Das depressive Syndrom wird sowohl in der Selbstbeurteilung mittels CES-D (siehe Abb. 5a) als auch in der Fremdbeurteilung durch den Psychiater mittels HAMD (Abb. 5b) (selbst nach Ausschluß der vermutlich somatisch verursachten Merkmale, siehe Abschnitt 3.4.3, S. 211f.) bis zu einem leichten Grad kognitiver Beeinträchtigung signifikant ausgeprägter. Auch die Variabilität nimmt zu. Es zeigt sich dabei jeweils kein signifikanter zusätzlicher Einfluß des Alters. Dagegen finden sich bei einem hohen Grad von kognitiver Störung, d. h. bei MMSE-Scores unterhalb von 16, auf den Depressionsskalen CES-D und HAMD mit unter 15 bzw. unter 10 Punkten ausschließlich Werte, die deutlich unterhalb verschiedener Schwellenwerte für Depressionen liegen (z. B. 16 Punkte in der CES-D, bzw. 13 oder 18 Punkte in der HAMD).

Abbildung 5: Verteilung der Depressions-Scores, a) HAMD und b) CES-D, im Verhältnis zum MMSE-Score. Boxplot-Darstellung: Einzelne Punkte und Sterne zeigen Ausreißer (○) und Extremwerte (*) an.

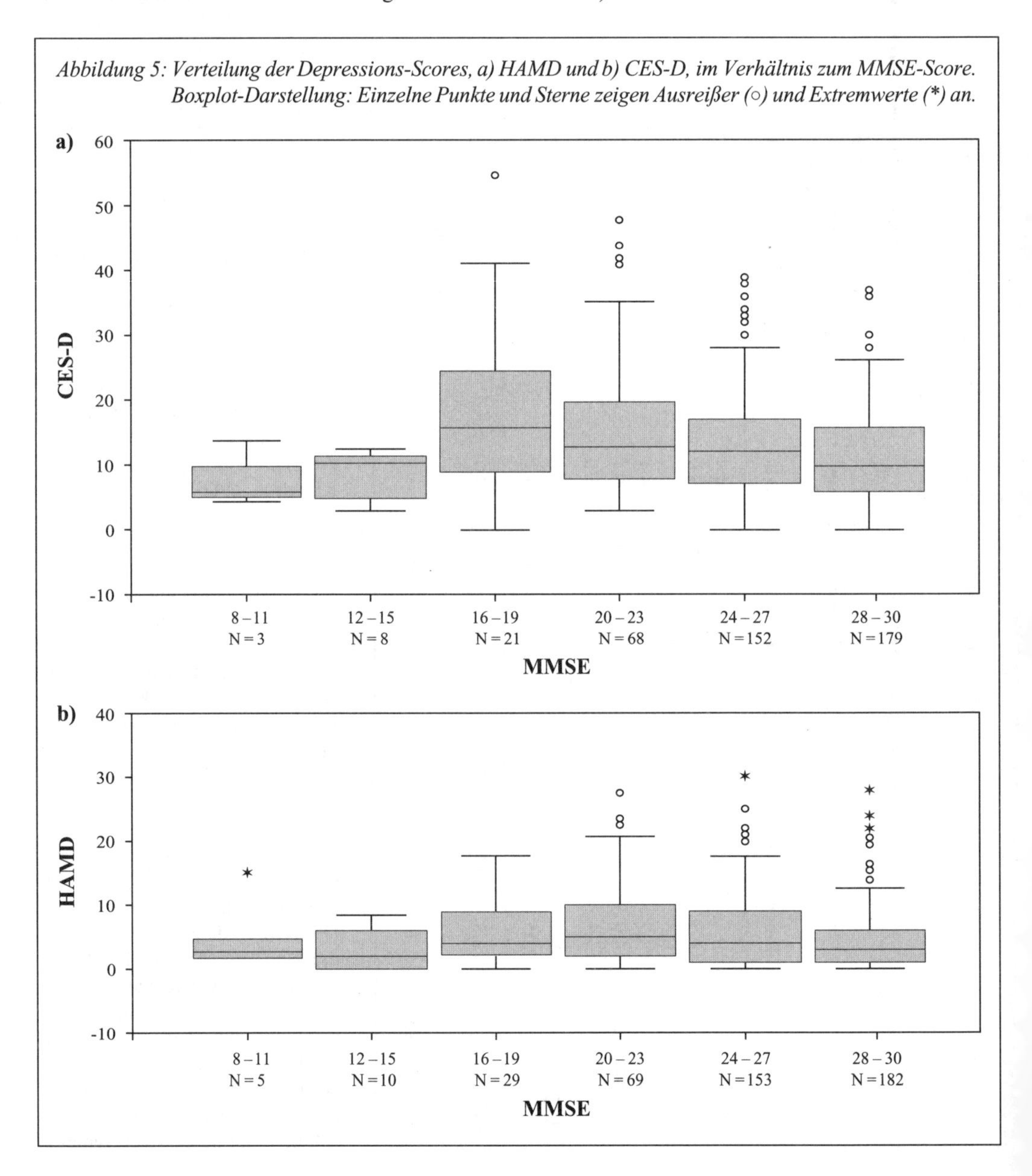

Ob es bei stark ausgeprägtem Demenzsyndrom zu einer Verringerung der Ausprägung des depressiven Syndroms oder gar zu einem völligen Fehlen von depressiver Symptomatik kommt, muß offen gelassen werden. Einerseits sind Selektivitätsprobleme zu berücksichtigen (siehe Abschnitt 3.4.1, S. 211; siehe auch Lindenberger et al., Kapitel 3). Jedenfalls finden sich bei den Studienteilnehmern, die schon nach der Kurzbefragung aus der Studie ausschieden, durchaus Personen, bei denen ausgeprägte dementielle und depressive Störungen gleichzeitig vorliegen. Möglicherweise scheiden Personen mit beiden Syndromen überproportional häufig aus Feldstudien aus, wohingegen klinische Patienten dies nicht können und sich deshalb bei ihnen häufiger positive Korrelationen finden (Henderson, 1990). Andererseits ist die Validität der Depressionserhebung bei schwer dementen Personen fragwürdig. Diese Personen können möglicherweise Interviewfragen und Fragebögen nicht ausreichend verstehen und auch über ihre Stimmung und ihr Körpererleben nicht berichten, wie dies Knäuper und Wittchen (1994) kürzlich sogar für eine nicht-demente alte Population gezeigt haben. Immerhin fanden sich in der BASE-Stichprobe bei drei von elf der schwer Dementen mit fehlenden Angaben in der CES-D (siehe Tabelle 14) auch andere Depressivitätsmerkmale in der Kurzbefragung, d. h. in gut einem Viertel.

Das in dieser Feldpopulation beobachtete Fehlen des an klinischen Populationen immer wieder beschriebenen positiven Zusammenhanges zwischen kategorial diagnostizierter Demenz und Depression (Henderson, 1990; Lammi et al., 1989; Post, 1962; Reifler, Larson & Hanley, 1982; Reischies, 1993) könnte somit aus einer positiven Korrelation in der beginnenden Demenz und einer negativen Korrelation bei schwerer Demenz resultieren. Im gleichen Sinne kann die im Bereich leicht bis mittel ausgeprägter kognitiver Störungen erhöhte Variabilität der mittels Skalen dimensional erfaßten Depressivitätswerte interpretiert werden.

Dieser Befund scheint wegen der eindeutigen Altersabhängigkeit der Demenzen dem vorher (S. 200f.) beschriebenen Befund weitgehend fehlender Altersabhängigkeit von Depressionen zu widersprechen. Es muß deshalb geprüft werden, ob sich der Widerspruch dadurch auflösen läßt, daß zum einen Depressivität vorzugsweise bei vaskulär bedingten Demenzen beobachtet wurde (Sultzer, Levin, Mahler, High & Cummings, 1993) und diese mit selektiv höherer Mortalität belastet sein könnten, also im höheren Alter kaum noch vorkommen, und daß zum anderen Depressivität bei kürzerer Verlaufsdauer der Demenzen im hohen Alter ebenfalls kürzer dauert und deshalb – oder auch unabhängig davon – seltener auftritt.

3.2 Prädiktoren psychischer Erkrankungen im Alter

Da zu solchen Faktoren nur widersprüchliche und hypothesen-generierende Befunde vorliegen, werden hier zwei weiterführende und praktisch wichtige Befunde mitgeteilt, die zugleich das interdisziplinäre Potential von BASE illustrieren sollen.

3.2.1 Soziale Faktoren und Demenz

Zur Assoziation von sozialen Faktoren und Demenz, insbesondere zur Frage, ob die aktuelle soziale Lage oder spezifische Belastungen im Lebensverlauf mit dem Demenzrisiko verknüpft sind, wurden logistische Regressionen mit Demenz als abhängiger Variable geschätzt (Wagner & Kanowski, 1995)[5].

In einem ersten Schritt wurden nur die Variablen Alter und Geschlecht in das Modell einbezogen. In einem zweiten Schritt wurden zusätzlich Aspekte der sozialen Lage berücksichtigt: das allgemeine und das berufliche Bildungsniveau, die Schichtzugehörigkeit (siehe Mayer & Wagner, Kapitel 9), der Familienstand sowie die Wohnsituation (Heimbewohner versus im Privathaushalt Lebende). In einem dritten Schritt wurden spezifische Belastungen im Lebenslauf in den Bereichen Beruf, Familie und Partnerschaft betrachtet: das Ausmaß belastender Arbeitsanforderungen und nicht-normative familiale Ereignisse wie die Ehescheidung oder der Tod von Kindern (vgl. Tabelle 8).

Die Analysen bestätigen den bereits dargestellten Befund, daß mit zunehmendem Alter das Demenzrisiko ansteigt. Pro Altersjahr nimmt das Demenzrisiko durchschnittlich mit dem Faktor 1,12 zu, bei fünf Al-

5 Bei diesen logistischen Regressionen ist die abhängige Variable das Verhältnis zweier Wahrscheinlichkeiten, nämlich der Wahrscheinlichkeit, daß eine Demenz diagnostiziert wurde, und der Wahrscheinlichkeit, daß dieses nicht der Fall war. Dieses Wahrscheinlichkeitsverhältnis bezeichnen wir als „Risiko" („Odds-ratio") einer Demenzerkrankung. In Tabelle 8 sind die Effektkoeffizienten ausgewiesen. Sie geben an, inwieweit sich das Risiko einer Demenz verändert, wenn sich die unabhängige Variable in ihrer Dimension um eine Maßeinheit verschiebt. Ist der Koeffizient gleich 1, dann hat die jeweilige Variable keinen Einfluß auf Demenzerkrankungen. Ist sie größer als 1, ist die Wahrscheinlichkeit, daß eine Demenz vorliegt, größer als die Wahrscheinlichkeit, daß sie nicht vorliegt.

Tabelle 8: Soziale Lebenslage, ausgewählte Lebenslauffaktoren und Demenz: logistische Regression (N=516; ungewichtete Stichprobe).

	Odds-ratio (exp [b])		
Alter	1,12**	1,10**	1,10**
Geschlecht[1]	1,56*	1,17	0,98
Volksschulabschluß		2,72**	2,97**
Keine Berufsausbildung		1,25	1,30
Zugehörigkeit zu den unteren Sozialschichten[2]		1,78*	1,90*
Verheiratet		0,88	0,87
Heimbewohner		5,08**	4,94**
Arbeitsbelastung im Erwerbsverlauf[3]			0,90
Jemals Ehescheidung erlebt			1,20
Anzahl gestorbener Kinder			1,08

Signifikanzniveau: ** p<0,01; * p<0,05.
1 Kodiert wurde: 1=weiblich, 0=männlich.
2 Die hier verwendete fünfstufige Schichtskala wird näher in Kapitel 9 von Mayer und Wagner erläutert. Die unteren drei Schichten wurden zu einer Kategorie („untere Schichten") zusammengefaßt. Referenzgruppe sind die beiden oberen Schichten.
3 Arbeitsbelastungen werden durch die Skala von Henninges (1981) erhoben. Diese Skala klassifiziert Arbeitsplätze nach dem Ausmaß belastender Arbeitsanforderungen. Vier Arten von Arbeitsbelastungen werden unterschieden: schwere körperliche Arbeit, Arbeit unter Umweltbelastungen (Nässe, Kälte, Hitze, Lärm etc.), Nacht- und Schichtarbeit sowie restriktive Arbeitsbedingungen (starke Reglementierung der Arbeitsabläufe). Für die Zwecke dieser Studie wurde ein Summenwert gebildet, der alle beruflichen Tätigkeiten, die im Laufe des Erwerbslebens ausgeübt wurden, einbezieht.

tersjahren demzufolge um den Wert $1{,}12^5=1{,}76$. Diese Altersabhängigkeit verringert sich nur schwach, wenn der Einfluß sozialer Faktoren berücksichtigt wird. Bei Frauen ist ohne Kontrolle anderer Faktoren das Demenzrisiko um das 1,5fache erhöht. Dieser Geschlechtseffekt wird indessen deutlich geringer und verliert seine Signifikanz, wenn Elemente der sozialen Lage berücksichtigt werden. Nähere Analysen zeigen, daß insbesondere das Bildungsniveau für den Geschlechtseffekt verantwortlich ist.

Volksschulabsolventen unterliegen im Vergleich zu Absolventen höherer Bildungsabschlüsse einem 2,7fachen Demenzrisiko. Die allgemeine Schulbildung erweist sich im Vergleich zu Berufsausbildung als der stärkere Prädiktor. Aber selbst bei Berücksichtigung der Bildung hängt die Demenz auch mit der Schichtzugehörigkeit signifikant zusammen: Bei Angehörigen der drei unteren Schichten wurde häufiger eine Demenz diagnostiziert als bei den beiden oberen Schichten. Die Demenzdiagnose ist jedoch unabhängig davon, ob die Studienteilnehmer zum Zeitpunkt der Befragung verheiratet waren. Heimbewohner weisen im Vergleich zu in Privathaushalten lebenden Studienteilnehmern ein sehr hohes Demenzrisiko auf. Hier ist allerdings davon auszugehen, daß es nicht der Heimaufenthalt ist, der zur Demenz führt, sondern umgekehrt eine vorhandene Demenz den Übergang in ein Heim beschleunigt. Die einbezogenen Indikatoren beruflicher und familialer Belastung im Lebensverlauf haben keinen signifikanten Einfluß auf das Risiko einer Demenzerkrankung.

3.2.2 Somatische Risikofaktoren für Depression und Demenz

Studienteilnehmer mit depressiven Störungen weisen im Vergleich zu psychisch unauffälligen Studienteilnehmern eine insgesamt größere Anzahl chronischer körperlicher Erkrankungen auf (Tabelle 9)[6]. Studienteilnehmer mit Demenzerkrankungen zeigen vor allem in den Funktionstests bezüglich Niere, Lunge, Schilddrüse und Blutbild wie auch in Maßen der funktionellen Behinderung signifikant schlechtere Werte als die gesunde Vergleichsgruppe.

Unter den somatischen Risikofaktoren für Depression und Demenz ist auch die ärztliche Pharmakotherapie von Bedeutung. So zeigt sich, daß der vergleichsweise hohe Arzneimittelkonsum bei depressiven Störungen auch mit einem erhöhten Risiko unerwünschter psychischer Begleitwirkungen einhergeht. Substanzen wie Methyldopa, Betablocker, Kortikosteroide oder Levodopa können depressionsähnliche Symptome verursachen. Allerdings ist eine Kausalattribution im Einzelfall schwierig, so daß man gemäß der internationalen Konvention nur deskriptiv von „unerwünschten Ereignissen" (Events) in den Fällen spricht, in denen ein Symptom beobachtet wird, das auch als unerwünschte Arzneimittelwirkung bekannt ist. Auf diese Konvention bezogen zeigt sich, daß depressive Studienteilnehmer im Zusammenhang mit der erhöhten allgemeinen Medi-

6 Zur möglichen Spezifität der Zusammenhänge, z. B. mit bestimmten Herz-Kreislauf-Erkrankungen, siehe Borchelt et al., Kapitel 17 in diesem Band.

Tabelle 9: Vergleich von Studienteilnehmern mit „reiner" Demenzdiagnose bzw. „reiner" Depressionsdiagnose mit Teilnehmern ohne psychiatrische Diagnose[1] (ungewichtete Stichprobe).

	„Reine" Depression N=61	**„Reine" Demenz N=59**	**Ohne psychiatrische Diagnose N=269**
Soziodemographisch			
Alter (Jahre ± s)	83,2 ± 7,8	91,8 ± 7,0*	82,7 ± 8,4
Geschlecht (% weiblich)	52,5	49,2	44,6
Heimbewohner (in %)	11,5*	50,0*	4,1
Global			
Chronische körperliche Erkrankungen (Anzahl ± s)	3,8 ± 1,8*	2,9 ± 1,7	2,9 ± 1,9
Organfunktionen[2]			
Niere	-0,01 ± 0,94	-0,37 ± 1,04*	0,12 ± 0,94
Lunge	0,11 ± 0,96	-0,57 ± 0,84*	0,23 ± 1,03
Schilddrüse	0,22 ± 0,85	-0,45 ± 0,85*	0,08 ± 1,01
Blutbild	0,09 ± 1,11	-0,33 ± 1,23*	0,09 ± 0,91
HDL-Cholesterin	-0,10 ± 0,76	-0,22 ± 0,76	0,04 ± 1,03
Behinderung[2]			
Gleichgewicht/Gang	-0,13 ± 1,03*	-0,76 ± 1,02*	0,37 ± 0,81
Gehör	0,16 ± 1,03	-0,58 ± 0,68*	0,18 ± 0,99
Sehschärfe	-0,15 ± 0,91*	-0,45 ± 0,87*	0,20 ± 1,00
Arzneimittel[3]			
Verordnete Arzneimittel (Anzahl ± s)	5,34 ± 2,94*	1,93 ± 1,49*	3,58 ± 2,68
Risiko unerwünschter Wirkungen[2]			
für Demenz	0,63 ± 0,71*	0,30 ± 0,53	0,41 ± 0,54
für Depression	0,71 ± 0,62*	0,20 ± 0,32*	0,46 ± 0,53

* Signifikante Unterschiede zwischen der Depressions- bzw. Demenz-Gruppe und der Gruppe ohne psychiatrische Diagnose: $p < 0{,}05$.
1 Berücksichtigt wurden DSM-III-R-Diagnosen sowie Krankheitsdiagnosen ohne DSM-III-R-Spezifikation (NNB). N=127 Teilnehmer mit psychiatrischen Zweitdiagnosen inklusive Schlafstörungen wurden ausgeschlossen; daraus resultieren die im Vergleich zu Tabelle 5 kleineren Gruppengrößen für „Depression" und „Demenz".
2 Aggregationen aus z-transformierten Werten (Mittelwerte ± Standardabweichung s).
3 Zum täglichen Gebrauch ärztlich verordnete Arzneimittel, ohne Selbstmedikation.

kationsrate eine signifikant höhere Event-Rate haben als die Vergleichsgruppen. Die bisher durchgeführten Analysen schließen allerdings auch nicht aus, daß zumindest ein Teil der Arzneimittel wegen depressiver Beschwerden verordnet wurde, also die Arzneimittelverordnung Folge und nicht Ursache von Depressivität ist.

Unabhängig davon, inwieweit die beschriebenen somatischen und pharmakologischen Risikofaktoren als Kausalfaktoren für Depression und Demenz belegt werden können, läßt sich doch aus den Daten ableiten, daß bei jedem depressiven und dementen Zustand im Alter differential-diagnostisch an somatische Komorbidität oder arzneimittelabhängige psychische Beeinträchtigungen gedacht werden muß, da sich daraus weitreichende Behandlungskonsequenzen ergeben können.

3.3 Folgen psychischer Erkrankungen im Alter

Aus deren Vielfalt sollen hier nur zwei Beispiele kurz gebracht werden, während sich eine ausführliche Darstellung der Inanspruchnahme pflegerischer Hilfen in Kapitel 18 von Linden et al. findet.

3.3.1 Arzneimittelverbrauch

Psychopharmaka spielen bei den Arzneimittelverordnungen eine wichtige Rolle. Bezogen auf die 70jährige und ältere Bevölkerung, d. h. nach Gewichtung nach Alter und Geschlecht, gebrauchen 67% psychotrope Pharmaka, d. h. Neuroleptika, Antidepressiva, Tranquilizer, Hypnotika, Nootropika und vor allem Analgetika. Psychopharmaka im eigentlichen Sinne (Rote Liste, 1990, Kapitel 70) werden von 25% der alten Menschen eingenommen, wovon wiederum jene mit Gebrauch von Benzodiazepin-Tranquilizern mit 13% die mit Abstand größte Gruppe darstellen (Tabelle 10).

Der international verwendete Terminus „utilization" (Gebrauch) verdeutlicht, daß hier die Häufigkeit der angewendeten Arzneimittel gemeint ist. Er umfaßt die verordneten ebenso wie die selbst medizierten Arzneimittel.

Obwohl sich keine eindeutigen Trends des Arzneimittelverbrauchs bezüglich der Alters- und Geschlechtsverteilung nachweisen lassen, finden sich deutliche Zusammenhänge zwischen Arzneimittelverbrauch und Erkrankungsstatus (Tabellen 11 und 12). Dies gilt besonders für die beiden großen psychiatrischen Krankheitsgruppen der Demenzen und Depressionen. Allerdings bedürfen die gefundenen Zusammenhänge einer sehr differenzierten Betrachtung. So steigt zwar bei Depressionen die Zahl der insgesamt eingenommenen Arzneimittel in den diagnostischen Untergruppen mit Zunahme der Krankheitsspezifität und damit wohl auch -intensität ebenso signifikant an wie der Gebrauch von Psychopharmaka insgesamt (vgl. Tabelle 11). Betrachtet man aber die Arzneimittelgruppen im einzelnen, dann geht dies keineswegs, wie man vielleicht erwarten könnte, primär auf Antidepressiva zurück, die mengenmäßig eher eine untergeordnete Rolle spielen, sondern vor allem auf den Gebrauch von Benzodiazepinen, sei es als Tranquilizer oder als Hypnotika. Hinzuzufügen ist, daß ungefähr 90% dieser Studienteilnehmer diese Arzneimittel offenbar als Dauermedikation (länger als sechs Monate) und zu etwa 50% täglich gebrauchen (Geiselmann, Englert & Wernicke, 1993).

Eine ganz andere Beziehung zeigt sich bei den Demenzen. Studienteilnehmer mit einem eindeutigen dementiellen Syndrom erhalten im Vergleich zu nicht-dementen alten Menschen insgesamt signifikant weniger Arzneimittel (vgl. Tabelle 12). Dies gilt interessanterweise auch für Rheologika, deren Indikationsgebiet unter anderem im Bereich dementieller Erkrankungen, besonders vom vaskulären Typ, gesehen wird. Bemerkenswert ist ebenfalls, daß Nootropika als Arzneimittel mit spezifischer Indikation bei Demenzen hier insgesamt selten und dabei nicht häu-

Tabelle 10: Prozentanteil der Personen unter den 70jährigen und Älteren, die mindestens ein Medikament aus der jeweiligen Arzneimittelgruppe einnehmen.

Arzneimittel[1]	%	$\bar{x} \pm s$[a]	**max.**[b]
Antidepressiva (70 B1)	3,7	0,03 ± 0,2	2
Neuroleptika (70 B2)	4,4	0,05 ± 0,2	2
Benzodiazepin-Anxiolytika (70 B4.2)	13,2	0,1 ± 0,3	1
Benzodiazepin-Hypnotika (48 B1.6)	4,7	0,05 ± 0,2	1
Pflanzliche Hypnotika (48 A)	4,6	0,05 ± 0,2	2
Nootropika (70 B6)	4,3	0,05 ± 0,2	2
Psychopharmaka i. e. S. (70)	24,6	0,3 ± 0,6	4
Chemisch definierte Psychopharmaka, Hypnotika und Sedativa	29,8	0,3 ± 0,6	3
Psychotrope Pharmaka (inkl. Sedativa, Analgetika u. a.)	67,4	1,5 ± 1,5	6
Alle Medikamente	96,4	6,1 ± 3,8	24
Verordnete Medikamente[2]	93,0	4,7 ± 3,3	23
Selbstmedikation[2]	57,4	1,2 ± 1,5	9

1 Die Zusammenstellung der Arzneimittelgruppen entspricht den in der Roten Liste (1990) vorgegebenen Indikationsklassen, deren Ordnungsnummern in Klammern angegeben sind.
2 Die Prozentangaben zu verordneten oder selbsteingenommenen Medikamenten beziehen sich auf alle Arzneimittel.
a Die durchschnittliche Zahl (Mittelwert $\bar{x}$ ± Standardabweichung s) von Arzneimitteln aus jeder Gruppe pro Person.
b Die maximale Anzahl entsprechender Arzneimittel pro Person.

Tabelle 11: Pharmakotherapie bei depressiven Erkrankungen (Prozentanteil der Fälle je Erkrankungsklasse, die mit mindestens einer Substanz aus der entsprechenden Indikationsklasse behandelt werden, ungewichtete Daten).

Arzneimittel[1]	**Depressive Symptomatik**				**χ^2**
	keine	**Symptomebene**	**Depressive Erkrankung NNB**	**Depressive Störung DSM-III-R**	**p**
	N=335	**N=48**	**N=85**	**N=48**	
Nootropika	3	2	4	4	n.s.
Acetylsalicylsäure	14	15	24	11	0,05
Rheologika	22	21	33	35	n.s.
Benzodiazepine	13	15	18	40	0,0001
Neuroleptika	3	4	5	2	n.s.
Antidepressiva	2	2	4	6	n.s.
Sonstige Hypnotika	3	0	5	8	n.s.
Psychopharmaka gesamt	16	17	28	40	0,0001
Mittlere Gesamtzahl aller Medikamente pro Tag[2]	5,2 ± 3,6	6,1 ± 4,2	7,3 ± 4,0	8,0 ± 4,7	F=12,3 p=0,0001

1 Gruppierung der Medikamente nach den Indikationsgruppierungen entsprechend der Roten Liste (1990).
2 Durchschnittliche Anzahl der eingenommenen Medikamente pro Tag (Mittelwert ± Standardabweichung).

Tabelle 12: Pharmakotherapie bei dementiellen Erkrankungen (Prozentanteil der Fälle je Erkrankungsklasse, die mit mindestens einer Substanz aus der entsprechenden Indikationsklasse behandelt werden, ungewichtete Daten).

Arzneimittel[1]	**Dementielle Symptomatik**			**χ^2**
	keine	**Symptomebene**	**Demenz DSM-III-R**	**p**
	N=376	**N=31**	**N=109**	
Nootropika	3	3	4	n.s.
Acetylsalicylsäure	16	10	11	n.s.
Rheologika	27	35	13	0,05
Benzodiazepine	17	23	12	n.s.
Neuroleptika	2	0	11	0,0001
Antidepressiva	2	3	4	n.s.
Sonstige Hypnotika	4	3	2	n.s.
Psychopharmaka gesamt	19	19	26	n.s.
Mittlere Gesamtzahl aller Medikamente pro Tag[2]	6,3 ± 3,9	7,2 ± 4,6	4,0 ± 3,3	F=18,1 p=0,0001

1 Gruppierung der Medikamente nach den Indikationsgruppierungen entsprechend der Roten Liste (1990).
2 Durchschnittliche Anzahl der eingenommenen Medikamente pro Tag (Mittelwert ± Standardabweichung).

figer als bei Menschen ohne Demenz verordnet werden. Dagegen kontrastiert die signifikante Zunahme des Neuroleptika-Gebrauchs – allerdings auf niedrigem Niveau. Dies deutet darauf hin, daß Neuroleptika bei dementiellen Syndromen im Alter durchaus eine Rolle spielen, sei es zur Behandlung organischer Psychosen oder von Unruhezuständen.

Die auffallend seltene Verordnung sonstiger Arzneimittel bei Demenzkranken, seien es Psychopharmaka oder allgemeinärztliche Medikamente, mag damit zusammenhängen, daß bei Demenzkranken das erhöhte Risiko unerwünschter Arzneimittelwirkungen zu einer vorsichtigeren Verschreibung führt. Es könnte aber auch sein, daß Demenzkranke keinen aktiven Einfluß mehr auf die Therapie nehmen und daher keinen patientenseitigen Anlaß zur Therapie geben. Beide Gründe sind unter klinischen Gesichtspunkten von besonderer Relevanz bei Arzneimitteln mit fraglicher Wirkung wie dies für Rheologika oder Nootropika angenommen wird. Immerhin könnte bei der vergleichsweise niedrigen spezifischen Medikationsrate die Frage gestellt werden, ob den Patienten nicht eine Behandlungschance vorenthalten wird, selbst dann, wenn davon nur, aber immerhin, bescheidene Behandlungswirkungen erwartet werden können.

Eine Beurteilung der Qualität der Therapie ist nur bei Berücksichtigung aller verfügbaren Informationen möglich, wie sie anhand festgelegter Ratinganweisungen von Psychiatern und Internisten in der bereits dargestellten Konsensuskonferenz (siehe S. 194f.) durchgeführt wird. Die Bewertung der Psychopharmakotherapie (Tabelle 13) zeigt, daß 93% der sogenannten chemisch definierten Psychopharmaka, die alle rezeptpflichtig sind, ärztlich verordnet wurden. Die Psychopharmakotherapie im Alter steht also weitgehend unter ärztlicher Verantwortung. Immerhin 7% dieser Arzneimittel werden aber auf anderen Wegen bezogen. Fragt man, inwieweit die einzelnen Psychopharmaka indiziert sind, dann kann dies für knapp 70% der Verordnungen bejaht werden. Hinzu kommen 17% der verordneten Psychopharmaka, bei denen die Untersucher in der Konsensuskonferenz auf der Basis der erhobenen Querschnittsinformationen zu der Beurteilung kamen, daß auf die Verordnung auch verzichtet werden könnte, ohne daß es allerdings konkrete Einwände gegen die Verordnung gab. Letzteres war nur in 6% der Psychopharmakaverordnungen der Fall, in denen eine eindeutige (bzw. in 13% eine möglicherweise vorliegende) Kontraindikation festgestellt wurde. Die vorgefundene Verordnung von Psychopharmaka ist danach qualitativ besser als ihr Ruf.

Tabelle 13: Bewertung der Psychopharmakotherapie bei Teilnehmern der Berliner Altersstudie nach dem Konsensus-Rating von Psychiatern und Internisten[1].

Bereich		**%**
Verordner	Arzt	93,0
	Patient	5,3
	andere	1,7
Indiziertheit	kontraindiziert	6,1
	möglicherweise kontraindiziert	7,0
	verzichtbar	17,4
	möglicherweise indiziert	47,8
	indiziert	21,7
Dosierung	unterdosiert	35,7
	richtig dosiert	64,3
	überdosiert	0,0
Untermedikation bei Demenz	ja	3,9
	fraglich	16,3
	nein	79,8
Untermedikation bei Depression	ja	44,2
	fraglich	23,3
	nein	32,6

1 Bezogen auf vorgefundene Arzneimittel der Indikationsklasse 70 B1 der Roten Liste (1990) bzw. auf dementielle und depressive Erkrankungen.

Interessant sind auch die Befunde zur Dosierung. In 64% der Verordnungen wurde die vorgefundene Tagesdosis als angemessen, in rund 36% als vermutlich unterdosiert eingeschätzt. In keinem Fall wurde eine Überdosierung festgestellt. Dies bestätigt die vielfach gemachte Beobachtung, daß bei ambulanter Behandlung eine Tendenz zu Niedrigdosierungen besteht (Linden, 1987). Es kann spekuliert werden, ob hierin eine als therapeutischer Standard empfohlene Anpassung der wirksamen Dosis an die reduzierte Verstoffwechselungsrate gerade bei alten Menschen zu sehen ist oder ob Therapeuten im Zweifelsfalle eher sichergehen und deshalb niedrigere Dosierungen unterhalb der Schwelle unerwünschter Arzneimittelwirkungen bevorzugen.

Betrachtet man nicht die einzelnen Psychopharmaka, sondern die Gesamtmedikation in bestimmten Krankheitsgruppen, dann findet sich bei dementiellen

Erkrankungen nur in 4%, aber bei Depressionen in 44% der Störungen eine Untermedikation. Dies kann auf dem Hintergrund der unterschiedlichen Effizienz spezifischer Arzneimittel bei beiden Erkrankungen verstanden werden und deutet darauf hin, daß die Behandlungsmöglichkeiten der Depressionen im ambulanten Bereich keineswegs voll ausgeschöpft werden.

3.3.2 Alltagsverhalten

Betrachtet man die Gestaltung des Alltags im Alter, so zeigen sich einige signifikante Unterschiede zwischen gesunden und psychisch kranken alten Menschen. In Abbildung 6 sind die Tagesrhythmen in Form der Gestaltung der Wachzeit für gesunde, demente und depressive Studienteilnehmer dargestellt. Bei psychiatrisch unauffälligen alten Menschen stehen die Freizeit- und sozialen Aktivitäten mit 48% im Vordergrund, während die obligatorischen Aktivitäten, wie basale Aktivitäten der Selbstpflege, der Haushaltsführung und des Einkaufens, in der Tageszeitaufteilung etwa 38% ausmachen. Durchschnittlich werden pro Tag 28 Aktivitäten ausgeführt, die sich aus 13 unterschiedlichen Aktivitätstypen zusammensetzen. Diese werden zu etwa 80% in der eigenen Wohnung und zu etwa 60% allein durchgeführt.

Vergleicht man den Tagesrhythmus psychisch kranker alter Menschen mit diesem Durchschnittsrhythmus, so zeigen sich interessante Unterschiede, die im wesentlichen auf den Vergleich zwischen dementen (Abb. 6, rechts unten) und allen anderen Gruppen zurückzuführen sind. Einmal zeigen demente Personen signifikant mehr Ruhezeiten während des Tages[7]; andererseits verbringen sie signifikant weniger Zeit mit instrumentellen Aktivitäten. Betrachtet man nicht nur die Zeitanteile unterschiedlicher Aktivitätsgruppen, sondern auch die Variabilität, d. h. die Anzahl unterschiedlicher Aktivitäten, mit denen der Alltag ausgefüllt wird, so zeigen demente Studienteilnehmer auch hier weniger unterschiedliche Aktivitäten (10,3 versus 13,1), und sie verbringen nur halb soviel Zeit außerhalb der Wohnung (12% versus 21%). Es gibt aber keinen Unterschied darin, ob sie die Zeit allein oder mit anderen verbringen.

Es ist wichtig anzumerken, daß von den 31 Personen, die kein oder nur ein unvollständiges Yesterday-Interview hatten und deshalb ausgeschlossen wurden, 26 eine Demenzdiagnose aufwiesen (siehe auch Abschnitt 3.4.2, S. 211). Man kann also davon ausgehen, daß die obigen Ergebnisse eher eine Unterschätzung der Unterschiede zwischen den Tagesläufen dementer und nicht-dementer Personen vermitteln.

Bei depressiven Studienteilnehmern sind ebenfalls Unterschiede in den Aktivitäten festzustellen (Abb. 6, links unten), die aber nicht statistische Signifikanz erreichen. In der Variabilität, im örtlichen und sozialen Kontext, bestehen keine Unterschiede zu den psychiatrisch unauffälligen Studienteilnehmern.

Zusammenfassend ist festzuhalten, daß signifikante Zusammenhänge zwischen dem Alltagsverhalten und psychischer Erkrankung bestehen, aber offensichtlich nur bei Demenzerkrankungen. Obwohl es sich bei dem vorliegenden Datensatz nicht um Längsschnittdaten handelt, liegt es nahe anzunehmen, daß die Demenzerkrankung die Alltagsgestaltung beeinflußt und nicht umgekehrt. Unterstützung findet diese Annahme durch die multidisziplinären Alltagskompetenzanalysen (M. M. Baltes et al., Kapitel 20), in denen ein enger Zusammenhang zwischen kognitiven Fähigkeiten und Alltagsgestaltung aufgezeigt werden konnte. Dabei legen die analysierten Daten nahe, daß bei dementen Studienteilnehmern nicht nur das Repertoire an Freizeitaktivitäten reduziert, sondern auch die Kompensationsfähigkeit beeinträchtigt ist: Aufgegebene Aktivitäten werden anscheinend nicht ersetzt, sondern führen zu erhöhten Anteilen an Ruhe-/Schlafphasen während des Tages.

Wenn sich diese Befunde auch in Längsschnittstudien nachweisen ließen, könnte sich das Yesterday-Interview bzw. entsprechende Weiterentwicklungen als brauchbar für die Diagnostik von Demenzerkrankungen in frühen Stadien erweisen, da sich diese Veränderungen auch bei Patienten mit Demenzerkrankungen leichten Grades bzw. bei subdiagnostisch auffälligen Studienteilnehmern aufzeigen lassen.

3.4 Zur Methodenkritik

Um abschätzen zu können, inwieweit methodische Beschränkungen die Ergebnisse beeinflussen, wurde versucht, näheren Aufschluß über ihre Effekte zu erhalten.

7 Statistische Analysen zum Alltagsverhalten wurden mittels Kontrastanalysen (Gruppe der Dementen versus alle anderen Gruppen) im Rahmen univariater Varianzanalysen mit separaten Varianzschätzungen bei inhomogenen Varianzen der Kontrastgruppen durchgeführt.

Abbildung 6: Aktivitätsprofile in Abhängigkeit von Demenz- und Depressionsdiagnosen bezogen auf die Wachzeit. Abweichungen zu 100% resultieren aus nicht rekonstruierbaren Tagesphasen (Variationsbreite: 1–2%). Studienteilnehmer mit Komorbidität von Demenz und Depression (DSM-III-R spezifiziert, NNB und Symptomträger; N=58) sowie solche mit nicht rekonstruierbaren oder unplausiblen Tagesläufen (N=31) wurden nicht berücksichtigt.

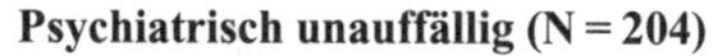

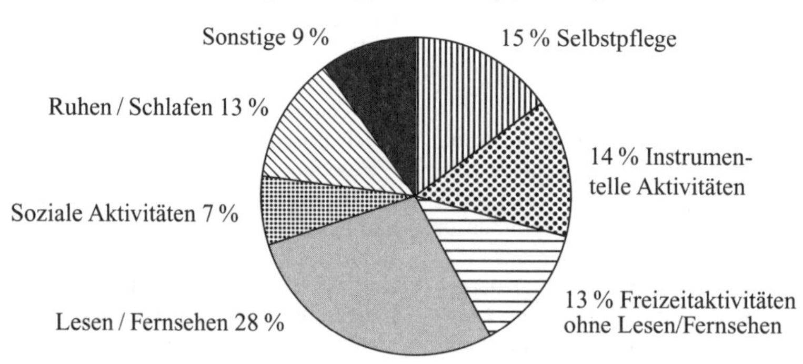

Subdiagnostische Depression (N = 87)

7 %
16 %
17 %
13 %
7 %
14 %
24 %

Subdiagnostische Demenz (N = 17)

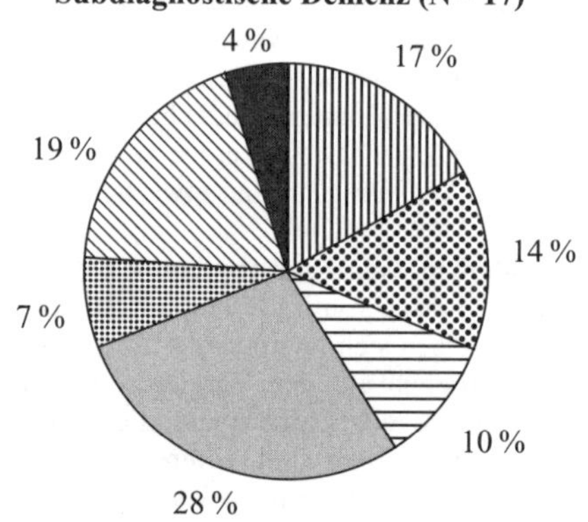

Depression (N = 33)

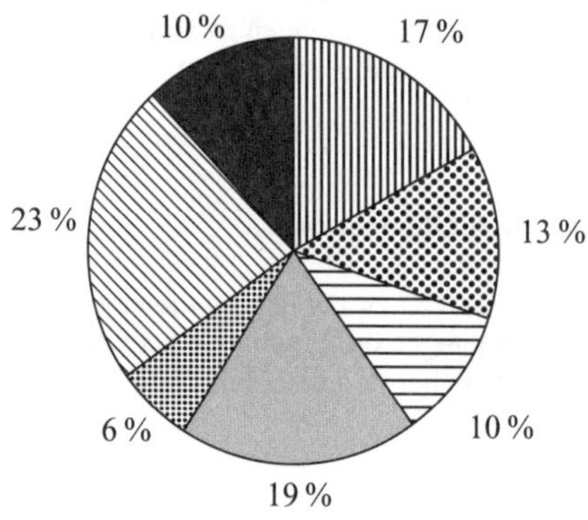

Demenz (N = 47)

3 %
17 %
30 %
7 %
9 %
7 %
25 %

3.4.1 Verzerrung der Stichprobe

Zu einer psychiatrisch relevanten Verzerrung der Stichprobe durch *Verweigerung* der Teilnahme infolge psychischer Störungen kann nicht verläßlich Stellung genommen werden, da Verweigerer aus ethischen Gründen nicht untersucht werden konnten. Psychiatrisch begründete Vermutungen über einen erhöhten Anteil von paranoiden und depressiven Personen unter den Verweigerern (Henderson et al., 1993) deuten aber in Richtung einer Unterschätzung der wahren Prävalenzraten. Als Hinweis darauf sei angeführt, daß sich unter den 397 Personen, die nach der vollendeten Ersterhebung nicht weiter teilnahmen, 18 (5%) fanden, die als sicher auffällig mißtrauisch gewertet wurden, während unter den 516 Teilnehmern am Intensivprotokoll nur 5 (1%) diese Beurteilung erhielten. Obwohl angenommen werden muß, daß nur bei einem Teil der mißtrauischen Personen eine paranoide Erkrankung vorliegt, dürfte auch nach diesen Daten die Prävalenz selektiv unterschätzt werden. In Kapitel 3 dieses Bandes (Lindenberger et al.) detailliert mitgeteilte und auch bereits publizierte Daten lassen annehmen, daß Drop-outs infolge demenzbedingter *Einwilligungsunfähigkeit* zu einer Unterschätzung der Demenzhäufigkeit führen (so wurde z. B. keine Demenz in der Gruppe der 70- bis 74jährigen gefunden). Allerdings können die Befunde der im Hinblick auf ihre Einwilligungsfähigkeit speziell untersuchten Studienteilnehmer nicht zu einer quantitativen Korrektur der Demenzprävalenz herangezogen werden, da deren Relation zur Häufigkeit in der Restpopulation unbekannt ist, d. h., es ist nicht entscheidbar, ob überproportional viele schwer Demente oder speziell Demente mit Begleitsymptomatik wie paranoiden Störungen auf Einwilligungsfähigkeit untersucht wurden, weil diese nicht mehr fähig waren, vorab zu verweigern, oder aber ob zu wenige erreicht wurden, weil bereits die Anschreiben von Betreuern oder Institutionen abgefangen wurden.

3.4.2 Häufigkeit und Konsequenzen fehlender Befunddaten infolge psychischer Störungen

Demenzen führen mit steigender Schwere dazu, daß bei einer zunehmenden Zahl von Studienteilnehmern Einzelwerte der verschiedenen psychiatrischen Meßinstrumente fehlen. Bei mittel ausgeprägten Demenzen gilt das für 4 bis 23%, bei schweren Demenzen für bis zu 50% der Studienteilnehmer. Dabei unterscheiden sich die einzelnen Instrumente deutlich: Während die Fehlrate beim Yesterday-Interview von 6% über 23% auf 44% stark ansteigt, bleibt sie bei der MMSE mit 13%, 23% bzw. 15% relativ gleich; auch fehlen bei 52% der Studienteilnehmer mit schwerer Demenz Werte der KK-Skala, aber nur bei 15% solche der BL. Bei Depressionen liegen die entsprechenden Werte meist erheblich niedriger (Tabelle 14).

Diese Fehlratenanalyse führt zu mehreren Schlußfolgerungen:

1. Der Einfluß verschiedener psychischer Störungen auf die Validität der einzelnen Instrumente ist recht unterschiedlich. Er ist am deutlichsten bei Demenzen mittlerer und schwerer Ausprägung, während sich die Fehlrate bei depressiven Störungen von derjenigen bei psychisch unauffälligen Personen meist nicht wesentlich unterscheidet.
2. Ebenso ist auch der Einfluß einer bestimmten psychischen Störung auf verschiedene Instrumente unterschiedlich: So entfällt etwa bei der schweren Demenz in etwa 50% der Fälle die KK-Skala wegen des Fehlens von Einzelwerten, während es bei der BL nur etwa 15% sind.
3. Diese Fehlraten stellen eher eine Unterschätzung dar, da die Skalen alle in Gegenwart von forschungstechnischen Assistenten mit entsprechender Unterstützung ausgefüllt wurden.
4. Auf Skalenwerten basierende Auswertungen sollten deshalb nur nach spezieller Fehlratenanalyse für die je nach Fragestellung in Betracht zu ziehenden Skalen und psychischen Störungen durchgeführt und sehr vorsichtig interpretiert werden: So sinkt beispielsweise bei Auswertung nur derjenigen MMSE-Aufgaben, die nicht vom Sehen abhängig sind, die Fehlrate von im Mittel 13% auf 5% deutlich.
5. Aussagen, die sich auf Mittelwerte einzelner Skalen stützen, sind darauf zu prüfen, inwieweit sie selektiv verzerrt sind (vgl. S. 200).

3.4.3 Minderung der Validität von Befunddaten infolge von Mehrdeutigkeit

Einer erheblichen Zahl von Beschwerden ist nicht ohne weiteres anzusehen, ob sie körperlichen oder psychischen – oder gemischten – Ursprungs sind. Da derartige Klagen hauptsächlich im Symptommuster depressiver Störungen auftreten, wurde – worauf bereits oben (S. 200f.) hingewiesen wurde – am Beispiel der HAMD geprüft, bei welchen Merkmalen dieser Depressionsskala die Internisten in der Konsensuskonferenz einen Zusammenhang mit körperli-

Tabelle 14: Fehlende Angaben von BASE-Teilnehmern in Abhängigkeit von subdiagnostischer Morbidität, diagnostizierter Demenz und Depression (Prozent fehlender Werte beim Fremdbeurteilungstest MMSE und bei Selbstbeurteilungsskalen, die bei der Aggregation von [Sub-] Skalen auf Rohdatenebene entstehen, für unterschiedliche Demenz- und Depressionskategorien).

	Keine psychische Symptomatik	Depressive Symptomatik[1]					Dementielle Symptomatik[1]				Demenz & Depression[2]	Signifikanz
		Symptom-ebene	Depressive Erkrankung NNB	Depressive Störungen DSM-III-R			Symptom-ebene	Demenz DSM-III-R				
				leicht	mittel	schwer		leicht	mittel	schwer		
	N=204	N=29	N=61	N=9	N=23	N=1	N=17	N=16	N=22	N=27	N=58	
Yesterday-Interview	0,0%	6,9%	1,6%	0,0%	0,0%	0,0%	0,0%	6,3%	22,7%	44,4%	15,5%	$\chi^2(10)=102,4$ $p<0,001$
CES-D	0,5%	3,4%	1,6%	0,0%	0,0%	0,0%	0,0%	6,3%	13,6%	29,6%	12,1%	$\chi^2(10)=60,3$ $p<0,001$
Beschwerden-Liste (BL)	0,5%	3,4%	1,6%	0,0%	0,0%	0,0%	0,0%	0,0%	4,5%	14,8%	5,2%	$\chi^2(10)=25,6$ $p<0,01$
Whiteley-Index	2,9%	3,4%	0,0%	0,0%	4,3%	0,0%	5,9%	12,5%	9,1%	29,6%	8,6%	$\chi^2(10)=39,9$ $p<0,001$
KK-Skala	8,8%	3,4%	3,3%	22,2%	4,3%	0,0%	11,8%	18,8%	18,2%	51,9%	22,4%	$\chi^2(10)=55,1$ $p<0,001$
MMSE	8,3%	17,2%	9,8%	22,2%	21,7%	0,0%	17,6%	12,5%	22,7%	14,8%	24,1%	$\chi^2(10)=15,3$ n.s.

1 Psychiatrische Komorbidität in allen Kategorien nicht ausgeschlossen.
2 Alle Untersuchungsteilnehmer mit einer Demenz- und Depressionsdiagnose (DSM-III-R spezifiziert oder NNB) und Symptomträger für Demenz und Depression und entsprechende Kombinationen.

chen Krankheiten oder Medikation als möglich oder wahrscheinlich ansahen. Es ergaben sich große Unterschiede zwischen den Merkmalen: Eine somatische Verursachung von Schuldgefühlen wurde in 92% der Fälle für unwahrscheinlich gehalten, wohingegen sie bei allgemeinen körperlichen Beschwerden wie Erschöpfung, Gliederschwere, Schmerzen in Kopf, Rücken, Muskeln und Verlust der Tatkraft nur in 7% als unwahrscheinlich, aber in 51% als möglich und in weiteren 42% als sehr wahrscheinlich eingeschätzt wurde. Danach dürften Prävalenzraten und Einstufungen des Schweregrades von Depressionen, die auf Gesamt-Scores von Depressionsskalen mit körperlichen Beschwerdemerkmalen wie bei der HAMD beruhen, eher Überschätzungen darstellen. Dies bestätigt die Strategie von BASE, Prävalenz- und Schweregradschätzungen unabhängig von diesen Skalen vorzunehmen.

4. Diskussion

Die Befunde sollen in erster Linie mit Bezug auf zwei der theoretischen Orientierungen von BASE diskutiert werden: differentielles Altern und Kontinuität versus Diskontinuität.

4.1 Differentielles Altern

Die Frage, ob sich Menschen mit zunehmendem Alter auf immer niedrigerem Niveau immer ähnlicher werden (Negativstereotyp der Entdifferenzierung) oder aber ob sich interindividuelle Unterschiede bis ins höchste Alter erhalten oder sogar deutlicher werden, läßt sich mit einem eindeutigen Sowohl-als-Auch beantworten. Aus der Perspektive der Psychiatrie nehmen Unterschiede im Alter für eine Reihe von Indikatoren vor allem dadurch zu, daß sich von einem auch bis ins höchste Alter psychisch gesund bleibenden Drittel mit steigendem Alter zunehmend mehr Menschen infolge von psychischer Krankheit unterscheiden (vgl. Abb. 3). Dies ist hauptsächlich auf den starken Anstieg von Demenzen zurückzuführen. Innerhalb der Gruppe der Demenzkranken ebnet die progredient entstrukturierende Wirkung des Krankheitsprozesses interindividuelle Unterschiede jedoch zunehmend ein. Gleichwohl lassen sich auch psychische Erkrankungen selbst im Alter in verschiedener Hinsicht deutlich differenzieren: Während dementielle Erkrankungen eindeutig altersabhängig zunehmen, gilt dies offenbar nicht für Depressionen, zumindest nicht in vergleichbarem Ausmaß; Personen mit Demenz erhalten weniger Arzneimittel als Depressive (Tabellen 11 und 12); Frauen haben häufiger als Männer Depressionen, aber auch Demenzen (Abb. 4). Diese deskriptiven Charakteristika differentiellen Alterns weisen auf Bedingungen wie auch auf Folgen psychischer Erkrankung im Alter und damit möglicherweise auch auf Faktoren hin, die kontinuierliche Prozesse „normalen" Alterns differenzieren und dadurch zur diskontinuierlichen Manifestation von Krankheit, also pathologischem Altern führen können.

4.2 Kontinuität versus Diskontinuität

Als eine zentrale Frage wird angesehen, ob psychische Erkrankung im Alter nur eine quantitative Steigerung „normaler" Alterung mit Zunahme von Vergeßlichkeit und körperlichen Beschwerden ist oder ob Demenz bzw. Depression davon als qualitativ andersartige Phänomene abzugrenzen sind. Diese Frage stellt sich vor allem bei leichter, nicht aber bei mittlerer und schwerer Ausprägung der Störungen, da sie dann als Demenz oder Depression von psychischer Gesundheit beim alten Menschen in der Regel eindeutig zu unterscheiden sind. Eine Antwort erscheint dann möglich, wenn sich qualitativ neuartige, normalerweise nicht vorkommende Phänomene wie psychomotorische Hemmung oder Wahn bei „endomorpher" Depression oder aphasische Sprachstörungen bei Demenz, die eine schwere Ausprägung oft charakterisieren, auch bei leichter Ausprägung nachweisen lassen.

Für die Demenz haben Reischies und Lindenberger (1996) an einer Teilstichprobe von BASE (N= 156) zeigen können, daß die altersabhängige kognitive Leistungsabnahme bei Nicht-Dementen hauptsächlich auf die Abnahme der psychomotorischen Geschwindigkeit zurückzuführen ist, während Demente durch ein anderes Muster mit Störungen besonders des Gedächtnisses und der Wortflüssigkeit charakterisiert sind. Diese Hinweise auf Diskontinuität werden durch eine sich überlappende bimodale Verteilung der Werte des SMMCO[8] unterstützt (vgl. Reischies & Lindenberger, Kapitel 13). Auch der Befund, daß möglicherweise jenseits des 95. Lebensjahres zumindest bei Männern der Anstieg der Demenzprävalenz nachläßt (Abb. 4), spricht gegen einen alleinigen

8 Short Mini Mental Cut-Off, Kurzform der MMSE (Klein et al., 1985).

Einfluß des Alterns, nicht aber gegen die Hypothese einer genetisch disponierten Erkrankung mit altersabhängiger Expression (Lishman, 1991; Mohs, Breitner, Silverman & Davis, 1987). Somit erscheint die Annahme begründet, daß die vielleicht linear altersbezogene Abnahme kognitiver Leistungsfähigkeit bis in den Bereich der Demenzkriterien hinein zwischen etwa dem 65. und 95. Lebensjahr durch zur Demenz führende somatisch (z. B. vaskulär oder genetisch wie durch das Apo-E 4 Allel) disponierte Hirnerkrankungen kompliziert bzw. überlagert wird.

Da gleichwohl die Früherkennung der beginnenden Demenz klinisch im Einzelfall schwierig bleibt, ist es wünschenswert, die Wahrscheinlichkeit der Demenzdiagnose durch die Kenntnis von Risikofaktoren aus der Vorgeschichte oder aus dem Kontext zu vergrößern (Hagnell et al., 1992). In diesem Sinne ist die Abhängigkeit des Demenzrisikos von multiplen Organstörungen und körperlichen Funktionsstörungen (Tabelle 9) sowie auch vom Bildungsniveau (Tabelle 8) zu werten. Nicht beantwortet wird damit aber die Frage nach dem pathogenetischen Wirkungsmechanismus von Risikofaktoren wie dem Apo-E 4 Allel (Geßner et al., 1996).

Die Interpretation von Risikofaktoren erfolgt meist nur hypothetisch:

1. Der Risikofaktor erniedrigt die Schwelle der diagnostisch faßbaren klinischen Manifestation (Schwellenhypothese).
2. Der Risikofaktor verstärkt – oder verursacht gar – mittelbar oder unmittelbar den Krankheitsprozeß (ätiologische Hypothese).
3. Die Assoziation des Faktors mit dem Erkrankungsrisiko ist Folge einer Auswirkung der Erkrankung auf die Selektion in der Untersuchungsstichprobe (Selektionshypothese).

Negative Assoziationen könnten umgekehrt auf Schutzfaktoren verweisen. Als solcher wird beispielsweise derzeit das Apo-E 2 Allel diskutiert.

Ob die hier beschriebenen somatischen Risikofaktoren nur die Manifestationsschwelle für Demenz senken oder aber den dementiellen Krankheitsprozeß selbst in Gang setzen oder wenigstens verstärken, kann aus diesen Querschnittsdaten nicht entschieden werden – und hierfür erforderliche Inzidenzdaten, d. h. altersbezogene Auftretenshäufigkeiten, werden zur Zeit erst erhoben. Die Verschränkung von kontinuierlichen Alterungsvorgängen und diskontinuierlich einsetzenden pathogenen Prozessen verweist im übrigen darauf, wie problematisch das Kontinuitäts-/Diskontinuitätsparadigma für die Differenzierung von Altern und Krankheit sein kann: Auch Depressionen in der Vorgeschichte prädizieren ein erhöhtes Demenzrisiko (Henderson, 1990; Kral, 1982). Allerdings fand Henderson einen „Odds-ratio“ von 4,33 nur, wenn die psychiatrisch behandelte Depression in den letzten zehn Jahren bei nun Dementen aufgetreten war, weshalb er diese Depressionen als Frühsymptome der Demenz ansah. Insofern könnten Indikatoren eines klinisch noch unterschwelligen dementiellen Krankheitsprozesses aber auch ein erhöhtes Depressionsrisiko prädizieren. Sie werden in der – über 30 Jahre kontinuierlichen – Zunahme von Amyloidproteinen bzw. ihrer Vorläufer (Beyreuther, 1992) oder in einer Verminderung bestimmter Neurotransmitter vermutet: Chan-Palay und Asan (1989) sowie Förstl und Mitarbeiter (1994) beschrieben bei depressiven Demenzkranken eine Verminderung noradrenerger Neurone im Nucleus coeruleus. Alexopoulos, Young, Abrams, Myers und Shamoian (1989) haben die Hypothese aufgestellt, daß eine solche, Depression wie degenerative Demenz gleichermaßen verursachende Verminderung von Neurotransmittern Folge beschleunigter Hirnalterung sei. Damit jedoch steht man einerseits vor der Frage nach den Bedingungen „vorzeitiger“, also nur durch den quantitativen Aspekt der Beschleunigung pathogen deformierter Hirnalterung und andererseits vor der Frage, ob eine zwar kontinuierliche, aber gleichwohl differentielle Alterung mit unterschiedlicher Geschwindigkeit in verschiedenen neuronalen Hirnsystemen zu einer Dekomposition der Hirnleistung führt, die dann diskontinuierlich als qualitativ neuartiges Phänomen, eben als spezifische Erkrankung in Erscheinung tritt (Lishman, 1991).

Literaturverzeichnis

Alexopoulos, G. S., Young, R. C., Abrams, R. C., Myers, B. & Shamoian, C. A. (1989). Chronicity and relapse in geriatric depression. *Biological Psychiatry, 26*, 551–564.

American Psychiatric Association (APA) (Hrsg.) (1987). *Diagnostic and statistical manual of mental disorders (DSM-III-R)*. Washington, DC: American Psychiatric Association.

Angst, J., Merikangas, K., Scheidegger, P. & Wicki, W. (1990). Recurrent brief depression: A new subtype of affective disorder. *Journal of Affective Disorders, 19*, 87–98.

Bachman, D. L., Wolf, P. A., Linn, R., Knoefel, J. E., Cobb, J., Belanger, A., D'Agostino, R. B. & White, L. R. (1992). The prevalence of dementia and probable senile dementia of the Alzheimer type in the Framingham study. *Neurology, 42,* 115–119.

Baltes, M. M., Mayr, U., Borchelt, M., Maas, I. & Wilms, H.-U. (1993). Everyday competence in old and very old age: An inter-disciplinary perspective. *Ageing and Society, 13,* 657–680.

Baltes, P. B., Mayer, K. U., Helmchen, H. & Steinhagen-Thiessen, E. (1993). The Berlin Aging Study (BASE): Overview and design. *Ageing and Society, 13,* 483–515.

Barclay, L. L., Zemcov, A., Blass, J. P. & Sansone, J. (1985). Survival in Alzheimer's disease and vascular dementia. *Neurology, 35,* 834–840.

Berkman, L. F., Berkman, C. S., Kasl, S., Freeman, D. H., Leo, L., Ostfeld, A. M., Cornoni-Huntley, J. & Brody, J. A. (1986). Depressive symptoms in relation to physical health and function in the elderly. *American Journal of Epidemiology, 124,* 372–388.

Beyreuther, K. (1992). Neurobiologie der Alzheimerschen Krankheit. In H. Häfner & M. Hennerici (Hrsg.), *Psychische Krankheiten und Hirnfunktion im Alter* (S. 61–78). Stuttgart: Gustav Fischer.

Blazer, D. (1989). Depression in late life. *Current Opinion in Psychiatry, 2,* 515–519.

Blazer, D. (1995). Mood disorders: Epidemiology. In H. I. Kaplan & B. J. Sadock (Hrsg.), *Comprehensive textbook of psychiatry* (6. Aufl., S. 1079–1089). Baltimore, MD: Williams & Wilkins.

Blazer, D. & Williams, C. D. (1980). Epidemiology of dysphoria and depression in an elderly community population. *British Journal of Psychiatry, 137,* 439–444.

Boyle, G. J. (1985). Self-report measures of depression: Some psychometric considerations. *British Journal of Clinical Psychology, 25,* 45–59.

Burvill, P. W. (1990). The epidemiology of psychological disorders in general medical settings. In N. Sartorius, D. Goldberg, G. de Girolamo, J. A. Costa e Silva, Y. Lecrubier & H.-U. Wittchen (Hrsg.), *Psychological disorders in general medical settings* (S. 9–20). Toronto: Hogrefe & Huber.

Chan-Palay, V. & Asan, E. (1989). Alterations in catecholamine neurons of the locus coeruleus in senile dementia of the Alzheimer type and in Parkinson's disease with and without dementia and depression. *Journal of Comparative Neurology, 287,* 373–392.

Collegium Internationale Psychiatriae Scalarum (CIPS) (Hrsg.) (1986). *Internationale Skalen für Psychiatrie.* Weinheim: Beltz.

Cooper, B. (1986). Mental illness, disability and social conditions among old people in Mannheim. In H. Häfner, G. Moschel & N. Sartorius (Hrsg.), *Mental health in the elderly* (S. 35–45). Berlin: Springer-Verlag.

Cooper, B. (1992). Die Epidemiologie psychischer Störungen im Alter. In H. Häfner & M. Hennerici (Hrsg.), *Psychische Krankheiten und Hirnfunktion im Alter* (S. 15–29). Stuttgart: Gustav Fischer.

Copeland, J. R. M., Davidson, I. A., Dewey, M. E., Gilmore, C., Larkin, B. A., McWilliam, C., Saunders, P. A., Scott, A., Sharma, V. & Sullivan, C. (1992). Alzheimer's disease, other dementias, depression and pseudodementia: Prevalence, incidence and three-year outcome in Liverpool. *British Journal of Psychiatry, 161,* 230–239.

Copeland, J. R. M., Dewey, M. E. & Griffiths-Jones, H. M. (1986). A computerized psychiatric diagnostic system and case nomenclature for elderly subjects: GMS and AGECAT. *Psychological Medicine, 16,* 89–99.

Copeland, J. R. M., Dewey, M. E., Wood, N., Searle, R., Davidson, J. A. & McWilliam, C. (1987). Range of mental illness among the elderly in the community. *British Journal of Psychiatry, 150,* 815–823.

Corder, E. H., Saunders, A. M., Strittmatter, W. J., Schmechel, D. E., Gaskell, P. C., Small, G. W., Roses, A. D., Haines, J. L. & Pericak-Vance, M. A. (1993). Gene dose effect of apolipoprotein E type 4 allele and the risk of Alzheimer's disease in late onset families. *Science, 261,* 921–923.

Davies, A. M. (1986). Epidemiological data on the health of the elderly. In H. Häfner, G. Moschel & N. Sartorius (Hrsg.), *Mental health in the elderly* (S. 9–14). Berlin: Springer-Verlag.

Dilling, H., Mombour, W. & Schmidt, M. H. (Hrsg.) (1991). *Internationale Klassifikation psychischer Störungen: ICD-10, Kapitel V(F). Klinisch-diagnostische Leitlinien.* Weltgesundheitsorganisation. Bern: Huber.

Dilling, H., Weyerer, S. & Castell, R. (Hrsg.) (1984). *Psychische Erkrankungen in der Bevölkerung.* Stuttgart: Enke.

Dilling, H., Weyerer, S. & Fichter, M. (1989). The Upper Bavarian Studies. *Acta Psychiatrica Scandinavica, 79* (Suppl. 348), 113–140.

Emery, O. & Oxman, T. E. (1992). Uptake on the dementia spectrum depression. *American Journal of Psychiatry, 149,* 305–317.

Ernst, C., Schmid, G. & Angst, J. (1992). The Zurich Study: XVI. Early antecedents of depression: A longitudinal prospective study on incidence in young adults. *European Archives of Psychiatry and Clinical Neurosciences, 242,* 142–151.

Folstein, M. F., Folstein, S. E. & McHugh, P. R. (1975). „Mini Mental State": A practical method for grading the cognitive state of patients for the clinician. *Journal of Psychiatric Research, 12,* 189–198.

Förstl, H., Levy, R., Burns, A., Luthert, P. & Cairns, N. (1994). Disproportionate loss of noradrenergic and cholinergic neurons as a cause of depression in Alzheimer's disease: A hypothesis. *Pharmacopsychiatry, 27,* 11–15.

Fratiglioni, L., Grut, M., Forsell, Y., Grafström, M., Holmén, K., Eriksson, K., Viitanen, M., Bäckman, L., Ahlbom, A. & Winblad, B. (1991). Prevalence of Alzheimer's disease and other dementias in an elderly urban population: Relationship with age, sex and education. *Neurology, 41,* 1886–1892.

Fuhrer, R., Antonucci, C., Gagnon, M., Dartigues, J. F., Barberger-Gateau, P. & Alperowitsch, A. (1992). Depressive symptomatology and cognitive functioning: An epidemiological survey in an elderly community sample in France. *Psychological Medicine, 22,* 159–172.

Fuhrer, R. & Rouillon, F. (1989). La version française de l'échelle CES-D (Center for Epidemiologic Studies-Depression Scale): Description et traduction de l'échelle d'autoévaluation. *Psychiatrie et Psychobiologie, 4,* 163–166.

Gatz, M. & Hurwics, M. L. (1990). Are old people more depressed? Cross-sectional data on Center for Epidemiologic Studies-Depression Scale factors. *Psychology and Aging, 5,* 284–290.

Gebhardt, R. & Kliemitz, H. (1986). Depressive Störungen, Geschlecht und Zivilstand. *Zeitschrift für Klinische Psychologie: Forschung und Praxis, 15,* 3–20.

Geiselmann, B. (1995). Differential diagnosis of depressive disorders in a cross-sectional field study of the elderly. In M. Bergener, J. C. Brocklehurst & S. I. Finkel (Hrsg.), *Aging, health, and healing* (S. 407–419). New York: Springer.

Geiselmann, B., Englert, S. & Wernicke, T. (1993). *Der Gebrauch von Anxiolytika, Sedativa, Hypnotika und Analgetika bei Depressiven und Nicht-Depressiven im höheren Alter.* Beitrag zur Tagung der Arbeitsgemeinschaft für Neuropsychopharmakologie und Pharmakopsychiatrie, Nürnberg.

Geiselmann, B., Helmchen, H. & Nuthmann, R. (1996). Einwilligungsfähigkeit in der Demenzforschung: Ethische und durchführungstechnische Probleme. In U. H. Peters, M. Schifferdecker & A. Krahl (Hrsg.), *150 Jahre Psychiatrie* (Bd. 2, S. 962–965). Köln: Martini Verlag.

Gertz, H. J. & Kanowski, S. (1989). Epidemiologie. In M. Bergener (Hrsg.), *Depressive Syndrome im Alter* (S. 60–70). Stuttgart: Thieme.

Geßner, R., Reischies, F. M., Kage, A., Geiselmann, B., Borchelt, M., Steinhagen-Thiessen, E. & Köttgen, E. (1996). *Apolipoprotein E4 in a German population-based study of very old subjects: Association to dementia.* Zur Veröffentlichung eingereichtes Manuskript, Humboldt Universität zu Berlin, Virchow-Klinikum, Institut für Klinische Chemie und Biochemie.

Goldberg, D. P. & Sartorius, N. (1990). Introduction. In N. Sartorius, D. Goldberg, G. De Girolamo, J. A. Costa e Silva, Y. Lecrubier & H. U. Wittchen (Hrsg.), *Psychological disorders in general medical settings* (S. 1–5). Göttingen: Hogrefe & Huber.

Grober, E., Buschke, H., Crystal, H., Bank, S. & Dresner, R. (1988). Screening for dementia by memory testing. *Neurology, 38,* 900–903.

Gurland, B. J., Copeland, J. & Kuriansky, J. (1983). *The mind and the mood of aging.* London: Croom Helm.

Häfner, H. (1992). Psychiatrie des höheren Lebensalters. In P. B. Baltes & J. Mittelstraß (Hrsg.), *Zukunft des Alterns und gesellschaftliche Entwicklung* (S. 151–179). Berlin: de Gruyter.

Hagnell, O., Franck, A., Grasbeck, A., Ohman, R., Ojesjo, L., Otterbeck, L. & Rorsman, B. (1992). Senile dementia of the Alzheimer type in the Lundby study: 2. An attempt to identify possible risk factors. *European Archives of Psychiatry and Clinical Neurosciences, 241,* 231–235.

Hamilton, M. (1967). Development of a rating scale for primary depressive illness. *British Journal of Consulting and Clinical Psychology, 6,* 278–296.

Hautzinger, M. (1988). Die CES-D Skala: Ein Depressionsmeßinstrument für Untersuchungen in der Allgemeinbevölkerung. *Diagnostica, 34,* 167–173.

Helmchen, H. (1992). Klinik und Therapie depressiver Störungen im höheren Lebensalter. In H. Häfner & M. Hennerici (Hrsg.), *Psychische Krankheiten und Hirnfunktion im Alter* (S. 119–138). Stuttgart: Gustav Fischer.

Helmchen, H. & Linden, M. (1993). The differentiation between depression and dementia in the very old. *Ageing and Society, 13,* 589–617.

Helmchen, H. & Linden, M. (1996). Die Berliner Altersstudie (BASE): Psychiatrische Ziele. In U. H. Peters, M. Schifferdecker & A. Krahl (Hrsg.), *150 Jahre Psychiatrie* (Bd. 2, S. 933–942). Köln: Martini Verlag.

Henderson, A. S. (1990). Co-occurrence of affective and cognitive symptoms: The epidemiological evidence. *Dementia, 1,* 119–123.

Henderson, A. S., Jorm, A. F., Mackinnon, A., Christensen, H., Scott, L. R., Korten, A. E. & Doyle, C. (1993). The prevalence of depressive disorders and the distribution of depressive symptoms in later life: A survey using Draft ICD-10 and DSM-III-R. *Psychological Medicine, 23,* 719–729.

Henninges, H. von (1981). Arbeitsplätze mit belastenden Arbeitsanforderungen. *Mitteilungen aus der Arbeitsmarkt- und Berufsforschung, 4,* 362–383.

Herrath, D. von (1992). Benzodiazepin-Verordnungen: Vom Verschreibungsmißbrauch zur Abhängigkeit. *Arzneimittelbrief, 26,* 49–52.

Hofmann, A., Rocca, W. A., Brayne, C., Breteler, M. M. B., Clarke, M., Cooper, B., Copeland, J. R. M., Dartigues, J. F., Droux, A. D. S., Hagnell, O., Heeren, T. J., Engedal, K., Jonker, C., Lindesay, J., Lobo, A., Mann, A. H., Mölsa, P. K., Morgan, K., O'Connor, D. W., Sulvaka, R., Kay, D. W. K. & Amaducci, L. (1991). The prevalence of dementia in Europe: A collaborative study of 1980–1990 findings. *International Journal of Epidemiology, 20,* 736–748.

Jorm, A. F. & Henderson, A. S. (1992). Memory bias in depression: Implications for risk factor studies relying on self-reports of exposure. *International Journal of Methods in Psychiatric Research, 2,* 31–38.

Jorm, A. F., Korten, A. E. & Henderson, A. S. (1987). The prevalence of dementia: A quantitative integration of the literature. *Acta Psychiatrica Scandinavica, 76,* 465–479.

Katon, W. (1982). Depression: Somatic symptoms and medical disorders in primary care. *Comprehensive Psychiatry, 23,* 274–287.

Kay, D. W. K., Beamish, P. & Roth, M. (1964). Old age mental disorders in Newcastle upon Tyne: Part II. A study of possible social and medical causes. *British Journal of Psychiatry, 110,* 668–682.

Kay, D. W. K., Henderson, A. S., Scott, R., Wilson, J., Rickwood, D. & Grayson, D. A. (1985). Dementia and depression among the elderly living in the Hobart community: The effect of the diagnostic criteria on the prevalence rates. *Psychological Medicine, 15,* 771–778.

Klauber, J. & Selke, G. W. (1993). Arzneimittelverordnungen nach Altersgruppen. In U. Schwabe & D. Paffrath (Hrsg.), *Arzneiverordnungs-Report '93* (S. 498–507). Stuttgart: Gustav Fischer.

Klein, L. E., Roca, R. P., McArthur, J., Vogelsang, G., Klein, G. B., Kirby, S. M. & Folstein, M. (1985). Diagnosing dementia: Univariate and multivariate analyses of the mental status examination. *Journal of the American Geriatrics Society, 33,* 483–488.

Knäuper, B. & Wittchen, H. U. (1994). Diagnosing major depression in the elderly: Evidence for response bias in standardized diagnostic interviews? *Journal of Psychiatric Research, 28,* 147–164.

Kral, V. (1982). Depressive Pseudodemenz und senile Demenz vom Alzheimer-Typ. *Der Nervenarzt, 53,* 284–286.

Kramer, M., German, P. S., Anthony, J. C., Korff, M. von & Skinner, E. A. (1985). Patterns of mental disorders among the elderly residents of Eastern Baltimore. *Journal of the American Geriatrics Society, 33,* 236–245.

Kukull, W. A., Keopsell, T. D., Inui, T. S., Borson, S., Okimoto, J., Raskind, M. A. & Gale, J. L. (1986). Depression and physical illness among elderly general medical clinical patients. *Journal of Affective Disorders, 10,* 153–162.

Lammi, U. K., Kivela, S. L., Nissinen, A., Punsar, S., Puska, P. & Karvonen, M. (1989). Mental disability among elderly men in Finland: Prevalence, predictors and correlates. *Acta Psychiatrica Scandinavica, 80,* 459–468.

Lauter, H. (1992). Präsenile und senile Demenzen. In H. C. H. Hopf, K. Poeck & H. Schliak (Hrsg.), *Neurologie in Praxis und Klinik.* (Bd. 2, S. 73–106). Stuttgart: Thieme.

Linden, M. (1987). *Phase-IV-Forschung.* Berlin: Springer-Verlag.

Linden, M. & Borchelt, M. (1995). The impact of somatic morbidity on the Hamilton Depression Scale in the very old. In M. Bergener, J. C. Brocklehurst & S. I. Finkel (Hrsg.), *Aging, health, and healing* (S. 420–426). New York: Springer.

Linden, M., Nather, J. & Wilms, H. U. (1988). Zur Definition, Bedeutung und Messung der Krankheitskonzepte von Patienten: Die Krankheitskonzeptskala (KK-Skala) für schizophrene Patienten. *Fortschritte der Neurologie, Psychiatrie, 55,* 35–43.

Lindesay, J., Briggs, K. & Murphy, E. (1989). The Guy's/Age Concerns Survey. *British Journal of Psychiatry, 155,* 317–329.

Lishmann, W. A. (1991). The evolution of research into the dementias. *Dementia, 2,* 177–185.
McWilliam, C., Copeland, J. R. M., Dewey, M. E. & Wood, M. (1988). The Geriatric Mental State Examination: A case-finding instrument in the community. *British Journal of Psychiatry, 152,* 205–208.
Meller, I., Fichter, M. M., Schröppel, H. & Beck-Eichinger, M. (1993). Mental and somatic health and need of care in octo- and nonagenerians: An epidemiological study. *European Archives of Psychiatry and Clinical Neurosciences, 242,* 286–292.
Mohs, R. C., Breitner, J. C. S., Silverman, J. M. & Davis, K. L. (1987). Alzheimer's disease: Morbid risk among first-degree relatives approximates 50% by 90 years of age. *Archives of General Psychiatry, 44,* 405–408.
Morgan, K., Dallosso, H. M., Arie, T., Byrne, E. J., Jones, R. & Waite, J. (1987). Mental health and psychological well-being among the old and the very old living at home. *British Journal of Psychiatry, 150,* 801–807.
Moritz, D. J. & Petitti, D. B. (1993). Association of education with reported age of onset and severity of Alzheimer's disease at presentation: Implications of the use of clinical samples. *American Journal of Epidemiology, 137,* 456–462.
Mortimer, J. A. (1990). Epidemiology of dementia: Cross-cultural comparisons. *Advances in Neurology, 51,* 27–33.
Moss, M. & Lawton, M. P. (1982). Time budgets of older people: A window on four lifestyles. *Journal of Gerontology, 37,* 576–582.
Murphy, E., Smith, R., Lindesay, J. & Slattery, J. (1988). Increased mortality-rates in late-life depression. *British Journal of Psychiatry, 152,* 347–353.
Naber, D. & Hippius, H. (1989). Psychiatric side-effects of non-pychotropic drugs. In R. Öhman, H. L. Freeman, A. Franck-Holmquist & S. Nielsen (Hrsg.), *Interaction between mental and physical illness* (S. 89–103). Berlin: Springer-Verlag.
O'Connor, D. W., Pollitt, P. A. & Treasure, F. P. (1991). The influence of education and social class on the diagnosis of dementia in a community population. *Psychological Medicine, 21,* 219–224.
Osterrieth, P. A. (1944). Le test de copie d'une figure complexe. *Archives de Psychologie, 30,* 206–356.
Overall, J. E. & Gorham, D. R. (1962). The Brief Psychiatric Rating Scale. *Psychological Reports, 10,* 799–812.
Parsons, P. L. (1965). Mental health of Swansea's old folk. *British Journal of Preventive and Social Medicine, 19,* 43–47.
Patten, S. B. & Love, E. J. (1993). Can drugs cause depression? A review of the evidence. *Journal of Psychiatry and Neuroscience, 18,* 92–102.
Philipp, M., Delmo, C. D., Buller, R., Schwarze, H., Winter, P., Maier, W. & Benkert, O. (1992). Differentiation between major and minor depression. *Psychopharmacology, 106* (Suppl.), 75–78.
Pilowsky, I. & Spence, N. D. (1983). *Manual of the Illness Behaviour Questionnaire (IBQ).* Adelaide: University of Adelaide.
Post, F. (1962). *The significance of affective symptoms in old age* (Maudsley Monographs, Bd. 10). London: Oxford University Press.
Radloff, L. S. (1977). The CES-D Scale: A self-report depression scale for research in the general population. *Applied Psychological Measurement, 1,* 385–401.
Radloff, L. S. & Teri, L. (1986). Use of the Center for Epidemiologic Studies-Depression Scale with older adults. *Clinical Gerontologist, 5,* 119–135.
Read, D. E. (1987). Neuropsychological assessment of memory in the elderly. *Canadian Journal of Psychology, 41,* 158–174.
Reifler, B. V., Larson, E. & Hanley, R. (1982). Coexistence of cognitive impairment and depression in geriatric outpatients. *American Journal of Psychiatry, 139,* 623–626.
Reischies, F. M. (1993). *Störungen kognitiver Leistungen depressiver Patienten: Psychopathologie, Verlauf und Analyse von Bedingungsfaktoren.* Habilitationsschrift, Freie Universität Berlin.
Reischies, F. M. & Geiselmann, B. (1995). Mini Mental State Examination im sehr hohen Alter. In M. Zaudig & W. Hiller (Hrsg.), *SIDAM-Handbuch* (S. 107–109). Bern: Huber.
Reischies, F. M., Geßner, R. & Kage, A. (1994). Apolipoprotein E-Typologie und Demenz. *Der Nervenarzt, 65,* 492–495.
Reischies, F. M. & Lindenberger, U. (1996). Diskontinuität zwischen altersbedingter kognitiver Leistungsbeeinträchtigung und Demenz: Testpsychologisches Profil. In U. H. Peters, M. Schifferdecker & A. Krahl (Hrsg.), *150 Jahre Psychiatrie* (Bd. 2, S. 947–948). Köln: Martini Verlag.
Reischies, F. M. & Spiess, P. von (1990). Katamnestische Untersuchungen zur depressiven Pseudodemenz. In E. Lungershausen, W. P. Kaschka & R. Wittkowski (Hrsg.), *Affektive Psychosen* (S. 248–253). Stuttgart: Schattauer.

Reitan, R. M. (1958). Validity of the Trail Making Test as an *indicator of organic brain damage. Perceptual and Motor Skills, 8,* 271–276.

Ritchie, K., Kildea, D. & Robine, J. M. (1992). The relationship between age and the prevalence of senile dementia: A meta-analysis of recent data. *International Journal of Epidemiology, 21,* 763–769.

Rodin, G. & Voshart, K. (1986). Depression in the medically ill: An overview. *American Journal of Psychiatry, 143,* 696–705.

Rote Liste (1990). Aulendorf: Editio Cantor.

Saunders, A. M., Strittmatter, W. J., Schmechel, D., St. George-Hyslop, P. H., Pericak-Vance, M. A., Joo, S. H., Rosi, B. L., Gusella, J. F., Crapper-MacLachlan, D. R., Alberts, M. J., Hulette, C., Crain, B., Goldgaber, D. & Roses, A. D. (1993). Association of apolipoprotein E allele E4 with late-onset familial and sporadic Alzheimer's disease. *Neurology, 43,* 1467–1472.

Steer, R. A., Beck, A. T., Riskind, J. H. & Brown, G. (1987). Relationship between the Beck Depression Inventory and the Hamilton Psychiatric Rating Scale for Depression in depressed outpatients. *Journal of Psychopathology and Behavioral Assessment, 9,* 327–339.

Sultzer, D. L., Levin, H. S., Mahler, M. E., High, W. M. & Cummings, J. L. (1993). A comparison of psychiatric symptoms in vascular dementia and Alzheimer's disease. *American Journal of Psychiatry, 150,* 1806–1812.

Wagner, M. & Kanowski, S. (1995). Socioeconomic resources, life course, and dementia in old age. In M. Bergener, J. C. Brocklehurst & S. I. Finkel (Hrsg.), *Aging, health, and healing* (S. 475–485). New York: Springer.

Wahl, H.-W. (1990). Auf dem Weg zu einer alltagsbezogenen Gerontopsychologie: Teil 1. Konzeptionelle und methodologische Rahmenbedingungen. *Zeitschrift für Gerontopsychologie und -psychiatrie, 3,* 13–23.

Wallace, J. & O'Hara, M. W. (1992). Increases in depressive symptomatology in the rural elderly: Results from a cross-sectional and longitudinal study. *Journal of Abnormal Psychology, 101,* 398–404.

Weissman, M. M., Leaff, P. J., Tischler, G. L., Blazer, D. G., Karno, M., Bruce, M. L. & Florio, L. P. (1988). Affective disorders in five United States communities. *Psychological Medicine, 18,* 141–153.

Weissman, M. M., Myers, J. K., Tischler, G. L., Holzer, C. E., Leaf, P. J., Orvaschel, H. & Brody, J. A. (1985). Psychiatric disorders (DSM-III) and cognitive impairment among the elderly in a U.S. urban community. *Acta Psychiatrica Scandinavica, 71,* 366–379.

Wells, C. E. (1980). The differential diagnosis of psychiatric disorders in the elderly. In J. O. Cole & J. E. Barrett (Hrsg.), *Psychopathology in the aged* (S. 19–35). New York: Raven.

Welz, R., Lindner, M., Klose, M. & Pohlmeier, H. (1989). Psychische Störungen und körperliche Erkrankungen im Alter. *Fundamenta Psychiatrica, 3,* 223–228.

Wernicke, T. F. & Reischies, F. M. (1994). Prevalence of dementia in old age: Clinical diagnosis in subjects aged 95 years and older. *Neurology, 44,* 250–253.

Weyerer, S. & Dilling, H. (1984). Prävalenz und Behandlung psychischer Erkrankungen in der Allgemeinbevölkerung. *Der Nervenarzt, 55,* 30–42.

Wittchen, H. U., Saß, H., Zaudig, M. & Koehler, K. (1989). *Diagnostisches und statistisches Manual psychischer Störungen DSM-III-R* (deutsche Bearbeitung und Einführung). Weinheim: Beltz.

Zerssen, D. von (1976). *Die Beschwerden-Liste.* Weinheim: Beltz.

8. Altern aus psychologischer Perspektive: Trends und Profile im hohen Alter

Jacqui Smith & Paul B. Baltes[1]

Zusammenfassung

In diesem Kapitel geben wir eine allgemeine Einführung in die psychische und psychosoziale Situation der Teilnehmer der Berliner Altersstudie (BASE). Dabei konzentrieren wir uns auf die Bereiche geistige Leistungsfähigkeit (Intelligenz), Selbst und Persönlichkeit sowie soziale Beziehungen. Ein zentrales Ergebnis ist, daß das chronologische Alter innerhalb jedes dieser drei Bereiche eine unterschiedliche Rolle spielt. Im Bereich der Intelligenz sind die in negativer Weise mit dem Lebensalter zusammenhängenden Unterschiede zwischen 70 und 100 so groß, daß sie bis zu 35% der individuellen Differenzen ausmachen. Wir berichten über Analysen, die nahelegen, daß diese negativen Altersgradienten in der intellektuellen Leistungsfähigkeit mit biologischen Abbauprozessen erklärt werden können. In den Bereichen Selbst und Persönlichkeit und soziale Beziehungen gibt es dagegen nur wenige Altersdifferenzen. Dies verdeutlicht die robuste und andauernde Auswirkung selbstbezogener regulativer und adaptiver Prozesse. Betrachtet man jedoch die Persönlichkeitsvariablen gemeinsam, findet man Hinweise darauf, daß wünschenswerte und funktionale Eigenschaften in den höheren Altersgruppen weniger stark ausgeprägt sind, während die weniger wünschenswerten mit dem Alter in ihrer Ausprägung zunehmen. Dieser kleine, aber signifikante allgemeine Trend legt nahe, daß Hochbetagte sich näher an den Grenzen ihrer adaptiven psychologischen Kapazitäten befinden.

Wir stellen in diesem Kapitel auch Fragen nach der psychologischen „Gesamtstruktur" des älteren Menschen, also nach den Ausprägungsmustern der verschiedenen psychologischen Funktionsbereiche und möglichen Unterschieden zwischen älteren Menschen hinsichtlich dieser Profile. Es ergeben sich zwölf Teilgruppen. Etwa 25% der Studienteilnehmer weisen ein psychologisches Profil auf, das in der Literatur als erfolgreiches Altern beschrieben wird. Insgesamt 35% sind dagegen in Teilgruppen, die relativ gesehen stärker durch psychische Dysfunktionalität gekennzeichnet sind. Es ist auch deutlich, daß die Hochbetagten häufiger in diesen Teilgruppen zu finden sind.

1. Einleitung

Bei dem Versuch, Erleben und Verhalten im hohen Alter mittels Querschnittsdaten darzustellen, ist im Auge zu behalten, daß Altersvergleiche nur erste (und gelegentlich falsche) Schätzungen von Alternsveränderungen darstellen und darüber hinaus keine Information über individuelle Verlaufsmuster enthalten (P. B. Baltes, 1968; Magnusson, Bergman, Rudinger & Törestad, 1991; Schaie, 1965). Hieraus entsteht eine Kluft zwischen der Datenlage und den allgemeinen theoretischen Orientierungen von BASE (vgl. P. B. Baltes et al., Kapitel 1 in diesem Band). Wenn wir in diesem Kapitel also von psychologischem Altern sprechen, sollten wir immer gleichzeitig bedenken, daß der Interpretation unserer altersvergleichenden Beobachtungen deutliche Grenzen gesetzt sind. Letztlich sind aus den bisher vorliegenden Daten keine gesicherten Rückschlüsse auf das Altern des Einzelnen und die Ontogenese altersbezogener Variationen zu ziehen.

1 Die BASE-Forschungseinheit Psychologie, zu der William Fleeson, Alexandra M. Freund, Reinhold Kliegl, Barbara Klingenspor, Ute Kunzmann, Frieder R. Lang, Ulman Lindenberger, Todd D. Little, Michael Marsiske, Ulrich Mayr, Yvonne Schütze und Ursula M. Staudinger gehören (oder gehörten), wird von Paul B. Baltes und Jacqui Smith geleitet.

Es ist jedoch mit Hilfe eines querschnittlichen Designs möglich, erste Einblicke in Fragen der differentiellen Gerontologie (Birren & Birren, 1990; Thomae, 1979) zu gewinnen. Zum Beispiel: Wie unterschiedlich (heterogen) sind sehr alte Menschen in bezug auf psychologische Merkmale wie geistige Leistungsfähigkeit, Persönlichkeitseigenschaften und soziale Beziehungen? Ist es etwa so, daß Hochbetagte (85jährige und Ältere) genauso verschieden voneinander sind wie jüngere Alte, oder gibt es Hinweise auf eine zunehmende Homogenisierung im hohen Alter? Eine Homogenisierung könnte beispielsweise aufgrund der Ähnlichkeit der biologischen Prozesse entstehen, die zum Tod führen – Prozesse, die möglicherweise zunehmend auf alle in gleicher Weise wirken. Trifft also auch auf Hochbetagte die Schlußfolgerung zu, daß „Senioren keine homogene Gruppe sind" (Bundesministerium für Familie und Senioren [BMFuS], 1993) und daß es „viele Gesichter des Alterns" gibt (P. B. Baltes & Baltes, 1992)?

Ein Schwerpunkt psychologischer Alternsforschung, der in BASE aufgegriffen wurde, kann ebenso mit dem bisher vorliegenden querschnittlichen Datensatz bearbeitet werden. Dieser Schwerpunkt bezieht sich auf die Analyse des „systemischen" Zusammenhangs zwischen verschiedenen psychologischen Funktionen. Da die psychologischen Untersuchungsmethoden in BASE eine recht umfassende Betrachtung des Menschen erlauben, ist es uns möglich, Zusammenhänge zwischen den Bereichen geistige Leistungsfähigkeit (Intelligenz), Selbst und Persönlichkeit sowie soziale Beziehungen älterer Menschen aufzuzeigen. Aus denselben Gründen können wir einen weiteren Aspekt des differentiellen Alter(n)s betrachten: Gibt es Teilgruppen von Individuen, die unterschiedliche Profile in Erleben, Verhalten und Leistung aufweisen (vgl. Maddox, 1987; Thomae, 1979)? Und ferner können wir untersuchen, ob die verschiedenen, auf Profilebene gefundenen Teilgruppen unterschiedliche Alters- und Geschlechtszusammensetzungen haben (also beispielsweise mehr junge Alte als Hochbetagte umfassen oder umgekehrt). Eine solche Herangehensweise ermöglicht Aussagen darüber, wie viele der älteren Menschen eher dem Bild entsprechen, das in der Literatur als erfolgreiches Altern beschrieben wird (P. B. Baltes & Baltes, 1990; Gerok & Brandtstädter, 1992).

2. Meßverfahren

Bisher gibt es in der Psychologie keinen für alle Wissenschaftler verbindlichen, einheitlichen und umfassenden Koordinaten- bzw. Meßraum für psychologische Funktionen. Statt dessen gibt es eine Vielzahl an theoretischen und empirischen Zugängen mit unterschiedlichen Schwerpunkten, methodischen Vorgehensweisen und inhaltlichen Gewichtungen.

In BASE haben wir versucht, das psychologische Spektrum mit Konstrukten und Variablen aus drei Bereichen abzudecken: (1) *Intelligenz*, (2) *Selbst und Persönlichkeit* und (3) *soziale Beziehungen*. Tabelle 1 stellt die zentralen psychologischen Konstrukte und Variablen dar, die zu verschiedenen Zeitpunkten, bei der Ersterhebung und in drei Sitzungen des Intensivprotokolls, erfaßt wurden (vgl. Smith & Baltes, 1993; P. B. Baltes et al., Kapitel 1). Wir sind auch multimethodisch vorgegangen. In ungefähr sechs Interview- bzw. Teststunden setzten wir ein vielseitiges Instrumentarium ein, das halbstrukturierte Interviews, standardisierte Testverfahren und auf Computern dargebotene Tests einschloß. In einzelnen Fällen war es auch notwendig, etablierte Verfahren so zu verändern, daß sie inhaltlich und formal die Besonderheiten des hohen Alters berücksichtigten und dadurch das Darbietungs- und Antwortformat auch für Hochbetage angemessen war. Alle Untersuchungen wurden am Wohnort der Studienteilnehmer von trainierten und supervidierten forschungstechnischen Assistenten und Assistentinnen durchgeführt. Die einzelnen Erhebungsinstrumente werden weiter unten ausführlicher dargestellt.

3. Geistige Leistungsfähigkeit (Intelligenz)

Fragen zur geistigen (intellektuellen) Leistungsfähigkeit sind in der Gerontologie zentral. Wissen über die geistige Leistungsfähigkeit ist auch deshalb bedeutsam, weil sie Auswirkungen auf das selbständige Leben und den effektiven Umgang mit Alltagsproblemen hat (daß man sich z. B. daran erinnert, in der Küche das Gas auszudrehen). Im Extremfall bietet das Niveau der geistigen Leistungsfähigkeit sogar die Basisinformation für die Entscheidung, ob eine Demenz im klinischen Sinne vorliegt (vgl. Reischies & Lindenberger, Kapitel 13). Zum anderen richten Fragen über das Altern der Intelligenz die Aufmerksamkeit auf mögliche gesellschaftliche Veränderungen, die dazu beitragen könnten, daß ältere Men-

Tabelle 1: Konstrukte, die in den drei betrachteten psychologischen Bereichen untersucht wurden.

Intelligenz	Selbst und Persönlichkeit	Soziale Beziehungen
Mechanik der Intelligenz	**Selbstbeschreibung**	**Soziales Netzwerk**
Denkfähigkeit	Selbstdefinition	Größe
Gedächtnis (Merkfähigkeit)	Mögliches Selbst (Hoffnungen und Befürchtungen)	Zusammensetzung
Wahrnehmungsgeschwindigkeit	Höhen und Tiefen des Lebens	Alter der Partner
Sprachverarbeitung	Subjektives Alter	Art der Beziehungen
		Dauer der Beziehungen
Pragmatik der Intelligenz		Verluste
Wissen	**Persönlichkeit**	
Wortflüssigkeit	Neurotizismus	**Unterstützung**
	Extraversion	Instrumentelle/emotionale Unterstützung
	Offenheit	Erhaltene/geleistete Unterstützung
	Positive und negative Emotionen	Reziprozität
	Zukunftsorientierung und Optimismus	
	Einsamkeit	**Persönliche Bewertung**
	Wohlbefinden	Zufriedenheit
		Belastung
	Selbstregulative Prozesse	Unzufriedenheit
	Zeiterleben	
	Zielsystem und Lebensinvestment	**Beziehungen über die Lebensspanne**
	Kontrollüberzeugungen	Wichtige Personen
	Bewältigungsstile	Enttäuschungen
		Besondere Wendepunkte

schen die Chance haben, ihre intellektuellen Fähigkeiten nicht nur zu nutzen, sondern auch zu verbessern, um erfolgreiches und produktives Altern erleben und mitgestalten zu können (P. B. Baltes & Baltes, 1990).

In diesem allgemeinen Kontext wurden unsere Analysen zur Intelligenz im Alter durch drei zentrale Fragestellungen geleitet:

1. Was ist die Struktur der intellektuellen Leistungsfähigkeit im Alter?
2. Welche Leistungen erbringen alte Menschen? Gibt es Unterschiede zwischen jüngeren Alten und Hochbetagten? Wie groß ist die Spannbreite interindividueller Unterschiede?
3. Welche Variablen sagen individuelle und altersabhängige Unterschiede der intellektuellen Leistungsfähigkeit im Alter am besten voraus?

Es gab verfahrenstechnische und inhaltliche Besonderheiten der Testbatterie, die in BASE zur Beantwortung dieser Fragen eingesetzt wurde. Die Testbatterie wurde vor allem durch Ulman Lindenberger, Ulrich Mayr und Reinhold Kliegl entwickelt (siehe auch Lindenberger, Mayr & Kliegl, 1993). Meistens wird die intellektuelle Leistungsfähigkeit mit Hilfe von zeitbegrenzten Papier-und-Bleistift-Tests überprüft, die ursprünglich für jüngere Altersgruppen (meistens junge Erwachsene) entworfen und normiert wurden. Es ist manchmal schwierig, solche Instrumente bei älteren Menschen anzuwenden, weil das Lesen und Schreiben durch visuelle und motorische Beeinträchtigungen erschwert sein können. Außerdem sind alte Menschen weniger als jüngere daran gewöhnt, einen längeren schriftlichen Test konzentriert durchzuarbeiten. Um einige dieser Probleme zu vermeiden und die Testbedingungen kontrollieren zu können, wurde die BASE-Testbatterie in großen Schrifttypen auf den Bildschirmen tragbarer Computer dargeboten. Dies war gut umzusetzen, weil es heute für alle Altersgruppen alltäglich ist, sich auf einen Fernsehbildschirm zu konzentrieren. Antworten wurden sowohl mit einem berührungsempfindlichen Bildschirm erfaßt als auch auf Tonband aufgenommen. Für Blinde und schwer Sehbehinderte gab es eine kompatible (aber reduzierte) auditive Version der Testbatterie.

Die zweite Besonderheit betraf den Inhalt dieser computerisierten Batterie. Um Fragen zur Struktur intellektueller Funktionsfähigkeit beantworten zu können, muß man die Leistung in verschiedenen Bereichen untersuchen. Die 14 Tests der BASE-Batterie (für eine detaillierte Darstellung dieser Tests siehe Reischies & Lindenberger, Kapitel 13; vgl. Lindenberger et al., 1993) deckten die verschiedenen Fähigkeitsbereiche ab, die allgemein in der Literatur zum Intelligenzsystem als grundlegend gelten.

Erwähnt sei ein weiterer inhaltlicher Aspekt der intellektuellen Erhebungen. Um den Bezug zwischen normalem und pathologischem Altern der Intelligenz herzustellen, wurden zusätzlich einzelne Aufgaben in die Batterie aufgenommen, die neurologischen und psychiatrischen Tests der kognitiven Funktionsfähigkeit nahestehen (vgl. Reischies & Lindenberger, Kapitel 13). Bisher lagen Berichten über Beziehungen zwischen neuropsychologischen Faktoren und kognitiven Veränderungen im Alter vor allem Daten zugrunde, die an Gruppen kranker alter Menschen erhoben wurden (z. B. Bäckman, 1991).

Bis heute ist nicht bekannt, ob Demenz eine Extremform der normalen altersassoziierten Veränderung der geistigen Leistungsfähigkeit oder ein qualitativ unterschiedlicher Prozeß ist (z. B. Häfner, 1986). Wir hoffen, der Beantwortung dieser Frage mit der Datenerhebung über einen breiten Bereich des Leistungsspektrums ein Stück näher zu kommen. Die Intelligenztests in BASE wurden so konstruiert, daß eine große Spanne von Leistungsniveaus (von Höchstleistungen bis zur Demenz) erfaßt werden konnte. Zum Beispiel waren die einzelnen Items der Tests, die sich auf die Denkfähigkeit und das Wissen bezogen, so angeordnet, daß sie zunehmend schwieriger wurden. Das Meßproblem der großen Leistungsspannbreite zwischen Personen (Decken- und Bodeneffekte) wurde bei diesen Tests dadurch gelöst, daß spezifische Schwellen gesetzt wurden, so daß der jeweilige Test nach drei bzw. fünf aufeinanderfolgenden falschen Antworten beendet wurde.

3.1 Die Intelligenzstruktur im sehr hohen Alter

Die meisten Theorien zur Entwicklung der intellektuellen Leistungsfähigkeit im Erwachsenenalter gehen davon aus, daß Intelligenz ein mehrdimensionales Konstrukt darstellt (P. B. Baltes, 1987; P. B. Baltes, Lindenberger & Staudinger, 1995; Cattell, 1971; Horn & Hofer, 1992; Schaie & Willis, 1993). Bei der Intelligenz handelt es sich nach diesen Theorien um ein System von mehr oder weniger miteinander zusammenhängenden Fähigkeiten oder Prozessen, deren Zusammenwirken sich in Leistungen wie der Lösung unterschiedlichster Erkennungs-, Gedächtnis-, Denk- und Wissensaufgaben manifestiert.

In der Literatur ist die Frage offengeblieben, ob die Struktur intellektueller Funktionsbereiche im hohen Alter differenziert bleibt oder eher entdifferenziert (homogenisiert) wird. Eine Entdifferenzierung oder Homogenisierung läge beispielsweise dann vor, wenn die Anzahl voneinander klar unterscheidbarer Fähigkeitsdimensionen abnähme oder wenn die verschiedenen Dimensionen höher miteinander korrelierten als dies auf jüngere Altersgruppen zutrifft (vgl. P. B. Baltes, Cornelius, Spiro, Nesselroade & Willis, 1980; Hertzog & Schaie, 1985; Reinert, 1970).

Wie in Abbildung 1 zu sehen, ergaben die BASE-Daten hierzu einen zweifachen Befund. Erstens war es möglich, die für das junge Erwachsenenalter geltende mehrdimensionale Intelligenzstruktur auch im hohen Alter zu finden. Es zeigten sich fünf Fähigkeitsfaktoren: (1) *Wahrnehmungsgeschwindigkeit,* (2) *Denkfähigkeit,* (3) *Gedächtnis,* (4) *Wortflüssigkeit* und (5) *Wissen* (nähere Informationen zu dem Inhalt dieser Faktoren sind in Reischies & Lindenberger, Kapitel 13, dargestellt). Zweitens ergab sich aber auch ein hohes Maß der Homogenisierung oder Entdifferenzierung (für Einzelheiten siehe Lindenberger & Baltes, 1995). Die fünf Dimensionen oder Fähigkeitsfaktoren waren im Alter höher untereinander korreliert als wir dies aus Untersuchungen zum jungen Erwachsenenalter kennen. Dieser Befund einer auf der Leistungsebene größeren Homogenisierung könnte darauf zurückzuführen sein, daß es im Alter eine Reihe von eher biologisch gesteuerten Einflußsystemen gibt, die möglicherweise alle Komponenten des Intelligenzsystems gleichförmig im Sinne einer „simultanen Überlagerung“ beeinflussen (siehe auch unten).

Obwohl jeder Faktor in dem in Abbildung 1 dargestellten BASE-Modell auch spezifische Varianz beitrug, weisen wir nochmals darauf hin, daß die fünf Fähigkeitsbereiche hochgradig interkorreliert waren. Diese gemeinsame Varianz wird in dem Modell durch „g“, einen latenten allgemeinen Fähigkeitsfaktor, dargestellt (die Korrelationen der auf den ungewichteten Mittelwerten der jeweiligen Tests basierenden Faktorscores bewegten sich zwischen $r=0{,}63$ und $r=0{,}71$; die standardisierten Pfadkoeffizienten der Faktoren zu einem g-Faktor zweiter Ordnung variierten zwischen $\beta=0{,}88$ und $\beta=0{,}93$).

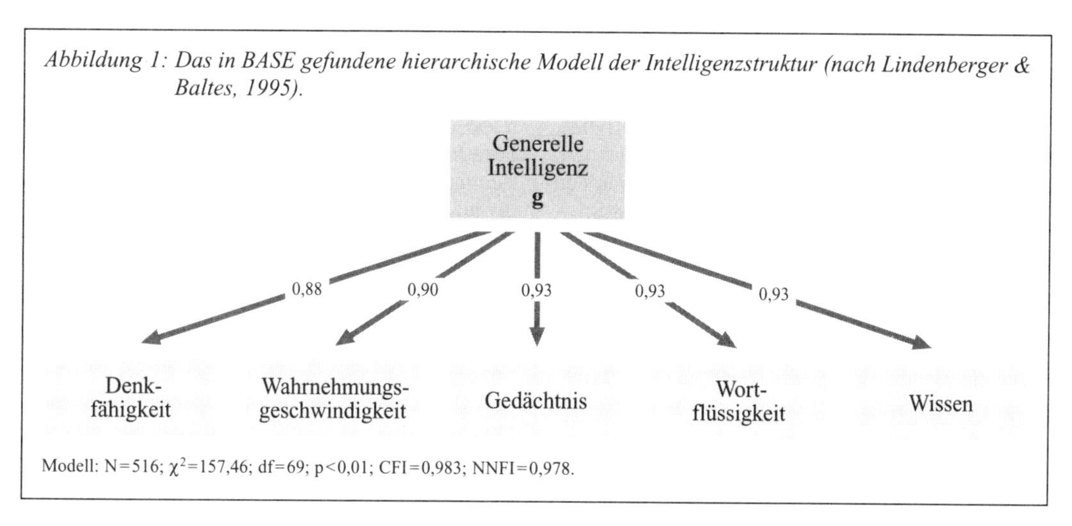

Abbildung 1: Das in BASE gefundene hierarchische Modell der Intelligenzstruktur (nach Lindenberger & Baltes, 1995).

Modell: N=516; χ^2=157,46; df=69; p<0,01; CFI=0,983; NNFI=0,978.

Als Schätzung der allgemeinen intellektuellen Leistungsfähigkeit ist es aufgrund dieser Ergebnisse durchaus sinnvoll, den starken g-Faktor als Maß zu nutzen.

Der vorgegebene Meßraum der Intelligenz besitzt gute ökologische Validität (Lindenberger & Baltes, 1995). Es ist keineswegs so, wie gelegentlich in der Literatur behauptet wird, daß psychometrische Intelligenz nur einen geringen Prädiktionswert für Alltagsverhalten aufweist. In der Berliner Altersstudie besteht beispielsweise eine hohe Korrelation zwischen Intelligenz und Alltagskompetenz (ca. 40% der Varianz von Alltagskompetenz kann durch Intelligenz vorhergesagt bzw. „erklärt" werden; vgl. M. M. Baltes et al., Kapitel 20). Ein weiteres Beispiel für die hohe ökologische Validität der hier dargestellten Intelligenzleistungen ist deren Beziehung zur Diagnose von Demenz (vgl. Reischies & Lindenberger, Kapitel 13).

3.2 Alters-/Kohorten- und individuelle Unterschiede in intellektuellen Leistungsniveaus

Wie aus einer Vielzahl früherer Studien bekannt ist, lassen sich in jüngeren Altersgruppen (bis zum 70. Lebensjahr) die Leistungen zwei großen Fähigkeitskategorien zuordnen. Diese werden als die „fluide" *Mechanik* und die „kristalline" *Pragmatik* der Intelligenz bezeichnet (P. B. Baltes, 1984, 1993; Cattell, 1971; Horn & Hofer, 1992; Salthouse, 1991). Diese beiden Arten der Intelligenz weisen verschiedene Alternsverläufe auf. Während die Pragmatik der Intelligenz über das Erwachsenenalter eher stabil bleibt, zeigt die Mechanik der Intelligenz eine Tendenz zur Abnahme. So hat quer- und längsschnittliche Forschung ergeben, daß die Leistung in sprachgebundenen Wissensaufgaben der pragmatischen Intelligenz (d. h. in ähnlichen Aufgaben wie die in BASE zu den Wissens- und Wortflüssigkeitsfaktoren zusammengefaßten) zumindest bis zum achten Lebensjahrzehnt relativ stabil bleibt. Im Gegensatz dazu zeigt die inhaltsfreie Mechanik der Intelligenz erste negative Altersveränderungen spätestens im mittleren Erwachsenenalter (Altersbereich von 40 bis 60 Jahre). Die Mechanik der Intelligenz wird üblicherweise durch ähnliche Aufgaben erfaßt wie die Tests, die wir in BASE zur Messung der Gedächtnis-, Denkfähigkeits- und Geschwindigkeitsfaktoren verwenden.

Im hohen Alter verstärken sich diese Leistungsverluste in der mechanischen Intelligenz immer mehr, zumindest was ihre Breite angeht. Nach Ergebnissen anderer Forschergruppen (z. B. Salthouse, 1991; Schaie & Willis, 1993) beobachtet man ab diesem Alter einen Leistungsverlust in fast allen Bereichen der Intelligenz, also sowohl der pragmatischen als auch der mechanischen. Zumindest wird die Zahl der Personen, die auch jenseits dieses Alters altersstabile Leistungen in den meisten Funktionsbereichen des geistigen Intelligenzsystems zeigen, sehr gering.

Abbildung 2 faßt BASE-Ergebnisse zu Fragen über altersabhängige und individuelle Unterschiede sowohl im Generalfaktor g der Intelligenz (Alterskorrelation: r=-0,57) als auch in zwei Kriteriumstests für die beiden Kategorien der Intelligenz – mechanische Intelligenz (hier durch Wahrnehmungsgeschwindigkeit repräsentiert) versus pragmatische Intelligenz (Wissen) – zusammen. Die Darstellung der negativen Altersregressionsgradienten unterstreicht die Regelmäßigkeit des Leistungsabfalls in allen Funktionsbereichen. Einen ähnlichen Befund erhält man, wenn die fünf Fähigkeitsbereiche getrennt analysiert werden (Lindenberger & Baltes, 1995; vgl. Reischies & Lindenberger, Kapitel 13). Die Größe der negativen Altersunterschiede in den fünf Fähigkeiten beträgt im Durchschnitt 1,8 Standardabweichungen. Nach üblichen Kriterien der Effektgröße sind dies außerordentlich starke Effekte.

Die in Abbildung 2 dargestellten Ergebnisse weisen also eher auf fähigkeitsübergreifende, allgemeine Altersunterschiede als auf fähigkeitsdifferentielle Altersunterschiede in der mechanischen und pragmatischen Intelligenz hin. Wir beobachteten aber auch theoriekonsistente Unterschiede. Die negativen Alterskorrelationen der mechanischen Fähigkeiten (Wahrnehmungsgeschwindigkeit: r=-0,59; siehe Abb. 2; Denkfähigkeit: r=-0,51; Gedächtnis: r=-0,49) waren signifikant höher als die negativen Alterskorrelationen der pragmatischen Fähigkeiten des Wissens (r= -0,41; siehe Abb. 2) und der Wortflüssigkeit (r=-0,46). Der bis zum 70. Lebensjahr belegte unterschiedliche Altersverlauf für mechanische versus pragmatische Intelligenz scheint also im höheren Alter erhalten zu bleiben. Die Unterschiedlichkeit im Verlauf der beiden Intelligenzkategorien ist aber deutlich abgeschwächt.

Abbildung 2: Die altersabhängigen Leistungsverluste und individuellen Unterschiede im allgemeinen Intelligenzfaktor (a) und in Faktoren der mechanischen Intelligenz (b) und der pragmatischen Intelligenz (c).

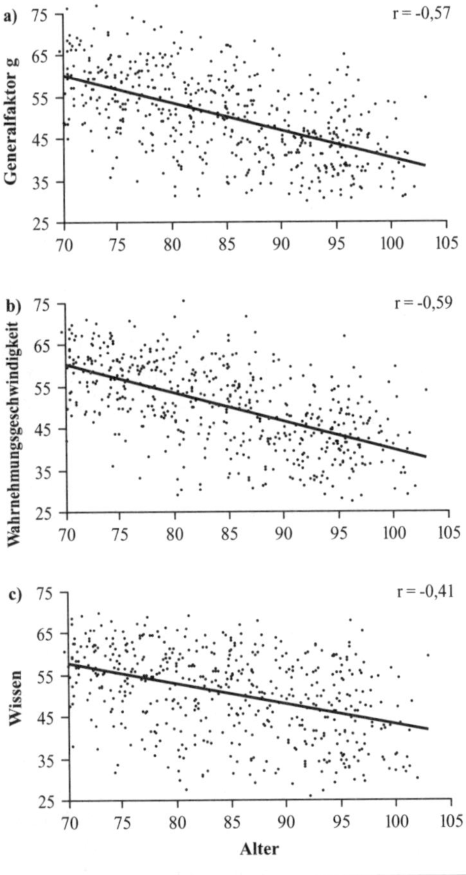

Was bedeuten diese altersbezogenen Leistungsunterschiede nun konkret? Betrachten wir eine der Aufgaben, die zu dem Faktor Gedächtnis beitrug; eine Paarverbindungslernen-Aufgabe zum Kurzzeitgedächtnis. Die Testpersonen wurden hierbei aufgefordert, sich acht Paare von Substantiven zu merken (z. B. Baum–Lampe). Später wurde das erste Substantiv genannt, und sie sollten sich an das zugehörige Wort erinnern. Die Gesamtzahl der in zwei Durchgängen richtig wiedergegebenen Wortpaare wurde gezählt (die mögliche Spanne reichte also von 0 bis 16; BASE-Mittelwert $\bar{x}$=4,1). Unter den 70- bis 79-jährigen BASE-Teilnehmern, unserer jüngsten Altersgruppe, konnten sich nur 12% an keines der 16 Paare erinnern, während sich 22% die beträchtliche Zahl von zehn oder mehr Paaren merken konnten. Von den 90jährigen und Älteren erinnerten sich dagegen 43% an keine und nur 2% an zehn oder mehr Paare. Betrachten wir ein anderes Beispiel eines einfachen Wortflüssigkeitstests. Hierbei wurden die Teilnehmer aufgefordert, innerhalb von zwei Minuten so viele verschiedene Worte wie möglich zu nennen, die mit „S" beginnen ($\bar{x}$=13,6). Von den 70- bis 79jährigen nannten nur 1% weniger als fünf Worte und immerhin 17% mehr als 23. Dagegen nannten 19% der 90jährigen und Älteren weniger als fünf und nur 6% mehr als 23.

Zusammen genommen können die in Abbildung 2 dargestellten Befunde und die Tatsache, daß die Leistungen in den fünf Intelligenzfaktoren hoch miteinander korrelieren, so interpretiert werden, daß die geistige Leistungsfähigkeit in dem untersuchten Altersspektrum von 70 bis über 100 Jahren eine deutliche und über die Einzelfähigkeiten generalisierende Einbuße aufweist. Die Streudiagramme in Abbildung 2 verdeutlichen jedoch auch einen anderen und ebenso wichtigen Aspekt der Intelligenz im Alter: Es zeigt sich beträchtliche individuelle Heterogenität. Jeder Punkt stellt den erreichten Wert einer oder mehrerer Personen dar. Die große Streuung veranschaulicht, daß trotz eines allgemeinen Leistungsverlusts die interindividuelle Variabilität in der gesamten Altersspanne und in allen Fähigkeiten sehr groß war. Die relativ hohe Leistungsfähigkeit einiger Individuen in den ältesten Altersgruppen ist erkennbar. Einige der sehr Alten (einschließlich einer 103jährigen) waren unter denjenigen mit den besten Leistungen, ebenso waren auch einige der 70- bis 74jährigen unter denjenigen mit den schlechtesten Leistungen.

3.3 Prädiktoren von individuellen und altersabhängigen Unterschieden intellektueller Leistungsfähigkeit

Es gibt verschiedene Theorien über die Ursachen der individuellen und altersabhängigen Unterschiede in der geistigen Leistungsfähigkeit des späten Erwachsenenalters. Lindenberger und Baltes (1995) haben jüngst die in der Berliner Altersstudie beobachteten Zusammenhänge zwischen Intelligenz und anderen Funktionsbereichen einer ersten umfassenden Analyse unterzogen. Drei Befunde scheinen uns im gegenwärtigen Kontext von besonderer Bedeutung.

Erstens zeigte sich eine außerordentlich hohe Beziehung der geistigen Leistungsfähigkeit mit sensorischer Funktionsfähigkeit (siehe auch P. B. Baltes & Lindenberger, 1995). Die Sensorik wurde durch einfache Maße des Visus (Sehschärfe) und des Gehörs (Hörschwellen) erfaßt (vgl. Steinhagen-Thiessen & Borchelt, Kapitel 6; Marsiske et al., Kapitel 14). Die Beziehung zwischen Intelligenz und Sensorik erwies sich als so hoch, daß man ein Strukturgleichungsmodell rechnen konnte, in dem die gesamten altersbezogenen Unterschiede in der Intelligenz durch Unterschiede in der Sensorik (Sehschärfe, Gehör) erklärbar waren. Lindenberger und Baltes tendieren dazu, diesen außerordentlichen Nexus zwischen Sensorik und Intelligenz im Alter als Beleg dafür zu interpretieren, daß hirnbezogene Faktoren beim Altern der Intelligenz eine zunehmend wichtige Rolle spielen. Sie nehmen also an, daß das biologische Altern des Gehirns sowohl die Sensorik als auch die Intelligenz determiniert. In weiteren altersvergleichenden Studien haben sie gezeigt, daß die Beziehung zwischen Sensorik und Intelligenz im jüngeren Erwachsenenalter (15 bis 54 Jahre) deutlich geringer ist. Dieser Vergleich ist in Abbildung 3 dargestellt.

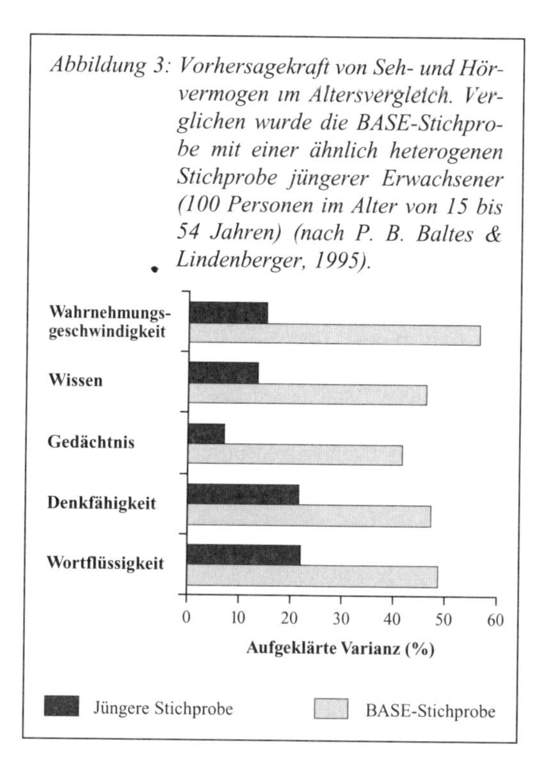

Abbildung 3: Vorhersagekraft von Seh- und Hörvermögen im Altersvergleich. Verglichen wurde die BASE-Stichprobe mit einer ähnlich heterogenen Stichprobe jüngerer Erwachsener (100 Personen im Alter von 15 bis 54 Jahren) (nach P. B. Baltes & Lindenberger, 1995).

Lindenberger und Baltes (1994, 1995) haben auch geprüft, ob die Stärke des Zusammenhangs zwischen Sensorik und Intelligenz im hohen Alter signifikant reduziert wird, wenn man Extremgruppen (wie Demente, Blinde oder Taube) ausschließt. Dies war nicht der Fall. Ferner haben sie ein anderes Maß einbezogen, das sensomotorische Aspekte berücksichtigt, nämlich ein Maß des Gleichgewichts (vgl. Steinhagen-Thiessen & Borchelt, Kapitel 6; Marsiske et al., Kapitel 14). Auch dieses Maß korrelierte ähnlich hoch mit der Intelligenz wie Hören und Sehen. Dieser Befund stützt ebenso die Sichtweise, daß es eine gemeinsame Quelle für diese negativen Altersgradienten gibt, nämlich das biologische Altern des Gehirns.

Die Kenntnis der auditorischen, visuellen und sensomotorischen Funktionsfähigkeit (wie sie typischerweise im medizinischen Bereich gemessen werden) erlaubt also in der BASE-Stichprobe eine fast vollkommene Vorhersage von Altersunterschieden innerhalb der Intelligenz. Die Interdisziplinarität der BASE-Erhebung ermöglichte die Identifikation dieses Zusammenhangs, der in der Literatur bisher unbekannt war. Auf diesen Befund aufbauend wird gegenwärtig ein Forschungsprogramm entwickelt, das sich damit beschäftigen wird, einige neuartige theoretische Erklärungsmuster genauer zu überprüfen und praktische Implikationen zu untersuchen (vgl. P. B. Baltes & Lindenberger, 1995).

Zweitens zeigte sich, daß die für den Lebensverlauf postulierte „kausale" Differenzierung von genetischneurobiologischen versus kulturellen Faktoren bei der Entstehung von mechanischer versus pragmatischer Intelligenz auch im hohen Alter ihre Bedeutung beibehält bzw. dort eine besondere Ausprägung erfährt. Theorien zur Intelligenz gehen davon aus, daß individuelle Unterschiede in der mechanischen Intelligenz stärker durch genetisch-neurobiologische Faktoren determiniert sind, während Unterschiede in der pragmatischen Intelligenz zusätzlich durch kulturelle Faktoren und Lebenserfahrungskomponenten determiniert sind.

Abbildung 4 veranschaulicht, daß diese Vorhersage auch im hohen Alter zutrifft (vgl. Lindenberger & Baltes, 1995). Die Abbildung beschränkt sich nochmals auf die Darstellung der Zusammenhänge für je eine Fähigkeit aus dem mechanischen Bereich (Wahrnehmungsgeschwindigkeit) und dem pragmatischen Bereich der Intelligenz (Wissen). Die Wahrnehmungsgeschwindigkeit war stärker mit den sensorischen und sensomotorischen Maßen korreliert als die Fähigkeit Wissen (für alle Signifikanztests $p<0,01$). Umgekehrt war das Wissen stärker mit Bildung, Sozialprestige, sozialer Schicht und Einkommen korreliert als die Wahrnehmungsgeschwindigkeit (vgl. Mayer & Wagner, Kapitel 9, für Näheres über diese sozialstrukturellen Faktoren). Gleichwohl verdeutlicht das in Abbildung 4 dargestellte Ergebnis auch, daß individuelle Unterschiede in der intellektuellen Leistungsfähigkeit im hohen Alter generell stärker durch Indikatoren bestimmt sind, die biologischen Prozessen nahestehen. Weitere Befunde zu dieser Problematik sind in Kapitel 13 von Reischies und Lindenberger dargestellt, in dem Fragen der Pathologie im Alter (wie Demenz) und deren Zusammenhang mit Intelligenzleistungen behandelt werden.

Abbildung 4: Varianzaufklärung der Fähigkeiten der mechanischen und pragmatischen Intelligenz durch sensorische und sozialstrukturelle Indikatoren.

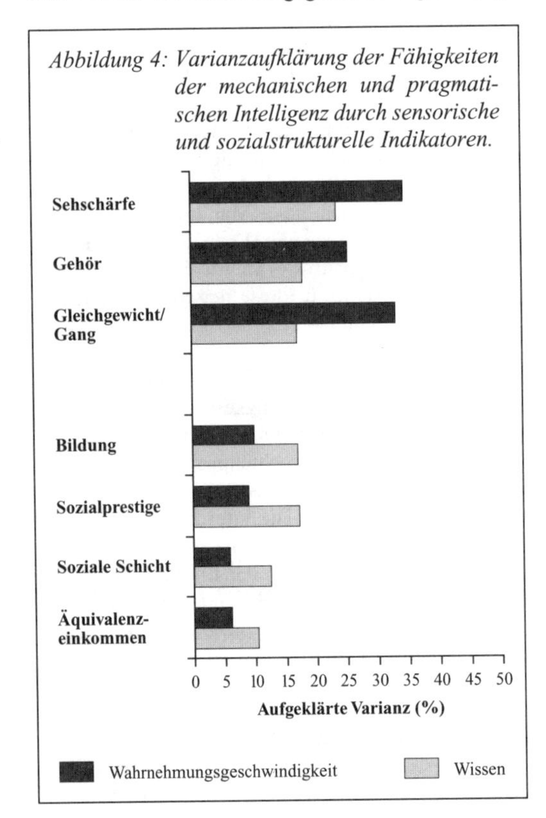

Drittens ergab sich der Befund, daß sich die bei 70- bis 79jährigen vorgefundenen individuellen Unterschiede (deren Streubreite und Korrelation mit lebensgeschichtlichen Einflußfaktoren wie Bildung und Einkommen) auch im hohen Alter wiederfinden (Lindenberger & Baltes, 1995). Die Intelligenzunterschiede zwischen Personen mit über- und unterdurchschnittlichen Ressourcen (in bezug auf Bildung, Sozialprestige, soziale Schicht und Einkommen) sind über den gesamten Altersbereich von 70 bis 103 Jahren außerordentlich konstant. Der einzige (aber wesentliche) Unterschied zwischen diesen Gruppen besteht darin, daß die gesellschaftlich Bessergestellten in allen Altersgruppen ein höheres Intelligenzniveau aufweisen. Der über alle Altersgruppen (von 70 bis 103 Jahre) gleichbleibende Niveauunterschied betrug knapp eine Standardabweichung (vgl. Reischies & Lindenberger, Kapitel 13, Abb. 4).

In bezug auf die intellektuelle Leistungsfähigkeit ist also das hohe Alter, was die Leistungshöhe angeht, *nicht* der große Gleichmacher, der die sozialstrukturellen und biographischen (und somit teilweise auch genetisch bedingten) Unterschiede früherer Lebensabschnitte unwirksam werden läßt. Das hohe Alter ist aber auch nicht der Lebensabschnitt, in dem diese Unterschiede, etwa im Sinne protektiver Faktoren (vgl. Rutter, 1987; Staudinger, Marsiske & Baltes, 1995) zu ihrer größten Entfaltung gelangen. Die negativen Altersgradienten für im früheren Leben besser oder schlechter gestellte Personen sind im Bereich der Intelligenz identisch.

4. Selbst und Persönlichkeit

In BASE wurden Daten über ein breites Spektrum von Persönlichkeitseigenschaften, Selbstbeschreibungen und selbstregulativen Prozessen erhoben (vgl. Tabelle 1), um verschiedene Formen der Entwicklung von Selbst und Persönlichkeit, des psychischen Wohlbefindens und der individuellen Auseinandersetzung im hohen und sehr hohen Alter zu erfassen.

Bisher gibt es relativ wenige empirische Studien über das Selbst im hohen Alter (Breytspaak, 1984). Einige Ausnahmen sind die Berkeley Older Generation Study (Erikson, Erikson & Kivnick, 1986), die Bonner Gerontologische Längsschnittstudie (Lehr & Thomae, 1987) und die Duke Longitudinal Study (Busse & Maddox, 1985). In theoretischer Hinsicht ist das Interesse am Selbst im hohen Alter allerdings besonders während der letzten Jahre viel stärker geworden (z. B. Brandtstädter & Greve, 1994; Markus & Herzog, 1991). In diesem Kontext gibt es zwei zentrale Annahmen. Zum einen spiegeln die verschiedenen Aspekte des Selbst und der Persönlichkeit auch im hohen Alter ein komplexes Zusammenspiel von Kontinuität und Diskontinuität wider (Bengtson, Reedy & Gordon, 1985; Nesselroade, 1989). Zum anderen spielt diese Dynamik von Kontinuität und Diskontinuität bei der individuellen Gestaltung des Alterns eine herausragende Rolle (vgl. Staudinger et al., Kapitel 12; Smith et al., Kapitel 19).

Die bisherige Forschung zur Persönlichkeitsentwicklung im Erwachsenenalter weist auf eine beträchtliche Stabilität (Kontinuität) der Struktur und der relativen Ausprägung von Persönlichkeitseigenschaften zumindest bis zum 80. Lebensjahr hin. Costa und McCrae (1980; McCrae & Costa, 1990) haben beispielsweise auf der Grundlage amerikanischer Längsschnittstudien den Schluß gezogen, daß individuelle Unterschiede in den Persönlichkeitseigenschaften „Neurotizismus“, „Extraversion“ und „Offenheit“ (NEO) nach dem Eintritt in das frühe Erwachsenenalter sehr stabil bleiben. Aus der Forschung zur subjektiven Sicht der Persönlichkeitsentwicklung ergibt sich jedoch ein etwas anderes Bild: Personen haben die Erwartung, daß wünschenswerte Persönlichkeitseigenschaften (z. B. Extraversion) mit dem Alter abnehmen, während weniger wünschenswerte (z. B. Neurotizismus) zunehmen (Heckhausen, Dixon & Baltes, 1989).

Der gegenwärtige Schwerpunkt der Selbstkonzeptforschung liegt auf Prozessen der dynamischen Person-Umwelt-Auseinandersetzung (z. B. Cantor & Fleeson, 1994). Es wird in diesem Zugang vermutet, daß Dimensionen der Selbstdefinition und selbstregulativer Prozesse aufgrund neuartiger Herausforderungen im Lebenskontext eher differentielle und altersabhängige Veränderungen und Reorganisation aufweisen. So werden z. B. das persönliche Zielsystem, zukünftige und ideale Selbstbilder und Bewältigungsstrategien („coping“) als veränderlich und stärker kontextabhängig angesehen als dies für Persönlichkeitseigenschaften zutrifft (Brandtstädter & Renner, 1990; Brandtstädter & Rothermund, 1994; Filipp & Klauer, 1986; Ryff, 1991; Thomae, 1987).

4.1 Erhebungsinstrumentarium

Ein breites Spektrum von offenen Fragen und Standardinstrumenten zu Selbst und Persönlichkeit wurde vor allem von Jacqui Smith, Ursula M. Staudinger und Alexandra M. Freund für das Interview der Forschungseinheit (FE) Psychologie zusammengestellt und bearbeitet (vgl. Tabelle 1).

Zur Erfassung von *Persönlichkeitseigenschaften* wurden Übersetzungen der folgenden, in der Lebensspannenpsychologie oft eingesetzten, standardisierten Instrumente verwendet:

1. NEO (Costa & McCrae, 1985; siehe auch Borkenau & Ostendorf, 1989). 18 Items wurden ausgewählt, jeweils sechs Items zur Erfassung von drei der fünf im NEO enthaltenen Dimensionen: *Neurotizismus* (mit den Facetten Ängstlichkeit, Depressivität, Verletzlichkeit und Feindseligkeit), *Extraversion* (mit den Facetten Geselligkeit, positive Emotionalität, Durchsetzungsvermögen und Aktivität) und *Offenheit* (mit den Facetten Phantasie, Ideen, Gefühle, Ästhetik und Handlungen).
2. Positive and Negative Affect Schedule (PANAS; Watson, Clark & Tellegen, 1988). Zur Erhebung der *positiven* und *negativen emotionalen Befindlichkeit* wurde hier die Häufigkeit erfragt, mit der sowohl positive Emotionen, die mit Wachheit, Begeisterung und Entschlossenheit assoziiert sind, als auch negative Emotionen wie Ängstlichkeit, Bedrücktheit, Schuld und Scham im letzten Jahr erlebt wurden. Das Instrument zeigt eine hohe strukturelle und quantitative Stabilität (Mittelwerts- und Positionsstabilität) (Kunzmann, 1994).
3. UCLA Loneliness Scale (Russell, Cutrona, Rose & Yurko, 1984; Weiss, 1982; siehe auch Döring & Bortz, 1993). Eine verkürzte Version dieser Skala umfaßt vier Items zu den Faktoren der *sozialen Einsamkeit* (wenn Personen gesellschaftliche Kontakte und soziale Aktivitäten mit anderen vermissen) und der *emotionalen Einsamkeit* (wenn Menschen eine sehr enge Beziehung mit einer anderen Person vermissen).
4. Fragen zu *Zukunftsorientierung und Optimismus* (Neugarten, Havighurst & Tobin, 1961) und zum *subjektiven zeitlichen Abstand zum Tod.*
5. Philadelphia Geriatric Center Morale Scale (PGCMS; Lawton, 1975). Dies ist ein Instrument

zur Bestimmung des *subjektiven Wohlbefindens* in Stichproben alter Menschen (siehe Smith et al., Kapitel 19).

Aspekte der *Selbstbeschreibung* wurden mit folgenden offenen Fragen beurteilt:

1. Bei der Aufgabe „*Wer bin ich?*" sollten sich die Teilnehmer spontan mit zehn Aussagen selbst beschreiben. Tonbandaufnahmen der Antworten wurden wörtlich transkribiert und nach Inhaltsbereich, Breite und Reichhaltigkeit der genannten Bereiche (Facettenreichtum), Zeitbezug und Selbstbewertungsvalenz kodiert (Freund, 1995).
2. Bei der Aufgabe „*Mögliches Selbst*" („Possible Selves", Markus & Nurius, 1986) wurden die Teilnehmer gebeten, mindestens zwei Hoffnungen und zwei Befürchtungen hinsichtlich ihrer persönlichen Zukunft zu nennen. Transkribierte Protokolle sind bisher nach Inhaltsbereichen kodiert worden sowie nach den darin thematisierten Motiven (Erlangung, Aufrechterhaltung oder Meidung bestimmter Zukunftsszenarien), nach allgemeinen Entwicklungszielen (z. B. Selbstakzeptanz, Generativität, Annahme des Todes) und nach allgemeinem Optimismus und Pessimismus (Smith & Barnes, 1994).
3. Fragen zu den *Höhen und Tiefen des Lebens* gingen sowohl auf die Gegenwart als auch auf die Vergangenheit ein (vgl. Harris, 1975).
4. Bei Fragen zum *subjektiven Alter* (vgl. Filipp & Ferring, 1989; Kastenbaum, Derbin, Sabatini & Artt, 1972; Montepare & Lachman, 1989) wurden die Teilnehmer gebeten, in Jahren anzugeben, wie alt sie sich fühlen, wie alt sie aussehen und wie alt sie am liebsten wären.

Selbstregulative Prozesse wurden mit verschiedenen in BASE entwickelten Instrumenten erfaßt:

1. *Allgemeine Kontrollüberzeugungen* (vgl. M. M. Baltes & Baltes, 1986; Skinner, 1995; Smith, Marsiske & Maier, 1996). Dieses Instrument erhebt, inwieweit Individuen glauben, daß Gutes und Schlechtes in ihrem Leben Folge ihrer eigenen Handlungen ist (*internale Kontrolle*), Folge von Handlungen anderer (*soziale externale Kontrolle*) oder Folge von Schicksal oder Glück (*fatalistische externale Kontrolle*).
2. *Zielsystem und Lebensinvestment* (vgl. Brandtstädter & Renner, 1990; Rokeach, 1968). Es wird nach dem gegenwärtigen (und vergangenen) Investment (in Form von Denken und/oder Tun) in zehn Lebensbereichen gefragt (vgl. auch Staudinger et al., Kapitel 12; Maas & Staudinger, Kapitel 21).
3. *Bewältigungsstile*. Das in Zusammenarbeit mit Kruse (1994) erarbeitete Instrument erfaßt aktive versus passive, kognitive versus emotionale und sogenannte reife versus regressive Strategien (siehe auch Staudinger et al., Kapitel 12).
4. *Zeiterleben*. Die Teilnehmer wurden nach ihrer Wahrnehmung der Geschwindigkeit und der Menge der Zeit, die ihnen zur Verfügung steht, befragt, danach ob sich dies im Vergleich zum mittleren Erwachsenenalter verändert hat und wie sie das gegenwärtige Zeiterleben bewerten. Gefragt wurde auch, ob sie sich mit Vergangenheit, Gegenwart oder Zukunft am meisten beschäftigen (vgl. Staudinger et al., Kapitel 12).

Bei den meisten dieser Verfahren wurden die Teilnehmer gebeten, auf einer fünfstufigen Skala („sehr gut" bis „mangelhaft") anzugeben, wie gut die Aussagen jeweils auf sie zutreffen. Der Interviewer las jede Aussage laut vor und notierte die Antwort des Teilnehmers. Wenn Teilnehmer Schwierigkeiten mit der Skala hatten (bei nur 3% war dies der Fall), wurde eine vereinfachte dreistufige Skala („ja"–„manchmal"–„nein") verwendet.

4.1.1 Ausgewählte Ergebnisse zu Selbst und Persönlichkeit

Im nächsten Abschnitt versuchen wir, die folgenden zentralen Fragen zu beantworten:

1. Wie beschreiben sich ältere Menschen selbst? Welche Hoffnungen und Befürchtungen haben sie hinsichtlich ihrer Zukunft? Was charakterisiert das Selbstwertgefühl älterer Erwachsener?
2. Werden die sozial und psychologisch eher unerwünschten Persönlichkeitseigenschaften mit zunehmendem Alter stärker ausgeprägt, während die Ausprägung eher erwünschter Merkmale abnimmt?
3. Gibt es Altersunterschiede in Strategien der Selbstregulation, wie sie sich in den Angaben der Studienteilnehmer widerspiegeln? Glauben sehr alte Personen beispielsweise stärker an persönliche (internale) Handlungskontrolle, oder meinen sie im Vergleich zu jüngeren Alten häufiger, daß andere ihr Leben bestimmen?

Mit sozial erwünschten Eigenschaften meinen wir solche, von denen man aufgrund von Umfragen weiß, daß diese allgemein positiv bewertet werden. Als psychologisch erwünschte Eigenschaften bezeichnen wir diejenigen (wie z. B. internale Handlungskontrolle), für die psychologische Forschung gezeigt hat, daß sie normalerweise positive Konsequenzen für den Prozeß der Lebensbewältigung haben oder Ausdruck gelungener Lebensbewältigung sind. Als psychologisch unerwünschte Faktoren werden entsprechend diejenigen bezeichnet, von denen man weiß, daß sie eher Anzeichen für Dysfunktionalität sind. Beispiele wären emotionale Einsamkeit und externale Handlungskontrolle. Es sollte allerdings im Auge behalten werden, daß bei der Frage nach der Funktionalität (Erwünschtheit) von persönlichkeitsbezogenen Merkmalen auch der Kontext eine Rolle spielt. Es gibt Ziele und Kontexte, in denen im allgemeinen dysfunktionale Eigenschaften adaptiv sein können (siehe Abschnitt 4.3).

Andere Kapitel, insbesondere Kapitel 12 von Staudinger und anderen und Kapitel 19 von Smith und anderen, enthalten weitere Analysen, die sich mit spezifischen Fragestellungen und dem Aspekt der individuellen Auseinandersetzung mit Lebensveränderungen beschäftigen. Außerdem sind einige weitere Analysen zu Geschlechtsunterschieden im Bereich Selbst und Persönlichkeit in Kapitel 22 von M. M. Baltes und anderen dargestellt.

4.2 Die Selbstbeschreibung älterer Menschen

Selbstbeschreibungen bieten Einblicke in die Auseinandersetzung eines Individuums mit sich selbst und seiner Lebenswelt, in Lebensauffassungen und das Selbstwertgefühl (z. B. Kihlstrom & Klein, 1994). Deswegen ist es interessant zu untersuchen, welches Spektrum an Lebensbereichen und an Erfahrungen alte Menschen nennen, wenn man sie nach ihrer Selbstbeschreibung befragt.

4.2.1 Gegenwärtige Selbstdefinitionen

Wie in anderen Untersuchungen (z. B. George & Okun, 1985; McCrae & Costa, 1988), wurde in BASE die offene Frage „Wer bin ich?“ verwendet, um verschiedenartige Aspekte der Selbstdefinitionen zu erfassen. Welche Inhalte waren zu erwarten? In jüngeren Stichproben stehen üblicherweise Aussagen über soziodemographische Rollen, Eigenschaften und soziale Beziehungen im Mittelpunkt (z. B. Gordon, 1968). Bei Stichproben von 45- bis 70jährigen nehmen Aussagen über Gesundheit, Lebenserfahrung, Werte und Überzeugungen zu (George & Okun, 1985). McCrae und Costa (1988) untersuchten schriftliche Antworten auf die Frage „Wer bin ich?“ mit Teilnehmern im Alter von 32 bis 84 Jahren. Sie fanden positive Alterskorrelationen für die Häufigkeit von Aussagen über das eigene Alter, die Gesundheit, die Lebenssituation, Lebenserfahrungen und Ereignisse, Interessen und Hobbys sowie Überzeugungen und Werte. Negative Alterskorrelationen wurden für die Häufigkeit von Aussagen über Rollen in der Familie, soziale Beziehungen und allgemeine Persönlichkeitsmerkmale gefunden.

Im Mittel beschrieben sich die BASE-Teilnehmer mit 6,8 verschiedenen Bereichen (s = 1,4: vgl. Freund, 1995; siehe auch Barnes, 1993). Die am häufigsten genannten Bereiche waren individuelle Interessen und zu Hause ausgeführte Hobbys (62%), Alltagsaktivitäten (48%), Familie (47%), auf gesellschaftliche Beteiligung bezogene Interessen (45%), Gesundheit (45%), Persönlichkeitsmerkmale (42%), interpersoneller Stil (41%), Lebensrückblick (42%) und Lebenseinstellungen (39%). Diese Antworten älterer Menschen auf die Frage „Wer bin ich?“ weisen insgesamt auf ein aktives Interesse an der Beschäftigung mit der gegenwärtigen Umwelt, der eigenen Person und mit sozialen Beziehungen hin.

In den Inhalten gab es nur geringe Unterschiede zwischen den Selbstdefinitionen jüngerer Alter (der 70- bis 84jährigen) und Hochbetagter (der 85jährigen und Älteren): Erwähnungen von Familie, Aktivitäten außerhalb der Wohnung und interpersonellem Stil wurden mit zunehmendem Alter in der BASE-Stichprobe seltener. Erwähnungen des Tagesablaufs und von Alltagsroutinen, der Alltagskompetenz und soziodemographischer Charakteristika wurden dagegen häufiger. Im Gegensatz zu den geringen Altersunterschieden waren individuelle Unterschiede des Inhaltes von Selbstdefinitionen beträchtlich, wobei dies häufig mit der Widerstandsfähigkeit des einzelnen gegenüber Bedrohungen durch Krankheit und Behinderung zusammenhing (Freund, 1995).

Nur 7% der Stichprobe machten eine Aussage über ihr Äußeres oder über den Tod – dies steht im deutlichen Gegensatz zu den Aussagen, die man erhält, wenn man jüngere Erwachsene bittet, alte Menschen zu beschreiben. Weiterhin und im Gegensatz zum negativen Alltagsstereotyp, daß alte Menschen „in der Vergangenheit leben“, bezog sich die Mehrzahl der Selbstdefinitionen der BASE-Teilnehmer auf die Gegenwart. Außerdem waren positive Selbstbewertungen doppelt so häufig wie negative.

4.2.2 Subjektives Altern

Angesichts der insgesamt positiv getönten Selbstbeschreibung ist es nicht überraschend, daß die BASE-Teilnehmer im allgemeinen angaben, sich um zwölf Jahre jünger zu fühlen als ihr chronologisches Alter, und sich als 9,5 Jahre jünger aussehend einschätzten. Ihr Wunsch war es jedoch, noch jünger, im Durchschnitt 25 Jahre jünger, zu sein (siehe Abb. 5).

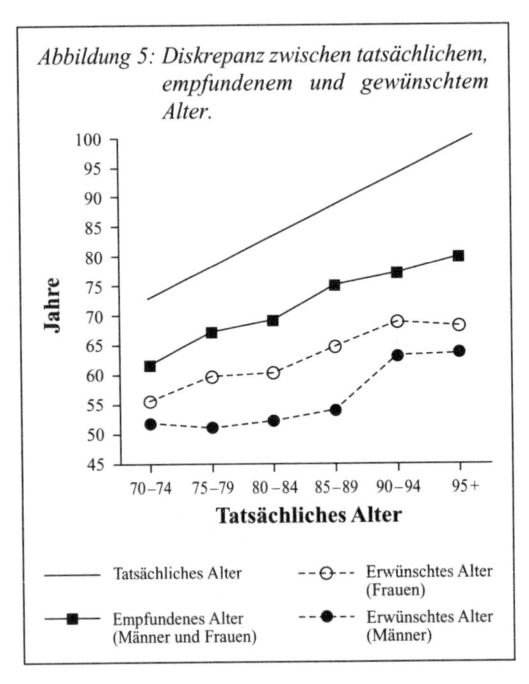

Abbildung 5: Diskrepanz zwischen tatsächlichem, empfundenem und gewünschtem Alter.

Im Mittel nahmen diese Altersunterschätzungen mit dem Alter etwas zu ($p<0{,}001$): 90jährige und Ältere fühlten sich 16 Jahre jünger, schätzten ihr Aussehen als 14 Jahre jünger ein und wollten ungefähr 60 Jahre alt sein. 22% der 70- bis 79jährigen und der 90- bis 94jährigen äußerten den Wunsch, das nächste Lebensjahrzehnt zu erreichen (d. h. ihren 80. bzw. 100. Geburtstag). Frauen schätzten ihr Aussehen als um vier Jahre älter ein als Männer ($p<0{,}000$), und Männer wollten im Mittel sieben Jahre jünger sein als Frauen ($p<0{,}000$). Dieses Muster des Alterserlebens steht mit anderen Forschungsergebnissen von Filipp und Ferring (1989) sowie Montepare und Lachman (1989) im Einklang und enthält auch Information über die psychologische Bedeutsamkeit solcher Vergleichseinschätzungen. Diese Forscher fanden, daß „sich jung fühlen" nicht notwendigerweise ein Ausdruck von Angst vor dem eigenen Altern oder gar dessen Verleugnung ist, sondern ganz im Gegenteil ein positives Selbstbild widerspiegelt.

4.2.3 Zukunftsszenarien (Mögliches Selbst)

Die eher positiven Selbstdefinitionen der BASE-Teilnehmer äußerten sich auch in den erhofften und befürchteten Zukunftsszenarien (Smith & Barnes, 1994). Zukunftsbezogene Inhalte der Hoffnungen und Befürchtungen gelten als wichtige Quellen der Handlungsmotivation und des Selbstwertes (Markus & Nurius, 1986). Nur 6% der BASE-Teilnehmer gaben an, daß sie keine Hoffnungen oder Befürchtungen in bezug auf die Zukunft hatten. Die übrigen 94% stellten verschiedenartige Szenarien dar, die ein breites Spektrum von Bereichen und Entwicklungszielen abdeckten. Diese auf der Erlebnisebene berichtete Beschäftigung mit der Zukunft steht in deutlichem Gegensatz zum negativen Stereotyp des hohen Alters als einer Phase der Abkehr von Gedanken über die Zukunft und des „Ablegens von möglichen Selbstbildern" (Markus & Herzog, 1991).

Die meisten zukünftigen Selbstbilder bezogen sich auf Persönlichkeitsmerkmale (mindestens 50% der Teilnehmer sagten etwas wie „Ich möchte jemand sein, der vielen Menschen helfen kann" oder „Ich möchte nie ein bösartiger, zänkischer Mensch werden") und Gesundheit (z. B. „Ich will nie gepflegt werden müssen"). Bei den auf die Gegenwart bezogenen Selbstdefinitionen wurden die Bereiche der Aktivitäten und Interessen meistens hoch bewertet, in bezug auf die Zukunft standen diese Bereiche nicht so sehr im Vordergrund. Angesichts realistischer Erwartungen von nachlassender Gesundheit könnte dies so interpretiert werden, daß Aktivitäten und Interessen Bereiche darstellen, die alte Menschen bereitwillig aufgeben, weil sie Selbstwertgefühle aus Erinnerungen an vergangene Aktivitäten und Erfolge gewinnen können.

Wie zu erwarten, hatten die Themen, die am häufigsten in den Zukunftsszenarien vorkamen, meistens mit dem Streben nach Selbstakzeptanz, Autonomie und vertrauten Beziehungen mit anderen zu tun. Als zentrale Motive der Hoffnungen waren nicht, wie erwartet, das Beibehalten der bisherigen Lebenssituation, sondern das *Erreichen von Neuem* und das *Wiedererleben* (z. B. „Ich möchte immer gutgelaunt sein und lachen – im Moment bin ich es nicht", „Ich würde gerne wieder eine lange Fahrt machen. Für zwei oder drei Monate [...] egal wohin", „Ich würde gern nochmal eine große Zuneigung zu einem Mann fühlen, so daß das menschlich und seelisch übereinstimmt"). *Hoffnung auf Aufrechterhaltung* hing vor allem mit der Gesundheit zusammen (z. B. „Ich hoffe, daß ich so gesund und beweglich bleibe, wie ich es jetzt bin"). Wichtig ist auch anzumerken, daß es, ähnlich wie bei den Selbstdefinitionen, auch bei den auf die Zukunft bezogenen Hoffnungen und Befürchtungen wenige Alters- bzw. Kohortenunterschiede gab. Wie erwartet gab es jedoch in beiden Bereichen große individuelle Unterschiede.

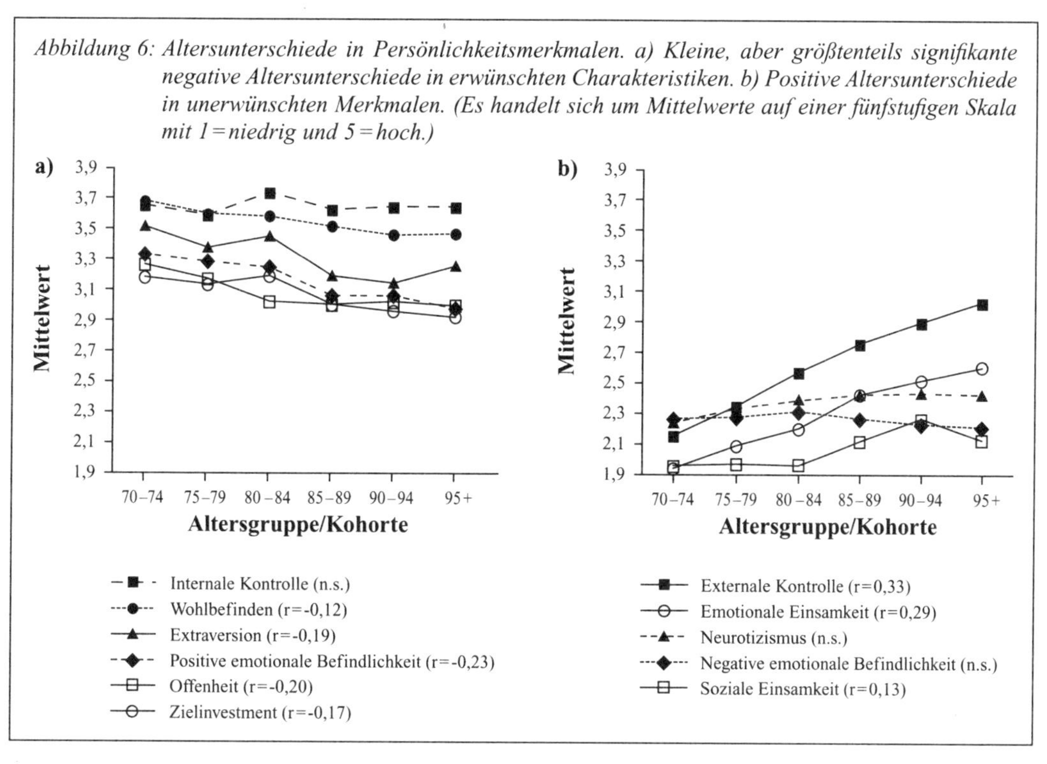

Abbildung 6: Altersunterschiede in Persönlichkeitsmerkmalen. a) Kleine, aber größtenteils signifikante negative Altersunterschiede in erwünschten Charakteristiken. b) Positive Altersunterschiede in unerwünschten Merkmalen. (Es handelt sich um Mittelwerte auf einer fünfstufigen Skala mit 1 = niedrig und 5 = hoch.)

4.3 Altersunterschiede in „erwünschten" und „unerwünschten" Persönlichkeitsmerkmalen

Abbildung 6 faßt einige der zentralen Befunde zu *sozial und psychologisch erwünschten* und *unerwünschten Persönlichkeitsmerkmalen* zusammen. Als erwünschte Merkmale sind z. B. Interesse an Zusammensein mit anderen (Extraversion), Offenheit für neue Ideen und Erfahrungen (Offenheit), häufiges Erleben positiver Emotionen (positive emotionale Befindlichkeit) und das Gefühl der Kontrolle über sein eigenes Leben (internale Kontrolle) anzusehen. Als unerwünschte Merkmale sind z. B. Neurotizismus, negative emotionale Befindlichkeit und die Überzeugung, daß das eigene Leben von anderen kontrolliert wird (soziale externale Kontrolle), anzusehen.

Wir hatten bereits früher erwähnt, daß es sich bei diesen Meßvariablen um Merkmale handelt, die normalerweise persönlich und sozial erwünscht oder unerwünscht sind und die auch in der psychologischen Forschung zur Lebensbewältigung als funktional oder dysfunktional betrachtet werden. Diese im allgemeinen und für die „durchschnittliche" Situation zutreffende Aussage muß aber differenziert gesehen werden. In der psychologischen Literatur herrscht Uneinigkeit über die Funktionalität oder Dysfunktionalität dieser Persönlichkeitsmerkmale im hohen Alter (z. B. Aldwin, 1991; Pearlin & Mullen, 1992; Snyder & Forsyth, 1991). Die Uneinigkeit kommt zum Teil daher, daß sogenannte dysfunktionale Eigenschaften (wie Ärger oder Einsamkeit) in bestimmten Kontexten adaptiv sein können, weil sie die Notwendigkeit von Veränderungen signalisieren. Entsprechend mag es für eine Person mit einer schweren Erkrankung adaptiv (und beruhigend) sein zu glauben, daß andere Verantwortung für ihr Wohlergehen übernehmen (soziale externale Kontrolle). Längerfristig, und falls sich diese sogenannten unerwünschten Persönlichkeitsmerkmale zu Eigenschaften chronifizieren, sind sie allerdings doch als dysfunktional zu betrachten.

Um den Altersvergleich zu erleichtern, sind die Persönlichkeitsmerkmale in Abbildung 6 als Mittelwerte auf einer fünfstufigen Skala dargestellt. Zusammengenommen könnten diese Ergebnisse so interpretiert werden, daß sie einen „Verlust" der Funktionsfähigkeit in den Bereichen aufweisen, die von Forschern als entscheidend für das Gefühl psychologischen Wohlbefindens angesehen werden. Einige, aber nicht alle erwünschte Merkmale sind in den höheren Altersgruppen weniger stark ausgeprägt: Je älter die Befragten, desto weniger wiesen sie Extraversion oder Offenheit auf, und desto weniger gaben sie Erlebnisse von positiven Emotionen und subjektives Lebensinvestment an. Andererseits berichteten die älteren Studienteilnehmer in bezug auf die sozial und psychologisch unerwünschten Merkmale, daß ihr Leben mehr durch andere kontrolliert (soziale externale Kontrolle) und zunehmend emotional einsam wurde. Die einzelnen Alterskorrelationen sind jedoch relativ klein (vgl. Abb. 6) und machen im allgemeinen weniger als eine halbe Standardabweichung aus. Mit Sicherheit sind diese „negativen" Altersunterschiede viel geringfügiger als diejenigen, die in den Bereichen der Intelligenz beobachtet wurden. In ihrem Gesamtmuster können diese Einzelveränderungen allerdings in Richtung geringerer psychologischer Funktionalität und mehr Dysfunktionalität als Hinweis auf eine Art chronischer Streßreaktion im hohen Alter (siehe Abschnitt 7) interpretiert werden.

4.4 Struktur der Persönlichkeit im Alter

Wie sieht der Zusammenhang zwischen den einzelnen in BASE erhobenen Persönlichkeitsmerkmalen aus? Die diesbezüglichen Ergebnisse sind eindeutig. Ganz anders als im Bereich der intellektuellen Fähigkeiten, die im hohen Alter sehr hoch interkorreliert sind und somit eine recht homogene und integrierte Struktur darstellen, kann man zwischen den verschiedenen Persönlichkeitsdimensionen nur sehr geringe Zusammenhänge und Querverbindungen feststellen. Positive und negative emotionale Befindlichkeit stellen sich beispielsweise als unabhängige Dimensionen (r=0,04) dar. Dies gilt auch für Extraversion und Neurotizismus (r=0,12) und für internale und externale Kontrolle (r=0,07). Eine exploratorische Faktorenanalyse des gesamten Selbst- und Persönlichkeitsinstrumentariums ergab mindestens acht Faktoren. Dieser Befund eines nur sehr geringen systemischen Zusammenhangs von einzelnen Persönlichkeitsmerkmalen entspricht den Ergebnissen aus Studien mit jüngeren Stichproben (z. B. Costa & McCrae, 1980)[2]. Es gibt daher im Bereich des Selbst und der Persönlichkeit wenige Hinweise für die Sinnhaftigkeit eines einzigen auf die Gesamtheit der Person ausgerichteten Maßes, wie dies im Fall der Intelligenz durch Berechnung der individuellen Leistung in einem Generalfaktor der Intelligenz möglich ist (Lindenberger & Baltes, 1995).

Folglich sollte man es vermeiden, die Persönlichkeit alternder Individuen unter einem stereotypisierenden Gesamtbild zusammenzufassen: beispielsweise, daß diejenigen mit einem geringen Niveau der Extraversion auch neurotisch und ängstlich wären. Im Gegenteil, es überwiegen innerhalb der untersuchten Selbst- und Persönlichkeitsvariablen vielfältige Kombinationen und Konstellationen. Persönlichkeit und Selbst repräsentieren auch im hohen Alter ein hochdifferenziertes System von Eigenschaften, Haltungen und Erlebnisformen. Der alternde Mensch (bzw. die alternde Bevölkerung) ist also strukturell gesehen keineswegs „eingeschränkt" oder „verarmt", wenn es um den Bereich psychischer Befindlichkeit und persönlichkeitsbezogener Funktionen und Erlebnisformen geht.

4.5 Selbstregulative Prozesse: Kontrollüberzeugungen als Beispiel

Ein Schwerpunkt der Persönlichkeitspsychologie liegt im Bereich der „subjektiven Kontrolle" (M. M. Baltes & Baltes, 1986; Bandura, 1989; Heckhausen & Schulz, 1995; Rodin, Timko & Harris, 1985; Skinner, 1995). Kontrollüberzeugungen können das Denken, Fühlen und Handeln von Menschen entscheidend beeinflussen. Für die Auswahl und Verfolgung eines persönlichen Ziels ist beispielsweise die Überzeugung, daß man es durch eigene Bemühungen und Fertigkeiten erreichen kann (d. h. internale Kontrolle) von wesentlicher Bedeutung. Diese Überzeugung trägt auch entscheidend zu subjektivem Wohlbefinden bei, wenn ein angestrebtes Ziel tatsächlich erreicht wird. Man erwartet dagegen negativere Konsequenzen hinsichtlich der Motivation für zukünftiges Handeln und des Wohlbefindens, wenn eine Person daran glaubt, daß andere Personen oder das Schicksal (d. h. externale Kontrolle) wesentlich an der Gestaltung des eigenen Lebens beteiligt sind. Wegen der Auswirkungen auf die Motivation besteht in der gerontologischen Forschung großes Interesse an Erkenntnissen über die Art und Weise (1) der Aufrechterhaltung von internaler Handlungskontrolle und (2) der Vermeidung des Entstehens externaler Kontrollüberzeugungen (Lachman, 1986).

In BASE wurde eine Skala zu den allgemeinen Kontrollüberzeugungen über Gutes und Schlechtes

2 Zwischen Variablen, die ähnliche Eigenschaften erfassen, gibt es natürlich moderate Zusammenhänge: So korrelieren positive emotionale Befindlichkeit und Extraversion (mit der Facette Emotionalität) mit r=0,46. Negative emotionale Befindlichkeit und Neurotizismus (mit der Facette Ängstlichkeit) korrelieren mit r=0,64 (vgl. Watson et al., 1988).

im Leben verwendet (vgl. Skinner, 1995; Smith, Marsiske & Maier, 1996). Mittels konfirmatorischer LISREL-Analyse konnten drei Faktoren bestätigt werden, die wie folgt benannt wurden: Überzeugungen der internalen Kontrolle über positive Ereignisse, der internalen Kontrolle über negative Ereignisse und der sozialen externalen Kontrolle. Die Items, die fatalistische externale Kontrollüberzeugungen erfassen, bildeten im Gegensatz zu Ergebnissen aus Studien mit jüngeren Personen interessanterweise keinen eindeutig zuverlässigen Faktor. Dieser Befund wurde auch von anderen Forschungsgruppen, die mit älteren Menschen arbeiten, berichtet (z. B. Roberts & Nesselroade, 1986). Die Faktoren zu internalen und externalen Kontrollüberzeugungen korrelieren nicht miteinander (r=0,07), was darauf hinweist, daß Kontrollüberzeugungen auch im Alter ein multidimensionales Konstrukt darstellen.

Die Altersgradienten für die Dimensionen der Handlungskontrolle waren verschieden: Während die Überzeugungen der persönlichen (internalen) Kontrolle über positive und negative Ereignisse nicht altersabhängig waren, nahm die externale Kontrollüberzeugung (daß also andere eine wesentliche Rolle bei der Bestimmung von Lebensereignissen spielen) mit dem Alter signifikant zu (r=0,33; vgl. auch Abb. 7).

Abbildung 7: Streudiagramme der Altersverteilungen von Kontrollüberzeugungen. a) Internale Kontrolle. b) Soziale externale Kontrolle.

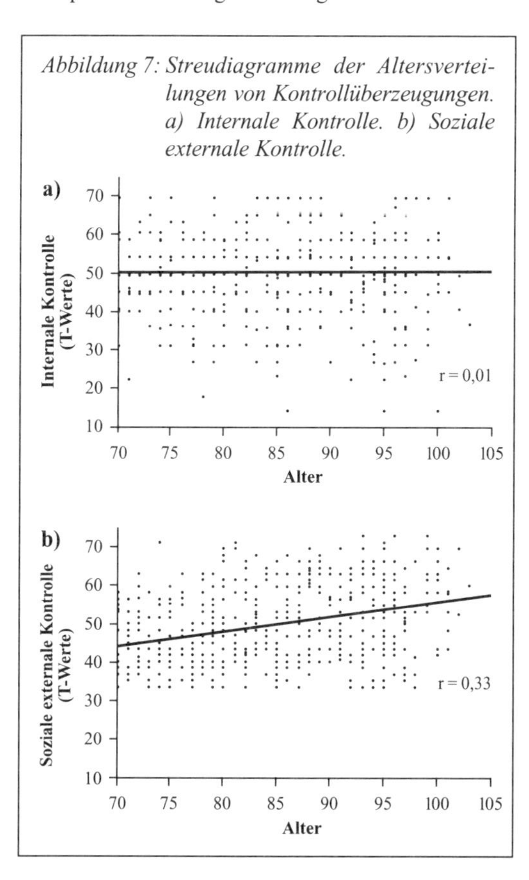

Nach Kontrolle des Alters (das 10% der Varianz erklärte) und der Wohnsituation (Heim versus Privathaushalt) waren Beeinträchtigungen der Sehschärfe, des Gehörs und der Mobilität zusätzliche bedeutsame Prädiktoren für das Vorliegen einer höheren externalen Handlungskontrolle (die gesamte erklärte Varianz betrug 18%). Obwohl wir wegen der querschnittlichen Daten keine spezifischen kausalen Zusammenhänge überprüfen können, stimmen diese Ergebnisse mit der Annahme überein, daß Kontrollüberzeugungen erfahrungsabhängig sind (Helgeson, 1992; Rodin et al., 1985): Die mit zunehmendem Alter einhergehende Gebrechlichkeit scheint zusammen mit sensorischen und körperlichen Beeinträchtigungen einen wachsenden Verlust der Selbständigkeit und damit eine Zunahme der Abhängigkeit von anderen zu bedingen (M. M. Baltes, 1995). Diese Alternsentwicklung könnte sich also in den subjektiven Überzeugungen der Betroffenen äußern, daß vieles in ihrem Leben durch andere kontrolliert wird oder werden muß.

Gleichzeitig ist aber nicht zu vergessen, daß der Altersgradient für internale Kontrolle praktisch Null war. Sehr alte Menschen haben also ein ebenso intaktes Selbstgefühl wie Jüngere, was das eigengesteuerte Handeln angeht. Ferner ist daran zu erinnern, daß Überzeugungen der internalen und externalen Kontrolle sich nicht ausschließen. Es neigten z. B. 27% der BASE-Stichprobe in Richtung einer subjektiven Vorstellung der geteilten Verantwortlichkeit, nach der sie also glaubten, daß die Kontrolle sowohl bei ihnen selbst (internal) als auch bei anderen (external) lag.

5. Soziale Beziehungen

Der dritte Bereich, den die FE Psychologie in BASE untersuchte, war die Zusammensetzung und Funktion des sozialen Netzwerks und des Unterstützungssystems der Studienteilnehmer. Die bisherige Forschung hat gezeigt, daß die meisten der älteren Menschen fester in Verwandtschafts- und Familienkontexte eingebettet sind, als man dies gemeinhin glaubt (Bengtson & Schütze, 1992; Troll, 1986). Diese Feststellung bezieht sich jedoch vor allem auf die jungen Alten. Einige der wenigen Studien, die auch sehr Alte (Hochbetagte) untersuchten, deuten darauf hin, daß soziale Isolierung in dieser Altersgruppe wahrscheinlicher als in jüngeren Kohorten ist (z. B. Knipscheer, 1986; Lehr & Minnemann, 1987). Die Erreichbarkeit von Verwandten und Freunden bedingt auch das Vorhandensein eines mehr oder weniger effektiven Austauschsystems von instrumenteller und emotionaler Unterstützung (Antonucci, 1990; Field & Minkler, 1988), das von den alten Menschen selbst oder von ihren Partnern gesteuert wird und auf beiderseitigem Interesse beruht.

Aus psychologischer Sicht sind die rein quantitativen Aspekte der Verfügbarkeit von Familie und Freunden sowie die Häufigkeit sozialer Kontakte oder instrumenteller und emotionaler Unterstützung vielleicht weniger wichtig als die Frage danach, wie der ältere Mensch seine sozialen Kontakte wahrnimmt und bewertet (vgl. Carstensen, 1993). So können Individuen soziale Beziehungen unter dem Gesichtspunkt der Gewinne oder Verluste sehen und sie als zufriedenstellend oder belastend wahrnehmen. In BASE wurden daher Schwerpunkte auf die subjektiven Bewertungen der sozialen Umwelt und Beziehungen durch die alten Menschen und auf den Beitrag gelegt, den diese Bewertungen zu ihrem Wohlbefinden zu leisten scheinen.

Wir waren auch daran interessiert, das Konzept und die Implikationen der Einsamkeit im sehr hohen Alter zu untersuchen. In der Literatur wird nicht nur zwischen dem „Alleinsein" und der „Einsamkeit", sondern zusätzlich zwischen sozialen und emotionalen Aspekten der Einsamkeit unterschieden (z. B. Weiss, 1982). Zunächst ist die Einsicht wichtig, daß Alleinsein an sich nicht Einsamkeit bedeutet. Einsamkeit ist durch die Kopplung des Alleinseins mit dem Gefühl der emotionalen Einsamkeit oder einem empfundenen Mangel und/oder Verlust an sozialen Quellen emotionaler Bindung, Wärme und Trost gekennzeichnet. Das Vorhandensein von sozialen Interaktionspartnern garantiert also nicht notwendigerweise das Ausbleiben von Einsamkeit; so kann ein Individuum Sozialkontakte haben, die Unterstützung bieten, aber dennoch emotionale Einsamkeit erfahren. Es wird beispielsweise oft angenommen, daß sehr Alte eine derartige Einsamkeit erfahren. Familie und jüngere Freunde könnten vielleicht soziale Bedürfnisse erfüllen, aber nicht die Wünsche nach sehr vertrauten Beziehungen zu Gleichaltrigen abdecken (Johnson & Troll, 1994; Thomae, 1994).

5.1 Erhebung der subjektiven sozialen Netzwerke

Das BASE-Interview über soziale Beziehungen, das vor allem von Yvonne Schütze, Clemens Tesch-Römer und Frieder R. Lang entwickelt wurde (vgl. auch Lang, 1994; Lang & Carstensen, 1994; Schütze & Lang, 1993), wurde zur Beschreibung der Zusammensetzung und Funktionen der persönlichen sozialen Netzwerke und Unterstützungssysteme der alten Menschen entworfen. Wie in Tabelle 1 (siehe oben) dargestellt, wurden die Studienteilnehmer über Ausmaß, Art und Quellen des Austausches und der Unterstützung, über Kontakte zwischen den Generationen, über Altershomogenität und Dauer sozialer Beziehungen sowie über empfundene positive und negative Konsequenzen persönlicher Beziehungen befragt. Es handelt sich also ausschließlich um subjektive Einschätzungen durch die Studienteilnehmer und nicht um Verhaltensbeobachtungen.

Das Kreisdiagramm nach Kahn und Antonucci (1980) wurde benutzt, um die von den Studienteilnehmern angegebenen Namen aller derzeitigen und vor kurzem verlorenen Vertrauten, Freunden und Bekannten zusammenzustellen. Den Studienteilnehmern wurde ein Diagramm konzentrischer Kreise gezeigt, und sie wurden aufgefordert, sich vorzustellen, daß sie in der Mitte dieser Kreise stünden. Sie sollten dann die Personen nennen, mit denen sie sich so eng verbunden fühlen, daß sie sich ein Leben ohne sie nur schwer vorstellen können (erster, innerer Kreis). Die etwas weniger eng verbundenen, aber wichtigen Personen wurden anschließend in den zweiten Kreis eingetragen und in den dritten Kreis schließlich die Personen, die auch wichtig, aber dem Studienteilnehmer weniger eng verbunden sind. Da diese Daten in Zusammenarbeit mit der FE Soziologie erhoben wurden und die Ergebnisse detailliert in Kapitel 11 von M. Wagner, Schütze und Lang beschrieben werden (siehe auch Lang, 1994; Schütze & Lang, 1993), beschränken wir uns hier auf eine kurze Zusammenfassung und konzentrieren uns auf die subjektiven Bewertungen der sozialen Beziehungen durch die Studienteilnehmer.

5.2 Zusammensetzung der persönlichen sozialen Netzwerke

Die Mehrzahl der BASE-Teilnehmer war in familiale und nicht-familiale Kontexte eingebettet und sozial integriert. Nur 17 BASE-Teilnehmer (3%) nominierten niemanden für das gesamte soziale Netz. 14% (N=71) benannten niemanden für den inneren Kreis,

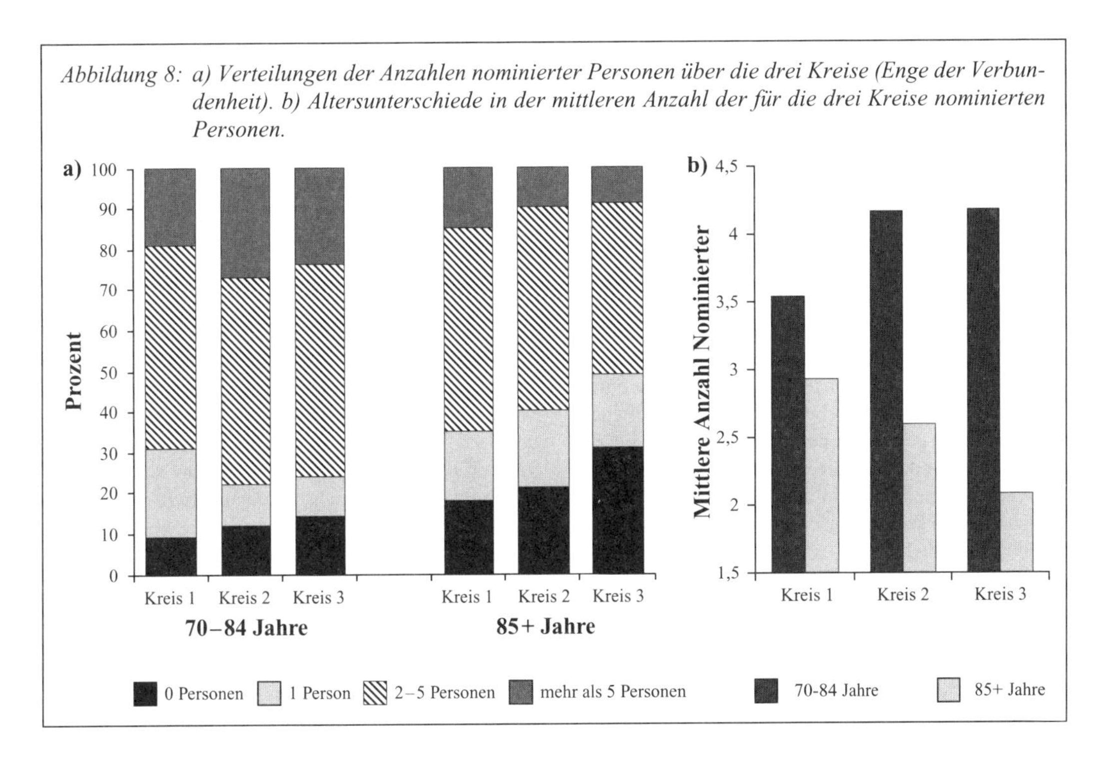

Abbildung 8: a) Verteilungen der Anzahlen nominierter Personen über die drei Kreise (Enge der Verbundenheit). b) Altersunterschiede in der mittleren Anzahl der für die drei Kreise nominierten Personen.

17% nannten keine Engverbundenen für den zweiten Kreis und 22% (N=115) keine weiter entfernten Bekannten (dritter Kreis). Abbildung 8a illustriert die Verteilung der angegebenen Personen in den drei Kreisen für die 70- bis 84jährigen sowie die 85jährigen und Älteren. Etwa 50% der BASE-Teilnehmer in jeder Altersgruppe nominierten zwei bis fünf Personen für jeden Kreis.

Wie aus Abbildung 8b ersichtlich, nannten die 70- bis 84jährigen signifikant mehr Personen für ihr soziales Netzwerk ($\bar{x}$=11,9) als die 85jährigen und Älteren ($\bar{x}$=7,6; p<0,000). Es ergab sich auch eine signifikante Interaktion zwischen dem Alter und der Anzahl der für jeden der drei Kreise nominierten Personen (vgl. Abb. 8b, p<0,000): Die 85jährigen und Älteren nannten besonders für die äußeren Kreise ihres Netzwerks (zweiter und dritter Kreis) viel weniger Personen als die 70- bis 84jährigen. Dieses Ergebnis ist auch aus den einzelnen Alterskorrelationen für die drei Kreise zu erkennen (innerer Kreis: r=-0,14; zweiter Kreis: r=-0,24; äußerer Kreis: r=-0,34; vgl. auch Lang, 1994; Lang & Carstensen, 1994).

Im allgemeinen nominierten Menschen, die mehr Personen für ihren inneren Kreis nannten, auch mehr Personen für die äußeren Kreise (die Korrelation zwischen Kreis 1 und 2: r=0,32; Kreis 1 und 3: r=0,23; Kreis 2 und 3: r=0,40). Unter den sehr Alten war jedoch nur die Korrelation zwischen Kreis 1 und 2 signifikant (r=0,31): Für diese Altersgruppe fand sich kein Zusammenhang zwischen Kreis 1 und Kreis 3 (r=0,09).

Das Gesamtmuster zeigt also, daß die 85jährigen und Älteren eine deutlich geringere Zahl von sozialen Interaktionspartnern angaben; dies bezieht sich aber vor allem auf den peripheren Kreis des Netzwerks. Wenn man alle drei Kreise gleichzeitig betrachtet, ist die Alterskorrelation r=-0,33. Etwas überraschend ist, daß die Anzahl der von den Studienteilnehmern angegebenen verstorbenen Netzwerkpartner nicht mit dem Alter korreliert (r=-0,03).

Dieser Befund über die soziale Mikrowelt älterer Menschen differenziert das Alltagsstereotyp des alternden Menschen als eine Person, die zunehmend weniger Verwandte, Freunde und Bekannte hat. Aufgrund der von den Studienteilnehmern berichteten Daten gibt es zwar eine signifikante und nicht zu unterschätzende Tendenz in diese Richtung. Das Ausmaß der negativen Alterskorrelation ist allerdings weit geringer, als dies beispielsweise auf die Intelligenz zutraf, und nach unserer Einschätzung auch geringer, als man dies allgemein erwartet. Die durch das Alter aufgeklärte Varianz betrug etwa 10% (wenn alle Kreise gemeinsam betrachtet werden). Vergleichsdaten mit jüngeren Erwachsenen liegen uns allerdings nicht vor, so daß es schwerfällt, die absolute Größe des sozialen Kontaktsystems zu bewerten.

Was das hohe Alter angeht, so sind hochbetagte Menschen nach ihren eigenen Aussagen weniger sozial eingebunden als dies auf junge Alte zutrifft (vgl. Johnson & Troll, 1994). Und besonders wichtig scheint, daß dieser negative Altersgradient relativ gesehen für die Anzahl sehr eng Verbundener (innerer Kreis) am wenigsten ausgeprägt war (vgl. Lang & Carstensen, 1994). Dies kann aber auch damit zusammenhängen, daß Befragte sich aufgrund allgemeiner gesellschaftlicher Erwartungen verpflichtet fühlen, zumindest einige sehr enge Freunde anzugeben. Wir hatten auch angenommen, daß gerade in der Zusammensetzung des sozialen Netzwerks Geschlechtsunterschiede deutlicher als Altersunterschiede sein würden. Unsere Analysen ergaben jedoch keinen signifikanten geschlechtsabhängigen Unterschied (vgl. M. M. Baltes et al., Kapitel 22).

5.3 Zufriedenheit mit sozialen Beziehungen

Neben dem Kreisdiagramm zur Erfassung des sozialen Netzwerks wurden verschiedene Instrumente zur Bestimmung der Bewertung sozialer Beziehungen durch die Studienteilnehmer verwendet. Zufriedenheit mit ihren sozialen Beziehungen wurde beispielsweise mit Hilfe der folgenden Fragen erfaßt: „Wie zufrieden sind Sie mit ihrem Familienleben (Ihren Freundschaften) – mit der Zeit, die Sie zusammen mit Ihrer Familie (Ihren Freunden) verbringen, und den Dingen, die Sie gemeinsam tun?". Wie für solche Fragen zur Zufriedenheit häufiger in der Literatur berichtet, antwortete die Mehrheit der Stichprobe relativ positiv (die Mittelwerte lagen bei 3,95 [Familie] und 3,83 [Freunde] auf einer fünfstufigen Skala). Hier gab es keine Altersunterschiede. Gleichzeitig fanden immerhin 25%, daß ihre Familie zu wenig Zeit für sie habe, und 21% sagten dies über ihre Freunde. Da es methodisch vergleichbare Befunde über jüngere Erwachsene nicht gibt, ist es schwierig, die erhaltenen Antwortmuster unter einer Lebensverlaufsperspektive zu bewerten. Ebenso wissen wir nicht, wie die Studienteilnehmer geantwortet hätten, wenn wir sie lebenszeitlich vergleichend gefragt hätten („Wie ist dies in Vergleich zu vor zehn Jahren?").

Für das allgemeine Wohlbefinden ist jedoch das Gefühl, daß es mindestens eine Person gibt, der man vertrauen kann und auf die man sich verlassen kann, wenn man emotionalen Trost braucht, vielleicht wichtiger als der Wunsch nach mehr Zeit mit seiner Familie und Freunden (z. B. Thomae, 1994). 48% der Stichprobe gaben in der Tat an, daß sie keine besondere Person in ihrem Netzwerk hätten, auf deren emotionale Unterstützung sie sich verlassen könnten. Gleich viele 70- bis 84jährige wie 85jährige und Ältere waren unter den 52%, die angaben, eine Vertrauensperson zu haben. Außerdem sagten 19%, daß sie in den letzten drei Monaten keine zärtlichen oder emotional engen Kontakte mit anderen erlebt hätten. Teilnehmer wurden auch gefragt, ob sie in den letzten drei Monaten (a) mit jemandem über persönliche Ängste und Sorgen gesprochen hatten (43% hatten dies getan), (b) jemand sie aufgemuntert hatte, wenn sie sich traurig fühlten (31% hatten dies erfahren), und (c) jemand sie geküßt, umarmt hatte oder zärtlich gewesen war (70% hatten dies erlebt, darunter aber signifikant mehr junge als ältere Studienteilnehmer [$p<0,01$]). Die Personen, die gesagt hatten, sie hätten nicht viel emotionale Unterstützung erfahren, wurden dann gefragt, ob sie dies als Mangel empfanden: In bezug auf vertrauliche Gespräche war dies bei 13% der Fall, 18% vermißten die Aufmunterung, und 26% fühlten einen Mangel an Zärtlichkeit. Darüber hinaus beschrieben 40% der BASE-Stichprobe einige Enttäuschungen im Umgang mit Einzelpersonen (besonders Kinder und Enkel), die sie trotzdem in ihren sozialen Netzwerken nannten. Enttäuschungen betrafen unter anderem Konflikte über Geld und Familienbesitz und die fehlende Bereitschaft, den erwünschten Familienkontakt aufrechtzuerhalten. Hier zeigte sich kein Altersunterschied.

Obwohl die BASE-Teilnehmer Verwandte und Freunde benannt hatten und diese Beziehungen insgesamt als zufriedenstellend beurteilt wurden, weist die nähere Betrachtung spezifischer Aspekte der sozialen Interaktionen also darauf hin, daß viele Teilnehmer gerne Verbesserungen in ihren Beziehungen zu anderen sähen, besonders in bezug auf Zärtlichkeit (vgl. Carstensen, 1993; Johnson & Troll, 1994). Entsprechend erwähnten nur 19% ihre Familie als das Schönste in ihrem jetzigen Leben (11% hielten die Familie für das Schwierigste in ihrem Leben).

5.4 Soziale und emotionale Einsamkeit

Gefühle der sozialen Isolation und des emotionalen Abstandes von anderen Menschen stellen nach der Literatur zwei unterschiedliche Aspekte von Einsamkeit dar (Peplau & Perlman, 1982). LISREL-Analysen der BASE-Daten ergaben entsprechend zwei Einsamkeitsdimensionen (gekürzte UCLA Loneliness Scale, vgl. Russell et al., 1984): *soziale*

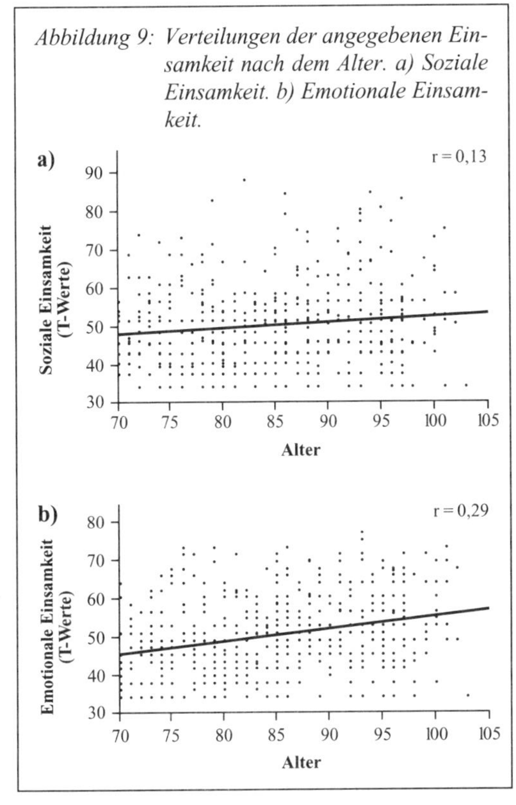

Abbildung 9: Verteilungen der angegebenen Einsamkeit nach dem Alter. a) Soziale Einsamkeit. b) Emotionale Einsamkeit.

Einsamkeit (abgeleitet aus Items, die nach Gefühlen der Zugehörigkeit zu einer sozialen Gruppe und Verfügbarkeit von Freunden fragten) und *emotionale Einsamkeit* (abgeleitet aus Items, die sich mit Gefühlen der Isolation, des Alleinseins und des Ausgeschlossenseins befaßten). Diese Faktoren waren lediglich moderat miteinander korreliert (r=0,34).

Abbildung 9 stellt die Altersunterschiede und Verteilungen dieser Faktoren dar. Beide Faktoren wiesen einen positiven Altersgradienten auf, d. h., je älter Menschen sind, desto emotional und sozial einsamer fühlen sie sich. Allerdings ist der Zusammenhang zwischen Alter und emotionaler Einsamkeit (r=0,29) deutlich größer als der Zusammenhang zwischen Alter und sozialer Einsamkeit (r=0,13).

In einer Stichprobe jüngerer Erwachsener fanden Russell und Mitarbeiter (1984), daß Gefühle der sozialen Einsamkeit am besten durch Mangel an Beziehungen, die eine Bestätigung des Selbstwertes und der Zugehörigkeit boten, und durch eine geringe Gesamtzahl der Freunde vorhergesagt wurden. Wahrgenommene Defizite von Vertrauensbeziehungen zu anderen waren der beste Prädiktor für emotionale Einsamkeit. Interessant ist auch, daß beide Einsamkeitstypen besser durch subjektive Zufriedenheitsmaße vorhergesagt werden als durch die genannte Netzwerkgröße.

Schrittweise hierarchische Regressionsanalysen der BASE-Daten zur getrennten Vorhersage von sozialer und emotionaler Einsamkeit bestätigten und ergänzten diese früheren, an jüngeren Stichproben gewonnenen Ergebnisse. Alter und Geschlecht zeigen nach dieser Analyse einen unterschiedlich starken Zusammenhang mit den beiden Einsamkeitsaspekten im hohen Alter: Alter und Geschlecht klärten zusammen 10% der Varianz der emotionalen Einsamkeit auf (d. h., alte Frauen und sehr alte Menschen sind emotional einsamer), waren jedoch für die Vorhersage von sozialer Einsamkeit nicht bedeutsam. Während die Anzahl der sehr eng Verbundenen (Kreis 1) zur Varianzaufklärung in beiden Einsamkeitsaspekten beitrug (zusätzliche 4% der Varianz bei emotionaler Einsamkeit und 7% bei sozialer Einsamkeit), „erklärten" die erhaltenen emotionalen Kontakte nur bei der emotionalen Einsamkeit zusätzliche Varianz (5%). In einem letzten Schritt dieser Analyse ergab sich, daß die Zufriedenheit mit Familie und Freunden einen weiteren signifikanten Anteil der Varianz in beiden Faktoren erklärte: 10% bei der emotionalen Einsamkeit (die Gesamtvarianz betrug knapp 24%) und 7% bei der sozialen Einsamkeit (bei einer Gesamtvarianz von 20%). Ein signifikanter Anteil beider Einsamkeitsaspekte hing also mit der subjektiven Bewertung der Bedürfniserfüllung durch Beziehungen mit anderen zusammen.

6. Verschiedene Profile der psychologischen Funktionsfähigkeit

Bisher haben wir die altersabhängigen und individuellen Unterschiede jeweils separat innerhalb der einzelnen psychologischen Bereiche vorgestellt. Eine weitere zentrale Fragestellung richtet sich darauf, ob es differentielle Gesamtmuster in Funktionsprofilen gibt, wenn diese über die Bereiche der Intelligenz, Selbst und Persönlichkeit sowie der sozialen Beziehungen hinweg aggregiert werden. Um eine derartige Gesamtperspektive zu erhalten, analysierten wir zunächst den korrelativen (systemischen) Zusammenhang zwischen den drei betrachteten psychologischen Funktionsbereichen. Anschließend untersuchten wir mit Hilfe einer Clusteranalyse, ob es personenspezifische Gruppierungen gibt, die über die drei Bereiche hinweg unterschiedliche Profile aufweisen, und inwieweit diese sich ungleich über das Alter von 70 bis über 100 verteilen.

Tabelle 2: Rohkorrelationen zwischen Variablen aus den drei psychologischen Bereichen.

	1	2	3	4	5	6	7	8	9
1 Wahrnehmungsgeschwindigkeit									
2 Gedächtnis	0,71**								
3 Wissen	0,70**	0,66**							
4 Neurotizismus	-0,16**	-0,11*	-0,23**						
5 Extraversion	0,23**	0,16**	0,05	-0,12**					
6 Internale Kontrolle	-0,06	-0,08	-0,18**	0,00	0,32**				
7 Sehr eng Verbundene	0,18**	0,19**	0,15**	-0,13**	0,15**	0,07			
8 Emotionaler Kontakt	0,12**	0,17**	0,14**	-0,17**	0,12**	0,07	0,13**		
9 Emotionale Einsamkeit	-0,31**	-0,25	-0,29**	0,53**	-0,21**	-0,05	-0,24**	-0,08	
Alter	-0,59**	-0,49**	-0,41**	0,08	-0,19**	0,01	-0,14**	-0,06	0,29

Signifikanzniveau: * $p<0,05$; ** $p<0,01$.

Bisher ist in der gerontologischen Psychologie relativ wenig über die strukturellen und systemischen Zusammenhänge zwischen Bereichen psychischen Erlebens und Verhaltens bekannt (Birren, 1959; Birren & Birren, 1990). „Dominiert" beispielsweise die Funktionsfähigkeit in einem Bereich (z. B. die geistige Leistungsfähigkeit), so daß das Nachlassen aller anderen Fähigkeiten durch Einschränkungen in diesem Bereich „ausgelöst" wird? Oder gibt es Hinweise auf verschiedene Profile selektiver Aufrechterhaltung und Einschränkung mit einem gewissen Grad an Unabhängigkeit der Bereiche (P. B. Baltes & Baltes, 1990)? So könnte ein Mensch mit verminderten sozialen Ressourcen und Möglichkeiten dies beispielsweise durch selektive Konzentration auf intellektuelle Fähigkeiten kompensieren.

Um einen ersten Einblick in das Intersystemische zu erhalten, haben wir neun Indikatoren aus den drei Bereichen psychologischer Funktionsfähigkeit ausgewählt und gemeinsam betrachtet. Wie aus Tabelle 2 zu entnehmen ist, waren die Zusammenhänge zwischen den drei Bereichen mit wenigen Ausnahmen bemerkenswert gering. Das Ausmaß an systemischer Verbundenheit war auch (mit Ausnahme der Intelligenz) innerhalb der jeweiligen Bereiche gering. Aus unserer Sicht, und wie bereits früher erwähnt, ist dieser Grad an Unabhängigkeit zwischen und innerhalb der psychologischen Funktionsbereiche bemerkenswert. Er steht etwas im Gegensatz zum häufig eingenommenen Standpunkt, daß das psychologische Altern ein hochgradig systemisches Phänomen ist, das durch Entdifferenzierung oder Homogenisierung von Systemfunktionen gekennzeichnet ist. Das Erleben und Verhalten ist also auch im hohen Alter multidimensional. Es gibt keine Anhaltspunkte dafür, daß diese fehlende intersystemische Verbundenheit das Resultat unzureichender Meßgenauigkeit (Reliabilität) sein könnte, da diese für die einzelnen Verfahren als zufriedenstellend bezeichnet werden kann.

Diese Unabhängigkeit zwischen den drei psychologischen Bereichen macht es heuristisch interessant, anhand von Clusteranalysen Teilgruppen mit unterschiedlichen psychologischen Funktionsprofilen zu identifizieren. Bei der Durchführung einer Clusteranalyse war es nicht unser Ziel, Gruppen von Individuen im Sinne von Typologien zu identifizieren. Unser Ansatz war weniger theoretisch als vielmehr empirisch-induktiv. Unter Anwendung eines Kriteriums der „Distanz-Ähnlichkeit" untersuchten wir, ob man Gruppen von Individuen zusammenfassen kann, die einander mehr als dem Rest der Gesamtstichprobe ähneln. Wenn dies möglich ist, kann man daraus schließen, daß es innerhalb der BASE-Stichprobe auf psychologischer Ebene Subgruppierungen mit unterschiedlichen Profilen (in bezug auf Höhe und Form) über die neun ausgewählten Kriteriumsvariablen gibt.

Die Gruppierung von Individuen wurde methodisch in drei Schritten erreicht. Es wurde zunächst das Verfahren der hierarchischen Clusteranalyse nach Ward angewandt, um die Anzahl der Cluster in der Stichprobe festzustellen, die das Kriterium des kleinsten Quotienten von gruppeninterner Varianz und Zwischengruppenvarianz erreichte. Es ergaben sich zwölf Cluster von Personen. In einem zweiten Schritt wurde eine k-means-iterative Clusteranalyse durchgeführt, um die Studienteilnehmer den Clustern zuzuordnen (vgl. Milligan & Cooper, 1987). Die beiden mit Hilfe der unterschiedlichen Verfahren erhaltenen Zwölf-Cluster-Lösungen waren miteinander vergleichbar ($\kappa=0{,}80$). Weitere Analysen ergaben, daß die zwölf Cluster sich untereinander in bezug auf andere BASE-Variablen signifikant unterschieden (z. B. Bildung, körperliche Gesundheit, Mobilität, subjektives Wohlbefinden), so daß die Stichprobenaufteilung auch vor dem Hintergrund externer Validitätskriterien sinnvoll erscheinen.

Daß es die doch recht hohe Anzahl von zwölf Clustern gab, ist zunächst Ausdruck einer hohen Individualität des Alterns. Abbildung 10 gibt einen Überblick über die psychologischen Profile der zwölf Cluster; Abbildung 11 (siehe unten) illustriert die Alters- und Geschlechtsverteilung dieser Cluster sowie die Verteilung innerhalb der BASE-Stichprobe und die auf die Westberliner Altenbevölkerung hochgerechnete Verteilung. Zur Erleichterung der Beschreibung und des Vergleichs von Profilen wurde die Funktionsfähigkeit in jedem der drei psychologischen Bereiche auf einen Mittelwert von 50 und eine Standardabweichung von 10 standardisiert. Außerdem wurden die Profile nach ihren besonderen Merkmalen gruppiert: (a) zwei Cluster der geistig Leistungsfähigen (N=74; 15%), (b) zwei Cluster der Individuen mit hoher sozialer Einbettung (N=60; 12%), (c) vier Cluster, die typische (durchschnittliche) altersabhängige Unterschiede der geistigen Leistungsfähigkeit aufweisen, aber sonst als psychisch stabil anzusehen sind (N=199; 37%), und (d) vier Cluster, die durch das geprägt sind, was man als ein weniger erwünschtes Alterungsmuster bezeichnen könnte mit dem Erleben von Neurotizismus (Ängstlichkeit), Einsamkeit und emotionaler Isolation sowie geistiger Leistungseinbußen (N=182; 36%).

Wie schon oben erwähnt, muß man bei der inhaltlichen Benennung und Bewertung dieser Cluster darauf achten, daß es sich hierbei nicht um absolute, sondern um relative Positionen in den Verteilungsmustern handelt. Das Kennzeichnende der Cluster ist lediglich eine – innerhalb der Verteilungsmuster – jeweils besondere Ausprägung des aus neun Indikatoren bestehenden Profils (Höhe und/oder Form).

Die erste Gruppe von zwei Clustern in Abbildung 10a (15% der BASE-Stichprobe) umfaßt die Personen mit der (relativ gesehen) höchsten geistigen Leistungfähigkeit. Anschließende Untersuchungen zeigten, daß die Menschen in diesen Gruppen auch signifikant jünger waren, einen höheren Bildungsstand und Berufsstatus erreicht und weniger sensorische und körperliche Einbußen erlitten hatten als diejenigen in den anderen zehn Teilgruppen. Die beiden Cluster unterscheiden sich in der Extraversion (Cluster 1 ist extravertierter) und in ihren Kontrollüberzeugungen (Personen in Cluster 2 schreiben sich weit weniger internale Kontrolle zu).

Die zweite, eher sozial gut vernetzte Gruppe von zwei Clustern (Abb. 10b; 12% der BASE-Stichprobe) ist durch die besonders hohe Anzahl der nominierten sehr eng Verbundenen in ihrem persönlichen sozialen Netzwerk gekennzeichnet. Weitere Analysen ergaben, daß Personen in Cluster 4 die meisten in Berlin lebenden Kinder und Verwandten hatten.

Die dritte Gruppe von vier Clustern (Abb. 10c; 37% der BASE-Stichprobe) ist durch typische (alternsdurchschnittliche) Funktionsunterschiede in aufeinanderfolgenden Altersgruppen/Kohorten gekennzeichnet (vgl. beispielsweise diese Profile mit den in Abb. 2 [Intelligenz] und Abb. 6 [Selbst und Persönlichkeit] dargestellten Altersunterschieden). Personen in diesen vier Clustern wiesen auch ein verhältnismäßig hohes subjektives Wohlbefinden auf. Dies könnte darauf hindeuten, daß diejenigen, die altersgemäße (durchschnittliche) Funktionsfähigkeiten und soziale Ressourcen aufrechterhalten, ihr Leben insgesamt positiv bewerten.

Die letzte Gruppe von vier Clustern (Abb. 10d; 36% der BASE-Stichprobe) faßt dagegen vier Profile zusammen, die relativ gesehen durch Neurotizismus, Einsamkeit und emotionale Isolierung gekennzeichnet sind. 60% der Personen in Cluster 9 waren Heimbewohner, was vielleicht den extrem niedrigen Wert dieser Gruppe in bezug auf emotionalen Sozialkontakt erklärt, wobei es allerdings zu berücksichtigen gilt, daß dies bereits vor dem Übergang ins Heim der Fall gewesen sein könnte. Für Cluster 10, 11 und 12 zeigte sich auch, daß in diesen vor allem Personen mit schweren visuellen und auditorischen Beeinträchtigungen vorzufinden waren. Cluster 9 und 12 waren auch durch sehr niedrige Niveaus der geistigen Leistungsfähigkeit charakterisiert.

Abbildung 10: Profile der Funktionsausprägung in verschiedenen psychologischen Bereichen (T-Werte).

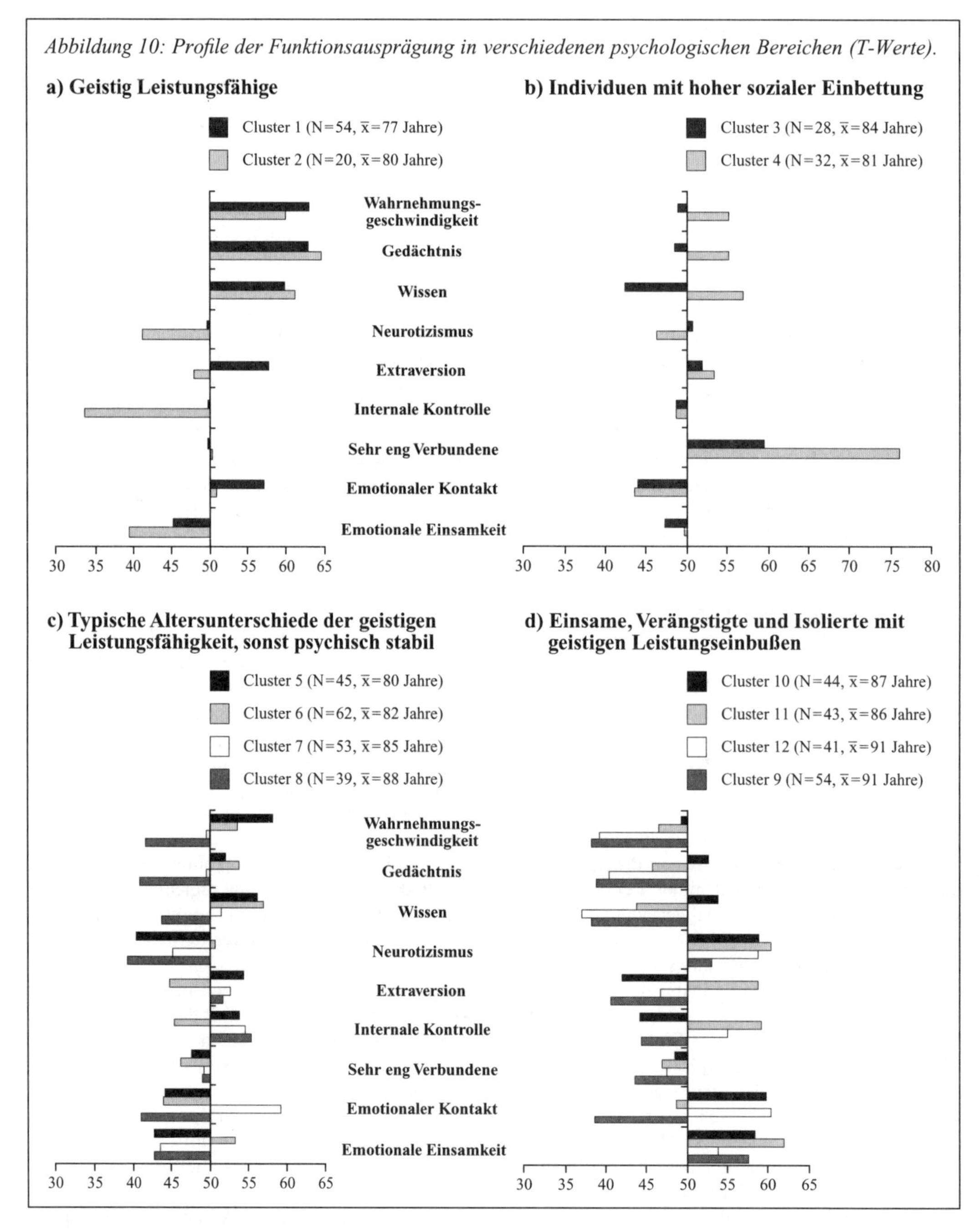

Wie aus Abbildung 11a ersichtlich, gab es bei den Clustern deutliche Unterschiede der Alters- und Geschlechtszusammensetzungen. Allerdings waren nicht alle 85jährigen und Älteren der vierten, dysfunktionalen Clustergruppe (Abb. 10d) zugeordnet, und nicht alle 70- bis 84jährigen waren in der ersten Gruppe der intellektuell besonders Leistungsfähigen (Abb. 10a) anzutreffen. Jede Teilgruppe beinhaltet sowohl alte als auch sehr alte Individuen. So wiesen einige der sehr alten Teilnehmer (27%) Funktionsmuster auf, die mehr denjenigen von 70- bis 84jährigen ähnelten, und viele der 70- bis 84jährigen (50%) zeigten Funktionsmuster, die eher bei den sehr Alten zu erwarten waren.

Abbildung 11b präsentiert die Verteilungen, wenn man die Ergebnisse auf die Westberliner Altenbevölkerung hochrechnet. Diese Zahlen geben also an, wie oft die durch die Clusterprofile dargestellten psychologischen Erlebnis- und Verhaltensprofile in der Westberliner Altenpopulation vorkommen. Da diese deutlich mehr junge Alte und mehr Frauen als die BASE-Stichprobe enthält, sind die durch Besetzungen mit jungen Alten und Frauen gekennzeichneten Cluster in der Westberliner Altenpopulation häufiger vertreten (Abb. 11b).

Vier Cluster (Cluster 1, 2, 3 und 4: 25% der BASE-Stichprobe) wiesen Profile auf, die man als „erfolgreich“ klassifizieren könnte, da sie zufriedenstellende Niveaus in einigen als wünschenswert betrachteten psychologischen Dimensionen erreichten (z. B. gute geistige Leistungsfähigkeit oder soziale Einbettung). Bei der Hochrechnung auf die Westberliner Altenbevölkerung stieg der Anteil dieser Cluster auf 34%. Vier Cluster (9, 10, 11 und 12: 35% der Stichprobe) wiesen dagegen Zeichen der Angst, Einsamkeit und Isolation sowie eines geistigen Leistungsabbaus auf. Auf die Gesamtbevölkerung hochgerechnet betrug dieser Wert 29%. In dieser Gruppierung der vier weniger funktionstüchtigen Cluster gab es relativ gesehen mehr Frauen (insbesondere hochbetagte) als Männer.

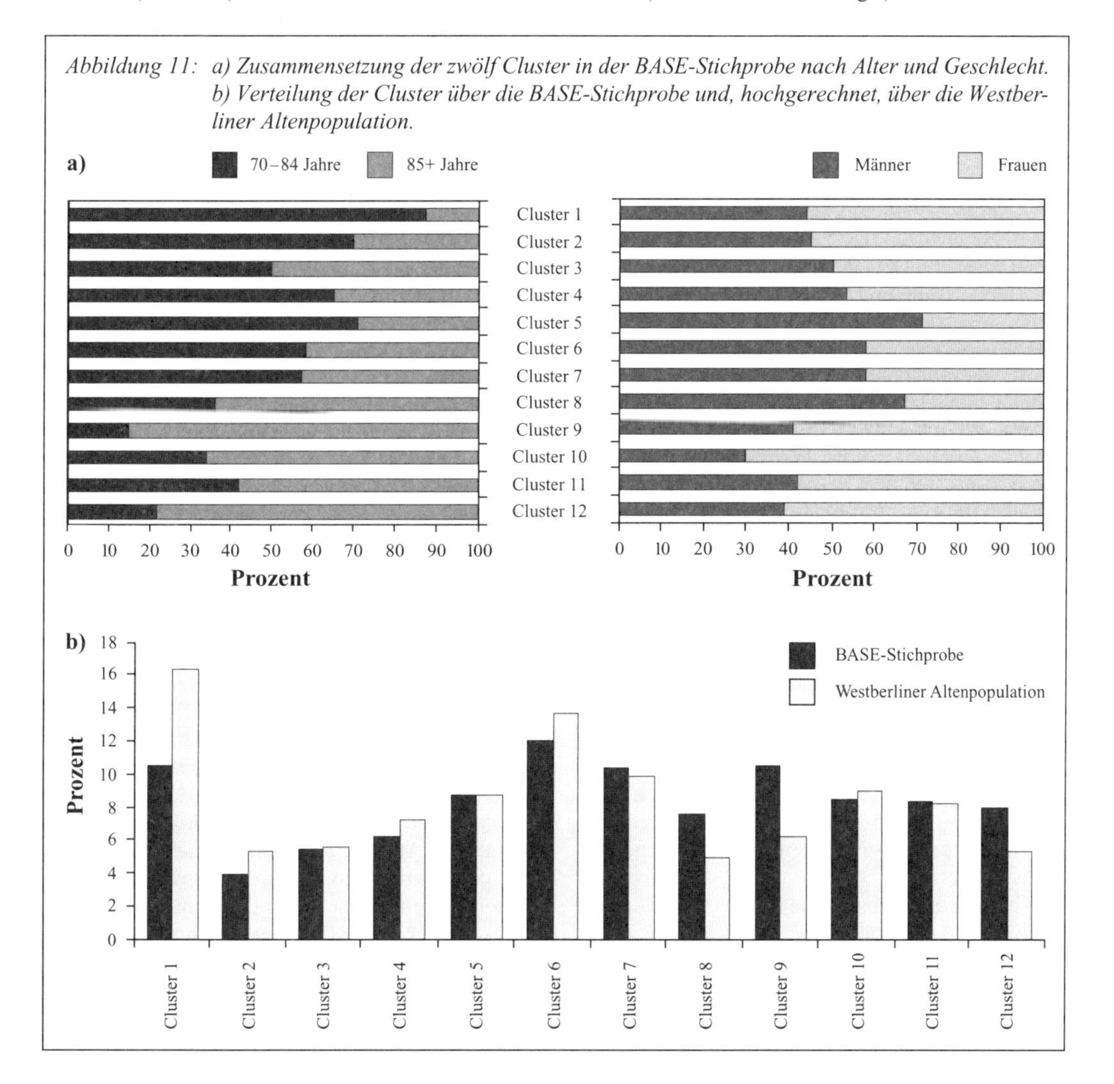

Abbildung 11: a) Zusammensetzung der zwölf Cluster in der BASE-Stichprobe nach Alter und Geschlecht. b) Verteilung der Cluster über die BASE-Stichprobe und, hochgerechnet, über die Westberliner Altenpopulation.

Es ist natürlich schwierig, die psychologische und sozialpolitische Relevanz dieser Befunde zu bewerten. Einerseits kann man schlußfolgern, daß es im hohen Alter (und dies betrifft deshalb vor allem Frauen) einen deutlichen Anstieg in der Wahrscheinlichkeit gibt, zu den Gruppierungen zu zählen, die wir als dysfunktional bzw. als Risikogruppen charakterisiert haben. Andererseits ist es aber ebenso wichtig, die beträchtliche, auch im sehr hohen Alter vorhandene Heterogenität zu erkennen und nicht von so etwas wie einem prävalenten Funktionsprofil des Alters in allen Bereichen auszugehen. Eine spezifische Bewertung der Befunde ist auch deswegen schwierig, weil die erhaltenen Werte sich auf die Verteilung der BASE-Teilnehmer beziehen und es keine absoluten Normen für Funktionalität oder Dysfunktionalität gibt. In unserer zukünftigen Arbeit planen wir die Entwicklung von Indikatoren, die eine derartige Einschätzung ermöglichen sollen.

7. Allgemeine Schlußfolgerungen

Dieses Kapitel bietet eine Übersicht über die bei den 516 BASE-Teilnehmern im Alter von 70 bis 103 Jahren erhobenen psychologischen Daten. Die Absicht war, eine knappe Zusammenfassung und einen ersten, die drei Funktionsbereiche übergreifenden Einblick in die Daten zu geben. Detaillierte und weiterführende Analysen zu den einzelnen Bereichen Intelligenz, Selbst und Persönlichkeit sowie soziale Beziehungen sind in anderen Kapiteln dieses Buches enthalten (insbesondere Staudinger et al., Kapitel 12; Reischies & Lindenberger, Kapitel 13; Smith et al., Kapitel 19; siehe auch M. Wagner et al., Kapitel 11; Marsiske et al., Kapitel 14; Maas & Staudinger, Kapitel 21; M. M. Baltes et al., Kapitel 22). Dieses Kapitel gibt jedoch Antworten auf einige der zentralen Fragen von BASE, nämlich auf Fragen über individuelle Unterschiede (Heterogenität), über das unterschiedliche Ausmaß der vorgefundenen querschnittlichen Altersgradienten, über Zusammenhänge zwischen psychologischen Funktionsbereichen und über die Gruppierung von Individuen nach der Ähnlichkeit ihrer „systemischen" psychologischen Profile.

In bezug auf interindividuelle Unterschiedlichkeit des Alter(n)s unterstützen die Ergebnisse die These, daß es auch im hohen Alter differentielles Altern im psychologischen Bereich gibt. Wie auf jüngere trifft es also auch auf alte und sehr alte Erwachsene zu, daß das Alter(n) viele Gesichter hat: Auch Hochbetagte sind in ihrem psychologischen Profil keine homogene Gruppe. Eine beträchtliche Zahl alter Menschen zeigt bis ins hohe Alter hinein ein relativ hohes Funktionsniveau in den verschiedenen psychologischen Bereichen. Systemisch betrachtet (siehe unten) gibt es allerdings Hinweise, daß im sehr hohen Alter eine immer größer werdende Zahl von Personen gleichzeitig in mehreren psychischen Funktionsbereichen Abbau bzw. Dysfunktionalität aufweisen und diese Verluste sich auch in Facetten des subjektiv erlebten Wohlbefindens niederschlagen.

Diese auf die interindividuelle Unterschiedlichkeit des Alterns bezogene Schlußfolgerung muß durch bereichs- oder funktionsspezifische Charakterisierungen, also Aussagen über intraindividuelle Unterschiede, ergänzt werden. So ergaben sich beispielsweise für die drei untersuchten Bereiche (Intelligenz, Selbst und Persönlichkeit sowie soziale Beziehungen) recht unterschiedliche Altersgradienten.

Die intellektuelle Leistungsfähigkeit zeigte einen ausgeprägt negativen Altersgradienten. Mehr als ein Drittel der Varianz individueller Unterschiede war altersabhängig, und der durchschnittliche Alterseffekt war für alle untersuchten intellektuellen Fähigkeiten deutlich negativ. Was die geistigen Fähigkeiten betrifft, ist das hohe Alter also ein wesentlicher Risikofaktor, und zwar über alle Dimensionen hinweg.

Ganz anders sahen die Altersgradienten für psychologische Konstrukte des Selbst und der Persönlichkeit aus, die primär anhand subjektiver Einschätzungen bzw. Bewertungen gemessen wurden. In den Bereichen Selbst und Persönlichkeit sowie soziale Beziehungen erklärt das chronologische Lebensalter viel weniger Varianz als im Bereich der Intelligenz. Um ein mögliches Mißverständnis zu vermeiden: Zwar sind „negative" Altersunterschiede auch in einigen dieser subjektiven Dimensionen festzustellen, wie Extraversion (mit dem Alter abnehmend), positive emotionale Befindlichkeit (abnehmend), emotionale Einsamkeit (mit dem Alter zunehmend) und soziale externale Kontrolle (zunehmend). Diese Unterschiede betragen jedoch meistens weniger als die Hälfte einer Standardabweichung, und die Alterskorrelationen erklären weniger als 10% der Varianz. Bei der Interpretation ist es jedoch wichtig, zwei Aspekte im Auge zu behalten. Erstens ist zu bedenken, daß Instrumente zur Erhebung von Selbst und Persönlichkeit und sozialen Beziehungen nicht als „direkte" Maße objektiver Realität zu sehen sind. So sind Individuen oft bestrebt, sich in einem positiveren Licht darzustellen, als es möglicherweise ihrer privaten Einschätzung entspricht. Zweitens ist aus Forschung, die sich mit Prozessen der Selbstregulation beschäftigt, bekannt, daß Menschen eine Vielzahl von Strategien zur Verfügung haben, um die Realität selbstwertsteigernd zu interpretieren, indem z. B. Ziele verändert oder Bewertungsmaßstäbe reorganisiert werden (vgl. P. B. Baltes et al., Kapitel 1; Smith et al., Kapitel 19).

Die Ergebnisse im Bereich des Selbst und der Persönlichkeit sowie bei den sozialen Beziehungen stellen eine spannende Herausforderung für die psychologische Forschung dar. Einerseits tragen diese zu einer positiven Sicht der psychischen Innenwelt und Kapazitätsreserven alter und sehr alter Menschen bei. Wenn man andererseits diese einzeln gesehen relativ geringen Altersunterschiede in ihrer Gesamtheit betrachtet, so fällt auf, daß sie alle in eine Richtung zeigen, nämlich in die Richtung eines weniger erwünschten psychologischen Funktionsstatus mit höherem Alter. Dieser Befund ist ein Hinweis darauf, daß psychisches Erleben und Bewältigung des Alterns als eine Art chronische Streßsituation verstanden werden kann (vgl. Staudinger et al., Kapitel 12). Daß dies zumindest für Teilgruppen zutrifft, wird durch die Clusteranalysen bestätigt.

Der dritte Schwerpunkt unserer Analysen bezog sich auf die Frage, ob die Bildung von Teilgruppen von Individuen auf der Grundlage ihrer jeweiligen Ähnlichkeit in den drei untersuchten psychologischen Bereichen (dargestellt durch neun Kriteriumsvariablen) für den Aufbau eines Gesamtbildes des psychologischen Profils alter Menschen hilfreich ist. Vor dem Hintergrund der großen interindividuellen Variabilität und der relativen Unabhängigkeit der psychologischen Funktionsbereiche kann der Befund, daß sich zwölf Cluster von Individuen mit abgegrenzten Merkmalen ergaben, zum einen als Ausdruck einer beträchtlichen Individualität des Alter(n)s interpretiert werden. Zum anderen unterschieden sich diese Cluster deutlich in ihren Geschlechts- und Alterszusammensetzungen. Es gab Cluster, die vor allem durch Hochbetagte gebildet wurden, und solche, die sich primär aus den 70- bis 84jährigen zusammensetzten. Ebenso wurden primär Männer- und Frauencluster identifiziert.

Diese multivariate Form der Datenanalyse zeigte, daß, auch wenn Vergleiche von einzelnen Variablen zum Teil keine großen Altersunterschiede offenbaren, wie im Falle von Selbst und Persönlichkeit oder sozialen Beziehungen, Kombinationen der Variablen doch solche Unterschiede zutage bringen können. So war der Anteil der Hochbetagten in den Gruppen mit eher unerwünschten (dysfunktionalen) Merkmalen, die 35% der BASE-Stichprobe (und hochgerechnet auf die Westberliner Bevölkerung 29% der alten Menschen) beschrieben, wesentlich höher als der der 70- bis 84jährigen. Hingegen befanden sich in den Gruppen, die durch wünschenswerte und funktionale Eigenschaften, etwa im Sinne eines Konzeptes vom „erfolgreichen Altern" zu kennzeichnen waren, deutlich mehr der 70- bis 84jährigen in der BASE-Stichprobe. Diese „erfolgreichen" Cluster machten 25% der BASE-Stichprobe und 34% der Westberliner Altenpopulation aus. Deutliche Geschlechtsunterschiede gab es vor allem in der Besetzung der Cluster mit eher unerwünschten Merkmalen. Dort waren Frauen häufiger vertreten als Männer, und zwar vor allem hochbetagte Frauen (vgl. dagegen die Geschlechtsanalysen von Einzelvariablen: M. M. Baltes et al., Kapitel 22).

Wir hoffen, daß wir in zukünftigen Analysen mit Hilfe von lebensgeschichtlicher Information und kontextuellen Informationen die Entstehungsgeschichte dieser Cluster im Sinne der Ansätze der Entwicklungspsychologie der Lebensspanne erhellen können. Bei der Weiterverfolgung dieser Fragen müssen wir zwei Punkte bedenken. Erstens wäre die Entwicklung von Kriterien wünschenswert, die zur Bewertung der Cluster hinsichtlich des „erfolgreichen" Alterns oder der Identifikation von Risiko-, protektiven und/oder optimierenden Faktoren eingesetzt werden könnten. Zweitens müssen wir darauf achten, daß wir Clusteranalyse (die vor allem auf Ähnlichkeitszusammenhängen beruht) nicht mit typologischer Analyse gleichsetzen, die oft von echt qualitativen Unterschieden in der psychischen Grundstruktur ausgehen. Für letzteres gibt es im vorliegenden Datensatz keine Hinweise.

Neben den Fragen des differentiellen Alter(n)s interessierten uns auch Fragen der systemischen Zusammenhänge über die Disziplingrenzen hinweg sowie die Vorhersagekraft lebensgeschichtlicher Informationen, die im Zusammenhang mit der Frage nach Kontinuität und Diskontinuität zu sehen ist (vgl. Maas & Staudinger, Kapitel 21).

Die multidisziplinären BASE-Daten ermöglichten beispielsweise den Nachweis einzelner Zusammenhänge zwischen biologischen und psychologischen Funktionssystemen. Insbesondere verwiesen wir auf die außerordentlich wichtige Rolle, die das sensorische und sensomotorische System im hohen Alter für die geistige Leistungsfähigkeit zu spielen scheint (P. B. Baltes & Lindenberger, 1995; vgl. Marsiske et al., Kapitel 14). Dies ist ein Ergebnis, das weitere Untersuchungen und theoretischen Diskurs verlangt. Wir tendieren zu der Interpretation dieses Befundes als Hinweis auf die herausragende Rolle von hirnphysiologischen Prozessen im Alter. Wir glauben also weniger, daß die Sensorik die Intelligenz bedingt oder umgekehrt, sondern daß beide Systeme im Alter immer mehr von einem dritten Aspekt determiniert werden, nämlich dem biologischen Altern des Gehirns (P. B. Baltes & Lindenberger, 1995).

Hinsichtlich der lebensgeschichtlichen Information haben wir im vorliegenden Kapitel uns auf die Rolle der sozialen Lebensgeschichte (Bildung, Einkommen, Sozialprestige) bei der Alterung der geistigen Leistungsfähigkeit konzentriert und diese der Vorhersagekraft neurobiologischer Faktoren gegenübergestellt. Ein erster Befund war, daß Personen aus lebensgeschichtlich unterschiedlich „guten" Welten sich im Alter nur im Niveau, nicht aber im weiteren Alternsverlauf unterschieden. Die Vorhersagekraft der sozialen Lebensgeschichte mit der Erklärung von etwa 12% der Varianz in der geistigen Leistungsfähigkeit war zwar nicht zu vernachlässigen (vgl. Reischies & Lindenberger, Kapitel 13). Dennoch waren wir überrascht, wie gering sich dieser Effekt der sozialen, lebensgeschichtlichen Welt vor allem im Kontrast mit der Vorhersagekraft neurobiologischer Faktoren (wie Sehen und Hören) darstellte. Sensorische und sensomotorische Maße „erklärten" etwa 50% der individuellen Varianz in der geistigen Leistungsfähigkeit und praktisch die gesamte altersbezogene Varianz. Diese Befunde sprechen nicht gegen eine in der Lebensgeschichte fundierte Kontinuität. Gleichzeitig unterstreichen sie aber eine im Alter durch neurobiologische Faktoren entstehende Diskontinuität. Die detailliertere Untersuchung dieser und weiterer interdisziplinärer Zusammenhänge verspricht fruchtbar zu sein.

Schließlich sollten wir nochmals auf die methodischen Beschränkungen der vorliegenden Analysen hinweisen. Das zugrundeliegende Datenmaterial ist eine querschnittliche und korrelative Momentaufnahme. Ob sich die vorgelegten Alter(n)sbefunde als Verlaufsmuster und temporale kausale Bedingungsmuster im längsschnittlichen Follow-up bestätigen, ist eine offene Frage (vgl. P. B. Baltes et al., Kapitel 1).

Literaturverzeichnis

Aldwin, C. M. (1991). Does age affect the stress and coping process? Implications of age differences in perceived control. *Journal of Gerontology: Psychological Sciences, 46,* P174–P180.

Antonucci, T. C. (1990). Social support and social relationships. In R. H. Binstock & L. K. George (Hrsg.), *Handbook of aging and the social sciences* (3. Aufl., S. 205–227). San Diego, CA: Academic Press.

Bäckman, L. (Hrsg.) (1991). *Memory functioning in dementia* (Advances in psychology, Bd. 89). Amsterdam: North-Holland.

Baltes, M. M. (1995). Verlust der Selbständigkeit im Alter: Theoretische Überlegungen und empirische Befunde. *Psychologische Rundschau, 46,* 159–170.

Baltes, M. M. & Baltes, P. B. (Hrsg.) (1986). *The psychology of control and aging.* Hillsdale, NJ: Erlbaum.

Baltes, P. B. (1968). Longitudinal and cross-sectional sequences in the study of age and generation effects. *Human Development, 11,* 145–171.

Baltes, P. B. (1984). Intelligenz im Alter. *Spektrum der Wissenschaft, 5,* 46–60.

Baltes, P. B. (1987). Theoretical propositions of life-span developmental psychology: On the dynamics between growth and decline. *Developmental Psychology, 23,* 611–626.

Baltes, P. B. (1993). The aging mind: Potentials and limits. *The Gerontologist, 13,* 458–467.

Baltes, P. B. & Baltes, M. M. (1990). Psychological perspectives on successful aging: The model of selective optimization with compensation. In P. B. Baltes & M. M. Baltes (Hrsg.), *Successful aging: Perspectives from the behavioral sciences* (S. 1–34). Cambridge: Cambridge University Press.

Baltes, P. B. & Baltes, M. M. (1992). Gerontologie: Begriff, Herausforderung und Brennpunkte. In P. B. Baltes & J. Mittelstraß (Hrsg.), *Zukunft des Alterns und gesellschaftliche Entwicklung* (S. 1–34). Berlin: de Gruyter.

Baltes, P. B., Cornelius, S. W., Spiro, A., Nesselroade, J. R. & Willis, S. L. (1980). Integration versus differentiation of fluid/crystallized intelligence in old age. *Developmental Psychology, 16,* 625–635.

Baltes, P. B. & Lindenberger, U. (1995). Sensorik und Intelligenz: Intersystemische Wechselwirkungen. *Akademie-Journal, 1,* 20–28.

Baltes, P. B., Lindenberger, U. & Staudinger, U. M. (1995). Die zwei Gesichter der Intelligenz im Alter. *Spektrum der Wissenschaft, 10,* 52–61.

Bandura, A. (1989). Human agency in social cognitive theory. *American Psychologist, 44*, 1175–1184.

Barnes, A. (1993). *Spontaneous self-comparisons in old and very old age*. Diplomarbeit, Freie Universität Berlin.

Bengtson, V. L., Reedy, M. N. & Gordon, C. (1985). Aging and self-conceptions: Personality processes and social contexts. In J. E. Birren & K. W. Schaie (Hrsg.), *Handbook of the psychology of aging* (2. Aufl., S. 544–593). New York: Van Nostrand Reinhold.

Bengtson, V. L. & Schütze, Y. (1992). Altern und Generationenbeziehungen: Aussichten für das kommende Jahrhundert. In P. B. Baltes & J. Mittelstraß (Hrsg.), *Zukunft des Alterns und gesellschaftliche Entwicklung* (S. 492–517). Berlin: de Gruyter.

Birren, J. E. (1959). Principles of research on aging. In J. E. Birren (Hrsg.), *Handbook of aging and the individual: Psychological and biological aspects* (S. 3–42). Chicago, IL: University of Chicago Press.

Birren, J. E. & Birren, B. A. (1990). The concepts, models, and history of the psychology of aging. In J. E. Birren & K. W. Schaie (Hrsg.), *Handbook of the psychology of aging* (3. Aufl., S. 3–20). San Diego, CA: Academic Press.

Borkenau, P. & Ostendorf, F. (1989). Ein Fragebogen zur Erfassung fünf robuster Persönlichkeitsfaktoren. *Diagnostica, 37*, 29–41.

Brandtstädter, J. & Greve, W. (1994). The aging self: Stabilizing and protective processes. *Developmental Review, 14*, 52–80.

Brandtstädter, J. & Renner, G. (1990). Tenacious goal pursuit and flexible goal adjustment: Explication and age-related analysis of assimilative and accommodative models of coping. *Psychology and Aging, 5*, 58–67.

Brandtstädter, J. & Rothermund, K. (1994). Self-percepts of control in middle and later adulthood: Buffering losses by rescaling goals. *Psychology and Aging, 9*, 265–273.

Breytspaak, L. M. (1984). *The development of the self in later life*. Boston, MA: Little, Brown & Co.

Bundesministerium für Familie und Senioren (BMFuS) (Hrsg.) (1993). *Erster Altenbericht: Die Lebenssituation älterer Menschen in Deutschland*. Bonn: Eigenverlag.

Busse, E. W. & Maddox, G. (1985). *The Duke Longitudinal Studies of Normal Aging: 1955–1980*. New York: Springer.

Cantor, N. & Fleeson, W. (1994). Social intelligence and intelligent goal pursuit: A cognitive slice of motivation. *Nebraska Symposium on Motivation, 41*, 125–179.

Carstensen, L. L. (1993). Motivation for social contact across the life-span: A theory of socioemotional selectivity. *Nebraska Symposium on Motivation, 40*, 205–254.

Cattell, R. B. (1971). *Abilities: Their structure, growth, and action*. Boston, MA: Houghton Mifflin.

Costa, P. T., Jr. & McCrae, R. R. (1980). Still stable after all these years: Personality as a key to some issues in adulthood and old age. In P. B. Baltes & O. G. Brim, Jr. (Hrsg.), *Life-span development and behavior* (Bd. 3, S. 65–102). New York: Academic Press.

Costa, P. T., Jr. & McCrae, R. R. (1985). *NEO: Five-factor personality inventory*. Talahassee, FL: Psychological Assessment Resources.

Döring, N. & Bortz, J. (1993). Psychometrische Einsamkeitsforschung: Deutsche Neukonstruktion der UCLA Loneliness Scale. *Diagnostica, 39*, 224–239.

Erikson, E. H., Erikson, J. M. & Kivnick, H. Q. (1986). *Vital involvement in old age: The experience of old age in our time*. London: Norton.

Field, D. & Minkler, M. (1988). Continuity and change in social support between young-old and old-old or very-old age. *Journal of Gerontology: Psychological Sciences, 43*, P100–P106.

Filipp, S.-H. & Ferring, D. (1989). Zur Alters- und Bereichsspezifität subjektiven Alterserlebens. *Zeitschrift für Entwicklungspsychologie und Pädagogische Psychologie, 21*, 279–293.

Filipp, S.-H. & Klauer, T. (1986). Conceptions of self over the life-span: Reflections on the dialectics of change. In M. M. Baltes & P. B. Baltes (Hrsg.), *The psychology of control and aging* (S. 167–205). Hillsdale, NJ: Erlbaum.

Freund, A. M. (1995). *Wer bin ich? Die Selbstdefinition alter Menschen* (Studien und Berichte des Max-Planck-Instituts für Bildungsforschung). Berlin: Edition Sigma.

George, L. K. & Okun, M. A. (1985). Self-concept content. In E. Palmore, E. W. Busse, G. L. Maddox, J. B. Nowlin & I. C. Siegler (Hrsg.), *Normal aging III: Reports from the Duke Longitudinal Studies, 1975–1984* (S. 267–282). Durham, NC: Duke University Press.

Gerok, W. & Brandtstädter, J. (1992). Normales, krankhaftes und optimales Altern: Variations- und Modifikationsspielräume. In P. B. Baltes & J. Mittelstraß (Hrsg.), *Zukunft des Alterns und gesellschaftliche Entwicklung* (S. 356–385). Berlin: de Gruyter.

Gordon, C. (1968). Self-conceptions: Configurations of content. In C. Gordon & K. J. Gergen (Hrsg.), *The self in social interaction: Classic and contemporary perspectives* (S. 115–136). New York: Wiley.

Häfner, H. (1986). *Psychische Gesundheit im Alter*. Stuttgart: Gustav Fischer.

Harris, L. (1975). *The myth and reality of aging in America*. Washington, DC: National Council on Aging.

Heckhausen, J., Dixon, R. A. & Baltes, P. B. (1989). Gains and losses in development throughout adulthood as perceived by different adult groups. *Developmental Psychology, 255,* 109–124.

Heckhausen, J. & Schulz, R. (1995). A life-span theory of control. *Psychological Review, 102,* 284–304.

Helgeson, V. S. (1992). Moderators of the relation between perceived control and adjustment to chronic illness. *Journal of Personality and Social Psychology, 63,* 656–666.

Hertzog, C. & Schaie, K. W. (1985). Stability and change in adult intelligence: 1. Analysis of longitudinal covariance structures. *Psychology and Aging, 1,* 159–171.

Horn, J. L. & Hofer, S. M. (1992). Major abilities and development in the adult period. In R. J. Sternberg & C. A. Berg (Hrsg.), *Intellectual development* (S. 44–99). New York: Cambridge University Press.

Johnson, C. L. & Troll, L. E. (1994). Constraints and facilitators to friendships in late late life. *The Gerontologist, 34,* 79–87.

Kahn, R. L. & Antonucci, T. C. (1980). Convoys over the life course: Attachment, roles, and social support. In P. B. Baltes & O. G. Brim, Jr. (Hrsg.), *Life-span development and behavior* (Bd. 3, S. 254–283). New York: Academic Press.

Kastenbaum, R., Derbin, V., Sabatini, P. & Artt, S. (1972). The ages of me: Toward personal and interpersonal definitions of functional aging. *Aging and Human Development, 3,* 197–211.

Kihlstrom, J. F. & Klein, S. B. (1994). The self as a knowledge system. In R. S. Wyer, Jr. & T. K. Skull (Hrsg.), *Handbook of social cognition* (2. Aufl., S. 153–208). Hillsdale, NJ: Erlbaum.

Knipscheer, K. (1986). Anomie in der Mehrgenerationenfamilie: Kinder und die Versorgung ihrer alten Eltern. *Zeitschrift für Gerontologie, 19,* 40–46.

Kruse, A. (1994). *Kompetenz im Alter: Psychologische Perspektiven der modernen Gerontologie.* Kusterdingen: Spektrum Akademischer Verlag.

Kunzmann, U. (1994). *Emotionales Wohlbefinden im Alter: Struktur, Stabilität und Veränderung.* Diplomarbeit, Freie Universität Berlin.

Lachman, M. E. (1986). Personal control in later life: Stability, change, and cognitive correlates. In M. M. Baltes & P. B. Baltes (Hrsg.), *The psychology of control and aging* (S. 207–236). Hillsdale, NJ: Erlbaum.

Lang, F. R. (1994). *Die Gestaltung informeller Hilfebeziehungen im hohen Alter: Die Rolle von Elternschaft und Kinderlosigkeit. Eine empirische Studie zur sozialen Unterstützung und deren Effekt auf die erlebte soziale Einbindung* (Studien und Berichte des Max-Planck-Instituts für Bildungsforschung). Berlin: Edition Sigma.

Lang, F. R. & Carstensen, L. L. (1994). Close emotional relationships in late life: Further support for proactive aging in the social domain. *Psychology and Aging, 9,* 315–324.

Lawton, M. P. (1975). The Philadelphia Geriatric Center Morale Scale: A revision. *Journal of Gerontology, 30,* 85–89.

Lehr, U. & Minnemann, E. (1987). Veränderungen von Quantität und Qualität sozialer Kontakte vom siebten bis neunten Lebensjahrzehnt. In U. Lehr & H. Thomae (Hrsg.), *Formen seelischen Alterns: Ergebnisse der Bonner Gerontologischen Längsschnittstudie (BOLSA)* (S. 80–91). Stuttgart: Enke.

Lehr, U. & Thomae, H. (Hrsg.) (1987). *Formen seelischen Alterns: Ergebnisse der Bonner Gerontologischen Längsschnittstudie (BOLSA)*. Stuttgart: Enke.

Lindenberger, U. & Baltes, P. B. (1994). Sensory functioning and intelligence in old age: A strong connection. *Psychology and Aging, 9,* 339–355.

Lindenberger, U. & Baltes, P. B. (1995). Kognitive Leistungsfähigkeit im Alter: Erste Ergebnisse aus der Berliner Altersstudie. *Zeitschrift für Psychologie, 203,* 283–317.

Lindenberger, U., Mayr, U. & Kliegl, R. (1993). Speed and intelligence in old age. *Psychology and Aging, 8,* 207–220.

Maddox, G. L. (1987). Aging differently. *The Gerontologist, 27,* 557–564.

Magnusson, D., Bergman, L., Rudinger, G. & Törestad, B. (Hrsg.) (1991). *Problems and methods in longitudinal research: Stability and change*. Cambridge: Cambridge University Press.

Markus, H. R. & Herzog, A. R. (1991). The role of the self-concept in aging. *Annual Review of Gerontology and Geriatrics, 11,* 110–143.

Markus, H. R. & Nurius, P. (1986). Possible selves. *American Psychologist, 41,* 954–969.

McCrae, R. R. & Costa, P. T., Jr. (1988). Age, personality, and the spontaneous self-concept. *Journal of Gerontology: Psychological Sciences, 43,* P177–P185.

McCrae, R. R., Jr. & Costa, P. T., Jr. (1990). *Personality in adulthood.* New York: Guilford.

Milligan, G. W. & Cooper, M. C. (1987). Methodology review: Clustering methods. *Applied Psychological Measurement, 11,* 329–354.

Montepare, J. M. & Lachman, M. E. (1989). „You're only as old as you feel": Self-perceptions of age, fears of aging, and life satisfaction from adolescence to old age. *Psychology and Aging, 4,* 73–78.

Nesselroade, J. R. (1989). Adult personality development: Issues in assessing constancy and change. In A. I. Rabin, R. A. Zucker, R. A. Emmons & S. Frank (Hrsg.), *Studying persons and lives* (S. 41–85). New York: Springer.

Neugarten, B. L., Havighurst, R. J. & Tobin, S. S. (1961). The measurement of life satisfaction. *Journal of Gerontology, 16,* 134–143.

Pearlin, L. I. & Mullen, J. T. (1992). Loss and stress in aging. In M. L. Wylke, E. Kahana & J. Kowal (Hrsg.), *Stress and health among the elderly* (S. 117–132). New York: Springer.

Peplau, L. & Perlman, D. (Hrsg.) (1982). *Loneliness: A sourcebook of current theory, research, and therapy.* New York: Wiley.

Reinert, G. (1970). Comparative factor analytic studies of intelligence throughout the life span. In L. R. Goulet & P. B. Baltes (Hrsg.), *Life-span developmental psychology: Research and theory* (S. 467–484). New York: Academic Press.

Roberts, M. L. & Nesselroade, J. R. (1986). Intraindividual variability in perceived locus of control in adults: P-technique factor analyses of short-term change. *Journal of Research in Personality, 20,* 529–545.

Rodin, J., Timko, C. & Harris, S. (1985). The construct of control: Biological and psychosocial correlates. *Annual Review of Gerontology and Geriatrics, 5,* 3–55.

Rokeach, M. (1968). *Beliefs, attitudes, and values.* San Francisco, CA: Jossey-Bass.

Russell, D., Cutrona, C. E., Rose, J. & Yurko, K. (1984). Social and emotional loneliness: An examination of Weiss' typology of loneliness. *Journal of Personality and Social Psychology, 46,* 1313–1321.

Rutter, M. (1987). Psychosocial resilience and protective mechanisms. *American Journal of Orthopsychiatry, 57,* 316–331.

Ryff, C. D. (1991). Possible selves in adulthood and old age: A tale of shifting horizons. *Psychology and Aging, 6,* 286–271.

Salthouse, T. A. (1991). *Theoretical perspectives on cognitive aging.* Hillsdale, NJ: Erlbaum.

Schaie, K. W. (1965). A general model for the study of developmental problems. *Psychological Bulletin, 64,* 92–107.

Schaie, K. W. & Willis, S. L. (1993). Age difference patterns of psychometric intelligence in adulthood: Generalizability within and across ability domains. *Psychology and Aging, 8,* 44–55.

Schütze, Y. & Lang, F. R. (1993). Freundschaft, Alter und Geschlecht. *Zeitschrift für Soziologie, 3,* 209–220.

Skinner, E. A. (1995). *Perceived control, motivation, and coping.* Thousand Oaks, CA: Sage.

Smith, J. & Baltes, P. B. (1993). Differential psychological ageing: Profiles of the old and very old. *Ageing and Society, 13,* 551–587.

Smith, J. & Barnes, A. (1994). Older adults' concerns about future personal wellbeing. In N. H. Frijda (Hrsg.), *Multidisciplinary research on emotions* (S. 355–359). Storrs, CT: ISRE Publications.

Smith, J., Marsiske, M. & Maier, H. (1996). *Differences in control beliefs from age 70 to 105.* Unveröffentlichtes Manuskript, Max-Planck-Institut für Bildungsforschung, Berlin.

Snyder, C. R. & Forsythe, D. R. (Hrsg.) (1991). *Handbook of social and clinical psychology: The health perspective.* New York: Pergamon Press.

Staudinger, U. M., Marsiske, M. & Baltes, P. B. (1995). Resilience and reserve capacity in later adulthood: Potentials and limits of development across the life span. In D. Cicchetti & D. J. Cohen (Hrsg.), *Developmental psychopathology. Vol. 2: Risk, disorder, and adaptation* (S. 801–847). New York: Wiley.

Thomae, H. (1979). The concept of development and life-span developmental psychology. In P. B. Baltes & O. G. Brim, Jr. (Hrsg.), *Life-span development and behavior* (Bd. 2, S. 282–312). New York: Academic Press.

Thomae, H. (1987). Alternsformen: Wege zu ihrer methodischen und begrifflichen Erfassung. In U. Lehr & H. Thomae (Hrsg.), *Formen seelischen Alterns: Ergebnisse der Bonner Gerontologischen Längsschnittstudie (BOLSA)* (S. 173–195). Stuttgart: Enke.

Thomae, H. (1994). Trust, social support, and relying on others: A contribution to the interface between behavioral and social gerontology. *Zeitschrift für Gerontologie, 27,* 103–109.

Troll, L. E. (1986). *Family issues in current gerontology.* New York: Springer.

Watson, D., Clark, L. A. & Tellegen, A. (1988). Development and validation of brief measures of positive and negative affect: The PANAS scales. *Journal of Personality and Social Psychology, 54,* 1063–1070.

Weiss, R. S. (1982). Issues in the study of loneliness. In L. Peplau & D. Perlman (Hrsg.), *Loneliness: A sourcebook of current theory, research, and therapy* (S. 71–80). New York: Wiley.

9. Lebenslagen und soziale Ungleichheit im hohen Alter

Karl Ulrich Mayer & Michael Wagner

Zusammenfassung

In diesem Beitrag wird untersucht, unter welchen sozialen und ökonomischen Bedingungen alte und sehr alte Menschen in West-Berlin leben und in welcher Weise sich die damit verbundenen unterschiedlichen Ressourcen auf die gesellschaftliche Beteiligung, die erhaltene Hilfe und Pflege sowie die körperliche und psychische Gesundheit auswirken. Analysiert werden Informationen zum Bildungsstand, zur beruflichen Stellung, zum Haushaltseinkommen, zu den Wohnbedingungen, zu Haushaltsformen, zu sozialen Aktivitäten und Medienkonsum sowie zu den Quellen von Hilfe und Pflege. Zu den Erscheinungsformen und Folgen sozioökonomischer Differenzierung im Alter werden drei Hypothesen geprüft: die These der Altersbedingtheit, nach der sozioökonomische Faktoren gegenüber altersbhängigen Bedingungen, wie z. B. der Gesundheit, in ihrer Erklärungskraft zurücktreten; die These sozioökonomischer Differenzierung, die einen kontinuierlichen Einfluß sozioökonomischer Unterschiede auf Lebensformen und Aktivitäten im Alter unterstellt; sowie die Kumulationshypothese, nach der sozioökonomische Differenzierungen sich in ihrer Verteilung und in ihren Auswirkungen mit zunehmendem Alter sogar noch verstärken. Im Ergebnis zeigen sich altersbedingte Einflüsse vor allem im Hinblick auf soziale Aktivitäten und gesellschaftliche Beteiligung, die stark vom Gesundheitszustand abhängen. Sozioökonomische Ressourcen können gesundheitliche Beeinträchtigungen und deren Folgen nur teilweise kompensieren. Bis zum Zeitpunkt des Übergangs in ein Heim finden wir eine große Stetigkeit der Einkommenslage und Wohnsituation im Alter, die zugleich eine Kontinuität mit der sozialen Stellung vor dem Ruhestand indiziert: Das Alter diskriminiert nicht im Hinblick auf die materielle Lebenssituation. Für die Kumulationshypothese im Sinne einer höheren Bedeutung sozioökonomischer Ungleichheiten spricht nur der Befund, daß (vor allem männliche) Angehörige höherer Sozialschichten nur sehr selten in einem Heim leben und eher zu Hause gepflegt werden. Überraschend ist der Befund, daß Indikatoren der körperlichen und geistigen Gesundheit im Alter – mit Ausnahme der Demenz – zwischen Sozialschichten kaum variieren.

1. Einleitung: Von der Ungleichheit zwischen Altersgruppen zur Ungleichheit unter älteren Menschen

In allen Theorien über die Sozialstruktur von Gesellschaften gilt der Status des Alters als eine fundamentale Kategorie nicht nur sozialer Differenzierung im Sinne sozialer Ungleichartigkeit, sondern auch als eine Kategorie sozialer Ungleichheit im Sinne von Ungleichwertigkeit (Blau, 1974, 1994; Eisenstadt, 1965; Linton, 1942; Mayer & Wagner, 1993). Betrachtet man Gesellschaften unter dem letzteren Aspekt der Altersschichtung (Riley, Johnson & Foner, 1972), so nehmen Alte und Hochbetagte historisch manchmal einen vergleichsweise höheren sozialen Status ein (Horkheimer, 1975, S. 174), häufiger – und die Ikonologie der Lebenstreppen belegt dies in der Kunst – verlieren Ältere als Gruppe soziales Ansehen und Prestige (Ehmer, 1990). Bis in das frühe 20. Jahrhundert hinein arbeiteten die Menschen so lange ihnen dieses möglich war. Es galt derjenige als alt, dessen körperliche und geistige Kräfte so weit nachließen, daß er nicht mehr arbeiten konnte (Borscheid, 1992). Das Alter führte insbesondere in den besitzlosen Bevölkerungsgruppen oft zu ökonomischem und sozialem Abstieg. Daß Alter daneben auch mit Autorität, Weisheit und hohem Rang verbunden sein konnte, dürfte vor allem darauf zurückzuführen sein, daß statushohe und wohlhabende Menschen sehr viel bessere Chancen hatten, bis ins hohe Alter zu überleben (Imhof, 1981, S. 124).

Diese Situation hat sich grundlegend verändert, seit sich die Ungleichheit vor dem Tode verringert hat, d. h. die Streuung der Lebenserwartung nach sozioökonomischen Gruppen geringer geworden ist (Kertzer & Laslett, 1995), und insoweit durch die Einführung einer statuserhaltenden Alterssicherung ein hoher Grad an Kontinuität der Lebenschancen im Alter gewährleistet wurde: „Retirement comes to be viewed as a period of potential enjoyment and creative experience which accrues as a reward for a lifetime of labor" (Donahue, Ohrbach & Pollack, 1960). Auf der Grundlage ausreichender Renten und Pensionen wird das Alter potentiell zu einer Phase von Autonomie mit voller sozialer Teilhabe (Guillemard & Rein, 1993, S. 471). Ferner wird die gesellschaftliche Definition des Alters von einem sich verschlechternden Gesundheitszustand abgelöst. Das Alter als Ruhestandsphase beginnt früher und „wird mehrheitlich als die Zeit definiert, in der den betroffenen Menschen das Recht auf Arbeit abgesprochen wird und diese in die Welt der Unproduktiven verwiesen werden" (Guillemard, 1992, S. 631). Der Eintritt in das Rentenalter ist für viele nicht an eine Minderung der geistigen und körperlichen Leistungsfähigkeit gekoppelt. Es kommt nun vielfach erst Jahre nach dem Austritt aus dem Arbeitsmarkt zu einer ernsthaften Verschlechterung der Gesundheit. Der überwiegende Anteil derjenigen, die am Beginn einer Lebensphase stehen, in der sie über Jahre pflegebedürftig, schwer behindert und größtenteils von der Versorgung anderer abhängig sind, hat das 80. Lebensjahr überschritten. Wenn sich aber die Altersphase in Jahren verlängert und in geringerer Weise durch körperliche und geistige Gebrechen gekennzeichnet ist, dann kann immer weniger unterstellt werden, daß die sozioökonomische Situation älterer Menschen eine einheitliche ist.

Neben der weiter bestehenden Frage der Ungleichheit zwischen Altersgruppen, also zwischen Kindern, Erwachsenen und Älteren (Preston, 1984), gewinnt damit die Frage nach dem Grad der sozialen Ungleichheit innerhalb der Gruppe der Älteren, die Frage nach Veränderungen von relativen Ungleichheitspositionen im Verlauf des höheren Alters und nach deren Folgen für den Alterungsprozeß, an Bedeutung und Dringlichkeit. Im folgenden untersuchen wir, inwieweit Unterschiede in den sozialen Lebenslagen bei alten und sehr alten Menschen und zwischen diesen Gruppen bestehen und inwieweit sich unterschiedliche Lebenslagen durch die Zugehörigkeit zu sozialen Schichten und anderen Merkmalen sozioökonomischer Ungleichheit erklären lassen. Diese Problemstellung soll in diesem Kapitel den Rahmen für die Beschreibung der Teilnehmer der Berliner Altersstudie nach soziologisch wichtigen Merkmalen bilden. Wir wollen auf diese Weise einen ersten Überblick über die Lebenslagen und Lebenschancen der 70jährigen und älteren Menschen in West-Berlin geben und damit über den Grad sozialer Ungleichheit und sozioökonomischer Differenzierung in dieser Bevölkerungsgruppe. Es soll zugleich sichtbar gemacht werden, wie groß das Ausmaß sozialer und ökonomischer Benachteiligungen ist. Auf dieser Grundlage ist dann abzuschätzen, ob und inwiefern alte Menschen als soziale Problemgruppen anzusehen sind.

Diese auch sozialpolitisch orientierte Fragestellung läßt sich in die übergeordneten Perspektiven der Berliner Altersstudie einbetten (vgl. P. B. Baltes et al., Kapitel 1 in diesem Band). Für dieses Kapitel steht der Aspekt des *differentiellen Alterns* besonders im Vordergrund: Wie kann man soziale Unterschiede zwischen älteren Menschen erklären und verstehen? Unterschiede im tatsächlichen Verhalten, z. B. in sozialen Aktivitäten, verweisen auf Handlungschancen und Potentiale, die nur von einem Teil genutzt werden. In dieser Hinsicht werden die hier vorgelegten Befunde auch für die BASE-Fragestellung nach *Plastizität und Kapazitätsreserven* von Bedeutung sein. Fragen der *Kontinuität und Diskontinuität* beziehen wir hier auf die Altersphase selbst. Wir fragen also, ob und inwieweit sich die in dem BASE-Querschnitt beobachtbaren Unterschiede zwischen Altersgruppen als Veränderungen in den sozialen Lagen älterer Menschen im Verlauf des Alters verstehen lassen.

Diese Analysen werden in anderen Kapiteln vertieft und ergänzt, insbesondere in dem Kapitel zu Kohortenunterschieden (Maas et al., Kapitel 4), zur wirtschaftlichen Lage (G. Wagner et al., Kapitel 10), zu sozialen und familialen Beziehungen (M. Wagner et al., Kapitel 11), zur Versorgung und Pflege (Linden et al., Kapitel 18), zum Wohlbefinden älterer Menschen (Smith et al., Kapitel 19) sowie zum Einfluß der Lebensgeschichte (Maas & Staudinger, Kapitel 21).

2. Soziale Ungleichheiten und Lebenslagen im Alter: Drei Hypothesen

Die Stellung der Menschen in der Arbeitswelt, ihre berufliche Qualifikation und ihr beruflicher Status während des Erwerbslebens bestimmen – so die Annahme – wesentlich ihren Ort in einer vertikalen Struktur sozialer Ungleichheit (Handl, Mayer & Müller, 1977; Holtmann, 1990). Dabei bündeln sich solche vielfältigen Klassenlagen zu sozialen Schichten relativ homogener objektiver Lagen und werden überlagert und verstärkt durch soziale Einschluß- und Abgrenzungsprozesse. Ökonomisch durch den Arbeitsmarkt fundierte soziale Differenzierungen werden zum Teil abgeschwächt, zum Teil verstärkt durch Austauschprozesse auf der Ebene von Familien und Haushalten sowie durch wohlfahrtsstaatliche Umverteilung. Wir gehen davon aus, daß solche sozialen Unterschiede auch im Alter von Bedeutung sind, obgleich und gerade weil sie in bezug auf den größten Teil der Einkommenschancen durch die gesetzlichen Regelungen der Alterssicherung standardisiert und stabilisiert werden. Die Schichtzugehörigkeit ist Ausdruck der ökonomischen, sozialen und kulturellen Ressourcen, über die Individuen und Haushalte verfügen können, und damit ihrer individuellen Wohlfahrt. Eine weitere Annahme besagt, daß mit diesen objektiven Dimensionen sozialer Ungleichheit auch typische Bewußtseins- und Interessenlagen, beispielsweise soziale und politische Einstellungen, aber auch kulturelle Verhaltensformen, wie z. B. Muster sozialer Aktivitäten, korrespondieren (Bourdieu, 1982). Die Annahme sozialer Schichten unterstellt allerdings, daß verschiedene Dimensionen sozialer Ungleichheit tendenziell überlappen, daß sich eine Gesellschaft sinnvollerweise in disjunkte Schichten gliedern läßt und damit jeweils eine relativ homogene Lage und zum Teil sogar eine Kollektivzugehörigkeit verbunden ist (Mayer, 1977). Dagegen ist häufig eingewandt worden, daß der Erwerbs- und Berufsstatus nur eine unter vielen Bedingungen von Ungleichheit ist und daß verschiedene Ungleichheitsdimensionen, wie z. B. Einkommen, Wohneigentum und Bildung relativ unabhängig voneinander sein können (O'Rand, 1990).

Auf der Bedingungsseite stützen wir uns im folgenden auf das Konstrukt der sozialen Schicht, ergänzen es aber um weitere Indikatoren sozialer Ungleichheit, um diesen Einwänden Rechnung zu tragen. Auf der Seite der potentiellen Wirkungen konzentrieren wir uns auf vier Aspekte von Lebenslagen: die *materielle Lebenslage*, die *gesellschaftliche Beteiligung*, *soziale Lebensformen und soziale Versorgung*[1] sowie die *körperliche und seelisch-geistige Gesundheit*. Mit materieller Lebenslage meinen wir den Bereich der materiell-ökonomischen Ressourcen im weiteren Sinn, insbesondere objektive Elemente des Lebensstandards. Unter gesellschaftlicher Beteiligung verstehen wir das Ausmaß, in dem gesellschaftliche Angebote im kulturellen und politischen Bereich genutzt werden. Der Bereich der Lebensform und Versorgung bezieht sich in erster Linie auf soziale Beziehungen, die alte Menschen als Ressourcen nutzen können. Bedeutsam ist hier erstens, ob alte Menschen in einer Privatwohnung leben oder nicht, zweitens die Anzahl und Art der Haushaltsmitglieder und Mitbewohner und drittens die Inanspruchnahme von haushaltsexternen Hilfen. Für die körperliche und seelisch-geistige Gesundheit wählen wir Indikatoren aus, die nach dem Urteil von Internisten und Psychiatern besonders geeignet sind, in hochaggregierter Weise zentrale Gesundheitsdimensionen zu erfassen.

Für das Verständnis sozialer Differenzierung innerhalb der Altenpopulation ist es ferner wichtig, zwischen solchen Aspekten von Lebenslagen zu unterscheiden, die Handlungen ermöglichen, und solchen, die selbst Handlungen darstellen. Zu der zweiten Gruppe gehört der Bereich der gesellschaftlichen Beteiligung, der immer an soziale Aktivitäten gebunden ist. Die materielle Lebenslage und der Bereich der Lebensformen hingegen richtet sich auf ökonomische und soziale Ressourcen, über die alte Menschen verfügen können, die sie für sich nutzen und die bestimmte Aktivitäten erst ermöglichen. Diese begriffliche Unterscheidung ist vor allem deshalb bedeutsam, weil angenommen werden kann, daß sich gesundheitliche Einschränkungen unmittelbar auf den handlungsnahen Bereich der gesellschaftlichen Beteiligung auswirken, während sie in bezug auf Handlungsressourcen, wenn überhaupt, nur mittelbar Folgen für einen veränderten Bedarf haben.

1 Solche Dimensionen von Lebenslagen werden auch bei Erforschung individueller Wohlfahrt und den damit verbundenen Forschungstraditionen untersucht (Habich, 1992; Noll & Habich, 1990; Zapf et al., 1987). In der Version von Allardt (1973) lassen sich Dimensionen individueller Wohlfahrt durch Annahmen über Bedürfnishierarchien abgrenzen. Auf diese Weise kann man von dem Bedürfnis nach Sicherheit, nach Zugehörigkeit und nach Selbstverwirklichung sprechen. Sicherheit wird in erster Linie auf ökonomische und materielle Aspekte bezogen; Zugehörigkeit verweist auf soziale Beziehungen sowie auf soziale und politische Beteiligung; Selbstverwirklichung wird durch kulturelle Gegebenheiten ermöglicht. Indikatoren individueller Wohlfahrt lassen sich somit in drei Kategorien zusammenfassen, die Allardt kurz mit „having“, „loving“, und „being“ bezeichnet. Die soziologische Wohlfahrts- und Sozialindikatorenforschung hat Dimensionen, Normen und Maßzahlen von Wohlfahrt über diese analytischen Orientierungen hinaus im einzelnen ausgearbeitet (Zapf, 1977).

In den Untersuchungen in diesem Kapitel werden wir uns an drei Hypothesen orientieren, die wir als *Hypothese der Altersbedingtheit*, als *Hypothese sozioökonomischer Differenzierung* und als *Kumulationshypothese* kennzeichnen. Diese Hypothesen spezifizieren drei mögliche Beziehungen zwischen sozialer Schicht oder anderen Merkmalen sozialer Ungleichheit einerseits und Lebenslagen, Lebensformen und sozialen Aktivitäten im Alter andererseits. Damit lassen sie sich zum einen mit allgemeinen Konzeptionen zu möglichen Kontexteinflüssen auf das Altern verknüpfen (z. B. Dannefer, 1992). Zum anderen gibt es eine enge Verbindung zu Diskussionen über die soziale Strukturierung des Alterns, bei denen insbesondere die Kumulationshypothese viel Aufmerksamkeit erfahren hat (Bengtson, Kasschau & Ragan, 1977; Rosenmayr & Majce, 1978; Tews, 1993; Woll-Schumacher, 1994).

Die erste Hypothese der *Altersbedingtheit* besagt, das Alter sei eine primäre Ursache für die sozioökonomische Lage im Alter. Zum Beispiel entspricht dieser These die weitverbreitete Vorstellung „alte Leute sind arm" oder „alte Leute sind arm, weil sie alt sind". Die zweite Hypothese der *sozioökonomischen Differenzierung* besagt, die Lebenslagen der alten Menschen bestimmten sich primär nach der sozialen Schicht, der sie bereits vor dem Alter angehörten, bzw. nach anderen Merkmalen sozioökonomischer Differenzierung. Diese Hypothese würde z. B. zutreffen, wenn wir keine oder kaum Unterschiede zwischen Altersgruppen, aber große Unterschiede nach sozioökonomischer Lage finden würden. Die dritte These der *Kumulation* besagt, Alter und sozioökonomische Lage würden sich verstärken, daß es also z. B. Personen aus schichtniedrigen Gruppen im Alter noch schlechter gehe und Personen aus schichthöheren Gruppen im Alter relativ besser: die sozioökonomischen Unterschiede sich also verstärkten.

Die These der *Altersbedingtheit* wird von der Vermutung angeleitet, Altern als universaler Prozeß gehe mit einem Rückgang physischer und psychischer Leistungsfähigkeit einher, wobei dieses die sozialen Lebenslagen alter Menschen primär, und zwar in der Regel negativ, beeinflussen würde (Mayer & Wagner, 1993, S. 525–531). Damit wird impliziert, daß sich die sozioökonomische Lebenslage im Alter als Folge nicht-sozialer Ereignisse ändere. Darüber hinaus kann Altersbedingtheit bedeuten, daß ältere Menschen durch soziale Zuschreibungen (Kohli, 1990) und institutionelle Regelungen (Mayer & Müller, 1989) einen Statusverlust erfahren. Altersbedingte Verschlechterungen der sozialen Lage können z. B. eintreten, wenn die gesetzlichen Regelungen der Rentenversicherung zu einer Absenkung des verfügbaren Einkommens führen oder Personen ohne ausreichende Alterssicherung nach dem Verbrauchen ihrer Sparvermögen Einkommenseinbußen hinnehmen müßten (Kohli, 1990, S. 395). Ferner kann im Alter ein erhöhter Einkommensbedarf auftreten, weil zusätzliche Kosten für Krankheit, Versorgung und Pflege erforderlich werden, mit der Folge von Einschränkungen in anderen Lebensbereichen, z. B. sozialen und kulturellen Aktivitäten.

Die These *sozioökonomischer Differenzierung* behauptet, daß die soziale Lage im Alter von der sozialen Schicht bzw. einzelnen anderen Ungleichheitsmerkmalen abhängig sei. Differenzierungen der sozialen Lebenslage alter Menschen wären demnach nicht in erster Linie Folge des Altersstatus und damit verbundener Einschränkungen und Belastungen, sondern variierten zwischen sozioökonomischen Gruppen und wären insofern an den vorangegangenen Lebenslauf geknüpft. Daher wird sie mitunter auch als These der Kontinuität sozialer Ungleichheiten formuliert (Kohli, 1990, S. 391). Die Hypothese impliziert etwa, daß die Schichtzugehörigkeit die materielle Lebenslage, die gesellschaftliche Beteiligung und soziale Beziehungen unabhängig von Alter und Gesundheit beeinflußt und einen wesentlichen Erklärungsbeitrag zum Verständnis der sozialen Lage im Alter leistet. Soziales Altern wäre demnach ein sozial differentieller Prozeß, der nach sozialen Schichten bzw. bestimmten einzelnen sozioökonomischen Merkmalen unterschiedlich verläuft. Für diese Hypothese spricht, daß die heutigen Alten zum Teil ein noch relativ rigides Schichtungssystem repräsentieren, wie es in der ersten Hälfte dieses Jahrhunderts bestand.

Gegen einen kontinuierlichen Einfluß der Schichtzugehörigkeit auf Lebenschancen und individuelle Wohlfahrt im Alter spricht die in den letzten Jahren immer häufiger vertretene These, daß traditionale Klassen- und Schichtlagen sich aufgelöst hätten und durch vielfältige Sozialmilieus und pluralisierte Lebensformen und Lebensstile abgelöst worden seien (Beck, 1983; Kreckel, 1992; Mayer, 1990; Zapf et al., 1987). Falls dies richtig sein sollte, so müßte dies für die älteren Menschen – und zumal in Großstädten – in besonderer Form gelten, da sie nicht mehr in die Arbeitswelt eingebunden sind. Dagegen lassen sich dauerhafte und stabile Auswirkungen der Schichtzugehörigkeit schon aufgrund sozialpolitischer Regelungen erwarten. Die Sozialpolitik in der Bundesrepublik verfolgt unter anderem das Ziel, alten Menschen, trotz des Ausscheidens aus dem Erwerbsleben, ein Leben in individueller Wohlfahrt zu ermöglichen (Zacher, 1992). Dieses soll durch ein System sozialer Sicherung garantiert werden, das den bisherigen Lebensstandard auch nach der Verrentung aufrechtzuerhalten erlaubt und ökonomische Risiken von Krankheit und Behinderung abdeckt. Daß dieses Ziel tatsächlich in zunehmendem Maße erreicht wird, wird mit dem Hinweis auf die Stabilität der mittleren Einkommensniveaus und der Einkommensungleichheit zwischen Altenhaushalten und Haushalten im mittleren Lebensalter (Hauser & Wagner, 1992; Motel & Wagner, 1993) und mit den abnehmenden Anteilen älterer Menschen mit Sozialhilfebezug (Leisering, 1994) begründet.

Wie sich soziale Unterschiede im Bereich sozialer und politischer Partizipation im Alter entwickeln, ist weniger einfach abzuschätzen als hinsichtlich materieller Ressourcen. Die soziale und politische Beteiligung alter Menschen ist gesellschaftlich wenig institutionalisiert (Riley & Riley, 1992). Kulturell ist das Alter mit negativen Stereotypen behaftet. Zwar sehen einige Beobachter hier einen beginnenden Wandel und kommen zu der Ansicht, daß die Alten zunehmend aktiver werden (die „neuen" Alten) und sich eine Alterspolitik etabliert (Klose, 1993; Künemund, Neckel & Wolf, 1993), dennoch sind die gesellschaftlichen Anforderungen an das Alter vergleichsweise gering. Soziale Partizipation alter Menschen erfordert daher in hohem Maße individuelle Eigenleistung. Die meisten sozialen Aktivitäten alter Menschen werden weder entlohnt, noch sind sie mit der Einnahme sozialer Positionen verbunden, die sozial bewertet werden und damit einen Status vermitteln. In dieser Situation kommt – neben den ökonomischen Ressourcen – den Werten und Lebenszielen sowie dem Selbstbild alter Menschen eine besondere Bedeutung zu. Derartige kulturelle Ressourcen sind indessen möglicherweise mit Schicht- und Klassenlagen oder Bildungsgruppen dauerhaft verknüpft und würden dann auch zu einer Kontinuität schichtspezifischer Handlungs- und Aktivitätsmuster beitragen (vgl. auch Maas & Staudinger, Kapitel 21).

Nach der dritten, der *Kumulationshypothese* besteht zwischen Alter und sozioökonomischer Differenzierung eine Interaktion in der Weise als z. B. die Stärke von Schichteffekten im hohen Alter zunimmt. Man geht hier unter anderem von der Vorstellung aus, daß es gerade im Fall eines schlechten Gesundheitszustands darauf ankommt, ob man über viele oder wenige ökonomische und soziale Ressourcen verfügt. Wer z. B. nicht mehr weit gehen und kein Auto mehr steuern kann, bleibt mobil, wenn er die Kosten für Taxifahrten aufbringt. Zwar ist die Pflegebedürftigkeit relativ unabhängig von sozioökonomischen Faktoren wie Bildung, Einkommen oder das Prestige des früher ausgeübten Berufs (Mayer & Wagner, 1993). Schichtspezifisch könnte aber sein, welche Art von Hilfsquellen genutzt werden. Zwar sichert das Sozialsystem allen Pflegebedürftigen Versorgung zu. Doch Pflege- und Haushaltshilfen lassen sich auch privat organisieren und müssen dann auch privat bezahlt werden. Bestimmte Schichtdifferenzen werden demnach möglicherweise erst unter der Bedingung eines abnehmenden Gesundheitszustands sichtbar (vgl. auch Linden et al., Kapitel 18).

In welcher Weise frühere und fortdauernde Klassen- und Schichtlagen Lebenschancen und Verhaltensweisen älterer Menschen stark und dauerhaft prägen, ist keineswegs unumstritten. Einige Autoren vermuten, daß im Verlauf des Alterns Schichtdifferenzen abnehmen würden. Dowd und Bengtson (1978, S. 428) haben diese Sichtweise „advancing age as a leveller" genannt. Einschränkungen der Gesundheit, hohe Aufwendungen für Betreuung und Pflege könnten ursprüngliche Einkommensunterschiede in ihrer Wirkung für die faktischen Lebensumstände mindern. Krankheit und Behinderung könnten die Mobilität und den Handlungsspielraum so weit einschränken, daß dieses durch individuell verfügbare Ressourcen nicht mehr kompensiert werden kann. Ähnliches mag in besonderer Weise für den Übergang in ein Heim zutreffen. Derartige Nivellierungen wären dann wahrscheinlich, wenn Gesundheit, Versorgung und die materielle Situation relativ unabhängig voneinander wären.

Ein anderer Mechanismus, der zu einer Abnahme von Schichtdifferenzen und Schichteffekten im Verlauf des Alterns führen könnte, ist die sozial selektive Mortalität (Markides & Machalek, 1984). Wenn Angehörige niedrigerer sozialer Schichten stärkeren Mortalitätsrisiken ausgesetzt sind, dann stellen die Überlebenden dieser Gruppen eine positive Selektion dar, beispielsweise im Hinblick auf gesundheitsfördernde Faktoren. Damit können Schichteffekte auf solche sozialen Aktivitäten, die an körperliche und geistige Leistungsfähigkeit gebunden sind, mit dem Alter abnehmen oder sich sogar umkehren.

3. Methode

3.1 Messung sozialer Ungleichheiten

Wir benutzen folgende Indikatoren für vertikale soziale Ungleichheiten: *Bildung*, *Sozialprestige*, *Hauseigentum*, das *Einkommen* und die *soziale Schichtzugehörigkeit*. *Bildung* wird hier gemessen als die Gesamtdauer allgemeiner und beruflicher Bildung in Jahren. Das *Sozialprestige* mißt den relativen sozialen Status der letzten beruflichen Tätigkeit der Studienteilnehmer entsprechend der Skala von Wegener (1985). Die Variable *Hauseigentum* mißt, ob der Studienteilnehmer ein eigenes Haus oder eine Eigentumswohnung besitzt (unabhängig davon, ob er selbst darin wohnt). Das *Einkommen* wird als nach der Anzahl der Haushaltsmitglieder gewichtetes Haushalts-Netto-Einkommen pro Kopf (Äquivalenzeinkommen, vgl. Motel & Wagner, 1993) gemessen.

Die Messung der *Schichtzugehörigkeit* bezieht sich auf den Haushalt als Untersuchungseinheit und stützt sich als Ausgangsinformation auf die letzte berufliche Stellung von Individuen vor dem Austritt aus dem Arbeitsmarkt. Die berufliche Stellung wurde in BASE für jede berufliche Tätigkeit erhoben, die Studienteilnehmer im Laufe ihres Lebens ausübten. Dabei wurde ein Standardinstrument verwendet, das in leicht veränderter Form auch im Rahmen der Mikrozensus-Zusatzerhebung von 1971 eingesetzt wurde und sich seitdem in der wissenschaftlichen Sozialforschung durchgesetzt hat (Mayer, 1979). Die berufliche Stellung unterscheidet Erwerbstätige nach sozialrechtlichen Kriterien in Selbständige, Arbeiter, Angestellte, Beamte und mithelfende Familienangehörige. Bei der Gruppe der Selbständigen werden nochmals die Landwirte und akademischen freien Berufe von den übrigen Selbständigen getrennt. Bei den Arbeitern gibt es fünf Untergruppen: Die niedrigste umfaßt ungelernte Arbeiter, die höchste Meister und Poliere. Beamte werden nach den entsprechenden Laufbahnen gruppiert, Angestellte nach dem Schwierigkeitsgrad und den Entscheidungsbefugnissen, die mit ihrer Tätigkeit verbunden sind.

Die Konstruktion der Sozialschicht erfolgte in zwei Schritten: In einem ersten Schritt wurden auf der Individualebene berufliche Stellungen zu Schichten gruppiert. In Anlehnung an Mayer (1977) und Handl (1977) wurden fünf Schichten unterschieden, die wir Unterschicht, untere Mittelschicht, mittlere Mittelschicht, gehobene Mittelschicht und obere Mittelschicht nennen. Der Ausdruck Oberschicht für die höchste Schicht wurde vermieden, da die gesellschaftliche Elite (beispielsweise Großunternehmer, Top-Manager, Spitzenpolitiker) in unserer Stichprobe nicht in hinreichender Fallzahl vertreten ist. Die Unterscheidung von fünf Schichten ergibt sich im wesentlichen aus pragmatischen Erwägungen aufgrund der Stichprobengröße. Bei sehr viel umfangreicheren Stichproben wären differenziertere Klassifikationen nach Klassenlagen (Müller, 1977) und Schichten (Mayer, 1977) möglich und wünschenswert. So würde man in einem differenzierten Schema insbesondere zusätzlich zwischen Selbständigen und Unselbständigen sowie zwischen Positionen im öffentlichen Dienst und in der Privatwirtschaft trennen.

Die Unterschicht bilden die an- und ungelernten Arbeiter, in der nächsthöheren Schicht wurden Fach- und Vorarbeiter sowie Angestellte und Beamte mit einfachen Tätigkeiten zusammengefaßt. Die untere Mittelschicht umfaßt hauptsächlich Meister und Poliere, Beamte im mittleren Dienst sowie Angestellte, die schwierigeren Tätigkeiten nachgehen, beispielsweise Sachbearbeiter, Buchhalter und technische Zeichner. In der gehobenen Mittelschicht sind Beamte im gehobenen Dienst, Angestellte in begrenzten Führungspositionen sowie Selbständige, die bis zu neun Mitarbeiter haben (gehobene Mittelschicht). Der oberen Mittelschicht wurden größere Selbständige, akademische freie Berufe, Beamte im höheren Dienst sowie Angestellte mit umfassenden Führungsaufgaben zugeteilt.

Der zweite Schritt der Schichtkonstruktion trägt der Annahme der Ungleichheitsforschung Rechnung, daß die Schichtzugehörigkeit ein Merkmal von *Haushalten* ist. So leiten Kinder und nicht-erwerbstätige Ehefrauen ihre soziale Schicht aus der Stellung des Hauptverdieners ab (Sørensen, 1994). Wir haben daher die auf Basis der beruflichen Stellung gebildeten Individualschichten der Befragten und ihrer Partner verglichen und die höchste Schicht als *Schicht des Haushalts* definiert. Bei Verwitweten oder Geschiedenen wurde die Haushaltssituation vor der (letzten) Eheauflösung betrachtet; bei den Ledigen fallen Haushalts- und Individualschicht zusammen. Auf der Basis dieser Konstruktion leiten knapp 50% aller Frauen ihre Schichtzugehörigkeit von der beruflichen Stellung des Ehemannes ab.

3.2 Messungen von Lebenslagen

Die abhängigen soziologischen Variablen beziehen sich auf Aspekte von Lebenslagen alter Menschen. Lebenslagen unterteilen wir in die Bereiche *materielle Lebenslage*, *gesellschaftliche Beteiligung* und *Lebensformen/soziale Versorgung*. Für jeden dieser

Bereiche stehen eine Reihe von Indikatoren zur Verfügung. In der bisherigen Forschung gibt es keinen festen Satz von Indikatoren zur Bestimmung von Lebenslagen (Habich, 1992; Zapf, 1977). Die in Tabelle 1 dargestellten Zuordnungen zwischen Lebensbereich und Indikator werden in der Wohlfahrts- und Sozialindikatorenforschung jedoch vielfach verwendet.

Als Indikatoren der *materiellen Lebenslage* verwenden wir das bereits oben definierte *Äquivalenzeinkommen*[2] (vgl. Motel & Wagner, 1993), die *Anzahl der Vermögensarten*, den *Bezug von Sozialhilfe*, das *Geldvermögen*, die *Wohnungsbelegungsdichte* und die *Wohnzufriedenheit* (vgl. G. Wagner et al., Kapitel 10).

Wenn man hinsichtlich des *Äquivalenzeinkommens* diejenigen, die in das unterste Quintil der Einkommensverteilung fallen, als ökonomisch benachteiligt bezeichnet, ergibt sich ein Schwellenwert des Einkommens von 1.400 DM. Zu beachten ist, daß dieser Schwellenwert keine in der Gesamtpopulation existierende Grenze absoluter oder relativer Armut, sondern eine innerhalb der Westberliner Altenpopulation bestehende relative finanzielle Benachteiligung abbildet. Neben diesem Indikator ökonomischer Deprivation zeigt der Bezug von *Sozialhilfe* an, daß die Befragten nicht in ausreichendem Ausmaß über eigene finanzielle Mittel disponieren können. Bestandteil finanzieller Ressourcen im Alter ist auch das Vermögen. Im folgenden verstehen wir darunter *Geldvermögen* in Form von Sparguthaben (auch „Sparstrumpf"), Guthaben bei Bausparkassen und Lebensversicherungen sowie Wertpapierbeständen. Einerseits fragen wir, inwieweit alte Menschen überhaupt über Geldvermögen verfügen, zum anderen betrachten wir die

Tabelle 1: Indikatoren und statistische Maßzahlen der sozialen Lebenslagen (ungewichtet).

Soziale Lebenslagen	Indikatoren	Anteil in %	$\bar{x}$	s	Variationsbreite
Materielle Lage	Äquivalenzeinkommen (in DM)[1]	—	2.176	1.099	717–10.000
	Anzahl der Vermögensformen	—	1,2	0,8	0–5
	Ohne Geldvermögen	18,5	—	—	ja/nein
	Sozialhilfe[2]	3,6	—	—	ja/nein
	Belegungsdichte	—	1,8	0,9	0,2–7,0
	Wohneigentum	13,4	—	—	ja/nein
	Wohnzufriedenheit	—	1,0	1,2	0–6
Gesellschaftliche Beteiligung	Aktivitätsniveau	—	2,87	2,39	0–11
	Medienkonsum	—	2,14	0,78	0–3
	Wahlbeteiligung	87,8	—	—	ja/nein
	Politisches Interesse	—	2,93	1,27	1–5
	Kirchenbesuch	—	0,90	1,24	0–5
Lebensformen und soziale Versorgung	Haushaltstyp				
	- Privathaushalt allein	50,3	—	—	ja/nein
	- Privathaushalt mit Partner	28,5	—	—	ja/nein
	- Privathaushalt mit anderen	7,0	—	—	ja/nein
	- Heim	14,2	—	—	ja/nein
	Hilfsquellen				
	- keine	54,3	—	—	ja/nein
	- informell	9,3	—	—	ja/nein
	- professionell	17,4	—	—	ja/nein
	- informell und professionell	4,7	—	—	ja/nein
	- Heim	14,2	—	—	ja/nein

1 Ohne Heimbewohner.
2 Ohne Heimbewohner, Angabe aus dem Intensivprotokoll.

2 Wir verwenden das Äquivalenzeinkommen also zum einen als Indikator sozialer Ungleichheit (vgl. Abschnitt 3.1), zum anderen als Indikator der materiellen Lage.

Anzahl der Vermögensformen. Den Wohnstandard bestimmen wir anhand der *Belegungsdichte* (Zahl der Zimmer pro Kopf) und der *Wohnzufriedenheit*. Die Wohnzufriedenheit wurde gemessen, indem den Befragten eine Liste von möglichen Mängeln der Wohnsituation vorgelegt wurde (Wohnung zu teuer, zu laut, zu kalt usw.). Das Ausmaß der Unzufriedenheit mit der Wohnsituation errechnet sich aus der Summe der einzelnen genannten Wohnmängel. Weitere Indikatoren der Wohnsituation werden von G. Wagner und anderen (Kapitel 10) untersucht.

Gesellschaftliche Beteiligung unterscheiden wir in soziale und politische Partizipation, die wir durch die Anzahl (verschiedener) *außerhäuslicher Aktivitäten*, den *Medienkonsum*, das *politische Interesse*, die *Wahlbeteiligung* sowie den *Kirchenbesuch* operationalisieren.

Zur Messung des *Aktivitätsniveaus* wurde den Befragten eine Liste von Aktivitäten vorgelegt. Die Anzahl der von den Befragten im vergangenen Jahr ausgeführten außerhäuslichen Aktivitäten definieren wir als das Aktivitätsniveau (vgl. M. M. Baltes et al., Kapitel 20; Maas & Staudinger, Kapitel 21). Bei der Erhebung der Häufigkeit des *Kirchenbesuchs* wurde gefragt, wie oft die Studienteilnehmer im vergangenen Jahr in die Kirche gegangen sind. Die sechsstufige Skala variiert zwischen „mehrmals pro Woche" und „gar nicht". Die *Mediennutzung* betrachten wir im Hinblick auf Fernsehen, Hörfunk und Zeitunglesen. Die Nutzung dieser drei Medien wurde durch mehrere Fragen erhoben. So wurde anhand einer sechs- bzw. siebenstufigen Skala gefragt, wie oft pro Woche die Befragten Nachrichtensendungen im Fernsehen und im Radio verfolgen. Darüber hinaus wurde gefragt, wie oft eine Tageszeitung gelesen wird. Die Skalen variieren von „nie" bis „mehrmals täglich". Sie wurden in eine neue Skala transformiert, die angibt, an wie vielen Tagen pro Woche die Befragten mindestens einmal Nachrichten sehen, hören oder lesen. Die Variable Medienkonsum ist eine intervallskalierte Summenvariable und bezieht sich auf die tägliche Nutzung dieser Medien. Eine „0" steht für überhaupt keine Mediennutzung, und die „3" bedeutet, daß der Befragte täglich alle drei der Medien mindestens einmal nutzt. Das *politische Interesse* wurde anhand einer fünfstufigen Skala erhoben, die von „gar nicht" bis „sehr stark" rangiert. Wir betrachten ferner die angegebene Beteiligung bei der letzten Berliner Wahl.

Im Hinblick auf die Typologie der *Lebensformen* und *Inanspruchnahme von sozialen Diensten* unterscheiden wir alte Menschen nach dem Haushaltstyp sowie nach der Art der sozialen Versorgung. Im Hinblick auf den *Haushaltstyp* trennen wir zwischen alten Menschen, die in einem privaten Haushalt alleine leben, solchen, die nur mit einem Partner zusammenleben, und solchen, die mit anderen Personen zusammenwohnen (mit oder ohne Partner). *Soziale Versorgung* fassen wir als Hilfs- und Dienstleistung auf, die alten Menschen in Privathaushalten von außerhalb des Haushalts zuteil wird. Hierzu zählen informelle Hilfen, d. h. durch Verwandte, Freunde oder Bekannte, oder professionelle Hilfe durch Mitarbeiter von Sozialstationen, bezahlte Hilfen usw. Darüber hinaus stellt die Institutionalisierung, also das Leben in Seniorenheimen und Krankenheimen, eine weitere Form sozialer Versorgung dar (vgl. Linden et al., Kapitel 18).

4. Ergebnisse

4.1 Verteilungen nach beruflicher Stellung, sozialer Schicht und regionaler Herkunft

Abbildung 1 zeigt für Männer und Frauen die letzte berufliche Stellung im Erwerbsverlauf. Die Verteilung der früheren beruflichen Stellung alter Menschen in West-Berlin ist charakteristisch für eine großstädtische Bevölkerung unserer Geburtsjahrgänge. Die größten Gruppen sind die von Frauen dominierten einfachen Angestellten- (20%) sowie qualifizierten Angestelltenpositionen (23%). Von allen Befragten waren 8% ungelernte Arbeiter, 10% angelernte Arbeiter, und 9% – in der Regel Männer – waren Facharbeiter, Vorarbeiter oder Meister. Eine größere Gruppe bilden ferner die Angestellten in gehobenen Positionen (9%). Nur wenige der alten Westberliner waren Angestellte in höchsten Positionen (2%) oder Beamte (5%). Den Selbständigen und Angehörigen freier akademischer Berufe, die eine in sich sehr heterogene Gruppe bilden, lassen sich 7% der Befragten zurechnen.

Tabelle 2 zeigt, getrennt für Männer und Frauen, für jede Schicht den Mittelwert des Sozialprestiges und das Bildungsniveau, gemessen in Bildungsjahren. Sowohl bei Männern wie bei Frauen nehmen Sozialprestige und Bildungsniveau monoton mit der Schichtzugehörigkeit zu[3]. Dies belegt, daß wir mit der Schichtmessung in der Tat eine Struktur sozialer Ungleichheit gut erfassen (vgl. Holtmann, 1990; Mayer, 1979).

3 Separate Auswertungen der Mikrozensus-Zusatzerhebung aus dem Jahr 1971 für West-Berlin unterstützen diese Schlußfolgerung. Bezogen

(weiter auf der nächsten Seite)

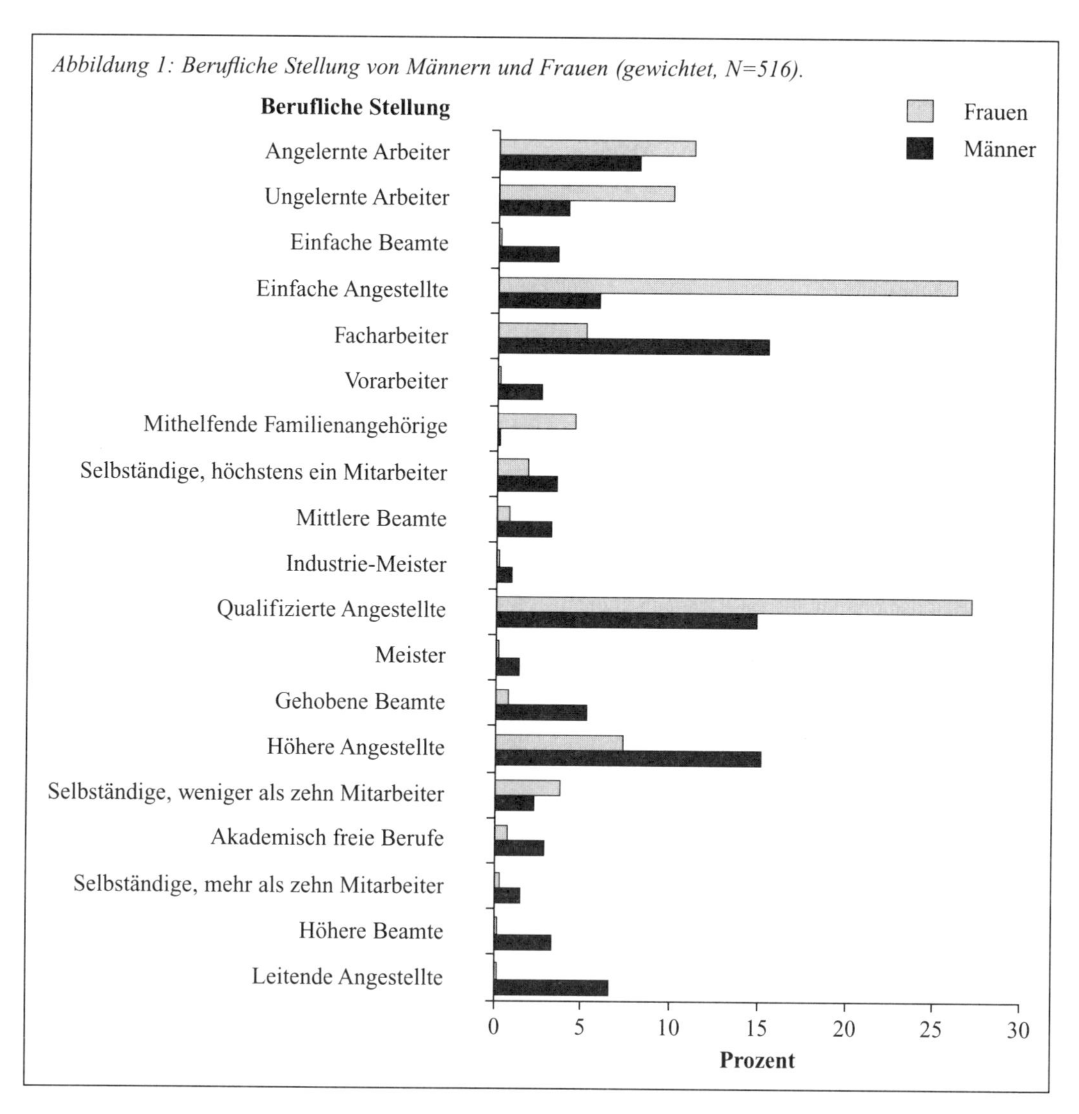

Abbildung 1: Berufliche Stellung von Männern und Frauen (gewichtet, N=516).

Tabelle 3 stellt die jeweiligen Anteile an den Schichten dar, getrennt nach Geschlechts- und Altersgruppen. Wie die Verteilung nach beruflichen Stellungen erwarten läßt, zeigt sich eine Konzentration auf die drei mittleren Schichtlagen. Unter den Männern befinden sich 22% in der vor allem durch die unqualifizierten Angestellten- und Facharbeitergruppen bestimmten unteren Mittelschicht. 26% der Männer rekrutieren sich aus der mittleren Mittelschicht, die vor allem qualifizierte Angestellte und Beamte ohne Leitungsfunktionen umfaßt und überwiegend durch ihren früheren oder noch lebenden Ehepartner bestimmt ist. Bei den Frauen sehen wir eine deutliche Verschiebung zugunsten der gehobenen Mittelschicht. Über alle Kategorien hinweg gibt es jedoch zwischen der Schicht und der Geschlechtszugehörigkeit keinen statistisch signifikanten Zusammenhang.

Da die Schichtzugehörigkeit in hohem Maße auf die Stellung in der Arbeitswelt bezogen ist, alte Menschen jedoch in der Regel nicht mehr erwerbstätig

auf die berufliche Stellung im 50. Lebensjahr, gab es zwischen den Geburtsjahrgängen 1899–1901, 1909–1911 und 1920–1922 nur geringe Unterschiede. Bei den Männern fällt lediglich ein Zuwachs in der Kategorie der mittleren Angestellten und ein Rückgang bei den ungelernten Arbeitern auf. Bei den Frauen hat zunächst die Erwerbstätigkeit zugenommen. Darüber hinaus findet man einen zunehmenden Anteil von Frauen bei den einfachen und mittleren Angestellten.

Tabelle 2: Männer und Frauen nach der Sozialschicht, dem individuellen Sozialprestige und der Bildung (gewichtet).

Schicht	Männer Prestige[1]	Männer Bildung[2]	Frauen Prestige[1]	Frauen Bildung[2]	N
Unterschicht	38,1	8,9	37,0	8,3	44
Untere Mittelschicht	46,6	9,9	42,1	9,8	93
Mittlere Mittelschicht	62,3	11,1	51,6	10,4	131
Gehobene Mittelschicht	76,3	12,7	59,1	10,9	170
Obere Mittelschicht	118,6	14,3	60,9	11,8	54

1 Sozialprestige nach Wegener (1985).
2 Allgemeine und berufliche Bildung in Jahren.

sind, bezeichnet die Schichtzugehörigkeit ein Moment der sozialen Lage am Beginn der Rentenphase. Nach diesem Übergang ist Schichtmobilität per definitionem ausgeschlossen, wenn man von der im Alter seltenen Heiratsmobilität absieht. Dennoch können Schichtunterschiede im Vergleich zwischen den Alten und sehr Alten bestehen. Sie könnten einerseits eine Folge von Kohortendifferenzen (Maas et al., Kapitel 4), andererseits von schichtspezifischer Sterblichkeit sein. Schließlich könnten Unterschiede zwischen den Altersgruppen auch auf unterschiedliche selektive Zuwanderungen nach Berlin hinweisen.

Wie Tabelle 3 zeigt, ist die Schichtzugehörigkeit in beiden Altersgruppen nicht gleich verteilt, beide Merkmale sind somit voneinander abhängig. Während der Anteil derjenigen, die sich in den beiden unteren Schichten und der oberen Mittelschicht befinden, gleichbleibt, hat eine Verlagerung von der mittleren zur gehobenen Mittelschicht stattgefunden. Die Angehörigen der jüngeren Geburtsjahrgänge sind seltener in der mittleren und häufiger in der gehobenen Mittelschicht anzutreffen als die alten Alten oder älteren Geburtsjahrgänge. Diese Alters- oder Kohortenunterschiede bilden in erster Linie Strukturveränderungen ab, die wir bei den Frauen finden ($\chi^2=19{,}0$; df=4; $p<0{,}001$). Bei den Männern finden wir keinen signifikanten Zusammenhang zwischen Schicht und Alter ($\chi^2=3{,}43$; df=4; $p=0{,}49$). Hier fallen die Verschiebungen zwischen den Schichten demnach viel weniger deutlich aus[4].

Die nach Größenordnung, Geschlecht und Richtung uneinheitlichen Altersunterschiede in der Schichtstruktur erlauben keine einfachen Schlußfolgerungen über eine sozial selektive Mortalität. Wir gehen weiter unten auf diesen Tatbestand noch ausführlicher ein. Als wesentlicher Befund ist festzuhalten, daß Schichtunterschiede nur wenig zur Aufklärung von Altersdifferenzen im Hinblick auf die Lebenslagen beitragen können, da sie mit dem Alter kaum variieren.

Tabelle 3: Soziale Schicht von Männern und Frauen nach dem Alter (gewichtet, in %).

Schicht	Männer[1] Gesamt	Männer[1] 70–84	Männer[1] 85+	Frauen[2] Gesamt	Frauen[2] 70–84	Frauen[2] 85+
Unterschicht	8,0	8,6	4,7	9,4	8,4	13,2
Untere Mittelschicht	22,4	19,7	36,9	18,1	19,6	12,3
Mittlere Mittelschicht	26,4	26,3	26,5	26,8	22,6	42,8
Gehobene Mittelschicht	28,5	29,7	21,6	36,3	40,2	21,4
Obere Mittelschicht	14,8	15,6	10,3	9,4	9,2	10,2

1 $\chi^2=3{,}43$; df=4; n.s.
2 $\chi^2=19{,}0$; df=4; $p<0{,}001$.

4 Bei den Frauen ist zu berücksichtigen, daß hier die Individualmerkmale Sozialprestige und Bildung mit dem Haushaltsmerkmal soziale Schicht in Beziehung gesetzt werden, das in den meisten Fällen aus der beruflichen Stellung des Ehemannes abgeleitet wird.

Als Hintergrundinformation über die BASE-Stichprobe mag ferner von Bedeutung sein, daß die heutige Population der älteren Berliner zum Teil durch sozial selektive Wanderungen entstanden ist. Dabei unterscheiden wir die *regionale Herkunft* der Befragten danach, ob sie in West-Berlin, Ost-Berlin, Westdeutschland, Ostdeutschland, Polen oder anderen Regionen geboren sind. Bemerkenswert ist, daß nur etwas mehr als ein Drittel der heutigen Westberliner Altenpopulation aus West-Berlin stammt. Rechnet man die Ostberliner hinzu, so stammt die Hälfte der Alten aus Berlin. Immerhin ein Fünftel ist aus Gebieten des heutigen Polens zugewandert. Hierunter werden sich viele Flüchtlinge und Vertriebene aus ländlichen Räumen befinden. Insofern ist es erklärlich, daß die Angehörigen der Unterschicht häufig aus den heute polnischen Regionen stammen (40%). Die Zuzügler aus West- und aus Ostdeutschland machen dagegen einen überproportional hohen Anteil von Angehörigen der höheren Schichten aus. Während Männer und Frauen über das Spektrum der Heimatregionen gleich verteilt sind, finden wir im Vergleich der Altersgruppen, daß die 70- bis 84jährigen häufiger aus Berlin stammen als die 85jährigen und Älteren (57% versus 40%). Letztere sind häufiger in den Gebieten des heutigen Polens geboren (19% versus 29%).

4.2 Materielle Lage

Tabelle 4 gibt einen Überblick über Aspekte ökonomischer Deprivation. Zu beachten ist, daß unsere Ergebnisse auf den Daten des BASE-Intensivprotokolls beruhen (N=516). Im Vergleich zu entsprechenden Befunden anhand der BASE-Ersterhebung, die 928 Studienteilnehmer umfaßt (vgl. G. Wagner et al., Kapitel 10), können sich geringe Abweichungen ergeben (vgl. auch P. B. Baltes et al., Kapitel 1).

3% der Westberliner Alten in Privatwohnungen erhalten Sozialhilfe. Knapp 15% gaben an, keinerlei Geldvermögen, nicht einmal ein Sparbuch zu besitzen. Dabei leben 6% der Westberliner Alten entweder in Wohnungen, die weniger Zimmer als Haushaltsmitglieder aufweisen, oder aber mit mehreren Mitbewohnern in einem Zimmer eines Seniorenheimes. Zwischen den beiden Altersgruppen der 70- bis 84jährigen und der 85jährigen und Älteren gibt es im Hinblick auf ökonomische Benachteiligung lediglich beim Geldvermögen und bei der Belegungsdichte auffälligere Unterschiede. Die 70- bis 84jährigen verfügen häufiger über Vermögen, als es in der höheren Altersgruppe der Fall ist. Ob dieses eine Konsequenz von Kohortendifferenzen ist oder aber auf vorgezogene Vererbung zurückgeht, wird von G. Wagner und anderen (Kapitel 10) diskutiert. Daß bei den 85jährigen und Älteren relativ viele in engen Wohnverhältnissen leben, ist eine Folge der Situation in Heimen. Erwartungsgemäß treffen wir eine materiell benachteiligte Lebenslage im Alter deutlich häufiger in den

Tabelle 4: Benachteiligte materielle Lebenslagen nach sozialer Schicht und Alter (gewichtet, in %).

Alter/Schicht	Geringes Einkommen[1,2]	Sozialhilfe[2] (IP)	Ohne Geldvermögen	Wohnen in Enge	Geringe Wohnzufriedenheit[2]
Alle	20,6	3,3	14,8	5,6	12,7
Alter					
70–84	19,7	3,5	13,3	3,8	13,3
85+	25,0	2,3	21,4	12,5	10,1
Schicht					
Unterschicht	33,6	7,6	32,3	13,0	21,0
Untere Mittelschicht	32,0	4,9	20,8	5,2	13,3
Mittlere Mittelschicht	18,4	6,1	20,2	6,0	15,3
Gehobene Mittelschicht	14,1	0,2	5,4	3,9	10,8
Obere Mittelschicht	11,2	0,7	2,9	0,2	5,7
Anzahl (N)	392	468	488	515	471

1 1.400 DM und weniger.
2 Nur Privathaushalte.

Tabelle 5: Haushaltseinkommen pro Kopf (Äquivalenzeinkommen) in Privathaushalten nach sozialer Schicht und Alter (gewichtet, in DM).

Schicht	**Alter 70–84**		**Alter 85+**	
	$\bar{x}$	σ[1]	$\bar{x}$	σ[1]
Unterschicht	1.670	(545,2)	1.628	(414,6)
Untere Mittelschicht	1.660	(476,2)	1.890	(510,4)
Mittlere Mittelschicht	1.962	(887,1)	1.958	(703,0)
Gehobene Mittelschicht	2.260	(768,7)	2.146	(748,0)
Obere Mittelschicht	2.983	(1.885,3)	2.083	(1.640,9)

1 σ: Streuung.

unteren Schichten an. Wir sehen aber auch, daß frühere gehobene berufliche Stellungen nicht in allen Fällen davor schützen, im Alter mit einem Geldeinkommen im untersten Quintil auskommen zu müssen. Dies erklärt sich zum Teil aus den Lücken des Systems der Alterssicherung, z. B. bei Selbständigen, die sich nicht ausreichend versichert hatten.

Die 70jährigen und älteren Westberliner in Privathaushalten verfügen im Durchschnitt über 2.056 DM monatlich pro Kopf (nach Personenzahl gewichtetes Haushaltseinkommen) (vgl. Tabelle 5). Dieser Durchschnittswert liegt um etwa 100 DM niedriger, wenn man nicht die Intensiv-, sondern die Ersterhebungsstichprobe heranzieht (vgl. G. Wagner et al., Kapitel

Tabelle 6: Determinanten des Äquivalenzeinkommens im Alter[1]; Ergebnisse linearer Regressionen (β-Werte).

	Alle					**70–84**	**85+**
1							
Unterschicht (Referenzkategorie)							
Untere Mittelschicht	0,04	0,00	-0,01	-0,01	-0,05	-0,05	-0,01
Mittlere Mittelschicht	0,13	0,05	0,04	0,03	0,01	0,02	0,03
Gehobene Mittelschicht	0,29**	0,15	0,15	0,14	0,15	0,16	0,18
Obere Mittelschicht	0,37**	0,22**	0,22**	0,22**	0,21**	0,29**	0,14
2							
Bildung		0,24**	0,26**	0,24**	0,19**	0,17*	0,20*
3							
Anzahl der Haushaltsmitglieder			-0,12*	-0,13**	-0,20**	-0,27**	-0,13
4							
IADL[2]				0,02	0,07	0,05	0,06
SMMCO[3]				-0,01	0,02	0,08	-0,03
Gehmobilität[4]				0,08	0,09	0,08	0,08
5							
Geschlecht (w=1, m=0)					-0,21**	-0,23**	-0,20*
Alter					0,12		
Adj. R^2	0,11	0,15	0,16	0,16	0,21	0,23	0,14
ΔR^2		0,04**	0,01*	0,01	0,05**		

Signifikanzniveau: * p<0,05; ** p<0,01.
1 Ohne Heimbewohner.
2 Wert auf dem „Instrumental Activities of Daily Living"-Index (vgl. Steinhagen-Thiessen & Borchelt, Kapitel 6).
3 SMMCO: Short Mini Mental Cut-Off, Kurzform der Mini Mental State Examination (vgl. Helmchen et al., Kapitel 7).
4 Subjektive Gehstrecke (vgl. Steinhagen-Thiessen & Borchelt, Kapitel 6).

10). Das Einkommen der befragten alten Menschen variiert mit der Sozialschicht, aber nur die beiden höchsten Schichten unterscheiden sich signifikant von der als Referenzkategorie verwandten Unterschicht. Die Schichtzugehörigkeit allein erklärt nur 11% der Varianz des Einkommens. Wir hatten oben schon auf einen möglichen Grund hingewiesen. Die Regressionen in Tabelle 6 zeigen zwei weitere Gründe. Zum einen haben Qualifikationsunterschiede innerhalb der Schichtkategorien einen zusätzlichen Erklärungswert von 4%, zum anderen sind Frauen signifikant schlechter gestellt. Dies ist zum Teil eine Folge der Rentengesetzgebung, wie bei der Witwenrente, zum Teil Folge geringerer im Arbeitsleben erworbener Ansprüche (Maas et al., Kapitel 4; G. Wagner et al., Kapitel 10; Maas & Staudinger, Kapitel 21; vgl. Allmendinger, 1994).

Je kleiner der Haushalt ist, desto größer ist indessen das Äquivalenzeinkommen. Hier zeigt sich die relativ gute finanzielle Ausstattung verwitweter alter Menschen, insbesondere der Witwer (Motel & Wagner, 1993). Die Einkommenslage ist vom Alter fast unabhängig. Nur die obere Mittelschicht der jüngeren Altersgruppe scheint sich im Vergleich zu derselben Gruppe in der älteren Altersgruppe besser zu stellen. Dies ist mit großer Sicherheit als ein Kohorteneffekt zu interpretieren.

Aber nicht nur das chronologische Alter läßt die Einkommenssituation unbeeinflußt, auch das durch die Gesundheitsindikatoren gemessene funktionelle Alter differenziert keine Einkommensgruppen. Das System der Alterssicherung stabilisiert also während der Altersphase sowohl die Höhe als auch die schichtspezifischen Unterschiede im Einkommen. Zugleich bestätigt sich, daß Schichtzugehörigkeit, Qualifikationsunterschiede und Geschlecht über den Ruhestand hinaus die finanzielle Lage alter Menschen bedingen.

Im Durchschnitt entfallen auf die 70jährigen und Älteren in West-Berlin 1,8 Wohnräume. Im Hinblick auf die Wohnqualität ist auffällig, daß die Belegungsdichte bei den 85jährigen und Älteren im Vergleich zu den jüngeren Alten relativ hoch ist. Hier leben immerhin 12% der alten Menschen in engen Wohnverhältnissen, d. h., es gibt weniger Wohnräume als Personen. Dieser Altersunterschied bestätigt sich allerdings nicht, wenn man nur alte Menschen in Privathaushalten untersucht (Tabelle 7). Die Differenzen kehren sich tendenziell sogar um. Dieses Ergebnis ist teilweise darauf zurückzuführen, daß Heimbewohner nur selten mehr als ein Zimmer zur Verfügung haben und häufig sogar ein Zimmer mit anderen Heimbewohnern teilen müssen.

Tabelle 7: Wohnraum pro Person nach sozialer Schicht und Alter (gewichtet).

Schicht	Alter 70–84	Alter 85+
Unterschicht	1,53 [a]	1,55
	1,58 [b]	1,72
Untere Mittelschicht	1,51	1,40
	1,57	1,55
Mittlere Mittelschicht	1,71	1,61
	1,78	1,83
Gehobene Mittelschicht	2,02	2,10
	2,08	2,34
Obere Mittelschicht	2,22	2,10
	2,22	2,11

a Alle.
b Nur Privathaushalte.

Zwischen der sozialen Schicht und der Belegungsdichte in Privathaushalten zeigt sich ein schwacher Zusammenhang. Während den Alten in den unteren Schichten im Durchschnitt 1,5 Zimmer pro Kopf zur Verfügung stehen, sind es in den oberen Schichten mehr als zwei Zimmer. Wichtiger als Schichtunterschiede erweisen sich aber davon unabhängige Unterschiede zwischen Bildungs- und Einkommensgruppen. Die 14% Wohnungs- bzw. Hauseigentümer verfügen über signifikant mehr Wohnraum pro Kopf. Obgleich der räumliche Wohnkomfort nicht signifikant mit dem Alter variiert, verringert sich die Erklärungskraft der in unserem Regressionsmodell enthaltenen Faktoren deutlich in der höheren Altersgruppe (Tabelle 8).

Es ist zur Interpretation dieser Befunde wichtig zu bedenken, daß wir nur Personen in Privathaushalten betrachtet haben. Bei Befragten in der Altersgruppe ab 85 Jahren ergibt sich aber daraus im Vergleich zur Altersgruppe zwischen 70 und 84 Jahren eine besondere Selektion, da ein Teil der sehr Alten im Heim lebt. Wenn wir beim Einkommen und bei der Belegungsdichte in der höchsten Altersgruppe keine Schichteffekte finden, so haben wir diejenigen vor uns, die nicht in ein Heim gewechselt sind und z. B. im Hinblick auf den Gesundheitsstatus positiv selegiert sind.

Tabelle 8: Determinanten der Belegungsdichte im Alter[1]*; Ergebnisse linearer Regressionen.*

	Alle						70–84	85+
1								
Unterschicht (Referenzkategorie)								
Untere Mittelschicht	0,00	-0,03	-0,03	-0,05	-0,06	-0,04	-0,12	0,05
Mittlere Mittelschicht	0,10	0,01	0,00	-0,02	-0,03	0,00	-0,08	0,07
Gehobene Mittelschicht	0,25*	0,11	0,06	0,06	0,05	0,07	0,00	0,13
Obere Mittelschicht	0,20*	0,03	-0,03	-0,04	-0,03	-0,02	-0,09	0,07
2								
Hauseigentum		0,22**	0,17**	0,21**	0,21**	0,21**	0,27**	0,14
Bildung		0,22**	0,14*	0,19**	0,18**	0,18**	0,27**	0,02
3								
Äquivalenzeinkommen			0,32**	0,27**	0,26**	0,27**	0,22**	0,32**
4								
Anzahl der Haushaltsmitglieder				-0,33**	-0,34**	-0,35**	-0,40**	-0,29**
5								
IADL[2]					0,01	-0,03	-0,01	0,01
SMMCO[2]					-0,01	-0,02	0,01	-0,06
Gehmobilität[2]					0,08	0,05	0,07	0,08
6								
Geschlecht (w=1, m=0)						0,00	-0,01	0,00
Alter						-0,11		
Adj. R^2	0,05	0,12	0,21	0,31	0,31	0,31	0,36	0,20
ΔR^2		0,08**	0,09**	0,10**	0,01	0,01		

Signifikanzniveau: * p<0,05; ** p<0,01.
1 Ohne Heimbewohner.
2 Siehe Tabelle 6, Fußnoten 2–4.

4.3 Gesellschaftliche Beteiligung

Bezeichnet man diejenigen, die keine außerhäuslichen Aktivitäten angaben, als sozial isoliert, so finden wir 11% in dieser Gruppe (Tabelle 9). 3% der alten Westberliner nutzen seltener als wenigstens einmal am Tag eines der Massenmedien (Fernsehen, Hörfunk, Zeitung). 15% sind politisch desinteressiert, knapp 9% bezeichnen sich als Nichtwähler, und fast 50% der alten Menschen gehen nie in die Kirche. Im Vergleich der Altersgruppen läßt sich schon anhand dieser groben Indikatoren eine deutliche Abnahme gesellschaftlicher Beteiligung mit dem Alter ablesen. Auch finden sich deutliche Schichteffekte, wobei zwei Befunde bemerkenswert sind. Erstens weisen die Angehörigen der Unterschicht, in der an- und ungelernte Arbeiterhaushalte gruppiert sind, in den Bereichen soziale Aktivitäten, politisches Interesse und politische Beteiligung sowie Kirchenbesuch im Vergleich zu den übrigen Schichten eine hohe Abstinenz auf. Der Anteil soziokulturell Inaktiver beträgt in der Unterschicht 28% und in der oberen Mittelschicht nur 4%. Ferner haben 26% aller Unterschichtangehörigen keinerlei Interesse an Politik, und ein Drittel von ihnen hat sich an der letzten Wahl in Berlin nicht beteiligt.

Schichteffekte sind aber nicht in allen Bereichen gesellschaftlicher Beteiligung in gleicher Weise ausgeprägt. Während der Anteil derjenigen, die keinerlei außerhäusliche Aktivitäten aufweisen, und derjenigen, die politisch desinteressiert sind, monoton mit der Schichtzugehörigkeit abnimmt, sind Schichtdifferenzen im Medienkonsum, bei der Wahlbeteiligung sowie bei religiösen Aktivitäten sehr gering, wenn man die unterste Schicht nicht berücksichtigt.

Betrachten wir die Bedingungen außerhäuslicher Aktivität genauer (siehe Tabelle 10), so zeigt sich, daß Schichtunterschiede allein nur wenig in der Anzahl der verschiedenen Aktivitäten erklären. Bildungsunterschiede haben einen Einfluß, aber stehen

Tabelle 9: Gesellschaftliche Beteiligung nach sozialer Schicht und Alter (gewichtet, in %).

Alter/Schicht (=100%)	Geringe soziale Partizipation				
	Keine Aktivitäten	**Geringe Mediennutzung**[1]	**Ohne politisches Interesse**	**Nichtwähler**	**Kein Kirchenbesuch**
Alle	11,4	3,1	14,9	8,7	48,5
Alter					
70–84	8,3	1,9	12,9	7,7	47,1
85+	23,7	7,8	22,5	12,3	54,1
Schicht					
Unterschicht	27,6	0,0	25,7	34,4	61,1
Untere Mittelschicht	16,8	1,8	18,5	3,3	40,9
Mittlere Mittelschicht	11,0	5,8	18,8	7,1	49,2
Gehobene Mittelschicht	6,8	2,6	10,0	7,2	48,1
Obere Mittelschicht	3,9	0,1	2,3	5,0	50,0
Anzahl (N)	511	503	511	507	511

1 Seltener als täglich.

Tabelle 10: Determinanten sozialer Partizipation (Anzahl sozialer Aktivitäten) im Alter; Ergebnisse linearer Regressionen.

	Alle					70–84	85+
1							
Unterschicht (Referenzkategorie)							
Untere Mittelschicht	0,13	0,10	0,10	0,12*	0,13*	0,22*	0,02
Mittlere Mittelschicht	0,17*	0,10	0,10	0,15*	0,16*	0,23*	0,07
Gehobene Mittelschicht	0,35**	0,24**	0,23**	0,27**	0,27**	0,40**	0,11
Obere Mittelschicht	0,31**	0,18*	0,16*	0,18**	0,21**	0,32**	0,05
2							
Bildung		0,20**	0,18**	0,08*	0,10*	0,08	0,14*
3							
Heim			-0,29**	-0,11**	-0,01	-0,07	-0,19**
Anzahl der Haushaltsmitglieder			0,00	-0,03	0,01	0,04	-0,04
4							
IADL[1]				0,37**	0,27**	0,28**	0,36**
SMMCO[1]				0,04	0,01	0,05	0,05
Gehmobilität[1]				0,16**	0,13**	0,15*	0,06
5							
Geschlecht (w=1, m=0)					0,08*	0,09	0,05
Alter					-0,23**		
Adj. R^2	0,06	0,09	0,17	0,38	0,42	0,24	0,27
ΔR^2		0,03**	0,08	0,21**	0,04**		

Signifikanzniveau: * $p<0,05$; ** $p<0,01$.
1 Siehe Tabelle 6, Fußnoten 2–4.

in ihrer Bedeutung weit hinter den altersbezogenen Determinanten zurück. Der körperliche Gesundheitszustand sowie unspezifische Alterseffekte erklären den überwiegenden Teil der beobachteten Streuung im Aktivitätsniveau (Maas & Clausen, 1991). Mit Ausnahme von Bildung verlieren sozioökonomische Unterschiede in der höheren Altersgruppe ihren differenzierenden Einfluß.

Gerade dann, wenn alte Menschen räumlich weniger mobil und damit in ihren außerhäuslichen Aktivitäten eingeschränkt sind, könnten Zeitungslektüre, Fernsehen und Radiohören an Bedeutung gewinnen. Die empirischen Befunde demonstrieren jedoch, daß das Gegenteil der Fall ist. Es gibt zwar nur wenige alte Menschen, die gar nicht fernsehen (5%), immerhin sehen sich über ein Drittel aller Befragten (38%) mehr als drei Stunden lang pro Tag Sendungen im Fernsehen an. Jedoch gilt: Je aktiver alte Menschen außer Haus sind, desto häufiger nutzen sie auch die Medien; je älter sie sind, desto geringer ist das Aktivitätsniveau (r=-0,51) und desto seltener lesen sie Zeitungen, sehen fern oder hören Radio (r=-0,39). Mediennutzung stellt also keine Kompensation für ein geringeres Aktivitätsniveau außerhalb der Wohnung dar (r=0,35). Entsprechend finden wir auch, daß Heimbewohner die Medien weniger intensiv nutzen als alte Menschen, die in ihrer Privatwohnung leben[5].

Das Regressionsmodell in Tabelle 11 zeigt uns noch einmal deutlicher die Bedingungen für die Intensität der allgemeinen Mediennutzung (Zeitungen, Fernsehen, Radio). Schicht- und Bildungsdifferenzen erklären davon für ältere Menschen nur wenig. Unterbringung im Heim, Einschränkungen der körperlichen Funktionsfähigkeit (IADL) und unspezifische Alterseffekte erklären den ganz überwiegenden Anteil der beobachteten Unterschiede. Für die älteste Altersgruppe kommt noch ein Demenzeffekt hinzu, und Schichteffekte verlieren ihre differenzierende Wirkung.

Tabelle 11: Determinanten des Medienkonsums im Alter; Ergebnisse linearer Regressionen.

	Alle					70–84	85+
1							
Unterschicht (Referenzkategorie)							
Untere Mittelschicht	0,09	0,07	0,07	0,08	0,09	0,18	0,00
Mittlere Mittelschicht	0,11	0,06	0,06	0,08	0,12	0,16	0,05
Gehobene Mittelschicht	0,22**	0,15	0,13	0,13	0,18*	0,31*	0,06
Obere Mittelschicht	0,23**	0,15*	0,11	0,12	0,15*	0,24*	0,07
2							
Bildung		0,13**	0,08	0,03	0,00	-0,06	0,04
3							
Heim			-0,42**	-0,31**	-0,32**	-0,08	-0,41**
Anzahl der Haushaltsmitglieder			0,15**	0,14**	0,10*	0,17*	0,10
4							
IADL[1]				0,17**	0,11*	0,16*	0,09
SMMCO[1]				0,10*	0,08	0,05	0,13*
Gehmobilität[1]				0,08	0,03	-0,03	0,11
5							
Geschlecht (w=1, m=0)					-0,08	-0,09	-0,07
Alter					-0,16**		
Adj. R^2	0,03	0,04	0,26	0,32	0,34	0,09	0,36
ΔR^2	0,04*	0,01**	0,23**	0,07**	0,02**		

Signifikanzniveau: * p<0,05; ** p<0,01.
1 Siehe Tabelle 6, Fußnoten 2–4.

5 Genauere Untersuchungen zeigen, daß auch das Sehvermögen den Medienkonsum beeinflußt. Am empfindlichsten ist offenbar das Lesen von einer Reduktion der Sehleistung betroffen (vgl. Marsiske et al., Kapitel 14). Das Fernsehen und das Radiohören sind im gleichen Maße an einen guten Visus gebunden. Dabei ist zu bedenken, daß auch die Bedienung eines Fernsehers oder eines Radiogerätes um so schwieriger wird, je schlechter das Sehvermögen ist.

4.4 Lebensformen

Tabelle 12 stellt verschiedene Haushaltstypen in Abhängigkeit von Alter und sozialer Schicht dar. Fast 62% der Alten in West-Berlin leben allein in einem Privathaushalt, etwa ein Viertel lebt mit einem Ehe- oder Lebenspartner zusammen und etwa 5% mit anderen Personen in einer privaten Wohnung. Die restlichen 8% leben in Heimen. Es ist bemerkenswert, daß der Anteil der Alleinlebenden in Privatwohnungen zwischen den Altersgruppen wenig variiert. Differenziert man jedoch nach der Geschlechtszugehörigkeit, so ergibt sich unter den Männern infolge Verwitwung eine Zunahme der Alleinlebenden mit dem Alter, bei Frauen hingegen ein Rückgang, der auf eine relativ häufigere Heimunterbringung zurückzuführen ist (vgl. auch M. Wagner et al., Kapitel 11; Linden et al., Kapitel 18; M. M. Baltes et al., Kapitel 22).

Die Beziehungen zwischen der Lebensform und der sozialen Schicht müssen differenziert betrachtet werden, da sich hier kein einheitliches Muster herausschält. Zunächst ist der Anteil der allein in Privatwohnungen lebenden Alten nicht monoton steigend oder fallend mit der sozialen Schicht verknüpft. Anders ist dieses bei den Partnerhaushalten: Je höher die soziale Schicht ist, desto eher lebt man mit einem Partner zusammen. Angehörige der oberen Schichten werden nicht nur in höherem Alter verwitwet, sie haben nach einer Verwitwung auch bessere Chancen, einen neuen Partner zu finden als Angehörige der unteren Schichten.

Hierbei sind auch nicht-eheliche Lebenspartnerschaften von Bedeutung: Je höher die soziale Schicht, desto größer ist die Wahrscheinlichkeit, in einer nicht-ehelichen Lebenspartnerschaft zu leben. Während die Unverheirateten in der Unterschicht nur zu 2% mit einem Partner zusammenleben, sind es in der oberen Mittelschicht 13%. Jeder sechste Unterschichtangehörige lebt mit anderen Personen als einem Partner zusammen. Diese Lebensform ist in den anderen Sozialgruppen kaum vertreten. Beispielsweise leben 12% der Unterschichtangehörigen mit einem Kind zusammen, in der obersten Schicht sind es jedoch nur 6%.

Die Heimunterbringung wiederum kommt bei den unteren drei Schichten relativ gleich häufig vor, die Angehörigen der obersten Schicht leben indessen nahezu ausnahmslos nicht in Heimen. Im Fall einer Pflegebedürftigkeit stützen sie sich entweder auf den Partner oder auf informelle und professionelle Hilfe von außerhalb des Haushalts.

4.5 Einschränkungen der Gesundheit und Versorgung

Daß die langjährige Zugehörigkeit zu unterschiedlichen sozioökonomischen Gruppen und die damit

Tabelle 12: Haushaltstyp nach sozialer Schicht, Geschlecht und Alter (gewichtet, in %).

Alter/Geschlecht/ Schicht (=100%)	Haushaltstyp: Allein	Nur mit Ehepartner bzw. Partner	Mit sonstigen Personen[1]	Heim
Alle	61,4	24,9	5,3	8,4
Alter				
70–84	60,6	29,3	4,4	5,8
85+	64,5	7,5	9,1	19,0
Geschlecht				
Männer	31,0	61,3	3,5	4,2
Frauen	72,1	12,0	6,0	9,9
Schicht				
Unterschicht	58,0	16,0	16,0	10,0
Untere Mittelschicht	72,1	16,7	2,2	9,0
Mittlere Mittelschicht	63,7	20,1	5,1	11,0
Gehobene Mittelschicht	57,4	32,8	3,9	5,9
Obere Mittelschicht	57,7	35,8	6,3	0,2

1 Mit oder ohne Partner.

Tabelle 13: Einfache Partialkorrelationen zwischen sozioökonomischen Merkmalen und Aspekten körperlicher und psychischer Gesundheit (Alter und Geschlecht kontrolliert, Fallzahl in Klammern).

	IADL	Gehmobilität[1]	Anzahl der Diagnosen	Sehschärfe (mit korrigierenden Gläsern)	Gehör	SMMCO
Unterschicht	-0,05	-0,07	0,02	0,00	-0,07	-0,02
	(512)	(512)	(512)	(369)	(512)	(497)
Untere Mittelschicht	-0,06	-0,10**	0,06	0,01	-0,14**	-0,09*
	(512)	(512)	(512)	(369)	(512)	(497)
Mittlere Mittelschicht	0,00	0,07*	-0,09*	-0,02	0,00	-0,01
	(512)	(512)	(512)	(369)	(512)	(497)
Gehobene Mittelschicht	0,04	0,06	-0,02	-0,05	0,08*	0,14**
	(512)	(512)	(512)	(369)	(512)	(497)
Obere Mittelschicht	0,08*	0,00	0,09*	0,07	0,12**	0,11**
	(512)	(512)	(512)	(369)	(512)	(497)
Bildung in Jahren	0,09*	0,11**	-0,01	0,09*	0,13**	0,17**
	(480)	(480)	(480)	(353)	(480)	(466)
Sozialprestige[2]	0,08*	0,12**	-0,04	0,08	0,12**	0,10**
	(490)	(490)	(490)	(358)	(490)	(476)
Hauseigentum[3]	-0,03	0,03	-0,06	0,08	0,04	0,00
	(438)	(438)	(438)	(331)	(438)	(426)
Äquivalenzeinkommen[3]	0,16**	0,15**	-0,02	0,09	0,07	0,13**
	(357)	(357)	(357)	(269)	(357)	(346)
Haushaltsmitglieder[3]	0,09*	0,13**	-0,04	0,08	-0,02	0,04
	(357)	(357)	(357)	(269)	(357)	(346)

Signifikanzniveau: * $p<0,05$; ** $p<0,01$.
1 Subjektive Gehstrecke (vgl. Steinhagen-Thiessen & Borchelt, Kapitel 6).
2 Letzter Beruf.
3 Ohne Heimbewohner.

verbundenen Unterschiede in Lebens- und Arbeitsbedingungen sowie in Formen der Lebensführung mit differentiellen Krankheits- und Morbiditätsrisiken zusammenhängen, ist nicht nur ein Glaubenssatz der Sozialmedizin, sondern auch vielfach belegt worden. Für die sozial differentielle *Morbidität* finden sich solche Belege z. B. bei Wysong und Abel (1990), House und anderen (1990), Mielck und Helmert (1994) oder im Townsend Report (Black, Morris, Smith & Townsend, 1992). Für die sozial differentielle *Mortalität* finden sich wichtige Belege unter anderem bei Marmot und Mitarbeitern (1991), T. Klein (1993), Schepers und Wagner (1989) sowie bei Vallin, D'Souza und Palloni (1990). So eindeutig diese Befunde zu sein scheinen, so ungeklärt und kontrovers sind allerdings die ursächlichen Mechanismen – mit Ausnahme des Zusammenhangs zwischen Sozialschicht und dem medizinischen kardiovaskulären Risikofaktorenmodell, z. B. hinsichtlich von Rauchen und Übergewicht (siehe Steinhagen & Borchelt, Kapitel 6).

Es war daher zu erwarten, daß wir unter den Teilnehmern der Berliner Altersstudie signifikante und relativ starke Zusammenhänge zwischen unseren Indikatoren sozioökonomischer Differenzierung einerseits und Maßen der Morbidität und körperlichen Funktionsfähigkeit beobachten würden. Tabelle 13 gibt – nach Kontrolle von Alter und Geschlecht – die Partialkorrelationen zwischen sozialer Schicht, Bildung, Sozialprestige, Hauseigentum und Einkommen als Ungleichheitsindikatoren und IADL, Gehmobilität, Anzahl der Diagnosen mittel- bis schwergradiger Erkrankungen, Sehschärfe und Gehör und dem Risiko einer Demenz (SMMCO[6]). Dies ist insofern ein kon-

6 Short Mini Mental Cut-Off, Kurzform der Mini Mental State Examination (L. E. Klein et al., 1985; vgl. Helmchen et al., Kapitel 7).

servativer Test, als die mögliche soziale Bedingtheit der geschlechtsspezifischen Überlebenswahrscheinlichkeit in der BASE-Population nicht sozioökonomischen Merkmalen zugerechnet wird. Geprüft wird hier also nur, ob unter den jeweils überlebenden und in der Studie erreichten Alters- und Geschlechtsgruppen Morbidität und Morbiditätsrisiken sozial verteilt sind. Andererseits geben diese Koeffizienten den für jeden Einzelindikator jeweils maximalen Einfluß nach Kontrolle von Alter und Geschlecht an.

Der Grad der Hilfsbedürftigkeit nach dem „Instrumental Activities of Daily Living"-Index (IADL-Wert) unterscheidet sich nicht zwischen den sozialen Schichten – mit einer Ausnahme: Die Angehörigen der oberen Mittelschicht sind weniger hilfsbedürftig. Auch höhere Bildung, höheres eigenes Sozialprestige und die Anwesenheit eines Partners indizieren einen etwas geringeren Grad an Hilfsbedürftigkeit. Unter den in Privathaushalten lebenden alten Menschen scheint es aber vor allem die Einkommenssituation zu sein, die sich als mäßig protektiv im Hinblick auf Hilfsbedürftigkeit erweist.

Die durch die subjektive Gehmobilität indizierte körperliche Beweglichkeit variiert ebenfalls signifikant zwischen sozioökonomischen Gruppen. Sie ist signifikant geringer in der unteren Mittelschicht (in der viele Facharbeiter Haushaltsvorstände sind) und signifikant besser in der stärker durch Angestellte bestimmten mittleren Mittelschicht. Höhere Bildung, höheres eigenes Sozialprestige, die Anwesenheit eines Partners im Haushalt und wiederum vor allem das Einkommen sind mit einer besseren körperlichen Beweglichkeit verknüpft.

In bezug auf die Morbidität insgesamt zeigt das Maß der Anzahl der Diagnosen mittel- bis schwergradiger Erkrankungen, daß Angehörige der mittleren Mittelschicht signifikant mehr und Angehörige der oberen Mittelschicht signifikant weniger Krankheiten haben. Angehörige der Facharbeiterschicht hören schlechter, und Angehörige der gehobenen und oberen Mittelschicht hören besser. In eine ähnliche Richtung weisen die Befunde für Bildung und Sozialprestige. Dasselbe Muster finden wir beim Demenzrisiko, wobei sich die bekannte, in ihrer Interpretation freilich umstrittene Assoziation mit Bildung zeigt (vgl. auch Helmchen et al., Kapitel 7; Mayer & Wagner, 1993; M. Wagner & Kanowski, 1995). Wie in Tabelle 13 zu sehen, gibt es keine sozioökonomischen Bedingungen für Unterschiede in der durch Brillen korrigierten Sehschärfe.

Betrachtet man aber nicht nur die Größe der Einzelkorrelationen, sondern auch die Gesamteffektstärke aller hier aufgeführten Sozialindikatoren auf die Gesundheitsvariablen – gemessen etwa am Anteil der aufgeklärten Varianz in multiplen Regressionsmodellen, so muß man von einer eher geringen Erklärungskraft dieser sozioökonomischen Faktoren sprechen. Dies bedeutet, daß unter gegebenen institutionellen und gesellschaftlichen Randbedingungen sozioökonomische Unterschiede zwischen alten Menschen nur wenig zum Verständnis von differentiellem Altern im Sinne körperlicher und geistiger Veränderungen beitragen können (vgl. auch Borchelt et al., Kapitel 17). Allerdings muß man berücksichtigen, daß das Niveau allgemeiner intellektueller Leistungsfähigkeit und die Verbreitung der Demenz durchaus positiv mit sozioökonomischen Faktoren korreliert sind. Die Verminderung kognitiver Fähigkeiten mit dem Alter ist hingegen wahrscheinlich von der sozioökonomischen Lage weitgehend unabhängig (vgl. Helmchen et al., Kapitel 7; Reischies & Lindenberger, Kapitel 13; Lindenberger & Baltes, 1995).

Da wir nur schwache soziale Bedingtheiten für gesundheitliche Beeinträchtigungen und körperliche Funktionseinschränkungen gefunden haben, ist zu vermuten, daß die Art der erhaltenen Versorgungsleistungen ebenfalls sozial stark nivelliert ist. Dabei muß man allerdings berücksichtigen, daß Hilfs- und Pflegedienste besonders dann notwendig werden, wenn kein Haushaltsmitglied die nötige Unterstützung leisten kann, also die oben beschriebenen Schichtdifferenzen in Haushaltsformen von Bedeutung sein könnten.

Da zwischen sozialer Schicht und der Inanspruchnahme sozialer Dienste ein Zusammenhang auch deshalb bestehen könnte, weil diese unterschiedlich viel kosten, wollen wir kurz auf die möglichen Leistungen der Krankenversicherungen eingehen. Praktisch jeder der Befragten ist krankenversichert. Während in Deutschland im Jahr 1990 11% der Bevölkerung ausschließlich privat krankenversichert waren (Merkens & von Birgelen, 1993, S. 4), gaben in der Berliner Altersstudie 7% der Befragten an, Mitglied einer privaten Krankenkasse zu sein. Hierzu gehören auch private Zusatzversicherungen. Angehörige der beiden oberen Schichten sind deutlich häufiger privat versichert als Angehörige der anderen Sozialschichten. Generell übernehmen Krankenkassen die Kosten für ärztliche Leistungen und – was in diesem Zusammenhang hervorzuheben ist – mit Einschränkungen auch Pflegekosten (im Untersuchungszeitraum). Die gesetzlichen Krankenversicherungen zahlten in dieser Zeit Haushaltshilfen (bis zu einem täglichen Höchstbetrag), häusliche Pflegehilfen durch ausgebildete Krankenpfleger (bis zu 750 DM im Monat) sowie selbstorganisierte Pflegehilfen (bis zu 400 DM im Monat). Bei den privaten Krankenversicherungen mußten separate Pflegekrankenversicherungen abgeschlossen werden, um finanzielle Aufwendungen für derartige Leistungen in Anspruch nehmen zu können (Merkens & von Birgelen, 1993). Seitdem in Deutschland die Pflegeversicherung in Kraft getreten ist, haben sich hier selbstverständlich Änderungen ergeben. Bemerkenswert ist, daß es zwischen den oben dargestellten Gesundheitsindikatoren und der Art der Krankenversicherung keine erkennbaren Zusammenhänge gibt. Dennoch bleibt zu untersuchen, ob möglicherweise die Betreuung und Pflege von Privatpatienten besser ist als bei Patienten der gesetzlichen Krankenversicherung.

Gehen wir nun genauer auf die Art der Hilfs- und Pflegequellen im Alter ein, die von alten Menschen in Privathaushalten in Anspruch genommen werden (Tabelle 14). Immerhin kommen 70% der Berliner Alten ohne haushaltsexterne Einkaufs-, Haushalts- oder Pflegehilfen aus. Erwartungsgemäß nimmt der Anteil derjenigen, die informelle oder professionelle Hilfe oder Pflege empfangen, mit dem Alter deutlich zu. Hinsichtlich der Schichtunterschiede finden wir wiederum nur wenige systematische Zusammenhänge. Auffallend ist aber, daß die Angehörigen der oberen Schichten in hohem Ausmaß professionelle Hilfe nutzen. Immerhin ein Drittel der Mitglieder der oberen Mittelschicht nutzt diese Form der Dienstleistung. Unterschichtangehörige hingegen nehmen selten professionelle Haushaltshilfe in Anspruch. Im Hinblick auf informelle Hilfen zeigen sich mit Ausnahme der oberen Mittelschicht keine deutlichen Schichtdifferenzen: Dort kommen sie so gut wie nicht vor.

Die insgesamt eher geringen Schichtunterschiede im Niveau und der Art der Versorgung führen zu der Frage, ob es nicht andere wichtige soziale Bedingungen unterschiedlicher Versorgung bei Hilfs- und Pflegebedürftigkeit gibt (zur Definition von Hilfs- und Pflegebedürftigkeit siehe Linden et al., Kapitel 18). Hier geht es vor allem um die relativen Chancen, mit Familienangehörigen zusammenzuwohnen und deren Hilfe zu erhalten bzw. von haushaltsexternen Kindern oder anderen Verwandten betreut zu werden. Betrachtet man die Gruppe der Hilfs- und Pflegebedürftigen insgesamt, so überwiegt sehr deutlich die Betreuung durch Nicht-Familienangehörige (Tabelle 15). 26% werden in Heimen betreut, etwa ein Fünftel erhält formelle Hilfe in Privathaushalten, und 26% erhalten Hilfe durch Angehörige in ihrem Haushalt (überwiegend durch den weiblichen Ehepartner) oder durch Angehörige, die nicht im Haushalt leben. 26% leben allein und erhalten überhaupt keine Hilfe. Mit 7% spielen Nachbarn und ähnliche Nicht-Verwandte nur eine geringe Rolle.

Die mit etwa 5% relativ geringe Bedeutung von außerhalb des Altenhaushalts lebenden Kindern für Pflege und Hilfe steigt auch dann kaum an, wenn man nur die Hilfs- und Pflegebedürftigen in Privathaushalten berücksichtigt. Hier sind es unter 8%, die von Kindern betreut werden, die nicht im Haushalt leben. Bei Hilfs- und Pflegebedürftigen in Privathaushalten ist informelle Hilfe nur durch Angehörige mit 27% ebenso wichtig wie professionalisierte Dienst-

Tabelle 14: Hilfs- und Pflegequellen[1] nach sozialer Schicht und Alter (gewichtet, in %).

Alter/Schicht (=100%)	Hilfs- und Pflegequellen: Keine Hilfe	Informell	Professionell	Informell und professionell	Heim
Alle	69,3	6,6	14,0	1,4	8,6
Alter					
70–84	76,9	5,2	11,3	0,8	5,8
85+	39,4	12,0	24,8	3,9	20,0
Schicht					
Unterschicht	73,9	7,8	6,2	2,1	10,0
Untere Mittelschicht	69,3	8,2	9,7	2,6	10,2
Mittlere Mittelschicht	61,9	8,7	17,1	1,2	11,0
Gehobene Mittelschicht	77,2	5,8	10,5	0,6	5,9
Obere Mittelschicht	64,1	0,9	32,7	2,1	0,2

1 Einkaufs-, Haushalts- oder Pflegehilfen in den letzten vier Wochen.

Tabelle 15: Von wem erhalten Hilfs- und Pflegebedürftige Hilfe und Pflege[1]? (Gewichtete Angaben, in %).

Hilfsquellen	Insgesamt		Mit Kindern in Berlin		Ohne Kinder in Berlin	
	Alle	Nur Privathaushalte	Alle	Nur Privathaushalte	Alle	Nur Privathaushalte
Hilfe von Kindern[2]	5,4	7,5	7,5	8,7	—	—
Hilfe von sonstigen Verwandten[2]	1,3	1,7	2,9	3,4	0,9	1,6
Außerfamiliäre Hilfe[2]	7,4	10,0	6,9	8,0	9,6	16,1
Nur formelle Hilfe[2]	18,8	25,5	16,9	19,6	21,0	35,2
Formelle und familiäre Hilfe[2]	0,7	1,0	1,0	1,1	0,4	0,7
Formelle und außerfamiliäre Hilfe[2]	1,6	2,2	—	—	3,6	6,0
Keine externe Hilfe, mit Angehörigen im Haushalt	12,7	17,2	22,0	25,6	1,9	3,1
Keine externe Hilfe, allein lebend	25,8	34,9	28,8	33,6	22,2	37,3
Heim	26,2	—	14,2	—	40,3	—
Insgesamt	100,0	100,0	100,0	100,0	100,0	100,0
Mit Angehörigen im Haushalt	21,5	25,1	30,9	33,2	6,7	11,6
Haushaltsexterne Hilfe durch Angehörige oder mit Angehörigen im Haushalt	26,3	32,1	37,6	41,0	7,7	13,5

1 Einkaufs-, Haushalts- oder Pflegehilfen in den letzten vier Wochen.
2 Hilfe von Personen, die nicht im Haushalt leben.

leistungen. Über ein Drittel der in Privathaushalten lebenden Hilfs- und Pflegebedürftigen erhält – nach eigener Auskunft – weder Hilfe noch Pflege.

Die bisher aufgeführten Befunde unterstreichen einerseits die hohe Bedeutung der professionalisierten Dienstleistungen in Heimen und außerhalb von Heimen, andererseits die Wichtigkeit der noch lebenden Ehepartner. Ist diese Situation wesentlich anders für diejenigen Hilfs- und Pflegebedürftigen, die in Berlin lebende Kinder haben? Die Unterschiede sind überraschend gering. Außerhalb des Haushalts lebende Kinder spielen für die Hilfe und Pflege insgesamt auch dann nur eine geringe Rolle. Der Anteil derjenigen, die alleine leben und keine Einkaufs-, Haushalts- oder Pflegehilfe bekommen, ist etwa gleich hoch, unabhängig davon, ob es in Berlin lebende Kinder gibt oder nicht. Dennoch ist die Lebenssituation der Hilfs- und Pflegebedürftigen mit in Berlin lebenden Kindern in zweierlei Hinsicht anders. Zum einen ist ihre Chance, im Heim zu sein, sehr viel geringer (14% vs. 40%). Zum anderen leben sie – wenn sie keine externe Hilfe erhalten – sehr viel häufiger mit Angehörigen in Privathaushalten (26% vs. 3%). Diese Unterschiede sind zwar auch darauf zurückzuführen, daß Kinder ihre hilfs- und pflegebedürftigen Eltern bei sich aufnehmen, vorwiegend erklären sie sich aber aus der Tatsache, daß Hilfs- und Pflegebedürftige mit Kindern auch häufiger Ehepartner haben. In der Nähe wohnende Kinder sind im Fall von Hilfs- und Pflegebedürftigkeit im hohen Alter wichtig, aber dies bedeutet nicht, daß andere alte Menschen in dieser Situation weniger versorgt würden. An die Stelle der Kinder treten vermehrt professionelle Dienstleistungen und – in geringerem Maße – nicht-verwandte Helfer. Die Betreuungsformen sind also substitutiv bzw. kompensatorisch und nicht kumulativ.

5. Diskussion

Thema dieses Beitrags war die Frage, inwieweit sozioökonomische Bedingungen, gemessen an der Schichtzugehörigkeit, dem Bildungsstand, dem Einkommen und dem Eigentum, die Lebenslagen und die sozialen Aktivitäten alter und sehr alter Menschen beeinflussen. Hierzu wurden drei Hypothesen formuliert:

1. die These der Altersbedingtheit, nach der Lebenslagen älterer Menschen sich in hohem Maße mit dem Alter verändern, z. B. aufgrund gesundheitlicher Beeinträchtigungen und weniger aufgrund sozioökonomischer Faktoren;
2. die These sozioökonomischer Differenzierung, die einen kontinuierlichen Einfluß der sozialen Schicht und anderer sozioökonomischer Bedingungen auf Lebenslagen im Alter behauptet, sowie
3. die Kumulationshypothese, nach der sich sozioökonomische Differenzen mit dem Alter verstärken.

Die Lebenslagen alter Menschen wurden im Hinblick auf die Bereiche materielle Situation, gesellschaftliche Beteiligung sowie Lebensformen und soziale Versorgung untersucht. Diese Unterscheidung wurde dadurch begründet, daß sich körperlicher und geistiger Leistungsabfall in erster Linie auf den zweiten und dritten Bereich sozialer Lebenslagen auswirken müßten. Aufgrund der institutionalisierten ökonomischen Absicherung alter Menschen war hingegen zu vermuten, daß materielle Ressourcen weitgehend unabhängig vom Alter sind. Im Hinblick auf die These der *Altersbedingtheit* zeigte sich, daß innerhalb der Altersspanne der BASE-Stichprobe Altersunterschiede einige Aspekte des sozialen Alters bestimmen, andere aber nicht. Altern ist beispielsweise mit einer Abnahme gesellschaftlicher Beteiligung und einer Abnahme sozialer Autonomie verknüpft, nicht jedoch mit einer Verschlechterung der materiellen Lebenslage. Die gesellschaftliche Beteiligung nimmt in allen Bereichen ab: Außerhäusliche Aktivitäten werden ebenso seltener wie der Medienkonsum, das politische Interesse und die Beteiligung an politischen Wahlen. Die materielle Lebenslage unterscheidet sich im Mittel zwischen Alten und Hochbetagten kaum. Auch in den Wohnbedingungen von Privathaushalten gibt es kaum Unterschiede zwischen Altersgruppen. Allerdings sind die Wohnbedingungen in Heimen, gemessen an der Belegungsdichte, im allgemeinen schlechter, als es in Privatwohnungen der Fall ist.

Da wir Altersunterschiede mit Querschnittsdaten untersucht haben, können wir zwar nicht sicher sein, ob solche Unterschiede nicht auch Kohortenunterschiede oder selektive Mortalität widerspiegeln im Gegensatz zu intraindividuellen Alternsprozessen. Da die gesellschaftliche Beteiligung aber in all den Bereichen abnimmt, die wir berücksichtigt haben, also soziale, kulturelle und politische Partizipation sowie Medienkonsum, ist es sehr wahrscheinlich, daß dieses auf die Verschlechterung des Gesundheitszustands zurückgeht und nicht auf Kohorteneffekte oder gar selektive Sterblichkeit.

Die These sozioökonomischer Differenzierung, die von einem kontinuierlichen und etwa gleich starken Einfluß solcher Differenzierungen ausgeht, findet ihre Unterstützung vor allem in der bereits erwähnten Stabilität der Einkommenssituation, aber auch in Einflüssen sozialer Schicht und anderer sozioökonomischer Faktoren über die Altersgruppen hinweg. Die Position im System sozialer Ungleichheit am Ende des Erwerbslebens prägt die Lebensbedingungen und Lebenschancen im höheren Alter. So ist die materielle Lage im Alter deutlich und dauerhaft mit der sozialen Schicht verknüpft. Zentrale Dimensionen gesellschaftlicher Beteiligung, beispielsweise soziale Aktivitäten, Wahlbeteiligung und politisches Interesse, sind insbesondere in der Schicht der an- und ungelernten Arbeiter relativ gering ausgeprägt.

Diese Befunde stützen die Sichtweise, wonach soziale Ungleichheiten, die im mittleren Erwachsenenalter bestehen, kontinuierlich bis ins hohe Alter fortwirken. Es ergaben sich aber auch eine Reihe von Hinweisen darauf, daß der Einfluß der Schichtzugehörigkeit zum Teil diskontinuierlich verläuft. Bei der Anzahl der sozialen Aktivitäten und beim Medienkonsum schwächen sich die Schichteffekte in der Gruppe der sehr Alten ab. Körperliche Gebrechen und die Unterbringung im Heim werden dafür im hohen Alter wichtigere Determinanten als sozioökonomische Differenzierungen. Interessant ist in diesem Zusammenhang jedoch, daß bei dem Ausmaß der sozialen Aktivitäten sehr alter Menschen der Einfluß von Bildung stärker wird. Dies deutet darauf hin, daß ein höheres Bildungsniveau gerade bei Hochbetagten die außerhäusliche gesellschaftliche Partizipation fördert und kompensatorische Auswirkungen haben könnte.

Die dritte theoretische Erwartung, die wir als Kumulationshypothese bezeichnet haben, unterstellt, daß sich Alters- und sozioökonomische Ungleichheitseffekte wechselseitig verstärken, daß sozioökonomische Unterschiede im Alter also größer werden oder verschiedene Ausprägungen des Alterns in besonderer Weise mit sozioökonomischen Lagen und Zugehörigkeiten interagieren. Insgesamt haben wir eher entgegengesetzte Effekte gefunden, nämlich daß sich sozioökonomische Einflüsse im höheren Alter abschwächen. Und dies vermutlich deshalb, weil das funktionelle Altern für Aktivitätsbereiche wichtiger wird als die Ungleichheit sozioökonomischer Ressourcen. Es gibt jedoch einige Einzelbefunde, die die Kumulationshypothese stützen. So ist das Heimunterbringungsrisiko von Angehörigen der oberen Mittelschicht deutlich geringer als in den anderen Schichtgruppen. Das Umgekehrte gilt für die Inanspruchnahme professioneller Hilfe.

Überraschend und daher in besonderem Maße interpretationsbedürftig sind die Befunde zum Zusammenhang zwischen sozioökonomischen Bedingungen und Indikatoren körperlicher und geistiger Gesundheit. Krankheit und Gebrechlichkeit im Alter sind offenbar Benachteiligungen, die nur schwach mit sozioökonomischen Benachteiligungen kumulieren. Häufig finden wir nur relativ geringe Einzelkorrelationen. Auch zusammengenommen ist die Erklärungskraft sozioökonomischer Faktoren nur von untergeordneter Bedeutung. Ferner gibt es Nichtlinearitäten, die eine einfache Annahme über den Zusammenhang zwischen sozioökonomischen Ressourcen und der Gesundheit ausschließen. Drei sich nicht wechselseitig ausschließende Interpretationen bieten sich für ein Verständnis dieser Befunde an. Erstens ist es plausibel, daß die höheren Morbiditäts- und Mortalitätsrisiken in sozial schwächeren Gruppen dazu führen, daß die relativ Gesünderen aus diesen Gruppen bis über das Alter 70 hinaus überleben und sich damit den Angehörigen anderer sozialer Gruppen angleichen. Zweitens könnte es sein, daß eine umfassende Krankenversicherung für einen sozial relativ egalitären Zugang zu medizinischen Leistungen sorgt und von daher – etwa im Vergleich zu anderen Ländern – keine zusätzlichen sozioökonomischen Differenzierungseffekte auftreten. Unsere Befunde haben ja auch gezeigt, daß dort, wo die gesellschaftliche Bereitstellung von Dienstleistungen weniger gut organisiert ist, wie z. B. bei professioneller Hilfe und Pflege im Alter, sich sehr wohl soziale Unterschiede ergeben. Drittens könnten körperliche und geistige Funktionsbeeinträchtigungen im hohen Alter stark durch genetisch bestimmte, organische Prozesse ausgelöst werden, deren Ablaufprogramm von äußeren Bedingungen dann relativ unabhängig ist, wenn nicht durch Interventionen, wie z. B. gezielten Rehabilitationsmaßnahmen, entgegengesteuert wird.

Literaturverzeichnis

Allardt, E. (1973). A welfare model for selecting indicators of national development. *Policy Sciences, 4,* 63–74.

Allmendinger, J. (1994). *Lebensverlauf und Sozialpolitik: Die Ungleichheit von Frau und Mann und ihr öffentlicher Ertrag.* Frankfurt/M.: Campus.

Beck, U. (1983). Jenseits von Klasse und Stand? Soziale Ungleichheit, gesellschaftliche Individualisierungsprozesse und die Entstehung neuer sozialer Formationen und Identitäten. *Soziale Welt, 2* (Sonderband), 35–74.

Bengtson, V. L., Kasschau, P. L. & Ragan, P. K. (1977). The impact of social structure on aging individuals. In J. E. Birren & K. W. Schaie (Hrsg.), *Handbook of the psychology of aging* (1. Aufl., S. 327–353). New York: Van Nostrand Reinhold.

Black, D., Morris, J. N., Smith, C. & Townsend, P. (1992). The Black report. In P. Townsend, N. Davidson & M. Whitehead (Hrsg.), *Inequalities in health: The Black report/The health divide* (S. 31–213). Harmondsworth: Penguin.

Blau, P. M. (1974). Presidential address: Parameters of social structure. *American Sociological Review, 39,* 615–635.

Blau, P. M. (1994). *Structural contexts of opportunities.* Chicago, IL: University of Chicago Press.

Borscheid, P. (1992). Der alte Mensch in der Vergangenheit. In P. B. Baltes & J. Mittelstraß (Hrsg.), *Zukunft des Alterns und gesellschaftliche Entwicklung* (S. 35–61). Berlin: de Gruyter.

Bourdieu, P. (Hrsg.) (1982). *Die feinen Unterschiede: Kritik der gesellschaftlichen Urteilskraft.* Frankfurt/M.: Suhrkamp.

Dannefer, D. (1992). On the conceptualization of context in developmental discourse: Four meanings of context and their implications. In D. L. Featherman, R. M. Lerner & M. Perlmutter (Hrsg.), *Life-span development and behavior* (Bd. 11, S. 83–110). Hillsdale, NJ: Erlbaum.

Donahue, W., Ohrbach, H. & Pollack, O. (1960). Retirement: The merging social pattern. In C. Tibbits (Hrsg.), *Handbook of social gerontology: Societal aspects of aging* (S. 360–406). Chicago, IL: Chicago University Press.

Dowd, J. J. & Bengtson, V. L. (1978). Aging in minority populations: An examination of the double jeopardy hypothesis. *Journal of Gerontology, 33,* 427–436.

Ehmer, J. (1990). *Sozialgeschichte des Alters.* Frankfurt/M.: Suhrkamp.

Eisenstadt, S. (Hrsg.) (1965). *Essays on comparative institutions.* New York: Wiley.

Guillemard, A.-M. (1992). Europäische Perspektiven der Alternspolitik. In P. B. Baltes & J. Mittelstraß (Hrsg.), *Zukunft des Alterns und gesellschaftliche Entwicklung* (S. 614–639). Berlin: de Gruyter.

Guillemard, A.-M. & Rein, M. (1993). Comparative patterns of retirement: Recent trends in developed societies. *Annual Review of Sociology, 19,* 469–503.

Habich, B. (1992). *Sozialberichterstattung und sozialer Wandel: Wohlfahrtsentwicklung im Zeitverlauf – Objektive und subjektive Indikatoren für die Bundesrepublik Deutschland 1978–1988.* Dissertation, Freie Universität Berlin.

Handl, J. (1977). Sozioökonomischer Status und der Prozeß der Statuszuweisung: Entwicklung und Anwendung einer Skala. In J. Handl, K. U. Mayer & W. Müller (Hrsg.), *Klassenlagen und Sozialstruktur: Empirische Untersuchungen für die Bundesrepublik Deutschland* (S. 101–153). Frankfurt/M.: Campus.

Handl, J., Mayer, K. U. & Müller, W. (Hrsg.) (1977). *Klassenlagen und Sozialstruktur: Empirische Untersuchungen für die Bundesrepublik Deutschland.* Frankfurt/M.: Campus.

Hauser, R. & Wagner, G. (1992). Altern und soziale Sicherung. In P. B. Baltes & J. Mittelstraß (Hrsg.), *Zukunft des Alterns und gesellschaftliche Entwicklung* (S. 581–613). Berlin: de Gruyter.

Holtmann, D. (1990). Die Erklärungskraft verschiedener Berufsstruktur- und Klassenmodelle für die Bundesrepublik Deutschland: Ein Vergleich der Ansätze von IMSF, PKA, Walter Müller, Eric O. Wright und des Berufsstrukturmodells auf der Basis der bundesdeutschen Sozialstatistik. *Zeitschrift für Soziologie, 19,* 26–45.

Horkheimer, M. (1975). Autorität und Familie. In M. Horkheimer (Hrsg.), *Traditionelle und kritische Theorie* (S. 162–230). Frankfurt/M.: S. Fischer.

House, J. S., Kessler, R. C., Herzog, R., Mero, R. P., Kinney, A. M. & Breslow, M. J. (1990). Age, socio-economic status, and health. *Milbank Quarterly, 68,* 383–411.

Imhof, A. E. (1981). *Die gewonnenen Jahre: Von der Zunahme unserer Lebensspanne seit dreihundert Jahren oder von der Notwendigkeit einer neuen Einstellung zu Leben und Sterben.* München: Beck.

Kertzer, D. I. & Laslett, P. (1995). *Aging in the past: Demography, society, and old age.* Berkeley, CA: University of California Press.

Klein, L. E., Roca, R. P., McArthur, J., Vogelsang, G., Klein, G. B., Kirby, S. M. & Folstein, M. (1985). Diagnosing dementia: Univariate and multivariate analyses of the mental status examination. *Journal of the American Geriatrics Society, 33,* 483–488.

Klein, T. (1993). Soziale Determinanten der Lebenserwartung. *Kölner Zeitschrift für Soziologie und Sozialpsychologie, 45,* 712–730.

Klose, H.-U. (Hrsg.) (1993). *Altern der Gesellschaft: Antworten auf den demographischen Wandel.* Köln: Bund.

Kohli, M. (1990). Das Alter als Herausforderung für die Theorie sozialer Ungleichheit. *Soziale Welt, 7* (Sonderband), 387–406.

Kreckel, R. (1992). *Politische Soziologie der sozialen Ungleichheit.* Frankfurt/M.: Campus.

Künemund, H., Neckel, S. & Wolf, J. (1993). Die Rentnergewerkschaft: Ein neuer Akteur der Alterspolitik? *Soziale Welt, 44,* 537–554.

Leisering, L. (1994). Armutspolitik und Lebensverlauf: Zur politisch-administrativen Relevanz der lebenslauftheoretischen Armutsforschung. In W. Hanesch (Hrsg.), *Sozialpolitische Strategien gegen Armut* (S. 65–111). Opladen: Westdeutscher Verlag.

Lindenberger, U. & Baltes, P. B. (1995). Kognitive Leistungsfähigkeit im Alter: Erste Ergebnisse aus der Berliner Altersstudie. *Zeitschrift für Psychologie, 203,* 283–317.

Linton, R. (1942). Age and sex categories. *American Sociological Review, 7,* 589–603.

Maas, I. & Clausen, G. (1991). *Social participation of the very old: The importance of social and health factors.* Presented at the 44th Annual Scientific Meeting of the Gerontological Society of America, San Francisco, CA.

Markides, K. S. & Machalek, R. (1984). Selective survival, aging and society. *Archives of Gerontology and Geriatrics, 3,* 207–222.

Marmot, M. G., Smith, G. D., Stansfeld, S., Patel, C., North, F. & Head, J. (1991). Health inequalities among British civil servants: The Whitehall II Study. *The Lancet, 337,* 1387–1393.

Mayer, K. U. (1977). Statushierarchie und Heiratsmarkt: Empirische Analysen zur Struktur des Schichtungssystems in der Bundesrepublik und zur Ableitung einer Skala des sozialen Status. In J. Handl, K. U. Mayer & W. Müller (Hrsg.), *Klassenlagen und Sozialstruktur: Empirische Untersuchungen für die Bundesrepublik Deutschland* (S. 155–232). Frankfurt/M.: Campus.

Mayer, K. U. (1979). Berufliche Tätigkeit, berufliche Stellung und beruflicher Status: Empirische Vergleiche zum Klassifikationsproblem. In F. U. Pappi (Hrsg.), *Sozialstrukturanalysen mit Umfragedaten: Probleme der standardisierten Erfassung von Hintergrundsmerkmalen in allgemeinen Bevölkerungsumfragen* (S. 79–123). Königstein/Ts.: Athenäum.

Mayer, K. U. (Hrsg.) (1990). Lebensverläufe und sozialer Wandel. *Kölner Zeitschrift für Soziologie und Sozialpsychologie, 31* (Sonderheft).

Mayer, K. U. & Müller, W. (1989). Individualisierung und Standardisierung im Strukturwandel der Moderne: Lebensverläufe im Wohlfahrtsstaat. In A. Weymann (Hrsg.), *Handlungsspielräume* (S. 41–60). Stuttgart: Enke.

Mayer, K. U. & Wagner, M. (1993). Socio-economic resources and differential ageing. *Ageing and Society, 13,* 517–550.

Merkens, G. & Birgelen, W. von (1993). *Gesetzliche oder private Krankenversicherung?* München: Beck.

Mielck, A. & Helmert, U. (1994). Krankheit und soziale Ungleichheit: Empirische Studien in West-Deutschland. In A. Mielck (Hrsg.), *Krankheit und soziale Ungleichheit: Sozialepidemiologische Forschungen in Deutschland* (S. 93–124). Opladen: Leske + Budrich.

Motel, A. & Wagner, M. (1993). Armut im Alter? Ergebnisse der Berliner Altersstudie zur Einkommenslage alter und sehr alter Menschen. *Zeitschrift für Soziologie, 22,* 433–448.

Müller, W. (1977). Klassenlagen und soziale Lagen in der Bundesrepublik. In J. Handl, K. U. Mayer & W. Müller (Hrsg.), *Klassenlagen und Sozialstruktur: Empirische Untersuchungen für die Bundesrepublik Deutschland* (S. 21–100). Frankfurt/M.: Campus.

Noll, H.-H. & Habich, R. (1990). Individuelle Wohlfahrt: Vertikale Ungleichheit oder horizontale Disparitäten? *Soziale Welt, 7* (Sonderband), 153–188.

O'Rand, A. M. (1990). Stratification and the life course. In R. H. Binstock & L. K. George (Hrsg.), *Handbook of aging and the social sciences* (3. Aufl., S. 130–148). San Diego, CA: Academic Press.

Preston, S. H. (1984). Children and the elderly: Divergent paths of America's dependents. *Demography, 21,* 435–457.

Riley, M. W., Johnson, M. & Foner, A. (1972). *Aging and society: A sociology of age stratification* (3. Aufl.). New York: Sage.

Riley, M. W. & Riley, J. W., Jr. (1992). Individuelles und gesellschaftliches Potential des Alterns. In P. B. Baltes & J. Mittelstraß (Hrsg.), *Zukunft des Alterns und gesellschaftliche Entwicklung* (S. 437–460). Berlin: de Gruyter.

Rosenmayr, L. & Majce, G. (1978). Die soziale Benachteiligung. In L. Rosenmayr & H. Rosenmayr (Hrsg.), *Der alte Mensch in der Gesellschaft* (S. 231–260). Reinbek: Rowohlt.

Schepers, J. & Wagner, G. (1989). Soziale Differenzen der Lebenserwartung in der Bundesrepublik Deutschland: Neue empirische Analysen. *Zeitschrift für Sozialreform, 35,* 670–682.

Sørensen, A. (1994). Women, family and class. *Annual Review of Sociology, 20,* 27–47.

Tews, H. P. (1993). Neue und alte Aspekte des Strukturwandels des Alters. In G. Naegele & H. P. Tews (Hrsg.), *Lebenslagen im Strukturwandel des Alters: Alternde Gesellschaft – Folgen für die Politik* (S. 15–42). Opladen: Westdeutscher Verlag.

Vallin, J., D'Souza, S. & Palloni, A. (Hrsg.) (1990). *Comparative studies of mortality and morbidity: Old and new approaches to measurement and analysis.* London: Oxford University Press.

Wagner, M. & Kanowski, S. (1995). Socioeconomic resources, life course, and dementia in old age. In M. Bergener, J. C. Brocklehurst & S. I. Finkel (Hrsg.), *Aging, health, and healing* (S. 475–485). New York: Springer.

Wegener, B. (1985). Gibt es Sozialprestige? *Zeitschrift für Soziologie, 14,* 209–235.

Woll-Schumacher, I. (1994). Soziale Schichtung im Alter. In R. Geißler (Hrsg.), *Soziale Schichtung und Lebenschancen in Deutschland* (2. Aufl., S. 220–256). Stuttgart: Enke.

Wysong, J. & Abel, T. (1990). Universal health insurance and high-risk groups in West Germany: Implications for U.S. health policy. *Milbank Quarterly, 68,* 527–560.

Zacher, H. F. (1992). Sozialrecht. In P. B. Baltes & J. Mittelstraß (Hrsg.), *Zukunft des Alterns und gesellschaftliche Entwicklung* (S. 305–330). Berlin: de Gruyter.

Zapf, W. (1977). *Lebensbedingungen in der Bundesrepublik: Sozialer Wandel und Wohlstandsentwicklung.* Frankfurt/M.: Campus.

Zapf, W., Breuer, S., Hampel, J., Krause, P., Mohr, H.-M. & Wiegand, E. (1987). *Individualisierung und Sicherheit.* München: Beck.

C. Fachübergreifende Fragestellungen

10. Wirtschaftliche Lage und wirtschaftliches Handeln alter Menschen

Gert Wagner, Andreas Motel, Katharina Spieß & Michael Wagner

Zusammenfassung

Die Analyse der Einkommens- und Vermögensverteilung und ausgewählter Bereiche der Einkommensverwendung der Teilnehmer an der Berliner Altersstudie (BASE) zeigt, daß die wirtschaftliche Lage der 70jährigen und älteren Westberliner ebenso wie die aller alten Menschen in Deutschland weder besonders schlecht noch besonders gut ist. Das soziale Sicherungssystem erfüllt weitgehend seine Ziele, indem es eine große Kontinuität der ökonomischen Lage zwischen mittleren und späten Lebensabschnitten herstellt. Aber selbst dann, wenn von Armut – wie beispielsweise in West-Berlin – nur etwa 3% der alten Menschen betroffen sind, ist dies zuviel, da einkommensarme Rentner nicht mehr in der Lage sind, Handlungsreserven in Form von Erwerbstätigkeit zu mobilisieren. Auch BASE zeigt, daß das Ausmaß der Alterserwerbstätigkeit sehr gering ist (3% der untersuchten Westberliner Altenpopulation) und zudem eher von ökonomisch gut Gestellten ausgeübt wird. Auch im Hinblick auf die Wohnsituation zeigt sich eine ausreichende Versorgung der alten Menschen. Allerdings muß auch hier berücksichtigt werden, daß 6% der alten Westberliner in besonders schlecht ausgestatteten Wohnungen leben. Die alten Westberliner nehmen soziale Dienste zurückhaltend in Anspruch: Etwa die Hälfte der alten Menschen erhält professionelle Hilfe bei der Haushaltsführung, der Erledigung ihrer finanziellen Angelegenheiten oder besucht Veranstaltungen für Senioren. Dabei steigt die Inanspruchnahme mit zunehmendem Bildungsgrad. Das geringe Niveau und die sozialdifferentielle Inanspruchnahme dieser Dienste wird die Diskussion der traditionellen monetären Sozialpolitik künftig in den Hintergrund treten lassen. Der größte sozial- und gesundheitspolitische Innovationsbedarf wird sich im Bereich von integrierten, interdisziplinären Beratungs-, Behandlungs- und Pflegekonzepten zeigen. Zur Verbesserung der wirtschaftlichen Lage und des wirtschaftlichen Handelns alter Menschen könnten „Alten-Agenturen" dienen, die alten Menschen helfen, die verschiedenen Hilfsmöglichkeiten, die es bereits jetzt gibt, auch tatsächlich wahrzunehmen. Alten-Agenturen sollten auch im Namen ihrer Klienten Sozialhilfe beantragen können.

1. Zur Bedeutung der Ökonomie in der Gerontologie

Die Frage, in welchem Ausmaß alten Menschen Ressourcen in Form von Einkommen und Dienstleistungen zur Verfügung stehen können, ist in einer Welt, die nicht im Überfluß lebt, unvermeidlich[1]. Der Anteil des Volkseinkommens, den alte Menschen verbrauchen, ist nicht nur für die Antwort auf die Frage nach *Kontinuität oder Diskontinuität* von Lebenslagen im Lebensverlauf naturgemäß von großer Bedeutung, sondern Höhe und Verteilung der ökonomischen Ressourcen, die alten Menschen zur Verfügung stehen, sind auch wichtige Indikatoren des *differentiellen Alterns*.

Die Gliederung dieses Kapitels kann aus diesen theoretischen Orientierungen von BASE abgeleitet werden. In einem ersten Schritt wird die *Einkommensverteilung* untersucht. Dabei geht es zum einen um die Frage, ob das deutsche Alterssicherungs-

1 Wenn auch viele Sozialpolitiker, Ärzte und Altenpfleger sowie Gerontologen eine offene Diskussion ökonomischer Fragen nicht mögen (vgl. für einen Überblick Badelt, im Druck). Für einen Überblick über die „Ökonomik des Alters" vgl. Börsch-Supan (1991), Franz (1990), Hauser & Wagner (1992), Hurd (1990) und Schmähl (1985).

system als sozialpolitisch bedenklich bewertete Lükken bei der Ausstattung mit den Ressourcen „Einkommen“ und „Vermögen“ offenläßt, zum anderen darum, ob es eine große Gruppe alter Menschen gibt, die über derart hohe Einkommen und Vermögen verfügen, daß diese höher besteuert werden könnten. Zur Analyse der zur Verfügung stehenden Ressourcen gehört auch die Untersuchung der Erwerbstätigkeit im Alter und der Wohnraumversorgung.

Die *Einkommensverwendung* wird von uns nur punktuell untersucht. Für alte Menschen ist die Inanspruchnahme professioneller Hilfsdienste von zentraler Bedeutung. Wir analysieren Hilfen in finanziellen Angelegenheiten und darüber hinaus alle Kontakte mit professionellen Hilfseinrichtungen. Eine weitere wesentliche Kategorie des wirtschaftlichen Handelns besteht im nicht für den Konsum ausgegebenen Einkommen. Dieses Geld kann man ansparen oder als private Transfers weitergeben. Man kann vermuten, daß Transfers in Form des Verschenkens oder Vererbens für alte Menschen eine besondere Rolle spielen.

Bei der Bewertung der Ergebnisse steht die der Berliner Altersstudie übergeordnete Frage nach *Kapazitäts- und Handlungsreserven* älterer Menschen im Mittelpunkt. Hier liegt angesichts der aufgrund einer „Alterung der Bevölkerung“ erwarteten Finanzierungsprobleme des Alterssicherungssystems die Frage nahe, ob die ökonomische Situation alter Menschen gefährdet wäre, wenn deren Transfereinkommen reduziert würden, um die Abgabenlast der noch Erwerbstätigen, die diese Transfers finanzieren, zu vermindern. Diese Minderung wäre auch durch eine längere Erwerbstätigkeit älterer Menschen zu erreichen, da dann die Rente nicht so lange gezahlt werden müßte wie gegenwärtig. Besonderes Augenmerk richten wir auf die Möglichkeiten, durch eine gezielte professionelle Beratung alte Menschen besser als bisher in die Lage zu versetzen, möglichst lange eine selbstbestimmte Lebensführung wählen zu können.

2. Methode

Der Altersbereich der BASE-Stichprobe erlaubt eine einzigartige Detailanalyse der wirtschaftlichen Lage und des wirtschaftlichen Handelns alter und sehr alter Menschen (70 Jahre und älter). Ebenso können Kranke und Heimbewohner in die Analysen einbezogen werden, die in den meisten Erhebungen (faktisch) ausgeschlossen sind.

Wir untersuchen nicht nur die Daten aus dem BASE-Intensivprotokoll (N=516), sondern auch aus der Ersterhebung (N=928), weil letztere eine größere Fallzahl als das Intensivprotokoll aufweist (vgl. P. B. Baltes et al., Kapitel 1; Nuthmann & Wahl, Kapitel 2 in diesem Band). Die Ersterhebung ist insbesondere für die Analyse der Einkommensverteilung notwendig, da „Arme“ und „Wohlhabende“ kleine Gruppen darstellen. Aber nur die Daten des Intensivprotokolls erlauben die Analysen des wirtschaftlichen Handelns alter Menschen.

Alle deskriptiven Analysen beruhen auf den nach Alter und Geschlecht gewichteten Daten, so daß Aussagen über die Grundgesamtheit der 70jährigen und älteren Westberliner möglich sind (siehe P. B. Baltes et al., Kapitel 1). Alle multivariaten Analysen arbeiten aus methodischen Gründen mit ungewichteten Daten, da eine Gewichtung die Unabhängigkeitsannahme der Schätzmodelle verletzen und die Parameterschätzung nicht verbessern würde.

Die zu erklärenden Variablen orientieren sich zum einen an den theoretischen Orientierungen von BASE und zum zweiten an ökonomisch und sozialpolitisch relevanten Fragen. Im folgenden stellen wir nicht alle benutzten Variablen vor, sondern nur diejenigen, deren Definition längerer Erklärung bedarf.

2.1 Gesundheitsaspekte

Die gesundheitliche Lage ist eine zentrale Variable für Verhaltensmöglichkeiten. In einer Querschnittsuntersuchung kann freilich nur geprüft werden, ob Gesundheitsindikatoren einen statistischen Einfluß auf ökonomische Lage und Verhaltensweisen haben; nicht entscheidbar ist, ob ein eventuell bereits während der Erwerbsphase schlechter Gesundheitszustand die ökonomische Lage im Alter beeinflußt hat. Darüber hinaus kann ein schlechter Gesundheitszustand auch das Antwortverhalten der BASE-Teilnehmer beeinflussen (M. Wagner & Motel, 1995a).

In diesem Kapitel wird das vieldimensionale Konstrukt „Gesundheit“ mit Hilfe von zwei Indikatoren operationalisiert, da wir nur Variablen benutzen wollen, die nicht nur im Intensivprotokoll ermittelt wurden, sondern auch in der Ersterhebung von BASE.

Zum einen wird der „Activities of Daily Living“-Index (ADL-Index; Mahoney & Barthel, 1965; vgl. Steinhagen-Thiessen & Borchelt, Kapitel 6) benutzt, der auf Angaben der Studienteilnehmer in der Ersterhebung beruht. Der ADL-Index hat die Ausprägungen 0=völlig hilfsbedürftig, 1=fast völlig hilfsbedürftig, 2=überwiegend hilfsbedürftig, 3=teils/teils hilfsbedürftig, 4=überwiegend selbständig, 5=völlig selbständig.

Zum zweiten wird eine Kurzform der Mini Mental State Examination, der Short Mini Mental Cut-Off (SMMCO; Klein et al., 1985; vgl. Helmchen et al., Kapitel 7; Reischies & Lindenberger, Kapitel 13) einbezogen. Dies ist ein Konstrukt, das ebenfalls bereits mit Hilfe der Angaben der Ersterhebung generiert werden kann. Der SMMCO zeigt mit steigenden Werten bessere kognitive Fähigkeiten an (Werte unter 0 indizieren Personen, die einem hohen Demenzrisiko unterliegen). Beide Indikatoren enthalten bei den unten durchgeführten multivariaten Analysen keine „missing values", da bei fehlenden Angaben eine Imputation erfolgte.

2.2 Qualifikationsniveau, berufliche Stellung und Sozialprestige

Das Qualifikationsniveau der BASE-Teilnehmer ist eine Variable, die eng mit den Einkommenserzielungsmöglichkeiten, die eine Person hatte, verbunden ist. Eine Analyse des Einflusses der Bildungsqualifikation prüft, inwieweit Kontinuität zwischen „aktiver" Zeit und dem Ruhestand zu beobachten ist und inwieweit Differenzen der Ressourcen wie der Verhaltensweisen im Alter auf die vorangegangenen persönlichen „Investitionen in Humankapital" zurückzuführen sind.

Das Qualifikationsniveau wird durch zwei Variablen erfaßt. Es werden die Gruppen derjenigen, die eine Volksschulbildung mit Berufsausbildung oder den Abschluß der mittleren Reife ohne Berufsausbildung haben, und jener, die den Abschluß der mittleren Reife mit Berufsausbildung oder einen höherwertigen Abschluß haben, der Referenzgruppe gegenübergestellt, die einen Volksschulabschluß ohne Berufsausbildung hat.

Wir haben in allen Verhaltensmodellen geprüft, ob die letzte berufliche Stellung und/oder das Sozialprestige der letzten beruflichen Tätigkeit bedeutsame Prädiktoren für ökonomisches Handeln sind. Dies schließt die Frage ein, ob ein besonderer Einfluß bei denjenigen zu finden ist, die nie berufstätig waren. Die berufliche Stellung wird in folgende Kategorien unterschieden: Selbständige, Beamte, Angestellte, Arbeiter, mithelfende Familienangehörige und nie Berufstätige.

Das Sozialprestige wird mit Hilfe der Magnitude Prestige Scale gemessen (zu deren Definition vgl. Wegener [1988] sowie Mayer & Wagner, Kapitel 9). Bei Ehepaaren wird dem BASE-Teilnehmer das Prestige des Ehepartners zugewiesen, falls dieses höher als das eigene ist oder war.

2.3 Kontakte mit Kindern

Zur Erklärung bestimmter Formen des wirtschaftlichen Handelns, wie z. B. dem Sparen, dem Vererben oder dem Schenken von Geld an die jüngere Generation, könnte die Intensität intergenerationaler Kontakte eine besondere Rolle spielen. Diese messen wir anhand der Anzahl der Telefonkontakte pro Jahr zwischen Eltern und ihren Kindern.

2.4 Einkommen

Um die Erinnerungsfähigkeit der Studienteilnehmerinnen und Studienteilnehmer nicht zu überfordern, wurde in BASE eine relativ einfache Frage über das Haushaltseinkommen gestellt, die als sogenannter „Income-Screener" in vielen Erhebungen verwendet wird (vgl. G. Wagner, 1991): „Können Sie mir bitte sagen, wie hoch das monatliche Netto-Einkommen Ihres *Haushalts* ist? Ich meine also das gesamte Einkommen aller Personen, die hier im Haushalt leben. Bitte vergessen Sie nicht, Steuern und Sozialabgaben abzuziehen. Bitte vergessen Sie auch nicht, eventuelle Einnahmen, wie Mieteinnahmen, Vermögenseinkommen, Wohngeld, Sozialhilfe oder Unterstützungen, dem Netto-Einkommen hinzuzurechnen!" Zur Qualität der Einkommensmessung sei auf M. Wagner und A. Motel (1995a) verwiesen.

Wird das Einkommen bei den multivariaten Analysen als erklärende Variable benutzt, wird für fehlende Angaben im Falle von Privathaushalten ein geschätztes Einkommen eingesetzt. Diese sogenannte Imputation erfolgt auf Basis einer multivariaten Analyse (OLS-Regression) mit den erklärenden Variablen Geschlecht, Alter sowie einem Interaktionsterm für das Geschlecht und das Alter. Da für in einem Heim lebende Personen das tatsächliche Einkommen meist nur unzureichend angegeben wurde, wird in einer multivariaten Analyse, die das Einkommen als erklärende Variable enthält, für institutionalisierte Personen die Einkommensvariable auf den Wert Null gesetzt. Dieser Effekt wird durch die Hinzunahme einer Dummy-Variablen, die den Wert 1 hat, wenn eine Person in einem Heim lebt, kontrolliert.

Will man das Haushaltseinkommen als Ressource für die Gestaltung der eigenen Lebenslage interpretieren, so stellt sich die Frage, wie man die Einkommen verschieden großer Haushalte vergleichbar macht (vgl. dafür und für das folgende Atkinson, 1983; Hauser & Stubig, 1985; zusammenfassend Motel & Wagner, 1993). Der gleiche Einkommensbetrag ist mehr oder weniger viel wert, je nachdem wie viele

Personen davon leben müssen. Eine einfache Möglichkeit besteht darin, Pro-Kopf-Einkommen zu errechnen. Bei einer derartigen Rechnung wird aber die implizite Annahme gemacht, daß beim Nutzen, der aus einem Einkommen entsteht, keine Effekte der „Kostendegression" auftreten; diese gibt es aber, weil größere Haushalte z. B. Haushaltsgeräte nicht mehrfach benötigen.

Bei einer um die Haushaltsgröße bereinigten Einkommensberechnung ist es also im Grundsatz sinnvoll, nicht für jeden Kopf dasselbe Gewicht, nämlich 1, zu benutzen, sondern mit steigender Haushaltsgröße kleinere Gewichte einzusetzen.

Die angemessene Berücksichtigung der Kostendegression und von Sonderbedarfen für verschiedenste Haushaltstypen ist ein schwieriges Problem. In der internationalen Literatur findet sich eine Vielzahl von „Äquivalenzskalen", die für verschiedene Haushaltsgrößen die Gewichte für die einzelnen Personen angeben. In Deutschland ist eine Skala üblich, die aus den bis 1990 geltenden Regelsätzen abgeleitet ist, die die Sozialhilfe an unterschiedliche Haushaltstypen auszahlt. Diese Skala gibt dem „Haushaltsvorstand" ein Gewicht von 1, zusätzlichen Erwachsenen ein Gewicht von 0,8 und Kindern – mit steigendem Alter – Gewichte zwischen 0,45 und 0,9 (ohne Berücksichtigung von Sonderzuschlägen).

Da in der BASE-Ersterhebung die genaue Haushaltsstruktur nicht enthalten ist, wird zur Berechnung des *„Äquivalenzeinkommens"* für alle zweiten und weiteren Personen das Gewicht 0,8 benutzt. Da in fast allen BASE-Haushalten keine Kinder leben, fällt diese Vereinfachung kaum ins Gewicht. Auf der anderen Seite entsteht dadurch eine Äquivalenzskala, die der international viel genutzten OECD-Skala mit Gewichten von 0,7 für erwachsene Personen (neben dem Haushaltsvorstand) sehr nahe kommt.

Zu diskutieren ist nun noch der unter Umständen exorbitante Einkommensbedarf für pflegebedürftige (alte) Menschen. Es stellt sich die Frage, ob im Falle der Pflegebedürftigkeit ein gezielter Zuschlag auf die Äquivalenzskala vorgenommen werden sollte. Zur Beurteilung der Einkommenssituation im Alter ist jedoch nicht nur aufgrund der sozialen Pflegeversicherung, sondern insbesondere wegen der Sozialhilfe, die bei entsprechendem Bedarf für die Kosten der Pflege aufkommt, ein solcher Zuschlag nicht sinnvoll.

Die Beurteilung der „relativen Einkommensarmut" wird in der internationalen Literatur nicht für regional und altersmäßig eng abgegrenzte Populationen durchgeführt, wie beispielsweise für 70jährige und ältere Westberliner. Statt dessen wird relative Armut in der Regel anhand des Vergleichs der Einkommen einer Subpopulation mit dem nationalen Durchschnittseinkommen ermittelt (vgl. Hauser, 1994). Damit stellt sich das Problem, welcher der für die Bundesrepublik Deutschland verfügbaren Einkommensindikatoren das zu BASE methodisch passende Einkommenskonstrukt ist. Sicherlich kommen nur Indikatoren in Frage, die gleichartig erhoben werden. Wie nicht anders zu erwarten, weisen alle Erhebungen, die wir für das Jahr 1990 verglichen haben, unterschiedliche Durchschnittseinkommen aus. Deswegen wird als Referenzeinkommen für die Armutsanalysen das in der Mitte liegende Einkommen benutzt, das die Allgemeine Bevölkerungsumfrage der Sozialwissenschaften (ALLBUS) ausweist (vgl. auch Motel & Wagner, 1993). Diese Vorgehensweise ergibt eine „Armutsschwelle" von 854 DM Äquivalenzeinkommen pro Monat, wenn man der internationalen Literatur folgt und 50% des Durchschnittseinkommens einer Gesamtbevölkerung als Armutsschwelle definiert (vgl. Barr, 1993, S. 143ff.). Diese Armutsschwelle ist mit dem Sozialhilfeanspruch nicht direkt vergleichbar. Zu Illustrationszwecken sei dieser für einen Ein-Personen-Haushalt hier aber genannt: Er betrug im Jahre 1991 1.098 DM (einschließlich Wohngeldanspruch) (vgl. Bundesministerium für Familie und Senioren, 1993, S. 261).

2.5 Vermögen

Der Vermögensbegriff ist in der Literatur nicht einheitlich definiert. Vor diesem Hintergrund untersuchen wir das disponible Vermögen. Hierzu zählen das Sparbuch, das sogenannte „Sparstrumpfsparen", die nicht ausbezahlten Lebensversicherungen, nicht ausbezahlte Bausparverträge sowie „sonstige" Vermögenswerte, d.h. Wertgegenstände, -papiere, Sammlungen usw. Wir bilden den Brutto-Vermögensbesitz über die Anzahl der von den Befragten genannten Vermögensformen oder über eine Variable, die anzeigt, ob Geldvermögen vorliegt oder nicht, ab. Mit Ausnahme des „Sparstrumpfsparens" wurde dabei für jede Vermögensform auch ein Vermögensbetrag erhoben. Die Anzahl von Vermögensformen und die Vermögensbeträge korrelieren hoch, für die logarithmierten Vermögensbeträge errechnet sich eine Korrelation beider Größen von $r=0{,}79$ ($p<0{,}01$). Die Beträge weisen allerdings eine hohe Quote von Verweigerungen auf, so daß wir nur das Vorhandensein von Vermögen analysieren.

2.6 Selektionskontrolle

Bei multivariaten Modellschätzungen wie den von uns verwendeten OLS- und LOGIT-Modellen ist es möglich, den Einfluß der Stichprobenselektivität auf die abhängige Variable zu prüfen und zu kontrollieren (vgl. Heckman, 1979). Dabei wird als zusätzliche erklärende Variable die (transformierte) Wahrscheinlichkeit einer jeden Beobachtung aufgenommen, in der Stichprobe enthalten zu sein. Derartige Wahrscheinlichkeiten lassen sich bei BASE mit Hilfe der Informationen aus dem Einwohnermelderegister berechnen. Als erklärende Variablen wurden das Geschlecht, Alter, der Familienstand, ein Index für das Wohngebiet (vgl. Meinlschmidt, Imme & Kramer, 1990), ein Institutionalisierungsdummy und zwei weitere Interaktionsvariablen (zwischen Alter und Geschlecht sowie zwischen Alter und Institutionalisierung) gewählt. Als Schätzverfahren wurde ein PROBIT-Modell benutzt[2].

In die Schätzungen wird die Transformation dieser Wahrscheinlichkeit, der sogenannte Mill's Ratio, eingefügt. Wenn der Koeffizient dieser Variablen nicht signifikant ist, kann man davon ausgehen, daß die beobachtete Stichprobenselektivität keinen Einfluß auf das Ergebnis der statistischen Analysen hat. Ist der Koeffizient signifikant, so bereinigt er die Schätzung weitgehend um den Selektionseffekt. Es zeigt sich, daß in allen unseren Schätzungen, mit Ausnahme des Sparverhaltens und des Kontaktes zu professionellen Helfern (siehe unten), keine Selektionsverzerrung angezeigt wird.

3. Ergebnisse der empirischen Analysen

3.1 Einkommen und Vermögen als Ressourcen

3.1.1 Einkommen

Bei der Analyse der Einkommensverteilung beschränken wir uns auf Personen in Privathaushalten, da die Einkommensangaben von Heimbewohnern keine valide Messung der tatsächlichen Einkommen sind. Zudem haben sich die Angaben von Heimbewohnern zur Sozialhilfeabhängigkeit als unrealistisch niedrig erwiesen.

Vergleicht man die durchschnittlichen Haushaltseinkommen der 70jährigen und älteren Westberliner mit dem Durchschnittseinkommen aller Haushalte in der Bundesrepublik Deutschland, so ergibt sich das in der breiten Öffentlichkeit erwartete Bild: Das mittlere Haushaltseinkommen der 70jährigen und Älteren liegt deutlich unter dem Durchschnittseinkommen der Haushalte der jüngeren Altersgruppen. Diese Betrachtung vernachlässigt jedoch die Differenz der Haushaltsgrößen dieser Personengruppen. Analysiert man hingegen das persönliche Äquivalenzeinkommen, so kehrt sich das Bild um: Die 70jährigen und älteren Westberliner verfügen mit 1.906 DM pro Monat über ein höheres durchschnittliches Äquivalenzeinkommen als der westdeutsche Durchschnittshaushalt mit 1.708 DM (vgl. für nähere Ausführungen Motel & Wagner, 1993). Dieser Befund widerspricht sicherlich nach wie vor gängigen Klischees von der „Altersarmut". Er ist allerdings für Fachleute wenig überraschend, da in den alten Bundesländern das Äquivalenzeinkommen der alten Menschen seit Jahren weitgehend dem Durchschnitt entspricht[3].

Abbildung 1 zeigt eine deutlich erkennbare Streuung der Äquivalenzeinkommen; allerdings liegen nur wenige Beobachtungen jenseits der Grenzen für relative Armut und relativen Wohlstand. Auf die Definition von Wohlstand gehen wir unten ein. Freilich ist die Streuung nicht zufällig; auch alte Menschen sind aus ökonomischer Sicht keine homogene Gruppe.

Die Analyse auf Grundlage von BASE zeigt, daß alte Frauen hinsichtlich des Äquivalenzeinkommens deutlich schlechter gestellt sind als die Männer derselben Altersgruppe (vgl. Tabelle 1 sowie Mayer & Wagner, Kapitel 9). Darüber hinaus gibt es bei den Männern keine Differenz zwischen den 70- bis 84jährigen und den 85jährigen und Älteren. Die sehr alten Frauen (85jährig und älter) haben hingegen eine signifikant niedrigere Wohlfahrtsposition als die 70- bis 84jährigen Westberlinerinnen. Für diese Effekte dürfte die Ausgestaltung von Hinterbliebenenrenten ausschlaggebend sein. Im Hinterbliebenenfall behalten Witwer in der Regel ihre vorherige Rente vollständig, wodurch sich das Äquivalenzeinkommen verbessert, da mit der verstorbenen Frau deren Bedarf bei der Ermittlung dieses Einkommens wegfällt. Auf der anderen Seite sind Frauen, die über keine vollständige Erwerbsbiographie verfügen, bei einer Verwitwung vorwiegend auf die niedrigere

2 Wir danken Ulrich Pötter für die Schätzung dieses Modells.
3 Vgl. Hauser & Wagner (1992), Motel & Wagner (1993) für detaillierte BASE-Auswertungen sowie Hauser, Frick, Müller & Wagner (1994) für einen innerdeutschen Vergleich.

Abbildung 1: Äquivalenzeinkommen der BASE-Teilnehmer nach Alter.

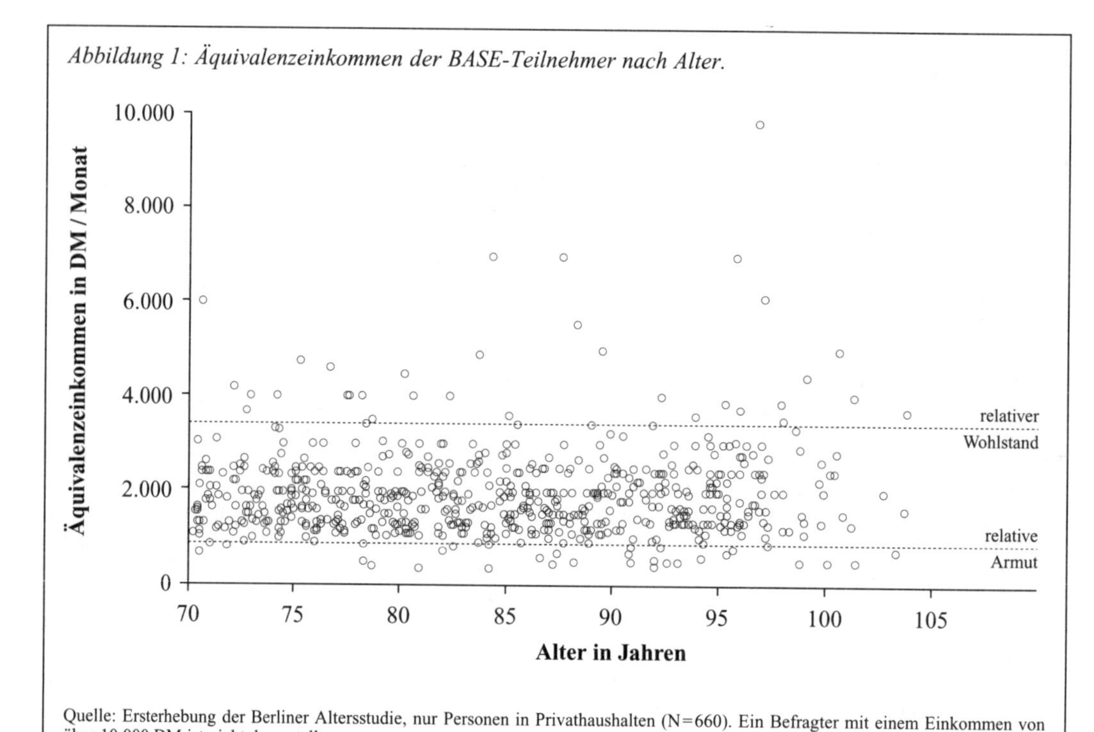

Quelle: Ersterhebung der Berliner Altersstudie, nur Personen in Privathaushalten (N=660). Ein Befragter mit einem Einkommen von über 10.000 DM ist nicht dargestellt.

Witwenrente angewiesen. Bei sehr alten Frauen macht sich in diesem Zusammenhang ein Kohorteneffekt bemerkbar: Sie weisen weniger Erwerbsjahre und damit geringere eigene Versorgungsansprüche auf als die 70- bis 84jährigen (vgl. Maas et al., Kapitel 4; Maas & Staudinger, Kapitel 21).

3.1.2 Einkommensarmut

Aus sozialpolitischer Perspektive ist vor allem der Anteil derjenigen Personen von Interesse, deren Einkommen nicht ausreicht, grundlegende – gemessen an Expertenstandards – Konsumbedürfnisse zu befriedigen und so hinreichend am gesellschaftlichen Leben zu partizipieren. Unter diese Armutsgrenze fallen etwa 3% der hier betrachteten alten Westberliner. Die Anteile unterscheiden sich für Männer und Frauen kaum.

Bei den Männern ist auch in bezug auf Einkommensarmut – wie schon beim mittleren Einkommen – keine signifikante Differenz zwischen den 70- bis 84jährigen und den 85jährigen und Älteren zu beobachten, während Frauen, die zu dieser Gruppe der Hochbetagten zählen, ein erhöhtes Armutsrisiko gegenüber den jüngeren Altersgruppen aufweisen (Ta-

Tabelle 1: Mittlere Äquivalenzeinkommen; Niveauunterschiede zwischen Geschlechtern und Altersgruppen (N=660).

	Äquivalenzeinkommen (in DM)
Männer	2.046
Frauen	1.851 **
70–84 Jahre	1.936
85+ Jahre	1.766 *
Männer	
70–84 Jahre	2.044
85+ Jahre	2.060
Frauen	
70–84 Jahre	1.891
85+ Jahre	1.683 **

Signifikanzniveau: * p<0,10; ** p<0,05.
Anmerkung: Angaben gewichtet nach Alter und Geschlecht; nur Personen in Privathaushalten.

Tabelle 2: Armut, Sozialhilfe und Wohlstand (BASE-Ersterhebung)[1].

	Armut[2] **N=660**	**Sozialhilfe**[2] **N=778**	**Sozialhilfe**[3] **N=903**	**Wohlstand**[2] **N=660**
Alle	3,2%	3,8%	5,5%	3,6%
Männer	2,8%	1,7%	2,8%	6,4%
Frauen	3,3%	4,5%*	6,5%**	2,5%**
70–84 Jahre	2,5%	3,3%	4,4%	4,1%
85+ Jahre	6,4%**	5,9%	9,8%***	1,4%
Männer				
70–84 Jahre	3,0%	1,3%	2,1%	6,5%
85+ Jahre	1,5%	4,1%	6,4%	6,2%
Frauen				
70–84 Jahre	2,3%	4,1%	5,3%	3,1%
85+ Jahre	7,8%***	6,3%	10,7%**	0,1%*
Familienstand				
verheiratet	3,5%	0,2%	0,4%	1,6%
verwitwet	1,6%	2,9%	4,4%	4,5%
geschieden	10,4%	17,9%	21,0%	1,3%
ledig	3,1%***	3,2%***	6,9%***	6,8%*
Alleinlebend				
ja	3,2%	5,3%	7,7%	4,9%
nein	3,1%	0,5%***	0,5%***	0,6%***
Bildung				
niedrig	4,8%	7,1%	9,6%	0,6%
mittel	3,2%	1,6%	3,0%	0,9%
hoch	1,8%	4,2%***	4,3%***	12,3%***

Signifikanzniveau: * $p<0{,}10$; ** $p<0{,}05$; *** $p<0{,}01$.
Anmerkung: Alle Angaben sind nach Alter und Geschlecht gewichtet.
1 Als „arm" bzw. „wohlhabend" bezeichnen wir Personen, deren Äquivalenzeinkommen weniger als 50% bzw. mehr als 200% des arithmetischen Mittelwertes für das Gebiet der alten Länder der Bundesrepublik Deutschland beträgt. Dieser Wert liegt gemäß ALLBUS 1990 bei 1.707 DM.
2 Ohne Heimbewohner. Bei diesen Subgruppen resultieren die Differenzen in den Fallzahlen aus einer jeweils unterschiedlichen Anzahl gültiger Fälle.
3 Einschließlich der Heimbewohner.

belle 2). Die Armutsquoten liegen jedoch durchweg nicht über denen der Gesamtbevölkerung (vgl. dazu z. B. Hanesch et al., 1994).

Überraschenderweise ergeben sich keine signifikanten Unterschiede nach dem Bildungsabschluß[4], obwohl in Deutschland die Einkommen mit dem Bildungsniveau ansteigen. Dieser unerwartete Befund mag zum einen methodisch bedingt sein, da die Fallzahlen der Einkommensarmen in der Stichprobe sehr klein sind. Zum zweiten ist Armut – in der gängigen Definition – ein Schwellenwertphänomen. Solange ein niedriges Einkommen über der „Armutsgrenze" liegt, gilt ein Mensch (im Sinne der von uns verwendeten Definition) nicht als „einkommensarm".

Das Armutsrisiko ist über das Alter hinaus vom Familienstand abhängig. Während Verwitwete nur gering von Armut betroffen sind, weisen Geschiedene die höchste Armutsquote auf. Im Falle der Verwitwung kommt es oft zur Kumulation der Hinterbliebenenrente mit eigenen Renten, die auch bei Frauen ausreichend hoch sind, um die geringe Armutsbetroffenheit von Witwen und Witwern zu er-

4 Multivariate Analysen wurden aufgrund der kleinen Fallzahlen der abhängigen Variablen nicht durchgeführt.

klären. Das erhöhte Armutsrisiko der Geschiedenen ergibt sich aus den – gemessen am Einkommensbedarf von Ein-Personen-Haushalten – unzureichenden Übertragungen von Renten- oder Pensionsansprüchen der Ex-Gatten. Wahrscheinlich sind hiervon in erster Linie Personen betroffen, deren Ehescheidung vor der Reform des Ehescheidungsrechts 1977/78 lag. Ein wichtiger Teil dieser Reform bestand gerade darin, die negativen Folgen der Ehescheidung für Altersversorgung zu begrenzen. Ob das Gesetz diese Funktion effektiv erfüllt, bleibt abzuwarten. Es kommt hinzu, daß ein Anstieg der Erwerbstätigkeit verheirateter Frauen deren ökonomische Unabhängigkeit vergrößert und damit gleichzeitig ihre Armutsrisiken im Alter verringert.

3.1.3 Sozialhilfe

Man findet unabhängig davon, ob man Alte oder sehr Alte in Privathaushalten oder in Heimen betrachtet, daß Frauen deutlich häufiger Sozialhilfe beziehen als Männer (Tabelle 2) (vgl. z. B. auch Voges & Rohwer, 1991)[5]. Der Sozialhilfebezug kommt im sehr hohen Alter (85jährig und älter), bei Personen in Heimen sowie bei Ein-Personen-Haushalten weitaus häufiger vor als bei jüngeren Alten (70–84 Jahre) und bei Personen in privaten Mehr-Personen-Haushalten. Am häufigsten sind sehr alte Frauen, die in Heimen leben, nicht mehr in der Lage, ihren Lebensunterhalt aus eigenen Mitteln zu finanzieren. Dies korrespondiert mit den Ergebnissen zur Einkommensarmut. Hinzu kommt das bei alten Frauen hohe Pflegefallrisiko, das vor Einführung der gesetzlichen Pflegeversicherung in Deutschland ein großes Sozialhilferisiko generierte. Wir können aufgrund der Frageformulierung im Erhebungsinstrument nicht sicher trennen, ob Sozialhilfe einkommens- oder pflegebedingt ist. Wir können auch nicht abschätzen, wie viele Personen ihre bestehenden Ansprüche auf Sozialhilfeleistungen nicht wahrnehmen. Sozialwissenschaftliche Untersuchungen gehen von einer Quote verdeckter Armut von 50% bis 100% der tatsächlichen Inanspruchnahme von Sozialhilfeleistungen aus (Bundesminister für Arbeit und Sozialordnung, 1992; Hauser & Semrau, 1989, 1990).

3.1.4 Wohlstand

Ebenso wie man das untere Ende der Einkommensskala aus sozialpolitischer Sicht gezielt betrachten sollte, kann man auch analysieren, wem es im Alter finanziell überdurchschnittlich gutgeht. Dahinter steht die Überlegung, ob man die Versorgungsansprüche einer nennenswerten Zahl alter Menschen kürzen oder stärker besteuern könnte, um dadurch die Abgabenlast für die Erwerbstätigen zu reduzieren. Wir untersuchen daher im folgenden „Wohlstand im Alter" und bezeichnen Personen als „wohlhabend", die ein Äquivalenzeinkommen beziehen, das mindestens doppelt so hoch wie das Durchschnittseinkommen ist. Dies entspricht 3.414 DM Äquivalenzeinkommen pro Monat. Bei der Bewertung dieser Marke ist zu beachten, daß mit diesem Geldbetrag aber noch nicht einmal ein durchschnittlicher Platz in einem Pflegeheim vollständig aus eigener Tasche finanziert werden könnte, da dafür mehr als 4.000 DM anzusetzen sind (vgl. z. B. Spieß & Wagner, 1993).

Es zeigt sich, daß die „Wohlstandschance" für alte Westberliner in derselben Größenordnung wie das Armutsrisiko liegt (knapp 4%). Erwartungsgemäß sind mehr wohlhabende Männer als Frauen zu beobachten. Für Männer gibt es zwischen den beiden Altersgruppen keine Differenzen, während unter den 85jährigen und älteren Frauen in der Stichprobe keine Wohlhabenden zu beobachten sind. Personen mit einem hohen Bildungsniveau haben eine weit höhere Wahrscheinlichkeit, zu den Wohlhabenden zu gehören.

Bildung erweist sich als entscheidende intervenierende Variable für Wohlstand, während sie keinen Einfluß auf das Armutsrisiko im Alter hat. Auch Ledige sind überdurchschnittlich häufig wohlhabend, da sie in der Regel über nahezu vollständig geschlossene Erwerbsbiographien verfügen.

3.1.5 Vermögen

Vermögen stellt neben dem Einkommen eine zweite bedeutende finanzielle Ressource im Alter dar (vgl. z. B. Schlomann, 1992). Wir stellen hier nur einige wenige Kennziffern vor (ohne tabellarische Darstellung); unter dem Gesichtspunkt des „Sparens im Alter" werden wir später auf multivariate Zusammenhänge eingehen.

5 Die Sozialhilfequoten für Heimbewohner weisen wir nicht gesondert aus. Motel und Wagner (1993) zeigen einen Zusammenhang fehlender Einkommensangaben mit der kognitiven Leistungsfähigkeit und der Institutionalisierung. Wir müssen davon ausgehen, daß dieser Zusammenhang auch für die Abfrage des Sozialhilfebezuges gilt. Gerade die genannten Gruppen beziehen aber häufiger Sozialhilfe als andere.

Unsere Untersuchungen zeigen eine stark unterschiedliche Bedeutung der verschiedenen Formen des Geldvermögens: Während Bausparverträge nur gering verbreitet sind, zeigt sich eine bedeutende Quote von noch nicht ausbezahlten Lebensversicherungen (9%). Das Sparbuch ist die am weitesten verbreitete Anlageform. 76% der alten Westberliner besitzen mindestens ein Sparbuch. Hingegen besitzt nur jeder vierte alte Mensch „sonstige Vermögenswerte". Wie für eine Großstadt zu erwarten ist, geben nur knapp 20% Immobilienbesitz an. Ebenfalls bedeutend – und in sozialpolitischer Hinsicht sicher nicht weniger gewichtig – ist die Gruppe der „Vermögenslosen". 15% der 70jährigen und älteren Westberliner haben keinerlei Vermögensbestände vorzuweisen.

13% geben die Vermögensanlage „Sparstrumpf" an, die keine Zinserträge bringt. Diese Sparform ist ineffizient, da der Sparstrumpf definitionsgemäß dasjenige Geld enthält, das für die täglichen Geschäfte nicht benötigt wird. Allerdings kann der Sparstrumpf auch als „Transaktionskasse" für spontane Geschenke an Kinder und Enkelkinder eingesetzt werden. Aus dieser Sicht ist „Sparstrumpfsparen" nicht von vornherein als gänzlich irrationales Verhalten zu klassifizieren.

3.2 Erwerbstätigkeit im Alter

Die Erwerbstätigkeit im Alter bedeutet eine fortdauernde Einbindung in die Arbeitsgesellschaft. Darüber hinaus kann die eigene Erwerbstätigkeit neben Renten- und Transfereinkommen sowie Vermögenserträgen auch im Alter eine Einkommensquelle darstellen. Es stellt sich die Frage, welche alten Menschen auch im Alter noch in das Erwerbsleben integriert sind und ob dem Erwerbseinkommen vor allem die Rolle eines Substituts für mangelnde Renten-, Transfer- und Vermögenseinkommen zufällt oder ob die Erwerbstätigkeit komplementär zu diesen Ressourcen ausgeübt wird.

Das Bild bei den 70jährigen und älteren Westberlinern entspricht dem westdeutschen Durchschnitt (vgl. Pischner & Wagner, 1992, und die dortige Diskussion; für die neuen Bundesländer vgl. Börsch-Supan & Schmidt, 1994): Erwerbstätigkeit ist nur extrem gering verbreitet. Die Erwerbsquote beträgt rund 3%, wobei es sich zu gleichen Teilen um Voll- und Teilzeiterwerbstätigkeiten handelt. Bei den 85jährigen und Älteren gibt es praktisch keine Erwerbstätigen mehr, während bei den unter 85jährigen 4% auf dem Arbeitsmarkt aktiv sind. Innerhalb der Gruppe der 70- bis 84jährigen sind die jüngeren mit etwas größerer Wahrscheinlichkeit erwerbstätig. Eine multivariate Analyse ist aufgrund der geringen Verbreitung der aktuellen Erwerbstätigkeit nicht sinnvoll.

Das Sozialprestige der ausgeübten Tätigkeiten liegt meist über dem Mittelwert der in den Erwerbsverläufen dieser Kohorten angegebenen Berufstätigkeiten. Wenngleich es auch Beschäftigungen mit geringem Prestige wie „Kassiererin" oder „Hauswartfrau" gibt, so überwiegen doch Tätigkeiten wie „Tanztrainer", „selbständiger Kaufmann" oder „Arzt" und „Gutachter".

Die Ergebnisse deuten darauf hin, daß Erwerbstätigkeit im hohen Lebensalter kumulativ zu überdurchschnittlichen Transfer- und Vermögenseinkommen hinzukommt und durch eine überdurchschnittliche Humankapitalausstattung bedingt ist. Umgekehrt heißt dies, daß in einer arbeitsteilig organisierten Konkurrenzgesellschaft die bloße Arbeitsfähigkeit im Alter nicht dazu ausreicht, auch tatsächlich erwerbstätig sein zu können. Ob ein arbeitsfähiger alter Mensch auch einen Arbeitsplatz findet, hängt im ökonomischen Kalkül letztlich von der Konkurrenz am Arbeitsmarkt ab.

3.3 Wohnen

3.3.1 Wohnformen und Wohnstandards

Die Wohnsituation ist eine entscheidende Ressource[6] für die Lebensqualität von Menschen. Sie gewinnt besondere Bedeutung, wenn in höherem Lebensalter die körperliche Mobilität eingeschränkt ist. Die Bewertung empirischer Analysen steht freilich vor dem Problem, daß die Datenlage über die konkreten Wohnbedürfnisse alter Menschen schlecht ist. „Altengerechtes Wohnen" wird – ebenso wie Armut – als Expertenstandard definiert. Die Mindestanforderungen an die Ausstattung von privaten Miet- oder Eigentumswohnungen definieren wir in Anlehnung an Stolarz (1992). Als modern ausgestattet gelten alle Wohnungen mit Bad/Dusche und Sammelheizung. Fehlt eines dieser Merkmale, die für die Aufrechterhaltung einer selbständigen Lebensführung im Alter zentral sind, wird von „Substandard" gesprochen. Eine differenziertere Typologie läßt die kleine Fall-

6 Man kann „Wohnen" auch als Teil des Konsums betrachten, da im Grundsatz jederzeit Entscheidungen über Umfang und Qualität des „Wohnkonsums" möglich sind. Wir betrachten Wohnen jedoch als Ressource, da ein Wohnungswechsel für viele Menschen, insbesondere auf dem Westberliner Wohnungsmarkt, nur außerordentlich schwer zu bewerkstelligen ist.

Tabelle 3: Wohnformen und Wohnungstypen der Haushalte alter Menschen (N=516).

	Anteile
Privater Mieterhaushalt	77 %
Privatwohnung	69 %
Seniorenwohnung	8 %
Privater Eigentümerhaushalt	13 %
Heimbewohner	9 %
Sonstige Privathaushalte	1 %
Gesamt	100 %

Anmerkung: Angaben gewichtet nach Alter und Geschlecht.

zahl der BASE-Stichprobe nicht zu. Für eine Analyse, die auch die Wohnumgebung und die Erreichbarkeit einer Wohnung einschließt, sei auf A. Motel und M. Wagner (1995) verwiesen.

Fast vier Fünftel der 70jährigen und älteren Westberliner leben in privaten Mieterhaushalten, während der Anteil derjenigen, die in selbstgenutztem Eigentum leben, mit 13% im Vergleich zum Bundesdurchschnitt sehr niedrig ist (Tabelle 3). Dies ist ein typisches Großstadtergebnis. Ein Anteil von 9% der alten Westberliner lebten in Heimen verschiedener Art (vgl. Linden et al., Kapitel 18). Die Heimquote nimmt mit steigendem Lebensalter zu, während die Aufteilung auf Mieter und Eigentümer altersgruppenspezifisch nicht variiert.

Immerhin 6% der 70jährigen und älteren Westberliner wohnen in Wohnungen, die nicht die Mindestanforderungen an modern ausgestattete Wohnungen erfüllen (vgl. auch Mayer & Wagner, Kapitel 9). Insgesamt ist der Zusammenhang von Minderausstattung der Wohnungen mit materiellen Ressourcen wenig ausgeprägt. Die Determinanten der Verteilung von Substandardwohnungen untersuchen wir mit einem LOGIT-Modell (Tabelle 4). Die Einflüsse werden in Form von „Odds-ratios" dargestellt, die angeben, inwieweit die Wahrscheinlichkeit für ein bestimmtes Ereignis von den einzelnen erklärenden Variablen gegenüber der Referenzgruppe angehoben (Odds-ratio größer 1) oder gesenkt wird (Odds-ratio kleiner 1). Die Abweichungen nach oben und unten sind prozentuale marginale Abweichungen. Bezüglich der Wahrscheinlichkeit, in einer Substandardwohnung zu leben, zeigt sich (Modell 1), daß Personen mit höherem Sozialprestige erwartungsgemäß seltener in ausgesprochen schlechten Wohnungen leben (Odds-ratio kleiner 1). Klassische ökonomische Ressourcen wie Vermögen, Einkommen und auch Immobilienbesitz haben jedoch keinerlei Einfluß auf den Wohnstandard (nicht-signifikante Odds-ratios gegenüber der Referenzgruppe). Gleichzeitig sind bei Kontrolle der Kovariaten Männer eindeutig benachteiligt. Es zeigen sich weder signifikante Alterseffekte, die wir erwartet hatten, weil durch zu geringe Mobilität billige, aber schlechter ausgestattete Wohnungen beibehalten werden, noch können wir zeigen (Modell 2), daß Seniorenwohnungen in signifikanter Weise besser ausgestattet sind als normale Mietwohnungen. Angesichts der Ziele des Wohnens in Seniorenwohnhäusern wäre dieses zu erwarten gewesen.

Tabelle 4: Wohnen im Substandard; LOGIT-Modell mit Odds-ratios (N=442).

	Modell 1	Modell 2
1		
Alter	0,97	0,96
Geschlecht (w=1)	0,29**	0,27**
Bildungsniveau[1]		
mittel	1,60	1,43
hoch	2,11	2,06
Sozialprestige	0,98**	0,98**
ADL-Wert	0,87	0,84
SMMCO	0,87	0,84
Lebende Kinder (1=ja)	1,09	1,04
Anzahl der lebenden Kinder	0,80	0,90
Äquivalenzeinkommen	1,00	1,00
Geldvermögensbesitz (1=ja)	1,05	1,00
Immobilienbesitz (1=ja)	1,26	2,51
2		
Wohnkosten	—	1,00
Wohnungsform[2]		
Seniorenwohnung	—	0,68
Eigentümerhaushalt	—	0,24
Mill's Ratio	10,47	12,06
P^2	0,09	0,12

Signifikanzniveau: * $p<0,10$; ** $p<0,05$.
Anmerkung: Nur Personen in Privathaushalten. Der Familienstand wurde aufgrund von Fallzahlproblemen aus dem Modell ausgeschlossen.
1 Referenz: niedrig.
2 Referenz: privater Mieterhaushalt.

3.3.2 Wohnkosten

Die Kosten des Wohnens determinieren wesentlich die sonstigen Konsummöglichkeiten. Seit Schwabe (1868) wird davon ausgegangen, daß in einer Querschnittsbetrachtung die relative Belastung durch Ausgaben für die Grundversorgung, zu denen auch die Wohnkosten gehören, um so höher ist, je niedriger das verfügbare Einkommen ist. Ein gutes Wohnen kann jedoch auch „demonstrativen Konsum" darstellen. Mit höherem Sozialstatus würden sich dann relativ höhere Wohnausgaben ergeben.

Private Mieterhaushalte von 70jährigen und älteren Westberlinern geben im Durchschnitt 633 DM bzw. etwa ein Viertel ihres Haushalts-Netto-Einkommens für das Wohnen aus. Erwartungsgemäß ist ihre relative Wohnkostenbelastung im untersten Einkommensbereich (operationalisiert als erstes Quartil[7]) mit 27% höher als im obersten Einkommensbereich (mit einer relativen Wohnkostenbelastung von 19% im vierten Quartil). Im zweiten Einkommensquartil sind mit 29% die relativen Wohnkosten am höchsten.

Mit einem Wohnkostenanteil von 34% an dem Haushalts-Netto-Einkommen weisen ehemalige Selbständige bei weitem die höchsten relativen Wohnkosten auf („Repräsentationseffekt"). Auch eine multivariate Analyse (siehe Tabelle 5) bestätigt, daß selbst bei Kontrolle anderer – die relativen Wohnkosten möglicherweise ebenfalls beeinflussenden – Variablen (ehemalige) Selbständige signifikant höhere relative Wohnkosten als ehemalige Arbeiter aufweisen. Allerdings haben ehemalige Angestellte signifikant geringere relative Wohnkosten als Arbeiter. Eine Bestätigung des Schwabeschen Gesetzes findet sich in dem signifikant negativen Effekt des Haushalts-Netto-Einkommens auf die relativen Wohnkosten. Tabelle 5 läßt außerdem erkennen, daß die relativen Wohnkosten, wie zu erwarten, signifikant durch die Zimmerzahl und den Wohnstandard bestimmt werden. Je mehr Zimmer eine Wohnung hat und je besser ihr Wohnstandard, desto höher ist die relative Wohnkostenbelastung. Keinen signifikanten Einfluß hat der „Sozialindex des Wohngebietes" (vgl. Meinlschmidt et al., 1990).

Tabelle 5: Relative Wohnkosten privater Mieterhaushalte; OLS-Regression (N=366).

	Regressions-koeffizienten
Alter (×0,001)	-0,05
Geschlecht (w=1)	0,02
Familienstand[1]	
verwitwet	0,02
geschieden	0,05 *
ledig	0,03
Letzte berufliche Stellung[2]	
Selbständige	0,05 ***
Angestellte	-0,02 *
Beamte	-0,02
Mithelfende Familienangehörige	0,05
Nie berufstätig	-0,01
Haushaltsgröße	0,01
Haushaltseinkommen (×0,001)	-0,01 ***
Geldvermögensbesitz	0,00
Substandard-Index[3]	-0,02 **
Zimmerzahl	0,05 ***
Wohndauer (×0,001)	-0,02
Sozialindex des Wohngebietes	0,00
Mill's Ratio	0,02
Konstante	0,29
R^2	0,55

Signifikanzniveau: * p<0,10; ** p<0,05; *** p<0,01.
Anmerkung: Nur Personen in privaten Mieterhaushalten. Die relativen Wohnkosten definieren wir als Anteil der monatlichen Aufwendungen für Miete, Betriebskosten, Heizung und sonstige Energieversorgung am Gesamteinkommen des Haushalts.
1 Referenz: verheiratet.
2 Referenz: Arbeiter.
3 0=moderne Ausstattung, 1=Substandard.

3.4 Inanspruchnahme professioneller Dienste

Im Hinblick auf die ökonomische Lage alter Menschen ist es wichtig zu wissen, ob und gegebenenfalls wie sie aktive Unterstützung bei der Regelung spezieller finanzieller Angelegenheiten und bei „Alltagsgeschäften" erhalten. Darüber ist in Deutschland wenig bekannt.

Etwa ein Viertel der 70jährigen und älteren Westberliner erhält Hilfe in Geldangelegenheiten. Berechnen wir LOGIT-Modelle für verschiedene Hilfetypen (Tabelle 6), so zeigt sich, daß professionelle Hilfe in Geldangelegenheiten (z. B. Steuerberater, Bankan-

7 Eine Bevölkerung wird in Quartile eingeteilt, indem sie nach der Höhe ihres Einkommens angeordnet wird. Ein Quartil umfaßt jeweils 25% der Bevölkerung. Im untersten (ersten) Quartil befinden sich die Einheiten mit dem niedrigsten Einkommen, im obersten (vierten) Quartil die höchsten Einkommen.

gestellte, Mitarbeiter des Sozialamts) komplementär zu höheren finanziellen Ressourcen und dem Bildungsniveau in Anspruch genommen wird, während die nicht-professionelle Hilfe durch das soziale Netzwerk nahezu unabhängig von ökonomischen Ressourcen vor allem alleinstehenden Frauen und sehr alten Menschen gewährt wird, gleichgültig, ob sie in ihren körperlichen und geistigen Funktionen eingeschränkt sind oder nicht. Dies äußert sich besonders darin, daß nicht generell allen Alleinstehenden informell geholfen wird, sondern eher Verwitweten, jedoch nicht Geschiedenen.

Neben den Hilfen für (größere) finanzielle Angelegenheiten ist für alte Menschen eine leicht erreichbare Hilfe bei vielerlei Alltagsgeschäften wichtig (vgl. auch Linden et al., Kapitel 18). Diese Hilfe wird oft informell gewährt, aber auch professionell. Professionelle Hilfe mag emotionale Defizite aufweisen, sie zeichnet sich jedoch definitionsgemäß durch Verläßlichkeit aus. Bei kleiner werdenden Kinderzahlen und der Zunahme von alltäglichen Koordinierungsproblemen dürfte professionelle Hilfe immer wichtiger werden. Deswegen ist eine Analyse der Kontakte alter Menschen mit professionellen Diensten von großem Interesse.

Neben den bereits dargestellten Hilfeleistungen in finanziellen Angelegenheiten (für 26% der Westberliner Alten) erhalten alle alten Menschen definitionsgemäß professionelle Unterstützung, die in Heimen leben (9%) oder professionelle Haushaltshilfe erhalten (18%). Daneben müssen diejenigen berücksichtigt werden, die angeben, regelmäßig zu Seniorenveranstaltungen zu gehen. So besuchen 24% der alten Menschen beispielsweise Tanzveranstaltungen für Senioren, Kirchenkreise oder ähnliche Veranstaltungen (Arztkontakte schließen wir hier aus). Da es alte Menschen gibt, die alle Hilfen gleichermaßen in Anspruch nehmen, ist der Anteil derjenigen, die irgendeine professionelle Hilfe bekamen, geringer als die Summe der genannten Anteile. Er beträgt gleichwohl beachtliche 48%.

Mit einer LOGIT-Analyse werden wiederum die Determinanten der Inanspruchnahme professioneller Hilfen betrachtet (Tabelle 7). Es dürfte nicht überra-

Tabelle 6: Hilfen in Geldangelegenheiten; LOGIT-Modelle mit Odds-ratios (N=452).

	Modell 1 Gesamt	**Modell 2 Soziales Netzwerk**	**Modell 3 Professionelle Hilfe**
Alter	1,04	1,09***	0,91**
Geschlecht (w=1)	2,02	2,52**	0,56
Familienstand[1]			
verwitwet	2,25**	2,86**	2,77
geschieden	0,58	0,30	1,51
ledig	1,94	4,20	1,19
Heimbewohner (1=ja)	2,31	0,90	5,04
Bildungsniveau[2]			
mittel	0,84	0,76	1,18
hoch	1,04	0,57	5,01***
Sozialprestige	1,01	1,00	1,01
ADL-Wert	0,87	0,90	0,82
SMMCO	0,90	0,88	1,06
Lebende Kinder (1=ja)	1,77	2,64**	0,94
Anzahl der lebenden Kinder	0,99	1,05	1,01
Äquivalenzeinkommen	1,00	1,00	1,04***
Geldvermögensbesitz (1=ja)	1,25	1,35	2,72
Immobilienbesitz (1=ja)	1,06	1,11	1,13
Mill's Ratio	1,76	1,03	34,96
P^2	0,12	0,20	0,19

Signifikanzniveau: ** $p<0,05$; *** $p<0,01$.
1 Referenz: verheiratet.
2 Referenz: niedrig.

schen, daß alleinstehende alte Menschen eine überdurchschnittliche Inanspruchnahme aufweisen. Diese wächst mit steigendem Äquivalenzeinkommen und darüber hinaus mit höherem Bildungsniveau. Während beispielsweise alte Westberliner mit mindestens mittlerer Reife und einem Berufsabschluß zu 57% Kontakte zu professionellen Diensten haben, sind es bei denjenigen ohne Volksschulabschluß nur 33%.

Die Bewertung dieser Befunde ist nicht einfach. Einerseits könnte man argumentieren, daß immerhin die Hälfte der alten Westberliner es nötig hat, professionelle Hilfen in Anspruch zu nehmen – und dies sei bereits zuviel (vgl. zu dieser Haltung z. B. Fink, 1990). Man kann aber auch argumentieren, daß etwa die Hälfte der Westberliner Handlungsreserven verschenkt, die in der Inanspruchnahme professioneller Dienste stecken. Da die Inanspruchnahme mit dem Qualifikationsniveau steigt, neigen wir der zweiten Interpretation zu. Das heißt, daß wir davon ausgehen, daß weniger alte Westberliner professionelle Dienste in Anspruch nehmen, als es in ihrem Interesse liegt.

Tabelle 7: Kontakt zu professionellen Diensten; LOGIT-Modell mit Odds-ratios (N=416).

	Modell
Alter	1,00
Geschlecht (w=1)	0,65
Familienstand[1]	
verwitwet	3,19***
geschieden	2,54*
ledig	4,55***
Bildungsniveau[2]	
mittel	1,46
hoch	2,19**
Sozialprestige	1,01***
ADL-Wert	0,82*
SMMCO	1,02
Lebende Kinder (1=ja)	0,93
Anzahl der lebenden Kinder	1,17
Äquivalenzeinkommen (×0,001)	1,44*
Immobilienbesitz (1=ja)	0,85
Sozialhilfebezug (1=ja)	2,10
Zinseinkünfte, Miet- oder Pachteinnahmen (1=ja)	1,84
Mill's Ratio	55,78***
P^2	0,15

Signifikanzniveau: * p<0,10; ** p<0,05; *** p<0,01.
Anmerkung: Nur Personen in Privathaushalten. Kontakt zu professionellen Diensten definieren wir als gegeben, wenn die Befragten Hilfen bei der Erledigung ihrer finanziellen Angelegenheiten von professionellen Helfern erhalten, Veranstaltungen für Senioren besuchen oder professionelle Haushaltshilfen nutzen.
1 Referenz: verheiratet.
2 Referenz: niedrig.

3.5 Spar- und Transferverhalten

Das Spar- und Transferverhalten (d. h. Schenken und Vererben) älterer Menschen ist nicht nur für ihre eigene wirtschaftliche Situation von Bedeutung, sondern diese Handlungen stellen ein direktes „Scharnier" zwischen der alten, mittleren und jungen Generation in einer Gesellschaft dar. Je nachdem, welche Motive für das Sparen, Vererben und Transfers an die jüngere Generation zu Lebzeiten des älteren Menschen eine Rolle spielen, wird das Ansparverhalten während des Lebenslaufes unterschiedlich beeinflußt und die Abgabebereitschaft der mittleren Generation, die die Versorgungsleistungen für die im Ruhestand befindliche Generation erwirtschaften muß, befördert oder gedämpft.

3.5.1 Sparverhalten

Sparen wird einerseits von der Sparneigung (die durch Sparmotive determiniert wird) und andererseits durch das Vorhandensein ökonomischer Ressourcen und damit der Möglichkeit zu sparen bestimmt (wir nennen dies die *„Möglichkeitshypothese"*).

Das „klassische" Sparmotiv der ökonomischen Theorie ist das *Liquiditätsmotiv*, das im Hinblick auf das Alter auch unter dem Stichwort *„Lebenszyklushypothese"* diskutiert wird (vgl. Modigliani & Brumberg, 1954). Diese besagt, daß Menschen in jungen Jahren sparen, um im Ruhestand durch Entsparen über ein ausreichendes Einkommen zu verfügen. Dieses Liquiditätsmotiv verliert mit dem Vorhandensein einer gesetzlichen Rentenversicherung, wie sie in der Bundesrepublik existiert, allerdings an Bedeutung.

Aber selbst wenn der normale Bedarf im Alter durch umlagefinanzierte Altersvorsorgesysteme gesichert ist, bleibt das Problem eines außerordentlichen Bedarfs aufgrund von Pflegebedürftigkeit (*Vorsichtsmotiv*). Wer bislang Sozialhilfeabhängigkeit im Falle einer Pflegebedürftigkeit vermeiden wollte (oder künftig von der Selbstbeteiligung[8], die auch die Pflegeversicherung vorsieht, nicht empfindlich getroffen werden will), mußte auch im höchsten Lebensalter noch Rücklagen haben. Daraus kann sich trotz umlagefinanzierter Altersvorsorge noch eine positive Sparquote für das Alter ergeben. (Als Sparquote wird üblicherweise der Anteil der Ersparnisse am verfügbaren Einkommen bezeichnet.)

Das Sparmotiv der Lebenszyklushypothese und andere Sparmotive können mit dem Querschnittsdatensatz der Berliner Altersstudie nur bedingt geprüft werden, da eigentlich Individuen über ihren Lebenszyklus hinweg beobachtet werden müßten (vgl. z. B. Hurd, 1987). Schwierigkeiten der Verwendung von Querschnittsdaten bei der Analyse des Spar- und Transferverhaltens älterer Menschen können unter anderem auch darin begründet liegen, daß Vermögende wahrscheinlich länger als Nicht-Vermögende leben (wie US-amerikanische Untersuchungen zeigen) und dadurch hochbetagte Menschen, wie sie an BASE teilnehmen, ceteris paribus ein höheres Vermögen haben (Shorrocks, 1975; vgl. auch Mayer & Wagner, Kapitel 9). Ebenso können mit Hilfe der BASE-Daten Kohorten- und Alterseffekte auf das Spar- und Transferverhalten nicht eindeutig getrennt werden. Die Variable „Sparen“ ist eine nur grobe Proxy-Variable, die den Wert 1 hat (sonst 0), wenn mindestens eine Sparform angegeben wurde (Sparbuchsparen, „Sparstrumpfsparen“, Bausparen, Lebensversicherung, sonstiges Vermögen; Immobilienbesitz wird nicht als Sparen in diesem Sinne angesehen). Es ist also nicht bekannt, ob tatsächlich „Netto-Sparen“ vorliegt. Diese grobe Kategorisierung wurde gewählt, weil die Angaben über die Höhe der verschiedenen Sparbeträge sehr viele fehlende Werte aufweisen (38% der Fälle).

Der Anteil der Sparer (präzise gesagt: der Anteil der Personen, die den Besitz eines Sparbuches angeben) beträgt 76%. Betrachtet man den Spareranteil in verschiedenen Altersgruppen, kann der Lebenszyklushypothese auf den ersten Blick eine gewisse Berechtigung nicht abgesprochen werden. Unter den 80jährigen und Älteren ist der Anteil der Sparer geringer als in den darunter liegenden Altersgruppen. So beträgt er z. B. in der Altersgruppe der 75- bis 79jährigen 91% und fällt dann in der Altersgruppe der 90- bis 94jährigen auf 71% ab. Die multivariate Analyse mit „Selektionskorrektur“ zeigt allerdings (vgl. Tabelle 8), daß die Wahrscheinlichkeit zu sparen mit dem Alter nicht abfällt, wenn andere Faktoren, wie z. B. die Bildung und das Einkommen, berücksichtigt werden (eine Umrechnung der Odds-ratios für die Altersvariable ergibt lediglich Wahrscheinlichkeiten, die von 77% auf 75% abfallen)[9].

Dieses Ergebnis unterstützt die Lebenszyklushypothese des Sparens nicht. Der Befund entspricht Ergebnissen, die einen breiteren Altersbereich umfassen und für die gesamte Bundesrepublik Deutschland gelten. Börsch-Supan (1992) führt diesen Befund darauf zurück, daß durch das ausgebaute Alters- und Krankenversicherungssystem in der Bundesrepublik nur eine eingeschränkte Notwendigkeit besteht, für das Alter privates Kapital anzusparen (vgl. auch Mirer, 1994). Entsprechend zeigt sich, daß die „Möglichkeitshypothese“ bei der Erklärung der Wahrscheinlichkeit zu sparen eine große Rolle spielt. Allerdings muß berücksichtigt werden, daß hier nicht die Sparquoten, sondern nur die Entscheidung, ob überhaupt gespart wird, analysiert wird. Schließlich könnten mit zunehmendem Alter verstärkt „response“-Probleme auftreten, da möglicherweise einige Studienteilnehmer über ihr Sparverhalten keine genauen Angaben machen können.

Die beiden in Tabelle 8 dargestellten Modelle zeigen als signifikante Effekte, daß mit zunehmendem Äquivalenzeinkommmen erwartungsgemäß die Wahrscheinlichkeit zunimmt, daß ältere Menschen sparen. Außerdem zeigen sich Bildungseffekte, d. h., ältere Menschen mit einem niedrigen Bildungsabschluß (Volksschule ohne Berufsausbildung) weisen eine deutlich geringere Wahrscheinlichkeit zu sparen auf als besser Ausgebildete. Neben reinen Einkommenseffekten scheint es also auch Schichteffekte zu geben. Es ist bemerkenswert, daß mit zunehmender Anzahl telefonischer Kontakte von älteren Menschen zu ihren Kindern die Wahrscheinlichkeit zu sparen zunimmt. Der signifikante Odds-ratio der Variablen „Anzahl der Kinder“ in Modell 1 bestätigt die Vermutung, daß mit zunehmender Kinderzahl die Ausgaben für die Kinder in den Phasen ihrer finanziellen Abhängigkeit von den Eltern so hoch waren, daß die Möglichkeiten der Eltern, in höherem Alter zu sparen, geringer sind.

Modell 2 zeigt außerdem, daß Personen, die angeben, ein Testament gemacht zu haben, mit einer größeren Wahrscheinlichkeit sparen als ihre Referenzgruppe. Diese beiden Ergebnisse können als erster Hinweis auf ein Vererbungsmotiv (speziell an die Kinder) betrachtet werden. Daß auch ältere Men-

8 Die Selbstbeteiligung besteht darin, daß die sogenannten „Hotelkosten“ in Pflegeheimen nicht von der Pflegeversicherung erstattet werden.

9 Die Wahrscheinlichkeit zu sparen wurde anhand eines fiktiven Beispielfalls einer Witwe mit Kindern berechnet, die in einem Privathaushalt lebt, ein mittleres Bildungsniveau aufweist, durchschnittliche ADL- und SMMCO-Werte erreicht sowie durch ein durchschnittliches Äquivalenzeinkommen charakterisiert ist. Es wurden ihr verschiedene Altersstufen zugewiesen.

Tabelle 8: Sparverhalten[1]*; LOGIT-Modelle mit Odds-ratios (Modell 1: N=443; Modell 2: N=425).*

	Modell 1	Modell 2
1		
Alter	1,00	0,99
Geschlecht (w=1)	1,26	1,18
Familienstand[2]		
verwitwet	0,48	0,56
geschieden	0,70	0,80
ledig	0,36	0,50
Heimbewohner (1=ja)	1,06	0,99
Bildungsniveau[3]		
mittel	2,15**	1,95*
hoch	3,36***	2,78**
ADL-Wert	1,01	0,97
SMMCO	1,37**	1,29*
Lebende Kinder (1=ja)	0,91	1,40
Anzahl der lebenden Kinder	0,78*	0,82
Telefonkontakt mit Kindern (×0,1)	1,03*	—
Äquivalenzeinkommen (×0,001)	1,82**	1,65*
Immobilienbesitz (1=ja)	1,20	1,04
2		
Erbschaft gemacht (1=ja)		2,20*
Testament verfaßt (1=ja)	—	2,31***
Mill's Ratio	0,05*	0,06*
P^2	0,21	0,22

Signifikanzniveau: * p<0,10; ** p<0,05; *** p<0,01.
1 Angabe zumindest einer Sparform: Sparbuchsparen, Sparstrumpfsparen, Bausparen, Lebensversicherung, sonstiges Vermögen (ohne Berücksichtigung von Immobilienbesitz).
2 Referenz: verheiratet.
3 Referenz: niedrig.

schen, die angeben, seit 1960 eine Erbschaft gemacht zu haben, mit signifikant höherer Wahrscheinlichkeit sparen, unterstützt außerdem die „Möglichkeitshypothese".

3.5.2 Vererbungsverhalten

Neben den auf die eigene Person bezogenen Sparmotiven im Alter kann es *Vererbungsabsichten* geben, die das Sparen beeinflussen. Als explizite Erbmotive werden in der ökonomischen Theorie Altruismus, Strategie und „letzter Konsum" genannt:

1. Beim altruistischen Erbmotiv (vgl. z. B. Barro, 1974) erfährt der Erblasser noch während seines Lebens Nutzen aus der Tatsache, daß sein Vermögen nach seinem Tod seinen Erben zugute kommt.
2. Beim „letzten Konsum" (vgl. z. B. Blinder, 1974) wird angenommen, daß der Nutzen des künftigen Erblassers um so höher ist, je höher die vererbte Summe ist – unabhängig davon, wie sich dadurch die wirtschaftliche Situation der Erben verbessert.
3. Beim strategischen Vererbungsmotiv (vgl. z. B. Bernheim, Schleifer & Summers, 1985) benutzen ältere Menschen ihr Vermögen als Instrument, um das Verhalten der potentiellen Erben zu beeinflussen, z. B. im Hinblick auf alltägliche Zuwendungen und gegebenenfalls Pflege.

Aus dem Vererben kleiner und großer Vermögen kann man allerdings nicht unmittelbar auf das Vorhandensein eines systematischen Vererbungsmotivs schließen, da ein Restvermögen zum Todeszeitpunkt auch dadurch entstehen kann, daß niemand seinen Todeszeitpunkt kennt (vgl. z. B. Davies, 1981)[10]. Aber auch anhand der Feststellung, ob ein Testament verfaßt wurde oder nicht, kann nicht eindeutig auf Vererbungsmotive geschlossen werden, da es eine wohldefinierte gesetzliche Erbfolge gibt. Lediglich „Vererbungsstrategien" können mit Hilfe der Angaben über ein Testament analysiert werden.

Nach Hochrechnung der Angaben der BASE-Teilnehmer haben 55% der Westberliner Altenbevölkerung ein Testament verfaßt. (Bei den Männern sind dieses 61%, bei den Frauen nur 52%). Im Rahmen einer multivariaten Analyse wurden zwei Modelle geschätzt, die die Wahrscheinlichkeit, ein Testament abzufassen, erklären.

Wie Tabelle 9 zeigt, nimmt erwartungsgemäß mit zunehmendem Alter die Wahrscheinlichkeit zu, ein Testament abzufassen. Hochsignifikant sind ebenfalls die Effekte, daß sowohl Geschiedene wie auch Verwitwete mit einer sehr viel geringeren Wahrscheinlichkeit ein Testament abfassen als Verheiratete. Es kann vermutet werden, daß Verheiratete zunächst die gesamte Erbschaft an den noch lebenden Partner übertragen und die Kinder vorerst von der Erbschaft ausschließen wollen. Dieses Motiv spielt bei Verwitweten und insbesondere Geschiedenen definitionsgemäß keine Rolle mehr. Sehr deutlich wird außerdem, daß diejenigen ein Testament

10 Außerdem existiert darüber hinaus kein perfekter „Annuitätenmarkt", der eine kostengünstige „Verrentung" des Vermögens möglich macht und dadurch eine Unabhängigkeit vom tatsächlichen Todeszeitpunkt ermöglicht (vgl. auch Masson, 1983).

abfassen, die quantitativ mehr zu vererben haben, d. h. die Geldvermögens- und Immobilienbesitzer sowie diejenigen, die selbst eine Erbschaft gemacht haben. Der signifikant negative „Kindereffekt" in Modell 2 (Odds-ratio 0,52) könnte dadurch erklärt werden, daß Kinder in der gesetzlichen Erbfolge ohnehin an der Erbschaft beteiligt sind, während Kinderlose, um ihr Vermögen nicht weit entfernten Verwandten (oder dem Staat) zufließen zu lassen, explizit Erben in einem Testament festlegen müssen.

Die Kontakthäufigkeit zu den Kindern hat dagegen keinen signifikanten Einfluß auf die Wahrscheinlichkeit, ein Testament abzufassen. Insgesamt zeigt sich, daß Vermögende erwartungsgemäß explizit über die Verteilung ihres Vermögens nach ihrem Tode nachdenken. Strategische Erbmotive scheinen keine bedeutende Rolle bei der Abfassung eines Testaments zu spielen.

3.5.3 Transfers zu Lebzeiten des Transfergebers

Auch die Bedeutung von Transfers zu Lebzeiten des Transfergebers wurde für die Bundesrepublik bislang nicht repräsentativ untersucht, obwohl die Alltagserfahrung und theoretische Überlegungen dafür sprechen, daß ein Transfer zu Lebzeiten ein zielgenaueres Instrument einer strategischen Transferabsicht sein kann als die Vererbung, d. h. ein Transfer nach dem Tode (vgl. Cremer & Pestieau, 1993; für eine detailliertere deskriptive Analyse der Geber und Empfänger finanzieller Unterstützungsleistungen vgl. Motel & Spieß, 1995).

Die vorgezogene Erbfolge in Form der Überschreibung von Haus- und Grundbesitz zu Lebzeiten kommt offenbar bei den Westberliner Alten (unter Umständen aufgrund der niedrigen Wohneigentumsquoten) nicht häufig vor. Nur eine Person in der Stichprobe gab an, eine solche Überschreibung vorgenommen zu haben.

38% der Westberliner Altenbevölkerung mit lebenden Kindern oder Enkeln unterstützen diese auch finanziell. Dieser hohe Anteil dürfte ein „Berlin-Effekt" sein, da nur wenige alte Studienteilnehmer über nennenswerten Immobilienbesitz verfügen[11]. Auch die Höhe dieser Transfers ist nicht zu vernachlässigen. Diejenigen, die Transfers an ihre Kinder geben, reichen im Mittel fast 7.000 DM pro Jahr an die jüngere Generation weiter. (Bei Ausschluß von drei Extremwerten liegt das arithmetische Mittel bei

Tabelle 9: Vererbungsverhalten[1]; LOGIT-Modelle mit Odds-ratios (Modell 1: N=442; Modell 2: N=449).

	Modell 1	**Modell 2**
1		
Alter	1,04*	1,05**
Geschlecht (w=1)	1,16	1,19
Familienstand[2]		
verwitwet	0,55*	0,48**
geschieden	0,24***	0,30**
ledig	0,55	0,46
Heimbewohner (1=ja)	0,43*	0,45
Bildungsniveau[3]		
mittel	1,20	0,91
hoch	1,86*	1,51
ADL-Wert	1,18	1,15
SMMCO	0,99	1,05
Lebende Kinder (1=ja)	0,67	0,52*
Anzahl der lebenden Kinder	0,90	0,92
Telefonkontakt mit Kindern (×0,1)	1,03	—
Äquivalenzeinkommen (×0,001)	1,11	1,01
Geldvermögensbesitz (1=ja)	2,93***	2,55***
Immobilienbesitz (1=ja)	1,62*	1,67*
2		
Erbschaft gemacht (1=ja)	—	1,96**
Transfer an Kinder (1=ja)	—	1,66
Mill's Ratio	0,76	0,55
P^2	0,12	0,14

Signifikanzniveau: * p<0,10; ** p<0,05; *** p<0,01.
1 Verfassen eines Testaments („Haben Sie ein Testament gemacht?").
2 Referenz: verheiratet.
3 Referenz: niedrig.

11 Im Sozio-oekonomischen Panel (SOEP), einer für Westdeutschland repräsentativen Befragung (vgl. G. Wagner, Schupp & Rendtel 1994), gaben im Jahre 1993 nur 9% der 70jährigen und Älteren an, ihre Kinder oder „sonstige Verwandte" finanziell zu unterstützen (eigene Berechnungen). Diese Quote ergibt sich aus den Antworten auf eine Frage, die am Ende eines Fragenblockes über Einkommen und Abgaben steht: „Haben Sie persönlich im letzten Jahr (...) Zahlungen oder Unterstützungen an Verwandte oder sonstige Personen außerhalb dieses Haushalts geleistet?" Hingegen wurde in BASE im Rahmen des Intensivprotokolls nach „regelmäßigen" wie auch „unregelmäßigen" Unterstützungen von Kindern und Enkelkindern gefragt. Durch diesen Fragenkontext sind bei BASE höhere Unterstützungsangaben zu erwarten. Freilich erklärt dies nicht die große Differenz zum SOEP. Bei BASE sind auch die angegebenen Beträge höher als im SOEP, wo nur 4.170 DM pro Jahr angegeben werden. Diese Differenz könnte durch das hohe Durchschnittseinkommen der BASE-Teilnehmer erklärbar sein.

jährlich insgesamt 4.000 DM. Der Mittelwert der Transfers an die Enkel liegt mit knapp 2.500 DM deutlich niedriger.)

Wiederum kann mit LOGIT-Modellen multivariat geprüft werden, wie innerhalb der Gruppe derjenigen, die Kinder haben, die Teilgruppe zu charakterisieren ist, die ihre Kinder finanziell unterstützt. Es kann somit analog zu den Vererbungsmotiven die Hypothese eines strategischen oder altruistischen Transfermotivs geprüft werden: Werden Kinder unterstützt, um Einfluß auf ihr Verhalten auszuüben, oder unterstützen die Eltern ihre Kinder selbstlos? Tabelle 10 zeigt die Ergebnisse der LOGIT-Schätzungen: Männer geben mit einer signifikant höheren Wahrscheinlichkeit einen Transfer an ihre Kinder als Frauen an. Weitergehende Analysen zeigen, daß dieser Geschlechtseffekt deshalb auftritt, weil Männer in einem bestimmten Alter jüngere Kinder haben als gleichaltrige Frauen. Je jünger die Kinder aber sind, desto eher werden sie von ihren Eltern finanziell unterstützt (Motel & Spieß, 1995).

Die Trennung der Analyse für die Subpopulationen der alleinlebenden älteren Menschen und der mit anderen zusammenlebenden älteren Menschen ergibt, daß sich in der Tat nur für Alleinlebende ein signifikanter Geschlechtsunterschied bezüglich des strategischen Transfermotivs zeigen läßt (ohne Tabelle). Je älter eine Person ist, desto geringer ist die Wahrscheinlichkeit eines Transfers an die Kinder. Je mehr telefonische Kontakte ältere Menschen mit ihren Kindern haben, desto größer ist die Wahrscheinlichkeit eines Transfers an die Kinder. Dies gibt einen ersten Hinweis auf die Bedeutung der Reziprozität von Transfers.

Das Äquivalenzeinkommen, das am unmittelbarsten die zur Verfügung stehenden ökonomischen Möglichkeiten widerspiegelt, hat keinen signifikanten Einfluß auf die Wahrscheinlichkeit, Transfers an Kinder zu geben. Dies dürfte allerdings darin begründet liegen, daß der Einfluß ökonomischer Ressourcen auf das Transferverhalten bereits über das Sozialprestige, das sehr hoch mit dem Einkommen korreliert, erfaßt ist. Im Modell 2, in dem statt der Kontaktvariable zwei Dummies aufgenommen werden, die anzeigen, ob eine Erbschaft gemacht wurde bzw. ob Kinder im Testament bedacht wurden, ergibt sich ein signifikant positiver Effekt der Kinderanzahl auf die Wahrscheinlichkeit eines Transfers an die Kinder (Odds-ratio 1,22). Dies könnte darauf zurückzuführen sein, daß Eltern mit mehreren Kindern im Sinne eines strategischen Transfermotives ihren Kindern eher finanzielle Anreize setzen müssen als Eltern mit weniger Kindern, da diese sich in geringerem Ausmaß die Verantwortung gegenüber den Eltern teilen können. Auf ein strategisches Transfermotiv deutet auch hin, daß im Gegensatz zum bloßen Einkommen das Sozialprestige positiv mit der Wahrscheinlichkeit verbunden ist, Transfers an die Kinder zu geben.

OLS-Regressionsmodelle zur Erklärung der Höhe der Transfers zeigen keine signifikanten Effekte. Als erklärende Variablen wurden dieselben exogenen Variablen wie im LOGIT-Modell 2 in Tabelle 10 verwendet.

Tabelle 10: Transferverhalten gegenüber Kindern[1]; LOGIT-Modelle mit Odds-ratios (Modell 1: N=284; Modell 2: N=291).

	Modell 1	Modell 2
1		
Alter	0,92 **	0,92 **
Geschlecht (w=1)	0,31 **	0,31 **
Familienstand[2]		
verwitwet	1,97	1,78
geschieden	0,39	0,39
Heimbewohner (1=ja)	0,18	0,19
Bildungsniveau[3]		
mittel	1,64	1,45
hoch	0,80	0,80
Sozialprestige	1,02 ***	1,01 ***
ADL-Wert	0,99	0,92
SMMCO	1,33	1,31
Kinder in Berlin (1=ja)	0,68	0,85
Anzahl der lebenden Kinder	1,19	1,22 *
Telefonkontakt mit Kindern (×0,1)	1,03 *	—
Äquivalenzeinkommen (×0,001)	0,99	1,00
Geldvermögensbesitz (1=ja)	0,63	0,66
Immobilienbesitz (1=ja)	1,09	0,97
2		
Erbschaft gemacht (1=ja)	—	1,25
Kinder im Testament bedacht (1=ja)	—	1,49
Mill's Ratio	6,96	6,16
P^2	0,15	0,15

Signifikanzniveau: * $p<0{,}10$; ** $p<0{,}05$; *** $p<0{,}01$.
Anmerkung: Nur Personen mit lebenden Kindern.
1 Regelmäßige oder unregelmäßige finanzielle Unterstützungsleistungen an mindestens eines der Kinder des Befragten in den zwölf Monaten vor dem Interview.
2 Referenz: verheiratet.
3 Referenz: niedrig.

4. Fazit und Schlußfolgerungen

Die Ergebnisse der Berliner Altersstudie, die 70jährige und ältere Westberliner umfaßt, dürften auch im Bereich „ökonomische Lage und ökonomisches Verhalten“ nur in sehr geringem Ausmaß von der besonderen Situation West-Berlins gekennzeichnet sein[12]. Vor diesem Hintergrund soll ein für Deutschland insgesamt gültiges Fazit gezogen und Schlußfolgerungen daraus formuliert werden.

Abbildung 2 stellt unsere wichtigsten Kennziffern dar. Im folgenden werden zuerst die Ergebnisse zu ökonomischen Ressourcen (Erwerbstätigkeit, Einkommen und Wohnen) zusammengefaßt und Anmerkungen zu möglichen sozialpolitischen Reformen gemacht. Anschließend wird die Verwendung des Einkommens in dem für alte Menschen zentralen Feld „sozialer Dienstleistungen“ dargestellt. Ein daraus entwickelter Reformvorschlag würde auch Altersarmut in Deutschland wirksam und rasch beseitigen können.

Nicht überraschend ist, daß die deutsche Rentengesetzgebung dazu führt, daß materielle Ungleichheiten während des Erwerbslebens auch im Ruhestand fortbestehen. Dies ist in der Marktwirtschaft Deutschlands gewollt, weil dadurch während der aktiven Zeit ein starker Leistungsanreiz ausgeübt wird. Diese Form des „Leistungsprinzips“ ist sozialpolitisch auch vertretbar, solange es nicht zu Armut im Alter führt, da im Ruhestand neben dem Renteneinkommen kaum noch andere Ressourcen mobilisiert werden können. Eine Analyse der Handlungsreserve „Erwerbstätigkeit und Nebenerwerbstätigkeit“ im Alter bestätigt die Vermutung, daß ab dem 70. Lebensjahr Erwerbstätigkeit – gleich welcher Art – praktisch keine Rolle mehr spielt (nur 3% der Westberliner Altenpopulation sind noch erwerbsaktiv). Die wenigen Erwerbstätigen in der Stichprobe kompensieren im übrigen keineswegs geringe Transfereinkommen, statt dessen erhöhen dadurch vorwiegend selbständig und freiberuflich tätige „alte Herrschaften“, denen ihre Tätigkeit vermutlich Freude bereitet, ihr ohnehin überdurchschnittliches Einkommen.

Auf der anderen Seite bestätigt BASE aber auch eine ganze Reihe von anderen Studien, die besagen, daß alte Menschen nicht in besonderer Weise durch Einkommensarmut bedroht sind. In West-Berlin sind es nur 3% der 70jährigen und Älteren, die weniger als die Hälfte des Durchschnittseinkommens zur Verfügung haben. Allerdings ist dieses Armutsrisiko noch zu hoch, da Einkommenslagen im hohen Alter sehr stabil sind (M. Wagner & Motel, 1995b). Zudem gibt es spezifische Ausreißer: die Gruppe der sehr alten Frauen und die Gruppe der Geschiedenen. Auch durch den seit 1977 gesetzlich erzwungenen Versorgungsausgleich werden nur die während einer Ehe erworbenen Rentenanwartschaften hälftig auf die geschiedenen Partner übertragen. Die höhere Hinterbliebenenrente berücksichtigt hingegen, daß in kleineren Haushalten relativ hohe Fixkosten anfallen. Verwitwete erhalten einen 20%-Zuschlag: Statt 50% des gemeinsamen Rentenanspruches erhalten sie 60% der Rente des Verstorbenen; dieser Zuschlag macht aus Sicht der hinterbliebenen Person 20% des hälftigen Rentenanspruchs aus.

Einen derartigen „Einzelpersonenzuschlag“ für Geschiedene einzuführen ist schwer vorstellbar. Zumindest in Einzelfällen könnte es zu Mißbrauch kommen, wenn ein Ehepaar sich scheiden lassen würde, um jeweils einen solchen Zuschlag zu erhalten, gleichwohl aber weiter zusammenleben würde. In einer Marktwirtschaft sollte Sozialpolitik vielmehr versuchen, die Situation der von Armut im Alter bedrohten Menschen durch den Erwerb höherer Altersvorsorgeanwartschaften (auch für Nichterwerbstätige) während der mittleren Lebensjahre zu verbessern (vgl. z. B. Rolf & Wagner, 1992; jüngst Gallon, Bank & Kreikebohm, 1994).

Die von BASE bestätigte These, daß die finanzielle Absicherung der alten Mitbürger in der Bundesrepublik Deutschland kein besonderes Problem mehr darstellt, gilt um so mehr, wenn die soziale Pflegeversicherung ausreichende Leistungen auszahlen wird. Freilich bedeutet dieser Befund nicht, daß die Fürsorge, die dann eintritt, wenn die Versicherungssysteme den Bedarf (z. B. gemessen am Sozialhilfeanspruch) nicht decken können, nicht im Detail verbesserungsbedürftig wäre. Dies gilt nicht nur im Hinblick auf die Höhe der Geldbeträge, sondern vor allem auch im Hinblick auf die Art und Weise, wie die Fürsorge vom Sozialamt gewährt wird. Wir werden unter dem Aspekt der sozialen Dienstleistungen unten noch näher darauf eingehen.

Daß in Deutschland alte Menschen ebenso am wirtschaftlichen Wohlstand wie die jüngere Bevölkerung partizipieren, zeigt unser Befund, daß wir etwa 4% der 70jährigen und älteren Westberliner als

12 Die Wohnverhältnisse sind sicherlich allenfalls für wenige Großstädte typisch. Darüber hinaus dürfte das große Ausmaß an finanzieller Unterstützung der Kinder und Enkelkinder für Deutschland untypisch sein, da die alten Berliner, die keine Immobilien besitzen, ihr Vermögen leichter stückweise verschenken können.

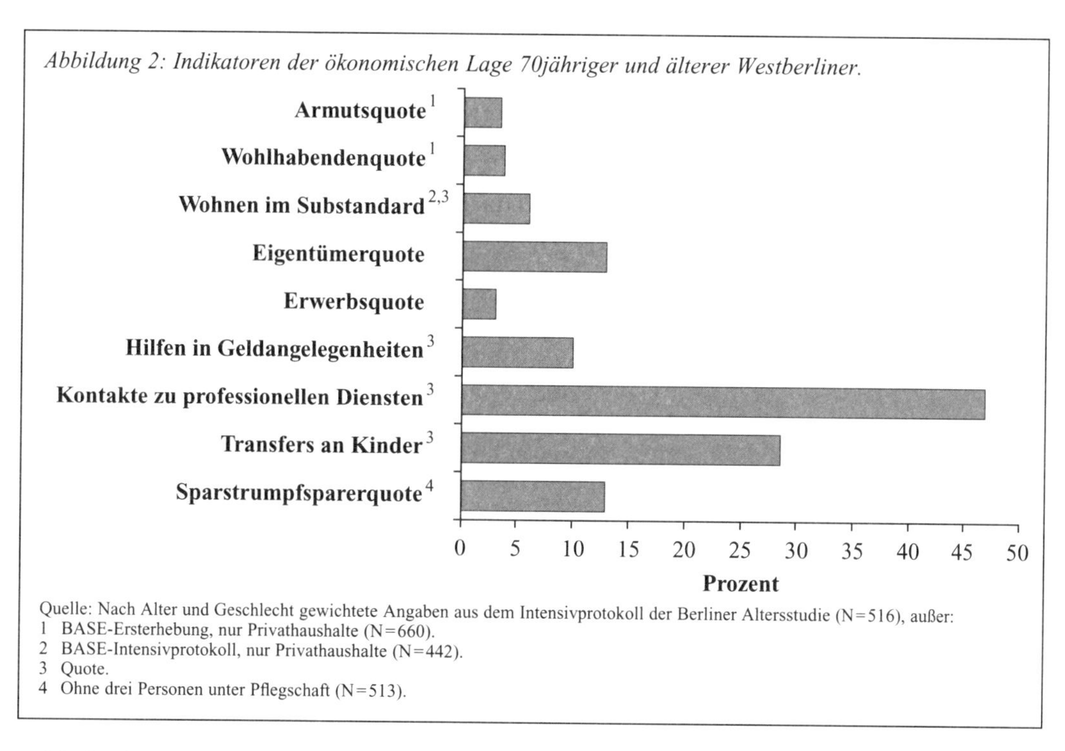

Abbildung 2: Indikatoren der ökonomischen Lage 70jähriger und älterer Westberliner.

Quelle: Nach Alter und Geschlecht gewichtete Angaben aus dem Intensivprotokoll der Berliner Altersstudie (N=516), außer:
1 BASE-Ersterhebung, nur Privathaushalte (N=660).
2 BASE-Intensivprotokoll, nur Privathaushalte (N=442).
3 Quote.
4 Ohne drei Personen unter Pflegschaft (N=513).

wohlhabend bezeichnen können, weil ihr Haushaltseinkommen über dem Doppelten des Bevölkerungsdurchschnittes liegt. Ein vielleicht noch eindrucksvolleres Schlaglicht auf die ökonomische Situation alter Menschen wirft die Untersuchung intergenerationeller Schenkungen. Insgesamt unterstützen 38% der Westberliner Altenbevölkerung, die lebende Kinder bzw. Enkel hat, diese auch finanziell. Auch die Höhe dieser Transfers ist nicht zu vernachlässigen, da sie – für diejenigen, die Geld geben – im Durchschnitt knapp 7.000 DM pro Jahr für die Unterstützung der Kinder und etwa 2.500 DM für die Unterstützung der Enkel betragen.

Gleichwohl würden Reformideen, die die Finanzierung der künftigen Altersversorgung durch eine Senkung des „Rentenniveaus" erleichtern wollen, zu gravierenden verteilungspolitischen Problemen führen. Denn diese Kürzung durch eine Senkung des „Rentenniveaus" könnte im unteren Einkommensbereich, wo kein nennenswertes Vermögen vorhanden ist, nicht durch die Auflösung von Privatvermögen kompensiert werden. Und BASE zeigt, daß im oberen Einkommensbereich ohnehin bereits jetzt ein laufender Rücktransfer an die beitragszahlende Generation erfolgt. Allenfalls könnte eine stärkere Besteuerung der Alterseinkommen diesen „Rücktransfer" verteilungspolitisch befriedigender gestalten.

Wir gehen davon aus, daß die gute finanzielle Versorgung der alten Menschen in Deutschland sich auch in den nächsten Jahrzehnten nicht grundlegend ändern wird, obwohl viele glauben, die demographische Entwicklung werde die Systeme der Altersvorsorge in Schwierigkeiten bringen. Aber zum ersten stellen alte Menschen ein derart großes Wählerpotential dar, daß die Renten die letzten Sozialleistungen wären, die spürbar gekürzt würden. Zum zweiten gibt es eine Reihe von Entwicklungen und Reformstrategien, die die Altersversorgung auch in den nächsten Jahrzehnten – trotz sinkender Kinderzahl – auf hohem Niveau sichern können (vgl. z. B. Hauser & Wagner, 1992). In erster Linie sind die weiterhin steigende Frauenerwerbstätigkeit und Zuwanderungen sowie in zweiter Linie ein etwas höheres Rentenzugangsalter zu nennen.

In West-Berlin ist auch die Wohnraumversorgung der alten Menschen gut; nur 6% leben in Wohnungen, in denen Bad/Dusche und/oder eine Zentralheizung fehlen. Es ist auch weitgehend nicht von individuellen Merkmalen abhängig, ob alte Westberliner in solchen Wohnungen leben müssen, da es in Berlin keinen flexiblen Wohnungsmarkt gibt, der alte Menschen mit höherem Einkommen begünstigen könnte. Die Eigentümerquote ist mit 13% sehr niedrig. Als kleines, aber wichtiges Detail der Haushaltsausstattung sei hervorgehoben, daß ein Telefon ein wichtiges Instrument zur Aufrechterhaltung des Kontakts zwischen alten Menschen und ihren Angehörigen darstellt. Deswegen sollten billige Telefonanschlüsse und -gespräche auch künftig zur Altenpolitik gehören. Nach der vollständigen Privatisierung der Post könnte dies durch gezieltes „Telefongeld" (zusätzlich zum Wohngeld) erreicht werden. Gegenwärtig gibt es neben der „sozialen Vergünstigung im Telefondienst" noch die Möglichkeit, daß im Rahmen der Sozialhilfe die „Hilfe zur Pflege" auch die Erstattung der Telefonkosten einschließt. Diese verschiedenen Verbilligungs- und Erstattungsmöglichkeiten könnten zu einen „Telefon- und Wohngeld" zusammengefaßt werden.

Wenn man an dieser Stelle ein Zwischenresümee zur ökonomischen Lage alter Menschen in Deutschland zieht, so wird die gerontologische These von der Differentialität des Alterns eindrucksvoll bestätigt. Gleichzeitig deutet der Zusammenhang zwischen Bildungsniveau und Lebenslagen im Alter darauf hin, daß die wirtschaftliche Kontinuität im Lebenslauf überwiegt. Deswegen sind aber auch Handlungsreserven in Form von Erwerbstätigkeit nicht überwiegend bei den Gruppen zu finden, deren Einkommens- und Vermögensressourcen unterdurchschnittlich sind.

Auch die Struktur des wirtschaftlichen Handelns zeigt, daß eher gut Ausgebildete Handlungsreserven mobilisieren, indem sie professionelle Dienstleistungen in Anspruch nehmen. Nicht überraschend dürfte sein, daß professionelle Hilfe in finanziellen Angelegenheiten komplementär zu höheren Ressourcen (finanziell und bildungsmäßig) in Anspruch genommen wird. Es ist aber auch im unteren Einkommensbereich ein Beratungsbedarf gegeben. Und selbst Finanzdienstleistungen für wohlhabende ältere Mitbürger sind unterentwickelt (vgl. z. B. Hauser & Wagner, 1992; Juretzek, 1994). Auch ist ein Anteil von über 10% der alten Westberliner, die im Sparstrumpf „Geld verschenken", durchaus Anlaß, sie sozialpolitisch im Auge zu behalten und ihnen Aufklärung und Hilfen zu bieten.

Noch bedenklicher ist freilich, daß auch sonstige professionelle Hilfen nicht gleichmäßig in Anspruch genommen werden. Insgesamt hat etwa die Hälfte der hier untersuchten Altenpopulation mit professionellen Diensten Kontakt; aber es sind nur etwa ein Drittel derjenigen, die keinen Volksschulabschluß haben, während es bei denjenigen, die mindestens mittlere Reife und einen Berufsabschluß haben, fast zwei Drittel sind. Ebenso wie für die Erwerbstätigkeit zeigt sich auch hier, daß die Handlungsreserve professioneller Hilfe insbesondere denen zugute kommt, die ohnehin ökonomisch besser gestellt sind.

Bewertet man diese Befunde zur *Einkommensverteilung und -verwendung*, so wagen wir die Prognose, daß der hohe Zielerreichungsgrad bei der finanziellen Versorgung alter Menschen die geringe Effektivität der Versorgung alter Menschen mit „Humandienstleistungen" immer stärker ins sozialpolitische Blickfeld treten lassen wird. Vieles spricht dafür, daß die traditionell durch staatliche und insbesondere gemeinnützige Organisationen dominierte Altenpflege sich der Herausforderung durch private Anbieter wird stellen müssen (vgl. z. B. Spieß & Wagner, 1993). Der Staat wird nicht länger gemeinnützige Anbieter bevorzugen dürfen; mit dem Pflege-Versicherungsgesetz wurde auch ein erster Schritt in diese Richtung gemacht[13].

Soziale Dienste sollten auch deswegen verbessert werden, weil die medizinischen Analysen in BASE gezeigt haben, daß integrierte Behandlungs- und Pflegekonzepte medizinisch angezeigt sind, da in vielen Fällen die Konsensuskonferenzen der BASE-Internisten und -Psychiater ergeben haben, daß eine interdisziplinäre Diagnose und Behandlung den betroffenen BASE-Teilnehmern gegenüber der traditionellen „additiven" Diagnose und Behandlungsweise besser helfen würde (vgl. Steinhagen-Thiessen & Borchelt, Kapitel 6; Helmchen et al., Kapitel 7; siehe auch Mayer et al., 1992). Dies bedeutet in der Sprache der Ökonomie nichts anderes, als daß die „soziale Dienstleistung" einer umfassenden Hilfe bei Krankheit, Prävention und Rehabilitation verbesserungsbedürftig ist. Dies kann an einem weiteren BASE-Befund illustriert werden. Es zeigt sich, daß trotz häufiger Arztkontakte die zahnärztliche Versorgung der untersuchten alten Westberliner schlecht ist (vgl. Nitschke & Hopfenmüller, Kapitel 16). Eine professionelle Beratung könnte auf einfache Weise alten Menschen dazu verhelfen, die vorhandenen Behandlungsmöglichkeiten für ihre Zähne besser zu nutzen.

Zur Verbesserung der professionellen Dienstleistungen für alte Menschen bedarf es keineswegs eines völligen Umbaues des Sozialstaats. Es gibt bereits jetzt viele verschiedene Institutionen, die Beratung und Hilfe anbieten. Neben der ärztlichen Ver-

13 Darüber hinaus stellen diese Probleme auch eine große wissenschaftliche Herausforderung dar, da die „Ökonomik der sozialen Dienstleistungen" bislang unterentwickelt ist (vgl. Badelt, im Druck, für eine Bestandsaufnahme). Einen Überblick über den internationalen Stand der Entwicklung bietet z. B. Knapp (1994).

sorgung sind es viele kommunale Einrichtungen, wie das Sozialamt und Sozialstationen, gemeinnützige Einrichtungen, wie die Kirchen und die Arbeiterwohlfahrt, aber z. B. auch die professionellen Beratungsstellen der Rentenversicherungsträger und die Finanzämter. Es mangelt jedoch an einer Koordination dieser Dienste (vgl. G. Wagner, 1995).

Eine Integration der Institutionen, die alte Menschen beraten und betreuen können, in einer einzigen Behörde wäre aber auch kein sinnvolles Ziel. Zum einen wäre es politisch unrealistisch, zum zweiten auch aus vielen anderen Gründen sachlich nicht sinnvoll. Es würde aber bereits genügen, wenn es Anlaufstellen für alte Menschen gäbe, die ihnen bei der Koordinierung der verschiedenen Hilfsmöglichkeiten helfen würden. Wenn z. B. die einzelnen Alterssicherungssysteme nicht nur Renten ausbezahlen würden, sondern auch „Gutscheine" für kostenlose Beratung an ihre Leistungsempfänger ausgeben würden, könnten kommunale und gemeinnützige Einrichtungen, so z. B. Sozialstationen, auch einen systematischen Beratungsdienst aufbauen, der alten Menschen bei der Koordination der Hilfsansprüche helfen könnte. Lebensberatung könnte auch Teil einer umfassenden geriatrischen Versorgung sein, d. h., daß auch geriatrische Zentren Beratungsstellen aufbauen könnten (vgl. Steinhagen-Thiessen, Gerok & Borchelt, 1992). Daneben könnten sich private Dienstleister entwickeln, die Beratungstätigkeit wahrnehmen, z. B. die privaten Pflegedienste, die gegenwärtig in vielen Orten entstehen.

Es sollten ganz explizit „Alten-Agenturen" sein (Seniorenbüros), die sich auf die Klientel älterer Menschen spezialisieren, um nicht in den Verdacht zu kommen, es würde sich nur um gut getarnte Sozialämter handeln[14]. Private Anbieter würden diese Spezialisierung sicherlich von sich aus vornehmen, um sich eine vom Sozialamt unabhängige Reputation aufzubauen. Diese Agenturen hätten auch einen Anreiz (nämlich ihr Mindest-Beratungshonorar in Form des Gutscheins), von sich aus auf alte Menschen zuzugehen und ihnen Hilfe anzubieten.

Wenn man Alten-Agenturen auch das Recht geben würde, im Namen ihrer Klienten Anträge auf Sozialhilfe zu stellen, könnte man nicht zuletzt auch das Problem der „Altersarmut" leicht lösen, ohne in die komplizierte Balance zwischen Fürsorge- und Versicherungseinrichtungen eingreifen zu müssen. Alten-Agenturen würden den von vielen als diskriminierend empfundenen Gang zum Sozialamt ersparen. Würde man zusätzlich den bereits jetzt für alte Menschen existierenden „Alterszuschlag" zur Sozialhilfe etwas erhöhen[15] und den Rückgriff des Sozialamts auf die Kinder von Sozialhilfeempfängern reduzieren, wäre der besonderen Würde alter Menschen genüge getan, und es würde rasch keine Armut im Alter mehr geben.

Literaturverzeichnis

Atkinson, A. B. (1983). *The economics of inequality* (2. Aufl.). Oxford: Clarendon Press.

Badelt, C. (im Druck). Soziale Dienstleistungen als Herausforderung an einen Umbau des Sozialstaats. In R. Hauser (Hrsg.), *Probleme des Umbaus des Sozialstaats* (Bd. 1). Berlin: Duncker & Humblot.

Barr, N. (1993). *The economics of the welfare state* (2. Aufl.). Stanford, CA: Stanford University Press.

Barro, R. (1974). Are government bonds net wealth? *Journal of Political Economy, 82,* 1095–1117.

Bernheim, B. D., Schleifer, A. & Summers, L. H. (1985). The strategic bequest motive. *Journal of Political Economy, 1993,* 1045–1076.

Blinder, A. S. (1974). *Toward an economic theory of income distribution.* Cambridge, MA: MIT Press.

Börsch-Supan, A. (1991). Implications of an aging population: Problems and policy options in West Germany and the United States. *Economic Policy, 12,* 103–139.

Börsch-Supan, A. (1992). Saving and consumption patterns of the elderly: The German case. *Journal of Population Economics, 5,* 289–303.

Börsch-Supan, A. & Schmidt, P. (1994). The impact of the public pension system on retirement behaviour in united Germany. *Vierteljahreshefte zur Wirtschaftsforschung, 1–2,* 90–96.

14 „Alten-Agenturen" sollten auch nicht mit den im Altenpflegebereich populären „Selbsthilfe-Ideologien" belastet werden (vgl. z. B. Karl, 1995). Es ist nicht einzusehen, warum alte Menschen weniger Recht auf professionelle Beratung haben sollten als junge Menschen, die vielerlei Beratungsdienste in Anspruch nehmen. Daneben kann es für weniger professionalisierbare Güter Selbsthilfeeinrichtungen, z. B. in Form von Vereinen, geben.

15 Ein großzügiger Zuschlag für Rentner läßt sich rechtfertigen, weil diese auf Dauer nichterwerbstätige Gruppe keinen „Arbeitsanreiz" mehr benötigt, der für jüngere Sozialhilfeempfänger ausgeübt wird, indem die Sozialhilfe knapp bemessen wird. Es sei hier der Vollständigkeit halber angemerkt, daß es finanzpolitisch auch sinnvoll wäre, zumindest den altersspezifischen Zuschlag auf die Sozialhilfe nicht vom kommunalen Sozialhilfeträger finanzieren zu lassen, sondern dafür Bundesmittel bereitzustellen.

Bundesminister für Arbeit und Sozialordnung (Hrsg.) (1992). *Alterssicherung in Deutschland 1986 (ASID '86). Bände I–V, M, Z* (Forschungsbericht Nr. 200 Sozialforschung). Bonn: Eigenverlag.

Bundesministerium für Familie und Senioren (BMFuS) (Hrsg.) (1993). *Erster Altenbericht: Die Lebenssituation älterer Menschen in Deutschland.* Bonn: Eigenverlag.

Cremer, H. & Pestieau, P. (1993). *Bequests as a „discipline device".* Unveröffentlichtes Manuskript, Toulouse und Lüttich.

Davies, J. B. (1981). Uncertain lifetime: Consumption, and dissaving in retirement. *Journal of Political Economy, 89,* 561–577.

Fink, U. (1990). *Die neue Kultur des Helfens.* München: Piper.

Franz, W. (1990). Ökonomische Aspekte der Alterssicherung: Revision des Generationenvertrages? In B. Gahlen, H. Hesse & H. J. Ramser (Hrsg.), *Theorie und Politik der Sozialversicherung* (S. 314–325). Tübingen: Mohr.

Gallon, T.-P., Bank, H.-P. & Kreikebohm, R. (1994). Flexibles System eigenständiger und leistungsbezogener Alterssicherung (FleSelAs). *Zeitschrift für Sozialrecht, 9,* 1–22.

Hanesch, W., Adamy, W., Martens, R., Rentzsch, D., Schneider, U., Schubert, U. & Wißkirchen, M. (1994). *Armut in Deutschland: Der Armutsbericht des DGB und des Paritätischen Wohlfahrtsverbandes.* Reinbek: Rowohlt.

Hauser, R. (1994). Armut im Sozialstaat als ein Problem der integrierten Sozial- und Verteilungspolitik. In R. Hauser, U. Hochmuth & J. Schwarze (Hrsg.), *Mikroanalytische Grundlagen der Gesellschaftspolitik. Bd. 1: Ausgewählte Probleme und Lösungsansätze* (S. 291–335). Berlin: Akademie Verlag.

Hauser, R., Frick, J., Müller, K. & Wagner, G. (1994). Inequality in income: A comparison of East and West Germans before reunification and during transition. *Journal of European Social Policy, 4,* 227–295.

Hauser, R. & Semrau, P. (1989). *Trends in poverty and low income in the Federal Republic of Germany* (Sfb 3-Arbeitspapier Nr. 306). Frankfurt/M.: Johann-Wolfgang-Goethe Universität.

Hauser, R. & Semrau, P. (1990). Zur Entwicklung der Einkommensarmut von 1963 bis 1986. *Sozialer Fortschritt, 2,* 27–36.

Hauser, R. & Stubig, H.-J. (1985). Strukturen der personellen Verteilung von Nettoeinkommen und Wohlfahrtspositionen. In R. Hauser & B. Engel (Hrsg.), *Soziale Sicherung und Einkommensverteilung: Empirische Analysen für die Bundesrepublik Deutschland* (S. 41–97). Frankfurt/M.: Campus.

Hauser, R. & Wagner, G. (1992). Altern und soziale Sicherung. In P. B. Baltes & J. Mittelstraß (Hrsg.), *Zukunft des Alterns und gesellschaftliche Entwicklung* (S. 581–613). Berlin: de Gruyter.

Heckman, J. J. (1979). Sample selection bias as a specification error. *Econometrica, 47,* 153–161.

Hurd, M. D. (1987). Savings of the elderly and desired bequests. *American Economic Review, 77,* 298–312.

Hurd, M. D. (1990). Research on the elderly: Economic status, retirement, and consumption and saving. *Journal of Economic Literature, 28,* 565–637.

Juretzek, R. (1994). Finanzplanung im „Unternehmen Privathaushalt": Ein neuer Marketing-Gag der Finanzindustrie? *rer. pol. – Zeitschrift der Frankfurter Wirtschaftswissenschaftlichen Gesellschaft, 1,* 35–40.

Karl, F. (1995). „Seniorengenossenschaften" und „Seniorenbüros": Lernwerkstätten der Sozialpolitik? *Zeitschrift für Sozialreform, 41*(1), 18–36.

Klein, L. E., Roca, R. P., McArthur, J., Vogelsang, G., Klein, G. B., Kirby, S. M. & Folstein, M. (1985). Diagnosing dementia: Univariate and multivariate analyses of the mental status examination. *Journal of the American Geriatrics Society, 33,* 483–488.

Knapp, M. (1994). *The economics of social care.* London: Macmillan.

Mahoney, F. I. & Barthel, D. W. (1965). Functional evaluation: The Barthel Index. *Maryland Medical Journal, 14,* 61–65.

Masson, A. (1983). A cohort analysis of wealth-age profiles generated by a simulation model in France (1949–1975). *Economic Journal, 96,* 173–190.

Mayer, K. U., Baltes, P. B., Gerok, W., Häfner, H., Helmchen, H., Kruse, A., Mittelstraß, J., Staudinger, U. M., Steinhagen-Thiessen, E. & Wagner, G. (1992). Gesellschaft, Politik und Altern. In P. B. Baltes & J. Mittelstraß (Hrsg.), *Zukunft des Alterns und gesellschaftliche Entwicklung* (S. 721–757). Berlin: de Gruyter.

Meinlschmidt, G., Imme, U. & Kramer, R. (1990). *Sozialstrukturatlas Berlin (West): Eine statistisch-methodische Analyse mit Hilfe der Faktorenanalyse.* Berlin: Senatsverwaltung für Gesundheit und Soziales.

Mirer, T. W. (1994). The dissaving of annuity and marketable wealth in retirement. *Review of Income and Wealth, 40,* 87–97.

Modigliani, F. & Brumberg, R. (1954). Utility analysis and the consumption function: An interpretation of cross-section data. In K. K. Kurihara (Hrsg.), *Post-Keynesian economics* (S. 388–438). New Brunswick, NJ: Rutgers University Press.

Motel, A. & Spieß, K. (1995). Finanzielle Unterstützungsleistungen alter Menschen an ihre Kinder: Ergebnisse der Berliner Altersstudie (BASE). *Forum Demographie und Politik, 7,* 133–154.

Motel, A. & Wagner, M. (1993). Armut im Alter? Ergebnisse der Berliner Altersstudie zur Einkommenslage alter und sehr alter Menschen. *Zeitschrift für Soziologie, 22,* 433–448.

Motel, A. & Wagner, M. (1995). *Wohnstandard, Wohnkosten und Wohnzufriedenheit im Alter.* Unveröffentlichtes Manuskript, Max-Planck-Institut für Bildungsforschung, Berlin.

Pischner, R. & Wagner, G. (1992). Zwei Aspekte der Flexibilität beim Übergang vom Erwerbsleben in den Ruhestand. In R. Hujer, H. Schneider & W. Zapf (Hrsg.), *Herausforderungen an den Wohlfahrtsstaat im strukturellen Wandel* (S. 99–115). Frankfurt/M.: Campus.

Rolf, G. & Wagner, G. (1992). Ziele, Konzept und Detailausgestaltung des „Voll Eigenständigen Systems" der Altersvorsorge. *Sozialer Fortschritt, 41*(12), 281–291.

Schlomann, H. (1992). *Vermögensverteilung und private Altersvorsorge.* Frankfurt/M.: Campus.

Schmähl, W. (Hrsg.) (1985). *Versicherungsprinzip und soziale Sicherung.* Tübingen: Mohr.

Schwabe, H. (1868). *Das Verhältnis von Miete und Einkommen in Berlin und seine Entwicklung.* Berlin.

Shorrocks, A. F. (1975). The age-wealth relationship: A cross-section and cohort analysis. *Review of Economic Studies, 42,* 155–163.

Spieß, K. & Wagner, G. (1993). Re-Regulierung des Marktes für die Altenpflege erforderlich. *DIW-Wochenbericht, 60*(31), 419–422.

Steinhagen-Thiessen, E., Gerok, W. & Borchelt, M. (1992). Innere Medizin und Geriatrie. In P. B. Baltes & J. Mittelstraß (Hrsg.), *Zukunft des Alterns und gesellschaftliche Entwicklung* (S. 124–150). Berlin: de Gruyter.

Stolarz, H. (1992). *Wohnungsanpassung: Maßnahmen zur Erhaltung der Selbständigkeit alter Menschen. Grundlagen und praktische Hinweise zur Verbesserung der Wohnsituation* (2. Aufl.). Köln: Kuratorium Deutsche Altershilfe.

Voges, W. & Rohwer, G. (1991). Zur Dynamik des Sozialhilfebezugs. In U. Rendtel & G. Wagner (Hrsg.), *Lebenslagen im Wandel: Zur Einkommensdynamik in Deutschland seit 1984* (S. 510–531). Frankfurt/M.: Campus.

Wagner, G. (1991). Die Erhebung von Einkommensdaten im Sozio-oekonomischen Panel (SOEP). In U. Rendtel & G. Wagner (Hrsg.), *Lebenslagen im Wandel: Zur Einkommensdynamik in Deutschland seit 1984* (S. 26–33). Frankfurt/M.: Campus.

Wagner, G. (1995). *Kriterien einer rationalen Organisationsreform der gesetzlichen Rentenversicherung.* Diskussionspapier, Ruhr-Universität Bochum, Fakultät für Sozialwissenschaft.

Wagner, G., Schupp, J. & Rendtel, U. (1994). Das Sozio-oekonomische Panel (SOEP): Methoden der Datenproduktion und -aufbereitung im Längsschnitt. In R. Hauser, N. Ott & G. Wagner (Hrsg.), *Mikroanalytische Grundlagen der Gesellschaftspolitik. Bd. 2: Erhebungsverfahren, Analysemethoden und Mikrosimulation* (S. 70–112). Berlin: Akademie Verlag.

Wagner, M. & Motel, A. (1995a). *Die Qualität der Einkommensmessung bei alten Menschen.* Zur Veröffentlichung eingereichtes Manuskript, Max Planck-Institut für Bildungsforschung, Berlin.

Wagner, M. & Motel, A. (1995b). *Income and income dynamics in old age.* Präsentiert bei der Englisch-Deutschen Konferenz „Social and Welfare Dynamics" des Sonderforschungsbereichs 186 „Statuspassagen und Risikolagen im Lebensverlauf" der Universität Bremen.

Wegener, B. (1988). *Kritik des Prestiges.* Opladen: Westdeutscher Verlag.

11. Soziale Beziehungen alter Menschen

Michael Wagner, Yvonne Schütze & Frieder R. Lang

Zusammenfassung

Dieser Beitrag verfolgt das Ziel, Anzahl, Art und Leistungen sozialer Beziehungen im Alter zu beschreiben. Darüber hinaus wird untersucht, welche Folgen Verwitwung, Kinderlosigkeit und Heimaufenthalt für soziale Beziehungen und Einsamkeitsgefühle alter Menschen haben. Als Datenbasis dienten Selbstbeschreibungen der untersuchten alten Menschen. Die Ergebnisse zeigen, daß es weder gerechtfertigt ist, die soziale Integration alter Menschen einseitig beispielsweise als durch Rollenlosigkeit geprägt zu bezeichnen, noch davon auszugehen, daß soziale Beziehungen in quantitativer und qualitativer Hinsicht bis ins hohe Alter hinein unverändert bestehen bleiben. Zu berücksichtigen ist, daß es eine hohe Kinderlosigkeit unter den 85jährigen und Älteren gibt, diese aber in erster Linie als Kohorteneffekt interpretiert werden muß. Während der Verlust von Verwandten aus der eigenen Generation eine typische Erfahrung im sehr hohen Alter darstellt, gewinnt die Urgroßelternschaft an Bedeutung. Im Hinblick auf die Nicht-Verwandten ergeben sich ebenso keine einheitlichen Altersunterschiede: Während Freunde mit dem Alter seltener werden, bleibt der Anteil alter Menschen, die andere Nicht-Verwandte zu ihrem Netzwerk zählen, relativ konstant. Das soziale Netzwerk der Verwitweten ist ähnlich strukturiert wie das der Verheirateten. Hingegen haben Kinderlose im Vergleich zu Eltern und Heimbewohner im Vergleich zu Personen in Privathaushalten kleinere Netzwerke. Verheiratete fühlen sich seltener einsam, Heimbewohner und Kinderlose häufiger. Die 85jährigen und Älteren empfangen zwar deutlich mehr Hilfe, als sie geben, es ist jedoch bemerkenswert, daß auch einige sehr alte Menschen andere noch unterstützen.

1. Einleitung

Die Forschung über die sozialen Beziehungen im Alter sieht sich gegenüber der Frage nach Struktur und Funktion sozialer Beziehungen in anderen Lebensphasen vor einer besonders komplexen Situation. Einerseits – und dieses betonen vor allem ältere sozialwissenschaftliche Arbeiten – wird die soziale Lage alter Menschen als Folge von struktureller Isolation (Parsons, 1943), Disengagement (Cumming & Henry, 1961), Desozialisation (König, 1965) oder Rollenlosigkeit (Rosow, 1967) gedeutet. Danach stellen der Austritt aus dem Erwerbsleben, der Auszug der Kinder aus dem Elternhaus sowie die Verwitwung weit verbreitete, größtenteils irreversible Rollenverluste dar, die individuell nicht beeinflußt werden können. Es kommt hinzu, daß moderne Gesellschaften alten Menschen kaum Gelegenheiten bieten, ähnlich zentrale soziale Rollen wieder einzunehmen. Die Lebenserwartung der Menschen ist in den letzten Jahren angestiegen, ohne daß die neu entstandene Lebenszeit gesellschaftlich strukturiert wird (Riley & Riley, 1986, 1992).

Andererseits wird davon ausgegangen, daß jeder Mensch lebenslang von Interaktionspartnern umgeben ist, die ihn gleichsam wie einen „Konvoi" begleiten (Antonucci, 1985; Kahn & Antonucci, 1980). Eine weitere Annahme besagt, daß sich das Interesse an anderen Menschen gerade im hohen Alter zugunsten solcher Interaktionspartner verschiebt, denen sich alte Menschen besonders nahestehend fühlen (Carstensen, 1993; Lang & Carstensen, 1994). Darüber hinaus wird argumentiert, daß es für hilfs- und pflegebedürftige alte Menschen besonders wichtig ist, ein gut funktionierendes soziales Netzwerk zu haben (M. M. Baltes & Silverberg, 1994).

Hinsichtlich der Rollenverluste vertritt Rosenmayr (1983) die Auffassung, daß z. B. das Ausscheiden aus dem Erwerbsleben auch als eine Befreiung von Anforderungen erlebt werden kann und die Chance eröffnet, neue Beziehungen aufzunehmen und alte zu intensivieren. Parsons' These von der „strukturellen Isolation" der (Klein-)Familie bot Anlaß zu zahlreichen empirischen Studien, die gezeigt haben, daß, selbst nachdem die Generationen in getrennten Haushalten leben, ein reger Kontakt zwischen ihnen bestehen bleibt (Rosenmayr & Köckeis, 1965; Rossi & Rossi, 1990; Shanas, 1979).

Aus der Sicht der strukturfunktionalistischen Theorie kann man die erweiterte Familie als ein sich selbst balancierendes System verstehen. Gemäß dem Prinzip der Kompensation oder Substitution können Verwandte Funktionen übernehmen, die zuvor ein nunmehr verstorbenes Familienmitglied innehatte (Townsend, 1968). Dementsprechend gilt die Norm, daß Personen zunächst Unterstützung von ihrem Ehepartner erhalten, dann in der Regel von ihren Kindern, von Geschwistern, anderen Verwandten und schließlich von Nicht-Verwandten. Man kann also erwarten, daß verwitwete Eltern von ihren Kindern stärker unterstützt werden als verheiratete Eltern. Einige Ergebnisse weisen indessen darauf hin, daß die Verwitwung keine langfristigen Auswirkungen auf familiale Kontakte hat (Diewald, 1991; Hyman, 1983).

Mit der Geburt von Enkelkindern können sogar neue familiale Beziehungen entstehen, die Großeltern, insbesondere Großmütter, häufig in eine zweite Phase der Betreuung und Erziehung von Kindern führt. Selbst eine Verwitwung im Alter muß nicht bedeuten, daß keine neue Partnerschaft mehr eingegangen werden kann. Zwar haben insbesondere unverheiratete alte Frauen es schwer, einen ungefähr gleichaltrigen unverheirateten Mann zu finden, da es in den hohen Altersgruppen viel weniger unverheiratete Männer als Frauen gibt. Indessen besteht wohl weder für Frauen noch für Männer ein nennenswerter normativer Druck, der es Verwitweten erschweren würde, erneut zu heiraten. Der Wiederheirat kann allerdings der weitgehende Verlust der Witwenrente entgegenstehen; es ist auch nicht bekannt, welche Rolle Kinder dabei spielen, wenn es um die Wiederheirat ihrer Mutter oder ihres Vaters geht.

Was die nicht-familialen Beziehungen betrifft, so ist der Austritt aus dem Berufsleben zwar häufig mit dem Abbruch kollegialer Beziehungen verbunden. Dieses bedeutet aber nicht notwendigerweise, daß auch Freundschaften beendet werden. Auch der Heimübergang bietet die Chance, neue Beziehungen aufzubauen (M. M. Baltes, Wahl & Reichert, 1991). Angesichts der alltagsweltlich und wissenschaftlich unbestrittenen Maxime, gemäß der Menschen immer auf andere Menschen angewiesen sind, stellt sich die Frage, in welcher Weise soziale Beziehungen im Alter aufrechterhalten oder auch angebahnt werden.

Veränderungen sozialer Beziehungen im Alter wurden nur selten im Längsschnitt untersucht. Im Rahmen der Bonner Längsschnittstudie zeigte sich, daß bei zwei Dritteln der Befragten die gesamte Rollenaktivität gleichblieb, bei einem Drittel jedoch deutlich abnahm (Lehr & Minnemann, 1987). Nach Ergebnissen der Duke University Longitudinal Studies of Aging zeigte sich bei Männern kein, bei Frauen ein leichter Rückgang im mittleren Kontaktniveau (Palmore, 1968). Man kann die Ergebnisse beider Längsschnittstudien wie folgt zusammenfassen: Bei einem großen Teil alter Menschen bleibt das Ausmaß sozialer Rollenaktivitäten oder Kontakte im Alternsprozeß stabil. Bei einem kleineren Teil nimmt es ab, so daß bezogen auf alle alternden Personen sich im Mittel ein Rückgang im Niveau sozialer Beziehungen ergibt. Vergleichbare Ergebnisse entstammen der Berkeley Older Generation Study. So berichten Field und Minkler (1988): Familienbeziehungen bleiben bis ins hohe Alter stabil, während Freundschaften vor allem bei Männern an Bedeutung verlieren. In Querschnittsstudien wurden entsprechend negative Alterseffekte im Hinblick auf Netzwerkgröße, Anzahl sozialer Rollen und Anzahl von sozialen Kontakten belegt (Morgan, 1988).

Neben der Frage, wie viele soziale Beziehungen alte Menschen unterhalten, ist von besonderer Bedeutung, was diese Beziehungen für die beteiligten Interaktionspartner leisten. Eine Antwort auf die Frage gibt die Austauschtheorie. Sie geht davon aus, daß sich soziale Beziehungen auf der Basis eines Austausches materieller und immaterieller Güter und einer universell geltenden Reziprozitätsnorm konstituieren und stabilisieren, die vorschreibt, daß ein sozialer Austausch für die beteiligten Interaktionspartner gerecht und gleichermaßen vorteilhaft sein soll (Blau, 1964; Gouldner, 1960; Homans, 1961; Walster, Berscheid & Walster, 1973). Inwiefern auch ein nicht gleichgewichtiger Austausch akzeptiert wird, hängt beispielsweise von der Art der Beziehung, der Art der ausgetauschten Ressourcen und den Erwartungen der Interaktionspartner ab. Beziehungen, die durch hohe Einseitigkeit gekennzeichnet sind, werden in der Regel als unbefriedigend erlebt und aufgelöst (Roberto, 1989). Dieses bedeutet nicht, daß jede Leistung immer einer unmittelbaren Gegenleistung bedarf. Gerade in Beziehungen, die durch geringe soziale Distanz gekennzeichnet sind, findet häufig ein zeitlich verschobener Austausch statt. In engen familialen oder freundschaftlichen Beziehungen sind die Interaktionspartner eher am Wohl des anderen interessiert als an der kurzfristigen Herstellung von Reziprozität (Clark & Reis, 1988). Die Austauschtheorie schärft den Blick dafür, daß auch alte Menschen einen aktiven Anteil an der Aufrechterhaltung sozialer Beziehungen haben, wenn sie anderen Hilfe leisten oder mit anderen gemeinsame Aktivitäten durchführen.

2. Ziele des Beitrags

Ziel dieses Beitrags ist es, Anzahl, Art und Leistungen sozialer Beziehungen sowie das Ausmaß der Vereinsamung alter und sehr alter Menschen zu beschreiben. Hierbei werden wir uns auf globale Maße der Funktionen sozialer Beziehungen aus Interviewdaten beschränken müssen, da im Rahmen von BASE die sozialen Austauschbeziehungen nicht direkt beobachtet werden konnten, wie dieses beispielsweise in anderen Studien zum Sozialverhalten von Altenheimbewohnern möglich war (z. B. M. M. Baltes, 1995). Wir unterscheiden zum einen, ob alte Menschen objektiv isoliert sind, also wenige oder keine Sozialbeziehungen unterhalten, oder sich subjektiv einsam und isoliert erleben (Elbing, 1991). Zum anderen konzentrieren wir uns auf Faktoren, die sowohl aus theoretischer wie aus sozialpolitischer Perspektive als diejenigen gelten, die objektiver sozialer Isolation und subjektiver Vereinsamung Vorschub leisten, nämlich (1) Verwitwung, (2) Kinderlosigkeit und (3) Heimaufenthalt. Es geht somit um die Frage, inwiefern diese Lebenskonstellationen die Entstehung sozialer Isolation und Vereinsamung alter und sehr alter Menschen beeinflussen.

Die *Verwitwung* bedeutet den Verlust einer häufig langjährigen emotional hoch besetzten Beziehung, gleichgültig, wie befriedigend oder konfliktreich sie verlaufen ist (vgl. ausführlich Niederfranke, 1991). Inwiefern sich die Verwitwung auf die Struktur und Leistungen des sozialen Netzwerks auswirkt, ist bislang wenig geklärt. Beispielsweise könnte die Verwitwung im Sinne einer Kumulation von Rollenverlusten mit einer Verringerung des Freundeskreises oder mit dem Abbruch von solchen Aktivitäten einhergehen, die vorher mit dem Ehepartner unternommen wurden. Eine Gegenhypothese hierzu wäre ein Kompensations- oder Substitutionsmodell. Demnach löst ein Rollenverlust in einem Lebensbereich verstärktes Engagement in einem anderen Lebensbereich aus. Verwitwete können Bekanntschaften und Freundschaften neu aufbauen oder den Kontakt zu den Verwandten verstärken (Cantor, 1979; Litwak, Messeri & Silverstein, 1991). Auf eine weitere Beziehung zwischen dem Familienstand und Freundschaftsbeziehungen hat Diewald (1991) aufmerksam gemacht. Er stellte fest, daß über 75jährige, die verheiratet waren, seltener angaben, einen Freund zu haben, als Nichtverheiratete derselben Altersgruppe. Als eine mögliche Erklärung für diesen Befund formuliert er eine Kontingenzhypothese: Da Verheiratete im hohen Alter zunehmend zu einer Minderheit werden und es immer schwieriger wird, Gleichaltrige in derselben Lebenssituation zu finden, haben sie vergleichsweise wenig Freunde.

Die Auswirkungen der *Kinderlosigkeit* auf die Struktur und die Funktionen sozialer Beziehungen im hohen Alter wurden bisher noch verhältnismäßig wenig erforscht. Meistens wurde berichtet, daß Kinderlose über weniger informelle Unterstützung verfügten (Goldberg, Kantrow, Kremen & Lauter, 1986; Hays, 1984). Einige Studien zeigten auch, daß Kinderlose sozial isolierter lebten als Eltern (Bachrach, 1980; Ishii-Kuntz & Seccombe, 1989) und weniger Freunde und Nachbarn haben (Rempel, 1985). Alleinlebende Kinderlose wichen verstärkt auf andere Rollenbeziehungen aus, wie etwa Geschwister (Cicirelli, 1982; Taylor, Chatters & Mays, 1988). Zudem äußerten verwitwete oder ledige Kinderlose ein geringeres subjektives Wohlbefinden und fühlten sich einsamer als verwitwete oder ledige Eltern, während sich verheiratete Kinderlose in dieser Hinsicht nicht von verheirateten Eltern unterschieden (Beckman & Houser, 1982). Aus diesen Befunden kann gefolgert werden, daß die Kinderlosigkeit besonders dann folgenschwer ist, wenn sie mit anderen Faktoren wie beispielsweise der Verwitwung zusammenfällt. Aus diesem Grund erscheint es sinnvoll, die möglichen Auswirkungen der Kinderlosigkeit auf die Struktur und die Funktion der sozialen Netzwerke alter und sehr alter Menschen im Zusammenspiel mit dem Familienstand zu betrachten.

Die Beziehungen zwischen Eltern und Kindern sind in der Regel nicht aufkündbar. Sie gründen ebensosehr auf emotionalen Bindungen, die allerdings keineswegs konfliktlos sein müssen, wie auf wechselseitigen Verpflichtungsgefühlen (Schütze & Wagner, 1991). Die Unterstützungsbereitschaft der Kinder dürfte besonders für verwitwete Eltern gelten, da hier ihr Verantwortungsgefühl in ungleich stärkerem Maße gefordert ist, als wenn es sich um ein Elternpaar handelt. Folglich sind alte Eltern hinsichtlich emotionaler und praktischer Unterstützung gegenüber Kinderlosen strukturell im Vorteil. Aus dieser Sicht stellt sich die Frage, ob Kinderlose tatsächlich weniger

Hilfe erhalten oder sich ihnen alternative Möglichkeiten sozialer Unterstützung bieten (Lang, 1994).

Der *Heimaufenthalt* ist die dritte Lebenskonstellation, die mit der Vorstellung sozialer Vereinsamung verknüpft ist. Im Alltagsverständnis wird diese Assoziation durch deprimierende Berichte der Massenmedien hergestellt. Das Gegenstück hierzu bildet in den Sozialwissenschaften die Kennzeichnung des Heims als „totale Institution", die Menschen verwaltet und ihnen jeden Spielraum für individualisierte Interaktionen nimmt (Goffman, 1973). Allerdings ist wenig darüber bekannt, ob dieses „Urteil" über die soziale Situation im Heim die Realität trifft oder ob auch unter Bedingungen der totalen Institution soziale Netzwerke bestehen, die dazu beitragen, soziale Isolation zu verhindern (vgl. M. M. Baltes, 1995).

3. Soziale Beziehungen: Begriffe, Klassifikationen und Erhebungsdesign

Soziale Beziehungen sind Gegenstand klassischer mikrosoziologischer und sozialpsychologischer Theorien, beispielsweise der Handlungstheorien von Weber (1964) und Parsons (1943) oder der Austauschtheorien von Homans (1961) und Blau (1964). Der Begriff der sozialen Beziehung bezeichnet – ähnlich wie der neuere Begriff der Interaktion – die wechselseitige Beeinflussung des Verhaltens von Individuen.

Soziale Beziehungen lassen sich unter verschiedenen Gesichtspunkten klassifizieren. Eine in der Forschung übliche Klassifikation bezieht sich auf die *Art der Rollenbeziehung*. Sie kann wiederum grob in verwandtschaftliche und nicht-verwandtschaftliche Beziehungen untergliedert werden (Tabelle 1). Innerhalb der Verwandtschaftsbeziehungen werden wir uns vor allem mit den Ehe- und Lebenspartnern sowie den Kindern und Geschwistern beschäftigen. Im Hinblick auf die nicht-verwandtschaftlichen Beziehungen konzentrieren wir uns auf Freundschaften und nachbarschaftliche Kontakte.

Ein weiteres Klassifikationskriterium differenziert soziale Beziehungen nach der *Funktion* oder *Leistung der sozialen Beziehung*. In dieser Hinsicht betrachten wir drei Typen sozialer Interaktionsmuster. Erstens untersuchen wir solche Leistungen, die in der empirischen Forschung unter dem Begriff soziale Unterstützung zusammengefaßt werden, wobei meistens instrumentelle und emotionale Unterstützung unterschieden werden (Cobb, 1976; House & Kahn, 1985; Wills, 1985). Keine Hilfeleistung im engeren Sinne, aber eine wichtige Funktion sozialer Beziehungen stellt zweitens das soziale Beisammensein dar (Rook, 1990). Drittens betrachten wir eine Dimension sozialer Interaktionen, die im allgemeinen in der Erforschung sozialer Beziehungen vernachlässigt wird (vgl. Elbing, 1991; Walsh, 1991), nämlich Zärtlichkeit.

Da – wie oben ausgeführt – soziale Beziehungen in mehrfacher Weise klassifiziert und beschrieben werden können, haben wir in BASE zwei unterschiedliche Zugänge zur Erhebung sozialer Beziehungen gewählt. Die Forschungseinheit (FE) Soziologie und Sozialpolitik war an Informationen über alle Familienmitglieder in direkter Linie interessiert. Die Nennungen der Familienmitglieder erfolgten unabhängig davon, wie intensiv die Beziehung des Studienteilnehmers zu ihnen ist. Für jedes Geschwister, jedes Kind sowie für jeden Enkel wurde ein Satz soziodemographischer Merkmale (z. B. Alter, Geschlecht, Familienstand, Beruf, Anzahl der Kinder) erhoben, unabhängig davon, ob das betreffende Familienmitglied bereits gestorben war oder nicht. Bezüglich der noch lebenden Verwandten wurden die Kontakthäufigkeit sowie Merkmale sozialer Unterstützung erfragt.

Tabelle 1: Klassifikation sozialer Beziehungen.

Kategorien		Beispiele
Innerhalb der Verwandtschaft	Partnerschaft	Ehe
	Elternschaft	Kinder Enkel Urenkel Schwiegerkinder
	Geschwister	
	andere Verwandte	Nichten/Neffen Schwager/ Schwägerinnen
Außerhalb der Verwandtschaft	informell	nicht-eheliche Partner Freunde Bekannte Nachbarn
	formell	Pflegepersonen Ärzte

In der FE Psychologie wurde das soziale Netzwerk mit einer modifizierten Version des von Kahn und Antonucci (1980) entwickelten Network Questionnaire erhoben. Die Studienteilnehmer klassifizierten ihre Netzwerkpersonen nach dem Grad der emotionalen Nähe, so daß nur die Personen eine Chance hatten, genannt zu werden, mit denen sich die Befragten mehr oder weniger eng verbunden fühlten. Hierzu wurde ein Kreisdiagramm verwendet: Der Befragte plazierte die ihm sehr eng verbundenen Personen in den ersten Kreis, die ihm eng verbundenen Personen in den zweiten und die ihm weniger eng verbundenen, aber auch wichtigen Personen in den dritten Kreis. Über jede genannte Person wurden folgende Informationen abgefragt: Art der Rollenbeziehung (z. B. Partner, Sohn, Nachbar usw.), die Dauer der Beziehung, Alter der Person, Kontakthäufigkeit und Veränderungen in der Beziehungsqualität während der letzten fünf Jahre.

Daran anschließend wurde die erhaltene und geleistete Hilfe erhoben. Die Studienteilnehmer sollten bezogen auf die folgenden fünf Unterstützungsarten angeben, von wem sie eine solche Unterstützung erhalten oder wem sie eine solche Unterstützung geleistet haben: (1) Hilfe bei praktischen Dingen, (2) Besprechen von Kummer und Sorgen, (3) Hilfe bei Besorgungen oder Einkäufen, (4) Aufmunterungen und (5) potentielle Pflege. Während (1), (3) und (5) die instrumentelle Unterstützung ausmachen, definieren wir (2) und (4) als emotionale Unterstützung. Als eine eigenständige Dimension der sozialen Beziehung fassen wir den körperbezogenen Kontakt (operationalisiert als Frage nach Zärtlichkeit wie Umarmungen und Küsse, nicht im sexuellen Sinne) auf.

Soziales Beisammensein beziehen wir auf erhaltene und geleistete Besuche und gemeinschaftliche Aktivitäten. Die Häufigkeit, mit der man andere Personen in den letzten zwölf Monaten getroffen oder besucht hat, wurde anhand einer siebenstufigen Skala erhoben, die von „täglich" bis „nie" rangiert. Diese Skala wurde in einen Index transformiert, der die Zahl der Tage pro Jahr angibt (0 bis 325), an denen Studienteilnehmer die betreffende Person sehen (Frankel & DeWit, 1989). Im folgenden beschränken wir uns auf die Darstellung von Kontakthäufigkeiten zu Kindern, Geschwistern und Freunden. Bei Studienteilnehmern, die mehrere Kinder, Geschwister oder Freunde haben, berichten wir die maximalen Häufigkeiten.

Einsamkeit wurde mittels einer leicht modifizierten deutschen Acht-Item-Kurzform der revidierten UCLA-Einsamkeitsskala (Russell, Peplau & Cutrona, 1980; Smith & Baltes, 1993) erhoben. Die Skala bildet zwei Aspekte von Einsamkeit ab, nämlich emotionale und soziale Einsamkeit. Emotionale Einsamkeit bezieht sich auf Aussagen, die das Gefühl, keinen Vertrauten zu haben bzw. allein zu sein, beschreiben, während soziale Einsamkeit das Gefühl erhebt, unzureichend in ein soziales Netzwerk eingebunden zu sein (Elbing, 1991; Weiss, 1973)[1].

Zwischen den beiden Erhebungsmethoden der soziologischen und der psychologischen Forschungseinheit gibt es Gemeinsamkeiten und Unterschiede. So werden Verwandte, zu denen eine engere emotionale Beziehung oder eine Hilfsbeziehung besteht, durch beide Vorgehensweisen erfaßt. Während in der FE Soziologie zudem Informationen über Familienmitglieder vorliegen, zu denen kein enger Kontakt besteht, werden in der FE Psychologie auch emotional nahestehende Beziehungen zu entfernteren Verwandten (Neffen, Nichten, Schwiegerkinder) und Nicht-Verwandten (Freunden, Bekannten, Nachbarn) erhoben.

4. Struktur sozialer Netzwerke und die Verbreitung sozialer Beziehungen im Alter

Wer gehört im Alter zum sozialen Netzwerk? Im nachfolgenden Abschnitt beschreiben wir die strukturellen Merkmale sozialer Netzwerke alter Menschen in mehreren Schritten. Wir befassen uns zunächst mit der Frage, in welchem Ausmaß bestimmte Typen verwandtschaftlicher und nicht-verwandtschaftlicher Beziehungen (vgl. Tabelle 1) im Alter vorkommen. Im Hinblick auf familiale Beziehungen gehen wir von der Generation der Befragten aus – also Partnern und Geschwistern – und gehen dann zu der zweiten, dritten und vierten Generation in direkter Linie über, also den Kindern, Enkeln und Urenkeln. Schließlich gehen wir auf die sonstigen Verwandten, aber auch auf Freunde, Bekannte und Nachbarn ein. Im Hinblick auf die Eltern-Kind-Beziehungen und die Freundschaften wenden wir uns exemplarisch den Kontakthäufigkeiten in diesen Beziehungen zu. Abschließend

1 Eine explorative Hauptachsen-Faktorenanalyse mit obliquer Rotation der Faktoren bestätigte die zwei erwarteten Subdimensionen und klärte insgesamt 43% der Varianz der acht Items auf. Die Interkorrelation der rotierten Faktoren betrug 0,58. Wir berichten im folgenden aber lediglich die Summenwerte der beiden Subskalen („unit-weighted composite"). Die interne Konsistenz der acht z-transformierten Items beträgt α=0,77.

Tabelle 2: Verbreitung von Rollenbeziehungen im Alter (in %)[1].

	Alle		70–84		85+	
Ehepartner	23,5	(151)	27,3	(102)	8,8	(49)
Kinder	72,6	(352)	75,3	(196)	61,9	(156)
Enkel	61,2	(306)	62,4	(170)	56,6	(136)
Geschwister	44,9	(184)	47,5	(121)	34,6	(63)
Urenkel	18,9	(112)	16,4	(41)	28,9	(71)
Schwiegerkinder	40,5	(184)	41,9	(105)	34,8	(79)
Sonstige Verwandte	66,4	(336)	67,0	(175)	64,1	(161)
Freunde	63,5	(281)	68,6	(171)	43,3	(110)
Bekannte	48,5	(244)	48,2	(123)	50,1	(121)
Nachbarn	28,5	(128)	28,2	(68)	29,7	(60)
Sonstige Nicht-Verwandte	14,3	(71)	14,3	(36)	14,3	(35)

1 Gewichtet, in Klammern die ungewichtete Fallzahl.

betrachten wir, in welcher Weise sich Altersdifferenzen in bezug auf die Größe des gesamten sozialen Netzwerks nachweisen lassen und inwieweit diese durch den Familienstand, die Kinderlosigkeit und den Heimaufenthalt erklärbar sind. Tabelle 2 zeigt die Verbreitung verschiedener Arten von Rollenbeziehungen für zwei Altersgruppen.

4.1 Ehe und Partnerschaft

Betrachten wir zunächst die Häufigkeit von *Ehe und Partnerschaft* (wir geben im folgenden die auf die Population bezogenen, gewichteten Stichprobenwerte an): In West-Berlin sind rund ein Viertel der alten Menschen verheiratet, rund die Hälfte sind verwitwet. Derartige Werte werden jedoch schnell relativiert, bedenkt man die enormen Alters- und Geschlechtsdifferenzen: Rund drei Viertel aller Männer im Alter zwischen 70 und 74 Jahren und ein Viertel im Alter ab 95 Jahren sind verheiratet. Von den 70- bis 74jährigen Frauen sind dagegen nur 20% verheiratet, im hohen Alter (ab 85 Jahre) gibt es nahezu keine Frauen mehr, die noch einen Ehepartner haben. Der Familienstand unterliegt damit nicht nur enormen Altersdifferenzen, sondern von allen sozialen Beziehungen ergeben sich hier wohl zudem die deutlichsten geschlechtsspezifischen Unterschiede: In der Population der 70jährigen und Älteren sind 63% der Männer, jedoch nur 10% der Frauen verheiratet[2].

Ein Teil der Ehen der aktuell verheirateten alten Menschen besteht schon sehr lange. Beispielsweise lebt ein Mann in einer Ehe, die seit 70 Jahren besteht, ein anderer ist erst seit einem Jahr verheiratet. Eine große Spannbreite besteht auch im Hinblick auf das Alter zum Zeitpunkt der Heirat des jetzigen Partners. Vier Personen waren damals 21 Jahre, ein Mann war bei seiner letzten Eheschließung 84 Jahre alt. Von allen alten Menschen, die zum Zeitpunkt der Befragung verwitwet waren, haben fast 60%, vor allem Frauen, ihren Partner vor dem 70. Lebensjahr verloren. Nicht verheiratet zu sein bedeutet aber auch im Alter nicht unbedingt, keinen Partner zu haben. Immerhin leben 14% der unverheirateten Männer und 5% der unverheirateten Frauen in einer nichtehelichen Partnerschaft. Hieraus folgt, daß es nicht gerechtfertigt ist, nicht-eheliche Lebensgemeinschaften ausschließlich als ein Phänomen des jungen oder mittleren Erwachsenenalters anzusehen.

4.2 Geschwister

Zu der Generation der alten Menschen gehören auch deren Geschwister. Etwas weniger als die Hälfte aller alten Männer und Frauen haben mindestens einen lebenden Bruder oder eine lebende Schwester (Tabelle 2). Dieser Durchschnittswert ist wiederum wenig aussagekräftig, denn der Anteil alter Menschen, die keine Geschwister mehr haben, nimmt von Altersgruppe zu Altersgruppe stark zu. Während

2 Der Familienstand alter Menschen kann – im Gegensatz zu den anderen Merkmalen sozialer Beziehungen – auch mit Daten der amtlichen Statistik beschrieben werden (vgl. hierzu P. B. Baltes et al., Kapitel 1 in diesem Band).

Abbildung 1: Besuchshäufigkeit zwischen den alten Eltern und ihren Kindern (einschließlich Kindern innerhalb des eigenen Haushalts; bei Familien mit mehreren Kindern maximale Werte).

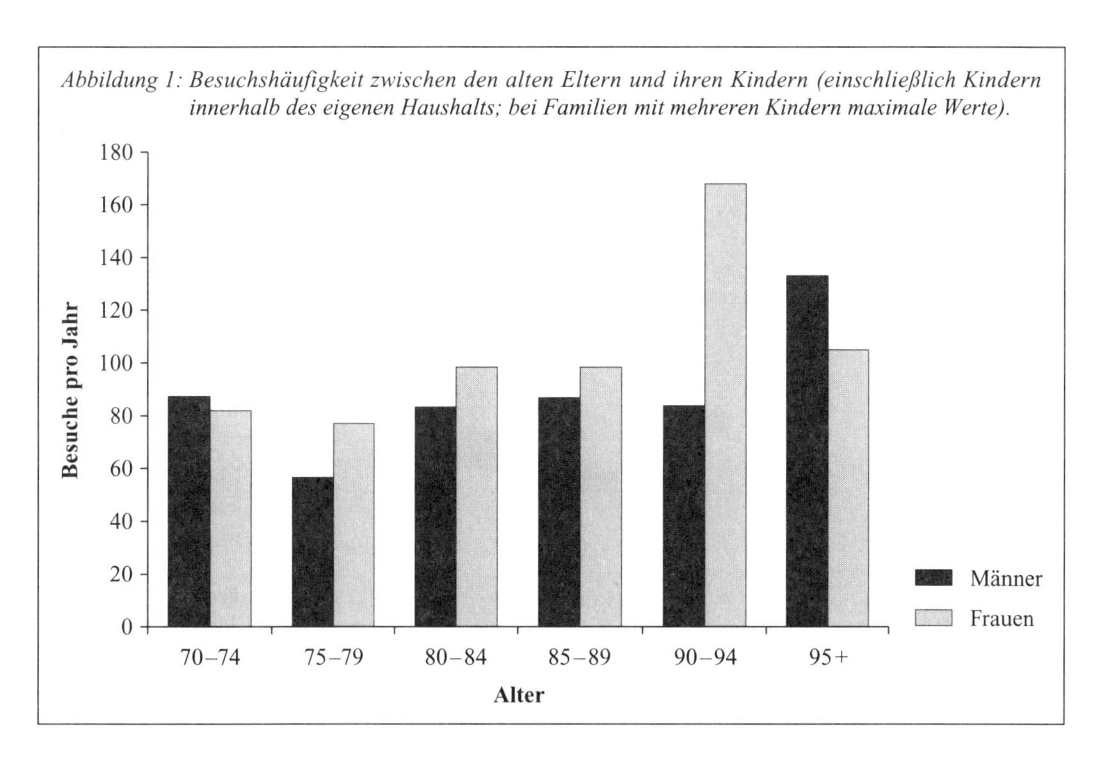

die Hälfte der 70- bis 74jährigen mindestens ein Geschwister hat, sind es bei den 95jährigen und Älteren nur noch um die 15%. Da die überwiegende Anzahl alter Menschen mindestens ein Geschwister hatte, wird die Erfahrung, alle Geschwister zu überleben, zu einem weit verbreiteten Lebensereignis im hohen Alter.

Zwischen Geschwistern finden im Alter durchschnittlich einmal im Monat (bei männlichen Studienteilnehmern) bzw. alle zwei bis drei Wochen (bei weiblichen Studienteilnehmern) Besuchskontakte statt. Deutliche Altersdifferenzen sind nicht zu erkennen.

4.3 Elternschaft

Die häufigste Rollenbeziehung in den sozialen Netzwerken der 70jährigen und älteren Männer und Frauen ist die *Elternschaft*. 77% der Männer und 70% der Frauen haben mindestens ein lebendes Kind. Von den Verheirateten haben 86% Kinder, von den Verwitweten 76%, von den Geschiedenen 75% und von den Ledigen 15%. Alte Eltern und ihre Kinder besuchen sich viel häufiger als beispielsweise Geschwister. Die Besuchshäufigkeiten nehmen mit dem Alter der Eltern leicht zu (siehe Abb. 1).

Dabei ist allerdings zu bedenken, daß wir bei der Berechnung der Besuchshäufigkeiten auch Kinder innerhalb des Haushalts einbezogen haben. Gerade bei den sehr alten Eltern kommt es jedoch relativ oft vor, daß sie mit einem ihrer Kinder zusammenleben[3]. Unterstellt man in diesen Fällen eine „tägliche Besuchshäufigkeit", dann zeigt sich, daß sehr alte Väter und Mütter einen vergleichsweise häufigen direkten Kontakt zu mindestens einem ihrer Kinder haben.

Das Ausmaß der Kinderlosigkeit ist bei den alten Menschen in West-Berlin sehr hoch[4]. Um dieses etwas genauer untersuchen zu können, unterscheiden wir zwischen lebenslanger und aktueller Kinderlosigkeit. Unter lebenslanger Kinderlosigkeit verste-

3 So ergab eine Auszählung der Eltern-Kind-Koresidenzen auf der Basis des BASE-Ersterhebungsprotokolls, daß bei den 90- bis 94jährigen 12% der Väter und 28% der Mütter und bei den 95jährigen und Älteren 20% der Väter und Mütter mit mindestens einem Kind zusammenleben. In den Altersgruppen zwischen 70 und 89 Jahren liegen diese Werte deutlich niedriger.

4 Vergleichende Untersuchungen, die wir jedoch nicht genauer darstellen können, haben gezeigt, daß das Niveau der Kinderlosigkeit bei den hier betrachteten Geburtsjahrgängen nicht nur höher ist als im Durchschnitt Westdeutschlands, sondern auch das entsprechende Kinderlosigkeitsniveau anderer Großstädte (Hamburg) übersteigt.

Abbildung 2: Aktuelle und lebenslange Kinderlosigkeit nach dem Alter (Männer: N=255; Frauen: N=256). Aktuelle Kinderlosigkeit bedeutet, daß die Studienteilnehmer zum Zeitpunkt der Befragung keine (lebenden) Kinder hatten. Lebenslange Kinderlosigkeit liegt vor, wenn die Befragten nie Kinder hatten.

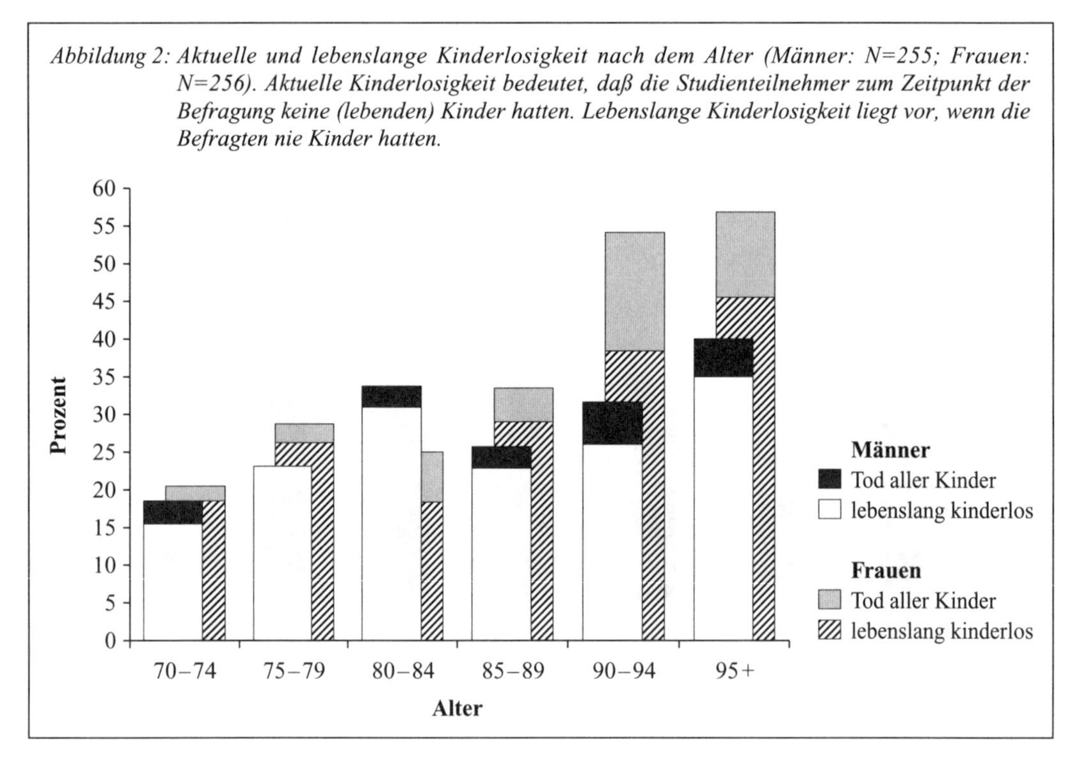

hen wir, daß die Befragten nie Kinder hatten; aktuelle Kinderlosigkeit soll hingegen bedeuten, daß die Befragten zum Zeitpunkt der Befragung keine (lebenden) Kinder haben. Zwischen beiden Größen kann eine Differenz bestehen, da es möglich ist, daß Eltern alle ihre Kinder überlebt haben. Wie Abbildung 2 zeigt, gibt es einen nicht zu vernachlässigenden Anteil alter Menschen, deren Kinder bereits alle gestorben sind. Es ist naheliegend, daß die Wahrscheinlichkeit, den Tod eines Kindes zu erleben, mit dem Alter der Eltern ansteigt.

Der hohe Anteil der lebenslang Kinderlosen muß jedoch als Kohorteneffekt interpretiert werden (Dinkel & Milenovic, 1992; Dorbritz, 1992). Dieser Kohorteneffekt ist für West-Berlin besonders ausgeprägt. Abbildung 3 zeigt auf der Basis der Mikrozensus-Zusatzerhebung von 1971 den Anteil kinderloser Männer und Frauen in West-Berlin für die Geburtskohorten von 1885 bis 1929. Die Kinderlosigkeit wurde darüber hinaus auch für diejenigen Männer und Frauen berechnet, die mindestens einmal geheiratet haben. Im Rahmen des Mikrozensus wurde die Frage gestellt: „Haben Sie eigene Kinder?" Die Frage bezieht sich nur auf leibliche Kinder, differenziert allerdings nicht klar zwischen aktueller und lebenslanger Kinderlosigkeit.

Es wird aus Abbildung 3 sehr deutlich, daß in der Abfolge der Geburtskohorten 1895–99 bis 1915–19 der Anteil Kinderloser bei Ledigen und Nicht-Ledigen zurückgeht. In jedem Geburtsjahrgang ist die Kinderlosigkeit der Frauen größer als diejenige der Männer, besonders große Geschlechtsdifferenzen treten allerdings bei den Geburtskohorten zwischen 1895 und 1909 auf.

Während alte Menschen, die lebenslang kinderlos waren, im Alter nur Verwandte in direkter Linie aus ihrer *eigenen* Generation haben können, sind aus Eltern im Alter häufig Groß- oder gar Urgroßeltern geworden. Das wird deutlich, wenn wir *Großelternschaft und Urgroßelternschaft* betrachten (Tabelle 2). Der Anteil der Großeltern ist bei den 70- bis 84jährigen fast so hoch wie bei den 85jährigen und Älteren (62% zu 57%). Betrachtet man nun die vierte Generation, so nimmt der Anteil der Befragten mit Urenkeln mit dem Alter zu. So haben 16% der 70- bis 84jährigen mindestens einen Urenkel, bei den 85jährigen und Älteren sind es hingegen 29%.

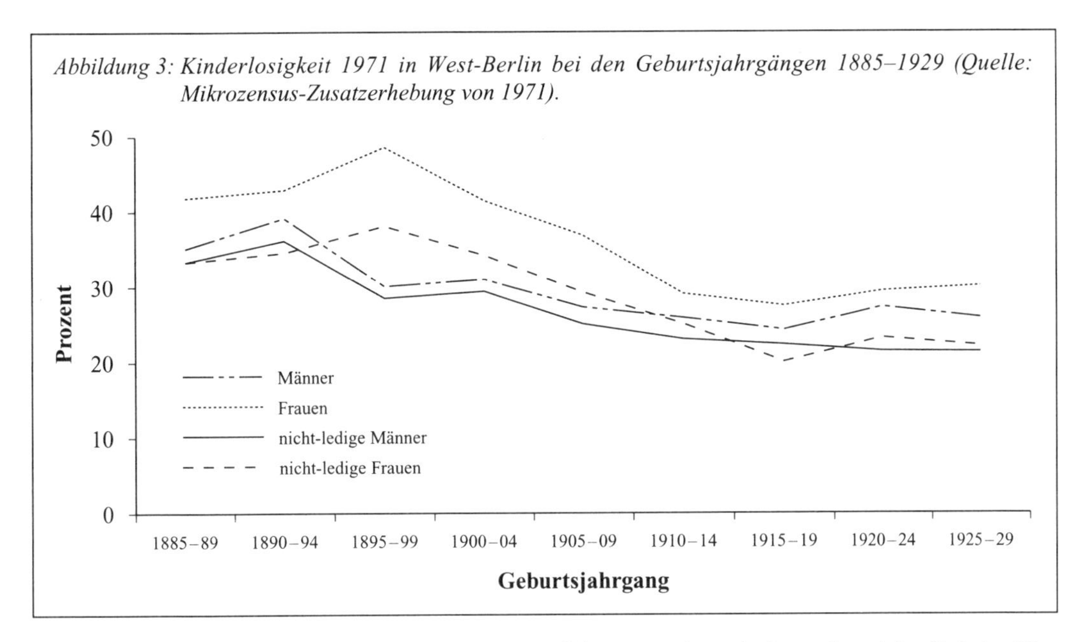

Abbildung 3: Kinderlosigkeit 1971 in West-Berlin bei den Geburtsjahrgängen 1885–1929 (Quelle: Mikrozensus-Zusatzerhebung von 1971).

4.4 Größe und Generationsstruktur von Familien

Definiert man als Größe des *Familiennetzwerks* die Zahl der nach dem Verwandtschaftsgrad näheren Familienmitglieder in direkter Linie, also Ehepartner, Kinder, Enkelkinder und Urenkel, so haben 126 der Befragten, das entspricht hochgerechnet etwa einem Viertel aller 70jährigen und älteren Westberliner, kein Familienmitglied im engeren Sinn. Dagegen hat eine Person 33 nahe Verwandte. Die Zahl der näheren Familienmitglieder in direkter Linie nimmt mit dem Alter bzw. dem Geburtsjahrgang nur sehr leicht ab ($r = -0{,}15$) und ist bei Frauen durchweg niedriger als bei Männern. Man sieht hier also, daß die Zunahme der Kinderlosigkeit über die Altersgruppen hinweg in der Gesamtstichprobe nicht zu einem deutlichen Rückgang der durchschnittlichen Familiengröße führt, da die hohe Kinderlosigkeit unter den sehr Alten durch den Zuwachs an Enkeln und Urenkeln bei denen, die Kinder haben, ausgeglichen wird.

Im Hinblick auf die Anzahl der Generationen in Familien kommt es jedoch aufgrund der Zunahme von Kinderlosigkeit über die Altersgruppen hinweg zu einer *Polarisierung*. Wie wir gezeigt haben, handelt es sich dabei überwiegend um einen Kohorteneffekt. Denn bei den sehr alten Geburtsjahrgängen finden sich im Vergleich zu den jüngeren Geburtsjahrgängen einerseits besonders viele, die keine Kinder haben, andererseits aber auch besonders viele in Familien mit vier Generationen (siehe Tabelle 2 und Abb. 4).

4.5 Entfernte Verwandte, Freunde und Nachbarn

Gehen wir nun zu den *entfernteren Verwandten* und den *Nicht-Verwandten* über. Entfernte Verwandte kommen relativ häufig in den Netzwerken alter Menschen vor, nämlich bei 66% der Befragten. 64% der alten Menschen haben mindestens einen Freund, 49% haben Bekannte, und 29% rechnen mindestens einen Nachbarn zu ihrem Netzwerk (gewichtete Angaben, vgl. Tabelle 2)[5]. Auffällig ist, daß lediglich der Anteil alter Menschen, die mindestens einen Freund haben, mit dem Alter klar variiert. So haben 69% der 70- bis 84jährigen mindestens einen Freund, aber nur 43% der 85jährigen und Älteren (Tabelle 2). Heimbewohner haben deutlich seltener Freunde als alte Menschen, die in Privathaushalten leben (34% versus 66%). Betrachtet man den Familienstand, so zeigt sich, daß Ledige am häufigsten einen Freund in ihrem Netzwerk angaben (76%), gefolgt von den Verheirateten (67%) sowie den Verwitweten (61%) und Geschiedenen (61%).

5 Unterschiede zwischen Männern und Frauen gibt es nur im Hinblick auf die Einbindung in die Nachbarschaft: Frauen nennen Nachbarn häufiger in ihrem Netzwerk als Männer.

Gemessen an den Kontakthäufigkeiten, haben Freunde im Alter eine große Bedeutung. Alte Menschen der BASE-Stichprobe treffen Freunde im Mittel alle neun Tage. Wenn auch die Besuchskontakte zu den Kindern (durchschnittlich alle vier bis fünf Tage) häufiger sind, so zeigt dieses doch, daß bestehende Freundschaften auch im Alter gepflegt werden. Unterschiede zwischen Männern und Frauen sowie zwischen den Altersgruppen sind gering. Dagegen gibt es offensichtliche Unterschiede nach dem Familienstand. Verwitwete sehen ihre Freunde deutlich häufiger, als dieses bei Verheirateten, Geschiedenen oder Ledigen der Fall ist.

Die Frage, ob die Intensität nachbarschaftlicher Beziehungen zwischen den Altersgruppen variiert, läßt sich allerdings nicht einfach beantworten. Es lassen sich keine Altersunterschiede feststellen, wenn man sich ansieht, wie häufig Nachbarn als Mitglieder des Netzwerks genannt werden. Die durchschnittliche Anzahl persönlich bekannter Nachbarn nimmt indessen von 9,4 bei den 70- bis 74jährigen auf 5,5 bei den 95jährigen und Älteren ab. Es wurde zudem erhoben, ob es vorkommt, daß man sich mit Nachbarn gegenseitig aushilft oder besucht. Auch die nachbarschaftliche Hilfe geht offenbar mit zunehmendem Alter zurück: Sie bestand bei 24% der 70- bis 74jährigen, hingegen nur bei 10% der 95jährigen und Älteren.

Abbildung 4: Anzahl lebender Generationen in den Familien alter und sehr alter Menschen.

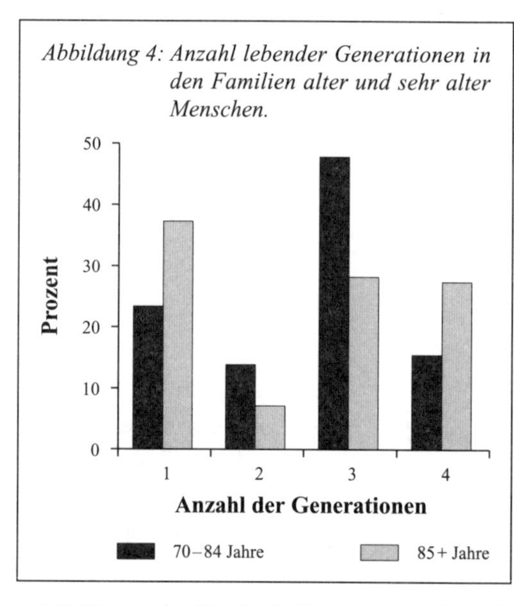

4.6 Größe des sozialen Netzwerks

In einem letzten Schritt untersuchen wir die *Größe des egozentrierten Netzwerks*, also die Zahl der Personen, die den Befragten emotional nahestehen und in einem der drei Kreise des Netzwerk-Fragebogens genannt wurden. Die Größe des Gesamtnetzwerks der Studienteilnehmer in BASE variiert zwischen 0 und 49 und beträgt im Mittel 10,9 Personen. Die durchschnittliche Personenzahl variiert dabei kaum zwischen den drei Kreisen (erster Kreis: 3,5; zweiter Kreis: 3,8; dritter Kreis: 3,7 Personen).

Betrachten wir nun, welchen Einfluß das Alter, der Familienstand, die Kinderlosigkeit sowie die Wohnsituation auf die Netzwerkgröße haben. Zunächst beobachtet man, daß die Netzwerkgröße mit zunehmendem Alter abnimmt (vgl. Abb. 5). Dabei ist die negative Korrelation zwischen Alter und der Zahl der Netzwerkpartner im dritten Kreis am größten, im ersten Kreis am geringsten (vgl. dazu ausführlich Lang & Carstensen, 1994; siehe auch Smith & Baltes, Kapitel 8).

Durch eine schrittweise multiple Regression läßt sich darstellen, in welchem Ausmaß der Alterseffekt auf die Netzwerkgröße durch die anderen unabhängigen Variablen vermittelt wird (siehe Tabelle 3). Man sieht, daß – wie zu erwarten – der Einfluß des Lebensalters kontinuierlich zurückgeht, wenn die genannten Variablen in das Modell aufgenommen werden. Dennoch bleibt ein signifikanter negativer Alterseffekt auf die Netzwerkgröße bestehen. Bemerkenswert ist, daß diese nicht zwischen Männern und Frauen variiert (vgl. auch Minnemann, 1994). Die Regressionsanalyse zeigt ferner, daß Geschiedene die kleinsten sozialen Netzwerke aufweisen. Während Verheiratete im Mittel 14,1 Netzwerkpartner

Abbildung 5: Verteilung der Netzwerkgröße nach dem Alter.

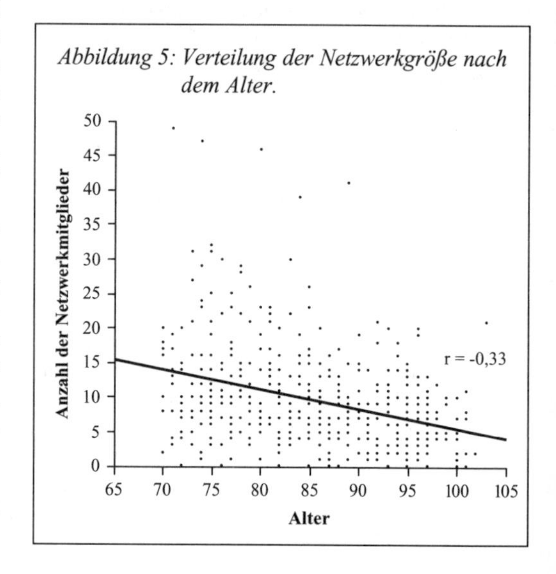

nennen, sind es bei den Verwitweten 10,6, bei den Geschiedenen aber nur 7,8 Personen. Kinderlose alte Menschen haben erwartungsgemäß relativ kleine Netzwerke (8,1 Personen vs. 12,0 Personen). Dieses gilt auch für die Heimbewohner, die im Durchschnitt nur 4,5 Netzwerkpartner nannten. Alte Menschen in Privathaushalten nannten dagegen 11,3 Personen.

5. Leistungen sozialer Beziehungen im Alter

Worin bestehen nun die Funktionen und Leistungen der informellen sozialen Beziehungen alter und sehr alter Menschen? Wir werden zunächst beschreiben, in welchem Umfang die alten Menschen soziale Unterstützung, d. h. instrumentelle und emotionale Unterstützung, empfangen und leisten, wie es mit Besuchen und anderen gemeinschaftlich ausgeübten Aktivitäten bestellt ist und in welchem Maße Zärtlichkeiten ausgetauscht werden. Im Anschluß daran wenden wir uns der Frage zu, inwiefern die genannten Formen sozialer Interaktion dazu beitragen, Einsamkeitsgefühle zu verringern.

Tabelle 3: Ergebnisse der schrittweisen multiplen Regression auf die Größe des egozentrierten Netzwerks[1].

Effekt	Schritte 1	2	3	4
1				
Alter	-0,33**	0,32**	0,24**	-0,24**
Geschlecht (w=1, m=0)	-0,05	0,04	0,06	0,06
2				
Familienstand[2]				
verheiratet	—	0,13	0,12	0,12
geschieden	—	-0,14**	-0,14**	-0,14**
ledig	—	-0,09	-0,01	0,01
3				
Elternstatus[3]	—	—	0,17**	0,16**
4				
Wohnsituation[4]	—	—	—	-0,18**
ΔR^2	11,0**	4,5**	2,4**	2,9**
R^2	11,0	15,4	17,8	20,8
Adj. R^2	10,6	14,6	16,9	19,7

Signifikanzniveau: * p<0,01; ** p<0,001.
1 Anzahl der im Kreisdiagramm genannten sozialen Beziehungen.
2 Familienstand wurde dummy-kodiert, Referenzkategorie sind die Verwitweten.
3 Elternstatus: Eltern (=1) versus Kinderlose (=0).
4 Heimbewohner (=1) versus im Privathaushalt lebende Menschen (=0).

5.1 Hilfeaustausch, soziales Beisammensein und Zärtlichkeit

Informelle Hilfe zu erhalten bedeutet nicht nur konkrete Unterstützung, sondern symbolisiert gleichzeitig Zuwendung und Anteilnahme der sozialen Umwelt. Dieses spiegelt die Tatsache wider, daß soziale Beziehungen im Alter meistens „multifunktional" sind, wie zahlreiche empirische Befunde zur Multiplexität sozialer Beziehungen belegen konnten (Litwak, 1985; Simons, 1983).

Weitaus die meisten alten Menschen haben mindestens eine Person, der sie Hilfe leisten (86%) oder von der sie Hilfe empfangen (87%). Naheliegend ist die Vermutung, daß je älter jemand ist, desto mehr Hilfe er auch benötigt und erhält. Dabei ist – wie schon erwähnt – zu beachten, daß sich die Daten der Berliner Altersstudie auf selbstbeschreibende Angaben der Studienteilnehmer beziehen und damit auch kognitive Verarbeitungsprozesse einschließen.

Allerdings weisen die Selbstbeschreibungen der alten Menschen darauf hin, daß der Anteil der Personen, von denen alte Menschen emotionale oder instrumentelle Hilfe erhalten (und denen sie keine Hilfe leisten) in der Abfolge der sechs Altersgruppen zunimmt. Abbildung 6 veranschaulicht den bei den älteren Altersgruppen im Vergleich zu den jüngeren deutlich geringeren Prozentsatz von Beziehungen, in denen alte Menschen anderen Personen Hilfe leisten. In Abbildung 6 werden die Netzwerkpartner nach drei Gruppen unterschieden: Netzwerkpartner, die nur Hilfe leisten, die nur Hilfe empfangen und die sowohl Hilfe leisten als auch empfangen. In Abbildung 6a wird der Anteil dieser Personen an allen Netzwerkpartnern ausgewiesen, in Abbildung 6b deren absolute Zahl. So charakterisieren die 70- bis 74jährigen 9%, die 95jährigen und Älteren aber 20% aller Netzwerkmitglieder als Helfer (dieses entspricht durchschnittlich 0,8 bzw. 1,5 Hilfsbeziehungen). Dabei wissen wir allerdings nicht, wie häufig die Hilfe geleistet wurde.

Betrachtet man die Hilfsbeziehungen unter austauschtheoretischen Gesichtspunkten, so wird deutlich, daß in den sehr hohen Altersgruppen weniger Hilfe gegeben als empfangen wird. Wie Abbildung 6 zeigt, nimmt der Anteil der Hilfeempfänger an allen

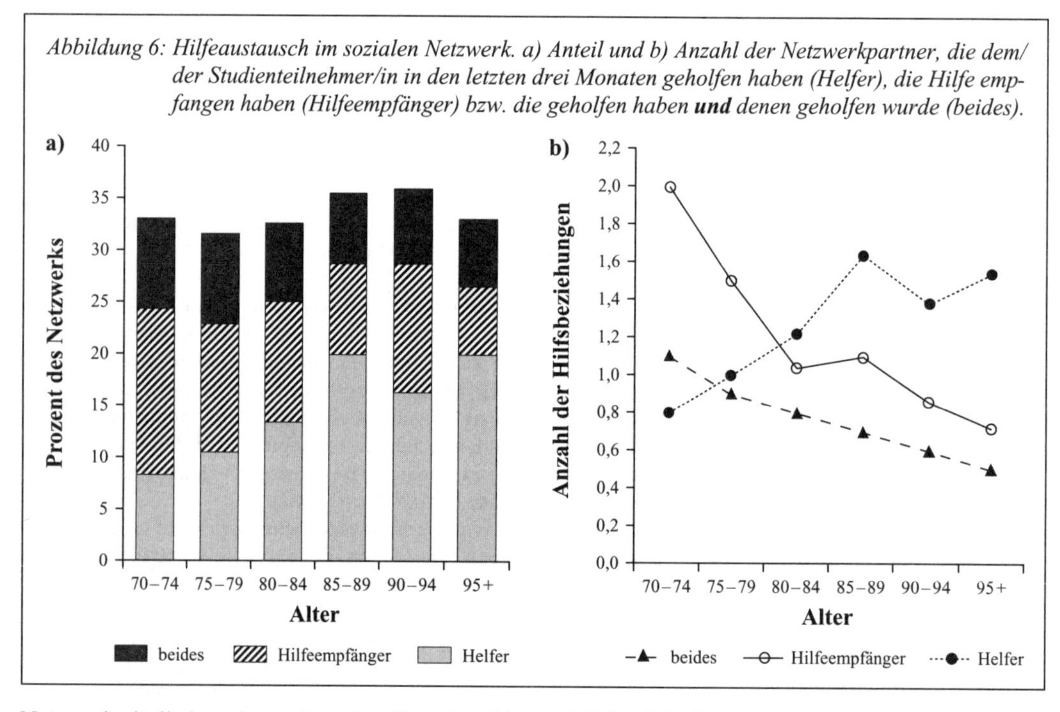

*Abbildung 6: Hilfeaustausch im sozialen Netzwerk. a) Anteil und b) Anzahl der Netzwerkpartner, die dem/der Studienteilnehmer/in in den letzten drei Monaten geholfen haben (Helfer), die Hilfe empfangen haben (Hilfeempfänger) bzw. die geholfen haben **und** denen geholfen wurde (beides).*

Netzwerkmitgliedern, besonders aber ihre Anzahl über die Altersgruppen hinweg ab. Beispielsweise nannten die 70- bis 74jährigen durchschnittlich zwei Netzwerkmitglieder, denen sie Hilfe leisten, von denen sie aber keine Unterstützung bekommen. In der Altersgruppe der 95jährigen und Älteren beträgt dieser Wert im Durchschnitt nur noch 0,6 Personen. Addiert man die Anzahl der Personen, die nur Hilfeempfänger sind, und die Anzahl der Personen, die Hilfe empfangen und Hilfe geben, dann ist gleichwohl festzustellen, daß selbst nach dem 95. Lebensjahr noch durchschnittlich einem Netzwerkpartner emotionale oder sogar instrumentelle Hilfe während der vergangenen drei Jahre geleistet wurde.

Bemerkenswert ist zudem, daß der Anteil der informellen Helfer an allen sozialen Beziehungen in keiner Altersgruppe mehr als ein Viertel ausmacht. Der weitaus größte Teil des Netzwerks ist solchen Personen vorbehalten, die nicht als Helfer klassifiziert sind. Dieses bedeutet, daß auch im Alter soziale Interaktionen nicht vorherrschend an sozialer Unterstützung orientiert sind. Durchschnittlich nannten die alten Menschen immerhin 3,7 Netzwerkpartner (Standardabweichung $s=2,5$), mit denen ein „soziales Beisammensein“ stattfand. Hierbei muß allerdings berücksichtigt werden, daß auch diese Kategorisierung wegen des multifunktionalen Charakters, insbesondere informeller sozialer Interaktionen, nicht ausschließt, daß diese auch Hilfsaspekte enthält. Wie Abbildung 7 zu entnehmen ist, nahm die Zahl der Aktivitätspartner mit steigendem Alter ab, nicht aber deren prozentualer Anteil am sozialen Netzwerk. Demnach galt mehr als ein Drittel der sozialen Kontakte von Studienteilnehmern (Mittelwert $\bar{x}=39\%$; $s=26,1$) gemeinschaftlichen Aktivitäten und Besuchen.

Die alten Menschen nennen durchschnittlich zwei Personen ($\bar{x}=2,0$; $s=1,8$), mit denen sie Zärtlichkeiten austauschten. Im Vergleich zu den ältesten (95-jährigen und älteren) Studienteilnehmern nannten die jüngeren (70- bis 74jährigen) Befragten aber rund eine Person mehr, mit der zärtliche Kontakte stattfanden. Der Prozentanteil der Menschen, mit denen Zärtlichkeiten ausgetauscht werden, blieb in allen Altersgruppen weitgehend konstant (vgl. Abb. 8). Das heißt: Obwohl die absolute Zahl der zärtlichen Kontakte abnahm, hatten die alten Menschen in allen sechs Altersgruppen durchschnittlich mit 20% ihrer Netzwerkpartner ($s=20,5$) zärtliche Kontakte.

5.2 Leistungen sozialer Beziehungen nach dem Familienstand, der Kinderlosigkeit und dem Heimaufenthalt

Im folgenden Abschnitt gehen wir zunächst darauf ein, inwiefern sich die Leistungen der sozialen Beziehungen nach Familienstand, Kinderlosigkeit und Heimaufenthalt unterscheiden. Im Anschluß daran beschäftigen wir uns mit der Frage, inwieweit die genannten Lebenssituationen mit einem höheren Vereinsamungsrisiko im Alter einhergehen. Ist ein solches Risiko darauf zurückzuführen, daß bestimmte Leistungen informeller Sozialbeziehungen für Kinderlose, Verwitwete und in Heimen lebende alte Menschen vergleichsweise schwerer zugänglich sind?

Wie aus Tabelle 4 ersichtlich, erhalten die alten Menschen mit Kindern mehr Hilfe und tauschen mehr Zärtlichkeit aus als die kinderlosen alten Menschen. Obwohl alte Eltern mehr Hilfe erhalten, leisten sie nicht signifikant mehr Hilfe als Kinderlose und berichten auch nicht signifikant häufiger über soziales Beisammensein mit anderen Personen. Soziale Unterstützung und Zärtlichkeit sind für ältere Eltern also leichter erreichbar als für kinderlose Ältere, ungeachtet der Tatsache, daß Eltern und Kinderlose in vergleichbarem Umfang anderen Hilfe leisten oder mit anderen gemeinschaftliche Aktivitäten unternehmen. Mit anderen Worten: Die Austauschbeziehungen zwischen Eltern und Kindern scheinen stärker durch einen zeitlich verschobenen Austausch gekennzeichnet zu sein, während der Austausch mit anderen Personen eher gegenwartsbezogen ist. Eltern haben somit eine höhere „Ausbeute" an empfangenen Leistungen als Kinderlose.

Ein ganz anderes Bild zeigt sich in bezug auf den Familienstand. Während sich verheiratete, verwitwete, geschiedene und ledige alte Menschen nicht signifikant im Ausmaß der erhaltenen Hilfe, der ausgetauschten Zärtlichkeit und des sozialen Beisammenseins unterscheiden, leisten die Verheirateten etwas mehr Hilfe an andere als die Verwitweten und Ledigen. Verheiratete leisten also mehr Hilfe an andere, bekommen aber genausoviel soziale Unterstützung und Zärtlichkeiten wie Nichtverheiratete. Dieses mag daran liegen, daß Verheiratete im Vergleich

Abbildung 7: Soziales Beisammensein im sozialen Netzwerk nach Alter. Anteil und Anzahl der Netzwerkpartner, die der/die Studienteilnehmer/in in den letzten vier Wochen getroffen hat und/oder mit denen etwas unternommen wurde.

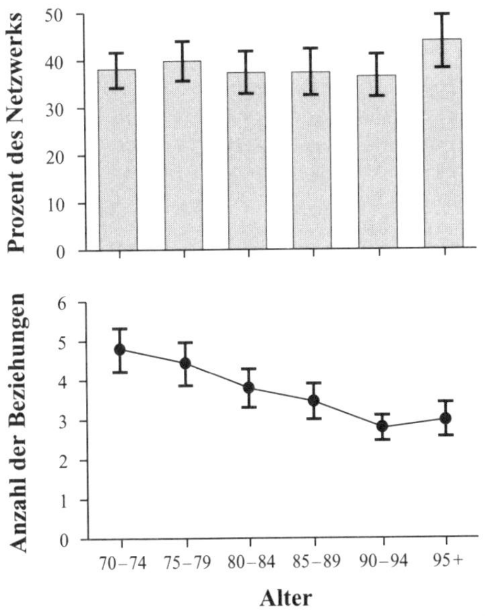

Prozent des Netzwerks
50
40
30
20
10
0
Anzahl der Beziehungen
6
5
4
3
2
1
0
70–74
75–79
80–84
85–89
90–94
95+
Alter

Abbildung 8: Zärtliche Kontakte im sozialen Netzwerk nach Alter. Anteil und Anzahl der Netzwerkpartner, zu denen innerhalb der letzten drei Monate vor dem Interview ein zärtlicher Kontakt bestand.

Prozent des Netzwerks
50
40
30
20
10
0
Anzahl der Beziehungen
6
5
4
3
2
1
0
70–74
75–79
80–84
85–89
90–94
95+
Alter

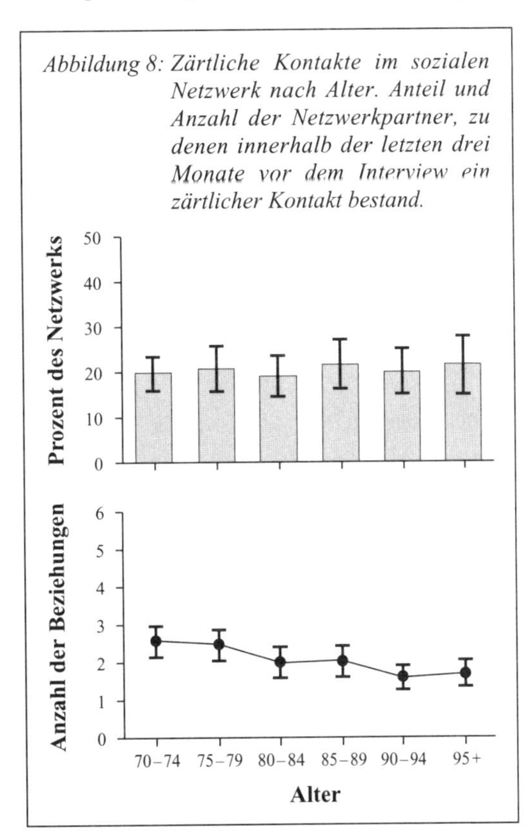

zu Nichtverheirateten vermutlich auch häufiger Gelegenheit haben, Hilfe zu leisten, beispielsweise an den Ehepartner.

Betrachten wir schließlich die informellen sozialen Beziehungen der in Heimen lebenden Menschen, so bestätigt sich die Erwartung, daß die Heimbewohner deutlich weniger informelle Hilfe haben und über weniger soziales Zusammensein berichten als die in Privathaushalten Lebenden. In diesem Zusammenhang interessiert vor allem die Frage, inwiefern emotionale Hilfe möglicherweise von den professionellen Helfern geleistet wird. Unsere Ergebnisse zeigen, daß zumindest aus der Sicht der Befragten diese Form der Zuwendung vom Pflegepersonal nur in geringem Maße geleistet wird. Zu beachten ist, daß die Befragung auf die Erhebung emotional nahestehender Netzwerkmitglieder der alten Menschen abzielte, wobei auch das Pflegepersonal genannt werden konnte. Es ist daher bemerkenswert, daß immerhin 9% der Heimbewohner angaben, emotionale Hilfe von Pflegepersonen erhalten zu haben.

Wir haben uns jedoch nicht nur mit den Leistungen sozialer Beziehungen beschäftigt, sondern umgekehrt auch mit den Defiziten, d. h. mit der Frage: Wer hat Hilfe gebraucht und nicht bekommen? Die Ergebnisse zeigen, daß der Familienstand mit dem Ausmaß von Hilfsdefiziten deutlich zusammenhängt. Verheiratete vermissen seltener als Unverheiratete emotionale Unterstützung und Zärtlichkeit, auch der Wunsch nach mehr instrumenteller Unterstützung ist bei Geschiedenen (13%) und Ledigen (20%) besonders stark ausgeprägt. Kinderlose berichteten zwar gegenüber Eltern über keine Hilfsdefizite in emotionaler und instrumenteller Hinsicht, der Bedarf nach Zärtlichkeit war bei Kinderlosen aber signifikant höher (12% bei Kinderlosen versus 6% bei Eltern).

Es ist auch bemerkenswert, daß sich Heimbewohner von den in Privathaushalten lebenden alten Menschen nicht unterscheiden. Demnach sind es vor allem fehlende Partner und Kinder – entgegen manchem Vorurteil nicht die Wohnform –, die zu einem subjektiven Bedarf nach mehr Unterstützung führen. Immerhin leben Verheiratete fast nie in Heimen (0,4%), während 10% der Verwitweten und Geschiedenen, aber 21% der Ledigen ihren Privathaushalt aufgegeben haben. Ebenso leben Kinderlose häufiger in Heimen als Eltern (17% versus 6%).

Tabelle 4: Funktionen sozialer Beziehungen nach Familienstand, Elternstatus und Wohnsituation (Mittelwerte, Standardabweichungen in Klammern, Effektgrößen).

	Erhaltene informelle Hilfe[1]		Geleistete Hilfe[1]		Soziales Beisammensein[1]		Zärtlichkeit[1]	
Familienstand								
verheiratet	1,8	(1,1)	2,2	(1,6)	4,5	(2,7)	2,3	(1,6)
verwitwet	2,0	(1,5)	1,6	(1,7)	3,6	(2,4)	1,6	(1,7)
geschieden	1,7	(1,5)	2,1	(2,3)	2,6	(2,2)	1,5	(1,6)
ledig	1,5	(1,4)	1,9	(2,0)	2,5	(2,4)	1,3	(1,8)
Effektgrößen (η^2)[2]	0,8%		4,5%**		1,6%		0,7%	
Elternstatus								
Eltern	2,0	(1,3)	2,0	(1,9)	4,0	(2,5)	2,3	(1,8)
Kinderlose	1,5	(1,4)	1,5	(1,5)	3,0	(2,4)	1,4	(1,6)
Effektgrößen (η^2)[2]	1,9%**		0,3%		0,8%		3,0%**	
Wohnsituation								
Privathaushalt	2,0	(1,3)	2,0	(1,8)	4,0	(2,5)	2,1	(1,8)
Heimbewohner	1,0	(1,1)	0,9	(1,3)	1,8	(1,6)	1,2	(1,6)
Effektgrößen (η^2)[2]	5,6%**		1,1%		3,5%**		0,6%	

Signifikanzniveau: * $p<0{,}01$; ** $p<0{,}001$ (für univariate F-Tests).
1 Alle vier Funktionen sozialer Beziehungen beinhalten Angaben zu den letzten drei Monaten vor dem Interview.
2 Effektgrößen, berechnet nach Kontrolle der Faktoren Familienstand, Elternstatus, Wohnsituation und Alter, geben den durch den jeweiligen Faktor aufgeklärten Anteil an der Gesamtvarianz an (in %).

6. Einsamkeit im Alter

Kommen wir nun zu der Frage, in welcher Weise die Struktur der sozialen Netzwerke und die Funktionen sozialer Beziehungen dazu beitragen, daß alte Menschen sich mehr oder weniger einsam fühlen (vgl. auch Bundesministerium für Familie und Senioren [BMFuS], 1993). Mit welchen Faktoren hängt das Einsamkeitserlebnis im Alter zusammen? In welchem Ausmaß tragen die verschiedenen Funktionen sozialer Beziehungen dazu bei, daß Vereinsamung erhöht oder reduziert wird?

Um zu prüfen, ob der Familienstand, die Kinderlosigkeit und der Heimaufenthalt mit der Einsamkeit im Alter zusammenhängen, haben wir eine schrittweise multiple Regression berechnet. In einem ersten Schritt der Regressionsanalyse zeigte sich, daß die alten Menschen sich um so einsamer fühlen, je älter sie sind (siehe Tabelle 5). Unterschiede im Lebensalter von 70 bis 103 Jahren klärten insgesamt 7% der Gesamtvarianz im Einsamkeitserleben auf. Männer und Frauen unterschieden sich nicht signifikant auf dem 1%-Niveau hinsichtlich der Einsamkeit. Im zweiten Schritt der Analyse wurden die Effekte des Familienstands, der Kinderlosigkeit und des Heimaufenthalts berücksichtigt. Zusätzlich zum Effekt von Alter und Geschlecht (8%) klärten diese Faktoren weitere 8% der Varianz der Einsamkeit auf. Verwitwete sind häufiger einsam als die Verheirateten, unterscheiden sich hingegen nicht signifikant von den Geschiedenen und Ledigen. Alte Menschen, die kinderlos sind oder in einem Heim leben, berichten, daß sie einsamer sind als alte Menschen, die Kinder haben oder in einem Privathaushalt leben. In einem dritten Schritt wurden schließlich die Funktionen der sozialen Beziehungen, erhaltene und geleistete Hilfe, soziales Beisammensein sowie Zärtlichkeit berücksichtigt. Diese Faktoren konnten zusätzlich 10% der Varianz von Einsamkeit aufklären, wobei sich der Alterseffekt verringerte.

Tabelle 5: Ergebnisse der schrittweisen multiplen Regression auf die subjektive Einsamkeit im Alter.

Effekt	Schritte 1	2	3
1			
Alter	0,26**	0,16**	0,05
Geschlecht (w=1, m=0)	0,07	-0,02	-0,04
2			
Familienstand[1]			
verheiratet	—	-0,16**	-0,12
geschieden	—	0,08	0,03
ledig	—	-0,07	-0,09
Elternstatus[2]	—	-0,17**	-0,11*
Wohnsituation[3]	—	0,17**	0,10
3			
Erhaltene Hilfe	—	—	0,03
Geleistete Hilfe	—	—	-0,10
Soziales Beisammensein	—	—	-0,19**
Zärtliche Kontakte	—	—	-0,15*
ΔR^2	7,7**	8,3**	9,8**
R^2	7,7	16,0	25,8
Adj. R^2	7,3	14,8	24,1

Signifikanzniveau: * $p<0{,}01$; ** $p<0{,}001$.
1 Familienstand wurde dummy-kodiert, Referenzkategorie sind die Verwitweten.
2 Elternstatus: Eltern (=1) versus Kinderlose (=0).
3 Heimbewohner (=1) versus im Privathaushalt lebende Menschen (=0).

Diese Ergebnisse legen nahe, daß der beobachtete Alterseffekt größtenteils durch die Leistungen der sozialen Beziehungen vermittelt ist. Sehr alte Menschen sind dann einsamer als alte Menschen, wenn sie angeben, mit anderen weniger Zärtlichkeiten auszutauschen und in einem geringeren Ausmaß soziales Beisammensein zu pflegen. Überraschend war, daß der Hilfeaustausch – also die erhaltene wie die geleistete Hilfe – keinen direkten Einfluß darauf hat, wie einsam sich alte Menschen fühlen. Die Analysen zeigen recht deutlich, daß die geringe Anzahl von Menschen, mit denen man zusammen sein oder auch Zärtlichkeiten austauschen kann, der ausschlaggebende Faktor für Einsamkeit ist. Bei der Interpretation dieses Befundes sind zwei Aspekte zu berücksichtigen. Zum einen ist es theoretisch plausibel anzunehmen, daß sich Einsamkeit einerseits und soziales Beisammensein bzw. Zärtlichkeit andererseits gegenseitig beeinflussen. Zum anderen ist es durchaus möglich, daß beide Faktoren von Merkmalen der Persönlichkeit abhängen könnten (vgl. dazu Smith & Baltes, Kapitel 8; Staudinger et al., Kapitel 12).

7. Diskussion

In diesem Beitrag wurden soziale Beziehungen alter Menschen in dreierlei Hinsicht untersucht. Erstens ging es darum, die Verbreitung familialer und nichtfamilialer Rollenbeziehungen alter und sehr alter Menschen detailliert zu beschreiben. Zweitens wurde untersucht, inwieweit alte Menschen bestimmte Formen sozialer Unterstützung empfangen oder leisten. Drittens befaßte sich der Beitrag mit Einsamkeit als einer möglichen Folge sozialer Isolation. Von besonderer Bedeutung war die Frage, in welcher Weise das Leben als Witwer oder Witwe, das Leben in einem Heim sowie die Kinderlosigkeit Auswirkungen auf die sozialen Beziehungen alter Menschen haben.

Obwohl die Größe des sozialen Netzwerks im Alter zurückgeht und immerhin ein Drittel der alten Westberliner keine engen Verwandten (Ehepartner, Kinder, Enkel, Urenkel) hat, so zeigt doch eine genauere Betrachtung einzelner Arten von Rollenbeziehungen, daß verallgemeinernde Aussagen hier aus mehreren Gründen wenig hilfreich sind.

Wenn auch die Elternschaft diejenige Rollenbeziehung ist, die am häufigsten im Alter vorkommt, so ist doch überraschend, daß in West-Berlin über ein Viertel der alten Menschen kinderlos ist. Dieses hohe Niveau der Kinderlosigkeit, das insbesondere für Berlin typisch ist, wird infolge demographischer Veränderungen bei den nachfolgenden Geburtsjahrgängen zunächst abnehmen. Denn die Eltern der geburtenstarken Jahrgänge (der geburtenstärkste Jahrgang der Nachkriegszeit in Westdeutschland umfaßt die 1964 Geborenen), etwa die Geburtsjahrgänge zwischen 1930 und 1940, werden das hohe Lebensalter erst um die Jahrtausendwende erreichen (Dinkel & Milenovic, 1992). Es kommt hinzu, daß die im Vergleich zu den „jungen Alten" höhere Kinderlosigkeit bei den „alten Alten" auch weitgehend ein Kohorteneffekt ist, wenn man davon absieht, daß die Wahrscheinlichkeit, den Tod aller Kinder zu erleben, ebenfalls mit dem Alter ansteigt. Hieraus folgt, daß die häufig verbreitete Prognose, die besagt, daß in Zukunft immer mehr alte Menschen kinderlos und von daher auf öffentliche Institutionen angewiesen sein werden, zumindest für die kommenden Jahre gegenstandslos ist. Ein hohes Niveau der Kinderlosigkeit hat einen polarisierenden Einfluß auf die Anzahl der Verwandten im Netzwerk. Während diejenigen, die Kinder haben, ihre Rollenbeziehungen als Großeltern und Urgroßeltern erweitern, vermindern sich die Rollenbeziehungen der Kinderlosen.

Es gibt einen zweiten Gesichtspunkt, der verallgemeinernde Aussagen über soziale Beziehungen im Alter nicht rechtfertigt: Einige Rollenbeziehungen nehmen im Alter zu, einige bleiben stabil, andere nehmen ab. Dabei müssen wir betonen, daß wir lediglich Querschnittsdaten analysiert haben. Unterscheiden wir zunächst zwischen familialen und nicht-familialen Beziehungen.

Betrachtet man die familialen Beziehungen genauer, so stellt man fest, daß der Verlust aller Verwandten aus der eigenen Generation – also nicht nur des Ehepartners, sondern auch der Geschwister – eine häufige Lebenserfahrung im höheren und hohen Lebensalter ist. Dagegen ändert sich die Verbreitung der Großelternschaft im Alter kaum, und – wie bereits angedeutet – die Urgroßelternschaft gewinnt quantitativ an Bedeutung.

Gehen wir zu den nicht-familialen Netzwerkmitgliedern über, so ist auffällig, daß das Vorhandensein eines Freundes zwar mit dem Alter seltener wird. Der Anteil alter Menschen, die einen Bekannten, Nachbarn oder andere Nicht-Verwandte zu ihrem Netzwerk zählen, bleibt dagegen relativ konstant. Dies deutet darauf hin, daß die alten Menschen über ein differenziertes Freundschaftskonzept verfügen. Während Bekanntschaften zwar leichter geschlossen werden können, aber eben auch unverbindlicher sind, basieren Freundschaften auf langjährigen Beziehungen, die nicht ohne weiteres ersetzbar sind.

Auch die Befunde über Altersunterschiede in den berichteten Kontakthäufigkeiten zu Kindern und Freunden sprechen gegen die Vorstellung einer allgemeinen, im Alter noch zunehmenden Isolation alter Menschen. Unter der Bedingung, daß alte Menschen Kinder haben, bleibt die Besuchshäufigkeit mit ihnen sehr stabil. Dieses gilt auch für Freundschaften: Wenn man überhaupt Freunde hat, trifft man sich mit ihnen zwar insgesamt seltener als mit Kindern, doch gibt es keine sichtbaren Altersdifferenzen im Hinblick auf die Häufigkeit, mit der man Freunde trifft.

Es ist nicht angebracht, alte Menschen nur als Hilfeempfänger zu betrachten. Der Anteil an Netzwerkpartnern, von denen alte Menschen Hilfe bekommen, nimmt zwar mit dem Alter zu, bis ins hohe Alter hinein leisten jedoch alte Menschen auch Unterstützung. Dabei ist zu beachten, daß die entsprechenden Daten zu den sozialen Beziehungen Selbstbeschreibungen und keine direkten Verhaltensbeobachtungen sind.

Eine bislang noch nicht befriedigend beantwortete Frage ist, in welchem Ausmaß der Verlust von Interaktionspartnern im Alter kumuliert oder aber durch eine Intensivierung anderer Kontakte kompensiert wird. Geschiedene haben zwar relativ kleine Netzwerke, aber Verwitwete unterscheiden sich beispielsweise in ihren sozialen Beziehungen nur wenig von den Verheirateten. Verwitwung geht allerdings mit mehr erlebter Einsamkeit einher. Insofern gibt es hier nur teilweise Anhaltspunkte, die für Kumulationseffekte sprechen.

Was nun die Heimbewohner betrifft, so kumulieren hier die Faktoren, die sowohl zu sozialer Isolation als auch zu einer verstärkten Einsamkeit beitragen. Heimbewohner sind oft verwitwet oder ledig, geben vergleichsweise wenige soziale Beziehungen an, fühlen sich wahrscheinlich deswegen relativ häufig einsam und sind schließlich sowohl in ihrer physischen wie geistigen Funktionstüchtigkeit stärker eingeschränkt als die in Privathaushalten Lebenden (vgl. Borchelt et al., Kapitel 17). Zu vermuten ist, daß die soziale Isolation der Heimbewohner aber nicht allein daraus resultiert, daß sie keine engen Verwandten haben oder sich bei schlechter Gesundheit befinden, sondern es könnte sein, daß Heimbewohner nicht, wie z. B. allein in Privathaushalten lebende Menschen, ein gewisses Verantwortungsgefühl der Umwelt hervorrufen.

Damit ist folgendes gemeint: Die sozialen Beziehungen alter Menschen, die allein in Privathaushalten leben, werden auch über alltägliche kleine Gesten, Handreichungen, Aufmerksamkeiten und Gespräche aufrechterhalten, die wenig Aufwand erfordern und gleichsam so nebenbei erfolgen können. Solche Gelegenheiten bieten sich aber nicht in der Beziehung zu Heimbewohnern, die ja rein formal gut versorgt sind. Also bleiben nur offizielle Besuche, die eine gewisse Dauer und eine andere Gesprächsform erfordern, als wenn man nur mal vorbeischaut. Allein in Privathaushalten Lebende sind in gewisser Weise in das Alltagsleben ihrer Netzwerkpartner integriert, und dies entfällt in der Beziehung zu Heimbewohnern.

Literaturverzeichnis

Antonucci, T. C. (1985). Personal characteristics, social support, and social behavior. In R. H. Binstock & E. Shanas (Hrsg.), *Handbook of aging and the social sciences* (2. Aufl., S. 94–128). New York: Van Nostrand Reinhold.

Bachrach, C. A. (1980). Childlessness and social isolation among the elderly. *Journal of Marriage and the Family, 42,* 627–637.

Baltes, M. M. (1995). Verlust der Selbständigkeit im Alter: Theoretische Überlegungen und empirische Befunde. *Psychologische Rundschau, 46,* 159–170.

Baltes, M. M. & Silverberg, S. (1994). The dialectic between autonomy and dependency throughout the life course. In D. L. Featherman, R. M. Lerner & M. Perlmutter (Hrsg.), *Life-span development and behavior* (Bd. 12, S. 41–90). Hillsdale, NJ: Erlbaum.

Baltes, M. M., Wahl, H.-W. & Reichert, M. (1991). Successful aging in long-term care institutions. *Annual Review of Gerontology and Geriatrics, 11,* 311–337.

Beckman, L. J. & Houser, B. B. (1982). The consequences of childlessness on the social-psychological well-being of older women. *Journal of Gerontology, 37,* 243–250.

Blau, P. M. (1964). *Exchange and power in social life.* New York: Wiley.

Bundesministerium für Familie und Senioren (BMFuS) (Hrsg.) (1993). *Erster Altenbericht: Die Lebenssituation älterer Menschen in Deutschland.* Bonn: Eigenverlag.

Cantor, M. H. (1979). Neighbors and friends: An overlooked resource in the informal support system. *Research on Aging, 1,* 434–463.

Carstensen, L. L. (1993). Motivation for social contact across the life-span: A theory of socioemotional selectivity. *Nebraska Symposium on Motivation, 40,* 205–254.

Cicirelli, V. G. (1982). Kin relationships of childless and one-child elderly in relation to social services. *Journal of Gerontological Social Work, 4,* 19–33.

Clark, M. S. & Reis, H. T. (1988). Interpersonal processes in close relationships. *Annual Review of Psychology, 39,* 609–672.

Cobb, S. (1976). Social support as a moderator of life stress. *Psychosomatic Medicine, 38,* 300–314.

Cumming, E. & Henry, W. (1961). *Growing old: The process of disengagement.* New York: Basic Books.

Diewald, M. (1991). *Soziale Beziehungen: Verlust oder Liberalisierung? Soziale Unterstützung in informellen Netzwerken.* Berlin: Edition Sigma.

Dinkel, R. H. & Milenovic, I. (1992). Die Kohortenfertilität von Männern und Frauen. *Kölner Zeitschrift für Soziologie und Sozialpsychologie, 44,* 55–75.

Dorbritz, J. (1992). Nuptualität, Fertilität und familiale Lebensformen in der sozialen Transformation: Übergang zu einer neuen Bevölkerungsweise in Ostdeutschland? *Zeitschrift für Bevölkerungswissenschaft, 18,* 167–196.

Elbing, E. (1991). *Einsamkeit.* Göttingen: Hogrefe.

Field, D. & Minkler, M. (1988). Continuity and change in social support between young-old and old-old or very-old age. *Journal of Gerontology: Psychological Sciences, 43,* P100–P106.

Frankel, B. G. & DeWit, B. G. (1989). Geographic distance and intergenerational contact: An empirical examination of the relationship. *Journal of Aging Studies, 3,* 139–162.

Goffman, E. (1973). *Asyle: Über die soziale Situation psychiatrischer Patienten und anderer Insassen.* Frankfurt/M.: Suhrkamp.

Goldberg, G. S., Kantrow, R., Kremen, E. & Lauter, L. (1986). Spouseless, childless elderly women and their social support. *Social Work, 31,* 104–112.

Gouldner, A. W. (1960). The norm of reciprocity: A preliminary statement. *American Sociological Review, 25,* 161–178.

Hays, J. A. (1984). Aging and family resources: Availability and proximity of kin. *The Gerontologist, 24,* 149–153.

Homans, G. C. (1961). *Social behavior: Its elementary forms.* New York: Harcourt Brace.

House, J. S. & Kahn, R. L. (1985). Measures and concepts of social support. In S. Cohen & S. L. Syme (Hrsg.), *Social support and health* (S. 83–105). New York: Academic Press.

Hyman, H. H. (1983). *Of time and widowhood: Nationwide studies of enduring effects.* Durham, NC: Duke University Press.

Ishii-Kuntz, M. & Seccombe, K. (1989). The impact of children upon social support networks throughout the life course. *Journal of Marriage and the Family, 51,* 777–790.

Kahn, R. L. & Antonucci, T. C. (1980). Convoys over the life course: Attachment, roles, and social support. In P. B. Baltes & O. G. Brim, Jr. (Hrsg.), *Life-span development and behavior* (Bd. 3, S. 254–283). New York: Academic Press.

König, R. (Hrsg.) (1965). *Die strukturelle Bedeutung des Alters in den fortgeschrittenen Industriegesellschaften* (Soziologische Orientierungen: Vorträge und Aufsätze). Köln: Kiepenheuer & Witsch.

Lang, F. R. (1994). *Die Gestaltung informeller Hilfebeziehungen im hohen Alter: Die Rolle von Elternschaft und Kinderlosigkeit. Eine empirische Studie zur sozialen Unterstützung und deren Effekt auf die erlebte soziale Einbindung.* Berlin: Edition Sigma.

Lang, F. R. & Carstensen, L. L. (1994). Close emotional relationships in late life: Further support for proactive aging in the social domain. *Psychology and Aging, 9,* 315–324.

Lehr, U. & Minnemann, E. (1987). Veränderungen von Quantität und Qualität sozialer Kontakte vom siebten bis neunten Lebensjahrzehnt. In U. Lehr & H. Thomae (Hrsg.), *Formen seelischen Alterns: Ergebnisse der Bonner Gerontologischen Längsschnittstudie (BOLSA)* (S. 80–91). Stuttgart: Enke.

Litwak, E. (1985). *Helping the elderly.* New York: Guilford.

Litwak, E., Messeri, P. & Silverstein, M. (1991). *Choice of optimal social support among the elderly: A meta-analysis of competing theoretical perspectives.* Presented at the Annual Meeting of the American Sociological Association, Cincinnati, OH.

Minnemann, E. (1994). Geschlechtsspezifische Unterschiede der Gestaltung sozialer Beziehungen im Alter: Ergebnisse einer empirischen Untersuchung. *Zeitschrift für Gerontologie, 27,* 33–41.

Morgan, D. L. (1988). Age differences in social network participation. *Journal of Gerontology: Social Sciences, 43,* S129–S137.

Niederfranke, A. (1991). *Ältere Frauen in der Auseinandersetzung mit Berufsaufgabe und Partnerverlust.* Stuttgart: Kohlhammer.

Palmore, E. B. (1968). The effects of aging on activities and attitudes. *The Gerontologist, 8,* 259–263.

Parsons, T. (1943). The kinship system of the contemporary United States. *American Anthropologist, 45,* 22–38.

Rempel, J. (1985). Childless elderly: What are they missing? *Journal of Marriage and the Family, 47,* 343–348.

Riley, M. W. & Riley, J. W., Jr. (1986). Longevity and social structure: The potential of the added years. In A. Pifer & L. Bronte (Hrsg.), *Our aging society: Paradox and promise* (S. 53–77). New York: Norton.

Riley, M. W. & Riley, J. W., Jr. (1992). Individuelles und gesellschaftliches Potential des Alterns. In P. B. Baltes & J. Mittelstraß (Hrsg.), *Zukunft des Alterns und gesellschaftliche Entwicklung* (S. 437–460). Berlin: de Gruyter.

Roberto, K. A. (1989). Exchange and equity in friendships. In R. G. Adams & R. Blieszner (Hrsg.), *Older adult friendship: Structure and process* (S. 147–165). London: Sage.

Rook, K. S. (1990). Social relationships as a source of companionship: Implications for older adults' psychological well-being. In B. R. Sarason & G. R. Pierce (Hrsg.), *Social support: An interactional view* (S. 219–250). New York: Wiley.

Rosenmayr, L. (1983). *Die späte Freiheit: Das Alter – ein Stück bewußt gelebten Lebens.* Berlin: Severin & Siedler.

Rosenmayr, L. & Köckeis, E. (1965). *Umwelt und Familie alter Menschen.* Neuwied: Luchterhand.

Rosow, I. (1967). *Social integration of the aged.* New York: Free Press.

Rossi, A. S. & Rossi, P. H. (1990). *Of human bonding: Parent-child-relationships across the life course.* Hawthorne, NY: de Gruyter.

Russell, D. W., Peplau, L. A. & Cutrona, C. E. (1980). The revised UCLA Loneliness Scale: Concurrent and discriminant validity evidence. *Journal of Personality and Social Psychology, 39,* 472–480.

Schütze, Y. & Wagner, M. (1991). Sozialstrukturelle, normative und emotionale Determinanten der Beziehungen zwischen erwachsenen Kindern und ihren alten Eltern. *Zeitschrift für Sozialisationsforschung und Erziehungssoziologie, 11,* 295–313.

Shanas, E. (1979). The family as a social support system in old age. *The Gerontologist, 19,* 169–174.

Simons, R. L. (1983). Specificity and substitution in the social networks of the elderly. *International Journal of Aging and Human Development, 18,* 121–139.

Smith, J. & Baltes, P. B. (1993). Differential psychological ageing: Profiles of the old and very old. *Ageing and Society, 13,* 551–587.

Taylor, R. J., Chatters, L. M. & Mays, V. M. (1988). Parents, children, siblings, in-laws, and non-kin as sources of emergency assistance to black Americans. *Family Relations, 37,* 298–304.

Townsend, P. (1968). Isolation, desolation, and loneliness. In E. Shanas, P. Townsend, D. Wedderburn, H. Friis, P. Milhøj & J. Stehouwer (Hrsg.), *Old people in three industrial countries* (S. 258–287). London: Routledge.

Walsh, A. (1991). *The science of love: Understanding love and its effects on mind and body.* Buffalo, NY: Prometheus Books.

Walster, E., Berscheid, E. & Walster, G. W. (1973). New directions in equity research. *Journal of Personality and Social Psychology, 6,* 435–441.

Weber, M. (1964). *Wirtschaft und Gesellschaft.* Köln: Kiepenheuer & Witsch.

Weiss, R. (1973). *Loneliness: The experience of emotional and social isolation.* Cambridge, MA: MIT Press.

Wills, T. A. (1985). Supportive functions of interpersonal relationships. In S. Cohen & S. L. Syme (Hrsg.), *Social support and health* (S. 61–82). New York: Academic Press.

12. Selbst, Persönlichkeit und Lebensgestaltung im Alter: Psychologische Widerstandsfähigkeit und Vulnerabilität

Ursula M. Staudinger, Alexandra M. Freund, Michael Linden & Ineke Maas

Zusammenfassung

Das Kapitel beschreibt zunächst verschiedene Charakteristiken des Selbst und der Persönlichkeit im Alter (Persönlichkeitseigenschaften, Selbstdefinition, Zeiterleben, subjektives Lebensinvestment, Bewältigungsstile, Gefühle) und in welcher Beziehung diese zur Zufriedenheit mit dem eigenen Altern stehen. Außerdem wird ausgehend von einem Arbeitsmodell psychologischer Widerstandsfähigkeit (Resilienz) im Alter untersucht, ob solche selbstbezogenen Charakteristiken auf korrelativer Ebene protektiven Wert haben, wenn körperliche oder sozioökonomische Risiken vorliegen. Schließlich dienen zwei Extremgruppen, die der extrem Widerstandsfähigen und die der extrem Vulnerablen, dazu, diese Charakteristiken gemeinsam auf ihren protektiven Wert hin zu untersuchen. Insgesamt weisen die Ergebnisse auf die moderierende Kraft von Selbst und Persönlichkeit hin, was den Zusammenhang zwischen Alterszufriedenheit und körperlichen und sozioökonomischen Risikofaktoren angeht. Für sozioökonomische und körperliche Risiken ergeben sich dabei bei korrelativer Betrachtung unterschiedliche protektive Profile.

1. Psychologische Widerstandsfähigkeit von Selbst und Persönlichkeit im Alter: Erste Ansätze zu einem Arbeitsmodell

Wieso ist die Mehrzahl der alten und sehr alten Menschen trotz der körperlichen und sozioökonomischen Risiken, denen sie ausgesetzt sind, nicht depressiv und unzufrieden? Daß Alter mit Depressivität und Unzufriedenheit einhergeht, ist durchaus eine Vorstellung, die immer noch zum Stereotyp von einem alten Menschen gehört (vgl. Palmore, 1988). Welche Charakteristiken der alternden Persönlichkeit könnten eine Rolle dabei spielen, dies zu verhindern? Im vorliegenden Kapitel soll die korrelative Untersuchung dieser möglicherweise protektiven Wirkung der Selbstwahrnehmung, Selbstbewertung und allgemeiner Persönlichkeitseigenschaften alter Menschen im Mittelpunkt stehen.

In der Tat wissen wir aus zahlreichen gerontologischen Untersuchungen, daß die Funktionsfähigkeit von Selbst und Persönlichkeit im Unterschied zur kognitiven Funktionsfähigkeit keine oder nur schwache Zusammenhänge mit dem Alter zeigt (vgl. Smith & Baltes, Kapitel 8; Reischies & Lindenberger, Kapitel 13 in diesem Band). Das Selbst bzw. die Persönlichkeit wird relativ breit definiert. Es umfaßt situationsspezifische und dispositionelle Wahrnehmungs-, Erlebens- und Handlungsmuster, die für eine Person in ihrer Auseinandersetzung mit der sie umgebenden Umwelt kennzeichnend sind (vgl. z. B. Allport, 1937). Indikatoren selbstregulativer und persönlichkeitsbezogener Prozesse, wie beispielsweise das Selbstwertgefühl (z. B. Bengtson, Reedy & Gordon, 1985), subjektives Wohlbefinden (z. B. Brandtstädter & Wentura, 1994; Costa et al., 1987; Ryff, 1989), niedriges Depressivitätsniveau (z. B. Häfner, 1994) oder Handlungskontrollüberzeugungen (z. B. Lachman, 1986) weisen im Vergleich zu beispielsweise der kognitiven Leistungsfähigkeit (vgl. Smith & Baltes, Kapitel 8; Reischies & Lindenberger, Kapitel 13) keine nennenswerten negativen Altersunterschiede, sondern Stabilität auf. Dies trifft, wenn auch abgeschwächt, ebenso noch auf das sehr hohe Alter zu (vgl. Smith & Baltes, Kapitel 8; Smith et al., Kapitel 19; Kunzmann, 1994).

Im vorliegenden Kapitel haben wir die Zufriedenheit mit dem eigenen Altern, eine Unterskala (fünf Items; Cronbachs $\alpha = 0{,}74$) der Philadelphia Geriatric Center Morale Scale (PCGMS; Lawton, 1975), die subjektives Wohlbefinden erfaßt, ausgewählt, um die geringere Altersgebundenheit der Funktionsfähigkeit des Selbst an der Stichprobe der Berliner Altersstudie zu untersuchen. Aus Gründen der sprachlichen Vereinfachung wird im folgenden auch häufig verkürzt von Alterszufriedenheit gesprochen. Abbildung 1 zeigt die Beziehung zwischen der Zufriedenheit mit dem eigenen Altern und dem chronologischen Alter der Studienteilnehmer. Die Korrelation beträgt $r = -0{,}25$. Alter klärt also nur 6% der Varianz in der Alterszufriedenheit auf[1]. Im Unterschied dazu werden etwa 35% der kognitiven Leistungsfähigkeit durch das Alter „erklärt" (vgl. Reischies & Lindenberger, Kapitel 13).

Die Alterszufriedenheit als eine Ausdrucksform des Selbst und der Persönlichkeit scheint von den altersabhängigen körperlichen und sozioökonomischen Veränderungen nur wenig berührt (vgl. auch Kruse, 1990; Olbrich, 1990). In der gerontologischen und der entwicklungspsychologischen Literatur des Erwachsenenalters wird dieses Phänomen auch verschiedentlich als Paradox (z. B. P. B. Baltes & Baltes, 1990; Brandtstädter & Greve, 1992) oder als protektive „Illusion" bezeichnet (Smith & Staudinger, 1990; Taylor & Brown, 1988). Eine solche Beschreibung des Sachverhaltes impliziert, daß das alternde Selbst angesichts der altersbedingten Zunahme der körperlichen und sozioökonomischen Risiken Kapazitätsreserven (Staudinger, Marsiske & Baltes, 1995) besitzt, die verhindern, daß es im Gruppenmittel zu ausgeprägten Veränderungen in der Alterszufriedenheit kommt. Das Konzept der psychologischen Widerstandsfähigkeit (vgl. Garmezy, 1991; Rutter, 1987; Staudinger, Marsiske & Baltes, 1995) von Selbst und Persönlichkeit soll verwendet werden, um dieses Phänomen des Erhalts der Alterszufriedenheit im Angesicht der im Alter vorhandenen Risiken zu kennzeichnen.

Abbildung 1: Der Zusammenhang zwischen Alter und Alterszufriedenheit in der BASE-Stichprobe (70–103 Jahre).

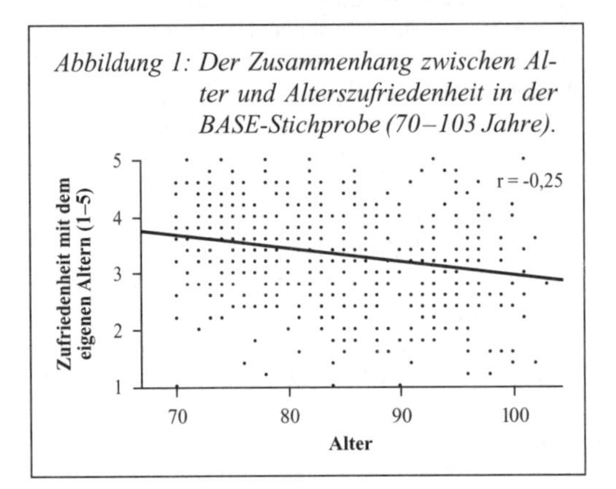

Für die Auswahl von Alterszufriedenheit als Indikator psychologischer Widerstandsfähigkeit sprechen mindestens zwei Gründe. Zum einen steht diese bereichsspezifische Zufriedenheit (d. h. die mit dem eigenen Altern) im Zentrum des uns interessierenden Phänomens. Geht man nämlich davon aus, wie es in der gerontologischen Literatur häufig getan wird (z. B. P. B. Baltes, Mittelstraß & Staudinger, 1994), daß das Alter durch eine Zunahme an Risiken und eine Verminderung an Reserven, die man diesen Risiken entgegenzusetzen hat, gekennzeichnet ist, so sollte sich dies in der Zufriedenheit bzw. Unzufriedenheit mit diesem „Überbringer" von Verlusten, also dem Alter, am ehesten widerspiegeln.

Der zweite Grund ist ein methodischer. Für die vorliegende Untersuchung der psychologischen Widerstandsfähigkeit von Selbst und Persönlichkeit im Alter greifen wir sowohl im Hinblick auf die vermittelnden Prozesse als auch auf das Maß, an dem wir den Umfang der Widerstandsfähigkeit messen, auf von der Person selbst berichtete Informationen zurück. Will man nun den Zusammenhang zwischen beobachteter Widerstandsfähigkeit und den erhobenen selbstregulativen und persönlichkeitsbezogenen Prozessen untersuchen, so ist es notwendig sicherzustellen, daß das Argument durch Überlappungen in den Erhebungsinhalten nicht tautologisch wird. Die Itemformulierungen der Skala „Zufriedenheit mit dem eigenen Altern" (z. B. „Mit zunehmendem Alter ist mein Leben besser, als ich erwartet habe", „Ich bin jetzt genauso glücklich wie in jungen Jahren", „Je älter ich werde, desto weniger nützlich bin ich") scheinen nicht zuletzt aufgrund ihrer Bereichsspezifität ausreichend inhaltlich unabhängig von anderen selbstbezogenen Variablen, die im folgenden als potentiell korrelativ protektive Mechanismen des Selbst untersucht werden sollen.

Das Konzept der psychologischen Widerstandsfähigkeit wurde ursprünglich im Zusammenhang mit Untersuchungen im Bereich der Psychopathologie von Entwicklung und dort besonders für die Untersuchung des Kindes- und Jugendalters entwickelt

1 Dieser Varianzanteil verändert sich nicht, wenn man die Personen mit psychiatrischer Demenzdiagnose (DSM-III-R; N=39) und solche mit einer Diagnose „Major Depression" (DSM-III-R; N=28) herausnimmt.

(z. B. Cicchetti, 1989; Garmezy, 1991; Rutter, 1987). Vereinfacht ausgedrückt beschreibt der Begriff der psychologischen Widerstandsfähigkeit beispielsweise den Sachverhalt, daß bestimmte Kinder, die unter sehr schlechten sozioökonomischen Bedingungen aufgewachsen waren, nicht sozial auffällig wurden. Allgemeiner hat Garmezy „resilience“ definiert als „the capacity for recovery and maintained adaptive behavior that may follow initial retreat or incapacity upon initiating a stressful event“ (Garmezy, 1991, S. 459). Rutter umschreibt „resilience“ als „the positive pole of individual differences in people's response to stress and adversity“ (Rutter, 1987, S. 316).

Zusammenfassend steht das Konzept der psychologischen Widerstandsfähigkeit in der Literatur für zwei Arten von Phänomenen: zum einen die *Aufrechterhaltung* normaler Entwicklung trotz vorliegender *Risiken* und Beeinträchtigungen und zum zweiten die *Wiederherstellung* normaler Funktionsfähigkeit nach erlittenem Trauma. In der Literatur wird Resilienz sowohl zur Bezeichnung des Ergebnisses als auch zur Kennzeichnung des Prozesses der Auseinandersetzung mit Risiken verwendet (Rutter, 1987).

Im vorliegenden Kapitel läßt sich aufgrund des querschnittlichen Erhebungsdesigns zwischen diesen beiden Arten von psychologischer Widerstandsfähigkeit nicht unterscheiden. Psychologische Widerstandsfähigkeit wird deshalb im weiteren als Ergebnis dieses Prozesses verstanden. Da Modelle psychologischer Widerstandsfähigkeit normalerweise als Prozeßmodelle formuliert werden und kausale Wirkrichtungen implizieren, soll nicht versäumt werden hervorzuheben, daß uns gegenwärtig nur Querschnittsdaten zur Verfügung stehen. Deshalb wird der Begriff der psychologischen Widerstandsfähigkeit im Sinne eines querschnittlich korrelativen Zusammenhangs zwischen bestimmten Risikoprofilen und Alterszufriedenheit im hohen und sehr hohen Alter untersucht. Die Interpretation der Wirkungsrichtung muß dabei immer spekulativ bleiben. Diese Einschränkung ist bei den im folgenden dargestellten Analysen und Bewertungen zu berücksichtigen, auch wenn sie nicht in jedem Fall wiederholt wird. Eine Prozeßanalyse im engeren Sinne und die Verfolgung eines Ansatzes der Auseinandersetzung mit kritischen Lebensereignissen kann nicht erfolgen. Diese Möglichkeit könnte sich jedoch in Zukunft mit Hilfe der längsschnittlich angelegten Nachfolgeuntersuchung von BASE eröffnen.

Modelle psychologischer Widerstandsfähigkeit unterscheiden grob, wie Abbildung 2 zeigt, zwischen Ressourcen oder protektiven Faktoren, die die Aufrechterhaltung oder Wiederherstellung psychologischer Widerstandsfähigkeit unterstützen, und Risikofaktoren, die diese gefährden. Risiko- und protektive Faktoren können sowohl interner (d. h. Personen-

Abbildung 2: Ein Arbeitsmodell der Korrelate, Vorbedingungen und Konsequenzen psychologischer Widerstandsfähigkeit des Selbst im Alter.

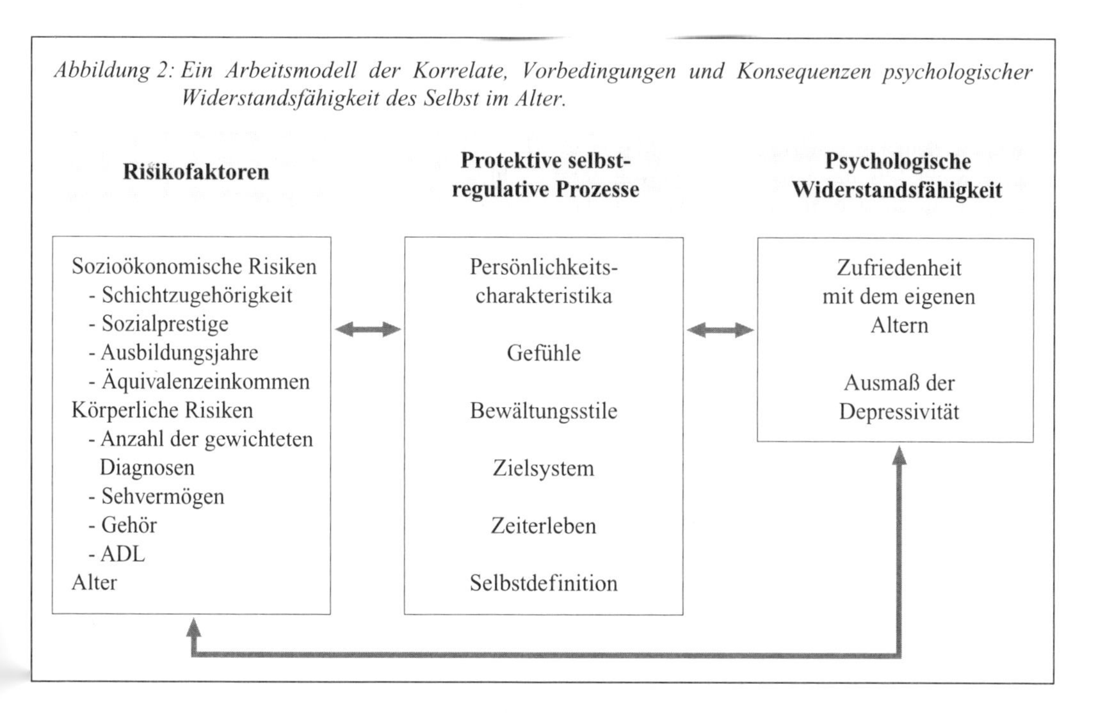

merkmale wie z. B. Intelligenz, Genom, Gesundheit, Stimmungslagen) als auch externer Natur sein (d. h. Charakteristiken der sozialstrukturellen Umwelt wie z. B. Finanzlage, Ausbildung, sozialer Status; Staudinger, Marsiske & Baltes, 1995).

Das vorliegende Kapitel kann nun kein umfassendes Modell psychologischer Widerstandsfähigkeit im Alter konstruieren. Vielmehr soll der Schwerpunkt des Kapitels, wie schon dem Titel zu entnehmen ist, auf der psychologischen Widerstandsfähigkeit von Selbst und Persönlichkeit liegen, die anhand der Alterszufriedenheit gemessen wird. Auch was die protektiven Faktoren angeht, werden ausschließlich selbstregulative oder persönlichkeitsbezogene Mechanismen untersucht. Als weitere protektive Faktoren im Alter könnte man beispielsweise das Ausmaß der Alltagskompetenz (vgl. M. M. Baltes et al., Kapitel 20) oder kognitive Fähigkeiten (vgl. Reischies & Lindenberger, Kapitel 13) untersuchen.

Die Risikofaktoren wurden dagegen aus dem sozioökonomischen und dem körperlichen Bereich ausgewählt. Hier ist zwischen altersabhängigen und eher altersunabhängigen Faktoren zu unterscheiden. In den uns zur Verfügung stehenden Daten zeigen die körperlichen Risiken einen ausgeprägten Alterszusammenhang, wohingegen die ausgewählten sozioökonomischen Risiken eher solche sind, die das Leben einer Person schon seit Jahrzehnten kennzeichnen. Diese Arten von Risiken bilden je individuelle Profile, mit denen sich eine Person im Alter auseinanderzusetzen hat und die ihre psychologische Widerstandsfähigkeit herausfordern.

Auf der Seite der sozioökonomischen Risiken wurden die Schichtzugehörigkeit (siehe Mayer & Wagner, Kapitel 9), das Sozialprestige (Wegener, 1988), die Anzahl der Ausbildungsjahre und das Äquivalenzeinkommen (siehe G. Wagner et al., Kapitel 10) einbezogen. Auf der Seite der körperlichen Risiken gingen Sehvermögen und Gehör, Anzahl der nach Schweregrad gewichteten medizinischen Diagnosen (ohne Erkältungen) und der ADL-Wert, d. h. die Funktionsfähigkeit im Hinblick auf Alltagsverrichtungen (Activities of Daily Living, ADL), in die Untersuchungen ein.

Zum Zwecke der Datenreduzierung und der Erhöhung der Reliabilität wurden die genannten Risiken einer Faktorenanalyse unterzogen. *Alle Variablen wurden dazu so umkodiert, daß ein höherer Wert ein höheres Risiko in dem jeweiligen Bereich bedeutete.* Eine exploratorische Faktorenanalyse mit obliquer Rotation erbrachte eine klare Zweifaktorenlösung, die 50% der Varianz aufklärte. Die beiden Faktoren zeigten eine Interkorrelation von r=0,2. Der erste Faktor vereinigte alle sozioökonomischen und der zweite Faktor die körperlichen Risiken auf sich. Im folgenden werden als Risikoindikatoren jeweils die Faktoren-Scores dieser beiden Faktoren (sozioökonomische und körperliche Risiken) verwendet[2]. Abbildung 3 zeigt die Altersverteilungen der beiden Faktoren-Scores. Die sozioökonomischen Risiken korrelieren nicht mit dem Alter (vgl. auch Mayer & Wagner, Kapitel 9). Dagegen stehen die körperlichen Risiken erwartungsgemäß mit r=0,64 (41% der Varianz) in sehr hohem Zusammenhang mit dem Alter.

Wie erwartet korrelieren die körperlichen Risiken mit r=-0,36 (13% der Varianz) höher negativ mit der

Abbildung 3: a) Körperliche und b) sozioökonomische Risiken und ihr Zusammenhang mit dem Alter.

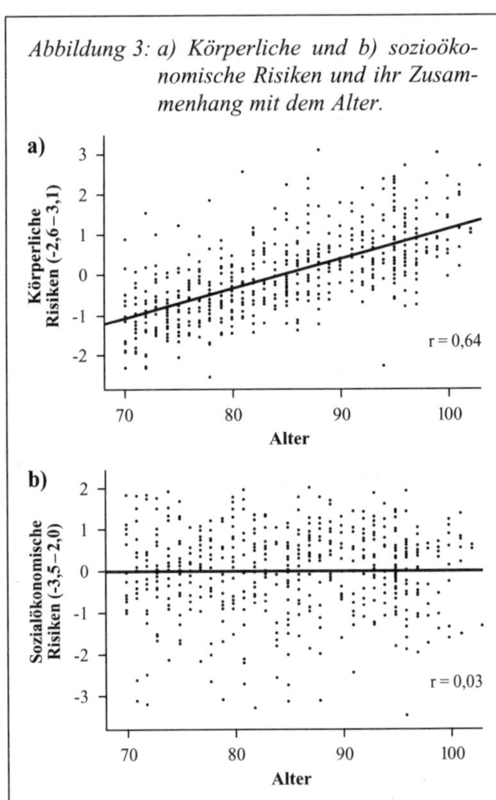

Anmerkung: In den Faktor körperliche Risiken gingen ein: Gewichtete medizinische Diagnosen, Gehör und Sehvermögen, ADL-Wert. In den Faktor sozioökonomische Risiken gingen ein: Schichtzugehörigkeit, Sozialprestige, Anzahl der Ausbildungsjahre, Äquivalenzeinkommen.

2 Entsprechende Analysen mit Summenscores (unweighted composites) erbrachten keine unterschiedlichen Ergebnisse.

Alterszufriedenheit als das Alter selbst (r=-0,25; Z=-2,58; p=0,01). Die sozioökonomischen Risiken zeigen keinen Zusammenhang mit der Alterszufriedenheit (r=-0,06; nicht signifikant [n.s.]). Bedenkt man, daß sich die Befragten ein Leben lang an die eigene soziale Lage „gewöhnen" konnten und die sozioökonomische Risikolage wahrscheinlich nicht speziell mit dem eigenen Altern in Verbindung gebracht wird, überrascht dieser fehlende Zusammenhang mit der Zufriedenheit mit dem eigenen Altern eher nicht. Es könnte allerdings sein, daß Zusammenhänge sichtbar werden, wenn man selbstbezogene Mechanismen als Moderatorvariablen einbezieht.

Welche Ressourcen besitzt nun das alternde Selbst für die Auseinandersetzung mit altersgebundenen und eher altersunabhängigen Risikofaktoren? Unter internen Ressourcen des Selbst sollen im folgenden sowohl selbstregulative sozial-kognitive Prozesse, die eher situationsspezifisch sind, als auch Grunddispositionen der Wahrnehmung und des Verhaltens verstanden werden, wie sie mit Hilfe von Persönlichkeitsdimensionen erfaßt werden. Wie in Abbildung 2 dargestellt, werden eher überdauernde Persönlichkeitscharakteristika, Gefühle, Zielsystem und Lebensinvestment, Bewältigungsverhalten, Zeiterleben und Selbstdefinition als mögliche protektive Faktoren des Selbst untersucht.

Im ersten Teil des Kapitels werden dazu zunächst, jeweils getrennt für sozioökonomische und körperliche Bedingungen, Risikogruppen identifiziert, oder es gehen Risikofaktoren als kontinuierliche Variablen in die Vorhersage der Zufriedenheit mit dem Alter ein. Nacheinander werden dabei verschiedene Facetten des Selbst und der Persönlichkeit zunächst vorgestellt und auch im Altersvergleich beschrieben. Anschließend werden sie auf ihren korrelativ protektiven Wert angesichts körperlicher und sozioökonomischer Risiken untersucht.

In einem zweiten Teil des Kapitels werden dann alle untersuchten Facetten des Selbst gemeinsam wiederum in einem korrelativen Ansatz auf ihre potentielle Schutzfunktion hin analysiert. Dies geschieht exemplarisch an zwei extremen Personengruppen. Es sind dies die trotz weniger Risiken *extrem Vulnerablen* und umgekehrt die trotz hoher Risiken *extrem psychologisch Widerstandsfähigen* oder Resilienten. Zur Bestimmung dieser beiden Arten von Extremgruppen werden die körperlichen und sozioökonomischen Risikofaktoren gemeinsam herangezogen.

Die möglicherweise besonderen Qualitäten dieser beiden Extremgruppen werden anhand der im ersten Teil des Kapitels diskutierten selbstregulativen Prozesse und Charakteristika betrachtet. Die Auswahl der Extremgruppen wurde jeweils (falls nicht anders beschrieben) aus der gesamten Stichprobe vorgenommen. Es wurden jedoch auch Kontrollanalysen für die Stichprobe ohne Personen mit schwerer Demenz oder schwerer Depression nach dem DSM-III-R-Diagnosesystem durchgeführt (vgl. Fußnote 1; auch Helmchen et al., Kapitel 7). Falls sich dabei andere Ergebnisse zeigten, sind diese im Text beschrieben.

2. Selbstregulative Prozesse, Charakteristiken und psychologische Widerstandsfähigkeit des alternden Selbst

2.1 Persönlichkeit

Zunächst sollen Persönlichkeitsdimensionen im klassisch psychometrischen Sinne daraufhin untersucht werden, ob und in welcher Weise sie einen protektiven oder vielleicht auch einen Risikofaktor für das alternde Selbst darstellen und damit die psychologische Widerstandsfähigkeit erhöhen oder auch verringern. Bei der Prüfung etwaiger Zusammenhänge ist in Rechnung zu stellen, daß Persönlichkeitsdimensionen als lebenszeitlich überdauernde und verschiedene Lebensbereiche übergreifende Erlebens- und Verhaltensmuster konzipiert und operationalisiert sind. In der gerontologischen Literatur findet man Hinweise, daß Persönlichkeitsdimensionen im Alter durchaus mit dem subjektiven Wohlbefinden in Zusammenhang stehen. So fanden zum Beispiel Costa und andere (1987), daß geringere Ausprägungen auf der Dimension Neurotizismus und höhere Ausprägungen auf der Dimension Extraversion signifikant mit dem Wohlbefinden korrelieren. Ein vergleichbares Ergebnismuster zeigt sich auch in der sehr alten und heterogenen Stichprobe der Berliner Altersstudie (70 bis 103 Jahre).

2.1.1 Operationalisierung und Zusammenhang mit Alterszufriedenheit

Die Dimensionen Neurotizismus und Extraversion, wie sie mit Hilfe einer Kurzversion des NEO-Persönlichkeitsfragebogens erhoben wurden (vgl. Smith & Baltes, Kapitel 8), zeigten einen signifikanten negativen (r=-0,45; p=0,00) bzw. positiven (r=0,31;

p=0,00) Zusammenhang mit der Alterszufriedenheit und erklärten 20% bzw. 9% der Varianz der Zufriedenheit mit dem eigenen Altern. Offenheit für neue Erfahrungen, eine weitere Persönlichkeitsdimension, die mit dem NEO-Fragebogen erfaßt wird, zeigte dagegen keinen signifikanten Zusammenhang mit Alterszufriedenheit (r=0,02; n.s.).

Emotional labile oder neurotische Personen sind also korrelativ betrachtet nach eigenen Angaben weniger zufrieden mit ihrem eigenen Altern als emotional eher stabile Personen. Zunächst weist dieser Befund darauf hin, daß die bereichs- und zeitübergreifenden Erlebens- und Verhaltensmuster, wie sie mit Persönlichkeitsdimensionen erfaßt werden, bezüglich des Erlebens der Zufriedenheit mit dem eigenen Altern be- oder entlastende Funktion zu haben scheinen. Es läßt sich weiterhin vermuten, daß die erhöhte Erlebnishäufigkeit negativer Gefühle dieser Personengruppe dabei eine Rolle spielen könnte. Die Korrelation von r=0,64 (p=0,00) zwischen Neurotizismus und der Erlebnishäufigkeit negativer Emotionen und eine Korrelation von r=-0,1 (p=0,05) zwischen Neurotizismus und der Erlebnishäufigkeit positiver Emotionen deuten in diese Richtung[3]. Betrachtet man den Zusammenhang zwischen Neurotizismus und Alterszufriedenheit, nachdem für das Ausmaß an berichteten negativen Emotionen kontrolliert wurde, zeigt sich dementsprechend, daß sich die 20% erklärte Varianz auf 6% reduzieren, aber immer noch signifikant sind (p=0,05).

In komplementärer Weise könnte der Zusammenhang zwischen Extraversion und Alterszufriedenheit auch über den Zusammenhang zwischen Extraversion und der Erlebnishäufigkeit positiver Gefühle vermittelt sein (Korrelation zwischen Extraversion und positiven Emotionen: r=0,46; p=0,01; Korrelation zwischen Extraversion und negativen Emotionen: r=-0,1; p=0,05). Dies bestätigt sich auch, wenn man in der Korrelation zwischen Zufriedenheit mit dem eigenen Altern und Extraversion für das Ausmaß an positiven Emotionen kontrolliert. Der Betrag der erklärten Varianz der Alterszufriedenheit verringert sich von 9% auf 3%, aber er bleibt signifikant (p=0,05). Dies spricht dafür, daß die dispositionelle emotionale Befindlichkeit einer alten Person zwar eine wesentliche Rolle für ihre Alterszufriedenheit spielt, daß aber bereichs- und lebenszeitübergreifende Erlebens- und Verhaltensmuster, wie sie mit den Konstrukten des Neurotizismus und der Extraversion gemessen werden, darüber hinaus be- oder entlastend im Hinblick auf die Zufriedenheit mit dem eigenen Altern wirken.

So argumentieren auch Costa und McCrae (1985), daß neurotische Menschen über die erhöhte negative Emotionalität hinaus schlechter mit Belastungssituationen umgehen können, weniger Selbstkontrolle besitzen und unrealistische Ideen haben. Solche Charakteristiken erschweren die Auseinandersetzung mit den Belastungen, die das Alter bringt. Umgekehrt zeichnen sich Extravertierte neben ihrer erhöhten Erlebnishäufigkeit positiver Gefühle auch dadurch aus, daß sie aktiv sind, nach Stimulation suchen, sich behaupten können und gerne mit anderen zusammen sind. Dies sind wohl eher Eigenschaften, die die Auseinandersetzung mit den Herausforderungen des Alters begünstigen. Eher überraschend war hingegen der Befund, daß die NEO-Dimension Offenheit für neue Erfahrungen (bei mit den anderen beiden Persönlichkeitsdimensionen vergleichbarer Varianz) keinen Zusammenhang mit Alterszufriedenheit aufwies. Diese Persönlichkeitsdimension wird in der Literatur immer wieder zumindest theoretisch in Zusammenhang mit konstruktiver Lebensbewältigung und -gestaltung gebracht (vgl. Staudinger & Baltes, 1995; Whitbourne, 1987). Man könnte allerdings auch vermuten, daß Personen, die in diesem Sinne offen sind, auch durch Neugier gekennzeichnet sind und deshalb eventuell kritischere Bewertungsmaßstäbe anlegen, die den vielleicht zunächst zu verzeichnenden Gewinn an Zufriedenheit wieder eindämmen.

2.1.2 Persönlichkeitsdimensionen und psychologische Widerstandsfähigkeit

Betrachtet man neben dem direkten Zusammenhang zwischen Persönlichkeitsdimensionen und Alterszufriedenheit deren potentielle Moderatorfunktion in der Beziehung zwischen Alter und Alterszufriedenheit, so zeigt sich keine signifikante Veränderung. Die negative Beziehung zwischen Alter und Alterszufriedenheit (r=-0,25) wurde durch keine der drei Persönlichkeitsdimensionen positiv oder negativ beeinflußt. Dies wurde mit Hilfe multipler Regressionsmodelle geprüft, in die zunächst die beiden Haupteffekte, also für Alter und die jeweilige Persönlichkeitsdimension, und anschließend die Interaktion zwischen Alter und Persönlichkeitsdimension als Prädiktoren für Zufriedenheit mit dem eigenen Al-

3 Die Erlebnishäufigkeit positiver und negativer Gefühle wurde, wie weiter unten ausgeführt, mit der Positive und Negative Affect Schedule (PANAS) erfaßt.

tern stufenweise aufgenommen wurden. Ebenso ergab sich für die Beziehung zwischen sozioökonomischen Risikofaktoren und Alterszufriedenheit keine moderierende Funktion der Persönlichkeitsdimensionen. Wenn man allerdings den Zusammenhang zwischen körperlichen Risiken und Alterszufriedenheit betrachtet, so wird deutlich, daß die Persönlichkeitsdimension emotionale Labilität oder Neurotizismus mit zunehmenden körperlichen Risiken zum „protektiven" Faktor zu werden scheint. In einem wie oben beschriebenen dreistufigen multiplen Regressionsmodell fügt die Interaktion zwischen emotionaler Labilität und körperlichen Risiken zu den 14% Varianz, die emotionale Labilität allein, und den 12% prädiktiver Varianz, die körperliche Risiken allein aufklären, noch signifikante 1% an prädiktiver Varianz hinzu. Dies mag auf den ersten Blick als ein kleiner Effekt erscheinen. Ist man, was hier der Fall ist, jedoch weniger an den spezifischen Populationsverhältnissen, sondern eher an Hinweisen auf die psychologischer Widerstandsfähigkeit zugrundeliegenden Mechanismen interessiert, so ist die Größe der Effektstärke für die Einschätzung der Bedeutsamkeit des Befundes weniger entscheidend als die Tatsache der Signifikanz (vgl. auch Cohen, 1994; Dalbert & Schmitt, 1986).

Die negative Korrelation zwischen körperlichen Risiken und Alterszufriedenheit in der Gesamtstichprobe von r=-0,36 wird auf r=-0,29 für Personen mit einem über dem Median liegenden Neurotizismuswert abgeschwächt. Bei Personen mit einem unter dem Median liegenden Neurotizismuswert bleibt die Korrelation dagegen praktisch unverändert (r=-0,35). Dieser auf den ersten Blick kontraintuitive Moderationseffekt wird verständlicher, wenn man sich die einzelnen Charakteristiken, die eine emotional labile oder neurotische Person kennzeichnen, genauer ansieht. Es sind dies Items, wie „Wenn ich unter starkem Streß stehe, fühle ich mich manchmal, als ob ich zusammenbräche", oder „Ich empfinde oft Furcht und Angst", „Ich fühle mich oft angespannt und nervös" oder „Ich wünsche mir jemanden, der meine Probleme löst".

Es scheint, als könnte es unter der Bedingung starker körperlicher Belastungen durchaus funktional sein, solche negativen Gefühle zu erleben und auch sogenannte regressive Bewältigungsmechanismen zu verfolgen. Es ist beispielsweise aus Untersuchungen bekannt, daß solche oft als regressiv bezeichneten Bewältigungsformen unter bestimmten Belastungsbedingungen durchaus adaptiv sein können (z. B. Kruse, 1994; Staudinger, Marsiske & Baltes, 1995). Es könnte aber auch sein, daß stärker neurotische Personen sowieso an negative Gefühlslagen gewöhnt sind und deshalb die Belastung einer durch körperliche Einbußen und Einschränkungen gekennzeichneten Lebenssituation nicht als so gravierend empfinden wie eine Person, die an eine positive Gefühlslage gewöhnt ist.

2.2 Gefühle

Persönlichkeitsentwicklung oder Reife im Erwachsenenalter, und damit wohl auch so etwas wie psychologische Widerstandsfähigkeit, wird unter anderem auch im Zusammenhang mit der Regulation emotionaler Zustände diskutiert. Ein Aspekt dessen, was Erikson als Ich-Integrität (z. B. Erikson, Erikson & Kivnick, 1986) bezeichnet hat, ist das Umgehen mit den eigenen Gefühlen. Eine Anzahl von Untersuchungen konnte zeigen, daß Erwachsene mit zunehmendem Alter besser in der Lage sind, mit emotionalen Situationen zurechtzukommen (z. B. Blanchard-Fields, 1986; Labouvie-Vief, Hakim-Larson, DeVoe & Schoeberlein, 1989; Staudinger, 1989).

Im Rahmen des vorliegenden Kapitels bietet es sich deshalb an, den Gefühlshaushalt einer Person als potentielle Ressource für psychologische Widerstandsfähigkeit zu untersuchen. Die Hypothese ist, daß eine Person, deren positive und negative emotionale Befindlichkeit im Gleichgewicht ist bzw. bei der die positive gegenüber der negativen emotionalen Befindlichkeit bereichs- und zeitübergeifend überwiegt, mit großer Wahrscheinlichkeit im Umgang mit körperlichen und sozioökonomischen Risiken widerstandsfähiger ist als eine Person, die von negativen Gefühlen dominiert wird (vgl. auch Diener & Larsen, 1993). Zahlreiche Studien konnten zeigen, daß eine positive Affektbilanz mit höherer Lebenszufriedenheit und anderen Indikatoren subjektiven Wohlbefindens einhergeht (z. B. Headey & Wearing, 1989; Sandvik, Diener & Seidlitz, 1993).

2.2.1 Operationalisierung und Erhebungsmethodik

In der BASE-Erhebungsbatterie zu Selbst und Persönlichkeit wurden Gefühle mit Hilfe einer verkürzten und ins Deutsche übersetzten Version der Positive and Negative Affect Schedule (PANAS; Watson, Clark & Tellegen, 1988; Kercher, 1992; siehe Kunzmann, 1994, für ausführliche Diskussion psychometrischer Eigenschaften und Validität) erhoben. Die Studienteilnehmer sollten auf einer fünfstufigen Skala (1=wenig häufig bis 5=sehr häufig) angeben, wie häufig sie ein vorgegebenes Gefühl im letzten Jahr erlebt haben. Über einen Zeitraum von acht Wochen zeigen diese Häufigkeitseinschätzungen eine Positionsstabilität von über 0,80 (vgl. Kunzmann, 1994, S. 95ff.).

Die BASE-Version der PANAS setzt sich aus zehn positiven und zehn negativen Gefühlen zusammen. Dadurch wird es möglich, einen Wert für die Differenz zwischen der erlebten Häufigkeit von positiven und negativen Gefühlen, das sogenannte emotionale Gleichgewicht (oder der Gefühlshaushalt), sowie jeweils getrennte Werte für positive und negative emotionale Befindlichkeit zu errechnen. In der BASE-Stichprobe waren die beiden Dimensionen positiver und negativer emotionaler Befindlichkeit unabhängig voneinander (r=0,05; n.s.; vgl. Smith & Baltes, Kapitel 8). Aufgrund des beschriebenen Erhebungsmodus besteht in BASE ein Unterschied in der Erfassung der Alterszufriedenheit und der Erhebung von emotionaler Befindlichkeit. Ersteres wird mit Hilfe von Aussagen erhoben, die das Ausmaß der Zustimmung zu bestimmten Erwartungen und Wahrnehmungen altersgebundener Zustände abfragen, und letzteres durch die Erlebnishäufigkeit bereichs- und relativ zeitübergreifender Gefühlsadjektive. Diese Unterschiedlichkeit in der Erhebungsart spiegelt sich auch in unterschiedlichen Zusammenhangsmustern mit anderen Indikatoren des Selbst und der Persönlichkeit wider. So zeigt der berichtete Gefühlshaushalt etwa einen signifikanten Zusammenhang mit den sozioökonomischen Risiken (r=-0,19). Zwischen Gefühlshaushalt und Alterszufriedenheit zeigt sich dagegen kein signifikanter Zusammenhang (r=-0,06). Der Zusammenhang mit dem chronologischen Alter ist für den Gefühlshaushalt im Vergleich zur Alterszufriedenheit stark abgeschwächt (r=-0,13 versus r=-0,26), dagegen wird der Zusammenhang mit der Offenheit für neue Erfahrungen für den berichteten Gefühlshaushalt signifikant (r=0,11), nicht jedoch für die Alterszufriedenheit (r=0,02).

Zusätzlich wurde über die je zehn Gefühlsratings hinweg ein Wert für die mittlere Häufigkeit berechnet. Diese Dimension ist für die Alternsforschung unter anderem deshalb von Interesse, weil in der gerontologischen Literatur immer wieder argumentiert wurde, daß die bessere Fähigkeit der älteren Menschen, mit emotionalen Situationen umzugehen, schlicht darauf zurückzuführen sei, daß die Emotionen mit zunehmendem Alter weniger häufig und weniger intensiv würden (z. B. Malatesta, 1990; Schulz, 1985).

2.2.2 Altersunterschiede in der Häufigkeit positiver und negativer Gefühle

Tabelle 1 beschreibt zunächst, wie häufig in einer Stichprobe von 70- bis 103jährigen bestimmte positive und negative Gefühle im Verlauf eines Jahres erlebt werden. Bei den positiven Emotionen sind die ersten drei Rangplätze durch Gefühle besetzt, die für eine rege Beteiligung an und Verbundenheit mit der Umwelt sprechen (interessiert, aufmerksam und hellwach). Die drei ersten negativen Gefühle dagegen

Tabelle 1: Rangfolge (mit Mittelwerten und Standardabweichungen) der positiven und negativen Gefühle im hohen und sehr hohen Alter.

Rang	Positive Gefühle	$\bar{x}$	(s)	Rang	Negative Gefühle	$\bar{x}$	(s)
1.	interessiert	3,86	(0,87)	1.	unruhig	2,83	(1,01)
2.	aufmerksam	3,64	(0,88)	2.	bedrückt	2,81	(1,12)
3.	hellwach	3,51	(0,98)	3.	nervös	2,74	(1,10)
4.	angeregt	3,35	(0,94)	4.	verärgert	2,56	(1,01)
5.	entschlossen	3,23	(0,97)	5.	reizbar	2,45	(0,97)
6.	aktiv	3,22	(1,06)	6.	ängstlich	2,20	(1,06)
7.	begeistert	3,20	(1,07)	7.	verängstigt	2,09	(1,01)
8.	erwartungsvoll	2,94	(0,99)	8.	schuldig	1,98	(0,97)
9.	stark	2,56	(1,07)	9.	beschämt	1,95	(0,86)
10.	stolz	2,29	(1,13)	10.	feindselig	1,55	(0,83)

Anmerkung: Führt man alle möglichen Mittelwertsvergleiche und die Bonferoni-Korrektur durch, so ist im Durchschnitt ein Mittelwertsunterschied von mehr als 0,20 auf dem 1%-Niveau signifikant.

spiegeln eher einen neurasthenischen Verstimmungszustand oder eine depressive Tendenz wider (unruhig, bedrückt, nervös).

Betrachtet man die Korrelationen der Emotionshäufigkeiten mit dem Alter, so sind diese, soweit signifikant, ausschließlich negativ. Auffällig ist, daß, wie auch in der Literatur berichtet (z. B. Weiner & Graham, 1989), bestimmte negative Emotionen wie „verärgert" ($r=-0,12$; $p=0,01$), „reizbar" ($r=-0,19$; $p=0,01$) und „nervös" ($r=-0,15$; $p=0,00$) in der selbstberichteten Auftretenshäufigkeit über den Altersbereich von 70 bis 103 Jahren hinweg signifikant negative Unterschiede zeigen. Gemittelt über die jeweils zehn Emotionen, nimmt, wie Abbildung 4 zeigt, mit zunehmendem Alter allerdings nicht die Auftretenshäufigkeit der negativen Emotionen ($r=-0,04$; n.s.), sondern die der positiven Emotionen ab ($r=-0,22$; $p<0,01$). Im Gruppenmittel bleibt die Differenz zwischen positiven und negativen Gefühlen jedoch im positiven Bereich und damit auch die Affektbilanz positiv.

Diese fehlende Zunahme in der selbstberichteten Auftretenshäufigkeit der negativen Gefühle könnte man im Zusammenhang mit der oben beschriebenen Rangordnung der erlebten positiven und negativen Gefühle durchaus als Hinweis auf die Widerstandsfähigkeit des Selbst interpretieren. In Anbetracht zunehmender Belastungen und Verluste könnte man ja zum einen erwarten, daß die negativen Gefühle mit dem Alter die positiven überwiegen. Dies ist jedoch nicht der Fall. Zum anderen weist aber das neurasthenische Gefühlsmuster der negativen Emotionen (unruhig, bedrückt, nervös) doch auf eine Belastungsreaktion hin, wie man sie aus der Streßforschung kennt (vgl. auch Smith & Baltes, Kapitel 8). Auf der psychologischen Betrachtungsebene werden dort beispielsweise erhöhte Aktiviertheit, Erregtheit und Angstzustände als Indikatoren einer Streßreaktion diskutiert (z. B. Janke & Kallus, 1995; Lazarus & Launier, 1978). Mit anderen Worten: Die Auftretenshäufigkeit negativer Emotionen liegt zwar nach wie vor niedriger als die der positiven Emotionen, doch die Art der auftretenden negativen Emotionen läßt sich als Hinweis auf die vom Selbst zu leistende Anpassungsleistung interpretieren.

Abbildung 4: Der Altersverlauf der Erlebnishäufigkeiten positiver und negativer Gefühle.

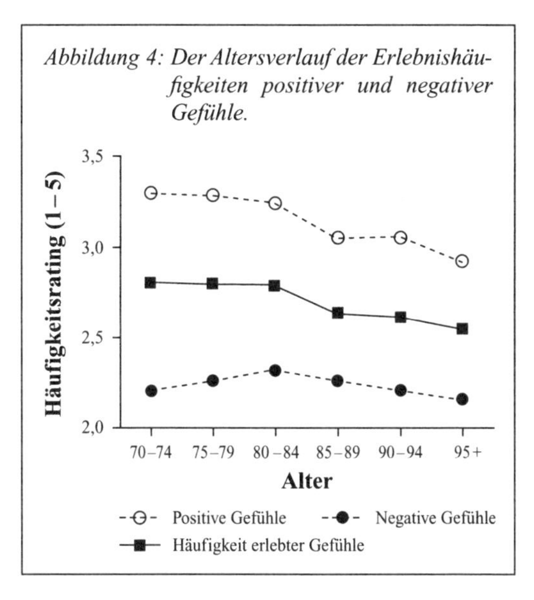

Betrachtet man den Altersgang (bzw. die Altersunterschiede) der mittleren Häufigkeit von Gefühlen (siehe Abb. 4), so zeigt sich eine leicht negative Beziehung mit dem Alter ($r=-0,19$; $p<0,01$; 4% der Varianz). Der Abfall der mittleren Häufigkeit ist im BASE-Altersspektrum etwa am Alter von 85 Jahren festzumachen. Der signifikante Abfall in der mittleren Häufigkeit liegt zwischen Personen im Alter von 70 bis 84 Jahren auf der einen und solchen im Alter von 85 bis 103 Jahren auf der anderen Seite ($F_{(1;514)}=16,64$; $p=0,00$). Dieser Abfall geht, wie aus Abbildung 4 ersichtlich, primär auf die unterschiedliche Häufigkeit von positiven Gefühlen in beiden Altersgruppen zurück. Nimmt man nun neben dem Alter in eine Regressionsgleichung zur Prädiktion der erlebten Häufigkeit positiver Gefühle noch das Ausmaß der körperlichen und sozioökonomischen Risiken auf, so werden insgesamt 11% der Varianz in der erlebten Gefühlshäufigkeit erklärt, und es bleibt für Alter, nachdem körperliche (7% nicht überlappende Varianz) und sozioökonomische (4% nicht überlappende Varianz) Risiken kontrolliert wurden, kein signifikanter Aufklärungsbeitrag übrig.

Diese Ergebnisse legen nahe, daß emotionale Verfaßtheiten mit dem Alter selbst in eher geringem Zusammenhang stehen. Interne und externe kontextuelle Bedingungen (d. h. körperliche und sozioökonomische Verfaßtheit) weisen dagegen einen stärkeren Zusammenhang auf (11%). Dieser Befund spricht eher gegen durch altersgebundene biologische Abbauprozesse vermittelte negative Altersunterschiede in der erlebten Häufigkeit von Gefühlen. Der erlebte Gefühlshaushalt einer Person scheint mehr eine kontextuelle als altersbedingte Komponente zu besitzen. Wobei diese Kontexte allerdings nur 11% der gesamten Varianz des erlebten Gefühlshaushalts ausmachen.

Über die Betrachtung von Risikokontexten hinaus ist der vorliegende Befund konsistent mit anderen altersvergleichenden Studien zu Emotionen. Beispielsweise fanden Malatesta und Kalnok (1984), daß die Häufigkeit negativer Emotionen keine positiven Altersdifferenzen zeigte, und Levenson, Carstensen, Friesen und Ekman (1991) konnten zeigen, daß die Reaktivität aufgrund des physiologischen Systems im Alter erhöht ist und dies bei alten Menschen eventuell dazu führen könnte, Emotionen zu unterdrükken, um die damit verbundene verlängerte Erregtheit zu vermeiden.

Die BASE-Daten zeigen, daß ab etwa dem 85. Lebensjahr ein signifikanter Abfall in der Häufigkeit, mit der Gefühle auftreten, zu verzeichnen ist. Geht man davon aus, daß Menschen über die Lebensspanne eine große Anzahl an emotionsbezogenen Erfahrungen machen, so scheint es möglich, daß die Schwellenwerte für das Auslösen von Emotionen mit zunehmendem Alter höher werden und sich damit die Auftretenshäufigkeit verringert (vgl. Schulz, 1985, S. 537). Der Abfall in der Emotionshäufigkeit könnte jedoch auch Ausdruck einer starken Abnahme der allgemeinen biologischen Vitalität jenseits des 85. Lebensjahres sein (z. B. Gerok & Brandtstädter, 1994). Schließlich läßt sich der Abfall in der Häufigkeit auch in Zusammenhang mit der im höheren Alter geringeren Anzahl sozialer Netzwerkpartner (vgl. auch M. Wagner et al., Kapitel 11) und mit anderen verbrachten Zeit (vgl. M. M. Baltes et al., Kapitel 20) bringen, die als ein wesentlicher Kontext für das Erleben von Gefühlen betrachtet werden können (z. B. Carstensen, 1993).

2.2.3 Gefühlshaushalt und psychologische Widerstandsfähigkeit

Schließlich wurde wieder die potentiell moderierende Wirkung der erlebten Gefühlshäufigkeit und des Gefühlshaushalts (Affektbilanz) in der Beziehung zwischen Alterszufriedenheit einerseits und körperlichen und sozioökonomischen Risiken andererseits untersucht. Zunächst sei Alter als pauschaler Risikoindikator für Zufriedenheit mit dem eigenen Altern betrachtet. Hier klärt die Affektbilanz 25% der Varianz in der Alterszufriedenheit auf, nachdem für Alter kontrolliert wurde, und 28%, wenn nicht für Alter kontrolliert wurde. Alter und Affektbilanz teilen also 3% gemeinsame Varianz in der Vorhersage der Alterszufriedenheit. Die Interaktion zwischen Alter und Affektbilanz trägt allerdings nicht mehr signifikant zur Vorhersage bei. Die prädiktive Beziehung zwischen Affektbilanz und Alterszufriedenheit verändert sich mit anderen Worten nicht in Abhängigkeit vom Alter. Betrachtet man jedoch Alterszufriedenheit als vorherzusagende Variable, trägt der Überschuß an erlebten positiven Gefühlen 25% zur Varianzaufklärung bei. Mit anderen Worten: Es stehen 25% der Alterzufriedenheitsvarianz in Zusammenhang mit der Erlebnishäufigkeit positiver Gefühle. Legt man diese Interpretationsrichtung zugrunde, läßt sich der erlebte Überschuß an positiven Gefühlen als korrelativ-protektiver Faktor im hohen Alter bezeichnen.

Abbildung 5: Mit zunehmendem sozioökonomischem Risiko geht eine eher ausgeglichene Affektbilanz und nicht ein Überschuß an erlebten positiven Gefühlen mit höherer berichteter Alterszufriedenheit einher.

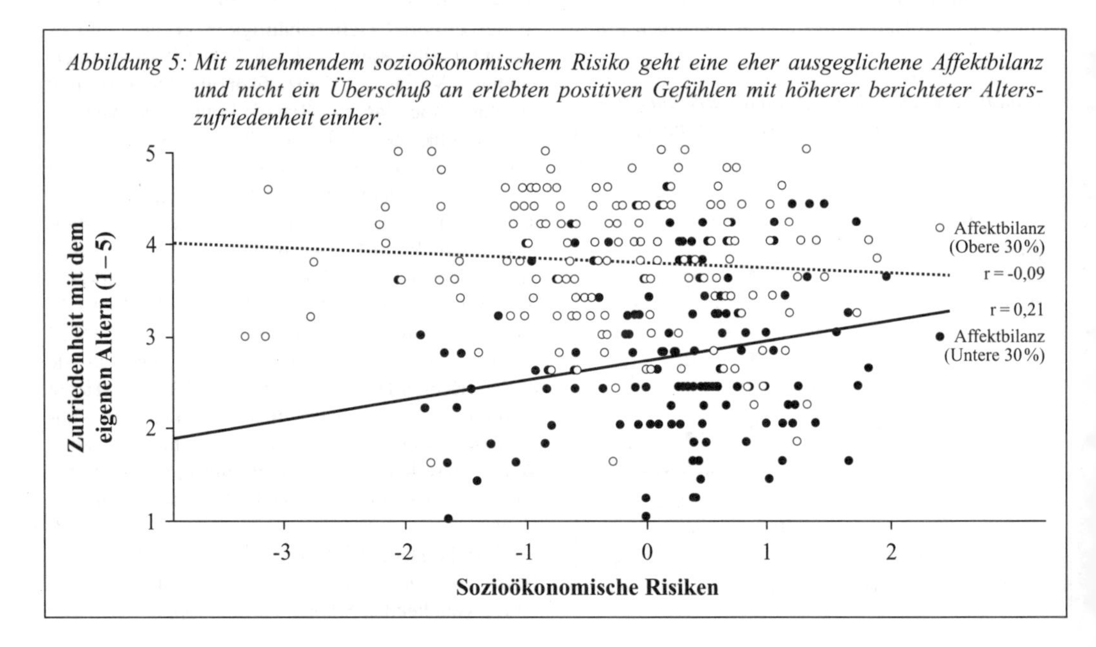

Wenn man anstatt des Alters die Summe der sozioökonomischen Risiken als Prädiktor für Alterszufriedenheit verwendet, lag die gesamte aufgeklärte Varianz der Alterszufriedenheit bei 29%. Die Interaktion zwischen Affektbilanz und sozioökonomischen Risiken trug noch signifikante 1% an prädiktiver Varianz bei, nachdem beide Haupteffekte kontrolliert waren (vgl. Abb. 5). Für die Bedeutung dieses Befundes sollte wiederum (siehe oben) nicht die Effektstärke, sondern die Signifikanz herangezogen werden, da es nicht um spezifische Populationsverhältnisse, sondern um den Gewinn von Erkenntnissen über mögliche Mechanismen psychologischer Vulnerabilität oder Widerstandsfähigkeit geht.

Der Effekt besagt, daß aus der in der Gesamtstichprobe schwach positiven Beziehung zwischen sozioökonomischen Risiken und Alterszufriedenheit ($r=0{,}07$; n.s.) bei Personen mit einem Überschuß an positiven Emotionen (obere 30% der Verteilung) eine schwach negative wird ($r=-0{,}08$; n.s.). Bei Personen mit einem geringeren oder keinem Überschuß (untere 30% der Verteilung) dagegen wird der Zusammenhang signifikant und steigt im Vergleich zu $r=0{,}07$ auf $r=0{,}21$ ($p<0{,}01$) an. Diese Interaktion gibt einen Hinweis darauf, daß bei alten Personen, die unter sozioökonomisch eingeschränkten Bedingungen leben, eine eher ausgeglichene Affektbilanz, also kein oder ein geringerer Überschuß an erlebten positiven Gefühlen, mit höherer berichteter Alterszufriedenheit einhergeht. Bei der Interpretation dieses Befundes muß man in Rechnung stellen, daß sozioökonomische Risiken meist schon über das gesamte Leben einer Person gewirkt haben und die gefundenen Zusammenhänge insofern durchaus schichtspezifische Gefühlsmuster widerspiegeln könnten. Übrigens bleibt dieser Effekt bestehen, wenn man für Geschlecht und Alter kontrolliert. Weitere Analysen haben gezeigt, daß der Unterschied zwischen Personen mit hohem sozioökonomischem Risiko und solchen mit geringem sozioökonomischem Risiko nicht in der größeren Häufigkeit der negativen, sondern in einer verminderten Häufigkeit der positiven Emotionen liegt.

2.3 Bewältigungsstile

Ein weiteres Konzept, das im Hinblick auf psychologische Widerstandsfähigkeit eine lange Forschungstradition besitzt, ist das des Coping oder der *Bewältigungsstile* (z. B. Filipp & Klauer, 1991). Ende der 70er Jahre gab es durchaus unterschiedliche Meinungen und Befunde dazu, ob mit zunehmendem Alter die sogenannten „regressiven“ (z. B. Verantwortung abgeben, Verzweiflung; Pfeiffer, 1977) oder eher die „reifen“ Bewältigungsverhaltensweisen (z. B. Uminterpretation der Situation, Informationen einholen; Vaillant, 1977) zunehmen. Folkman, Lazarus, Pimpley und Novacek (1987) fanden beispielsweise, daß ältere Personen weniger häufig soziale Unterstützung suchten oder konfrontativ auf das anliegende Problem zugingen, sondern eher versuchten, sich zu distanzieren und die Situation positiv umzubewerten. In den letzten Jahren scheint mehr und mehr der empirischen Evidenz die Reifungsthese (Vaillant, 1977) oder zumindest Annahmen zur Stabilität von Bewältigungsverhalten zu unterstützen (z. B. Aldwin, 1991; Irion & Blanchard-Fields, 1987; Labouvie-Vief, Hakim-Larson & Hobart, 1987; McCrae, 1989; Olbrich, 1990; Saup, 1987; Thomae, 1994). McCrae (1989) konnte beispielsweise zeigen, daß Unterschiede im Coping-Verhalten eher etwas mit der eventuell altersabhängigen Unterschiedlichkeit von Situationen zu tun haben als mit chronologischem Alter.

2.3.1 Operationalisierung und Erhebungsmethodik

Im Rahmen der Erhebungsbatterie zu Selbst und Persönlichkeit von BASE konnten Bewältigungsstile aus Zeitgründen, aber auch aus Verständlichkeitsgründen nicht mit den üblichen Bewältigungsfragebögen erfaßt werden. Statt dessen wurde unter Berücksichtigung der Befunde der Bonner Längsschnittstudie (BOLSA; Kruse, 1994; Thomae, 1987) ein Satz von 13 Bewältigungsstilen zur Erfassung des Bewältigungsmusters einer alten Person entwickelt (vgl. Staudinger, Freund & Smith, 1995). In der Instruktion wurden die Studienteilnehmer aufgefordert, jeden der in kurzen Aussagen beschriebenen Bewältigungsstile daraufhin zu beurteilen, wie gut er das eigene Denken und Handeln über verschiedene erinnerte Situationen hinweg beschreibt. Die 13 Bewältigungsstile wurden nicht daraufhin ausgewählt, Skalen zu bilden, sondern sollten das Bewältigungsmuster einer Person kennzeichnen[4]. Tabelle 2 listet die 13 Bewältigungsstile in ihren Kurzbezeichnungen mit Mittelwerten und Standardabweichungen auf.

4 Untersucht man die Kovariationsmatrix der 13 Stile mit Hilfe einer Faktorenanalyse und obliquer Rotation, so ergibt sich eine klare Dreifaktorenlösung mit geringen Interkorrelationen ($r=0{,}12$), die aber auch nur 42% der Varianz abdeckt. Der erste Faktor faßt Bewältigungsstile zusammen, die mit „Laufen lassen“ und „Verantwortung abgeben“ beschrieben werden können. Auf den zweiten Faktor laden Stile, die eher auf aktive Bewältigung gerichtet sind. Der dritte Faktor umfaßt schließlich eher passive Bewältigungsstile.

Tabelle 2: Rangfolge (mit Mittelwerten und Standardabweichungen) der Bewältigungsstile.

Rang	**Bewältigungsstil (Kurzbezeichnung)**	$\bar{x}$	(s)
1.	Vergleich mit früher	4,19	(0,69)
2.	Wunsch nach Information	3,98	(0,79)
3.	Vergleich mit anderen	3,91	(0,88)
4.	Nicht aufgeben	3,90	(0,78)
5.	Sich abfinden	3,63	(0,89)
6.	Stärke und Schwäche im Wechsel	3,58	(0,86)
7.	Glaube	3,54	(1,19)
8.	Humor	3,27	(1,04)
9.	Ablenkung	3,23	(1,08)
10.	Soziale Unterstützung	2,82	(1,12)
11.	Verantwortung abgeben	2,70	(1,18)
12.	Sinnverlust	2,46	(1,08)
13.	Laufen lassen	2,46	(1,06)

Anmerkung: Führt man alle möglichen Mittelwertsvergleiche und die Bonferoni-Korrektur durch, so ist im Durchschnitt ein Mittelwertsunterschied von mehr als 0,2 auf dem 1%-Niveau signifikant.

Zunächst soll uns im Hinblick auf die Regressivitätshypothese (Pfeiffer, 1977) interessieren, welche Rangfolge diese 13 Bewältigungsstile nach den Angaben der Studienteilnehmer bilden. Tabelle 2 zeigt, daß sich die drei „regressiven" Bewältigungsstile, „Verantwortung abgeben", „Sinnverlust" und „Laufen lassen", mit signifikantem Abstand am unteren Ende der Rangfolge finden. Dieses Ergebnis unterstützt jene Befunde in der gerontologischen Literatur, die nicht von einer altersabhängigen Zunahme der sogenannten regressiven Bewältigungsstile ausgehen. Es gewinnt besonderes Gewicht, wenn man berücksichtigt, daß es sich bei der BASE-Stichprobe um eine sehr heterogene Population handelt, die nicht der üblichen positiven Selektion unterliegt, was Gesundheitszustand und soziale Schicht angeht. Außerdem ist das Altersspektrum auch wesentlich breiter als in gerontologischen Untersuchungen sonst üblich, die sich meist mit den „jüngeren" Alten beschäftigen.

Weiterhin fällt auf, daß nach den Angaben der Studienteilnehmer die mit signifikantem Abstand ersten drei Plätze in der Rangreihe der Bewältigungsstile von „Vergleich mit früher" und „Vergleich mit anderen" und dem „Wunsch nach Information" eingenommen werden. Der Zugriff auf soziale Unterstützung hat ähnlich wie in der Studie von Folkman und anderen (1987) auch nach den Angaben der BASE-Stichprobe eine eher geringe Bedeutung. Auf dem vierten und fünften Rang liegen die Bewältigungsstrategien „Nicht aufgeben" und „Sich abfinden" nebeneinander. Dies ist vor dem Hintergrund der Forschungen zu Akkommodation und Assimilation (z. B. Brandtstädter & Greve, 1992) oder primärer und sekundärer Kontrolle (z. B. J. Heckhausen & Schulz, 1995) interessant. Mit anderen Worten: Die 70- bis 103jährigen BASE-Teilnehmer haben nach eigenen Angaben beide Mechanismen, die Umwelt verändern und sich der Umwelt anpassen, zur Verfügung und benutzen sie auch (vgl. auch J. Heckhausen & Schulz, 1995).

2.3.2 Altersunterschiede in Bewältigungsstilen

Die Altersunterschiede in der angegebenen Verwendung dieser Bewältigungsstile über das in der BASE-Stichprobe vertretene Altersspektrum werden in Abbildung 6 veranschaulicht. Es lassen sich grob drei Gruppen von Bewältigungsstilen unterscheiden: solche, die keine Unterschiede zwischen Altersgruppen oder keine signifikante Alterskorrelation zeigen; solche, die von den höheren Altersgruppen in einem signifikant höheren Ausmaß verwendet werden, wie z. B. „Halt im Glauben finden" ($r=0,24$; $p<0,01$), „Sich ablenken" ($r=0,12$; $p<0,01$), „Sich mit den Gegebenheiten abfinden" ($r=0,17$; $p<0,01$); und solche, die von höheren Altersgruppen/Kohorten nach eigenen Angaben weniger oft verwendet werden.

Die mit dem Alter zunehmende Tendenz, sich den Gegebenheiten anzupassen, entspricht den Befunden zum akkommodativen Stil von Brandtstädter und anderen an Stichproben des mittleren Erwachsenenalters (bis 60 Jahre; z. B. Brandtstädter & Renner, 1990). Die BASE-Daten zeigen nun, daß sich dieser Trend bis ins sehr hohe Alter fortzusetzen scheint. Es sollte bei diesen Befunden jedoch immer mitgedacht werden, daß es sich um die eigenen Angaben der Studienteilnehmer handelt und nicht etwa um beobachtetes Verhalten.

Wir hatten in Tabelle 2 gesehen, daß die „regressiven" Bewältigungsstile, wie „Verantwortung abgeben", „Sinnverlust" und „Laufen lassen", im Gruppenmittel eine eher niedrige Häufigkeit aufweisen. Betrachten wir nun jedoch neben den Mittelwerten den Altersgang dieser Bewältigungsstile innerhalb des Altersspektrums von 70 bis 103 Jahren, so zeigt sich eine schwach positive Alterskorrelation („Verantwortung abgeben": $r=0,18$; $p<0,01$; „Sinnver-

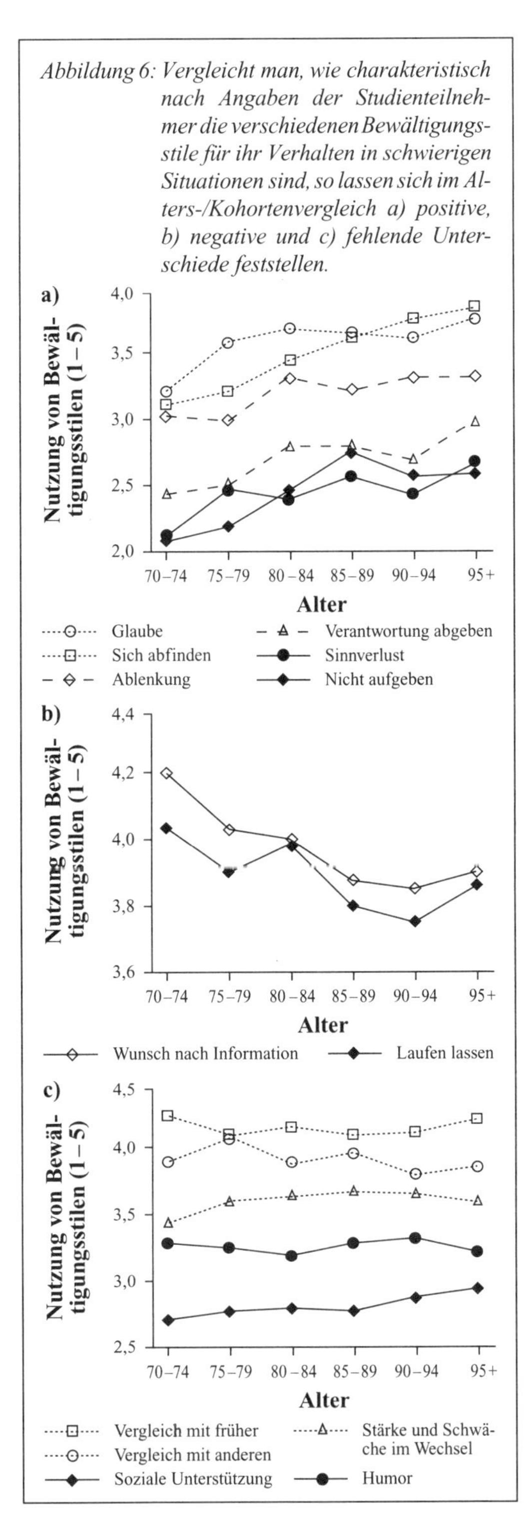

Abbildung 6: Vergleicht man, wie charakteristisch nach Angaben der Studienteilnehmer die verschiedenen Bewältigungsstile für ihr Verhalten in schwierigen Situationen sind, so lassen sich im Alters-/Kohortenvergleich a) positive, b) negative und c) fehlende Unterschiede feststellen.

lust“: $r = 0{,}14$; $p < 0{,}01$). Mit zunehmendem Alter (und damit mit zunehmenden körperlichen Risiken) nehmen diese sogenannten regressiven Bewältigungsmechanismen leicht zu. Es bleibt noch zu untersuchen, ob dies in dieser Altersstufe dann adaptiv oder dysfunktional ist. Man könnte vermuten, daß „regressive“ Bewältigungsstile unter den Kontextgegebenheiten des Alters durchaus adaptiv sein können, da viele zu bewältigende Umstände wie körperliche und sozioökonomische Einschränkungen sich nicht mehr verändern oder rückgängig machen lassen.

Keine signifikante Beziehung mit dem Alter gibt es bei den Bewältigungsstilen „Vergleich mit früher“ und „Vergleich mit anderen“, „Abwechslung zwischen Stärke und Schwäche“, „Humor“ und „Soziale Unterstützung“. Im Spektrum von 70 bis 103 Jahren werden mit zunehmendem Alter dagegen „Laufen lassen“ ($r = -0{,}1$; $p < 0{,}05$) und „Wunsch nach Information“ ($r = -0{,}14$; $p < 0{,}01$) weniger häufig angegeben. Die negativen Altersunterschiede in der Verwendung von „Laufen lassen“ sind parallel zu dem Ergebnis der positiven Altersunterschiede bei „Nicht aufgeben“ zu sehen (vgl. Abb. 6). Im Gegensatz zu den Befunden in Studien, die nur mit Probanden bis zum Alter von 70 Jahren arbeiten (z. B. Brandtstädter & Renner, 1990), zeigten sich in der BASE-Stichprobe sogar positive und nicht negative oder fehlende Altersunterschiede in der Verwendung des Bewältigungsstils „Nicht aufgeben“. Es scheint also nach dem 70. Lebensjahr zumindest nicht zu einem weiteren Abbau in der Nutzung des assimilativen Stils zu kommen.

2.3.3 Bewältigungsstile und psychologische Widerstandsfähigkeit

Die korrelative Untersuchung der potentiellen Schutzfunktion der verschiedenen Bewältigungsstile erbrachte zunächst, daß die 13 Bewältigungsstile in ihrer Gesamtheit 20% der Varianz der Alterszufriedenheit aufklären ($R^2 = 0{,}20$; $p = 0{,}00$). Regressionsanalytisch konnte gezeigt werden, daß dieser Varianzanteil primär auf insgesamt 6 der 13 Bewältigungsstile zurückgeht. „Humor“, „Nicht aufgeben“ und „Wunsch nach Informationen“ zeigen einen positiven Zusammenhang und „Sich abfinden“, „Sinnverlust“ und „Verantwortung abgeben“ einen negativen Zusammenhang mit Alterszufriedenheit. Dieser globale Befund zur Dysfunktionalität des Bewältigungsstils „Sich abfinden“ und der Funktionalität von „Nicht aufgeben“ im hohen und sehr hohen Alter weist darauf hin, daß zumindest auf dieser globalen Betrachtungsebene und nach den eigenen Angaben der Studienteilnehmer Passivität in der Auseinandersetzung mit Schwierigkeiten auch im hohen und sehr hohen Alter nicht zur Alterszufriedenheit beiträgt.

Betrachtet man nun zunächst das Alter als globalen Risikofaktor, so zeigt sich, daß die Berücksichtigung des von einer Person berichteten Bewältigungsmusters keine Veränderung des Zusammenhangs zwischen Alterszufriedenheit und Alter bewirkt (r=-0,25 vs. r=-0,24). Anders sieht es dagegen für den Zusammenhang zwischen Alterszufriedenheit und körperlichen oder sozioökonomischen Risiken aus.

Im Falle der körperlichen Risiken reduziert sich die Korrelation zwischen Alterszufriedenheit und körperlichem Risikowert von r=-0,36 auf r=-0,25 (Z=-2,39; p=0,008). Dieses korrelative Ergebnis ist konsistent mit der Sichtweise, daß sich die Verwendung eines bestimmten Bewältigungsmusters bei zunehmenden körperlichen Risiken protektiv auswirkt. Bei den sozioökonomischen Risiken zeigte sich, daß die Angabe eines bestimmten Bewältigungsmusters den in der Gesamtstichprobe schwach negativen Zusammenhang zwischen sozioökonomischen Risiken und Alterszufriedenheit (r=-0,07; n.s.) auf r=-0,21 (p < 0,01) verstärkte (Z=3,22; p=0,001).

Prüft man nun korrelativ die einzelnen Bewältigungsstile auf ihre potentielle protektive Funktion, so ergibt sich, daß im Falle der Beziehung zwischen sozioökonomischen Risiken und Alterszufriedenheit die beiden Stile „Wunsch nach Information" und „Soziale Unterstützung" in einem multiplen Regressionsmodell signifikant moderierten. Für Personen mit hohem sozioökonomischem Risiko, also wenig finanziellem Spielraum, geringem Ausbildungsniveau und beruflichem Status, ist es dysfunktional für den Erhalt der Alterszufriedenheit, wenn sie wissen wollen, woran sie sind. Hingegen scheint es zumindest bei korrelativer Betrachtung protektiv zu sein, sich bei anderen Menschen Unterstützung zu suchen. Diese protektiven und die Vulnerabilität erhöhenden Bewältigungsstile sind in Tabelle 3 nochmals zusammengestellt.

Im Falle des Zusammenhangs zwischen körperlichen Risiken und Alterszufriedenheit zeigte sich, daß es für den Erhalt der Alterszufriedenheit dysfunktional zu sein scheint, wenn man trotz Schwierigkeiten nicht aufgibt und genau wissen möchte, woran man ist. Wohingegen es protektiven Wert zu besitzen scheint, wenn man aufgibt und den Dingen ihren Lauf läßt. Besonders die Befunde zu protektiven Bewältigungsstilen im Falle von körperlichen Risiken lassen die üblicherweise als regressiv bezeichneten Bewältigungsstile in einem durchaus neuen Licht erscheinen. Es scheint, als wäre es nicht sehr sinnvoll, bestimmte Bewältigungsstile generell als regressiv zu bezeichnen. Vielmehr sollte man bei der Vergabe solcher Labels wie „regressiv" jeweils den Lebenskontext der betrachteten Personengruppe mitberücksichtigen. Um Mißverständnisse zu vermeiden, soll nochmals angemerkt werden, daß hier kor-

Tabelle 3: Protektive und die Vulnerabilität erhöhende Bewältigungsstile bei körperlichen und sozioökonomischen Risiken.

Körperliche Risiken	**Sozioökonomische Risiken**
Dysfunktional	
Nicht aufgeben „Wenn sich mir Schwierigkeiten in den Weg stellen, so gebe ich trotzdem nicht auf." Wunsch nach Information „Wenn es Probleme gibt, dann möchte ich genau wissen, woran ich bin."	Nicht aufgeben „Wenn sich mir Schwierigkeiten in den Weg stellen, so gebe ich trotzdem nicht auf."
Protektiv	
Laufen lassen „Bei Problemen gebe ich leicht auf und lasse den Dingen ihren Lauf."	Soziale Unterstützung „Wenn ich Probleme habe, dann suche ich bei anderen Menschen Hilfe und Unterstützung."

relative Beziehungen kausal interpretiert werden und es spannend sein wird, diese Interpretationen mit den aus den BASE-Längsschnitt-Nachuntersuchungen resultierenden Daten prädiktiv zu überprüfen.

2.4 Zielsystem und Lebensinvestment

Geht man von handlungstheoretischen Vorstellungen über menschliches Erleben und Verhalten aus, so kommt der Zielbildung und -verfolgung große handlungsregulative und damit adaptive Bedeutung zu (z. B. Boesch, 1971). Diese klassische handlungstheoretische Sichtweise, die eher auf das Verstehen und Erklären einzelner Handlungseinheiten gerichtet ist, wurde in der entwicklungspsychologischen Forschung in den letzten Jahren mit den Perspektiven einer Entwicklungspsychologie der Lebensspanne (z. B. P. B. Baltes, 1990) kombiniert. Auf diese Weise werden klassische handlungstheoretische Überlegungen in den Gesamtzusammenhang des Lebens gestellt. Handlungsregulation im engeren Sinne wird dadurch zur Entwicklungsregulation erweitert (Brandtstädter, 1986; J. Heckhausen, 1995).

Zielbildung und -verfolgung umfassen im Rahmen der Handlungs- wie der Entwicklungsregulation eine Vielzahl motivationaler Prozesse. Diese reichen von den Auswahlprozessen zwischen verschiedenen Zielen, über die dynamischen Prozesse am Übergang zwischen motivationalen und volitionalen Prozessen bis hin zur Phase der Handlungskontrolle bei der Verwirklichung einmal gesetzter Ziele (vgl. H. Heckhausen, 1980; Kuhl, 1986).

Aus dieser Vielzahl von Aspekten richtete sich unser Interesse eher auf die letzte der eben genannten Phasen, also diejenige der Umsetzung gesetzter Ziele. Zwei Aspekte sind dabei für uns von Bedeutung. Zum einen ist dies das selbst eingeschätzte Ausmaß der Energie, das in Form von Gedanken und Handlungen in die Verfolgung der in verschiedenen Lebensbereichen gefaßten Ziele investiert wird. Es soll wegen der hohen Bedeutung im Alter nochmals betont werden, daß wie in der klassischen Motivationstheorie auch hier das Investment sowohl darauf verwendet werden kann, daß man etwas Neues erreichen will, als auch, daß man sich etwas schon Vorhandenes erhalten will (z. B. Atkinson, 1964; Lewin, 1926a, 1926b). Zum zweiten richtet sich unser Interesse auf den Inhalt dieser Investmentprofile, also darauf, wie sich unabhängig vom durchschnittlichen Lebensinvestment einer Person die inhaltlichen Schwerpunkte im Zielsystem mit dem Alter oder verschiedenen Lebenskontexten verlagern.

2.4.1 Operationalisierung und Erhebungsmethodik

Im folgenden wird also das Profil und die Intensität, mit der eine Person in ihrem Denken und Tun in Ziele in verschiedenen Lebensbereichen investiert, als ein Aspekt ihrer Lebensgestaltung aufgefaßt. Im Zusammenhang mit der Lebensgestaltung *im Alter* hat uns in BASE interessiert, inwieweit sich die Intensität und das Muster des Lebensinvestments der alten und sehr alten Menschen in der BASE-Stichprobe in Auseinandersetzung mit den sie jeweils konfrontierenden Entwicklungskontexten unterscheiden.

Zu diesem Zweck wurde ein Erhebungsinstrument zur Erfassung des Lebensinvestments in den für diese Altersstufen wichtigsten Lebensbereichen entwickelt (Staudinger & Fleeson, 1995). Auf einer fünfstufigen Skala konnten die Studienteilnehmer jeweils angeben, wie sehr sie an das vorgegebene Lebensthema oder den Lebensbereich denken oder etwas dafür tun (z. B.: „Wie ist das mit Ihrer Gesundheit? Wie sehr denken Sie gegenwärtig daran oder tun etwas dafür?"). Dieses Denken und Tun kann sich darauf beziehen, in diesem Lebensbereich etwas zu erreichen oder auch sich etwas zu erhalten. Neben einem Investmentprofil läßt sich aus diesem Erhebungsinstrument auch ein durchschnittlicher Investmentwert ableiten, der so etwas wie das allgemeine Ausmaß des Lebensinvestments einer Person widerspiegelt (für Informationen zur prädiktiven Validität dieses Konstruktes vgl. Staudinger & Fleeson, 1995)

2.4.2 Lebensinvestment: Zusammenhänge mit Alter und psychologischer Widerstandsfähigkeit

Zunächst soll die Variable des durchschnittlichen Lebensinvestments, d. h. der über die zehn Lebensbereiche hinweg gemittelte Investmentwert, untersucht werden. Das von den Studienteilnehmern berichtete Lebensinvestment nimmt über die Altersspanne von 70 bis 103 Jahren zwar schwach (4% der aufgeklärten Varianz), aber signifikant ab ($r=-0{,}17$; $p<0{,}01$). Wie im Falle der anderen bisher berichteten Alterseffekte kann aufgrund des querschnittlichen Designs allerdings nicht geklärt werden, ob es sich dabei um Alters- und oder Kohorteneffekte handelt. Weiterhin zeigte sich, daß das Lebensinvestment zwar signifikant, doch mit $r=0{,}1$ ($p<0{,}05$) relativ geringfügig zur Alterszufriedenheit, unserem Indikator psychologischer Widerstandsfähigkeit, beiträgt.

Hinsichtlich eines die psychologische Widerstandsfähigkeit erhöhenden Effekts wird das Lebensinvestment jedoch interessant, wenn man mit Hilfe multipler Regressionsmodelle die Interaktionen mit Alter und auch mit körperlichen Risiken in ihrer Vorhersagekraft für die Alterszufriedenheit analysiert. Wie in Abbildung 7 illustriert, zeigt sich, daß beispielsweise die recht hohe negative Korrelation zwischen körperlichen Risiken und Alterszufriedenheit von r=-0,36 für Personen mit hohem Lebensinvestment (Wert über dem Median) noch negativer (r=-0,42), für Personen mit niedrigerem Lebensinvestment dagegen etwas verringert (r=-0,28) ist. Dieser signifikante Interaktionseffekt bleibt auch bestehen, nachdem für die Häufigkeit negativer Gefühle kontrolliert wurde, um auszuschließen, daß man es bei dem Maß des Lebensinvestments primär mit einem Maß des Grübelns zu tun hat. (Die daraus resultierenden, leicht veränderten Korrelationen sind jeweils in Klammern

Abbildung 7: a) Mit zunehmenden körperlichen Risiken besteht bei geringerem durchschnittlichem Lebensinvestment ein schwächerer negativer Zusammenhang mit Alterszufriedenheit. b) Bei zunehmenden körperlichen Risiken sind Personen, die in weniger Lebensbereiche investieren, weniger unzufrieden mit ihrem Altern.

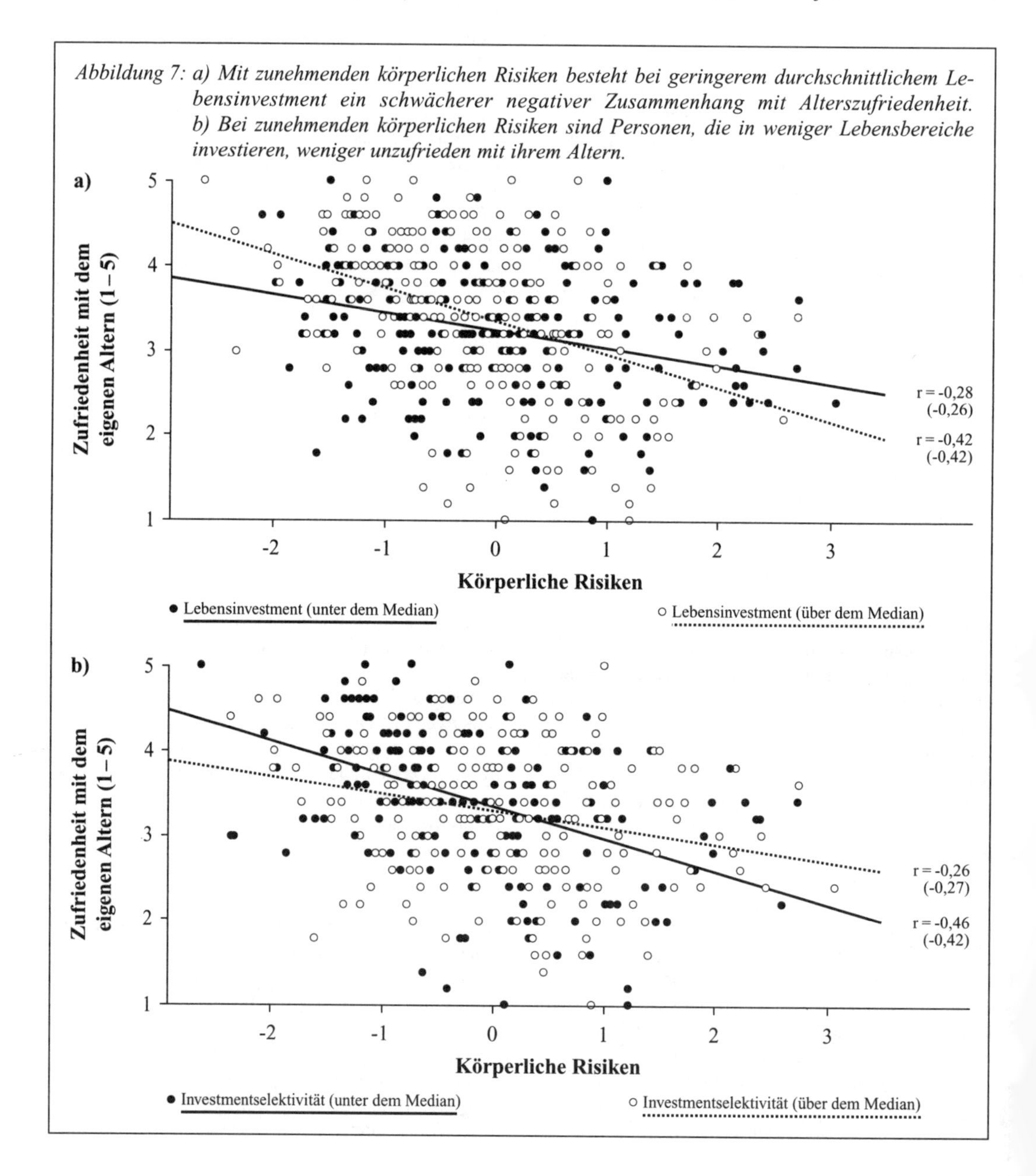

angegeben.) Die Effektstärke dieser Interaktion liegt bei 1%. Ist man, was hier der Fall ist, jedoch weniger an den spezifischen Populationsverhältnissen, sondern eher an Hinweisen auf zugrundeliegende Mechanismen interessiert, so ist, wie bereits oben erwähnt, die Größe der Effektstärke für die Einschätzung der Bedeutsamkeit des Befundes weniger wichtig (vgl. auch Cohen, 1994; Dalbert & Schmitt, 1986). Die Interaktion mit Alter ist etwas schwächer, weist aber in die gleiche Richtung. Das heißt, daß mit zunehmendem Alter ein geringeres Ausmaß an Lebensinvestment in Zusammenhang mit höheren Werten der Alterszufriedenheit steht. Im Falle der sozioökonomischen Risiken hatte das Lebensinvestment keine signifikante Pufferwirkung.

Der Befund, daß das Lebensinvestment zumindest korrelativ die negative Wirkung körperlicher Risiken abzumildern vermag (auch nach Kontrolle für grübelnde und akkomodative Bewältigungstendenzen), stimmt mit Vorhersagen überein, die man aus dem Modell erfolgreichen Alters durch selektive Optimierung mit Kompensation (z. B. P. B. Baltes & Baltes, 1994) ableiten würde. Was ist damit gemeint? Abbildung 7a verdeutlicht, daß bei Personen mit einem hohen Ausmaß an körperlichen Risiken (oder Personen höheren Alters) ein geringeres Lebensinvestment mit höherer Alterszufriedenheit zusammenhängt. Dies könnte dafür sprechen, daß zunehmende Selektivität, im Sinne von Paul Baltes und Margret Baltes (z. B. 1990), mit zunehmendem Alter und mit zunehmenden körperlichen Risiken bzw. Verlusten in den Kapazitätreserven adaptiv ist.

Diese auf den protektiven Wert von Selektivität hin ausgelegte Deutung bedarf jedoch weiterer spezifischerer Analysen, da sich im Falle des gemittelten Lebensinvestments ein niedriger Wert sowohl aus sehr vielen mittleren Investments als auch aus vielen niedrigen und wenigen sehr hohen Investments zusammensetzen kann. Nur letzteres soll im Sinne von Selektivität im engeren Sinne verstanden werden. Es wurde deshalb geprüft, ob sich der Interaktionseffekt auch für eine Variable, die Investmentselektivität genannt wurde und die durch die Häufigkeit der sehr geringen (Skalenwert 5) und geringen Investments (Skalenwert 4) definiert ist, replizieren läßt. Diese neu berechnete Variable korreliert mit $r=-0,87$ mit dem mittleren Lebensinvestment und läßt von daher keine wesentlich anderen Ergebnisse erwarten. Dies ist dann auch der Fall, wie Abbildung 7b verdeutlicht. Die Interpretation im Sinne des adaptiven Wertes von Selektivität scheint damit zumindest eine Möglichkeit zu sein.

Die Adaptivität der Investmentselektivität wird noch deutlicher, wenn man anstelle der Schwellensetzung am Median Personen mit einem sehr hohen Ausmaß an körperlichen Risiken (obere 30%) mit solchen mit eher geringen körperlichen Risiken (untere 30%) vergleicht. In der Gruppe der oberen 30% liegt die Korrelation zwischen Investmentselektivität und Alterszufriedenheit bei $r=0,15$ ($p<0,05$; im Vergleich zu $r=-0,08$; n.s. in der Gesamtstichprobe). Umgekehrt zeigt sich jedoch auch die Dysfunktionalität von Selektivität in zu frühem Alter oder bei wenigen körperlichen Risiken (untere 30%) an einer Korrelation von $r=-0,22$ ($p<0,01$) mit Alterszufriedenheit.

2.4.3 Das inhaltliche Investmentmuster im Altersvergleich und im Zusammenhang mit psychologischer Widerstandsfähigkeit

Wenden wir uns nun von der eher motivational-energetischen, auf Intensität ausgerichteten Betrachtung des Investments den Investmentinhalten zu. Was beschäftigt die BASE-Teilnehmer, also alte Menschen im Alter von 70 bis 103 Jahren, nach eigenen Angaben in ihrem Denken und Tun, in welche Lebensbereiche investieren sie? Dazu wurden die für jeden Bereich abgegebenen Investmentwerte in Verhältnis zum durchschnittlichen Lebensinvestment[5] der Person gesetzt. Es war für uns von Interesse, welche Inhalte, unabhängig vom Intensitätsniveau des Investments der Person, eine Rolle spielen.

Ähnlich wie oben bei den Bewältigungsstilen lassen sich in den zehn Investmentbereichen solche mit altersstabilen von solchen mit dem Alter zunehmenden und mit dem Alter abnehmenden Verläufen unterscheiden (siehe Tabelle 4). So nimmt das relative Investment in die Bereiche Hobbys und andere Interessen ($r=-0,13$; $p<0,00$) sowie Sexualität ($r=-0,13$; $p<0,00$) über die untersuchte Altersspanne hinweg ab und das Investment in den Bereich Tod und Sterben ($r=0,23$; $p<0,00$) zu. Keine signifikanten Altersunterschiede zeigen sich in den Bereichen Gesundheit, kognitive Leistungsfähigkeit, Wohlergehen der Angehörigen, Beziehungen zu Freunden und Bekannten, berufliche oder eine vergleichbare Tätigkeit und Nachdenken über das Leben.

Besonders die Stabilität des Investments im Bereich Gesundheit könnte überraschen, da aus anderen

5 Für diese Indexbildung wurde ein Durchschnittswert aus jeweils neun Investmentwerten gebildet und ins Verhältnis zu dem jeweils zehnten gesetzt, um lineare Abhängigkeiten zwischen den Verhältniswerten zu vermeiden.

Tabelle 4: Rangfolge der relativen Zielinvestments in zehn Lebensbereichen und ihre Korrelationen mit dem Alter.

Rang	Ziel	$\bar{x}$	(s)	r	(p)
1.	Gesundheit	1,31	(0,38)	0,04	(0,32)
2.	Wohlergehen der Angehörigen	1,29	(0,44)	-0,03	(0,47)
3.	Geistige Leistungsfähigkeit	1,19	(0,37)	0,01	(0,79)
4.	Beziehung zu Freunden und Bekannten	1,11	(0,38)	0,01	(0,83)
5.	Nachdenken über das Leben	1,11	(0,37)	0,07	(0,10)
6.	*Hobbys und andere Interessen*	1,02	(0,40)	-0,12	(0,00)
7.	Unabhängigkeit	0,96	(0,39)	-0,01	(0,81)
8.	*Sterben und Tod*	0,87	(0,41)	0,22	(0,00)
9.	Berufliche oder eine vergleichbare Tätigkeit	0,79	(0,40)	-0,03	(0,56)
10.	*Sexualität*	0,54	(0,29)	-0,13	(0,00)

Anmerkung: Führt man alle möglichen Mittelwertsvergleiche und die entsprechende Bonferoni-Korrektur durch, so ist im Durchschnitt ein Mittelwertsunterschied von mehr als 0,09 auf dem 1%-Niveau signifikant.

Untersuchungen bekannt ist, daß dies ein Bereich ist, der über die Lebensspanne hinweg kontinuierlich an Einsatz hinzugewinnt. Es läßt sich einerseits vermuten, daß das Investment in die eigene Gesundheit wohl schon vor dem 70. Lebensjahr eine Höhe erreicht hat, die kaum mehr steigerungsfähig ist (erster Rangplatz; Mittelwert $\bar{x}=3,9$; Standardabweichung $s=0,9$). Andererseits weist dieser Befund auf das Problem selektiver Mortalität bei der Interpretation querschnittlicher Altersunterschiede hin. Es könnte durchaus so sein, daß die Überlebenden andere Investmentprioritäten setzen als die Nicht-Überlebenden.

Die Interpretation des „Deckeneffekts" für das Gesundheitsinvestment wird allerdings unterstützt durch Ergebnisse einer Untersuchung zum mittleren Erwachsenenalter (Staudinger & Fleeson, 1995). In dieser Studie, die mit dem gleichen Erhebungsinstrument an einer repräsentativen deutschen Stichprobe im Alter von 25 bis 65 Jahren durchgeführt wurde, nahm das Lebensinvestment im Bereich Gesundheit über die genannte Altersspanne (25–65 Jahre) kontinuierlich zu. In der Gruppe der 25- bis 35jährigen stand Gesundheit an neunter Stelle ($\bar{x}=3,3$; $s=0,9$). Im mittleren Erwachsenenalter (35 bis 55 Jahre) war die Gesundheit bereits auf den fünften Rangplatz ($\bar{x}=3,6$; $s=0,9$) aufgestiegen. Schließlich nahm Gesundheit in der Altersgruppe von 55 bis 65 Jahren mit einem Mittelwert von $\bar{x}=3,8$ ($s=0,9$) den zweiten Rangplatz ein.

Das über die gesamte Stichprobe gemittelte Investmentmuster läßt sich als Ausdruck der Auseinandersetzung mit den Entwicklungskontexten des hohen und sehr hohen Alters (z. B. zunehmende Morbidität, ablaufende Lebenszeit, Verlust professioneller und sonstiger sozialer Rollen) verstehen. Das Lebensinvestment richtet sich primär auf die eigene Gesundheit und im Sinne der Generativität nach Erikson und anderen (1986) auf die Angehörigen. Die Vorbereitung auf den Tod und das Sterben nehmen zu, und das Investment in professionelle oder andere soziale Aktivitäten nimmt ab.

Teilt man die Stichprobe in zwei Altersgruppen, die der 70- bis 84jährigen und die der 85- bis 103jährigen, so unterscheiden sich die Investmentmuster dieser beiden Altersgruppen signifikant voneinander ($F_{(10;492)}=4,63$; $p=0,00$). Dieser Unterschied ist primär (nach Bonferoni-Korrektur) auf das geringere relative Investment der 85- bis 103jährigen in den Bereich Hobbys ($F_{(1;501)}=6,06$; $p=0,01$) und das stärkere relative Investment im Zusammenhang mit dem eigenen Sterben und Tod ($F_{(1;501)}=22,86$; $p=0,00$) zurückzuführen.

Neben den Beziehungen zum chronologischen Alter beschäftigt uns in diesem Kapitel ja zentral die Beziehung zwischen den verschiedenen selbstbezogenen Variablen und der Alterszufriedenheit. Das inhaltliche Investmentmuster trägt im Stichprobenmittel 19% zur Aufklärung der Varianz der Alterszufriedenheit bei. Im Falle der 70- bis 84jährigen sind es 24%, und bei den 85jährigen und Älteren sind es 14%. Betrachtet man den Zusammenhang zwischen körperlichen Risiken und Alterszufriedenheit ($r=-0,36$), so wird er durch die Berücksichtigung des Lebensinvestmentmusters auf $r=-0,27$ ($Z=-0,204$; $p=0,02$) abgemildert.

Im Kontext der zehn Lebensbereiche wirkt sich bei den körperlich sehr Belasteten (Wert über dem Median) zu großes Investment im Zusammenhang mit Sterben und Tod negativ auf die Alterszufriedenheit aus. Bei den körperlich eher weniger Belasteten (Wert unter dem Median) stehen geringeres Investment in die eigene Gesundheit, die kognitive Leistungsfähigkeit und das Wohlergehen der Angehörigen in positivem Zusammenhang mit Alterszufriedenheit. Für die sozioökonomischen Risiken war die vergleichbare Interaktion nicht signifikant.

2.5 Zeiterleben

Das Zeiterleben wird im Zusammenhang mit dem Altern meist unter der Überschrift der Zeitperspektive und speziell der sogenannten Zukunftsperspektive diskutiert. Man weiß aus Untersuchungen mit Stichproben verschiedenster Altersstufen, daß eine ausgeprägte Zukunftsperspektive, ähnlich wie Optimismus, hohen protektiven Wert für das subjektive Wohlbefinden und die seelische Gesundheit haben kann (z. B. Brandtstädter & Wentura, 1994; Reker & Wong, 1988). Besonders in den letzten Jahren wurde die Beschränkung dieses Konstruktes auf Extension und affektive Tönung immer stärker kritisiert und in vielen Untersuchungen durch Facetten wie Differenzierungsgrad, Dichte und Realitätsbezug der Zeitperspektive erweitert (z. B. Thomae, 1989; Tismer, 1990).

Im Rahmen der BASE-Batterie konnte eine in dieser Weise differenzierte Erhebung der Zeitperspektive aufgrund zeitlicher Beschränkungen leider nicht vorgenommen werden, doch zusätzlich zu den traditionellen Items von Optimismus und Zukunftsperspektive wurde das Ausmaß der gedanklichen Beschäftigung mit Gegenwart, Vergangenheit und Zukunft erhoben („Über was denken Sie am meisten nach? Die Vergangenheit, die Gegenwart oder die Zukunft? Und wenn Sie jetzt die beiden anderen Zeiten miteinander vergleichen, an welche von beiden denken sie dann mehr?"). Außerdem wurden die subjektive Nähe zum Tod erfaßt und schließlich in der eher wahrnehmungspsychologischen Tradition der Psychologie der Zeit (z. B. Fraisse, 1985; Levin & Zakay, 1989) je drei Fragen zu Menge und Geschwindigkeit von verfügbarer Zeit gestellt (wieviel/wie schnell, Vergleich mit früher [im Alter von 30 bis 50 Jahren], Bewertung von Menge und Geschwindigkeit).

2.5.1 Wie erleben alte und sehr alte Menschen die Zeit?

Bevor wir uns mit dem potentiellen korrelativen Resilienzwert des Zeiterlebens beschäftigen, sollen zunächst die Verteilungshäufigkeiten der Items zur Menge und Geschwindigkeit der erlebten Zeit über die verschiedenen Altersgruppen hinweg betrachtet werden. Im Rahmen handlungstheoretischer Konzeptionen kommt der Zeit und der Zeitwahrnehmung eine zentrale motivierende Funktion zu (z. B. Boesch, 1971; Lewin, 1926a, 1926b).

Das Gefühl für den Verlauf der Zeit ist Ausdruck dafür, wie sehr der tatsächliche dem vom Organismus angestrebten Handlungsverlauf entspricht. Die Zeit wird beispielsweise als verkürzt wahrgenommen, wenn neue Bedürfnisse entstehen und der Tatendrang anwächst. Die Zeit vergeht also zu langsam, wenn man eigentlich schneller ans Ziel kommen möchte, oder sie vergeht zu schnell, wenn man noch gar nicht so schnell „ankommen" möchte.

In der gerontologischen Literatur wird nun die Hypothese diskutiert, daß die Zeit im Alter aufgrund der sich immer mehr verkürzenden Lebenszeit auch zunehmend schneller vergeht und im jeweiligen Augenblick auch als weniger wahrgenommen wird (z. B. Bühler, 1933; Wallach & Green, 1961). Bringt man diese Hypothese in Verbindung mit den eben erwogenen handlungstheoretischen Überlegungen, würde man sagen, daß in diesem Fall das „Ziel" des Lebensendes nicht so schnell erreicht werden soll.

Die jeweils drei Items zur erlebten Geschwindigkeit und Menge an Zeit wurden zunächst einer Faktorenanalyse mit obliquer Rotation unterzogen. Es ergab sich eine klare Zweifaktorenlösung, die 65% der Varianz aufklärte. Die Faktoren waren mit $r=0{,}19$ korreliert. Dies erlaubt durchaus, von zwei im Erleben der Studienteilnehmer getrennten Konstrukten auszugehen, nämlich der *erlebten Geschwindigkeit* („Wie schnell vergeht für Sie die Zeit?") und der *erlebten Menge* („Wieviel Zeit haben Sie?") an Zeit. Aufgrund der klaren Faktorenlösung wurde für die erlebte Geschwindigkeit und die erlebte Menge an Zeit aus den drei Items jeweils ein Durchschnittswert gebildet (unweighted composite; Geschwindigkeit: Cronbachs $\alpha=0{,}71$; Menge: Cronbachs $\alpha=0{,}7$).

Das Gruppenmittel für den zusammengesetzten Wert der erlebten Geschwindigkeit liegt bei $\bar{x}=1{,}48$ ($s=0{,}52$) auf einer Skala von 1 („schnell") bis 3 („langsam"), also eher als „schnell" wahrgenommen. Für den zusammengesetzten Wert der erlebten Menge an Zeit liegt das Gruppenmittel bei $\bar{x}=2{,}28$ ($s=0{,}57$). Wiederum auf einer Skala von 1 („wenig

Zeit“) bis 3 („viel Zeit“), zeigt sich also im Gruppenmittel eher eine Tendenz zu dem Eindruck, gerade die richtige Menge Zeit zur Verfügung zu haben.

Was den Zusammenhang mit Alter/Kohorte angeht, zeigt die erlebte Geschwindigkeit der Zeit einen Zusammenhang von $r=0{,}28$ ($p<0{,}01$), d. h., die älteren Studienteilnehmer geben an, die Zeit als langsamer vergehend wahrzunehmen. Dagegen ist der Zusammenhang zwischen der erlebten Menge an Zeit und dem Alter schwächer ($r=0{,}11$; $p<0{,}01$). Mit zunehmendem Alter gibt es eine schwache Tendenz, zuviel Zeit zu haben. Übrigens verändern sich diese Befunde nicht, wenn man Personen mit psychiatrischer Demenz- oder Depressionsdiagnose (nach DSM-III-R) aus diesen Analysen ausschließt.

Dies steht im Gegensatz zu den im Alltag häufigen Äußerungen älterer Menschen, daß die Zeit schneller und schneller vergeht. Damit wird auch der in der gerontologischen Literatur diskutierten Hypothese, daß mit höherem Alter die Zeit in der subjektiven Wahrnehmung auch immer schneller vergeht und immer knapper wird, in dieser Allgemeinheit widersprochen. Es zeigt sich vielmehr, daß in dem in BASE untersuchten Altersspektrum von 70 bis 103 Jahren die Zeit mit zunehmendem Alter als langsamer vergehend erlebt wird. Auch wenn dieser Alterstrend mit 5% der Varianz eher gering ist, weist er in die entgegengesetzte Richtung der häufig in der Literatur geäußerten Hypothesen. Die erlebte Menge an verfügbarer Zeit weist dagegen keinen nennenswerten Alterstrend auf.

Betrachtet man die Verteilung der Items zur Zeitorientierung oder Zeitperspektive (Zukunftsorientierung, Optimismus, subjektive Nähe zum Tod) in der BASE-Stichprobe, so liegen die Gruppenmittelwerte auf einer Skala von 1 bis 5 alle etwa um 3. Die subjektive Nähe zum Tod ($\bar{x}=2{,}84$; $s=1{,}28$) und die Zukunftsorientierung ($\bar{x}=2{,}77$; $s=1{,}3$) etwas unter 3 und der Zukunftsoptimismus ($\bar{x}=3{,}51$; $s=1{,}06$) etwas über dem Skalenmittelwert von 3. Die BASE-Teilnehmer erwarten also ihren Tod in mittlerer Distanz, geben an, noch in durchschnittlichem Ausmaß Pläne für die nächsten Monate und das kommende Jahr zu haben, und sind durchaus optimistisch, wenn sie an ihre Zukunft denken. Außerdem denken die BASE-Teilnehmer signifikant häufiger an die Gegenwart als an die Vergangenheit und die Zukunft ($t_{(509)}=4{,}48$; $p=0{,}00$; $t_{(509)}=-2{,}55$; $p=0{,}00$).

Nach den Gruppenmittelwerten sind auch die Altersunterschiede in diesen Indikatoren des Zeiterlebens interessant. Mit zunehmendem Alter/Kohorte nimmt die subjektive Nähe zum Tod zu ($r=0{,}33$; $p<0{,}01$) und die Zukunftsorientierung ab ($r=-0{,}39$; $p<0{,}01$). Der Zukunftsoptimismus nimmt auch ab, allerdings ist das nur ein schwacher Trend ($r=-0{,}12$; $p<0{,}01$). Die Zeit, die man damit verbringt, über die Gegenwart, die Vergangenheit oder die Zukunft nachzudenken, verändert sich über die Altersspanne von 70 bis 103 Jahren kaum. Es besteht ein Trend zu einer zunehmenden Beschäftigung mit der Vergangenheit ($r=0{,}21$; $p<0{,}01$).

2.5.2 Trägt Zeiterleben zur psychologischen Widerstandsfähigkeit im Alter bei?

Im folgenden soll nach den Alterstrends die Analyse des potentiellen protektiven Wertes des Zeiterlebens im Mittelpunkt stehen. Zunächst sollen die Items zur Zukunftsorientierung und zum Optimismus auf ihren potentiellen Resilienzwert hin untersucht werden. Auch in der BASE-Stichprobe zeigte sich, daß Optimismus („Wenn ich an meine Zukunft denke, bin ich zuversichtlich“) 14% der Varianz der Alterszufriedenheit erklärte (wobei nochmals wiederholt sei, daß unter den Items, die zur Messung der Zufriedenheit mit dem eigenen Altern verwendet wurden, kein auf die Zukunft gerichtetes war). Für die Zukunftsperspektive („Haben sie Pläne für die nächsten Monate und das kommende Jahr?“) ergab sich ein geringerer, aber noch signifikanter prädiktiver Zusammenhang mit der Alterszufriedenheit von 10%. Dies entspricht den in der Literatur berichteten Befunden für allgemeines Wohlbefinden (z. B. Brandtstädter & Wentura, 1994; Spence, 1968).

Das breite Altersspektrum der BASE-Stichprobe (70 bis 103 Jahre) macht es nun jedoch noch möglich zu überprüfen, ob der korrelativ bestimmte protektive Wert des Optimismus und der Zukunftsperspektive bis ins sehr hohe Alter hineinreicht oder ob es in diesem Altersbereich noch Veränderungen bezüglich des Resilienzwertes einer ausgeprägten Zukunftsperspektive gibt. Diese Vermutung liegt nahe, wenn man berücksichtigt, was man über die Veränderung der Zeitorientierung im hohen und sehr hohen Alter weiß. Im höheren Erwachsenenalter scheint sich eine zeitlich weit ausgedehnte und planende Zukunftsorientierung zu dem zu wandeln, was Nuttin (1985) die „offene Gegenwart“ genannt hat (siehe auch Kastenbaum, 1982; Rakowski, 1979; Thomae, 1989; Tismer, 1990). Damit ist gemeint, daß die Betrachtungs- und Planungseinheiten der Zukunft kleiner werden.

Untersucht man nun diese Hypothese in den entsprechenden Regressionsmodellen, ist dies für Optimismus und Zukunftsperspektive nicht der Fall.

Diese behalten ihre protektive Funktion bis ins hohe Alter. Es zeigte sich jedoch ein Trend (p=0,08) für eine Interaktion zwischen Alter und Bewertung der Geschwindigkeit, mit der die Zeit vergeht, in der Vorhersage der Alterszufriedenheit. Für Personen, die sagen, daß für sie die Zeit schnell vergeht, ist die Korrelation zwischen Alter und Alterszufriedenheit signifikant negativ und entspricht der Korrelation in der Gesamtgruppe (r=-0,29). Dagegen besteht für Personen, denen die Zeit mit einer mittleren Geschwindigkeit zu vergehen scheint, kein Zusammenhang mehr zwischen Alter und Alterszufriedenheit (r=0,01). Und schließlich ist für die Personen, denen die Zeit langsam vergeht, die negative Beziehung zwischen Alter und Alterszufriedenheit abgemildert (r=-0,12). Allerdings muß man berücksichtigen, daß diese letzte Gruppe mit N=30 relativ klein ist.

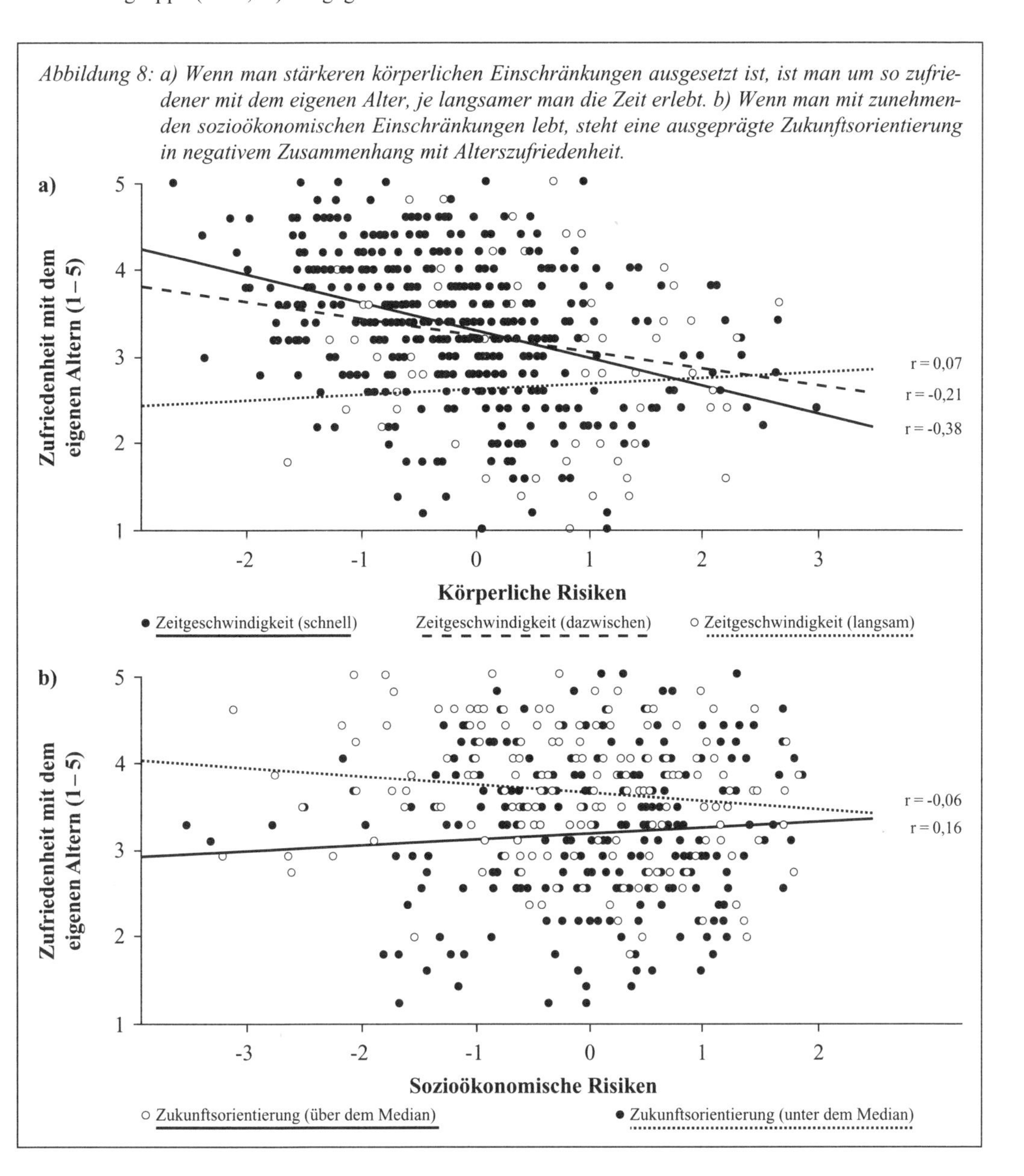

Abbildung 8: a) Wenn man stärkeren körperlichen Einschränkungen ausgesetzt ist, ist man um so zufriedener mit dem eigenen Alter, je langsamer man die Zeit erlebt. b) Wenn man mit zunehmenden sozioökonomischen Einschränkungen lebt, steht eine ausgeprägte Zukunftsorientierung in negativem Zusammenhang mit Alterszufriedenheit.

Analysiert man anstelle des Zusammenhangs zwischen Zeiterleben und Alter den Zusammenhang mit körperlichen Risiken, so wurde die Interaktion mit der wahrgenommenen Zeitgeschwindigkeit signifikant. Für die sozioökonomischen Risiken wurde die Interaktion mit der Zukunftsorientierung in der Vorhersage der Alterszufriedenheit signifikant. In Abbildung 8 sind diese beiden signifikanten Interaktionseffekte dargestellt. Abbildung 8a zeigt, daß mit zunehmendem körperlichem Risiko die sonst protektive Funktion der Wahrnehmung, daß die Zeit schnell vergeht, abnimmt. Dagegen steht die Wahrnehmung, daß die Zeitgeschwindigkeit gerade richtig oder sogar langsam ist, in Zusammenhang mit einer Abmilderung der ausgeprägt negativen Beziehung zwischen körperlichen Risiken und Alterszufriedenheit.

In Abbildung 8b wird deutlich, daß, der Intuition auf den ersten Blick widersprechend, eine stark ausgeprägte Zukunftsorientierung die Alterszufriedenheit sozioökonomisch „benachteiligter" Personen negativ beeinflußt. Die sonst nicht signifikante Beziehung zwischen sozioökonomischen Risiken und Alterszufriedenheit wird für Personen mit stark ausgeprägter Zukunftsorientierung signifikant negativ[6].

Im Rahmen des Arbeitsmodells psychologischer Widerstandsfähigkeit des Selbst im Alter, das der Argumentationsstruktur dieses Kapitels zugrunde liegt, sollen diese korrelativ identifizierten Interaktionseffekte nun im Hinblick auf mögliche kausale Wirksysteme hin interpretiert werden. Zunächst wird dabei auf den Befund der protektiven Funktion einer langsameren Zeitwahrnehmung bei Personen, die gleichzeitig ein hohes Ausmaß an körperlichen Risiken aufweisen (bzw. die älter sind), eingegangen werden.

Es scheint, daß unter der Bedingung stärkerer körperlicher Risiken solche Personen mit ihrem Alter zufriedener sind, die die Zeit als langsamer vergehend erleben. Geht man davon aus, daß das Erleben der Zeitgeschwindigkeit mit dem eigenen Aktivitätsniveau zu tun hat, also damit, wie viele Dinge man tut (vgl. Boesch, 1971), läßt sich vermuten, daß diese Personen ihr Aktivitätsniveau ihrem Gesundheitszustand gemäß reduziert haben und es deshalb zu einer Verlangsamung des Zeiterlebens gekommen ist. In diesem Falle stünde die erhaltene höhere Alterszufriedenheit dann in Zusammenhang mit der Anpassung der Aktivitäten an die körperlichen Möglichkeiten.

Betrachten wir den zweiten Befund, daß bei Vorliegen vieler sozioökonomischer Risiken die Alterszufriedenheit gerade dann beeinträchtigt wird, wenn man eine ausgeprägte Zukunftsorientierung hat. Dies ist dem Befund in der Gesamtpopulation, der besagt, daß Zukunftsorientierung positiv mit Alterszufriedenheit korreliert ($r=0,31$; $p<0,01$), genau entgegengesetzt. Eine Interpretation dieses Interaktionseffekts könnte sein, daß diese Zukunftspläne im Falle hoher sozioökonomischer Risiken auf starke Umsetzungsschwierigkeiten beispielsweise materieller Art stoßen und deshalb in Zusammenhang mit niedriger Alterszufriedenheit stehen. Eventuell hatten sich solche sozioökonomisch „benachteiligten" Personen auch erhofft, daß die von ihnen meist ein Leben lang erfahrenen Einschränkungen im Alter weniger wirksam sind, und fühlen sich in dieser Hoffnung nun enttäuscht. Die unterstellte Richtung dieser Zusammenhänge ist allerdings spekulativ und könnte auch umgekehrt sein. Dies ließe sich nur mit Hilfe von Längsschnittstudien oder experimentell entscheiden.

2.6 Die Selbstdefinition

Abschließend sei noch auf die Frage eingegangen, welche Rolle die Selbstdefinition für die psychologische Widerstandsfähigkeit gegenüber Einschränkungen und Verlusten im hohen und sehr hohen Alter spielt (vgl. Freund, 1995). Um diese Frage zu beantworten, soll zunächst kurz auf die Funktion der Selbstdefinition im allgemeinen eingegangen werden. Anschließend werden Modelle vorgestellt, die sich spezifischer mit der Frage nach Merkmalen der Selbstdefinition, die zur psychologischen Widerstandsfähigkeit beitragen können, beschäftigt haben.

Im Gegensatz zu den bisher berichteten Analysen ist es hier möglich, neben der Alterszufriedenheit als Kriterium für psychologische Widerstandsfähigkeit auch Depressivität zu verwenden. Die offene Erfassung der Selbstdefinition erlaubt die Verwendung von Depressivität, ohne daß man sich der Gefahr der Zirkularität des Arguments (siehe oben) aussetzt.

Die Verwendung dieses Indikators von psychologischer Widerstandsfähigkeit ist auch deshalb interessant, weil Depressivität im Unterschied zur Alterszufriedenheit ein negativer Indikator für psychologische Widerstandsfähigkeit ist – wenn eine Person mit Depressivität auf Einschränkungen reagiert, dann zeigt sich daran gerade der Verlust ihrer Widerstandsfähigkeit. Depressivität bzw. die Abwesenheit von

6 Die in Abbildung 8 dargestellten Befunde bleiben unverändert bestehen, wenn man die Personen mit psychiatrischer Diagnose einer Demenz (N=39) oder einer „Major Depression" (N=28 nach DSM-III-R) herausnimmt.

Depressivität ist darüber hinaus aufgrund der Bereichsunspezifität ein breiter angelegter Indikator von Resilienz als Alterszufriedenheit, die spezifischer auf die positive Verarbeitung altersbezogener Veränderungen abzielt. Depressivität zeigt aufgrund der Breite dieses Konstruktes mit vielen der bisher verwendeten selbstbezogenen Maße auf der Ebene der Itemformulierungen Überlappungen und konnte aus diesem Grunde in den bisherigen Analysen nicht verwendet werden.

Die Selbstdefinition ist durch selbstbezogene Kognitionen und Konzepte bestimmt, die für die Definition der eigenen Person zentral sind. Selbstbezogene Kognitionen beeinflussen die Auseinandersetzung einer Person mit sich selbst und ihrer Umwelt maßgeblich, indem sie die Vielzahl an alternativen Interpretationen und Handlungsabsichten in einer gegebenen Situation reduzieren (z. B. Brandtstädter, 1985; Epstein, 1973, 1990; Freund, 1995).

Wie in der Einleitung bereits dargelegt wurde, ist das hohe Alter eine Lebensphase, in der bestimmte Risiken für die seelische Gesundheit wie der Tod naher Angehöriger und körperliche Einschränkungen mit besonders hoher Wahrscheinlichkeit auftreten. Solche Einschränkungen und Verluste können die Stabilität der Selbstdefinition bedrohen, da verschiedene Bereiche, die die Selbstdefinition konstituierten, möglicherweise keine Entsprechung mehr in der Realität finden (z. B. Sport treiben oder Besuch von Freunden bei Mobilitätseinbußen). Wie kann die Selbstdefinition im Alter trotz solcher Bedrohungen aufrechterhalten werden?

Ein Merkmal der Selbstdefinition, dem in verschiedenen Modellen zur Aufrechterhaltung der Selbstdefinition besondere Aufmerksamkeit geschenkt wurde, ist die Anzahl an verschiedenen selbstdefinierenden Bereichen (Freund, 1995; Linville, 1987; Rosenberg & Gara, 1985; Thoits, 1983). Zusammenfassend gehen diese Modelle davon aus, daß eine hohe Anzahl an abgegrenzten, selbstdefinierenden Bereichen als eine Ressource angesehen werden kann, auf die im Falle von Einschränkungen und Verlusten zurückgegriffen werden kann. Linville (1987) konnte z. B. zeigen, daß eine komplexe Selbstdefinition (d. h. eine hohe Anzahl an distinkten, selbstdefinierenden Bereichen) den Einfluß negativer Lebensereignisse auf die Gesundheit abmildern kann.

Das Modell von Rosenberg und Gara (1985) geht von einem hierarchisch strukturierten System von selbstdefinierenden Bereichen aus (vgl. auch Epstein, 1990). Eine große Anzahl an übergeordneten Bereichen erleichtert gemäß diesem Modell die Aufrechterhaltung der Selbstdefinition angesichts von Verlusten. Übergeordnete selbstdefinierende Bereiche beinhalten eine große Anzahl an verschiedenen Aspekten (z. B. „Ich bin vielseitig interessiert" kann die einzelnen Interessen wie z. B. Fußball, Tennis, Musik, Theater, Garten und Politik umfassen). Es wird angenommen, daß ein selbstdefinierender Bereich um so widerstandsfähiger gegenüber Einschränkungen ist, je reichhaltiger er ist, d. h. je mehr verschiedene Aspekte er umfaßt.

Der Facettenreichtum der Selbstdefinition wird dementsprechend als die Anzahl an selbstdefinierenden Bereichen und deren Reichhaltigkeit bestimmt (vgl. Freund, 1995). Im folgenden wird die Hypothese überprüft, daß der Facettenreichtum der Selbstdefinition als Ressource aufgefaßt werden kann, die die psychologische Widerstandsfähigkeit gegenüber Einschränkungen erhöht.

2.6.1 Erhebungsinstrument

Die Selbstdefinition wurde in BASE mit der offenen Frage „Wer bin ich?" (Bugental & Zelen, 1950) erfaßt. Die Anleitung lautete, sich vorzustellen, in einer ruhigen Stunde über die Frage „Wer bin ich?" nachzudenken und zehn Aussagen zu nennen, die die eigene Person beschreiben. Die auf Tonband aufgezeichneten, wortwörtlich transkribierten Antworten wurden gemäß einem hierfür entwickelten Kategoriensystem sowohl hinsichtlich ihres Inhaltes als auch ihrer Reichhaltigkeit mit hoher Übereinstimmung kodiert (zur genaueren Darstellung des Vorgehens und des Kategoriensystems siehe Freund, 1995).

Der Facettenreichtum der Selbstdefinition wurde als die mit der Reichhaltigkeit gewichtete Anzahl an unterschiedlichen selbstdefinierenden Bereichen operationalisiert. Ein solcher Bereich (z. B. Familie) ging also mit um so mehr Gewicht in den Facettenreichtum ein, je mehr verschiedene Aspekte eine Person dazu in der Selbstdefinition genannt hatte (z. B. Wohlergehen der Familie, Unternehmungen mit der Familie, finanzielle Unterstützung der Familie, wobei unter Familie Kinder, Enkel, Geschwister und entferntere Verwandte zusammengefaßt wurden).

2.6.2 Selbstdefinition und psychologische Widerstandsfähigkeit

Um zu überprüfen, ob der Facettenreichtum der Selbstdefinition zur Widerstandsfähigkeit gegenüber Einschränkungen im hohen und sehr hohen Alter beitragen kann, wurden jeweils getrennte Regressionsanalysen mit Alterszufriedenheit und Depressivität als Kriterium durchgeführt. Als Indikator für Einschränkungen im körperlichen Bereich ging die Anzahl klinischer Diagnosen ein. Der Zusammenhang zwischen diesem Indikator und Depressivität ist signifikant positiv: Die Anzahl an Diagnosen klärt 15% der Varianz von Depressivität auf ($p<0,000$).

Während der Facettenreichtum der Selbstdefinition den Einfluß körperlicher Einschränkungen auf Alterszufriedenheit nicht signifikant moderierte, zeigte sich eine signifikante Interaktion zwischen Facettenreichtum und körperlichen Einschränkungen für die Vorhersage von Depressivität ($\Delta R^2=0,016$; $\Delta F=9,57$; $p=0,002$). Der Facettenreichtum der Selbstdefinition steht demnach zwar nicht in positivem Zusammenhang mit Alterszufriedenheit, wenn körperliche Einschränkungen vorliegen, wohl aber in einem negativen Zusammenhang mit Depressivität. Je größer die Anzahl an verschiedenen Bereichen und die Reichhaltigkeit der Selbstdefinition einer Person ist, desto geringer ist der negative Zusammenhang von körperlicher Krankheit und Depressivität.

3. Zwei besondere Gruppen: Die extrem Vulnerablen und die extrem Resilienten

Die protektiven oder auch die die Vulnerabilität erhöhenden Mechanismen und Charakteristiken des Selbst sollen in diesem letzten Teil des Kapitels nochmals gemeinsam und anhand von zwei Extremgruppen beleuchtet werden. Zum einen sind dies die *extrem Resilienten*, also Personen, die starken körperlichen und sozioökonomischen Risikobedingungen ausgesetzt sind und dennoch eine vergleichsweise hohe Alterszufriedenheit und damit psychologische Widerstandsfähigkeit zeigen. Die zweite Gruppe ist die der *extrem Vulnerablen*. Dies sind Personen, die Risikofaktoren in vergleichsweise eher geringem Ausmaß ausgesetzt sind und dennoch eine niedrige Alterszufriedenheit und damit überraschend niedrige Widerstandsfähigkeit berichten.

Bisher erbrachten die Analysen recht unterschiedliche Mechanismen und Charakteristiken, die dem Erhalt der Widerstandsfähigkeit im Falle körperlicher versus sozioökonomischer Risiken zugrunde liegen. Deshalb soll in dieser abschließenden Analyse untersucht werden, ob es auch Prozesse oder Charakteristiken des Selbst gibt, die bei Vorliegen beider Arten von Risiken, also körperlicher *und* sozioökonomischer, wirksam sind. Für die Identifizierung dieser beiden Typen von Extremgruppen wurden körperliche und sozioökonomische Risikofaktoren *gemeinsam* herangezogen. Die extrem Resilienten (bzw. Widerstandsfähigen) sind also solche Personen, die sowohl, was den Gesundheitszustand, als auch, was die sozioökonomischen Risiken angeht, zu den oberen 30% der Risikoverteilung gehören und trotzdem hinsichtlich der Alterszufriedenheit zu den oberen 30%, also dennoch sehr zufrieden mit ihrem Alter sind. Die Vergleichsgruppe für die so definierten extrem Resilienten waren solche Personen, die nach unseren theoretischen Vorstellungen eine konsistente Beziehung zwischen Risikofaktoren und Alterszufriedenheit aufwiesen, die also bei extrem ausgeprägten Risikofaktoren zu den unteren 30% in der Verteilung der Alterszufriedenheit gehörten.

Umgekehrt wurde die Gruppe der extrem Vulnerablen (bzw. extrem Widerstandslosen oder Anfälligen) aus den unteren 30% der Verteilung der körperlichen und sozioökonomischen Risikofaktoren und der gleichzeitigen Zugehörigkeit zu den unteren 30% der Verteilung der Alterszufriedenheitswerte gebildet. Diese extrem Vulnerablen wurden mit Personen verglichen, die gemäß der für sie charakteristischen protektiven Faktoren (untere 30% in bezug auf körperliche und sozioökonomische Risiken) auch zu

Abbildung 9: Design des Extremgruppenvergleichs. Extrem Vulnerable und extrem Resiliente werden mit den jeweiligen Kontrollgruppen verglichen.

	Alterzufriedenheit	
Risikofaktoren	Sehr zufrieden mit dem eigenen Altern (Obere 30%)	Wenig zufrieden mit dem eigenen Altern (Untere 30%)
Hohe körperliche und sozioökonomische Risiken (Obere 30%)	Extrem Resiliente N=36	Vergleichsgruppe Extreme Resilienz N=65
Niedrige körperliche und sozioökonomische Risiken (Untere 30%)	Vergleichsgruppe Extreme Vulnerabilität N=76	Extrem Vulnerable N=25

den oberen 30% der Verteilung der Alterszufriedenheitswerte gehörten. Abbildung 9 zeigt die Zellbesetzungen der so gebildeten vier Extremgruppen. Der Interaktionseffekt zwischen sozioökonomischen und körperlichen Risiken wurde übrigens in der Vorhersage von Alterszufriedenheit nach der Partialisierung der beiden Haupteffekte nicht signifikant.

Verkürzt ausgedrückt sind die extrem Resilienten (extrem Widerstandsfähigen) und die extrem Vulnerablen (extrem Widerstandslosen oder extrem Anfälligen) also solche Personen, die sich durch theorie*in*konsistente Beziehungen zwischen Risikofaktoren und Alterszufriedenheit auszeichnen. Die jeweiligen Vergleichsgruppen weisen dagegen theoriekonsistente Beziehungen zwischen diesen beiden Variablen auf.

Die Vierfeldertafel zeigt, daß die Besetzungshäufigkeiten der beiden Extremgruppen, wie zu erwarten, jeweils relativ gering sind. Zunächst sollte nun in einem ersten Schritt die Wirkweise des Selbst als Ganzes in seinen verschiedenen in der BASE-Batterie repräsentierten Facetten in den Gruppen untersucht werden. Die Anzahl der möglichen zu untersuchenden Variablen mußte aber aufgrund der geringen Anzahl an Personen pro Zelle reduziert werden. Dazu wurden für jede der in Abbildung 2 aufgelisteten Selbstfacetten solche Variablen ausgewählt, die sich aufgrund theoretischer Überlegungen und in den bisherigen Analysen als diskriminierend gezeigt hatten bzw. zeigen sollten.

So würde man beispielsweise erwarten, daß die extrem Resilienten eine positivere Selbstdefinition besitzen als ihre Vergleichsgruppe, die es ihnen erlaubt, ihre Alterszufriedenheit aus anderen Bereichen als denen der körperlichen Fitneß sowie des sozialen Ansehens und der finanziellen Unabhängigkeit abzuleiten. Man würde weiterhin erwarten, daß sich bei den extrem Resilienten der schlechte Gesundheitszustand und die geringeren sozialen Einflußmöglichkeiten weniger in negative Gefühle umsetzten und daß sie wahrscheinlich eher emotional stabile Persönlichkeiten sind. Weiterhin würde man sich vorstellen, daß die Resilienten Zugriff auf ein reichhaltigeres Arsenal an adaptiven Bewältigungsstilen haben und daß ihr Lebensinvestment, also ihre Motiviertheit und ihr Antrieb, selektiver ist als das der Vergleichsgruppe. Schließlich würde man erwarten, daß sie optimistischer sind als die Vergleichsgruppe und wahrscheinlich eher das Gefühl haben, daß die Zeit langsam vergeht.

Betrachtet man dagegen die extrem Vulnerablen, also diejenigen, die trotz guter körperlicher und sozioökonomischer Voraussetzungen niedrige Alterszufriedenheit zeigen, haben wir es eher mit Personen zu tun, die dadurch gekennzeichnet sind, daß sie die vorhandene Realität verzerrt oder selektiv erfassen und deshalb ihre Möglichkeiten im wahrsten Sinne des Wortes nicht „wahrnehmen" können. Es ist zu vermuten, daß diese Personen auf den eben erläuterten Variablen die entgegengesetzten Positionen zu den extrem Resilienten einnehmen und dabei Neurotizismus und fehlender Optimismus zentral sein werden.

Zur Trennung der beiden Gruppenpaare (extrem Resiliente versus Kontrollgruppe; extrem Vulnerable versus Kontrollgruppe) wurden jeweils Regressionsanalysen durchgeführt, in denen als erster Schritt immer für Alter kontrolliert wurde, da sowohl die Alterszufriedenheit als auch die körperlichen Risiken mit dem Alter korrelieren. Danach gingen gemäß der obigen Hypothesen folgende Variablen ein: (1) die positive Valenz der Selbstdefinition, (2) die emotionale Stabilität/Neurotizismus, (3) die Affektbilanz, (4) die Variabilität der zur Verfügung stehenden Bewältigungsstile, (5) das Ausmaß des Lebensinvestments, (6) das Ausmaß an berichtetem Optimismus und (7) die erlebte Geschwindigkeit der Zeit.

Die Ergebnisse dieser Regressionsanalysen sind in Tabelle 5 zusammenfassend dargestellt. Vergleicht

Tabelle 5: Selbstbezogene Charakteristiken und Prozesse erlauben die Unterscheidung zwischen extrem Resilienten bzw. extrem Vulnerablen und ihren Vergleichsgruppen.

Extrem Resiliente vs. Vergleichsgruppe	**Extrem Vulnerable vs. Vergleichsgruppe**
Nach Kontrolle für Alter	Nach Kontrolle für Alter
Varianzaufklärung: 38%	Varianzaufklärung: 30%
- höhere berichtete Häufigkeit positiver Gefühle	- geringere berichtete Häufigkeit positiver Gefühle
- größerer Optimismus	- geringe Investmentselektivität
- höhere Investmentselektivität	- weniger positive Selbstdefinition
- geringerer Neurotizismus	

man die extrem Resilienten (bzw. extrem Widerstandsfähigen) mit ihrer Kontrollgruppe (siehe Abb. 9) so zeigt sich, daß nach der Kontrolle für Alter die selbstbezogenen Prozesse noch 38% der Unterschiede zwischen diesen beiden Gruppen aufklären. Insbesondere zeigen die extrem Resilienten im Vergleich zu ihrer Kontrollgruppe eine höhere Häufigkeit positiver Gefühle, größeren Optimismus, höhere Investmentselektivität und eine geringere emotionale Labilität. Im Vergleich der extrem Vulnerablen (bzw. extrem Anfälligen) mit ihrer Kontrollgruppe zeigt sich wiederum nach der Kontrolle für Alter, daß noch 30% der Gruppenunterschiede durch selbstbezogene Prozesse aufgeklärt werden. Die extrem Vulnerablen haben eine weniger positive Selbstdefinition, einen geringeren Überschuß an positiven Gefühlen und eine geringere Investmentselektivität als ihre Vergleichsgruppe.

4. Diskussion

Den theoretischen Rahmen des vorliegenden Kapitels bildete ein Arbeitsmodell, das sich mit der psychologischen Widerstandsfähigkeit des Selbst und der Persönlichkeit im hohen Alter beschäftigt. Es wurde untersucht, mit Hilfe welcher Charakteristiken und Mechanismen es dem Selbst im Alter gelingt, sich trotz zahlreicher vorliegender Risiken (z. B. körperlicher oder sozioökonomischer Art) Zufriedenheit mit dem eigenen Altern zu bewahren.

Das Vorgehen unterlag aufgrund des querschnittlich angelegten BASE-Datensatzes der Einschränkung, nur korrelative Zusammenhänge zur Verfügung zu haben, die dann nur hypothetisch kausal interpretiert werden konnten. Die Überprüfung der unterstellten Kausalrichtung kann erst mit Hilfe der in Zukunft verfügbaren BASE-Längsschnittdaten versucht werden. Außerdem wäre es in Zukunft auch wünschenswert, andere psychologische Variablen, wie etwa kognitive Leistungsfähigkeit und soziale Beziehungen, in ein Modell psychologischer Widerstandsfähigkeit einzubeziehen, was in diesem Kapitel aus Platz- und Organisationsgründen nicht erfolgen konnte. Wir hoffen aber, daß das Kapitel trotz dieser Einschränkungen deutlich machen konnte, daß selbstbezogene Prozesse und Charakteristiken zur psychologischen Widerstandsfähigkeit im Alter beitragen. Im folgenden werden die Hauptbefunde nochmals zusammengefaßt und diskutiert.

Betrachtet man zunächst den Zusammenhang zwischen einzelnen selbstbezogenen Charakteristiken und der Zufriedenheit mit dem eigenen Altern als Indikator psychologischer Widerstandsfähigkeit in der Gesamtstichprobe, so zeigt sich folgendes korrelativ-protektives Muster: Neurotische Personen sind weniger und extravertierte alte Personen mehr zufrieden. Weiterhin wurde deutlich, daß Personen mit einem größeren Überschuß an erlebten positiven Gefühlen und solche, die nach eigenen Aussagen die Dinge mit Humor nehmen, nicht aufgeben und in schwierigen Situationen wissen wollen, woran sie sind, sowie optimistischer und mit Plänen in die Zukunft blicken und die Zeit als schnell vergehend erleben, auch angeben, mit ihrem Altern zufriedener zu sein.

Dieses protektive Muster verändert sich zum Teil grundlegend, wenn man spezifische Entwicklungskontexte in die Bestimmung protektiver Mechanismen und Charakteristiken mit einbezieht. Im Falle der altersgebundenen körperlichen Beeinträchtigungen zeigte sich etwa, daß der Risikofaktor Neurotizismus oder emotionale Labilität zu einem protektiven Faktor wird. Umgekehrt werden die protektiven Bewältigungsstile des Nicht-Aufgebens und des Wunsches nach Information sowie der Wahrnehmung der Zeit als schnell vergehend unter der Bedingung erhöhter körperlicher Einschränkung dysfunktional. Das Lebensinvestment und der Facettenreichtum der Selbstdefinition zeigten im Gruppenmittel zunächst keinen Zusammenhang mit Alterszufriedenheit, doch unter der Bedingung erhöhter körperlicher Risiken ist geringeres oder selektiveres Investment bzw. eine facettenreichere Selbstdefinition protektiv.

Im Falle sozioökonomischer Einschränkungen sieht das Muster etwas anders aus. So ist etwa bei Vorliegen starker sozioökonomischer Einschränkungen ein geringerer und nicht ein höherer Überschuß an erlebten positiven Gefühlen protektiv. Dagegen wird der protektive Bewältigungsstil des Nicht-Aufgebens unter den Bedingungen erhöhten sozioökonomischen Risikos ebenso wie Optimismus und ausgeprägte Zukunftsorientierung dysfunktional.

Neben der Untersuchung spezifischer Zusammenhänge zwischen ausgewählten einzelnen Entwicklungskontexten und spezifischen protektiven Mechanismen und Charakteristiken scheint es auch sinnvoll, im Sinne der Kumulation von Anforderungen, verschiedene Beeinträchtigungen (körperliche und sozioökonomische) gemeinsam zu betrachten. In der Untersuchung der extrem Resilienten (bzw. extrem Widerstandsfähigen) und extrem Vulnerablen (bzw. extrem Anfälligen) wurde dies getan. Es zeigte sich, daß ein Überschuß an positiven Gefühlen, Optimismus, geringeres Lebensinvestment und ein geringeres Ausmaß an Neurotizismus gewisse korrelativ-protektive Wirkung hatten. Diese Persönlichkeitseigenschaften charakterisierten die extrem Resilienten (hohes körperliches und sozioökonomisches Risiko) im Unterschied zu ihrer Vergleichsgruppe.

Diese Kontextabhängigkeit dessen, welcher Mechanismus oder welches Charakteristikum korrelativ-protektive Wirkung zeigt, weist darauf hin, daß es nicht sinnvoll ist, von *dem* protektiven oder *dem* Risikofaktor im Kanon selbstbezogener Prozesse und Charakteristiken zu sprechen. Vielmehr zeigen die vorliegenden Ergebnisse, daß sich Protektivität nur in Abhängigkeit von spezifischen Entwicklungskontexten (intern und extern) bzw. individuellen Entwicklungskonstellationen bestimmen läßt. Besonders eindrücklich wird dieser Schluß an den in der Literatur häufig generell als „regressiv" bezeichneten Bewältigungsstilen deutlich.

Ohne explizit den Zusammenhang zur Alterszufriedenheit herzustellen, gibt es eine Reihe von Befunden, die, weil sie dem landläufigen Altersstereotyp widersprechen, indirekte Hinweise auf die Widerstandsfähigkeit des Selbst liefern. Dazu zählen etwa die Ergebnisse, daß in der Erlebnishäufigkeit bis ins hohe Alter hinein die positiven Gefühle die negativen übertreffen, daß die in der Literatur häufig als regressiv bezeichneten Bewältigungsstile in der Stichprobe eine geringe Ausprägung haben, daß alte Menschen am meisten in ihre Gesundheit und ihre Familie und nicht in die Auseinandersetzung mit ihrem Tod und Sterben oder in das Nachdenken über ihr Leben investieren, daß Optimismus und Zukunftsorientierung eine mittlere Ausprägung haben, daß die Intensität des Lebensinvestments nicht in einem Ausmaß abnimmt, wie man das aufgrund biologischer Vitalitätsmodelle erwarten könnte, und sich Altersunterschiede vielmehr in inhaltlichen Prioritätenverschiebungen widerspiegeln.

Insgesamt zeichnen solche Befunde ein im Vergleich etwa zur kognitiven Leistungsfähigkeit (vgl. Reischies & Lindenberger, Kapitel 13) eher positives Bild des hohen Alters, was Selbst und Persönlichkeit angeht. Es lohnt sich aber ein zweiter Blick (vgl. auch Smith & Baltes, Kapitel 8). Betrachtet man etwa das Muster der erlebten Gefühle und weniger die absoluten Erlebnishäufigkeiten, so läßt sich dies durchaus im Sinne eines neurasthenischen Verstimmungsmusters interpretieren, wie es unter anderem aus der Streßforschung bekannt ist. Oder betrachtet man die für sich genommenen eher geringen einzelnen Altersunterschiede im Profil (z. B. Abnahme der Extraversion, der Erlebnishäufigkeit positiver Gefühle, der Zufriedenheit usw.), könnte man hierin Hinweise auf die vom alternden Selbst zu leistende beträchtliche Anpassungsreaktion sehen. Schließlich gilt es auch trotz vorgefundener Widerstandsfähigkeit, d. h. meist der Abmilderung negativer Zusammenhänge mit Alterszufriedenheit, das mittlere Niveau der Alterszufriedenheit nicht aus dem Auge zu verlieren. Denn dies ist bei beispielsweise gesundheitlich stark beeinträchtigten Personen durchaus verbesserungswürdig.

Literaturverzeichnis

Aldwin, C. M. (1991). Does age affect the stress and coping process? Implications of age differences in perceived control. *Journal of Gerontology: Psychological Sciences, 46,* P174–P180.

Allport, G. (1937). *Personality.* New York: Holt.

Atkinson, R. C. (1964). *An introduction to motivation.* Princeton, NJ: Van Nostrand Reinhold.

Baltes, P. B. (1990). Entwicklungspsychologie der Lebensspanne: Theoretische Leitsätze. *Psychologische Rundschau, 41,* 1–24.

Baltes, P. B. & Baltes, M. M. (1990). Psychological perspectives on successful aging: The model of selective optimization with compensation. In P. B. Baltes & M. M. Baltes (Hrsg.), *Successful aging: Perspectives from the behavioral sciences* (S. 1–33). Cambridge: Cambridge University Press.

Baltes, P. B. & Baltes, M. M. (1994). Gerontologie: Begriff, Herausforderung und Brennpunkte. In P. B. Baltes, J. Mittelstraß & U. M. Staudinger (Hrsg.), *Alter und Altern: Ein interdisziplinärer Studientext zur Gerontologie* (S. 1–34). Berlin: de Gruyter.

Baltes, P. B., Mittelstraß, J. & Staudinger, U. M. (Hrsg.) (1994). *Alter und Altern: Ein interdisziplinärer Studientext zur Gerontologie.* Berlin: de Gruyter.

Bengtson, V. L., Reedy, M. N. & Gordon, C. (1985). Aging and self-conceptions: Personality processes and social contexts. In J. E. Birren & K. W. Schaie (Hrsg.), *Handbook of the psychology of aging* (2. Aufl., S. 544–593). New York: Van Nostrand Reinhold.

Blanchard-Fields, F. (1986). Reasoning on socialdilemmas varying in emotional saliency: An adult developmental study. *Psychology and Aging, 1,* 325–333.

Boesch, E. E. (1971). *Zwischen zwei Wirklichkeiten: Prolegomena zu einer ökologischen Psychologie.* Bern: Huber.

Brandtstädter, J. (1985). Entwicklungsprobleme des Jugendalters als Probleme des Aufbaus von Handlungsorientierungen. In D. Liepmann & A. Stiksrud (Hrsg.), *Entwicklungsaufgaben und Bewältigungsprobleme der Adoleszenz* (S. 5–12). Göttingen: Hogrefe.

Brandtstädter, J. (1986). Personale Entwicklungskontrolle und entwicklungsregulatives Handeln: Überlegungen und Befunde zu einem vernachlässigten Forschungsthema. *Zeitschrift für Entwicklungspsychologie und Pädagogische Psychologie, 18,* 316–334.

Brandtstädter, J. & Greve, W. (1992). Das Selbst im Alter: Adaptive und protektive Mechanismen. *Zeitschrift für Entwicklungspsychologie und Pädagogische Psychologie, 24,* 269–297.

Brandtstädter, J. & Renner, G. (1990). Tenacious goal pursuit and flexible goal adjustment: Explication and age-related analysis of assimilative and accommodative models of coping. *Psychology and Aging, 5,* 58–67.

Brandtstädter, J. & Wentura, D. (1994). Veränderungen der Zeit- und Zukunftsperspektive im Übergang zum höheren Erwachsenenalter: Entwicklungspsychologische und differentielle Aspekte. *Zeitschrift für Entwicklungspsychologie und Pädagogische Psychologie, 26,* 2–21.

Bugental, J. F. T. & Zehlen, S. L. (1950). Investigations into the self-concept: The WAY technique. *Journal of Personality, 18,* 483–498.

Bühler, C. (1933). *Der Lebenslauf als psychologisches Problem.* Göttingen: Hogrefe.

Carstensen, L. L. (1993). Motivation for social contact across the life-span: A theory of socioemotional selectivity. *Nebraska Symposium on Motivation, 40,* 205–254.

Cicchetti, D. (1989). Developmental psychopathology: Past, present and future. In D. Cicchetti (Hrsg.), *The emergence of a discipline: Rochester Symposium on Development Psychology* (Bd. 1, S. 1–12). Hillsdale, NJ: Erlbaum.

Cohen, J. (1994). The earth is round (p<.05). *American Psychologist, 49,* 997–1003.

Costa, P. T., Jr. & McCrae, R. R. (1985). *The NEO Personality Inventory: Manual Form S and Form R.* Odessa, FL: Psychological Assessment Resources.

Costa, P. T., Jr., Zondermann, A. B., McCrae, R. R., Cornoni-Huntley, J., Locke, B. Z. & Barbano, H. E. (1987). Longitudinal analyses of psychological well-being in a national sample: Stability of mean levels. *Journal of Gerontology, 42,* 50–55.

Dalbert, C. & Schmitt, M. (1986). Einige Anmerkungen und Beispiele zur Formulierung und Prüfung von Moderatorhypothesen. *Zeitschrift für Differentielle und Diagnostische Psychologie, 7,* 29–43.

Diener, E. & Larsen, R. J. (1993). The experience of emotional well-being. In M. Lewis & J. M. Haviland (Hrsg.), *Handbook of emotions* (Bd. 28, S. 405–415). New York: Guilford.

Epstein, S. (1973). The self-concept revisited: Or a theory of a theory. *American Psychologist, 28,* 404–416.

Epstein, S. (1990). Cognitive-experiential self-theory. In A. Pervin (Hrsg.), *Handbook of personality: Theory and research* (S. 165–192). New York: Guilford.

Erikson, E. H., Erikson, J. M. & Kivnick, H. Q. (1986). *Vital involvement in old age: The experience of old age in our time.* London: Norton.

Filipp, S.-H. & Klauer, T. (1991). Subjective well-being in the face of critical life events: The case of successful copers. In F. Strack, M. Argyle & N. Schwarz (Hrsg.), *Subjective well-being: An interdisciplinary perspective* (S. 213–234). Oxford: Pergamon Press.

Folkman, S., Lazarus, R. S., Pimpley, S. & Novacek, J. (1987). Age differences in stress and coping processes. *Psychology and Aging, 2,* 171–184.

Fraisse, P. (1985). *Psychologie der Zeit: Konditionierung, Wahrnehmung, Kontrolle, Zeitschätzung, Zeitbegriff.* München: Reinhardt.

Freund, A. M. (1995). *Wer bin ich? Die Selbstdefinition alter Menschen* (Studien und Berichte des Max-Planck-Instituts für Bildungsforschung). Berlin: Edition Sigma.

Garmezy, N. (1991). Resilience in children's adaptation to negative life events and stressed environments. *Pediatric Annals, 20,* 459–466.

Gerok, W. & Brandtstädter, J. (1994). Normales, krankhaftes und optimales Altern: Variations- und Modifikationsspielräume. In P. B. Baltes, J. Mittelstraß & U. M. Staudinger (Hrsg.), *Alter und Altern: Ein interdisziplinärer Studientext zur Gerontologie* (S. 356–385). Berlin: de Gruyter.

Häfner, H. (1994). Psychiatrie des höheren Lebensalters. In P. B. Baltes, J. Mittelstraß & U. M. Staudinger (Hrsg.), *Alter und Altern: Ein interdisziplinärer Studientext zur Gerontologie* (S. 151–179). Berlin: de Gruyter.

Headey, B. & Wearing, A. (1989). Personality, life events, and subjective well-being: Toward a dynamic equilibrium model. *Journal of Personality and Social Psychology, 57,* 731–739.

Heckhausen, H. (1980). *Motivation und Handeln* (1. Aufl.). Berlin: Springer-Verlag.

Heckhausen, J. (1995). *Developmental regulation in adulthood: Age-normative and sociostructural constraints as adaptive challenges.* Habilitationsschrift, Freie Universität Berlin.

Heckhausen, J. & Schulz, R. (1995). A life-span theory of control. *Psychological Review, 102,* 284–304.

Irion, J. C. & Blanchard-Fields, F. (1987). A cross-sectional comparison of adaptive coping in adulthood. *Journal of Gerontology, 42,* 502–504.

Janke, W. & Kallus, K. W. (1995). Reaktivität. In M. Amelang (Hrsg.), *Enzyklopädie der Psychologie. Bd. C-VIII-2: Interindividuelle Unterschiede* (S. 1–89). Göttingen: Hogrefe.

Kastenbaum, R. (1982). Time course and time perspective in later life. *Annual Review of Gerontology and Geriatrics, 3,* 80–101.

Kercher, K. (1992). Assessing subjective well-being in the old-old: The PANAS as a measure of orthogonal dimensions of positive and negative affect. *Research on Aging, 14,* 131–168.

Kruse, A. (1990). Potentiale im Alter. *Zeitschrift für Gerontologie, 23,* 235–245.

Kruse, A. (1994). *Kompetenz im Alter: Psychologische Perspektiven der modernen Gerontologie.* Kusterdingen: Spektrum Akademischer Verlag.

Kuhl, J. (1986). Motivation and information processing. In R. M. Sorrentino & E. T. Higgins (Hrsg.), *Handbook of motivation and cognition* (S. 404–434). New York: Wiley.

Kunzmann, U. (1994). *Emotionales Wohlbefinden im Alter: Struktur, Stabilität und Veränderung.* Diplomarbeit, Freie Universität Berlin.

Labouvie-Vief, G., Hakim-Larson, J., DeVoe, M. & Schoeberlein, S. (1989). Emotions and self-regulation: A life-span view. *Human Development, 32,* 279–299.

Labouvie-Vief, G., Hakim-Larson, J. & Hobart, C. J. (1987). Age, ego level, and the life-span development of coping and defense processes. *Psychology and Aging, 2,* 286–293.

Lachman, M. E. (1986). Personal control in later life: Stability, change, and cognitive correlates. In M. M. Baltes & P. B. Baltes (Hrsg.), *The psychology of control and aging* (S. 207–236). Hillsdale, NJ: Erlbaum.

Lawton, M. P. (1975). The Philadelphia Geriatric Center Morale Scale: A revision. *Journal of Gerontology, 30,* 85–89.

Lazarus, R. S. & Launier, R. (1978). Stress-related transactions between person and environment. In L. A. Pervin & M. Lewis (Hrsg.), *Perspectives in interactional psychology* (S. 287–327). New York: Plenum Press.

Levenson, R. W., Carstensen, L. L., Friesen, W. V. & Ekman, P. (1991). Emotion, physiology, and expression in old age. *Psychology and Aging, 6,* 28–35.

Levin, I. & Zakay, D. (Hrsg.) (1989). *Time and human cognition: A life-span perspective* (Advances in psychology, Bd. 59). Amsterdam: North-Holland.

Lewin, K. (1926a). Untersuchungen zur Handlungs- und Affektpsychologie: I. Vorbemerkungen über die psychischen Kräfte und Energien und über die Struktur der Seele. *Psychologische Forschung, 7,* 294–329.

Lewin, K. (1926b). Untersuchungen zur Handlungs- und Affektpsychologie: II. Vorsatz, Wille und Bedürfnis. *Psychologische Forschung, 7,* 330–385.

Linville, P. W. (1987). Self-complexity as a cognitive buffer against stress-related illness and depression. *Journal of Personality and Social Psychology, 52,* 663–676.

Malatesta, C. Z. (1990). The role of emotions in the development and organization of personality. *Nebraska Symposium on Motivation, 36,* 1–56.

Malatesta, C. Z. & Kalnok, M. (1984). Emotional experience in younger and older adults. *Journal of Gerontology: Psychological Sciences, 39,* P301–P308.

McCrae, R. R. (1989). Age differences and changes in the use of coping mechanisms. *Journal of Gerontology: Psychological Sciences, 44,* P919–P928.

Nuttin, J. (1985). *Future time perspective and motivation* (Louvain Psychology Series: Studia Psychologica). Leuven, Belgium/Hillsdale, NJ: Leuven University Press and Erlbaum.

Olbrich, E. (1990). Potentiale des Alters: Persönliche und soziale Prozesse ihrer Entwicklung. *Zeitschrift für Gerontologie, 23,* 246–251.

Palmore, E. B. (1988). *The facts on aging quiz: A handbook of uses and results.* New York: Springer.

Pfeiffer, E. (1977). Psychopathology and social pathology. In J. E. Birren & K. W. Schaie (Hrsg.), *Handbook of the psychology of aging* (1. Aufl., S. 650–671). New York: Van Nostrand Reinhold.

Rakowski, W. (1979). Future time perspective in later adulthood: Review and research directions. *Experimental Aging Research, 5,* 43–88.

Reker, G. T. & Wong, P. T. P. (1988). Aging as an individual process: Toward a theory of personal meaning. In J. E. Birren & V. L. Bengtson (Hrsg.), *Emergent theories of aging* (S. 214–246). New York: Springer.

Rosenberg, S. & Gara, M. A. (1985). The multiplicity of personal identity. In P. Shaver (Hrsg.), *Review of personality and social psychology* (Bd. 6, S. 87–113). Beverly Hills, CA: Sage.

Rutter, M. (1987). Resilience in the face of adversity: Protective factors and resistance to psychiatric disorder. *British Journal of Psychiatry, 147,* 598–611.

Ryff, C. D. (1989). Beyond Ponce de Leon and life satisfaction: New directions in quest of successful aging. *International Journal of Behavioral Development, 12,* 35–55.

Sandvik, K. W., Diener, E. & Seidlitz, L. (1993). Subjective well-being: The convergence and stability of self-report and non-self-report measures. *Journal of Personality, 61,* 317–342.

Saup, W. (1987). Coping im Alter: Ergebnisse und Probleme psychologischer Studien zum Bewältigungsverhalten älterer Menschen. *Zeitschrift für Gerontologie, 20,* 345–354.

Schulz, R. (1985). Emotion and affect. In J. E. Birren & K. W. Schaie (Hrsg.), *The handbook of the psychology of aging* (2. Aufl., S. 531–543). New York: Van Nostrand Reinhold.

Smith, J. & Staudinger, U. M. (1990). *Wohlbefinden im Alter: Eine „protektive Illusion"?* Vortrag auf der 18. Tagung der Deutschen Gesellschaft für Gerontologie, Lübeck.

Spence, D. L. (1968). The role of futurity in future adaptation. *The Gerontologist, 8,* 180–183.

Staudinger, U. M. (1989). *The study of life review: An approach to the investigation of intellectual development across the life span* (Studien und Berichte des Max-Planck-Instituts für Bildungsforschung Nr. 47). Berlin: Edition Sigma.

Staudinger, U. M. & Baltes, P. B. (1995). Gedächtnis, Weisheit und Lebenserfahrung: Zur Ontogenese als Zusammenwirken von Biologie und Kultur. In D. Dörner & E. van der Meer (Hrsg.) *Gedächtnis: Festschrift zum 65. Geburtstag von Friedhart Klix* (S. 433–484). Göttingen: Hogrefe.

Staudinger, U. M. & Fleeson, W. (1995). *Life investment in a sample of 20 to 105 year olds.* Unveröffentlichtes Manuskript, Max-Planck-Institut für Bildungsforschung, Berlin.

Staudinger, U. M., Freund, A. M. & Smith, J. (1995). *Differential coping patterns in old age.* Unveröffentlichtes Manuskript, Max-Planck-Institut für Bildungsforschung, Berlin.

Staudinger, U. M., Marsiske, M. & Baltes, P. B. (1995). Resilience and reserve capacity in later adulthood: Potentials and limits of development across the life span. In D. Cicchetti & D. J. Cohen (Hrsg.), *Developmental psychopathology. Vol. 2: Risk, disorder, and adaptation* (S. 801–847). New York: Wiley.

Taylor, S. E. & Brown, J. D. (1988). Illusion and well-being: A social psychological perspective on mental health. *Psychological Bulletin, 103,* 193–210.

Thoits, P. A. (1983). Multiple identities and psychological well-being: A reformulation and test of the social isolation hypothesis. *American Sociological Review, 8,* 174–187.

Thomae, H. (1987). Alltagsbelastungen im Alter und Versuche ihrer Bewältigung. In U. Lehr & H. Thomae (Hrsg.), *Formen seelischen Alterns: Ergebnisse der Bonner Gerontologischen Längsschnittstudie (BOLSA)* (S. 92–114). Stuttgart: Enke.

Thomae, H. (1989). Veränderung der Zeitperspektive im höheren Lebensalter. *Zeitschrift für Gerontologie, 22,* 58–66.

Thomae, H. (1994). Akzeptieren von Belastungen: Ein Beitrag zur „Coping"-Forschung. *Zeitschrift für Gerontologie, 27,* 57–64.

Tismer, K. G. (1990). Interindividuelle Unterschiede der Zeitperspektive im mittleren und höheren Erwachsenenalter. In R. Schmitz-Scherzer, A. Kruse & E. Olbrich (Hrsg.), *Altern: Ein lebenslanger Prozeß der sozialen Interaktion* (S. 233–242). Darmstadt: Steinkopff.

Vaillant, G. E. (1977). *Adaptation to life.* Boston, MA: Little, Brown & Co.

Wallach, M. A. & Green, L. R. (1961). On age and the subjective speed of time. *Journal of Gerontology, 16,* 71–74.

Watson, D., Clark, L. A. & Tellegen, A. (1988). Development and validation of brief measures of positive and negative affect: The PANAS scales. *Journal of Personality and Social Psychology, 54,* 1063–1070.

Wegener, B. (1988). *Kritik des Prestiges.* Opladen: Westdeutscher Verlag.

Weiner, B. & Graham, S. (1989). Understanding the motivational role of affect: Life-span research from an attributional perspective. *Cognition and Emotion, 3,* 410–419.

Whitbourne, S. K. (1987). Personality development in adulthood and old age: Relationships among identity style, health, and well-being. *Annual Review of Gerontology and Geriatrics, 7,* 189–216.

13. Grenzen und Potentiale kognitiver Leistungsfähigkeit im Alter

Friedel M. Reischies und Ulman Lindenberger

Zusammenfassung

Berichtet werden Ergebnisse zur kognitiven Leistungsfähigkeit aus der Intensiverhebung der Berliner Altersstudie. Zur Anwendung kamen 14 kognitive Tests, die faktorenanalytisch je einer von fünf Fähigkeiten zugeordnet werden konnten (Denkfähigkeit, Wahrnehmungsgeschwindigkeit, Gedächtnis, Wissen und Wortflüssigkeit), sowie eine neuropsychologische Batterie, die in erster Linie der Erfassung demenzbezogener Symptome diente. Die Ergebnisse lassen sich wie folgt zusammenfassen:

1. Alle fünf kognitiven Fähigkeiten zeigten eine lineare Abnahme der Leistungshöhe mit dem Alter, wobei die Einbußen im eher wissensfreien mechanisch-fluiden Bereich der Intelligenz (z. B. Wahrnehmungsgeschwindigkeit, r=-0,59) stärker ausgeprägt waren als im eher wissensbasierten pragmatisch-kristallinen Bereich (z. B. Wissen, r=-0,41).
2. Im Vergleich zu Ergebnissen mit jüngeren Erwachsenen waren die fünf Fähigkeiten hoch und gleichförmig miteinander korreliert, so daß ein Generalfaktor der Intelligenz die individuellen Unterschiede in der allgemeinen kognitiven Leistungsfähigkeit angemessen zum Ausdruck brachte.
3. Die in Untersuchungen an jüngeren Stichproben dokumentierten interindividuellen Unterschiede in der kognitiven Leistungsfähigkeit blieben bis ins höchste Alter erhalten.
4. Lebensverlaufsbezogene sozialstrukturell-biographische Faktoren wie z. B. Bildung und soziale Schicht besaßen einen geringeren Vorhersagewert für individuelle Unterschiede in der kognitiven Leistungsfähigkeit als biologisch-medizinische Indikatoren wie z. B. Gehirnatrophie und Sehschärfe.
5. Personen mit unterdurchschnittlichen und Personen mit überdurchschnittlichen Ausprägungen auf sozialstrukturell-biographischen Merkmalen unterschieden sich nicht im Ausmaß des altersbezogenen Rückgangs der kognitiven Leistungsfähigkeit.
6. Bei ausreichender Hilfestellung blieb die Merk- und Lernfähigkeit bei Personen ohne klinische Demenzdiagnose bis ins höchste Alter erhalten. Hingegen war das kognitive Profil von Personen, die an dementiellen Erkrankungen litten, vor allem durch den weitgehenden und fortschreitenden Verlust dieser Fähigkeiten gekennzeichnet[1].

1. Einleitung und Übersicht

Vorstellungen über die Integrität der Person sind für viele Menschen eng mit der Funktionstüchtigkeit grundlegender kognitiver Fähigkeiten wie Denken und Gedächtnis verknüpft, Hirnleistungsabbau hingegen mit Krankheit und Pflegebedürftigkeit. Die Auswirkungen der biologischen Alterung auf den Intellekt werden vermutlich auch deshalb als besonders bedrohlich empfunden. Die Ergebnisse der psychologischen, neuropsychologischen und medizinischen Forschung über kognitives Altern sind bislang mehrdeutig und somit geeignet, derartige Befürchtungen über den Niedergang des denkenden Selbst zu verstärken, aber auch zu vermindern. Einerseits ist es beunruhigend zu wissen, daß ein mit dem Alter zunehmender Anteil der älteren und hochbetagten Bevölkerung an der Alzheimerschen Demenz und an anderen schwerwiegenden Hirnleistungsstörungen

1 Der Begriff „kognitive Leistungsfähigkeit" wird in diesem Beitrag im Sinne von intellektueller oder geistiger Leistungsfähigkeit verwendet. Gemeint sind also nicht nur kognitionspsychologische Analysen mentaler Prozesse im engeren Sinne, sondern individuelle Unterschiede auf einer breiten Palette kognitions- und neuropsychologischer Aufgaben, deren Reliabilität und Validität den Kriterien der psychometrischen Leistungsmessung entsprechen.

erkrankt (Häfner, 1992). Auf der anderen Seite geben der Fortbestand der Lernfähigkeit bei gesunden älteren Erwachsenen, das hohe Ausmaß an Stabilität und Zuwachs in erfahrungsabhängigen kognitiven Leistungen sowie die unbestreitbare Existenz geistig vitaler Hochbetagter Anlaß zu Optimismus (P. B. Baltes, Lindenberger & Staudinger, 1995; Kruse, 1990; Lindenberger & Baltes, 1994).

Für die Berliner Altersstudie (BASE) ergibt sich aus dieser Heterogenität der empirischen Befunde und theoretischen Positionen die Pflicht zur genauen Deskription sowie der Anspruch, ein nach Personen und Fähigkeiten ausdifferenziertes Bild der Grenzen und Potentiale kognitiver Leistungsfähigkeit im hohen Alter zu zeichnen. Dies soll im folgenden versucht werden. Wir beginnen das Kapitel mit einer Übersicht über die Erhebungsverfahren (Abschnitt 2), an die sich eine deskriptive Darstellung kognitiver Fähigkeiten im Alter anschließt (Abschnitt 3). Es folgt eine Diskussion der Korrelate kognitiver Leistungsfähigkeit im Alter (Abschnitt 4). In einem gesonderten Abschnitt berichten wir über Versuche, kognitives Altern ohne Demenz von kognitivem Altern mit Demenz in der untersuchten Stichprobe abzugrenzen (Abschnitt 5). Abschließend beschäftigen wir uns mit den methodischen Beschränkungen des vorliegenden Datensatzes sowie mit der Alltagsrelevanz der beobachteten alterungsbedingten kognitiven Leistungseinbußen (Abschnitt 6).

2. Methode

Die Erfassung der kognitiven Leistungsfähigkeit der Teilnehmer an der Berliner Altersstudie (BASE) erfolgte unter zwei unterschiedlichen, einander ergänzenden Gesichtspunkten. Erstens wurden die individuellen Unterschiede in der kognitiven Leistungsfähigkeit mit einer umfangreichen, in der Tradition der psychometrischen Intelligenzforschung (Carroll, 1993) stehenden Testbatterie erfaßt (vgl. Lindenberger & Baltes, 1995; Lindenberger, Mayr & Kliegl, 1993). Zweitens wurden ausgewählte Funktionsbereiche, wie z. B. die Merk- und Lernfähigkeit, in einer neuropsychologischen Sitzung näher untersucht, um die Leistungsfähigkeit von Personen im Grenzbereich zwischen normalem und pathologischem kognitivem Altern sowie den Schweregrad pathologischer kognitiver Beeinträchtigungen genauer zu erfassen (Reischies & Geiselmann, im Druck). Die beiden Verfahren werden in Abschnitt 2.2 näher beschrieben.

2.1 Stichprobe

Die hier berichteten Daten beziehen sich auf die Intensivstichprobe, d. h. auf alle Personen, die das BASE-Intensivprotokoll vollständig durchlaufen haben (Intensivstichprobe; N=516; Altersbereich: 70–103 Jahre; Altersdurchschnitt: 84,9 Jahre; s=8,66). Die Intensivstichprobe ist nach Alter und Geschlecht geschichtet, so daß sich in sechs Altersgruppen (70–74, 75–79, 80–84, 85–89, 90–94 und 95+ Jahre) jeweils 43 Männer und 43 Frauen befinden (siehe auch P. B. Baltes et al., Kapitel 1; Nuthmann & Wahl, Kapitel 2; Lindenberger et al., Kapitel 3 in diesem Band).

Ein besonderes Kennzeichen der Berliner Altersstudie besteht darin, daß bereits auf niedrigeren „Teilnahmeebenen" als der des Intensivprotokolls untersuchungsrelevante Personenmerkmale erfaßt wurden, die zur Analyse der Stichprobenselektivität benutzt werden können (vgl. Lindenberger et al., Kapitel 3). Die Ergebnisse der entsprechenden Analysen deuten darauf hin, daß die Intensivstichprobe generell positiv selegiert ist, so z. B. in bezug auf die Anzahl medizinischer Diagnosen, Activities of Daily Living (ADL), sensorische Funktionsfähigkeit, kognitive Leistungsfähigkeit, Bildung, Größe des sozialen Netzwerks und Persönlichkeitseigenschaften wie Offenheit. Das Ausmaß dieser Selektivitätseffekte überschritt jedoch bei keinem der Konstrukte eine halbe Standardabweichung (Lindenberger et al., Kapitel 3). Ferner boten die Selektivitätsanalysen keine starken Anhaltspunkte dafür, daß sich Zusammenhangsmuster und Variabilität der erfaßten Merkmale über die Teilnahmeebenen hinweg wesentlich verändern. Dies stützt die Annahme, daß die Generalisierbarkeit von Aussagen über strukturelle Merkmalszusammenhänge, die einen Schwerpunkt der im folgenden berichteten Analysen ausmachen, durch die beobachtete Stichprobenselektivität nicht wesentlich beeinträchtigt wird.

Von den untersuchten 516 erhielten 109 Personen eine klinische Demenzdiagnose nach DSM-III-R (American Psychiatric Association [APA], 1987; siehe auch Helmchen et al., Kapitel 7). Diese Diagnose wurde von einem Psychiater im Rahmen eines klinischen Interviews ohne Wissen der kognitionspsychologischen und neuropsychologischen Testergebnisse gestellt. Sofern nicht ausdrücklich anders vermerkt, schließen die hier berichteten Ergebnisse Personen mit Demenzdiagnose ein (N=516).

2.2 Beschreibung der Meßverfahren

2.2.1 Kognitive Testbatterie[2]

Die kognitive Testbatterie bestand aus 14 kognitiven Tests, die jeweils einer von fünf verschiedenen kognitiven Fähigkeiten zugeordnet sind: (a) *Denkfähigkeit* – das Ausmaß der logischen Denkfähigkeit – mit den Tests „Figurale Analogien", „Buchstabenfolgen", „Praktische Probleme"; (b) *Gedächtnis* oder Merkfähigkeit – die Fähigkeit, sich neue Informationen einzuprägen und sich an sie zu erinnern – mit den Tests „Aufgaben erinnern", „Geschichte erinnern" und „Wortpaare"; (c) *Wahrnehmungsgeschwindigkeit* oder Geschwindigkeit – die Schnelligkeit beim Ausführen relativ einfacher Vergleichsoperationen an visuell dargebotenem Material – mit den Tests „Gleiche Bilder", „Zahlen-Buchstaben-Test" und „Zahlensymboltest"; (d) *Wissen* – der Umfang und die Qualität verbalisierbaren Wissens – mit den Tests „Wortschatz", „Praktisches Wissen" und „Wörter finden"; und (e) *Wortflüssigkeit* – die Fähigkeit, möglichst viele Wörter einer Kategorie in einem begrenzten Zeitraum zu nennen – mit den Tests „Tiere nennen" sowie „Wortanfang mit 'S'".

Die fünf erfaßten Fähigkeiten decken ein weites Spektrum kognitiver Leistungen ab und ermöglichen die Bestimmung eines sogenannten Generalfaktors der Intelligenz im Alter (fortan als [generelle] kognitive Leistungsfähigkeit g bezeichnet; siehe auch Lindenberger & Baltes, 1995; Smith & Baltes, Kapitel 8). Im Sinne der Unterscheidung zwischen fluider und kristalliner Intelligenz (Cattell, 1971; Horn, 1982) sind die Fähigkeiten Wissen und Wortflüssigkeit als eher wissensbasiert oder „kristallin" zu bezeichnen, während die drei anderen Fähigkeiten – insbesondere Wahrnehmungsgeschwindigkeit, aber auch Denkfähigkeit und Gedächtnis – als eher wissensfrei oder „fluid" anzusehen sind.

Die Tests wurden mit Hilfe eines Computers durchgeführt, der mit einem berührungsempfindlichen Bildschirm ausgerüstet war (Apple Macintosh SE/30 mit MicroTouch Systems Touchscreen). Bei den Tests zur Erfassung von Denkfähigkeit und Wissen waren die Items nach der Schwierigkeit aufsteigend geordnet, und der Test wurde beendet, wenn der Studienteilnehmer hintereinander eine gewisse Anzahl von falschen Antworten gegeben hatte (drei bei Figurale Analogien, Buchstabenfolgen, Praktische Probleme, Praktisches Wissen und Wörter finden; fünf beim Wortschatz)[3]. Mit der Ausnahme des Zahlen-Buchstaben-Tests und des Zahlensymboltests wurden die Instruktionen in sehr großer Schrift auf dem Bildschirm dargeboten, und die Aufgaben wurden zusätzlich von dem/der forschungstechnischen Assistenten/-in (FTA) mündlich erklärt. Bei den Tests zur Erfassung von Denkfähigkeit, Wahrnehmungsgeschwindigkeit und Wissen wurden vor Beginn Beispielitems gegeben.

Getestet wurde in der Wohnumgebung des Studienteilnehmers. Die Tests wurden in der folgenden Reihenfolge durchgeführt: Zahlen-Buchstaben-Test, Wörter finden, Geschichte erinnern, Figurale Analogien, Wörter mit „S", Wortschatz, Praktische Probleme, Zahlensymboltest, Aufgaben erinnern, Gleiche Bilder, Wortpaare, Tiere nennen, Buchstabenfolgen und Praktisches Wissen. In 81% der Fälle konnte die gesamte Testbatterie in einer einzigen Sitzung von durchschnittlich 82 Minuten Dauer bearbeitet werden. In fast allen verbleibenden Fällen wurde die Testdurchführung auf zwei Sitzungen verteilt, wobei die erste Sitzung mit dem Test Aufgaben erinnern endete und die restlichen Tests in einer weiteren Sitzung in der normalen Reihenfolge durchgeführt wurden. Bei Personen, die wegen Blindheit oder stark eingeschränktem Sehvermögen nicht am Computer getestet werden konnten, kam eine reduzierte auditive Version der Batterie zur Anwendung. Die einzelnen Tests werden im folgenden naher beschrieben.

1. Denkfähigkeit

Buchstabenfolgen. Der Test bestand aus 16 Items. Jedes Item enthielt eine Reihe von fünf Buchstaben, auf die ein Fragezeichen folgte (z. B. c e g i k ?). Die Items wurden in der oberen Bildschirmhälfte und fünf Antwortmöglichkeiten in der unteren Bildschirmhälfte dargeboten. Der Studienteilnehmer beantwortete ein Item, indem er eine der Antwortmöglichkeiten mit dem Finger berührte (in den meisten Fällen mit dem Zeigefinger der bevorzugten Hand). Der Test wurde beendet, wenn der Studienteilnehmer hintereinander drei falsche Antworten gab (65% der Fälle) oder das letzte Item des Tests bearbeitet hatte (6%) oder die maximale Bearbeitungszeit von sechs Minuten überschritt (29%). Die Leistungswerte beziehen sich auf die Anzahl richtiger Antworten.

2 Ergebnisse, die sich auf die kognitive Testbatterie beziehen, sind zum Teil bereits in einer früheren Veröffentlichung dargestellt worden (Lindenberger & Baltes, 1995).

3 Der relative Schwierigkeitsgrad der Items und das angemessene Kriterium der Testbeendigung waren in einer Voruntersuchung an einer unabhängigen Stichprobe ermittelt worden (N=99; Altersbereich: 63–88 Jahre; vgl. Lindenberger, Mayr & Kliegl, 1990).

Figurale Analogien. Die 16 Items dieses Tests bestanden aus geometrischen Figuren und folgten dem Format „A verhält sich zu B wie C zu ... ?". Die Items wurden in der oberen Bildschirmhälfte und fünf Antwortmöglichkeiten in der unteren Bildschirmhälfte dargeboten. Der Studienteilnehmer beantwortete die Items, indem er eine der Antwortmöglichkeiten mit dem Finger berührte. Die Items wurden zum Teil in Anlehnung an die deutsche Version des Lorge-Thorndike Intelligenztests für Kinder konstruiert (Heller, Gaedike & Weinläder, 1976; vgl. Thorndike, Hagen & Lorge, 1954–68). Der Test wurde beendet, wenn der Studienteilnehmer hintereinander drei falsche Antworten gab (79% der Fälle) oder das letzte Item des Tests bearbeitet hatte (13%) oder die maximale Bearbeitungszeit von sechs Minuten überschritt (8%). Die Leistungswerte beziehen sich auf die Anzahl richtiger Antworten.

Praktische Probleme. Dieser Test enthielt zwölf Items, die sich auf Verständnis von vermutlich alltagsrelevanten Materialien bezogen (z. B. Busfahrplan, Dosierungsanweisung eines Medikaments, S-Bahn-Plan). Die Items wurden wieder in der oberen Bildschirmhälfte und fünf Antwortmöglichkeiten in der unteren Bildschirmhälfte dargeboten. Der Studienteilnehmer beantwortete die Items, indem er eine der Antwortmöglichkeiten mit dem Finger berührte. Bei einigen Aufgaben handelte es sich um graphisch veränderte Übersetzungen aus dem Educational Testing Service (ETS) Basic Skills Test (ETS, 1977). Der Test wurde beendet,wenn der Studienteilnehmer hintereinander drei falsche Antworten gab (43% der Fälle), das letzte Item des Tests bearbeitet hatte (33%) oder die maximale Bearbeitungszeit von zehn Minuten überschritt (24%). Die Leistungswerte beziehen sich auf die Anzahl richtiger Antworten.

2. Gedächtnis

Aufgaben erinnern. Dieser Test stand in der Testbatterie an neunter Stelle. Der Studienteilnehmer wurde aufgefordert, sich an alle Tests zu erinnern, die er bislang bearbeitet hatte, indem er die Namen der Tests nannte oder deren Inhalt beschrieb. Die Antworten wurden von zwei unabhängigen Ratern bewertet. Für jeden erinnerten Test wurde ein Punkt vergeben. Die Leistungswerte entsprechen der Anzahl der erinnerten Tests (0=keine Aufgabe erinnert, 8=alle Aufgaben erinnert).

Geschichte erinnern. Bei diesem Test handelte es sich um eine leicht veränderte Version des Tests von Engel und Satzger (1990). Erzählt wurde die Geschichte eines Jungen, der Angeln ging, ausrutschte und von seinem Hund gerettet wurde (siehe Tabelle 6). Die Geschichte erschien in großen Buchstaben auf dem Bildschirm und wurde zugleich von dem/der FTA laut und deutlich vorgelesen. Die Vorlesezeit wurde vom Computer überprüft und betrug in etwa 38 Sekunden. Unmittelbar nach dem Vorlesen erfolgte die Erinnerungsphase. Es wurden sechs Fragen gestellt, die auf unterschiedlichem Detailniveau angesiedelt waren, vom Sinn der Geschichte („Worum ging es in dieser Geschichte?") bis zur Frage nach einzelnen Namen („Wie hieß der Junge?"). Jede Antwort wurde von zwei unabhängigen Ratern mit 0 (falsch oder fehlend) oder 1 (richtig) bewertet. Die Leistungswerte entsprechen der Anzahl der zutreffend beantworteten Fragen (0=keine richtige Antwort, 6=sechs richtige Antworten).

Wortpaare (Paarverbindungslernen mit Hinweisreizen). Acht Wortpaare wurden zweimal hintereinander in unterschiedlicher Reihenfolge mit einer Geschwindigkeit von fünf Sekunden pro Wortpaar auf dem Bildschirm dargeboten. Die Wörter bezogen sich auf konkrete Objekte und hatten in einer Normierungsstudie Bildhaftigkeitswerte über 6,0 auf einer Skala von 1 (wenig bildhaft) bis 7 (sehr bildhaft) erreicht (Baschek, Bredenkamp, Öhrle & Wippich, 1977). Nach Darbietung der Liste wurde jeweils das erste Wort jedes Wortpaars gezeigt (in einer von der Einprägungsphase abweichenden Reihenfolge), und der Studienteilnehmer wurde aufgefordert, sich an das zweite Wort zu erinnern. Die Richtigkeit der Antworten wurde von zwei unabhängigen Ratern bewertet. Die Leistungswerte entsprechen der Gesamtzahl der richtigen Antworten und variieren somit zwischen 0 und 16.

3. Wahrnehmungsgeschwindigkeit

Gleiche Bilder. Verwendet wurde eine computerisierte Version des Identical Pictures Test aus dem ETS Kit of Factor-Referenced Tests (Ekstrom, French, Harman & Derman, 1976). Der Test bestand aus 32 Items. Bei jedem Item wurde eine geometrische Figur in der oberen und fünf Antwortmöglichkeiten in der unteren Bildschirmhälfte dargeboten. Der Studienteilnehmer wurde gebeten, die mit dem oberen Bild identische Figur möglichst schnell zu berühren. Der Test wurde nach 80 Sekunden automatisch beendet. Die Leistungswerte beziehen sich auf die Anzahl korrekter Antworten in diesem Zeitraum.

Zahlen-Buchstaben-Test. Ähnlich wie beim weit verbreiteten Zahlensymboltest waren bei diesem Test neun verschiedene Buchstaben jeweils einer

Zahl von 1 bis 9 zugeordnet. Der wesentliche Unterschied zum Zahlensymboltest besteht darin, daß der Proband Buchstaben nennen und nicht Symbole aufschreiben soll. Durch diese Veränderung sollten die Auswirkungen motorischer Beeinträchtigungen minimiert werden. Eine Zuordnungstabelle, in der neun verschiedene Großbuchstaben jeweils einer Zahl von 1 bis 9 zugeordnet waren, war während der gesamten Aufgabenbearbeitung sichtbar. Der Test bestand aus 39 Tafeln, auf denen sich sechs Zahlen befanden, unter denen jeweils ein Fragezeichen stand. Der Studienteilnehmer sollte von links nach rechts die den Zahlen entsprechenden Buchstaben nennen. Sobald der Studienteilnehmer bei dem letzten Item einer Tafel angelangt war, schlug der/die FTA die nächste Tafel auf. Zahlen und Buchstaben waren in sehr großer Schrift gedruckt, um die Auswirkungen visueller Beeinträchtigungen zu reduzieren. Der Test dauerte drei Minuten. Die Leistungswerte entsprechen der Anzahl der in diesem Zeitraum genannten richtigen Buchstaben.

Zahlensymboltest. Benutzt wurde die Version von Wechsler (1955). Neun verschiedene Symbole waren jeweils einer Zahl von 1 bis 9 zugeordnet. Die Zuordnungstabelle war während der gesamten Aufgabenbearbeitung sichtbar. Der Studienteilnehmer sollte auf einem Antwortblatt unter einer Reihe von Zahlen möglichst schnell die entsprechenden Symbole eintragen. Das Antwortblatt war im Vergleich zum Original um 100% vergrößert worden, um die Auswirkungen visueller Beeinträchtigungen zu reduzieren. Der Test dauerte 90 Sekunden, und die Testleistung bestand in der Anzahl der in diesem Zeitraum richtig zugeordneten Symbole.

4. Wissen

Praktisches Wissen. Das Format dieses Tests folgte dem Wortschatztest des Hamburg-Wechsler-Intelligenztests für Erwachsene (HAWIE; Wechsler, 1982) und bestand aus zwölf Fragen, die sich auf vermutlich alltagsrelevante Inhalte bezogen (z. B. „Was ist ein Trichter?", „Wie lautet der Telefonnotruf der Polizei?", „Wozu dient eine Haftpflichtversicherung?"). Jede der Fragen wurde hintereinander in großen Buchstaben auf dem Bildschirm dargeboten und gleichzeitig von dem/der FTA laut und deutlich vorgelesen. Die Richtigkeit der Antworten wurde auf der Grundlage eines Manuals von zwei unabhängigen Ratern mit 0 (falsch oder fehlend), 1 (teilweise richtig oder unvollständig) und 2 (richtig) bewertet. Die Testzeit war unbegrenzt.

Wörter finden. 20 Items, bestehend aus einem seltenen Wort und fünf gut aussprechbaren Nichtwörtern (Distraktoren), wurden nacheinander auf dem Bildschirm dargeboten. Die Aufgabe des Studienteilnehmers bestand darin, das Wort mit dem Finger zu berühren. Die Items sind eine Auswahl aus dem Mehrfachwahl-Wortschatz-Test B von Lehrl (Lehrl, 1977). Der Test wurde beendet, wenn der Studienteilnehmer hintereinander drei falsche Antworten gab (32% der Fälle) oder das letzte Item des Tests bearbeitet hatte (69% der Fälle). Die Testzeit war unbegrenzt.

Wortschatz. Verwendet wurden 16 Wörter aus dem HAWIE (Wechsler, 1982). Jede der Fragen wurde hintereinander in großen Buchstaben auf dem Bildschirm dargeboten und gleichzeitig von dem/der FTA laut und deutlich vorgelesen. Die Richtigkeit der Antworten wurde von zwei unabhängigen Ratern mit 0 (falsch oder fehlend), 1 (teilweise richtig oder unvollständig) und 2 (richtig) bewertet. Der Test wurde beendet, wenn der Studienteilnehmer hintereinander fünf eindeutig falsche oder keine Antworten gab (28% der Fälle) oder das letzte Item bearbeitet hatte (72% der Fälle). Die Testzeit war unbegrenzt.

5. Wortflüssigkeit

Tiere nennen. Bei dieser Aufgabe mußte der Studienteilnehmer in 90 Sekunden möglichst viele verschiedene Tiere nennen. Die Antworten wurden von zwei unabhängigen Ratern ausgewertet, wobei zwischen richtigen Antworten, morphologischen Varianten (z. B. Pferd, Pferde), nicht bemerkten Wiederholungen, bemerkten Wiederholungen und Kategorienfehlern (z. B. Rose) unterschieden wurde. Die hier berichteten Werte beziehen sich auf die Anzahl korrekter Antworten.

Wortanfang mit „S". Bei dieser Aufgabe mußte der Studienteilnehmer in 90 Sekunden möglichst viele Wörter nennen, die mit dem Buchstaben „S" beginnen. Die Antworten wurden von zwei unabhängigen Ratern ausgewertet, wobei wieder zwischen richtigen Antworten, morphologischen Varianten (z. B. Schiff, Schiffe), nicht bemerkten Wiederholungen, bemerkten Wiederholungen und Kategorienfehlern (z. B. Kiste) unterschieden wurde. Die hier berichteten Werte beziehen sich auf die Anzahl korrekter Antworten.

Die internen Konsistenzen und Interrater-Übereinstimmungen waren ohne Ausnahme gut (vgl. Tabelle 1 in Lindenberger & Baltes, 1995). Bei den Tests zur Denkfähigkeit und zur Wahrnehmungsgeschwindigkeit sowie beim Test Wörter finden gab es fehlende Daten in der Größenordnung von 9–15%, die auf zwei Ursachen zurückzuführen sind. Erstens waren

57 Studienteilnehmer (11 % der Stichprobe) in ihrem Sehvermögen so stark beeinträchtigt, daß auf Durchführung der Tests am Computer ganz oder teilweise verzichtet werden mußte. Zweitens war das Auffassungsvermögen einiger Studienteilnehmer derart gering, daß sie nicht immer in der Lage waren, die Instruktion der Tests zur Denkfähigkeit zu verstehen und zu behalten. Berücksichtigt man diese unvermeidlichen Ausfälle, so erwies sich die praktische Durchführbarkeit der kognitiven Testbatterie als gut. Nach allgemeinem Bekunden steigerte die Darbietung und Bearbeitung der Aufgaben an einem Computer mit berührungsempfindlichem Bildschirm die Motivation der Studienteilnehmer. Darüber hinaus gewährleistete diese Form der Darbietung ein hohes Maß an Standardisierung von Instruktion und Messung auch außerhalb des Labors.

In den hier berichteten Analysen wurden fehlende Werte mit Hilfe linearer Regressionen geschätzt. Dabei war es in den meisten Fällen möglich, fehlende Werte in einzelnen Tests ausschließlich mit Hilfe von Leistungen in anderen Tests derselben Fähigkeit zu schätzen (d. h. ohne Verwendung von Tests, die anderen Fähigkeiten zugeordnet sind). Es sei darauf hingewiesen, daß die Anwendung regressionsanalytischer Schätzverfahren die Datenstruktur weniger verzerrt als die Nichtberücksichtigung von Personen mit fehlenden Werten (Beale & Little, 1975).

2.2.2 Neuropsychologische Untersuchung

Das Hauptanliegen der neuropsychologischen Untersuchung bestand in der Erfassung von Symptomen, die die Identifikation und Beurteilung dementieller Erkrankungen ermöglichen (Reischies & Geiselmann, im Druck). Dabei war eine präzise differentialdiagnostische Klärung unterschiedlicher neuropsychologischer Syndrome (wie z. B. Aphasie oder Apraxie) aus Zeitgründen leider nicht möglich.

Der Schwerpunkt der Messungen lag auf der differenzierten Erfassung der Merk- und Lernfähigkeit im unteren Leistungsbereich mit Hilfe des Enhanced Cued Recall Test (ECR; Grober, Buschke, Crystal, Bank & Dresner, 1988). In einer weiteren Aufgabe sollten die Studienteilnehmer eine komplexe Figur zuerst nach Vorlage und später aus dem Gedächtnis zeichnen (Read, 1987). Dieses Verfahren erlaubte die Erfassung weiterer demenzrelevanter Symptome (z. B. konstruktive Apraxie sowie averbale Gedächtnisstörungen). Weiterhin wurde der Trail Making Test A (Reitan, 1958) verwendet, ein international anerkannter und in Demenzstudien vielfach verwendeter Test der psychomotorischen Schnelligkeit. Schließlich wurde, unter anderem aus Gründen der Vergleichbarkeit des BASE-Datensatzes mit anderen epidemiologisch orientierten Untersuchungen, die Mini Mental State Examination (MMSE) zur Identifikation und Schweregradeinteilung dementieller Erkrankungen durchgeführt (Folstein, Folstein & McHugh, 1975; siehe auch Helmchen et al., Kapitel 7).

Die Untersuchung fand in der Regel in der Wohnumgebung der Studienteilnehmer statt. Mit wenigen Ausnahmen konnte die neuropsychologischen Untersuchung in einer einzigen Sitzung durchgeführt werden. Es folgt die Beschreibung der Aufgaben in der Reihenfolge ihrer Darbietung.

1. *Enhanced Cued Recall Test* (Grober et al., 1988). Der Test erlaubt eine weitgehende Kontrolle der Einspeicherung und des Abrufs einer Lernliste von 16 Wörtern. Um Einspeicherung zu fördern, erfolgt das Zeigen („Wortverständnis") der 16 Merkitems nach Nennung eines kategorialen Hilfestellungsworts (z. B. Musikinstrument für Gitarre), das Benennen („Benennen") und die unmittelbare Wiedergabe nach Nennung des jeweiligen Hilfestellungsworts („Unmittelbare Wiedergabe"). In drei Durchgängen muß die Wortliste wiedergegeben werden („Freie Wiedergabe 1 bis 3" und „Summenscore"), jedesmal nach Ablenkung durch Rückwärtsrechnen. Die fehlenden Wörter werden jeweils mit Vorgabe der bereits bekannten Hilfestellungswörter noch einmal geprüft („ECR-Summenscore mit Hilfestellung": Gesamtzahl der frei und mit Hilfestellung wiedergegebenen Wörter). Danach wird das Wiedererkennen geprüft mit jeweils zwei neuen Ablenkungswörtern („Wiedererkennen"). Das inzidentelle (d. h. beiläufige) averbale Lernen wird mit dem Wiedererkennen der Position der Items auf der anfangs verwendeten Zeigetafel gemessen („Inzidentelles Lernen"). Nach einer Zeit von etwa 20 Minuten wird die Lernliste noch einmal abgefragt („Wiedergabe mit Zeitabstand", „Verzögerte Wiedergabe mit Hilfestellung", „Wiedererkennen mit Zeitabstand").
2. *Komplexe Figur.* Zusätzlich wurde die konstruktive Apraxie und das averbale Gedächtnis untersucht. Dazu wandten wir das Kopieren der Komplexen Figur nach Rey an, und zwar in der sequentiellen Darbietung für ältere Studienteilnehmer nach Read (1987; „Komplexe Figur, Kopie"). Eine Rekonstruktion der kopierten Figur aus dem Gedächtnis erfolgte nach etwa 20 Minuten („Komplexe Figur, Rekonstruktion"). Eine Zweitauswertung ergab eine sehr hohe Auswertungsobjektivität (r=0,97; Reischies & Khatami, 1994).

3. *Reitan Trail Making Test A.* Die psychomotorische Schnelligkeit wurde mit Hilfe des Trail Making Tests A (Reitan, 1958) gemessen. 25 Zahlen sollen in aufsteigender Reihenfolge mit einem Bleistift verbunden werden. Der Score ist die vom Studienteilnehmer benötigte Zeit in Sekunden.
4. *Mini Mental State Examination.* Als Referenzwert zum Vergleich mit anderen epidemiologischen Studien wurde die MMSE (Folstein et al., 1975) durchgeführt. Es handelt sich um eine Checkliste, mit der z. B. Merkfähigkeit, zeitliche und örtliche Orientierung, elementare Sprachfähigkeiten wie Benennen, Lesen und Schreiben sowie Zeichnen geprüft werden. Die Untersuchung erfolgt nach der deutschen Übersetzung des SIDAM (Zaudig et al., 1991). Eine gesonderte Reliabilitätsuntersuchung ergab eine befriedigende bis gute Retest-Reliabilität (N=106; vgl. Reischies & Khatami, 1994).

2.3 Computertomographische Untersuchung des Gehirns

Wie jedes andere Organ ist auch das Gehirn einem Alterungsprozeß unterworfen. So nimmt z. B. das Hirnvolumen mit fortschreitendem Alter ab (Ivy, McLeod, Petit & Markus, 1992). Über den Zusammenhang zwischen physiologischen Hirnveränderungen und der intellektuellen Leistungsfähigkeit bei Hochbetagten weiß man jedoch recht wenig (siehe aber Golomb et al., 1993). Um dieser Frage nachzugehen, wurde am Ende der Intensiverhebung eine computertomographische Untersuchung (CT) des Gehirns vorgenommen. Vor allem aus organisatorischen Gründen (vgl. Nuthmann & Wahl, Kapitel 2) nahm jedoch lediglich die knappe Hälfte der Intensivstichprobe an dieser Untersuchung teil (N=254; Altersdurchschnitt: 81,5 Jahre; Altersbereich: 70–99 Jahre; s=7,7). Gemessen wurde die Ventrikelweite und externe Atrophie in zwei verschiedenen Schichten mit einer planimetrischen Analyse. Die hier berichteten Werte beziehen sich auf eine klinische Einschätzung der Größe des Gehirns im Verhältnis zum Schädel auf einer vierstufigen Skala (innere und äußere Liquorräume). Die Einschätzungen wurden von einem Arzt, der keine Informationen über weitere Personenmerkmale besaß, durchgeführt. Sie besaßen eine hohe Interrater-Reliabilität bei Untersuchung einer Teilstichprobe von N=20 (Pearsons r=0,86 bzw. 0,88; vgl. Rossius & Reischies, 1995).

2.4 Ökologische Validität der kognitiven Leistungsmessung

Gelegentlich wird angenommen, daß „Intelligenztestleistungen" wenig mit der Realität außerhalb des Labors zu tun haben, da im Alltag angeblich ganz andere Formen der Intelligenz zum Tragen kommen als die durch standardisierte Verfahren erfaßbaren Fähigkeiten. Darum sei bereits an dieser Stelle auf die enge Beziehung zwischen Testleistung und Alltagskompetenz in der untersuchten Stichprobe hingewiesen. Es wurden zwei Ebenen der Alltagskompetenz unterschieden (siehe M. M. Baltes et al., Kapitel 20): (a) die basale Kompetenz, die sich auf das Ausmaß der Selbständigkeit bei der Ausführung einfacher Tätigkeiten wie Waschen, Kochen und Aufstehen bezieht (Activities of Daily Living [ADL]; siehe auch Steinhagen-Thiessen & Borchelt, Kapitel 6); (b) die erweiterte Alltagskompetenz, die auch komplexere Verhaltensabläufe einschließt und unter anderem mit dem Yesterday-Interview (Moss & Lawton, 1982) erfaßt wurde.

Die fünf kognitiven Fähigkeiten erklärten 37% der individuellen Unterschiede (Varianz) in der basalen Kompetenz und 45% der individuellen Unterschiede in der erweiterten Alltagskompetenz. Die Beziehung zur erweiterten Kompetenz war signifikant stärker als die Beziehung zur basalen Kompetenz (N=516; Z=2,34; p<0,01)[4]. Die stark ausgeprägte Beziehung zwischen Intelligenz und Alltagskompetenz ließ sich nur zum Teil darauf zurückführen, daß beide Bereiche mit dem Alter korrelieren, da sich 28% der gemeinsamen Varianz von kognitiver Leistungsfähigkeit und basaler Kompetenz sowie 40% der gemeinsamen Varianz von kognitiver Leistungsfähigkeit und erweiterter Alltagskompetenz als altersunabhängig erwiesen. Zwischen den in den neuropsychologischen Tests erfaßten Leistungen und den beiden Ebenen der Alltagskompetenz bestanden ebenfalls deutliche Zusammenhänge. So erkärten die neuropsychologischen Testleistungen 37% der individuellen Unterschiede in der basalen Kompetenz und 40% der individuellen Unterschiede in der erweiterten Alltagskompetenz.

Die mit Hilfe standardisierter psychometrischer Verfahren erfaßten individuellen Unterschiede in der kognitiven Leistungsfähigkeit wiesen demnach einen starken Zusammenhang mit individuellen Unterschieden in der kompetenten Bewältigung alltäglicher Anforderungen auf. Dieses Ergebnis bestätigt

4 Unterschiede zwischen Korrelationen innerhalb einer Stichprobe wurden mit Hilfe der in Meng, Rosenthal und Rubin (1992) enthaltenen Formeln auf Signifikanz getestet.

Tabelle 1: Korrelationen der Maße der neuropsychologischen Untersuchung mit den fünf Fähigkeiten.

	MMSE	Enhanced Cued Recall Test			Komplexe Figur		Trail Making Test A
		Benennen	Erinnern mit Hilfestellung	Freie Wiedergabe	Kopieren	Erinnern	
Personen mit unterdurchschnittlicher kognitiver Leistungsfähigkeit (N=260)							
Denkfähigkeit	0,36	0,22	0,18	0,21	0,28	0,13	0,33
Gedächtnis	0,52	0,36	0,60	0,66	0,33	0,41	0,27
Wahrnehmungsgeschwindigkeit	0,59	0,45	0,44	0,47	0,56	0,29	0,60
Wissen	0,50	0,49	0,33	0,25	0,41	0,16*	0,25
Wortflüssigkeit	0,49	0,36	0,47	0,54	0,33	0,22	0,35
Personen mit überdurchschnittlicher kognitiver Leistungsfähigkeit (N=256)							
Denkfähigkeit	0,40	0,26	0,04*	0,16*	0,12*	0,33	0,34
Gedächtnis	0,38	0,05*	0,18	0,42	0,03*	0,24	0,26
Wahrnehmungsgeschwindigkeit	0,33	0,21	0,09*	0,31	0,05*	0,32	0,54
Wissen	0,25	0,21	0,00*	0,00*	0,18	0,13*	0,18
Wortflüssigkeit	0,21	0,10*	0,00*	0,30	0,06*	0,23	0,26

* *Nicht* signifikant von Null verschiedene Korrelationen ($p>0{,}01$).

die Befunde früherer Untersuchungen (siehe z. B. Willis, 1991; Willis, Jay, Diehl & Marsiske, 1992) und erweitert sie für den bislang nicht erfaßten Altersbereich von 70 bis 103 Jahren.

2.5 Beziehungen zwischen kognitiven Fähigkeiten und neuropsychologischen Verfahren

Die Korrelationen zwischen den fünf kognitiven Fähigkeiten und den neuropsychologischen Verfahren sind in Tabelle 1 dargestellt, und zwar getrennt für Personen, deren intellektuelle Leistungsfähigkeit über bzw. unter dem Mittelwert der Stichprobe liegt (N=256 versus N=260). Zwei Sachverhalte sind von Bedeutung.

Erstens waren, mit Ausnahme des Trail Making Tests A, die Zusammenhänge zwischen den fünf kognitiven Fähigkeiten und den neuropsychologischen Testergebnissen bei Personen mit unterdurchschnittlicher kognitiver Leistungsfähigkeit höher als bei Personen mit hoher kognitiver Leistungsfähigkeit. So erklärten in einer kanonischen Korrelation drei kanonische Variablen der neuropsychologischen Tests 38% der individuellen Unterschiede der fünf kognitiven Fähigkeiten in der unterdurchschnittlichen, aber lediglich 16% der individuellen Unterschiede in der überdurchschnittlichen Gruppe. Dieses Ergebnismuster stimmt mit der Erwartung überein, daß die neuropsychologischen Messungen individuelle Unterschiede im unteren Leistungsbereich besser erfassen als im oberen Leistungsbereich. So weisen z. B. die Merkmale „Wiedergabe mit Hilfestellung" sowie „Komplexe Figur, Kopie" bei Personen mit überdurchschnittlicher kognitiver Leistungsfähigkeit einen „Deckeneffekt" auf, d. h., nahezu alle Personen in dieser Teilstichprobe erreichen auf diesen Merkmalen den Maximalwert.

Zweitens stützten die Korrelationsprofile die Meßgüte der verwendeten Verfahren im Sinne konvergenter und divergenter Validität. So war z. B. die freie Wiedergabe beim Enhanced Cued Recall Test in beiden Gruppen höher mit dem Gedächtnis als mit den anderen vier Fähigkeiten korreliert (unterdurchschnittliche Gruppe: $Z=6{,}90$; $p<0{,}01$; überdurchschnittliche Gruppe: $Z=4{,}01$; $p<0{,}01$). Entsprechendes gilt für den Zusammenhang zwischen dem Trail Making Test und der Wahrnehmungsgeschwindigkeit (unterdurchschnittliche Gruppe: $Z=6{,}89$; $p<0{,}01$; überdurchschnittliche Gruppe: $Z=5{,}50$; $p<0{,}01$).

3. Kognitive Fähigkeiten im Alter: Deskription

Für alle fünf erfaßten kognitiven Fähigkeiten ließen sich negative Korrelationen zwischen der Leistungshöhe und dem Alter der Studienteilnehmer nachweisen: Ältere Personen erzielten im Durchschnitt niedrigere Ergebnisse (siehe Abb. 1). Gleichzeitig war über den gesamten untersuchten Altersbereich hinweg ein großes Ausmaß an individuellen Unterschieden in den kognitiven Leistungen erkennbar. Somit scheint es im hohen Alter, zumindest bei einer querschnittlichen Betrachtungsweise, nicht zu einer generellen Abnahme der interindividuellen Variabilität in der kognitiven Leistungsfähigkeit zu kommen[5].

Tabelle 2: Korrelationen der kognitiven Fähigkeiten mit dem Alter.

	Gesamt (N=516)	Ohne Personen mit Demenzdiagnose (N=407)
Fluide Fähigkeiten		
Wahrnehmungsgeschwindigkeit	-0,59	-0,54
Denkfähigkeit	-0,51	-0,44
Gedächtnis	-0,49	-0,39
Kristalline Fähigkeiten		
Wissen	-0,41	-0,33
Wortflüssigkeit	-0,46	-0,40

3.1 Altersgradienten: Lineare Abnahme der durchschnittlichen Leistungshöhe in allen fünf Fähigkeiten

Abbildung 1 zeigt die Beziehungen der fünf kognitiven Fähigkeiten zum Alter. Dargestellt sind normierte Leistungswerte (Mittelwert $\bar{x}=50$; $s=10$) auf der Grundlage der standardisierten Testleistungen der jeweiligen Fähigkeit. Die Zusammenhänge zwischen den kognitiven Fähigkeiten und dem Alter waren linear; es gab keine Hinweise auf quadratische oder anderweitig nichtlineare Zusammenhänge. Die Regressionsgeraden vermitteln somit ein angemessenes Bild der Abnahme der durchschnittlichen Leistungshöhe mit dem Alter in der untersuchten Stichprobe. Nach Ausschluß von Personen mit klinischer Demenzdiagnose (109 von 516 Personen) ergaben sich etwas niedrigere Korrelationen (siehe Tabelle 2 sowie die dünn gezeichneten Regressionsgeraden in Abb. 1). Die Größe der beobachteten Altersunterschiede läßt sich auch in Standardabweichungen angeben. Normiert man z. B. die Mittelwertsunterschiede zwischen der Gruppe der 70- bis 74jährigen und der Gruppe der 95jährigen und Älteren an der Varianz der 70- bis 74jährigen, so variierten die Leistungsunterschiede zwischen 1,37 Standardabweichungen für das Wissen und 2,17 Standardabweichungen für die Wahrnehmungsgeschwindigkeit. Bei Ausschluß von Personen mit klinischer Demenzdiagnose ergaben sich Werte zwischen 0,98 (Wortflüssigkeit) und 1,83 (Wahrnehmungsgeschwindigkeit).

Es sei daran erinnert, daß die in Abbildung 1 dargestellten Altersgradienten nicht das Ergebnis von Verlaufsbeobachtungen darstellen, sondern auf Momentaufnahmen unterschiedlicher Personen basieren. Auf die Beziehung zwischen querschnittlich erhobenen Altersunterschieden und intraindividuellen Altersveränderungen wird in der Diskussion näher eingegangen.

3.1.1 Ausmaß der alternsbedingten Leistungsabnahme: Unterschiede zwischen den Fähigkeiten

Die Theorie der fluiden und kristallinen Intelligenz (Cattell, 1971; Horn, 1982) postuliert unterschiedliche Altersgradienten für sogenannte fluide und kristalline Fähigkeiten. Demnach kommt in den fluiden, d. h. weitgehend wissensunabhängigen Fähigkeiten, in erster Linie die Güte und Schnelligkeit der Informationsverarbeitung, d. h. die „Mechanik" der Intelligenz (P. B. Baltes, 1993), zum Ausdruck. Komplementär dazu sollen die kristallinen oder wissensabhängigen Fähigkeiten individuelle Unterschiede in dem Ausmaß und der Qualität tradierter Wissenskörper, d. h. die „Pragmatik" der Intelligenz (P. B. Baltes, 1993) erfassen.

In Übereinstimmung mit dieser Theorie hat sich in zahlreichen längs- und querschnittlichen Untersuchungen gezeigt, daß mechanisch-fluide Fähigkeiten mit zunehmendem Alter früher abzunehmen beginnen als pragmatisch-kristalline Fähigkeiten (Salthouse, 1991; Schaie, 1994). Der unterschiedliche Altersgang mechanisch-fluider und pragmatisch-kristalliner Fähigkeiten wird in der Regel damit begründet, daß die entsprechenden Wissensbestände dazu geeignet sind, alterungsbedingte Abbauprozesse in

5 Die Leistungsrohwerte für die neuropsychologischen Tests sind in Tabelle 5 dargestellt.

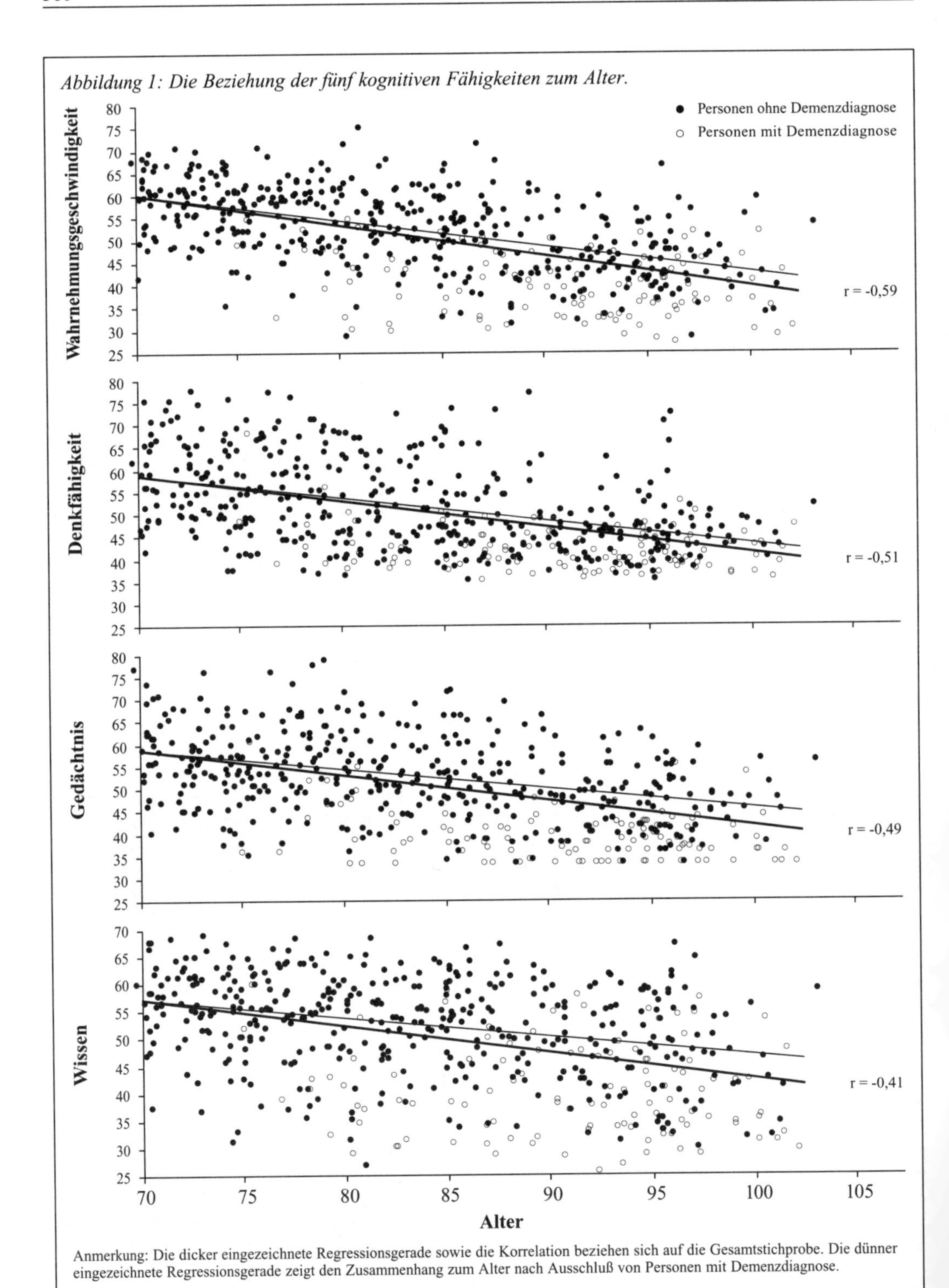

Abbildung 1: Die Beziehung der fünf kognitiven Fähigkeiten zum Alter.

Anmerkung: Die dicker eingezeichnete Regressionsgerade sowie die Korrelation beziehen sich auf die Gesamtstichprobe. Die dünner eingezeichnete Regressionsgerade zeigt den Zusammenhang zum Alter nach Ausschluß von Personen mit Demenzdiagnose.

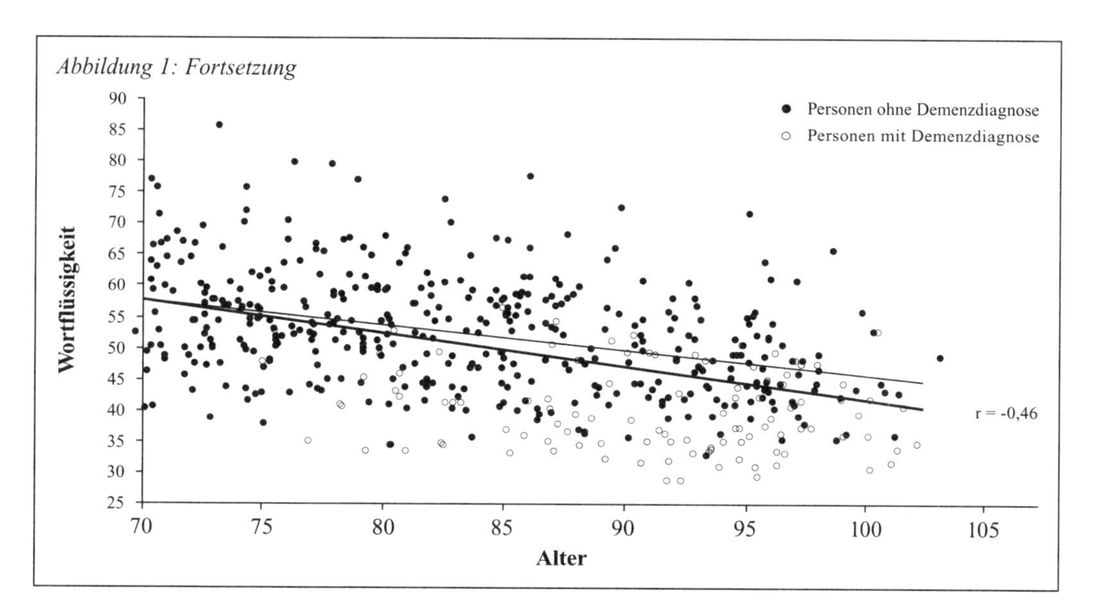

der mechanischen Komponente teilweise oder vollständig zu kompensieren (P. B. Baltes, 1993; Horn, 1982). Es ist jedoch unmöglich, die pragmatisch-kristalline Komponente vollständig von der mechanisch-fluiden zu trennen, da die Verwendung von Wissen auf das Funktionieren der Mechanik (z. B auf Speicher- und Abrufprozesse) angewiesen ist. Somit stellt sich die Frage, ob die Diskrepanz in den Altersverläufen mechanisch-fluider und pragmatisch-kristalliner Fähigkeiten im hohen Alter erhalten bleibt oder ob der biologische Alterungsprozeß mit einer Nivellierung der Altersgradienten einhergeht.

Die negative Beziehung der drei fluiden Fähigkeiten Denkfähigkeit, Wahrnehmungsgeschwindigkeit und Gedächtnis zum Alter war signifikant stärker ausgeprägt als die entsprechende Beziehung der Fähigkeiten Wissen und Wortflüssigkeit ($Z=4{,}98$; $p<0{,}01$). Innerhalb der drei fluiden Fähigkeiten war die Korrelation zwischen Wahrnehmungsgeschwindigkeit und Alter ($r=-0{,}59$) signifikant höher als die beiden anderen Alterskorrelationen (Denkfähigkeit – Alter: $r=-0{,}51$; Gedächtnis – Alter: $r=-0{,}49$; $Z=3{,}60$; $p<0{,}01$). Hingegen unterschieden sich die beiden kristallinen Fähigkeiten in ihrer Beziehung zum Alter *nicht*: Wissen ($r=-0{,}41$) und Wortflüssigkeit ($r=-0{,}46$; $Z=1{,}45$; $p>0{,}10$).

Innerhalb des Meßraums kognitiver Fähigkeiten scheint demnach die Wahrnehmungsgeschwindigkeit negative Altersunterschiede in der kognitiven Leistungsfähigkeit am besten zu erfassen, während das Wissen den geringsten Leistungsrückgang aufweist (siehe auch Lindenberger et al., 1993). Dieser Befund steht im Einklang mit früheren Untersuchungen an jüngeren Probanden (vgl. Hertzog, 1989; Nettelbeck & Rabbit, 1992; Salthouse, 1994; Schaie, 1989). Darüber hinaus bleibt der bis zur siebten Dekade gut belegte generelle Unterschied im Altersgang mechanisch-fluider und pragmatisch-kristalliner Fähigkeiten in abgeschwächter Form erhalten: Die *Unterschiedlichkeit in den Richtungen* der Altersgradienten, wie sie im mittleren Erwachsenenalter und teilweise bis zum 70. Lebensjahr zu beobachten ist (gleichbleibend/abnehmend versus gleichbleibend/ansteigend), hat sich in unterschiedlich starke Ausprägungen derselben Richtung gewandelt[6].

3.2 Dedifferenzierung der Fähigkeitsstruktur im Alter

Die fünf kognitiven Fähigkeiten waren hoch und gleichmäßig miteinander korreliert (siehe Tabelle 3; Medianwert der Korrelation: $r=0{,}71$; niedrigste Korrelation: $r=0{,}63$; höchste Korrelation: $r=0{,}73$). In einer exploratorischen Faktorenanalyse über die fünf kognitiven Fähigkeiten konnte der erste unrotierte Faktor 75% der Varianz auf sich vereinigen. Im Ver-

6 Diese Veränderung betrifft sowohl Personen mit hoher als auch Personen mit niedriger kognitiver Leistungsfähigkeit. So ergaben sich bei einer Aufteilung der Stichprobe in Personen mit über- und unterdurchschnittlicher kognitiver Leistungsfähigkeit keine Unterschiede im Ausmaß der linearen Abnahme der fünf Fähigkeiten mit dem Alter sowie in der Größe des Unterschieds in der Abnahme zwischen mechanisch-fluiden und pragmatisch-kristallinen Fähigkeiten.

gleich zu diesen Werten wurden für frühere Phasen des Erwachsenenalters mit ähnlichen bzw. identischen Meßinstrumenten ohne Ausnahme wesentlich niedrigere Zusammenhänge beobachtet (P. B. Baltes & Lindenberger, 1995; Carroll, 1993). Bemerkenswert ist weiterhin, daß die Korrelationen *innerhalb* der fluiden und kristallinen Fähigkeiten nicht höher ausfielen als die Korrelation *zwischen* den beiden Fähigkeitsbereichen (Median der Korrelation zwischen Denkfähigkeit, Gedächtnis und Wahrnehmungsgeschwindigkeit: r=0,71; Korrelation zwischen Wissen und Wortflüssigkeit: r=0,70; Median der Korrelationen zwischen den beiden Fähigkeitsbereichen: r=0,70). Das Fähigkeits*muster* oder die Fähigkeitsstruktur im engeren Sinne folgte also nicht der Unterscheidung zwischen fluid und kristallin. Vielmehr hatten die Höhe und die Homogenität der Interkorrelationen zur Folge, daß sich die gemeinsame Varianz der fünf Fähigkeiten mit einem einzigen Faktor zweiter Ordnung angemessen darstellen ließ (siehe auch Smith & Baltes, Kapitel 8).

Allerdings könnte die hohe und gleichmäßige Interkorrelation der Fähigkeiten vollständig der bereits dargestellten, relativ starken und gleichsinnigen Beziehung dieser Fähigkeiten zum Alter zuzuschreiben sein (im Sinne der simultanen Überlagerungshypothese; vgl. Reinert, Baltes & Schmidt, 1966). Um diese Möglichkeit zu überprüfen, sind in Tabelle 3 auch die Interkorrelationen der altersbereinigten Residuen der fünf kognitiven Fähigkeiten aufgeführt. Es ergaben sich niedrigere, aber weiterhin hohe und homogene Interkorrelationen (Medianwert der Korrelation: r=0,61; niedrigste Korrelation: r=0,55; höchste Korrelation: r=0,67). In einer exploratorischen Faktorenanalyse über die altersbereinigten Residuen der fünf kognitiven Fähigkeiten konnte der erste unrotierte Faktor 68% der Varianz, das sind 8% weniger als bei den nicht altersbereinigten Werten, auf sich vereinigen. Eine Zweiteilung des Korrelationsmusters im Sinne der fluid-kristallinen Unterscheidung war erneut nicht zu erkennen.

Aus psychiatrischer und methodischer Sicht ließe sich gegen beide Analysen der Einwand erheben, die Anwesenheit von Personen mit klinischer Demenzdiagnose, die in allen fünf Fähigkeiten niedrige Leistungen aufweisen, habe die Interkorrelationen der fünf Fähigkeiten in die Höhe getrieben. Aus diesem Grund wurden dieselben Analysen nach Ausschluß von Personen mit Demenzdiagnose noch einmal durchgeführt. Der Median der Interkorrelation der Fähigkeiten lag nun bei r=0,61 für die alterskorrelierten Werte und bei r=0,54 für die altersbereinigten Residuen.

Die Beziehungen der fünf Fähigkeiten zum Alter sowie die Anwesenheit von Personen mit starken, vermutlich demenzbedingten kognitiven Einschränkungen in der Stichprobe leisteten also einen gewissen Beitrag zur Höhe der Interkorrelationen. Die hohe und homogene Interkorrelation der fünf Fähigkeiten kann aber keineswegs auf den Einfluß dieser Faktoren reduziert werden. Im Vergleich zu früheren Phasen des Erwachsenenalters sind die beobachteten individuellen Unterschiede in der kognitiven Leistungsfähigkeit durch eine Nivellierung oder Homogenisierung der Fähigkeitsprofile gekennzeichnet. Dieser Befund erweitert die Ergebnisse früherer Untersuchungen (P. B. Baltes, Cornelius, Spiro, Nesselroade & Willis, 1980; Schaie, Willis, Jay & Chipuer, 1989) und stützt die sogenannte Dedifferenzierungshypothese der Intelligenz im Alter (P. B. Baltes et al., 1980; Lienert & Crott, 1964; Reinert, 1970)[7].

Tabelle 3: Interkorrelation der fünf kognitiven Fähigkeiten.

		1	2	3	4	5
1	Denkfähigkeit	—	0,64	0,71	0,70	0,63
2	Gedächtnis	0,56	—	0,71	0,66	0,70
3	Wahrnehmungsgeschwindigkeit	0,67	0,62	—	0,71	0,73
4	Wissen	0,66	0,57	0,62	—	0,70
5	Wortflüssigkeit	0,55	0,60	0,65	0,60	—

Anmerkung: Über der Hauptdiagonalen sind die Interkorrelationen der Fähigkeiten dargestellt, unter der Hauptdiagonalen die Interkorrelationen ihrer altersbereinigten Residuen (N=516).

7 Entsprechende Analysen mit hierarchisch genesteten Strukturgleichungsmodellen stützen den Befund, daß ein Generalfaktor zweiter Ordnung die Interkorrelation der fünf Fähigkeiten angemessen wiedergibt. Außerdem ergab eine Zweiteilung der Stichprobe in eine alte (N=258, Alter: 70–84 Jahre) und in eine sehr alte (N=258, Alter: 85–103 Jahre) Teilstichprobe keine signifikanten Altersunterschiede in der durchschnittlichen Höhe der Interkorrelationen zwischen den fünf Fähigkeiten (alte Personen: r=0,62; sehr alte Personen: r=0,64; t=0,50).

Hinsichtlich der Unterscheidung zwischen fluid-mechanischen und pragmatisch-kristallinen Fähigkeiten im hohen und sehr hohen Alter ergibt sich somit ein gemischtes Bild. Gegen den Fortbestand der Unterscheidung spricht, daß die Fähigkeitsstruktur (im Sinne der Interkorrelation zwischen den fünf untersuchten kognitiven Fähigkeiten) nicht durch jeweils einen fluiden und einen kristallinen, sondern weitaus besser durch einen Generalfaktor zweiter Ordnung angemessen dargestellt werden kann. Für die Unterscheidung spricht erstens der oben berichtete Fortbestand von Unterschieden in den Altersgradienten. Zweitens zeigte sich in weiteren, hier nicht berichteten Analysen (Lindenberger & Baltes, 1995; siehe auch Smith & Baltes, Kapitel 8, Abb. 4), daß Merkmale der Sensorik und Sensomotorik wie Sehschärfe, Gehör und Gleichgewicht/Gang stärker mit fluid-mechanischen Fähigkeiten korrelieren als mit pragmatisch-kristallinen, während auf sozialstrukturell-biographische Merkmale wie Bildung und Sozialprestige das Gegenteil zutrifft. Die theoriekonsistente Divergenz in den Altersgradienten sowie in den Korrelaten lassen es sinnvoll erscheinen, auch im hohen Alter zwischen fluid-mechanischen und pragmatisch-kristallinen Fähigkeiten zu unterscheiden.

3.3 Interindividuelle Unterschiede in der kognitiven Leistungsfähigkeit

Wie Abbildung 1 veranschaulicht, konnte knapp ein Drittel der Variabilität in den kognitiven Fähigkeiten mit dem Alter der Studienteilnehmer in Verbindung gebracht werden. Bei der Verwendung von Verfahren, die Meßfehler stärker berücksichtigen (z. B. Strukturgleichungsmodelle), ergaben sich Werte im Bereich von 24% (Wissen) bis 38% (Wahrnehmungsgeschwindigkeit). Umgekehrt bedeutet dies, daß ein beträchtlicher Teil der individuellen Unterschiede *nicht* vom chronologischen Alter abhängig war. In Abbildung 1 kommt dieser altersunabhängige Anteil der Variabilität zwischen Personen in den Streubreiten der Punktewolken um die Regressionsgeraden zum Ausdruck. Einige Beispiele mögen dies verdeutlichen. So gab es einen über 95jährigen Mann, dessen Leistungen in der Wahrnehmungsgeschwindigkeit eine Standardabweichung über dem Durchschnitt der 70jährigen und anderthalb Standardabweichungen über dem Durchschnitt der Gesamtstichprobe lag; eine 89jährige Frau, die zusammen mit einem 73jährigen Mann und einer 77jährigen Frau den ersten Rang in der Denkfähigkeit innehatte (die drei Studienteilnehmer befanden sich 2,7 Standardabweichungen über dem Mittelwert der Stichprobe!); oder auch einen 96jährigen Mann, der sich unter den zehn Studienteilnehmern mit den höchsten Leistungen im sprachlichen Wissen befand.

Nehmen die Unterschiede zwischen Personen in den kognitiven Leistungen mit dem Alter eher zu oder ab? Beide Ansichten sind plausibel, denn die unterschiedlichen Biographien und Anlagen könnten Personen mit zunehmenden Alter unterschiedlicher, der Alterungsprozeß sie hingegen ähnlicher machen. Zur Bearbeitung dieser Frage wurden die Abstände zur Altersregressionsgeraden (d. h. die Absolutwerte der altersbereinigten Residuen) mit dem Alter korreliert. Für die Fähigkeiten Wahrnehmungsgeschwindigkeit ($r=0,01$), Gedächtnis ($r=-0,06$) und Wortflüssigkeit ($r=-0,07$) konnte keine Veränderung der Variabilität mit dem Alter festgestellt werden (für alle: $p>0,05$). Eine Abnahme der Variabilität ergab sich für die Denkfähigkeit ($r=-0,26$; $p<0,01$). Dabei scheint es sich nicht vornehmlich um einen Bodeneffekt zu handeln, denn nach Entfernung von Personen mit Nulleistungen (Bodeneffekten) auf mindestens einem der drei Tests der Denkfähigkeit ergab sich ein weiterhin signifikant von Null verschiedener Wert ($r=-0,20$; $p<0,01$). Schließlich nahm die Variabilität im Wissen geringfügig mit dem Alter zu ($r=0,12$; $p<0,01$).

Insgesamt stützen diese Ergebnisse die Annahme, daß die interindividuelle Variabilität kognitiver Leistungen Hochbetagter keine deutliche Zu- oder Abnahme mit dem Alter zeigt. Analysen mit quadrierten Residuen sowie Analysen ohne Personen mit klinischer Demenzdiagnose führten zu dem gleichen Ergebnis.

4. Korrelate kognitiver Leistungsfähigkeit im Alter

4.1 Übersicht

In diesem Abschnitt wenden wir uns den *Korrelaten* kognitiver Leistungsfähigkeit im Alter zu (siehe auch Lindenberger & Baltes, 1995). Zur Vereinfachung der Darstellung dient hierbei die allgemeine kognitive Leistungsfähigkeit, d. h. die ungewichtete Summe der fünf untersuchten kognitiven Fähigkeiten, als abhängige Variable. Bei den Korrelaten unterscheiden wir zwischen sozialstrukturell-biographischen, biologischen, behavioralen und persönlichkeitsbezogenen Merkmalen. Sozialstrukturelle und biographische Merkmale wie soziale Schicht, Einkommen, Sozialprestige und Bildung sollten in erster Linie die *vom Alter unabhän-*

gigen individuellen Unterschiede der kognitiven Leistungsfähigkeit im hohen Alter bestimmen, während die *altersabhängigen* Unterschiede mit biologischen Faktoren, wie sie z. B. im Gehirnatrophie-Index zum Ausdruck kommen, zusammenhängen sollten. Die kognitive Leistungsfähigkeit wiederum steht in Wechselbeziehungen mit behavioralen und persönlichkeitsbezogenen Faktoren. Dabei liegt die Vermutung nahe, daß die altersbedingten individuellen Unterschiede in diesen beiden Bereichen einen engen Zusammenhang zu den altersbedingten Unterschieden in der kognitiven Leistungsfähigkeit aufweisen.

In den Abschnitten 4.1.1–4.1.5 berichten wir über die Zusammenhänge zwischen sozialstrukturell-biographischen, biologischen, behavioralen und persönlichkeitsbezogenen Merkmalen und der kognitiven Leistungsfähigkeit. Anschließend behandeln wir im Abschnitt 4.2 die Frage, ob sich mit Hilfe der zuvor diskutierten Korrelate Personengruppen mit unterschiedlichen Altersgängen in der kognitiven Leistungsfähigkeit nachweisen lassen. Tabelle 4 enthält eine Übersicht der in diesem Abschnitt berichteten Ergebnisse.

Tabelle 4: Korrelate kognitiver Leistungfähigkeit[1].

Bereich	1	2	3	4	5
Sozialstrukturell-biographisch					
Soziale Schicht	0,29	0,35	0,00[a]	—	—
Bildung	0,39	0,38	-0,13	—	—
Sozialprestige	0,40	0,42	0,09[a]	—	—
Äquivalenzeinkommen	0,28	0,31	-0,04[a]	—	—
Somatisch					
Gehirnatrophie-Index[2]	-0,44	-0,20	0,51	53,4%	63,1%
Sehschärfe	0,57	0,36	-0,59	70,4%	74,5%
Gehör	0,51	0,28	-0,57	64,5%	64,5%
Gleichgewicht/Gang	0,56	0,32	-0,64	62,9%	77,5%
Anzahl der Diagnosen	-0,14	-0,08[a]	0,13	—	—
Anzahl der Medikamente	-0,00[a]	0,04[a]	0,05[a]	—	—
Behavioral					
Basale Kompetenz	0,55	0,33	0,26	66,8%	30,6%
Erweiterte Kompetenz	0,64	0,47	-0,56	81,5%	80,7%
Größe des sozialen Netzwerks	0,48	0,37	-0,34	94,4%[b]	41,9%
Psychologisch					
Subjektives Zeiterleben	-0,43	-0,36	0,26	99,4%[b]	30,6%
Lebensinvestment	0,24	0,18	-0,17	—	—
Extraversion	0,19	0,10[a]	-0,19	—	—
Neurotizismus	-0,22	-0,20	0,08[a]	—	—
Offenheit	0,38	0,31	-0,25	97,5%[b]	26,4%
Positive emotionale Befindlichkeit	0,34	0,27	-0,22	97,5%[b]	20,9%
Negative emotionale Befindlichkeit	0,03[a]	0,00[a]	-0,04[a]	—	—

Anmerkung zu Spaltenbezeichnungen:
1) Korrelation des Merkmals mit der generellen kognitiven Leistungsfähigkeit (g).
2) Alterspartialisierte Korrelation des Merkmals mit g.
3) Korrelation des Merkmals mit dem Alter.
4) Anteil der durch g aufgeklärten Altersvarianz des Merkmals, der nur berechnet wird, wenn die Korrelation des Merkmals mit dem Alter |0,20| übersteigt.
5) Anteil der durch das Merkmal aufgeklärten Altersvarianz in g, der nur berechnet wird, wenn die Korrelation des Merkmals mit dem Alter |0,20| übersteigt.
1 N=516.
2 N=254.
a *Nicht* signifikant von Null (p>0,01) verschiedene Korrelationen.
b *Nicht* signifikant von 100% verschieden (p>0,01).

4.1.1 Sozialstrukturelle und biographische Faktoren

Soziale Schicht, Bildung in Jahren, Sozialprestige und Äquivalenzeinkommen dienten als Indikatoren materieller und geistiger Güter, die Personen im Laufe ihres Lebens aufgrund ihrer Fähigkeiten, Leistungen und ihrer sozialen Lage erwerben konnten (siehe Mayer & Wagner, Kapitel 9). Alle vier Maße standen in einem positiven Zusammenhang zur kognitiven Leistungsfähigkeit. Dabei korrelierten Bildung und Sozialprestige stärker mit der kognitiven Leistungsfähigkeit als Äquivalenzeinkommen und soziale Schicht ($Z=3{,}15$; $p<0{,}01$). Vergleicht man die kognitive Leistungsfähigkeit von Personen, die auf der Summe der standardisierten sozialstrukturell-biographischen Merkmale überdurchschnittliche Werte erreichten ($N=228$) mit jenen, die unterdurchschnittliche Werte aufwiesen ($N=288$), so betrug der Unterschied in den Mittelwerten der beiden Personengruppen eine knappe Standardabweichung (Effektstärke $E_s=0{,}87$; $F_{(1;514)}=97{,}6$; $p<0{,}01$). Sozialstrukturelle und biographische Faktoren sind also auch im hohen Alter mit individuellen Unterschieden der kognitiven Leistungsfähigkeit verknüpft. Wie Tabelle 4 entnommen werden kann, bleibt diese Beziehung im vollen Umfang erhalten, wenn das Alter der Studienteilnehmer statistisch kontrolliert wird.

4.1.2 Biologische Faktoren

Untersucht wurden die Variablen Gehirnatrophie-Index, Sehschärfe, Gehör, Gleichgewicht/Gang, die Anzahl klinisch relevanter somatischer Diagnosen sowie der Medikamentengebrauch (die Anzahl der verschiedenen regelmäßig eingenommenen Medikamente). Auffallend war der hohe Zusammenhang der Variablen Sehschärfe, Gehör und Gleichgewicht/Gang zur kognitiven Leistungsfähigkeit[8]. Auch das Ausmaß der Gehirnatrophie zeigte einen hohen Zusammenhang. Die eher unspezifischen somatischen Faktoren Anzahl der Diagnosen mittel- bis schwergradiger Erkrankungen und Anzahl der Medikamente (siehe Steinhagen-Thiessen und Borchelt, Kapitel 6) waren hingegen nicht mit der kognitiven Leistungsfähigkeit korreliert.

Da die sensorisch-sensomotorischen Variablen so wie der Gehirnatrophie-Index einen starken Zusammenhang mit dem Alter aufwiesen, sind zwei weitere in Tabelle 4 aufgeführte Indizes von Belang. Der erste Index (Spalte 4 in Tabelle 4) zeigt an, wieviel der altersbedingten individuellen Unterschiede in dem betreffenden Merkmal *durch die kognitive Leistungsfähigkeit* prädiziert werden. Komplementär dazu gibt der zweite Index (Spalte 5) an, wieviel der altersbedingten individuellen Unterschiede in der kognitiven Leistungsfähigkeit *durch das in Betracht gezogene Merkmal* prädiziert werden. Es ist bemerkenswert, daß die sensorisch-sensomotorischen Variablen und die Gehirnatrophie einen höheren Anteil an altersbedingten individuellen Unterschieden in der kognitiven Leistungsfähigkeit aufklärten als umgekehrt. So erklärte Gleichgewicht/Gang 78% der altersbedingten individuellen Unterschiede in der Intelligenz, die Intelligenz hingegen lediglich 63% der altersbedingten individuellen Unterschiede in Gleichgewicht/Gang. Dieses Datenmuster stützt die Hypothese, daß die sensorischen Maße sowie der Gehirnatrophie-Index einen Alterungsprozeß erfassen, der auch das Altern der Intelligenz bestimmt.

Erwähnt sei schließlich auch das Geschlecht. Es ließe sich je nach Betrachtungsweise den sozialstrukturell-biographischen Faktoren oder den biologischen Faktoren zuordnen (vgl. M. M. Baltes et al., Kapitel 22). In jedem Fall unterschied sich die generelle kognitive Leistungsfähigkeit der Männer nicht wesentlich von der Leistungsfähigkeit der Frauen (Männer: $\bar{x}=50{,}9$; $s=9{,}3$; Frauen: $\bar{x}=49{,}1$; $s=10{,}6$; $t=2{,}03$; $p=0{,}043$). Nach statistischer Kontrolle individueller Unterschiede in der Bildung verschwand auch dieser Unterschied ($F_{(1;513)}=0{,}02$; $p=0{,}90$).

4.1.3 Sozialstrukturell-biographische und biologische Faktoren im Vergleich

Zur Bestimmung der trennbaren und gemeinsamen Vorhersageanteile der sozialstrukturell-biographischen Variablen und der sensorisch-sensomotorischen Variablen wurde eine Kommunalitätsanalyse durchgeführt (vgl. Pedhazur, 1982). Abbildung 2 zeigt das Ergebnis dieser Analyse. Insgesamt erklärten die beiden Variablengruppen 57% der individuellen Unterschiede in der kognitiven Leistungsfähigkeit. 31% der individuellen Unterschiede waren spezifisch mit sensorischen bzw. sensomotorischen Faktoren und 11% spezifisch mit sozialstrukturell-biographischen Faktoren verbunden. 16% der individuellen Unterschiede waren den

8 Die Sehschärfe wurde mit Lesetafeln erfaßt (Nah- und Fernvisus), das Gehör mit einem Audiometer (acht Frequenzen von 0,25 bis 8,00 kHz, beide Ohren) und Gleichgewicht/Gang durch zwei klinische Tests, die von einem Arzt durchgeführt wurden (siehe Marsiske et al., Kapitel 14, für weitere Informationen).

beiden Merkmalsgruppen gemeinsam. Wurde Alter zusätzlich in die Analyse aufgenommen, stieg der Anteil prädizierter individueller Unterschiede um lediglich 1,6% auf 58,7% an ($F=19,6$; $p<0,01$).

Diese Analyse unterstreicht im direkten Vergleich mit den sozialstrukturell-biographischen Variablen die herausragende Bedeutung von Sensorik und Sensomotorik für die kognitive Leistungsfähigkeit im hohen Alter. Gleichzeitig ist zu bemerken, daß die sensorisch-sensomotorischen Variablen 33% ihrer prädiktiven Varianz mit den sozialstrukturell-biographischen Variablen (d. h. [15,5/46,7]×100) gemeinsam hatten. Die im hohen Alter auftretenden kognitionsrelevanten Unterschiede in den sensorischen und sensomotorischen Leistungen werden demnach zu etwa einem Drittel durch Faktoren vorweggenommen, die bereits in früheren Phasen des Erwachsenenalters mit individuellen Unterschieden in der Intelligenz verknüpft sind. Der verbleibende spezifische Zusammenhang zwischen Sensorik und Intelligenz ist jedoch immer noch von ausreichender Größe, um als Hinweis auf ein Nachlassen der für frühere Phasen des Erwachsenenalters gut belegten hohen Stabilität individueller Unterschiede (vgl. Hertzog & Schaie, 1988) gelten zu können.

Abbildung 2: Gemeinsame und spezifische Varianzanteile der sozialstrukturell-biographischen Faktoren und der Sensorik bei der Vorhersage individueller Unterschiede in der kognitiven Leistungsfähigkeit.

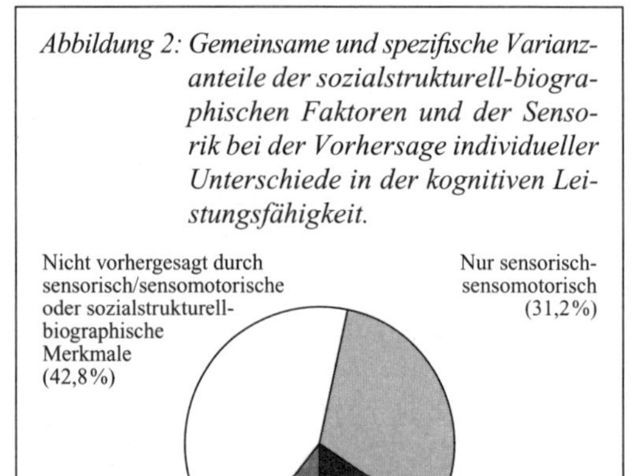

4.1.4 Behaviorale Faktoren

Wie bereits zur Dokumentation der ökologischen Validität der Testbatterie berichtet wurde, ergaben sich enge Beziehungen zu beiden Maßen der Alltagskompetenz. Die Größe des sozialen Netzwerks (Lang & Carstensen, 1994; siehe auch M. Wagner et al., Kapitel 11) war ebenfalls positiv mit der kognitiven Leistungsfähigkeit korreliert. Die Abnahme in der Größe des Netzwerks mit zunehmendem Alter ließ sich durch individuelle Unterschiede in der kognitiven Leistungsfähigkeit vorhersagen.

4.1.5 Psychologische Faktoren

Den stärksten Zusammenhang zur kognitiven Leistungsfähigkeit wies die Summe zweier Variablen auf, die sich auf das subjektive Zeiterleben der Studienteilnehmer bezogen (siehe Staudinger et al., Kapitel 12). Studienteilnehmer, die das Vergehen der Zeit als „langsam" bzw. als „langsamer als früher" erlebten, waren kognitiv weniger leistungsfähig. Umgekehrt war der subjektive Eindruck, die Zeit verginge „schnell" bzw. „schneller als früher", mit höheren kognitiven Leistungen verknüpft. Angesichts der Tatsache, daß es sich lediglich um die Summe zweier Items handelt, ist die Höhe des Zusammenhangs bemerkenswert. Auffällig war, daß Personen mit klinischer Demenzdiagnose besonders stark dazu neigten, die Zeit als langsam wahrzunehmen; der Unterschied zwischen Personen mit und ohne Demenzdiagnose betrug etwa eine Standardabweichung ($E_s=0,93$; $F_{(1;513)}=66,8$; $p<0,01$). Vielleicht wird die demenzbedingte Reduktion der kognitiven Aktivität als eine Dehnung der Zeit erlebt.

Das Lebensinvestment, d. h. die Angaben der Studienteilnehmer über das Ausmaß ihrer Beschäftigung mit zehn verschiedenen Bereichen (siehe Staudinger et al., Kapitel 12; Maas & Staudinger, Kapitel 21), war schwach positiv mit der kognitiven Leistungsfähigkeit korreliert. Die übrigen Korrelationen bestätigten das aus der Literatur bekannte Bild: Offenheit, Extraversion und positive emotionale Befindlichkeit waren schwach positiv, Neurotizismus und negative emotionale Befindlichkeit schwach negativ mit der kognitiven Leistungsfähigkeit verknüpft (für eine genaue Beschreibung der zur Erfassung dieser Persönlichkeitseigenschaften verwendeten Skalen siehe Smith & Baltes, Kapitel 8; Staudinger et al., Kapitel 12). Soweit vorhanden, ließen sich die altersbedingten individuellen Unterschiede in den Persönlichkeitsdimensionen vollständig auf individuelle Unterschiede in der kognitiven Leistungsfähigkeit zurückführen. Die Daten sind demnach mit der Hypothese vereinbar, daß die durchweg schwach ausgeprägten Altersunterschiede in diesen Dimensionen als eine Folge von Altersunterschieden in der kognitiven Leistungsfähigkeit anzusehen sind (siehe auch Smith & Baltes, Kapitel 8).

4.2 „Schont das Alter die Befähigteren?“

Dieser Abschnitt verdankt seinen Titel einer gleichnamigen Veröffentlichung, in der die Autoren zu dem Schluß kamen, daß Personen mit hoher kognitiver Leistungsfähigkeit dasselbe Ausmaß an negativen Altersdifferenzen aufweisen wie Personen mit niedriger Leistungsfähigkeit (Owens, 1959). Andere querschnittliche (Fozard & Nuttal, 1971; Salthouse, Babcock, Skovronek, Mitchell & Palmon, 1990; Salthouse, Kausler & Saults, 1988) und längsschnittliche (Gribbin, Schaie & Parham, 1980; Siegler, 1983) Untersuchungen kamen zu dem gleichen Ergebnis. Eine Ausnahme bilden lediglich die längsschnittlichen Untersuchungen von Kohn und Schooler (1978, 1983), die sich allerdings auf das mittlere Erwachsenenalter beziehen. Die weit verbreitete Ansicht, daß Personen mit hohen Ausprägungen auf erwünschten kognitiven, persönlichkeitsbezogenen oder sozialstrukturell-biographischen Attributen einen geringeren altersbedingten Rückgang ihrer kognitiven Leistungen erfahren als Personen mit niedrigen Werten auf diesen Merkmalen, findet in einschlägigen Untersuchungen kaum Unterstützung.

Abbildung 3 soll das Problem veranschaulichen. Sie zeigt fiktive Altersgradienten der kognitiven Leistungsfähigkeit für zwei Personengruppen, die sich in einem oder mehreren Merkmalen voneinander unterscheiden, die positiv mit der kognitiven Leistungsfähigkeit korreliert sind (wie z. B. Bildung). Abbildung 3a entspricht der Erwartung, daß hohe Ausprägungen auf diesen Merkmalen einen mit dem Alter zunehmenden Schutz gegen die negativen Auswirkungen der kognitiven Alterung zu bieten vermögen (im Sinne protektiver Faktoren; siehe auch Rutter, 1987; Staudinger, Marsiske & Baltes, 1993). Hingegen bringt die Parallelität der Geraden in Abbildung 3b zum Ausdruck, daß der mit hohen Ausprägungen auf diesen Merkmalen verknüpfte Vorsprung weder größer noch kleiner wird. Schließlich zeigt Abbildung 3c eine Situation, in der, vielleicht bedingt durch den zunehmend stärkeren Einfluß biologischer Faktoren, die erwünschten Merkmale mit zunehmendem Alter ihre Beziehung zur kognitiven Leistungsfähigkeit verlieren.

Wie Abbildung 4 veranschaulicht, entsprechen die Verhältnisse in der hier untersuchten Stichprobe offensichtlich der Annahme einer Alterskonstanz der Einflußgrößen. Die dargestellte Zweiteilung der Stichprobe basiert auf der Summe der standardisierten Werte der vier Merkmale soziale Schicht, Bildung in Jahren, Sozialprestige und Äquivalenzeinkommen, die, wie oben berichtet, in einem deutlichen Zusammenhang zur kognitiven Leistungsfähigkeit standen. Dargestellt sind zwei Regressionsgeraden, eine für Personen mit überdurchschnittlichen Werten (N=228) und darunter eine weitere für Personen mit unterdurchschnittlichen Werten (N=288). Wie am vollkommen parallelen Verlauf der Graden zu erkennen ist, ist der Zusammenhang zwischen Alter und kognitiver Leistungsfähigkeit in beiden Gruppen gleich stark ausgeprägt[9].

„Is age kinder to the initially more able?“ (Owens, 1959). Der Versuch einer eindeutigen Antwort auf

Abbildung 3: Mögliche Ausprägungen des Zusammenhangs zwischen Alter und kognitiver Leistungsfähigkeit für Personen mit hohem und niedrigem Ausgangsniveau (siehe Text zur Erläuterung).

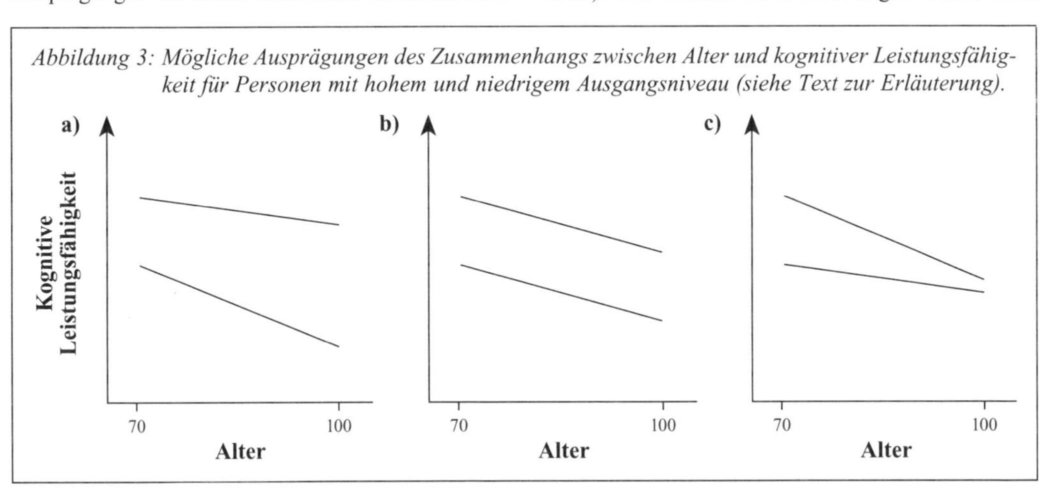

9 Das Ergebnis einer Alterskonstanz des Zusammenhangs der sozialstrukturell-biographischen Merkmale zur kognitiven Leistungsfähigkeit wurde in zahlreichen weiteren Analysen bestätigt. Verwendet wurden hierarchische Regressionsanalysen mit kontinuierlichen und dummykodierten Interaktionstermen sowie Mehrgruppenmodelle. Als abhängige Variablen fungierten allgemeine kognitive Leistungsfähigkeit, Wahrnehmungsgeschwindigkeit und Wissen.

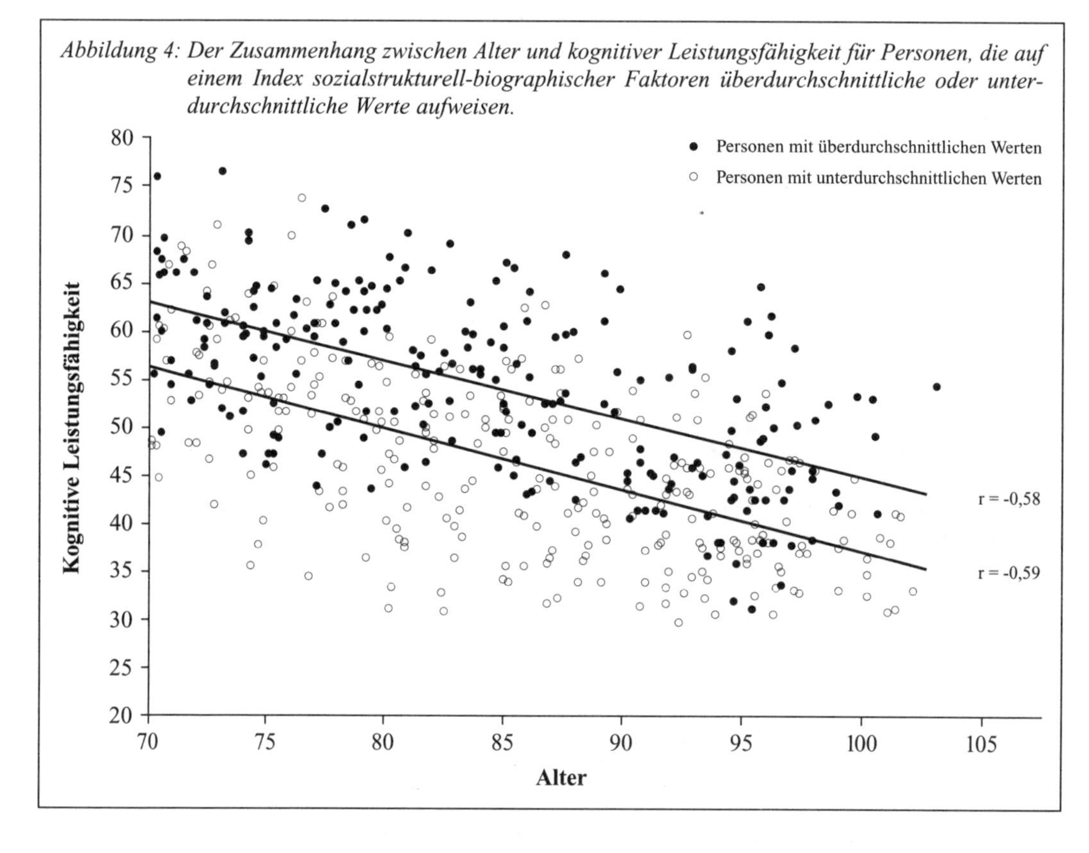

Abbildung 4: Der Zusammenhang zwischen Alter und kognitiver Leistungsfähigkeit für Personen, die auf einem Index sozialstrukturell-biographischer Faktoren überdurchschnittliche oder unterdurchschnittliche Werte aufweisen.

diese Frage wäre vermessen, da selektive Mortalität, Stichprobenselektivität und die querschnittliche Natur der Daten in schwer zu bestimmender Weise das Geschehen beeinflussen. Mit der aus diesen Gründen gebotenen Vorsicht nehmen wir an, daß die Daten die Annahme einer Alterskonstanz sozialstrukturell-biographischer Faktoren im untersuchten Altersbereich stützen. Das hohe Alter ist nicht der große Gleichmacher, der die sozialstrukturellen und biographischen (und somit teilweise auch genetisch bedingten) Unterschiede früherer Lebensabschnitte unwirksam werden läßt und zunehmend einebnet. Es ist aber ebensowenig der Lebensabschnitt, in dem diese Unterschiede zu ihrer größten Entfaltung gelangen.

5. Altern mit und ohne Demenz: Unterschiede im Leistungsprofil

Von den 516 untersuchten Personen erhielten 109 die klinische Diagnose eines unspezifischen Demenzsyndroms gemäß DSM-III-R (siehe Helmchen et al., Kapitel 7). Wie Abbildung 1 entnommen werden kann, nahm der Anteil der als dement diagnostizierten Personen mit dem Alter deutlich zu. Da sowohl Alter als auch Demenz mit niedrigeren kognitiven Leistungen einhergingen, stellt sich die Frage, welche kognitiven Leistungen am besten geeignet sind, normales kognitives Altern (d. h. Altern ohne Demenz) und Altern mit Demenz voneinander abzugrenzen (siehe Tabelle 5 für Ergebnisse der neuropsychologischen Tests im Vergleich der Altersgruppen).

5.1 Der Erhalt der Lernfähigkeit als qualitatives Merkmal kognitiven Alterns ohne Demenz

Der Verlust der Lern- und Merkfähigkeit gilt als zentrales Merkmal dementieller Syndrome (nach DSM-III-R, APA, 1987; Corkin, 1982). Die wiederholte Abfrage der zu lernenden Wörter beim Enhanced Cued Recall Test bot die Möglichkeit, den Unterschied in der Lernfähigkeit zwischen Personen mit und ohne Demenzdiagnose in den drei Lerndurchgängen näher zu untersuchen. Hierfür wurden insge-

Tabelle 5: Neuropsychologische Testergebnisse im Altersvergleich für die Gesamtstichprobe und nach Ausschluß der als dement diagnostizierten Studienteilnehmer.

		Altersgruppe		
		70–79 Jahre $\bar{x}$ (s/N)	80–89 Jahre $\bar{x}$ (s/N)	90+Jahre $\bar{x}$ (s/N)
Enhanced Cued Recall Test				
Freie Wiedergabe,	gesamt	30,53 (7,86/170)	24,95 (10,54/166)	18,38 (10,78/141)
Summenscore	ohne Demenz	31,33 (6,74/162)	28,19 (8,08/134)	23,78 (7,91/88)
Freie Wiedergabe 1	gesamt	8,42 (2,67/170)	6,66 (3,35/167)	4,81 (2,94/144)
	ohne Demenz	8,59 (2,48/162)	7,55 (2,94/134)	6,17 (2,52/89)
Freie Wiedergabe 2	gesamt	10,56 (3,10/170)	8,62 (3,98/166)	6,43 (4,02/142)
	ohne Demenz	10,90 (2,65/162)	9,75 (3,20/134)	8,36 (3,05/89)
Freie Wiedergabe 3	gesamt	11,55 (2,90/170)	9,63 (4,16/166)	7,06 (4,54/142)
	ohne Demenz	11,85 (2,50/162)	10,89 (3,18/134)	9,23 (3,41/88)
ECR-Summenscore	gesamt	47,32 (2,40/168)	44,64 (7,90/158)	41,12 (11,49/129)
mit Hilfestellung	ohne Demenz	47,63 (1,37/160)	46,88 (3,40/129)	46,36 (2,80/84)
Wiedererkennen	gesamt	15,79 (1,11/169)	15,07 (2,46/166)	13,59 (3,73/140)
	ohne Demenz	15,86 (0,99/161)	15,68 (1,45/134)	15,04 (2,34/89)
Wiedergabe mit	gesamt	12,15 (3,04/170)	9,75 (4,45/163)	7,27 (4,53/136)
Zeitabstand	ohne Demenz	12,48 (2,45/162)	10,95 (3,54/133)	9,33 (3,48/88)
Wiedererkennen	gesamt	15,85 (0,71/168)	15,10 (2,50/162)	13,73 (3,48/135)
mit Zeitabstand	ohne Demenz	15,93 (0,28/160)	15,60 (1,71/132)	15,06 (1,78/88)
Verzögerte Wiedergabe	gesamt	15,86 (0,89/169)	14,79 (3,16/160)	13,64 (3,98/132)
mit Hilfestellung	ohne Demenz	15,97 (0,21/161)	15,53 (1,78/132)	15,38 (1,30/87)
Unmittelbare	gesamt	15,67 (0,86/169)	14,64 (2,46/164)	13,64 (3,45/135)
Wiedergabe	ohne Demenz	15,75 (0,65/162)	15,45 (1,00/132)	15,12 (1,10/86)
Inzidentelles Lernen	gesamt	13,51 (3,61/168)	12,20 (4,26/166)	10,95 (4,68/138)
	ohne Demenz	13,68 (3,55/160)	12,91 (3,80/131)	12,68 (3,45/88)
Wortverständnis	gesamt	15,99 (0,11/170)	15,83 (0,52/167)	15,56 (1,28/143)
	ohne Demenz	15,99 (0,11/162)	15,96 (0,21/134)	15,77 (0,66/88)
Benennen	gesamt	15,47 (0,83/167)	14,83 (1,48/163)	13,92 (2,34/136)
	ohne Demenz	15,50 (0,83/159)	15,15 (1,02/130)	14,40 (1,97/84)
Komplexe Figur				
Komplexe Figur,	gesamt	34,22 (4,93/167)	32,20 (7,20/162)	30,26 (7,23/129)
Kopie	ohne Demenz	34,28 (4,95/159)	33,72 (4,75/131)	31,98 (5,78/84)
Komplexe Figur,	gesamt	14,12 (6,38/167)	10,97 (6,62/150)	6,67 (5,97/120)
Rekonstruktion	ohne Demenz	14,55 (6,05/159)	12,63 (5,62/125)	8,57 (6,05/81)
Trail Making Test A				
Sekunden	gesamt	65,50 (32,40/165)	96,60 (57,05/156)	146,34 (64,59/129)
	ohne Demenz	63,39 (29,30/159)	88,58 (50,85/129)	127,45 (61,32/82)
Mini Mental State Examination				
Score	gesamt	27,95 (2,08/159)	25,26 (4,36/153)	22,72 (4,44/137)
	ohne Demenz	28,13 (1,74/152)	26,61 (2,66/124)	24,86 (2,71/86)

samt sechs Gruppen von Personen definiert, nämlich drei Altersgruppen von Personen ohne Demenzdiagnose – 70- bis 79jährige (N=162), 80- bis 89jährige (N=134) und 90jährige und Ältere (N=88) – sowie drei Gruppen von Personen mit Demenzdiagnose – leicht (N=32), mittel (N=30) und schwer (N=31)[10].

Durchgeführt wurde eine zweifaktorielle Varianzanalyse mit dem Meßwiederholungsfaktor Lernlei-

10 Aufgrund fehlender Werte konnten nicht alle Personen in diese Analyse aufgenommen werden.

stung (3) und dem Faktor Gruppe (6). Die Haupteffekte des Faktors Gruppe stehen für Gruppenunterschiede im durchschnittlichen Niveau der Erinnerungsleistung über die drei Messungen. Die Interaktionen des Faktors Gruppe mit dem Faktor Lernleistung bringen Gruppenunterschiede im *Lernzuwachs* über die drei Durchgänge zum Ausdruck.

Die Ergebnisse der Varianzanalyse waren außerordentlich klar (siehe Abb. 5). Bei Personen ohne Demenzdiagnose kam es zu einer Abnahme des Leistungsniveaus mit dem Alter, nicht jedoch zu einer Abnahme des Lernzuwachses (*Haupteffekt*: 70–89 vs. 80–89: $F_{(1;471)}=13{,}26$; $p<0{,}01$; 80–89 vs. 90+: $F_{(1;471)}=15{,}95$; $p<0{,}01$; *Interaktion*: 70–89 vs. 80–89: $F_{(2;942)}=0{,}22$; $p>0{,}10$; 80–89 vs. 90+: $F_{(2;942)}=1{,}93$; $p>0{,}10$). Im Gegensatz zu diesem Ergebnis ergab ein Vergleich zwischen Personen ohne Demenzdiagnose mit den als dement diagnostizierten Personen neben einem Unterschied im Leistungsniveau auch einen deutlichen Unterschied im Lernzuwachs (*Haupteffekt*: $F_{(1;471)}=411{,}44$; $p<0{,}01$; *Interaktion*: $F_{(2;942)}=36{,}39$; $p<0{,}01$). Ferner unterschieden sich die leicht Dementen von den mittelschwer Dementen sowohl in ihrem Erinnerungsniveau als auch in ihrer Lernleistung (*Haupteffekt*: $F_{(1;471)}=16{,}5$; $p<0{,}01$; *Interaktion*: $F_{(2;942)}=4{,}5$; $p=0{,}012$). Beim Vergleich zwischen mittelschwer Dementen und schwer Dementen gab es dann erneut nur Unterschiede im Leistungsniveau (*Haupteffekt*: $F_{(1;471)}=11{,}5$; $p<0{,}01$; *Interaktion*: $F_{(2;942)}=0{,}11$; $p>0{,}10$). Eine nachgeordnete Analyse ergab, daß die mittelschwer und schwer Dementen überhaupt keinen Lernzuwachs aufwiesen (*Haupteffekt Lernzuwachs*: $F_{(2;118)}=1{,}23$; $p>0{,}10$).

Zusammenfassend läßt sich feststellen, daß zunehmendes Alter bei Personen ohne Demenzdiagnose zwar mit einem Absinken des *Niveaus* der Erinnerungsleistung verbunden war, nicht jedoch mit einer Abnahme der *Lernfähigkeit* über die drei wiederholten Messungen. Bei Personen mit klinischer Demenzdiagnose hingegen war zusätzlich zu einem Unterschied im *Niveau* der Erinnerungsleistung auch die *Lernfähigkeit* eingeschränkt (leicht Demente) bzw. nicht mehr nachweisbar (mittelschwer und schwer Demente). Dieses Ergebnis stützt die Annahme eines qualitativen Unterschieds zwischen dem normalen kognitiven Alterungsprozeß und den dementiellen Erkrankungen (siehe auch M. M. Baltes, Kühl & Sowarka, 1992; Willis & Nesselroade, 1990). Ferner stimmt der Befund, daß das Ausmaß des Verlustes an Lernfähigkeit mit dem Schweregrad der Erkrankung zunimmt, mit dem Ergebnissen früherer Untersuchungen überein, bei denen auch die Schwierigkeit der zu erbringenden Lernleistung systematisch variiert wurde (Bäckman, Josephsson, Herlitz, Stigsdottir & Viitanen, 1991; Herlitz, Adolfsson, Bäckman & Nilsson, 1991).

Abbildung 5: Vergleich der Merkleistungen der Gruppen im Enhanced Cued Recall Test über drei Lerndurchgänge.

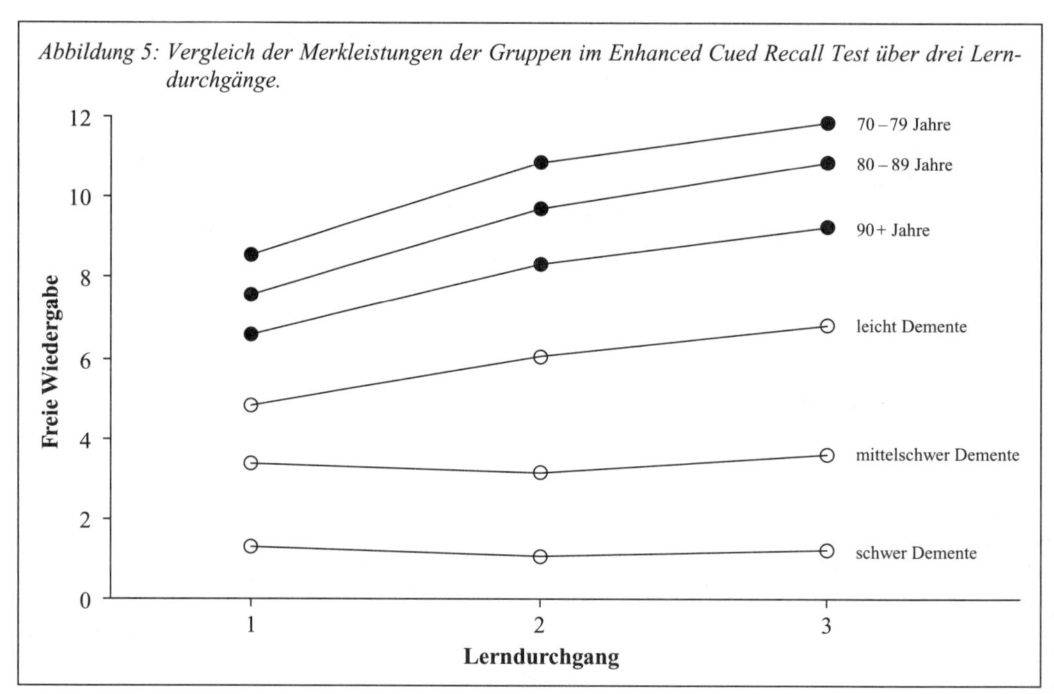

5.2 Verlangsamung und amnestisches Syndrom

Da die Wahrnehmungsgeschwindigkeit den stärksten Leistungsrückgang mit dem Alter aufwies, ergibt sich die Frage, ob die Zunahme dementieller Erkrankungen mit dem Alter als eine Konsequenz dieser Abnahme dargestellt werden kann. Die Ergebnisse einer logistischen Regression mit dem dichotomen Merkmal Demenzdiagnose (0=nicht vorhanden, 1= vorhanden) als abhängiger Variable sprechen gegen diese Möglichkeit. Auch nach Kontrolle individueller Unterschiede in der Wahrnehmungsgeschwindigkeit führten die mit dem Enhanced Cued Recall Test erhobenen Maße der Lern- und Merkfähigkeit zu einer deutlichen Vorhersageverbesserung, so z. B. die Erinnerungsleistung nach Hilfestellung (χ^2= 73,17; df=1; p<0,01). Der MMSE-Score als unspezifisches Maß neuropsychologischer Störungen trug ebenfalls unabhängig von der Wahrnehmungsgeschwindigkeit zur Vorhersage des Demenzstatus bei (χ^2=69,34; df=1; p<0,01). Die Sprachstörungsvariable „Benennen" sowie der Indikator der konstruktiven Apraxie „Komplexe Figur" leisteten hingegen keinen über die Wahrnehmungsgeschwindigkeit hinausgehenden Beitrag.

Die Befunde bestätigen die Bedeutung des amnestischen Syndroms für die Demenzdiagnose (Corkin, 1982): Personen mit Demenzdiagnose sind nicht nur besonders langsam, sondern weisen zusätzlich eine Gedächtnisstörung auf. Sie sind weit weniger als ältere Personen ohne Demenzerkrankung in der Lage, Hilfestellungen beim Einprägen und Erinnern von Wörtern angemessen zu nutzen (Craik, 1977; Herlitz et al., 1991). Demenzbedingte Störungen der Sprache und der konstruktiven Fähigkeiten treten vermutlich erst bei schwereren Formen der Demenz auf, die im Rahmen der Berliner Altersstudie nur relativ selten beobachtet werden konnten (unter anderem wegen mangelnder Einwilligungsfähigkeit; siehe auch Nuthmann & Wahl, Kapitel 2).

5.3 Vergleich zwischen Personen mit Demenzdiagnose und Leistungsschwachen ohne Demenzdiagnose

Der Erhebungsplan der Berliner Altersstudie gestattet es, Personen mit und ohne Demenzdiagnose miteinander zu vergleichen, die sich hinsichtlich der generellen kognitiven Leistungsfähigkeit nicht voneinander unterscheiden. Um dies zu erreichen, werden in einem sogenannten „matched-control"-Verfahren Personen gleicher genereller kognitiver Leistungsfähigkeit mit und ohne Demenzdiagnose einander paarweise zugeordnet. Auf diese Weise konnten 70 Paare gebildet werden; die verbleibenden 39 Personen mit Demenzdiagnose hatten derart niedrige Leistungen, daß eine paarweise Zuordnung Nicht-Dementer unmöglich war.

Abbildung 6a zeigt die Fähigkeitsprofile der beiden Personengruppen. Die Unterschiede traten an der erwarteten Stelle auf: Personen mit Demenzdiagnose zeigten niedrigere Leistungen im Gedächtnisbereich. Die komplementär höheren Leistungen im Wissen sind vermutlich eine Konsequenz der paarweisen Zuordnungsmethode. Die Analyse der Merkleistungen im Enhanced Cued Recall Test, der nicht zur Paarbildung herangezogen worden war, ergab erneut signifikante Unterschiede im Leistungsniveau und im Lernzuwachs (*Haupteffekt:* $F_{(1;471)}$=16,95; p<0,01; *Interaktion:* $F_{(2;110)}$=4,54; p=0,013; siehe Abb. 6b).

5.4 Mischverteilungsanalyse

Aus den soeben dokumentierten Unterschieden in den Leistungsprofilen von Personen mit und ohne Demenzdiagnose ergibt sich die Frage, ob Maße, die in einer engen Beziehung zur Demenzdiagnose stehen, eine bimodale (zweigipflige) Häufigkeitsverteilung aufweisen. Gemäß dieser Vorstellung steht der Verteilung der nichtdementen Personen eine zahlenmäßig kleinere Verteilung dementer Personen mit niedrigen Leistungen gegenüber. Mit zunehmenden Alter sollte es dann zu einer Verschiebung der relativen Anteile der beiden Verteilungen an der Gesamtstichprobe zugunsten der Dementen kommen.

In einer Mischverteilungsanalyse (Böhning, Schlattmann & Lindsay, 1993) konnte gezeigt werden, daß die Häufigkeitsverteilung der Leistungen in der MMSE (Kurzform, vgl. Folstein et al., 1975) mit diesen Annahmen gut übereinstimmt (siehe Abb. 7, N=360; vgl. Reischies, Schaub & Schlattmann, im Druck). Wie erwartet nahm der Anteil der Verteilung mit niedrigen Werten an der Gesamtverteilung mit dem Alter zu. Diese Ergebnisse stützen die Hypothese, daß die beobachtete Verteilung aus einer Mischung von zwei Populationen besteht und entsprechen somit der Annahme, daß normales kognitives Altern und Altern mit Demenz als unterschiedliche Phänomene anzusehen sind.

Abbildung 6: a) Fähigkeitsprofile und b) Merkleistungen von Personen mit und ohne Demenzdiagnose, die sich in ihrer generellen kognitiven Leistungsfähigkeit nicht voneinander unterscheiden („matched-control"-Verfahren, N=2 × 70).

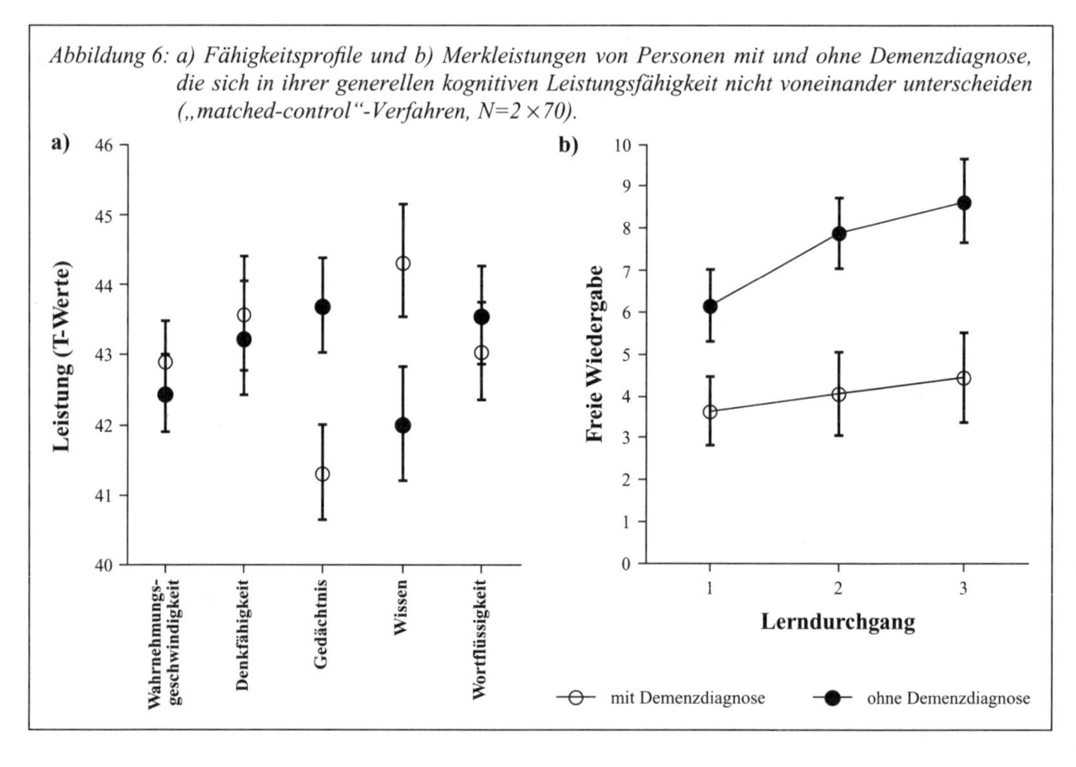

6. Diskussion

Der vorliegende Datensatz ergibt ein klares und umfassendes Bild kognitiver Leistungsfähigkeit im Alter. Da die wichtigsten Ergebnisse bereits im Text erläutert wurden, wollen wir dieses Bild nicht ein weiteres Mal darstellen, sondern lediglich die Beschränkungen des vorliegenden Datensatzes aus methodischer Sicht beleuchten sowie einige Überlegungen über die Bedeutung der Befunde für den Alltag hochbetagter Menschen anstellen.

6.1 Zum Verhältnis querschnittlicher Altersunterschiede und längsschnittlicher Alternsverläufe

Die hier berichteten und in Abbildung 1 dargestellten Altersgradienten sind bekanntlich nicht das Ergebnis von Verlaufsbeobachtungen, sondern basieren auf querschnittlichen „Momentaufnahmen" unterschiedlicher Personen. Somit stellt sich die Frage, ob die beobachteten Altersdifferenzen dem durchschnittlichen Alternsverlauf im Altersbereich von 70 bis 103 Jahren entsprechen.

Eine eindeutige Beantwortung dieser Frage ist auf der Grundlage des vorliegenden Datensatzes nicht möglich. Erstens tragen, ähnlich wie bei querschnittlichen Stichproben jüngeren Alters, neben Alters- auch Kohortenunterschiede (z. B. historische Unterschiede zwischen den Generationen) zu den beobachteten Altersgradienten bei. Zweitens wird die Interpretation querschnittlicher Altersgradienten im untersuchten Altersbereich in besonderem Maße durch den Umstand erschwert, daß nur ein kleiner Teil der beobachteten jüngeren Studienteilnehmer den höchsten Altersbereich tatsächlich erreichen wird. So verbinden die Regressionsgeraden in Abbildung 1 Aussagen über „junge Alte" (70jährige), die ungefähr 74% ihres Geburtsjahrgangs repräsentieren, mit Aussagen über hochbetagte Personen (90jährige), die nur noch 13% ihres Geburtsjahrgangs darstellen.

Deswegen soll im folgenden statt einer direkten Antwort lediglich auf zwei Einflußgrößen hingewiesen werden, deren relative Wirksamkeit bei der Abschätzung durchschnittlicher Altersverläufe auf der Grundlage von Altersdifferenzen zu berücksichtigen ist. Die *erste* Einflußgröße betrifft die selektive Mortalität. Es ist bekannt, daß die Lebenserwartung im Alter positiv mit der intellektuellen Leistungsfähigkeit und negativ mit dem längsschnittlich beobachteten Abbau korreliert (Rudinger & Rietz, 1995; Siegler & Botwinick, 1979): Personen mit hohem Leistungsniveau und geringem Leistungsverlust haben eine höhere Lebenserwartung. Personen mit relativ starkem Leistungsabbau weisen demnach eine geringere Wahrscheinlichkeit auf, zur Schätzung der lebenszeitlich „späteren“ Altersgradienten beizutragen, als Personen mit relativ geringem Abbau. Da die Sterbewahrscheinlichkeit hoch mit dem Alter korreliert ist, sollte dieser Effekt einer mortalitätsbedingt reduzierten Beobachtungswahrscheinlichkeit von Personen mit starken Leistungseinbußen mit zunehmendem Alter an Bedeutung gewinnen (vgl. Keiding, 1991). Versteht man die Altersgradienten als eine Annäherung an die Verläufe *aller* Mitglieder der Geburtskohorte, so folgt aus dieser Überlegung, daß die in Abbildung 1 dargestellten Altersgradienten das Ausmaß des durchschnittlichen alternsbedingten Abbaus in den untersuchten Geburtskohorten eher *unterschätzen.*

Eine *zweite* Überlegung betrifft lebensgeschichtliche Unterschiede zwischen den untersuchten Geburtskohorten, auf deren Aneinanderreihung die beobachteten querschnittlichen Altersgradienten basieren. Zwar gab es, wenn man Maße wie Äquivalenzeinkommen, Bildung, Sozialprestige und soziale Schicht betrachtet, keine starken Hinweise auf eine generelle sozialstrukturell-biographische Benachteiligung der älteren Geburtsjahrgänge in der untersuchten Stichprobe. Es kann aber dennoch nicht ausgeschlossen werden, daß sich die bildungsbezogenen Bedingungen kognitiven Alterns im betrachteten historischen Zeitraum verbessert haben und daß dar-

Abbildung 7: Das Ergebnis einer Mischverteilungsanalyse der Mini Mental State Examination (MMSE-Kurzform; prozentualer Anteil der beiden Komponenten).

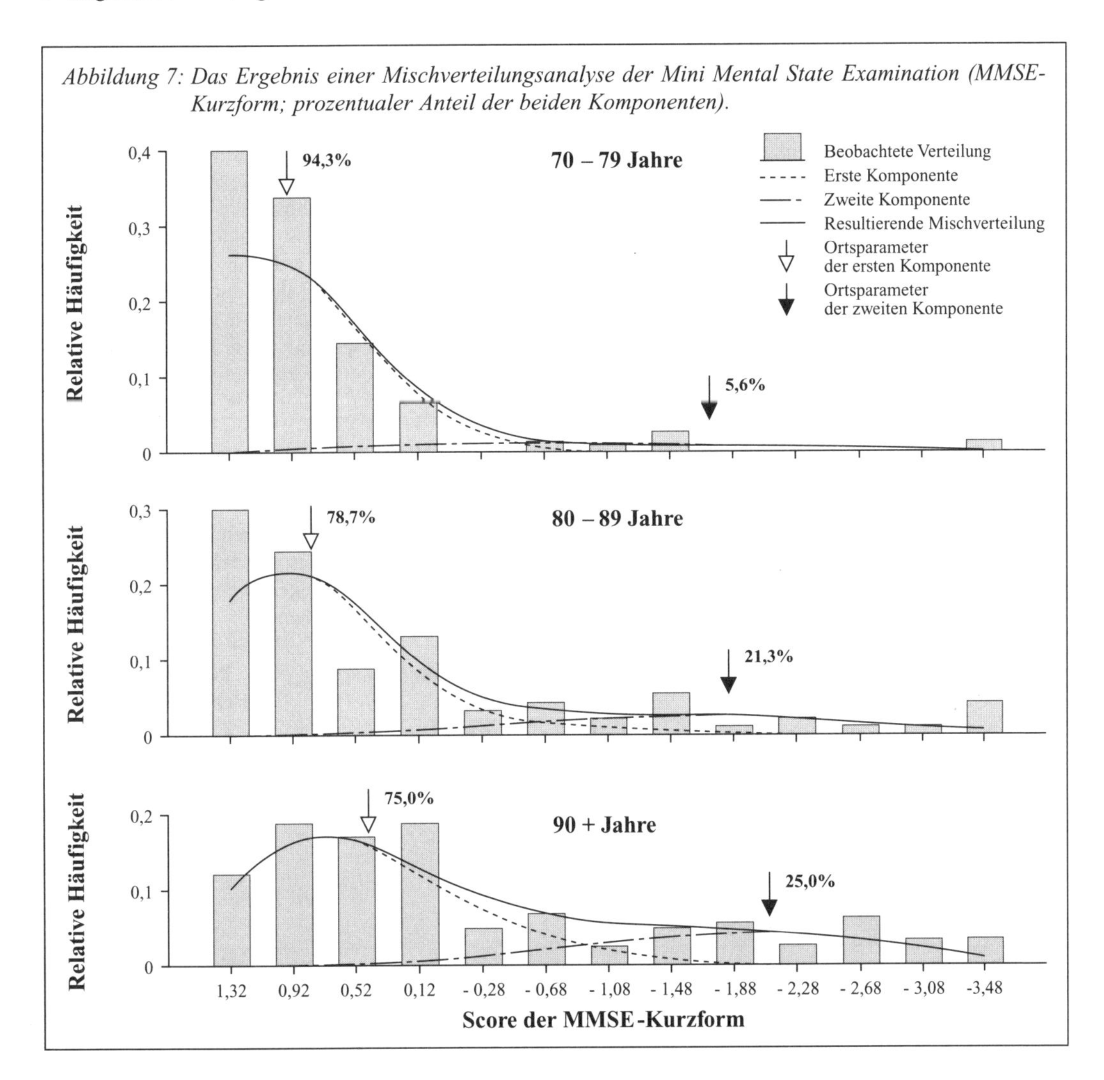

über hinaus die jüngeren Geburtskohorten alternsfreundlicheren Lebenswelten ausgesetzt waren bzw. ausgesetzt sind als die älteren (vgl. Maas et al., Kapitel 4). Im Gegensatz zur selektiven Mortalität würde diese Art von Kohorteneffekten dazu führen, daß die querschnittlichen Altersgradienten den altersbedingten Rückgang der kognitiven Leistungen *überschätzen* (siehe auch Lindenberger & Baltes, 1995).

6.2 Kognitive Leistungsfähigkeit, Alltagskompetenz und psychische Anpassungsprozesse

Eine weitere Frage betrifft die Alltagsrelevanz des Rückgangs der kognitiven Leistungsfähigkeit mit dem Alter. Die zuvor berichteten starken Beziehungen zwischen kognitiver Leistungsfähigkeit, Alltagskompetenz und Alter legen den Schluß nahe, daß die alterungsbedingte Abnahme der kognitiven Leistungsfähigkeit die Fähigkeit zur kompetenten Bewältigung des Alltags zunehmend einschränkt. Es sollte jedoch bedacht werden, daß sich dieser Befund auf die *objektiv* erfaßte Alltagskompetenz (im Sinne der Anzahl kompetent und selbständig ausgeführter Tätigkeiten), nicht jedoch auf die subjektiv erlebte Kompetenz bei der Bewältigung alltäglicher Anforderungen bezieht. Anpassungs- und Kompensationsprozesse (P. B. Baltes & Baltes, 1990; Brim, 1992; Kruse, 1990) bleiben bei einer derartigen Betrachtung also unberücksichtigt. Auf der Grundlage theoretischer Modelle der Entwicklungsregulation über die Lebensspanne läßt sich argumentieren, daß Personen im hohen Alter die Komplexität ihres Alltags über die Jahre hinweg allmählich reduzieren sollten, um auf diese Weise ein Gleichgewicht zwischen Fähigkeiten und Anforderungen aufrechtzuerhalten (P. B. Baltes & Baltes, 1990). In diesem Fall wäre es denkbar, daß die Menge der selbständig bewältigten Tätigkeiten zwar mit dem Alter abnimmt – und somit auch die objektiv erfaßte Alltagskompetenz –, daß jedoch für die Menge der verbleibenden Tätigkeiten nach wie vor die Möglichkeit zum Erleben kompetenter Alltagsbewältigung besteht (vgl. Smith & Baltes, Kapitel 8; Staudinger et al., 1993).

Ein derartiges Potential der subjektiven Anpassung an reduzierte kognitive Fähigkeiten könnte aber an seine Grenzen stoßen, wenn die kognitive Leistungsfähigkeit ein gewisses Mindestniveau unterschreitet. Somit stellt sich die dringende Frage, ob beim normalen kognitiven Altern (d. h. beim kognitiven Altern ohne Demenz) die intellektuelle Leistungsfähigkeit von zahlreichen Hochbetagten so sehr beeinträchtigt ist, daß grundlegende Merk- und Lernleistungen, wie sie z. B. für den kommunikativen Austausch verbaler Informationen benötigt werden, nicht mehr vorhanden sind. Tabelle 6 stellt den Versuch einer Antwort auf diese Frage dar. Es handelt sich um die detaillierte Darstellung der Ergeb-

Tabelle 6: Gedächtnisleistungen der Teilnehmer der Berliner Altersstudie am Beispiel der Aufgabe „Geschichte erinnern" (Anteil richtiger Antworten in %).

„Gestern ging Peter, der sieben Jahre alt ist, zum Bleisee, um zu angeln. Er nahm seinen Hund Prinz mit. Der See war nach den starken Regengüssen der letzten vier Tage über die Ufer getreten. Peter rutschte auf dem glitschigen Lehmboden aus und fiel in das tiefe Wasser. Er wäre ertrunken, wenn ihm nicht sein Hund nachgesprungen wäre und ihm geholfen hätte, das Ufer wieder zu erreichen."

	Personen ohne Demenzdiagnose			**Personen mit Demenzdiagnose**
	70–79 N=164	**89–89 N=138**	**95+ N=105**	**$\bar{x}$=90,8 Jahre N=106**
Wie hieß der Junge?	79,3	81,9	70,5	41,3
Wie alt war der Junge?	63,4	55,8	52,4	34,9
Wie hieß der Hund?	31,1	26,8	9,5	1,8
Wie hieß der See?	42,7	26,1	12,4	7,3
Warum fiel der Junge ins Wasser?[1]	84,8	81,9	70,5	46,8

Anmerkung: Eine der sechs Fragen („Worum ging es im wesentlichen in dieser Geschichte?") ist nicht in der Tabelle aufgeführt.
1 Die Antwort galt als richtig, wenn sie mindestens einen der folgenden Gründe enthielt: (a) weil er ausgerutscht war; (b) weil es glitschig war; (c) weil der See über die Ufer getreten war.

nisse für den Test „Geschichte erinnern", einem der drei Gedächtnistests der kognitiven Leistungsmessung. Der/die FTA las eine Geschichte über einen Jungen vor, der Angeln ging, ins Wasser fiel und von seinem Hund gerettet wurde, und stellte dem Studienteilnehmer anschließend Fragen zum Inhalt der Geschichte. Wie der Tabelle zu entnehmen ist, waren in allen drei Altersgruppen (70–79, 80–89 und 90+ Jahre) mindestens 70% der nicht-dementen Personen dazu imstande, den Namen des Jungen zu nennen und sich daran zu erinnern, warum der Junge ins Wasser gefallen war. Mit größerer Wahrscheinlichkeit nicht erinnert wurden hingegen das Alter des Jungen, der Name des Hundes und der Name des Sees.

Mehr als zwei Drittel der kognitiv gesunden hochbetagten Studienteilnehmer konnten sich demnach an den Namen des Protagonisten und den zentralen Handlungsabschnitt der Geschichte erinnern. Zusammen mit dem weiter oben berichteten und in Abbildung 5 dargestellten Erhalt der Lernfähigkeit deutet dieses Ergebnis darauf hin, daß bei Abwesenheit einer dementiellen Erkrankung die Fähigkeit zum sinnhaften Austausch neuer Informationen als Voraussetzung geistiger Teilnahme am Geschehen in der Außenwelt bis ins höchste Lebensalter erhalten bleibt.

Literaturverzeichnis

American Psychiatric Association (APA) (Hrsg.) (1987). *Diagnostic and statistical manual of mental disorders (DSM-III-R).* Washington, DC: American Psychiatric Association.

Bäckman, L., Josephsson, S., Herlitz, A., Stigsdottir, A. & Viitanen, M. (1991). The generalizability of training gains in dementia: Effects of an imagery-based mnemonic on face-name retention duration. *Psychology and Aging, 6,* 489–492.

Baltes, M. M., Kühl, K.-P. & Sowarka, D. (1992). Testing for limits of cognitive research capacity: A promising strategy for early diagnosis of dementia? *Journal of Gerontology: Psychological Sciences, 47,* P165–P167.

Baltes, P. B. (1993). Die zwei Gesichter des Alterns der Intelligenz. *Jahrbuch der Leopoldina, 39,* 169–190.

Baltes, P. B. & Baltes, M. M. (1990). Psychological perspectives on successful aging: The model of selective optimization with compensation. In P. B. Baltes & M. M. Baltes (Hrsg.), *Successful aging: Perspectives from the behavioral sciences* (S. 1–34). Cambridge: Cambridge University Press.

Baltes, P. B., Cornelius, S. W., Spiro, A., Nesselroade, J. R. & Willis, S. L. (1980). Integration versus differentiation of fluid/crystallized intelligence in old age. *Developmental Psychology, 16,* 625–635.

Baltes, P. B. & Lindenberger, U. (1995). Sensorik und Intelligenz: Intersystemische Wechselwirkungen. *Akademie-Journal, 1,* 20–28.

Baltes, P. B., Lindenberger, U. & Staudinger, U. M. (1995). Die zwei Gesichter der Intelligenz im Alter. *Spektrum der Wissenschaft, 10,* 52–61.

Baschek, I.-L., Bredenkamp, J., Öhrle, B. & Wippich, W. (1977). Bestimmung der Bildhaftigkeit (I), Konkretheit (C) und der Bedeutungshaftigkeit (m') von 800 Substantiven. *Zeitschrift für Experimentelle und Angewandte Psychologie, 32,* 3–20.

Beale, E. M. L. & Little, R. J. (1975). Missing values in multivariate analysis. *Journal of the Royal Statistical Society, Series B, 37,* 129–145.

Böhning, D., Schlattmann, P. & Lindsay, B. G. (1993). Computer-assisted analysis of mixtures (C-A-MAN): Statistical algorithms. *Biometrics, 48,* 283–303.

Brim, O. J., Jr. (1992). *Ambition: How we manage success and failure throughout our lives.* New York: Basic Books.

Carroll, J. B. (1993). *Human cognitive abilities.* Cambridge: Cambridge University Press.

Cattell, R. B. (1971). *Abilities: Their structure, growth, and action.* Boston, MA: Houghton Mifflin.

Corkin, S. (1982). Some relationships between global amnesias and the memory impairments in Alzheimer's disease. In S. Corkin, J. H. Growden, E. Usdin & R. J. Wurtmann (Hrsg.), *Alzheimer's disease: A report of research in progress* (S. 149–164). New York: Raven.

Craik, F. I. M. (1977). Age differences in human memory. In J. E. Birren & K. W. Schaie (Hrsg.), *Handbook of the psychology of aging* (1. Aufl., S. 384–420). New York: Van Nostrand Reinhold.

Educational Testing Service (ETS) (1977). *Reading: Basic skills assessment program.* Menlo Park, CA: Addison-Wesley.

Ekstrom, R. B., French, J. W., Harman, M. M. & Derman, D. (1976). *Manual for the fit of factor-referenced cognitive tests.* Princeton, NJ: Educational Testing Service.

Engel, R. R. & Satzger, W. (1990). *Kompendium alterssensitiver Leistungstests.* München: Psychiatrische Klinik der Universität München, Abteilung für Experimentelle und Klinische Psychologie.

Folstein, M. F., Folstein, S. E. & McHugh, P. R. (1975). „Mini Mental State“: A practical method for grading the cognitive state of patients for the clinician. *Journal of Psychiatric Research, 12,* 189–198.

Fozard, J. L. & Nuttal, R. L. (1971). General Aptitude Test Battery scores for men differing in age and socioeconomic status. *Journal of Applied Psychology, 55,* 372–379.

Golomb, J., deLeon, M. J., Kluger, A., George, A. E., Tarshish, C. & Ferris, S. H. (1993). Hippocampal atrophy in normal aging: An association with recent memory impairment. *Archives of Neurology, 50,* 967–973.

Gribbin, K., Schaie, K. W. & Parham, I. A. (1989). Complexity of life style and maintenance of intellectual abilities. *Journal of Social Issues, 36,* 47–61.

Grober, E., Buschke, H., Crystal, H., Bank, S. & Dresner, R. (1988). Screening for dementia by memory testing. *Neurology, 38,* 900–903.

Häfner, H. (1992). Psychiatrie des höheren Lebensalters. In P. B. Baltes & J. Mittelstraß (Hrsg.), *Zukunft des Alterns und gesellschaftliche Entwicklung* (S. 151–179). Berlin: de Gruyter.

Heller, K., Gaedike, A.-K. & Weinläder, M. (1976). *Kognitiver Fähigkeits-Test (KFT).* Weinheim: Beltz.

Herlitz, A., Adolfsson, R., Bäckman, L. & Nilsson, L.-G. (1991). Cue utilization following different forms of encoding in mildly, moderately, and severely demented patients with Alzheimer's disease. *Brain and Cognition, 15,* 119–130.

Hertzog, C. (1989). Influences of cognitive slowing on age differences in intelligence. *Developmental Psychology, 25,* 636–651.

Hertzog, C. & Schaie, K. W. (1988). Stability and change in adult intelligence: 2. Simultaneous analysis of longitudinal means and covariance structures. *Psychology and Aging, 3,* 122–130.

Horn, J. L. (1982). The theory of fluid and crystallized intelligence in relation to concepts of cognitive psychology and aging in adulthood. In F. I. M. Craik & S. Trehub (Hrsg.), *Aging and cognitive processes* (S. 237–278). New York: Plenum Press.

Ivy, G. O., McLeod, C. M., Petit, T. L. & Markus, E. J. (1992). A physiological framework for perceptual and cognitive changes in aging. In F. I. M. Craik & T. A. Salthouse (Hrsg.), *The handbook of aging and cognition* (S. 273–314). Hillsdale, NJ: Erlbaum.

Keiding, N. (1991). Age-specific incidence and prevalence: A statistical perspective. *Journal of the Royal Statistical Society, Series A, 154,* 371–412.

Kohn, M. L. & Schooler, C. (1978). The reciprocal effects of the substantive complexity of work and intellectual flexibility: A longitudinal assessment. *American Journal of Sociology, 84,* 24–52.

Kohn, M. L. & Schooler, C. (1983). *Work and personality.* Norwood, NJ: Ablex.

Kruse, A. (1990). Potentiale im Alter. *Zeitschrift für Gerontologie, 23,* 235–245.

Lang, F. R. & Carstensen, L. L. (1994). Close emotional relationships in late life: Further support for proactive aging in the social domain. *Psychology and Aging, 9,* 315–324.

Lehrl, S. (1977). *Mehrfachwahl-Wortschatz-Test (MWT-B).* Erlangen: Straube.

Lienert, G. A. & Crott, H. W. (1964). Studies on the factor structure of intelligence in children, adolescents, and adults. *Vita Humana, 7,* 147–163.

Lindenberger, U. & Baltes, P. B. (1994). Aging and intelligence. In R. J. Sternberg, S. J. Ceci, J. Horn, E. Hunt, J. D. Matarazzo & S. Scarr (Hrsg.), *The encyclopedia of human intelligence* (S. 52–66). New York: Macmillan.

Lindenberger, U. & Baltes, P. B. (1995). Kognitive Leistungsfähigkeit im Alter: Erste Ergebnisse aus der Berliner Altersstudie. *Zeitschrift für Psychologie, 203,* 283–317.

Lindenberger, U., Mayr, U. & Kliegl, R. (1990). *Validation of the cognitive battery of the Berlin Aging Study: Results from a pilot study* (Technical Report). Berlin: Max-Planck-Institut für Bildungsforschung.

Lindenberger, U., Mayr, U. & Kliegl, R. (1993). Speed and intelligence in old age. *Psychology and Aging, 8,* 207–220.

Meng, X.-L., Rosenthal, R. & Rubin, D. B. (1992). Comparing correlated correlation coefficients. *Psychological Bulletin, 111,* 172–175.

Moss, M. & Lawton, M. P. (1982). Time budgets of older people: A window on four lifestyles. *Journal of Gerontology, 37,* 576–582.

Nettelbeck, T. & Rabbit, P. (1992). Aging, cognitive performance, and mental speed. *Intelligence, 16,* 189–205.

Owens, W. A. (1959). Is age kinder to the initially more able? *Journal of Gerontology, 14,* 334–337.

Pedhazur, E. J. (1982). *Multiple regression in behavioral research.* New York: Holt.

Read, D. E. (1987). Neuropsychological assessment of memory in the elderly. *Canadian Journal of Psychology, 41,* 158–174.

Reinert, G. (1970). Comparative factor analytic studies of intelligence throughout the life span. In L. R. Goulet & P. B. Baltes (Hrsg.), *Life-span developmental psychology: Research and theory* (S. 467–484). New York: Academic Press.
Reinert, G., Baltes, P. B. & Schmidt, L. R. (1966). Kritik einer Kritik der Differenzierungshypothese der Intelligenz. *Zeitschrift für Experimentelle und Angewandte Psychologie, 13,* 602–610.
Reischies, F. M. & Khatami, A. (1994). *Untersuchung zur Testwertstabilität der neuropsychologischen Messungen der Berliner Altersstudie.* Unveröffentlichtes Manuskript, Freie Universität Berlin.
Reischies, F. M. & Geiselmann, B. (im Druck). Neuropsychology of dementia and depression in old age. In A. Beigel (Hrsg.), *Proceedings of the 9th World Congress of Psychiatry.*
Reischies, F. M., Schaub, R. T. & Schlattmann, P. (im Druck). Normal ageing, impaired cognitive functioning, and senile dementia: A mixture distribution analysis. *Psychological Medicine.*
Reitan, R. M. (1958). Validity of the Trail Making Test as an indicator of organic brain damage. *Perceptual and Motor Skills, 8,* 271–276.
Rossius, W. & Reischies, F. M. (1995). *Quantifizierung computertomographischer Parameter im hohen Alter.* Unveröffentlichtes Manuskript, Freie Universität Berlin.
Rudinger, G. & Rietz, C. (1995). Intelligenz: Neuere Ergebnisse aus der Bonner Längsschnittstudie des Alterns (BOLSA). In A. Kruse & R. Schmitz-Scherzer (Hrsg.), *Psychologie des Lebenslaufs* (S. 197–211). Darmstadt: Steinkopff.
Rutter, M. (1987). Psychosocial resilience and protective mechanisms. *American Journal of Orthopsychiatry, 57,* 316–331.
Salthouse, T. A. (1991). *Theoretical perspectives on cognitive aging.* Hillsdale, NJ: Erlbaum.
Salthouse, T. A. (1994). The nature of the influence of speed on adult age differences in cognition. *Developmental Psychology, 30,* 240–259.
Salthouse, T. A., Babcock, R. L., Skovronek, E., Mitchell, D. R. D. & Palmon, R. (1990). Age and experience effects in spatial visualization. *Developmental Psychology, 26,* 128–136.
Salthouse, T. A., Kausler, D. H. & Saults, J. S. (1988). Investigation of student status, background variables, and the feasability of standard tasks in aging research. *Psychology and Aging, 3,* 29–37.
Schaie, K. W. (1989). Perceptual speed in adulthood: Cross-sectional and longitudinal studies. *Psychology and Aging, 4,* 443–453.
Schaie, K. W. (1994). The course of adult intellectual development. *American Psychologist, 49,* 304–313.
Schaie, K. W., Willis, S. L., Jay, G. & Chipuer, H. (1989). Structural invariance of cognitive abilities across the adult life span: A cross-sectional study. *Developmental Psychology, 25,* 652–662.
Siegler, I. C. (1983). Psychological aspects of the Duke Longitudinal Studies. In K. W. Schaie (Hrsg.), *Longitudinal aspects of adult psychological development* (S. 136–190). New York: Guilford.
Siegler, I. C. & Botwinick, J. (1979). A long-term longitudinal study of intellectual ability of older adults: The matter of selective subject attrition. *Journal of Gerontology, 34,* 242–245.
Staudinger, U. M., Marsiske, M. & Baltes, P. B. (1993). Resilience and levels of reserve capacity in later adulthood: Perspectives from life-span theory. *Development and Psychopathology, 5,* 541–566.
Thorndike, R. L., Hagen, E. & Lorge, I. (1954-68). *Cognitive Abilities Test.* Boston, MA: Houghton Mifflin.
Wechsler, D. (1955). *Wechsler Adult Intelligence Scale manual.* New York: The Psychological Corporation.
Wechsler, D. (1982). *Handanweisung zum Hamburg-Wechsler-Intelligenztest für Erwachsene (HAWIE).* Bern: Huber.
Willis, S. L. (1991). Cognition and everyday competence. *Annual Review of Gerontology and Geriatrics, 11,* 80–109.
Willis, S. L., Jay, G., Diehl, M. & Marsiske, M. (1992). Longitudinal change and prediction of everyday task competence in the elderly. *Research on Aging, 14,* 68–91.
Willis, S. L. & Nesselroade, C. S. (1990). Long-term effects of fluid ability training in old-old age. *Developmental Psychology, 26,* 905–910.
Zaudig, M., Mittelhammer, J., Hiller, W., Pauls, A., Thora, C., Morinigo, A. & Mombur, W. (1991). SIDAM: A structured interview for the diagnosis of dementia of the Alzheimer type, multi infarct dementia and dementias of other aetiology according to ICD-10 and DSM-III-R. *Psychological Medicine, 21,* 225–236.

14. Sensorische Systeme im Alter

Michael Marsiske, Julia Delius, Ineke Maas,
Ulman Lindenberger, Hans Scherer & Clemens Tesch-Römer

Zusammenfassung

In diesem Kapitel werden drei sensorische Systeme (Gehör, Sehvermögen und Gleichgewicht/Gang) betrachtet. Zunächst werden individuelle Unterschiede und Altersgradienten in sensorischen Leistungen im Überblick beschrieben. Dann wird untersucht, in welchem Ausmaß individuelle Unterschiede in der sensorischen Funktionsfähigkeit mit den Leistungen in anderen psychologischen Funktions- und Verhaltensbereichen zusammenhängen. Die Leistungen in den drei untersuchten Sinnessystemen wiesen einen deutlich negativen Zusammenhang mit dem Alter auf. Dementsprechend sind die 70- bis 79jährigen Studienteilnehmer im Mittel in ihrer sensorischen Funktionsfähigkeit leicht beeinträchtigt, die 90jährigen und Älteren hingegen mäßig bis schwer, wobei häufig nicht nur eine, sondern mehrere Sinnesmodalitäten betroffen waren. Das Kapitel berichtet auch über Prävalenzraten für wichtige Erkrankungen und Beeinträchtigungen des visuellen und des auditorischen Systems, wie sie aus den Anamnesen der Studienteilnehmer zu erfahren waren, sowie auch über einige häufig eingesetzte Hilfsmittel und Eingriffe (z. B. Hörgeräte, Brillen, Kataraktoperationen). Die Betrachtung der Zusammenhänge zwischen sensorischer Funktionsfähigkeit und anderen psychologischen Funktions- und Verhaltensbereichen (z. B. kognitive Leistungsfähigkeit, basale und erweiterte Alltagskompetenz, Persönlichkeitseigenschaften, Wohlbefinden und Größe des sozialen Netzwerks) ergab:

1. Es bestehen deutliche Zusammenhänge zwischen allen drei sensorischen Modalitäten und den ausgewählten Bereichen. Besonders stark sind die Zusammenhänge zur kognitiven Leistungsfähigkeit und zur Alltagskompetenz.
2. Die sensorischen Variablen können fast die gesamte altersabhängige Varianz in allen untersuchten Bereichen aufklären (vermitteln); d. h., nach statistischer Kontrolle der sensorischen Funktionsfähigkeit gibt es im wesentlichen keinen signifikanten spezifischen Effekt des chronologischen Alters.
3. Die Auswirkungen sensorischer Variablen in der untersuchten Altersspanne scheinen additiv (nicht interaktiv) zu sein.
4. Im allgemeinen moderiert weder Alter noch die Nutzung von Hilfsmitteln die Beziehung zwischen sensorischen Variablen und den betrachteten Funktionsbereichen.

1. Einleitung

Dieses Kapitel berichtet anhand der Ergebnisse der Berliner Altersstudie (BASE) über individuelle Unterschiede der sensorischen Funktionsfähigkeit unter alten und sehr alten Menschen. Die Konsequenzen von altersabhängigen Unterschieden sensorischer Funktionsfähigkeit für Leistungen in anderen Funktionsbereichen werden ebenfalls untersucht. Bei der Betrachtung „funktioneller" Konsequenzen sensorischen Alterns stellen wir die Frage, wie die Leistungen von Individuen in ausgewählten Bereichen im Kontext ihrer sensorischen Funktionsfähigkeit beeinflußt werden. Wir konzentrieren uns auf drei Sinnessysteme: Gehör, Sehvermögen und Gleichgewicht/Gang.

Die zentrale Bedeutung effektiver sensorischer Funktionsfähigkeit als notwendige Bedingung für Interaktion mit der Umwelt ist unumstritten. Während es möglich sein mag, einige sensorische Beeinträchtigungen oder eingeschränkte Einbußen in einem oder mehreren sensorischen Systemen zu kompensieren (Whitbourne, 1985), müssen altersabhängige Sinnesbeeinträchtigungen als Risikofaktor für eine effektive Gestaltung des Alltags betrachtet werden. Da das hohe Alter als eine durch multiple Beeinträchtigungen gekennzeichnete Lebensphase angesehen wird (siehe Steinhagen-Thiessen & Borchelt, Kapitel 6 in diesem Band), könnte das kumulative Risiko aufgrund von Verlusten in mehr als einem Sinnessystem als potentielle Ursache für Einschränkungen in *anderen* Bereichen eine besondere Rolle spielen.

Hinsichtlich der theoretischen Grundlagen bezieht sich dieses Kapitel auf das konzeptuelle Gerüst von BASE, insbesondere auf die Orientierungen des *Alterns als systemisches Phänomen* und des *differentiellen Alterns* (für ausführliche Diskussion siehe P. B. Baltes et al., Kapitel 1; Mayer et al., Kapitel 23). Bei der Betrachtung des *Alterns als systemisches Phänomen* konzentrieren wir uns auf die Integration der Funktionsfähigkeit über Bereiche hinweg sowie auf die Frage, ob altersbedingte Veränderungen in einigen Subsystemen Folgen für die Funktionsfähigkeit in anderen Bereichen haben können. Eine Version dieser Perspektive ist die „Kaskadenhypothese" (Birren, 1964), nach der die Auswirkungen von altersbedingten Verlusten in einigen Systemen „dominosteinartig" Folgen in anderen auslösen. Sensorische Funktionsfähigkeit stellt als grundlegendste Interaktionsebene des Organismus mit seiner Umwelt eine basale Leistung dar. Daraus ergibt sich die Frage, ob Einbußen sensorischer Funktionsfähigkeit Verluste in anderen komplexeren Bereichen „auslösen". Es sei aber daran erinnert, daß die Querschnittlichkeit des betrachteten BASE-Datensatzes keine Aussagen über den kausalen Status der sensorischen Variablen zulassen.

Eine weitere Fragestellung, die sich aus der Sicht des Alterns als systemisches Phänomen ergibt, beschäftigt sich damit, ob die für das jüngere Alter berichtete sensorische Kompensation (d. h., Blinde können besser hören oder tasten; Neville, 1990; Rauschecker, 1995) im hohen Alter nicht mehr möglich ist. Werden also Verluste in einem Sinnessystem auch im Alter durch andere „ausgeglichen", oder sind die verschiedenen Sinnesmodalitäten eher gleichermaßen durch Einbußen betroffen?

Im Konzept des *differentiellen Alterns*, auf das in Kapitel 8 von Smith und Baltes genauer eingegangen wird, werden die verschiedenartigen individuellen Variationen des Alterungsprozesses betrachtet. Aus einer differentiellen Perspektive könnte man annehmen, daß die Wahrnehmung der eigenen Alterung für Personen mit und ohne schwere sensorische Beeinträchtigungen verschieden ausfallen könnte.

Um sensorische Funktionsfähigkeit im Alter und ihre Zusammenhänge mit anderen Bereichen zu untersuchen, orientiert sich dieses Kapitel im wesentlichen an zwei Fragestellungen. Erstens beschreiben wir die Verteilungen der Funktionsfähigkeit von Gehör, Sehvermögen und Gleichgewicht/Gang im hohen und sehr hohen Alter. Dabei versuchen wir, unsere Befunde in Bezug zu anderen Studien zu setzen und die Bedeutung von Funktionseinbußen zu konkretisieren. Zweitens untersuchen wir die Beziehungen sensorischer Funktionsfähigkeit zu anderen Bereichen und betrachten die Bedeutungen derartiger Zusammenhänge unter systemischer und differentieller Perspektive.

2. Deskriptive Befunde

Dieser Abschnitt ist in vier Teile gegliedert, die jeweils Elemente der sensorischen Funktionsfähigkeit der BASE-Teilnehmer beschreiben. Erst untersuchen wir die Verteilung sensorischer Funktionsfähigkeit in den Modalitäten Gehör, Sehvermögen und Gleichgewicht/Gang, wobei ein Schwerpunkt auf der Beschreibung altersabhängiger Unterschiede liegt. Zweitens gehen wir auf die Folgen altersabhängiger Verteilungsmuster für die Klassifikation sensorischer Beeinträchtigungen ein (bei Gehör und Sehvermögen, für die solche Klassifikationskriterien vorhanden sind). Drittens betrachten wir die Prävalenz von Erkrankungen des auditorischen und visuellen Systems (vor allem des Ohres und des Auges), um festzustellen, in welchem Ausmaß die beobachteten Alterungsunterschiede der sensorischen Funktionsfähigkeit auf spezifische Erkrankungen zurückgeführt werden können. Viertens berichten wir über die Daten zum Einsatz von Hilfsmitteln und korrigierenden operativen Eingriffen (Hörgeräte, Brillen, Kataraktoperationen) bei den BASE-Teilnehmern.

2.1 Mittelwertsverteilungen und individuelle Unterschiede

2.1.1 Altersunterschiede des Sehvermögens

In BASE wurde die Sehschärfe (Visus)[1] mit optometrischen Standardmethoden gemessen (siehe Borchelt & Steinhagen-Thiessen, 1992; Lindenberger &

[1] Im folgenden wird immer angegeben, ob Sehschärfe bzw. Visus mit oder ohne korrigierende Gläser gemessen wurde. Der in der Literatur benutzte Begriff der Sehleistung für den Sehwert ohne Korrektur wird hier der Einfachheit halber nicht verwendet. Das Sehvermögen bezeichnet die Gesamtleistung des Sehorgans, wobei in BASE nur die Sehschärfe untersucht wurde und Aspekte wie das Gesichtsfeld, Farben- und Dunkelsehen nicht berücksichtigt werden konnten.

Baltes, 1994a; Steinhagen-Thiessen & Borchelt, 1993). Es muß dabei darauf hingewiesen werden, daß bei der Beurteilung aller betrachteten Sinnessysteme keine prozeßorientierten psychophysikalischen Messungen möglich waren. Der Nahvisus wurde mit einer Snellen-Lesetafel bei individuell festgelegter Leseentfernung (ungefähr 25 cm) einzeln für das linke und rechte Auge gemessen. Der Fernvisus wurde für beide Augen zusammen (binokular) mit einer Snellen-Tafel in mindestens 2,5 m Entfernung bestimmt. Alle Messungen wurden mit und ohne eigene korrigierende Fern- oder Lesebrillen durchgeführt (falls vorhanden). Die Meßeinheiten waren Snellen-Dezimale, wobei ein Wert von 1,0 als an jungen Erwachsenen normierte unbeeinträchtigte (20/20) Sehschärfe gilt (für ausführliche Diskussion solcher Schwellensetzungen siehe weiter unten). Über 90% der BASE-Teilnehmer trugen Brillen, und einige Analysen in diesem Kapitel greifen auf die *besseren* Visuswerte zurück (um die Fälle auszuschließen, bei denen eine schlechte Korrektur zur beeinträchtigten Sehschärfe beitrug).

Abbildung 1a zeigt die Verteilung der Sehschärfe nach Alter und Geschlecht in BASE. Mit jedem Lebensjahrzehnt verschlechterte sich die Sehschärfe signifikant, und Frauen wiesen signifikant schlechtere Leistungen auf als Männer. Dieser Geschlechtsunterschied könnte eine Folge geschlechtsspezifischer Selektionseffekte darstellen (siehe Lindenberger et al., Kapitel 3). Es gibt jedoch auch in der Literatur Hinweise darauf, daß Frauen stärker von visueller Beeinträchtigung betroffen sind (z. B. Schmack, 1989).

Abbildung 1b zeigt in einem Streudiagramm die Verteilung von individuellen Unterschieden des korrigierten Fernvisus nach Alter. Das grau unterlegte Feld repräsentiert den Bereich des bei jungen Erwachsenen normierten, als nicht beeinträchtigt definierten Visus (Snellen-Dezimale von 0,8 und mehr). Wie das Diagramm zeigt, erreichten sehr wenige BASE-Teilnehmer dieses Kriterium „normaler" Sehschärfe, und es fanden sich deutlich niedrigere Leistungen im höheren Alter. Die meisten der ältesten Teilnehmer waren am untersten Ende der Visusverteilung angesiedelt. Dagegen lag die Sehschärfe der meisten der jüngsten Teilnehmer näher am Normbereich (aber ebenfalls darunter).

Sind die BASE-Befunde zum Visus mit den Ergebnissen anderer Studien vergleichbar? In einer Vielzahl querschnittlicher und longitudinaler Untersuchungen sind beträchtliche altersabhängige Verluste des Sehvermögens nachgewiesen worden. Für umfassende Übersichten sei der Leser auf Kline und Schieber (1985), Fozard (1990) und Schieber (1992) verwiesen. Alltagsbeobachtungen ergeben, daß Lesebrillen in den mittleren Lebensjahren sehr verbreitet sind. In der Tat ist epidemiologischen Daten zu entnehmen, daß die Leseentfernung aufgrund der abnehmenden Akkommodationsleistung der Augen von 10 cm bei 20jährigen auf 40 cm bei 50jährigen zunimmt (Bennett & Eklund, 1983a).

Querschnittlich erhobene Daten zum Fernvisus zeigen beträchtliche Einbußen nach dem Alter von 50 Jahren (Pitts, 1982). Sehschärfen des besseren Auges von weniger als 20/50 wurden bei ungefähr

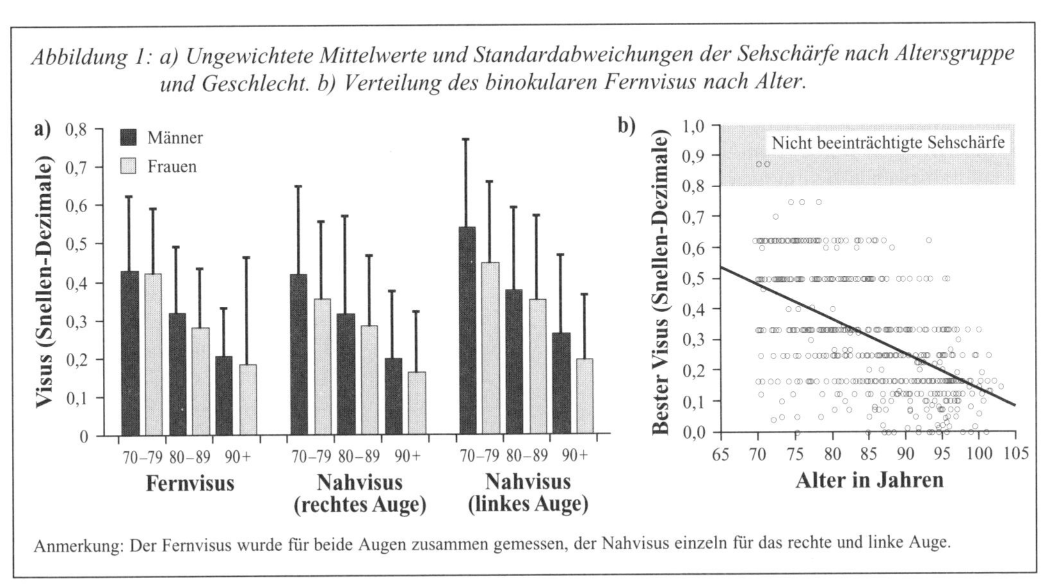

Abbildung 1: a) Ungewichtete Mittelwerte und Standardabweichungen der Sehschärfe nach Altersgruppe und Geschlecht. b) Verteilung des binokularen Fernvisus nach Alter.

Anmerkung: Der Fernvisus wurde für beide Augen zusammen gemessen, der Nahvisus einzeln für das rechte und linke Auge.

Abbildung 2: Ungewichtete Mittelwerte der über beide Ohren gemittelten Hörschwellen nach Altersgruppe und Geschlecht.

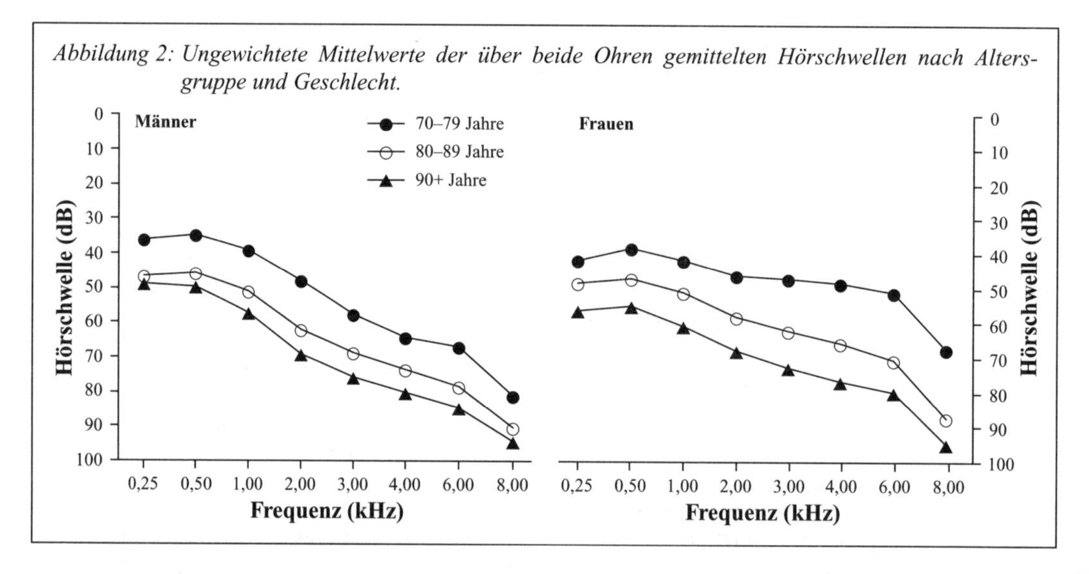

10% der 60- bis 69jährigen und immerhin 25–35% der über 80jährigen nachgewiesen (Anderson & Palmore, 1974; Branch, Horowitz & Carr, 1989).

Im Vergleich zu anderen Untersuchungen scheinen die Niveaus des Visus bei BASE-Teilnehmern erheblich geringer zu sein. Dies könnte dadurch begründet sein, daß es sich bei anderen veröffentlichten Prävalenzangaben um eine Unterschätzung wahrer Beeinträchtigungsraten handelt. Im Grunde hat keine bisherige Studie über 80jährige so systematisch untersucht wie BASE. Darüber hinaus könnten veröffentlichte Raten der Behinderungsprävalenz deshalb Unterschätzungen darstellen, weil die meisten Untersuchungen alter Menschen Heimbewohner ausschließen. Gleichzeitig muß daran erinnert werden, daß BASE-Teilnehmer in ihrer eigenen Umgebung (in ihrer Wohnung oder im Heim) untersucht wurden. Das Sehvermögen wurde somit unter verhältnismäßig naturalistischen Bedingungen beurteilt, und es war nicht möglich, die Beleuchtung und Blendfreiheit in gleicher Weise zu optimieren und konstant zu halten wie in Laboruntersuchungen. Dies kann zu niedrigeren Werten beigetragen haben (vgl. Fozard, 1990).

2.1.2 Altersunterschiede des Gehörs

In BASE wurde das Gehör mit einem Bosch ST-20-1 Reinton-Audiometer geprüft, wobei Kopfhörer benutzt wurden. Diese machten die Bestimmung von korrigiertem versus unkorrigiertem Gehör unmöglich, da Hörgeräte mit den Kopfhörern nicht bequem getragen werden konnten. Für acht verschiedene Frequenzen wurden Hörschwellen in Dezibel in der folgenden Reihenfolge bestimmt: 1, 2, 3, 4, 6, 8, 0,5 und 0,25 kHz. Die Messung wurde an dem Ohr begonnen, das von dem Studienteilnehmer als das „bessere" angegeben wurde (an dem rechten, wenn der Teilnehmer dies nicht wußte). Abbildung 2 zeigt die erhaltene Verteilung nach Alter, Geschlecht und Frequenz.

Eine Varianzanalyse dieser Daten ergab signifikante Haupteffekte des Alters und der Frequenz. Es fanden sich signifikante Interaktionseffekte bei Geschlecht×Frequenz, Alter×Frequenz und Alter×Geschlecht×Frequenz ($p<0{,}01$). Die Daten zeigen, daß Frauen in allen Altersgruppen und in allen Frequenzen über 0,50 kHz niedrigere Hörschwellen (also besseres Gehör) als Männer hatten und daß zunehmendes Alter mit höheren Hörschwellen (schlechteres Gehör) einherging. Bei der tiefsten Frequenz (0,25 kHz) hatten Männer wiederum niedrigere Schwellen als Frauen, was mit Arbeiten von Corso (1963), Jerger, Chmiel, Stack und Spretnjak (1993), Pearson und Mitarbeitern (1995) und anderen übereinstimmt. Gleichzeitig gab es, insbesondere im höheren Alter und bei höheren Frequenzen, eine Verkleinerung des Abstands zwischen den Geschlechtern. Folglich unterschieden sich die durchschnittlichen Formen der Gehörskurven über die Frequenzen nach Alter und Geschlecht.

Abbildung 3 stellt die Variationsbreite des unkorrigierten Gehörs im sprachlichen Frequenzbereich (d. h. 0,5, 1,0 und 2,0 kHz) nach Alter dar. Das grau unterlegte Feld zeigt wieder den Bereich des (an jün-

Abbildung 3: Verteilung des unkorrigierten Gehörs (Hörschwellen für Sprachfrequenzen) der Studienteilnehmer nach Alter.

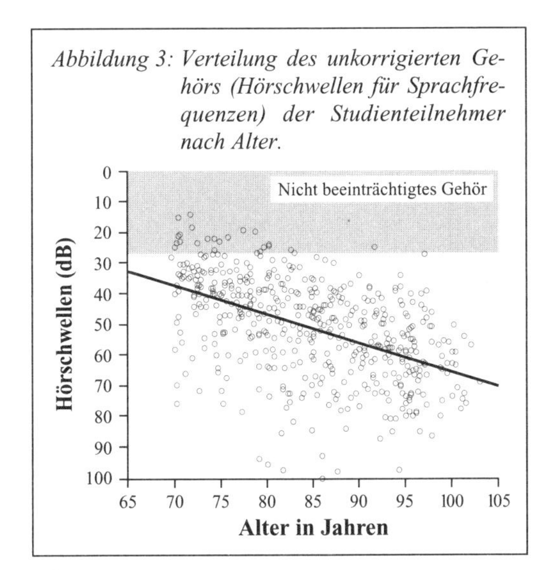

geren Erwachsenen normierten) als nicht beeinträchtigt definierten Gehörs für die Sprachfrequenzen. Nur wenige BASE-Teilnehmer wiesen auditorische Funktionsfähigkeit in diesem Bereich auf, und die meisten von ihnen waren jüngeren Alters. Mit zunehmendem Alter scheint es eine Verschiebung sowohl der höchsten als auch der niedrigsten Lautstärken zu geben, die für das Hören von reinen Tönen im sprachlichen Frequenzbereich nötig waren: Unter den 70- bis 79-jährigen brauchte niemand eine Lautstärke von über 80 dB, um einen Ton hören zu können; dagegen mußten für einige 80jährige und ältere Personen die Töne noch lauter sein. Und während einige 70- bis 79jährige Teilnehmer noch Töne zwischen 10 und 30 dB hören konnten, konnte so gut wie niemand im Alter von 90 und darüber Töne unter 30 dB hören.

Wie beim Sehvermögen waren die mittleren Niveaus des Gehörs in der heterogenen BASE-Stichprobe niedriger als in vielen Studien. Auch hier sind zwei verschiedene Erklärungen denkbar. Erstens ist es möglich, daß veröffentlichte Angaben für über 65jährige die Prävalenz von Hörverlust im höchsten Alter unterschätzen. Zweitens kann nicht ausgeschlossen werden, daß Umgebungsgeräusche während der audiometrischen Untersuchung weniger gut abgeschirmt wurden als in vergleichbaren Untersuchungen und daß dieser Umstand die Schwellenwerte um einen gewissen Betrag (wahrscheinlich etwa 10 dB) erhöht hat.

Trotz dieser Einschränkungen spiegeln die BASE-Daten Muster wider, die in der Literatur häufig berichtet wurden. Aus dieser Literatur geht hervor, daß ziemlich frühzeitig (ab dem 20. Lebensjahr) ein symmetrischer (beide Ohren betreffender) Verlust des Gehörs für hohe Töne einsetzt, der mit unterschiedlicher Geschwindigkeit zunimmt (für einen Überblick siehe Olsho, Harkins & Lenhardt, 1985; Willott, 1991). Dies führt zu einem typischen Muster der auditorischen Einbußen: Je höher die Tonfrequenz, desto schwerer der Hörverlust. Klinisch signifikanter Hörverlust (definiert als 30 dB unter der 0–15 dB Hörschwelle des nicht beeinträchtigten Gehörs[2]) wird bei ungefähr 30% der über 65jährigen Männer beobachtet (z. B. Bess, Lichtenstein, Logan, Burger & Nelson, 1989). Auch Corbin und Eastwood (1986) berichten, daß Hörverlust von 25–35 dB im sprachlichen Frequenzbereich und von 45–50 dB bei den hohen Frequenzen bei 80jährigen als „normal" angesehen wird, obwohl dies bei 40jährigen als klinisch signifikante Einbuße gilt. Es ist auch wichtig, darauf hinzuweisen, daß Reinton-Audiometrie funktionelle Beeinträchtigungen des Gehörs im Alltag eher unterschätzt. Mit dem Alter assoziierte Einschränkungen des Sprachverständnisses sind beispielsweise häufig schwerwiegender, als audiometrisch gemessene Reinton-Hörschwellen im sprachlichen Frequenzbereich (0,5–2 kHz) vermuten lassen (für einen Überblick siehe Working Group on Speech Understanding and Aging, 1988). Im Alter treten auch zunehmend Probleme wie Tinnitus (Ohrenklingen) und funktionelle Defizite wie Verlangsamung der Reizverarbeitung auf, die sich als Beschränkung des Verständnisses verzerrter Sprache äußern kann (z. B. beim Telefonieren; Bess et al., 1989).

2.1.3 Altersunterschiede im Gleichgewicht/Gang

Viele Übersichtsarbeiten zu Veränderungen der sensorischen Funktionsfähigkeit im Alter gehen nicht auf das Gleichgewicht ein (vgl. aber Corso, 1981), weil es nicht unter die „großen fünf" Sinne fällt (Hören, Sehen, Tasten, Schmecken und Riechen)[3]. Gleichgewicht/Gang ist ein Sinn „höherer Ordnung",

2 In der Literatur werden unterschiedliche Kriterien der Beeinträchtigung des Gehörs verwendet. Nach der World Health Organization (WHO, 1980) ist eine Hörschwelle von 0–15 dB als „normal" anzusehen. Von leichter Beeinträchtigung wird jedoch erst ab 25 dB gesprochen. Weiter unten wird näher auf die Schwierigkeiten der Setzung solch altersunabhängiger Schwellen eingegangen.

3 Obwohl wir im ganzen Kapitel sensorische Funktionsfähigkeit betonen, ist es wichtig, darauf hinzuweisen, daß das Gleichgewicht auch eine motorische Komponente hat, die wir auch durch die gewählte Bezeichnung Gleichgewicht/Gang hervorzuheben versuchen. Es ist denkbar, daß dort, wo Gleichgewicht/Gang eine spezifische prädiktive Wirkung auf andere Variablen ausübt (siehe weiter unten), diese spezifische Varianz vor allem der Motorik zuzuschreiben ist.

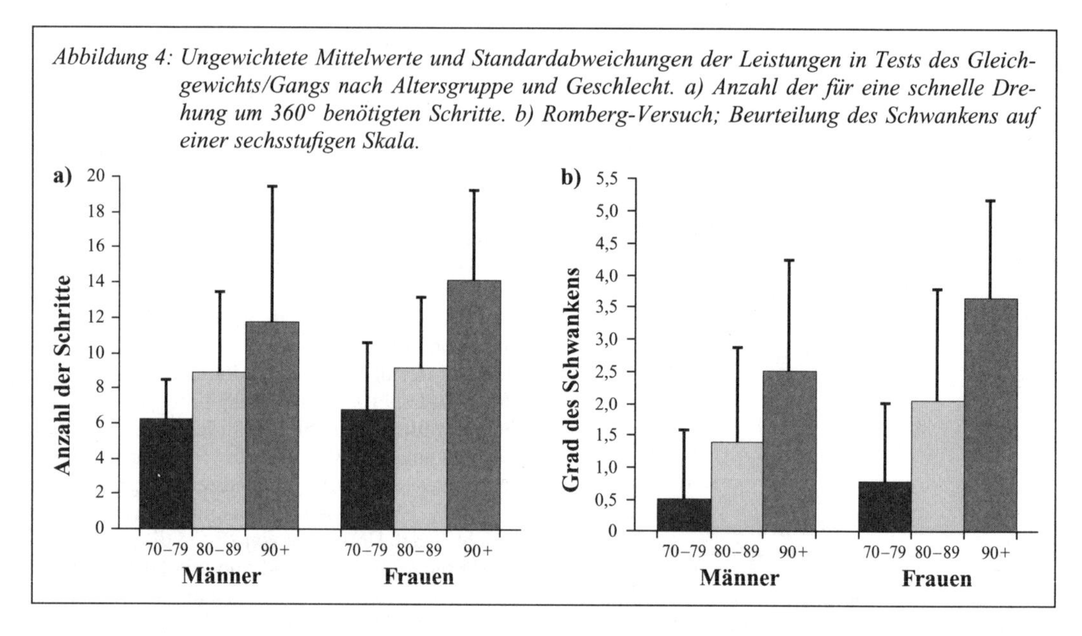

Abbildung 4: Ungewichtete Mittelwerte und Standardabweichungen der Leistungen in Tests des Gleichgewichts/Gangs nach Altersgruppe und Geschlecht. a) Anzahl der für eine schnelle Drehung um 360° benötigten Schritte. b) Romberg-Versuch; Beurteilung des Schwankens auf einer sechsstufigen Skala.

denn die Aufrechterhaltung der Orientierung im Raum erfordert die Integration von Informationen aus vielen sensorischen Kanälen. So sind kohärente okuläre, vestibuläre, propriozeptive und akkustische Informationen sowie auch motorische Koordination erforderlich, um den Eindruck stabilen Gleichgewichts (und Gangs) zu erlangen (für einen Überblick siehe Mhoon, 1990). Tatsächlich haben viele Untersuchungen ergeben, daß sensorische Einbußen, insbesondere des Sehvermögens, wichtige Vorläufer von Problemen beim Gleichgewicht/Gang darstellen (Lord, Clark & Webster, 1991; Manchester, Woollacott, Zederbauer-Hylton & Marin, 1989).

Ein Großteil der Forschung zu Beeinträchtigungen von Gleichgewicht/Gang steht in Zusammenhang mit Untersuchungen zu Prävalenz, Prädiktoren und Vermeidung von Stürzen älterer Menschen. Schätzungen gehen davon aus, daß zwischen einem Drittel und der Hälfte aller über 65jährigen pro Jahr stürzt (Exton-Smith, 1977; Gryfe, Amies & Ashley, 1977; Horak, Shupert & Mirka, 1989; Isaacs, 1985). Umfragedaten ergeben auch, daß steigende Anteile der über 65jährigen subjektive Schwierigkeiten mit der Aufrechterhaltung des Gleichgewichts angeben (Gerson, Jarjoura & McCord, 1989; Ödkvist, Malmberg & Möller, 1989). Gemäß einer Zusammenfassung verschiedener Untersuchungen leiden ungefähr 60% der über 65jährigen Frauen und 30% der Männer unter Schwindelanfällen (Haid, 1993).

In BASE wurde ein klinischer Beurteilungsansatz nach Tinetti (1986) gewählt (siehe M. M. Baltes, Mayr, Borchelt, Maas & Wilms, 1993; Borchelt & Steinhagen-Thiessen, 1992; Lindenberger & Baltes, 1994a; Steinhagen-Thiessen & Borchelt, 1993, für nähere Einzelheiten). In diesem Kapitel nutzen wir zwei Instrumente:

1. Beim *Romberg-Versuch* wurden die Teilnehmer aufgefordert, bei geschlossenen Augen mit nach vorne ausgestreckten Armen, nach oben gewandten Handflächen und geschlossenen Beinen ungefähr eine Minute lang still zu stehen. Der Grad des Schwankens wurde von dem untersuchenden Arzt in einer der Sitzungen der Forschungseinheit Innere Medizin/Geriatrie auf einer sechsstufigen Skala beurteilt (siehe Steinhagen-Thiessen & Borchelt, Kapitel 6).
2. Bei der *Drehung um 360°* wurden die Teilnehmer gebeten, sich so schnell und sicher wie möglich um 360° zu drehen. Die Anzahl der dazu benötigten Schritte wurde wieder durch den untersuchenden Arzt festgehalten.

Abbildung 4 zeigt die Alters- und Geschlechtsverteilungen der beiden in BASE eingesetzten Beurteilungen von Gleichgewicht/Gang. Bei beiden Maßen gab es wie beim Gehör und Sehvermögen signifikante Haupteffekte von Alter und Geschlecht ($p<0{,}01$). Zunehmendes Alter war mit größeren Schwierigkeiten assoziiert (vermehrtes Schwanken bzw. mehr Schritte), und Frauen zeigten schlechtere Leistungen als Männer. Abbildung 5 zeigt die Verteilung der Leistungen beim Romberg-Versuch. Hier sind über alle Altersgruppen Personen zu finden, die

Abbildung 5: Verteilung der Leistungen im Romberg-Versuch nach Alter.

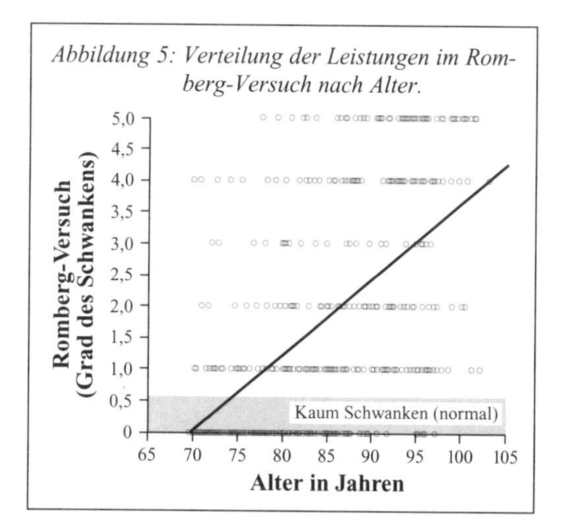

bei dieser Aufgabe nicht schwankten. Allerdings ist in dem Diagramm auch zu sehen, daß der Anteil der Personen, die den höchsten Grad des Schwankens aufwiesen (Stufe 4) oder die Aufgabe nicht ausführen konnten (Stufe 5), im höheren Alter zunehmend größer wird.

2.2 Verteilungen sensorischer Beeinträchtigungen

Welche Folgen haben diese Mittelwertsverteilungen für die Prävalenz schwerwiegender sensorischer Beeinträchtigungen? Obwohl die Schätzung von Beeinträchtigungsraten nicht problemlos ist[4], geben wir aus zwei Gründen solche Zahlen an. Erstens erleichtert die Angabe solcher Raten den Vergleich mit anderen Studien, da ein Großteil der Literatur zur Alterung sensorischer Systeme ebenfalls solche Zahlen nennt. Zweitens liefert die Verwendung von Schwellenwerten sensorischer Beeinträchtigung Information über die Anteile der Menschen in den Altersgruppen und verhilft zu einem konkreteren Verständnis der Spanne und des Niveaus individueller Leistungsfähigkeit in der Sensorik unter alten und sehr alten Menschen. Wir stellen nur die Beeinträchtigungsraten für Sehvermögen und Gehör dar, weil es noch keine gültigen Beeinträchtigungskriterien für die klinischen Maße von Gleichgewicht/Gang, die in diesem Kapitel betrachtet werden, gibt. Für die weitere Diskussion dieser Maße im Zusammenhang mit Behinderung und Beeinträchtigung der Mobilität sei auf Kapitel 6 von Steinhagen-Thiessen und Borchelt verwiesen.

Obwohl die Klassifikation etwas willkürlich ist (Beeinträchtigungsraten hängen von dem angewandten System ab), stützen wir uns auf die „International Classification of Impairments, Disabilities, and Handicaps" der Weltgesundheitsorganisation (WHO, 1980). Dieses System ist weit verbreitet und differenziert zwischen verschiedenen Schweregraden sensorischer Beeinträchtigung.

Beim Sehvermögen betrachten wir vier Beeinträchtigungsniveaus, wobei wir uns hier auf den über beide Augen gemittelten Fernvisus beziehen (WHO, 1980). *Keine visuelle Beeinträchtigung* besteht bei einer Sehschärfe von 0,8 Snellen-Dezimalen und mehr. *Leichte visuelle Beeinträchtigung* ist bei einem Visus zwischen 0,8 und 0,3 Snellen-Dezimalen gegeben. *Mäßige visuelle Beeinträchtigung* bezieht sich auf einen Visus zwischen 0,3 und 0,12. *Schwere visuelle Beeinträchtigung* bis Blindheit umfaßt alle Menschen mit einem Fernvisus unter 0,12.

Beim Gehör betrachten wir wieder vier Beeinträchtigungsniveaus, über beide Ohren gemittelt. Menschen mit *normalem Gehör* sind diejenigen mit Gehör für Sprachbereichsfrequenzen (0,5, 1,0 und 2,0 kHz) zwischen 0 und 25 dB. *Leichte Beeinträchtigung* beschreibt diejenigen mit Gehör im Sprachbereich zwischen 26 und 40 dB. *Mäßige Beeinträchtigung* betrifft Personen mit Gehör im Sprachbereich zwischen 41 und 55 dB. Alle anderen Menschen (mit Hörschwellen für diese drei Frequenzen von 56 dB und mehr) werden als *schwer bis schwerst beeinträchtigt* klassifiziert.

In Tabelle 1 sind die sich ergebenden Beeinträchtigungsraten für die gesamte Stichprobe und für die drei Altersjahrzehnte in BASE (70–79, 80–89, 90+ Jahre) dargestellt. Zusätzlich sind sowohl *ungewichtete* (die die Beeinträchtigungsraten *in unserer* Stich-

4 Einige Punkte zur Beeinträchtigungsklassifikation in diesem Kapitel sind zu klären. Erstens sind solche Einteilungen im wesentlichen willkürlich und potentiell gefährlich, weil sie nicht berücksichtigen, daß es an einem gesetzten Schwellenniveau des Gehörs oder des Sehvermögens eine große Bandbreite individueller Kompetenz gibt und Menschen sehr unterschiedliche Arten des kompensierenden Umgangs mit ihren Beeinträchtigungen nutzen können. Zweitens variieren Beeinträchtigungsraten in Abhängigkeit von dem eingesetzten Klassifikationssystem. Drittens sind die im folgenden diskutierten Klassifikationen nicht spezifisch für ältere Menschen genormt. Daraus folgt, daß diese Kriterien bei normalen altersabhängigen Einbußen des Gehörs und des Sehvermögens zur Bestimmung besonders vieler „beeinträchtigter" älterer Menschen im Vergleich zu jüngeren Altersgruppen führen wird. Diese Beeinträchtigungskriterien sagen daher etwas über die Funktionsfähigkeit im Verhältnis zu einem normativen altersinvarianten Grundniveau aus. Sie sagen nichts darüber aus, wie Menschen „für ihr Alter" sehen oder hören. Viertens sagen diese Raten nichts über korrigierte versus unkorrigierte Beeinträchtigungen und nichts über ihre möglichen Ursachen aus (es ist daraus beispielsweise nicht abzuleiten, ob die gefundenen Beeinträchtigungsraten auf primäre oder intrinsische Alternsprozesse oder auch auf altersabhängige Auswirkungen auf das Sehvermögen und das Gehör, die sich aus kumulativen Umweltrisiken wie Medikation, akkustische oder optische Traumen usw. ergeben, zurückzuführen sind).

Tabelle 1: Verteilung des Seh- und Hörvermögens nach Alter (Klassifikation nach WHO, 1980).

Fernvisus (in Snellen-Dezimalen)			**Beeinträchtigung**		
Altersgruppe		**Keine (0,8 oder besser)**	**Leichte (0,3–0,8)**	**Mäßige (0,12–0,3)**	**Schwere (unter 0,12)**
Alle	ungewichtet	0,6%	48,3%	38,0%	13,2%
	gewichtet	0,5%	63,2%	29,3%	7,0%
70–79	ungewichtet	1,2%	77,3%	18,0%	3,5%
	gewichtet	0,7%	79,6%	16,3%	3,4%
80–89	ungewichtet	0,0%	48,3%	42,4%	9,3%
	gewichtet	0,0%	48,2%	44,0%	7,8%
90+	ungewichtet	0,0%	19,8%	53,5%	26,7%
	gewichtet	0,0%	19,8%	47,3%	32,9%

Gehör (Hörschwellen in Sprachfrequenzen)			**Beeinträchtigung**		
Altersgruppe		**Keine (0–25 dB)**	**Leichte (26–40 dB)**	**Mäßige (41–55 dB)**	**Schwere (56 dB und mehr)**
Alle	ungewichtet	3,7%	23,8%	33,1%	39,3%
	gewichtet	5,1%	33,5%	35,8%	25,6%
70–79	ungewichtet	9,3%	43,0%	33,7%	14,0%
	gewichtet	8,4%	42,4%	35,7%	13,4%
80–89	ungewichtet	1,2%	22,7%	39,5%	36,6%
	gewichtet	1,5%	25,7%	37,5%	35,2%
90+	ungewichtet	0,6%	5,8%	26,2%	67,4%
	gewichtet	0,3%	6,8%	24,2%	68,6%

probe angeben) als auch *gewichtete* Beeinträchtigungsraten (die die Überrepräsentation der sehr Alten und der Männer in BASE ausgleichen) aufgeführt. Das Gewichtungsverfahren, die konzeptuellen Grundlagen der Gewichtung und ihre Implikationen für die Interpretation werden im einzelnen in Kapitel 1 von P. B. Baltes et al. diskutiert.

Die gewichteten Beeinträchtigungsverteilungen des Sehvermögens spiegeln die bereits diskutierten Altersmuster. Wie Tabelle 1 zeigt, hatten über alle in BASE betrachteten Altersgruppen hinweg wenige Personen in der Westberliner Altenpopulation einen Fernvisus, der als „nicht beeinträchtigt" (nach Normierung an jüngeren Erwachsenen) klassifiziert werden könnte. Allerdings wiesen 80% der 70- bis 79jährigen nur leichte Beeinträchtigung auf. Dies steht im Gegensatz zu den 80- bis 89jährigen, bei denen etwas weniger als die Hälfte mäßig beeinträchtigtes Sehvermögen hatte. Unter den 90jährigen und Älteren hatte etwas mehr als die Hälfte mäßig beeinträchtigtes Sehvermögen, und ein Viertel bis ein Drittel war schwer beeinträchtigt oder blind.

Tabelle 1 zeigt auch die Beeinträchtigungsraten für das Gehör in den Sprachbereichsfrequenzen. Das Gesamtbild ähnelt demjenigen beim Fernvisus. Über alle Altersgruppen hatten weniger als 10% „normales" Gehör (nach Normierung an jüngeren Erwachsenen). Die Hälfte der 70- bis 79jährigen war nur leicht beeinträchtigt. Zwei Drittel der 80- bis 89jährigen waren gleichmäßig auf mäßige und schwere Beeinträchtigung des Gehörs verteilt. Volle zwei Drittel der 90jährigen und Älteren in der Bevölkerung waren von schwerer oder schwerster Beeinträchtigung des Gehörs betroffen.

Das Bild, das sich aus diesen Daten ergibt, ist eines der sehr hohen Prävalenz von Beeinträchtigungen mit zunehmendem Alter. In den ältesten Gruppen waren fast alle untersuchten Personen von

Tabelle 2: Zusammenhänge zwischen dem Alter und den aggregierten Leistungen des Gehörs, des Sehvermögens und des Gleichgewichts/Gangs.

	Alter	**Gehör**	**Sehschärfe**	**Gleichgewicht/Gang**
Alter	1,00			
Gehör	-0,57	1,00		
Sehschärfe	-0,56	0,43	1,00	
Gleichgewicht/Gang	-0,64	0,45	0,49	1,00

klinisch signifikanter Beeinträchtigung des Gehörs oder des Sehvermögens betroffen.

Wie oben erwähnt, sind die meisten aus der Literatur bekannten Prävalenzangaben für Einbußen des Sehvermögens und des Gehörs bei alten Menschen (z. B. Davis, 1983) niedriger. Allerdings haben wenige Untersuchungen eine so heterogene Teilnehmergruppe wie BASE zur Verfügung gehabt, sowohl hinsichtlich des Alters als auch hinsichtlich der Wohnsituation. Viele Studien untersuchten alte Menschen auch nicht in ihren Alltagsumgebungen.

Die nach Modalitäten getrennte Betrachtung von Beeinträchtigungen verstellt den Blick auf eine der wesentlichen Charakteristiken des hohen Alters: Multimorbidität (z. B. Fries, 1990; vgl. Steinhagen-Thiessen & Borchelt, Kapitel 6; Borchelt et al., Kapitel 17 in diesem Band). Es ist argumentiert worden, daß das hohe Alter wegen der vielen zu bewältigenden Verluste und Herausforderungen eine Lebensphase besonderen Risikos darstellt (z. B. P. B. Baltes & Baltes, 1990). In der Tat gibt es auch für Gehör und Sehvermögen gemäß den Korrelationen zwischen diesen beiden Bereichen (siehe unten) Hinweise darauf, daß multiple Beeinträchtigungen im untersuchten Altersbereich weit verbreitet sind.

42% der Stichprobe (*gewichtet:* 25%) wurden als zumindest mäßig in beiden Modalitäten beeinträchtigt klassifiziert (d. h. mäßige unkorrigierte Gehörsbeeinträchtigung in Sprachbereichsfreqenzen *und* mäßige Beeinträchtigung des korrigierten Fernvisus). Bei Betrachtung der Beeinträchtigung von Gehör, Sehvermögen oder beidem wurden 79% (*gewichtet:* 68%) als beeinträchtigt beurteilt. Nach Altersjahrzehnt aufgeteilt waren 11% der 70- bis 79jährigen (*gewichtet:* 10%) als in beiden Sinnesmodalitäten und 53% (*gewichtet:* 53%) als in mindestens einer Modalität beeinträchtigt anzusehen. 41% der 80- bis 89jährigen (*gewichtet:* 39%) waren in beiden Modalitäten beeinträchtigt und 86% (*gewichtet:* 85%) in mindestens einer. Schließlich waren 74% der 90jährigen und Älteren (*gewichtet:* 73%) in beiden Modalitäten und 99% (*gewichtet:* 99%) in Gehör oder Sehvermögen beeinträchtigt. Sensorische Behinderungsraten, insbesondere multiple Beeinträchtigungen, waren also sehr verbreitet. Bei den ältesten Teilnehmern scheint die Beeinträchtigung von Gehör und Sehvermögen zu einem universellen Phänomen geworden zu sein.

Unter statistischen Gesichtspunkten betrachtet, zeigen diese Kreuzklassifikationen zwar eine hohe Korrelation zwischen Sehvermögen und Gehör in dieser Stichprobe. Gleichzeitig gibt es aber keine Interaktion von Gehör und Sehvermögen: Die gleichzeitige Beeinträchtigung der beiden Modalitäten tritt nicht häufiger oder seltener auf, als es nach ihren einzelnen Auftretenswahrscheinlichkeiten zu erwarten wäre. Dabei ist der hohe Anteil der Menschen im höchsten Alter, die durch multiple Beeinträchtigungen betroffen sind, auffällig und weist auf die starken Zusammenhänge unter den sensorischen Funktionsfähigkeiten in den verschiedenen Modalitäten bei diesen alten und sehr alten Personen hin. Tabelle 2 stellt die bivariaten Pearsonschen Produkt-Moment-Korrelationen von Gehör, Sehvermögen, Gleichgewicht/Gang und chronologischem Alter in der BASE-Stichprobe dar. Den drei Sinnessystemen ist ungefähr 25% ihrer Varianz gemeinsam, und die Funktionsfähigkeit in jeder Modalität hängt eng mit chronologischem Alter zusammen.

2.3 Erkrankungen und Beeinträchtigungen des auditorischen und des visuellen Systems

Bisher haben wir die Verteilungsmuster „normaler" sensorischer Alterung hervorgehoben. Eine der Stärken von BASE ist jedoch der reichhaltige klinische Datensatz aus den Untersuchungen der BASE-Teilnehmer durch Ärzte. In diesem Abschnitt betrachten wir kurz auch pathologische Befunde, die das visuelle und auditorische System bei BASE-Teilnehmern beeinträchtigten. Dabei ist es aber wichtig, darauf hinzuweisen, daß diese diagnostischen Informationen aus der Anamnese des Teilnehmers stammen und nicht den gleichen Stellenwert wie die fachärztlichen opthalmologischen und otologischen Untersuchungen haben, die in einigen Studien berücksichtigt werden konnten.

2.3.1 Erkrankungen des visuellen Systems

Den meisten visuellen Störungen im hohen Alter liegen drei große Gruppen von Veränderungen zugrunde. Die erste Gruppe umfaßt *normale periphere* Veränderungen der Linse und des optischen Apparates, die sich beispielsweise in der Presbyopie (die sogenannte Altersweitsichtigkeit, bei der normale altersbedingte Einschränkungen der Faserelastizität die Akkommodationsfähigkeit beeinträchtigen, d. h. die Fähigkeit zur Veränderung der Linsenform, um ein nahes Objekt auf der Netzhaut [Retina] scharf abbilden zu können) und in der Trübung der optischen Medien äußern (die Extremform der Trübung der Linse ist die senile Katarakt [grauer Star]). *Normale zentrale Veränderungen* betreffen Gehirnareale, in denen die visuellen Reize verarbeitet werden. Dort (wie auch in anderen Gehirnarealen) treten im Alter Verlust von Nervenzellen (Neuronen), Degeneration von neuronalen Fortsätzen, Veränderungen der Freisetzung von Neurotransmittern (Botenstoffe), synaptische Degeneration sowie auch Ansammlungen von Pigmenten (wie Lipofuszin) in Neuronen auf (Brody, 1955), die zusammen verschiedene funktionelle visuelle Defizite verursachen können. Die wesentlichen Konsequenzen zentralnervöser Veränderungen (zusammen mit peripheren neuronalen Veränderungen der Netzhaut) umfassen (1) Verluste der Kontrastempfindlichkeit und Sehschärfe, (2) der zeitlichen Reizauflösung, (3) der Farbdiskrimination, (4) der Dunkeladaptation, (5) Einschränkungen des Gesichtsfelds und (6) Beeinträchtigungen der Stereopsis (des räumlichen Sehvermögens) (vgl. Owsley & Sloane, 1990; Weale, 1989). Schließlich spielen altersbedingte Zunahmen von *Erkrankungen* des Auges und seiner Anhangsorgane eine wichtige Rolle. So sind beispielsweise gemäß der Framingham Eye Study (Leibowitz et al., 1980) senile Katarakt, Glaukom (grüner Star) und Netzhautdegeneration wie diabetische Retinopathie und senile Makuladegeneration die vier häufigsten schweren Erkrankungen des visuellen Systems im Alter. Sie betreffen ungefähr 19% der 65- bis 74jährigen und fast 50% der 75jährigen und Älteren.

Die Ursachen dieser normalen und pathologischen altersbedingten Veränderungen sind sowohl genetischen Faktoren als auch Umwelteinflüssen zuzuschreiben. Ein Umwelteinfluß, der insbesondere mit der Bildung von Katarakten und Netzhautdegeneration in Zusammenhang gebracht wird, ist die häufige Einwirkung von ultraviolettem Licht (z. B. Hiller, Giacometti & Yuen, 1977; Werner, Steele & Pfoff, 1989).

Die Häufigkeit diagnostizierbarer Erkrankungen des visuellen Systems in der BASE-Stichprobe steht im Einklang mit den Ergebnissen früherer Studien. Bei Betrachtung aller ophthalmologischer Diagnosen (einschließlich unspezifischer altersbedingter Diagnosen wie Presbyopie) hatten 452 Teilnehmer (88%) eine nach ICD-9 (1988) klassifizierbare Diagnose. Wenn nur spezifische Diagnosen (wie Katarakte, Glaukom, Netzhautschäden) betrachtet wurden, war immer noch eine relativ hohe Zahl der BASE-Teilnehmer (N=241; 47%) betroffen. Tabelle 3 zeigt die Anteile der BASE-Teilnehmer mit wichtigen visuellen Diagnosen nach ICD-9. Es ist wichtig, noch einmal darauf hinzuweisen, daß es sich hierbei im wesentlichen um Diagnosen nach Berichten der Studienteilnehmer handelt, die durch die BASE-Ärzte während einer internistischen Untersuchung erfragt wurden; ausführliche opthalmologische Untersuchungen waren nicht möglich. Wie Tabelle 3 zeigt, fanden sich unter den häufigsten Diagnosen zwar Glaukom und Katarakt, einfache Diagnosen geringen Sehvermögens waren aber auch sehr verbreitet.

2.3.2 Erkrankungen und Beeinträchtigungen des auditorischen Systems

Wie beim visuellen System können Ursachen des altersbedingten Hörverlustes in *periphere* Störungen der Schalleitung sowie der primären Reizverarbeitung und -weiterleitung im Innenohr (sensorineurale Störungen) und *zentrale* Beeinträchtigungen der Reizweiterverarbeitung aufgeteilt werden. Mechanische Behinderungen der Schalleitung können altersbedingt sein (z. B. Arthrose der Gehörknöchelchen; Corso, 1981). Die verbreiteteren Alterungserscheinungen an Rezeptoren und weiterleitenden Neuronen, die sich als sensorineuraler Hörverlust äußern, werden überproportional häufig bei Männern gefunden. Hierbei ist das Gehör für hochfrequente Töne am meisten betroffen (die Rezeptoren für hohe Töne befinden sich am basalen Ende der Kochlea [Schnecke], wo alle Schallwellen, auch diejenigen mit niedriger Frequenz, in das Innenohr eintreten). Da Männer häufig im Rahmen ihres Berufslebens einer hohen Lärmbelastung ausgesetzt wurden, ist in der Literatur gro-

Tabelle 3: Diagnosen visueller Beeinträchtigung in BASE; Anzahl der betroffenen Studienteilnehmer; ungewichtete Prävalenz; nach Geschlecht und Alter gewichtete Prävalenz.

Diagnose nach ICD-9	N	%	gewichtet %
Netzhautaffektionen			
Netzhautablösung mit Netzhautdefekt	2	0,4	0,4
NNB (nicht näher bezeichnete) Netzhautablösung	3	0,6	0,8
Sonstige Retinopathien (nicht diabetisch)	2	0,4	0,4
Gefäßverschluß der Retina	3	0,6	1,0
Makuladegeneration	2	0,4	0,9
Glaukom			
NNB Glaukom	27	5,2	6,2
Katarakt			
Senile Katarakt	9	1,7	1,2
Katarakt mit anderen Affektionen	3	0,6	0,6
NNB Katarakt	60	11,6	12,6
Refraktionsanomalien und Störungen der Akkommodation			
Astigmatismus	3	0,6	0,7
Presbyopie	50	9,7	10,5
Störungen der Akkommodation	1	0,2	0,5
NNB Refraktionsanomalien und Störungen der Akkommodation	5	1,0	1,0
Sehstörungen			
Amblyopie	1	0,2	0,0
Diplopie	1	0,2	0,0
Gesichtsfelddefekte	3	0,6	0,5
NNB Sehstörungen	1	0,2	0,1
Blindheit und geringes Sehvermögen			
Blindheit, beide Augen	59	11,4	7,9
Blindheit, ein Auge, geringes Sehvermögen des anderen Auges	17	3,3	3,4
Geringes Sehvermögen, beide Augen	219	42,4	42,2
Blindheit, ein Auge	19	3,7	3,4
Geringes Sehvermögen, ein Auge	29	5,6	6,2
NNB Sehverlust	1	0,2	0,1
Keratitis			
NNB Keratokonjunktivitis	7	1,4	0,8
Affektionen der Konjunktiva			
Akute Konjunktivitis	3	0,6	0,4
Chronische Konjunktivitis	1	0,2	0,5
Konjunktivale Gefäßaffektion	1	0,2	0,5
Affektionen des Augenlides			
Entropium und Trichiasis	1	0,2	0,0
Ptosis	2	0,4	0,5
Affektionen des Tränenapparates			
Epiphora	1	0,2	0,5
Tränenwegsinsuffizienz	1	0,2	0,2
Affektionen des Sehnerven und der Sehnervenbahnen			
Sehnervenatrophie	1	0,2	0,3
Strabismus und sonstige Störungen der Augenmotilität			
Strabismus concomitans convergens	2	0,4	0,2
Mechanischer Strabismus	1	0,2	0,0
NNB Strabismus	1	0,2	0,2

Tabelle 4: Diagnosen von Beeinträchtigungen des Ohres und des Gehörs in BASE; Anzahl der betroffenen Studienteilnehmer; ungewichtete Prävalenz; nach Geschlecht und Alter gewichtete Prävalenz.

Diagnosen nach ICD-9	N	%	gewichtet %
Beeinträchtigung des äußeren Ohres			
Festsitzendes Cerumen	2	0,4	0,4
Nicht näher bezeichnete (NNB) Affektionen des äußeren Ohres	1	0,2	0,5
Eitrige und NNB Otitis media			
NNB chronische eitrige Otitis media	1	0,2	0,2
NNB Otitis media	2	0,4	0,8
Affektionen des Trommelfelles			
Akute Myringitis	1	0,2	0,2
Trommelfellperforation	2	0,4	0,3
Otosklerose			
NNB Otosklerose	2	0,4	0,2
Sonstige Affektionen des Ohres			
Degenerative und vaskuläre Affektionen des Ohres	324	62,8	56,6
Geräuscheinwirkung auf das innere Ohr	1	0,2	0,0
Tinnitus	9	1,7	2,4
Affektionen des Hörnerven	1	0,2	0,2
Otorrhoe	1	0,2	0,2
Otalgie	1	0,2	0,3
NNB Affektionen des Ohres	1	0,2	0,2
Taubheit			
Mittel- und Innenohrschwerhörigkeit	142	27,5	30,4
NNB Taubheit	51	9,9	13,1

ßes Gewicht auf die Bedeutung des Lärms als umweltbedingtem Risikofaktor gelegt worden (z. B. Corso, 1992; Hauptverband der gewerblichen Berufsgenossenschaften, 1992; Irion, Roßner & Lazarus, 1983; Lazarus, Irion, Pfeiffer & Albert, 1986). Des weiteren sind genetische Prädisposition, Hypertonie (Bluthochdruck) und Arteriosklerose als wichtige Risikofaktoren für Presbyakusis (altersassoziierter symmetrischer Hörverlust von 45 dB und mehr im Bereich der Sprachfrequenzen) bestimmt worden (Corso, 1987; Mhoon, 1990). Obwohl in BASE auch Informationen über die Berufs-, Kranken- und Familiengeschichte der Teilnehmer vorliegen, sind weder spezifische Bewertungen der im Laufe des Lebens erfahrenen Lärmbelastung noch genaue Informationen zur familiären Vorgeschichte in bezug auf Hörverlust vorhanden. Hinsichtlich zentraler Veränderungen ist aus der Literatur bekannt, daß, wie zuvor für das visuelle System erwähnt, auch in den Gehirnarealen, die auditorische Signale weiterverarbeiten, altersbedingte neuronale Degenerationserscheinungen nachweisbar sind, die funktionelle Beeinträchtigungen wie die oben erwähnten Sprachverständnisstörungen bewirken können (siehe Bergman, 1983; Corso, 1981).

In BASE ergaben die medizinischen Anamnesen der Studienteilnehmer (wie beim visuellen System) eine große Bandbreite und ziemlich hohe Prävalenz selbstberichteter Erkrankungen des auditorischen Systems. Im Vergleich zu den Befunden beim visuellen System hatten allerdings sehr viel weniger Teilnehmer eine spezifische auditorische Diagnose. Obwohl 477 Teilnehmer (92%) ein diagnostiziertes auditorisches Problem hatten, handelte es sich bei ihnen häufig um Angaben unspezifischer Alterserscheinungen, wie unter „degenerative und vaskuläre Affektionen des Ohres" zusammengefaßt. Wenn nur spezifische Diagnosen (wie Otorrhoe, Tinnitus oder Trommelfellperforation) betrachtet wurden, hatten 71 Teilnehmer (14%) eine diagnostizierte auditorische Erkrankung. Tabelle 4 listet die im Rahmen der ärztlichen Anamnese aus den Berichten der BASE-Teilnehmer erfaßten Diagnosen. Wie zu sehen, scheinen verhältnismäßig wenige spezifische Erkrankungen mit altersbedingtem Hörverlust in Zusammenhang zu stehen.

2.4 Gebrauch von kompensierenden Hilfsmitteln und operativen Eingriffen zur Verbesserung des Gehörs und des Sehvermögens

Nachdem wir Grundinformationen zu Verteilungsmustern der sensorischen Alterung, Beeinträchtigungsraten und pathologischen Befunden in BASE vorgestellt haben, bleibt als wichtiges Interessensgebiet vieler Gerontologen das Ausmaß der Kompensation sensorischer Verluste (Corso, 1984). In diesem Abschnitt betrachten wir kurz die Angaben zu Hörgeräten und korrigierenden Gläsern, wobei zu beachten ist, daß diese Daten wieder aus den Berichten der Teilnehmer im Rahmen der medizinischen Anamnese stammen. Wir betrachten auch den Anteil der Teilnehmer, die mindestens eine Operation zur Extraktion von Katarakten angaben. Hier ist allerdings darauf hinzuweisen, daß diese Daten nichts darüber aussagen, ob korrigierende Hilfsmittel oder Eingriffe adäquat verordnet wurden oder wie oft die Hilfsmittel benutzt wurden. Dies ist deshalb wichtig, weil es aus der Literatur Hinweise darauf gibt, daß ältere Menschen nicht die bestmögliche Korrektur erhalten. Reinstein und Mitarbeiter (1993) haben beispielsweise berichtet, daß 34% der älteren Menschen ein sofort verbesserbares Refraktionsproblem der Augen haben, das jedoch typischerweise unkorrigiert ist.

Trotz der hohen Prävalenz des Hörverlustes gaben nur 83 Studienteilnehmer (16%) an, mindestens ein Hörgerät zu haben. In bezug auf korrigierende Gläser standen 494 Teilnehmern (96%) Lesebrillen zur Korrektur des Nahvisus und 388 Personen (75%) Brillen für die Ferne zur Verfügung. Hinsichtlich der Kataraktoperationen gaben 58 Teilnehmer (11%) an, mindestens einmal in den letzten 30 Jahren zur Entfernung einer Katarakt operiert worden zu sein. Viele dieser Teilnehmer berichteten, daß sie mehrfach operiert wurden (entweder an beiden Augen oder wiederholt an einem Auge). Viele der Operationen fanden in den letzten vier oder fünf Jahren vor der Teilnahme an BASE statt, und einige (unter 10%) ereigneten sich mindestens zehn Jahre vor der Studie. Wir betrachteten hier allerdings keine Kataraktoperationen, die vor 1970 durchgeführt wurden[5].

Gab es einen Hinweis darauf, daß die Personen mit einer Korrektur sie auch am meisten benötigten oder daß Hilfsmittel und Eingriffe tatsächlich mit verbesserter sensorischer Funktionsfähigkeit einhergingen? Um diese Fragen beantworten zu können, verglichen wir jeweils den korrigierten Nah- und Fernvisus von Personen mit Brillen mit dem unkorrigierten Visus der Personen ohne Brillen. Tabelle 5 führt die quantitativen Befunde auf, die ergaben, daß Personen mit Brillen signifikant bessere Sehschärfe hatten. Ähnlicherweise verglichen wir den „besten" Nah- und Fernvisus von Personen mit und ohne Kataraktoperationen. Hierbei ergaben sich, wie in Tabelle 5 zu sehen, keine signifikanten Unterschiede zwischen Teilnehmern mit und ohne Angaben einer Kataraktoperation. Daraus folgt, daß Personen, deren Katarakte entfernt wurden, in bezug auf ihre Sehschärfe (im Vergleich zu den Personen, die nicht operiert wurden) weder bevorteilt noch benachteiligt waren, als sie in BASE untersucht wurden. Diese Daten stützen die Annahme, daß die Kataraktentfernung dazu führt, daß die operierten Personen ihr aufgrund des normalen nichtpathologischen Alterungsprozesses zu erwartendes Sehvermögen wiedererlangen. Für eine empirische Absicherung dieser Vermutung werden allerdings intraindividuelle Verlaufsdaten benötigt, die das prä- und postoperative Sehvermögen erfassen.

Es war aus technischen Gründen nicht möglich, das korrigierte und unkorrigierte Gehör zu vergleichen. Es gab aber signifikante Unterschiede zwischen dem unkorrigierten Gehör von Personen mit und ohne Hörgeräten (siehe Tabelle 5): Teilnehmer mit Hörgeräten hatten signifikant schlechteres Gehör in den Frequenzen des Sprachbereichs.

Ein interessanter Befund besagt, daß Verfügbarkeit einer Brille nicht nur die mittlere Sehschärfe verbessert, sondern auch die Variabilität der visuellen Funktionsfähigkeit erhöht. Ohne Brillen waren die meisten Teilnehmer um das niedrigste Funktionsniveau gruppiert. Mit Brillen verteilten sie sich über ein breiteres Spektrum der visuellen Funktionsfähigkeit. Abbildung 6 stellt die Variationsbreite der Leistungsfähigkeit im *Nahvisus* (über beide Augen gemittelt) genauer dar. Einige Punkte sind bemerkenswert. Ein beträchtlicher Anteil der Studienteilnehmer hatte wegen Unterschreitung der Schwelle von 0,3 Snellen-Dezimalen (WHO, 1980) einen *unkorrigierten* Nahvisus, der mindestens als mäßig beeinträchtigt anzusehen ist. Der rechte Teil der Abbildung zeigt die positiven Auswirkungen von korrigierenden Gläsern, aber auch die Grenzen der Korrigierbarkeit. Offensichtlich verbessern Lesebrillen den durchschnittlichen Nahvisus (obwohl der Mittelwert immer noch unter einer WHO-Schwelle liegt

5 Obwohl Gehhilfen mehr Beweglichkeits- als Gleichgewichtshilfen sind, sollten wir hier darauf hinweisen, daß mehr als ein Viertel der 70jährigen und älteren Westberliner solche Hilfen nutzten. Wie in Tabelle 7 des Kapitels 6 (Steinhagen-Thiessen & Borchelt) zusammengestellt, benutzten über 20% einen Gehstock und 2–5% andere Gehhilfen.

Tabelle 5: Auswirkungen von Hilfsmitteln und operativen Verfahren auf Sehvermögen und Gehör; Mittelwerte und in Klammern Standardabweichungen.

	Teilnehmer mit Lesebrillen (N=494)		**Teilnehmer ohne Lesebrillen (N=22)**	**T-Wert[1]**	**p**
	ohne Brille	**mit Brille**			
Nahvisus (Snellen)					
linkes Auge	0,23 (0,17)	0,37 (0,23)	0,25 (0,19)	2,9	0,02
rechtes Auge	0,15 (0,17)	0,29 (0,22)	0,18 (0,17)	2,4	0,02
	Teilnehmer mit Fernbrillen (N=388)		**Teilnehmer ohne Fernbrillen (N=128)**	**T-Wert[1]**	**p**
	ohne Brille	**mit Brille**			
Fernvisus (Snellen)	0,19 (0,14)	0,33 (0,22)	0,24 (0,17)	4,3	<0,001
	Katarakt-operation (N=58)		**Keine Katarakt-operation (N=458)**	**T-Wert[2]**	**p**
Nahvisus (Snellen)					
linkes Auge	0,37 (0,25)		0,36 (0,23)	0,3	n.s.[3]
rechtes Auge	0,33 (0,27)		0,29 (0,21)	1,3	n.s.
Fernvisus (Snellen)	0,29 (0,15)		0,31 (0,21)	0,8	n.s.
	Teilnehmer mit Hörgerät (N=83)		**Teilnehmer ohne Hörgerät (N=433)**	**T-Wert[4]**	**p**
Unkorrigiertes Gehör im Sprachbereich (in dB)	67,6 (14,3)		48,1 (14,5)	11,3	<0,001

1 T-Werte beziehen sich auf den Vergleich des korrigierten Visus von Personen mit Brillen und des unkorrigierten Visus von Personen ohne Brillen.
2 T-Werte beziehen sich auf den Vergleich von korrigierter Sehschärfe zwischen Personen mit und ohne Kataraktoperation.
3 n.s.=nicht signifikant.
4 T-Werte beziehen sich auf den Vergleich des unkorrigierten Gehörs von Personen mit und ohne Hörgerät.

und damit die Sehschärfe im Mittel als beeinträchtigt zu klassifizieren ist), sie scheinen aber auch von differentieller Wirksamkeit in bezug auf die Korrektur des Visus der Teilnehmer zu sein, so daß die Variabilität der Sehschärfe mit Korrektur größer ist als ohne. Diese Befunde gehen mit der Annahme einher, daß verschiedene Alterungsmechanismen (periphere, zentrale und pathologische Prozesse), die in verschiedenem Ausmaß durch korrigierende Gläser behebbar sind, die visuelle Funktionsfähigkeit beeinträchtigen.

Wichtig ist zu bemerken, daß die unterschiedlichen sensorischen Funktionsniveaus im Vergleich von Personen mit und ohne Brillen bzw. zwischen Personen mit und ohne Hörgeräten nicht auf Altersunterschiede zwischen diesen Personengruppen zurückgeführt werden können. Das mittlere Alter der Besitzer von Hörgeräten (85,6 Jahre; Personen ohne Hörgerät: 84,8 Jahre), von Fernbrillen (85,8 Jahre; Personen ohne Fernbrille: 84,6 Jahre) und von Lesebrillen (83,9 Jahre; Personen ohne Lesebrille: 85,0 Jahre) unterschied sich jeweils nicht signifikant von dem mittleren Alter der Personen ohne diese Hilfsmittel. Auch nach statistischer Kontrolle des Alters blieben also die signifikanten Unterschiede der sensorischen Funktionsfähigkeit zwischen Personen mit und ohne Fernbrillen bzw. mit und ohne Hörgeräten erhalten ($p<0,001$). Der kleine, aber signifikante Unterschied des Nahvisus von Personen mit und ohne Lesebrillen wurde jedoch durch statistische Kontrolle des Alters aufgehoben. Das mittlere Alter der Personen mit und ohne Kataraktoperationen (88,6 Jahre vs. 84,5 Jahre) unterschied sich signifikant. Auch bei einer statistischen Kontrolle des Altersunterschieds ergab sich kein signifikanter Visusunterschied zwischen den beiden Gruppen.

Insgesamt unterstützen diese Befunde die Annahmen, (a) daß Personen mit Hörgeräten schlechteres Gehör haben als ihre Altersgenossen, (b) daß Korrektur der Sehschärfe durch Brillen, wenn sie getragen werden, im allgemeinen zu einer Steigerung des (Nah- und Fern-)Visus führt, die eine Verbesserung gegenüber der eigenen unkorrigierten Sehschärfe sowie eine Verbesserung gegenüber der Sehschärfe der Altersgenossen ohne Korrektur darstellt, und (c) daß Personen mit einer Kataraktoperation (im Vergleich zu Altersgenossen ohne eine solche Operation) weder besonders verbesserte noch besonders beeinträchtigte Sehschärfe haben, wobei der fehlende Unterschied auch positiv zu interpretieren sein könnte.

3. Korrelate sensorischer Funktionsfähigkeit

Nachdem wir starke negative Altersveränderungen in Gehör, Sehvermögen und Gleichgewicht/Gang nachweisen konnten, wenden wir uns Fragen des differentiellen Alterns und der Betrachtung des Alterns als systemisches Phänomen zu. Können sensorische Variablen wirksam individuelle Unterschiede (altersabhängige und -unabhängige) im hohen Alter vorhersagen? Gibt es Hinweise darauf, daß die der sensorischen Alterung zugrundeliegenden Prozesse mit einen umfassenderen Alterungsprozeß zusammenhängen, der außer der Sensorik auch andere Funktionsbereiche betrifft?

Die Literatur zu den Beziehungen zwischen sensorischer Funktionsfähigkeit und anderen Funktionsbereichen ist reichhaltig, und eine umfassende Darstellung würde den Umfang dieses Kapitels sprengen. Vorliegende Daten stützen die Annahme, daß sensorische Funktionsfähigkeit im hohen Alter (Gehör, Sehvermögen und Gleichgewicht/Gang) als signifikanter Prädiktor zahlreicher abhängiger Variablen anzusehen ist: für *intellektuelle und kognitive Leistungsfähigkeit* (für einen Überblick siehe P. B. Baltes & Lindenberger, 1995; Lindenberger & Baltes, 1994a; siehe auch Teasdale et al., 1992), für *basale funktionelle Kompetenz und Freizeitgestaltung* (z. B. M. M. Baltes, Wilms & Horgas, 1996; Branch et al., 1989; Laforge, Spector & Sternberg, 1992), für *soziale Beziehungen* (z. B. Corso, 1987; Gilhome

Abbildung 6: Korrigierter Visus weist mehr Variabilität und ein höheres Funktionsniveau auf als der unkorrigierte. Trotzdem fallen die meisten BASE-Teilnehmer unter eine Schwelle der Beeinträchtigung des Nahvisus, auch mit Brillen.

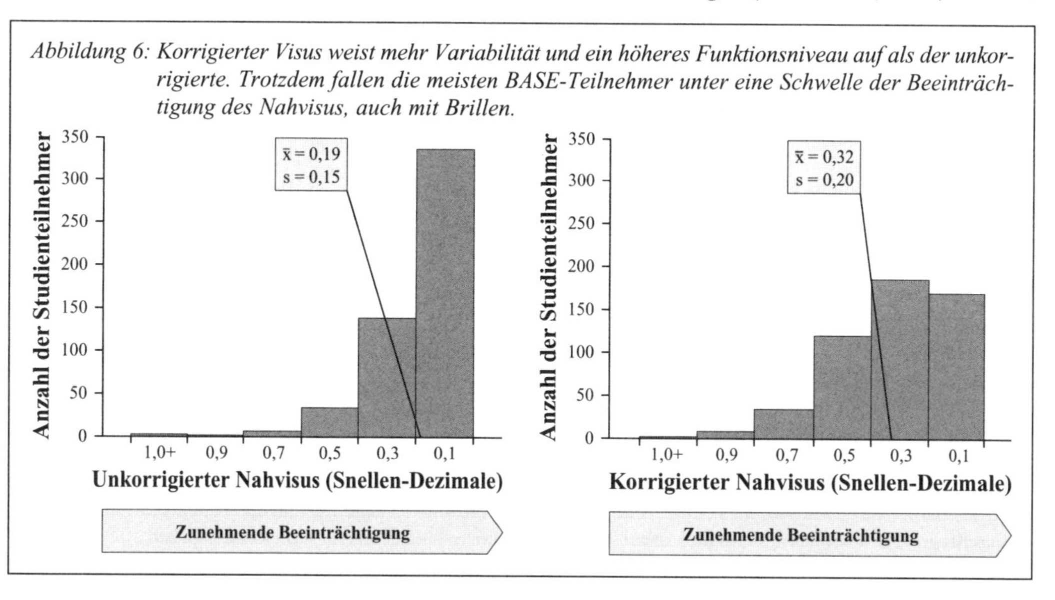

Herbst, 1983) sowie für *Merkmale des Selbst und der Persönlichkeit* (einschließlich Wohlbefinden; z. B. Bess et al., 1989). Die sensorische Funktionsfähigkeit hängt demnach mit einer Vielzahl von Konstrukten zusammen, die in der gerontologischen sowie in der Literatur zur Entwicklung über die gesamte Lebensspanne von zentraler Bedeutung sind.

Um den Zusammenhang zwischen Gehör, Sehvermögen und Gleichgewicht/Gang und ausgewählten abhängigen Variablen in BASE zu prüfen, stellten wir aggregierte Scores für die folgenden Funktionsbereiche zusammen:

1. *Kognitive Leistungsfähigkeit* (eine Aggregation von fünf in BASE beurteilten kognitiven Fähigkeiten; siehe Smith & Baltes, Kapitel 8; Reischies & Lindenberger, Kapitel 13),
2. *Basale Kompetenz* (selbstbeurteilte Hilfsbedürftigkeit bei Activities of Daily Living und Instrumental Activities of Daily Living [ADL/IADL]; Lawton & Brody, 1969; Mahoney & Barthel, 1965; siehe auch Steinhagen-Thiessen & Borchelt, Kapitel 6; M. M. Baltes et al., Kapitel 20),
3. *Erweiterte Kompetenz* (eine Aggregation der Nicht-ADL/IADL und der sozialen und Freizeitaktivitäten während eines typischen Tages [Yesterday-Interview] sowie der Freizeitaktivitäten im letzten Jahr; siehe M. M. Baltes et al., Kapitel 20),
4. *Positive Offenheit* (eine Aggregation von positiver emotionaler Befindlichkeit, Extraversion und Offenheit; siehe Smith & Baltes, Kapitel 8; Clark & Watson, 1991; Watson & Clark, 1984),
5. *Ängstlichkeit/Einsamkeit* (eine Aggregation von Neurotizismus, negativer emotionaler Befindlichkeit und emotionaler Einsamkeit; siehe Smith & Baltes, Kapitel 8; Clark & Watson, 1991; Watson & Clark, 1984),
6. *Allgemeines subjektives Wohlbefinden* (der globale Wert aus der Philadelphia Geriatric Center Morale Scale [PGCMS]; Lawton, 1975; siehe Smith et al., Kapitel 19) und
7. *Soziale Beziehungen* (Anzahl der sehr eng verbundenen, eng verbundenen und weniger eng verbundenen Personen im sozialen Netzwerk des Befragten; Kahn & Antonucci, 1980; siehe Smith & Baltes, Kapitel 8; M. Wagner et al., Kapitel 11).

Tabelle 6 stellt die Interkorrelationen von Alter, Gehör, Sehvermögen und Gleichgewicht/Gang mit jeder dieser Variablen dar. Die Ergebnisse legen mindestens zwei breite Generalisierungen nahe: Erstens war der Zusammenhang zwischen jeder sensorischen

Tabelle 6: Bivariate Korrelationen zwischen sensorischer Funktionsfähigkeit und ausgewählten Ergebnisvariablen.

	Alter	**Gehör**	**Sehschärfe**	**Gleichgewicht/Gang**
Kognitiv-motorische Verhaltensbereiche				
Kognitive Leistungsfähigkeit	-0,57	0,51	0,56	0,56
	(-0,60)	(0,56)	(0,73)	(0,71)
Basale Kompetenz (BaCo)	-0,53	0,38	0,47	0,66
	(-0,57)	(0,43)	(0,60)	(0,83)
Erweiterte Kompetenz (ExCo)	-0,58	0,44	0,53	0,57
	(-0,76)	(0,63)	(0,86)	(0,89)
Selbst und Persönlichkeit				
Positive Offenheit	-0,26	0,26	0,28	0,30
	(-0,31)	(0,34)	(0,43)	(0,43)
Ängstlichkeit/Einsamkeit	0,13	-0,14	-0,20	-0,24
	(0,08)	(-0,16)	(-0,23)	(-0,30)
Allgemeines Wohlbefinden	-0,12	0,12	0,17	0,29
	(-0,23)	(0,22)	(0,35)	(0,49)
Soziale Beziehungen				
Größe des sozialen Netzwerks	-0,34	0,25	0,29	0,33
	(-0,34)	(0,26)	(0,37)	(0,39)

Anmerkung: Werte in Klammern stellen Korrelationen zwischen den latenten (meßfehlerbereinigten) Konstrukten dar.

Variable und den betrachteten abhängigen Variablen in einer ähnlichen Größenordnung wie der Zusammenhang zwischen dem Alter und diesen abhängigen Variablen. (Es gibt jedoch in einigen Bereichen Ausnahmen, die unten genauer betrachtet werden.) Zweitens variierten die Größenordnungen der Zusammenhänge zwischen den betrachteten Bereichen und sowohl Alter als auch sensorischer Funktionsfähigkeit beträchtlich. Variablen, die kognitiv-motorische Funktionsfähigkeiten (kognitive Leistungsfähigkeit, basale und erweiterte Kompetenz) widerspiegelten, hingen relativ stark mit dem Alter und sensorischer Funtionsfähigkeit zusammen, während die anderen Bereiche (z. B. positive Offenheit, soziale Beziehungen, allgemeines Wohlbefinden) sehr viel geringere Korrelationen aufwiesen.

Tabelle 7 zeigt unter Verwendung hierarchischer Regressionsanalysen, inwieweit Gehör, Sehschärfe und Gleichgewicht/Gang zusammmen die altersbedingte Varianz in den verschiedenen Funktionsbereichen aufklärten. Die Tabelle stellt die spezifischen und gemeinsamen erklärten Varianzanteile dar, die Gehör, Sehschärfe, Gleichgewicht/Gang und dem Alter zuzuschreiben sind. Eine allgemeine Zusammenfassung dieser Befunde ergibt, daß sensorische Funktionsfähigkeit nicht nur die gesamte altersbedingte Varianz oder einen Großteil davon in jedem Bereich aufklärt (auch in den Fällen, in denen dieser Anteil verhältnismäßig klein ist), sondern meistens auch einen geringeren Anteil an altersunabhängiger Varianz. Dabei ist der altersabhängige Varianzanteil in den motorisch-kognitiven Bereichen der kognitiven Leistungsfähigkeit, der basalen und erweiterten Kompetenz größer als in den verbleibenden Bereichen und somit auch die Vorhersagekraft der Sensorik und Sensomotorik. Der größte Anteil der erklärten Varianz in den meisten Bereichen (kognitive Leistungsfähigkeit, positive Offenheit, erweiterte Kompetenz und Größe des sozialen Netzwerks) kann durch eine komplexe Aggregation von Varianz erklärt werden, die Alter und sensorischer Funktionsfähigkeit gemeinsam ist. In den zwei anderen Bereichen (Ängstlichkeit/Einsamkeit und Wohlbefinden), ist die größte Komponente der erklärten Varianz dem spezifischen Effekt von Gleichgewicht/Gang zuzuschreiben, während der zweitgrößte Anteil aus altersunabhängiger gemeinsamer Varianz der Sensorik bzw. Sensomotorik besteht. In diesen Bereichen übertrifft die Vorhersagekraft der Sensorik bzw. Sensomotorik (insbesondere Gleichgewicht/Gang) diejenige des chronologischen Alters.

Bei zwei Variablen, erweiterte Kompetenz und allgemeines Wohlbefinden, leistet das Lebensalter einen spezifischen, nicht durch Sensorik bzw. Sensomotorik erfaßten Beitrag. Die Bedeutung dieser residualen Varianz unterscheidet sich jedoch für

Tabelle 7: Hierarchische Kommunalitätsanalysen zur Vorhersage ausgewählter Ergebnisvariablen; spezifische und gemeinsame Varianzanteile.

	Kognitiv-motorische Verhaltensbereiche			**Selbst und Persönlichkeit**			**Soziale Beziehungen**
	1	**2**	**3**	**4**	**5**	**6**	**7**
Gesamte erklärte Varianz (in %)	47,5	47,3	44,6	12,7	7,4	9,9	14,6
% spezifisch für Alter	1,8	1,3	5,3	0,0	8,5	12,2	6,1
% spezifisch für Gehör	5,4	0,1	1,3	7,7	1,5	0,3	1,1
% spezifisch für Sehschärfe	10,5	2,8	7,3	10,5	14,7	5,0	6,0
% spezifisch für Gleichgewicht/Gang	7,2	30,0	9,0	13,9	42,4	67,0	9,7
% nur der Sensorik gemeinsam	9,4	20,5	6,6	13,1	18,1	13,8	6,0
% der Sensorik und dem Alter gemeinsam	65,7	45,3	70,5	54,8	14,8	1,7	71,1
% Summe	100,0	100,0	100,0	100,0	100,0	100,0	100,0

Spaltenbezeichnungen:
1: Kognitive Leistungsfähigkeit; 2: Basale Kompetenz (BaCo); 3: Erweiterte Kompetenz (ExCo); 4: Positive Offenheit; 5: Ängstlichkeit/Einsamkeit; 6: Allgemeines subjektives Wohlbefinden; 7: Größe des sozialen Netzwerks.

diese beiden Bereiche stark. Bei der erweiterten Kompetenz ist zunehmendes Alter auch nach Kontrolle der sensorischen Funktionsfähigkeit mit niedrigeren Werten assoziiert. Im Gegensatz dazu wird der residuale Effekt des Alters auf das Wohlbefinden nach Kontrolle der sensorischen Funktionsfähigkeit *positiv* (ursprünglich hat es eine schwache negative Korrelation mit dem Alter [$r=-0{,}12$]; siehe Smith et al., Kapitel 19). Demnach scheint eingeschränkte sensorische Funktionsfähigkeit (und nicht Alter per se) für das Wohlbefinden einen Risikofaktor darzustellen. Der positive residuale Effekt des chronologischen Alters könnte die Wirkung adaptiver Prozesse des Selbst widerspiegeln, die Anspruchs- und Wohlbefindensniveaus regulieren, um negative Auswirkungen biologischer Alterung zu kompensieren (vgl. Staudinger et al., Kapitel 12; Smith et al., Kapitel 19). Diese Interpretation ist aber spekulativ und bedarf der Absicherung durch Längsschnittdaten.

Es fallen sowohl die Stärke der Zusammenhänge zwischen sensorischer Funktionsfähigkeit und kognitiv-motorischen Verhaltensbereichen als auch die Tatsache auf, daß sie den Großteil der altersbedingten Varianz in vielen Konstrukten aufklärt bzw. vermittelt. Unter der Annahme, daß die Vorhersagekraft von Sensorik und Sensomotorik in früheren Abschnitten des Erwachsenenalters geringer ist, könnte dies bedeuten, daß alterskorrelierte biologische Faktoren, die in der sensorischen Funktionsfähigkeit besonders klar zum Ausdruck kommen, im hohen Alter an Bedeutung gewinnen (im Sinne einer prädiktiven Diskontinuität; vgl. P. B. Baltes & Lindenberger, 1995; Lindenberger & Baltes, 1994b, 1995). Allerdings gibt es mit einer Ausnahme innerhalb des BASE-Datensatzes keine Hinweise auf eine steigende Bedeutung sensorischer Funktionsfähigkeit mit zunehmendem Alter. Die Ausnahme betrifft eine signifikante spezifische „Alter × Gleichgewicht/Gang"-Interaktion nach Kontrolle der Haupteffekte der sensorischen Prädiktoren im Bereich der erweiterten Kompetenz ($F_{(1;510)}=8{,}98$; $p<0{,}001$) – demnach werden die Auswirkungen von Gleichgewicht/Gang auf Freizeitaktivitäten mit steigendem Alter zunehmend negativ (vgl. hierzu auch M. M. Baltes et al., Kapitel 20). Erste Ergebnisse von Untersuchungen mit Stichproben jüngerer Erwachsener weisen darauf hin, daß die Vorhersagekraft von Sensorik und Sensomotorik für den Bereich kognitiver Fähigkeiten im Verlauf des Erwachsenenalters deutlich zunimmt (vgl. P. B. Baltes & Lindenberger, 1995; Smith & Baltes, Kapitel 8, Abb. 3).

Sind die Wirkungen der sensorischen Prädiktoren einfach additiv oder findet sich „mehrfache Gefährdung" bei Beeinträchtigung mehr als eines Sinnessystems? Um diese Frage zu beantworten, untersuchten wir, ob Interaktionseffekte unter zwei oder allen drei Sinnessystemen (zusätzlich zu den in der Studie beobachteten starken Haupteffekten) weitere spezifische Varianz in den betrachteten Funktionsbereichen aufklären konnten (nach Kontrolle von Alter, Gleichgewicht/Gang, Gehör und Sehvermögen). Nur eine Kombination von Sinnesmodalitäten (Sehvermögen und Gleichgewicht/Gang) hatte einen kleinen, aber signifikanten Interaktionseffekt, der sich sowohl auf die Größe des sozialen Netzwerks ($p<0{,}01$) als auch auf die erweiterte Kompetenz auswirkte: Dies bedeutet, daß Personen mit Beeinträchtigungen beider Sinnessysteme überproportional verringerte Beteiligung an Freizeitaktivitäten und kleinere soziale Netzwerke aufwiesen.

Einige Leser mögen sich fragen, ob und inwiefern kompensierende Hilfsmittel ausgleichende Auswirkungen auf die Zusammenhänge zwischen sensorischen Prädiktoren und den betrachteten Bereichen hatten. Gibt es Hinweise darauf, daß sich bei Personen mit Hörgeräten oder Brillen eine geringere Abhängigkeit zwischen sensorischer Funktionsfähigkeit und der Leistung in den betrachteten Verhaltensbereichen findet? Zur Beantwortung dieser Frage untersuchten wir, ob die Verfügbarkeit von Hilfsmitteln zur Kompensation sensorischer Einbußen nach Kontrolle von Alter, Gehör, Sehvermögen und Gleichgewicht/Gang in einer positiven Beziehung zu den untersuchten Funktionsbereichen stand. In fast allen Fällen hatte der Besitz von Hilfsmitteln nach Kontrolle der Haupteffekte keinen spezifischen prädiktiven Effekt auf die abhängigen Variablen. Ausnahmen werden im folgenden beschrieben: Lesebrillen hatten auf den Bereich der Ängstlichkeit/Einsamkeit insofern einen positiven residualen Effekt, als Personen mit solchen Brillen signifikant höhere Niveaus von Ängstlichkeit/Einsamkeit hatten. Ein ähnlicher residualer Effekt fand sich bei Lesebrillen und allgemeinem Wohlbefinden: Teilnehmer mit Lesebrillen gaben signifikant niedrigere Niveaus des Wohlbefindens an. Der Besitz einer Fernbrille wiederum stand in einem signifikant positiven Zusammenhang zur kognitiven Leistungsfähigkeit ($F_{(1;510)}=7{,}10$; $p<0{,}01$) und hing auch spezifisch positiv mit sozialer Netzwerkgröße ($F_{(1;510)}=7{,}15$; $p<0{,}01$) und allgemeinem Wohlbefinden zusammen. Im Gegensatz dazu zeigte die Verfügbarkeit eines Hörgerätes einen signifikanten negativen Zusammenhang mit allgemeiner Intelligenz ($F_{(1;510)}=13{,}28$; $p<0{,}01$), erweiterter Kompetenz ($F_{(1;510)}=8{,}29$; $p<0{,}01$) und sozialer Netzwerkgröße ($F_{(1;510)}=14{,}95$; $p<0{,}01$).

Bevor wir auf die Auswirkungen von Hilfsmitteln im allgemeinen eingehen, sind einige Bemerkungen zu den Ergebnissen über Auswirkungen von Hörgeräten nötig. Erstens konnten ohne Freifeldmessungen keine Vergleiche zwischen dem Gehör mit und ohne Hörgerät gemacht werden, so daß wir nicht wissen, wie gut die Hörgeräte funktionierten. Zukünftige Untersuchungen müßten solche Messungen berücksichtigen. Zweitens sollten weitere Forschungsvorhaben ihre Aufmerksamkeit auf die Gründe dafür richten, daß trotz der hohen Prävalenz der Hörbeeinträchtigungen so wenige alte Menschen (in BASE nur 16%) Hörgeräte haben (Sehhilfen sind viel verbreiteter). Drittens stimmen unsere Befunde fehlender positiver Auswirkungen von Hörgeräten, wie unten ausgeführt, nicht mit früheren Studien überein. Ohne sorgfältige audiologische und fachärztliche Untersuchungen müssen unsere Ergebnisse auf der Grundlage der Angaben, die die Studienteilnehmer über die Nutzung von Hörgeräten machten, mit Vorsicht betrachtet werden. Schließlich ist, da die meisten Untersuchungen über Auswirkungen von Hörgeräten bei Personen durchgeführt wurden, die jünger als die BASE-Teilnehmer waren, die provokante Frage möglich, ob Hörgeräte zu weniger effektiven Hilfsmitteln werden, wenn ihre Nutzer das hohe Alter erreichen. Ohne Information darüber, wie lange die BASE-Teilnehmer schon Hörverluste haben und wie lange sie ein Hörgerät nutzen, können wir nicht echte Auswirkungen der Nutzung eines Hörgerätes von vorhergehenden langfristigen Anpassungserscheinungen an Hörverluste unterscheiden.

Insgesamt können die vorliegenden Ergebnisse nicht als deutliche Hinweise auf die kompensierenden Vorteile von Brillen und Hörgeräten gewertet werden. Darüber hinaus ist zu beachten, daß die positiven und negativen residualen Effektgrößen der Hilfsmittel, auch wenn sie signifikant waren, sehr gering ausfielen. Sowohl für Lesebrillen als auch für Hörgeräte gilt, daß sie die Bereiche, für die spezifische residuale Zusammenhänge gefunden wurden, negativ beeinflussen und Leistungsniveaus verringern. Möglicherweise rücken Hilfsmittel den alten Menschen sensorische Einbußen deutlicher ins Bewußtsein oder wirken als Hinweise auf besonders starke sensorische Beeinträchtigung. Eine weitere Erklärung wäre z. B. in den Gründen für die Verordnung von Hörgeräten zu suchen. Wenn man davon ausgeht, daß Menschen sich über die Zeit anpassen und an Hilfsmittel gewöhnen, ist in diesem Kontext außerdem zu spekulieren, daß negative psychologische und Verhaltensauswirkungen mit der Dauer der Hilfsmittelnutzung abnehmen könnten. Nur Brillen für die Ferne scheinen spezifische positive Beziehungen zu Intelligenz, erweiterter Kompetenz (Beteiligung an Freizeitaktivitäten) und allgemeinem Wohlbefinden aufzuweisen. Wie für das gesamte Kapitel zutreffend, ist hierbei die Richtung dieses Effektes unklar: Trägt die Verfügbarkeit der Brillen für die Ferne zu höheren Niveaus dieser Konstrukte bei, oder erhalten Personen mit höherer Intelligenz, besserem Wohlbefinden und größerem sozialen Netzwerk eher korrigierende Gläser? Wichtig ist dabei, daß wir (a) nicht beurteilt haben, wie gut diese Hilfsmittel die jeweilige sensorische Beeinträchtigung korrigieren, (b) nicht wissen, wie regelmäßig die Studienteilnehmer ihre angegebenen Hilfsmittel nutzen, einschließlich der Zeit in den verschiedenen BASE-Sitzungen, und (c) im Bereich des Hörens keine Informationen darüber haben, in welchem Maße das Tragen von Hörgeräten das Gehör verbesserte (Fehlen von Freifeldmessungen mit und ohne Hörgerät). Einige andere Untersuchungen konnten Hinweise auf positive psychologische Auswirkungen von Hilfsmitteln geben (für einen Überblick der Effekte von Hörgeräten siehe Tesch-Römer, 1995).

4. Diskussion

In diesem Kapitel haben wir zwei Ziele verfolgt. Erstens gaben wir eine deskriptive Übersicht der sensorischen Funktionsfähigkeit in drei Modalitäten: Gehör, Sehvermögen und Gleichgewicht/Gang. Die Ergebnisse dieser deskriptiven Analyse unterstützen auf deutliche Weise die Auffassung, daß sensorische und sensomotorische Beeinträchtigungen und Funktionsverluste in den letzten Lebensjahrzehnten sehr verbreitet sind und daß auch die Sensorik von Multimorbidität beträchtlichen Ausmaßes betroffen ist. Wie in der Einleitung erwähnt, bedeuten diese gleichzeitigen Einbußen in verschiedenen Sinnessystemen, daß die sensorische Kompensation, die in jüngeren Lebensjahren beobachtet wurde (Neville, 1990; Rauschecker, 1995), im hohen Lebensalter häufig nicht mehr möglich ist.

Das zweite Ziel des Kapitels bestand darin, mögliche Folgen altersbedingter individueller Unterschiede der sensorischen Funktionsfähigkeit zu untersuchen. Wir stellten eine breitgefächerte Auswahl von Konstrukten zusammen, die für Forscher aus verschiedenen Disziplinen von Interesse sind. Obwohl die Größenordnungen der Zusammenhänge zwischen diesen abhängigen Variablen und sensorischer Funktionsfähigkeit beträchtlich variierten (wobei kognitiv-motorische Verhaltensbereiche die stärksten Zusammenhänge aufwiesen), zeigte sich in bezug auf den Zusammenhang zwischen der abhängigen Variable und dem Alter, daß sensorische (bzw. sensomotorische) Funktionsfähigkeit die Gesamtheit oder einen Großteil der altersabhängigen Varianz aufklärte. Darüber hinaus waren die spezifischen Effekte der sensorischen Variablen (einzeln oder zusammen) im allgemeinen größer als die spezifischen Effekte chronologischen Alters auf jeden betrachteten Bereich.

Wir begannen dieses Kapitel mit der Erwähnung von zwei theoretischen Orientierungen von BASE: Altern als systemisches Phänomen und differentielles Altern. In bezug auf differentielles Altern glauben wir, daß dieses Kapitel überzeugend nachweisen konnte, daß individuelle Unterschiede in verschiedenen Funktionsbereichen (manchmal ziemlich stark) mit individuellen Unterschieden in der sensorischen Funktionsfähigkeit zusammenhängen. Wie wir im folgenden näher ausführen werden, ist es mit diesen Daten nicht möglich, der sensorischen Funktionsfähigkeit eine *kausale* Bedeutung zuzuschreiben. Die Befunde heben aber den praktischen Nutzen der objektiven sensorischen Funktionsmaße als Screening-Instrumente hervor, mit denen man Menschen mit „hohem Risiko" für Einschränkungen in verschiedenen psychologischen Funktions- und Verhaltensbereichen erfassen könnte. In bezug auf Altern als systemisches Phänomen ist zu unterstreichen, daß sensorische Variablen den Großteil *altersabhängiger* individueller Unterschiede in den betrachteten Bereichen aufklärten.

In der Literatur zur kognitiven Alterung haben viele Wissenschaftler (z. B. Hertzog, 1989; Lindenberger, Mayr & Kliegl, 1993; Salthouse, 1991) gezeigt, daß Maße kognitiver Geschwindigkeit altersbedingte individuelle Unterschiede in komplexeren kognitiven Funktionen (wie Denkvermögen, räumliches Denken) vermitteln oder aufklären können, wobei ein Großteil dieser Untersuchungen Erwachsene betrachtete, die jünger als die BASE-Teilnehmer waren. Aufgrund solcher Daten wird argumentiert, daß ein plausibles Szenario der Alterung der Kognition darin besteht, daß der Alternsprozeß die direktesten Auswirkungen auf die Geschwindigkeit der kognitiven Funktionsfähigkeit hat und alle weiteren kognitiven Veränderungen aus diesem fundamentalen Alterseffekt folgen (z. B. Salthouse, 1994). Auf ähnliche Weise könnten die Ergebnisse dieser Studie zur Unterstützung einer Sichtweise genutzt werden, daß Indikatoren der sensorischen und sensomotorischen Leistungsfähigkeit gehirnbezogene Alterungseffekte am deutlichsten zum Ausdruck bringen (vgl. Corso, 1981; Era, 1987). Wie wir unten argumentieren, bedeutet diese Perspektive nicht unbedingt, daß sensorische Alterung die Alterung in anderen Bereichen zur Folge hat, sondern nur, daß sie als hilfreicher Indikator für basale Alterungsprozesse dient, die über verschiedene Funktionsbereiche hinweg wirksam sind (d. h. Altern als systemisches Phänomen; vgl. P. B. Baltes & Lindenberger, 1995).

Was sind die Gründe für den hohen Vorhersagewert der sensorischen Funktionsfähigkeit? Zwei breite Erklärungskategorien sind von Lindenberger und Baltes (1994b) aufgeführt worden: *direkte Effekte* (die sie bei ihren Untersuchungen zur Intelligenz größtenteils in bezug auf „sensorische Deprivation" diskutieren) und *gemeinsame Effekte* (die sie in ihrer Arbeit als Hypothese der „gemeinsamen Ursache" bezeichnen). Die Idee der gemeinsamen Effekte geht davon aus, daß, wenn „Alterung" ein Ergebnis X beeinträchtigt und „Alterung" auch sensorische Funktionsfähigkeit beeinträchtigt, der Zusammenhang zwischen sensorischer Funktionsfähigkeit und X wegen ihrer gemeinsamen Verursachung durch „Alterung" zum Vorschein kommt. Die Idee der „gemeinsamen Ursache" verweist somit auf alterungsbedingte biologische (anatomische und physiologische) Veränderungen des Gehirns. Zu den basalen Prozessen alterungsbedingter Veränderungen der sensorischen Funktionsfähigkeit gibt es eine reichhaltige Literatur (siehe für eine ausführliche Übersicht Corso, 1981), auf die hier nicht im einzelnen eingegangen werden kann. Es ist aber auffallend, daß im Zusammenhang mit solchen Veränderungen der sensorischen Leistungen immer wieder auf neuronale Ursachen hingewiesen wird (Fozard, 1990). In diesem Zusammenhang ist anzumerken, daß die *allgemeine* körperliche Gesundheit im hier untersuchten Datensatz nicht das gemeinsam zugrundeliegende Merkmal für die Zusammenhänge zwischen Sensorik und den betrachteten psychologischen Funktions- und Verhaltensbereichen darstellte. Selbstbeurteilte Gesundheit korrelierte 0,07 mit dem Gehör, 0,16 mit dem Sehvermögen und 0,26 mit Gleichgewicht/Gang, und die Korrelationen mit der Anzahl mittel- bis schwergradiger Erkrankungen (Steinhagen-Thiessen & Borchelt, Kapitel 6) bewegten sich in der gleichen Größenordnung (-0,12, 0,15 und -0,24).

Eine eher kausale Rolle der sensorischen Funktionsfähigkeit ist im Konzept des direkten Effektes eingebettet. Natürlich ist es hier wieder wichtig zu betonen, daß die kausale Bedeutung sensorischer Funktionsfähigkeit auf der Grundlage unserer querschnittlichen Daten nicht beurteilt werden kann. Das Konzept des direkten Effektes geht davon aus, daß

Sinnesleistungen so grundlegende Funktionen darstellen, daß eine wirksame Funktionsfähigkeit in vielen anderen Bereichen effektive Sensorik voraussetzt. Wenn man nicht sehen/hören/aufrecht stehen kann, kann man auch nicht Dinge tun, die solche sensorischen Leistungen erfordern (z. B. lesen, schreiben oder sozial interagieren). Aus dieser Perspektive betrachtet ist sensorische Funktionsfähigkeit *besonders* empfindlich für Alterungsprozesse, und altersbedingte Einbußen sensorischer Funktionsfähigkeit *„ziehen"* andere Funktionen (die intakte Sensorik voraussetzen) mit. Dies ist eine Version der „Kaskadenhypothese" (Birren, 1964), die zu der Annahme modifiziert werden kann, daß Einbußen sensorischer Funktionsfähigkeit Verluste in anderen Bereichen *auslösen*. Sensorische Effekte können in Form der *Testleistungseffekte* sehr direkt sein (siehe auch Bennett & Eklund, 1983b). Die physische Unmöglichkeit der Erfüllung sensorischer Aufgaben geht dabei automatisch mit der Unfähigkeit, andere Leistungen zu erbringen, einher (z. B. das Sehen oder Hören einer kognitiven Testaufgabe)[6].

Ein weiterer Mechanismus direkter Effekte ist *sensorische Deprivation*. Hier führt der Verlust von eingehenden sensorischen Signalen zu aktivem und passivem Rückzug von der Teilnahme an anderen Aktivitäten[7]. Zusätzlich zu den lange feststehenden potentiellen Auswirkungen einer solchen Deprivation auf die geistige Gesundheit (Hebb, 1954) könnten langfristige Konsequenzen verringerte intellektuelle Stimulation und Übung sowie soziale Isolation umfassen. Ein dritter Mechanismus könnte die *Ressourcenumverteilung* darstellen, die P. B. Baltes und U. Lindenberger (1995) in bezug auf die Aufmerksamkeitskosten sensorischer Einbußen für kognitive Leistungsfähigkeit diskutierten. In Hinblick auf die Intelligenz geht das Argument dahin, daß Verluste sensorischer Funktionsfähigkeit einen Mehrbedarf an Aufmerksamkeit bedeuten, um Reize wahrnehmen und interpretieren zu können (d. h., die Ressource der Aufmerksamkeit muß umverteilt werden). Diese vermehrte Beanspruchung von Aufmerksamkeit (vielleicht auch zusammen mit normalen altersbedingten Einschränkungen ihrer Kapazität) könnte die Menge verfügbarer Ressourcen für andere Aufgaben vermindern. Für den Bereich der Kognition führt diese Aufmerksamkeitshypothese zu der Vorhersage, daß sensorisch beeinträchtigte Personen in kognitiven Tests schlechter abschneiden müßten, weil sie sich in einer natürlichen Situation geteilter Aufmerksamkeit befinden.

Dieses Aufmerksamkeitsargument kann auch auf andere Funktionsbereiche angewendet werden. Soziale Beziehungen, Aktivitäten der Selbstpflege und sogar Indikatoren geistiger Gesundheit könnten in Mitleidenschaft gezogen werden, wenn Individuen zunehmend auf ihre sensorische Funktionsfähigkeit achten müssen und mit ihr beschäftigt sind. Genauer ausgedrückt könnte man im Bereich der Selbstbeurteilung und Persönlichkeit erwarten, daß beeinträchtigte Sensorik als „persönlicher Anzeiger" oder Hinweis auf die Tatsache, daß man älter wird, dient. Wenn das Bewußtsein des eigenen Alterns nicht (mehr) *geleugnet* werden kann, sind negative Konsequenzen für das Wohlbefinden zu erwarten (z. B. Brandtstädter & Greve, 1994; siehe auch Smith et al., Kapitel 19). Hinweise für diese Idee der sensorischen Funktionsfähigkeit als „persönlicher Anzeiger der eigenen Alterung" finden sich in den in diesem Kapitel berichteten Korrelationen. Sowohl bei Ängstlichkeit/Einsamkeit als auch beim allgemeinen Wohlbefinden sind es die spezifischen Effekte sensorischer Funktionsfähigkeit und nicht die des chronologischen Alters, die den größten Anteil der Varianz aufklärten (in Kapitel 19 von Smith et al. werden die möglicherweise zugrundeliegenden Prozesse betrachtet). Smith, Borchelt und Steinhagen Thiessen (1992) liefern auch qualitative Daten, die darauf hinweisen, daß Selbstdefinitionen von Personen mit schweren sensorischen Beeinträchtigungen sich beträchtlich von denjenigen ihrer Altersgenossen unterscheiden. Wie ältere Menschen ihr Gefühl des Selbst und des Wohlbefindens in Anbetracht sensorischer Einbußen aufrechterhalten, ist für die zukünftige gerontologische Forschung eine wichtige Frage.

In Übereinstimmung mit diesen Überlegungen steht der Befund, daß Funktionsbereiche wie Intelligenz, basale und erweiterte Kompetenz viel stärkere Zusammenhänge mit der sensorischen Funktionsfähigkeit aufweisen als andere. Das Muster der sensorischen Vorhersagekraft stützt die Vermutung, daß Bereiche der *Performanz* (Bereiche, in denen Menschen tatsächlich Tätigkeiten ausführen) mehr durch sensorische Alterung beeinträchtigt werden als

6 Diese Hypothese erscheint im vorliegenden Fall allerdings aus zwei Gründen unwahrscheinlich (vgl. Lindenberger & Baltes, 1994b). Erstens waren die Korrelationen von Sehschärfe und Gehör mit den 14 Tests der kognitiven Meßbatterie von Ausmaß und Art der sensorischen Beanspruchung während der Testdurchführung weitgehend unabhängig. Zweitens kann diese Hypothese die starke Beziehung zwischen kognitiver Leistungsfähigkeit und Gleichgewicht/Gang nicht erklären.

7 Natürlich schließen die hier erwähnten sensorischen Deprivationseffekte nicht die neurophysiologischen und anatomischen Grundlagen aus, die wir als Schlüsselelemente des Konzeptes des „gemeinsamen Effekts" anführten. Sensorische Deprivation könnte selbst zu Prozessen neuronaler Atrophie führen (Kaas, 1995).

Bereiche der *Selbstbeurteilung*. Die Interaktion mit der äußeren Welt würde demnach durch sensorische Einbußen stärker gestört als die Interaktion mit der „Innenwelt“. Zukünftige Forschung sollte sich mit dieser Differenz näher befassen. „Stören“ beispielsweise Einbußen des Gehörs und des Sehvermögens ältere Menschen weniger als theoretisch denkbar, weil sie sozial-kognitive Prozesse nutzen wie abwärtsgerichteten sozialen Vergleich mit Altersgenossen (d. h., weil sie sich mit denjenigen vergleichen, denen es schlechter geht)? Haben sensorische Verluste so lange geringfügige Auswirkungen auf die geistige Gesundheit, die Selbstbeurteilung und das Wohlbefinden alter Menschen, bis sie nicht mehr zu verleugnen sind? Haben Verluste in bestimmten Sinnesmodalitäten eher negative Folgen als Verluste in anderen (siehe Tesch-Römer, 1993, und Rott & Wahl, 1993, für interessante Diskussion dieser Fragen)? In diesem Zusammenhang ist auch der geringe Zusammenhang zwischen sozialen Beziehungen und sensorischer Funktionsfähigkeit zu nennen. Zum Beispiel sollte untersucht werden, ob verschiedene Beziehungsarten unterschiedlich von sensorischen Einbußen betroffen sind. Halten langjährige und enge emotionale Bindungen den negativen Folgen sensorischer Verluste eher stand als oberflächlichere Freundschaften und Bekanntschaften (Antonucci, 1990; Carstensen, 1993)?

Ein herausragendes Ergebnis dieses Kapitels besteht in dem Nachweis starker Zusammenhänge zwischen sensorischen Leistungen und einem breiten Spektrum von Funktions- und Lebensbereichen. Damit haben wir, was die Auswertung des reichhaltigen multidisziplinären Datensatzes der Berliner Altersstudie anbelangt, lediglich einen Anfang gemacht. Ein großer Fundus von Konstrukten ist noch in bezug auf ihre jeweiligen Zusammenhänge mit sensorischer Funktionsfähigkeit zu untersuchen, insbesondere die (in diesem Kapitel) zu wenig untersuchten psychiatrischen und medizinischen Bereiche. Obwohl Daten zu Fragen der physiologischen und psychophysikalischen Alterung, detaillierte Untersuchungen der Sinnessysteme oder Informationen zu berufsgeschichtlicher Belastung durch bestimmte Risikofaktoren in der Umwelt nicht vorliegen, versprechen die ausführlichen lebensgeschichtlichen und medizinischen Daten in BASE die Möglichkeit der Untersuchung einiger potentieller Risikofaktoren für individuelle Unterschiede der sensorischen Funktionsfähigkeit im Alter.

Wir haben in einer vergleichsweise alten und heterogenen Stichprobe neue Hinweise gefunden, (a) daß sensorische Systeme einem starken alterskorrelierten Leistungsrückgang ausgesetzt sind und (b) daß sensorische Leistungen als Indikatoren für Alterungsprozesse in anderen Funktionsbereichen dienen könnten (im Sinne der systemischen Perspektive von BASE). So scheinen die in diesem Kapitel betrachteten sensorischen Variablen, zumindest für kognitiv-motorische Verhaltensbereiche, zu den besten Prädiktoren individueller und insbesondere altersbezogener Unterschiede im hohen Alter zu gehören, die bisher empirisch nachgewiesen werden konnten.

Literaturverzeichnis

Anderson, B. & Palmore, E. (1974). Longitudinal evaluation of ocular function. In E. Palmore (Hrsg.), *Normal aging* (S. 24–32). Durham, NC: Duke University Press.

Antonucci, T. C. (1990). Social support and social relationships. In R. H. Binstock & L. K. George (Hrsg.), *Handbook of aging and the social sciences* (3. Aufl., S. 205–227). San Diego, CA: Academic Press.

Baltes, M. M., Mayr, U., Borchelt, M., Maas, I. & Wilms, H.-U. (1993). Everyday competence in old and very old age: An inter-disciplinary perspective. *Ageing and Society, 13,* 657–680.

Baltes, M. M., Wilms, H.-U. & Horgas, A. (1996). *Everyday competence: A descriptive and model-testing analysis*. Zur Veröffentlichung eingereichtes Manuskript, Freie Universität Berlin.

Baltes, P. B. & Baltes, M. M. (1990). Psychological perspectives on successful aging: The model of selective optimization with compensation. In P. B. Baltes & M. M. Baltes (Hrsg.), *Successful aging: Perspectives from the behavioral sciences* (S. 1–34). Cambridge: Cambridge University Press.

Baltes, P. B. & Lindenberger, U. (1995). Sensorik und Intelligenz: Intersystemische Wechselwirkungen. *Akademie-Journal, 1,* 20–28.

Bennett, E. S. & Ecklund, S. J. (1983a). Vision changes, intelligence, and aging: Part I. *Educational Gerontology, 9,* 255–278.

Bennett, E. S. & Ecklund, S. J. (1983b). Vision changes, intelligence, and aging: Part II. *Educational Gerontology, 9,* 435–442.

Bergman, M. (1983). Central disorders of hearing in the elderly. In R. Hinchcliffe (Hrsg.), *Hearing and balance in the elderly* (S. 145–158). Edinburgh: Churchill Livingstone.

Bess, F. H., Lichtenstein, M. J., Logan, S. A., Burger, M. C. & Nelson, E. (1989). Hearing impairment as a determinant of function in the elderly. *Journal of the American Geriatrics Society, 37,* 123–128.

Birren, J. E. (Hrsg.) (1964). *The psychology of aging. Englewood Cliffs*, NJ: Prentice-Hall.

Borchelt, M. & Steinhagen-Thiessen, E. (1992). Physical performance and sensory functions as determinants of independence in activities of daily living in the old and the very old. *Annals of the New York Academy of Sciences, 673,* 350–361.

Branch, L. G., Horowitz, A. & Carr, C. (1989). The implications for everyday life of incident self-reported visual decline among people over age 65 living in the community. *The Gerontologist, 29,* 359–365.

Brandtstädter, J. & Greve, W. (1994). The aging self: Stabilizing and protective processes. *Developmental Review, 14,* 52–80.

Brody, H. (1955). Organisation of the cerebral cortex. *Journal of Comparative Neurology, 102,* 511–556.

Carstensen, L. L. (1993). Motivation for social contact across the life-span: A theory of socioemotional selectivity. *Nebraska Symposium on Motivation, 40,* 205–254.

Clark, L. A. & Watson, D. (1991). General affective dispositions in physical and psychological health. In C. R. Snyder & D. R. Forsyth (Hrsg.), *Handbook of social and clinical psychology: The health perspective* (S. 221–245). New York: Pergamon Press.

Corbin, S. L. & Eastwood, M. R. (1986). Sensory deficits and mental disorders of old age: Causal or coincidental associations? *Psychological Medicine, 16,* 251–256.

Corso, J. F. (1963). Age and sex differences in pure-tone thresholds. *Archives of Otolaryngology, 77,* 385–405.

Corso, J. F. (1981). *Aging sensory systems and perception.* New York: Praeger Publishers.

Corso, J. F. (1984). Technological interventions for changes in hearing and vision incurred through aging. *Audiology, 16,* 146–163.

Corso, J. F. (1987). Sensory-perceptual processes and aging. *Annual Review of Gerontology and Geriatrics, 7,* 29–55.

Corso, J. F. (1992). Support for Corso's hearing loss model relating aging and noise exposure. *Audiology, 31,* 162–167.

Davis, A. C. (1983). The epidemiology of hearing disorders. In R. Hinchcliffe (Hrsg.), *Hearing and balance in the elderly* (S. 1–43). Edinburgh: Churchill Livingstone.

Era, P. (1987). Sensory, psychomotor, and motor functions in men of different ages. *Scandinavian Journal of Social Medicine, Suppl. 39,* 9–67.

Exton-Smith, A. N. (1977). Clinical manifestations. In A. N. Exton-Smith & G. Evans (Hrsg.), *Care of elderly: Meeting the challenge of dependency* (S. 11–16). London: Academic Press.

Fozard, J. L. (1990). Vision and hearing in aging. In J. E. Birren & K. W. Schaie (Hrsg.), *Handbook of the psychology of aging* (3. Aufl., S. 150–170). San Diego, CA: Academic Press.

Fries, J. F. (1990). Medical perspectives upon successful aging. In P. B. Baltes & M. M. Baltes (Hrsg.), *Successful aging: Perspectives from the behavioral sciences* (S. 35–49). Cambridge: Cambridge University Press.

Gerson, L. W., Jarjoura, D. & McCord, G. (1989). Risk of imbalance in elderly people with impaired vision or hearing. *Age and Ageing, 18,* 31–34.

Gilhome Herbst, K. (1983). Psychosocial consequences of disorders of hearing in the elderly. In R. Hinchcliffe (Hrsg.), *Hearing and balance in the elderly* (S. 174–200). Edinburgh: Churchill Livingstone.

Gryfe, C. I., Amies, A. & Ashley, M. A. (1977). A longitudinal study of falls in an elderly population: I. Incidence and morbidity. *Age and Ageing, 6,* 201–210.

Haid, C. T. (1993). Schwindel im Alter. In D. Platt (Hrsg.), *Handbuch der Gerontologie* (Bd. 6, S. 167–207). Stuttgart: Gustav Fischer.

Hauptverband der gewerblichen Berufsgenossenschaften (Hrsg.) (1992). *BK-DOK '90: Dokumentation des Berufskrankheiten-Geschehens in der Bundesrepublik Deutschland* (Schriftenreihe des Hauptverbandes der gewerblichen Berufsgenossenschaften). St. Augustin: Eigenverlag.

Hebb, D. O. (1954). Experimental deafness. *Canadian Journal of Psychology, 8,* 152–156.

Hertzog, C. (1989). Influences of cognitive slowing on age differences in intelligence. *Developmental Psychology, 25,* 636–651.

Hiller, R., Giacometti, L. & Yuen, K. (1977). Sunlight and cataract: An epidemiologic investigation. *American Journal of Epidemiology, 105,* 450–459.

Horak, F. B., Shupert, C. L. & Mirka, A. (1989). Components of postural dyscontrol in the elderly: A review. *Neurobiology of Aging, 10,* 727–738.

ICD-9 (1988). *Internationale Klassifikation der Krankheiten (ICD): 9. Revision.* Köln: Kohlhammer.

Irion, H., Roßner, R. & Lazarus, H. (1983). *Entwicklung des Hörverlustes in Abhängigkeit von Lärm, Alter und anderen Einflüssen* (Forschungsbericht Nr. 370). Dortmund: Bundesanstalt für Arbeitsschutz.

Isaacs, B. (1985). Clinical and laboratory studies of falls in older people. *Clinics in Geriatric Medicine, 1,* 513–520.

Jerger, J., Chmiel, R., Stack, B. & Spretnjak, M. (1993). Gender affects audiometric shape in presbyacusis. *Journal of the American Academy of Audiology, 4,* 42–49.

Kaas, J. H. (1995). The reorganization of sensory and motor maps in adult mammals. In M. S. Gazzaniga (Hrsg.), *The cognitive neurosciences* (S. 51–71). Cambridge, MA: MIT Press.

Kahn, R. L. & Antonucci, T. C. (1980). Convoys over the life course: Attachment, roles, and social support. In P. B. Baltes & O. G. Brim, Jr. (Hrsg.), *Life-span development and behavior* (Bd. 3, S. 254–283). New York: Academic Press.

Kline, D. W. & Schieber, F. (1985). Vision and aging. In J. E. Birren & K. W. Schaie (Hrsg.), *Handbook of the psychology of aging* (2. Aufl., S. 296–331). New York: Van Nostrand Reinhold.

Laforge, R. G., Spector, W. D. & Sternberg, J. (1992). The relationship of vision and hearing impairment to one-year mortality and functional decline. *Journal of Aging and Health, 4,* 126–148.

Lawton, M. P. (1975). The Philadelphia Geriatric Center Morale Scale: A revision. *Journal of Gerontology, 30,* 85–89.

Lawton, M. P. & Brody, E. M. (1969). Assessment of older people: Self-maintaining and instrumental activities of daily living. *The Gerontologist, 9,* 179–186.

Lazarus, H., Irion, H., Pfeiffer, I. & Albert, O. (1986). *Geräuschbelastung in einem Großkraftwerk* (Forschungsbericht Nr. 467). Dortmund: Bundesanstalt für Arbeitsschutz.

Leibowitz, H. M., Krueger, D. E., Maunder, L. R., Milton, R. C., Kini, M. M., Kahn, H. A., Nickerson, R. J., Pool, J., Colton, T. L., Ganley, J. P., Loewenstein, J. I. & Dawber, T. R. (1980). The Framingham Eye Study monograph. *Survey of Ophthalmology, 24* (Suppl.), 335–610.

Lindenberger, U. & Baltes, P. B. (1994a). Sensory functioning and intelligence in old age: A strong connection. *Psychology and Aging, 9,* 339–355.

Lindenberger, U. & Baltes, P. B. (1994b). *Simulation of age changes in the relationship between sensory (hearing) and intellectual functioning: A study proposal.* Unveröffentlichtes Manuskript, Max-Planck-Institut für Bildungsforschung, Berlin.

Lindenberger, U. & Baltes, P. B. (1995). Kognitive Leistungsfähigkeit im Alter: Erste Ergebnisse aus der Berliner Altersstudie. *Zeitschrift für Psychologie, 203,* 283–317.

Lindenberger, U., Mayr, U. & Kliegl, R. (1993). Speed and intelligence in old age. *Psychology and Aging, 8,* 207–220.

Lord, S. R., Clark, R. D. & Webster, L. W. (1991). Physiological factors associated with falls in an elderly population. *Journal of the American Geriatrics Society, 39,* 1194–1200.

Mahoney, F. I. & Barthel, D. W. (1965). Functional evaluation: The Barthel Index. *Maryland Medical Journal, 14,* 61–65.

Manchester, D., Woollacott, M., Zederbauer-Hylton, N. & Marin, O. (1989). Visual, vestibular and somatosensory contributions to balance control in the older adult. *Journal of Gerontology: Medical Sciences, 44,* M118–M127.

Mhoon, E. (1990). Otology. In C. K. Cassel, D. E. Riesenberg, L. B. Sorensen & J. R. Walsh (Hrsg.), *Geriatric medicine* (2. Aufl., S. 405–419). New York: Springer.

Neville, H. J. (1990). Intermodal competition and compensation in development. *Annals of the New York Academy of Sciences, 608,* 71–91.

Ödkvist, L. M., Malmberg, L. & Möller, C. (1989). Age-related vertigo and balance disorders according to a multi-questionnaire. In C. F. Claussen, M. V. Kirtane & K. Schlitter (Hrsg.), *Vertigo, nausea, tinnitus, and hypoacusia in metabolic disorders* (S. 423–437). Amsterdam: Elsevier.

Olsho, L. W., Harkins, S. W. & Lenhardt, M. L. (1985). Aging and the auditory system. In J. E. Birren & K. W. Schaie (Hrsg.), *Handbook of the psychology of aging* (2. Aufl., S. 332–377). New York: Van Nostrand Reinhold.

Owsley, C. & Sloane, M. E. (1990). Vision and aging. In F. Boller & J. Grafman (Hrsg.), *Handbook of neuropsychology* (Bd. 4, S. 229–249). Amsterdam: Elsevier.

Pearson, J. D., Morrell, C. H., Gordon-Salant, S., Brant, L. J., Metter, E. J., Klein, L. L. & Fozard, J. L. (1995). Gender differences in a longitudinal study of age-associated hearing loss. *Journal of the Acoustical Society of America, 97,* 1196–1205.

Pitts, D. G. (1982). Visual acuity as a function of age. *Journal of the American Optometric Association, 53,* 117–124.

Rauschecker, J. P. (1995). Compensatory plasticity and sensory substitution in the cerebral cortex. *Trends in Neurosciences, 18,* 36–43.

Reinstein, D. Z., Dorward, N. L., Wormald, R. P. L., Graham, A., O'Connor, I., Charlton, R. M., Yeatman, M., Dodenhoff, R., Touquet, R. & Challoner, T. (1993). „Correctable undetected visual acuity deficit" in patients aged 65 and over attending an accident and emergency department. *British Journal of Ophthalmology, 77,* 293–296.

Rott, C. & Wahl, H.-W. (1993). *Relationships between sensory aging, cognitive functioning, coping style, and social activity: Data from the Bonn Longitudinal Study of Aging.* Presented at the 46th Annual Scientific Meeting of the Gerontological Society of America, New Orleans, LA.

Salthouse, T. A. (1991). *Theoretical perspectives on cognitive aging.* Hillsdale, NJ: Erlbaum.

Salthouse, T. A. (1994). How many causes are there of aging-related decrements in cognitive functioning? *Developmental Review, 14,* 413–437.

Schieber, F. (1992). Aging and the senses. In J. E. Birren, R. B. Sloane & G. D. Cohen (Hrsg.), *Handbook of mental health and aging* (2. Aufl., S. 251–306). San Diego, CA: Academic Press.

Schmack, W. (1989). Geriatrie in der täglichen Praxis des Augenarztes. In D. Platt (Hrsg.), *Handbuch der Gerontologie* (Bd. 3, S. 29–40). Stuttgart: Gustav Fischer.

Smith, J., Borchelt, M. & Steinhagen-Thiessen, E. (1992). *Links between auditory functioning and profiles of the aged self: Data from the Berlin Aging Study (BASE).* Presented at the 45th Annual Scientific Meeting of the Gerontological Society of America, Washington, DC.

Steinhagen-Thiessen, E. & Borchelt, M. (1993). Health differences in advanced old age. *Ageing and Society, 13,* 619–655.

Teasdale, N., Bard, C., Dadouchi, F., Fleury, M., Larue, J. & Stelmach, G. E. (1992). Posture and elderly persons: Evidence for deficits in the central integrative mechanisms. In G. E. Stelmach & J. Requin (Hrsg.), *Tutorials in motor behavior* (Bd. 2, S. 917–931). Amsterdam: Elsevier.

Tesch-Römer, C. (1993). *Coping with hearing loss in old age.* Presented at the 46th Annual Scientific Meeting of the Gerontological Society of America, New Orleans, LA.

Tesch-Römer, C. (1995). *Effects of hearing aid use in older adults.* Zur Veröffentlichung eingereichtes Manuskript, Ernst-Moritz-Arndt-Universität Greifswald, Institut für Psychologie.

Tinetti, M. E. (1986). A performance-oriented assessment of mobility problems in elderly patients. *Journal of the American Geriatrics Society, 34,* 119–126.

Watson, D. & Clark, L. A. (1984). Negative affectivity: The disposition to experience aversive emotional states. *Psychological Bulletin, 96,* 465–490.

Weale, R. A. (1989). Sehen im Alter. In D. Platt (Hrsg.), *Handbuch der Gerontologie* (Bd. 3, S. 1–18). Stuttgart: Gustav Fischer.

Werner, J. S., Steele, V. G. & Pfoff, D. S. (1989). Loss of human photoreceptor sensitivity associated with chronic exposure to ultraviolet radiation. *Ophthalmology, 96,* 1552–1558.

Whitbourne, S. K. (1985). *The aging body.* New York: Springer.

Willott, J. F. (1991). *Aging and the auditory system: Anatomy, physiology, and psychophysics.* London: Whurr Publishers.

Working Group on Speech Understanding and Aging (1988). Speech understanding and aging. *Journal of the Acoustical Society of America, 83,* 859–895.

World Health Organization (WHO) (1980). *International classification of impairments, disabilities, and handicaps.* Genf: Eigenverlag.

15. Referenzwerte im Alter: Beeinflussung durch Alter, Medikation und Morbidität

Andreas Kage, Ina Nitschke, Sabine Fimmel & Eckart Köttgen

Zusammenfassung

Der vorliegende Beitrag zeigt die Verteilung von klinisch-chemischen Laborwerten des Blutes und des Speichels (Laborkenngrößen) im hohen Alter. Insgesamt finden sich keine wesentlichen Abweichungen der Referenzbereiche im Alter im Vergleich zu jüngeren Referenzstichproben. Untersuchungen zum Einfluß der Medikation zeigen, daß die Blutglucose signifikant beeinflußt wird. In Übereinstimmung mit Ergebnissen anderer Studien läßt sich darüber hinaus eine kontinuierliche Erhöhung von Laborkenngrößen der Niere und damit eine Verschlechterung der Nierenfunktion bis ins sehr hohe Alter nachweisen. Möglicherweise durch diese zunehmende Niereninsuffizienz bedingt, werden einige weitere altersbezogene Veränderungen wie z. B. der Hämatopoese oder des Calciumstoffwechsels gefunden. Die Degression der Nierenfunktion mit dem Alter wäre damit Ursache weiterer systemischer Altersveränderungen und eines *systemischen Alterns*. Auf der Grundlage eines gestuften Morbiditätsmodells kann gezeigt werden, daß beispielsweise altersunabhängig mit zunehmender Morbidität Elektrolytveränderungen im Serum stattfinden und die Konzentration des Gesamtproteins sinkt.

Untersuchungen des Speichels belegen, daß es keinen Altersunterschied der Speichelmenge nach Stimulation der Speichelsekretion gibt: Dies ist Ausdruck einer ausreichenden *Kapazitätsreserve*. Hingegen sinkt die Ruhespeichelmenge im sehr hohen Alter leicht ab. Auch die Konzentration des sekretorischen Immunglobulins A (sIgA) als Kenngröße humoraler Immunität vermindert sich nicht mit zunehmendem Alter. Die oligosaccharid-vermittelte antiadhäsive Aktivität des Speichels gegenüber einigen pflanzlichen Lektinen ist abhängig vom Geschlecht und vermindert sich mit steigendem Alter gegenüber verschiedenen Lektinen mit Spezifität für bestimmte Sialylreste. Daraus läßt sich eine im Alter erhöhte Anfälligkeit beispielsweise für Viren wie Influenzavirus und Rotavirus erklären, die spezifisch an Oligosaccharide mit terminalen Sialylgruppen adhärieren.

1. Einleitung

Die biochemische Alterung eines Individuums findet auf der molekularen, der subzellulären und der zellulären Ebene statt, in Geweben, in Organen und in funktionellen Zellgruppen. Diese „physiologischen“ Altersveränderungen sind von Veränderungen zu unterscheiden, die in Zusammenhang mit Krankheit (Morbidität) stehen. Ein zentrales Interesse der Medizin ist es, auch im hohen Alter Gesundheit von Morbidität zu unterscheiden, um eine Erkrankung zu behandeln oder zu verhindern. Hierbei wird der Arzt durch die Untersuchung pathobiochemischer Kenngrößen in Körperflüssigkeiten sowie ihrer zellulären Bestandteile unterstützt.

Die am ausgiebigsten untersuchte Körperflüssigkeit ist das *Blut*. Es dient als Vehikel für zahlreiche Stoffe, die mittels des Kreislaufs im Austausch mit allen Zellen des Organismus stehen. Das Blut transportiert Nährstoffe und Abbauprodukte, Zellen des Immunsystems sowie eine Vielzahl von Substanzen, die im weitesten Sinne einen Informationsaustausch zwischen verschiedenen funktionellen Zellgruppen und Organen vermitteln. Bei Erkrankung einzelner Organe werden zusätzlich in erhöhter Menge intrazelluläre Komponenten in das Blut ausgeschieden. Ist die Leistungsfähigkeit exkretorischer Organe wie Leber oder Niere vermindert, so ist die Elimination verschiedener Substanzen aus dem Körper nicht ausreichend. Um den Zustand des betreffenden Organs oder der funktionellen Zellgruppe zu beschreiben, werden aus der Vielzahl dieser Komponenten des Blutes repräsentativ die sogenannten indirekten Kenngrößen ausgewählt. Ist der Meßwert der Untersuchung selbst die betrachtete Funktion, so spricht man von einer direkten Kenngröße. Durch die Bestimmung der Kenngrößen läßt sich aus der Untersuchung von Komponenten des Blutes Zustand und Funktion von verschiedenen Organen des Organismus zum Zeitpunkt der Blutabnahme beschreiben.

Einen anderen Aspekt eröffnet die Untersuchung des *Speichels* bei alten Menschen. Während Kenngrößen des Blutes häufig nur Indikatoren für Prozesse im Körper sind (z. B. Kreatinin oder Transaminasen), existieren im Speichel Faktoren, die kausal für Veränderungen im Organismus verantwortlich sein können. Speichel stellt ein heterogenes Gemisch verschiedenster Substanzen dar, die unterschiedliche Aufgaben erfüllen. Neben der Unterstützung der Verdauung, beispielsweise durch die von der Speichelamylase katalysierte Spaltung von Stärke, kann Speichel als ein Schutzfaktor von Schleimhäuten angesehen werden. Eine Veränderung dieses Schutzfaktors hat Folgen für den gesamten Organismus (Lindstedt et al., 1991; Luther, Cushley, Holzer, Desselberger & Oxford, 1988; Raza et al., 1991). Obwohl die Mundhöhle wegen ihrer Zugänglichkeit ein ideales Modell für Untersuchungen zur Abwehrfunktion der Schleimhaut darstellt, gibt es bisher – über eine Betrachtung des Speichelflusses hinaus – keine Untersuchungen der Speichelzusammensetzung im sehr hohen Alter.

Die bekannteste und am besten untersuchte Komponente des Speichels ist das sekretorische Immunglobulin A (sIgA). Seine Synthese erfolgt in den B-Lymphozyten des MALT (Mucosa Associated Lymphoid Tissue), das in verschiedene mukosale Bereiche unterteilt wird (Brandtzaeg et al., 1989). Nach der Synthese und Sekretion aus den B-Lymphozyten wird das sIgA durch die Mukosa an die Oberfläche der Schleimhaut transportiert.

Einen weiteren Schutzfaktor der Schleimhaut bildet der Oligosaccharidanteil der Glykokonjugate des Speichels, der strukturell sehr heterogen ist (Klein et al., 1992). Während die vermehrte Produktion von Antikörpern mit einer bestimmten Spezifität die Reaktion auf einen Kontakt mit fremden Antigenen darstellt und die Struktur dieser Moleküle direkt von den Nukleinsäuresequenzen der Erbinformation abgelesen werden, gehören die Oligosaccharidstrukturen der Speichelglykokonjugate zum angeborenen Immunsystem und sind das Syntheseprodukt einer Kaskade von hochspezifischen Enzymreaktionen. Die Untersuchung von Speichel und seiner protektiven antiadhäsiven Aktivität auf der Schleimhaut der Mundhöhle, z. B. gegenüber Viren (Fox, 1992; Fox, Wolff, Yeh, Atkinson & Baum, 1989), kann als Modell für andere Schleimhautbereiche dienen.

1.1 „Physiologisches" versus „pathologisches" Altern

Durch die Untersuchung von Körperflüssigkeiten können auf der einen Seite Veränderungen durch „physiologisches" Altern und auf der anderen Seite Erkrankungen bei alten Menschen erkannt werden. Für die Diagnose einer Erkrankung werden die Ergebnisse von Laboruntersuchungen Befunden gegenübergestellt, die aus der Untersuchung der gleichen Komponente bei vergleichbaren Personen gewonnen wurden.

Der früher verwendete Begriff „Normalwert" wird heute durch „Referenzwert" ersetzt, da einerseits „normal" eine unterschiedliche Konnotation hat, andererseits eine explizite Definition der Kriterien für die Auswahl des Referenzindividuums bzw. -kollektivs erreicht werden soll. Nur durch diese explizite Definition des Referenzkollektivs kann die wissenschaftliche Basis für eine klinische Interpretation von Labordaten etabliert werden (Tietz, 1986).

Die Grenzen eines Referenzbereichs werden wesentlich von der Auswahl des Referenzkollektivs bestimmt. Verschiedene Längsschnitt- und Querschnittsstudien haben zum Teil große Stichproben alter Menschen untersucht. Dabei wurden die Referenzindividuen nach sehr unterschiedlichen Kriterien ausgewählt. So beschränken sich einige Studien auf die Untersuchung von gesunden alten Menschen (Fülöp et al., 1989; Tietz, Shuey & Wekstein, 1992), während andere, längsschnittliche Studien eine heterogene Stichprobe untersuchen (Svanborg, 1988; Zimetbaum et al., 1992).

Für die Festlegung von Referenzbereichen sind zwei unterschiedliche Verfahren anwendbar, die von der International Federation of Clinical Chemistry (IFCC) als „a priori"- oder „a posteriori"-Selektion eines Referenzkollektivs bezeichnet werden (IFCC, 1983). Bei der „a priori"-Selektion wird das Referenzkollektiv randomisiert rekrutiert, wobei mit zunehmendem Alter die Einflüsse eines selektiven Überlebensprozesses auf das Gesamtkollektiv immer größer werden. Das „a posteriori"-Verfahren der Selektion erfordert die Festlegung von Regeln zur Unterscheidung von Gesundheit und Morbidität.

1.2 Kenngrößen und ihre statistische Verteilung

Die Stichprobe der Berliner Altersstudie (BASE) ist durch ein effektives Randomisierungsverfahren, die Selektion über das Einwohnermeldeamt, ausgewählt worden (siehe Nuthmann & Wahl, Kapitel 2 in diesem Band). Wenn man das Problem der selektiven Mortalität außer acht läßt, kann damit für die Erstellung der Referenzbereiche das „a priori"-Verfahren angewendet werden. Eine Beschreibung der Studienteilnehmer, wie sie von dem IFCC Expert Panel on the Theory of Reference Values gefordert wird (IFCC, 1984), ist durch die ausführlichen internistischen Untersuchungen gegeben (vgl. Steinhagen-Thiessen & Borchelt, Kapitel 6). Der Verteilungsbereich der Ergebnisse der Laborkenngrößen bildet damit repräsentativ die Verteilung der Laborwerte bei 70- bis über 100jährigen Personen ab (zu Einschränkungen dieser Repräsentativität siehe Lindenberger et al., Kapitel 3). Durch die Stratifizierung (Schichtung) der Stichprobe nach Alter und Geschlecht ist außerdem die statistische „Aussagekraft" für beide Geschlechter in allen BASE-Altersgruppen gleich (vgl. P. B. Baltes et al., Kapitel 1).

Eine Beschreibung des Altersverlaufs der Laborkenngrößen erfordert auch eine Betrachtung der Situation bei jungen Menschen. Dies ist nur auf der Basis von externen Daten möglich. Vergleichende empirische Studien über eine Reihe von Laborkenngrößen zeigen, daß bei einer ausreichend großen Anzahl von Untersuchungen einer Krankenhauspopulation die Verteilung der einzelnen Kenngrößen sich derjenigen einer normalen Population nähert und der Einfluß der Erkrankten auf die Verteilung vernachlässigbar ist (Hoffmann, 1963). Dies wird unter anderem dadurch erklärt, daß ein beträchtlicher Anteil der Patienten (z. B. in chirurgischen Abteilungen) keine Veränderungen der Laborwerte aufweisen und daß häufig selbst bei Erkrankung eines Organs die Kenngrößen für andere Funktionen und Organe normal sind. Durch Begrenzung auf den 95%-Interperzentilenbereich werden zusätzlich besonders auffällige Werte eliminiert. Demgemäß wird bei den nachfolgenden Betrachtungen zum Altersverlauf eine Krankenhauspopulation mit ausreichender Breite des Patientenspektrums zur Festlegung von Referenzbereichen herangezogen und eine Gaußsche Verteilung an die empirische Verteilung angepaßt (Harris & DeMets, 1972; IFCC, 1983). Durch Ausschluß von Patienten auf Intensiv- und Wachstationen sowie von schwerstkranken Patienten ist eine weitere Optimierung der Vergleichspopulation aus dem Krankenhaus erreichbar. Dieses Verfahren ermöglicht unter den genannten Einschränkungen die Beschreibung von altersbezogenen Veränderungen der Laborkenngrößen ohne Beeinflussung durch systematische analytische Fehler.

1.3 Kenngrößen für Morbidität

Die auf der Basis einer randomisierten Stichprobe generierten Referenzbereiche können allerdings den klinisch tätigen Arzt nur begrenzt bei der Unterscheidung zwischen Gesundheit und Morbidität im Alter unterstützen. Dies gilt insbesondere deshalb, weil bei allen Studienteilnehmern mindestens eine klinische Diagnose gestellt wurde (siehe Steinhagen-Thiessen & Borchelt, Kapitel 6). Daher muß auf der Grundlage der für die Studienteilnehmer verfügbaren Informationen eine Gruppierung in Gesunde (Referenzgruppe) und Kranke erfolgen.

Methodisch problematisch ist es, die im Rahmen der Berliner Altersstudie gestellten Diagnosen für die Selektion der Studienteilnehmer zu verwenden. Zum einen basieren sie auf der Annahme der Gültigkeit von Laborreferenzwerten jüngerer Altersgruppen. Zum anderen werden durch die diagnostische Tiefe der Studie klinische Befunde (z. B. intraarterielle Plaques) erhoben, denen intuitiv und aufgrund von Ergebnissen bei jüngeren Patientenkollektiven eine hohe Bedeutung für die Morbidität zugeschrieben wird. Solche Bewertungen müssen jedoch für das hohe Alter erst durch Longitudinalbeobachtungen bestätigt werden. Ebenso wie ein Ausschluß von Studienteilnehmern, deren labordatengestützte Diagnosen auf der Basis eines jüngeren Referenzkollektivs gestellt wurden, ist deshalb ein Ausschluß aufgrund „eindeutig pathologischer Werte" problematisch. Als Beispiele seien hier die Diagnosen einer Niereninsuffizienz oder einer Fettstoffwechselstörung angeführt, die aufgrund ihrer primären Symptomlosigkeit frühzeitig nur durch die Bestimmung des Kreatinins oder der Lipide im Blut festgestellt werden können. Diese wechselseitige Abhängigkeit führt bei Elimination von niereninsuffizienten oder fettstoffwechselgestörten Studienteilnehmern aus der Referenzgruppe dazu, daß sich die Referenzbereiche den gewählten Grenzen für die jeweiligen Diagnosen nähern.

Alter und Morbidität sind eng miteinander verknüpft (Gerok & Brandtstädter, 1992). Für eine zuverlässige Aussage über die Altersabhängigkeit von Referenzwerten muß daher eine Konfundierung mit Morbidität geprüft werden. Im Prinzip erfordert dies eine detaillierte Kontrolle von Morbidität, die jedoch, wie oben ausgeführt, häufig nicht unabhängig von Laborergebnissen ist. In der Literatur über Morbidität und Gesundheit im Alter findet man verschiedene nebeneinanderstehende Kriterien zur Definition von Morbidität im Alter. In der vorliegenden Betrachtung sollen diese verschiedenen Aspekte zu einer einheitlichen Bestimmung einer gestuften Morbidität verwendet werden. Die sehr allgemeine Definition von Gesundheit durch die World Health Organization (WHO, 1947) beinhaltet auch eine subjektive Komponente (vgl. Smith et al., Kapitel 19). Eingeschränktes subjektives Wohlbefinden und damit die Wahrnehmung von Erkrankung, die Perzeption, hat allgemein die höchste Inzidenz in Morbiditätsbetrachtungen, trotz ihrer hohen Varianz und Unschärfe (Gerok & Brandtstädter, 1992). Ist die Gesundheit so weit beeinträchtigt, daß der Kranke vermehrt Betreuung benötigt, so findet häufig eine Unterbringung in einem Heim mit erhöhter Pflege statt. Diese häufig durch Dritte initiierte Situation stellt ein objektives Zeichen von Erkrankung dar (Dinkel, 1992). Sie gibt insbesondere auch einen Hinweis auf das Vorliegen nicht mehr ausreichend kompensierter Erkrankungen. Ein weiteres objektives Maß der Morbidität ist die Mortalität, da die Erkrankung unabhängig von ihrer Genese so schwer ausgeprägt sein kann, daß sie zum Tode führt (Gerok & Brandtstädter, 1992; Larsen, 1981). In der Tat überleben im Alter immer weniger derjenigen, die zuvor pathologische Referenzwerte hatten. Dabei ist offensichtlich, daß eine Erstellung von Referenzbereichen für eine Population im Regelfall nicht über die Mortalität erfolgen kann (Larsen, 1981), diese jedoch aufgrund der Selektivität die resultierenden Referenzbereiche beeinflußt.

In einer Übersicht zu Möglichkeiten der Differenzierung von Gesundheit und Morbidität im Rahmen der Bestimmung von Referenzbereichen wurden die angeführten drei Kriterien als Grundlage für ein Modell zunehmender Morbidität vorgeschlagen (Larsen, 1981). Die multidisziplinären Daten der Berliner Altersstudie aus den anderen Forschungseinheiten bieten hierzu die geeigneten Informationen.

Daher soll dieses hierarchische Modell im folgenden zur Betrachtung der Veränderungen von Laborkenngrößen bei steigender Morbidität verwendet werden. Zusätzlich sind die „a priori"-Referenzbereiche für Laborkenngrößen dargestellt und werden mit Ergebnissen anderer Studien verglichen. Darüber hinaus werden am Beispiel des Speichels Einflüsse auf die Kapazitätsreserven für die Sekretion protektiver Faktoren im Alter beschrieben.

2. Materialien und Methoden

2.1 Gewinnung und Asservierung von Blut und Speichelproben

Für die Laboruntersuchungen wurde eine zweimalige Abnahme von 50 ml venösen Blutes (ca. 0,9% des Gesamtblutvolumens), unter Voraussetzung einer expliziten Einwilligung des Studienteilnehmers, als ethisch vertretbar angesehen. Diese Menge reicht beim derzeitigen Stand der analytischen Techniken aus, um die wichtigsten Analyte des Blutes messen zu können. Die Blutabnahme erfolgte im Anschluß an eine etwa einstündige ärztliche Anamnese und körperliche Untersuchung nach kurzer Stauung, nachdem noch einmal eine mündliche Zustimmung zur Blutabnahme eingeholt worden war. Um den Einfluß von Pharmaka zu berücksichtigen, wurde zweimal eine ausführliche Medikationsanamnese durchgeführt (vgl. Steinhagen-Thiessen & Borchelt, Kapitel 6). Bei einer Blutabnahme in der Poliklinik des Universitätsklinikums Rudolf Virchow (UKRV) wurde das Blut sofort weiterverarbeitet; bei einer Blutabnahme zu Hause erfolgte ein Transport des gekühlten Blutes zunächst in die Poliklinik des UKRV und anschließend die Weiterverarbeitung.

Um geeignetes Material für möglichst viele Untersuchungen zur Verfügung zu haben, wurde bei der Abnahme Nativblut für die Serumherstellung sowie durch Zugabe der Antikoagulantien (Gerinnungshemmer) Lithium-Heparinat, EDTA und Natrium-Citrat Plasma und Vollblut gewonnen. Die Zellsedimente des EDTA-Plasmas wurden für molekularbiologische Untersuchungen ebenfalls asserviert. Um eine Proteolyse von z. B. Peptiden zu minimieren, wurde ein Teil des Nativblutes auf Eis zur Gerinnung gebracht. Sowohl Serum als auch Plasma wurden in Kühlzentrifugen von den zellulären Bestandteilen des Blutes abgetrennt. Ein Teil des Materials wurde gleich anschließend in das Zentrallabor des UKRV zur Untersuchung verbracht. Nach Verteilung in gasdichte Probengefäße wurden diese sofort bei -70°C eingefroren. Zur Verminderung oxidativer Veränderungen des Probengutes wurde in einem Teil der Probengefäße die Luft durch Argon verdrängt. Durch das gewählte Vorgehen konnten die wichtigen Laborparameter am Tag der Abnahme unter den Bedingungen eines Routinelabors innerhalb von drei Stunden untersucht werden. Die Gewinnung von Sammelurin stellte sich in der Pilotphase der Berliner Altersstudie so schwierig dar, daß darauf verzichtet wurde.

Die Speichelsammlung erfolgte im Verlauf der zahnärztlichen Untersuchung. Hierbei wurde fünf

Minuten lang der spontan produzierte Speichel (Ruhespeichel) gesammelt. Anschließend wurden die Studienteilnehmer aufgefordert, fünf Minuten lang einen Paraffinblock zu kauen, um die Speichelsekretion zu stimulieren. Das Kauen des weichen Paraffinblocks war auch Studienteilnehmern möglich, die partiellen oder totalen Zahnersatz trugen. Zur Gewinnung von Reizspeichel wurde der Speichel anschließend weitere fünf Minuten lang unter Kauen des Paraffinblocks gesammelt (Österberg, Birkhed, Johansson & Svanborg, 1992). Die Quantifizierung der Speichelmenge erfolgte durch Wiegen. Die Flußrate in g/min ist etwa äquivalent zur Angabe in ml/min (Navazesh & Christensen, 1982). Die zahnmedizinische Untersuchung fand vorzugsweise in der Zahnklinik statt, wurde jedoch nötigenfalls ebenso wie die Blutabnahme auch zu Hause durchgeführt (vgl. Nitschke & Hopfenmüller, Kapitel 16). Bei Untersuchungen der Studienteilnehmer in der Zahnklinik Nord wurde der Speichel nach der Mengenbestimmung für weitere biochemische Untersuchungen bei -70°C eingefroren.

2.2 Meßverfahren für Blut

Es wurden Standardmethoden der Klinischen Chemie eingesetzt, die im folgenden nur sehr knapp aufgeführt werden können. Die Messung der Serumkonzentrationen für Natrium, Kalium und Chlorid erfolgte mit ionensensitiven Elektroden. Der Anteil des Hämoglobin A1c (HbA1c) am gesamten Hämoglobin wurde mittels „High Pressure Liquid Chromatography" (HPLC) bestimmt. Die nachfolgenden Analyte wurden als Substrate in enzymatischen Quantifizierungstests (jeweiliges Leitenzym in Klammern) eingesetzt: Cholesterin und HDL-Cholesterin (Cholesterinoxidase), LDL-Cholesterin (errechnet nach Friedewald bei Triglyceridwerten unter 350 mg/dl), Glucose (Hexokinase/Glucose-6-Phosphat-Dehydrogenase), Harnsäure (Uricase/4-Aminonatipyrin), Harnstoff (Urease/Glutamatdehydrogenase), Triglyceride (Lipase/Glycerokinase).

Durch Bildung eines Farbkomplexes wurden die folgenden Analyte bestimmt (Farbkomplexbildner in Klammern): Albumin (Bromcresolgrün), Gesamtbilirubin (Diazotizin-Reagenz), Calcium (o-Cresolphthalein), Kreatinin (Lithiumpikrat [nach Jaffé]), Eisen (Ferrozin), Phosphat (Molybdän) und Totalprotein (Biuret). Die Proteine (Abkürzungen in Klammern) α1-Antitrypsin, Apolipoprotein A1, Apolipoprotein A2, Apolipoprotein B, C-reaktives Protein (CRP), C3-Komplement, C4-Komplement, Coeruloplasmin, Haptoglobin, Immunglobulin G (IgG), Immunglobulin A (IgA), Immunglobulin M (IgM), Lipoprotein a (LP[a]), Orosomucoid und Transferrin wurden immunturbidimetrisch quantifiziert. Die Enzymbestimmungen der Alanin-Aminotransferase (abgekürzt als GPT), der alkalischen Phosphatase (AP), Aspartat-Aminotransferase (abgekürzt als GOT), Cholinesterase (CHE), γ-Glutamyltransferase (γGT), Laktatdehydrogenase (LDH) sowie der 2-Hydroxybutyratdehydrogenase (HBDH) wurden nach den empfohlenen Methoden der International Federation of Clinical Chemistry (IFCC) durchgeführt. Die Enzymaktivitäten wurden für eine Temperatur von 25 °C korrigiert. Das Blutbild wurde an einem NE SYSMECS 5000 gemessen.

Alle untersuchten Verfahren unterlagen einer üblichen Überwachung durch interne Qualitätskontrollen für Präzision und Richtigkeit. Zusätzlich wurde die analytische Qualität durch externe Ringversuche (Institut für Standardisierung e. V., INSTAND) bestätigt. Für die Auswertung der einzelnen Analyte wurden die Daten von Studienteilnehmern, die interferierende Pharmaka (Salway, 1990; Tryding & Roos, 1986) einnahmen, ausgeschlossen. Die klinische Bedeutung der verschiedenen Kenngrößen ist in Tabelle 1 aufgelistet.

2.3 Meßverfahren für Speichel

2.3.1 Quantifizierung von sekretorischem IgA

Die Quantifizierung des sekretorischen IgA erfolgte mit einem Sandwich-ELISA[1]. Die Standardisierung wurde mit einem monomeren Serum-IgA-Standard durchgeführt.

2.3.2 Antiadhäsive Aktivität

Die Bindung von nativen Speichelproben an oligosaccharid-bindende Proteine (Lektine) wurde mittels eines kompetitiven Lektinbindungsassays quantifiziert (Kage, Siebert, Rogowski & Köttgen, 1991). Hierbei wird ein Glykoprotein mit bekannter Koh-

1 ELISA: Bei dem „Enzyme Linked Immunosorbent Assay" handelt es sich um ein Verfahren, bei dem mittels eines spezifischen Antikörpers der zu bestimmende Analyt an der Wand eines Reaktionsgefäßes immobilisiert und anschließend durch einen zweiten, markierten Antikörper quantifiziert wird.

Tabelle 1: Übersicht über die wichtigsten klinischen Bedeutungen der Laboranalyte.

Abk.	Analyt	Wichtigste klinische Bedeutungen
AAT	α1-Antitrypsin	Akute-Phase-Protein
ALB	Albumin	Vermindert bei chronisch-entzündlichen und proliferativen Erkrankungen verschiedener Organe
BIL	Bilirubin	Vermehrter Anfall bei Hämolyse, verminderter Konjugierung oder verminderter Ausscheidung in der Leber
C3	Komplementfaktor C3	Unterstützung der antikörpervermittelten Immunabwehr
C4	Komplementfaktor C4	Unterstützung der antikörpervermittelten Immunabwehr
CA	Calcium	Erkrankungen der Nebenschilddrüse, des Knochenstoffwechsels, des Vitamin-D-Metabolismus
CER	Coeruloplasmin	Akute-Phase-Protein, Kupferstoffwechsel
CHE	Cholinesterase	Leberparenchymschäden, Eiweißmangel, chronische Infekte
CHO	Cholesterin	Fettstoffwechselstörungen
CL	Chlorid	Wasser- und Elektrolytstörungen
CRE	Kreatinin	Nierenfunktionsstörungen
CRP	C-reaktives Protein	Akute-Phase-Protein
ERY	Erythrozyten	Blutbildung und Lebenszeit der Erythrozyten
FE	Eisen	Erhöht bei hämolytischen Anämien, Hepatitis, vermindert bei verminderter Zufuhr, Resorptionsstörungen, Verwertungsstörungen
FER	Ferritin	Speicherform des Eisens in Dünndarmschleimhaut, im retikuloendothelialen System
γGT	γ-Glutamyl-Transferase	Schädigungen des gallekanalikulären Systems der Leber, des Tubulusapparates der Niere
GLC	Glucose	Diabetes mellitus
GPT	Alanin-Aminotransferase	Vorwiegend Lebererkrankungen
HAP	Haptoglobin	Akute-Phase-Protein
Hb	Hämoglobin	Polyglobulie, Dehydratation
HbA1	Glykyliertes Hämoglobin A1	Diabetes mellitus
HBDH	Hydroxy-Butyratdehydrogenase	Schwere Lebererkrankungen
HDL	High Density Lipoprotein	Fettstoffwechselstörungen
HK	Hämatokrit	Polyzythämien, Dehydratation, Anämie
HS	Harnsäure	Niereninsuffizienz, Ernährung, gesteigerter Zellzerfall
HST	Harnstoff	Niereninsuffizienz
IgA	Immunglobulin A	Infektionen, Gammopathien
IgG	Immunglobulin G	Infektionen, Gammopathien
IgM	Immunglobulin M	Infektionen, Gammopathien
K	Kalium	Hypokaliämie bei mangelnder Zufuhr, erhöhtem intestinalen oder renalem Verlust; Hyperkaliämie bei schweren Nierenfunktionsstörungen; Mineralokortikoidhaushalt
LDL	Low Density Lipoprotein	Fettstoffwechselstörungen
LEU	Leukozyten	Infektionen, Leukosen
LP (a)	Lipoprotein(a)	Fettstoffwechselstörungen
LP A1	Apolipoprotein A1	Fettstoffwechselstörungen
LP A2	Apolipoprotein A2	Fettstoffwechselstörungen
LP B	Apolipoprotein B	Fettstoffwechselstörungen
LYM	Lymphozyten	Infektionskrankheiten, Lymphome
MCH	Mittleres erythrozytäres Hämoglobin	Störungen des roten Blutbildes

Tabelle 1: Fortsetzung

MCHC	Mittlere erythrozytäre Hämoglobinkonzentration	Störungen des roten Blutbildes
MCV	Mittleres Erythrozyten-einzelvolumen	Störungen des roten Blutbildes
NA	Natrium	Dehydratation, Mineralokortikoidstoffwechsel
ORO	Orosomucoid	Akute-Phase-Protein
P	Phosphat	Nebenschilddrüsenkrankheiten, Störungen des Knochenstoffwechsels, chronische Niereninsuffizienz
TP	Gesamtprotein	Hyperproteinämie bei Bildung von Paraproteinen, Dehydratation; Hypoproteinämie bei Proteinverlusten, verminderter Zufuhr oder Verwertungsstörungen
TRF	Transferrin	Trägerprotein des Eisens, freie Eisenkapazität
TRI	Triglyceride	Fettstoffwechselstörungen

lenhydratstruktur an den Wänden von Polystyrolgefäßen immobilisiert. Der Speichel wird gemeinsam mit jeweils einem hochgereinigten Pflanzenlektin (zur Oligosaccharidspezifität siehe Tabelle 2) inkubiert, das an die Kohlenhydrate des immobilisierten Glykoproteins bindet. Diese Bindung wird konzentrationsabhängig von der Menge der Oligosaccharide der Glykokonjugate des Speichels inhibiert. Damit vermindert sich mit zunehmender Menge der Speichel-Oligosaccharide die Zahl der Lektinmoleküle, die nach Entfernung der nicht-gebundenen Bestandteile in den Gefäßen verbleiben. Diese Lektinmoleküle werden mit einem Enzymdetektionssystem quantifiziert. Zur Standardisierung wird die Hemmwirkung (antiadhäsive Aktivität) der Glykokonjugate der Probe mit der Hemmwirkung eines Standardkohlenhydrates verglichen. Die Quantifizierung erfolgt nach Interpolation der Standardkurve mit einer vierparametrischen Glättungsfunktion (Curtis & Wheatley, 1989). Die Angaben zur antiadhäsiven Aktivität beziehen sich auf oligosaccharid-bindende Proteine, die die gleiche Spezifität wie die verwendeten Lektine aufweisen (siehe Tabelle 2).

2.4 Referenzdaten für jüngere Altersbereiche

Trotz einer Standardisierung in weiten Bereichen der Bestimmung von Laborkenngrößen ist es für vergleichende Untersuchungen im Prinzip erforderlich, die betreffenden Proben unter exakt den gleichen Laborbedingungen zu analysieren. Um einen Überblick über den Verlauf der Konzentrationen der Kenngrößen bis in das hohe Alter zu erhalten, wurden daher zwei Wege verfolgt. Erstens werden Vergleiche mit Angaben aus anderen Untersuchungen durchgeführt, und zweitens wurden die während der Feldphase der Berliner Altersstudie im Zentrallabor des Instituts für Klinische Chemie und Biochemie gemessenen Labordaten jüngerer Personen verwendet. Hierbei handelt es sich um etwa 150.000 Personen (siehe unten). Diese Laborergebnisse sind zeitgleich mit den glei-

Tabelle 2: Bindungsspezifität der pflanzlichen Lektine.

Lektin	**Oligosaccharidspezifität**
Concanavalin A (ConA)	2,3,6-unsubstituierte Mannose
Dolichos bifloruns Agglutinin (DBA)	terminale β-Galaktose
Galanthus nivalis Agglutinin (GNA)	Oligo-Mannosyl-Reste mit terminaler Mannose
Sambucus nigra Agglutinin (SNA)	(α-2,6-Galaktose/N-Acetyl-Galaktosamin)-Sialinsäure
Anguilla anguilla Agglutinin (AAA)	α-L-Fucose, α-1,6-gebundene Fucose
Griffonia simplicifolia Agglutinin (GSI-B4)	terminale α-Galaktose
Vicia villosa Agglutinin (VVA)	terminales β-N-Acetyl-Galaktosamin

Tabelle 3: Einfluß der Medikation auf die Referenzbereiche von Kenngrößen des Blutes.

Analyt	Einheit	Ohne Berücksichtigung der Medikation	Perzentile					Varianz-unterschiede	Unter Berücksichtigung der Medikation	Perzentile				
		N	2,5	50	97,5	$\bar{x}$	s		N[1]	2,5	50	97,5	$\bar{x}$	s
AAT	mg/dl	404	161	256	428	265,96	68,3	n.s.	375	161	255	428	264	67,1
ALB	g/dl	421	3,50	4,60	5,20	4,52	0,42	n.s.	284	3,50	4,60	5,20	4,51	0,44
BIL	mg/dl	504	0,20	0,50	1,10	0,51	0,28	n.s.	249	0,20	0,40	1,20	0,49	0,23
C3	mg/dl	404	55,0	80,0	126,0	82,53	19,07	n.s.	404	55,0	80,0	126,0	82,53	19,07
C4	mg/dl	404	15,0	32,70	56,50	33,82	10,86	n.s.	404	15,0	32,70	56,50	33,82	10,86
CA	mmol/l	503	2,09	2,30	2,55	2,31	0,11	n.s.	305	2,07	2,30	2,50	2,29	0,11
CER	mg/dl	404	25,10	38,05	60,10	39,71	20,33	n.s.	404	25,10	38,05	60,10	39,71	20,33
CHE	kU/l	414	2,76	5,0	7,82	5,07	1,27	n.s.	414	2,76	5,0	7,82	5,07	1,27
									216 (m)	2,76	4,90	7,37	4,91	1,19
									198 (w)	2,63	5,12	8,35	5,24	1,33
CHO	mg/dl	505	147,0	224,0	335,0	228,22	45,35	n.s.	291	146,0	221,0	329,0	224,90	43,62
									151 (m)	134,0	209,0	299,0	211,18	40,44
									140 (w)	166,0	240,5	349,0	239,71	42,18
CL	mmol/l	502	97	104	112	104,2	3,9	n.s.	392	97	105	112	104,6	3,9
CRE	mg/dl	507	0,60	1,0	1,80	1,05	0,35	F=2,722	288	0,60	1,0	1,70	1,01*	0,28
								p=0,099	142 (m)	0,60	1,10	1,70	1,09	0,26
									146 (w)	0,60	0,90	1,70	0,93	0,28
CRP	mg/l	404	0,40	0,59	3,0	0,74	0,88	n.s.	401	0,40	0,59	3,0	0,74	0,88
ERY	/pl	412	3,5	4,5	5,6	4,58	0,54	n.s.	412	3,5	4,5	5,6	4,58	0,54
FE	µmol/l	504	4,1	14,0	27,2	14,51	5,83	n.s.	379	4,7	13,8	27,2	14,34	5,73
FER		403	11,0	119,0	431,0	138,8	120,1	n.s.	376	10,0	120,5	452,8	139,4	120,8
γGT	U/l	422	3,0	13,0	76,0	20,28	31,32	F=2,867	319	3,0	13,0	69,0	17,89	18,63
								p=0,091						
GLC	mg/dl	411	64,0	95,0	214,0	103,02	37,63	F=4,705	196	62,0	94,0	147,0	98,04**	32,77
								p=0,030						
GPT	U/l	423	3,0	9,0	28,0	10,24	6,96	n.s.	423	3,0	9,0	28,0	10,24	6,96
HAP	mg/dl	403	57,0	220,0	472,0	229,93	101,73	n.s.	403	57,0	220,0	472,0	229,93	101,73
Hb	g/dl	412	10,8	14,0	16,7	13,93	1,51	n.s.	281	10,6	14,0	16,5	13,85	1,51
									143 (m)	10,5	14,2	16,7	14,05	1,53
									138 (w)	10,7	13,7	16,3	13,64	1,47

HBDH	U/l	423	67,0	109,0	177,0	112,22	28,99	n.s.	423	67,0	109,0	177,0	112,22	28,99
HDL	mg/dl	288	29,0	52,0	97,0	55,16	17,31	n.s.	218	28,0	51,0	90,0	54,24	17,02
									121 (m)	29,00	50,00	73,00	50,26	12,45
									97 (w)	26,00	55,00	117,00	59,21	20,40
HK	%	412	33,7	42,2	49,5	41,9	4,5	n.s.	412	33,7	42,2	49,5	41,9	4,5
HS	mg/dl	504	2,90	5,20	8,90	5,47	1,55	n.s.	228	2,90	5,0	8,50	5,19**	1,45
HST	mg/dl	506	22,0	41,0	85,0	44,56	18,84	F=3,505 p=0,062	272	21,0	40,0	72,0	41,33**	16,17
IgA	mg/dl	401	86,0	306,0	736,0	347,31	189,48	n.s.	397	77,0	307,0	740,0	348,21	190,07
									208 (m)	123,0	328,5	890,0	373,81	215,43
									189 (w)	52,0	295,0	726,0	320,03	153,20
IgG	mg/dl	403	725,0	1341,0	2302,0	1405,41	446,03	n.s.	399	717,0	1343,0	2374,0	1408,58	446,54
IgM	mg/dl	403	32,0	125,0	570,0	164,34	232,08	n.s.	399	30,0	126,0	580,0	164,85	233,18
K	mmol/l	504	3,3	4,1	6,8	4,3	0,83	n.s.	319	3,4	4,2	6,8	4,35	0,83
LDL	mg/dl	280	60,50	144,0	232,60	147,03	40,98	n.s.	242	62,40	143,80	230,80	147,05	40,54
LEU	/nl	412	3,40	6,45	11,0	6,94	5,07	n.s.	201	3,6	6,1	11,0	6,84	5,94
LP (a)	mg/dl	288	4,90	5,30	97,20	16,80	25,15	n.s.	288	4,90	5,30	97,20	16,80	25,15
LP A1	mg/dl	288	92,3	134,1	190,8	136,21	23,89	n.s.	288	92,3	134,05	190,80	136,21	23,89
									157 (m)	89,9	126,7	174,5	127,8	19,4
									131 (w)	104,4	143,2	206,0	146,3	24,9
LP A2	mg/dl	288	18,4	28,3	45,6	29,4	7,45	n.s.	288	18,4	28,30	45,60	29,37	7,45
LP B	mg/dl	288	37,0	104,0	173,4	106,7	33,64	n.s.	288	37,0	104,0	173,40	106,70	33,64
									157 (m)	33,8	97,6	162,2	98,8	29,2
									131 (w)	54,5	107,9	208,8	116,1	36,2
LYM	/nl	397	0,85	1,61	3,80	1,98	3,64	n.s.	378	0,85	1,60	3,80	2,0	3,73
MCH	pg	412	26,6	30,6	33,7	30,5	2,05	n.s.	386	26,6	30,6	34,0	30,50	2,04
MCHC	g/dl	412	30,9	33,2	35,2	33,29	1,13	n.s.	412	30,9	33,2	35,2	33,19	1,13
MCV	fl	412	82,6	91,9	101,0	91,9	5,21	n.s.	386	82,6	91,9	101,0	91,89	5,16
NA	mmol/l	505	135	141	146	141,2	2,8	n.s.	362	135	141,5	146	141,3	2,7
ORO	mg/dl	402	0,53	0,99	1,84	1,04	0,37	n.s.	400	0,53	0,99	1,84	1,04	0,37
P	mmol/l	503	0,68	0,96	1,28	0,97	0,16	n.s.	432	0,68	0,97	1,28	0,97	0,16
TP	g/dl	422	6,30	7,20	8,40	7,22	0,49	n.s.	251	6,30	7,10	8,60	7,20	0,53
TRF	mg/dl	404	186,0	291,50	453,0	294,12	66,79	n.s.	404	186,0	291,50	453,0	294,12	66,79
TRI	mg/dl	302	52,0	127,0	364,0	151,74	128,76	n.s.	170	52,0	118,50	401,0	145,77	123,18

Signifikanzniveau: * $p < 0,1$; ** $p < 0,05$.

1 Bei signifikanten Unterschieden werden die Werte für Männer (m) und Frauen (w) einzeln aufgeführt.

chen Analysemethoden und unter gleichen Bedingungen erstellt worden wie die BASE-Ergebnisse, wodurch systematische Unterschiede zwischen beiden Gruppen auszuschließen sind.

Da die Altersverteilung von Blutspendern und Krankenhauspersonal einen deutlichen Gipfel im jüngeren Erwachsenenalter hat und daher nicht alle Altersgruppen vertreten sind, wurde auf das gesamte Spektrum der Labordaten des UKRV zurückgegriffen. Verzerrungen durch häufige Kontrollmessungen bei Schwerstkranken oder chronisch kranken Patienten sowie ein gehäuftes Auftreten pathologischer Meßergebnisse wurden durch ausschließliche Verwendung von „Entlassungswerten" reduziert. Hierzu wurde der jeweils letzte aus einer morgendlichen Blutabnahme gemessene Laborwert einer stationären oder ambulanten Behandlung aus der anonymisierten Datenbank des Zentrallabors verwendet. Intensiv- und Wachstationen wurden nicht berücksichtigt, so daß die Anzahl todkranker Patienten in dem ausgesuchten Kollektiv sehr gering ist.

2.5 Statistik

Die Verteilung der Meßergebnisse wurde mittels des Kolmogorov-Smirnov-Testes auf Normalverteilung untersucht. Die statistischen Untersuchungen erfolgten mit dem Student-t-Test (bei Normalverteilung) und dem Mann-Whitney-U-Test (bei nicht normalverteilten Daten) auf einem Signifikanzniveau von $p<0{,}05$.

3. Ergebnisse

3.1 Probengewinnung

504 der 516 BASE-Teilnehmer (98%) waren zu einer Blutabnahme bereit. Von diesen Blutabnahmen erfolgten 61% in der Poliklinik des UKRV.

3.2 Referenzbereiche

Der Referenzbereich für die verschiedenen Kenngrößen ist nach den Empfehlungen der IFCC das 95%-interfraktale Intervall. In Tabelle 3 sind die Meßbereiche mit Mittelwerten, Standardabweichungen sowie 2,5., 50. und 97,5. Perzentilen vor und nach Elimination von Referenzpersonen mit interferierender Medikation dargestellt. Vor Anwendung des Student-t-Tests oder des Mann-Whitney-U-Tests wurde die Verteilung auf dem Signifikanzniveau von $p<0{,}01$ mit dem Kolmogorov-Smirnov-Test auf Normalität untersucht. Bei Vorliegen eines signifikanten Geschlechtsunterschiedes ($p<0{,}01$) wurden die geschlechtsspezifischen Größen angegeben.

Abbildung 1: Verteilung der Studienteilnehmer über die verschiedenen Morbiditätsstufen a) nach Alter und b) nach Geschlecht.

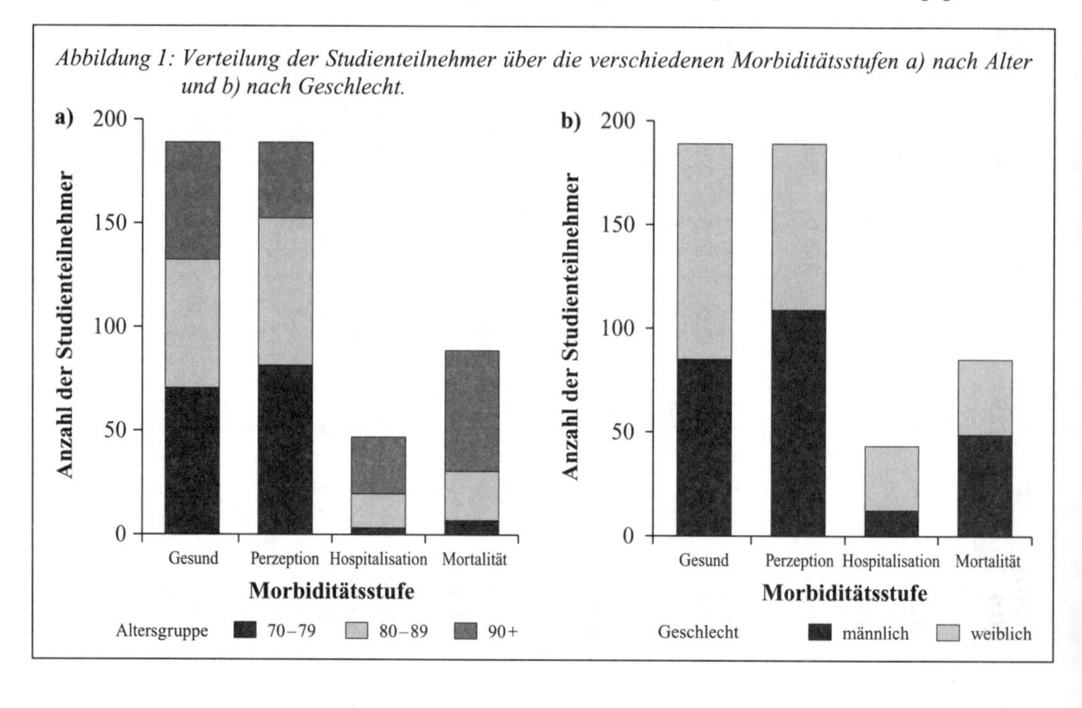

3.3 Altersverteilung der Kenngrößen

Der Einfluß des Alters auf die Laborergebnisse der Berliner Altersstudie sind in Tabelle 4 dargestellt. Darüber hinaus findet sich in der Tabelle der Einfluß der Morbidität auf die Varianz der Laborkenngrößen. Es wurde das oben eingeführte hierarchische Morbiditätsmodell nach Larsen (1981) mit den folgenden vier Stufen zugrunde gelegt:

Stufe 3 „Mortalität“ (Ein-Jahres-Mortalität: Verstorben innerhalb von zwölf Monaten nach der Teilnahme an der Studie [vgl. Lindenberger et al., Kapitel 3]),

Stufe 2 „Hospitalisation“ (Aufenthalt in einem Heim mit erhöhter Pflegestufe [vgl. Linden et al., Kapitel 18]),

Stufe 1 „Perzeption“ (geringes allgemeines subjektives Wohlbefinden [vgl. Smith et al., Kapitel 19]),

Stufe 0 „Gesund“ (keines der vorgenannten Morbiditätszeichen).

Die Verteilung der BASE-Teilnehmer auf die einzelnen Stufen nach Alter und Geschlecht ist in Abbildung 1 dargestellt.

3.3.1 Referenzstichprobe für jüngere Altersbereiche

Als Kenngrößen für das Altern verschiedener Organsysteme über den gesamten Lebensverlauf wurden im Serum Natrium und Chlorid als Maße für den Elektrolyt- und Wasserhaushalt (Abb. 2), Kreatinin und Harnstoff als Maße für die Niere (Abb. 3) sowie Alanin-Aminotransferase (GPT) und Cholesterinesterase für die Leberfunktion (Abb. 4) ausgewählt. Ihre Altersverteilung ist jeweils als Median mit dem 95%-Interperzentilenbereich dargestellt. Die Daten zur ersten bis siebten Altersdekade stammen nur aus Datenmaterial der Klinik (UKRV) und basieren damit auf einem heterogenen Patientenkollektiv. In der neunten und zehnten Lebensdekade finden sich entsprechend der Alterspyramide nur sehr wenige Pa-

Tabelle 4: Zusammenhänge zwischen den Kenngrößen und Alter bzw. Morbidität. Die Ergebnisse sind als Regressionskoeffizient nach Normalisierung (β) sowie als Bestimmungskoeffizienten (R^2) angegeben.

Kenngröße	R^2	Alter β	Alter T	Morbidität β	Morbidität T	Kenngröße	R^2	Alter β	Alter T	Morbidität β	Morbidität T
AAT	0,061	0,125	2,369 *	0,180	3,416 **	HK	0,072	-0,248	-4,987 **	—	n.s.
ALB	0,325	—	n.s.	-0,166	-2,734 **	HS	—	—	n.s.	—	n.s.
BIL	—	—	n.s.	—	n.s.	HST	0,082	0,241	3,953 **	—	n.s.
C3	0,015	-0,119	-2,289 *	—	n.s.	IgA	0,061	0,230	4,510 **	—	n.s.
C4	—	—	n.s.	—	n.s.	IgG	0,034	0,106	2,066 *	0,125	2,435 *
CA	0,080	-0,244	-4,229 **	—	n.s.	IgM	—	—	n.s.	—	n.s.
CER	—	—	n.s.	—	n.s.	K	0,016	0,118	2,063 *	—	n.s.
CHE	0,132	-0,348	-7,249 **	—	n.s.	LDL	—	—	n.s.	—	n.s.
CHO	0,084	-0,212	-3,549 **	-0,137	-2,293 *	LEU	—	—	n.s.	—	n.s.
CL	—	—	n.s.	—	n.s.	LP (a)	—	—	n.s.	—	n.s.
CRE	0,100	0,257	4,354 **	0,123	2,077 *	LP A1	—	—	n.s.	—	n.s.
CRP	—	—	n.s.	—	n.s.	LP A2	0,024	-0,141	-2,348 *	—	n.s.
ERY	0,097	-0,263	-5,373 **	-0,108	-2,210 *	LP B	—	—	n.s.	—	n.s.
FE	0,061	-0,219	-4,145 **	—	n.s.	LYM	—	—	n.s.	—	n.s.
FER	—	—	n.s.	—	n.s.	MCH	—	—	n.s.	—	n.s.
γGT	0,014	—	n.s.	0,121	2,073 *	MCHC	0,043	-0,191	-3,778 **	—	n.s.
GLC	0,024	—	n.s.	0,159	2,153 *	MCV	0,020	0,118	2,232 *	—	n.s.
GPT	0,062	-0,252	-5,119 **	—	n.s.	NA	0,012	—	n.s.	-0,112	-2,054 *
HAP	—	—	n.s.	—	n.s.	ORO	—	—	n.s.	—	n.s.
Hb	0,148	-0,353	-6,094 **	—	n.s.	P	—	—	n.s.	—	n.s.
HBDH	0,096	0,258	5,343 **	0,113	2,342 *	TP	—	—	n.s.	—	n.s.
HDL	—	—	n.s.	—	n.s.	TRF	0,029	-0,173	-3,352 **	—	n.s.
						TRI	0,030	—	n.s.	0,168	2,168 *

Signifikanzniveau: ** $p < 0{,}001$; * $p < 0{,}05$.

Abbildung 2: Verteilung der Konzentrationen der Kenngrößen a) Natrium und b) Chlorid nach Alter (Darstellung des Medians und des 95%-Interperzentilenbereichs).

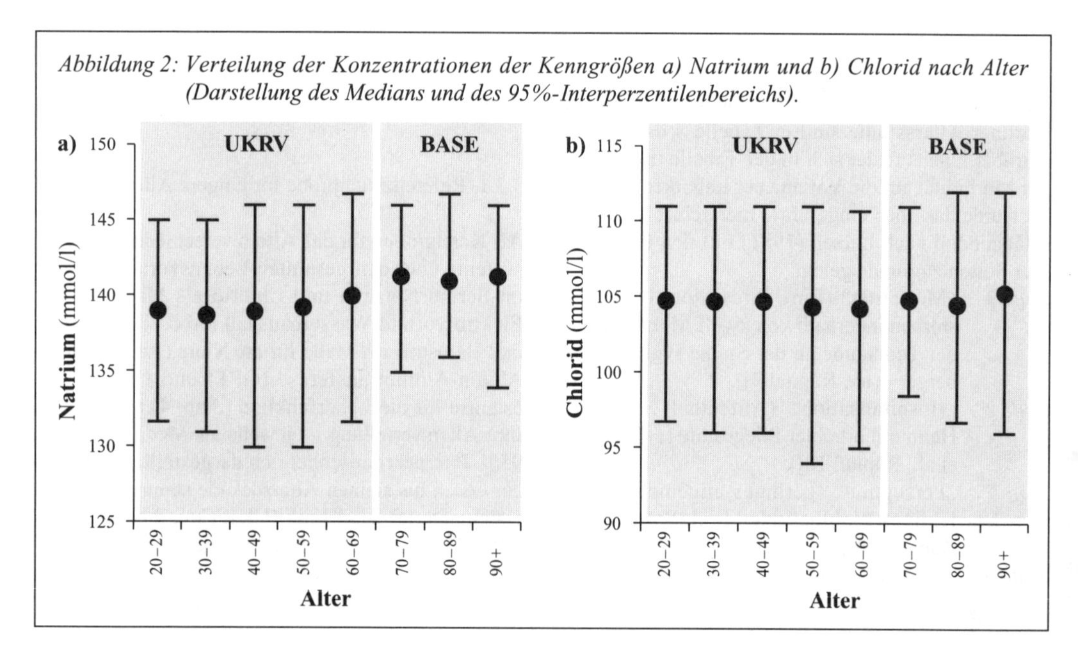

tienten in der Labordatenbank des UKRV. Den drei letzten Altersdekaden liegen deswegen nur Ergebnisse aus der Berliner Altersstudie zugrunde. Die Kenngrößen sind sowohl in den einzelnen Altersgruppen als auch in der Gesamtheit normalverteilt.

3.4 Speichelsekretion im Alter

Bei 464 Studienteilnehmern konnte Ruhespeichel gewonnen werden, bei 444 Personen war auch eine Stimulation der Speichelsekretion durch Kauen eines Paraffinblocks möglich. Die dabei gemessenen Sekretionsdaten sind in Tabelle 5 dargestellt. Der Spei-

Abbildung 3: Verteilung der Konzentrationen der Kenngrößen a) Kreatinin und b) Harnstoff nach Alter (Darstellung des Medians und des 95%-Interperzentilenbereichs).

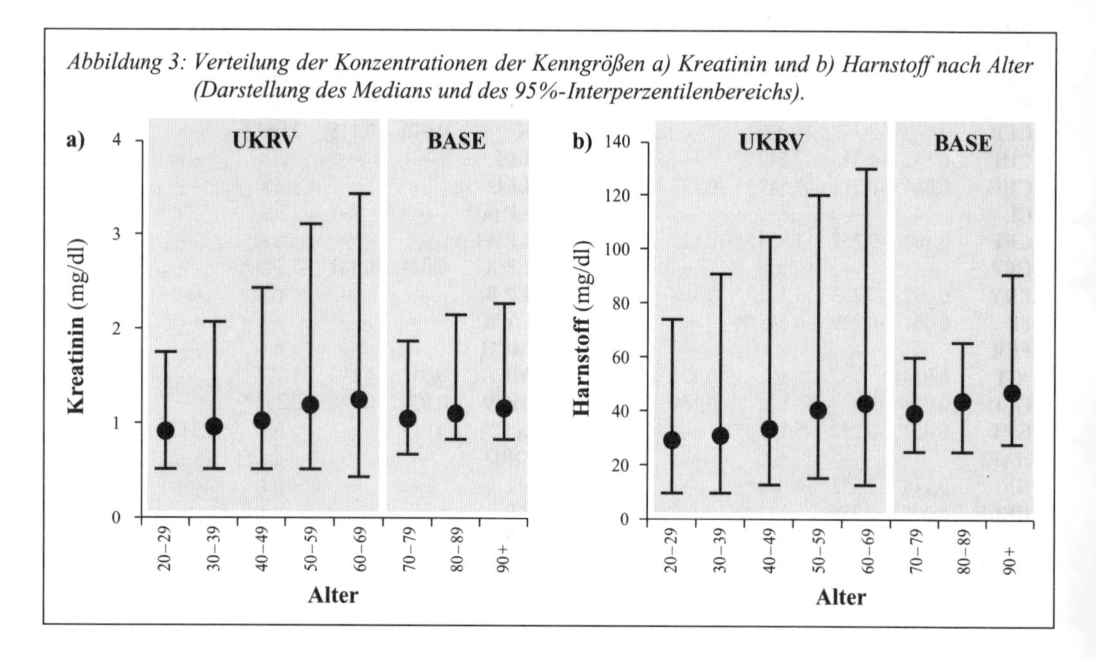

Abbildung 4: Verteilung der Konzentrationen der Kenngrößen a) GPT und b) Cholinesterase nach Alter (Darstellung des Medians und des 95%-Interperzentilenbereichs).

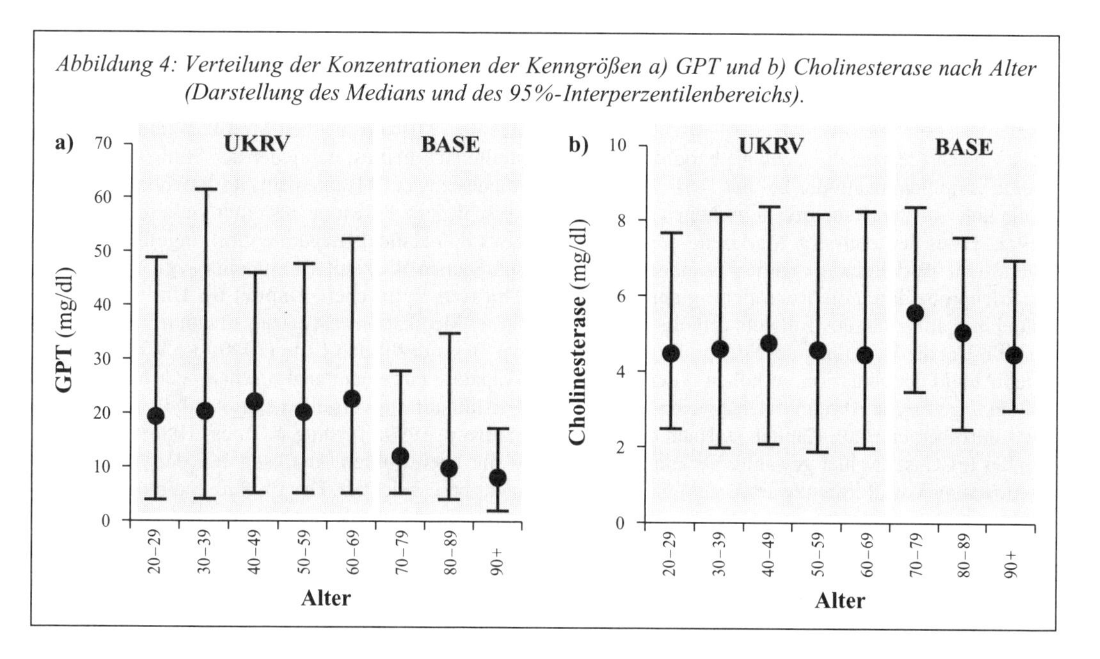

chel der 366 Studienteilnehmer, die zur Untersuchung in die Zahnklinik kamen, wurde nach der Mengenbestimmung für die biochemischen Untersuchungen bei -70 °C eingefroren.

3.5 Kenngrößen des Speichels in Abhängigkeit von der Morbidität

Der Mittelwert der Konzentration des sekretorischen IgA (sIgA) ist bei Männern um 21 % höher als bei Frauen. Dieser Unterschied ist nach Stimulation der Speichelsekretion, der mit einer Reduktion der sIgA-Konzentration um etwa 50% einhergeht, nicht mehr nachweisbar. Es gibt keine Korrelation zwischen der Konzentration des sIgA und dem Alter, während eine schwache positive Korrelation mit dem Grad der Morbidität nachweisbar ist ($r=0,13$; $p<0,05$).

Tabelle 5: Meßbereich der Speichelsekretion. Darstellung des Mittelwertes sowie der 2,5., 50. und 97,5. Perzentile.

	Mittel-wert	Perzentile 2,5	50	97,5
Ruhespeichel (g/5 min)	1,96	0,28	1,65	5,27
Reizspeichel (g/5 min)	4,67	0,87	4,32	12,40

Die antiadhäsive Aktivität der Oligosaccharide der Speichelglykokonjugate des Ruhespeichels unterscheidet sich für die Lektine Anguilla anguilla (AAA), Vicia villosa (VVA) und Galanthus nigra Agglutinin (GNA) zwischen den Geschlechtern signifikant. In beiden Fällen zeigen Frauen eine höhere antiadhäsive Aktivität (AAA: $F=7,37$; $p<0,01$; VVA: $F=5,138$; $p<0,05$; GNA: $F=8,62$; $p<0,01$). Dieser Unterschied ist bei der antiadhäsiven Aktivität nach Stimulation nicht mehr nachweisbar. Die antiadhäsive Aktivität des Ruhespeichels gegenüber GNA korreliert sowohl mit dem Alter ($r=0,168$; $p<0,01$) als auch mit dem Grad der Morbidität ($r=0,140$; $p<0,001$), während die antiadhäsive Aktivität des Reizspeichels statistisch nur mit dem Grad der Morbidität ($r=0,140$; $p<0,01$) korreliert.

Die antiadhäsive Aktivität gegenüber SNA bei Männern ist sowohl vor als auch nach Stimulation der Speichelsekretion signifikant höher als bei Frauen (Sambucus nigra Agglutinin [SNA] vor Stimulation: $F=10,68$; $p<0,01$; SNA nach Stimulation: $F=6,48$; $p<0,05$). Die antiadhäsive Aktivität gegenüber SNA nach Speichelstimulation fällt signifikant mit dem Alter ab ($r=-0,15$; $p<0,01$), während kein statistischer Zusammenhang zum Grad der Morbidität besteht.

4. Diskussion

4.1 Verteilung der Kenngrößen im hohen Alter

Es ist zunächst festzuhalten, daß die berichteten Werte eine erste Schätzung der bei der Berliner Altersstudie untersuchten Kenngrößen im hohen Alter darstellen. Eines der zentralen Merkmale der Berliner Altersstudie ist die randomisierte Zusammensetzung der Stichprobe durch die Rekrutierung der Studienteilnehmer aufgrund des Einwohnermelderegisters. Damit bildet die Verteilung der Stichprobe ein relativ gutes Abbild der Situation im hohen Alter (zu Einschränkungen siehe Abschnitt 4.1.2 weiter unten sowie Lindenberger et al., Kapitel 3). Nach den Kriterien des IFCC ist das hier gewählte Verfahren für die Bestimmung von Referenzwerten geeignet (IFCC, 1983).

4.1.1 Vergleichsstichprobe für jüngere Altersbereiche

Wie schon in der Einleitung ausgeführt, kann ein Vergleich von Referenzbereichen zwischen unterschiedlichen Laboratorien von systematischen Unterschieden überlagert sein. Daher sollen zusätzlich zu Vergleichen mit Ergebnissen anderer Studien Labordaten des für die Analyse der Proben der BASE-Teilnehmer verantwortlichen Instituts für Klinische Chemie und Biochemie für Personen unter 70 Jahren herangezogen werden.

Insgesamt fallen im Altersvergleich nur gering ausgeprägte Unterschiede auf (vgl. Abb. 2–4). So ist die Breite des 95%-Interperzentilenbereichs bei den klinischen Daten (UKRV) größer als bei den Daten der Berliner Altersstudie (BASE). Dies könnte das Ergebnis eines „survival of the fittest" sein, d. h. eines selektiven Überlebens der Individuen mit den günstigeren Kenngrößenwerten. Diese Vermutung wird durch das Fehlen eines statistischen Unterschieds zwischen der Verteilung der betrachteten Kenngrößen der 70- bis 80jährigen Patienten des UKRV und der BASE-Stichprobe gestützt (Mann-Whitney-U-Test, Daten nicht gezeigt). Hingegen lassen sich deutliche statistische Unterschiede zwischen der jüngeren (20 bis 69 Jahre) und der alten (70 Jahre und älter) Stichprobe in Abhängigkeit vom Alter erkennen (siehe unten).

4.1.2 Einfluß der Medikation auf die Verteilung der Referenzwerte

Bei der Auswertung der Medikamentenanamnese stellte sich heraus, daß jeder der Studienteilnehmer mindestens ein Medikament, im Einzelfall bis zu 15 verschiedene Präparate aus einer Gesamtgruppe von etwa 800 Handelspräparaten mit ungefähr 600 verschiedenen Wirkstoffen einnahm (vgl. Steinhagen-Thiessen & Borchelt, Kapitel 6). Um den Einfluß dieser Medikation abschätzen zu können, wurden auf der Basis der Roten Liste (1990) die Wirkstoffe der Präparate mit einem analytischen oder biologischen Einfluß auf die verschiedenen Analyte abgeglichen (Salway, 1990; Tryding & Roos, 1986) und die jeweils beeinflußten Analysen bei der Auswertung nicht berücksichtigt. Der Einfluß von möglichen Potenzierungen und Wechselwirkungen konnte wegen der Datenfülle und Komplexität der Auswertung nicht berücksichtigt werden.

Die so korrigierte Referenzstichprobe ist im Vergleich zu der unkorrigierten in Tabelle 3 dargestellt. Dabei zeigt sich, daß sich bei fast allen Analyten keine signifikante Verschiebung des Mittelwertes durch die Berücksichtigung der Medikation ergibt. Lediglich bei der Glucose findet sich ein signifikant geringerer Mittelwert nach der Korrektur. Dies ist auf die deutlich verschlechterte Glucoseverwertung zurückzuführen, die durch eine Vielzahl von Medikamenten verursacht wird. Kreatinin zeigt als Maß der Nierenfunktion wider Erwarten nur einen Trend des Mittelwertes zu niedrigeren Werten bei Einbeziehung der Medikation. Berücksichtigt man die Altersgruppe, dann läßt sich dieser Trend nur bei den 85jährigen und älteren Studienteilnehmern nachweisen. Dieser Befund ist vermutlich durch die in BASE zur Erfassung der Nierenfunktion verfügbaren Maße zu erklären. Die Kenngrößen Harnstoff und Harnsäure, die auch anderen Einflüssen wie der Ernährung unterliegen, sind signifikant niedriger nach Korrektur für Medikation.

Die folgenden statistischen Untersuchungen der Referenzbereiche sind mit der für Medikation korrigierten Referenzstichprobe durchgeführt worden.

4.2 Unterscheidung zwischen physiologischem Altern und Morbidität

Während eine „a priori" selektierte Stichprobe bei jungen Altersgruppen mit einer geringen Prävalenz von Morbidität auch gleichzeitig als Referenzstichprobe für Gesundheit gelten kann, ist dieses Verfahren offensichtlich als Unterstützung für die Diagnostik von Erkrankungen im Altersbereich über 70 Jahre ungeeignet. Damit stellt sich das Problem einer Differenzierung von Veränderungen durch physiologisches Altern und durch Morbidität (Cavalieri, Chopra & Bryman, 1992; Fozard, Metter & Brant, 1990).

Am Beispiel der in der Vergangenheit geführten Diskussion um die Veränderung der Albuminkonzentration im Alter kann die Relevanz dieser Unterscheidung am deutlichsten dargestellt werden. Früher wurde eine altersbezogene Verminderung der Konzentrationen angenommen. Erst die Berücksichtigung verschiedener Erkrankungen sowie einer erhöhten Drei-Jahres-Mortalität zeigte, daß diese Verminderung nur durch Morbidität bedingt ist (siehe unten).

Wie schon in der Einleitung ausgeführt, bewirkt eine diagnosenorientierte Festlegung eines „gesunden" Kollektivs eine Verzerrung der Referenzbereiche in Richtung auf die bei jungen Personen gültigen Grenzen der Laborkenngrößen. Daher soll auf verschiedene in der Alternsforschung vorgeschlagene Kriterien für Morbidität zurückgegriffen werden. Diese wurden wie oben ausgeführt in Anlehnung an einen Vorschlag von Larsen (1981) zu einem vierstufigen Morbiditätsmodell zusammengestellt. Untersucht man den statistischen Zusammenhang zwischen den Morbiditätsstufen und dem Alter (siehe auch Abb. 1), so findet man eine hoch signifikante positive Korrelation zwischen beiden Maßen. Dies ist Ausdruck der empirisch engen Beziehung zwischen erhöhter Morbidität und zunehmendem Alter (Gerok & Brandtstädter, 1992; vgl. Steinhagen-Thiessen & Borchelt, Kapitel 6). Durch die Überlagerung der Effekte von physiologischem Altern und Morbidität ist eine einfache Zuordnung von Veränderungen der Laborgrößen zu Alter und Morbidität nicht möglich. Obwohl für eine abschließende Aussage über den Einfluß von physiologischem Altern und Morbidität auf Laborkenngrößen aufwendige Längsschnittuntersuchungen erforderlich sind (Svanborg, 1988), lassen sich auch aus den vorliegenden Daten Rückschlüsse auf mögliche Ursachen für Veränderungen der Laborkenngrößen ableiten.

4.3 Beispiele für Funktionen und Organe

Im folgenden sollen beispielhaft Kenngrößen des Elektrolyt- und Wasserhaushalts, des Calcium-Phosphat-Stoffwechsels, der Niere, des Blutbildes, der Leber und des humoralen Immunsystems unter den genannten Aspekten dargestellt werden. Dabei werden die Ergebnisse des BASE-Kollektivs mit den Befunden anderer Studien verglichen und an einigen als Beispiele ausgewählten Kenngrößen der Einfluß des Alters über die gesamte Altersspanne, d. h. des Referenz- und des BASE-Kollektivs, betrachtet.

4.3.1 Elektrolyte und Wasserhaushalt

Natrium und Chlorid. Die Daten der Berliner Altersstudie zeigen, daß die Mittelwerte der Serum-Natriumkonzentration sowie der Chloridkonzentration sich mit dem Alter nicht verändern. Beide Befunde stehen in Übereinstimmung mit Ergebnissen aus anderen Studien (Jernigan, Gudat & Blake, 1980; Landahl, Jagenburg & Svanborg, 1981; Tietz et al., 1992). Natrium ist das führende Ion im Plasma, seine Konzentration bestimmt damit wesentlich die Osmolalität des Blutes. Eine Erhöhung der Serum-Osmolalität, wie sie von Tietz und Mitarbeitern (1992) beschrieben wurde, kann allerdings damit nicht durch eine Erhöhung der Serum-Natriumkonzentration erklärt werden, sondern könnte auch auf eine Erhöhung des Harnstoffes durch zunehmende Verminderung der Ausscheidungsleistung zurückzuführen sein. Aus der Darstellung der Altersgruppen des UKRV (Abb. 2) läßt sich erkennen, daß die Natrium- und Chloridkonzentration auch über die gesamte Lebensspanne weitgehend konstant bleibt. Dieser Befund wird auch von anderen Studien berichtet (Tietz et al., 1992). Die gemessenen Serum-Kaliumkonzentrationen stimmen mit den Ergebnissen von Österlind, Alafuzoff und Löfgren überein (1984). Sie sind jedoch niedriger als die in anderen Studien gemessenen Konzentrationen (Jernigan et al., 1980; Tietz et al., 1992).

Calcium-Phosphat-Haushalt. Die Gesamt-Calciumkonzentration zeigt einen Abfall mit zunehmendem Alter. Die Ursache dieser Verminderung könnte eine Verminderung der Vitamin-D-gekoppelten Resorption von Calcium sein. Als pathobiochemische Ursache ist eine Verminderung der Hydroxylierung des Vitamin D als Folge einer eingeschränkten Nierenfunktion (siehe unten) zu diskutieren. Weniger wahrscheinlich ist die Verursachung durch eine Verminderung von Trägerproteinen wie Albumin, da diese sich nicht mit dem Alter, sondern mit ansteigender Morbidität reduzieren. Der Abfall der Calciumkonzentration mit dem Alter wird auch von Tietz und Mitarbeitern (1992) beschrieben, die jedoch eine etwas geringere Calciumkonzentration finden. Ähnliche Werte finden sich auch bei Landahl und Mitarbeitern (1981). Beide Studien zeigen auch eine geringere Breite des Referenzbereiches. Ein vergleichbarer Bereich für die Calciumkonzentration wird bei Fülöp und anderen (1989) berichtet. Ein vergleichbarer Mittelwert der Phosphatkonzentration wird wiederum bei Jernigan und Mitarbeitern (1980) und Tietz und anderen (1992) beschrieben. Im Gegensatz zu den Befunden von Garry, Hunt, Van der Jagt und Rhyne (1989) läßt sich keine Altersabhängigkeit der Phosphatkonzentration nachweisen.

Indikatoren der Nierenfunktion. Die Serum-Kreatininkonzentration steigt mit zunehmendem Alter an. Sie liegt im Mittel geringgradig höher als die Werte anderer Studien (Fülöp et al., 1989; Landahl et al., 1981; Tietz et al., 1992). Dabei fällt auf, daß die Berücksichtigung der Medikation zu einer leichten, statistisch jedoch nicht signifikanten Reduktion der Kenngrößen der Nierenfunktion führt. Der Mittelwert der Serum-Kreatininkonzentration steigt kontinuierlich über den gesamten Altersbereich an (Abb. 3). Während die Zunahme der Kreatininkonzentration im jungen Altersbereich durch einen Anstieg der Muskelmasse erklärbar ist, kann die weitere Erhöhung im Alter nur durch eine Reduktion der Ausscheidungsfunktion der Niere erklärt werden. Verschiedene Studien haben eine progressive Einschränkung der Nierenfunktion, insbesondere der glomerulären Filtrationsrate, mit dem Alter gezeigt (De Santo et al., 1991; Lindemann, 1993; Lonergan, 1988; Tietz et al., 1992), obwohl diese Progression in einer Longitudinalstudie nicht bei allen alten Individuen nachgewiesen werden konnte (Svanborg, 1988). Aus technischen Gründen wurde bei den Untersuchungen für die Berliner Altersstudie auf die Bestimmung der renalen Clearance verzichtet (siehe auch Abschnitt 2.1.1). Eine Verminderung des renalen Blutflusses durch Reduktion des Herzminutenvolumens im Alter könnte die Einschränkung der Nierenfunktion fördern (Jernigan et al., 1980). Die dennoch nur mäßige Erhöhung der Kreatininkonzentration ist durch eine Verminderung der Muskelmasse insbesondere im hohen Alter zu erklären (Fülöp et al., 1989; vgl. auch Steinhagen-Thiessen & Borchelt, Kapitel 6). Die altersbezogene Erhöhung der Harnstoff- und Harnsäurekonzentration beruht wahrscheinlich auf einer Einschränkung der Nierenfunktion (Fülöp et al., 1989; Landahl et al., 1981; Tietz et al., 1992).

4.3.4 Blutbild/Eisenstoffwechsel

Die Leukozytenzahl liegt im Mittel etwas höher als in anderen Studien (Lipschitz, Udupa, Milton & Thompson, 1984; Tietz et al., 1992), während Zaino (1981) ebenfalls leicht erhöhte Werte berichtet. Die Erythrozytenzahl ist vergleichbar mit Ergebnissen von Tietz und Mitarbeitern (1992), ein Abfall mit zunehmendem Alter wird auch von Mattila, Kuusela und Pelliniemi (1986) beschrieben. Diese Verminderung der Erythrozytenzahl wird durch eine physiologische Verminderung der Knochenmarkfunktion erklärt (Besa, 1988). Die mit dem Alter zunehmende Niereninsuffizienz könnte die Anämie zudem durch eine Verminderung der Erythropoietin-Sekretion erklären (Nafziger, Luciani, Andreux, Saint-Jean & Casadevall, 1993). Die altersbezogene Niereninsuffizienz wäre damit Auslöser weiterer Altersveränderungen und würde ein weiteres systemisches Altern verursachen. Der Hämatokrit sowie die Hämoglobinkonzentration liegen in ähnlichen Bereichen wie die Ergebnisse anderer Studien (Besa, 1988; Fülöp et al., 1989; Jernigan et al., 1980; Tietz et al., 1992). Die Werte fallen in Übereinstimmung zu den bisher berichteten Ergebnissen statistisch signifikant ab. Neben einer möglichen Verminderung der Knochenmarkfunktion wird ein Anstieg des Plasmavolumens im Alter als Ursache der Reduktion von Hämatokrit sowie die Hämoglobinkonzentration diskutiert (Besa, 1988).

Die Eisenkonzentrationen fallen signifikant mit dem Alter ab. Dieser Befund stimmt mit dem anderer Studien überein (Lipschitz et al., 1984; Zauber & Zauber, 1987). Ursache scheint eine Verminderung der Resorption im Darm zu sein (Weiner, 1989). Die Konzentration des Transferrin, das zur Gruppe der Anti-Akute-Phase-Proteine gehört, vermindert sich ebenso wie das Eisen mit zunehmendem Alter und verhält sich damit invers zur Konzentration der Akute-Phase-Proteine wie α1-Antitrypsin. Die Werte liegen insgesamt etwas niedriger als die anderer Studien (Mattila et al., 1986; Milman, Andersen & Pedersen, 1986; Tietz et al., 1992).

4.3.5 Leber

Die Serum-Bilirubinkonzentration ist ein Maß für die Exkretionsfunktion der Leber und bleibt in Übereinstimmung mit Ergebnissen von Fülöp und Mitarbeitern (1989) mit zunehmendem Alter konstant. Dies steht im Widerspruch zu Ergebnissen von Tietz und anderen (1992), die eine Verminderung der Bilirubinwerte mit dem Alter berichten. Andere Studien zeigen Wertbereiche, die mit den vorliegenden Daten weitgehend übereinstimmen (Jernigan et al., 1980; Leask, Andrews & Caird, 1973).

Die gemessene Aktivität der GPT, einem Enzym des Cytosols der Leberzelle, fällt signifikant mit steigendem Alter ab. Dieser Befund stimmt mit Ergebnissen anderer Arbeitsgruppen überein (Dietrich, 1983; Tietz et al., 1992). Dabei berichten Tietz und Mitarbeiter (1992) über einen Abfall der Konzentration im Altersbereich der über 90jährigen, während Dietrich (1983) einen Gipfel der Konzentration bei 60 Jahren zeigt. Der Altersverlauf der Daten des UKRV (Abb. 4) zeigt für die GPT-Aktivität ebenfalls eine geringere Serumaktivität im hohen Alter. Die Aktivität der γGT zeigt in der vorliegenden Studie keine signifikanten altersbezogenen Veränderungen. Dies steht in Übereinstimmung zu Ergebnissen von Garry und Mitarbeitern (1989). Die Untersuchungen von Tietz und Mitarbeitern (1992) zeigen hingegen einen Anstieg der Aktivität der γGT im Vergleich der 60- bis 90jährigen und der über 90jährigen. Schließt man in BASE Studienteilnehmer mit entsprechender Medikation aus der Referenzgruppe aus, so reduziert sich die Aktivität der γGT und liegt im Mittel bei Aktivitäten anderer Studien (Garry et al., 1989; Tietz et al., 1992).

Albumin wird in der Leber synthetisiert und zeigt einen signifikanten Konzentrationsabfall mit ansteigendem Alter, wenn der Grad der Morbidität nicht berücksichtigt wird. Dies berichten auch andere Studien (Cooper & Gardner, 1989; Tietz et al., 1992). Eine ausgeprägte Verminderung des Albumins scheint jedoch nicht das Ergebnis eines physiologischen Alterns zu sein, sondern mit einer verminderten Proteinaufnahme, einer erhöhten Morbidität und einer erhöhten Drei-Jahres-Mortalität einherzugehen (Campion, de Labry & Glynn, 1988; Coodley, 1989; Klonoff Cohen, Barrett Connor & Edelstein, 1992; Orwoll, Weigel, Oviatt, Meier & McClung, 1987; Salive et al., 1992). Es läßt sich auch bei der in der vorliegenden Betrachtung zugrunde gelegten Bestimmung von Morbidität ein Zusammenhang zwischen erhöhter Morbidität nach Larsen (1981) und vermindertem Serumalbumin nachweisen. Einen altersbezogenen Abfall der Konzentration bei gleichzeitiger Verminderung mit zunehmender Morbidität findet sich bei der Cholinesterase, die ebenfalls ein Syntheseprodukt der Leber ist.

Das Albumin ist eine der Hauptkomponenten des Gesamtproteins, dessen Konzentration jedoch in der vorliegenden Studien im Gegensatz zu anderen Untersuchungen nicht mit dem Alter abfällt (Tietz et al., 1992). Dieser Effekt könnte durch die deutliche Erhöhung der Immunglobuline bedingt sein (siehe den folgenden Abschnitt zu humoralen Immunmediatoren). Erst eine ansteigende Morbidität geht mit einer signifikanten Reduktion des Totalproteins einher.

4.3.6 Humorale Immunmediatoren

Die IgA-Konzentration steigt mit dem Alter signifikant an. Dieser Befund wurde auch von anderen erhoben (Cohen & Eisdorfer, 1980; Tietz et al., 1992). Die Meßbereiche stimmen mit denen anderer Studien überein (Lyngbye & Kroll, 1971; Tietz et al., 1992). Ebenfalls deutlich erhöht ist die IgG-Konzentration im Serum. Die Werte liegen über den von anderen Studien beschriebenen (Cohen & Eisdorfer, 1980; Tietz et al., 1992). Der Anstieg der IgA- und IgG-Konzentration deutet auf eine erhöhte Immunantwort oder eine Verringerung der Kontrolle des Immunsystems hin (Tietz et al., 1992). Es fanden sich in der BASE-Population nur drei Teilnehmer mit einer auffälligen Serumelektrophorese, bei denen sich dann eine monoklonale Gammopathie mittels Immunfixation nachweisen ließ. Die erhöhten Werte lassen sich daher nicht mit einer Produktion fehlerhafter Immunglobuline erklären.

Mit zunehmendem Alter wird ein Anstieg von Morbidität und Mortalität durch Infektionserkrankungen berichtet (Phair, Hsu & Hsu, 1988). In diesem Zusammenhang haben verschiedene Untersuchungen eine Verminderung der Aktivität des zellulären Immunsystems beschrieben. Andererseits zeigen sich keine oder nur geringe Veränderungen bei der humoralen Immunantwort (Phair et al., 1988), da die Konzentration der Immunglobulinkonzentrationen von IgA und IgG mit Alter und Morbidität deutlich zunehmen. Auffällig ist die isolierte Erhöhung der IgA-Konzentration bei den Männern. Die Faktoren des Komplementsystems gehören zu den humoralen Immunmediatoren. Die Konzentration der C3-Komponente des Komplementsystems liegt deutlich unter den in anderen Studien beschriebenen Bereichen (Fülöp et al., 1989; Tietz et al., 1992). Auch lassen sich keine Altersveränderungen der Konzentration nachweisen. Im Gegensatz hierzu liegt insbesondere die obere Grenze des Konzentrationsbereiches des C4-Komplements deutlich über den Grenzen anderer Referenzbereiche (Fülöp et al., 1989; Tietz et al., 1992).

Die Konzentration des Akute-Phase-Proteins α1-Antitrypsin steigt mit zunehmendem Alter und zunehmender Morbidität und liegt höher als in jüngeren Altersgruppen (Tietz et al., 1992). Die gemessenen Werte liegen in den von Jernigan und Mitarbeitern (1980) beschriebenen Bereichen und sind deutlich höher als die anderer Studien (Lyngbye & Kroll, 1971; Tietz et al., 1992). Die Haptoglobinkonzentrationen liegen ebenfalls deutlich höher als die anderer Studien (Lyngbye & Kroll, 1971; Tietz et al., 1992).

Ein Anstieg der Konzentration mit dem Alter findet sich nicht. Die Konzentration des α1-sauren Glykoproteins (Orosomucoid) liegt im Bereich der Konzentrationen bei jüngeren Altersgruppen. Andere Untersuchungen der Orosomucoid-Serumspiegel im hohen Alter liegen nicht vor. Der Coeruloplasminspiegel liegt leicht über den anderer Studien (Bunker, Hinks, Lawson & Clayton, 1984; Tietz et al., 1992). Sie sind damit deutlich höher als die Grenzen für jüngere Altersgruppen. Die Transferrinkonzentration zeigt einen signifikanten Abfall mit zunehmendem Alter. Die Grenzen liegen den bereits berichteten nahe (Jakob, Otradovec & Russell, 1988; Mattila et al., 1986; Tietz et al., 1992). Im Alter über 70 Jahre findet man allerdings einen signifikanten Anstieg der Konzentrationen. Die Konzentrationen des C-reaktiven Proteins (CRP) im hohen Alter liegen im normalen Bereich. Ein altersbezogener Anstieg der Konzentrationen ist nicht nachweisbar. Weitere Untersuchungen für CRP im hohen Alter liegen nicht vor.

4.3.7 Stoffwechsel

Die Gesamt-Cholesterinkonzentration fällt signifikant mit zunehmendem Alter und zunehmender Morbidität ab. Tietz und Mitarbeiter (1992) beschreiben erst in der neunten Dekade einen Abfall der Gesamt-Cholesterinkonzentration. Der Mittelwert der HDL-Cholesterinkonzentration liegt über dem anderer Studien (Tietz et al., 1992). Ein Anstieg der HDL-Cholesterinkonzentration mit dem Alter wird ebenfalls beschrieben (Nicholson, Gartside & Siegel, 1979; Tietz et al., 1992). Er läßt sich in den vorliegenden Ergebnissen nicht nachweisen. Die erhöhte Konzentration bei Frauen in sehr hohem Alter bestätigt andere Untersuchungen. Gleichzeitig vermindert sich die Konzentration des Apolipoproteins A2 mit dem Alter. Dieser Effekt wurde auch von anderen beschrieben (Noma, Hata & Goto, 1991). Hingegen kann ein von diesen Autoren beschriebener Anstieg der Konzentration des Apolipoproteins B mit dem Alter nicht nachgewiesen werden. Im Gegenteil: Es läßt sich mit zunehmender Morbidität ein Abfall der Konzentration des LDL-Cholesterins und des Apolipoproteins B feststellen. Insgesamt scheint die Verminderung der Gesamt-Cholesterinkonzentration bei zunehmender Morbidität durch eine Verminderung des LDL-Cholesterins verursacht zu sein. Diese Verminderung der Serumkonzentration könnte durch ein „survival of the fittest" erklärt werden (Tietz et al., 1992), da auch in hohem Alter ein pathologisches Lipidprofil (Erhöhung des LDL-Cholesterins und Verminderung des HDL-Cholesterins) mit erhöhter Atherosklerose und Mortalität einhergeht (Zimetbaum et al., 1992; vgl. Steinhagen-Thiessen & Borchelt, Kapitel 6).

Während die Gesamt-Cholesterinkonzentration in den vorliegenden Daten abfällt, wird bei anderen Studien eine Verminderung des Cholesterin-Serumspiegels erst im Alter von 90 Jahren angegeben (Tietz et al., 1992), nachdem ein kontinuierlicher Anstieg der Cholesterinkonzentration für die ersten sechs Altersdekaden berichtet worden ist (Hayashi et al., 1987). Die Triglyceridkonzentration liegt deutlich höher als in anderen Studien (Alvarez, Orejas & Gonzales, 1984; Nicholson et al., 1979; Tietz et al., 1992). Sie zeigt keine Veränderung mit dem Alter. Ein Grund für die Unterschiede könnte in genetischen Unterschieden der Stichproben sowie in Unterschieden bei der Ernährung und im Alkoholkonsum liegen (Tietz et al., 1992).

4.3.8 Zusammenfassung

Die ersten Auswertungen der Untersuchungen zur Verteilung von Kenngrößen im hohen Alter zeigen, daß die ermittelten Referenzbereiche weitgehend mit denen anderer Studien übereinstimmen. Am Beispiel ausgewählter Kenngrößen läßt sich nachweisen, daß selbst bei altersabhängigen Kenngrößen die Abweichungen nicht sehr hoch sind. Longitudinalstudien müssen feststellen, ob die nachgewiesenen Altersveränderungen die Einführung von altersbezogenen Referenzwerten im hohen Alter für die Erkennung von Erkrankungen im klinischen Alltag erfordern.

4.4 Die Kapazitätsreserve der Speicheldrüsen

Eine der wichtigsten Veränderungen der Mundhöhle im Alter ist die als Xerostomie bezeichnete Unterfunktion der Speicheldrüsen (Baum, 1989). Eine Unterfunktion der Speicheldrüsen liegt bei einer Speichelflußrate von weniger als 0,1 ml/min vor (Navazesh, Mulligan, Knipnis, Denny & Denny, 1992). Die Funktion der Speicheldrüsen wurde in der Berliner Altersstudie durch die Gewinnung von Ruhe- und Reizspeichel nach Kauen eines Paraffinblocks untersucht. Verschiedene Untersuchungen haben einen inversen Zusammenhang zwischen Alter und der Speicheldrüsensekretion aufgezeigt. Studien mit gesunden Probanden, die keine Medikamente einnahmen, konnten diesen Befund jedoch nicht bestätigen (Baum, 1989; Heft & Baum, 1984). Die

Mittelwerte der Reizspeichelmengen sind etwas kleiner als die Ergebnisse der Göteborg-Studie (Österberg et al., 1992). Das Alter der Teilnehmer dieser Studie lag jedoch unter 85 Jahren. Die vorliegenden Daten der Berliner Altersstudie zeigen eine signifikante Abnahme der Ruhespeichelmenge mit dem Alter bis in die zehnte Altersdekade (Ruhespeichel $r=-0,18$; $p<0,001$), während erwartungsgemäß kein signifikanter altersbezogener Abfall der Reizspeichelmenge erfolgt. Damit scheint die Kapazitätsreserve der Speichelsekretion im Alter nicht vermindert zu sein. Der Anteil der Personen mit Xerostomie liegt bei knapp 7% und damit etwas höher als bei den bis zu 85jährigen (Österberg et al., 1992).

4.4.1 Die Schutzfunktion des Speichels

Untersuchungen zur Aktivität des humoralen Immunsystems im Alter zeigen keine Verminderung der Immunglobuline im hohen Alter (Tietz et al., 1992). Die Ergebnisse der Berliner Altersstudie zeigen, daß die Konzentration des sIgA bei Männern höher ist als bei Frauen, während die sIgA-Konzentration der 70jährigen und Älteren sich nicht von denen in jüngeren Altersgruppen unterscheidet.

Oligosacccharidstrukturen sind Produkte einer Synthese durch diverse hochspezifische Enzyme. Bei der Synthese werden die Monosaccharide wie z. B. Galaktose, N-Acetyl-Glukosamin, N-Acetyl-Galaktosamin und Mannose zu komplizierten Kohlenhydratketten verknüpft. Diese Kohlenhydrate sind in der Lage, die Adhäsion von Mikroorganismen an die Schleimhaut zu hemmen. Dabei blockieren die Oligosaccharidketten spezifisch die Adhäsionsmoleküle, die die Bindung der Mikroorganismen an die Schleimhautoberfläche ermöglichen, und vermitteln damit eine spezifische Antiadhäsivität (Hanson et al., 1985). Die Menge dieser blockierenden Oligosaccharidketten – einige von ihnen haben Blutgruppeneigenschaften – ist daher von entscheidender Bedeutung für die Wirksamkeit des Schutzes vor bakterieller Adhäsion (Berger, Young & Edberg, 1989; Brassart, Woltz, Golliard & Neeser, 1991; Navas et al., 1993). Ist die Synthese nicht möglich oder hat die Kapazität des Synthese- oder sekretorischen Apparates der Schleimdrüsen ihre Grenze erreicht, so kann der schädigende Einfluß exogener Toxine, Mikroorganismen oder Viren zunehmen.

Untersuchungen von bakteriellen Infektionen mit Escherichia coli (E. coli) im Urogenitalsystem konnten zeigen, daß die Sekretion von Glykokonjugaten oder die Applikation von Kohlenhydraten vor lokalen Infektionen schützt bzw. eine mikrobielle Adhäsion verhindert (Aronson et al., 1977). Die Adhäsion von E. coli wird dabei über ein mannose-spezifisches Lektin (Adhesin) vermittelt, das auf der Oberfläche von Membranfortsätzen, den Pili, lokalisiert ist (Abraham & Beachey, 1988; Clegg, Purcell & Pruckler, 1987). Die antiadhäsive Wirkung der Oligosaccharidgruppen von Glykokonjugaten konnte in verschiedenen Untersuchungen bestätigt werden (Blackwell et al., 1989; Lomberg et al., 1983; Ofek & Sharon, 1990). In einer Doppelblindstudie wurde nachgewiesen, daß die Applikation von Glykokonjugaten bei Patienten einer geriatrischen Klinik eine orale Candidiasis (eine Infektion mit dem Pilz Candida albicans) signifikant verbessern kann (Blixt Johansen, Sjoholm, Wiesel & Ek, 1992). Dabei steigerte sich auch das subjektive Wohlbefinden der Versuchspersonen signifikant. Die Adhäsion von Candida an Epithelien wird ebenfalls durch Lektine vermittelt (Brassart et al., 1991). In eigenen Untersuchungen wurde kürzlich ein Oberflächenmolekül von Candida albicans isoliert, dessen Bindung an Epithelzellen durch Mannosyl-Derivate, wie z. B. die oben angegebenen Glykokonjugate, gehemmt werden können (Kage, Sampath Kumar, Shoolian, Schuster & Köttgen, 1995).

Auffällig ist das zur sIgA-Konzentration gegenläufige Verhalten der antiadhäsiven Aktivität des Oligosaccharidanteils der Glykokonjugate des Speichels. Veränderungen der antiadhäsiven Aktivität des Speichels lassen sich aus der Literatur nur indirekt ableiten, da eine Quantifizierung der antiadhäsiven Aktivität erst jetzt möglich ist (Kage, Fimmel, Köttgen, Hägewald & Bernimoulin, 1993). So ist eine erhöhte Adhärenz verschiedener Mikroorganismen an Epithelzellen mit zunehmendem Alter beschrieben worden (Nagy, Casey, Whipp & Moon, 1992). Damit könnte der inverse Zusammenhang zwischen der sIgA-Konzentration und der antiadhäsiven Aktivität gegenüber verschiedenen Lektinen als ein reduzierter Schutz interpretiert werden, wobei der Verminderung der sezernierten Oligosaccharidreste der Speichelglykokonjugate eine vermehrte Belastung des Organismus mit fremden Antigenen folgt. Aufgrund eines im hohen Alter immer noch intakten humoralen Immunsystems wird reaktiv die Sekretion des sIgA stimuliert. Ähnliches wurde für den Zusammenhang zwischen dem Blutgruppen-Sekretor-Status und der humoralen Immunantwort z. B. bei Neisserien-Infektionen beschrieben (Zorgani, Stewart, Blackwell, Elton & Weir, 1992).

Die mit dem Alter zunehmende Verminderung der antiadhäsiven Aktivität gegenüber dem Lektin SNA deutet auf eine verminderte Synthesekapazität für Glykokonjugate mit terminalen α-2,6-sialylierten Oligosaccharidstrukturen. Dieser Befund könnte eine erhöhte Infektanfälligkeit gegenüber Viren wie z. B. Influenzaviren (Erreger von Erkrankungen im Respirationstrakt) oder Rotaviren (Erreger von Durchfallerkrankungen) erklären, die über terminale sialylierte Oligosaccharide an Schleimhäute binden können (Rogers, Pritchett, Lane & Paulson, 1983; Yolken, Willoughby, Wee, Miskuff & Vonderfecht, 1987). Neben Viren könnten jedoch auch Bakterien, z. B. bestimmte Meningitis oder Sepsis induzierende E.-coli-Stämme, vermehrt an die Schleimhäute adhärieren (Schroten et al., 1992) und möglicherweise in den Organismus eindringen. Dies würde eine Alternshypothese von Horan und Fox (1984) stützen, die eine Überladung des Organismus mit Mikroorganismen oder Toxinen als eine wichtige Ursache des Alterns vermuten. Dabei wird die Schleimhaut des Darms, die zusammen mit der Alveolaroberfläche der Lunge sich über mehr als 98% der Körperoberfläche erstreckt, als die wichtigste Eintrittspforte angesehen.

Die vorgestellten Untersuchungen deuten darauf hin, daß in Übereinstimmung mit anderen Berichten der Schleimhautschutz in der Mundhöhle durch sIgA mit zunehmendem Alter nicht wesentlich beeinträchtigt ist. Dies gilt auch für andere Proteine des Speichels, wie das Laktoferrin (Weiss & Mellinger, 1990). Hingegen konnte in diesen ersten Untersuchungen für Schutzfaktoren des angeborenen Immunsystems am Beispiel der globalen Glykosylierung eine selektive Verminderung von strukturellen Komponenten nachgewiesen werden. Durch die enge Verzahnung des Immunsystems der verschiedenen Schleimhautbereiche des MALT läßt sich vermuten, daß dieser Befund auch für die anderen Schleimhautbereiche gilt. Weitere experimentelle Untersuchungen sind erforderlich, um die funktionelle Relevanz der nachgewiesenen Veränderungen zu bestätigen.

Literaturverzeichnis

Abraham, S. N. & Beachey, E. H. (1988). Binding of bacteria to mucosal surfaces. *Monographs in Allergy, 24,* 38–43.

Alvarez, C., Orejas, A. & Gonzales, S. (1984). Reference intervals for serum lipids, lipoproteins, and apoproteins in the elderly. *Clinical Chemistry, 30,* 404–406.

Aronson, M., Medalia, O., Schori, L., Mirelman, D., Sharon, N. & Ofek, I. (1977). Prevention of colonization of the urinary tract of mice with Escherichia coli by blocking of bacterial adherence with methyl-alpha-D-mannopyranoside. *Journal of Infectious Diseases, 139,* 329–333.

Baum, B. J. (1989). Salivary gland fluid secretion during aging. *Journal of the American Geriatrics Society, 37,* 453–458.

Berger, S. A., Young, N. A. & Edberg, S. C. (1989). Relationship between infectious diseases and human blood type. *European Journal of Clinical Microbiology & Infectious Diseases, 8,* 681–689.

Besa, E. C. (1988). Approach to mild anemia in the elderly. *Clinics in Geriatric Medicine, 4,* 43–55.

Blackwell, C. C., Weir, D. M., James, V. S., Cartwright, K. A., Stuart, J. M. & Jones, D. M. (1989). The Stonehouse Study: Secretor status and carriage of Neisseria species. *Epidemiology and Infection, 102,* 1–10.

Blixt Johansen, G., Sjoholm, K., Wiesel, K. & Ek, A. C. (1992). The condition of the oral mucosa in institutionalized elderly patients before and after using a mucin-containing saliva substitute. *Scandinavian Journal of Caring Sciences, 6,* 147–150.

Brandtzaeg, P., Halstensen, T. S., Kett, K., Krajci, P., Kvale, D., Rognum, T. O., Scott, H. & Sollid, L. M. (1989). Immunobiology and immunopathology of human gut mucosa: Humoral immunity and intraepithelial lymphocytes. *Gastroenterology, 97,* 1562–1584.

Brassart, D., Woltz, A., Golliard, M. & Neeser, J. R. (1991). In vitro inhibition of adhesion of Candida albicans clinical isolates to human buccal epithelial cells by Fuc alpha 1-2 Gal-beta-bearing complex carbohydrates. *Infection and Immunity, 59,* 1605–1613.

Bunker, V. W., Hinks, L. J., Lawson, M. S. & Clayton, B. E. (1984). Assessment of zinc and copper status of healthy elderly people using metabolic balance studies and measurement of leucocyte concentration. *American Journal of Clinical Nutrition, 40,* 1096–1102.

Campion, E. W., de Labry, L. O. & Glynn, R. J. (1988). The effect of age on serum albumin in healthy males: Report from the Normative Aging Study. *Journal of Gerontology: Medical Sciences, 43,* M18–M20.

Cavalieri, T. A., Chopra, A. & Bryman, P. N. (1992). When outside the norm is normal: Interpreting lab data in the aged. *Geriatrics, 47,* 66–70.

Clegg, S., Purcell, B. K. & Pruckler, J. (1987). Characterization of genes encoding type 1 fimbriae of Klebsiella pneumoniae, Salmonella typhimurium, and Serratia marcescens. *Infection and Immunity, 55,* 281–287.

Cohen, D. & Eisdorfer, C. (1980). Serum immunoglobulins and cognitive status in the elderly: A population study. *British Journal of Psychiatry, 136,* 33–39.

Coodley, E. L. (1989). Laboratory tests in the elderly: What is abnormal? *Postgraduate Medicine, 85,* 333–338.

Cooper, J. K. & Gardner, G. (1989). Effect of aging on serum albumin. *Journal of the American Geriatrics Society, 37,* 1039–1042.

Curtis, G. & Wheatley, P. (1989). *Applied numerical analysis* (4. Aufl.). Reading, MA: Addison-Wesley.

DeSanto, N. G., Anastasio, P., Coppola, S., Barba, G., Jadanza, A. & Capasso, G. (1991). Age-related changes in renal reserve and renal tubular function in healthy humans. *Child Nephrology and Urology, 11,* 33–40.

Dietrich, T. (1983). Geriatrics lacks reference values. *Clinical Chemistry News, 6,* 19–20.

Dinkel, R. H. (1992). Demographische Alterung: Ein Überblick unter besonderer Berücksichtigung der Mortalitätsentwicklungen. In P. B. Baltes & J. Mittelstraß (Hrsg.), *Zukunft des Alterns und gesellschaftliche Entwicklung* (S. 62–93). Berlin: de Gruyter.

Fox, P. C. (1992). Salivary gland involvement in HIV-1 infection. *Oral Surgery, Oral Medicine and Oral Pathology, 73,* 168–170.

Fox, P. C., Wolff, A., Yeh, C. K., Atkinson, J. C. & Baum, B. J. (1989). Salivary inhibition of HIV-1 infectivity: Functional properties and distribution in men, women, and children. *Journal of the American Dental Association, 118,* 709–711.

Fozard, J. L., Metter, E. J. & Brant, L. J. (1990). Next steps in describing aging and disease in longitudinal studies. *Journal of Gerontology: Psychological Sciences, 45,* P116–P127.

Fülöp, T. J., Worum, I., Varga, P., Foris, G., Bars, L., Mudri, K. & Leovey, A. (1989). Blood laboratory parameters of carefully selected healthy elderly people. *Archives of Gerontology and Geriatrics, 8,* 151–163.

Garry, P. J., Hunt, W. C., Van der Jagt, D. J. & Rhyne, R. L. (1989). Clinical chemistry reference intervals for healthy elderly subjects. *American Journal of Clinical Nutrition, 50,* 1219–1230.

Gerok, W. & Brandtstädter, J. (1992). Normales, krankhaftes und optimales Altern: Variations- und Modifikationsspielräume. In P. B. Baltes & J. Mittelstraß (Hrsg.), *Zukunft des Alterns und gesellschaftliche Entwicklung* (S. 356–385). Berlin: de Gruyter.

Hanson, L. A., Andersson, B., Carlsson, B., Dahlgren, U., Mellander, L., Porras, O., Soderstrom, T. & Svanborg Eden, C. (1985). Defence of mucous membranes by antibodies, receptor analogues and non-specific host factors. *Infection, 13* (Suppl. 2), S166–S170.

Harris, E. K. & DeMets, D. L. (1972). Estimation of normal ranges and cumulative proportions by transforming observed distributions to Gaussian form. *Clinical Chemistry, 18,* 605–612.

Hayashi, R., Kogure, S., Sakaibori, K., Kurihara, S., Kasagi, J. & Murata, K. (1987). Serum cholesterol level in normal people: Association of serum cholesterol level with age and relative body weight. *Japanese Journal of Medicine, 26,* 153–157.

Heft, M. W. & Baum, B. J. (1984). Unstimulated and stimulated parotid salivary flow rate in individuals of different ages. *Journal of Dental Research, 63,* 1182–1185.

Hoffmann, R. G. (1963). Statistics in the practice of medicine. *Journal of the American Medical Association, 185,* 864–873.

Horan, M. A. & Fox, R. A. (1984). Ageing and the immune response: A unifying hypothesis? *Mechanisms of Ageing and Development, 26,* 165–181.

International Federation of Clinical Chemistry (IFCC) (1983). Recommendations on the theory of reference values: Part 5. Statistical treatment of collected reference values. Determination of reference limits. *Journal of Clinical Chemistry and Clinical Biochemistry, 21,* 749–760.

International Federation of Clinical Chemistry (IFCC) (1984). Recommendations on the theory of reference values: Part 2. Selection of individuals for the production of reference values. *Journal of Clinical Chemistry and Clinical Biochemistry, 22,* 203–208.

Jakob, R. A., Otradovec, C. L. & Russell, R. M. (1988). Vitamin C status and nutrient interactions in a healthy elderly population. *American Journal of Clinical Nutrition, 48,* 1436–1442.

Jernigan, J. A., Gudat, J. C. & Blake, J. L. (1980). Reference values for blood findings in relatively fit elderly persons. *Journal of the American Geriatrics Society, 28,* 308–314.

Kage, A., Fimmel, S., Köttgen, E., Hägewald, S. & Bernimoulin, J. P. (1993). Characterization of oligosaccharides in salivary glycoconjugates by blood group-specific lectin. In E. van Driessche, E. Franz, S. Beeckmanns, U. Pfüller, A. Kallikorm & T. C. Bog-Hansen (Hrsg.), *Lectins: Biology, biochemistry and clinical biochemistry* (Bd. 8, S. 355–359). Hellerup, Dänemark: Textop.

Kage, A., Siebert, U., Rogowski, S. & Köttgen, E. (1991). Modulation of sialyl-glycoconjugate secretion in cultures of immortalized lymphocytes by treatment with substance P and interleukin-2. *Annals of the New York Academy of Sciences, 632,* 415–417.

Kage, A., Sampath Kumar, D., Shoolian, E., Schuster, L. & Köttgen, E. (1995). *Mannosyl-specificity of a protein expressed on Candida albicans surface.* Zur Veröffentlichung eingereichtes Manuskript, Humboldt-Universität zu Berlin, Virchow-Klinikum, Institut für Klinische Chemie und Biochemie.

Klein, A., Carnoy, C., Wieruszeski, J. M., Strecker, G., Strang, A. M., van Halbeek, H., Roussel, P. & Lamblin, G. (1992). The broad diversity of neutral and sialylated oligosaccharides derived from human salivary mucins. *Biochemistry, 31,* 6152–6165.

Klonoff Cohen, H., Barrett Connor, E. L. & Edelstein, S. L. (1992). Albumin levels as a predictor of mortality in the healthy elderly. *Journal of Clinical Epidemiology, 45,* 207–212.

Landahl, S., Jagenburg, R. & Svanborg, A. (1981). Blood components in a 70-year-old population. *Clinica Chimica Acta, 112,* 301–304.

Larsen, Ø. (1981). Separating health and illness: A conceptual framework. In R. Gräsbeck & T. Alström (Hrsg.), *Reference values in laboratory medicine* (S. 33–43). Chichester: Wiley.

Leask, R. G. S., Andrews, G. R. & Caird, F. I. (1973). Normal values for sixteen blood constituents in the elderly. *Age and Ageing, 2,* 14–23.

Lindemann, R. D. (1993). Assessment of renal function in the old: Special considerations. *Clinics in Laboratory Medicine, 13,* 269–277.

Lindstedt, R., Larson, G., Falk, P., Jodal, U., Leffler, H. & Svanborg, C. (1991). The receptor repertoire defines the host range for attaching Escherichia coli strains that recognize globo-A. *Infection and Immunity, 59,* 1086–1092.

Lipschitz, D. A., Udupa, K. B., Milton, K. Y. & Thompson, C. O. (1984). Effect of age on hematopoiesis in man. *Blood, 63,* 502–509.

Lomberg, H., Hanson, L. A., Jacobsson, B., Jodal, U., Leffler, H. & Eden, C. S. (1983). Correlation of P blood group, vesicoureteral reflux, and bacterial attachment in patients with recurrent pyelonephritis. *New England Journal of Medicine, 308,* 1189–1192.

Lonergan, E. T. (1988). Aging and the kidney: Adjusting treatment to physiological change. *Geriatrics, 43,* 27–30.

Luther, P., Cushley, W., Holzer, C., Desselberger, U. & Oxford, J. S. (1988). Acetylated galactosamine is a receptor for the influenza C virus glycoprotein. *Archives of Virology, 101,* 247–254.

Lyngbye, J. & Kroll, J. (1971). Quantitative immunoeletrophoresis of proteins in serum from a normal population: Season-, age-, and sex-related variations. *Clinical Chemistry, 17,* 495–500.

Mattila, K. S., Kuusela, V. & Pelliniemi, T. T. (1986). Haematological laboratory findings in the elderly: Influence of age and sex. *Scandinavian Journal of Clinical and Laboratory Investigation, 46,* 411–415.

Milman, N., Andersen, H. C. & Pedersen, N. S. (1986). Serum ferritin and iron status in 'healthy' elderly individuals. *Scandinavian Journal of Clinical and Laboratory Investigation, 411,* 415–422.

Nafziger, J., Luciani, L., Andreux, J. P., Saint-Jean, O. & Casadevall, N. (1993). Decreased erythropoietin responsiveness to iron deficiency anemia in the elderly. *American Journal of Hematology, 43,* 172–176.

Nagy, B., Casey, T. A., Whipp, S. C. & Moon, H. W. (1992). Susceptibility of porcine intestine to pilus-mediated adhesion by some isolates of piliated enterotoxigenic Escherichia coli increases with age. *Infection and Immunity, 60,* 1285–1294.

Navas, E. L., Venegas, M. F., Duncan, J. L., Anderson, B. E., Chmiel, J. S. & Schaeffer, A. J. (1993). Blood group antigen expression on vaginal and buccal epithelial cells and mucus in secretor and nonsecretor women. *Journal of Urology, 149,* 1492–1498.

Navazesh, M. & Christensen, C. M. (1982). A comparison of whole mouth resting and stimulated salivary measurement procedures. *Journal of Dental Research, 61,* 1158–1162.

Navazesh, M., Mulligan, R. A., Knipnis, V., Denny, P. A. & Denny, P. C. (1992). Comparison of whole saliva flow rates and mucin concentrations in healthy Causcasian young and aged adults. *Journal of Dental Research, 6,* 1275–1278.

Nicholson, J., Gartside, P. S. & Siegel, M. (1979). Lipid and lipoprotein distribution in octo- and nonagenarians. *Metabolism, 28,* 51–55.

Noma, A., Hata, Y. & Goto, Y. (1991). Quantitation of serum apolipoprotein A-I, A-II, B, C-II, C-III and E in healthy Japanese by turbidimetric immunoassay: Reference values, and age- and sex-related differences. *Clinica Chimica Acta, 2,* 147–157.

Ofek, I. & Sharon, N. (1990). Adhesins as lectins: Specificity and role in infection. *Current Topics in Microbiology and Immunology, 151,* 91–113.

Orwoll, E. S., Weigel, R. M., Oviatt, S. K., Meier, D. E. & McClung, M. R. (1987). Serum protein concentrations and bone mineral content in aging normal men. *American Journal of Clinical Nutrition, 46,* 614–621.

Österberg, T., Birkhed, D., Johansson, C. & Svanborg, A. (1992). Longitudinal study of stimulated whole saliva in an elderly population. *Scandinavian Journal of Dental Research, 100,* 340–345.

Österlind, P. O., Alafuzoff, I. & Löfgren, A. C. (1984). Blood components in an elderly population. *Gerontology, 30,* 247–252.

Phair, J. P., Hsu, C. S. & Hsu, Y. L. (1988). Ageing and infection. *Ciba Foundation Symposium, 134,* 143–154.

Raza, M. W., Blackwell, C. C., Molyneaux, P., James, V. S., Ogilvie, M. M., Inglis, J. M. & Weir, D. M. (1991). Association between secretor status and respiratory viral illness. *British Medical Journal, 303,* 815–818.

Rogers, G. N., Pritchett, T. J., Lane, J. L. & Paulson, J. C. (1983). Differential sensitivity of human, avian, and equine influenza A viruses to a glycoprotein inhibitor of infection: Selection of receptor specific variants. *Virology, 131,* 394–408.

Rote Liste (1990). Aulendorf: Editio Cantor.

Salive, M. E., Cornoni-Huntley, J., Phillips, C. L., Guralnik, J. M., Cohen, H. J., Ostfeld, A. M. & Wallace, R. B. (1992). Serum albumin in older persons: Relationship with age and health status. *Journal of Clinical Epidemiology, 45,* 213–221.

Salway, J. G. (Hrsg.) (1990). *Drug-test interactions handbook* (1. Aufl.). New York: Raven.

Schroten, H., Steinig, M., Plogmann, R., Hanisch, F. G., Hacker, J., Herzig, P. & Wahn, V. (1992). S-fimbriae mediated adhesion of Escherichia coli to human buccal epithelial cells is age independent. *Infection, 20,* 273–275.

Svanborg, A. (1988). The health of the elderly population: Results from longitudinal studies with age-cohort comparisons. *Ciba Foundation Symposium, 134,* 3–16.

Tietz, N. W. (Hrsg.) (1986). *Fundamentals of clinical chemistry* (1. Aufl.). London: Saunders.

Tietz, N. W., Shuey, D. F. & Wekstein, D. R. (1992). Laboratory values in fit aging individuals: Sexagenarians through centenarians. *Clinical Chemistry, 38,* 1167–1185.

Tryding, N. & Roos, K.-A. (Hrsg.) (1986). *Drug interferences and drug effects in clinical chemistry* (4. Aufl.). Stockholm: Realtryck.

Weiner, R. (1989). Enterale Nährstoffresorption in Abhängigkeit vom Alter. In W. Beier, R. Laue, G. Leutert, W. Rotzsch & U. J. Schmidt (Hrsg.), *Prozesse des Alterns* (15. Aufl., S. 301–313). Berlin: Akademie Verlag.

Weiss, J. N. & Mellinger, B. C. (1990). Sexual dysfunction in elderly men. *Clinics in Geriatric Medicine, 6,* 185–196.

World Health Organization (WHO) (1947). The constitution of the World Health Organization. *WHO Chronic, 1,* 29.

Yolken, R. H., Willoughby, R., Wee, S. B., Miskuff, R. & Vonderfecht, S. (1987). Sialic acid glycoproteins inhibit in vitro and in vivo replication of rotaviruses. *Journal of Clinical Investigation, 79,* 148–154.

Zaino, E. C. (1981). Blood counts in the nonagenarian. *New York State Journal of Medicine, 7,* 1199–1200.

Zauber, N. P. & Zauber, A. G. (1987). Hematologic data of healthy very old people. *Journal of the American Medical Association, 257,* 2181–2184.

Zimetbaum, P., Frishman, W. A., Ooi, W. L., Derman, M. P., Aronson, M., Gidez, L. I. & Eder, H. A. (1992). Plasma lipids and lipoproteins and the incidence of cardiovascular disease in the very elderly: The Bronx Aging Study. *Arteriosclerosis and Thrombosis, 12,* 416–423.

Zorgani, A. A., Stewart, J., Blackwell, C. C., Elton, R. A. & Weir, D. M. (1992). Secretor status and humoral immune responses to Neisseria lactamica and Neisseria meningitidis. *Epidemiology and Infection, 109,* 445–452.

16. Die zahnmedizinische Versorgung älterer Menschen

Ina Nitschke & Werner Hopfenmüller

Zusammenfassung

Innerhalb der Zahnmedizin stellt die in Deutschland noch sehr junge Fachrichtung „Alternszahnmedizin“ ein Teilgebiet dar, dem zur Zeit nur wenige repräsentative Daten vorliegen. Im Rahmen der Berliner Altersstudie wurde ein Grunddatensatz zur Alternszahnmedizin erhoben, aus dem im folgenden wichtige Befunde vorgestellt werden. Es kann gezeigt werden, daß die Versorgungsquantität und -qualität besonders bei älteren, institutionalisierten und zahnmedizinisch wenig belastbaren Senioren nicht immer dem modernen zahnmedizinischen Standard entsprechen. Um die hohe zahnmedizinische Qualität, die in Deutschland erbracht werden kann, auch für die heterogene Gruppe der Betagten und Hochbetagten zur Verfügung stellen zu können, ist es notwendig, diese Personengruppe erst einmal auch zahnmedizinisch zu erreichen. Unter Berücksichtigung der zahnmedizinischen funktionellen Kapazität ist bei älteren Menschen ein hoher Behandlungsbedarf zu verzeichnen, wobei es bei den Betroffenen und den Zahnärzten zu unterschiedlichen Bewertungen zahnmedizinischer Aspekte kommt.

1. Einleitung

Trotz des zunehmenden Anteils älterer Menschen an der Gesamtbevölkerung ist die zahnmedizinische Versorgung von Senioren ein wenig beachtetes Problem (Matthiessen, 1986; Nitschke & Hopfenmüller, 1991, 1992). Repräsentative zahnmedizinische Daten auf dem Gebiet der oralen Gerontologie und oralen Geriatrie, die Aufschluß über den zahnmedizinischen Befund, den Versorgungsgrad, den Behandlungsbedarf und die Behandlungshäufigkeit geben (Stark, 1993) und in denen umfassend soziale Einflüsse sowohl auf den gesunden als auch auf den gebrechlichen älteren Menschen Berücksichtigung finden, gibt es kaum (Nitschke & Hopfenmüller, 1993, 1994). So war bisher in Deutschland nicht bekannt, welcher Anteil der Menschen im hohen Alter unbezahnt ist bzw. wie viele Zähne ihnen zur Verfügung stehen. Bei den meisten zahnmedizinischen Studien werden die Erwachsenen in Fünf- oder Zehnjahresschritten als Altersgruppen definiert. Oft sind dabei dann aber die 65jährigen und älteren Probanden in einer Gruppe zusammengefaßt. In dieser einen Altersgruppe werden dann mehrere Jahrzehnte gemeinsam betrachtet. Mit Hilfe der Berliner Altersstudie (BASE) kann geklärt werden, ob diese Ergebnisse nicht sehr zurückhaltend interpretiert werden müßten, wenn sie alte Menschen betreffen. National und international beziehen sich die alterszahnmedizinischen Untersuchungen meist auf ältere Menschen, die in unterschiedlicher Intensität pflegerische Hilfe in Seniorenwohnhäusern, Seniorenwohnheimen ohne und mit erhöhter Pflege, in Krankenheimen und Krankenhäusern für chronisch Kranke in Anspruch nehmen (Brunner, Wirz & Franscini, 1987; Netzle, 1989; Stark, 1993; Stark & Holste, 1990; Stuck, Chappuis, Flury & Lang, 1989; Wefers, 1994a, 1994b; Wefers, Heimann, Klein & Wetzel, 1994). Diese in Senioreneinrichtungen lebenden Älteren nehmen jedoch an der Gesamtpopulation älterer Menschen nur einen geringen Anteil ein: So sind z B. unter den 70- bis 84jährigen Teilnehmern der Berliner Altersstudie 5% und unter den 85- bis 103jährigen 22% Heimbewohner (vgl. P. B. Baltes et al., Kapitel 1). Die wenigen existierenden Studien zum Gebiet der oralen Geriatrie können ferner meistens nicht in einen weiterführenden Zusammenhang gebracht werden, da der Allgemeinzustand bzw. das Ausmaß chronischer Erkrankungen und deren Einfluß auf die zahnmedizinische Betreuung nicht ausreichend berücksichtigt wird. Im Rahmen von BASE war es erstmalig möglich, umfassende und repräsentative zahnmedizinische Daten bei Betagten und Hochbetagten zu erheben und im Zusammenhang mit Daten anderer Disziplinen (Innere Medizin, Geriatrie, Psychiatrie, Psychologie und Soziologie) zu betrachten. Damit können Hintergründe dargestellt werden, die für die Zahnheilkunde für ältere Menschen in Deutschland grundlegend sind. Im Gegensatz zu den meisten zahnmedizinischen epidemiologischen Studien werden in BASE die Studienteilnehmer nicht als Gesamtgruppe von 65jährigen und älteren Probanden betrachtet, sondern in sechs Altersgruppen (70–74, 75–79, 80–84, 85–89, 90–94, 95 Jahre und älter) aufgeteilt.

Ein einwandfrei funktionierendes Zusammenspiel der Zähne, Muskeln, der Schleimhäute, der Drüsen und des Kiefergelenkes (stomatognathes System) trägt zum allgemeinen Wohlbefinden aller Menschen bei. Einschränkungen im Mundbereich (z. B. Schmerzen, schlechtes Aussehen und beeinträchtigte Aussprache) können insbesondere für ältere Menschen und deren Mitmenschen sehr unangenehm sein. Besonders nachteilig für den älteren Menschen und sein Umfeld ist zum einen, daß diese Einschränkungen (z. B. Mundgeruch) oft von ihm unbemerkt bleiben, und zum anderen, daß sie bei betagten und hochbetagten Menschen besonders schwer, manchmal auch gar nicht zu beseitigen sind.

Die Zahnlosigkeit ist nicht mit dem altersbedingten Verlust des Seh- und Hörvermögens zu vergleichen. Zahnlosigkeit ist fast immer das Resultat eines zerstörten Gebißsystemes und besonders bei den heutigen Betagten und Hochbetagten Folge einer unzureichenden zahnmedizinischen Therapie in der Vergangenheit (unter anderem aufgrund von geringerem zahnmedizinischem Wissen von Patient und Zahnarzt, Kriegssituation, fehlenden Fluoridierungsmaßnahmen). Ein zerstörtes Gebißsystem entsteht in der Regel durch Karies (Zahnfäule) und parodontale Erkrankungen (Erkrankungen des Zahnhalteapparates) – meist Folgen einer vernachlässigten Mundhygiene. Durch mangelnde Mundhygiene lagert sich auf den Zähnen Plaque (weicher Zahnbelag) an, die sich bei unzureichender und unregelmäßiger Reinigung der Zähne in Zahnstein (mineralisierte Plaque) umsetzt. Der aus Bakterien bestehende weiche Zahnbelag und der Zahnstein sind Mitverursacher der Karies und der Erkrankungen des Zahnhalteapparates. Zerstörte Zähne können nicht nur Schmerzen, sondern auch massive Abszesse hervorrufen, die gerade bei geschwächten Menschen lebensbedrohlich werden können.

Der Verlust der letzten Zähne und der Übergang zur Zahnlosigkeit ist für viele Menschen heute noch mit dem Älterwerden und Altsein emotional gekoppelt. Es kann, besonders bei Frauen, Probleme bei der Adaptation und Inkorporation von totalem Zahnersatz geben, die dazu führen können, daß alte Menschen ihre Prothesen nicht tragen und deswegen Gesellschaft meiden (Müller-Fahlbusch, 1992). Daneben gibt es ältere Menschen, die kein Interesse an ihrem Aussehen haben, eine prothetische Versorgung nicht tragen und dadurch das typische Greisengesicht bekommen.

Im Rahmen der Berliner Altersstudie ist ein zahnmedizinischer Grunddatensatz erhoben worden, mit dem zum einen der heutige und zukünftig notwendige zahnmedizinische Behandlungs- und Betreuungsbedarf bei den Senioren beurteilt werden kann. Zum anderen können die Daten in ferner Zukunft als Vergleichsdatensatz herangezogen werden, wenn also die heute jungen Menschen auch zu den Senioren gehören. Erst dann wird es möglich sein, den Erfolg der heute eingesetzten zahnmedizinischen präventiven Maßnahmen (Gruppen- und Individualprophylaxe, Fluoridierungen usw.) über die Lebensspanne betrachtet zu messen. Grundsätzlich ist außerdem hervorzuheben, daß es mit Hilfe der anderen an BASE beteiligten Disziplinen möglich sein wird, die Ergebnisse der zahnmedizinischen Erhebung nicht nur im Kontext der Zahnmedizin zu erläutern, sondern mit der Fachkompetenz und den Ergebnissen der anderen Forschungseinheiten gemeinsam zu interpretieren.

2. Zahnmedizinischer Untersuchungsaufbau

Im Rahmen der Berliner Altersstudie, die repräsentativ für die 70jährigen und älteren Bewohner West-Berlins ist, wurde beim Einwohnermeldeamt ohne Berücksichtigung der Wohnsituation eine Stichprobe gezogen. Diese Zufallsstichprobe wurde in sechs Altersgruppen mit der gleichen Anzahl von Männern und Frauen geschichtet. Damit sind mehr Ältere und mehr Männer in der Stichprobe vertreten als im Bevölkerungsdurchschnitt dieser Altersgruppe (vgl. P.B. Baltes et al., Kapitel 1; Nuthmann & Wahl, Kapitel 2). Soweit nicht anders gekennzeichnet, sind die in diesem Kapitel vorgestellten Ergebnisse *nicht* gewichtet, beziehen sich also zunächst auf die Gruppe der Studienteilnehmer. Im folgenden unterscheiden wir in der Regel zwischen zwei Altersgruppen, den 70- bis 84jährigen und den 85jährigen und Älteren.

Die zahnmedizinische Sitzung war in zwei Teile gegliedert und konnte bei 510 von insgesamt 516 BASE-Teilnehmern durchgeführt werden. Im ersten Teil wurde mit jedem Studienteilnehmer ein Interview durchgeführt, in dem unter anderem Fragen zur Häufigkeit und Regelmäßigkeit von Zahnarztbesuchen, zur Mundhygieneeinstellung, zur Kaufähigkeit, zum Auftreten von Schmerzen, zur Prothesentrageweise und -zufriedenheit und zum zahnmedizinischen Wissen und Kontrollbewußtsein gestellt wurden. Nach dem Interview erfolgte im zweiten Teil eine ausführliche klinische Untersuchung, bei der unter anderem der Zustand der Zähne, des Zahnhalteapparates, des Speichels und der Mundschleimhaut, die Quantität und Qualität der zahnärztlichen Versorgung und die Mundhygiene des Studienteilnehmers beurteilt wurden. Neben der klinischen Befundaufnahme wurde eine radiologische und mikrobiologische Untersuchung vorgenommen.

Bei den meisten Studienteilnehmern (56%) wurde die gesamte Untersuchung an einem Tag in der Zahnklinik durchgeführt. Teilweise fanden die Interviews aber auch beim Studienteilnehmer zu Hause statt, und die klinische Untersuchung erfolgte dann wiederum in der Klinik (6%). Für einige Studienteilnehmer (38%) war der Weg in die Klinik trotz des möglichen Taxitransportes zu beschwerlich, so daß das Interview und die klinischen Untersuchungen zu Hause durchgeführt wurden. Auf die radiologische Untersuchung mußte dann verzichtet werden.

3. Empirische Befunde

3.1 Zahnbestand im Alter

In der zahnmedizinischen Forschung werden bei der Betrachtung der Anzahl der Zähne oft zwei Probandengruppen gebildet, da sich auf Grund des Zahnbestandes unterschiedliche Therapiekonzepte anschließen. In der einen Gruppe (Gruppe der bezahnten Studienteilnehmer) sind die Personen zusammengefaßt, die eigene Zähne haben, wobei es unberücksichtigt bleibt, ob die fehlenden Zähne mit Hilfe von festsitzendem Zahnersatz (Brückenzahnersatz), herausnehmbarem Zahnersatz (partielle Prothese) oder gar nicht ersetzt sind. In der anderen Gruppe (Gruppe der unbezahnten bzw. zahnlosen Studienteilnehmer) sind die Personen eingeordnet, die keinen eigenen Zahn mehr zur Verfügung haben. Diese Studienteilnehmer tragen meistens im Ober- und Unterkiefer Totalprothesen, jedoch gibt es auch Studienteilnehmer, die entweder nur eine oder gar keine Prothesen tragen.

Über die Hälfte (52%) der älteren Menschen, die in BASE untersucht wurden, sind zahnlos (vgl. Abb. 1). Die Zahnlosigkeit schwankt von 31% (70- bis 74jährige Männer) bis zu 80% (90- bis 94jährige Männer). Auffällig ist, daß die höchste Altersgruppe der 95jährigen und Älteren nicht die höchste Zahnlosigkeit aufweist (65%), sondern die 90- bis 94jährigen Studienteilnehmer mit 76%.

Abbildung 1: Verteilungen der unbezahnten und bezahnten Studienteilnehmer der Berliner Altersstudie nach Alter und Geschlecht.

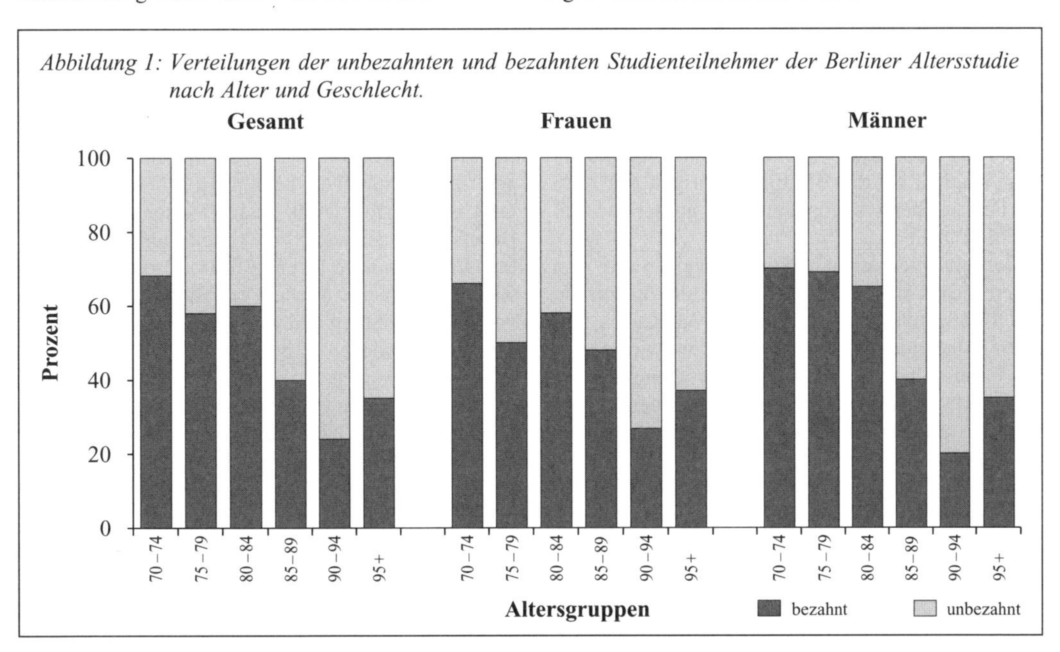

Da es sich hierbei um eine ungewichtete Angabe handelt, ist es notwendig, eine altersstandardisierte Stichprobe aus der Berliner Altersstudie zu bilden, um die entsprechenden Anteile der Berliner Altenbevölkerung zu schätzen. Bei der altersstandardisierten Stichprobe, die der Bevölkerungszusammensetzung der 70jährigen und Älteren entspricht, sind 43% zahnlos.

Die Daten verdeutlichen, daß der Behandlungsbedarf der jetzigen Hochbetagten hauptsächlich im Bereich der Versorgung mit totalem Zahnersatz liegt. Dieses bedeutet auch, daß bei Schmerzen, die durch schlecht sitzende Totalprothesen verursacht werden, die erste und einfachste Therapie die Herausnahme der Prothesen ist. Das ist sowohl dem Patienten, dem Pflegepersonal als auch den Angehörigen leicht möglich und setzt nicht die Notwendigkeit einer sofortigen Therapie durch den Zahnarzt voraus. Hier werden aber in der Zukunft andere Anforderungen an die Zahnmediziner gestellt werden müssen, da die heute 70jährigen im Vergleich zu den 70jährigen der Vergangenheit vermehrt bezahnt sind. Diese Kohorte wird in zwei Jahrzehnten, also als 90jährige, noch einen großen Anteil bezahnter Hochbetagter aufweisen. Treten Schmerzen an den noch vorhandenen Zähnen auf, sind diese dann nicht so leicht zu beseitigen wie die, die bei den Totalprothesenträgern auftreten können. Bei Zahnschmerzen muß dann eine sofortige Schmerzbeseitigung durch einen Zahnmediziner erfolgen.

In einer internationalen Studie zur Ermittlung des zahnmedizinischen Behandlungsbedarfes bei Senioren (Multinationale Studie zur Ermittlung des gerostomatologischen[1] Behandlungsbedarfes, Lenz & Künzel, 1994) konnte unter anderem gezeigt werden, daß in den Stadtgebieten der neuen Bundesländer die Zahnlosigkeit bei den 65- bis 74jährigen mit 36% und bei den über 74jährigen mit 60% größer ist als in BASE (Tabelle 1).

Mehrere internationale Studien weisen auf eine höhere Zahnlosigkeit auf dem Lande hin, da dort die Aufklärung über die Entstehung von Karies und deren Folgen nicht so intensiv betrieben wird wie in den Großstädten. So wird die hohe Zahnlosigkeit (56%) der 65jährigen Finnen (Hartikainen, 1994) teilweise mit dem Untersuchungsort (ländliche Gegend) erklärt.

In der New England Elderly Dental Study (NEEDS, Douglass et al., 1993) schwankt der Anteil der Zahnlosigkeit nicht so stark wie zwischen den Altersgruppen innerhalb der Berliner Altersstudie (vgl. Abb. 1 und Abb. 2). Die Einführung von zahnmedizinischen Prophylaxemaßnahmen im amerikanischen Alltag erfolgte wesentlich früher als in Deutschland. So können seit vielen Jahren Dentalhygienikerinnen, die in den USA auch selbständig arbeiten dürfen, mit den Patienten ein individuelles Mundhygieneprogramm aufstellen, sie zur Anwendung dieses Programms motivieren und auch eine professionelle Zahnreinigung durchführen. Diese individuellen Prophylaxemaßnahmen, die in den USA schon wesentlich länger angeboten werden als in Deutschland, zeigen somit schon heute bei älteren Probanden in den USA einen Erfolg (Abb. 2). In Deutschland sind die Berufsbilder der weitergebildeten Zahnarzthelferin (zahnmedizinische Fachhelferin, Prophylaxeassistentin, zahnmedizinische Verwaltungshelferin) erst vor kurzem definiert und von den Zahnärztekammern anerkannt worden.

Tabelle 1: Anteil zahnloser Patienten in den neuen Bundesländern der Bundesrepublik Deutschland gemäß der Multinationalen Studie zur Ermittlung des gerostomatologischen Behandlungsbedarfes (Lenz & Künzel, 1994).

	Altersgruppe		
	55–64 in %	**65–74 in %**	**75+ in %**
Alle	20,6	37,2	60,3
männlich	19,6	37,5	58,9
weiblich	21,3	36,9	60,9
Stadt			
gesamt	16,5	35,8	59,9
männlich	16,6	35,6	59,3
weiblich	16,5	35,9	60,1
Land			
gesamt	25,9	39,1	60,9
männlich	23,9	40,1	58,3
weiblich	27,5	38,5	62,5

Die Bemühungen der niedergelassenen Zahnärzte, der Schulzahnärzte und der Zahnärzte an den Hochschulen auf dem Gebiet der Zahnerhaltung (Aufklärungsmaßnahmen zur Vermeidung der Karies, Feststellen der individuellen Kariesaktivität und zahnerhaltende Maßnahmen bei der Therapie der Karies) haben über die Jahre bei den Erwachsenen mittleren Alters (35 bis 44 Jahre) zu einer erfreulichen Reduk-

1 Gerostomatologie: Lehre der altersbedingten Veränderungen im Mundbereich.

Abbildung 2: Verteilung der unbezahnten und bezahnten Studienteilnehmer der New England Elderly Dental Study (NEEDS, Douglass et al., 1993).

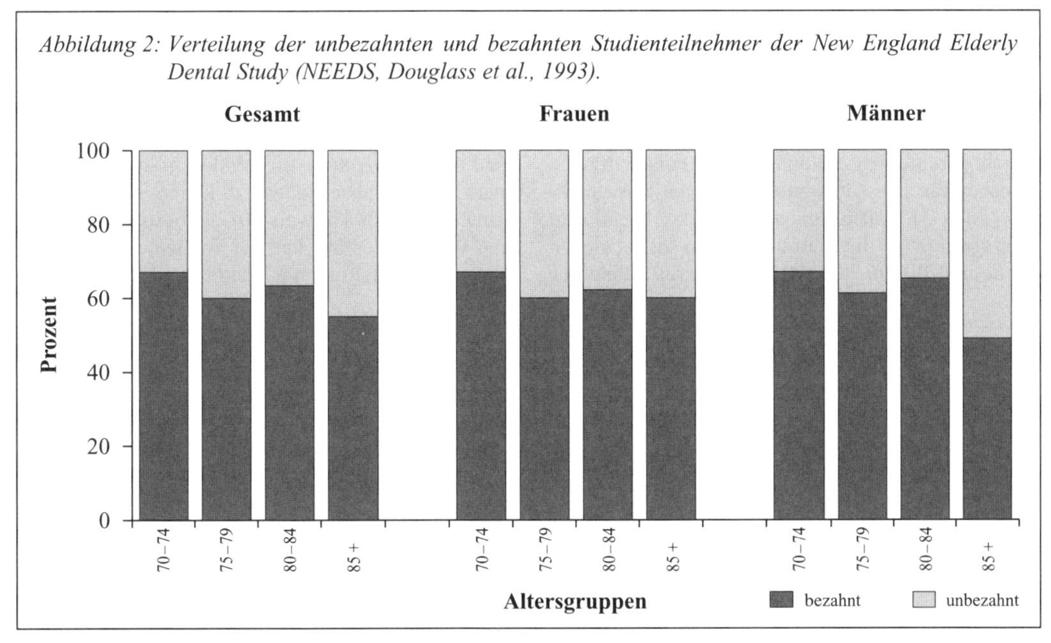

tion von fehlenden Zähnen geführt (vgl. Tabelle 2). Hatte 1978 der 45- bis 54jährige deutsche Bundesbürger im Durchschnitt noch 9,5 fehlende Zähne, so fehlten ihm 1990 nur noch 5,8 Zähne. In mittleren Altersgruppen ist damit ein deutlicher Fortschritt im Hinblick auf die Verringerung der Zahnlosigkeit in Deutschland zu erkennen, die Bestrebungen zum Erhalt der Zähne scheinen bei den Erwachsenen mittleren Alters also erfolgreich gewesen zu sein.

Andere Studien, die in verschiedenen Ländern zu unterschiedlichen Zeitpunkten durchgeführt wurden, zeigen auch, daß sich in den letzten Jahren nicht nur in Deutschland die Zahnlosigkeit verringert hat (Tabelle 3).

Die bezahnten BASE-Teilnehmer (48%) haben im Mittel neun Zähne, wobei die 70- bis 84jährigen Studienteilnehmer elf Zähne besitzen. Den 85jährigen und älteren Bezahnten stehen im Mittel noch

Tabelle 2: Die mittlere Anzahl fehlender Zähne bei Teilnehmern verschiedener Studien, die zu unterschiedlichen Zeitpunkten durchgeführt wurden.

Studie, Jahr	35–44 Jahre	45–54 Jahre	70–79 Jahre	80–89 Jahre	90+ Jahre
WHO ICS I[1], 1973	7,8	—	—	—	—
DGZMK/Projekt A0[2], 1978	4,8	9,5	—	—	—
DGZMK/Projekt A5[3], 1983	3,6	7,3	—	—	—
IDZ[4], 1989	3,8	7,5	—	—	—
DGZMK/Projekt A10[5], 1990	3,4	5,8	—	—	—
BASE, 1993	—	—	20,8	22,5	25,8

1 ICS I: International Collaborative Study on Dental Manpower Systems, 1973 (vgl. World Health Organization, 1985).
2 DGZMK/Projekt AO: Arbeitskreis Epidemiologie der Deutschen Gesellschaft für Zahn-, Mund- und Kieferheilkunde, 1978 (vgl. Patz & Naujoks, 1980).
3 DGZMK/Projekt A5: Arbeitskreis Epidemiologie der Deutschen Gesellschaft für Zahn-, Mund- und Kieferheilkunde, 1983 (vgl. Naujoks & Hüllebrand, 1985).
4 IDZ: Mundgesundheitszustand und -verhalten in der Bundesrepublik Deutschland, Ergebnisse des nationalen IDZ-Survey, 1989 (Naujoks, Dünninger, Einwag & Pieper, 1991).
5 DGZMK/Projekt A10: Arbeitskreis Epidemiologie der Deutschen Gesellschaft für Zahn-, Mund- und Kieferheilkunde, 1990 (in Auswertung).

sechs Zähne zur Verfügung. Bei der altersstandardisierten Stichprobe (gewichtete Daten) sind 57% der 70jährigen und älteren Westberliner bezahnt und haben im Mittel elf Zähne (Minimum: 1 Zahn, Maximum: 30 Zähne). Um vergleichende Betrachtungen korrekt durchführen zu können, ist es notwendig, die Zahnzahl für jede Altersgruppe getrennt zu betrachten. (Abb. 3). Auffällig ist dabei, daß die älteste Altersgruppe (95 Jahre und älter) im Mittel sieben Zähne und die 90- bis 94jährigen drei Zähne zur Verfügung haben. Unter den 90- bis 94jährigen BASE-Teilnehmern befinden sich aufgrund der hohen Zahnlosigkeit jedoch nur 19 bezahnte Studienteilnehmer. Der unerwartete Unterschied zwischen diesen beiden Altersgruppen hinsichtlich der Zahnzahl und dem Anteil von zahnlosen Studienteilnehmern ist nicht abschließend zu klären, sondern kann zur Zeit nur als Hinweis auf die besondere Stärke und Widerstandsfähigkeit der Studienteilnehmer der höchsten Altersgruppe gewertet werden. Interdiszi-

Tabelle 3: Zahnlosigkeit älterer Menschen im internationalen Vergleich.

Land	**Autor**	**Jahr**	**Alter**	**N**	**G/S**[1]	**Zahnlosigkeit in %**		
						Männer	**Frauen**	**gesamt**
Dänemark	Grabowski & Bertram	1975	65+	560	G	65	71	68
	Schwarz & Möller-Pedersen[2]	1983	65+	190	G			68
	Vigild	1987	79,82[a]	685	S	62	80	62–74
Deutschland	Lenz & Künzel	1994	65–74		G	37,5	36,9	37,2
			75+			58,9	60,9	60,3
Finnland	Markkula et al.[2]	1973	65+	116	G			54
	Mäkilä	1977a–e	65+	448	S	60	69	67
	Ainamo[2]	1981	65+	131	G			67
	Tuominen, Vehkalahti, Ranta, Rajala & Paunio	1983	70+	970	G	51	68	62
	Ekelund	1988	65+	480	S			68
	Tervonen	1988	65+	311	G	49	73	61
	Ainamo & Murtomaa[2]	1991	65+	121	G			46
	Saloheimo et al.[2]	1991	65+	139	G			66
	Hartikainen	1994	65	433	G			56
Israel	Mann, Mersel & Gabai	1985	65+	304	G,S			60
Kanada	Simard, Brodeur, Kandelman & Lepage	1985	65+	1.822	G			72
Norwegen	Rise	1979	65+	241	G			80
	Rise & Holst	1982	65+	1.493	G	50	63	57
	Ambjörnsen	1986	67+	371	G			37–54
Schottland	Manderson & Ettinger	1975	M65+/W60+	442	G			91
Schweden	Lysell[2]	1977	67	129	G	44	53	47
	Österberg[2]	1971	70	368	G	46	55	51
	Österberg[2]	1976	70	415	G	34	42	38
	Palmqvist	1986	65+	463	G	36	53	46
UK	Beal & Dowell	1977	65+		G			80
	Smith & Sheilham	1979	65+	254	G			74
	Diu & Gelbier	1989	60+	293	G	64	63	64
USA	Burt, Ismail & Eklund	1985	65+	3.459	G			46
	Douglass et al.	1993	70+	1.151	G	37	38	38

1 G: Gesamtpopulation, S: in Senioreneinrichtungen lebende Studienteilnehmer.
2 Die Originalarbeiten wurden in der jeweiligen Landessprache veröffentlicht und von Hartikainen (1994) in englischer Sprache tabellarisch zusammengestellt.
a Mittelwert.

plinäre Auswertungen, z. B. den Immunstatus betreffend, lassen in der Zukunft weitere erklärende Erkenntnisse erwarten.

Obwohl die Zahnlosigkeit in Finnland (Hartikainen, 1994) im Vergleich zu den BASE-Ergebnissen etwas höher ist, haben die bezahnten 65jährigen Finnen im Schnitt etwa einen Zahn mehr als die 70jährigen in BASE (Gesamt: Mittelwert $\bar{x}=13{,}7$; Standardabweichung $s=8{,}1$; Frauen: $\bar{x}=13{,}5$; $s=7{,}9$; Männer: $\bar{x}=14{,}0$; $s=8{,}4$). Im Gegensatz zu den Teilnehmern der Berliner Altersstudie haben nach NEEDS (Douglass et al., 1993) ältere Menschen in New England, USA, quer durch alle Alterskohorten und beide Geschlechter mehr Zähne zur Verfügung. Die 85jährigen und Älteren in der Berliner Altersstudie sind zum Vergleich mit NEEDS zu einer Gruppe zusammengefaßt worden. Der unmittelbare Vergleich ist jedoch schwierig, weil bei NEEDS keine Altersbegrenzung und -schichtung angegeben ist. Die Altersverteilung der NEEDS-Gruppe entspricht aber wahrscheinlich der normalen Altersverteilung der Bevölkerung, was bei der zusammengefaßten Gruppe der 85jährigen und Älteren von BASE nicht der Fall ist (siehe Tabelle 5).

Bei Betrachtung der topographischen Verteilung der Zähne der BASE-Teilnehmer auf die verschiedenen Regionen des Ober- und Unterkiefers ist festzustellen, daß im Unterkiefer mehr Zähne vorhanden sind als an der gleichen Stelle im Oberkiefer, wobei die Eckzähne sowohl im Oberkiefer wie auch im Unterkiefer am häufigsten sind (vgl. Abb. 4). Das Verteilungsschema der 70- bis 74jährigen findet sich mit abnehmender Zahnzahl in jeder Altersgruppe wieder. Die topographische Verteilung im hohen und höchsten Alter entspricht den bisherigen Erkenntnissen bei jüngeren Probanden und steht auch in Einklang mit der finnischen Studie von Hartikainen (1994), die 65jährige repräsentativ untersucht hat.

Abbildung 3: Anzahl der vorhandenen Zähne bei den bezahnten BASE-Teilnehmern.

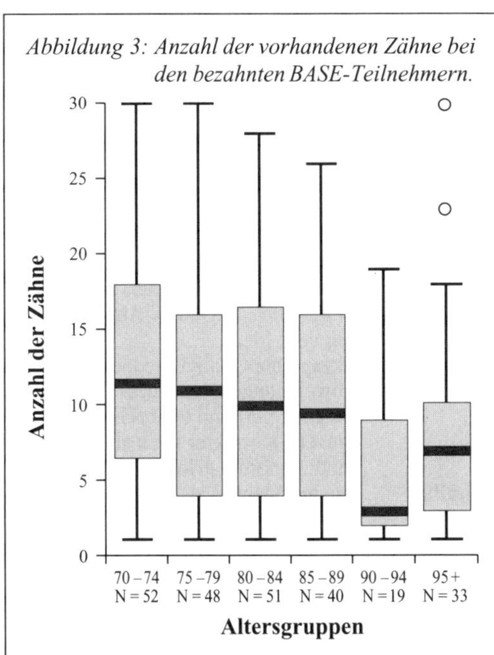

Anmerkung: Box-Whisker-Plots mit Medianen; Box begrenzt durch 25. und 75. Perzentile; Balken entsprechen größten bzw. kleinsten beobachteten Werten, die keine Ausreißer sind; Punkte stellen Ausreißer dar.

3.2 Die prothetische Versorgung der zahnlosen Älteren

10% der BASE-Teilnehmer benutzen ausschließlich ihre eigenen Zähne zur Erfüllung der Gebißfunktion, gut 1% besitzen weder Zähne noch Prothesen. Der größte Teil der Studienteilnehmer trägt neben Kronen und Brücken (festsitzender Zahnersatz) zum Ersatz der eigenen Zähne einen herausnehmbaren Zahnersatz (siehe Tabelle 4).

Sind mehr als 90% einer untersuchten Stichprobe unter Berücksichtigung ihrer prothetischen Versorgung vollständig rekonstruiert (alle Stützzonen im Seitenzahnbereich und keine zahnbegrenzten Lücken vorhanden), wird der Versorgungsgrad (VG) als sehr hoch (VG 1) definiert (VG 2 [hoch]: 81–90%, VG 3 [mittel]: 71–80%, VG 4 [niedrig]: 61–70%, VG 5 [sehr niedrig]: 60% und weniger). Der prothetische Versorgungsgrad ist ein quantitatives, epidemiologisches Maß der optimalen Versorgungsleistung (Nitschke & Hopfenmüller, 1994). Unter Berücksichtigung des festsitzenden und herausnehmbaren Zahnersatzes waren 78% aller Studienteilnehmer vollständig rekonstruiert. Der prothetische Versorgungsgrad aller Studienteilnehmer war damit mittelmäßig. Die zahnlosen Studienteilnehmer sind unter

Tabelle 4: Versorgung der BASE-Teilnehmer mit herausnehmbarem Zahnersatz.

	Bezahnt		Unbezahnt		Gesamt
	ohne Prothese	mit Prothese	mit Prothese	ohne Prothese	
N	49	194	260	7	510
%	9,6	38,0	51,0	1,4	100

Tabelle 5: Vergleich der Zahnzahlen von Studienteilnehmern (ST) der Berliner Altersstudie (BASE) und der New England Elderly Dental Study (NEEDS).

ST	BASE (Mittelwert ± s/Median)		NEEDS (Mittelwert ± s)	
	Zahnzahl ein Kiefer	Zahnzahl zwei Kiefer	Zahnzahl ein Kiefer	Zahnzahl zwei Kiefer
Alle				
70–74	5,9 ± 3,1/5	16,3 ± 6,7/16	k.A.[1]	k.A.
70–75	4,0 ± 2,5/4	16,1 ± 5,3/16	k.A.	k.A.
80–84	4,1 ± 2,8/4	16,8 ± 5,9/16	k.A.	k.A.
85+	3,8 ± 2,4/3	14,2 ± 6,4/14	k.A.	k.A.
Gesamt	4,3 ± 2,7/4	15,6 ± 6,3/16	6,5 ± 3,0	20,5 ± 5,8
Frauen				
70–74	6,1 ± 3,0/6	13,5 ± 5,5/13	7,1 ± 2,7	21,1 ± 5,5
75–79	3,5 ± 2,2/7	15,5 ± 5,5/14	6,0 ± 2,7	21,5 ± 5,5
80–84	3,8 ± 2,4/4	17,0 ± 6,8/19	6,9 ± 2,9	20,2 ± 5,1
85+	4,0 ± 2,8/4	14,6 ± 6,5/14	5,6 ± 3,1	19,6 ± 5,5
Gesamt	4,6 ± 2,8/4	15,0 ± 6,2/14	6,5 ± 2,8	20,8 ± 5,4
Männer				
70–74	5,5 ± 3,6/5	17,7 ± 7,1/17	6,3 ± 2,7	21,2 ± 5,4
70–75	5,8 ± 2,8/3	17,7 ± 4,7/19	7,2 ± 3,8	19,9 ± 6,7
80–84	4,4 ± 3,2/4	16,6 ± 4,9/16	6,3 ± 2,9	17,9 ± 6,8
85+	2,6 ± 2,1/3	13,7 ± 6,9/13	6,5 ± 3,7	20,0 ± 7,3
Gesamt	3,9 ± 2,6/3	16,3 ± 6,4/16	6,6 ± 3,2	20,2 ± 6,3

1 k.A. = keine Angaben.

Berücksichtigung ihrer prothetischen Versorgung zu 87% der vollständig rekonstruierten Gruppe zuzuordnen. 9% tragen Prothesen nur in einem Kiefer, und 4% tragen überhaupt keine oder unvollständig bezahnte Prothesen. Der Versorgungsgrad ist somit bei den zahnlosen älteren Menschen relativ hoch.

Neben der quantitativen Betrachtung der Versorgungsleistung erfolgte auch eine qualitative Beurteilung aller zahnärztlichen Maßnahmen, die hier anhand der Totalprothesen der zahnlosen Studienteilnehmer verdeutlicht wird. Zur zusammenfassenden Beurteilung der einzelnen prothetischen Merkmale wurde eine vierstufige Skala verwandt (siehe Tabelle 6).

Der klinische Befund am Beispiel der Totalprothesenträger ergab, daß 43% der Oberkieferprothesen (OK) und 52% der Unterkieferprothesen (UK) schlecht und damit erneuerungsbedürftig waren. Bei 30% der Totalprothesen für den Oberkiefer (UK: 33%) waren stärkere Mängel (z. B. herausgebrochene Konfektionszähne, Prothesenbasis inkongruent zum Prothesenlager) vorhanden, die mit Hilfe des Zahntechnikers beseitigt werden könnten. Nur 6% der Oberkieferprothesen waren sehr gut, 21% wiesen

Tabelle 6: Bewertungsmaßstab zur klinischen Beurteilung der Prothesenqualität.

Bewertung	Erläuterung
sehr gut	Keine Mängel, der Schutz der Zähne und der angrenzenden Gewebe ist gewährleistet, keine Abweichungen vom Ideal.
gut	Akzeptable Qualität, jedoch kleine Abweichungen vom Ideal. Sie sollten korrigiert und beobachtet werden. Die Korrektur kann am Behandlungsstuhl erfolgen.
mäßig	Leichte Mängel, die korrigiert werden müssen. Die Korrektur muß durch einen Zahntechniker vorgenommen werden. Der Ersatz ist nach Korrektur akzeptabel.
schlecht	Große Mängel, die nur durch eine Neuanfertigung der Prothese bzw. des kombiniert festsitzenden, herausnehmbaren Zahnersatzes behoben werden können.

kleine Mängel auf. Im oft schwer zu versorgenden Unterkiefer wurden nur 5% der Prothesen als sehr gut und 10% als gut beurteilt (siehe Abb. 5a). Dieses Ergebnis zeigt, daß es ein erhebliches Versorgungsdefizit an qualitativ einwandfreiem Zahnersatz bei den Senioren gibt. Aufgrund der klinischen Beurteilung müßte ein Großteil der Prothesen bei den Studienteilnehmern erneuert bzw. repariert werden, um eine ausreichende Funktion zu sichern. Die bei den Hochbetagten möglicherweise auftretenden Schwierigkeiten bei einer Neuversorgung erfordern allerdings andere Therapiekonzepte und -abläufe als bei jüngeren Patienten (siehe Abschnitt 3.9 weiter unten).

Bei den betagten und hochbetagten Totalprothesenträgern ist die Diskrepanz zwischen der klinischen und der subjektiven Beurteilung des Zahnersatzes sehr groß ($p<0{,}001$ im χ^2-Kontingenztest, Übereinstimmungskoeffizient für die Prothesen im Oberkiefer $\kappa=0{,}023$; im Unterkiefer $\kappa=0{,}031$; vgl. Nitschke & Hopfenmüller, 1993). Viele schlecht sitzende Prothesen im Ober- und Unterkiefer werden langjährig mit Zufriedenheit getragen (vgl. Abb. 5a und b). Die negativen Folgen einer schlecht sitzenden Prothese (z. B. verstärkte Kieferkammatrophie, instabile Beziehungen der Kauflächen der Oberkieferzähne zu den Unterkieferzähnen) bleiben vom Träger oft unbemerkt, da die Adaptation des Totalprothesenträgers an seinen Zahnersatz aufgrund der langen Tragezeit hoch ist. Dieses Ergebnis einer relativ positiven subjektiven Einschätzung trotz objektiver Mängel am Zahnersatz zeigt sich auch für andere

Abbildung 4: Topographische Verteilung der Zähne bezahnter BASE-Teilnehmer nach Alter (in %).

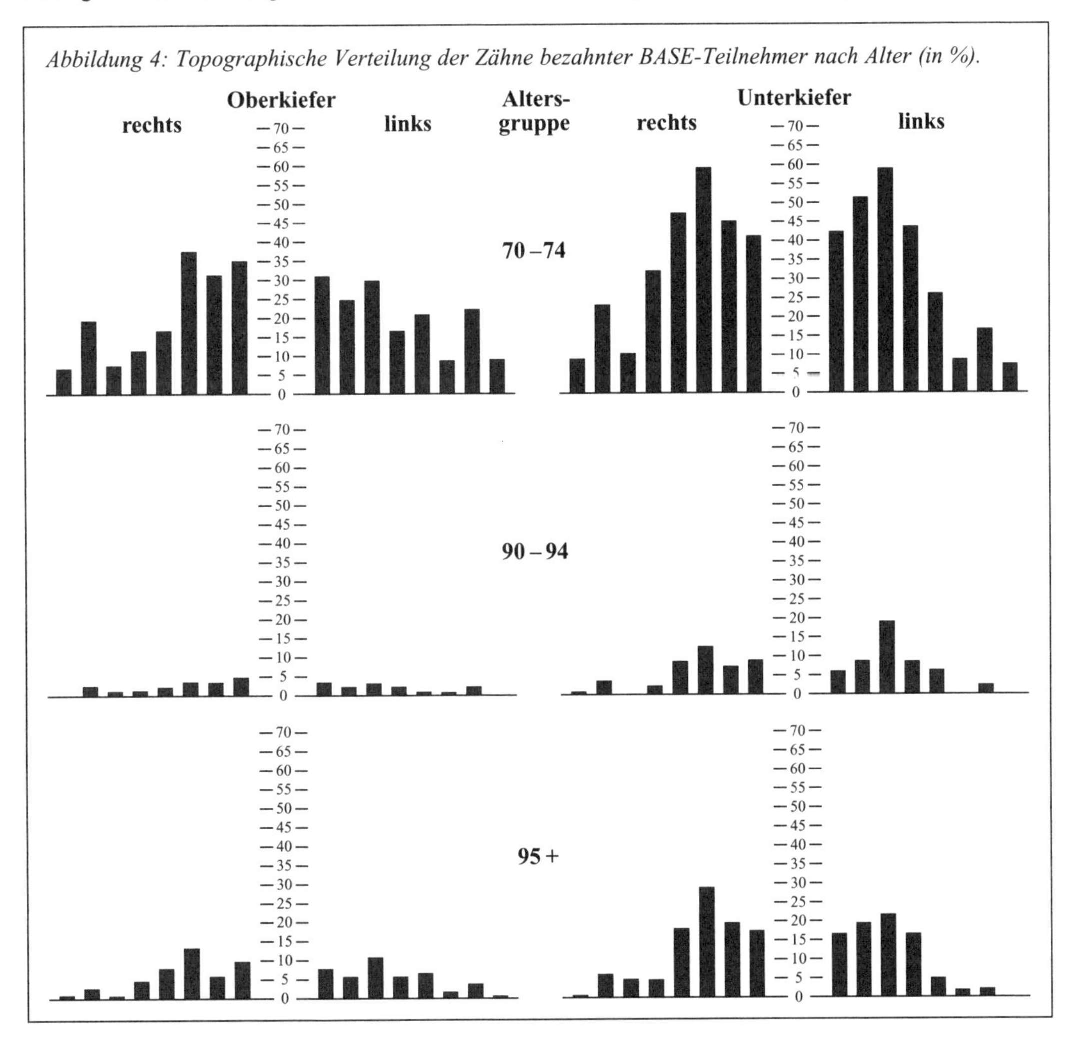

Funktionsbereiche (vgl. Smith et al., Kapitel 19) und ist Ursache für das erhebliche Versorgungsdefizit an qualitativ einwandfreiem Zahnersatz.

3.3 Die zahnmedizinische funktionelle Kapazität älterer Menschen

Um in den folgenden Abschnitten intensiver auf die Heterogenität der Studienteilnehmer eingehen zu können, müssen erst einmal die Studienteilnehmer entsprechend ihrer funktionellen Kapazität unter zahnmedizinischen Aspekten gruppiert werden. Es sollte grundsätzlich altersunabhängig der gleiche Anspruch an eine zahnärztliche Befunderhebung und Therapie gestellt werden. Eine zahnmedizinische Behandlung mit höchstem technischem Standard kann jedoch auch aufgrund gesundheitlicher Einschränkungen nicht bei allen älteren Menschen gleichermaßen erfüllt werden. Die zahnmedizinische Therapie muß entsprechend der funktionellen Kapazität individuell für den älteren Menschen so geplant und umgesetzt werden, daß er nicht überlastet wird und mit seiner meist prothetischen Versorgung auch gut zurechtkommt. Es darf daher nicht ausschließlich an eine zahnärztliche Behandlung gedacht werden, denn gerade im Bereich der Alterszahnmedizin ist der Zahnarzt und sein Team gefordert, eine zahnmedizinische Gesamtbetreuung entsprechend der Belastbarkeit des älteren Menschen anzubieten.

Abbildung 5: a) Klinische Beurteilung des totalen Zahnersatzes durch den Zahnarzt. b) Subjektive Beurteilung des totalen Zahnersatzes durch die Studienteilnehmer.

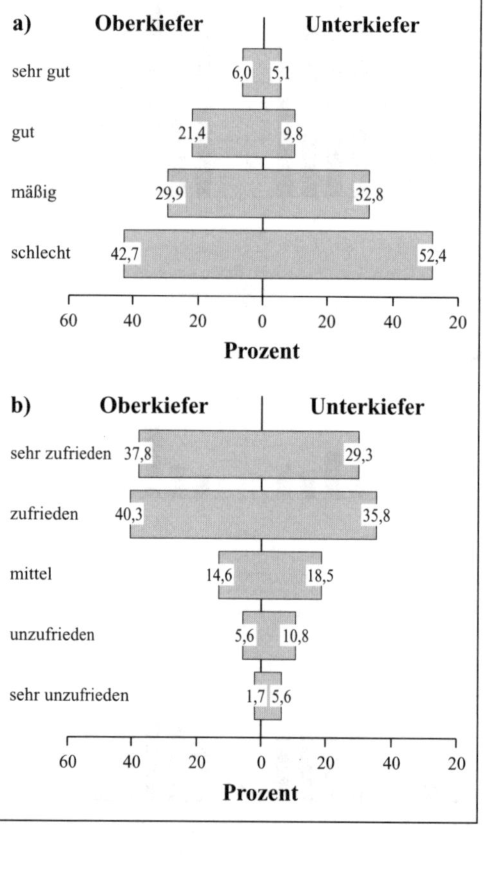

Im medizinischen Bereich werden die Instrumente Activities of Daily Living (ADL) und Instrumental Activities of Daily Living (IADL) zur Bestimmung der funktionellen Kapazität eingesetzt (vgl. Steinhagen-Thiessen & Borchelt, Kapitel 6). Hierbei gehen Alltagstätigkeiten ein, die nach Aussage des Studienteilnehmers völlig selbständig, nur mit Unterstützung oder gar nicht durchgeführt werden können (Katz, Ford, Moskowitz, Jackson & Jaffe, 1963; Mahoney & Barthel, 1965; Spector, Katz, Murphy & Fulton, 1987). Diese langjährig in der Medizin angewandten Maße können für die Zahnmedizin nur partiell ein Anhaltspunkt sein, da spezifisch zahnmedizinische Belange keine Berücksichtigung finden. Ettinger, ein seit vielen Jahren auf dem Gebiet der oralen Gerontologie und oralen Geriatrie wissenschaftlich tätiger Zahnarzt, unterscheidet in einer dreistufigen Skala funktionell unabhängige, gebrechliche und funktionell abhängige Patienten (Ettinger, 1984; Ettinger & Beck, 1984). Dabei fließen neben medizinischen und psychologischen Kriterien auch Hilfeleistungen durch andere Personen ein. Zahnmedizinische Aspekte sind jedoch auch in dieser Einteilung nicht vorhanden. Daher war es notwendig, eine Eingruppierung der Studienteilnehmer, die die zahnmedizinischen Belange berücksichtigt, neu zu entwickeln und anzuwenden.

Im Rahmen der Berliner Altersstudie wurde daher für jeden Studienteilnehmer aufgrund seiner zahnmedizinischen funktionellen Kapazität eine von vier *Belastbarkeitsstufen* festgestellt. Für eine korrekte Zuordnung der Studienteilnehmer in die entsprechende Belastbarkeitsstufe mußten drei Parameter einzeln bewertet werden. Der am schlechtesten bewertete Parameter gab dann den Ausschlag für die Einstufung in die entsprechende Belastbarkeitsstufe. Die drei einzeln zu beurteilenden Parameter sind die Therapiefähigkeit, Mundhygienefähigkeit und die Eigenverantwortlichkeit des Studienteilnehmers.

Bezüglich der Therapiefähigkeit des Studienteilnehmers war vom zahnärztlichen Untersucher abzuschätzen, ob eine zahnärztliche Therapie wie bei einem gesunden Patienten durchgeführt werden kann oder ob und in welchem Maße bei der Behandlung Einschränkungen (hinsichtlich Anzahl und Länge der Behandlungstermine, Wahl des Behandlungskonzeptes und des prothetischen Behandlungsmittels) zu erwarten sind. Bei der Beurteilung der Mundhygienefähigkeit war die Frage zu beantworten, ob der Studienteilnehmer einer individualprophylaktischen zahnmedizinischen Sitzung folgen kann und die motorischen und kognitiven Fähigkeiten besitzt, die Instruktionen zur Mundhygiene zu verstehen und umzusetzen. Ferner wurde im Hinblick auf den Grad der Eigenverantwortlichkeit geprüft, ob der ältere Mensch selbst in der Lage ist, zu entscheiden, einen Zahnarzt zur Kontrolle oder zur Therapie aufzusuchen und diesen Besuch dann auch für sich selbst zu organisieren. Aus diesen Parametern ergab sich die Einteilung nach der zahnmedizinisch funktionellen Kapazität in vier Belastbarkeitsstufen (siehe Tabelle 7).

7% der Studienteilnehmer sind voll belastbar, für sich selbst eigenverantwortlich und mundhygienefähig und gehören somit Belastbarkeitsstufe 1 (BS 1) an. Fast ein Drittel hat leichte Einschränkungen der Belastbarkeit (BS 2: 28%), und die meisten der Studienteilnehmer wurden der dritten Gruppe zugeordnet (BS 3: 41%). 24% der Studienteilnehmer sind nicht in der Lage, eigenverantwortlich zu handeln, nicht selbst mundhygienefähig und zahnmedizinisch überhaupt nicht belastbar (BS 4).

Innerhalb der vier Belastbarkeitsstufen gibt es geschlechtsspezifische Unterschiede ($p<0,1$ im χ^2-Kontingenztest). In BS 4 sind mehr Frauen als Männer vorhanden. Zwischen dem Alter und der Belastbarkeitsstufe besteht eine hochsignifikante Abhängigkeit ($p<0,01$ im χ^2-Kontingenztest, Rang-Korrelationskoeffizient nach Spearman $r=0,61$; vgl. Abb. 6). Fast die Hälfte der 70- bis 84jährigen gehört

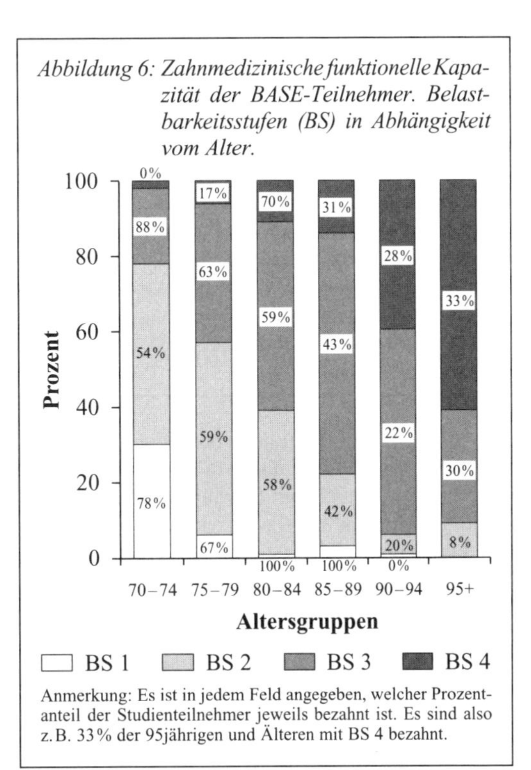

Abbildung 6: Zahnmedizinische funktionelle Kapazität der BASE-Teilnehmer. Belastbarkeitsstufen (BS) in Abhängigkeit vom Alter.

Anmerkung: Es ist in jedem Feld angegeben, welcher Prozentanteil der Studienteilnehmer jeweils bezahnt ist. Es sind also z.B. 33% der 95jährigen und Älteren mit BS 4 bezahnt.

zur BS 2. Etwa der gleiche Anteil der 85jährigen und Älteren ist BS 3 zugeordnet. In BS 4 sind überwiegend die 85jährigen und älteren Studienteilnehmer eingestuft (siehe Tabelle 8).

Bei den Teilnehmern der Berliner Altersstudie besteht ein hochsignifikanter Zusammenhang zwischen der zahnmedizinischen funktionellen Kapazität und der Zahnlosigkeit ($p<0,01$ im χ^2-Kontingenztest; Nitschke & Hopfenmüller, 1993): Im Vergleich zwischen zahnlosen und bezahnten Studienteilnehmern steigt mit der Zunahme der Belastbarkeitsstufe der Anteil der Zahnlosen kontinuierlich von 23% (BS 1) auf 68% (BS 4) an.

Tabelle 7: Zahnmedizinische funktionelle Kapazität. Ein Bewertungsmaßstab zur Einstufung der BASE-Teilnehmer nach ihrer Therapiefähigkeit, ihrer Mundhygienefähigkeit und ihrer Eigenverantwortlichkeit.

	Therapiefähigkeit	**Mundhygienefähigkeit**	**Eigenverantwortlichkeit**
BS 1	normal	normal	normal
BS 2	leicht reduziert	leicht reduziert	normal
BS 3	stark reduziert	stark reduziert	reduziert
BS 4	keine	keine	keine

Tabelle 8: Zahnmedizinische funktionelle Kapazität. Die Verteilung der Studienteilnehmer (ST) in den Belastbarkeitsstufen (BS) unter Berücksichtigung des Geschlechts und des Alters.

	Alle ST		Männer	Frauen	70–84 Jahre	85+ Jahre
	N	%	N	N	N	N
BS 1	34	6,7	18	16	30	4
BS 2	143	28,0	79	64	111	32
BS 3	213	41,8	110	103	87	126
BS 4	120	23,5	48	72	17	103
Gesamt	510	100,0	255	255	245	265

Es ist dabei jedoch zu bemerken, daß, obwohl in BS 3 und BS 4 eine reduzierte zahnmedizinische funktionelle Kapazität mit hohem Durchschnittsalter zusammentrifft, jeweils noch ein Drittel der Studienteilnehmer bezahnt ist (Abb. 6). Auch für diese Studienteilnehmer sollte bei Schmerzen die Möglichkeit einer sofortigen zahnärztlichen Behandlung zur Verfügung stehen.

Für den zahnmedizinisch gut belastbaren alten Menschen (BS 1, BS 2) gibt es Übereinstimmungen mit der medizinischen funktionellen Kapazität gemäß ADL/IADL-Wert (vgl. Steinhagen-Thiessen & Borchelt, Kapitel 6; M. M. Baltes et al., Kapitel 20). Bei dem Teil der Studienteilnehmer, die der BS 3 und BS 4 zugeordnet sind, ist der Summenscore der ADL und IADL erwartungsgemäß im Mittel gering: Das heißt, daß viele dieser Studienteilnehmer bestimmte Aktivitäten des täglichen Lebens nicht selbständig durchführen können. Dagegen braucht jedoch ein Teil dieser reduziert zahnmedizinisch belastbaren Studienteilnehmer keinerlei Hilfen im Alltag und ist auch völlig selbständig. ADL und IADL korrelieren also nicht in allen Bereichen mit den zahnmedizinischen Belastbarkeitsstufen und sind daher für Fragestellungen der oralen Gerontologie nicht ausreichend aussagekräftig. Eine gesonderte Gruppierung nach der zahnmedizinischen funktionellen Kapazität ist demnach notwendig und sinnvoll.

3.4 Zahnärztliche Besuche

Die Teilnehmer der Berliner Altersstudie hatten ihren letzten Zahnarztbesuch im Mittel (Median) vor 18 Monaten. Auffällig ist dabei, daß Zeiträume von „Ich bin gerade in den letzten 14 Tagen beim Zahnarzt gewesen“ bis hin zu „Vor 52 Jahren erfolgte der letzte Zahnarztbesuch“ angegeben wurden. Bei derartig langen Zeitabschnitten fiel der letzte Zahnarztbesuch meist mit dem Eingliederungsdatum des herausnehmbaren Zahnersatzes zusammen.

Studienteilnehmer mit der Belastbarkeitsstufe 1 waren im Mittel vor sechs Monaten, diejenigen mit BS 2 vor zwölf Monaten und diejenigen mit BS 3 vor zwei Jahren das letzte Mal beim Zahnarzt (siehe Tabelle 9). Besonders hervorzuheben ist, daß die zahnmedizinisch nicht belastbaren und mundhygieneunfähigen BASE-Teilnehmer (BS 4) im Mittel den letzten Zahnarztbesuch vor drei Jahren angaben. Diese Angabe ist als Schätzung zu bewerten, da fast ein Viertel der Studienteilnehmer, die der BS 4 angehören, keine Angaben zum letzten Zahnarztbesuch machen konnte. Zwischen den Belastbarkeitsstufen und dem Zeitraum seit dem letzten Zahnarztbesuch besteht eine statistisch hochsignifikante Abhängigkeit ($p<0{,}01$ im Kruskal-Wallis-Test), d. h., daß der letzte Besuch des Zahnarztes mit abnehmender Belastbarkeit länger her ist (Korrelationskoeffizient nach Spearman $r=0{,}24$). Auch hier ist ersichtlich, daß die Älteren mit geringer zahnmedizinischer funktioneller Kapazität ein besonders gut organisiertes zahnmedizinisches Betreuungsangebot benötigen,

Tabelle 9: Zeitraum seit dem letzten Zahnarztbesuch (in Monaten) in Abhängigkeit von der zahnmedizinischen funktionellen Kapazität (Belastbarkeitsstufen BS 1–4).

	Median	Minimum	Maximum
BS 1	6	1	180
BS 2	12	1	324
BS 3	24	1	600
BS 4	36	2	624

da sie selber kaum bzw. gar nicht in der Lage sind, eine zahnmedizinische Kontrolle durchführen zu lassen. Zwischen dem Geschlecht und dem Zeitraum seit dem letzten Zahnarztbesuch besteht in keiner Altersgruppe ein signifikanter Zusammenhang.

Knapp ein Drittel der Studienteilnehmer war vor weniger als sechs Monaten beim Zahnarzt. Als Gründe für einen größeren Zeitabstand seit dem letzten Zahnarztbesuch wurde von den meisten Studienteilnehmern selbst angegeben, daß bei ihnen alles in Ordnung sei und es keinen Grund gäbe, einen Zahnarzt aufzusuchen (84%), daß keine eigenen Zähne vorhanden seien und Prothesen getragen werden (17%) oder daß man zu krank und zu schwach sei (3%). Eine untergeordnete Rolle spielten Angst, Kostengründe, Zeitmangel, langer Weg oder Bequemlichkeit mit jeweils 1%. (Hier spiegelt sich auch die Unterschiedlichkeit von subjektiver Einschätzung und objektiver Gesundheit wider, auf die schon bei der Zufriedenheit mit dem Zahnersatz eingegangen wurde.) Im Gegensatz zur Begründung der eigenen Verhaltensweise bezüglich des Zahnarztbesuches wurde für andere ältere Menschen von 43% der Studienteilnehmer Angst als Hauptursache für den Verzicht auf regelmäßige halbjährliche zahnärztliche Kontrollen angegeben. Das Vorhandensein von Ängsten bei der zahnärztlichen Therapie ist bei dieser Generation sehr gut verständlich, da diese Personen früher oft ohne Lokalanästhesie behandelt worden sind, die auch von den früher zugelassenen Dentisten nicht durchgeführt werden durfte. Diese Angst aufgrund von vor vielen Jahren gemachten schlechten Erfahrungen ist also wahrscheinlich nicht nur bei anderen älteren Menschen, sondern auch bei einem Teil der Studienteilnehmer selbst der Grund für ausbleibende Zahnarztbesuche, wobei jedoch nur wenige sich dies selbst eingestehen wollen. Weiterhin wurden als Gründe für ausbleibende Zahnarztbesuche für andere ältere Menschen Beschwerdefreiheit (32%) und das Fehlen von eigenen Zähnen (11%) angegeben.

Besonders auffällig sind die Unterschiede zwischen bezahnten und unbezahnten Studienteilnehmern innerhalb der Altersgruppen ($p<0{,}001$ im χ^2-Kontingenztest). Die Bezahnten zwischen 70 und 84 Jahren waren im Mittel vor sechs Monaten das letzte Mal beim Zahnarzt. Aus zahnmedizinischer Sicht ist dies die einzige Gruppe, die dem zahnärztlichen Wunsch nach halbjährlichen Kontrollen nahe kommt (Abb. 7a). Bei den 85jährigen und Älteren und den unbezahnten Studienteilnehmern liegt der letzte Zahnarztbesuch meistens mehrere Jahre zurück (Abb. 7b). Hier ist die Aufklärung nicht ausreichend, denn auch unbezahnte Menschen sollten halbjährliche Kontrolluntersuchungen durchführen lassen. Bei jeder Kontrolluntersuchung werden neben den Zähnen auch die Mundschleimhäute und die Zunge aufmerksam betrachtet, um eventuelle Erkrankungen (z. B. Tumoren, Pilze) frühzeitig zu erkennen. 53% der Studienteilnehmer würden es begrüßen, wenn es eine organisierte regelmäßige Kontrolle, ähnlich der schulzahnärztlichen Untersuchung, durch das Gesundheitsamt oder die Krankenkassen geben würde. Diese Bereitschaft sollte in den zahnmedizinischen Betreuungskonzepten Berücksichtigung finden.

Abbildung 7: Zeitraum seit dem letzten Zahnarztbesuch a) bei den bezahnten Studienteilnehmern, b) bei den unbezahnten Studienteilnehmern.

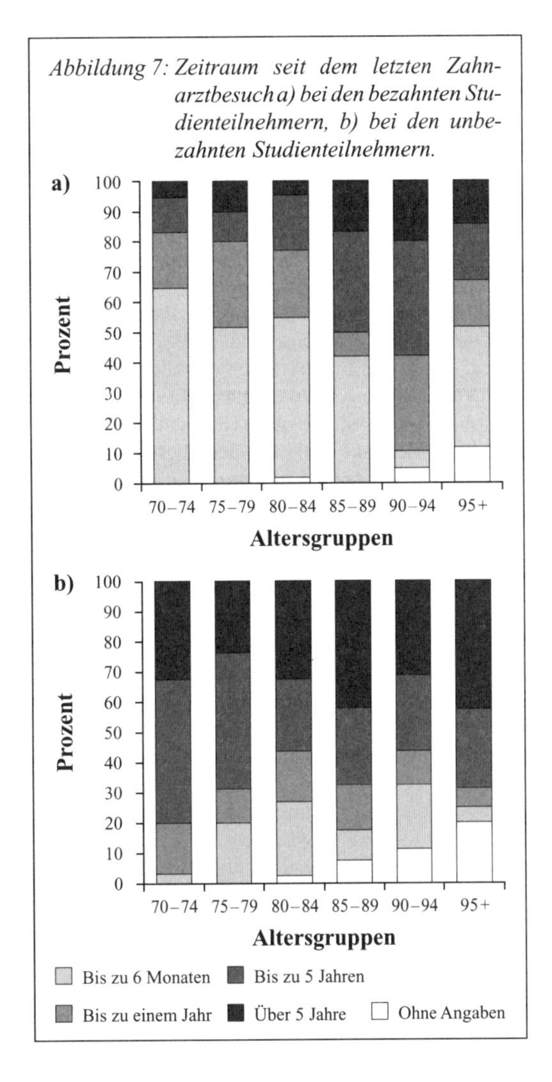

3.5 Einstellung zur oralen Individualprophylaxe

Aus zahnmedizinischer Sicht wird im allgemeinen eine regelmäßige halbjährliche zahnärztliche Kontrolle gefordert. Gerontologisch tätige Zahnärzte fordern für die bezüglich der Mundhygiene manuell und kognitiv eingeschränkten älteren Menschen vierteljährliche Kontrollbesuche beim Zahnarzt, die dann mit einer oralprophylaktisch professionellen Zahnreinigung durch eine dentale Prophylaxeassistentin kombiniert werden sollten. Die recht jungen Tendenzen in der zahnmedizinischen Individualprophylaxe sind in Deutschland noch nicht für alle Altersgruppen ausreichend in der Bevölkerung etabliert.

Bei der Individualprophylaxe im Erwachsenenalter steht neben der professionellen Zahnreinigung die ausführliche Information zur Oralprophylaxe und das Üben des Umgangs mit den Reinigungshilfsmitteln (z. B. Zahnbürste, Zahnseide, Zahnhölzer) unter Anleitung im Vordergrund. Eine individualprophylaktische Behandlung bei einer eigens dafür ausgebildeten Prophylaxeassistentin (ZPA) oder zahnmedizinischen Fachhelferin (ZMF) ist nicht mit der hinlänglich bekannten „Zahnsteinentfernung" durch den Zahnarzt zu verwechseln. Bei einem vollbezahnten Patienten mit 28 Zähnen mit mittlerer eigener Putzleistung dauert die individualprophylaktische Sitzung im Durchschnitt etwa eine Stunde. Bei älteren Menschen, die häufig Einbußen der visuellen Funktionsfähigkeit und Einschränkungen in der Handmotorik aufweisen (vgl. Steinhagen-Thiessen & Borchelt, Kapitel 6; Marsiske et al., Kapitel 14), hat die professionelle Zahnreinigung in einer Prophylaxesitzung erste Präferenz, da das eigene Zähneputzen meist nicht effizient genug ist, auch wenn von der Hälfte der Studienteilnehmer zwei- bis dreimaliges Reinigen der Zähne pro Tag angegeben wird. In Abhängigkeit von der Effizienz der eigenen Mundpflege muß die Frequenz der notwendigen Individualprophylaxetermine festgesetzt werden, wobei teilweise auch wöchentliche Termine notwendig werden können. Die Kosten für eine individualprophylaktische Behandlung werden nach der Gebührenordnung für Zahnärzte (GOZ) berechnet. Die für die Zahnreinigung und die Motivierung des Patienten zur Mundhygiene benötigte Zeit wird dem Patienten dann individuell in Rechnung gestellt. Hier fließt die Anzahl und der Pflegezustand der Zähne und Prothesen indirekt in die Rechnungslegung ein. Die Kosten der Individualprophylaxe müssen die gesetzlich versicherten Erwachsenen im Gegensatz zu den Privatversicherten selber tragen[2].

Diese regelmäßige Investition in die Mundgesundheit ist gerade bei den bezahnten Älteren sehr sinnvoll. Sicherlich sind regelmäßige Prophylaxesitzungen nicht für alle Älteren erschwinglich. Die Übernahme der Kosten durch die gesetzliche Krankenkasse sollte, ähnlich wie es bei Kindern schon der Fall ist, zumindest bei pflegebedürftigen Personen (z. B. Personen mit BS 3 und BS 4) durchgesetzt werden.

Instruktionen zur Zahn- und Prothesenhygiene würden von 28% der 70jährigen und älteren Studienteilnehmer begrüßt. Dies müßte auch in zukünftigen Überlegungen zu den Förderprogrammen der Individualprophylaxe Berücksichtigung finden. Die Studienteilnehmer, die keine Informationen zur Pflege der Zähne, des Mundes und der Prothesen wünschten, begründeten dieses mit einem ausreichenden Wissen (68%), mit Desinteresse (20%), damit, daß Instruktionen sich nicht mehr lohnen würden (8%) oder zu anstrengend seien (knapp 2%). Über die Hälfte der 85jährigen und Älteren ist bei reduzierter zahnmedizinischer funktioneller Kapazität nicht ausreichend mundhygienefähig. Unter Berücksichtigung der Tatsache, daß die Anzahl der im hohen Alter noch vorhandenen Zähne in der Zukunft steigen wird, sollten besondere zahnmedizinische Individualprophylaxeprogramme für ältere Menschen entwickelt werden.

3.6 Der Hauszahnarzt

Über die Hälfte der Studienteilnehmer (55%) gibt einen Zahnarzt als ihren Hauszahnarzt an. Dieser Zahnarzt wird jedoch nur von 23% regelmäßig zu Kontrollen konsultiert. Meistens wird der Zahnarzt nur aufgesucht, wenn Beschwerden auftreten. Die Studienteilnehmer gehen allein in die Praxis (65%), in Begleitung (25%), oder der Zahnarzt sucht den Studienteilnehmer auf (9%). Der Weg zum Zahnarzt nimmt im Mittel 15 Minuten (Variationsbreite 0–90 Minuten) in Anspruch und wird hauptsächlich zu Fuß (50%) und mit öffentlichen Verkehrsmitteln (30%) durchgeführt. Das eigene Auto (5%), Taxi (4%), Fahrrad (3%) oder Telebus (unter 3%) spielen eine untergeordnete Rolle. 6% der Studienteilnehmer, die einen Hauszahnarzt zur Verfügung haben, werden von Angehörigen in die Praxis gebracht.

2 Verhütung von Zahnerkrankungen laut § 21 (Gruppenprophylaxe), § 22 (Individualprophylaxe) des Sozialgesetzbuches (SGB), Fünftes Buch (V) in der Fassung des Gesetzes zur Strukturreform im Gesundheitswesen (Gesundheits-Struktur-Gesetz - GSG) vom 21. Dezember 1992, BGBl. S. 2266.

3.7 Zahnmedizinisches Wissen der Studienteilnehmer

Die Studienteilnehmer wurden gefragt, ob sie den Begriff Karies (Zahnfäule, Zerfall der Zahnhartsubstanz), Gingivitis (Zahnfleischentzündung) und Parodontose (chronischer Knochenschwund des Zahnhalteapparates) kennen und definieren können. Bei der Festlegung, ob eine Definition des Studienteilnehmers korrekt ist, wurde ein großzügiger populärwissenschaftlicher Maßstab angelegt. Über ein Viertel der Studienteilnehmer gab an, den Begriff Karies nicht zu kennen. Die Studienteilnehmer, die ihn kannten, definierten die Karies zu 68% richtig. Als Falschantworten wurden unter anderem Zahnstein, Zahnfleischerkrankungen, die Kalkarmut, Knochenverlust und Erkrankungen von anderen Organen des Körpers gewertet. Der Begriff Gingivitis, der auch nicht in den werbenden Medien auftritt, war fast völlig unbekannt. Nur 5% der Studienteilnehmer gaben eine Definition ab, die dann aber auch zu 80% richtig war. Der Begriff Parodontose hingegen ist fast drei Vierteln der älteren Menschen bekannt, wurde jedoch von fast der Hälfte der Studienteilnehmer falsch definiert (z. B. als „alter Apfel“, „anderes Körperteil“, „ein Traum“, „Entzündung im Oberkiefer“). Der Begriff Parodontose wird auch in der Werbung fast immer falsch eingesetzt.

3.8 Zusammenhänge zwischen Zahnzahl, zahnmedizinischer funktioneller Kapazität und sozialem Umfeld

Um erfolgreiche zahnmedizinische Betreuungskonzepte für ältere Menschen entwickeln zu können, müssen die unterschiedlichen Lebenssituationen, die nur teilweise altersabhängig sind, und deren Einfluß auf die zahnmedizinische Versorgung herausgearbeitet werden. Insgesamt leben 57% der BASE-Teilnehmer allein. Sie verteilen sich innerhalb der vier Belastbarkeitsstufen (BS 1: 54%, BS 2: 54%, BS 3: 62%, BS 4: 51%) fast gleich. Das bedeutet, daß auch viele der überhaupt nicht belastbaren, zahnärztlich schwer zu versorgenden älteren Menschen allein leben. Diese älteren Menschen sind nicht mehr in der Lage, eine zahnmedizinische Betreuung für sich selbst zu organisieren.

Die Teilnehmer der Berliner Altersstudie wohnen überwiegend in Privatwohnungen (80%). So ist der Wohnort der Studienteilnehmer mit BS 1 (94%) und mit BS 2 (95%) hauptsächlich die Privatwohnung. Über Dreiviertel der Studienteilnehmer mit BS 3 (80%) und über die Hälfte (56%) derjenigen mit BS 4 wohnen ebenfalls in einem Privathaushalt. Die Personen, die nicht in einem Privathaushalt leben, wohnen in einer der verschiedenen Senioreneinrichtungen. Die Studienteilnehmer mit BS 3 leben dabei vorwiegend im Seniorenwohnhaus und im Seniorenheim, während Studienteilnehmer mit BS 4 vor allem im Seniorenwohnhaus, Seniorenheim, Krankenheim und im Krankenhaus untergebracht sind. Die älteren, zahnmedizinisch wenig belastbaren Studienteilnehmer sind, wenn sie in Senioreneinrichtungen leben, eigentlich gut für eine regelmäßig organisierte zahnmedizinische Betreuung zu erreichen. Dieses trifft jedoch nur zu, wenn die Heimleitungen, Ärzte bzw. das Pflegepersonal ein zahnmedizinisches Problembewußtsein haben, den Weg zu den älteren Menschen öffnen und den persönlichen Kontakt zwischen Patient und Zahnarzt herstellen. Sollten die Verantwortlichen keine Notwendigkeit regelmäßiger Kontrollen erkennen, sieht sich der Zahnmediziner einer weiteren Erschwernis seiner Tätigkeit gegenüber. Den älteren Menschen zahnmedizinisch zu betreuen ist dann genauso schwierig wie die Betreuung eines alleinlebenden älteren Menschen, der in einer Privatwohnung lebt.

Neben der Wohnart bestimmt unter anderem auch das Einkommen die Lebenssituation der älteren Menschen (vgl. G. Wagner et al., Kapitel 10). Das Äquivalenzeinkommen wurde von unter 1.000 DM bis über 2.200 DM in fünf Gruppen eingeteilt. Die prozentuale Aufteilung der Studienteilnehmer auf die vier Belastbarkeitsstufen findet sich entsprechend auch in den verschiedenen Einkommensgruppen wieder. Eine Ausnahme stellt die niedrigste Einkommensgruppe (unter 1.000 DM) dar. Im Gegensatz zur Gesamtverteilung (BS 4: 20% aller Studienteilnehmer) gehören 42% der Studienteilnehmer in dieser Einkommensgruppe der BS 4 an. Da Personen mit BS 4 unbedingt größere Fremdhilfe im Rahmen der zahnmedizinischen Individualprophylaxe benötigen, diese jedoch zur Zeit keine Leistung der gesetzlichen Krankenkassen ist, ist kaum zu erwarten, daß sich dieser Personenkreis Fremdhilfe bei der Mundhygiene leisten kann.

Schulbildung und Einkommen scheinen auch einen Einfluß auf die Anzahl der noch vorhandenen Zähne zu haben. 70% der Unbezahnten besitzen einen Volksschulabschluß, 20% einen Realschulabschluß, und 6% haben Abitur gemacht. Fast die Hälfte der Studienteilnehmer (48%) mit vielen Zähnen (mehr als 20 Zähne) haben einen Volksschul-, 35% einen Realschulabschluß, und 10% haben das Abitur. Je länger die Schulbildung, desto mehr Zähne besitzen die Studienteilnehmer ($p<0,05$ im χ^2-Kontingenztest). So ist auch festzustellen, daß Studienteilnehmer mit höherem Einkommen mehr Zähne zur Verfügung haben ($p<0,01$ im χ^2-Kontingenztest). Der letzte Zahnarztbesuch liegt bei 44% der Volksschüler, bei 52% der Realschüler und bei 74% der Abiturienten weniger als ein Jahr zurück. Dies verdeutlicht die Tatsache, daß die Anzahl der Zähne kein Zustand ist, der sich von einem Tag zum anderen massiv ändert, sondern Ausdruck lebenslangen Mundgesundheitsverhaltens ist. Bei der Interpretation der Zahnzahl muß allerdings vorsichtig vorgegangen werden. Die Anzahl der Zähne allein erlaubt keine eindeutige Aussage über den Gesundheitszustand des Gebißsystems. Ein Zahn kann ohne Karies und parodontale Insuffizienz gesund vorhanden, ein anderer kann aufgrund einer zirkulären Karies zerstört und damit erkrankt sein.

3.9 Therapiebedarf in Abhängigkeit von zahnmedizinischer funktioneller Kapazität

Der Therapiebedarf läßt sich aus verschiedenen Perspektiven ermitteln. Innerhalb der Berliner Altersstudie wurde im Rahmen des zahnmedizinischen Interviews der Studienteilnehmer gefragt, ob er meine, daß eine Behandlungsnotwendigkeit (*subjektiver Behandlungsbedarf*) bei ihm bestünde. Aus der klinischen Beurteilung des Zahnarztes läßt sich ein Behandlungsbedarf (*objektiver Behandlungsbedarf*) ableiten und daraus folgend auch der zeitliche Behandlungsaufwand. Der objektive Behandlungsbedarf kann zum einen aufgrund des klinischen Befundes definiert werden (*theoretischer Behandlungsbedarf*), zum anderen neben dem klinischen Befund auch die zahnmedizinische Belastbarkeit des älteren Menschen berücksichtigen (*relativierter Behandlungsbedarf*).

Ein Hochbetagter ist an seine schlecht sitzende, den Kieferkamm schädigende, über Jahrzehnte getragene Prothese so adaptiert, daß eine neu angefertigte Prothese (theoretischer Behandlungsbedarf) nicht akzeptiert werden würde. Hier müssen andere Behandlungsschritte eingeleitet werden, z. B. eine Prothesenbasisanpassung oder Reparatur (relativierter Behandlungsbedarf). Diese Prothesenveränderungen, die in kleinen Schritten erfolgen müssen, kann auch vom zahnmedizinisch nicht vollbelastbaren Hochbetagten akzeptiert und adaptiert werden.

Fast Dreiviertel der Studienteilnehmer (72%) haben einen relativierten prothetischen Behandlungsbedarf. Neben dem prothetischen Behandlungsbedarf gibt es den oralchirurgischen (theoretisch: 37%; relativiert: 23%), den funktionsorientierten (Kiefergelenkserkrankungen, Myoarthropathien) (theoretisch: 30%; relativiert: 8%) und den parodontalen (theoretisch: 92%; relativiert: 75%) Behandlungsbedarf. Hier fließen neben den parodontalen Behandlungen durch einen Zahnarzt auch die Oralhygieneinstruktionen und die professionelle Zahnreinigung ein, die durch eine speziell geschulte Zahnarzthelferin, eine zahnmedizinische Prophylaxehelferin, durchgeführt wird (siehe oben). Fast ein Viertel aller Studienteilnehmer haben einen zahnerhaltenden relativierten Behandlungsbedarf.

Insgesamt gibt es bei 88% der Studienteilnehmer einen relativierten Behandlungsbedarf. Der Umfang des Bedarfes ist dabei unterschiedlich, da bei den Teilnehmern der Berliner Altersstudie von einer kleinen Reparatur an der Prothese bis zu einer langandauernden vollständigen Rekonstruktion mit Parodontalbehandlung und chirurgischem Eingriff alle Ausprägungsgrade der Bedarfsintensität vorhanden sind. Im Widerspruch dazu steht jedoch die Selbstbeurteilung durch die Studienteilnehmer, denn 77% glauben, gegenwärtig keine zahnärztliche Behandlung zu benötigen. Dieses erklärt auch ihre Verhaltensweise in bezug auf die Häufigkeit der Zahnarztbesuche.

Bezogen auf die zahnmedizinische funktionelle Kapazität ist ein relativierter Behandlungsbedarf bei den Studienteilnehmern der BS 1, 2 und 3 von über 97% vorhanden. Bei der Hälfte der zahnmedizinisch nicht belastbaren Studienteilnehmer (BS 4) ist ein relativierter Behandlungsbedarf ermittelt worden, der meistens aus Prothesenreparaturen, einfachen Zahnextraktionen und professioneller Reinigung der Restzähne und der Prothesen besteht.

4. Anforderungen an die zukünftige Zahnheilkunde für ältere Menschen

Im Rahmen der Berliner Altersstudie kann gezeigt werden, daß die Versorgungsquantität und -qualität besonders bei älteren und zahnmedizinisch wenig belastbaren Senioren nicht immer dem modernen zahnmedizinischen Standard entsprechen. Die vorliegenden Ergebnisse zeigen, daß die 70jährigen und Älteren auch unter zahnmedizinischen Aspekten nicht als eine einheitliche Gruppe zu betrachten sind. Um die hohe zahnmedizinische Qualität, die in

Deutschland erbracht werden kann, auch für die inhomogene Gruppe der Betagten und Hochbetagten zur Verfügung stellen zu können, ist es notwendig, diese Personengruppe erst einmal auch zahnmedizinisch zu erreichen. Bei älteren Menschen, die der Belastbarkeitsstufe 1 und 2 zuzuordnen sind, müssen die allgemeinen zahnmedizinischen Ansprüche im Sinne der individuellen Oralprophylaxe und der regelmäßigen Kontrollbesuche wie bei jüngeren Menschen weiter etabliert werden. Die zahnmedizinischen Behandlungsmöglichkeiten sind vielfältig und müssen bei dieser Altersgruppe den Allgemeinzustand des Hochbetagten und sein soziales Umfeld berücksichtigen.

Das Leben in der Privatwohnung ist nicht gleichbedeutend mit Gesundheit, Eigenverantwortlichkeit, Mobilität und dem Vorhandensein sämtlicher funktioneller Kapazitäten für das alltägliche Leben. Einige Studienteilnehmer sind funktionell schwer eingeschränkt, teilweise dement und leben unter schlechten Bedingungen, oft auch allein, in einer Privatwohnung. Für diese älteren Menschen wäre eine Unterbringung in einer Senioreneinrichtung mit einer dem Allgemeinzustand entsprechenden Pflege, auch Mund-, Zahn- und Prothesenpflege, hilfreich. Es ist weiterhin zu berücksichtigen, daß Defizite der funktionellen Kapazität durch die Hilfe eines Mitbewohners, z. B. des Ehepartners, aufgefangen werden. In diesem Zusammenhang sollten auch pflegerisch tätige Angehörige sowie das Pflegepersonal in der Mundhygiene geschult werden. In der Zukunft werden diese funktionell eingeschränkten Menschen, die in Privatwohnungen wohnen, unsere besondere Aufmerksamkeit erfordern, da sie für die zahnmedizinische Betreuung im Gegensatz zu den Heimbewohnern sehr schwer auffindbar sind.

Der letzte Zahnarztbesuch der Personen mit BS 4 liegt meistens viele Jahre zurück und entspricht oft dem Eingliederungsdatum des totalen Zahnersatzes. Zur Zeit fallen in der Zahn-, Mund- und Kieferheilkunde diese älteren Menschen, obwohl sie keine kontinuierliche zahnmedizinische Betreuung genießen, nicht auf. Dieses ist auf die hohe Zahnlosigkeit der Studienteilnehmer dieser Belastbarkeitsstufe zurückzuführen. Treten Beschwerden beim Tragen des meist totalen Zahnersatzes auf, wird schnell auf ihn verzichtet. Zahnlose Patienten können aber, wenn der Wunsch nach Behandlung bekannt ist, ohne großen instrumentellen Aufwand fast überall (z. B. Krankenhaus, Privatwohnung) behandelt werden. Voraussetzung für eine dem heutigen Standard entsprechende Versorgung von bezahnten Patienten ist dagegen ein zahnärztliches Behandlungszimmer mit einer zahnmedizinischen Behandlungseinheit. Die zahnmedizinische Betreuung scheitert dann oft am Mangel von transportablen Behandlungseinheiten. Für bezahnte und unbezahnte Betagte, die eine zahnärztliche Praxis nicht mehr erreichen können, ist zur Zeit aufgrund von mangelndem Interesse der Zahnärzte und Heimleitungen eine ausreichende zahnmedizinische Versorgung nicht gewährleistet. Hier werden intensive Aufklärungsmaßnahmen bei Betreuern und den Zahnärzten notwendig sein.

Wegen der erweiterten zahnmedizinischen Aufklärung und des sich daraus ergebenden verbesserten Allgemeinwissens über die Zahngesundheit ist davon auszugehen, daß die zukünftigen älteren Menschen aufgrund einer verstärkten zahnmedizinischen Eigenverantwortlichkeit einen besseren dentalen Befund aufweisen werden. Dieses bedeutet jedoch auch, daß im Zuge erweiterter Präventionsmaßnahmen in der Gruppe der wenig Belastbaren mehr Personen mit Zähnen zu finden sein werden, so daß diese Patientengruppe in den nächsten Jahren mehr Einsatz von den in der Zahnmedizin tätigen Berufsgruppen fordern wird. Dieses gilt auch für Personen mit BS 3. Die subjektive Wahrnehmung einer Störung im stomatognathen System ist im allgemeinen für viele Menschen die Voraussetzung, überhaupt einen Zahnarzt zur Hilfe aufzusuchen. Diese Wahrnehmung setzt jedoch massive Störungen voraus, wie z. B. Schmerzen, die durch eine Entzündung des Nervs im Zahn verursacht werden können. Andere Erkrankungen, die langfristig zu Problemen führen, werden oft aufgrund der hohen Adaptationsfähigkeit vom Hochbetagten gar nicht realisiert, so daß kein Behandlungsbedarf durch den älteren Menschen in Eigenverantwortung signalisiert wird. Die fehlende bzw. eingeschränkte Eigenverantwortlichkeit muß dann zum Wohle des älteren Menschen und zur Vermeidung von lebensbedrohlichen Erkrankungen (z. B. Abszesse, Tumoren) durch eine noch zu definierende Fremdverantwortung ersetzt werden.

Zur Zeit gibt es in Deutschland keine Verantwortlichen, die dafür Sorge tragen, daß diese im zahnmedizinischen Verständnis eingeschränkten Personen erkannt werden und eine Zuwendung erhalten. Besonders notwendig ist jedoch eine systematische Betreuung, da ein Teil dieser älteren Menschen allein in Privatwohnungen und nicht in Institutionen lebt.

Der Anstieg der Hilfsbedürftigkeit und die Inanspruchnahme anderer pflegerischer Hilfe erfordert bei der Zunahme der Langlebigkeit und der Zunahme der Älteren mit eigenen Zähnen auch auf der Seite der Zahnmediziner ein Umdenken. Rateitschak (1990) fordert bei seinen Ideen zur Umstrukturierung des zahnmedizinischen Studienganges innerhalb der Zahnkliniken eine selbständige Abteilung für Gerodontologie, die es schon vereinzelt in den USA und Skandinavien gibt. Diese Abteilung soll Anlaufstelle für alle Patienten über 65 Jahre sein. Die Patienten werden dann umfassend bei allen Erkrankungen des stomatognathen Systems in einer Abteilung behandelt. Diese noch zu schaffenden Abteilungen an den deutschen Hochschulen müßten neben der Lehre für die Studierenden der Zahnmedizin und dem Erfüllen des Behandlungsauftrages auch die Aufgabe haben, den Medizinstudenten und den bereits in der Geriatrie tätigen Ärzten das komplexe Umfeld der Zahnmedizin beim älteren Menschen näher zu erläutern. Aufgabe der Zahnärztekammern müßte es sein, am älteren Menschen interessierte Zahnärzte mit den Verantwortlichen von Senioreneinrichtungen zusammenzuführen. Des weiteren sollten die Beauftragten der Zahnärztekammern eine oral-gerontologische Beratungsstelle installieren, so daß in Zusammenarbeit mit den Sozialdiensten Personen ausfindig gemacht werden können, die einer zahnmedizinischen Betreuung bedürfen, aber nicht mehr in der Lage sind, diese für sich zu organisieren. Weiterhin sollte es auch Aufgabe dieser Beratungsstelle sein, die zahnmedizinischen Konzepte zur Betreuung von älteren Menschen, die die Sprechstunde nicht allein aufsuchen können, an die niedergelassenen Zahnärzte weiterzugeben und mobile zahnärztliche Behandlungseinheiten für Hausbesuche zur Verfügung zu stellen.

5. Schlußfolgerung

Es ist notwendig, die älteren, auch zahnlosen Menschen für regelmäßige, zeitlich individuell abgestimmte Kontrolluntersuchungen zu gewinnen, um negative Folgen einer unzureichenden oder fehlenden zahnmedizinischen Versorgung zu vermeiden bzw. einen guten Gebißzustand auf dem Status quo zu halten. Um eine Verbesserung der zahnmedizinischen Betreuung zu erreichen, müssen nicht neue Techniken entwickelt, sondern Konzepte erarbeitet werden, die sicherstellen, daß die moderne Zahn-, Mund- und Kieferheilkunde auch dem älteren Menschen zur Verfügung stehen kann. Dazu ist die Entwicklung und Umsetzung eines Betreuungskonzeptes notwendig, das allen älteren Menschen, unabhängig vom Ausmaß ihrer physischen und psychischen Einschränkungen, einen Zugang zur zahnmedizinischen Versorgung ermöglicht.

Literaturverzeichnis

Ambjörnsen, E. (1986). *Oral health in old age.* Thesis, University of Oslo.

Beal, J. F. & Dowell, T. B. (1977). Edentulousness and attendance patterns in England and Wales 1968–1977. *British Dental Journal, 20,* 203–207.

Brunner, T., Wirz, J. & Franscini, M. (1987). Die zahnmedizinische Betreuung in den Alters- und Pflegeheimen des Kantons Zürich. *Schweizer Monatsschrift für Zahnmedizin, 97,* 304–310.

Burt, B. A., Ismail, A. J. & Eklund, S. A. (1985). Periodontal diseases, tooth loss and oral hygiene among old Americans. *Community Dentistry and Oral Epidemiology, 13,* 93–96.

Diu, S. & Gelbier, S. (1989). Oral health screening of elderly people attending a community care centre. *Community Dentistry and Oral Epidemiology, 17,* 212–215.

Douglass, C. W., Jette, A. M., Fox, C. H., Tennstedt, S. L., Joshi, A., Feldmann, H. A., McGuire, S. M. & Kinnlay, J. B. (1993). Oral health status of the elderly in New England. *Journal of Gerontology: Medical Sciences, 2,* M39–M46.

Ekelund, R. (1988). General diseases and dental treatability of an institutionalized elderly Finnish population. *Community Dentistry and Oral Epidemiology, 16,* 159–162.

Ettinger, R. (1984). Clinical decision making in the dental treatment of the elderly. *Gerodontology, 3,* 157–161.

Ettinger, R. & Beck, J. (1984). Geriatric dental curricula and the needs of the elderly. *Special Care in Dentistry, 4,* 207–211.

Grabowski, M. & Bertram, U. (1975). Oral health status and need of dental treatment in the elderly Danish population. *Community Dentistry and Oral Epidemiology, 19,* 190–194.

Hartikainen, M. (1994). *Oral health and treatment needs of 65-year-old residents of Oulu, Finland.* Dissertation, University of Oulu.

Katz, S., Ford, A. B., Moskowitz, R. W., Jackson, B. A. & Jaffe, M. W. (1963). Studies of illness in the aged. The index of ADL: A standardized measure of biological and psychosocial function. *Journal of the American Medical Association, 185,* 914–919.

Lenz, E. & Künzel, W. (1994). Die zahnärztliche-prothetische Betreuung der Seniorengeneration: Ergebnisse und Konsequenzen epidemiologischer Studien. *Quintessenz Zahntechnik, 20,* 1179–1201.

Mahoney, F. I. & Barthel, D. W. (1965). Functional evaluation: The Barthel Index. *Maryland Medical Journal, 14,* 61–65.

Mäkilä, E. (1977a). Oral health among the inmates of old people's homes: I. Description of material. *Dental State: Proceedings of the Finnish Dental Society, 73,* 53–63.

Mäkilä, E. (1977b). Oral health among the inmates of old people's homes: II. Salivary secretion. *Dental State: Proceedings of the Finnish Dental Society, 73,* 64–69.

Mäkilä, E. (1977c). Oral health among the inmates of old people's homes: III. Dentures and prosthetic aspects. *Dental State: Proceedings of the Finnish Dental Society, 73,* 99–116.

Mäkilä, E. (1977d). Oral health among the inmates of old people's homes: IV. Soft tissue pathology. *Dental State: Proceedings of the Finnish Dental Society, 73,* 173–178.

Mäkilä, E. (1977e). Oral health among the inmates of old people's homes: VI. Need for treatment. *Dental State: Proceedings of the Finnish Dental Society, 75,* 1–5.

Manderson, R. D. & Ettinger, R. L. (1975). Dental status of the institutionalized elderly population of Edinburgh. *Community Dentistry and Oral Epidemiology, 3,* 100–107.

Mann, J., Mersel, A. & Gabai, E. (1985). Dental status and dental needs of an elderly population in Israel. *Community Dentistry and Oral Epidemiology, 13,* 156–158.

Matthiessen, P. C. (1986). Demography: Impact of an expanding elderly population. In P. Holm-Pedersen (Hrsg.), *Geriatric dentistry* (Bd. 365, 1. Aufl., S. 365–376). Copenhagen: Munksgaard.

Müller-Fahlbusch, H. (1992). Prothesenadaptation und Prothesenunverträglichkeit. In E. Körber & B. Klaiber (Hrsg.), *Ärztliche Psychologie und Psychosomatik in der Zahnheilkunde* (S. 30–38). Stuttgart: Thieme.

Naujoks, R., Dünninger, P., Einwag, J. & Pieper, K. (1991). Ergebnisse zum prothetischen Versorgungsstatus. In W. Micheelis & J. Bauch (Hrsg.), *Mundgesundheitszustand und -verhalten in der Bundesrepublik Deutschland: Ergebnisse des nationalen IDZ-Survey 1989* (Bd. 11.1, S. 335–354). Köln: Institut der Deutschen Zahnärzte.

Naujoks, R. & Hüllebrand, G. (1985). Mundgesundheit in der Bundesrepublik Deutschland. *Zahnärztliche Mitteilungen, 5,* 417–419.

Netzle, P.-A. (1989). Zahnbefunde bei hochbetagten Heimpensionären. *Schweizer Monatsschrift für Zahnmedizin, 99,* 1267–1272.

Nitschke, I. & Hopfenmüller, W. (1991). Zahnmedizinische Betreuung in Seniorenheimen: Organisation und Beurteilung durch die Heimleitungen. *Deutsche Stomatologie, 41,* 432–435.

Nitschke, I. & Hopfenmüller, W. (1992). Zahnärztliche Behandlung von Senioren: Eine Befragung niedergelassener Zahnärzte. *Zahnärztliche Welt-Rundschau, 101,* 868–872.

Nitschke, I. & Hopfenmüller, W. (1993). Evaluation of complete dentures in elderly Germans. *Journal of Dental Research, 146,* 342.

Nitschke, I. & Hopfenmüller, W. (1994). Der prothetische Versorgungsgrad: Ein quantitatives Maß der optimalen Versorgungsleistung. *Deutsche Zahnärztliche Zeitschrift, 49,* 638–686.

Palmqvist, S. (1986). Oral health patterns in a Swedish country population aged 65 and above. *Swedish Dental Journal, 32* (Suppl.), 1–140.

Patz, J. & Naujoks, R. (1980). Morbidität und Versorgung der Zähne in der Bevölkerung der Bundesrepublik Deutschland. *Deutsche Zahnärztliche Zeitschrift, 35,* 259–264.

Rateitschak, H. (1990). Eine Studienreform tut not! *Schweizer Monatsschrift für Zahnmedizin, 3,* 351–354.

Rise, J. (1979). An approach to epidemiologic assessment of complete dentures. *Acta Odontologica Scandinavica, 37,* 57–63.

Rise, J. & Holst, D. (1982). Causes analyses on the use of dental services among old-age pensioners in Norway. *Community Dentistry and Oral Epidemiology, 10,* 167–172.

Simard, P. L., Brodeur, J.-M., Kandelman, D. & Lepage, Y. (1985). Prosthetic status and needs of the elderly in Quebec. *Journal of the Canadian Dental Association, 51,* 79–81.

Smith, J. M. & Sheilham, A. (1979). How dental conditions handicap the elderly. *Community Dentistry and Oral Epidemiology, 7,* 305–310.

Spector, W. D., Katz, S., Murphy, J. B. & Fulton, J. P. (1987). The hierarchical relationship between activities of daily living and instrumental activities of daily living. *Journal of Chronic Disease, 40,* 481–489.

Stark, H. (1993). Die zahnmedizinische Versorgung von Altenheimbewohnern. *Zahnärztliche Mitteilungen, 8,* 44–48.

Stark, H. & Holste, T. (1990). Untersuchungen über die zahnärztliche Versorgung von Bewohnern Würzburger Altenheime. *Deutsche Zahnärztliche Zeitschrift, 45,* 604–608.

Stuck, A. E., Chappuis, C., Flury, H. & Lang, N. P. (1989). Dental treatment needs in an elderly population referred to a geriatric hospital in Switzerland. *Community Dentistry and Oral Epidemiology, 17,* 267–272.

Tervonen, T. (1988). *Dental treatment needs of adults in Ostrobothnia, Finland.* Dissertation, University of Oulu.

Tuominen, R., Vehkalahti, M., Ranta, K., Rajala, M. & Paunio, I. (1983). Development of edentulousness in Finland during the 1970's. *Community Dentistry and Oral Epidemiology, 11,* 259–263.

Vigild, M. (1987). Oral mucosal lesions among institutionalized elderly in Denmark. *Community Dentistry and Oral Epidemiology, 15,* 309–313.

Wefers, K.-P. (1994a). Zur zahnärztlichen Betreuung hessischer Altenpflegeheime: Teil I. Die Versorgung im Meinungsbild der Heimleitungen. *Zeitschrift für Gerontologie, 27,* 429–432.

Wefers, K.-P. (1994b). Zur zahnärztlichen Betreuung hessischer Altenpflegeheime: Teil II. Das Mundhygienebewußtsein der Bewohner. *Zeitschrift für Gerontologie, 27,* 433–436.

Wefers, K.-P., Heimann, M., Klein, J. & Wetzel, W. E. (1989). Untersuchungen zum Gesundheits- und Mundhygienebewußtsein bei Bewohnern von Alten- und Pflegeheimen. *Deutsche Zahnärztliche Zeitschrift, 44,* 628–632.

World Health Organization (WHO) (1985). *Oral health care systems: An international collaborative study.* Genf: Eigenverlag.

17. Zur Bedeutung von Krankheit und Behinderung im Alter

Markus Borchelt, Reiner Gilberg,
Ann L. Horgas & Bernhard Geiselmann

Zusammenfassung

Zentrales Anliegen dieses disziplinübergreifenden Kapitels ist, den Wechselwirkungen zwischen (a) körperlicher und seelisch-geistiger Gesundheit, (b) gesundheitlichen und psychosozialen Faktoren sowie (c) objektiver und subjektiver Gesundheit im hohen und sehr hohen Lebensalter nachzugehen. Es wird für diese drei Bereiche versucht, Antworten auf die Fragen nach der Stärke der Zusammenhänge sowie der Bedeutung des chronologischen Alters für diese Zusammenhänge zu finden, wobei die Ergebnisse jeweils hinsichtlich der möglichen Richtungen (Kausalitäten) diskutiert werden. Grundlage hierfür bilden die vollständige, nach Alter und Geschlecht geschichtete Stichprobe der Berliner Altersstudie (N=516; Altersbereich 70–103 Jahre) sowie mehrdimensionale Indikatorengruppen zur körperlich-funktionellen, seelisch-geistigen und subjektiven Gesundheit und zum psychosozialen Status. Die Ergebnisse zeigen einerseits ausgeprägte, altersunabhängige Zusammenhänge zwischen psychosozialem und gesundheitlichem Status sowie zwischen körperlichen Krankheiten/Behinderungen und Demenz bzw. Depression. Andererseits zeigt sich eine altersabhängig abnehmende Bedeutung des objektiven Gesundheitszustands für die subjektive Beurteilung; die subjektive Gesundheitseinschätzung bleibt daher während des „Alterns im Alter" stabil.

1. Einleitung

1.1 Systemische Aspekte von Krankheit und Behinderung im Alter

Auch wenn Alter nicht gleichbedeutend mit Krankheit ist, so sind doch Krankheit und Behinderung im Alter häufig zentrale Aspekte des Lebens. Entsprechend oft wird vermutet, daß diese auch in ursächlichem Zusammenhang mit vielen anderen Veränderungen stehen (Brody, Brock & Williams, 1987; Neugarten, 1990; R. C. Taylor & Ford, 1983).

So kann Krankheit oder Behinderung ein entscheidender Grund für den Verlust der Selbständigkeit, der eigenen Wohnung oder des eigenen Haushalts sein (Shanas & Maddox, 1985); ferner können körperliche Krankheiten und Behinderungen eine wesentliche Rolle bei der Entwicklung psychischer Erkrankungen wie Depression oder Demenz spielen (Katona, 1995; Raskind & Peskind, 1992); schließlich muß ein ausgeprägter, negativer Einfluß von chronischen Krankheiten, Behinderungen und Funktionseinbußen auf das subjektive Wohlbefinden im Alter angenommen werden (vgl. Smith et al., Kapitel 19 in diesem Band). Umgekehrt wird jedoch Gesundheit immer auch durch psychische und soziale Bedingungen beeinflußt. So können Institutionalisierung, Verwitwung, Vereinsamung, Resignation, Depression und Demenz, z. B. durch Vernachlässigung der Selbstpflege, inadäquate Ernährung oder Veränderungen der Immunität, zu einer Verschlechterung der körperlichen Gesundheit beitragen (Berkman & Breslow, 1983; Maier, Watkins & Fleshner, 1994; Marmot et al., 1991; J. Rodin, 1986).

Parallel dazu muß aber auch die Plastizität, die Anpassungsfähigkeit des älteren Menschen an veränderte Lebensbedingungen (P. B. Baltes & Baltes, 1990), gesehen werden. Möglicherweise werden Funktionseinbußen „im Alter“ durch die individuell prozeßhafte Entwicklung relativiert, die Raum für subjektive Adjustierungen „während des Alterns“ läßt (Ryff, 1991). Nach welchen Kriterien beurteilt ein alternder Mensch selbst seine körperliche Gesundheit? Es ist durchaus möglich, daß die Zusammenhänge zwischen objektiver und subjektiver Gesundheit während des „Alterns im Alter“ noch dynamischen Veränderungen unterliegen (Brandtstädter & Rothermund, 1994; Heckhausen & Krueger, 1993; Maddox, 1987).

1.2 Theoretische Orientierung und zentrale Fragestellung

Zentrales Anliegen dieses Kapitels ist es, der Bedeutung von Krankheit und Behinderung in drei Richtungen nachzugehen, nämlich hinsichtlich (a) der seelisch-geistigen Gesundheit, (b) der psychosozialen Lebensbedingungen und (c) der subjektiven Gesundheitswahrnehmung im Alter. Dieser Zugang reflektiert eine der grundlegenden theoretischen Orientierungen der Berliner Altersstudie (BASE), die Altern aus einer kontextuellen und multidisziplinären Perspektive als ein *systemisches Phänomen* versteht. Krankheit und Behinderung im Alter kann aus dieser Perspektive zum einen als Folge komplexer Interaktionen zwischen biologischen, psychischen und sozialen Faktoren angesehen werden (Antonucci & Jackson, 1987; Badura & Schott, 1989; M. M. Baltes & Zank, 1990; Featherman & Lerner, 1985; Häfner, 1992) und zum anderen als Prädiktor, der für Altersunterschiede in subjektiven Einschätzungen und objektiven Gegebenheiten von durchaus variabler Bedeutung sein kann (Maddox, 1987).

Vor diesem theoretischen Hintergrund wird im folgenden Krankheit und Behinderung aus geriatrischer Perspektive definiert und bereichsspezifisch im Hinblick auf Korrelationen zur psychischen Gesundheit, zu psychosozialen Lebensbedingungen und zu subjektiven Gesundheitseinschätzungen analysiert. Die zentrale Frage nach der Bedeutung von Krankheit und Behinderung im Alter wird durch Modellanalysen zur Altersunabhängigkeit dieser Korrelationen operationalisiert. Es sei explizit ergänzt, daß es hier also keinesfalls um die Überprüfung von spezifischen Kausalzusammenhängen geht, sondern um die Überprüfung von globalen Zusammenhangshypothesen, die auf der Grundlage bisheriger empirischer Befunde unter der Annahme ausgeprägter Wechselwirkungen generiert und gegen die Nullhypothese einer rein altersvermittelten Koinzidenz getestet werden können. Darüber hinausgehende Fragestellungen müssen Detailanalysen, insbesondere des longitudinalen Designs, vorbehalten bleiben.

1.3 Krankheit und Behinderung aus geriatrischer Perspektive

Die geriatrische Beurteilung von Krankheit und Behinderung zeichnet sich vor allem durch eine multidimensionale und funktionelle Sichtweise aus (Nikolaus, Kruse, Oster & Schlierf, 1994; Rubenstein et al., 1984). Dabei stehen sensorische und sensomotorische Funktionseinbußen (Sehschärfe, Gehör, Beweglichkeit), Hilfsbedürftigkeit bei Alltagsaktivitäten und die Komplexität multipler Krankheiten und medikamentöser Behandlungen – im Sinne von Multimorbidität und Multimedikation – im Vordergrund. Psychische und soziale Risiken dieser Merkmale von Krankheit und Behinderung sind klinisch-geriatrisch gut bekannt und konnten vielfach bereits nachgewiesen werden (C. K. Cassel, Riesenberg, Sorensen & Walsh, 1990; Cassileth et al., 1984; Evans & Williams, 1992).

Prinzipiell gehört auch die psychiatrische Morbidität in diesen Kontext (Cooper & Sosna, 1983; Häfner, 1992; Kanowski, 1984; Welz, Lindner, Klose & Pohlmeier, 1989). Hier stehen im Alter vor allem zwei Erkrankungen im Vordergrund: die Demenz und die Depression. Beide Erkrankungen sind ebenfalls mit erheblichen psychosozialen Risiken verbunden (Hilfsbedürftigkeit, Institutionalisierung, soziale Isolation), und für beide kommen außerdem körperliche Krankheiten und Behinderungen zumindest teilweise als Kausalfaktoren in Frage (Cooper, Mahnkopf & Bickel, 1984; Hall, 1980; Katona, 1995; Raskind & Peskind, 1992; G. Rodin & Voshart, 1986; Sosna & Wahl, 1983). Das Gesamtspektrum körperlicher und seelisch-geistiger Krankheiten und Behinderungen im Alter kann aus dieser Perspektive sprachlich vereinfachend als „geriatrische Morbidität“ bezeichnet werden, auch wenn – wie im folgenden dargelegt wird – differentielle Aspekte und spezifische Zusammenhänge berücksichtigt werden müssen.

1.4 Stichprobenmerkmale

Alle Analysen wurden auf der Grundlage der repräsentativen Stichprobe der Berliner Altersstudie (BASE) durchgeführt. Wie im einleitenden Kapitel (P. B. Baltes et al., Kapitel 1) ausführlicher dargestellt, besteht diese aus 70- bis 103jährigen Personen (N=516), die, stratifiziert nach Alter und Geschlecht, zufällig aus dem Register des Landeseinwohneramtes Berlin gezogen wurden (43 Frauen und 43 Männer aus jeder Altersgruppe in Fünf-Jahres-Intervallen).

1.5 Geriatrisches Assessment in BASE

In BASE wurde ein standardisiertes, multidimensionales geriatrisches Assessment implementiert, das für jeden Studienteilnehmer zum einen subjektive und objektive Maße zur Mobilität, sensorischen Kapazität und zur Selbständigkeit in Alltagsaktivitäten, zum anderen ein detailliertes Diagnoseprofil körperlicher und seelisch-geistiger Erkrankungen sowie der begleitenden medikamentösen Therapie bereitstellt (eine ausführliche Beschreibung findet sich in Steinhagen-Thiessen & Borchelt, Kapitel 6, sowie in Helmchen et al., Kapitel 7).

1.6 Geriatrische Problemgruppen

Auf der Grundlage des BASE-Assessments wurden neun einander überlappende geriatrische Problemgruppen identifiziert, die durch Multimorbidität, Multimedikation, Hilfsbedürftigkeit, Inkontinenz, Immobilität, Seh- und Hörbehinderung sowie Demenz und Depression charakterisiert sind (siehe Tabelle 1 für Definitionen).

Es zeigte sich, daß die einzelnen Gruppen ausreichend besetzt sind, um diese Aspekte von Krankheit und Behinderung in BASE stellvertretend für die Altenpopulation zu untersuchen (Tabelle 2). Die kleinste Gruppe ist mit N=83 (16%) die der hörbehinderten Personen, die größte mit N=196 (38%) die der multimedikamentös behandelten Personen. Da die geriatrischen Merkmale nicht exklusiv definiert wurden und zumeist positiv interkorreliert sind, kommt es zu Gruppenüberschneidungen.

Dies muß bei der Interpretation der Ergebnisse – vor allem univariater Analysen – beachtet werden. Ein Extrem stellt jedoch nur die Überschneidung der Gruppen hilfsbedürftiger und immobiler Personen dar (zusammen 182 Personen, davon 56% in beiden Gruppen). Für alle übrigen Kombinationen liegen die Überschneidungen bei maximal einem Drittel der Personen. Weiterhin ergibt sich, daß auch bei kumulativer Betrachtung der Merkmale eine relativ große

Tabelle 1: Geriatrische Problemgruppen mit Merkmalen und Definitionen (vgl. Steinhagen-Thiessen & Borchelt, Kapitel 6; Helmchen et al., Kapitel 7).

Gruppenmerkmal	Definition
Multimorbidität	Gleichzeitiges Vorliegen von mindestens fünf mittel- bis schwergradigen körperlichen Erkrankungen (projektärztlich diagnostiziert)
Multimedikation	Gleichzeitiges Vorliegen von mindestens fünf ärztlich verordneten Medikamenten (durch Doppelbefragung, Hausarztinterviews und Akteneinsicht erfaßt)
Hilfsbedürftigkeit	Vollständige Hilfsbedürftigkeit in mindestens zwei „Aktivitäten des täglichen Lebens" (ADL/IADL) ohne Berücksichtigung von Inkontinenz (Lawton & Brody, 1969; Mahoney & Barthel, 1965)
Inkontinenz	Zeitweiliger oder permanenter Kontrollverlust über Blase und/oder Mastdarm (Items des Barthel-Index)
Immobilität[1]	Blindgang, Blindstand, Drehung um 360° und/oder Vornüberbeugen nicht möglich (Tinetti, 1986)
Sehbehinderung	Objektiv nachgewiesene Sehschärfe bei Nah- oder Fernsicht unter 0,2 (Leseprobentafeln)
Hörbehinderung	Audiometrisch dokumentierter mittlerer Hörverlust von mindestens 55 dB im Sprachbereich (0,25–2 kHz) und von mindestens 75 dB im Hochtonbereich (3–8 kHz)
Demenz	DSM-III-R-Demenzdiagnose nach fachärztlicher Exploration ohne Berücksichtigung des Schweregrads und ohne weitere diagnostische Differenzierung
Depression	Depressive Störungen nach DSM-III-R inklusive nicht näher bezeichneter (NNB) Störungen

1 Dieses Merkmal entspricht nicht klinischer Auffassung und ist nicht mit Bettlägerigkeit oder Bewegungsunfähigkeit gleichzusetzen; es bezieht sich auf sensomotorische Funktionseinbußen (Gleichgewicht, Koordination) schwereren Grades.

Tabelle 2: Gruppengrößen und bivariate Überschneidungen der geriatrischen Problemgruppen: absolute, relative und kumulative Häufigkeiten (ungewichtete Daten).

	1	2	3	4	5	6	7	8	9	gesamt	kumulativ
1 Multimorbidität		34,0	30,7	22,0	34,3	26,5	15,2	27,0	22,3	35,3	35,3
2 Multimedikation	96		19,9	15,8	22,3	19,2	12,9	28,0	8,2	38,0	54,7
3 Hilfsbedürftigkeit	73	54		22,3	56,0	35,0	21,8	25,4	33,0	25,0	62,0
4 Inkontinenz	49	39	40		23,1	15,3	16,1	14,9	18,5	17,4	64,9
5 Immobilität	86	64	102	46		33,2	24,0	24,7	30,7	30,0	67,6
6 Sehbehinderung	62	50	63	27	67		23,1	16,0	27,4	22,1	69,0
7 Hörbehinderung	35	32	38	24	46	37		11,9	20,8	16,1	71,3
8 Depression	67	72	53	29	57	34	23		14,2	25,8	75,4
9 Demenz	53	23	59	31	62	48	33	30		21,1	76,9
gesamt	182	196	129	90	155	114	83	133	109		
kumulativ	182	282	320	335	349	356	368	389	397		

Anmerkung: Unterhalb der Diagonalen ist die jeweilige Anzahl der Personen, die sich in beiden Gruppen (siehe Zeile/Spalte) befinden, angegeben (Beispiel: Es gibt 96 Personen in der Gruppe mit Multimedikation und Multimorbidität). Oberhalb der Diagonalen ist der Anteil von allen Personen zweier Gruppen, die zu beiden Gruppen gehören, angegeben (Beispiel: Von allen Personen mit Multimorbidität oder Multimedikation [N=182+196−96=282] sind 34,0% [N=96] in beiden Gruppen).

Gruppe von Personen (N=119; 23% der Stichprobe; gewichtet auf die Ausgangspopulation 30%) keines davon aufweist. Diese Gruppe kann als Referenzgruppe dienen und zur Diskussion der theoretischen Frage nach normalem versus pathologischem Altern beitragen. Sie umfaßt Personen aus allen Altersgruppen (Altersbereich 70–96 Jahre, Mittelwert $\bar{x}$=78,9; s=6,9) und beiderlei Geschlechts (44% Frauen).

2. Psychische Gesundheit im Kontext körperlicher Morbidität

Im Hinblick auf die beiden wichtigsten psychischen Krankheiten im Alter, die Demenz und die Depression, ist bekannt, daß sehr unterschiedliche körperliche Krankheiten und Behinderungen typische affektive oder kognitive Symptome auslösen können (Biedert, Schreiter & Alm, 1987; Borson et al., 1986; Ouslander, 1982; Sosna & Wahl, 1983; Wells, Golding & Burnam, 1988; Welz et al., 1989). Bedingt durch die alterskorrelierte Zunahme körperlicher und seelisch-geistiger Morbidität – an der eine Vielzahl von Faktoren beteiligt ist, die an anderer Stelle ausführlich diskutiert werden (Steinhagen-Thiessen & Borchelt, Kapitel 6; Helmchen et al., Kapitel 7) –, gewinnen diese Zusammenhänge mit zunehmendem Alter an Bedeutung. Dasselbe gilt für die meist reversiblen, pharmakologisch induzierten klinischen Syndrome mit depressiver Verstimmung oder kognitiven Beeinträchtigungen und Delir, wobei Multimedikation aufgrund häufigerer unerwünschter Arzneimittelwirkungen gerade bei älteren Personen besonders berücksichtigt werden muß (Borchelt & Geiselmann, 1995; Borchelt & Horgas, 1994; Callahan, 1992; Larson, Kukull, Buchner & Reifler, 1987; Patten & Love, 1993).

Die Bedeutung sensorischer Behinderungen für affektive Störungen und kognitive Abbauprozesse wird noch kontrovers diskutiert (Eastwood, Corbin, Reed, Nobbs & Kedward, 1985; Gilhome Herbst & Humphrey, 1980; Peters, Potter & Scholer, 1988). Korrelationen wurden zwar wiederholt nachgewiesen, die Frage nach einer rein altersbedingten Koinzidenz ist allerdings noch offen.

Aus einer globaleren Perspektive ist insgesamt weitgehend unbekannt, ob und welche Bedeutung die Zusammenhänge zwischen körperlicher und psychischer Morbidität in der *Altenpopulation* haben, das heißt vor allem, ob und inwiefern sich die Demenz- und die Depressionsprävalenzen in verschiedenen geriatrischen Problemgruppen der Altenpopulation unterscheiden. Ebenso unklar ist, in welchem Maße die Alterskorrelation psychischer Morbidität von körperlichen Risikofaktoren beeinflußt wird.

Die korrelativen Zusammenhangsmuster zwischen psychischer und körperlicher Gesundheit im Alter stehen im Mittelpunkt der folgenden Analysen. Es geht dabei methodisch um die Ermittlung korrelativer Koinzidenzen und nicht um die Analyse von Kausalzusammenhängen zwischen körperlicher und psychischer Gesundheit. Faktoren und Prozesse, die das Auftreten signifikanter Koinzidenzen möglicherweise begünstigen, können nicht zuletzt aufgrund des querschnittlichen Designs nur in der Interpretation der Ergebnisse diskutiert werden.

2.1 Variabilität der Demenz- und Depressionsprävalenz

Die Prävalenzen der Depression und der Demenz in den durch körperliche Merkmale charakterisierten geriatrischen Problemgruppen sind in Abbildung 1 zusammengefaßt. Es zeigt sich, daß beide Erkrankungen in nahezu allen geriatrischen Problemgruppen häufiger vorkommen als in der Stichprobe insgesamt.

Im einzelnen ergibt sich, daß die Depression (Stichprobenprävalenz 26%) signifikant häufiger bei hilfsbedürftigen (41%), multimorbiden (37%), immobilen (37%) und multimedikamentös behandelten Personen (37%) zu beobachten ist. Die Demenz (Stichprobenprävalenz 21%) ist bei hilfsbedürftigen (46%), sehbehinderten (42%), immobilen (40%), hörbehinderten (40%), inkontinenten (34%) und multimorbiden Personen (29%) signifikant häufiger, bei multimedikamentös behandelten Personen (11%) allerdings signifikant seltener zu beobachten.

Da sich die geriatrischen Problemgruppen überschneiden, ist anzunehmen, daß die verschiedenen geriatrischen Merkmale nicht unabhängig voneinander mit psychiatrischer Krankheit assoziiert sind. Aufgrund der Gruppenüberschneidungen lassen sich die Zusammenhänge zumindest für Kombinationen mit je einem weiteren Merkmal prüfen (additive Effekte). Dabei zeigte sich für die Depression, daß nur die Multimedikation in allen anderen Gruppen additiv wirkte. Die maximale Depressionsprävalenz war dabei mit 56% bei den gleichzeitig hilfsbedürftigen und multimedikamentös behandelten Personen (N=54) zu beobachten. Das entspricht im Vergleich zur Referenzgruppe einer siebenfach größeren Auftretenswahrscheinlichkeit (relatives Risiko: 7,6; 95%-Konfidenzintervall: 3,7–15,3).

Eine entsprechende Analyse für die Demenz ergab, daß die Merkmale Multimedikation und Hilfs-

Abbildung 1: Prävalenz von Depression und Demenz in verschiedenen geriatrischen Problemgruppen.

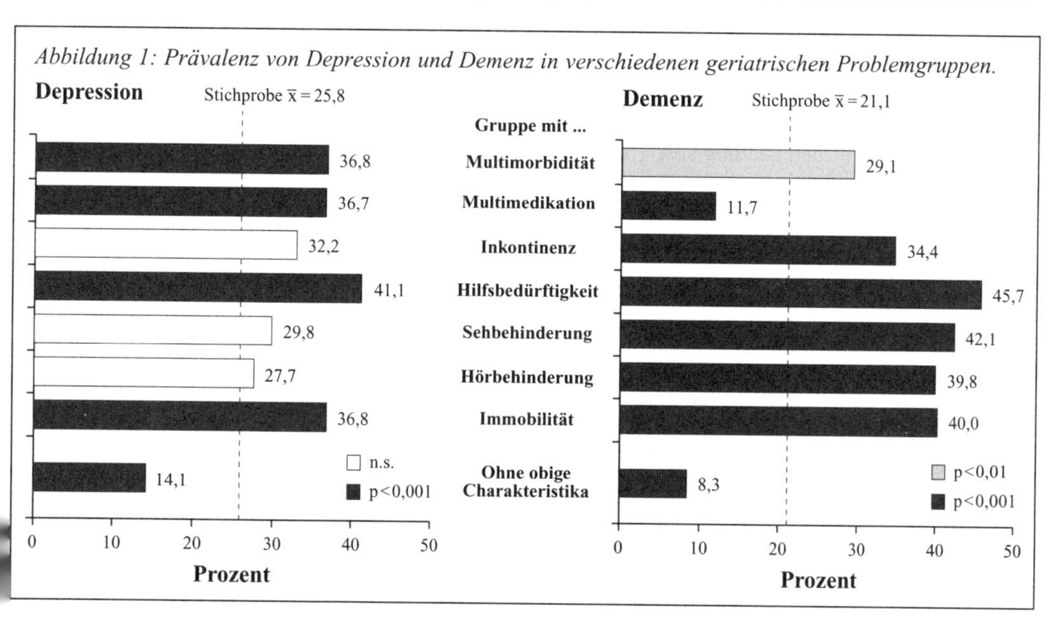

bedürftigkeit in allen anderen Gruppen additiv wirkten. Aufgrund der gegensinnigen Bedeutung der beiden Merkmale war die Demenzprävalenz in der Gruppe der Hilfsbedürftigen ohne Multimedikation (N=75) mit 62% am höchsten. Im Vergleich zur geriatrisch unauffälligen Referenzgruppe entspricht dies einem relativen Risiko von 24,5 (95%-Konfidenzintervall: 10,8–55,6). Dabei ist zu berücksichtigen, daß mit durchschnittlich 4,6 (s=2,3) diagnostizierten mittel- bis schwergradigen körperlichen Krankheiten diese Gruppe im Grunde morbider war als die übrige Stichprobe mit durchschnittlich 3,7 Diagnosen (s=2,3; F=9,06; p<0,01).

Bei der Interpretation dieser korrelativen Koinzidenzen sind sehr unterschiedliche Faktoren sowie methodische Aspekte zu berücksichtigen. Multimedikation und Hilfsbedürftigkeit können einerseits, da sie auch auf subjektiven Angaben beruhen, z. B. durch Klagsamkeit oder Gedächtniseinbußen konfundiert sein. Andererseits werden durch diese Korrelationen möglicherweise auch potentielle Konsequenzen psychischer Krankheit abgebildet – beispielsweise eine Tendenz zur Übermedikation bei Depression (Stuck et al., 1994) oder zur Unterdiagnostizierung körperlicher Krankheiten mit konsekutiver Untermedikation bei dementen Personen (Larson, Reifler, Sumi, Canfield & Chinn, 1985). Hilfsbedürftigkeit wiederum ist als eine der wesentlichsten psychosozialen Konsequenzen der Demenz bekannt (Helmchen et al., Kapitel 7) und kann außerdem sowohl Folge als auch Ursache depressiver Reaktionen sein (Wells et al., 1989).

Geringere Konfundierungen dieser Art sind dagegen für körperliche Multimorbidität, Immobilität sowie Seh- und Hörbehinderungen anzunehmen. Die Analyse von Interaktionen dieser Merkmale ergab keine additiven Effekte für die Multimorbidität, wohl aber für Seh- und Hörbehinderung sowie für Hörbehinderung und Immobilität, die in Kombination deshalb besonders oft mit Demenz einhergehen.

Unter gleichzeitig seh- und hörbehinderten Personen (N=37) hatte die Demenz eine Prävalenz von 57% (relatives Risiko: 5,8 [95%-Konfidenzintervall: 2,9–11,6], im Vergleich zur Referenzgruppe: 20,3 [7,9–51,7]) und bei gleichzeitiger Hörbehinderung und Immobilität (N=46) eine Prävalenz von 52% (relatives Risiko: 4,9 [2,1–9,6], im Vergleich zur Referenzgruppe: 16,8 [6,9–41,0]). Im Vergleich dazu beträgt beispielsweise die Stichprobenprävalenz der Demenz bei den 85jährigen und Älteren 34% (relatives Risiko gegenüber der Stichprobe 70- bis 84jähriger: 5,5 [3,3–9,1]). Dies gibt bereits einen Hinweis darauf, daß möglicherweise die Prävalenz psychischer Krankheit stärker mit körperlichen Gesundheits- als mit Altersunterschieden variiert. Um diesen Aspekt genauer zu klären, ohne allerdings wegen Fehlens longitudinaler Daten die temporale Kausalität klären zu können, bedarf es multivariater statistischer Verfahren, die die beiden Effekte – Alter und körperliche Gesundheit – gegeneinander testen.

2.2 Erklärungsmodell: Körperliche Morbidität versus Alter

Es soll hier darum gehen zu prüfen, ob die Koinzidenz psychischer und körperlicher Krankheit im Alter ausreichend dadurch erklärt werden könnte, daß beide positiv alterskorreliert sind und deshalb zunehmend häufiger nebeneinander zu beobachten sind. Geschlecht ist in diesem Zusammenhang ebenfalls eine wichtige Hintergrundsvariable, da Geschlechtsunterschiede im Alter in beiden Gesundheitsbereichen bestehen (M. M. Baltes et al., Kapitel 22). Wir fassen Alter und Geschlecht in diesem Kontext als globale Indikatorvariablen auf, die die potentiell an der Entwicklung von psychischer Krankheit mitbeteiligten biologischen, soziodemographischen und psychischen Prozesse des Alterns abbilden. Gegen die Wirksamkeit dieser Aspekte soll die Bedeutung derjenigen körperlichen Merkmale, die nicht a priori auch als Konsequenzen psychischer Krankheit angesehen werden müssen (Multimorbidität, Seh- und Hörbehinderung, körperliche Immobilität), in einem multivariaten statistischen Modell getestet werden.

Der univariate Ausgangspunkt der nachfolgenden hierarchischen log-linearen Analyse ist in Tabelle 3 wiedergegeben. Es geht darum festzustellen, ob ein Modell ohne Berücksichtigung der univariat signifikanten Alters- und Geschlechtsunterschiede ausreicht, um die in den Daten enthaltenen korrelativen Zusammenhänge insgesamt zu repräsentieren.

Ein initial vollständig saturiertes Modell zeigte, daß keine Mehrfachinteraktionen zwischen den Variablen berücksichtigt werden müssen und daß Geschlechtsunterschiede in körperlicher Multimorbidität ($\chi^2_{(1)}$=2,6; p=0,11) und sensorisch-motorischen Funktionseinbußen ($\chi^2_{(1)}$=0,2; p=0,63) in diesem Modell nicht berücksichtigt werden müssen. Das um diese Effekte reduzierte Modell zeigt Abbildung 2.

Alter und Geschlecht, sensorisch-motorische Funktionseinbußen und körperliche Multimorbidität sind unabhängig voneinander mit psychischer Morbidität assoziiert. Keiner dieser Effekte kann ohne signifikante Verschlechterung des Datenfits aus dem Modell entfernt werden. Daraus kann zwar abgeleitet werden, daß alle Alternativmodelle die Daten schlechter re-

Tabelle 3: Korrelate psychischer Krankheit im Alter (relative Häufigkeit je psychiatrische Gruppe in %).

	Psychiatrische Gruppe				
	Demenz N=79	Depression N=103	Demenz und Depression N=30	Ohne Demenz und Depression N=304	$\chi^2_{(3)}$
Körperliche Multimorbidität	40,5	44,7	70,0	27,3	29,2 p<0,001
Sensorisch-motorische Funktionseinbußen[1]	74,7	49,5	80,0	31,1	66,8 p<0,001
85jährig und älter	81,0	50,5	76,7	39,1	53,3 p<0,001
Weiblich	50,6	55,3	80,0	45,1	14,9 p<0,01

1 Visus, Gehör, Gleichgewicht, Koordination.

präsentieren werden, jedoch nicht, daß alle Alternativmodelle einen insgesamt unzureichenden Datenfit aufweisen würden. Wir haben daher zwei weitere Modelle getestet, die die Bedeutung der beiden potentiellen Haupteffekte – Alter und Funktionseinbußen – zusätzlich abschätzen helfen. Bei erwartet schlechterem Fit zeigte sich, daß das Modell ohne den Alterseffekt für die Repräsentation der Daten grenzwertig akzeptabel wäre (Likelihood ratio L. R.-$\chi^2_{(44)}$=56,1; p=0,105; Pearson-$\chi^2_{(44)}$=59,3; p=0,062), das Modell ohne die sensorisch-motorischen Funktionseinbußen (L. R.-$\chi^2_{(44)}$=63,2; p=0,030; Pearson-$\chi^2_{(44)}$= 65,4; p=0,020) jedoch sicher nicht.

2.3 Zusammenfassende Diskussion

Das zentrale Ergebnis der vorgestellten Analysen ist, daß die Alterskorrelationen psychischer und körperlicher Krankheit nicht ausreichen, ihre signifikante korrelative Koinzidenz im Alter zu erklären. Umgekehrt deuten die Befunde darauf hin, daß sich die Alterskorrelation psychischer Morbidität aufhebt, wenn für körperliche Morbidität kontrolliert wird (Abb. 3).

Bei der Interpretation dieser Befunde sind zunächst potentielle Kausalzusammenhänge zu diskutieren. Im Hinblick auf die Depression deuten die Daten darauf hin, daß körperliche Multimorbidität

Abbildung 2: Log-lineares Modell der Zusammenhänge zwischen körperlicher und psychischer Morbidität im Alter.

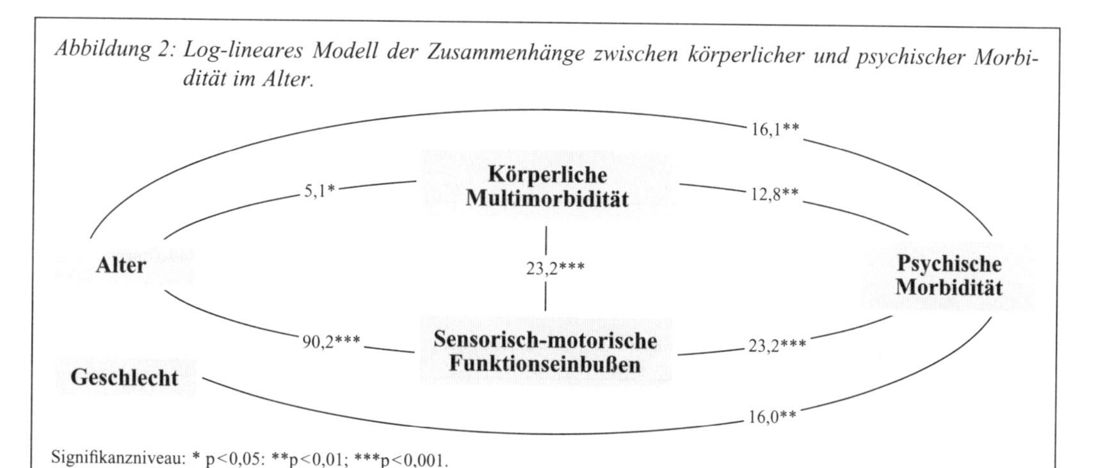

Signifikanzniveau: * p<0,05: **p<0,01; ***p<0,001.
Model-Fit: L. R.-$\chi^2_{(41)}$=39,2; p=0,552; Pearson-χ^2=41,8; p=0,436.
Anmerkung: Je Zusammenhang sind die χ^2-Änderungen angegeben, die bei Entfernung des Effekts aus dem Modell auftreten würden.
L. R.: Likelihood ratio

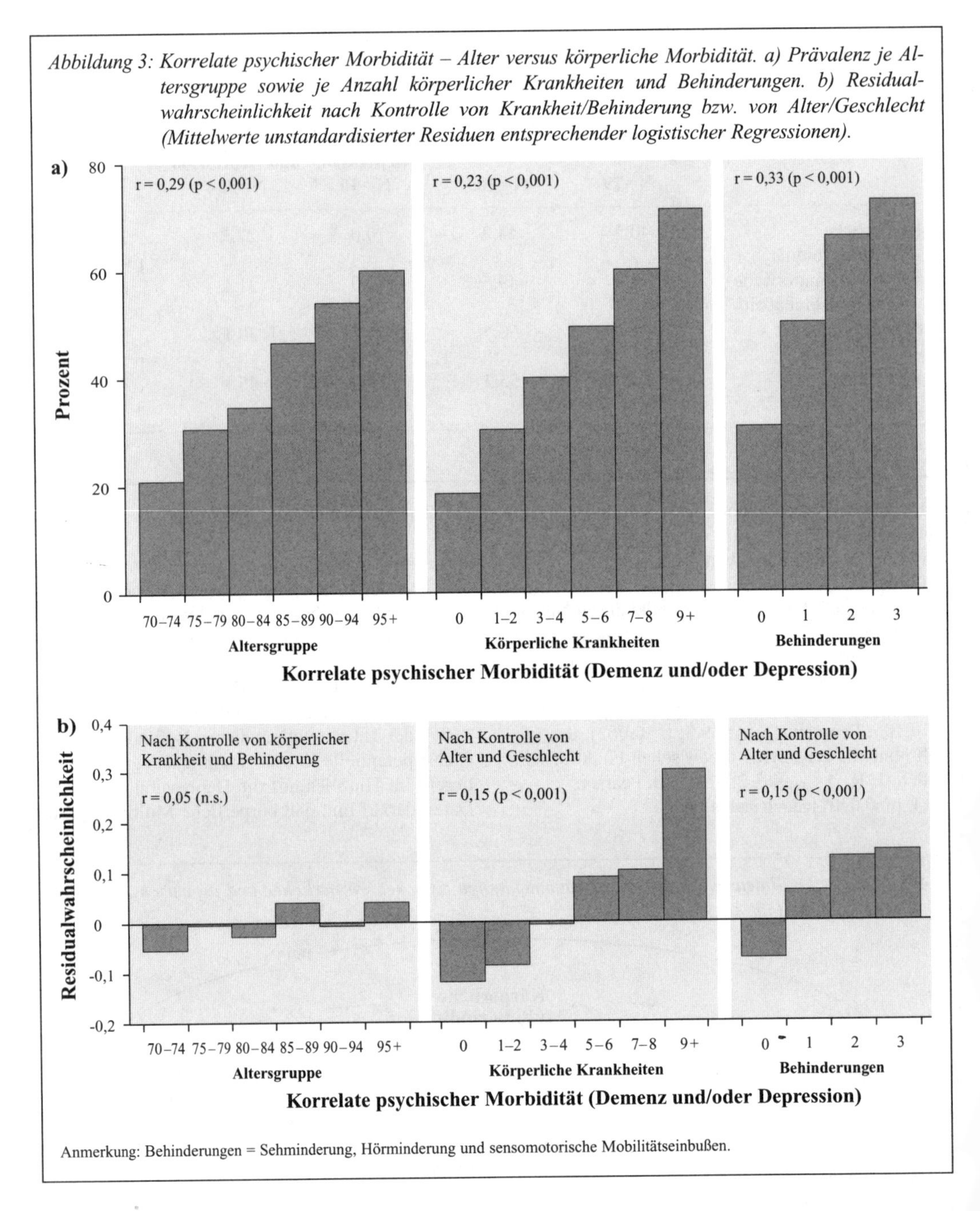

Abbildung 3: Korrelate psychischer Morbidität – Alter versus körperliche Morbidität. a) Prävalenz je Altersgruppe sowie je Anzahl körperlicher Krankheiten und Behinderungen. b) Residualwahrscheinlichkeit nach Kontrolle von Krankheit/Behinderung bzw. von Alter/Geschlecht (Mittelwerte unstandardisierter Residuen entsprechender logistischer Regressionen).

Anmerkung: Behinderungen = Sehminderung, Hörminderung und sensomotorische Mobilitätseinbußen.

und Mobilitätseinbußen als Risikofaktoren für depressive Störungen im Alter hervorzuheben sind. Aus anderen Analysen (siehe Steinhagen-Thiessen & Borchelt, Kapitel 6) wissen wir, daß Mobilitätseinbußen entscheidende körperliche Risikofaktoren für Hilfsbedürftigkeit im Alter sind. Zusammen mit der Beobachtung, daß in der Gruppe der hilfsbedürftigen Alten (Abb. 1) die Depression häufiger (41%) ist als in der durch Immobilität betroffenen Gruppe (37%), könnte – konsistent mit den Ergebnissen anderer Untersuchungen (Murphy, 1982; Ouslander, 1982; Wells et al., 1989) – abgeleitet werden, daß die durch Immobilität bedingte Hilfsbedürftigkeit eine besondere Risikokonstellation für depressive Störungen im Alter darstellt.

Auch wenn sensomotorische Mobilitätseinbußen objektiv gemessen wurden, ist eine Überschätzung der Zusammenhänge nicht sicher auszuschließen, da Hilfsbedürftigkeit subjektiv eingeschätzt wurde und durch Aggravierung bei Depressiven beeinflußt sein kann. Andererseits ist jedoch zu berücksichtigen, daß schwere Depressionen in der Stichprobe fehlen, wodurch gleichzeitig auch eine Unterschätzung des Zusammenhangs möglich ist. Insgesamt entspricht die Prävalenz körperlicher Krankheit oder Behinderung bei Depressiven aber durchaus bisherigen Erkenntnissen (vgl. Häfner, 1992).

Im Hinblick auf die Demenz ist festzuhalten, daß sie unabhängig vom Alter überzufällig oft zusammen mit körperlicher Multimorbidität, mit Seh- und Hörbehinderung sowie sensomotorischen Mobilitätseinbußen beobachtet wurde. Da die körperliche Multimorbidität vor allem auf Krankheiten des kardiovaskulären Systems zurückgeht (Steinhagen-Thiessen & Borchelt, Kapitel 6), kann dieser Befund ein Ausdruck für die – zu erwartende – vaskuläre Genese einiger der beobachteten Demenzsyndrome sein. Ferner sind metabolisch-endokrine Krankheiten wie Hypothyreose oder Diabetes mellitus als Ursache sekundärer dementieller Syndrome bekannt und können für den Zusammenhang eine Rolle spielen, da entsprechende Diagnosen auf der Grundlage labordiagnostischer Befunde relativ sicher gestellt werden konnten.

Ob andererseits sensorisch-motorische Behinderungen tatsächlich Risikofaktoren für die Entwicklung einer Demenz darstellen, läßt sich ohne prospektive Daten und größere Fallzahlen kaum sicher überprüfen. In BASE können nur 26 Personen identifiziert werden, die eine Demenz ohne entsprechende Einbußen aufweisen. Immerhin gehören 14 von diesen der Gruppe der 70- bis 84jährigen und zwölf der Gruppe der 85jährigen und Älteren an – es zeigt sich hier also kein Alterstrend.

Insgesamt sprechen die Daten gegen eine rein altersvermittelte Koinzidenz (Eastwood et al., 1985) und stützen die Vermutung, daß einige der Prozesse, die zu sensorischen, sensomotorischen und kognitiven Funktionseinbußen führen, eine gemeinsame neuropathologische Basis haben (Fozard, 1990; Johnson, Adams & Lewis, 1989; Peters et al., 1988; Teasdale, Lajoie, Bard, Fleury & Courtemanche, 1993), so daß gewisse Einschränkungen der Sehschärfe und des Gehörs sowie des Gleichgewichts und der Koordination Ausdruck derselben zerebralen Veränderungen sein könnten, die auch das Auftreten einer Demenz begünstigen. In diesem Sinne wäre die Korrelation zwischen Demenz und sensorisch-motorischen Funktionseinbußen Ausdruck eines gemeinsamen „normalen" und/oder „pathologischen" Alternsprozesses.

Funktionelle Aspekte könnten für die Zusammenhänge ebenfalls eine Rolle spielen. Visus, Gehör und Mobilität stellen wichtige Voraussetzungen für die Interaktion mit der Umwelt dar und damit auch für die zeitliche und räumliche Orientierung in ihr (vgl. Marsiske et al., Kapitel 14). Möglicherweise beeinflussen Behinderungen in diesen Bereichen die kognitive Orientiertheit, die ein wichtiges Kriterium für die Diagnose einer Demenz darstellt. Allerdings müßten hier weitere Faktoren hinzutreten, da Blindheit oder Taubheit allein eindeutig nicht mit einem erhöhten Demenzrisiko einhergehen. Umgekehrt ist aber auch zu berücksichtigen, daß kognitive Defizite (als Symptome einer Demenz) langfristig zu einem Deprivationssyndrom führen können, welches wiederum ursächlich an Verlusten in anderen Funktionsbereichen beteiligt sein könnte (Lindenberger & Baltes, 1994).

Auch wenn methodische Artefakte nicht ausgeschlossen werden können, sind diesbezüglich eher geringe Effekte zu vermuten, da sensorische und sensomotorische Funktionseinbußen mit einfachen objektiven Tests (Audiometrie, Sehprobentafel, Gang- und Standprüfung) ermittelt wurden. Dabei war im Vergleich zu Methoden, die von einer Kooperation des Untersuchten stärker abhängen wie etwa Lungenfunktionsprüfungen (nicht durchführbar bei 12% der Dementen im Vergleich zu 4% bei Nicht-Dementen), beispielsweise nur bei fünf Dementen eine Visusprüfung nicht durchführbar (5% im Vergleich zu 3% bei Nicht-Dementen).

Insgesamt hat sich gezeigt, daß vom Alter unabhängige Zusammenhänge zwischen körperlicher und seelisch-geistiger Gesundheit im Alter bestehen. Folgerichtig werden, wie zu Beginn des Kapitels dargestellt, die Gruppen mit Demenz und mit Depression als weitere geriatrische Problemgruppen zusammen mit den übrigen auf Unterschiede in psychosozialen Charakteristika und subjektiven Gesundheitswahrnehmungen hin untersucht.

3. Psychosoziale Lebenssituationen im Kontext geriatrischer Morbidität

Die Lebenssituationen älterer Menschen werden oft durch verschiedene psychosoziale Ereignisse existentiell beeinflußt, z. B. durch den Verlust des Lebenspartners oder die Auflösung des eigenen Haushaltes. Körperliche wie psychische Krankheit kann dabei sowohl auslösendes Moment als auch Konsequenz der veränderten psychosozialen Lebenssituation sein. Die Untersuchung dieser Zusammenhänge hat, beispielsweise in der Streß- oder Belastungsforschung, eine lange sozialmedizinische wie medizinsoziologische Tradition (Badura, 1981; Elliot & Eisdorfer, 1982). In gewisser Hinsicht als „Gegengewicht" hierzu hat sich die Erforschung sozialer Schutzfaktoren oder Ressourcen vor allem in der Soziologie (J. C. Cassel, 1975), der Psychiatrie (Alloway & Bebbington, 1987; Rutter, 1987; Veiel, 1987) und der Psychologie (Staudinger, Marsiske & Baltes, 1995) entwickelt.

Viele Studien operationalisieren psychosoziale Risiken durch kritische Lebensereignisse wie Institutionalisierung (Bickel & Jäger, 1986) und Verwitwung (Magaziner, Cadigan, Hebel & Parry, 1988), wobei Risiko in diesem Zusammenhang allgemein verstanden wird. Schutzfaktoren werden in erster Linie in psychosozialen Ressourcen gesehen, wie z. B. in Bildung (House et al., 1990; Siegrist, 1989; Williams, 1990), Einkommen (Fox & Carr-Hill, 1989; George, 1989; Haan & Kaplan, 1986; Kitagawa & Hauser, 1973; Ritz, 1989), sozialen Beziehungen (Cohen & Syme, 1985; Kaplan & Haan, 1989; Sabin, 1993) oder psychologischen Konzepten wie Anpassungs- oder Widerstandsfähigkeit (Staudinger et al., Kapitel 12).

Ausgehend von diesen Studien haben wir in Anlehnung an R. C. Taylor (1992) zunächst die wichtigsten psychosozialen *Risiken* (Einkommensarmut, soziale Isolation, Verlust von nahestehenden Personen, kürzlicher Wohnungswechsel, Institutionalisierung) und *Ressourcen* (hohe Bildung, materieller Wohlstand, Partnerschaft, großer Freundeskreis, in der Stadt lebende Kinder, überdurchschnittliche Zufriedenheit) identifiziert. Diese Faktoren werden im folgenden zusätzlich unterschieden in solche, die vom aktuellen Gesundheitszustand durchaus beeinflußt sein können, und solche, die entweder außerhalb der individuellen Kontrolle liegen, wie z. B. der Tod von eng verbundenen Personen, oder lebensgeschichtlich früher entstanden, wie z. B. der erreichte Bildungsstand (für Definitionen siehe Tabelle 4). Da sich Persönlichkeitsmerkmale wie Bewältigungsstrategien (Lachman, 1986) nicht a priori als psychosoziale Ressourcen oder Risiken definieren lassen, werden diese hier nicht betrachtet, zumal ihre Zusammenhänge zur Gesundheit ausführlich an anderer Stelle dargestellt werden (Staudinger et al., Kapitel 12).

Zunächst soll untersucht werden, ob sich bestimmte psychosoziale Risiken und Ressourcen in Abhängigkeit von geriatrischen Merkmalen variabel in der Altenpopulation verteilen. Daraus könnte ein erster Hinweis auf die Bedeutung von Krankheit und Behinderung für die psychosoziale Lebenssituation abgeleitet werden.

3.1 Variabilität der Prävalenz psychosozialer Charakteristika

Die gruppenspezifischen Prävalenzen psychosozialer Risiken sind in Abbildung 4 dargestellt. Es zeigt sich, daß ein Wohnungswechsel innerhalb der letzten zwei Jahre (Abb. 4a) vor allem in den Gruppen mit Demenz (28%), mit Hilfsbedürftigkeit bei den Alltagsaktivitäten (25%), mit Sehbehinderung (22%) und mit Immobilität (19%) erhoben worden war. Im Vergleich dazu wurde in der geriatrisch gesunden Referenzgruppe ein kürzlicher Wohnungswechsel nur sehr selten angegeben (3%). Aufgrund dieser Zusammenhänge erstaunt es nicht, daß der Wohnungswechsel für 41 (76%) der insgesamt 54 betroffenen Personen einen Wechsel in eine Institution (Seniorenheim oder Krankenhaus für chronisch Kranke) bedeutete. Dessenungeachtet ist aufgrund der querschnittlichen Datenlage letztlich jedoch nicht entscheidbar, ob der Wohnungswechsel tatsächlich eine Konsequenz, ein Antezedens oder nur ein indirektes Korrelat der gesundheitlichen Situation darstellt.

Der Anteil der zum Untersuchungszeitpunkt in Heimen lebenden Personen je geriatrischer Problemgruppe reflektiert diese Zusammenhänge (Abb. 4b) – mit einigen wichtigen zusätzlichen Aspekten. In der Gruppe mit Inkontinenz gibt es einen größeren Anteil institutionalisierter Personen (21%), als aufgrund der Stichprobenprävalenz (14%) zu erwarten wäre. Aufgrund bisheriger Erkenntnisse ist anzunehmen, daß die Institutionalisierung als Ursache der Inkontinenz anzusehen ist (Cassileth et al., 1984). Dieser Zusammenhang wird leider immer noch befördert durch die implizite „Erziehung zur Unselbständigkeit" in vielen Heimen.

Hervorzuheben ist auch die signifikant niedrigere Prävalenz der Institutionalisierung in der multimedi-

Tabelle 4: Definitionen psychosozialer Risiken und Ressourcen im Alter.

Kategorien	Definition[1]
Risiken	
Kürzlicher Wohnungswechsel[2]	Angabe zur Dauer der aktuellen Wohnsituation (bis zu zwei Jahren: N=54)
Institutionalisierung	Beobachtete Wohnadresse (Seniorenheim oder Krankenhaus für chronisch Kranke: N=74)
Einkommensarmut	Angaben zum Haushaltseinkommen (HHE), Vermögen, Besitz und Sozialhilfe (HHE unter 1.400 DM und kein Vermögen oder Besitz; oder Sozialhilfe: N=78)
Soziale Isolation	Angaben zur Lebenssituation und zum sozialen Netzwerk (alleinlebend, keine in der Stadt lebenden Kinder und keine eng verbundenen Personen: N=61)
Verluste	Angaben zum Tod von nahestehenden Personen (mindestens zwei in den letzten fünf Jahren verstorbene eng verbundene Personen: N=259)
Ressourcen	
Partnerschaft	Angaben zur Lebenssituation (lebt mit Partner zusammen: N=162)
Zufriedenheit	Subjektive Zufriedenheit mit dem Leben und dem eigenen Altern (beides als „gut“ oder „sehr gut“ eingeschätzt: N=119)
Materieller Wohlstand	Angaben zu finanziellen Ressourcen (HHE über 2.200 DM plus Vermögen und/oder Besitz wie z. B. Immobilien: N=109)
Großer Freundeskreis	Mindestens zwei eng verbundene Personen benannt (N=127; Median: 4 eng verbundene Personen)
Bildung	Angaben über Schul- und Berufsausbildung (beides abgeschlossen: N=118)
In Berlin lebende Kinder	Angaben zu Kindern mit Wohnsitz in Berlin (mindestens ein Kind: N=276)

1 Vgl. auch Mayer & Wagner, Kapitel 9.
2 Faktoren, die durch Krankheit/Behinderung beeinflußt sein können, sind kursiv gedruckt.

kamentös behandelten Gruppe. Dieser Befund reflektiert möglicherweise die aus dem vorangegangenen Abschnitt bekannte Interaktion mit der Demenz. Aus der Kombination der beiden Befunde läßt sich vermuten, daß Demenz und Institutionalisierung potentielle Determinanten einer geringeren Medikationsintensität im Alter sind.

Einkommensarmut (Abb. 4c) fand sich hochsignifikant gehäuft bei hilfsbedürftigen (26%), immobilen (25%) und hörbehinderten Personen (25%). Ohne Berücksichtigung von Alters- und Geschlechtsunterschieden sind diese Befunde jedoch nicht interpretierbar. Die Anpassung eines hierarchischen loglinearen Modells an die Daten zur Einkommensarmut ergab, daß sich die einzelnen Zusammenhänge insgesamt durch den Effekt der Hilfsbedürftigkeit darstellen lassen, wobei sich dieser wiederum auch bei Berücksichtigung von Geschlechtsunterschieden durchsetzte. Das relative Risiko der Einkommensarmut ist für hilfsbedürftige Alte 2,6fach höher als das der in Alltagsaktivitäten Selbständigen (95%-Konfidenzintervall: 1,5–4,3). Angesichts der Tatsache, daß bei Hilfs- und Pflegebedürftigkeit auch individuelle finanzielle Ressourcen zur Finanzierung erforderlicher Unterstützungsleistungen eingesetzt werden müssen, ist dieser Befund unmittelbar plausibel[1] (vgl. hierzu auch G. Wagner et al., Kapitel 10; Linden et al., Kapitel 18).

Soziale Isolation (Abb. 4d) fand sich nur marginal häufiger in den geriatrischen Problemgruppen als in der gesamten Stichprobe oder im Vergleich zur geriatrisch gesunden Gruppe. Statistisch unterscheiden sich die Prävalenzen nicht von dem aufgrund der Stichprobenprävalenz (12%) erwarteten Wert.

In bezug auf psychosoziale Ressourcen (Abb. 5) drehen sich die Verhältnisse erwartungsgemäß um. Die geriatrischen Problemgruppen zeichnen sich insgesamt im Vergleich zur geriatrisch gesunden Gruppe vor allem durch eine geringere Prävalenz von Partnerschaft und Lebens-/Alterszufriedenheit aus. Wäh-

1 In diesem Zusammenhang ist zu berücksichtigen, daß die Befragung vor Einführung der Pflegeversicherung stattgefunden hat.

rend hinsichtlich der Häufigkeit des Zusammenlebens mit einem Partner (Abb. 5a) noch gewisse Unterschiede zwischen den verschiedenen geriatrischen Gruppen zu bestehen scheinen (wobei vor allem Personen mit sensorisch-motorischen Behinderungen und psychischen Erkrankungen besonders häufig alleinstehend sind), ist gute oder sehr gute Lebens- und Alterszufriedenheit in fast allen geriatrischen Gruppen kaum anzutreffen (Abb. 5b) – insbesondere nicht bei Depressiven (5 %), Inkontinenten (8 %) und Hilfsbedürftigen (9 %) im Vergleich zu den geriatrisch Gesunden (42 %).

Materieller Wohlstand (Abb. 5c) ist in den meisten geriatrischen Gruppen ebenfalls seltener als in der

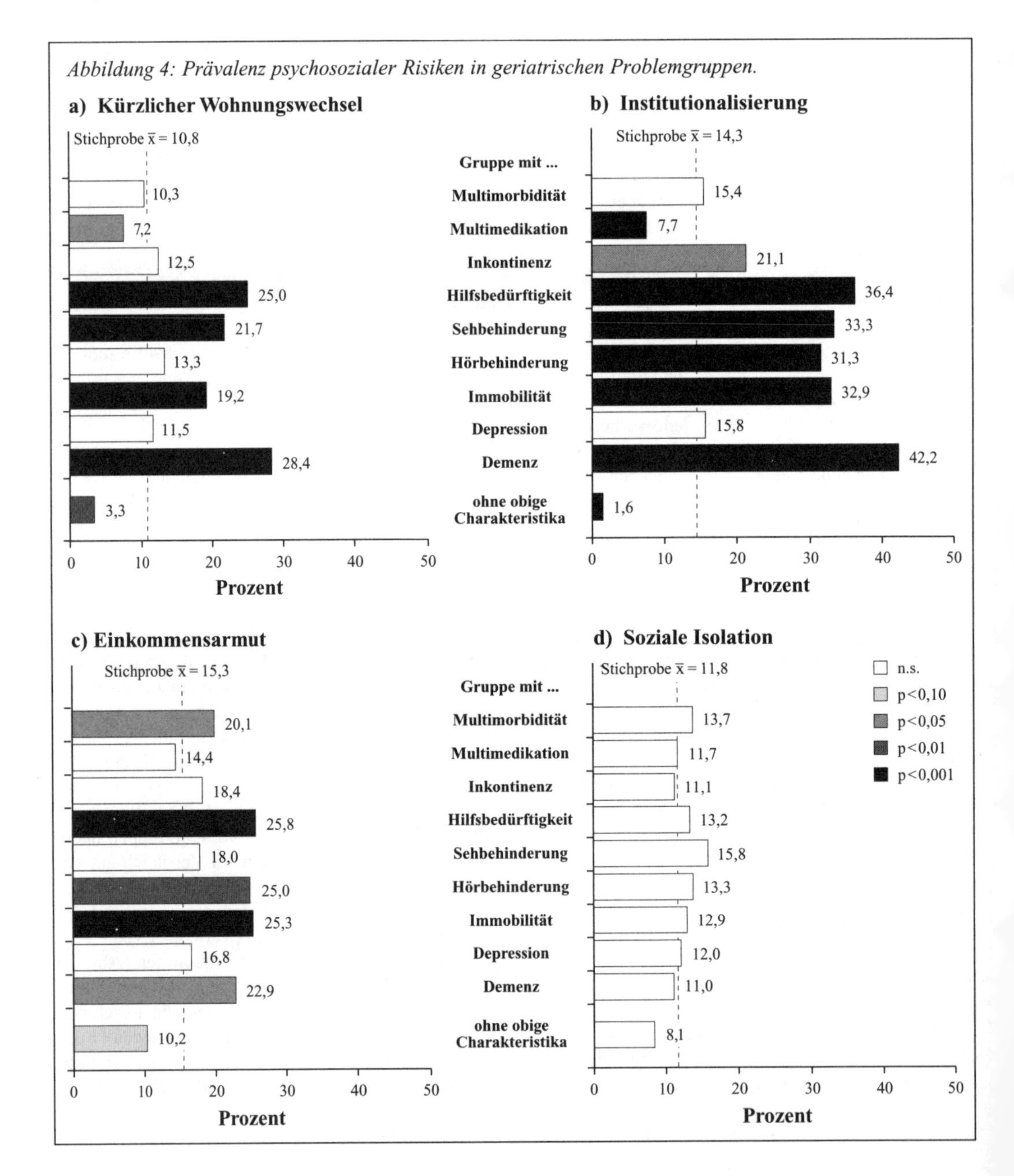

Abbildung 4: Prävalenz psychosozialer Risiken in geriatrischen Problemgruppen.

Stichprobe insgesamt anzutreffen. Auch wenn durchaus nicht auszuschließen ist, daß dieser Befund von der Richtung her auf Gesundheitsunterschiede durch Schichtzugehörigkeit (Kitagawa & Hauser, 1973) zurückzuführen ist, so gilt doch beispielsweise für die Hilfsbedürftigkeit auch der umgekehrte Fall – wie bereits zur Einkommensarmut näher ausgeführt. Der Befund häufigeren Wohlstands in der multimedikamentös behandelten Gruppe kann ohne Berücksichtigung anderer Zusammenhänge (Geschlecht, Alter, Depression) nicht sinnvoll interpretiert werden.

In bezug auf die Häufigkeit größerer Freundeskreise (Abb. 5d) – das bedeutet hier mindestens zwei als eng verbunden angegebene Personen – weichen

Abbildung 5: Prävalenz psychosozialer Ressourcen in geriatrischen Problemgruppen.

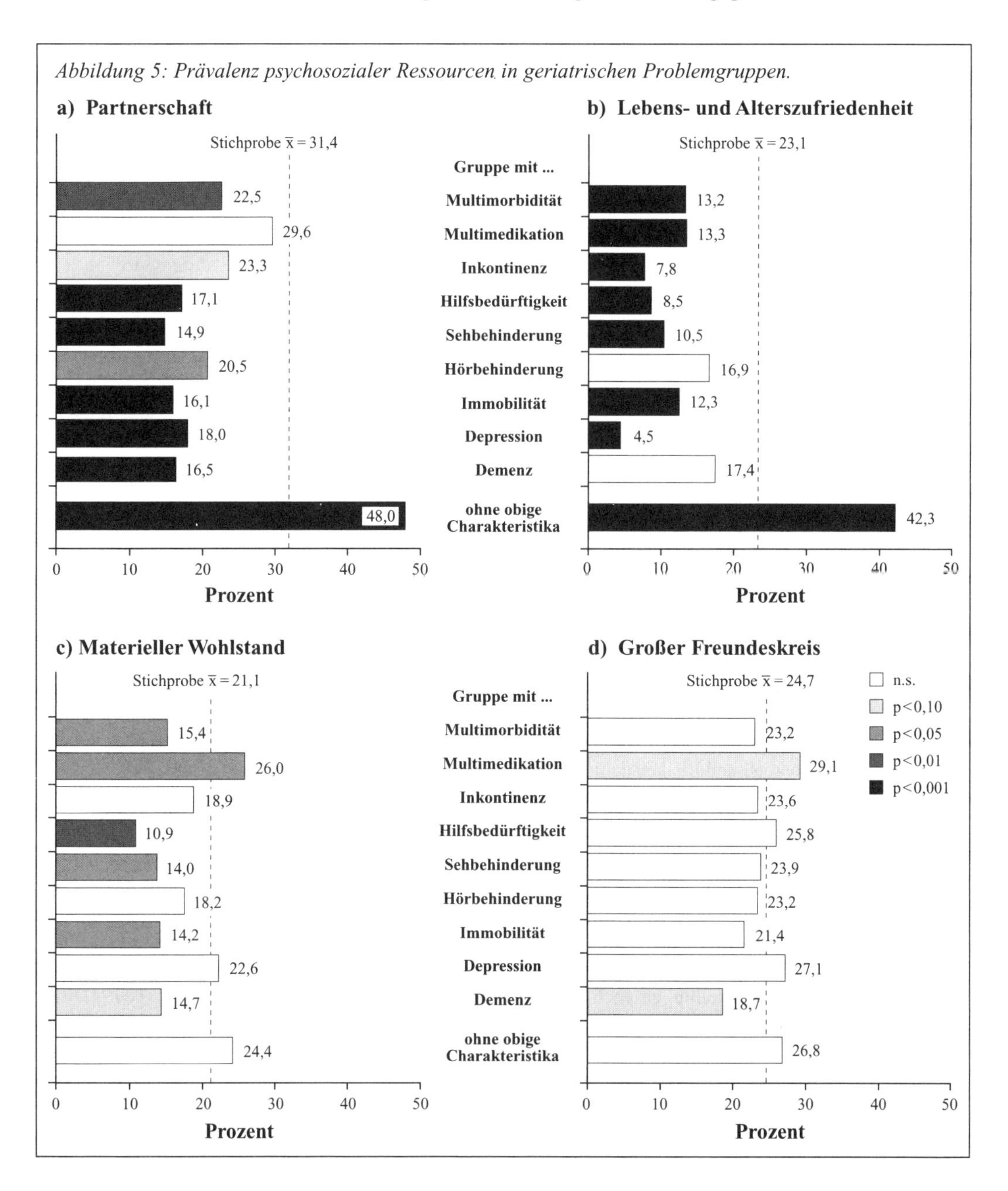

weder die geriatrischen Gruppen noch die gesunde Referenzgruppe signifikant von dem aufgrund der Stichprobenprävalenz erwarteten Wert (25%) ab.

Diese deskriptiven Analysen geben bereits einen Hinweis darauf, wie unterschiedlich verschiedene Personen möglicherweise altern (vgl. P. B. Baltes et al., Kapitel 1; Maddox, 1987; Steinhagen-Thiessen & Borchelt, 1993). Es muß jedoch angenommen werden, daß Alter und Geschlecht zumeist ebenfalls für die Zusammenhänge große Bedeutung haben. Deshalb wollen wir anhand eines theoretisch fundierten Modells testen, in welchem Maße die psychosoziale Lebenssituation unabhängig von Alter und Geschlecht durch Krankheit und Behinderung beeinflußt sein könnte. Zur Beantwortung dieser Frage untersuchen wir wiederum, ob und inwiefern die korrelativen Zusammenhänge in den Querschnittsdaten mit theoriegeleiteten Modellvorstellungen über spezifische Kausalzusammenhänge prinzipiell in Einklang zu bringen sind.

3.2 Erklärungsmodell: Morbidität versus Alter

Über die Wechselwirkungen zwischen einzelnen psychosozialen Faktoren (z. B. Bildung, Einkommen, Wohnsituation) und ihre Kausalbeziehungen zur Gesundheit existieren verschiedene Modellvorstellungen (Waltz, 1981). Es wird einerseits angenommen, daß die negativen Auswirkungen psychosozialer, gesundheitlicher oder verhaltensbedingter Stressoren entweder (1) durch individuelle Ressourcen (Schutzfaktoren) kontinuierlich moduliert (*triggering model*) oder (2) bis zu einer bestimmten Schwelle vollständig abgewehrt werden (*shield model*; Caplan, 1974).

Andererseits werden additive oder interaktive Effekte zwischen Ressourcen und Risiken dahingehend diskutiert, daß (3) das Fehlen von Ressourcen prinzipiell auch als zusätzlicher Risikofaktor angesehen werden könnte (*additive model*; Wheaton, 1980) oder (4) bestimmte Ressourcen nur in Abhängigkeit von bestimmten vorhandenen Risiken wirksam werden, als eine Art „soziales Immunsystem" (*buffering model*; J. C. Cassel, 1975; Cobb, 1976).

Eine wichtige, zur Zeit noch offene Frage ist, inwieweit diese Modellvorstellungen auch für das sehr hohe Alter relevant sind und welche Faktoren dabei im Vordergrund stehen. In welchem Ausmaß kann Krankheit oder Behinderung im sehr hohen Alter den Verlust von psychosozialen Ressourcen oder den Zuwachs an Risiken erklären?

Methodisch lassen sich, in Anlehnung an die Modellvorstellungen über additive und interaktive Effekte zwischen gesundheitlichen und psychosozialen Faktoren, die jeweilige Anzahl der psychosozialen Ressourcen und Risiken konstruieren und als Globalindikatoren kumulierter psychosozialer Faktoren interpretieren (additive model)[2]. Unter der Annahme, daß vorhandene Ressourcen die Wechselwirkungen zwischen Gesundheit und psychosozialen Risiken kontinuierlich modulieren (triggering model), wurde außerdem die Differenz aus Ressourcen und Risiken berechnet und, aufgefaßt als ein hypothetischer Indikator für „psychosoziale Reserven", ebenfalls in die Korrelationsanalysen einbezogen. Nicht zuletzt wegen der geringen Interkorrelation zwischen Ressourcen und Risiken ($r=-0{,}32$) zeigte sich in diesem Differenzmaß eine relativ breite und stabile Variabilität mit Werten zwischen -4 und +5 und Besetzungszahlen bis maximal 130 Personen.

Die Ergebnisse der Korrelationsanalysen sind in Tabelle 5 zusammengestellt. Einbezogen wurden die für die Definition der geriatrischen Gruppen benutzten, kontinuierlichen Variablen und die konstruierten Indikatoren der kumulierten psychosozialen Risiken und Ressourcen sowie Alter und Geschlecht. Für unsere Frage nach altersunabhängigen Korrelationen zwischen sozialen und gesundheitlichen Faktoren sind dabei die ermittelten Partialkorrelationen von entscheidender Bedeutung.

Im einzelnen zeigte sich, daß unabhängig von Alter und Geschlecht die *Anzahl psychosozialer Ressourcen* mit dem Schweregrad einer Nahvisusminderung ($r=-0{,}18$; $p<0{,}001$), eines Hörverlusts im Sprachbereich ($r=-0{,}14$; $p<0{,}01$) und einer Demenz ($r=-0{,}14$; $p<0{,}01$) abnimmt, während die *Anzahl psychosozialer Risiken* mit dem Schweregrad einer Demenz ($r=+0{,}20$; $p<0{,}001$), mit der Ausprägung von Hilfsbedürftigkeit in Alltagsaktivitäten ($r=+0{,}17$; $p<0{,}001$) und einer Nahvisusminderung ($r=+0{,}16$; $p<0{,}01$) zunimmt. Die Anzahl körperlicher Krankheiten erwies sich als nur mit der Anzahl psychosozialer Ressourcen negativ korreliert ($r=-0{,}10$; $p<0{,}05$), während die Anzahl verordneter Medikamente insgesamt keine Korrelationen zeigte.

Für die *Anzahl psychosozialer „Reserven"* (Differenz zwischen Ressourcen und Risiken) fand sich nun tatsächlich eine Verbesserung in der Repräsentation

2 Obwohl durchaus Überlappungen bestanden, waren die Korrelationen der einzelnen Faktoren untereinander mit Koeffizienten überwiegend zwischen $-0{,}20 \leq r \leq +0{,}20$ erstaunlich niedrig. Ausnahmen bildeten nur *Wohnungswechsel* und *Institutionalisierung* ($r=+0{,}50$) auf der positiven, *Wohlstand* und *geringes Einkommen* ($r=-0{,}39$) sowie *in der Stadt lebende Kinder* und *soziale Isolation* ($r=-0{,}40$) auf der negativen Seite.

Tabelle 5: Korrelationen zwischen psychosozialen Faktoren und Indikatoren geriatrischer Morbidität.

	Psychosoziale Faktoren					
	Anzahl der Ressourcen		Anzahl der Risiken		Differenz (Reserven)	
	Roh-korrelation[1]	Partial-korrelation[2]	Roh-korrelation[1]	Partial-korrelation[2]	Roh-korrelation[1]	Partial-korrelation[2]
Anzahl der Diagnosen	-0,20***	-0,10*	0,12**	—	-0,21***	-0,10*
Anzahl der Medikamente	-0,01	—	-0,05	—	-0,02	—
Inkontinenz	-0,13**	-0,08+	0,04	—	-0,11**	—
ADL-Hilfsbedürftigkeit	-0,26***	-0,09*	0,25***	0,17***	-0,31***	-0,15***
Mobilitätseinbußen	-0,27***	-0,10*	0,24***	0,12***	-0,31***	-0,13**
Hörverlust (0,25–2 kHz)	-0,27***	-0,14**	0,21***	0,12*	-0,30***	-0,16***
Nahvisusminderung	-0,31***	-0,18***	0,24***	0,16**	-0,34***	-0,20***
Depression	-0,11*	—	0,05	—	-0,10*	—
Demenz	-0,25***	-0,14**	0,27***	0,20***	-0,31***	-0,21***
Alter	-0,30***	—	0,22***	—	-0,33***	—
Geschlecht	-0,29***	-0,25***	0,13**	0,08+	-0,28***	-0,23***
Multiple Korrelationen	0,48***		0,37***		0,52***	

Signifikanzniveau: + p<0,10; * p<0,05; ** p<0,01; *** p<0,001.
1 Pearsons r.
2 Partialkorrelationen sind nur bei p<0,10 angegeben. Im oberen Teil der Tabelle sind Alter und Geschlecht auspartialisiert; im unteren Teil alle Gesundheitsindikatoren.

dieser Zusammenhänge, abzulesen an der Verbesserung der multiplen Korrelation zwischen psychosozialen Ressourcen und gesundheitlichen Faktoren von R=0,48 auf R=0,52 für das Differenzmaß ($\Delta R^2=+0,03$; $p<0,001$). Für die psychosozialen Reserven finden sich folgerichtig alle vorbeschriebenen Korrelationen insgesamt wieder, wobei Medikation, Inkontinenz und Depression nach wie vor unkorreliert sind.

Die signifikanten Partialkorrelationen belegen einen alters- und geschlechtsunabhängigen Zusammenhang zwischen den kumulierten psychosozialen Faktoren und gesundheitlichen Merkmalen. Für den umgekehrten Fall ergibt sich, daß die ausgeprägten (Roh-)Korrelationen zwischen den drei kumulierten psychosozialen Faktoren und Alter durch Auspartialisierung der Gesundheitsindikatoren aufgehoben werden, nicht jedoch die signifikanten Geschlechtsunterschiede (unterer Teil der Tabelle 5). Aufgrund der vergleichsweise weniger in Frage stehenden Bedeutung von Krankheit/Behinderung für Institutionalisierung, wurde das Modell für die nichtinstitutionalisierte Gruppe repliziert. Es ergaben sich prinzipiell die gleichen Befunde (signifikante Partialkorrelationen zu allen kumulierten psychosozialen Faktoren, insbesondere für Multimorbidität, Seh- und Hörbehinderung sowie Demenz, keine Partialkorrelation für Alter nach Kontrolle von Gesundheitsunterschieden, jedoch bestehenbleibende Geschlechtsunterschiede).

Für die Fragestellung, die wir zu Beginn dieses Abschnitts aufgeworfen haben und die sich darauf bezog, ob Altersunterschiede in den psychosozialen Lebenssituationen auf Gesundheitsunterschiede zurückgeführt werden können, ergibt sich daraus insgesamt eine deutlich bejahende Antwort (Abb. 6). Demgegenüber bleiben Geschlechtsunterschiede in der Verteilung psychosozialer Reserven im Alter unabhängig von Krankheit und Behinderung bestehen.

3.3 Zusammenfassende Diskussion

Im wesentlichen legen die Ergebnisse nahe, daß das korrelative Zusammentreffen von gesundheitlichen und psychosozialen Risiken im sehr hohen Alter nicht durch eine bloß altersvermittelte Koinzidenz erklärt werden kann und auch nicht nur für besonders schwer betroffene Personen gilt (unter der vereinfachenden Annahme, daß Institutionalisierung ein Indikator für die Schwere von Behinderung und/oder sozialer Benachteiligung sei). Wir wollen uns an dieser Stelle auf die Diskussion der beiden naheliegenden, perspektivisch konkurrierenden Interpretationen (Krankheit und Behinderung als Risikofaktoren für Veränderungen der psychosozialen Lebenssituation und vice versa) beschränken. Hierbei gilt es zu beachten, daß die durchgeführten Analysen keine eindeutigen Kausalaussagen erlauben. Was sie erlauben, sind Aussagen darüber, ob die vorliegenden Korrelationsmuster mit bestimmten Kausalhypothesen übereinstimmen.

Die erste Schlußfolgerung aus den Ergebnissen könnte die sein, daß psychosoziale Risiken und Ressourcen wesentlichen Einfluß auf die Gesundheit im höchsten Alter haben. Partnerschaft, Lebens- und Alterszufriedenheit und materieller Wohlstand müßten dabei als wichtige protektive Faktoren, kürzlicher Wohnungswechsel, Institutionalisierung und Einkommensarmut als entsprechende Risikofaktoren aufgefaßt werden. Insgesamt deckt sich diese Sichtweise weitgehend mit Interpretationen anderer empirischer Befunde über die gesundheitliche Bedeutung psychosozialer Risiken und Ressourcen im Alter, einschließlich des Befundes *fehlender* Korrelationen zwischen gesundheitlichen Problemen und sozialer Isolation (R. C. Taylor, 1992).

Auffallend ist jedoch, daß diese Sichtweise der Zusammenhänge zwischen psychosozialen und gesundheitlichen Faktoren im Alter vorherrscht (Sabin, 1993; Wheaton, 1980). Sie wird nur sporadisch auch durch die umgekehrte, die zweite hier zu diskutierende Perspektive ergänzt – etwa im Hinblick auf psychosoziale Konsequenzen der Inkontinenz und auf gesundheitliche Determinanten der Institutionalisierung oder reduzierter Lebenszufriedenheit (S. E. Taylor & Ford, 1983). Auf der Grundlage der hier vorgestellten Befunde kämen Partnerschaft und Einkommen oder Wohlstand hinzu, die als psychosoziale Ressourcen vor allem durch sensorisch-motorische Behinderungen, Hilfsbedürftigkeit, körperliche Multimorbidität und Demenz bedroht sind. Diese Perspektive etwas zu forcieren erscheint um so wichtiger, als so einige Fragen plausibler beantwortet werden können.

Die Annahme, daß Partnerschaft ein protektiver Faktor gegenüber Sehbehinderungen oder sensomotorischen Mobilitätseinbußen sei, erfordert die Annahme von zusätzlichen, eine solche Beziehung vermittelnden Faktoren – seien sie sozialer (Unterstützung) oder psychischer Natur (Wohlbefinden). Die umgekehrte Annahme, daß körperliche oder seelisch-geistige Krankheit und Behinderung die Chancen auch eines alten Menschen vermindern, eine Partnerschaft aufrechtzuerhalten oder eine neue einzugehen, würde den Zusammenhang dagegen unmittelbar erklären. Dies unterstreicht die psychosoziale Bedeutung von Krankheit und Behinderung im Alter, da Partnerschaft durchaus eine wichtige Ressource ist, um andere psychosoziale Folgen von Behinderung oder Krankheit abzumildern oder zu vermeiden (z. B. Institutionalisierung).

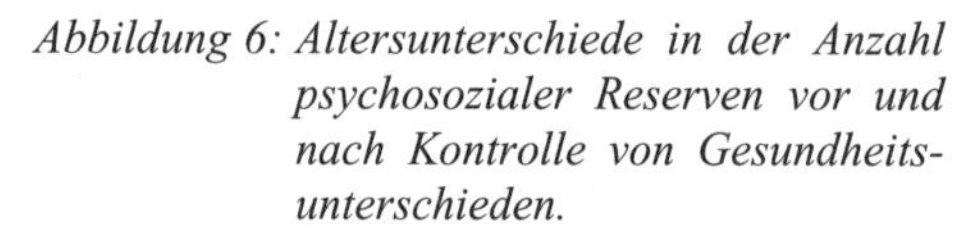
Abbildung 6: Altersunterschiede in der Anzahl psychosozialer Reserven vor und nach Kontrolle von Gesundheitsunterschieden.

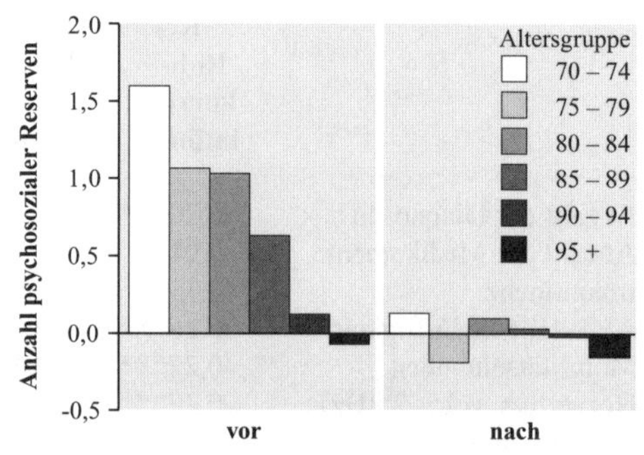

Anmerkung: Kontrolle durch multiple Regression von psychosozialen Reserven auf geriatrische Gesundheitsindikatoren (unstandardisierte Residuen).

Diese Art von Wechselwirkung zwischen psychosozialen und gesundheitlichen Faktoren ist auch im Zusammenhang mit der signifikanten Korrelation zwischen Hilfsbedürftigkeit und Einkommen zu diskutieren. Es ist bekannt, daß gesundheitliche Risiken, abhängig von der sozialen Schicht, unterschiedlich in der Population verteilt sind. Chronische materielle Not wird zu den belastenden Lebensbedingungen mit entsprechendem Risiko psychisch-physischer Beeinträchtigungen gezählt und betrifft beispielsweise besonders ältere Frauen (Niederfranke, 1992). Eintretende Hilfsbedürftigkeit kann dann die soziale Ungleichheit durch den Verbrauch finanzieller Ressourcen noch vergrößern. Obwohl signifikant, zeigte sich im Rahmen dieser Analyse allerdings ein eher geringer Geschlechtseffekt. Eine ausführliche Diskussion von Geschlechtsunterschieden in BASE findet sich an anderer Stelle (M. M. Baltes et al., Kapitel 22) und kann hier deshalb entfallen.

4. Subjektive Gesundheitswahrnehmung im Kontext geriatrischer Morbidität

Die Frage nach der persönlichen (subjektiven) Einschätzung der eigenen Gesundheit ist eine eingeführte und wichtige Komponente gerontologischer Forschung, die es erlaubt, den individuellen Bedeutungen von Krankheit und Behinderung im Alter nachzugehen.

Obwohl wiederholt gezeigt wurde, daß subjektive Einschätzungen hoch mit objektiv-professionellen Beurteilungen korrelieren, konnte bislang weder eine völlige Übereinstimmung noch eine systematische Inkongruenz zwischen subjektiver und objektiver Gesundheit im Alter nachgewiesen werden (Kaplan & Camacho, 1983; LaRue, Bank, Jarvik & Hetland, 1979; Maddox, 1962, 1964; Svanborg, 1988). Demgegenüber liegen jedoch bereits Erkenntnisse vor, die eine relative Altersinvarianz subjektiver Einschätzungen belegen (Brandtstädter & Greve, 1994; Heckhausen & Schulz, 1995), was durchaus die Annahme nahelegt, daß sich die Korrelation zwischen subjektiver und objektiver Gesundheit mit dem Alter verändert, da objektive Gesundheit eindeutig negativ alterskorreliert ist.

Allerdings haben die meisten Studien subjektive Gesundheit nicht als abhängige Variable, sondern als Prädiktor für andere medizinische und psychologische Aspekte untersucht, z. B. für Mortalität, funktionelle und kognitive Kapazität oder allgemeines Wohlbefinden (Hultsch, Hammer & Small, 1993; Idler, Kasl & Lemke, 1990; Mossey & Shapiro, 1982; Rakowski & Cryan, 1990; Staats et al., 1993). Dabei zeigte sich, daß subjektive Gesundheitsmaße spezifische Varianzanteile erklären können, auch wenn der objektive Gesundheitszustand kontrolliert wird. Idler und Mitarbeiter (1990) konnten beispielsweise eine von objektiver Gesundheit unabhängige Übersterblichkeit innerhalb eines Jahres bei Personen mit subjektiv schlechterer Gesundheitseinschätzung nachweisen.

Welche Aspekte körperlicher oder psychischer Gesundheit die subjektive Gesundheitswahrnehmung am stärksten im Alter beeinflussen und ob diese Aspekte beim Übergang vom hohen zum höchsten Alter konstant bleiben, ist eine offene Frage. Es gibt einerseits einige Hinweise darauf, daß Krankheiten, die zu funktionellen Einbußen führen, stärkeren Einfluß auf die subjektive Wahrnehmung haben als andere chronische Erkrankungen (Jylhä, Alanen, Leskinen & Heikkinen, 1986; Levkoff, Cleary & Wetle, 1987; Svanborg, 1988). Andererseits wird die subjektive Wahrnehmung möglicherweise auch wesentlich durch die Anzahl der ärztlich verordneten Medikamente, durch Alter, Geschlecht, Bildung und psychische Erkrankungen wie Depression und Demenz beeinflußt (Verbrugge, 1989).

Der Einfluß des Alters, insbesondere des sehr hohen Alters, ist allerdings noch unklar: Einige Studien dokumentieren eine negative Alterskorrelation – also eine sich mit zunehmendem Alter subjektiv verschlechternde Gesundheit (Jylhä et al., 1986; Levkoff et al., 1987) –, während andere positive Alterskorrelationen fanden (Linn & Linn, 1980; Maddox & Douglass, 1973).

4.1 Variabilität subjektiver Gesundheitseinschätzungen

Die Angaben der BASE-Teilnehmer auf die globale Frage „Wie schätzen Sie zur Zeit ihre körperliche Gesundheit ein?“ zeigen keine Alterskorrelation (r=-0,01). Diese Stabilität kontrastiert deutlich zu den negativen Alterskorrelationen der körperlich-organischen (r=-0,28) und -funktionellen (r=-0,57) Gesundheit (Abb. 7). Ebenso deutlich ist aber auch der Kontrast zur positiven Alterskorrelation der subjektiven Einschätzung „im Vergleich zu Gleichaltrigen“ (r=+0,19; p<0,001). Dennoch korrelieren die beiden subjektiven Indikatoren gleichgerichtet mit den objektiven Indikatoren (r=-0,33 zwischen der Anzahl der Diagnosen von Organerkrankungen und globaler subjektiver Gesundheit; r=-0,22 zwischen der Anzahl der Diagnosen und subjektiver Gesundheit im Vergleich zu Gleichaltrigen).

Aus diesen Befunden, die zum Teil als „Altersinvarianz-Paradox“ globaler subjektiver Einschätzungen bekannt sind (P. B. Baltes & Baltes, 1990; Brandtstädter & Greve, 1994; vgl. Staudinger et al., Kapitel 12; Smith et al., Kapitel 19), ergibt sich die Vermutung, daß die individuellen Bewertungen der objektiven gesundheitlichen Situation eher nicht über das Alter stabil bleiben. Es scheint unwahrscheinlich, daß ältere Menschen ihre Gesundheit auf derselben Grundlage und mit denselben Kriterien beurteilen wie jüngere Personen (Jylhä et al., 1986; Linn & Linn, 1980).

Wahrscheinlicher ist, wie man aus der psychologischen Forschung inzwischen weiß (P. B. Baltes, 1993; Brandtstädter & Greve, 1994; Heckhausen & Krueger, 1993), daß mit zunehmendem Alter Anpassungen an veränderte Gegebenheiten, an Veränderungen der körperlichen Leistungsfähigkeit und

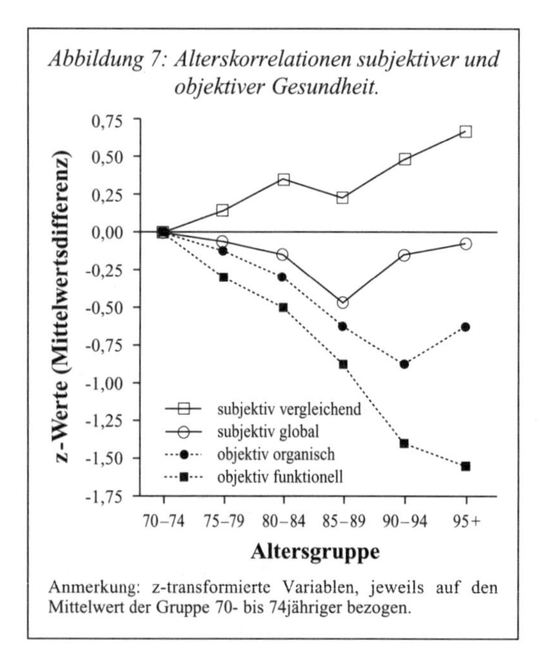

Abbildung 7: Alterskorrelationen subjektiver und objektiver Gesundheit.

Anmerkung: z-transformierte Variablen, jeweils auf den Mittelwert der Gruppe 70- bis 74jähriger bezogen.

Gesundheit stattfinden (z. B. durch kognitive Reorganisation der Bewertungsmaßstäbe im Sinne einer Bewältigung durch *Adaptation* oder durch neue interne Vergleichsprozesse; vgl. Staudinger et al., 1995).

„Gute Gesundheit" bedeutet im Alter vielleicht nicht (mehr) Abwesenheit von Krankheit oder Behinderung, sondern Abwesenheit von quälenden Beschwerden oder auch, daß die eigene Gesundheit „besser als die von Gleichaltrigen" ist (Heckhausen & Krueger, 1993). Ebenso denkbar ist, daß die subjektive Bedeutung einer chronischen Erkrankung oder chronisch fortzusetzender Behandlung zu Beginn groß ist und im Verlauf durch Gewöhnung immer mehr abnimmt, an Bedeutung verliert (*Diminution*). Mit Blick auf das sehr hohe Alter kann weiterhin vermutet werden, daß relativ untergeordnete medizinische Probleme mit den Jahren an Bedeutung gewinnen und verstärkt Einfluß auch auf die subjektive Wahrnehmung nehmen (*Amplifikation*).

Die Existenz dynamischer Prozesse wie Adaptation, Diminution oder Amplifikation kann zwar unmittelbar nur longitudinal untersucht werden, querschnittlich besteht aber die Möglichkeit, Korrelationen zwischen objektiver und subjektiver Gesundheit „altersdynamisch" zu modellieren. Methodisch kann dies durch Verwendung von Interaktionen realisiert werden, also durch Multiplikation von Alter und subjektiven oder objektiven Indikatoren. In Regressionsanalysen können dann verschiedene Alterstrends für diese Indikatoren gleichzeitig geschätzt und statistisch gegen Parallelität geprüft werden.

4.2 Einfaches Erklärungsmodell: Altersdynamische Korrelationen

Für die hier durchgeführten Analysen standen als subjektive Maße, neben den bereits erwähnten, die subjektive Bewältigung der Alltagsanforderungen sowie das subjektive Seh- und Hörvermögen zur Verfügung.

Für alle vermuteten altersdynamischen Prozesse ließen sich mit Hilfe einfacher Regressionen signifikante Beispiele finden (Abb. 8). Ein gutes Beispiel für die subjektive Adaptation an Funktionseinbußen ist die individuelle Beurteilung des Sehvermögens (Abb. 8a). Es erfolgt eine Parallelverschiebung der subjektiven Schwellenwerte mit dem Alter. Aus den Angaben eines 90jährigen über Sehprobleme kann somit nicht auf dieselbe objektiv meßbare Sehschärfe geschlossen werden wie bei einem 70jährigen.

Für die Annahme, daß bestimmte Aspekte eine alterskorrelierte „Amplifikation" ihrer subjektiven Bedeutung zeigen, ließ sich kein überzeugendes Beispiel identifizieren. Grenzwertig signifikant war nur der Zusammenhang zwischen subjektiver Bewältigung der Alltagsanforderungen und Hilfsbedürftigkeit in ADL (Abb. 8b), aber die altersabhängig erfolgende Aufspreizung der Regressionsgeraden ($\beta=0{,}31$; $p<0{,}10$)[3] könnte auch nur der mit dem Alter zunehmenden Varianz im Barthel-Index entsprechen.

Statistisch hochsignifikant sind demgegenüber jedoch die altersdynamischen Modelle der Zusammenhänge zwischen objektiven und subjektiven Globalmaßen körperlicher Gesundheit (Abb. 8c). Sowohl die Bedeutung der Anzahl der Diagnosen ($\beta=-0{,}51$; $p<0{,}001$)[3] als auch der Anzahl der verordneten Medikamente ($\beta=-0{,}72$; $p<0{,}001$)[3] nimmt mit zunehmendem Alter deutlich ab. Während sich 70jährige mit unterschiedlichen subjektiven Einschätzungen deutlich und auch kongruent in der körperlichen Morbidität und in der Medikation unterscheiden, ist dieses bei 95jährigen praktisch nicht mehr zu beobachten, wobei die Varianzen der zugehörigen objektiven und subjektiven Variablen über das Alter stabil sind.

Damit deutet sich hier bereits an, daß objektive Gesundheit mit zunehmendem Alter immer weniger

3 Gemeint ist der Regressionskoeffizient für die Interaktion des Prädiktors mit dem chronologischen Alter.

von der Varianz subjektiver Gesundheitseinschätzungen aufklären kann, also altersdynamisch auf subjektiver Ebene an Bedeutung verliert. Dies soll im folgenden systematisch wiederum mit multivariaten Analysen geprüft werden. Die Analysen basieren dabei auf der theoretischen Modellvorstellung, daß die verschiedenen psychologischen Mechanismen, die daran beteiligt sind, die Objektivität medizinischer Phänomene auf kognitiver Ebene zu transformieren (vor allem Vergleichsprozesse), mit zunehmendem Alter stärker werden (P. B. Baltes & Baltes, 1990; Brandtstädter & Greve, 1994; Heckhausen & Schulz, 1995; Ryff, 1991).

4.3 Komplexes Erklärungsmodell: Altersdynamik intraindividueller Vergleichsprozesse

Zur Beantwortung der Frage nach altersabhängig dynamischen Prozessen in der subjektiven Gesundheitseinschätzung wurden multiple Regressionsanalysen für die drei Indikatoren subjektiver körperlicher Gesundheit durchgeführt (globale Einschätzung, Vergleich zu Gleichaltrigen, Veränderung im letzten Jahr). Als Indikatoren objektiver Gesundheit wurden die zur Definition der geriatrischen Problemgruppen verwendeten kontinuierlichen Variablen eingesetzt und durch psychosoziale Faktoren ergänzt (Wohnungswechsel, Institutionalisierung, niedriges Einkommen, soziale Isolation, Partnerschaft, Lebens- und Alterszufriedenheit, Bildung und Wohlstand).

Abbildung 8: Alterskorrelierte Veränderungen in der subjektiven Wahrnehmung von Gesundheitseinbußen („altersdynamische" Regressionen).

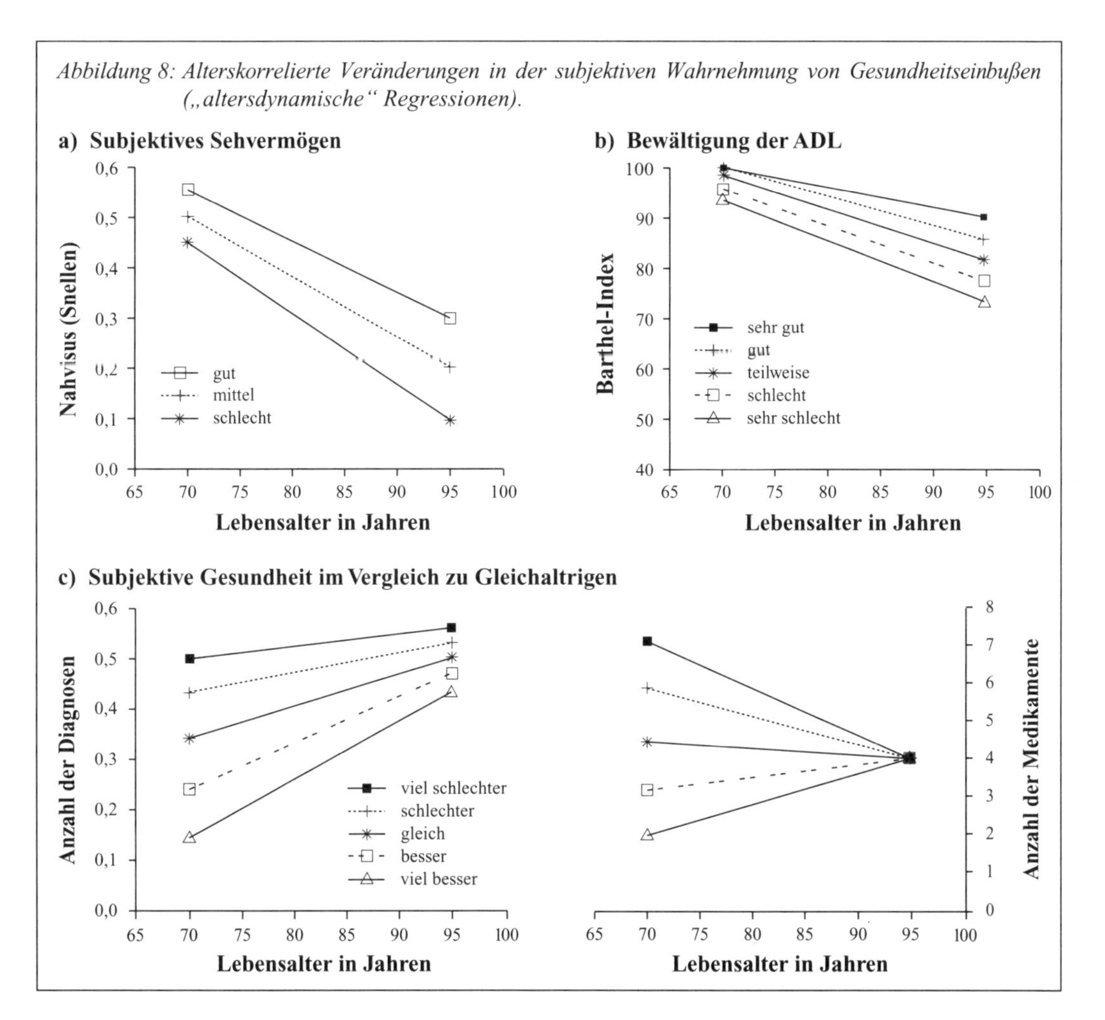

Psychosoziale Faktoren wurden unter der Annahme berücksichtigt, daß sich hier möglicherweise Faktoren identifizieren lassen, deren Bedeutung im Gegensatz zur objektiven Gesundheit mit dem Alter zunimmt. Die Ergebnisse der Regressionsanalysen[4] sind in Tabelle 6 zusammengefaßt.

Die Interpretation von „β_{In}" ist dabei von „β" und dem zugehörigen Vorzeichen abhängig. Sind beide Koeffizienten signifikant, haben aber unterschiedliche Vorzeichen (z. B. Anzahl der Diagnosen, Anzahl der Medikamente und Inkontinenz), dann nimmt der zunächst vorhandene Effekt signifikant mit dem Alter ab. Bei gleichen Vorzeichen verstärkt sich der Effekt mit zunehmendem Alter (z. B. ADL-Hilfsbedürftigkeit); ist jedoch nur der Interaktionsterm signifikant, dann tritt ein Effekt überhaupt erst mit zunehmendem Alter in Erscheinung (z. B. Nahvisusminderung und Hörverlust).

Tabelle 6: Altersdynamische Regressionen subjektiver Gesundheit auf objektive Gesundheitsindikatoren und psychosoziale Faktoren.

	Subjektive Gesundheitsindikatoren[1]					
	Global		**Vergleich**		**Veränderung**	
	β[2]	β_{In}[3]	β[2]	β_{In}[3]	β[2]	β_{In}[3]
Anzahl der Diagnosen	-0,14 **	0,17 ***	-0,09 +	0,15 ***	-0,14 **	0,17 ***
Anzahl der Medikamente	-0,14 **	0,08 +	-0,15 **	0,19 ***	-0,10 +	—
Inkontinenz	-0,07	—	-0,09 +	0,16 ***	-0,05	—
ADL-Hilfsbedürftigkeit	-0,13 *	-0,10 *	-0,13 *	—	-0,15 *	—
Nahvisusminderung	0,00	-0,11 *	0,09 +	—	-0,09	—
Hörverlust (0,25–2 kHz)	0,01	-0,11 *	0,03	—	-0,02	—
Depression	-0,07	—	0,03	—	-0,09 +	—
Demenz	0,04	—	-0,07	—	0,16 **	—
Partnerschaft	-0,02	—	-0,04	—	0,07	—
Zufriedenheit	0,36 ***	—	0,20 ***	-0,11 *	0,09	-0,10 *
Bildung	0,06	—	0,04	—	0,03	—
Materieller Wohlstand	0,08 +	—	0,03	—	0,00	—
Wohnungswechsel	-0,06	—	0,04	—	-0,04	—
Institutionalisierung	0,10	—	0,04	—	0,09	0,09 +
Einkommensarmut	-0,03	0,09 *	0,03	—	0,05	—
Soziale Isolation	0,05	—	0,00	—	0,16 ***	—
Alter	0,12 *	—	0,44 ***	—	-0,15 *	—
Geschlecht	-0,01	—	-0,01	—	-0,01	—
ΔR^2	0,35 ***	0,06 **	0,26 ***	0,09 ***	0,18 ***	0,06 +

Signifikanzniveau: + $p<0,10$; * $p<0,05$; ** $p<0,01$; *** $p<0,001$.
1 Global: „Wie schätzen Sie zur Zeit Ihre körperliche Gesundheit ein?"; Vergleich: „Wie schätzen Sie sie zur Zeit im Vergleich zu Gleichaltrigen ein?"; Veränderung: „Hat sich Ihre Gesundheit in den letzten zwölf Monaten verändert?".
2 Standardisierter Regressionskoeffizient β.
3 β_{In} für Interaktion mit Alter, wenn diese als nächste in die Analyse aufgenommen würde (nur angegeben, wenn $p<0,10$).

4 Methodisch wurden zunächst objektive Gesundheitsindikatoren, psychosoziale Faktoren, Alter und Geschlecht in die Analysen aufgenommen. Dann wurde für die Altersinteraktion aller Indikatoren einzeln geprüft, ob sie bei Aufnahme in das Modell signifikant zur Varianzaufklärung beitragen würden (basierend auf t-Tests der β_{In}-Werte für altersdynamische Variablen). Die Signifikanz der einzelnen Interaktionsterme wurde aufgrund ihrer schwer zu kontrollierenden Interkorrelationen (insgesamt 18 mit Alter multiplizierte Variablen) nicht innerhalb der Modelle getestet. Der Gesamtbeitrag zur Varianzaufklärung durch altersdynamische Modellierungen der Variablengruppen (objektive Gesundheit versus psychosoziale Faktoren) wurde durch einen globalen statistischen Test (F-Wert der R^2-Änderung) abgesichert, wobei sich dieser gleichzeitig als Prozentanteil der Gesamtvarianz angeben läßt. In Tabelle 6 beinhalten die mit β überschriebenen Spalten die standardisierten Regressionskoeffizienten für Modelle mit allen Indikatoren, jedoch ohne Interaktionsterme. Die nebenstehenden Spalten (β_{In}) geben den jeweiligen Koeffizienten für die Interaktion mit dem Alter an, wenn der Interaktionsterm in das Modell aufgenommen würde. Entsprechend bezieht sich ΔR^2 unter dieser Spalte auf die Änderung des Bestimmtheitsmaßes, wenn alle Interaktionsterme gemeinsam aufgenommen würden.

Die deutlichsten Effekte in diesen Modellen (Anzahl der Diagnosen und Anzahl der Medikamente) weisen auf eine mit zunehmendem Alter tatsächlich schwächer werdende Korrelation zwischen objektiver und subjektiver Gesundheit hin. Gleichzeitig verstärken sich die Effekte psychosozialer Faktoren jedoch nicht. Überhaupt wird die subjektive Beurteilung kaum durch psychosoziale Faktoren unmittelbar beeinflußt, wenn man von der engen Beziehung zur allgemeinen Lebens- und Alterszufriedenheit absieht. Der Befund, daß sozial isolierte Personen eine eher positive Änderung ihrer Gesundheit im letzten Jahr erlebt haben, kann hier zunächst nur als unerwartet konstatiert werden.

Abbildung 9 illustriert die Ergebnisse der Regressionsanalysen. Mittels der prozentualen Anteile an der Varianzaufklärung in den subjektiven Maßen lassen sich die Unterschiede in den spezifischen Zusammenhängen zur objektiven Gesundheit und zu den psychosozialen Faktoren erkennen sowie der Zugewinn durch die altersdynamische Modellierung, der vor allem auf objektive Gesundheitsindikatoren zurückgeht. Dabei fällt auch der starke, aber singuläre Alterseffekt auf den subjektiven Vergleich zu Gleichaltrigen auf. Die beiden anderen Indikatoren, d. h. die globale Einschätzung und der intraindividuelle Vergleich zum Vorjahr, erweisen sich als relativ altersinvariant.

Abbildung 9: Aufklärung der Variabilität subjektiver Gesundheitseinschätzungen im Alter. Vergleich von statischen (linke Säulen) mit dynamischen (rechte Säulen) Vorhersagemodellen für verschiedene subjektive Indikatoren.

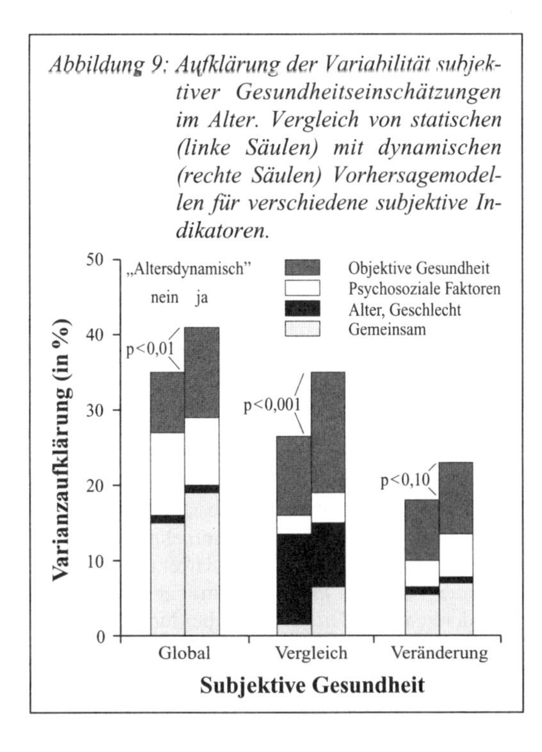

4.4 Zusammenfassende Diskussion

Neben dem Befund, daß sich insgesamt die Korrelationen zwischen objektiver und subjektiver Gesundheit mit dem Alter dynamisch verändern, ist als bemerkenswert festzuhalten, daß das Alter selbst unterschiedlich große Varianzanteile in verschiedenen subjektiven Gesundheitsmaßen aufklärt (vgl. Abb. 9). Insgesamt sind die aufgezeigten Korrelationsmuster sowohl mit der Annahme konsistent, daß der Zusammenhang zwischen objektiver und subjektiver Gesundheit mit zunehmendem Alter immer schwächer wird, als auch mit der Annahme, daß sich die zugrundeliegenden subjektiven Vergleichsprozesse mit dem Altern gegensinnig entwickeln: Der intraindividuelle Vergleich zum letzten Jahr fällt mit zunehmendem Alter immer schlechter, der interindividuelle Vergleich zu Gleichaltrigen immer besser aus.

Warum ist nun gerade der Vergleich zu Gleichaltrigen stärker altersabhängig als die Globaleinschätzung oder die Einschätzung der Veränderung im letzten Jahr? Die Psychologie des höheren Lebensalters konnte bislang für viele Indikatoren der Selbstwahrnehmung wie Wohlbefinden, Kontrollüberzeugungen, Selbstwirksamkeit und Lebenszufriedenheit (M. M. Baltes & Baltes, 1986; Filipp & Klauer, 1986; Lachman, 1986) eine hohe Stabilität während des Alterns zeigen (vgl. Staudinger et al., Kapitel 12; Smith et al.; Kapitel 19). In diesem Kontext hat unter den hierfür möglicherweise verantwortlichen psychosozialen Phänomenen der interindividuelle soziale Vergleich, insbesondere der „abwärts" gerichtete Vergleich, die meiste Aufmerksamkeit gewonnen (Heckhausen & Krueger, 1993; Staudinger et al., 1994; S. E. Taylor & Lobel, 1989; Wood, 1989). Demzufolge beziehen sich derartige Vergleiche insbesondere auf Personen, denen es schlechter geht als der befragten Person, woraus positivere Selbsteinschätzungen resultieren.

Hinsichtlich der Einschätzung der gesundheitlichen Veränderung im letzten Jahr zeigen die Ergebnisse ein Phänomen, das Ryff (1991) als „shifting horizons" (sich ändernde Horizonte) bezeichnet und welches beinhaltet, daß ältere Menschen die Vergangenheit positiver bewerten als jüngere. Die Kombination aus positiver Einschätzung der früheren Gesundheit und zurückhaltenden Erwartungen für die Zukunft verkleinert möglicherweise den Bereich potentiell wahrnehmbarer Änderungen der eigenen Situation. Dieser Prozeß protektiver Adjustierung würde es ermöglichen, konstante Globaleinschätzungen aufrechtzuerhalten.

Wie ist nun der relativ starke Effekt des Alters auf die Einschätzung der eigenen Gesundheit im Vergleich zu Gleichaltrigen zu erklären? Möglicherweise kommt hier die Diskrepanz zwischen impliziten und expliziten Vergleichen zum Ausdruck. Wenn ältere Menschen aufgefordert werden, ihre eigene Gesundheit im Vergleich zu anderen Personen ihres Alters zu bewerten, so könnte darin die explizite Aufforderung enthalten sein, ihre Referenzgruppe insbesondere nach oben zu erweitern und sich auch mit solchen Personen zu vergleichen, denen es gesundheitlich besser geht. Daraus könnte eine „realistischere" und alterssensitivere Selbsteinschätzung resultieren.

Nun zeigen aber die Befunde, daß die Selbsteinschätzung im Vergleich zu Gleichaltrigen *positiv* alterskorreliert ist. Das heißt, mit zunehmendem Alter fällt der Vergleich zu Gleichaltrigen immer mehr zugunsten der eigenen Gesundheit aus. Andererseits wird aber die intraindividuelle Veränderung der eigenen Gesundheit mit zunehmendem Alter verstärkt negativ wahrgenommen. Möglicherweise setzt sich also die subjektive Globaleinschätzung der körperlichen Gesundheit im Alter aus diesen beiden Komponenten zusammen: Mit zunehmendem Alter wird zwar immer häufiger eine Verschlechterung der eigenen Gesundheit innerhalb nur eines Jahres wahrgenommen, gleichzeitig aber fällt der Vergleich zu Gleichaltrigen immer häufiger besser aus. Aufgrund der Ergebnisse der altersdynamischen Regressionen ist anzunehmen, daß sich diese innerpsychischen Vergleichsprozesse mit dem „Altern im Alter" zunehmend von den objektiven Gegebenheiten ablösen.

Aus einer anderen Perspektive kann daraus geschlossen werden, daß bei 70jährigen über die Gründe für bestimmte Einschätzungen ihrer Gesundheit sehr viel mehr ausgesagt werden kann als bei 90jährigen. Mit Ausnahme der leicht zunehmenden Bedeutung von sensorischen Behinderungen und Hilfsbedürftigkeit bei ADL wurden keine Faktoren identifiziert, die für die Erklärung subjektiver Gesundheit im höchsten Alter besonders hilfreich wären. Anders ausgedrückt nimmt die Subjektivität der Einschätzungen mit dem Alter zu, die Beeinflussung durch objektive Gesundheit und psychosoziale Faktoren ab. Vor allem Diagnosen- und Medikamentenanzahl, aber auch Inkontinenzprobleme scheinen die Antworten 90jähriger und Älterer auf Fragen nach ihrer Gesundheit weit weniger zu beeinflussen als beispielsweise noch die Antworten der 70jährigen.

Bei der Beurteilung dieser Ergebnisse gilt es aber auch, an mögliche methodische Fehlerquellen zu denken. So könnten die Befunde dadurch beeinflußt sein, daß ältere Stichproben aufgrund selektiver Überlebensprozesse mehr Personen mit bestimmten Persönlichkeitsmerkmalen enthalten – z. B. solche mit einer gewissen Resistenz gegenüber objektiven Bedingungen. Obwohl in der Tat subjektive Gesundheit unabhängig von objektiver Gesundheit mit Mortalität zusammenhängt (Idler et al., 1990; Mossey & Shapiro, 1982), ist es unwahrscheinlich, daß die Befunde insgesamt auf selektive Mortalität zurückgehen, da keine altersabhängige Abnahme der Variabilität subjektiver Gesundheit dokumentiert werden konnte. Dieses wäre jedoch zu erwarten, wenn Personen mit bestimmten Einschätzungen ihrer Gesundheit eine höhere Überlebenswahrscheinlichkeit hätten als andere. Insofern kann für die hier beschriebene Altersdynamik der subjektiven Gesundheit durchaus angenommen werden, daß sie eher auf intraindividuelle psychische Prozesse der Lebens- und Alternsbewältigung als auf interindividuelle Unterschiede in der Mortalität zurückgeht.

5. Schlußbemerkungen

Ergänzend zu den Befunden der Resilienz subjektiver Gesundheit im Alter ist uns wichtig, nach dieser insgesamt intensiven Betrachtung von Krankheit im Alter, von körperlicher und seelisch-geistiger Morbidität, von Behinderungen im Bereich der Sinnessysteme und des Bewegungsapparates zusammen mit der Ausbildung von Inkontinenz und Hilfsbedürftigkeit, abschließend darauf hinzuweisen, daß dem Anliegen dieses Kapitels nichts so fern ist wie die Fortschreibung des negativen Altersstereotyps. Die Befunde belegen zwar eine insgesamt ubiquitäre Bedeutung von Krankheit und Behinderung im Alter, die Perspektive ist dabei aber die des Verstehens von Zusammenhängen als Voraussetzung für die Identifizierung potentiell wirksamer oder notwendiger Maßnahmen zur Prävention von und Intervention bei Krankheit und Behinderung im Alter. Dieser Perspektive kann nur ein Zugang gerecht werden, der die Bedingungsfaktoren und negativen Konsequenzen zum Gegenstand entsprechender Analysen macht.

Daneben ist zu hoffen, daß es überflüssig ist, auf andere mögliche Lesarten der zusammengestellten Befunde hinzuweisen – wie z. B., daß über die Hälfte der dementen Personen *nicht* institutionalisiert ist, daß 10% der sehbehinderten Alten überdurchschnittlich zufrieden mit ihrem Leben und Altern sind, daß unter den von Inkontinenz betroffenen Alten soziale Isolation genauso häufig oder selten ist wie bei anderen.

In diesem Zusammenhang bleibt abschließend nur zu betonen, daß das Kapitel sich insgesamt zwar auf einen etwas mehr als zwei Drittel umfassenden, aber eben doch nur auf einen Teil der Altenpopulation bezieht und es dabei die vermutlich „erfolgreich" Gealterten (P. B. Baltes & Baltes, 1990) als „Referenzgruppe" nur am Rande erwähnt hat.

Literaturverzeichnis

Alloway, R. & Bebbington, P. (1987). The buffer theory of social support: A review of the literature. *Psychological Medicine, 17,* 91–108.

Antonucci, T. C. & Jackson, J. S. (1987). Social support, interpersonal efficacy, and health: A life course perspective. In L. L. Carstensen & B. A. Edelstein (Hrsg.), *Handbook of clinical gerontology* (S. 291–311). New York: Pergamon Press.

Badura, B. (1981). Zur sozialepidemiologischen Bedeutung sozialer Bindung und Unterstützung. In B. Badura (Hrsg.), *Soziale Unterstützung und chronische Krankheit* (S. 13–39). Frankfurt/M.: Suhrkamp.

Badura, B. & Schott, T. (1989). Zur Bedeutung psychosozialer Faktoren bei der Bewältigung einer chronischen Krankheit. In M. M. Baltes, M. Kohli & K. Sames (Hrsg.), *Erfolgreiches Altern: Bedingungen und Variationen* (S. 149–154). Bern: Huber.

Baltes, M. M. & Baltes, P. B. (Hrsg.) (1986). *The psychology of control and aging.* Hillsdale, NJ: Erlbaum.

Baltes, M. M. & Zank, S. (1990). Gesundheit und Alter. In R. Schwarzer (Hrsg.), *Gesundheitspsychologie* (S. 199–214). Göttingen: Hogrefe.

Baltes, P. B. (1993). The aging mind: Potentials and limits. *The Gerontologist, 13,* 458–467.

Baltes, P. B. & Baltes, M. M. (Hrsg.) (1990). *Successful aging: Perspectives from the behavioral sciences.* Cambridge: Cambridge University Press.

Berkman, L. F. & Breslow, L. (1983). *Health and ways of living.* New York: Oxford University Press.

Bickel, H. & Jäger, J. (1986). Die Inanspruchnahme von Heimen im Alter. *Zeitschrift für Gerontologie, 19,* 30–39.

Biedert, S., Schreiter, U. & Alm, B. (1987). Behandelbare dementielle Syndrome. *Der Nervenarzt, 58,* 137–149.

Borchelt, M. & Geiselmann, B. (1995). Are there specific physical health characteristics in depression versus dementia in old age? In M. Bergener, J. C. Brocklehurst & S. I. Finkel (Hrsg.), *Aging, health, and healing* (S. 427–440). New York: Springer.

Borchelt, M. & Horgas, A. L. (1994). Screening an elderly population for verifiable adverse drug reactions: Methodological approach and initial data analysis of the Berlin Aging Study (BASE). *Annals of the New York Academy of Sciences, 717,* 270–281.

Borson, S., Barnes, R. A., Kukull, W. A., Okimoto, J. T., Veith, R. C., Inui, T. S., Carter, W. & Raskind, M. A. (1986). Symptomatic depression in elderly medical outpatients: I. Prevalence, demography, and health service utilization. *Journal of the American Geriatrics Society, 34,* 341–347.

Brandtstädter, J. & Greve, W. (1994). The aging self: Stabilizing and protective processes. *Developmental Review, 14,* 52–80.

Brandtstädter, J. & Rothermund, K. (1994). Self-percepts of control in middle and later adulthood: Buffering losses by rescaling goals. *Psychology and Aging, 9,* 265–273.

Brody, J. A., Brock, D. B. & Williams, T. F. (1987). Trends in the health of the elderly population. *Annual Review of Public Health, 8,* 211–234.

Callahan, C. M. (1992). Psychiatric symptoms in elderly patients due to medications. *Annual Review of Gerontology and Geriatrics, 12,* 41–75.

Caplan, G. (1974). *Support systems and community mental health.* New York: Behavioral Publications.

Cassel, C. K., Riesenberg, D. E., Sorensen, L. B. & Walsh, J. R. (Hrsg.) (1990). *Geriatric medicine* (2. Aufl.). New York: Springer.

Cassel, J. C. (1975). Psychiatric epidemiology. In G. Caplan (Hrsg.), *American handbook of psychiatry* (S. 401–410). New York: Basic Books.

Cassileth, B. R., Lusk, E. J., Strouse, T. B., Miller, D. S., Brown, L. L., Cross, P. A. & Tenaglia, A. N. (1984). Psychosocial status in chronic illness: A comparative analysis of six diagnostic groups. *New England Journal of Medicine, 311,* 506–511.

Cobb, S. (1976). Social support as a moderator of life stress. *Psychosomatic Medicine, 38,* 300–314.

Cohen, S. & Syme, L. (Hrsg.) (1985). *Social support and health.* New York: Academic Press.

Cooper, B., Mahnkopf, B. & Bickel, H. (1984). Psychische Erkrankungen und soziale Isolation bei älteren Heimbewohnern: Eine Vergleichsstudie. *Zeitschrift für Gerontologie, 17,* 117–125.

Cooper, B. & Sosna, U. (1983). Psychische Erkrankung in der Altenbevölkerung: Eine epidemiologische Feldstudie in Mannheim. *Der Nervenarzt, 54,* 239–249.

Eastwood, M. R., Corbin, S. L., Reed, M., Nobbs, H. & Kedward, H. B. (1985). Acquired hearing loss and psychiatric illness: An estimate of prevalence and co-morbidity in a geriatric setting. *British Journal of Psychiatry, 147,* 552–556.

Elliot, G. C. & Eisdorfer, C. (1982). *Stress and human health.* New York: Springer.

Evans, J. G. & Williams, T. F. (Hrsg.) (1992). *Oxford textbook of geriatric medicine.* Oxford: Oxford University Press.

Featherman, D. L. & Lerner, R. M. (1985). Ontogenesis and sociogenesis: Problematics for theory and research about development and socialisation across the lifespan. *American Sociological Review, 50,* 659–676.

Filipp, S.-H. & Klauer, T. (1986). Conceptions of self over the life-span: Reflections on the dialectics of change. In M. M. Baltes & P. B. Baltes (Hrsg.), *The psychology of control and aging* (S. 167–205). Hillsdale, NJ: Erlbaum.

Fox, J. & Carr-Hill, R. (1989). Health inequalities in European countries: Introduction. In J. Fox (Hrsg.), *Health inequalities in European countries* (S. 1–18). Aldershot: Gower.

Fozard, J. L. (1990). Vision and hearing in aging. In J. E. Birren & K. W. Schaie (Hrsg.), *Handbook of the psychology of aging* (3. Aufl., S. 150–170). San Diego, CA: Academic Press.

George, L. K. (1989). Social and economic factors. In E. W. Busse & D. G. Blazer (Hrsg.), *Geriatric psychiatry* (S. 203–234). Washington, DC: American Psychiatric Press.

Gilhome Herbst, K. & Humphrey, C. (1980). Hearing impairment and mental state in the elderly living at home. *British Medical Journal, 281,* 903–905.

Haan, M. N. & Kaplan, G. (1986). The contribution of socioeconomic position to minority health. In *Report of the Secretary's Task Force on Black and Minority Health* (Bd. 2, S. 69–103). Washington, DC: U.S. Department of Health and Human Services.

Häfner, H. (1992). Psychiatrie des höheren Lebensalters. In P. B. Baltes & J. Mittelstraß (Hrsg.), *Zukunft des Alterns und gesellschaftliche Entwicklung* (S. 151–179). Berlin: de Gruyter.

Hall, R. C. W. (Hrsg.) (1980). *Psychiatric presentations of medical illnesses.* Lancaster: MTP Press.

Heckhausen, J. & Krueger, J. (1993). Developmental expectations for the self and most other people: Age-grading in three functions of social comparison. *Developmental Psychology, 25,* 539–548.

Heckhausen, J. & Schulz, R. (1995). A life-span theory of control. *Psychological Review, 102,* 284–304.

House, J. S., Kessler, R. C., Herzog, R., Mero, R. P., Kinney, A. M. & Breslow, M. J. (1990). Age, socio-economic status, and health. *Milbank Quarterly, 68,* 383–411.

Hultsch, D. F., Hammer, M. & Small, B. (1993). Age differences in cognitive performance in later life: Relationships to self-reported health and activity style. *Journal of Gerontology, 48,* 1–11.

Idler, E. L., Kasl, S. V. & Lemke, J. H. (1990). Self-evaluated health and mortality among the elderly in New Haven, Connecticut, and Iowa and Washington counties, Iowa, 1982–1986. *American Journal of Epidemiology, 131,* 91–103.

Johnson, C. A., Adams, A. J. & Lewis, R. A. (1989). Evidence for a neural basis of age-related visual field loss in normal observers. *Investigative Ophthalmology and Visual Sciences, 30,* 2056–2064.

Jylhä, E., Alanen, E., Leskinen, A. L. & Heikkinen, E. (1986). Self-rated health and associated factors among men of different ages. *Journal of Gerontology, 41,* 710–717.

Kanowski, S. (1984). Gesundheit und Krankheit im Alter. In W. D. Oswald, W. M. Herrmann, S. Kanowski, U. Lehr & H. Thomae (Hrsg.), *Gerontologie* (S. 184–189). Stuttgart: Kohlhammer.

Kaplan, G. A. & Camacho, T. (1983). Perceived health and mortality: A nine-year follow-up of the Human Population Laboratory cohort. *American Journal of Epidemiology, 117,* 292–304.

Kaplan, G. A. & Haan, M. N. (1989). Is there a role for prevention among the elderly? Epidemiological evidence from the Alameda County Study. In M. G. Ory & K. Bond (Hrsg.), *Aging and health care: Social science and policy perspectives* (S. 27–51). London: Routledge.

Katona, C. L. E. (1995). *Depression in old age.* Chichester: Wiley.

Kitagawa, E. M. & Hauser, P. M. (1973). *Differential mortality in the United States: A study in socioeconomic epidemiology.* Cambridge, MA: Harvard University Press.

Lachman, M. E. (1986). Personal control in later life: Stability, change, and cognitive correlates. In M. M. Baltes & P. B. Baltes (Hrsg.), *The psychology of control and aging* (S. 207–236). Hillsdale, NJ: Erlbaum.

Larson, E. B., Kukull, W. A., Buchner, D. & Reifler, B. V. (1987). Adverse drug reactions associated with global cognitive impairment in elderly persons. *Annals of Internal Medicine, 107,* 169–173.

Larson, E. B., Reifler, B. V., Sumi, S. M., Canfield, C. G. & Chinn, N. M. (1985). Diagnostic evaluation of 200 elderly outpatients with suspected dementia. *Journal of Gerontology, 40,* 536–543.

LaRue, A., Bank, L., Jarvik, L. & Hetland, M. (1979). Health in old age: How do physicians' ratings and self-ratings compare? *Journal of Gerontology, 34,* 687–691.

Lawton, M. P. & Brody, E. M. (1969). Assessment of older people: Self-maintaining and instrumental activities of daily living. *The Gerontologist, 9,* 179–186.

Levkoff, S. E., Cleary, P. D. & Wetle, T. (1987). Differences in the appraisal of health between aged and middle-aged adults. *Journal of Gerontology, 42,* 114–120.

Lindenberger, U. & Baltes, P. B. (1994). Sensory functioning and intelligence in old age: A strong connection. *Psychology and Aging, 9,* 339–355.

Linn, B. S. & Linn, M. W. (1980). Objective and self-assessed health in the old and very old. *Social Science and Medicine, 14a,* 311–315.

Maddox, G. L. (1962). Some correlates of differences in self-assessment of health status among the elderly. *Journal of Gerontology, 17,* 180–185.

Maddox, G. L. (1964). Self-assessment of health status: A longitudinal study of selected elderly subjects. *Journal of Chronic Disease, 17,* 449–460.

Maddox, G. L. (1987). Aging differently. *The Gerontologist, 27,* 557–564.

Maddox, G. L. & Douglass, E. B. (1973). Self assessment of health. *Journal of Health and Social Behavior, 14,* 87–93.

Magaziner, J., Cadigan, D. A., Hebel, J. R. & Parry, R. E. (1988). Health and living arrangements among older women: Does living alone increase the risk of illness? *Journal of Gerontology: Medical Sciences, 43,* M127–M133.

Mahoney, F. I. & Barthel, D. W. (1965). Functional evaluation: The Barthel Index. *Maryland Medical Journal, 14,* 61–65.

Maier, S. F., Watkins, L. R. & Fleshner, M. (1994). Psychoneuroimmunology: The interface between behavior, brain, and immunity. *American Psychologist, 49,* 1004–1016.

Marmot, M. G., Smith, G. D., Stansfeld, S., Patel, C., North, F. & Head, J. (1991). Health inequalities among British civil servants: The Whitehall II Study. *The Lancet, 337,* 1387–1393.

Mossey, J. M. & Shapiro, E. (1982). Self-rated health: A predictor of mortality among the elderly. *American Journal of Public Health, 72,* 800–808.

Murphy, E. (1982). Social origins of depression in old age. *British Journal of Psychiatry, 141,* 135–142.

Neugarten, B. L. (1990). Social and psychological characteristics of older persons. In C. K. Cassel, D. E. Riesenberg, L. B. Sorensen & J. R. Walsh (Hrsg.), *Geriatric medicine* (2. Aufl., S. 28–37). New York: Springer.

Niederfranke, A. (1992). Analyse relevanter Literatur zum Thema „Alters-Frauen-Armut". In Ministerium für Arbeit, Gesundheit und Soziales des Landes Nordrhein-Westfalen (Hrsg.), *Landessozialbericht: Armut im Alter* (S. 24–69). Dortmund: Eigenverlag.

Nikolaus, T., Kruse, W., Oster, P. & Schlierf, G. (1994). Aktuelle Konzepte in der Geriatrie. *Deutsches Ärzteblatt, 91,* 659–662.

Ouslander, J. G. (1982). Physical illness and depression in the elderly. *Journal of the American Geriatrics Society, 30,* 593–599.

Patten, S. B. & Love, E. J. (1993). Can drugs cause depression? A review of the evidence. *Journal of Psychiatry and Neuroscience, 18,* 92–102.

Peters, C. A., Potter, J. F. & Scholer, S. G. (1988). Hearing impairment as a predictor of cognitive decline in dementia. *Journal of the American Geriatrics Society, 36,* 981–986.

Rakowski, W. & Cryan, C. D. (1990). Associations among health perceptions and health status within three age groups. *Journal of Aging and Health, 2,* 58–80.

Raskind, M. A. & Peskind, E. R. (1992). Alzheimer's disease and other dementing disorders. In J. E. Birren, R. B. Sloane & G. D. Cohen (Hrsg.), *Handbook of mental health and aging* (2. Aufl., S. 477–513). San Diego, CA: Academic Press.

Ritz, H. G. (1989). *Soziale Ungleichheit vor dem Tod.* Bremen: Universität Bremen.

Rodin, G. & Voshart, K. (1986). Depression in the medically ill: An overview. *American Journal of Psychiatry, 143,* 696–705.

Rodin, J. (1986). Aging and health: Effects on the sense of control. *Science, 233,* 1271–1276.

Rubenstein, L. Z., Josephson, K., Wieland, D., English, P., Sayre, J. A. & Kane, R. L. (1984). Effectiveness of a geriatric evaluation unit. *New England Journal of Medicine, 311,* 1664–1670.

Rutter, M. (1987). Resilience in the face of adversity: Protective factors and resistance to psychiatric disorder. *British Journal of Psychiatry, 147,* 598–611.

Ryff, C. D. (1991). Possible selves in adulthood and old age: A tale of shifting horizons. *Psychology and Aging, 6,* 286–271.

Sabin, E. P. (1993). Social relationships and mortality among the elderly. *Journal of Applied Gerontology, 12,* 44–60.

Shanas, E. & Maddox, G. L. (1985). Health, health resources, and the utilization of care. In R. H. Binstock & E. Shanas (Hrsg.), *Handbook of aging and the social sciences* (2. Aufl., S. 696–726). New York: Van Nostrand Reinhold.

Siegrist, J. (1989). Steps towards explaining social differentials in morbidity: The case of West Germany. In J. Fox (Hrsg.), *Health inequalities in European countries* (S. 353–371). Aldershot: Gower.

Sosna, U. & Wahl, H.-W. (1983). Soziale Belastung, psychische Erkrankung und körperliche Beeinträchtigung im Alter: Ergebnisse einer Felduntersuchung. *Zeitschrift für Gerontologie, 16,* 107–114.

Staats, S., Heaphey, K., Miller, D., Partlo, C., Romine, N. & Stubbs, K. (1993). Subjective age and health perceptions of older persons: Maintaining the youthful bias in sickness and in health. *International Journal of Aging and Human Development, 37,* 191–203.

Staudinger, U. M., Marsiske, M. & Baltes, P. B. (1995). Resilience and reserve capacity in later adulthood: Potentials and limits of development across the life span. In D. Cicchetti & D. J. Cohen (Hrsg.), *Developmental psychopathology. Vol. 2: Risk, disorder, and adaptation,* (S. 801–847). New York: Wiley.

Steinhagen-Thiessen, E. & Borchelt, M. (1993). Health differences in advanced old age. *Ageing and Society, 13,* 619–655.

Stuck, A. E., Beers, M. H., Steiner, A., Aronow, H. U., Rubenstein, L. Z. & Beck, J. (1994). Inappropriate medication use in community-residing older persons. *Archives of Internal Medicine, 154,* 2195–2200.

Svanborg, A. (1988). Aspects of aging and health in the age interval 70–85. In J. J. F. Schroots, J. E. Birren & A. Svanborg (Hrsg.), *Health and aging: Perspectives and prospects* (S. 133–141). New York: Springer.

Taylor, R. C. (1992). Social differences in an elderly population. In J. G. Evans & T. F. Williams (Hrsg.), *Oxford textbook of geriatric medicine* (S. 24–32). Oxford: Oxford University Press.

Taylor, R. C. & Ford, G. (1983). The elderly at risk: A critical examination of commonly identified risk groups. *Journal of the Royal College of General Practitioners, 33,* 699–705.

Taylor, S. E. & Lobel, M. (1989). Social comparison activity under threat: Downward evaluation and upward contacts. *Psychological Bulletin, 96,* 569–575.

Teasdale, N., Lajoie, Y., Bard, C., Fleury, M. & Courtemanche, R. (1993). Cognitive processes involved for maintaining postural stability while standing and walking. In G. E. Stelmach & V. Hömberg (Hrsg.), *Sensorimotor impairment in the elderly* (S. 157–168). Dordrecht: Elsevier.

Tinetti, M. E. (1986). A performance-oriented assessment of mobility problems in elderly patients. *Journal of the American Geriatrics Society, 34,* 119–126.

Veiel, H. O. F. (1987). Soziale Unterstützung: Ein neuer Forschungsansatz in der Epidemiologie psychischer Störungen. *Nervenheilkunde, 6,* 36–41.

Verbrugge, L. M. (1989). Gender, aging, and health. In K. S. Markides (Hrsg.), *Aging and health: Perspectives on gender, race, ethnicity, and class* (S. 23–78). Newbury Park, CA: Sage.

Waltz, E. M. (1981). Soziale Faktoren bei der Entstehung und Bewältigung von Krankheit: Ein Überblick über die empirische Literatur. In B. Badura (Hrsg.), *Soziale Unterstützung und chronische Krankheit* (S. 40–119). Frankfurt/M.: Suhrkamp.

Wells, K. B., Golding, J. M. & Burnam, M. A. (1988). Psychiatric disorders in a sample of the general population with and without chronic medical conditions. *American Journal of Psychiatry, 145,* 976–981.

Wells, K. B., Stewart, A., Hays, R. D., Burnam, M. A., Rogers, W., Daniels, M., Berry, S., Greenfield, S. & Ware, J. (1989). The functioning and well-being of depressed patients: Results from the Medical Outcomes Study. *Journal of the American Medical Association, 262,* 914–919.

Welz, R., Lindner, M., Klose, M. & Pohlmeier, H. (1989). Psychische Störungen und körperliche Erkrankungen im Alter. *Fundamenta Psychiatrica, 3,* 223–228.

Wheaton, B. (1980). The sociogenesis of psychological disorder. *Journal of Health and Social Behavior, 21,* 100–124.

Williams, D. R. (1990). Socioeconomic differentials in health: A review and redirection. *Social Psychology Quarterly, 53,* 81–99.

Wood, J. V. (1989). Theory and research concerning social comparisons of personal attributes. *Psychological Bulletin, 106,* 231–248.

18. Die Inanspruchnahme medizinischer und pflegerischer Hilfe im hohen Alter

Michael Linden, Reiner Gilberg,
Ann L. Horgas & Elisabeth Steinhagen-Thiessen

Zusammenfassung

Mit der Zunahme der Zahl alter Menschen stellt sich auch das Problem eines möglicherweise ebenfalls zunehmenden medizinischen und pflegerischen Versorgungsbedarfs dieser Bevölkerungsgruppe. In interdisziplinärer Zusammenarbeit von Geriatern, Psychiatern, Psychologen und Soziologen war es in der Berliner Altersstudie (BASE) möglich, die Inanspruchnahme medizinischer und pflegerischer Hilfe durch Hochbetagte zu untersuchen. Dabei konnten nicht nur der Umfang, sondern vor allem auch die Bedingungsfaktoren einer Inanspruchnahme untersucht werden.

93% der 70jährigen und Älteren in der Bevölkerung stehen in regelmäßiger hausärztlicher und 60% zusätzlich in fachärztlicher Betreuung. 96% nehmen ständig Arzneimittel ein, im Mittel sechs pro Tag. 21% waren im vergangenen Jahr mindestens einmal im Krankenhaus. 83% leben in Privatwohnungen. Nahezu 80% der untersuchten Bevölkerungsgruppe sind zu einer weitgehend selbständigen Lebensführung in der Lage. 8% sind in Anlehnung an die Kriterien der Pflegeversicherung pflegebedürftig.

Die Zahl der Arztkontakte ist aufgrund des dichten Versorgungsnetzes weitgehend unabhängig von sozialstrukturellen oder medizinischen Variablen. Der Arzneimittelkonsum hingegen wird durch den aktuellen Krankheitsstatus und durch subjektives Krankheitserleben und individuelle Krankheitseinstellungen der Betroffenen beeinflußt. Auch alte Menschen sind danach nicht nur passive Empfänger einer medizinischen Versorgung, sondern nehmen Einfluß auf die ihnen zugedachte Behandlung. Ebenso ist auch die pflegerische Betreuung nicht nur über den Pflegebedarf zu erklären. Die Inanspruchnahme informeller häuslicher Hilfe durch Dritte ist erhöht, wenn ein Lebenspartner fehlt, jedoch Kinder vorhanden sind, während professionelle häusliche Hilfe vom Grad der Pflegebedürftigkeit, aber auch vom sozioökonomischen Status abhängt. Institutionelle Pflege wird, insbesondere im Zusammenhang mit Demenzerkrankungen, dann in Anspruch genommen, wenn Pflegebedürftigkeit gegeben ist und die Betroffenen allein stehen. Immerhin leben 68% der Schwerstpflegebedürftigen in Privathaushalten. Die Ergebnisse von BASE zeigen, wie wichtig eine Beachtung der Interaktionen zwischen sozialstrukturellen, medizinischen und psychologischen Variablen für das Verständnis der Inanspruchnahme medizinischer und pflegerischer Hilfen auch im hohen Alter ist.

1. Einleitung

Bei Vorhersagen über die zukünftige Entwicklung der modernen Industriegesellschaft kommt dem Stichwort der *Überalterung* eine besondere Bedeutung zu (Dinkel, 1992; Myers, 1985). Mit steigender Lebenserwartung wird aus der klassischen „Alterspyramide“ eine „Alterssäule“. Dies stellt zunächst einmal eine *gesunde* demographische Struktur dar, da Krankheiten mit tödlichem Ausgang in jungen und mittleren Lebensaltern nicht mehr auftreten. Dadurch nimmt der Anteil an älteren Menschen in der Gesellschaft zu. Für diese Personen im Seniorenalter gilt aber als „ein weltweites, über Raum und Zeit gleichbleibendes empirisches Gesetz“ (Krämer, 1992), daß sie vermehrt unter Krankheiten leiden und medizinische und pflegerische Hilfe benötigen (Crimmings, Saito & Ingegneri, 1989; Verbrugge, 1984). Nach der Zusatzerhebung „Kranke und unfallverletzte Personen“ zum Mikrozensus des Statistischen Bundesamtes (Kern, 1989) gibt es unter den über 65jährigen im Vergleich zu den 20- bis 40jährigen eine um das Vier- bis Fünffache erhöhte Rate kranker und unfallverletzter Personen. Ein 73jähriger Mann verursacht im Vergleich zu einem 28jährigen Mann im Mittel viermal höhere Ausgaben für ambulante Behandlung allgemein, zehnmal höhere Ausgaben für Krankenhausbehandlungen und zwölfmal höhere Ausgaben für die Arzneimitteltherapie (Krämer, 1992; Verband der Privaten Krankenversicherung e. V., 1989). Hinzu kommen speziell für alte Menschen sogenannte Sonderwohnformen und pflegerische Hilfen. Repräsentative Umfragen gehen von etwa 20% der über 65jährigen aus, die in der einen oder anderen Form hilfs- oder pflegebedürftig sind. So sind beispielsweise nach Bäcker, Dieck, Naegele und Tews (1989) 5% der 65- bis 79jährigen auf Pflege leichterer Intensität und Unterstützung in der hauswirtschaftlichen Versorgung angewiesen. Bei den über 80jährigen steigt diese Rate auf knapp 13%. In der Gruppe der 65- bis 79jährigen sind 1% auf intensive Pflege wegen Bettlägerigkeit angewiesen, bei den über 80jährigen sind dies knapp 7%.

Die angesprochenen demographischen Zukunftsentwicklungen und besonders auch ihre Unwägbarkeiten können an dieser Stelle nicht näher dargestellt und diskutiert werden. Zusammenfassend ist jedoch festzuhalten, daß eine bessere Gesundheit und höhere Lebenserwartung in einer Gesellschaft paradoxerweise nicht zwingend zu einer geringeren Zahl kranker und hilfsbedürftiger Menschen führen müssen. Statt dessen kann es auch zu einem vermehrten Bedarf an medizinischer und gegebenenfalls auch pflegerischer Betreuung und damit auch zu höheren einschlägigen Kosten kommen. Dies stellt neben den Renten- und Pensionszahlungen einen zusätzlichen Kostenfaktor dar, der zur sogenannten „finanziellen Altenlast" in der Gesellschaft beiträgt.

Medizinische und pflegerische Betreuung umfaßt ein breites Spektrum an sehr unterschiedlichen Therapie- und Hilfsformen. Finanziell und quantitativ von besonderer Bedeutung sind die klassischen Krankenkassenleistungen wie Arzt- und Zahnarztbesuche, der Arzneimittelkonsum und Krankenhausaufenthalte. Hierauf entfallen zusammengenommen etwa 80% der ungefähr 130 Milliarden DM an jährlichen Leistungsaufwendungen der gesetzlichen Krankenversicherungen. Im einzelnen waren dies z. B. im Jahr 1989 je Mitglied (bzw. Rentner) 556 DM (Rentner: 741 DM) für ärztliche Leistungen, 393 DM (Rentner: 212 DM) für zahnärztliche Leistungen einschließlich Zahnersatz, 345 DM (Rentner: 1.023 DM) für Arznei- und Hilfsmittelausgaben und 748 DM (Rentner: 1.938 DM) für Krankenhausbehandlungen (Bundesverband der pharmazeutischen Industrie, 1991).

Pflegerische Hilfe wird zum einen in bedeutsamem, wenn auch nur mittelbar kostenrelevantem Umfang durch Familienangehörige und informelle Helfer wie beispielsweise Nachbarn erbracht. Zur Abschätzung des Umfangs können Daten von Schneekloth und Potthoff (1993) dienen. Danach sind in privaten Haushalten knapp 13% der Personen ab 65 Jahren hilfsbedürftig und weitere 8% pflegebedürftig. Zur informellen Pflege kommt die formelle Pflege durch professionelle Kräfte zu Hause bei 16% der Hilfsbedürftigen und 33% der Pflegebedürftigen hinzu.

Die aufwendigste Form pflegerischer Hilfe ist die institutionalisierte Versorgung in sogenannten Sonderwohnformen. Dazu gehören *Alten- bzw. Seniorenwohnhäuser*, die nach Anlage und Ausstattung zwar auf die besonderen Bedürfnisse alter Menschen abgestellt sind, jedoch eigentlich als Privatwohnungen angesehen werden müssen. Sonderwohnformen, die zugleich auch eine pflegerische Unterstützung gewähren, sind zum einen *Alten- bzw. Seniorenwohnheime*, die aus abgeschlossenen Wohnungen bestehen, jedoch nach individuellem Bedarf auch Verpflegung und sonstige Betreuung gewährleisten. In *Alten- bzw. Seniorenheimen* steht im Vergleich dazu die allgemeine Versorgung im Vordergrund. Hier führen die alten Menschen meist keinen eigenen Haushalt mehr. Häufig ist eine eigene Pflegeabteilung angeschlossen. *Altenkrankenheime und -pflegeheime* schließlich sind ganz auf die Pflege und Versorgung chronisch kranker Menschen ausgerichtet (Dieck, 1987). Trotz dieser grundsätzlich unterschiedlichen formalen Ausrichtung der stationären Altenhilfeeinrichtungen und trotz des Anspruchs eines gestuften Versorgungssystems bietet es sich an, Altenwohnheim, Altenheim und Kranken- bzw. Pflegeheim zusammenzufassen, da die unterschiedlichen Charakteristika die realen Belegungen eher verdecken. Letztlich sind alle Heimtypen in die Versorgung pflegebedürftiger Menschen einbezogen (Alber, 1991; Bundesministerium für Familie und Senioren [BMFuS], 1990). Nach einschlägigen Untersuchungen ist davon auszugehen, daß etwa 70% aller Heimplätze mit Pflegebedürftigen belegt sind (BMFuS, 1990).

Es ist eine Selbstverständlichkeit festzustellen, daß nicht alle alten Menschen Behandlungs- und Versorgungsangebote in gleicher Weise nutzen. Die Inanspruchnahme bzw. Gewährung von Hilfe sind außer von Krankheit auch von individuellen Faktoren oder Charakteristika des Versorgungssystems abhängig (Basley, Washah & Klerman, 1986; Hansell, Sherman & Mechanic, 1991; Haupt & Kurz, 1993; Lundeen, George & Toomey, 1991). Unter der Perspektive des differentiellen Alterns (P. B. Baltes, 1991; vgl. auch P. B. Baltes et al., Kapitel 1 in diesem Band) ist es eine vordringliche Aufgabe zu fragen, welche Art von Hilfe unter welchen Bedingungen von wem in Anspruch genommen wird. Erst vor dem Hintergrund solcher Informationen kann ein Urteil über die Zweckmäßigkeit und Adäquatheit von medizinischer und pflegerischer Hilfe gegeben werden.

Eine einfache Gruppierung von Bedingungsfaktoren der Inanspruchnahme medizinischer und pflegerischer Hilfe ist die Unterscheidung zwischen patientenabhängigen und angebotsabhängigen Faktoren (Linden & Priebe, 1990). *Patientenabhängige Faktoren* sind Art und Schwere medizinisch definierbarer Erkrankungen, die Intensität subjektiver Beschwerden, die Krankheits- und Behandlungsvorstellungen der Patienten und auch sozialstrukturelle Merkmale wie beispielsweise der Bildungsstand oder das Einkommen. *Angebotsabhängige Faktoren* sind die Verfügbarkeit therapeutischer und pflegerischer Hilfe, ihre Bezahlbarkeit oder der Bekanntheitsgrad von Hilfsmöglichkeiten. Auch die Struktur des Angebotes ist von Bedeutung dafür, welche Hilfen in Anspruch genommen werden. Abhängig davon, inwieweit familiäre Hilfe, professionelle ambulante Hilfe oder teilstationäre und stationäre Versorgungsangebote vorhanden sind, kann dies zur Konkurrenz unter den Angeboten führen und damit zu Verschiebungen in der Auswahl. Allerdings gilt auch hier, daß die Möglichkeit zur parallelen Nutzung alternativer Angebote um so höher ist, je differenzierter das Angebot ist. So bedeutet beispielsweise die Hinzuziehung professioneller Hilfe im pflegerischen Bereich nicht, daß dies die Unterstützung durch die Familie völlig ersetzen könnte (Biaggi, 1980; Tennstedt & McKinlay, 1989).

Die genannten Faktoren können in komplexe Wechselbeziehungen zueinander treten. Theoretische Modelle zur Inanspruchnahme therapeutischer Hilfe versuchen, diese Wechselbeziehungen zu beschreiben. Am besten untersucht sind das Modell der Gesundheitsüberzeugungen („Health Belief Model", Rosenstock, 1966; Rosenstock, Strecker & Becker, 1988) und das sozialpsychologische Modell nach Andersen und Newman (1973). Letzteres unterscheidet zwischen bedarfsdefinierenden Variablen, prädisponierenden Variablen und Rahmenbedingungen. *Bedarfsdefinierende Variablen* sind subjektive (berichtbare) und objektive (beobachtbare) Gesundheitseinschränkungen. *Rahmenbedingungen* sind Variablen, die darüber entscheiden, wie leicht ein Individuum, das Hilfe sucht, solche auch erhalten kann. Dies sind zum Teil personenbezogene sozialstrukturelle Variablen wie das Einkommen oder der Versicherungsstatus und zum Teil angebotsbezogene Variablen wie die geographische Erreichbarkeit und die Struktur des Hilfsangebots. *Prädisponierende Variablen* schließlich sind solche Charakteristika des Individuums, die die Wahrscheinlichkeit der Inanspruchnahme von Hilfe beeinflussen können. Sie umfassen demographische Faktoren (z. B. Geschlecht, Alter, Familienstand), sozialstrukturelle Faktoren (z. B. Bildung, Berufstätigkeit, ethnischer Ursprung, Haushaltszusammensetzung) oder Wertvorstellungen und Wissen über Gesundheit und Krankheit. Beispielsweise kann das Bildungsniveau oder die Sozialschicht auf die Präferenz für die Art der in Anspruch genommenen Leistung (Zollmann & Brennecke, 1984) oder das Alter auf die Bewältigung von Krankheit und damit die Nutzungsnotwendigkeiten (Scheuch, 1982) einwirken.

In nachfolgenden Untersuchungen wurden zudem im Hinblick auf die berücksichtigten Variablen wesentliche Erweiterungen vorgenommen (Pescosolido, 1991, 1992; Wan, 1989), so daß die Übergänge zum Modell der Gesundheitsüberzeugungen fließend geworden sind (Stoner, 1985). Es konnte gezeigt werden, daß unter Zugrundelegung derartiger Modelle die Inanspruchnahme von Präventivmaßnahmen, wie beispielsweise Impfungen, das Aufsuchen von Ärzten oder die Zuverlässigkeit der Medikamenteneinnahme vorhergesagt werden können (Becker et al., 1982; Branch & Jette, 1982; Kelly, Mamon & Scott, 1987; Newell, Price & Roberts, 1986; Wolinsky & Johnson, 1991).

Die angesprochenen Modelle beschreiben im wesentlichen sozioökonomische und psychologische Bedingungsvariablen der Inanspruchnahme medizinischer und pflegerischer Hilfe. Sie erfassen nur ansatzweise Struktureigenschaften des Gesundheitswesens oder des Pflegeangebots. Sie sind insofern im Kern personenzentrierte Modelle, die zu erklären versuchen, welche Personeneigenschaften im weitesten Sinne bei gegebenem Gesundheitsversorgungs- und Pflegesystem zur Auslösung von Hilfe führen. Es sind von daher Modelle der „Inanspruchnahme" und nicht der „Gewährung" von therapeutischer und pflegerischer Hilfe. Dieser sozialpsychologische Zugang entspricht dem Untersuchungsansatz der Berliner Altersstudie, die nicht das öffentliche Gesundheits- oder Pflegesystem untersucht hat, sondern soziale, psychische und somatische Charakteristika von alten Menschen, die daraufhin überprüft werden können, welchen Beitrag sie zur Erklärung der Inanspruchnahme therapeutischer und pflegerischer Hilfe

Tabelle 1: Bedingungen und Formen der Inanspruchnahme therapeutischer und pflegerischer Hilfe.

Patientenvariablen	Inanspruchnahmevariablen
Sozialstrukturelle Variablen	**Arztkontakte**
- Alter	- Hausarzt
- Geschlecht	- Fachärzte
- Bildung	**Medikamentenkonsum**
- familiale Beziehungen	- selbstverordnet
- ökonomische Ressourcen	- verschrieben
- Lebens- und Wohnsituation	**Pflege**
Objektive Gesundheit	- informelle Pflege
- objektive körperliche Hinfälligkeit	- professionelle häusliche Pflege
- Mobilität, Bettlägerigkeit	- institutionelle Pflege
- Anzahl der medizinischen Diagnosen	
- Demenz	
- Depression	
Subjektive Gesundheit und Gesundheitseinstellungen	
- subjektive Beschwerden	
- subjektives Gesundheitserleben	
- Krankheitskonzepte	
- Kontrollüberzeugungen	

zu leisten vermögen. Es ist mit den Daten von BASE nicht möglich, die Bedingungen der Gewährung von Hilfe, die wesentlich von Charakteristika der Versorgungsstruktur abhängt, zu untersuchen.

Faßt man auf der Basis der referierten Befunde und theoretischen Modelle die patientenbezogenen Variablen zusammen, die mit der Inanspruchnahme therapeutischer und pflegerischer Hilfe in Zusammenhang gebracht worden sind, so ergibt sich eine Gliederung, wie sie in der Übersicht in Tabelle 1 dargestellt ist.

Es bietet sich an, zwischen sozialstrukturellen Variablen, objektiven Gesundheitsvariablen und subjektiver Gesundheit bzw. Gesundheitseinstellungen zu unterscheiden. Relevante *sozialstrukturelle Variablen* sind Alter, Geschlecht, Bildung, familiale Beziehungen und ökonomische Ressourcen. *Objektive Gesundheit* kann über den Grad der objektiven Hinfälligkeit, die Anzahl der medizinischen Diagnosen insgesamt, wie auch gegebenenfalls über spezielle Diagnosen, beschrieben werden. Dabei sind im Bereich der Inanspruchnahme von Hilfe durch alte Menschen psychiatrische Erkrankungen, vor allem depressive Erkrankungen und Demenzerkrankungen, von besonderem Interesse (German, Shapiro & Skinner, 1985; Haupt & Kurz, 1993; Hoeper et al., 1980). Zu den *Einstellungsvariablen* zählen das subjektive Gesundheitserleben, subjektive Krankheitskonzepte und Kontrollüberzeugungen der Betroffenen (Connelly, Philbrick, Smith, Kaiser & Wymer, 1989; Linden, 1986, 1987; Linden, Nather & Wilms, 1988; B. S. Wallston, Wallston, Kaplan & Maides, 1976; K. A. Wallston et al., 1983; Winefield, 1982). Von den genannten Variablen ist bekannt, daß sie Einfluß auf die Inanspruchnahme medizinischer Hilfe nehmen können, d. h. auf die Häufigkeit von Arztkontakten, den Umfang des Medikamentenkonsums oder den Grad häuslicher bzw. institutioneller Pflege.

Im Rahmen der Berliner Altersstudie war es möglich, diese Variablen in Kooperation von Internisten, Psychiatern, Psychologen und Soziologen zu erheben. Diese interdisziplinäre Untersuchung erlaubt es, für die 70jährigen und Älteren in der Berliner Bevölkerung (a) das Ausmaß der Inanspruchnahme von Hilfe durch Hochbetagte, (b) Veränderungen vom hohen zum sehr hohen Alter hin und (c) den Einfluß der verschiedenen genannten Bedingungsvariablen zu beschreiben. Im folgenden soll zunächst die Untersuchungsmethode dargestellt werden. Nach Beschreibung des Umfangs der Inanspruchnahme therapeutischer und pflegerischer Hilfe durch sehr alte Menschen in einer städtischen Bevölkerung wird in einem weiteren Schritt dann für einzelne Formen therapeutischer und pflegerischer Hilfe untersucht, welche Variablen in besonderer Weise mit deren Inanspruchnahme in Zusammenhang stehen. Diese Ergebnisse werden dann in einem letzten Schritt in ein übergeordnetes zusammenfassendes Modell integriert.

2. Methode

In der Berliner Altersstudie (BASE) wurde eine nach Alter und Geschlecht geschichtete Zufallsstichprobe der 70jährigen und älteren Bewohner West-Berlins untersucht. Die folgenden Ergebnisse beziehen sich somit auf eine hochbetagte Stadtbevölkerung. Soweit Prozentanteile oder Mittelwerte angegeben sind, handelt es sich um gewichtete Daten, die sich auf die Bevölkerung und nicht auf die untersuchte geschichtete Stichprobe beziehen[1]. Eine ausführlichere Darstellung des allgemeinen Untersuchungsgangs findet sich in den einleitenden Kapiteln dieses Bandes (P. B. Baltes et al., Kapitel 1; Nuthmann & Wahl, Kapitel 2).

Die Variable „pflegerische Hilfe" wurde von der Forschungseinheit Soziologie/Sozialpolitik erhoben. Wie bereits oben theoretisch begründet, wurde in Anlehnung an Gray (1988) eine Kategorisierung gewählt mit den Stufen:

a) *Selbsthilfe*, einschließlich der Hilfe durch im Haushalt lebende Familienangehörige,
b) *informelle Hilfe* durch Familienangehörige, Nachbarn, Freunde, Bekannte, die nicht im Haushalt der hilfeempfangenden Person leben,
c) *professionelle (formelle) Pflege* durch ambulante Dienste,
d) *institutionelle Versorgung*, wobei aus den oben bereits genannten Gründen Seniorenheime sowie Kranken- und Pflegeheime, nicht jedoch Seniorenwohnhäuser zu einer Kategorie zusammengefaßt wurden.

Diese Einteilung stellt zugleich auch eine Kategorisierung von Art und Umfang der aufzuwendenden Ressourcen und Kosten dar. Berücksichtigt werden dabei nur regelmäßige Hilfeleistungen, die mindestens einmal pro Woche in Anspruch genommen werden.

In Anlehnung an § 15 des Pflege-Versicherungsgesetzes (1994), das bei der Planung der Studie noch nicht berücksichtigt werden konnte, wurden Pflegestufen definiert. Stufe A umfaßt Personen, die bei keiner von fünf basalen Aktivitäten des täglichen Lebens (Activities of Daily Living, ADL; Katz, Ford, Moskowitz, Jackson & Jaffe, 1963) der Hilfe bedürfen und einen Aktionsradius von mindestens dem Wohnumfeld haben, d. h. eine Gehstrecke von mehr als 100 m angeben. Pflegestufe B umfaßt *hilfsbedürftige* Personen, die bei mindestens einer basalen ADL der Hilfe bedürfen, aber einen Aktionsradius von mindestens dem Wohnumfeld haben oder zwar keine Hilfe im Sinne der ADL brauchen, jedoch einen eingeschränkten Aktionsradius haben. Pflegestufe C umfaßt Personen mit mehrfach wöchentlichem Hilfebedarf. Diese Personen benötigen bei mindestens einer ADL Hilfe und können sich nicht weiter als im Haus oder der Wohnung bewegen (Gehstrecke zwischen einigen Metern und maximal 100 m). Pflegestufe D bezeichnet täglichen Hilfebedarf, diese Personen benötigen bei mindestens einer ADL Hilfe und können sich nur noch einige Schritte fortbewegen bzw. sind bettlägerig. Pflegestufe E schließlich bezeichnet ständigen Hilfebedarf. Diese Personen brauchen bei allen ADL Hilfe. Die so definierten Pflegestufen C, D und E entsprechen mit gewissen Unschärfen den im Pflege-Versicherungsgesetz beschriebenen Pflegestufen I–III. Personen in diesen drei Gruppen werden im folgenden als *pflegebedürftig* bezeichnet.

Medizinische Hilfe läßt sich vor allem in zwei kostenrelevante Aspekte unterteilen. Dies ist zum einen die Kontakthäufigkeit mit Ärzten und zum zweiten der Arzneimittelverbrauch. Beides sind Variablen, die im Rahmen der Berliner Altersstudie sehr genau von Internisten und Psychiatern durch Befragung der Betroffenen, der Angehörigen und Pfleger sowie der behandelnden Ärzte erhoben wurden (vgl. Steinhagen-Thiessen & Borchelt, Kapitel 6; Helmchen et al., Kapitel 7).

Hinsichtlich der Bedingungsvariablen der Inanspruchnahme ärztlicher oder pflegerischer Hilfe wurde zwischen sozialstrukturellen Variablen, Gesundheitsvariablen und Einstellungsvariablen unterschieden (siehe Tabelle 1).

Die Anzahl der medizinischen Diagnosen basiert auf der Untersuchung der Studienteilnehmer durch Internisten und Psychiater. Gezählt wurden alle Erkrankungen, die im Rahmen der Erhebung als medizinisch wahrscheinlich bis sicher festgestellt werden konnten. Ungesicherte Verdachtsdiagnosen wurden nicht berücksichtigt. Als Maß für die körperliche Hinfälligkeit wurde in Anlehnung an Andres (1985)

1 Die stratifizierte Stichprobe wurde zu diesem Zweck mittels Gewichtung an die Alters- und Geschlechtsverteilung der 70jährigen und älteren Berliner angepaßt. Diese Verteilung beruht auf Angaben des Einwohnermeldeamtes. Die Gewichte berechnen sich wie folgt: $G_{ij}=P_{ij}/p$, mit i=Fünf-Jahres-Altersgruppe, j=Geschlechtsgruppe, P_{ij} der Anteil der Teilpopulation an der Grundgesamtheit und p der Anteil der Teilstichprobe an der Gesamtstichprobe; p ist aufgrund der disproportionalen Stratifizierung der Stichprobe (mit der gleichen Anzahl von Personen in jeder Zelle) eine Konstante mit p=43/516=8,33.

der Body-Mass-Index bestimmt, ein normierter Quotient aus Körpergewicht und Größe, in dem Kachexie wie Aufgeschwemmtheit gleichermaßen als Indikatoren körperlicher Hinfälligkeit zählen und der auch als sogenannter „Mortalitätsindex“ dient.

Psychiatrische Morbidität wurde syndromal mit der Mini Mental State Examination für dementielle Störungen (MMSE; Folstein, Folstein & McHugh, 1975) und Selbst- bzw. Fremdbeurteilungsskalen für depressive Störungen, d. h. der Center for Epidemiologic Studies-Depression Scale (CES-D; Hautzinger, 1988) bzw. der Hamilton Depression Scale (HAMD; Hamilton, 1986), erfaßt. Als syndromales Globalmaß psychischer Krankheit wurde die Brief Psychiatric Rating Scale (BPRS; Overall & Gorham, 1962) verwendet. Der Grad subjektiver Beschwerden wurde mit der Beschwerden-Liste nach von Zerssen (1976) erhoben.

Subjektives Krankheitserleben wurde mit einer Hypochondrie-Skala, d. h. dem Whiteley-Index (Pilowsky & Spence, 1983), und der Krankheitskonzept-Skala (Linden et al., 1988) erfaßt, die auf den bereits genannten Theorien der Gesundheitsüberzeugungen nach Becker und Mitarbeitern (1982) und der subjektiven Kontrollüberzeugungen nach B. S. Wallston und K. A. Wallston und Mitarbeitern (1976, 1983) basiert.

Als Indikatoren für den sozioökonomischen Status der Befragten wurden Bildung, Sozialprestige, Einkommen, der Immobilienbesitz sowie eine sozialstrukturelle Charakterisierung des Wohngebietes verwendet. Die Bildung wurde mit dem höchsten allgemeinbildenden Schulabschluß (d. h. Volksschule, Mittlere Reife oder Abitur) und der als Dummy-Variable kodierten Berufsausbildung (abgeschlossene Berufsausbildung: ja/nein) gemessen. Das Sozialprestige basiert auf der Magnitude Prestige Scale nach Wegener (1985). Verwendet wurde der höchste erreichte Prestigewert in der eigenen Berufsgeschichte bzw. der Prestigewert des letzten Ehepartners (letzter Beruf), sofern dieser Wert höher ist (vgl. Mayer & Wagner, Kapitel 9). Als Einkommensmaß diente das bedarfsgewichtete Haushaltseinkommen pro Anzahl der Haushaltsmitglieder (Äquivalenzeinkommen). Die zugrundeliegende Äquivalenzskala basiert auf der in den Regelsätzen von § 22 des Bundessozialhilfegesetzes angewandten Skala (Motel & Wagner, 1993; vgl. auch G. Wagner et al., Kapitel 10). Der Sozialindex des Wohngebietes beschreibt die Sozialstruktur der städtischen Gebiete, in denen die Studienteilnehmer leben. Die Werte entstammen dem „Sozialstrukturatlas Berlin (West)“ (Meinlschmidt, Imme & Kramer, 1990). Je niedriger der Wert, desto höher die „soziale Betroffenheit“ der dort lebenden Bevölkerung. Als Indikatoren für das soziale Netzwerk der Befragten, das insbesondere als Ressource für soziale Kontakte und Hilfeleistungen von Bedeutung ist, wurden die Haushaltssituation sowie die Anzahl der Kinder in Berlin benutzt.

3. Ergebnisse

3.1 Umfang der Inanspruchnahme medizinischer und pflegerischer Hilfe

3.1.1 Arztkontakte

Nur 7% der Hochbetagten in der Westberliner Bevölkerung berichten nicht über Kontakte zu einem Hausarzt. 85% werden durch einen niedergelassenen Arzt und 6% durch einen mit einer Institution verbundenen Arzt, also z. B. einen Heimarzt, behandelt. In 42% der Fälle handelt es sich um Ärzte für Allgemeinmedizin oder praktische Ärzte und in 56% um Internisten, die ihrer Funktion nach in der Regel ebenfalls als Allgemeinärzte angesehen werden können. Nach Aussage der Hausärzte gab es bei 11% im letzten Quartal keine Visiten. Die Zahl der Kontakte lag im Durchschnitt bei 6,3 pro Quartal. Die alten Patienten sind in der Regel seit langem in der Praxis bekannt, und zwar nach Angaben der Hausärzte im Durchschnitt seit knapp acht Jahren. Bei alten Menschen stellen auch ärztliche Hausbesuche eine wichtige Kontaktform dar. In 17% fand nach Erinnerung der Alten mindestens ein Besuch des Hausarztes in der Wohnung oder, sofern der Patient in einem Heim wohnt, im Wohnraum statt. Notfallkontakte sind mit 4% der Patienten vergleichsweise selten. Neben den Hausärzten wird von 60% der Alten in der Bevölkerung mindestens noch ein weiterer Arzt, von 21% zwei weitere Ärzte und von 3% mindestens drei weitere Ärzte aufgesucht. Dies sind in erster Linie bei 37% der Hochbetagten Augenärzte, gefolgt von Orthopäden (13%), Hals-Nasen-Ohren-Ärzten (8%), Urologen (7%) und Gynäkologen (6%). Nervenärzte spielen mit unter 4% eine eher nachgeordnete Rolle. 10% erhalten zusätzlich Behandlungen durch Masseure, Krankengymnasten und anderes medizinisches Hilfspersonal.

3.1.2 Medikationsverbrauch

97% der alten Menschen in der Westberliner Bevölkerung nehmen Medikamente ein, und zwar im Durch-

Tabelle 2: Hilfs- und Pflegebedürftigkeit in Prozentanteilen (gewichtet nach Alter und Geschlecht).

Hilfs- und Pflegebedürftigkeit	Männer	Frauen	Gesamt
A. voll selbständig	76,9	81,1	78,0
B. hilfsbedürftig	14,7	13,6	14,4
C. Pflegestufe I: mehrfach wöchentlich	2,1	2,7	2,3
D. Pflegestufe II: täglich	4,1	1,1	3,3
E. Pflegestufe III: ständig	2,2	1,5	2,0

schnitt sechs Arzneimittel pro Tag, wobei Kombinationspräparate nur einmal gezählt wurden. Die maximale Anzahl von Arzneimitteln pro Tag betrug 24. Bei 93% finden sich ärztlich verordnete Medikamente mit im Durchschnitt 4,7 Arzneimitteln pro Tag und einer maximalen Anzahl von 23. Bei 58% finden sich selbstverordnete Arzneimittel mit im Durchschnitt 1,2 Arzneimitteln pro Tag und einer maximalen Zahl von 9. Diese Arzneimittelzahlen sind vor dem Hintergrund von durchschnittlich 7,4 medizinischen Diagnosen pro Person zu sehen. Eine inhaltlich detailliertere Beschreibung nach Indikationsgruppen und Zweckmäßigkeit der Arzneimittel findet sich in den disziplinspezifischen Kapiteln der Inneren Medizin und der Psychiatrie (Steinhagen-Thiessen & Borchelt, Kapitel 6; Helmchen et al., Kapitel 7). Hier soll nur der Arzneimittelkonsum an sich dargestellt werden.

3.1.3 Pflege- und Hilfsbedürftigkeit bei basalen Aktivitäten des täglichen Lebens

Der Grad der Hilfsbedürftigkeit bei basalen Aktivitäten des täglichen Lebens wie Baden, Anziehen, Aufstehen, Essen oder bei der Benutzung der Toilette läßt sich mit Hilfe des sogenannten ADL-Wertes (Katz et al., 1963; Katz & Akpom, 1976) beschreiben. 4% der Alten in der Westberliner Bevölkerung brauchen Hilfe beim Essen, 5% beim Besuch der Toilette, 5% beim Aufstehen, 6% beim Ankleiden und 14% beim Baden. Faßt man die Hilfsbedürftigkeit bei Aktivitäten des täglichen Lebens und die Mobilität der betroffenen Personen, wie oben beschrieben, zu einem Indikator der Pflegebedürftigkeit zusammen, dann zeigt sich einerseits, daß 8% der hochbetagten Bevölkerung in der einen oder anderen Form auf pflegerische Unterstützung angewiesen sind und weitere 14% gelegentlicher Hilfe bedürfen. Andererseits heißt dies aber auch, daß nahezu 80% der 70jährigen und Älteren zu einer völlig selbständigen und unabhängigen Lebensführung in der Lage sind (siehe Tabelle 2).

Für die Interpretation dieser Befunde ist von Bedeutung, daß Selektivitätsanalysen (vgl. Lindenberger et al., Kapitel 3) ergaben, daß Personen mit Einschränkungen bei den basalen Aktivitäten des täglichen Lebens zwar eine tendenziell geringere Wahrscheinlichkeit aufweisen, an der gesamten Studie teilzunehmen, daß das Ausmaß dieser Selektivität jedoch sehr gering war. Eine Erklärung dafür könnte die ebenfalls festgestellte höhere Teilnahmewahrscheinlichkeit von Personen in stationären Einrichtungen sein.

3.1.4 Inanspruchnahme außerhäuslicher pflegerischer Hilfe

Von den 70jährigen und Älteren in West-Berlin leben nach den Beobachtungen in BASE 83% in Privatwohnungen, 8% in Seniorenwohnhäusern, 6% in Seniorenheimen und 3% in Krankenpflegeheimen. Tabelle 3 gibt einen Überblick über verschiedene Formen der in Anspruch genommenen Hilfen. 69% der Alten erhalten keine Hilfe von Personen außerhalb des eigenen Haushalts. Von diesen 69% leben 63% allein, so daß knapp 44% der Alten völlig auf sich gestellt sind. Von diesen knapp 44% ist wiederum der überwiegende Teil (87%) nicht auf fremde Hilfe angewiesen, während 13% gelegentlich der Hilfe bedürfen. Weitere 7% erhalten ausschließlich informelle Hilfe durch nicht im Haushalt lebende Familienangehörige, Freunde und Nachbarn. 14% nehmen eine professionelle externe Hilfe in Anspruch, und 9% leben in Institutionen der Altenhilfe.

3.1.5 Krankenhausbehandlungen

Krankenhausbehandlungen stellen im Gegensatz zu den vorgenannten eher dauernden Hilfen eine zeitbegrenzte Behandlungsform dar. Dennoch müssen die Krankenversicherungen dafür erhebliche Mittel aufwenden, wie die eingangs zitierten Zahlen belegen.

Tabelle 3: Arten der außerhäuslichen pflegerischen Unterstützung und ihre Verteilung (gewichtet nach Alter und Geschlecht).

Art der Unterstützung	Anteil in %
keine	69,2
nur informell	6,6
nur Essen auf Rädern	1,0
nur professionell	11,3
informell + Essen auf Rädern	0,3
informell + professionell	0,9
professionell + Essen auf Rädern	1,8
informell + professionell + Essen auf Rädern	0,2
Seniorenheim	5,9
Krankenheim, Pflegeheim	2,8

Nach der retrospektiven Befragung in BASE waren im letzten Jahr 21 % der 70jährigen und Älteren mindestens einmal in stationärer Behandlung (vgl. Tabelle 4). Es zeigt sich nur für die Gruppe der Männer ein signifikanter Altersgruppenunterschied ($p=0{,}03$) und keine systematischen Unterschiede zwischen den Geschlechtern. Krankenhausbehandlungen stellen damit nicht nur wegen ihrer qualitativen Besonderheiten, sondern auch wegen ihrer Häufigkeit eine wichtige Säule der Versorgung alter Menschen dar.

Tabelle 4: Prozentanteile der 70jährigen und älteren Studienteilnehmer, die im vorhergehenden Jahr mindestens einmal in einem Krankenhaus behandelt wurden.

Altersgruppen	Männer	Frauen	Gesamt
70–74	14,3	26,2	20,2
75–79	11,9	16,7	14,3
80–84	22,0	34,1	28,0
85–89	39,5	23,7	31,6
90–94	33,3	24,4	27,8
95+	21,2	28,2	24,7
Alle	20,2	24,9	21,4

3.2 Bedingungen der Inanspruchnahme medizinischer und pflegerischer Hilfe

3.2.1 Sozialstrukturelle Variablen

Alter. Abbildung 1 zeigt das Arzneiverbrauchsprofil nach Alter und Geschlecht für alle Arzneimittel, die im Rahmen der gesetzlichen Krankenversicherung im Jahr 1992 verordnet wurden (Klauber & Selke, 1993). Der entscheidende Anstieg der Arzneimittelausgaben findet im Alter von 40 bis 75 Jahren statt. Spätestens ab dem 85. Lebensjahr setzt sich dieser Anstieg nicht weiter fort. Dies wird durch die Daten der Berliner Altersstudie bestätigt (siehe Abb. 2). Im Alter von 70 bis 80 Jahren scheint im wahrsten Sinne des Wortes eine „Sättigungsgrenze" erreicht zu sein. In gleicher Weise findet sich jenseits von 70 auch kein Anstieg in der Häufigkeit der Arztkontakte.

Deutlich anders stellt sich die Situation hinsichtlich der Inanspruchnahme pflegerischer Hilfe dar. Abbildung 3 zeigt für die verschiedenen Altersgruppen den Anteil der Personen, die keine außerhäusliche Hilfe, nur informelle Hilfe, professionelle Hilfe und schließlich institutionelle Hilfe in Anspruch nehmen. Wie zu erkennen, nimmt der Anteil derer, die keine externe Hilfe in Anspruch nehmen, von 87 % bei den 70- bis 74jährigen auf etwa 20 % bei den 90jährigen und Älteren ab. Im gleichen Maße nimmt zunächst die professionelle Hilfe und ab dem 80. Lebensjahr dann auch zunehmend die institutionelle Hilfe zu, so daß bei den 95jährigen und Älteren 37 % in Alten- und Pflegeheimen leben.

Differenziert man noch einmal nach der Wohnform, dann zeigt sich, daß jenseits des 80. Lebensjahres zunächst Seniorenwohnhäuser und Seniorenheime zunehmen und ab dem 95. Lebensjahr vor allem Kranken- und Pflegeheime (siehe Abb. 4).

Geschlecht. Vergleicht man Frauen und Männer hinsichtlich der Hausarztkontakte, dann finden sich keine signifikanten Unterschiede in der Häufigkeit (Frauen: Mittelwert $\bar{x}=3{,}0$; $s=4{,}4$ – Männer: $\bar{x}=2{,}6$; $s=3{,}3$). Ebenso finden sich keine Unterschiede hinsichtlich der Zahl der eingenommenen Medikamente (Frauen: $\bar{x}=6{,}0$; $s=3{,}9$ – Männer: $\bar{x}=5{,}7$; $s=4{,}0$).

Vergleicht man Frauen und Männer hinsichtlich des Anteils derer, die keine Hilfe (52 % versus 56 %), nur informelle Hilfe (8 % versus 11 %) oder mindestens professionelle (22 % versus 23 %) Hilfe in Anspruch nehmen, finden sich ebenfalls keine wesentlichen Unterschiede zwischen den Geschlechtern. Ein Unterschied zwischen Männern und Frauen findet sich allerdings hinsichtlich der Wohnsituation. 11 % der Männer in der untersuchten Stichprobe le-

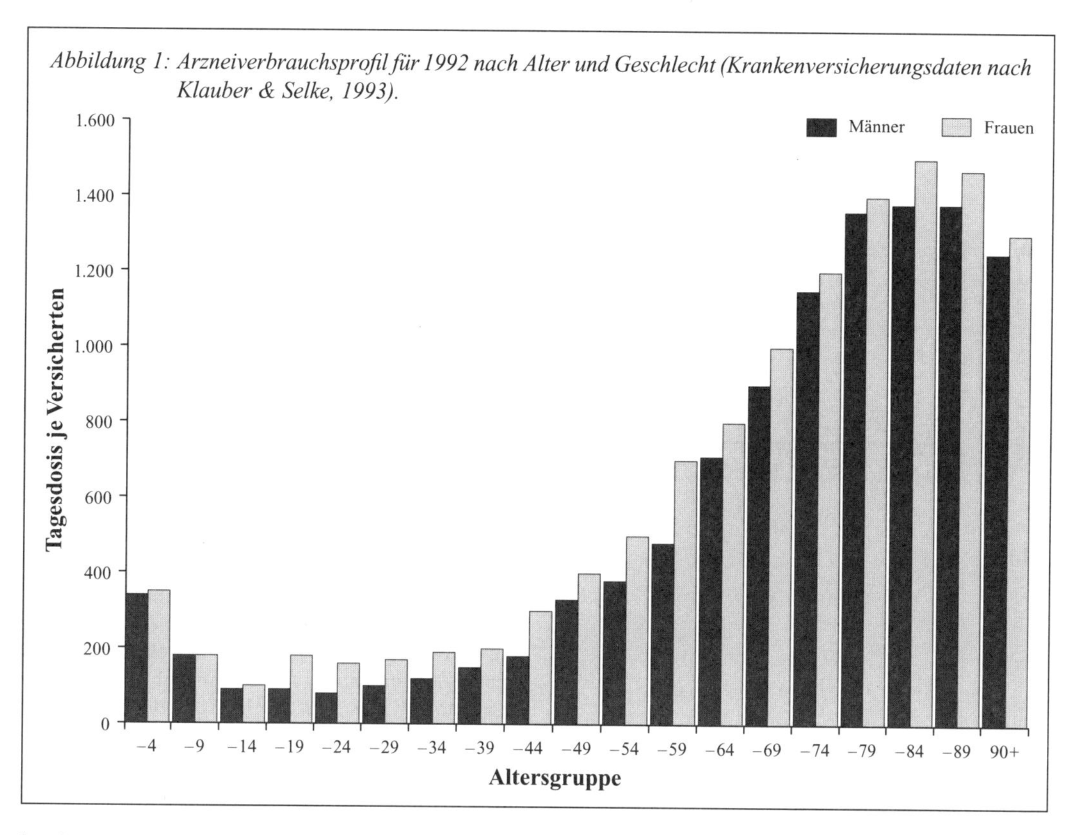

Abbildung 1: Arzneiverbrauchsprofil für 1992 nach Alter und Geschlecht (Krankenversicherungsdaten nach Klauber & Selke, 1993).

ben in Seniorenheimen bzw. Krankenheimen im Vergleich zu 18% der Frauen.

Soziale Situation. Vergleicht man Studienteilnehmer, die mit einer anderen Person zusammenleben, mit solchen, die allein leben, oder auch Studienteilnehmer, die zu Hause leben, mit solchen, die in einer Institution leben, finden sich keine Unterschiede bezüglich der Zahl der eingenommenen Medikamente. Die Zahl der Hausarztkontakte ist ebenfalls weitgehend unabhängig vom sozioökonomischen Status. Sie steigt allerdings signifikant bei allein lebenden Personen an, für die der Hausarzt möglicherweise zu einer wichtigen Kontaktperson wird.

Die Art der außerhäuslichen pflegerischen Unterstützung, die in Anspruch genommen wird, ist dagegen signifikant von sozialen und materiellen Ressourcen abhängig (vgl. Tabelle 5). Höhere Bildung, ein höheres Sozialprestige sowie höheres Einkommen gehen mit einer stärkeren Inanspruchnahme außerhäuslicher professioneller Hilfe einher. Offenbar können Personen mit ausreichenden materiellen Ressourcen auch privat besser Hilfen organisieren und so z. B. den Umzug in ein Heim zumindest hinausschieben. Auch die Haushaltssituation und die Größe des sozialen Netzwerks sind für die Art der genutzten außerhäuslichen pflegerischen Unterstützung von Belang. Mit der Anzahl der in Berlin lebenden Kinder steigt auch die außerhäusliche informelle Hilfe an. Kinder sind demnach eine wichtige Ressource für Hilfeleistungen, auch wenn sie nicht im selben Haushalt mit den Eltern leben. Allein lebende Personen erhalten erwartungsgemäß häufiger außerhäusliche Hilfe oder siedeln in ein Heim über. Notwendige pflegerische oder hauswirtschaftliche Unterstützung, die bei allein lebenden Personen von haushaltsexternen Personen erbracht werden muß, wird also offenbar von den Haushaltsmitgliedern, überwiegend Ehepartnern, geleistet.

3.2.2 Gesundheitsvariablen

Körperliche Erkrankungen. Medizinische und pflegerische Hilfe setzt nach allgemeinem Verständnis Störungen der Gesundheit voraus. Wenn man die Anzahl der erhobenen Diagnosen mit der Anzahl der verordneten Medikamente in Zusammenhang setzt, ergibt sich eine signifikante positive Korrelation ($r=0,58$). Es fin-

Abbildung 2: a) Streudiagramm der Anzahl täglich eingenommener Medikamente nach Alter (ungewichtet). b) Streudiagramm der Anzahl der Hausarztbesuche im letzten Quartal nach Alter (ungewichtet).

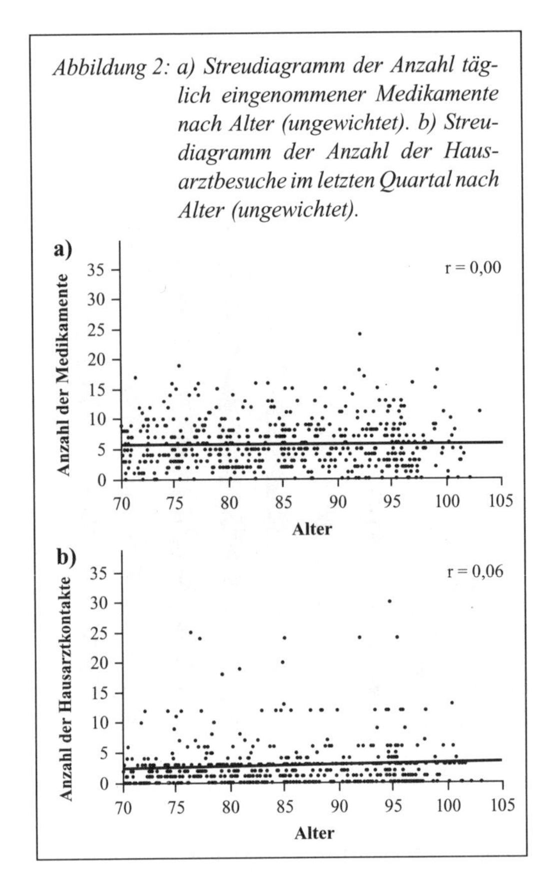

det sich ebenfalls ein signifikanter, wenn auch schwächerer Zusammenhang mit der Anzahl der Hausarztkontakte (r=0,21). Die Anzahl der medizinischen Diagnosen geht auch signifikant mit intensiverer Inanspruchnahme außerhäuslicher Hilfe einher (η=0,22). Auch der Grad der körperlichen Hinfälligkeit korreliert mit Hausarztkontakten (r=0,16) und mit der Inanspruchnahme außerhäuslicher Hilfe (r=0,32), jedoch nicht mit dem Medikationsverbrauch (siehe Tabelle 5).

Psychische Störungen. Inwieweit haben psychiatrische Erkrankungen Einfluß auf die Inanspruchnahme pflegerischer und ärztlicher Hilfe? Das Vorliegen einer dementiellen Erkrankung (gemessen mit der MMSE) steht in keinem Zusammenhang mit den Arztkontakten. Mit zunehmender Demenz nimmt jedoch der Medikamentenkonsum signifikant ab (r=0,19). Vor allem aber korreliert das Vorliegen einer Demenz hoch mit der Inanspruchnahme außerhäuslicher Hilfe bzw. Institutionalisierung (η=0,56). Für die zweite große psychiatrische Erkrankungsgruppe der Depressionen gilt, daß sie mit einem erhöhten Medikamentenkonsum einhergehen (CES-D: r=0,24; HAMD: r=0,31). Ebenso besteht ein signifikanter Zusammenhang mit der Anzahl der Hausarztkontakte (CES-D: r=0,12; HAMD: r=0,16) und mit der Inanspruchnahme außerhäuslicher Hilfe (CES-D: η=0,25; HAMD: η=0,16). Das gleiche gilt auch für die globale psychiatrische Symptomatik, wie sie mit der BPRS erfaßt wird. Sie korreliert nicht mit der Anzahl der Hausarztkontakte, jedoch mit der Anzahl der Medikamente (r=0,12) und vor allem mit der Inanspruchnahme außerhäuslicher Hilfe und Institutionalisierung (η=0,42).

Abbildung 3: Hilfsquellen außerhalb des Haushaltes nach Altersgruppen (ungewichtet).

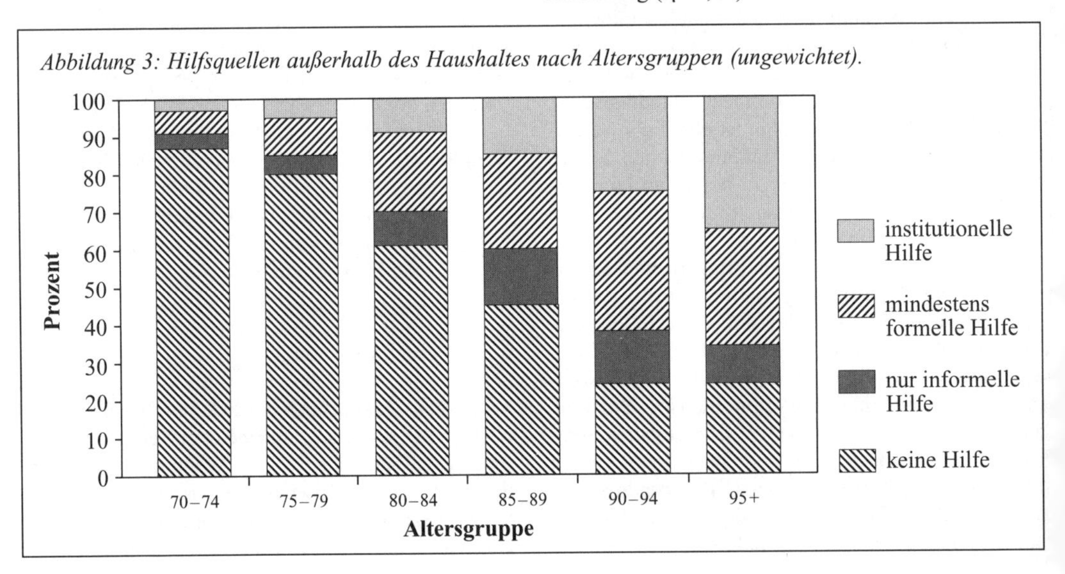

3.2.3 Pflegebedürftigkeit und Wohnsituation

Die Inanspruchnahme institutioneller pflegerischer Versorgung wird wesentlich in Abhängigkeit von der Hilfs- und Pflegebedürftigkeit gesehen. Setzt man Pflegebedürftigkeit und Art der Wohnform miteinander in Beziehung, dann können daraus auch Rückschlüsse auf die in den jeweiligen Wohnbereichen oder Institutionen zu leistenden Versorgungsaufgaben gezogen werden. Tabelle 6 zeigt die von uns definierten Stufen der Hilfs- und Pflegebedürftigkeit in Beziehung zur Wohnsituation der betroffenen Personen. Wie man erkennen kann, gibt es einen eindeutigen Zusammenhang. In den Krankenpflegeheimen sind 29% der Bewohner und in den Seniorenheimen 20% mindestens mehrfach täglich auf Pflegeleistungen angewiesen, wohingegen dies nur 1% in Seniorenwohnhäusern sind, aber immerhin auch 4% in Privathaushalten. Betrachtet man die Schwerstpflegebedürftigen der Stufe III, dann zeigt sich interessanterweise, daß diese in Seniorenwohnhäusern nicht anzutreffen waren. Nur 6% finden sich in Krankenpflegeheimen, immerhin 26% in Seniorenheimen und 68% in Privathaushalten. Die Zahlen zeigen, daß der Übergang zwischen Seniorenheimen und Krankenpflegeheimen fließend ist, während es eine klare Trennung zu den Seniorenwohnhäusern gibt. Seniorenheime und Krankenpflegeheime haben ihrer Aufgabe gemäß unter den von ihnen Betreuten auch einen großen Anteil schwer Pflegebedürftiger. Unter epidemiologischer Perspektive erfolgt aber die überwiegende Versorgung auch von Schwerstpflegebedürftigen in Privathaushalten.

3.2.4 Einstellungen zur Gesundheit und Krankheitskonzepte

Nach der eingangs zitierten Literatur ist zu erwarten, daß außer objektiven Krankheitsindikatoren auch das subjektive Krankheitserleben einen Einfluß auf die Inanspruchnahme therapeutischer und pflegerischer Hilfe hat. Tabelle 5 zeigt, daß mit zunehmenden Werten auf dem Whiteley-Index, der Beschwerden-Liste oder den Depressionsskalen HAMD und CES-D sowie bei Krankheitskonzepten im Sinne von Medikamentenvertrauen, geringer Nebenwirkungserwartung und subjektiver Überzeugung von Krankheitsanfälligkeit die Zahl der eingenommenen Medikamente signifikant ansteigt. Es findet sich also ein deutlicher Einfluß von subjektiven Krankheitskonzepten und subjektivem Krankheitserleben auf den Medikationsverbrauch. Dieser Zusammenhang ist nicht mehr so eindeutig, wenn es um die Anzahl der Hausarztkontakte geht. Hier zeigen nur noch der Whiteley-Index, die Beschwerden-Liste und die Depressionsskalen signifikante und obendrein geringere Korrelationen (vgl. Tabelle 5).

Es findet sich kein Zusammenhang mit den angesprochenen Variablen, wenn es um die Inanspruchnahme außerhäuslicher Hilfe geht. Diese steht in keiner signifikanten Beziehung mehr zu Krankheitserleben und Krankheitseinstellungen. Statt dessen sind signifikante Zusammenhänge mit der Psychopathologie nachzuweisen, sei es anhand von MMSE, HAMD, CES-Depressions-Skala oder der BPRS, in der sich unter anderem auch Demenz niederschlägt.

Abbildung 4: Verteilung der Wohnformen nach Altersgruppen (ungewichtet).

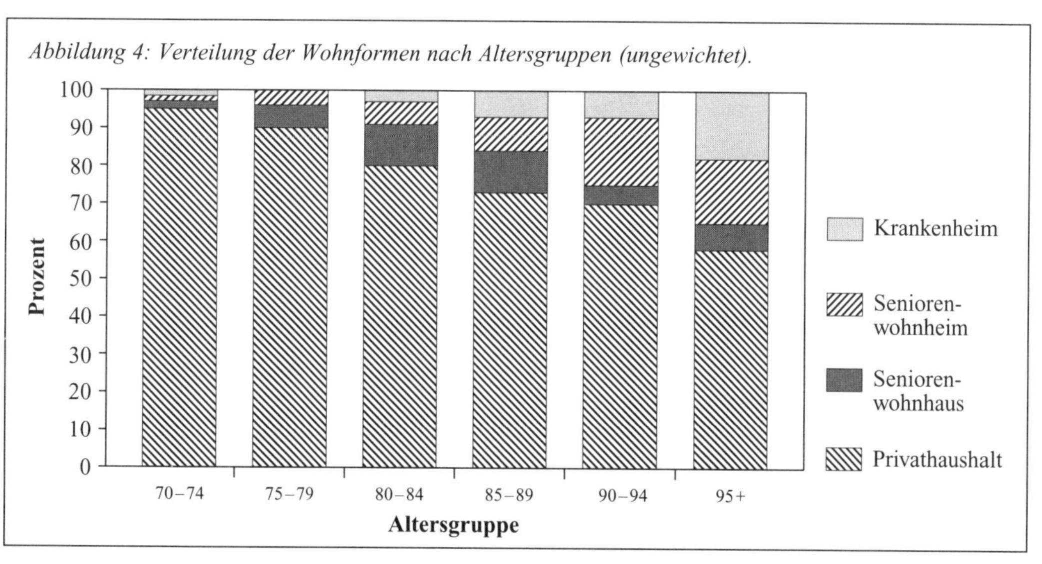

Tabelle 5: Zusammenhänge zwischen medizinischen, subjektiven und sozialstrukturellen Variablen und der Inanspruchnahme von Hilfen.

Bedingungsvariablen	Anzahl der Medikamente pro Tag[1]	Anzahl der Hausarztkontakte	Pflegerische Unterstützung[2]
Medizinische Variablen			
Anzahl der Diagnosen	0,58**	0,21**	0,22**
Body-Mass-Index	-0,01	0,16**	0,33**
Gehstrecke	-0,08	-0,13**	0,47**
Brief Psychiatric Rating Scale	0,12**	-0,04	0,42**
Mini Mental State Examination	0,19**	0,01	0,56**
CES-Depression Scale	0,24**	0,12**	0,25**
Hamilton Depression Scale	0,31**	0,16**	0,16*
Subjektive Variablen			
Beschwerden-Liste	0,47**	0,17**	0,15*
Whiteley-Index[3]	0,45**	0,21**	0,15**
Krankheitskonzept-Skala			
Anfälligkeit	0,25**	0,09*	0,11*
Arztvertrauen	0,08	0,04	0,12*
Zufallsüberzeugungen	0,00	-0,02	0,08
Medikamentenvertrauen	0,27**	0,07	0,11
Nebenwirkungserwartungen	-0,18**	-0,06	0,08
Selbstverantwortlichkeit	-0,10*	-0,04	0,05
Summenwert	0,30**	0,07	0,13*
Sozialstrukturelle Variablen			
Sozialindex des Wohngebietes	0,01	0,00	0,06
Schulbildung	0,03	-0,07	0,16**
Berufsausbildung	0,04	-0,01	0,12
Sozialprestige	0,08	-0,04	0,25**
Äquivalenzeinkommen	0,05	-0,01	0,25**
Wohnungseigentum	-0,04	-0,02	0,10
Haushaltsgröße[4]	0,05	-0,12**	—
Allein lebend[4]	-0,07	0,11**	0,27**
Anzahl der Kinder in Berlin	0,00	0,01	0,21**

Signifikanzniveau: * $p<0,05$; ** $p<0,01$.
1 Produkt-Moment-Korrelationen.
2 μ oder Kontingenzkoeffizienten.
3 Hypochondrie-Skala.
4 Bei den Heimbewohnern wurde die Haushaltssituation vor dem Heimübergang betrachtet.

3.3 Integratives Bedingungsmodell für die Inanspruchnahme von medizinischer und pflegerischer Hilfe

Wie in den vorangegangenen Abschnitten gezeigt wurde, steht die Inanspruchnahme therapeutischer Hilfen zu sehr unterschiedlichen Variablen in Beziehung, die selbst wieder untereinander zusammenhängen. Im folgenden sollen deshalb Krankheitsvariablen, Einstellungsvariablen und sozialstrukturelle Variablen in einem Modell zusammengefaßt werden, um ihre relative Bedeutung für die einzelnen Formen der Inanspruchnahme von Hilfe zu verdeutlichen.

3.3.1 Arzneimittelverbrauch und Hausarztkontakte

Tabelle 7 faßt die relevanten Variablen, die einen Einfluß auf die Inanspruchnahme ärztlicher Hilfe haben können, zusammen. Dies sind zum einen Indikatoren des Gesundheits- bzw. Krankheitszustandes. Dafür stehen der Grad der Hilfs- und Pflegebedürftigkeit, die Anzahl der medizinischen Diagnosen und der normierte Body-Mass-Index, des weiteren aber auch direkte Indikatoren für psychiatrische Erkrankungen. Dazu gehören Brief Psychiatric Rating Scale (BPRS), Mini Mental State Examination (MMSE) und CES-Depressions-Skala. Als nächster Variablenkomplex sind Indikatoren des subjektiven Krankheitserlebens aufgeführt. Dazu gehört die Beschwerden-Liste nach von Zerssen (1976), die unspezifische körperliche Beschwerden erfaßt, der Whiteley-Index als Hypochondrie-Skala und die Krankheitskonzept-Skala. Schließlich sind als Indikatoren für die sozialen und ökonomischen Ressourcen die Schulbildung, die Berufsausbildung, das Sozialprestige, der Besitz von Wohnungseigentum, das Vorhandensein von Mitbewohnern, die Erreichbarkeit von Kindern und schließlich Geschlecht und Alter ausgewählt worden.

Tabelle 7 zeigt das Ergebnis zweier multipler Regressionsberechnungen für die abhängigen Variablen Medikationsverbrauch und Hausarztkontakte. Das Ergebnis dieser Regressionsanalyse fällt für die beiden abhängigen Variablen unterschiedlich aus. Eine Vorhersage der Anzahl der Hausarztkontakte während der vergangenen drei Monate ist durch solche personenbezogenen Variablen nur begrenzt möglich. Wenn überhaupt, dann steht die Zahl der Hausarztkontakte mit den Indikatoren des körperlichen Erkrankungszustandes und der hypochondrischen Einstellungen in Zusammenhang. Grundsätzlich spricht das Ergebnis dafür, daß Besuche durch den Hausarzt bei multimorbiden, chronisch kranken alten Menschen wahrscheinlich eher einem eigenen regelmäßigen Rhythmus folgen, also beispielsweise von organisatorischen Rahmenbedingungen oder regelmäßig vereinbarten Terminen abhängig sind, und weniger durch personenbezogene Variablen beeinflußt werden.

Anders verhält es sich mit dem Medikamentenverbrauch. Auch hier spielt zunächst einmal die Anzahl der medizinischen Diagnosen eine wesentliche Rolle. Von den Indikatoren für psychiatrische Erkrankungen erklärt nur die MMSE einen signifikanten Varianzanteil, wobei die positive Korrelation so zu interpretieren ist, daß mit ausgeprägterer Demenz weniger Arzneimittel eingenommen werden. Bedeutungsvoll sind auch die Variablen des subjektiven Krankheitserlebens. Beschwerden-Liste, Whiteley-Index und Krankheitskonzept-Skala tragen alle signifikant zur Varianzaufklärung des Arzneimittelverbrauchs bei. Dies kann als Hinweis dafür gewertet werden, daß die Patienten auf dem Hintergrund des subjektiven Krankheitserlebens einen bedeutsamen Einfluß darauf nehmen, wie viele Arzneimittel ihnen

Tabelle 6: Prozentanteile Hilfs- und Pflegebedürftiger in Privathaushalten und stationären Einrichtungen (jeweils pro Institution und in Klammern je Stufe der Hilfs- und Pflegebedürftigkeit) gewichtet nach Alter und Geschlecht.

Hilfs- und Pflegebedürftigkeit	Privathaushalt		Seniorenwohnhaus (privat)		Seniorenheim		Kranken-, Pflegeheim		Gesamt
A. voll selbständig	82,9	(88,6)	75,4	(7,7)	33,2	(2,5)	33,0	(1,2)	(100,0)
B. hilfsbedürftig	11,6	(67,4)	23,2	(12,9)	35,1	(14,4)	27,8	(5,3)	(100,0)
C. Pflegestufe I	1,5	(56,0)	0,2	(0,8)	11,9	(30,6)	10,5	(12,6)	(100,0)
D. Pflegestufe II	2,3	(58,0)	1,2	(2,9)	10,9	(19,4)	23,6	(19,7)	(100,0)
E. Pflegestufe III	1,7	(67,7)	0,0	(0,0)	8,8	(25,5)	5,0	(6,8)	(100,0)
Gesamt	100,0		100,0		100,0		100,0		

verordnet bzw. auch von ihnen selbst zusätzlich eingenommen werden.

Die in die Regressionsanalyse eingeschlossenen sozialstrukturellen Variablen tragen weder zur Erklärung der Hausarztkontakte noch des Arzneimittelverbrauchs wesentlich bei. Dies weist darauf hin, daß die medizinische Versorgung wegen des bevölkerungsumfassenden Versicherungsschutzes von den sonstigen sozialen Ressourcen des einzelnen unabhängig ist.

3.3.2 Inanspruchnahme pflegerischer Hilfe

Es wurde bereits bei der vorangegangenen Darstellung der einzelnen Variablen deutlich, daß die Inanspruchnahme pflegerischer Hilfe von anderen Faktoren abhängt als die Inanspruchnahme ärztlicher Hilfe. Tabelle 8 gibt eine Übersicht über den Einfluß von Indikatoren der körperlichen und psychischen Gesundheit, des subjektiven Krankheitserlebens und der sozialen Situation auf verschiedene Formen pflegerischer Hilfe. Mit einer logistischen Regressionsanalyse wurde untersucht, welchen relativen Einfluß die genannten Variablen auf die Inanspruchnahme informeller Hilfe, professioneller pflegerischer Hilfe und institutioneller Pflege haben, wobei jeweils als Vergleichsgruppe die Personen herangezogen wurden, die keine pflegerische Hilfe von Personen außerhalb des eigenen Haushalts in Anspruch nehmen. Wie die Nebeneinanderstellung der „Odds-ratios" zeigt, steigt die Wahrscheinlichkeit der Inanspruchnahme außerhäuslicher informeller Hilfe beispielsweise durch Nachbarn vor allem dann an, wenn die betreffende Person allein lebt. Das gleiche gilt für die Inanspruchnahme professioneller Hilfe, wobei als

Tabelle 7: Medizinische, subjektive und sozialstrukturelle Einflußfaktoren für die Nutzung medizinischer Hilfe (standardisierte Regressionskoeffizienten).

Bedingungsvariablen	Anzahl der Medikamente pro Tag	Anzahl der Hausarztkontakte
Medizinische Variablen		
Pflegebedürftigkeit (Stufen I, II, III)[1]	-0,06	0,05
Hilfsbedürftigkeit[1]	-0,08*	-0,01
Anzahl der Diagnosen	0,44**	0,12*
Normierter Body-Mass-Index	-0,09*	0,17**
Brief Psychiatric Rating Scale	0,05	-0,08
Mini Mental State Examination	0,11*	-0,06
CES-Depression Scale	-0,05	0,02
Subjektive Variablen		
Beschwerden-Liste	0,19**	-0,01
Whiteley-Index	0,12**	0,16*
Krankheitskonzept-Skala	0,19**	0,03
Sozialstrukturelle Variablen		
Schulbildung	-0,01	-0,04
Berufsausbildung	0,02	0,02
Sozialprestige	0,08*	-0,03
Wohnungseigentum	-0,05	-0,03
Allein lebend	-0,09*	0,11*
Anzahl der Kinder in Berlin	-0,03	0,04
Alter	0,14*	-0,03
Geschlecht	-0,07	0,01
Adj. R^2	0,47	0,08

Signifikanzniveau: * $p<0,05$; ** $p<0,01$.
1 Die Variablen sind 0/1 kodiert, wobei 1= pflege- bzw. hilfsbedürftig. Hilfsbedürftigkeit korreliert also negativ mit der Anzahl der Medikamente (im Vergleich zu Nicht-Hilfsbedürftigen).

zusätzliche Variablen subjektive Klagsamkeit und vor allem Hilfs- und Pflegebedürftigkeit in basalen Aktivitäten des täglichen Lebens bei gleichzeitiger Einschränkung der Mobilität hinzukommt, und gilt ebenso für die Inanspruchnahme institutioneller Pflege, wobei nun als dritte weitere Dimension der psychopathologische Status, insbesondere der Grad an Depressivität und dementiellem Abbau, hinzukommt. Institutionelle Pflege wird also um so wahrscheinlicher, je geringer die Selbstversorgungsfähigkeit des Betroffenen ist, sei es wegen Einschränkung der Bewegungsfähigkeit, wegen Verlustes der geistigen Fähigkeiten oder aus sozialen Gründen.

4. Diskussion

Dieses Kapitel geht der Frage nach, in welchem Umfang Hochbetagte medizinische und pflegerische Hilfe in Anspruch nehmen und welche personenabhängigen Faktoren dazu beitragen, daß sie dies in vermehrtem oder vermindertem Umfang tun. Ein Verständnis solcher Zusammenhänge ist Voraussetzung, um Bedingungsvariablen für Kosten im Gesundheitswesen zu benennen. Dies ist z. B. von großer Bedeutung in der öffentlichen Diskussion um „berechtigte" und „unberechtigte" Inanspruchnahme von Leistungen der Krankenkassen oder der Sozialhilfe.

Die vorgestellten Daten und Analysen basieren auf den Untersuchungen im Rahmen der Berliner Altersstudie. Daraus ergeben sich einige Einschränkungen, aber auch Stärken für die Interpretierbarkeit der Daten. Untersucht wurde ein hochbetagter Teil der Stadtbevölkerung, nämlich Westberliner jenseits des 70. Lebensjahres. Inwieweit insbesondere die deskriptiven Daten auf andere Regionen, z. B. auf ländliche Gebiete, zu verallgemeinern sind, muß offen bleiben. Dies mag zudem für unterschiedliche Variablen unterschiedlich zu beantworten sein. Für die

Tabelle 8: Medizinische, subjektive und sozialstrukturelle Einflußfaktoren für die Nutzung pflegerischer Hilfe (logistische Regression, dargestellt sind „Odds-ratios").

Bedingungsvariablen	Informelle Hilfe vs. keine Hilfe	Formelle Hilfe vs. keine Hilfe	Stationäre Hilfe vs. keine Hilfe
Medizinische Variablen			
Pflegebedürftigkeit (Stufen I, II, III)[1]	2,28	3,31*	6,94**
Hilfsbedürftigkeit[1]	1,29	2,44*	3,32*
Anzahl der Diagnosen	1,05	1,03	1,06
Normierter Body-Mass-Index	0,86	0,65	0,75
Brief Psychiatric Rating Scale	0,97	1,02	1,04
Mini Mental State Examination	0,89	0,91	0,76**
CES-Depression Scale	1,02	1,02	1,14**
Subjektive Variablen			
Beschwerden-Liste	1,01	1,04*	0,98
Whiteley-Index	0,96	0,84*	0,71*
Krankheitskonzept-Skala	1,02	1,01	0,98
Sozialstrukturelle Variablen			
Schulbildung	1,19	1,96*	1,02
Berufsausbildung	0,93	1,93*	1,57
Sozialprestige	0,99	1,02**	0,99
Wohnungseigentum	0,31	1,00	0,11*
Allein lebend	5,01**	4,87**	3,59*
Anzahl der Kinder in Berlin	1,42*	1,05	0,63*
Alter	1,11**	1,14**	1,13**
Geschlecht	2,14	1,46	1,74

Signifikanzniveau: * $p<0{,}05$; ** $p<0{,}01$.

1 Die Variablen sind 0/1 kodiert, wobei 1= pflege- bzw. hilfsbedürftig. Das relative Risiko der Heimunterbringung ist also bei Pflegebedürftigen im Vergleich zu Personen, die nicht hilfs- oder pflegebedürftig sind, fast siebenfach erhöht.

Ergebnisse der multivariaten Analysen gilt diese Einschränkung der Generalisierbarkeit in geringerem Maße, da Besonderheiten, die für Berlin typisch sind, wie ein überdurchschnittlicher Anteil von Witwen, höhere Frauenerwerbstätigkeit in der Vergangenheit, weniger Hausbesitzer und anderes durch die Methodik kontrolliert werden.

Eine weitere Einschränkung der Interpretierbarkeit ergibt sich aber auch aus der Tatsache, daß es sich bei den hier berichteten Daten ausschließlich um Querschnittsdaten handelt. Auch die Ergebnisse multivariater Analysen sind letztendlich nur als korrelative Zusammenhänge zu interpretieren. Alle Hinweise auf kausale Beziehungen und gerichtete Abhängigkeiten sind nur theoretisch, nicht jedoch empirisch zu begründen. So ist es plausibel anzunehmen, daß ein schlechterer Gesundheitszustand zu einer vermehrten medikamentösen Behandlung führt. Aufgrund der Tatsache, daß es sich hier um eine Querschnittserhebung handelt, wäre aber auch eine umgekehrte Interpretationsrichtung möglich.

Die Stärken der vorgelegten Untersuchung liegen in der Art der Daten. Durch die Zusammenarbeit von Internisten, Psychiatern, Psychologen und Soziologen und durch die Ausführlichkeit des Untersuchungsprotokolls ist sichergestellt, daß die einzelnen Variablen so präzise und korrekt erhoben wurden, wie es aus Sicht der beteiligten Fachdisziplinen erforderlich war. So ist beispielsweise die Variable „Anzahl der Medikamente" das Resultat aus:

a) einem speziellen beschwerdegeleiteten Arzneimittelinterview durch den Psychiater,
b) einer Inspektion der Arzneimittelbehältnisse in der Wohnung der Studienteilnehmer durch den Psychiater,
c) einer Arzneimittelanamnese im Rahmen der internistischen Untersuchung,
d) einer Befragung des behandelnden Hausarztes durch den Psychiater und
e) einer Abstimmung über den „wahren" Arzneimittelverbrauch in einer Konsensuskonferenz zwischen Psychiatern und Internisten.

Uns ist keine Studie bekannt, die eine ähnlich intensive und präzise Erhebung durchgeführt hätte. Gleiches gilt auch für andere referierte Variablen.

Eine zweite Stärke der Berliner Altersstudie liegt in der geschichteten Stichprobe. Dadurch ist sichergestellt, daß Männer und Frauen im Alter von 70 bis 74 ebenso häufig vertreten sind wie Männer und Frauen im Alter von 90 bis 94 Jahren. Es lassen sich also vergleichsweise verläßliche Aussagen auch über Hoch- und Höchstbetagte treffen. Dies ist in anderen gerontologischen Studien eher die Ausnahme. Betrachtet man unter Berücksichtigung dieser Vorgaben zunächst einmal die Raten der Inanspruchnahme medizinischer und pflegerischer Hilfe in den hohen Altersgruppen, dann sind mehrere Schlußfolgerungen zu ziehen.

Die im Rahmen der Berliner Altersstudie gefundenen und auf die Alters- und Geschlechtsverteilung in der Bevölkerung proportionalisierten Raten der Pflegebedürftigkeit in basalen Aktivitäten des täglichen Lebens entsprechen der Größenordnung nach anderen aktuellen Erhebungen. Im Bericht des Bundesministeriums für Familie und Senioren zum „Hilfe- und Pflegebedarf in Deutschland 1991" (BMFuS, 1992; Schneekloth & Potthoff, 1993) wird ein Anteil von 9% der 70jährigen und Älteren als Personen mit regelmäßigem Pflegebedarf (definiert als „mindestens mehrfach wöchentlicher Bedarf an Hilfe bei körperbezogenen Verrichtungen") und weitere 16% als Personen mit hauswirtschaftlichem Hilfebedarf (definiert als „Personen mit unregelmäßigem bzw. weniger als mehrfach wöchentlichem Pflegebedarf und/oder typischen hauswirtschaftlichen Aktivitätseinschränkungen") ausgewiesen. Dies bezieht sich auf Personen in Privathaushalten. Wie in Tabelle 2 zusammengestellt, fanden wir in Privathaushalten und Institutionen in der vergleichbaren Altersgruppe 14% Hilfsbedürftige und 8% Pflegebedürftige. Ohne Personen in Institutionen ergab sich ein Anteil von 13% Hilfsbedürftigen und 5% Pflegebedürftigen.

In gleicher Weise bestätigen unsere Befunde auch, daß der entscheidende Anstieg der Pflegebedürftigkeit nach dem 80. Lebensjahr eintritt. In dem genannten Bericht (BMFuS, 1992) werden für die Altersgruppe der 70- bis 74jährigen 4% der Männer und 3% der Frauen als regelmäßig pflegebedürftig bezeichnet. Im Vergleich dazu sind es 21% der Männer bzw. 28% der Frauen jenseits von 85 Jahren. Dies ist eine Verzehnfachung und entspricht in der Tendenz auch den bereits zitierten Zahlen von Bäcker und anderen (1989). Ein gleicher Trend ist aus Abbildung 3 abzulesen. Die Schlußfolgerung ist, daß bei den derzeitigen Alten bis zum Alter von 85, d. h. 20 Jahre nach dem Ausscheiden aus dem aktiven Berufsleben, von weitgehender Unabhängigkeit in der Lebensführung ausgegangen werden kann, während danach Hilfsbedürftigkeit immer mehr zur Regel wird. Ob solche Beobachtungen in Zukunft zu einer weiteren Verschiebung der „Altersgrenze" nach oben führen wird, wie bereits vor Jahren von Kovar (1977) diskutiert, bleibt abzuwarten.

Da alle alten Menschen unter mehr oder weniger körperlichen und psychischen Gebrechen leiden, nehmen auch nahezu alle ärztliche Hilfe in Anspruch. Hierbei spielen Allgemeinärzte und Internisten als Hausärzte die wichtigste Rolle. Eine zusätzliche Inanspruchnahme von Spezialisten findet sich bei 60% der Westberliner Altenpopulation, wobei entsprechend den alterstypischen Beschwerden Augenärzte und Orthopäden im Vordergrund stehen. Trotz der hohen psychiatrischen Altersmorbidität und deren besonderer Relevanz für die Gesundheits- und Pflegekosten spielen Nervenärzte eine vergleichsweise geringe Rolle. Dies entspricht einer international gemachten Beobachtung, daß „der primäre Ansprechpartner bei seelischen Erkrankungen der Hausarzt im Rahmen der allgemeinmedizinischen Versorgung ist" (German et al., 1986).

Entsprechend der hohen Rate der Altersmorbidität nehmen auch nahezu alle alten Menschen Arzneimittel ein. Die durchschnittliche Rate von sechs Medikamenten pro Tag ist unter pharmakologischer Betrachtung sicher als eine kritische Rate anzusehen (Belz & DeMey, 1992; Estler, 1991). Die Arzneimittelverträglichkeit sinkt altersbedingt und auch aufgrund bestehender Erkrankungen mit der Folge erhöhter Nebenwirkungsraten. Es gibt deshalb trotz möglicherweise zunehmender Multimorbidität medizinisch und auch einnahmetechnisch Grenzen der Addition von Behandlungen. Unsere Daten bestätigen vergleichbare Befunde, die mit anderer Methodik erhoben wurden (Klauber & Selke, 1993; vgl. Abb. 1 und Abb. 2a), und die ebenfalls dafür sprechen, daß jenseits des 70. Lebensjahres die Menge der eingenommenen Arzneimittel nicht mehr ansteigt. Dies bedeutet, daß bei einer quantitativen Begrenzung der therapeutischen Möglichkeiten Kompromisse hinsichtlich der Auswahl vorrangiger Behandlungsziele getroffen werden müssen. Damit wird die isolierte Beurteilung der Qualität von Behandlungen einzelner Erkrankungen erheblich erschwert (Brenner, 1994; Linden, Geiselmann & Borchelt, 1992). Das verdeutlicht aber auch die Notwendigkeit der Geriatrie als eigenständiges Fach.

Fragt man nach den Bedingungen der Inanspruchnahme von medizinischer und pflegerischer Hilfe, dann bestätigen die eigenen Daten zunächst einmal die von Krämer (1992) als „Binsenweisheit" bezeichnete Feststellung, daß ältere Personen im besonderen Sinne eine Risikopopulation darstellen. Zum einen geht Alter mit einer hohen Rate an körperlichen und psychischen Erkrankungen einher, und zum zweiten bedingt dies im Vergleich zu jüngeren Jahrgängen auch eine verstärkte Inanspruchnahme medizinischer und pflegerischer Hilfe mit der Folge entsprechender Kosten für das Gesundheitswesen. Unsere Daten zeigen, daß dieser Zusammenhang zwischen Erkrankungsstatus und Inanspruchnahme medizinischer Leistungen sich bis ins höchste Alter hinein nachweisen läßt und nicht durch einen „Dekkeneffekt" aufgehoben wird. Die Anzahl medizinischer Diagnosen steht in signifikantem Zusammenhang mit der Anzahl der eingenommenen Medikamente und den Hausarztkontakten. Dieser Befund läßt sich so interpretieren, daß es bei einem anhaltenden Trend zu einer zunehmend besseren Gesundheit alter Menschen (Hoffmeister, 1993) zu einer geringeren Inanspruchnahme von Gesundheitsdienstleistungen kommen könnte. Hierbei spielt die Bekämpfung psychischer Erkrankungen, speziell von Demenz und Depression, eine besondere Rolle (Haupt & Kurz, 1993; Helmchen & Linden, 1993; Hoeper et al., 1980).

Die Inanspruchnahme medizinischer und pflegerischer Hilfe läßt sich aber nicht ausschließlich über medizinische Faktoren erklären. In Übereinstimmung mit den eingangs zitierten Theorien fand sich auch bei den Hochbetagten ein deutlicher Zusammenhang zwischen subjektivem Krankheitserleben und der Inanspruchnahme von Hilfe. Dies betrifft vor allem den Arzneimittelverbrauch. Dieses Ergebnis spricht dafür, daß bei der bereits angesprochenen Notwendigkeit zur Auswahl von Therapieschwerpunkten der Patient nicht nur passiver Empfänger einer Behandlung ist, sondern aufgrund seines eigenen Krankheitserlebens und seiner eigenen Krankheitsvorstellungen aktiv Einfluß nimmt. Auch im hohen Alter spielt die Individualität des einzelnen Patienten in der Behandlungsplanung offenbar weiterhin eine wichtige Rolle (Wilms & Linden, 1992).

Im Kontrast zur ärztlichen Therapie ist die pflegerische Hilfe und hier speziell professionelle und institutionelle Pflege außer von den bereits angesprochenen objektiven Gesundheitsparametern wesentlich von sozialstrukturellen Faktoren abhängig. Allein lebende Personen ohne erreichbare Kinder zeigen eine höhere Wahrscheinlichkeit zur Inanspruchnahme professioneller Hilfe. Dieser Befund entspricht der Lebenserfahrung und steht in Übereinstimmung mit der einschlägigen Literatur (George & Maddox, 1989).

Der vorrangige Faktor zur Auslösung formeller wie stationärer Hilfe und Pflege ist die Unfähigkeit Betroffener zur Ausführung basaler Aktivitäten des täglichen Lebens wie Waschen oder Nahrungsaufnahme, verbunden mit einer Einschränkung der Mobilität. Die so definierte Hilfs- und Pflegebedürftigkeit erhöht das Risiko zur Unterbringung in einem Alten- oder Krankenpflegeheim um das Siebenfache. Dennoch gilt mit Blick auf die Gesamtpopulation,

Abbildung 5: Bedingungsgefüge ärztlicher und pflegerischer Hilfe.

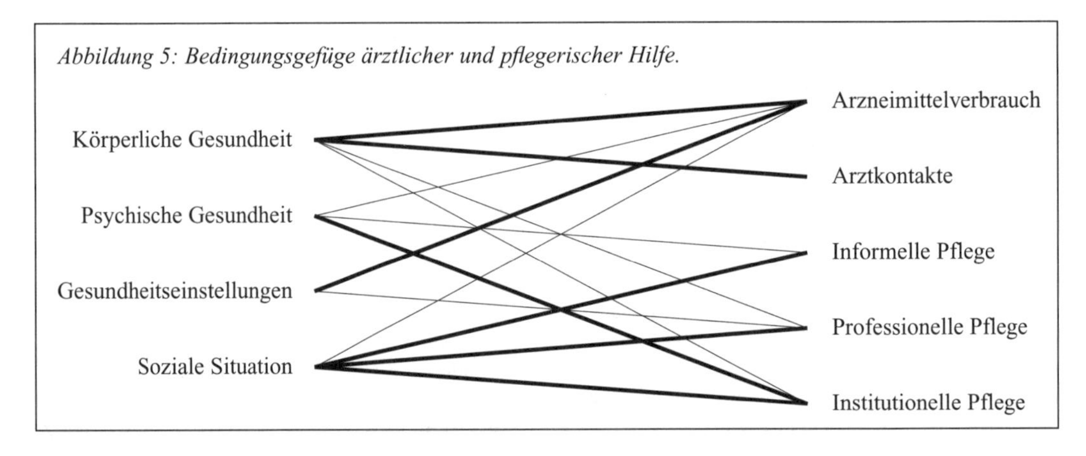

daß die Mehrzahl einschlägiger Fälle in Privathaushalten betreut wird.

Abbildung 5 gibt eine vereinfachende Zusammenfassung unserer Untersuchungsergebnisse. Wie zunächst in Tabelle 1 auf der Basis der in der Einleitung dargestellten Theorien dargelegt wurde, ist bezüglich personenbezogener Faktoren zwischen objektiver Gesundheit, subjektivem Gesundheitserleben und sozialstrukturellen Variablen als Bedingungsfaktoren für die Inanspruchnahme therapeutischer und pflegerischer Hilfe zu unterscheiden, wobei diese in Arzneimittelverbrauch, Arztkontakte und pflegerischer Hilfe unterteilt wurden. In Abbildung 5 wird dieses Modell noch einmal differenzierter wiedergegeben. Dabei werden auch die durch die Querschnittserhebung in der Berliner Altersstudie wahrscheinlich gemachten Zusammenhänge dargestellt. Der Medikamentenverbrauch ist vor allem von der körperlichen Gesundheit und den Gesundheitseinstellungen abhängig. Die Anzahl der Arztkontakte zeigt nur mit der körperlichen Gesundheit Zusammenhänge. Die informelle Pflege ist vor allem durch die psychische Gesundheit und durch die soziale Situation beeinflußt. Gleiches gilt auch für professionelle häusliche und institutionelle Pflege, wobei hier noch die körperliche Gesundheit vor allem in Form der Beweglichkeit eine zusätzliche Rolle spielt. Schließlich sind psychische Erkrankungen wieder von besonderer Bedeutung, wenn es um die institutionelle Pflege geht.

Alter, Krankheit, Gebrechlichkeit und Hilfsbedürftigkeit sind einerseits eng verwandte Phänomene. Andererseits unterstützen unsere Ergebnisse aber auch eine differentielle Betrachtungsweise des Alters. Selbst bei der Inanspruchnahme medizinischer und pflegerischer Leistungen spielt z. B. die Individualität und Selbstbestimmung der betroffenen Personen auch im hohen Alter eine große Rolle. Dementsprechend zeigen die berichteten Ergebnisse, daß ärztliche und pflegerische Maßnahmen kein ausschließlich medizinisches Phänomen sind, sondern in der Definition von Bedarf wie auch in der Inanspruchnahme von Hilfe ebenso psychologische und soziale Aspekte berücksichtigt werden müssen.

Literaturverzeichnis

Alber, J. (1991). *The impact of public policies on older people in the Federal Republic of Germany* (Report for the European Community Actions on Older People). Konstanz: Universität Konstanz, Fachbereich Verwaltungswissenschaften.

Andersen, R. & Newman, J. F. (1973). Societal and individual health determinants of medical care utilization in the United States. *Milbank Quarterly, 51,* 92–124.

Andres, R. (1985). Mortality and obesity: The rationale for age specific height-weight tables. In R. Andres, E. L. Biermann & W. R. Hazzard (Hrsg.), *Principles of geriatric medicine* (S. 311–318). New York: McGraw-Hill.

Bäcker, G., Dieck, M., Naegele, G. & Tews, H. P. (1989). *Ältere Menschen in Nordrhein-Westfalen: Wissenschaftliches Gutachten zur Lage der älteren Menschen und zur Altenpolitik in Nordrhein-Westfalen zur Vorbereitung des zweiten Landesaltenplans.* Düsseldorf: Ministerium für Arbeit, Gesundheit und Soziales des Landes Nordrhein-Westfalen.

Baltes, P. B. (1991). The many faces of human aging: Toward a psychological culture of old age. *Psychological Medicine, 21,* 837–854.

Basley, A. J., Washah, G. & Klerman, G. L. (1986). Medical and psychiatric determinants of outpatient medical utilization. *Medical Care, 24,* 548–560.

Becker, M. H., Maiman, L. A., Kirscht, J. P., Häfner, D. P., Drachman, R. H. & Taylor, D. W. (1982). Wahrnehmungen des Patienten und Compliance: Neuere Untersuchungen zum „Health Belief Model". In R. B. Haynes, D. W. Taylor & D. L. Sackett (Hrsg.), *Compliance Handbuch* (S. 94–131). München: Oldenbourg.

Belz, G. G. & DeMey, C. (1992). Arzneimitteltherapie im Alter. *Münchener Medizinische Wochenschrift, 134,* 294–297.

Biaggi, M. (1980). *Testimony before the Select Committee on Aging.* House of Representatives, 96th Congress, Washington, DC.

Branch, L. G. & Jette, A. M. (1982). A prospective study of long-term care institutionalization among the aged. *American Journal of Public Health, 72,* 1373–1379.

Brenner, G. (1994). Die Alters- und Geschlechtsstruktur bestimmen den Arzneimittelverbrauch. *Arbeit und Sozialpolitik, 11–12,* 40–46.

Bundesministerium für Familie und Senioren (BMFuS) (Hrsg.) (1990). *Erster Teilbericht der Sachverständigenkommission zur Erstellung des Ersten Altenberichts der Bundesregierung.* Bonn: Eigenverlag.

Bundesministerium für Familie und Senioren (BMFuS) (1992). *Hilfe- und Pflegebedarf in Deutschland 1991.* Bonn: Eigenverlag.

Bundesverband der pharmazeutischen Industrie (1991). *Basisdaten des Gesundheitswesens 1990.* Frankfurt/M.: Eigenverlag.

Connelly, J. E., Philbrick, J. T., Smith, G. R., Kaiser, D. C. & Wymer, A. (1989). Health perceptions of primary care patients and the influence on health care utilization. *Medical Care, 27,* 99–109.

Crimmings, E. M., Saito, Y. & Ingegneri, D. (1989). Changes in life expectancy and disability-free life expectancy in the United States. *Population and Development Review, 15,* 235–267.

Dieck, M. (1987). Sozial- und Gesundheitsdienste für ältere Menschen. In R.-M. Schütz (Hrsg.), *Alter und Krankheit* (S. 240–261). München: Urban & Schwarzenberg.

Dinkel, R. H. (1992). Demographische Alterung: Ein Überblick unter besonderer Berücksichtigung der Mortalitätsentwicklungen. In P. B. Baltes & J. Mittelstraß (Hrsg.), *Zukunft des Alterns und gesellschaftliche Entwicklung* (S. 62–93). Berlin: de Gruyter.

Estler, C. J. (1991). Psychopharmaka: Besonderheiten der Pharmakokinetik und Pharmakodynamik im Alter und therapeutische Konsequenzen. *Zeitschrift für Geriatrie, 4,* 376–386.

Folstein, M. F., Folstein, S. E. & McHugh, P. R. (1975). „Mini Mental State": A practical method for grading the cognitive state of patients for the clinician. *Journal of Psychiatric Research, 12,* 189–198.

George, L. K. & Maddox, G. L. (1989). Social and behavioral aspects of institutional care. In M. C. Ory & K. Bond (Hrsg.), *Aging and health care: Social science and policy perspectives* (S. 116–141). London: Routledge.

German, P. S., Shapiro, S. & Skinner, E. A. (1985). Mental health of the elderly: Use of health and mental health sevices. *Journal of the American Geriatrics Society, 33,* 246–252.

Gray, M. (1988). Living environments for the elderly: 1. Living at home. In N. Wells & C. Freer (Hrsg.), *The aging population: Burden or challenge?* (S. 203–216). London: Macmillan.

Hamilton, M. (1986). HAMD (Hamilton Depression Scale). In Collegium Internationale Psychiatriae Scalarum (CIPS) (Hrsg.), *Internationale Skalen für Psychiatrie* (ohne Seitenangabe). Weinheim: Beltz.

Hansell, S., Sherman, G. & Mechanic, D. (1991). Body awareness and medical care utilization among older adults in an HMO. *Journal of Gerontology, 46,* 151–159.

Haupt, M. & Kurz, A. (1993). Predictors of nursing home placement in patients with Alzheimer's disease. *International Journal of Geriatric Psychiatry, 8,* 741–746.

Hautzinger, M. (1988). Die CES-D Skala: Ein Depressionsmeßinstrument für Untersuchungen in der Allgemeinbevölkerung. *Diagnostica, 34,* 167–173.

Helmchen, H. & Linden, M. (1993). The differentiation between depression and dementia in the very old. *Ageing and Society, 13,* 589–617.

Hoeper, E. W., Nycz, G. R., Regier, D. A., Goldberg, I. D., Jacobson, A. & Hankin, J. (1980). Diagnosis of mental disorders in adults and increased use of health services in four outpatient settings. *American Journal of Psychiatry, 137,* 207–210.

Hoffmeister, H. (1993). *Gesundheitszustand verschiedener Altersgruppen.* Unveröffentliches Manuskript, Institut für Soziale Medizin der Freien Universität Berlin und des Bundesgesundheitsamts.

Katz, S. & Akpom, C. A. (1976). A measure of primary sociobiological functions. *International Journal of Health Services, 6,* 493–508.

Katz, S., Ford, A. B., Moskowitz, R. W., Jackson, B. A. & Jaffe, M. W. (1963). Studies of illness in the aged. The index of ADL: A standardized measure of biological and psychosocial function. *Journal of the American Medical Association, 185,* 914–919.

Kelly, G. R., Mamon, J. H. & Scott, J. E. (1987). Utility of the health belief model in examining medication compliance among psychiatric outpatients. *Social Science and Medicine, 25,* 1205–1211.

Kern, K. D. (1989). Gesundheitszustand der Bevölkerung. *Wirtschaft und Statistik, 2,* 104–108.

Klauber, J. & Selke, G. W. (1993). Arzneimittelverordnungen nach Altersgruppen. In U. Schwabe & D. Paffrath (Hrsg.), *Arzneiverordnungs-Report '93* (S. 498–507). Stuttgart: Gustav Fischer.

Kovar, M. G. (1977). Health of the elderly and use of health services. *Public Health Reports, 92,* 9–13.

Krämer, W. (1992). Altern und Gesundheitswesen: Probleme und Lösungen aus der Sicht der Gesundheitsökonomie. In P. B. Baltes & J. Mittelstraß (Hrsg.), *Zukunft des Alterns und gesellschaftliche Entwicklung* (S. 563–580). Berlin: de Gruyter.

Linden, M. (1986). Compliance. In W. Dölle, B. Müller-Oerlinghausen & U. Schwabe (Hrsg.), *Grundlagen der Arzneimitteltherapie* (S. 324–330). Mannheim: Bibliographisches Institut.

Linden, M. (1987). Negative vs. positive Therapie-Erwartungen und Compliance vs. Non-Compliance. *Psychiatrische Praxis, 14,* 132–136.

Linden, M., Geiselmann, B. & Borchelt, M. (1992). Multimorbidität, Multimedikation und Medikamentenoptimierung bei alten Patienten. In E. Lungershausen (Hrsg.), *Demenz: Herausforderung für Forschung, Medizin und Gesellschaft* (S. 231–240). Berlin: Springer-Verlag.

Linden, M., Nather, J. & Wilms, H. U. (1988). Zur Definition, Bedeutung und Messung der Krankheitskonzepte von Patienten: Die Krankheitskonzeptskala (KK-Skala) für schizophrene Patienten. *Fortschritte der Neurologie, Psychiatrie, 55,* 35–43.

Linden, M. & Priebe, S. (1990). Arzt-Patient-Beziehung. In R. Schwarzer (Hrsg.), *Gesundheitspsychologie* (S. 415–425). Göttingen: Hogrefe.

Lundeen, T. F., George, J. M. & Toomey, T. C. (1991). Health care system utilization for chronic facial pain. *Journal of Craniomandibular Disorders, 5,* 280–285.

Meinlschmidt, G., Imme, U. & Kramer, R. (1990). *Sozialstrukturatlas Berlin (West): Eine statistisch-methodische Analyse mit Hilfe der Faktorenanalyse.* Berlin: Senatsverwaltung für Gesundheit und Soziales.

Motel, A. & Wagner, M. (1993). Armut im Alter? Ergebnisse der Berliner Altersstudie zur Einkommenslage alter und sehr alter Menschen. *Zeitschrift für Soziologie, 22,* 433–448.

Myers, G. C. (1985). Aging and worldwide population change. In R. H. Binstock & E. Shanas (Hrsg.), *Handbook of aging and the social sciences* (S. 173–198). New York: Van Nostrand Reinhold.

Newell, S.M., Price, J.H. & Roberts, S.M. (1986). Utility of the modified health model in predicting compliance with treatment by adult patients with advanced cancer. *Psychological Reports, 59,* 783–791.

Overall, J. E. & Gorham, D. R. (1962). The Brief Psychiatric Rating Scale. *Psychological Reports, 10,* 799–812.

Pescosolido, B. A. (1991). Illness careers and network ties: A conceptual model of utilization and compliance. In G. Albrecht & J. Levy (Hrsg.), *Advances in medical sociology* (S. 161–184). Greenwich, CT: JAI Press.

Pescosolido, B. A. (1992). Beyond rational choice: The social dynamics of how people seek help. *American Journal of Sociology, 97,* 1096–1138.

Pflege-Versicherungsgesetz (1994). Gesetz zur sozialen Absicherung des Risikos der Pflegebedürftigkeit. *Bundesgesetzblatt, 30* (28. Mai 1994), 1014.

Pilowsky, I. & Spence, N. D. (1983). *Manual of the Illness Behaviour Questionnaire (IBQ).* Adelaide: University of Adelaide.

Rosenstock, I. (1966). Why people use health services. *Milbank Quarterly, 44,* 128–162.

Rosenstock, I. M., Strecker, V. J. & Becker, M. H. (1988). Social learning theory and the health belief model. *Health Education Quarterly, 15,* 175–183.

Scheuch, E. (1982). Das Verhalten der Bevölkerung als Teil des Gesundheitssystems. In H. Bogs, P. Herder-Dorneich, E. Scheuch & G. W. Wittkämper (Hrsg.), *Gesundheitspolitik zwischen Staat und Selbstverwaltung* (S. 61–132). Köln: Deutscher Instituts-Verlag.

Schneekloth, U. & Potthoff, P. (1993). *Hilfs- und Pflegebedürftige in privaten Haushalten* (Bericht zur Repräsentativerhebung im Forschungsprojekt „Möglichkeiten und Grenzen selbständiger Lebensführung" im Auftrag des Bundesministeriums für Familie und Senioren). Stuttgart: Kohlhammer.

Stoner, B. (1985). Formal modeling of health care decisions: Some applications and limitations. *Medical Anthropology Quarterly, 16,* 41–46.

Tennstedt, S. L. & McKinlay, J. B. (1989). Informal care for frail older persons. In M. G. Ory & K. Bond (Hrsg.), *Aging and health care: Social science and policy perspectives* (S. 145–166). London: Routledge.

Verband der Privaten Krankenversicherung e.V. (Hrsg.) (1989). *Zahlenbericht 1987/1988.* Köln: Eigenverlag.

Verbrugge, L. M. (1984). Longer life but worsening health: Trends in health of middle-aged and older persons. *Milbank Quarterly, 62,* 475–519.

Wallston, B. S., Wallston, K. A., Kaplan, S. A. & Maides, S. A. (1976). Development and validation of the Health Locus of Control Scale. *Journal of Consulting and Clinical Psychology, 44,* 580–585.

Wallston, K. A., Smith, R. A., King, J. E., Forsberg, P. R., Wallston, B. S. & Nagy, V. T. (1983). Expectancies about control over health: Relationship to desire for control of health care. *Personality and Social Psychology Bulletin, 9,* 377–385.

Wan, T. T. H. (1989). The behavioral model of health care utilization by older people. In M. G. Ory & K. Bond (Hrsg.), *Aging and health care: Social science and policy perspectives* (S. 52–77). London: Routledge.

Wegener, B. (1985). Gibt es Sozialprestige? *Zeitschrift für Soziologie, 14,* 209–235.

Wilms, H. U. & Linden, M. (1992). Die Patientenperspektive in der Langzeitbehandlung. In H. Helmchen & M. Linden (Hrsg.), *Die jahrelange Behandlung mit Psychopharmaka* (S. 205–214). Berlin: de Gruyter.

Winefield, H. R. (1982). Reliability and validity of the Health Locus of Control Scale. *Journal of Personality Assessment, 46,* 614–619.

Wolinsky, F. D. & Johnson, R. J. (1991). The use of health services by older adults. *Journal of Gerontology: Social Sciences, 46,* S345–S357.

Zerssen, D. von (1976). *Klinische Selbstbeurteilungs-Skala (KSb-S) aus dem Münchener Psychiatrischen Informations-System.* Weinheim: Beltz.

Zollmann, P. & Brennecke, R. (1984). *Ein Zweistufen-Ansatz zur Schätzung der Inanspruchnahme ambulanter ärztlicher Leistungen* (Arbeitspapier Nr. 137 des Sonderforschungsbereichs 3 „Mikroanalytische Grundlagen der Gesellschaftspolitik“). Frankfurt/M.: Universität Frankfurt.

19. Wohlbefinden im hohen Alter: Vorhersagen aufgrund objektiver Lebensbedingungen und subjektiver Bewertung

Jacqui Smith, William Fleeson,
Bernhard Geiselmann, Richard Settersten & Ute Kunzmann

Zusammenfassung

In jedem Alter streben Menschen nach Wohlbefinden. Dabei setzen sie sich ihre eigenen Lebensziele und verwenden ihre persönlichen Maßstäbe, um ihren Fortschritt beim Erreichen dieser Ziele zu beurteilen. Gleichzeitig sind aber allgemeine Lebensziele und Niveaus des Wohlbefindens auch durch gesellschaftliche Gelegenheitsstrukturen und kulturelle Wertsysteme geprägt. Genau diese dialektische Perspektive zeigt, wie sehr dieses Thema für einen multidisziplinären Forschungsansatz geeignet ist.

Ziel dieses Kapitels ist es, Fragen über das Wohlbefinden im hohen Alter aus medizinischer, soziologischer und psychologischer Perspektive zu betrachten. Wir berichten über die Niveaus des Wohlbefindens, die die Teilnehmer der Berliner Altersstudie (BASE) angeben, und untersuchen, welchen Beitrag spezifische Lebensbereiche zur Gesamtbewertung des individuellen Wohlbefindens leisten. Anhand der Querschnittsdaten von BASE können wir allerdings nur eine momentane Bestandsaufnahme des Wohlbefindens der BASE-Teilnehmer geben. Es zeigte sich, daß die meisten Studienteilnehmer trotz zum Teil erheblicher Einbußen in ihren Lebensbedingungen angaben, zufrieden zu sein. Es gibt aber auch Hinweise darauf, daß die Häufigkeit, in der positive Emotionen erlebt werden, mit zunehmendem Alter abnimmt. Die Ergebnisse über das subjektive Wohlbefinden veranschaulichen die bemerkenswerte Fähigkeit alter Menschen, sich durch selbstbezogene Regulationsprozesse ihren Lebensumständen anzupassen. Wir müssen aber darauf hinweisen, daß die Anforderungen und Verluste des hohen Alters diese psychologische Widerstandsfähigkeit an ihre Grenzen führen könnte. Aus dieser Perspektive wird die Notwendigkeit deutlich, das Wohlbefinden alter Menschen zu unterstützen. Es gibt viel Raum für Verbesserungen ihrer Lebensumstände durch technologische Entwicklung, politische Maßnahmen und gesellschaftliche Veränderung.

1. Einleitung

Eine Untersuchung des hohen Alters ohne die Erfassung der Lebensqualität wäre unvollständig. Beispielsweise werden in der gerontologischen Literatur Beurteilungen der Lebensqualität und des Wohlbefindens häufig als Hinweise für die Effektivität von sozialpolitischen Maßnahmen und Wohlfahrtsprogrammen, für den Erfolg medizinischer und psychiatrischer Therapie und als globale Indikatoren psychologischer Anpassung und erfolgreichen Alterns verstanden (P. B. Baltes & Baltes, 1990, 1992; Lawton, 1983, 1991; Patrick & Erickson, 1993; Rowe & Kahn, 1987; Ryff, 1989; Thomae, 1987). Trotz dieser verbreiteten Anwendung sind die Konzepte des Wohlbefindens und der Lebensqualität nicht klar definiert, und ihre adäquate Messung ist sehr umstritten. Nicht selten findet man auch, daß die beiden Konzepte in der Literatur als miteinander austauschbar verwendet werden. Dies trägt teilweise auch zu der Definitionsdebatte bei, da die beiden Konzepte in verschiedenen Disziplinen verschiedene Konnotationen haben.

In diesem Kapitel folgen wir einer Empfehlung der OECD (vgl. Schuessler & Fisher, 1985), daß es in multidisziplinären Kontexten besser ist, den Begriff „Wohlbefinden“ zu verwenden, da er nicht in einer bestimmten Disziplin verwurzelt ist. Wir beschreiben die Strategie der Erhebung von Information über Wohlbefinden innerhalb der Berliner Altersstudie (BASE), berichten über verschiedene Niveaus des Wohlbefindens der Studienteilnehmer und untersuchen die Prädiktoren von individuellen Unterschieden.

1.1 Allgemeine Ansätze zur Untersuchung des Wohlbefindens

Was bedeutet Wohlbefinden im hohen Alter? Zur Beantwortung dieser Frage haben Wissenschaftler zwei Wege eingeschlagen, die grob den einfachen Vorstellungen entsprechen, daß Wohlbefinden entweder in den materiellen Ressourcen einer Person oder in der subjektiven Wahrnehmung und Bewertung ihrer Lebensbedingungen begründet ist.

Erwartungsgemäß finden sich Ansätze, die sich darauf konzentrieren, das Wohlbefinden im Zusammenhang mit *materiellen Ressourcen und Lebensbedingungen* zu definieren, vor allem in den Bereichen Soziologie, Wirtschaftswissenschaften, innere Medizin und Psychiatrie (Land, 1983; Lawton, 1991; Schuessler & Fisher, 1985). Hier sind Wissenschaftler daran interessiert, einen sogenannten *„objektiven"* Satz sozial-normativer Kriterien zu bestimmen, die die notwendigen physischen, materiellen und persönlichen Lebensumstände spezifizieren, welche zum erfolgreichen Altern und zu einem „guten Leben" im Alter beitragen können. Man untersucht beispielsweise, ob alte Menschen akzeptabel wohnen (d. h. in bequemen und gut instand gehaltenen Wohnungen mit altersfreundlicher Ausstattung), ob sie Zugang zu einem breiten Spektrum von Gesundheitsdiensten und kommunalen Angeboten, Möglichkeiten zu familiären und allgemeinen sozialen Aktivitäten sowie ausreichende finanzielle Mittel haben und ob sie körperlich und geistig gesund sind. Diesem Ansatz zufolge hängt das persönliche Wohlbefinden (oder das Potential dazu) davon ab, ob eine Reihe von Kriterien hinsichtlich bestimmter Ressourcen erfüllt sind.

Den zweiten Ansatz der Untersuchung von Wohlbefinden, der die Bedeutung der *subjektiven Wahrnehmung und Bewertung des Individuums* betont, verfolgen vor allem Psychologen (z. B. Campbell, Converse & Rodgers, 1976; Diener, 1984, 1994; Herzog, Rodgers & Woodworth, 1982; Ryff & Essex, 1992; Thomae, 1987), er hat aber auch Anhänger in der Soziologie und Medizin (Bullinger & Pöppel, 1988; Glatzer, 1992; Glatzer & Zapf, 1984; Lehmann, 1983). Dieser Ansatz definiert Wohlbefinden anhand von individuellen Lebensbewertungen und Gefühlserlebnissen (positiv oder negativ), die wiederum von den jeweiligen Lebensbedingungen abhängen. Damit werden die Kriterien des Wohlbefindens in diesem Ansatz durch die Individuen selbst festgelegt.

Die Definition des Wohlbefindens unter dem Aspekt der subjektiven Lebenserfahrung meidet die schwierige Aufgabe, einen Konsens über Qualitätskriterien erreichen zu müssen, die sowohl Individuen als auch gesellschaftliche Institutionen zufriedenstellen. Die Maßstäbe und/oder Bedürfnisse einer Zielperson oder -gruppe müssen nicht immer den Maßstäben und Kriterien von Beobachtern (wie z. B. professionelle Pfleger, Ministerien oder Institutionen) entsprechen. Des weiteren können objektiv äquivalente Lebensumstände verschieden interpretiert werden und so verschiedenartige Einflüsse auf wahrgenommenes und angegebenes Wohlbefinden haben (Schwarz & Strack, 1991; Tsevat et al., 1994; Veenhoven, 1991). Hiermit soll aber nicht gesagt werden, daß der Ansatz, der sich auf individuelle subjektive Definitionen des Wohlbefindens konzentriert, objektive Bedingungen für unwichtig hält. Im Gegenteil, gerade die objektiven Gegebenheiten werden von Individuen subjektiv beurteilt, so daß objektiver Status und seine subjektive Beurteilung zumindest grob einander entsprechen sollten. In der Tat beschäftigen sich die wesentlichen Forschungsfragen in diesem Ansatz mit der Bestimmung der Prozesse, die der subjektiven Bewertung zugrunde liegen. So untersuchen Wissenschaftler beispielsweise, welche Bewertungsmaßstäbe Personen nutzen, ob diese Maßstäbe sich vielleicht in Abhängigkeit vom Alter oder von den objektiven Lebensbedingungen ändern und welchen Beitrag spezifische Lebensbereiche zur Gesamtbewertung des individuellen Wohlbefindens leisten.

In diesem Kapitel versuchen wir, die beiden genannten Traditionen zusammenzuführen. Wir verwenden einerseits die subjektiven Bewertungen des persönlichen Wohlbefindens und der Lebenszufriedenheit von älteren Menschen als Maße, andererseits fragen wir, ob objektive Lebensbedingungen (insbesondere schlechte körperliche Gesundheit, finanzielle Schwierigkeiten und eingeschränkte soziale Aktivitäten) diese Bewertungen direkt oder indirekt beeinflussen[1]. Diese Strategie ist in Abbildung 1 dargestellt. Sie schien uns am besten geeignet, unser zweifaches Ziel zu verfolgen, nämlich sowohl die Querschnittsdaten von BASE zu beschreiben als auch einen multidisziplinären Überblick des Wohlbefindens in dieser heterogenen Stichprobe zu liefern. Des weiteren war es mit dieser Strategie möglich, zu untersuchen, ob die dem berichteten Wohlbefinden zugrundeliegenden Prozesse im vorgestellten Modell auch bei sehr alten Menschen wirksam sind.

1 Dieses Kapitel berichtet über Analysen ungewichteter Daten, so daß die Ergebnisse sich eher auf die BASE-Teilnehmer beziehen als auf die ältere Bevölkerung West-Berlins.

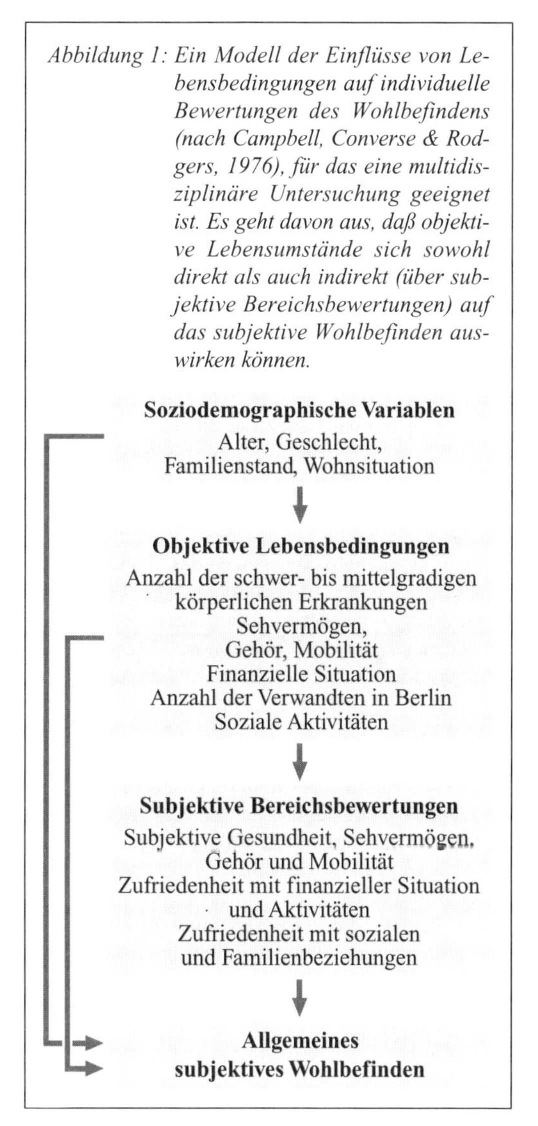

Abbildung 1: Ein Modell der Einflüsse von Lebensbedingungen auf individuelle Bewertungen des Wohlbefindens (nach Campbell, Converse & Rodgers, 1976), für das eine multidisziplinäre Untersuchung geeignet ist. Es geht davon aus, daß objektive Lebensumstände sich sowohl direkt als auch indirekt (über subjektive Bereichsbewertungen) auf das subjektive Wohlbefinden auswirken können.

Das in Abbildung 1 dargestellte heuristische Modell (modifiziert nach Campbell et al., 1976) geht davon aus, daß allgemeines subjektives Wohlbefinden abhängig ist von *direkten* und *indirekten* Auswirkungen sozialstruktureller und soziodemographischer Variablen (z. B. Alter, Geschlecht, Familienstand), objektiver Lebensbedingungen (z. B. Wohnsituation, Einkommen, soziales Netzwerk und Aktivitäten, körperliche Gesundheit) sowie subjektiver Bewertungen dieser bereichsspezifischen Lebensumstände (siehe auch Brief, Butcher, George & Link, 1993; Filipp & Schmidt, 1994; George, Okun & Landerman, 1985; Herzog et al., 1982; Lehman, 1983; Mayring, 1987). Die Richtungen der Pfeile in diesem Modell entsprechen der Vorstellung, daß objektive Lebensumstände sich sowohl direkt als auch indirekt (über subjektive Bereichsbewertungen) auf das subjektive Wohlbefinden auswirken können.

Campbell und andere (1976) argumentierten (auf der Grundlage von Daten über Erwachsene im Alter von 20 bis 80 Jahren), daß die Wirkungen spezifischer objektiver Lebensbedingungen auf das Wohlbefinden durch subjektive Bewertungen dieser Bedingungen gefiltert werden. Das heißt, daß dauerhafte objektive Lebensbedingungen als solche wahrscheinlich nur eine minimale direkte Wirkung auf Aussagen über Wohlbefinden haben. Sie können jedoch beträchtliche indirekte Wirkungen ausüben, weil sie die individuelle Bewertung der Lage beeinflussen. So kann es eine enge Beziehung zwischen objektivem Status in einem Funktionsbereich und subjektiver Zufriedenheit mit diesem Bereich geben – oder auch nicht.

Bei der Beurteilung der Zufriedenheit mit Funktionsbereichen spielen verschiedene Bewertungs- und Motivationssysteme eine Rolle. Konkrete Beispiele aus neueren Diskussionen in der Medizin können diese veranschaulichen. Obwohl zwei Patienten mit Osteoarthrose nach objektiver Beurteilung ihres Gesundheitszustands an den gleichen Beeinträchtigungen leiden, können sie diesen aufgrund ihrer Lebensgeschichte und ihrer persönlichen Präferenzen sehr verschiedene Bedeutung beimessen (Tsevat et al., 1994). Entsprechend gibt es große individuelle Unterschiede in der Bereitschaft der Patienten, Zeit, Unbequemlichkeit, Kosten und Risiken für eine Behandlung auf sich zu nehmen (siehe z. B. Nitschke & Hopfenmüller, Kapitel 16 in diesem Band). Ebenso unterschiedlich werden die Beeinträchtigungen durch eine Krankheit im Vergleich zu anderen Gesundheitsproblemen bewertet.

1.2 In BASE angesprochene Fragestellungen

Die in der Berliner Altersstudie erhobenen Daten (siehe P. B. Baltes, Mayer, Helmchen & Steinhagen-Thiessen, 1993; P. B. Baltes et al., Kapitel 1 in diesem Band) bieten eine einzigartige Chance, eine Vielzahl von Fragestellungen über das subjektive Wohlbefinden im Alter zu verschiedenen Aspekten des in Abbildung 1 dargestellten Modells zu untersuchen.

1.2.1 Wie zufrieden sind die BASE-Teilnehmer mit ihrem Leben?

Befragungen von Personen im Alter von 20 bis 70 Jahren ergeben im allgemeinen, daß die große Mehrheit der Teilnehmer über ein relativ hohes Maß an Lebenszufriedenheit berichtet, trotz teilweise beträchtlicher Unterschiede in ihren objektiven Lebensumständen (Diener, 1984; Myers & Diener, 1995). Es gibt aber verschiedene, zum Teil widersprüchliche Annahmen darüber, wie hoch das Wohlbefinden im hohen Alter ist.

Einige Wissenschaftler gehen von niedrigeren Niveaus im Alter aus (Atchley, 1991). Sie argumentieren, daß die mit dem hohen Alter einhergehenden Funktionseinbußen so gravierend sind, daß die Angaben der Betroffenen über ihr Wohlbefinden niedriger ausfallen. Darüber hinaus wird auf die möglichen Folgen des generellen negativen Stereotyps des hohen Alters hingewiesen, das ein Bild des Verlustes (besonders in bezug auf körperliche und geistige Gesundheit), der zunehmenden Schmerzen, des Todes und der eingeschränkten Lebensfreude zeichnet (Heckhausen, Dixon & Baltes, 1989). Frühere Phasen der Lebensspanne werden mehr mit positiven Erwartungen hinsichtlich persönlichen Wachstums, sozialer Aktivität, Autonomie und Produktivität in Verbindung gebracht. Diese Erwartungen zeigen sich in weitverbreiteten sozialen und altersentsprechenden Normen, daß es besser ist, „mein Leben ist schön" zu sagen als zu klagen. Die Anpassung an diese Normen erklärt die relativ geringen Auswirkungen, die Alter und objektive Lebensbedingungen auf das Wohlbefinden haben, das 20- bis 70jährige typischerweise bei Befragungen angeben. Das allgemeine Stereotyp des hohen Alters ist jedoch negativ. Dies legt die Vermutung nahe, daß es für sehr alte Menschen sozial akzeptabler ist, eingeschränktes Wohlbefinden anzugeben, und daß möglicherweise der soziale Druck, der Norm „mein Leben ist schön" zu entsprechen, nicht so stark wie im jüngeren Alter empfunden wird.

Andere Wissenschaftler gehen davon aus, daß alte Menschen ein ebenso hohes Wohlbefinden angeben müßten wie jüngere (z. B. P. B. Baltes, 1991; Brandtstädter & Greve, 1994; Brim, 1992; George et al., 1985; Herzog et al., 1982; Lawton, 1991). Diese Wissenschaftler nehmen an, daß individuelle Veränderungen der Maßstäbe zur Bewertung von Zufriedenheit und der Einsatz von selbstprotektiven Mechanismen zur Aufrechterhaltung von Wohlbefinden bis ins sehr hohe Alter beitragen. Lawton (1985) zeigte beispielsweise, wie behinderte, an ihre Wohnung gebundene ältere Menschen erfolgreich ihr Leben optimierten und organisierten und daraus Freude schöpften, indem sie „Schaltstellen" an ihrem Bett oder Sessel aufbauten. Diese „Schaltstellen" bestanden aus einem Telefon (für sozialen Kontakt), einem Fernseher oder Radio (für Information und gesellschaftliche Beteiligung) und aus persönlichen Andenken (die Erinnerungen an gute Zeiten in der Vergangenheit wecken). Jedes dieser Objekte wurde proaktiv zur Erlangung und Erhaltung verschiedener positiver Lebenserfahrungen genutzt.

1.2.2 Gibt es Unterschiede zwischen einzelnen Untergruppen der BASE-Teilnehmer in bezug auf das subjektive Wohlbefinden?

Die BASE-Stichprobe war insofern einzigartig, als sie eine genügende Anzahl von Teilnehmern im achten, neunten und zehnten Lebensjahrzehnt für eine Untersuchung möglicher Unterschiede des Wohlbefindens *innerhalb* des hohen Alters umfaßte. Die meisten früheren Studien, bei denen geringfügige Altersunterschiede im subjektiven Wohlbefinden festgestellt wurden, verglichen junge und ältere Erwachsene, wobei die jüngere Gruppe 20- bis 40jährige und die ältere Gruppe meistens nur 60- bis 80jährige umfaßte (z. B. Diener, 1984; Glatzer, 1992; Herzog et al., 1982; Larson, 1978). Ein höheres Risiko der Gebrechlichkeit, des Funktionsverlustes und der schlechten Gesundheit im sehr hohen Alter (von 85 bis über 100 Jahren) mag jedoch der Lebenszufriedenheit Grenzen setzen (vgl. Birren, Lubben, Rowe & Deutchman, 1991). Darüber hinaus können diese Risiken unter den einzelnen Untergruppen der Altenpopulation ungleich verteilt sein (z. B. Verheiratete im Vergleich zu Verwitweten; Personen, die im Privathaushalt leben, im Vergleich zu Heimbewohnern).

1.2.3 Welche Kombination von Variablen sagt am besten allgemeines subjektives Wohlbefinden voraus?

Die Daten, die in den verschiedenen Sitzungen des multidisziplinären BASE-Intensivprotokolls erhoben wurden (N=516; siehe P. B. Baltes et al., Kapitel 1), ermöglichten die Untersuchung sowohl objektiver als auch subjektiver bereichsspezifischer Prädiktoren subjektiven Wohlbefindens. Objektive und subjektive Meßwerte waren für Bereiche vorhanden, die sich als wichtig für das Wohlbefinden in jüngeren Altersgruppen erwiesen (d. h. wirtschaftliche Lage, Familienleben und gesellschaftliche Beteiligung). Ebenso gab es auch Meßwerte für die Bereiche, die für das Wohlbefinden im hohen Alter für entscheidend gehalten werden (d. h. körperliche Gesundheit und funktionelle Kapazität; George et al., 1985). Unser Interesse galt nicht nur der Frage, inwieweit jeder dieser Bereiche zum Wohlbefinden beiträgt, sondern auch der Rolle, die die objektiven und subjektiven Prädiktoren aus diesen Bereichen dabei spielen.

Wie oben erläutert, wurde in Untersuchungen jüngerer Stichproben häufig nachgewiesen, daß subjektive Bewertungen wichtiger Lebensbereiche im Vergleich zu ihren objektiven Beurteilungen die besseren direkten Prädiktoren des angegebenen allgemeinen Wohlbefindens sind (womit das Modell von Campbell et al. unterstützt wird). Es ist immer noch eine offene Frage, ob dieses Ergebnis auch für das hohe Alter zutrifft. BASE bot die Chance, dies zu untersuchen. Erstens konnten wir wegen des multidisziplinären Charakters von BASE unabhängig erhobene Meßwerte der Funktionsfähigkeit in verschiedenen Bereichen nutzen. Ein zweites besonderes Merkmal war die Verfügbarkeit umfassender klinischer Daten über den Gesundheitszustand der Teilnehmer. Die meisten bisherigen Untersuchungen des Wohlbefindens im hohen Alter, die sich mit einem Vorhersagemodell wie dem in Abbildung 1 dargestellten befaßten, hatten (wenn überhaupt) nur eingeschränkten Zugriff auf objektive Meßwerte der körperlichen Gesundheit und funktionellen Kapazität (z. B. George et al., 1985). BASE enthält Daten über die klinische Erfassung körperlicher Gesundheit (Multimorbidität) einschließlich Sehen, Hören und körperlicher Behinderung (Mobilität). Darüber hinaus waren wir in der Lage, die Auswirkungen diagnostizierter psychiatrischer Erkrankungen (insbesondere Demenz) auf Angaben des Wohlbefindens zu untersuchen.

Das BASE-Design war jedoch insofern eingeschränkt, als es sich nicht für eine mikroanalytische Untersuchung der den individuellen Einschätzungen zugrundeliegenden Maßstäbe und Strategien oder der spezifischen Auswirkungen zeitlicher und situativer Lebensveränderungen eignete (vgl. Filipp & Ferring, 1989; Schwarz & Strack, 1991). Das Design bot jedoch den seltenen Vorteil einer heterogenen Stichprobe sehr alter Menschen (ein Merkmal, das in mikroanalytischen Studien häufig unberücksichtigt bleibt). Weiterhin lieferte es einen Kontext für die Betrachtung des Wohlbefindens aus soziologischer, internistischer, psychiatrischer und psychologischer Sicht, im Gegensatz zu Forschungsarbeiten, die sich nur mit der Perspektive einer Disziplin befassen. Um diese besondere multidisziplinäre Eigenschaft von BASE hervorzuheben, geben wir im folgenden aus der Sicht der Soziologie, der Medizin und der Psychologie einen Überblick über die Fragestellungen, die der Beurteilung und Vorhersage subjektiven Wohlbefindens im Alter zugrunde liegen. Dieser knappe Überblick dient zur näheren Erläuterung der oben genannten Fragestellungen und als Grundlage für den zweiten Teil dieses Kapitels, in dem wir die Befunde aus BASE zusammenfassen.

2. Multidisziplinäre Perspektiven der Prädiktoren und der Messung subjektiven Wohlbefindens

Obwohl zwischen den Disziplinen der Medizin, Soziologie, Psychiatrie und Psychologie ein Konsens besteht, daß subjektives Wohlbefinden ein multidimensionales Phänomen ist, gibt es wenig Einvernehmen über Vorhersagbarkeit und die besten Meßverfahren. In bezug auf Meßverfahren unterscheiden sich die Disziplinen danach, welche Variablen sie verwenden: (a) Antworten auf Einzelfragen oder auf mehrere Items, (b) Skalen, die speziell für gesunde, gebrechliche oder demente alte Menschen entwickelt wurden, oder Skalen für allgemeine Stichproben und (c) Instrumente, die emotionale oder kognitive Komponenten des Wohlbefindens – oder eine Kombination von beiden erfassen (vgl. Andrews & McKennell, 1980, Birren et al., 1991; Diener, 1994). Meßverfahren, die eher emotionale Komponenten des Wohlbefindens berücksichtigen, fragen nach der Häufigkeit positiver und negativer Gefühle (Bradburn, 1969; Clark & Watson, 1991; Costa & McCrae, 1980; Stones & Kozma, 1994). Eher kognitiv orientierte Meßinstrumente konzentrieren sich auf Beurteilungen der Lebensqualität, des Lebensinhalts und der Lebenszufriedenheit (Andrews & Mc Kennell, 1980; Campbell et al., 1976; Herzog & Rodgers, 1986). Ferner legen einige Disziplinen einen Schwerpunkt auf das Vorhandensein von positiven kognitiven und emotionalen Dimensionen des Wohlbefindens, andere betrachten eher das Fehlen negativer Faktoren. Einige Wissenschaftler haben auch andere Dimensionen eingeführt (z. B. Anpassung, Bewältigung, Lebensmoral oder seelisch-geistige Gesundheit: Lawton, 1975; Ryff & Essex, 1992). In den folgenden Abschnitten führen wir diese verschiedenen Ansätze weiter aus und geben einen Überblick über spezifische Prädiktoren subjektiven Wohlbefindens im Alter aus medizinischer, soziologischer und psychologischer Sicht. Anschließend beschreiben wir die in BASE verwendeten Meßinstrumente.

2.1 Wohlbefinden aus medizinischer Perspektive

In gesundheitlicher Hinsicht ist das Wohlbefinden im Alter häufig durch mehrfache körperliche oder psychische Beschwerden und Gebrechen beeinträchtigt. In diesem Sinne hat „Wohlbefinden" nur eine negative Dimension, nämlich seine Störung oder Beeinträchtigung durch Krankheit. Als Behandlungsziel wird deshalb in der Medizin in erster Linie die Beseitigung, Linderung oder Vorbeugung von Beschwerden, Symptomen oder Krankheiten angestrebt, nicht eine Steigerung von Wohlbefinden. In der Psychiatrie wird gelegentlich „gesteigertes Wohlbefinden" gar als psychopathologisches Symptom verstanden, z. B. bei Manie oder Substanzmißbrauch.

Frühere Erörterungen zum Thema Wohlbefinden waren eher philosophisch-anthropologischer Art und erreichten die medizinische Praxis kaum (z. B. Plügge, 1962). Dies liegt sicher daran, daß gestörtes Wohlbefinden als relativ weitverbreitete und krankheitsunspezifische Erlebensweise in der Akutmedizin wenig zur Diagnosestellung beiträgt. Doch Störungen des Wohlbefindens können Krankheitswert erlangen, auch wenn sie nicht als krankheitsspezifische Symptome in ein diagnostisches System eingeordnet werden können. In der ambulanten Versorgung macht die Behandlung von solchen diagnostisch unspezifischen, meist chronischen Beschwerden einen beträchtlichen Teil des therapeutischen Aufwandes aus (z. B. Barsky, Cleary & Klerman, 1992; Tsevat et al., 1994).

Wohlbefinden als Therapieziel findet in der Medizin, neuerdings auch in der Psychiatrie, insbesondere im Rahmen von Lebensqualitätskonzepten Berücksichtigung (Bullinger & Pöppel, 1988; Gurland & Katz, 1992; Helmchen, 1990; Raspe, 1990). Damit wird – vor allem bei chronischen Krankheitszuständen und Behinderungen – der subjektive Leidenszustand stärker in den Mittelpunkt therapeutischer Zielsetzungen gerückt. Dennoch ist die Beziehung zwischen Wohlbefinden und dem medizinischen Gesundheits- bzw. Krankheitsbegriff bislang wenig untersucht.

Eine Verbindung von Gesundheit und Wohlbefinden stellte die Weltgesundheitsorganisation (WHO) her, indem sie in ihrer Satzungspräambel Gesundheit als einen „Zustand des vollständigen körperlichen, geistigen und sozialen Wohlbefindens" definierte (WHO, 1947). Als medizinisches Bewertungskriterium ist dieser Gesundheitsbegriff jedoch kaum zu nutzen, da er einerseits zu weit (Wohlbefinden kann neben Krankheit durch viele andere Einflüsse beeinträchtigt sein), andererseits zu eng gefaßt ist (er scheint vor allem die subjektive Bewertung von Gesundheit zu beinhalten). Denn die Gesundheit kann durch eine ernste Krankheit bereits geschädigt sein, z. B. durch einen bösartigen Tumor im Anfangsstadium, ohne daß das Wohlbefinden in irgendeiner Weise schon beeinträchtigt wäre. Und schließlich ignoriert dieser Gesundheitsbegriff gesteigertes Wohlbefinden als ein mögliches Krankheitszeichen.

Es wird deshalb sinnvoll unterschieden zwischen subjektiver und objektiver Gesundheit. Zur „subjektiven Gesundheit" zählen die erlebten und selbst wahrgenommenen Aspekte der körperlichen und geistigen Verfassung sowie das subjektive Urteil darüber. Dieses kann relativiert sein, beispielsweise durch den Vergleich mit der Gesundheit anderer. Zur „objektiven Gesundheit" werden meßbare und beobachtbare Funktionen sowie das gesamte Spektrum der medizinischen Diagnosen gerechnet. In vielen Untersuchungen werden Aspekte „objektiver Gesundheit" von den Probanden erfragt, z. B. körperliche Behinderungen oder aktuelle Krankheiten (Arnold, 1991; Bullinger, 1991). In einer Untersuchungspopulation wie der Berliner Altersstudie mit einer hohen Prävalenz kognitiver Beeinträchtigung in den höheren Altersgruppen kann jedoch über „objektive Gesundheit" nur eine Aussage gemacht werden, wenn sie durch klinisch erfahrene Untersucher festgestellt wurde und nicht wesentlich auf den Aussagen der Studienteilnehmer beruht.

In welcher Beziehung stehen nun subjektive und objektive Gesundheit zu Wohlbefinden? Subjektive und objektive Gesundheit beinhalten Verschiedenes und müssen deshalb nicht hoch miteinander korrelieren. Denn ob und wann jemand Krankheiten, Behinderungen und Symptome wahrnimmt und ob und wann er sie als Gesundheitsproblem interpretiert, unterliegt verschiedenen inneren und äußeren Bedingungen (Hansell & Mechanic, 1991; Levkoff, Cleary & Wetle, 1987). Die Ergebnisse bisheriger Untersuchungen, die eine engere Korrelation von Wohlbefinden mit subjektiver Gesundheit – beides auf subjektivem Erleben beruhende Konstrukte – als mit objektiver Gesundheit aufweisen, erscheinen deshalb plausibel (Brief et al., 1993; George & Landerman, 1984; Lehman, 1983; Zautra & Hempel, 1984). Überraschend ist der Befund, daß subjektive Gesundheit besser Mortalität vorhersagen kann als objektive Gesundheit (Idler, 1993; Kaplan, Barell & Lusky, 1988; Mossey & Shapiro, 1982; Rakowski, Mor & Hiris, 1991) – auch deshalb ist die Messung subjektiver Gesundheit auf großes Interesse gestoßen (vgl. Borchelt et al., Kapitel 17).

2.2 Wohlbefinden aus soziologischer Perspektive

Soziologen, Wirtschaftswissenschaftler und Politologen bringen das Konzept des Wohlbefindens vor allem mit dem Begriff der Wohlfahrt in Verbindung (vgl. Erikson & Uusitalo, 1987; Glatzer, 1992; Habich, 1992; Land, 1983; Schuessler & Fisher, 1985)[2], d. h. mit dem tatsächlichen und/oder potentiellen Zugriff eines Individuums auf Ressourcen. Dies hängt teilweise damit zusammen, daß relativ „objektive“ Wohlfahrtsindikatoren bei der Formulierung und Umsetzung von sozialen Programmen und Maßnahmen verwendet werden müssen, besonders wenn es um Bevölkerungsgruppen „mit hohem Risiko“ geht.

Welche Ressourcen bestimmen das Wohlbefinden im Alter aus soziologischer Sicht? Faßbare Wohlfahrtsindikatoren, ob z. B. Menschen in Armut leben, ob sie Zugang zu medizinischer Hilfe oder Pflege haben oder „wieviel Monat am Ende des Geldes übrigbleibt“, gelten als wichtige Voraussetzung für das Wohlbefinden. Abgesehen davon, daß solche Indikatoren zu den grundsätzlichen Bedingungen für ein „gutes Leben“ gehören, wird angenommen, daß Zugriff auf verschiedene Arten und Niveaus dieser Ressourcen das Ausmaß der Kontrolle und der zielstrebigen Lenkung der eigenen Lebensumstände beeinflussen kann (z. B. Johansson, 1973).

Während in jüngerem Alter finanzielle Sicherheit eng mit individuellen und Kohortenunterschieden in bezug auf Berufstätigkeit und Aufstiegsmöglichkeiten zusammenhängt, müssen Menschen im Alter mit ihren bis dahin erworbenen Ressourcen auskommen und sich auf Altersvorsorgeprogramme (z. B. Zusatzpensionen und Pflegegelder) oder ähnliche Maßnahmen verlassen (Myles, 1984; Neugarten, 1982; Quadagno, 1988; Schultz & Myles, 1990). Diese heikle Beziehung zwischen Ressourcen und Unabhängigkeit scheint im Alter eine besonders schwierige Rolle zu spielen, in einer Lebensphase, in der Menschen mit der sehr realistischen Möglichkeit des körperlichen und geistigen Verfalls konfrontiert werden.

Außer materiellen Ressourcen finden in der soziologischen Literatur im Zusammenhang mit Wohlbefinden im Alter zwei soziale Ressourcen große Aufmerksamkeit, und zwar das soziale Netzwerk aus Familie und Freunden sowie die Beteiligung an gesellschaftlichen Aktivitäten. Ein großes soziales Netzwerk kann eine hilfreiche Quelle instrumenteller und emotionaler Unterstützung darstellen (Antonucci, 1990; Cicirelli, 1989; M. Wagner et al., Kapitel 11). Allerdings können Verwandte und Freunde auch Enttäuschungen, Streß und Konflikte bedeuten (Rook, 1984). Die Beteiligung an verschiedenen sozialen und Freizeitaktivitäten (z. B. Vereine, Sport, Reisen oder kulturelle Veranstaltungen) betrachten die Soziologen als wichtige Quelle positiver Lebenserfahrungen, die im Alter die unvermeidlichen negativen Erfahrungen wie gesundheitliche Beeinträchtigung und persönliche Verluste ausgleichen können (Kozma & Stones, 1978; Reich, Zautra & Hill, 1987).

Die soziologische Perspektive hebt auch die Tatsache hervor, daß es ein hohes Maß an Variabilität innerhalb der älteren Population gibt und daß das Alter von den Betroffenen auf eine sehr unterschiedliche Weise erlebt wird. Menschen erreichen das hohe Alter jeweils mit einer eigenen „einzigartigen“ Lebensgeschichte, und entsprechend ist ihr Blickwinkel im hohen Alter stark durch den vorangegangenen Lebensweg beeinflußt (siehe auch Schütze et al., Kapitel 5; Maas & Staudinger, Kapitel 21). Unterschiede im Wohlbefinden alter Menschen lassen sich möglicherweise auf einen in der soziologischen Literatur zum Lebensverlauf verwendeten Begriff zurückführen, den sogenannten „Matthäus-Effekt“. Darunter versteht man die kumulative Auswirkung sozialer Allokationsprozesse im Verlauf des Lebens (Dannefer, 1987). Im Kontext des Alterns kann diese Hypothese so formuliert werden: Im Laufe der Jahre unterscheiden sich Gleichaltrige immer mehr voneinander, und diese Divergenz setzt sich bis in das hohe Alter fort.

Obwohl viele verschiedene Prozesse bei der Entstehung dieser interindividuellen Heterogenität eine Rolle spielen, liegt eine wesentliche Ursache in der Ungleichheit und der Art, wie Ungleichheit in den sozialen Strukturen verankert ist (vgl. Mayer & Wagner, 1993; Mayer & Wagner, Kapitel 9). Soziodemographische Variablen (z. B. Bildung, Geschlecht, Familienstand, Wohnsituation) drücken in indirekter Weise die Ungleichheiten in bezug auf das kulturelle und soziale Kapital der Menschen aus (Bourdieu, 1973; Coleman, 1988). Diese Indikatoren wirken als starke Signale hinsichtlich der Chancen, des Prestiges oder des Status. Sie vermitteln wichtige soziale Bedeutungen, spiegeln Kontexte der Bevorzugungen und Benachteiligungen im Laufe des Lebens und geben einen allgemeinen Hinweis auf die (materiellen und sozialen) Ressourcen, die einem älteren Menschen zur Verfügung stehen (George, 1990; O'Rand, 1990).

2 Verschiedene Konzepte des Wohlbefindens werden in der Wohlfahrtsforschung betrachtet – einschließlich „Lebensstandard“, „Lebensstil“, „Lebensführung“ und „Lebensqualität“ (Erikson & Uusitalo, 1987).

2.3 Psychologische Konzepte des Wohlbefindens

Der psychologische Ansatz zur Untersuchung des Wohlbefindens legt den Schwerpunkt auf die Prozesse, durch die Bewertungen der Lebenszufriedenheit und des subjektiven Wohlbefindens zustande kommen. Im allgemeinen geht man davon aus, daß Menschen sowohl *kognitive* als auch *emotionale* Erfahrungen nutzen, um ihr Leben zu beurteilen, und daß subjektives Wohlbefinden nicht nur das Fehlen negativer Faktoren, sondern auch das Vorhandensein positiver Faktoren umfaßt (Diener, 1994). Gemäß diesem Ansatz gehören zu psychologischen Meßverfahren zur Erfassung von Wohlbefinden normalerweise „bereichsunabhängige" Items, die nach allgemeiner Lebenszufriedenheit und positiver und negativer emotionaler Befindlichkeit fragen.

Diese allgemeine Definition subjektiven Wohlbefindens ist jedoch kürzlich in einem Überblick der Literatur zur Lebensspanne und zur Gerontologie kritisch bewertet worden (Ryff, 1989; Ryff & Essex, 1992). Ryff argumentiert, daß Lebenszufriedenheit und emotionales Gleichgewicht als einzige Komponenten subjektiven Wohlbefindens nicht alle wesentlichen Dimensionen positiver psychologischer Funktionsfähigkeit widerspiegeln. Statt dessen schlägt sie sechs zentrale Dimensionen vor – Autonomie, Alltagsbewältigung, menschliches Wachstum, positive Beziehungen zu anderen, Lebenssinn und Selbstakzeptanz –, die sich aus Theorien der Lebensspanne und der Persönlichkeit ableiten. Andere Dimensionen positiver psychologischer Funktionsfähigkeit, die in der Literatur diskutiert werden, schließen das Fehlen von Einsamkeit, Zufriedenheit mit dem eigenen Altern (George, 1981; Lawton, 1975) und Zufriedenheit mit der kognitiven Funktionsfähigkeit ein.

Aus psychologischer Sicht hat das Konzept des subjektiven Wohlbefindens sowohl stabile als auch veränderliche Aspekte. Einerseits scheinen Menschen langfristig kohärente Muster der Lebensbewertung aufgrund ihrer Persönlichkeitsmerkmale und langfristiger Sozialisation aufzuweisen. Einige Wissenschaftler nehmen beispielsweise an, daß das subjektive Wohlbefinden größtenteils von Persönlichkeitseigenschaften abhängt. Demnach sind einige Menschen glücklich, weil sie extravertiert sind, und andere sind chronisch unglücklich, weil sie neurotisch sind (Costa & McCrae, 1980; Costa, McCrae & Zonderman, 1987). Möglicherweise sind aufgrund solcher Persönlichkeitseigenschaften wie z. B. Extraversion oder Neurotizismus auch die Lebensbedingungen vieler Menschen über einen langen Zeitraum stabil. Nach der Phase des jungen Erwachsenenalters neigen die meisten Menschen dazu, in der gleichen Wohnung zu bleiben (oder zumindest im gleichen Stadtteil), und Familie, Arbeit, Freizeitgestaltung und finanzielle Gegebenheiten nehmen einen gewissen Grad der Vorhersagbarkeit an. Die Stabilität der Lebensumstände könnte ebenfalls zur Stabilität und Aufrechterhaltung des Wohlbefindens beitragen (Carstensen & Freund, 1994; Filipp & Schmidt, 1994; Myers & Diener, 1995). Andererseits deuten Mikro-Längsschnittstudien darauf hin, daß kurzfristige Veränderungen des subjektiven Wohlbefindens infolge unerwarteter angenehmer oder unangenehmer Lebensereignisse (Headey & Wearing, 1989), Alltagsärger (Chamberlain & Zika, 1992) und aufgrund therapeutischer Eingriffe (Pavot & Diener, 1993) möglich sind.

Gibt es entwicklungsabhängige Veränderungen in bezug auf den Grad des berichteten subjektiven Wohlbefindens? Das späte Erwachsenenalter wird oft als eine Lebensphase angesehen, in der das Risiko für negative Veränderungen ansteigt, insofern das Alter durch ein Ungleichgewicht der negativen gegenüber den positiven Lebenserfahrungen und der Verluste gegenüber den Gewinnen charakterisiert ist (vgl. P. B. Baltes, 1993). Modelle, die davon ausgehen, daß die Angaben des subjektiven Wohlbefindens tatsächlich die entsprechende Lebenserfahrung widerspiegeln, würden demnach im hohen Alter verringertes Wohlbefinden vorhersagen, und zwar aufgrund der erhöhten Wahrscheinlichkeit negativer Ereignisse (Tod von Freunden, eingeschränkte soziale Aktivitäten, nachlassende Gesundheit) und weniger Möglichkeiten, die positiven Seiten des Lebens zu genießen. Allerdings unterstützen empirische Befunde diese Erwartungen nur teilweise, weshalb gelegentlich auch von einem Paradox gesprochen wird (P. B. Baltes, 1991). Vergleiche zwischen jungen und älteren Menschen zeigen beispielsweise, daß emotionale Komponenten subjektiven Wohlbefindens andere Zusammenhänge mit dem Alter zeigen als kognitive Komponenten. Glücksgefühle weisen negative Alterskorrelationen auf, während sich bei Zufriedenheitsangaben entweder keine Altersabhängigkeit oder ein geringer Anstieg mit dem Alter findet[3] (Andrews & McKennell, 1980; Andrews & Withey, 1976; Campbell et al., 1976; Diener, 1984; Glatzer & Zapf, 1984; Herzog et al., 1982). Es

3 Die Befunde variieren je nachdem, ob bei Analysen der Alterseffekte die Lebensumstände kontrolliert wurden, die Ältere benachteiligen könnten (z. B. schlechte körperliche Gesundheit).

ergeben sich Unterschiede, wenn der lebenszeitliche Rahmen der Fragen zur Lebenszufriedenheit verändert wird. Bei Vergleichen der Altersgruppen der 20- bis über 65jährigen unterscheiden sich die Beurteilungen der gegenwärtigen Lebenszufriedenheit geringfügig in Abhängigkeit vom Alter. Beurteilungen der Zufriedenheit mit dem vergangenen Leben verbessern sich, und Beurteilungen der Zukunft verschlechtern sich mit zunehmendem Alter (Andrews & Withey, 1976; Brandtstädter & Wentura, 1994; Shmotkin, 1991). Diese Altersunterschiede sind zwar signifikant, aber im allgemeinen geringfügig.

Obwohl subjektivem Wohlbefinden kaum altersabhängige Unterschiede zugeordnet werden können, bedeutet dies nicht unbedingt, daß die spezifischen, den Angaben zugrundeliegenden Prozesse über die Lebensspanne gleichbleiben. In der Tat wird postuliert, daß entwicklungsabhängige Veränderungen dieser Prozesse (z. B. Änderungen der Ansprüche und der Vergleichsziele) für die Aufrechterhaltung des Wohlbefindens verantwortlich sind (Brandtstädter & Greve, 1994; Campbell et al., 1976; Filipp & Schmidt, 1994). Es wird angenommen, daß den individuellen Gefühlen des subjektiven Wohlbefindens eine Art interne Kalkulation hinsichtlich der Größe der „Kluft“ oder der Diskrepanz zwischen dem, was Menschen anstreben und was sie glauben erreicht zu haben, zugrunde liegt (Andrews & Withey, 1976; Michalos, 1985). Demnach müßte die Zufriedenheit nachlassen, je größer der Abstand zwischen den angestrebten Zielen und den tatsächlichen Umständen wird (Campbell et al., 1976; Higgins, 1987). Derartige selbstregulative Prozesse sind auch Bestandteil von Modellen erfolgreichen Alterns. So ist es möglich, ein hohes subjektives Wohlbefinden trotz objektiver und subjektiver Verluste aufrechtzuerhalten (M. M. Baltes & Carstensen, im Druck; P. B. Baltes & Baltes, 1990; Brandtstädter & Greve, 1994; Heckhausen & Schulz, 1993). Dabei spielt die Minimierung der Diskrepanzen zwischen Wunsch und Wirklichkeit eine Rolle (Birren & Renner, 1980; Heidrich & Ryff, 1993). Campbell und Mitarbeiter (1976; siehe auch Herzog & Rodgers, 1986) beobachteten in der Tat, daß Ansprüche hinsichtlich der erwünschten Wohnbedingungen und Nachbarschaften über die Lebensspanne hinweg sanken, während Bewertungen der Zufriedenheit mit der gegenwärtigen Wohnsituation zunahmen.

Ein anderes Element, das zur Aufrechterhaltung positiven Wohlbefindens beiträgt, besteht darin, daß Vergleichsziele im Alter sich insofern ändern, als Menschen sich nicht mehr mit anderen, sondern mit sich selbst in der Vergangenheit vergleichen (temporale Vergleiche; Barnes, 1993; Filipp & Buch-Bartos, 1994; Suls & Wills, 1991). Während es viele Beispiele anderer Personen gibt, denen es vergleichsweise besser geht als einem selbst, ist es immer noch möglich, sich an schlechte Zeiten oder Ereignisse im eigenen Leben zu erinnern, die schlimmer als die Gegenwart waren. Für viele BASE-Teilnehmer fielen diese schlechten Zeiten in die Phase der zwei Weltkriege und der Nachkriegsjahre (siehe Maas et al., Kapitel 4). Im Vergleich zu diesen früheren Zeiten hat das jetzige Leben (trotz körperlicher Behinderungen) für viele ältere Menschen eine Wendung zum Besseren genommen. Obwohl das hohe Alter mit einem häufigeren Auftreten von negativen Lebensumständen (z. B. Verwitwung, Tod von Freunden, sensorischen Beeinträchtigungen) einhergeht, sind diese Umstände meistens nicht unerwartet und setzen allmählich ein. Zeit und Gewöhnung entschärfen die Auswirkungen negativer Lebensereignisse, so daß sie als weniger belastend empfunden werden (Frijda, 1988; Izard, 1977).

3. Subjektives Wohlbefinden: Ergebnisse aus BASE

Der obige Überblick der soziologischen, medizinischen und psychologischen Sichtweisen auf Vorhersage und Messung des subjektiven Wohlbefindens bildet den Rahmen für die folgende Darstellung von Ergebnissen aus BASE. Sie werden in mehreren Schritten beschrieben, die sich im wesentlichen auf die drei zu Beginn genannten Fragestellungen beziehen (siehe Abschnitt 1.2).

Die ersten zwei Fragen beziehen sich auf die durchschnittlichen Niveaus des angegebenen Wohlbefindens und auf altersbezogene Unterschiede oder Unterschiede zwischen einzelnen Untergruppen. Tabelle 1 faßt die verschiedenen Meßinstrumente zusammen, die in BASE in bezug auf Lebenszufriedenheit, positive und negative emotionale Befindlichkeit und subjektives Wohlbefinden angewendet wurden. Da ein großer Teil der experimentellen Psychologie zum subjektiven Wohlbefinden (z. B. Strack, Argyle & Schwarz, 1991) sich darauf konzentriert, die Bedeutung der Wortwahl bei den Fragen an Versuchspersonen für die Interpretation der Antworten nachzuweisen, hielten wir es für wichtig, den Wortlaut der Fragen an die BASE-Teilnehmer zu dokumentieren (vgl. Tabelle 1).

Die dritte Frage bezieht sich auf Prädiktoren des subjektiven Wohlbefindens. Hier berichten wir über die Ergebnisse einer Serie hierarchischer multipler

Regressionen, die das in Abbildung 1 dargestellte prädiktive Modell untersuchen. Das Ziel dieser Analysen war die Bestimmung der kumulativen direkten und indirekten Beiträge soziodemographischer Charakteristika, objektiver Lebensbedingungen und subjektiver Bereichsbeurteilungen zur Vorhersage allgemeinen subjektiven Wohlbefindens. Tabelle 2 gibt einen Überblick über die objektiven und subjektiven Meßwerte hinsichtlich der Gesundheit, der Familie, des sozialen Lebens und der wirtschaftlichen Situation, die diesen Analysen zugrunde liegen. Die Pfeile in Abbildung 1 deuten kausale Richtungen an, die aufgrund theorie-geleiteteter statistischer Analysen erhalten wurden. Da BASE vom Ansatz her eine Querschnittsuntersuchung ist, sind natürlich unsere Interpretationsmöglichkeiten in bezug auf Ursache und Wirkung sowie temporale Beziehungen begrenzt. Wir folgen jedoch anderen führenden Wissenschaftlern auf diesem Gebiet (Campbell et al., 1976; George et al., 1985) und betrachten die Regressionsergebnisse als vorläufige Bestätigung des theoretischen kausalen Modells.

3.1 Erhebungsinstrumentarium subjektiven Wohlbefindens in BASE

Um Vergleiche mit früheren Umfragen (z. B. Campbell et al., 1976; Glatzer & Zapf, 1984; Herzog et al., 1982; Liang, 1985) und gerontologischen Studien (z. B. Lawton, Kleban & DiCarlo, 1984; McCulloch, 1991) zu ermöglichen, umfaßte die Befragung in BASE (vgl. Tabelle 1) einige Einzel-Items zur *Lebenszufriedenheit*, ein Standardinstrument zur *positiven und negativen emotionalen Befindlichkeit* (Positive and Negative Affect Schedule, PANAS: Watson, Clark & Tellegen, 1988) sowie ein Instrument mit mehreren Items zum *allgemeinen Wohlbefinden*, das speziell zur Anwendung bei alten Menschen entworfen wurde (Philadelphia Geriatric Center Morale Scale, PGCMS: Lawton, 1975). Der PGCMS-Gesamtscore wurde als abhängige Variable in den Regressionsanalysen zum Modell in Abbildung 1 verwendet.

3.1.1 Lebenszufriedenheit

Um die kognitive Dimension des Wohlbefindens zu erfassen, fragten wir nach Beurteilungen der Lebenszufriedenheit in jeweils drei Zeitabschnitten: Vergangenheit, Gegenwart und erwartete Zukunft (vgl. Andrews & Withey, 1976; Shmotkin, 1991). Jedem Item folgte die Frage „Inwiefern trifft diese Aussage auf Sie zu?“, die auf einer fünfstufigen Skala von „sehr gut“ bis „mangelhaft“ beantwortet wurde. Zur Erhebung der gegenwärtigen Lebenszufriedenheit verwendeten wir ein Item von Campbell und Mitarbeitern (1976) und aus der PGCMS (Lawton, 1975): „Wie zufrieden sind Sie zur Zeit mit ihrem Leben?“. Für die Zufriedenheit mit dem vergangenen Leben nutzten wir ein Item aus dem Life Satisfaction Index A (LSI-A; Neugarten, Havighurst & Tobin, 1961): „Ich bin zufrieden mit meinem Leben, wenn ich in die Vergangenheit zurückschaue.“ Für die erwartete Zukunft gebrauchten wir das Item von Andrews und McKennell (1980): „Wenn ich an die Zukunft denke, bin ich zuversichtlich.“

3.1.2 Positive und negative emotionale Befindlichkeit

Die negativen und positiven emotionalen Komponenten subjektiven Wohlbefindens wurden mit der Positive and Negative Affect Schedule (PANAS) erfaßt. Die von Watson und seinen Mitarbeitern (1988) entwickelte Adjektivliste umfaßt zehn positive und zehn negative Emotionen. Die BASE-Teilnehmer wurden gebeten, auf einer fünfstufigen Skala anzugeben, wie oft sie jede Emotion im letzten Jahr erlebt hatten. Die positiven und negativen Emotionsdimensionen haben für ältere und jüngere Menschen die gleichen psychometrischen Eigenschaften (Kercher, 1992). Dasselbe ergab sich in einer Begleitstudie zu BASE auch für alte und sehr alte Menschen (Kunzmann, 1994). Die Items der PANAS enthalten zwei breitangelegte, unabhängige Faktoren höherer Ordnung, die die emotionalen Komponenten des Wohlbefindens messen: negative emotionale Befindlichkeit (Angst, Schuld, Ärger, Feindseligkeit) und positive emotionale Befindlichkeit (Interesse, Aufmerksamkeit, Begeisterung, Aktivität).

3.1.3 Allgemeines subjektives Wohlbefinden

Das zentrale Instrument des allgemeinen subjektiven Wohlbefindens in BASE war die von Lawton (1975) revidierte Version der Philadelphia Geriatric Center Morale Scale (PGCMS) mit 15 Items. Sie wurde speziell für ältere Menschen entworfen und umfaßt sowohl kognitive als auch emotionale Komponenten des Wohlbefindens. Die ursprüngliche Skala von Lawton wurde ins Deutsche übersetzt; anstelle des üblichen Ja/Nein-Formats wurde eine fünfstufige

Tabelle 1: Instrumente zur Messung des subjektiven Wohlbefindens; Mittelwerte, Standardabweichungen und Korrelationen mit dem Alter.

Konstrukt	Items	$\bar{x}$	s	r
Gegenwärtige Lebenszufriedenheit	Wie zufrieden sind Sie zur Zeit mit Ihrem Leben?	3,7	0,97	-0,06
Zufriedenheit mit dem vergangenen Leben	Ich bin zufrieden mit meinem Leben, wenn ich in die Vergangenheit zurückschaue.	4,1	0,84	0,05
Erwartete zukünftige Lebenszufriedenheit	Wenn ich an die Zukunft denke, bin ich zuversichtlich.	3,5	1,05	-0,12**
Positive emotionale Befindlichkeit	Wie oft haben Sie sich ... gefühlt? - angeregt, begeistert, erwartungsvoll, interessiert, stark, stolz, hellwach, entschlossen, aktiv, aufmerksam	3,17	0,59	-0,23**
Negative emotionale Befindlichkeit	Wie oft haben Sie sich ... gefühlt? - bedrückt, verärgert, schuldig, verängstigt, feindselig, reizbar, beschämt, nervös, unruhig, ängstlich	2,27	0,60	-0,04
Allgemeines subjektives Wohlbefinden (PGCMS)	Dieses Jahr rege ich mich über Kleinigkeiten auf.	3,54	1,21	0,11*
	Ich mache mir oft solche Sorgen, daß ich nicht einschlafen kann.	3,73	1,27	-0,01
	Ich habe vor vielen Dingen Angst.	3,85	1,12	-0,01
	Ich werde häufiger wütend als früher.	4,16	0,95	0,11*
	Ich nehme die Dinge schwer.	3,42	1,13	0,00
	Ich rege mich leicht auf.	3,44	1,19	0,11*
	Je älter ich werde, desto schlimmer wird alles.	3,64	1,19	-0,15**
	Ich habe noch genausoviel Schwung wie letztes Jahr.	3,21	1,15	-0,23**
	Je älter ich werde, desto weniger nützlich bin ich.	3,3	1,2	-0,30**
	Mit zunehmenden Alter ist mein Leben besser, als ich erwartet habe.	3,5	1,13	-0,08
	Ich bin jetzt genauso glücklich, wie ich es in jungen Jahren war.	2,88	1,29	-0,13**
	Manchmal glaube ich, daß das Leben nicht lebenswert ist.	3,55	1,12	0,00
	Das Leben ist die meiste Zeit hart für mich.	3,9	1,2	-0,21**
	Zur Zeit bin ich zufrieden mit meinen Leben.	3,7	0,97	-0,06
	Ich bin über vieles traurig.	3,14	1,14	-0,12*
	Subskala: Unaufgeregtheit („non-agitation")	3,69	0,77	0,07
	Subskala: Zufriedenheit mit dem eigenen Altern	3,31	0,84	-0,25**
	Subskala: Lebenszufriedenheit	3,67	0,74	-0,12**
	Gesamtscore	3,56	0,62	-0,12**

Signifikanzniveau: * $p < 0,05$; ** $p < 0,01$.

Tabelle 2: Prädiktorvariablen mit Mittelwerten und Korrelationen mit dem Alter.

Bereiche	**Objektive Beurteilung**	$\bar{x}$	**r**	**Subjektive Bewertung**	$\bar{x}$	**r**
Körperliche Gesundheit (Multimorbidität)	*Anzahl der mittel- bis schwergradigen körperlichen Erkrankungen*[1]	3,69	-0,25**	*Subjektive körperliche Gesundheit* Selbsteinschätzung (1 = mangelhaft bis 5 = sehr gut)	2,91	-0,05
Körperliche Behinderung	*Objektive Mobilität*[1] Index aus Koordinations- und Beweglichkeitsprüfungen	—	-0,56**	*Subjektive Mobilität* Selbsteinschätzung der Behinderung (1 = bettlägerig bis 6 = keine Hilfsmittel)	4,35	-0,53**
Gehör und Sehvermögen	*Objektives Gehör*[2] Index aus Audiometrie	—	-0,56**	*Subjektives Gehör* Selbsteinschätzung (1 = schlecht bis 3 = gut)	2,31	-0,18*
	Objektives Sehvermögen[2] Index aus Visusprüfungen	—	-0,39**	*Subjektives Sehvermögen* (1= starke Einschränkung bis 4 = keine Einschränkung)	3,4	-0,36**
Finanzielle Situation	*Äquivalenzeinkommen*[3] Nach Haushaltsgröße gewichtetes Pro-Kopf-Einkommen (in DM)	2.017	0,00	*Zufriedenheit mit gegenwärtiger finanzieller Situation* Selbsteinschätzung (1 = gar nicht zufrieden bis 4 = sehr zufrieden)	3,12	0,00
Soziale Partizipation	*Soziale Partizipation im letzten Jahr*[4] Anzahl der regelmäßigen außerhäuslichen Aktivitäten (z.B. Ausflüge, Sport, Kultur, Vereine, Café usw.)	2,87	-0,51**	*Zufriedenheit mit der eigenen sozialen Partizipation* Selbsteinschätzung (1 = unzufrieden [wollte mehr/weniger], 2 = zufrieden)	0,64	-0,02
Verwandtschafts-netzwerk	*Gesamtzahl der in Berlin lebenden Geschwister, Kinder und Enkel*[5]	4,02	-0,10*	*Zufriedenheit mit sozialen Beziehungen (Familie und Freunde)* Selbsteinschätzung (1 = unzufrieden bis 5 = sehr zufrieden)	3,89	-0,07

Signifikanzniveau: * $p < 0{,}05$; ** $p < 0{,}01$.
1 Siehe Steinhagen-Thiessen und Borchelt, Kapitel 6.
2 Für nähere Angaben zu Sehvermögen und Gehör siehe Marsiske et al., Kapitel 14.
3 Siehe G. Wagner et al., Kapitel 10.
4 Siehe Mayer und Wagner, Kapitel 9.
5 Siehe M. Wagner et al., Kapitel 11.

Beantwortungsskala (nach Carp & Carp, 1983) eingeführt. Teilnehmer wurden gebeten, mit den Schulnoten „sehr gut" bis „mangelhaft" anzugeben, inwieweit jede Aussage auf sie zutraf. Faktorenanalysen ergaben (wie in der Literatur im allgemeinen berichtet, z. B. Lawton, 1975; Liang & Bollen, 1985; McCulloch, 1991) die folgenden drei Dimensionen: Allgemeine Aufgeregtheit versus innere Ruhe (z. B. „Ich rege mich leicht auf"), Zufriedenheit versus Unzufriedenheit mit dem Leben im allgemeinen (z. B. „Manchmal glaube ich, daß das Leben nicht lebenswert ist") und Zufriedenheit versus Unzufriedenheit mit dem eigenen Altern (z. B. „Je älter ich werde, desto schlimmer wird alles").

Die Items zur vergangenen und gegenwärtigen Lebenszufriedenheit sowie die PGCMS nach Lawton waren Teil der BASE-Ersterhebung. Die anderen Items gehörten zu einem Interview über Aspekte des Selbst und der Persönlichkeit im BASE-Intensivprotokoll. Jedes Item wurde von einem Interviewer vorgelesen, die Angaben des Studienteilnehmers wurden von den Interviewern aufgeschreiben und zusätzlich auf Tonband aufgenommen. Im folgenden betrachten wir die mit diesem Verfahren erhobenen Angaben über subjektives Wohlbefinden und untersuchen altersbezogene Unterschiede sowie Unterschiede zwischen den einzelnen Untergruppen.

3.2 Aspekte subjektiven Wohlbefindens: Angaben der BASE-Teilnehmer

Insgesamt berichteten 63% der BASE-Teilnehmer, daß sie zufrieden oder sehr zufrieden mit ihrem gegenwärtigen Leben sind ($\bar{x}=3{,}7$; max.=5; $s=0{,}97$), 83% gaben an, daß sie zufrieden oder sehr zufrieden sind, wenn sie auf ihr Leben zurückblicken ($\bar{x}=4{,}1$; max.=5; $s=0{,}84$), und 63% erwarteten, daß sie in der Zukunft zufrieden sein würden ($\bar{x}=3{,}5$; max.=5, $s=1{,}05$). Diese Ergebnisse ähneln denjenigen, die bei früheren deutschen Wohlfahrtsumfragen erzielt wurden (Glatzer, 1992; Glatzer & Zapf, 1984). Antworten für die drei Zeitabschnitte der Lebenszufriedenheit hingen kaum miteinander zusammen (Korrelationen rangierten von 0,14 bis 0,38), was darauf hindeutet, daß alte Menschen trotz ähnlicher mittlerer Zufriedenheitsangaben zwischen diesen drei Zeitperspektiven der Lebenszufriedenheit unterscheiden (vgl. Brandtstädter & Wentura, 1994; Shmotkin, 1991).

Im allgemeinen gaben BASE-Teilnehmer auch an, daß sie positive Emotionen ($\bar{x}=3{,}2$; $s=0{,}59$) häufiger als negative erlebt hatten ($\bar{x}=2{,}3$; $s=0{,}61$; $F_{(1;508)}=621{,}05$; $p<0{,}000$). Wie auch in jüngeren Stichproben betrug die Korrelation zwischen positiver und negativer emotionaler Befindlichkeit fast Null (0,04). Dies unterstützt die Annahme, daß diese beiden Dimensionen emotionaler Befindlichkeit unabhängig voneinander sind und daß sie auf unterschiedliche Weise zum allgemeinen Wohlbefinden beitragen. Positive emotionale Befindlichkeit korrelierte positiv mit Lebenszufriedenheit (in der Gegenwart $r=0{,}30$; in der Zukunft $r=0{,}30$ und in der Vergangenheit $r=0{,}17$). Negative emotionale Befindlichkeit korrelierte negativ mit der Lebenszufriedenheit (-0,35; -0,26 und -0,10).

Das allgemeine Wohlbefinden (mittlerer Score auf der 15-Item PGCMS) war positiv ($\bar{x}=3{,}56$; $s=0{,}62$; Inter-Item-Konsistenz: Cronbachs $\alpha=0{,}85$). Dieser allgemeine Wert korrelierte 0,20 mit positiver emotionaler Befindlichkeit, -0,60 mit negativer Befindlichkeit, 0,36 mit Zufriedenheit mit dem vergangenen Leben und 0,34 mit erwarteter zukünftiger Lebenszufriedenheit (Zufriedenheit mit dem gegenwärtigen Leben ist Teil der PGCMS). In der Literatur ist die PGCMS meistens als allgemeiner Wert angegeben worden (siehe Liang & Bollen, 1985; McCulloch, 1991). In der BASE-Stichprobe legt jedoch eine LISREL-Modellierung nahe, daß die drei Skalenfaktoren nur mäßig korrelieren (Unaufgeregtheit [non-agitation] und Zufriedenheit mit dem Altern: 0,35; Unaufgeregtheit und Lebenszufriedenheit: 0,40; Zufriedenheit mit dem Altern und Lebenszufriedenheit: 0,08). In diesem Kapitel haben wir dennoch das übliche Verfahren beibehalten und den allgemeinen, die drei Faktoren übergreifenden Score verwendet.

Obwohl sich die Mittelwerte aller Meßergebnisse in bezug auf subjektives Wohlbefinden deutlich im positiven Bereich befanden, gab es dennoch beträchtliche individuelle Unterschiede. Abbildung 2 veranschaulicht dieses Ergebnis anhand der PGCMS. Jeder Punkt stellt eine oder mehrere Personen dar. Diese Abbildung zeigt auch die Plazierung der als dement diagnostizierten Studienteilnehmer innerhalb der Gesamtverteilung (vgl. Helmchen et al., Kapitel 7). Offensichtlich wiesen auch Menschen in dieser Untergruppe deutliche individuelle Unterschiede im allgemeinen Wohlbefinden auf. Es fand sich kein signifikanter Unterschied zwischen den als dement diagnostizierten und anderen BASE-Teilnehmern in bezug auf ihre PGCMS-Scores.

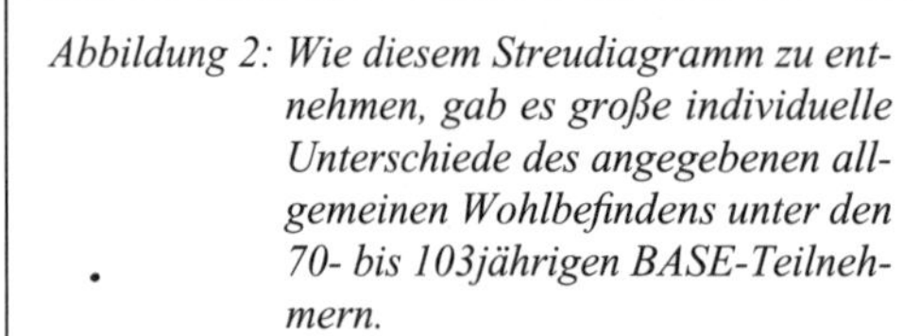

Abbildung 2: Wie diesem Streudiagramm zu entnehmen, gab es große individuelle Unterschiede des angegebenen allgemeinen Wohlbefindens unter den 70- bis 103jährigen BASE-Teilnehmern.

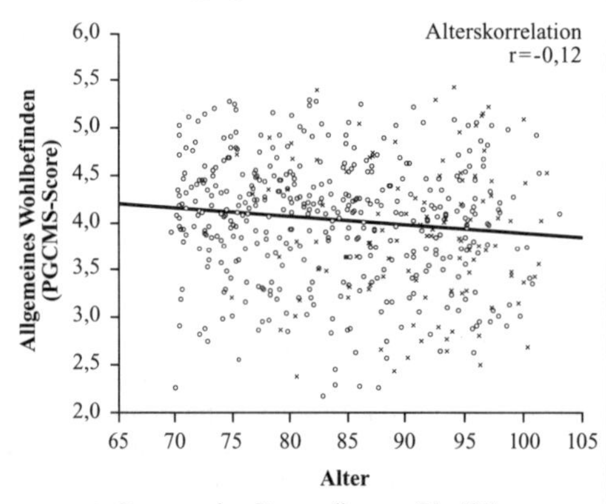

○ Personen ohne Demenzdiagnose (N=407)
× Personen mit Demenzdiagnose (N=109)

Anmerkung: Individuelle Unterschiede wurden auch in Untergruppen der BASE-Teilnehmer festgestellt, wie z. B. bei den hier dargestellten Scores der als dement diagnostizierten Personen zu sehen. Die Altersabhängigkeit (r=-0,12) verändert sich nicht durch Ausschluß der als dement diagnostizierten Studienteilnehmer.

3.3 Unterschiede des allgemeinen subjektiven Wohlbefindens nach Alter/Kohorte und zwischen den verschiedenen Untergruppen

Innerhalb der BASE-Stichprobe gab es einige Hinweise dafür, daß das allgemeine subjektive Wohlbefinden (PGCMS), die erwartete zukünftige Lebenszufriedenheit und insbesondere die positive emotionale Befindlichkeit im Alter von 70 bis über 100 Jahren möglicherweise abnimmt. Jeder dieser Meßwerte wies signifikante, aber relativ niedrige negative Alterskorrelationen auf: allgemeines Wohlbefinden -0,12 ($p < 0,01$), erwartete zukünftige Lebenszufriedenheit -0,12 ($p < 0,01$) und positive emotionale Befindlichkeit -0,23 ($p < 0,01$) (vgl. Smith & Baltes, Kapitel 8). Alter korrelierte weder mit der angegebenen negativen emotionalen Befindlichkeit (-0,04), Zufriedenheit mit dem vergangenen Leben (0,05) noch mit gegenwärtiger Lebenszufriedenheit (-0,06). Diese Ergebnisse ergänzen die Angaben aus anderen Studien, die Altersgruppen zwischen 20 und 75 Jahren verglichen und nur tendenziell altersabhängige Unterschiede festgestellt haben (z. B. Brandtstädter & Wentura, 1994; Campbell et al., 1976; McNeil, Stones & Kozma, 1986; Reker & Wong, 1984; Shmotkin, 1990).

Die oben angegebenen Rohkorrelationen erfassen natürlich nur lineare Beziehungen zwischen Alter und Wohlbefinden. Wir untersuchten auch die Möglichkeit nicht-linearer Beziehungen mit Altersgruppen/Kohorten und verglichen die Niveaus für andere Untergruppen innerhalb der BASE-Stichprobe. Die Ergebnisse sind in Abbildung 3 dargestellt.

Wie die graphische Darstellung der Mittelwerte zeigt, waren Unterschiede zwischen einzelnen Untergruppen in BASE relativ klein. Die Daten sind in dieser Abbildung auf einen allgemeinen Mittelwert von 50 und eine Standardabweichung von ±10 standardisiert worden. Wie zu sehen ist, betragen die meisten der unten beschriebenen signifikanten Änderungen weniger als eine halbe Standardabweichung. In der Tat zeigen unsere im nächsten Abschnitt vorgestellten Regressionsanalysen, daß Alter, Geschlecht, Familienstand und Wohnsituation (im Privathaushalt Lebende versus Heimbewohner) zusammen lediglich 6% der Varianz des subjektiven Wohlbefindens erklären (ein Anteil, der auch bei jüngeren Stichproben ähnlich ausfällt, z. B. Diener, 1994).

In BASE ergaben sich in bezug auf Lebenszufriedenheit und allgemeines Wohlbefinden keine Unterschiede zwischen den Altersgruppen/Kohorten. Es gab jedoch signifikante Unterschiede ($p < 0,01$) bei Gruppierung nach Geschlecht, Familienstand und Wohnsituation. Die größten Unterschiede in der gegenwärtigen Lebenszufriedenheit, der Zufriedenheit mit dem vergangenen Leben und im allgemeinen Wohlbefinden wurden bei Vergleichen zwischen Verheirateten und Geschiedenen gefunden; bei der erwarteten zukünftigen Lebenszufriedenheit waren die Unterschiede zwischen Verheirateten und Ledigen am größten. Diese Ergebnisse ähneln im Muster denjenigen der meisten Umfragen mit großen Stichproben: Verheiratete geben im allgemeinen höheres allgemeines Wohlbefinden an als alle Kategorien der Unverheirateten (Andrews & Withey, 1976; Campbell et al., 1976). In der BASE-Stichprobe waren viel mehr Männer als Frauen zum Zeitpunkt der Befragung verheiratet (oder lebten mit einer Partnerin), so daß die zwar signifikanten, aber geringfügigen Geschlechtsunterschiede vor allem unterschiedliche Lebensumstände widerspiegeln könnten (vgl. M. M. Baltes et al., Kapitel 22).

Wie Abbildung 3 außerdem zeigt, gab es Unterschiede zwischen den einzelnen Untergruppen in den Angaben zu positiver und negativer emotionaler Befindlichkeit. Hier waren Unterschiede nach Alters-

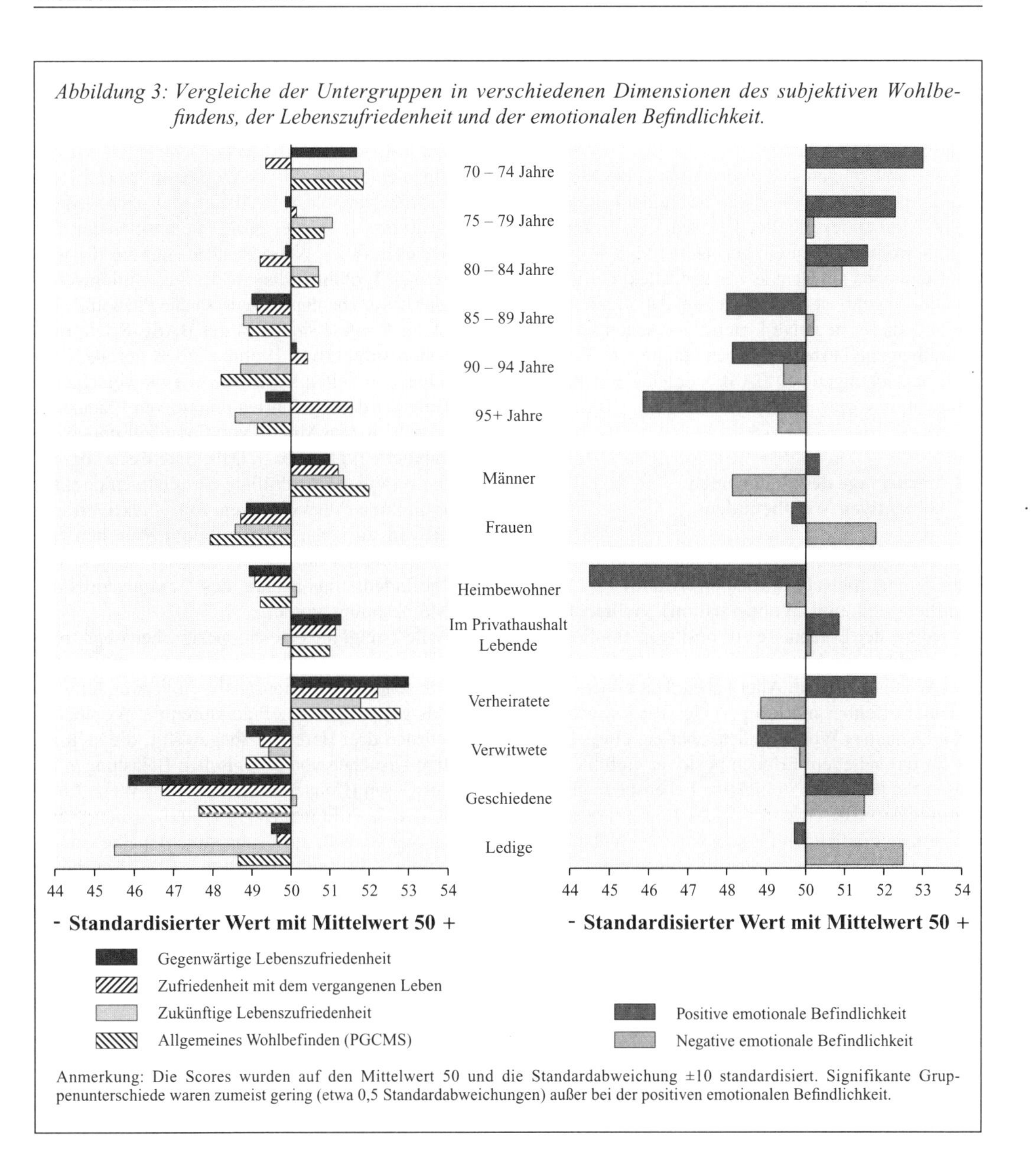

Abbildung 3: Vergleiche der Untergruppen in verschiedenen Dimensionen des subjektiven Wohlbefindens, der Lebenszufriedenheit und der emotionalen Befindlichkeit.

Anmerkung: Die Scores wurden auf den Mittelwert 50 und die Standardabweichung ±10 standardisiert. Signifikante Gruppenunterschiede waren zumeist gering (etwa 0,5 Standardabweichungen) außer bei der positiven emotionalen Befindlichkeit.

gruppe/Kohorte, Familienstand und Wohnsituation in bezug auf positive emotionale Befindlichkeit signifikant ($p < 0,001$). In der Tat war der negative Alterseffekt in positiver emotionaler Befindlichkeit (neben dem Heimbewohnereffekt, siehe unten) der wesentlichste und erreichte beim Vergleich der 70- bis 84jährigen und der 85jährigen und Älteren eine halbe Standardabweichung. Bei negativer emotionaler Befindlichkeit ergab sich nur die Geschlechtszugehörigkeit ($p < 0,001$) als signifikant. Im Vergleich zu Männern geben Frauen in allen Altersgruppen an, häufiger negative Gefühle erlebt zu haben (siehe auch Campbell et al., 1976; Spreitzer & Snyder, 1974). Wie einige Autoren (z. B. Birren et al., 1991; Lawton, 1991; Okun, Stock, Haring & Witter, 1984) außerdem hervorheben, sind Heimbewohner eine identifizierbare Untergruppe älterer Menschen mit einem höheren Risiko in bezug auf eingeschränktes Wohlbefinden. Dies wurde besonders deutlich bei den BASE-Teilnehmern, die in

Heimen leben; ihren Angaben zufolge erlebten sie seltener positive Emotionen (Heimbewohner und im Privathaushalt Lebende unterscheiden sich um eine halbe Standardabweichung).

Insgesamt zeigten sich also vor allem bei Messungen der positiven emotionalen Befindlichkeit deutlichere Altersunterschiede. Die sehr Alten und die Heimbewohner gaben ein geringeres Maß an positiven Emotionen an. Gerade was den Effekt der Wohnsituation angeht, ist es aber wichtig, darauf hinzuweisen, daß dieser negative Unterschied schon vor dem Heimübergang bestanden haben könnte. Die Follow-up-Untersuchungen von BASE werden hierzu nähere Information vorlegen können.

3.4 Vorhersage des allgemeinen subjektiven Wohlbefindens

Die deskriptiven Analysen deuten darauf hin, daß soziodemographische Variablen (Alter, Geschlecht, Familienstand und Wohnsituation) vielleicht mit Ausnahme der Ergebnisse zur positiven emotionalen Befindlichkeit nur begrenzte Aussagekraft für subjektives Wohlbefinden im Alter haben. Das höhere Alter bedeutet offenbar nur ein geringes Risiko in bezug auf allgemeines Wohlbefinden, aber ein etwas höheres für das seltenere Erleben positiver Gefühle. Wir erwarteten jedoch, daß objektive Lebensbedingungen und subjektive bereichsspezifische Bewertungen sich als stärkere Prädiktoren für subjektives Wohlbefinden erweisen würden. Wie weiter oben ausgeführt, legen frühere Studien mit jüngeren Altersgruppen die Vermutung nahe, daß persönliche Bewertungen der Gesundheit, der finanziellen Situation, der sozialen Beziehungen und der Teilnahme an sozialen Aktivitäten die stärksten Determinanten für subjektives Wohlbefinden darstellen (Campbell et al., 1976; Herzog et al., 1982). Bis heute haben die wenigen Untersuchungen, die auf den objektiven Status in diesen Lebensbereichen eingingen, einen direkteren Zusammenhang zwischen Bereichsbewertungen und allgemeinem subjektiven Wohlbefinden festgestellt als zwischen objektivem Status und subjektivem Wohlbefinden (Krause, 1991; Larson, 1978; Lehman, 1983; Okun et al., 1984; Zautra & Hempel, 1984).

3.4.1 Untersuchung des prädiktiven Modells nach Abbildung 1

Bei den folgenden Analysen konzentrierten wir uns auf allgemeines subjektives Wohlbefinden (Lawton, 1975) als Zielvariable, wenn dieses Maß auch weniger Altersvarianz als das der positiven emotionalen Befindlichkeit aufwies. Wir entschieden uns hierfür, weil subjektives Wohlbefinden in der gerontologischen Literatur das am häufigsten untersuchte Phänomen ist.

Welche Aspekte sagten in der BASE-Stichprobe am besten subjektives Wohlbefinden voraus? Auf den folgenden Seiten betrachten wir die verschiedenen Teile der durchgeführten prädiktiven Pfadanalyse, die sich an dem Modell von Campbell und anderen orientierte (vgl. Abb. 1). Dabei interessiert besonders die systematische Prüfung der relativen direkten und indirekten Auswirkungen von objektiven und subjektiven Variablen innerhalb und zwischen einzelnen Bereichen auf die Vorhersage subjektiven Wohlbefindens (das anhand des Gesamtscores der PGCMS bestimmt wurde).

Tabelle 2 zeigt die bereichsspezifischen objektiven und subjektiven Variablen aus BASE, die in den hierarchischen Regressionsanalysen verwendet wurden. Als gesundheitliche Prädiktoren für Wohlbefinden wurden drei Bereiche ausgewählt, die sich als wichtige Ursachen von psychischen Belastungen im Alter erwiesen (Cooper & Sosna, 1983; Welz, Lindner, Klose & Pohlmeier, 1989) und zu denen wir sowohl objektive als auch subjektive Aspekte gemessen haben: (1) Multimorbidität, (2) körperliche Mobilität und (3) Gehör und Sehvermögen. Die objektiven Aspekte der drei Bereiche beruhen auf den ausführlichen medizinischen Untersuchungen durch Forschungsärzte und forschungstechnische Assistenten (vgl. Steinhagen-Thiessen & Borchelt, Kapitel 6), die subjektiven Aspekte auf den Angaben der Studienteilnehmer. Die Soziologen in BASE trugen objektive und subjektive Indikatoren aus drei Funktionsbereichen bei: (1) finanzielle Situation, (2) familiale und soziale Beziehungen und (3) gesellschaftliche Beteiligung (vgl. Mayer & Wagner, Kapitel 9). Die Ergebnisse der Pfadanalyse sind in Abbildung 4 graphisch dargestellt.

Das wichtigste Ergebnis bestand darin, daß *subjektive Bereichsbewertungen stärkere Prädiktoren für subjektives Wohlbefinden waren als die objektiven Meßwerte in den einzelnen Bereichen*[4]. In Abbildung 4 ist dies daran zu erkennen, daß fünf der sechs

4 Zu beachten ist, daß dieser Befund nicht etwa nur durch inhaltliche Überlappungen (Zirkularität) zustande kommt. Keines der Items zur Erfassung der Prädiktoren und der Zielvariablen ist inhaltlich ähnlich.

Pfade, die direkt auf das subjektive Wohlbefinden weisen, von den subjektiven Bereichsbewertungen kommen (nämlich subjektive Gesundheit und Sehvermögen sowie Zufriedenheit mit der finanziellen Situation, mit Aktivitäten und mit sozialen Beziehungen). Es gibt keine direkten Pfade (d. h. signifikante direkte Vorhersagen) von den objektiven Meßwerten des Status und der Funktionsfähigkeit in diesen Bereichen zu subjektivem Wohlbefinden, und nur ein direkter Pfad stammt von der soziodemographischen Ebene, nämlich derjenige, der von Geschlechtszugehörigkeit ausgeht[5].

Zur vereinfachten Darstellung des Pfadmodells haben wir in Abbildung 4 nur die signifikanten Pfade (bzw. standardisierte β-Werte) aufgeführt. Es wurden allerdings alle möglichen direkten und indirekten Kreuzbeziehungen in den hierarchischen Regressionsanalysen getestet. Das heißt, daß wir ein voll gesättigtes Modell untersuchten, in dem alle Variablenkategorien (soziodemographische Variablen sowie objektive Umstände und subjektive Bereichsbewertungen) die gleiche Chance hatten, subjektives Wohlbefinden vorherzusagen. Bei der Betrachtung der Abbildung ist zu beachten, daß ein β-Wert die Auswirkung eines Prädiktors auf subjektives Wohlbefinden darstellt, nachdem die Auswirkungen aller anderen Prädiktoren des Pfadmodells kontrolliert wurden (so ist z. B. der β-Wert -0,29 von der Anzahl der mittel- bis schwergradigen Erkrankungen zur subjektiven Gesundheit das Ergebnis nach Kontrolle aller objektiven Meßwerte für die anderen Funktionsbereiche und aller soziodemographischen Variablen; entsprechend ist der β-Wert 0,43 von subjektiver Gesundheit zu subjektivem Wohlbefinden das Ergebnis nach Kontrolle aller subjektiven, objektiven und soziodemographischen Variablen). Diese Werte können sich also von den Roh- und den Partialkorrelationen, die in diesem und anderen Kapiteln aufgeführt werden, unterscheiden.

Das Gesamtmodell erklärte stattliche 42% der Varianz im allgemeinen subjektiven Wohlbefinden. Um die Verhältnisse zwischen subjektivem Wohlbefinden und den soziodemographischen, objektiven und subjektiven Variablen genauer zu untersuchen, führten wir separate Regressionsanalysen durch, bei denen wir jeweils nur die Variablen einer Kategorie einsetzten (d. h. nur die soziodemographischen Bedingungen, objektiven Umstände oder subjektiven Bereichsbewertungen). Diese Analysen bestätigten nochmals unsere Hypothesen: So erklärten beispielsweise die soziodemographischen Variablen (das Alter zusammen mit Geschlecht, Familienstand und Wohnsituation) 6% der Varianz im allgemeinen subjektiven Wohlbefinden, die Indikatoren objektiver Lebensumstände erklärten zusammen 10%, während die bereichsspezifischen subjektiven Bewertungen zusammen 38% des allgemeinen subjektiven Wohlbefindens erklärten. Allgemeines subjektives Wohlbefinden ist also auf korrelativer Ebene vor allem durch *subjektive Bewertungen* einzelner Lebens- und Funktionsbereiche zusammengesetzt.

3.4.2 Direkte und indirekte Einflüsse von Lebensbedingungen auf subjektives Wohlbefinden

Wie ist subjektives Wohlbefinden im einzelnen vorhersagbar? Da es zu weit führen würde, auf alle in Abbildung 4 dargestellten Pfade einzugehen (und die Beziehungen innerhalb der Bereiche in vielen anderen Kapiteln diskutiert wurden), konzentrieren wir uns auf das allgemeine Muster. Dabei werden wir Ergebnisse zum Vergleich der Vorhersagekraft des objektiven Status in den einzelnen Bereichen und der Vorhersagekraft der subjektiven Bereichsbewertungen hervorheben. Wir möchten nochmals darauf hinweisen, daß jede Folgerung hinsichtlich kausaler Zusammenhänge mit Vorsicht betrachtet werden muß, weil es hier um Analysen von Querschnittsdaten geht.

Das Modell beginnt mit individuellen Unterschieden in grundlegenden Lebensumständen, die durch soziodemographische Variablen definiert sind: Alter, Geschlecht (männlich = 1; weiblich = 2), Wohnsituation (Heim = 1; Privathaushalt = 0), Familienstand (verheiratet = 1; nichtverheiratet = 0) und Verwitwung (ja = 1; nein = 0). Im allgemeinen weisen Alter, Geschlecht und Wohnsituation (nach Kontrolle der anderen soziodemographischen Variablen) unterschiedliche Beziehungen zu den meisten betrachteten objektiven Lebensbedingungen auf. Diese Variablen sagen auch subjektive Bewertungen der einzelnen Bereiche direkt voraus (sogar nach Kontrolle der objektiven Bereichszustände).

Von den fünf soziodemographischen Variablen blieb nur die Geschlechtszugehörigkeit am Ende des Pfadmodells als *spezifischer* direkter Prädiktor für subjektives Wohlbefinden übrig. Der negative β-Wert (-0,12) zeigt, daß Männer in der BASE-Stichprobe im allgemeinen ein höheres subjektives Wohlbefinden angaben als Frauen. Dies deckt sich mit den

5 In zusätzlichen Analysen untersuchten wir durch Eingabe von Interaktionstermen, ob Alter die Zusammenhänge zwischen allgemeinem Wohlbefinden und den objektiven und subjektiven Prädiktoren moderiert. Keine dieser Interaktionen war signifikant.

Abbildung 4: Ergebnisse der prädiktiven Regressionsanalysen nach einem Modell von Campbell und anderen, in dem die direkten und indirekten Einflüsse von Lebensbedingungen auf das allgemeine Wohlbefinden überprüft werden. Nur sechs Variablen hatten einen direkten Effekt, wobei die subjektive Bewertung der eigenen Gesundheit der stärkste Prädiktor war.
*Signifikanzniveau: * p<0,05; ** p<0,01; *** p<0,001.*

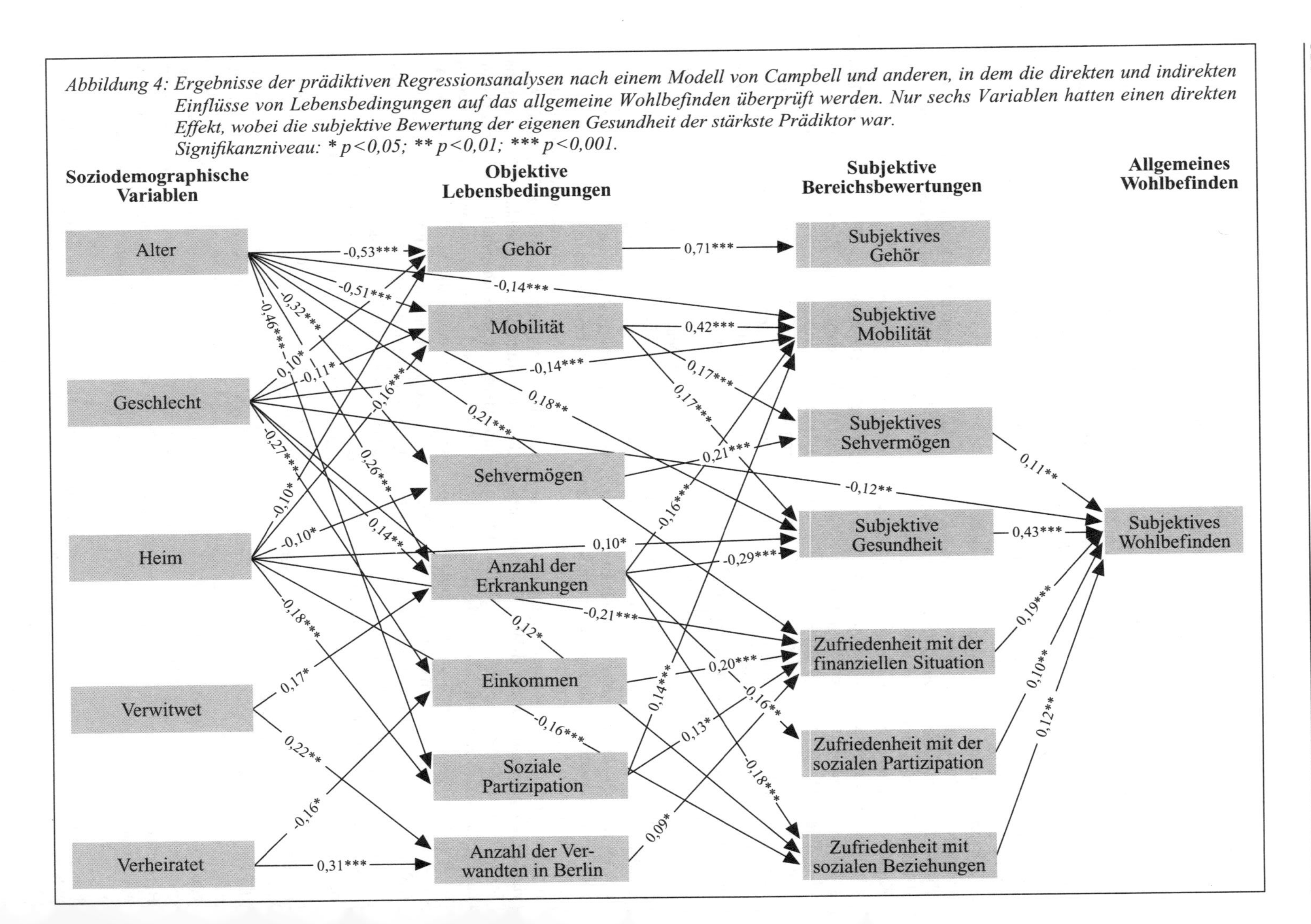

Ergebnissen der meisten Bevölkerungsumfragen (z. B. Andrews & Withey, 1976; Campbell et al., 1976; Glatzer, 1992; Glatzer & Zapf, 1984). Solche Angaben über größere Zufriedenheit und höheres Wohlbefinden sind meistens an die Tatsache gekoppelt, daß Männer innerhalb der Stichprobe von älteren Teilnehmern die finanziell und sozial besser gestellte Gruppe bilden.

Der mittlere Teil des Modells (Abb. 4) offenbart komplexe Beziehungsmuster zwischen objektiven Indikatoren für die Funktionsbereiche und den zugehörigen subjektiven Bewertungen. Mit Ausnahme der gesellschaftlichen Beteiligung und des Familienlebens waren die Beziehungen innerhalb der Bereiche signifikant: β-Werte betrugen für das Gehör 0,71; für Mobilität 0,42; für Sehvermögen 0,21; für die Anzahl der mittel- bis schwergradigen Erkrankungen -0,29; und für die finanzielle Situation 0,20.

In den Funktionsbereichen der körperlichen Gesundheit, der sensorischen Funktionsfähigkeit und Mobilität wurden die BASE-Teilnehmer nicht direkt nach ihrer bereichsspezifischen Zufriedenheit gefragt, sondern nach der Beurteilung ihrer Fähigkeiten (vgl. Tabelle 2). Obwohl dies nicht optimal ist (es ist beispielsweise möglich, daß Bewertungen der „Zufriedenheit" nicht Beurteilungen der „Fähigkeit" oder „Kapazität" entsprechen), wurden diese „subjektiven" Maße in die Regressionsanalysen mit aufgenommen, zumal sich in der gerontologischen Literatur beträchtliche Unterstützung für diese Vorgehensweise findet (siehe George, 1981; Okun et al., 1984).

Die Tatsache, daß objektive und subjektive Meßwerte der gesellschaftlichen Beteiligung und des Familienlebens nicht zusammenhängen, ist nicht sehr überraschend, besonders wenn man die objektiven Variablen betrachtet, die bei diesen Analysen verwendet wurden. So bedeutet eine große Anzahl von Verwandten, die in der Nähe wohnen, noch lange nicht häufigen oder gar erfreulichen und unterhaltsamen Kontakt, der subjektives Wohlbefinden auslösen könnte (Antonucci, 1990; Rook, 1984). Es ist durchaus vorstellbar, daß für einige Menschen eine wichtige nahestehende Person mehr befriedigende Erfahrungen bieten kann als eine Vielzahl sozialer Partner. Entsprechend muß die schiere Anzahl von Aktivitäten nicht der beste Hinweis auf Zufriedenheit darstellen. Wahrscheinlicher ist, daß persönliche Bewertungsmaßstäbe sich eher auf besondere Arten von Aktivitäten als auf ihre Anzahl beziehen.

Objektiver Status in einigen Bereichen hatte auch deutliche Auswirkungen auf die Zufriedenheit mit anderen Bereichen. Erwartungsgemäß traf dies insbesondere auf die körperliche Gesundheit zu (gemessen an der Anzahl mittel- bis schwergradiger Erkrankungen), gefolgt von Mobilität. So sagt beispielsweise die Anzahl der Erkrankungen (nach Kontrolle aller objektiven und soziodemographischen Variablen) die subjektive Mobilität (-0,16), Zufriedenheit mit der sozialen Partizipation (-0,16) und Zufriedenheit mit sozialen Beziehungen (-0,18) vorher. Der objektive Status des Familienlebens (Anzahl der Verwandten) und der gesellschaftlichen Beteiligung (Anzahl der sozialen Aktivitäten) wiesen auch Beziehungen zwischen den einzelnen Bereichen auf: Beide waren signifikante Prädiktoren für die Zufriedenheit mit der finanziellen Situation.

Es ist interessant festzuhalten, daß Einkommen in dieser Analyse der BASE-Daten nur mit der zugehörigen subjektiven Bewertung zusammenhängt (β = 0,20). Dies stimmt mit anderen Befunden überein, die sich auf repräsentative Stichproben älterer Menschen beziehen (Larson, 1978; Krause, 1991; Krause & Baker, 1992). Diese Studien haben auch festgestellt, daß das Einkommen allein, trotz der oft signifikanten Beziehung zwischen tatsächlichem Einkommen und allgemeinem subjektivem Wohlbefinden, nur einen kleinen Anteil (1–5 %) der Varianz des Wohlbefindens erklärt. Im Vergleich zu jüngeren Erwachsenen geben über 70jährige seltener an, daß sie sich um ihre gegenwärtigen und zukünftigen materiellen Ressourcen sorgen (Herzog et al., 1982) Zufriedenheit mit der gegenwärtigen finanziellen Situation ist trotzdem ein starker Prädiktor für Lebenszufriedenheit und Glück (Herzog et al., 1982; Lawton, 1983; Krause, 1991). Auch in BASE war dies der Fall (β = 0,19).

3.4.3 Direkte Prädiktoren für das Wohlbefinden im BASE-Modell

Nach Kontrolle aller Beziehungen zwischen den einzelnen Bereichen blieben die folgenden direkten Pfade signifikant (in dem rechten Teil von Abb. 4 zu sehen): subjektive Gesundheit (0,43), subjektive Beurteilung des Sehvermögens (0,11), Zufriedenheit mit der gegenwärtigen finanziellen Situation (0,19), Zufriedenheit mit sozialen Beziehungen (0,12), Zufriedenheit mit sozialer Partizipation (0,10) und Geschlecht (-0,12).

Es blieben im letzten Schritt (nach Kontrolle aller Variablenkategorien) deutlich mehr direkte Pfade von subjektiven Bewertungen als Pfade von objektiven Indikatoren oder soziodemographischen Variablen übrig, wie bereits früher bei jüngeren Stichproben beobachtet worden war. Subjektive Gesundheit stellte sich als stärkster Prädiktor heraus, gefolgt von der Zufriedenheit mit der gegenwärtigen finanziellen Situation. Des weiteren fanden wir, daß neben Bewertungen der Hauptlebensbereiche („körperliche Gesundheit, Wohlstand und Liebe") zwei weitere Lebensaspekte bedeutsam waren, nämlich die subjektive Beurteilung des Sehvermögens und Zufriedenheit mit sozialen Aktivitäten. Wir fanden keine Bestätigung für theoretische Erwartungen, daß Bewertungen der Lebenszufriedenheit und Wohlbefinden mit steigendem Alter zunehmen, wenn Benachteiligungen durch schlechte Gesundheit und andere Verluste kontrolliert werden (George et al., 1985; Herzog et al., 1982). Allerdings stellte die weibliche Geschlechtszugehörigkeit einen Risikofaktor für vermindertes subjektives Wohlbefinden dar, sogar nach Kontrolle aller anderen Variablen in dieser Analyse (vgl. M. M. Baltes et al., Kapitel 22).

3.4.4 Wird das prädiktive Modell durch Demenz oder Depression verändert?

Eine weitere Forschungsfrage war, inwieweit die Prädiktoren für das Konstrukt Wohlbefinden durch psychische Erkrankungen wie Demenz und Depression beeinflußt werden. Für diese Phänomene stehen in BASE keine korrespondierenden objektiven Meßergebnisse und subjektiven Bereichsbewertungen zur Verfügung. Zum Beispiel beruht die Diagnose einer depressiven Störung wesentlich auf den subjektiven Angaben zu verändertem Wohlbefinden. Deshalb wurden psychische Erkrankungen nicht in das prädiktive Modell (Abb. 1) aufgenommen.

Um dennoch mögliche Einflüsse durch Demenz und Depression zu überprüfen, wurden die gleichen Regressionsanalysen auch unter Ausschluß der Demenz- und Depressionsfälle durchgeführt. Diese Analysen ergaben ähnliche Prädiktionsmuster wie die in Abbildung 4 dargestellten.

4. Objektive Lebensbedingungen und subjektives Wohlbefinden: ein Paradox?

Stellten die objektiven Lebensumstände der älteren Menschen in BASE in irgendeiner Weise ein „Risiko" für das Wohlbefinden dar? Um die Ergebnisse der Prädiktionsanalysen hinsichtlich des bereits erwähnten Paradoxes (die häufig beobachtete Diskrepanz zwischen Lebensbedingungen und Angaben des positiven Wohlbefindens) interpretieren zu können, entschieden wir uns, den tatsächlichen Status der BASE-Teilnehmer in den verschiedenen Lebensbereichen genauer zu betrachten.

Eine Möglichkeit (trotz der Einschränkungen von Querschnittsdaten) herauszufinden, ob objektive Lebensbedingungen ein Risiko für das Wohlbefinden im hohen Alter darstellen, besteht darin zu fragen, ob die Lebensbedingungen negative Alterszusammenhänge aufweisen. Signifikante Alterseinbußen in den objektiven Lebensbedingungen (z. B. mehr chronische Erkrankungen, weniger Einkommen oder weniger Verwandte in der nahen Umgebung bei sehr alten im Vergleich zu alten Menschen) könnten darauf hinweisen, daß diese Lebensbedingungen in der Tat Risikofaktoren für subjektives Wohlbefinden darstellen. Wie Abbildung 4 zu entnehmen ist, weist das Alter (nach Kontrolle von Geschlecht, Wohnsituation und Familienstand) hohe negative Zusammenhänge mit Gehör, körperlicher Mobilität, Sehvermögen und sozialer Beteiligung und eine mittlere positive Korrelation mit der Anzahl der mittel- bis schwergradigen Erkrankungen auf. Zwei weitere Bereiche (finanzielle Situation und die Anzahl der Verwandten) hingen nicht signifikant mit dem Alter zusammen.

Abbildung 5 zeigt zum einen, wie sich die Mittelwerte des objektiven Status in den im Prädiktorenmodell betrachteten Funktionsbereichen in den Altersgruppen/Kohorten unterscheiden (d. h. die objektiven Variablen, die in Tabelle 2 aufgeführt sind), und zum anderen, wie sich die Mittelwerte des subjektiven Wohlbefindens getrennt für die Altersgruppen/Kohorten darstellen. Um den Vergleich zu erleichtern, wurden in Abbildung 5 alle Mittelwerte der Scores auf 50 und Standardabweichungen auf ± 10 standardisiert. Ergebnisse zu verschiedenen Bereichen sind jeweils übereinander gestaffelt dargestellt, um verschiedene Tendenzen zu verdeutlichen.

Wie bereits erwähnt, waren die altersabhängigen Unterschiede des subjektiven Wohlbefindens in der BASE-Stichprobe nur minimal (aber signifikant). Es geht aus dieser Abbildung klar hervor, daß die Unterschiede in den sogenannten primären Lebensbereichen (Larson, 1978; Lawton, 1983) „körperliche Gesundheit, Wohlstand und Liebe" ebenfalls minimal sind (im Durchschnitt weniger als eine halbe Standardabweichung): körperliche Gesundheit (Anzahl der mittel- bis schwergradigen Erkrankungen: Mittelwert der BASE-Stichprobe $\bar{x}$ =3,6), finanzielle

Abbildung 5: Altersunterschiede des objektiven Status in acht Bereichen im Vergleich zu subjektivem Wohlbefinden. Die Gruppen der Bereiche sind übereinander gestaffelt dargestellt. Obwohl die drei zentralen Bereiche („körperliche Gesundheit, Wohlstand und Liebe") nur geringfügige Altersunterschiede aufweisen, zeigen sich deutliche Einbußen in anderen Bereichen.

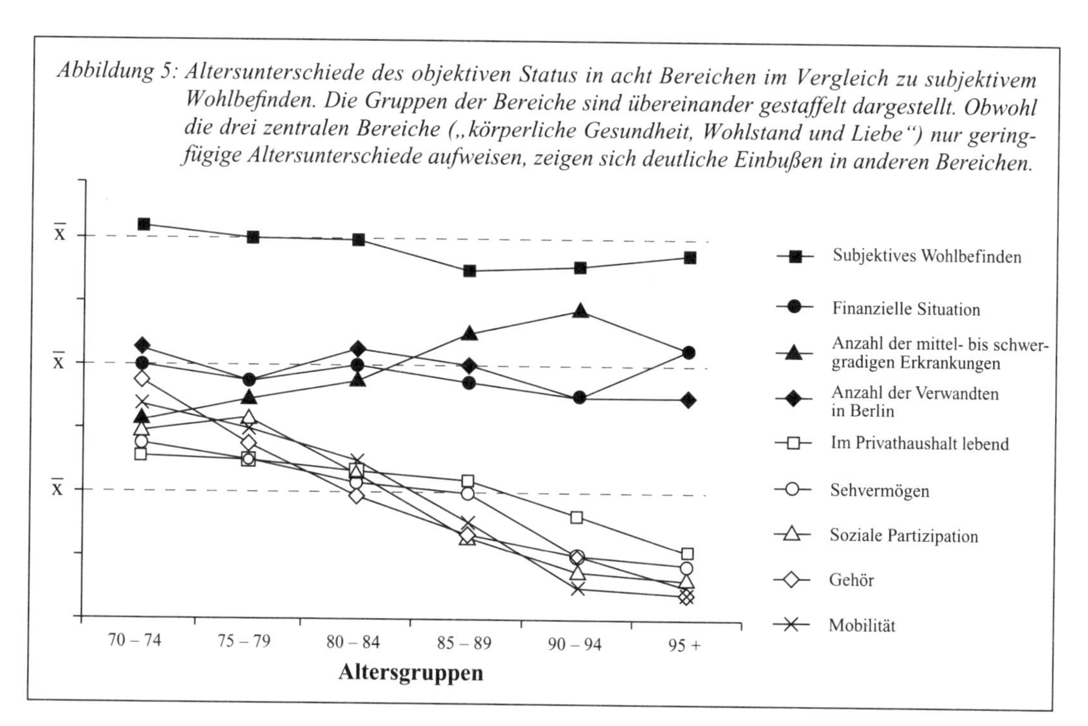

Situation (Äquivalenzeinkommen: $\bar{x}$ = 2.017 DM[6]) und Familienleben (Anzahl der Verwandten in Berlin: $\bar{x}$ = 4). Dieses Muster steht in deutlichem Gegensatz zu den negativen Unterschieden in anderen Bereichen: insbesondere sensorische Funktionsfähigkeit (Sehvermögen und Gehör), Mobilität, gesellschaftliche Beteiligung und Wahrscheinlichkeit des Heimübergangs (im Durchschnitt mehr als eine Standardabweichung).

Was bedeutet dies im Zusammenhang mit dem oben beschriebenen Paradox hinsichtlich der häufig beobachteten Diskrepanz zwischen Lebensbedingungen und positiven Angaben zum Wohlbefinden? Die Antwort umfaßt zwei Aspekte.

Es wird allgemein erwartet, daß das Alter negative Veränderungen der Lebensbedingungen bringt und daß sich in den Jahren von 70 bis über 100 die objektiven Lebensumstände noch weiter verschlechtern. Wie Abbildung 5 zu entnehmen ist, unterschieden sich jedoch die Altersgruppen der BASE-Stichprobe in einigen primären Lebensbereichen nur geringfügig und in anderen beträchtlich. Dieses Ergebnismuster könnte natürlich irreführend sein. So könnten beispielsweise die hier dargestellten Meßwerte nicht die besten Indikatoren für den tatsächlichen Status und/oder die Funktionsfähigkeit in jedem Bereich sein (vergleiche diese Alterszusammenhänge mit denjenigen von anderen Bereichsvariablen, die insbesondere in den folgenden Kapiteln vorgestellt werden: Steinhagen-Thiessen & Borchelt, Kapitel 6; Helmchen et al., Kapitel 7; Mayer & Wagner, Kapitel 9; G. Wagner et al., Kapitel 10; M. Wagner et al., Kapitel 11; Borchelt et al., Kapitel 17). Es könnte auch sein, daß beträchtliche Veränderungen, besonders der Bereiche „körperliche Gesundheit, Wohlstand und Liebe" vor dem 70. Lebensjahr stattfinden. Nichtsdestoweniger ist es besonders interessant, daß die Lebensbereiche, die als primäre Prädiktoren für das Wohlbefinden galten, im Vergleich der BASE-Altersgruppen nur geringe Altersunterschiede aufweisen und daß diese altersabhängigen Tendenzen auch mit jenen für das Wohlbefinden übereinstimmen.

Dementsprechend besteht die erste Antwort auf die obige Frage darin, daß das Paradox zum Teil überhaupt nicht existiert: Die primären objektiven Lebensbedingungen sind ziemlich ähnlich für Alte und sehr Alte. Die zweite Antwort bringt das zum Ausdruck, was wir durchweg betont haben: Objektive Lebensbedingungen wirken sich hauptsächlich *indirekt* auf das subjektive Wohlbefinden aus. Selbst

6 Dieses mittlere Äquivalenzeinkommen wurde nach Ausschluß eines Studienteilnehmers berechnet, der noch berufstätig war und ein sehr hohes monatliches Einkommen angab.

wenn objektive Bedingungen sich tatsächlich verschlechtern, werden die Auswirkungen auf das subjektive Wohlbefinden durch interne selbstregulative Prozesse aufgefangen bzw. moduliert.

5. Schlußbemerkungen

In diesem Kapitel haben wir versucht, zwei Traditionen der Forschung zum Wohlbefinden zusammenzuführen. Statt unsere eigenen Kriterien für ein „gutes Leben" aufzustellen, verwendeten wir als Maßstab die Angaben der BASE-Teilnehmer zu ihrem persönlichen Wohlbefinden und ihrer Lebenszufriedenheit. Unsere zentralen Analysen konzentrierten sich jedoch darauf herauszufinden, ob sich objektive Lebensbedingungen (z. B. Multimorbidität, niedriges Einkommen) oder die Bewertungen der eigenen Funktionsfähigkeit in den jeweiligen Bereichen als die besten Prädiktoren für das subjektive Wohlbefinden erweisen. Insbesondere untersuchten wir, ob altersabhängige Einbußen in der Gesundheit (vor allem in den Lebensjahren des sehr hohen Alters) eine so überwältigende Wirkung ausüben, daß Befragte sich weniger positiv über ihr Wohlbefinden äußern.

Das erhaltene Ergebnismuster hat zwei, wenn auch ungleich starke Seiten. Auf der einen Seite deuten die Ergebnisse auf hohe Altersstabilität hin und auf die Wirksamkeit der mit der Selbstregulation und den gesellschaftlichen Erwartungen zusammenhängenden Prozesse. Insgesamt 63% der BASE-Teilnehmer gaben an, zufrieden oder sehr zufrieden mit ihrem gegenwärtigen Leben zu sein und optimistisch in die Zukunft zu blicken.

Auf der anderen und schwächer ausgeprägten Seite gab es Hinweise, daß einzelne Aspekte des subjektiven Wohlbefindens im fortgeschrittenen Alter (von 70 bis über 100 Jahre) negative Veränderungen zeigen. Beispielsweise berichteten die 85jährigen und Älteren, in der letzten Zeit vergleichsweise weniger positiv gefärbte Emotionen erlebt zu haben.

In Prädiktionsanalysen erklärten Alter, Geschlecht und sozialstrukturelle Variablen (d. h. Familienstand und Wohnsituation) nur einen kleinen Anteil (6%) der Variation im allgemeinen subjektiven Wohlbefinden. Im Gesamtmodell lieferten diese Variablen (außer Geschlecht) nur indirekte Pfade zum subjektiven Wohlbefinden. Subjektives Wohlbefinden wurde auch nur indirekt durch objektive Lebensumstände vorhergesagt. Die direkteren Prädiktoren waren die subjektiven Bewertungen der einzelnen Bereiche. Das allgemeine Wohlbefinden der BASE-Teilnehmer erwies sich als ein Kompositum aus Zufriedenheiten mit spezifischen Aspekten ihrer Gesundheit, Sehvermögen, Finanzen, Familie und Freunde sowie ihrer gesellschaftlichen Beteiligung. Die Auswirkungen der jeweiligen objektiven Lebensbedingungen auf das allgemeine Wohlbefinden wurden durch diese subjektiven bereichsspezifischen Bewertungen gefiltert bzw. moduliert.

Eine nähere Betrachtung der objektiven Lebensbedingungen der BASE-Teilnehmer zeigte, daß nur minimale Altersunterschiede auftraten. Dies traf insbesondere auf die Lebensbereiche zu, die in der bisherigen Forschung hauptsächlich mit Wohlbefinden in Zusammenhang gebracht wurden, nämlich „körperliche Gesundheit, Wohlstand und Liebe". Vielleicht ist die verbreitete Meinung, daß das hohe Alter eine Lebensphase ist, die mehr Verluste als Gewinne und eine schrumpfende Lebensperspektive aufweist, ein Irrtum. Die Verluste, die auftreten (insbesondere im Sehvermögen, Gehör, an Mobilität und kognitiver Leistungsfähigkeit), setzen normalerweise allmählich ein (vgl. andere Kapitel in diesem Band). Sie beginnen vermutlich in den mittleren Lebensjahren. Von daher ist es möglich, daß die Prozesse der Anpassung schon vor dem 70. Lebensjahr abgeschlossen sind. Diese Veränderungen des alternden Körpers und Geistes werden außerdem vielleicht als unumgänglich und unkontrollierbar angesehen. Wahrgenommene Verluste in den Bereichen der Familie und des sozialen Lebens, der finanziellen Sicherheit und der Gesundheit sind möglicherweise kritischer, weil angenommen wird, man könnte sie durch eigenen Einsatz kontrollieren und beeinflussen.

Insgesamt liefern die BASE-Daten zum subjektiven Wohlbefinden ein positives Bild. Die Mehrheit der BASE-Teilnehmer gab an, mit dem Leben in der Vergangenheit und in der Gegenwart zufrieden zu sein und relativ sorgenfrei in die Zukunft zu blicken. Diese Ergebnisse sollten jedoch nicht mißverstanden werden: Es gibt viel Raum für Verbesserungen der Lebensumstände älterer Menschen (vgl. Mayer et al., Kapitel 23). Wie oben schon ausgeführt, sind die psychologischen Prozesse, die der subjektiven Bewertung des eigenen Lebens zugrunde liegen, komplex. Auch im hohen Alter sind sie darauf gerichtet, der Welt und dem Leben ein positives Gesicht zu zeigen, obgleich die wirkliche subjektive Empfindung negativer sein kann. So zeigen Beurteilungen des Wohlbefindens zwangsläufig die nach außen gekehrte Darstellung von Lebenszufriedenheit, die wiederum positiv auf das innere Befinden zurückwirken kann. Gleichzeitig ermöglichen diese Prozesse alten Menschen, durch langjährige Anpassung, Veränderung von Vergleichszielen und Senkung ihrer Ansprüche ein eher positives subjektives Wohlbefinden trotz beträchtlicher Einschränkungen der Lebenschancen im Vergleich zu jüngeren Jahren aufrechtzuerhalten.

Dennoch erreicht die psychologische Anpassungsfähigkeit bzw. Widerstandsfähigkeit möglicherweise ihre Grenzen (vgl. Staudinger et al., Kapitel 12). Hierauf deutet die Betrachtung der einzelnen Aspekte des subjektiven Wohlbefindens in spezifischen Untergruppen (vgl. Abb. 3; siehe auch Smith & Baltes, Kapitel 8). Bei den entsprechenden Analysen kam die größere psychische Belastung der sehr alten Menschen stärker zum Vorschein. Zukünftige technologische und politische Entwicklungen sollten trotz Anerkennung von selbstregulativen Ausgleichsprozessen für Verbesserungen der Lebensbedingungen für alte Menschen sorgen. In der Zukunft wird gerade die Gruppe der Hochbetagten einen zunehmend großen Anteil an der Gesamtbevölkerung ausmachen, und dies bedeutet eine ganze Reihe neuer Herausforderungen für unsere Gesellschaft. Nur durch die Berücksichtigung dieser Entwicklung und gezielte Maßnahmen zur Verbesserung der Lebensumstände ist die Evolution einer positiven „Kultur des Alters" (P. B. Baltes & Baltes, 1992) voranzutreiben.

Literaturverzeichnis

Andrews, F. M. & McKennell, A. C. (1980). Measures of self-reported well-being: Their affective, cognitive, and other components. *Social Indicators Research, 8,* 127–155.

Andrews, F. M. & Withey, S. B. (1976). *Social indicators of well-being: America's perception of life quality.* New York: Plenum Press.

Antonucci, T. C. (1990). Social support and social relationships. In R. H. Binstock & E. Shanas (Hrsg.), *Handbook of aging and the social sciences* (3. Aufl., S. 205–227). San Diego, CA: Academic Press.

Arnold, S. B. (1991). Measurement of quality of life in the frail elderly. In J. E. Birren, J. E. Lubben, J. C. Rowe & D. E. Deutchman (Hrsg.), *The concept and measurement of quality of life in the frail elderly* (S. 51–73). San Diego, CA: Academic Press.

Atchley, R. C. (1991). The influence of aging or frailty on perceptions and expressions of the self: Theoretical and methodological issues. In J. E. Birren, J. E. Lubben, J. C. Rowe & D. E. Deutchman (Hrsg.), *The concept and measurement of quality of life in the frail elderly* (S. 207–225). San Diego, CA: Academic Press.

Baltes, M. M. & Carstensen, L. L. (im Druck). The process of successful ageing. *Ageing and Society.*

Baltes, P. B. (1991). The many faces of human ageing: Toward a psychological culture of old age. *Psychological Medicine, 21,* 837–854.

Baltes, P. B. (1993). The aging mind: Potential and limits. *The Gerontologist, 33,* 580–594.

Baltes, P. B. & Baltes, M. M. (1990). Psychological perspectives on successful aging: The model of selective optimization with compensation. In P. B. Baltes & M. M. Baltes (Hrsg.), *Successful aging: Perspectives from the behavioral sciences* (S. 1–34). Cambridge: Cambridge University Press.

Baltes, P. B. & Baltes, M. M. (1992). Gerontologie: Begriff, Herausforderung und Brennpunkte. In P. B. Baltes & J. Mittelstraß (Hrsg.), *Zukunft des Alterns und gesellschaftliche Entwicklung* (S. 1–34). Berlin: de Gruyter.

Baltes, P. B., Mayer, K. U., Helmchen, H. & Steinhagen-Thiessen, E. (1993). The Berlin Aging Study (BASE): Overview and design. *Ageing and Society, 13,* 483–515.

Barnes, A. (1993). *Spontaneous self-comparisons in old and very old age.* Diplomarbeit, Freie Universität Berlin.

Barsky, A. J., Cleary, P. D. & Klerman, G. L. (1992). Determinants of perceived health status of medical outpatients. *Social Science and Medicine, 34,* 1147–1154.

Birren, J. E., Lubben, J. E., Rowe, J. C. & Deutchman, D. E. (Hrsg.) (1991). *The concept and measurement of quality of life in the frail elderly.* San Diego, CA: Academic Press.

Birren, J. E. & Renner, V. J. (1980). Concepts of mental health and aging. In J. E. Birren & R. B. Sloane (Hrsg.), *Handbook of mental health and aging* (1. Aufl., S. 3–33). Englewood Cliffs, NJ: Prentice-Hall.

Bourdieu, P. (1973). Cultural reproduction and social reproduction. In R. Brown (Hrsg.), *Knowledge, education, and cultural change* (S. 71–112). London: Tavistock.

Bradburn, N. M. (1969). *The structure of psychological wellbeing.* Chicago, IL: Aldine.

Brandtstädter, J. & Greve, W. (1994). The aging self: Stabilizing and protective processes. *Developmental Review, 14,* 52–80.

Brandtstädter, J. & Wentura, D. (1994). Veränderungen der Zeit- und Zukunftsperspektive im Übergang zum höheren Erwachsenenalter: Entwicklungspsychologische und differentielle Aspekte. *Zeitschrift für Entwicklungspsychologie und Pädagogische Psychologie, 26,* 2–21.

Brief, A. P., Butcher, A. H., George, J. M. & Link, K. E. (1993). Integrating bottom-up and top-down theories of subjective well-being: The case of health. *Journal of Personality and Social Psychology, 64,* 646–653.

Brim, O. J., Jr. (1992). *Ambition: Losing and winning in everyday life.* New York: Basic Books.

Bullinger, M. (1991). Erhebungsmethoden. In H. Tüchler & D. Lutz (Hrsg.), *Lebensqualität und Krankheit* (S. 84–96). Köln: Deutscher Ärzte-Verlag.

Bullinger, M. & Pöppel, E. (1988). Lebensqualität in der Medizin: Schlagwort oder Forschungsansatz. *Deutsches Ärzteblatt, 85,* 504–505.

Campbell, A., Converse, P. E. & Rodgers, W. L. (1976). *The quality of American life: Perceptions, evaluations, and satisfactions.* New York: Russell Sage Foundation.

Carp, F. M. & Carp, A. (1983). Structural stability of well-being factors across age and gender, and development of scales of well-being unbiased for age and gender. *Journal of Gerontology, 38,* 572–581.

Carstensen, L. L. & Freund, A. M. (1994). The resilience of the aging self. *Developmental Review, 14,* 81–92.

Chamberlain, K. & Zika, S. (1992). Stability and change in subjective well-being over short time periods. *Social Indicators Research, 26,* 101–117.

Cicirelli, V. G. (1989). Feelings of attachment to siblings and well-being in later life. *Psychology and Aging, 4,* 211–216.

Clark, L. A. & Watson, D. (1991). General affective dispositions in physical and psychological health. In C. R. Snyder & D. R. Forsyth (Hrsg.), *Handbook of social and clinical psychology: The health perspective* (S. 221–245). New York: Pergamon Press.

Coleman, J. S. (1988). Social capital in the creation of human capital. *American Journal of Sociology, 94,* 95–120.

Cooper, B. & Sosna, U. (1983). Psychische Erkrankung in der Altenbevölkerung: Eine epidemiologische Feldstudie in Mannheim. *Der Nervenarzt, 54,* 239– 249.

Costa, P. T., Jr. & McCrae, R. R. (1980). Influence of extraversion and neuroticism on subjective well-being: Happy and unhappy people. *Journal of Personality and Social Psychology, 38,* 668–678.

Costa, P. T., Jr., McCrae, R. R. & Zonderman, A. B. (1987). Environmental and dispositional influences on well-being: Longitudinal follow-up of an American national sample. *British Journal of Psychology, 78,* 299–306.

Dannefer, D. (1987). Aging as intracohort differentiation: Accentuation, the Matthew effect, and the life course. *Sociological Forum, 2,* 211–236.

Diener, E. (1984). Subjective well-being. *Psychological Bulletin, 95,* 542–575.

Diener, E. (1994). Assessing subjective well-being: Progress and opportunities. *Social Indicators Research, 31,* 103–157.

Erikson, R. & Uusitalo, H. (1987). The Scandinavian approach to welfare research. In R. Erikson, E. J. Hansen, S. Ringen & H. Uusitalo (Hrsg.), *The Scandinavian model: Welfare states and welfare research* (S. 177–193). New York: M. E. Sharpe.

Filipp, S.-H. & Buch-Bartos, K. (1994). Vergleichsprozesse und Lebenszufriedenheit im Alter: Ergebnisse einer Pilotstudie. *Zeitschrift für Entwicklungspsychologie und Pädagogische Psychologie, 26,* 22–34.

Filipp, S.-H. & Ferring, D. (1989). Zur Alters- und Bereichsspezifität subjektiven Alterserlebens. *Zeitschrift für Entwicklungspsychologie und Pädagogische Psychologie, 21,* 279–293.

Filipp, S.-H. & Schmidt, K. (1994). Die Rolle sozioökologischer Variablen in einem Bedingungsmodell der Lebenszufriedenheit alter Menschen: Eine Übersicht. *Zeitschrift für Entwicklungspsychologie und Pädagogische Psychologie, 26,* 218–240.

Frijda, N. H. (1988). The laws of emotion. *American Psychologist, 43,* 349–358.

George, L. K. (1981). Subjective well-being: Conceptual and methodological issues. *Annual Review of Gerontology and Geriatrics, 2,* 345–382.

George, L. K. (1990). Social structure, social processes, and social-psychological status. In R. H. Binstock & L. K. George (Hrsg.), *Handbook of aging and the social sciences* (3. Aufl., S. 186–204). San Diego, CA: Academic Press.

George, L. K. & Landerman, R. (1984). Health and subjective well-being: A replicated secondary data analysis. *International Journal of Aging and Human Development, 19,* 133–156.

George, L. K., Okun, M. A. & Landerman, R. (1985). Age as a moderator of the determinants of life satisfaction. *Research on Aging, 7,* 209–233.

Glatzer, W. (1992). Die Lebensqualität älterer Menschen in Deutschland. *Zeitschrift für Gerontologie, 25,* 137–144.

Glatzer, W. & Zapf, W. (1984). *Lebensqualität in der Bundesrepublik: Objektive Lebensbedingungen und subjektives Wohlbefinden.* Frankfurt/M.: Campus.

Gurland, B. & Katz, S. (1992). The outcomes of psychiatric disorder in the elderly: Relevance to quality of life. In J. E. Birren, R. B. Sloane & G. D. Cohen (Hrsg.), *Handbook of mental health and aging* (2. Aufl., S. 229–248). San Diego, CA: Academic Press.

Habich, B. (1992). *Sozialberichterstattung und sozialer Wandel: Wohlfahrtsentwicklung im Zeitverlauf – Objektive und subjektive Indikatoren für die Bundesrepublik Deutschland 1978–1988.* Dissertation, Freie Universität Berlin.

Hansell, S. & Mechanic, D. (1991). Body awareness and self-assessed health among older adults. *Journal of Aging and Health, 3,* 473–492.

Headey, B. & Wearing, A. (1989). Personality, life events, and subjective well-being: Toward a dynamic equilibrium model. *Journal of Personality and Social Psychology, 57,* 731–739.

Heckhausen, J., Dixon, R. A. & Baltes, P. B. (1989). Gains and losses in development throughout adulthood as perceived by different adult groups. *Developmental Psychology, 255,* 109–124.

Heckhausen, J. & Schulz, R. (1993). Optimization by selection and compensation: Balancing primary and secondary control in life-span development. *International Journal of Behavioral Development, 16,* 287–303.

Heidrich, S. M. & Ryff, C. D. (1993). Physical and mental health in later life: The self-system as mediator. *Psychology and Aging, 8,* 327–338.

Helmchen, H. (1990). „Lebensqualität" als Bewertungskriterium in der Psychiatrie. In P. Schölmerich & G. Tews (Hrsg.), *„Lebensqualität" als Beurteilungskriterium in der Medizin* (S. 93–116). Stuttgart: Gustav Fischer.

Herzog, A. R. & Rodgers, W. L. (1986). Satisfaction among older adults. In F. M. Andrews (Hrsg.), *Research on the quality of life* (S. 235–251). Michigan, MI: The University of Michigan.

Herzog, A. R., Rodgers, W. L. & Woodworth, J. (1982). *Subjective well-being among different age groups* (Research Report Series). Ann Arbor, MI: University of Michigan, Institute for Social Research, Survey Research Center.

Higgins, E. T. (1987). Self-discrepancy theory: A theory relating self and affect. *Psychological Review, 94,* 319–340.

Idler, E. L. (1993). Age differences in self-assessments of health: Age changes, cohort differences, or survivorship? *Journal of Gerontology: Social Sciences, 48,* S289–S300.

Izard, C. E. (1977). *Human emotions.* New York: Plenum Press.

Johansson, S. (1973). The level of living survey: A presentation. *Acta Sociologica, 16,* 211–219.

Kaplan, G., Barell, V. & Lusky, A. (1988). Subjective state of health and survival in elderly adults. *Journal of Gerontology: Social Sciences, 43,* S114–S120.

Kercher, K. (1992). Assessing subjective well-being in the old-old: The PANAS as a measure of orthogonal dimensions of positive and negative affect. *Research on Aging, 14,* 131–168.

Kozma, A. & Stones, M. J. (1978). Some research issues and findings in the study of psychological well-being in the aged. *Canadian Psychological Review, 19,* 241–249.

Krause, N. (1991). Stress and isolation from close ties in later life. Journal of Gerontology: *Social Sciences, 46,* S183–S194.

Krause, N. & Baker, E. (1992). Financial strain, economic values, and somatic symptom in later life. *Psychology and Aging, 7,* 4–14.

Kunzmann, U. (1994). *Emotionales Wohlbefinden im Alter: Struktur, Stabilität und Veränderung.* Diplomarbeit, Freie Universität Berlin.

Land, K. C. (1983). Social indicators. *Annual Review of Sociology, 9,* 1–26.

Larson, R. (1978). Thirty years of research on the subjective well-being of older Americans. *Journal of Gerontology, 33,* 109–125.

Lawton, M. P. (1975). The Philadelphia Geriatric Center Morale Scale: A revision. *Journal of Gerontology, 30,* 85–89.

Lawton, M. P. (1983). Environment and other determinants of well-being in older people. *The Gerontologist, 23,* 349–357.

Lawton, M. P. (1985). The elderly in context: Perspectives from environmental psychology and gerontology. *Environment and Behavior, 17,* 501–519.

Lawton, M. P. (1991). A multidimensional view of quality of life in frail elders. In J. E. Birren, J. E. Lubben, J. C. Rowe & D. E. Deutchman (Hrsg.), *The concept and measurement of quality of life in the frail elderly* (S. 3–27). San Diego, CA: Academic Press.

Lawton, M. P., Kleban, M. H. & DiCarlo, E. (1984). Psychological well-being in the aged: Factorial and conceptual dimensions. *Research on Aging, 6,* 67–97.

Lehman, A. F. (1983). The well-being of chronic mental patients: Assessing their quality of life. *Archives of General Psychiatry, 40,* 369–373.

Levkoff, S. E., Cleary, P. D. & Wetle, T. (1987). Differences in the appraisal of health between aged and middle-aged adults. *Journal of Gerontology, 42,* 114–120.

Liang, J. (1985). A structural integration of the Affect Balance Scale and the Life Satisfaction Index A. *Journal of Gerontology, 40,* 552–561.

Liang, J. & Bollen, K. A. (1985). Sex differences in the structure of the Philadelphia Geriatric Center Morale Scale. *Journal of Gerontology, 40,* 468–477.

Mayer, K. U. & Wagner, M. (1993). Socio-economic resources and differential ageing. *Ageing and Society, 13,* 517–550.

Mayring, P. (1987). Subjektives Wohlbefinden im Alter: Stand der Forschung und theoretische Weiterentwicklung. *Zeitschrift für Gerontologie, 20,* 367–376.

McCulloch, B. J. (1991). A longitudinal investigation of the factor structure of subjective well-being: The case of the Philadelphia Geriatric Center Morale Scale. *Journal of Gerontology: Psychological Sciences, 46,* P251–P258.

McNeil, J. K., Stones, M. J. & Kozma, A. (1986). Subjective well-being in later life: Issues concerning measurement and prediction. *Social Indicators Research, 18,* 35–70.

Michalos, A. C. (1985). Multiple discrepancies theory. *Social Indicators Research, 16,* 347–413.

Mossey, J. M. & Shapiro, E. (1982). Self-rated health: A predictor of mortality among the elderly. *American Journal of Public Health, 72,* 800–808.

Myers, D. G. & Diener, E. (1995). Who is happy? *Psychological Science, 6,* 10–19.

Myles, J. (1984). Old age in the welfare state: *The political economy of public pensions.* Boston, MA: Little, Brown & Co.

Neugarten, B. L. (1982). *Age or need? Public policies for older people.* Beverly Hills, CA: Sage.

Neugarten, B. L., Havighurst, R. J. & Tobin, S. S. (1961). The measurement of life satisfaction. *Journal of Gerontology, 16,* 134–143.

Okun, M. A., Stock, W. A., Haring, M. J. & Witter, R. A. (1984). Health and subjective well-being: A meta-analysis. *International Journal of Aging and Human Development, 19,* 111–132.

O'Rand, A. M. (1990). Stratification and the life course. In R. H. Binstock & L. K. George (Hrsg.), *Handbook of aging and the social sciences* (3. Aufl., S. 130–148). San Diego, CA: Academic Press.

Patrick, D. L. & Erickson, P. (1993). Health status and health policy: *Quality of life in health care evaluation and resource allocation.* New York: Oxford University Press.

Pavot, W. & Diener, E. (1993). The affective and cognitive context of self-reported measures of subjective well-being. *Social Indicators Research*, 28, 1–20.

Plügge, H. (1962). *Wohlbefinden und Mißbefinden.* Tübingen: Max Niemeyer Verlag.

Quadagno, J. (1988). *The transformation of old age security.* Chicago, IL: University of Chicago Press.

Rakowski, W., Mor, V. & Hiris, J. (1991). The association of self-rated health with two-year mortality in a sample of well elderly. *Journal of Aging and Health, 3,* 527–545.

Raspe, H.-H. (1990). Zur Theorie und Messung der „Lebensqualität" in der Medizin. In P. Schölmerich & G. Tews (Hrsg.), *„Lebensqualität" als Beurteilungskriterium in der Medizin* (S. 23–40). Stuttgart: Gustav Fischer.

Reich, J. W., Zautra, A. J. & Hill, J. (1987). Activity, event transactions, and quality of life in older adults. *Psychology and Aging, 2,* 116–124.

Reker, G. T. & Wong, P. T. P. (1984). Psychological and physical well-being in the elderly: The Perceived Well-Being Scale (PWB). *Canadian Journal on Aging, 3,* 23–32.

Rook, K. S. (1984). The negative side of social interaction: Impact on psychological well-being. *Journal of Personality and Social Psychology, 46,* 1097–1108.

Rowe, J. W. & Kahn, R. L. (1987). Human aging: Usual and successful. *Science, 237,* 143–149.

Ryff, C. D. (1989). Happiness is everything, or is it? Explorations on the meaning of psychological well-being. *Journal of Personality and Social Psychology, 57,* 1069–1081.

Ryff, C. D. & Essex, M. J. (1992). Psychological well-being in adulthood and old age: Descriptive markers and explanatory processes. *Annual Review of Gerontology and Geriatrics, 11,* 144–171.

Schuessler, K. F. & Fisher, G. A. (1985). Quality of life research and sociology. *Annual Review of Sociology, 11,* 129–149.

Schultz, J. & Myles, J. (1990). Old age pensions: A comparative perspective. In R. H. Binstock & L. K. George (Hrsg.), *Handbook of aging and the social sciences* (3. Aufl., S. 398–414). San Diego, CA: Academic Press.

Schwarz, N. & Strack, F. (1991). Evaluating one's life: A judgment model of subjective well-being. In F. Strack, M. Argyle & N. Schwarz (Hrsg.), *Subjective well-being: An interdisciplinary perspective* (S. 27–47). Oxford: Pergamon Press.

Shmotkin, D. (1990). Subjective well-being as a function of age and gender: A multivariate look for differentiated trends. *Social Indicators Research, 23,* 201–230.

Shmotkin, D. (1991). The role of time orientation in life satisfaction across the life span. *Journal of Gerontology: Psychological Sciences, 46,* P243–P250.

Spreitzer, E. & Snyder, E. (1974). Correlates of life satisfaction among the aged. *Journal of Gerontology, 29,* 454–458.

Stones, M. J. & Kozma, A. (1994). The relationships of affect intensity to happiness. *Social Indicators Research, 31,* 159–173.

Strack, F., Argyle, M. & Schwarz, N. (Hrsg.) (1991). *Subjective well-being: An interdisciplinary perspective*. Oxford: Pergamon Press.

Suls, J. & Wills, T. A. (1991). *Social comparison: Contemporary theory and research.* Hillsdale, NJ: Erlbaum.

Thomae, H. (1987). Alternsformen: Wege zu ihrer methodischen und begrifflichen Erfassung. In U. Lehr & H. Thomae (Hrsg.), *Formen seelischen Alterns: Ergebnisse der Bonner Gerontologischen Längsschnittstudie (BOLSA)* (S. 173–195). Stuttgart: Enke.

Tsevat, J., Weeks, J. C., Guadagnoli, E., Tosteson, A. N. A., Mangione, C. M., Pliskin, J. S., Weinstein, M. C. & Cleary, P. D. (1994). Using health-related quality-of-life information: Clinical encounters, clinical trials, and health policy. *Journal of General Internal Medicine, 9,* 576–582.

Veenhoven, R. (1991). Is happiness relative? *Social Indicators Research, 24,* 1–34.

Watson, D., Clark, L. A. & Tellegen, A. (1988). Development and validation of brief measures of positive and negative affect: The PANAS scales. *Journal of Personality and Social Psychology, 54,* 1063–1070.

Welz, R., Lindner, M., Klose, M. & Pohlmeier, H. (1989). Psychische Störungen und körperliche Erkrankungen im Alter. *Fundamenta Psychiatrica, 3,* 223–228.

World Health Organization (WHO) (1947). The constitution of the World Health Organization. *WHO Chronic, 1,* 29.

Zautra, A. & Hempel, A. (1984). Subjective well-being and physical health: A narrative literature review with suggestions for future research. *International Journal of Aging and Human Development, 19,* 95–110.

20. Alltagskompetenz im Alter: Theoretische Überlegungen und empirische Befunde

Margret M. Baltes, Ineke Maas, Hans-Ulrich Wilms & Markus Borchelt

Zusammenfassung

Ziel dieses Kapitels ist es, die Wurzeln des Begriffes Alltagskompetenz zu beleuchten und darauf aufbauend ein Modell der Alltagskompetenz zu entwickeln. Es wird ein Zweikomponentenmodell vorgestellt, das zwischen einer basalen Kompetenz und einer erweiterten Kompetenz unterscheidet, und zwar aufgrund unterschiedlich motivierter und unterschiedlich bedingter Aktivitäten. So umfaßt die basale Kompetenz (Basic Competence, BaCo) Aktivitäten, die hoch automatisiert und zum Überleben notwendig sind und von daher als hauptsächlich durch Gesundheitsfaktoren bedingt gesehen werden. Im Gegensatz dazu beinhaltet die erweiterte Kompetenz (Expanded Competence, ExCo) Aktivitäten, die individuellen Präferenzen, Motiven, Fähigkeiten und Interessen entspringen und von daher im wesentlichen von psychosozialen Faktoren abhängig sind. Dieses Modell verlangt demnach nicht nur eine multidimensionale Erfassung der zwei Komponenten, sondern auch des Bedingungsgefüges. Eine solche Möglichkeit bietet die Berliner Altersstudie, mit deren interdisziplinärer Untersuchung einer repräsentativen Stichprobe ein solches Modell getestet werden kann. Die Ergebnisse unterstützen das Modell. Implikationen für die weitere wissenschaftliche Theorienbildung sowie für die praktische Umsetzung der Ergebnisse werden diskutiert.

1. Alltagskompetenz im Alter

Einer der Lebensbereiche, die gerade im Alter eine herausragende Bedeutung haben, ist die effektive Gestaltung und Bewältigung der Anforderungen des alltäglichen Lebens. Werden die Anforderungen gemeistert, so spricht man dieser Person Kompetenz zu, und zwar in diesem Falle *Alltagskompetenz*. Alltagskompetenz ist ein Begriff, der in den letzten Jahren besondere Aufmerksamkeit in der Gerontologie gewonnen hat, nämlich aus drei unterschiedlichen Richtungen.

Zum einen gibt es in der Intelligenzforschung generell ein zunehmendes Interesse an kontextuellen Modellen der Intelligenz (Berg, 1990; Sansone & Berg, 1993; Sternberg, 1985). Hier geht es einerseits um Fragen, welche intellektuellen Fähigkeiten im täglichen Leben gezeigt und benötigt werden: kurz um die praktische Intelligenz. Andererseits werden Zusammenhänge zwischen Fertigkeiten der praktischen Intelligenz und solchen, die in Intelligenztests gemessen werden, hinterfragt. Dabei steht die Frage nach der Validität der Intelligenztests für Aussagen über die Leistungsfähigkeit einer Person im Alltag im Vordergrund (P. B. Baltes, 1993; Cornelius & Caspi, 1987; Denney, 1989; Willis, 1991; Willis & Marsiske, 1991). Diese Frage ist in der Gerontologie sehr bedeutsam, zielt sie doch auf die Vorhersagekraft von Intelligenztests für die autonome Lebensgestaltung alter Menschen.

Eine zweite Quelle des Interesses an Alltagskompetenz liegt in dem Versuch, dem „Activities of Daily Living"-Ansatz (ADL-Ansatz) eine theoretische Einbettung zu geben. Im ADL-Ansatz bedeutet Alltagskompetenz, daß die Person über bestimmte Fertigkeiten verfügt, die notwendig für die Selbsterhaltung und somit Grundlage für eine selbständige Lebensführung sind. Dieser Ansatz erwuchs aus der praktischen klinischen Arbeit mit alten kranken Menschen (Katz, Ford, Moskowitz, Jackson & Jaffe, 1963).

Die Anforderungen des Alltags beziehen sich aber keineswegs nur auf Selbstpflegeaktivitäten oder Grundfertigkeiten (Activities of Daily Living, ADL;

Instrumental Activities of Daily Living, IADL), sondern implizieren eine Reihe zusätzlicher Fähigkeiten, vornehmlich Verhaltensweisen, die sich aus persönlichen Interessen und sozialen Rollen ergeben, kurzum soziales und Freizeitverhalten. Dieser Versuch der Vervollständigung von Aktivitätslisten gipfelte bisher in methodischen Arbeiten zur Faktorenstruktur von Aktivitätslisten (Fitzgerald, Smith, Martin, Freedman & Wolinsky, 1993; Wolinsky & Johnson, 1991, 1992a, 1992b), ergab allerdings noch keinen theoretischen Rahmen.

Die Notwendigkeit eines umfassenderen Verständnisses von Alltag und Anforderungen des Alltags wird aus Diskussionen um den Begriff des Alltags ganz deutlich (Braudel, 1992). In diesen Diskussionen, die auch in der Alltagspsychologie geführt wurden und werden (Lehr & Thomae, 1991), werden dem Begriff Alltag, neben einer zeitlich sehr breit definierten Verhaltensdimension, die persönliche Interessen und soziale Rollen mit einbezieht, zwei weitere Dimensionen zugeordnet: eine räumliche und eine soziale Dimension. Diese kontextuelle Einbettung entspricht dem Begriff des Lebensraumes von Lewin (1951), den er im Sinne von zeitlicher, sozialer und räumlicher Extension versteht.

Diese Betonung des Kontextes und der Person-Umwelt-Interaktion, wie sie von Lawton schon früh in seinem „competence-press“-(Kompetenz-Anforderungs-)Modell (Lawton, 1983b, 1987; Lawton & Nahemow, 1973) aufgegriffen wurde und auch für die Lebensspannenpsychologie typisch ist, unterstreicht, daß auch die Alltagskompetenz von personalen und kontextuellen Ressourcen abhängig ist und von daher große Heterogenität, Diskontinuität, Modifizierbarkeit und systemische Abhängigkeiten aufweist. Bei dieser interaktiven Perspektive ist das bloße Vorhandensein von Fertigkeiten im Verhaltensrepertoire nicht ausreichend. Was zählt, ist ihr richtiger, d. h. kontextgerechter Einsatz. Ihr Gebrauch am rechten Platz zur rechten Zeit ermöglicht die Gestaltung des Alltags und definiert Alltagskompetenz.

Kompetenz wird hier als die Effektivität des Verhaltens im Umgang mit Umweltanforderungen (North & Ulatowska, 1981) oder im Sinne effektiver Formen der Auseinandersetzung mit der sozialen Umwelt definiert (Gatz, Gease, Forrest & Moran, 1982; Kruse, 1987, 1989; Lehr, 1989; Olbrich, 1987). Das Ziel ist Autonomie, Selbständigkeit und Lebenszufriedenheit bzw. Lebensmeisterung (Willis, 1991). Diese Perspektive impliziert aber auch, daß eine kompetente Alltagsorganisation sehr unterschiedlich aussehen kann. Wie Autonomie und Zufriedenheit im Alltag verwirklicht werden, hängt von individuellen Fähigkeiten, Motiven und Präferenzen, vom Temperament und anderen Persönlichkeitseigenschaften, von der biographischen Lerngeschichte der Person und von den individuellen Stärken und Schwächen ab (Lehr, 1989; Olbrich, 1987). Gleichzeitig werden inhaltlich allgemeingültige Ziele im Sinne von Wachstum und Zufriedenheit angesprochen, die allgemeingültige Fertigkeiten voraussetzen (Argyris, 1965). Und schließlich können funktionale Aspekte betont werden wie etwa in dem Modell des erfolgreichen Alterns (P. B. Baltes & Baltes, 1989, 1990; Marsiske, Lang, Baltes & Baltes, 1995), in dem den Prozessen der Selektion, Kompensation und Optimierung eine elementare Bedeutung für einen effektiven und erfolgreichen Umgang mit Alternsprozessen und Umweltveränderungen zugeschrieben wird.

Faßt man die obengenannten Perspektiven zusammen, ergibt sich ein vielschichtiges Bild der Alltagskompetenz. Alltagskompetentes Handeln bedeutet die Orchestrierung einer Vielzahl von zum Teil automatisierten Fertigkeiten, zum Teil auf idiosynkratischen, lebensbiographischen Interessen gewachsenen Aktivitäten (Bandura, 1990, 1991). So ist es nicht verwunderlich, daß es keine allgemein anerkannten Kriterien für Alltagskompetenz gibt. Eine theoretische Einbettung und empirische Erfassung von Alltagskompetenz sollte idealerweise diesen verschiedenen theoretischen Perspektiven (siehe Ford, 1985, zur Übersicht) Genüge leisten, die durch unterschiedliche Erfassungsmethoden operationalisiert und realisiert werden können. So kann die Fertigkeitsperspektive, die lediglich das Engagement oder dessen Fehlen in bestimmten Aktivitäten feststellt, durch das Abfragen von Aktivitäten einbezogen werden. Die „mastery“-Perspektive (Bandura, 1977, 1989), die die subjektiv wahrgenommene Meisterung der Fertigkeiten erfaßt, läßt sich mit Hilfe von Selbstbeurteilungen, d. h. Bewertungen der eigenen Fähigkeit, bestimmte Aktivitäten durchführen zu können, operationalisieren. Die „adaptive fit“-Perspektive (Lawton, 1982, 1989), die die Passung zwischen vorhandenen Aktivitäten und kontextuellen Anforderungen betont, kann durch die Erfassung der Gestaltung des Alltags in Form von Dauer und Sequenz von Aktivitäten und deren räumlichen und sozialen Kontext verwirklicht werden.

In unserer eigenen Erforschung der Alltagskompetenz haben wir versucht, den drei genannten Perspektiven sowohl theoretisch als auch empirisch Rechnung zu tragen (M. M. Baltes, Mayr, Borchelt, Maas & Wilms, 1993; M. M. Baltes & Wilms, 1995a; M. M. Baltes, Wilms & Horgas, 1996). Unsere Konzeption von Alltagskompetenz beruht auf zwei theoretischen Grundlagen, die eine erste empirische Unterstützung gefunden haben (M. M. Baltes et al., 1993): Multidimensionalität der Alltagskompetenz und differentielle Vorhersagegrößen für die unterschiedlichen Komponenten von Alltagskompetenz.

So unterscheiden wir zwei Komponenten des Konstrukts Alltagskompetenz, in die sich das gesamte Verhaltensrepertoire, das für die Gestaltung des Alltags notwendig ist, einteilen läßt, nämlich eine *basale Kompetenz* (BaCo für „basic level of competence") und eine *erweiterte Kompetenz* (ExCo für „expanded level of competence"). Dabei setzt sich konsistent zu anderen Forschungsarbeiten (Lawton, 1983a; Lawton, Moss, Fulcomer & Kleban, 1982) die *basale Kompetenz* aus Selbstpflegeaktivitäten (Waschen, Anziehen usw.) sowie den „einfachen" instrumentellen Aktivitäten wie Einkaufen und Benutzung von Verkehrsmitteln zusammen; die *erweiterte Kompetenz* bezieht sich hingegen auf komplexe instrumentelle sowie soziale und Freizeitaktivitäten.

Diese Zweiteilung ist theoretisch dadurch begründet, daß sich die *basale Kompetenz* durch Aktivitäten auszeichnet, die größtenteils hoch automatisiert, routinemäßig und für das tägliche Überleben notwendig sind. Neben dem damit vorgegebenen normativen Charakter (alle Erwachsenen sollten diese Aktivitäten durchführen können) sind diese Aktivitäten universeller Art, d. h. relativ frei von kulturellen Einflüssen. Dagegen ist die *erweiterte Kompetenz* durch Aktivitäten gekennzeichnet, die von individuellen Präferenzen, Motivationen und Zielen bestimmt sind und dazu dienen können, eine bloße Existenz in ein lebenswertes Leben zu wandeln; sie sind daher sehr stark kulturell beeinflußt.

Aus diesen Überlegungen heraus ergeben sich für die beiden Komponenten der Alltagskompetenz differentielle Vorhersagefaktoren. Aufgrund des universellen Charakters der *basalen Kompetenz* sind wir davon ausgegangen, daß BaCo weniger von soziodemographischen, psychologischen oder ökonomischen Parametern, sondern hauptsächlich von gesundheitsbezogenen Faktoren beeinflußt wird. Umgekehrt wird die Varianz der *erweiterten Kompetenzkomponente* stärker von psychosozialen und weniger von gesundheitsbezogenen Faktoren erklärt.

Es soll hier angemerkt werden, daß alle diese genannten Perspektiven und Erfassungsmethoden den Kompetenzbegriff auf der Verhaltensebene operationalisieren. Obwohl in der Psychologie traditionsgemäß Kompetenz als Kapazität – im Gegensatz zu Performanz – definiert wird, ist die Operationalisierung doch immer auf die Verhaltensebene angewiesen. Lawton (1983b) betont zu Recht: „These (capacity oriented) constructs, however, are usually not directly measurable. Therefore, one way to measure competence is to define behaviors that imply the presence of some element of competence" (S. 350). So gibt es Anstrengungen in der klinischen Psychologie (M. M. Baltes & Kindermann, 1985) und neuerdings auch in der kognitiven Interventionspsychologie (P. B. Baltes, 1993), Kapazitätsmöglichkeiten z. B. mit Hilfe des „testing-the-limits"-Vorgehens zu erfassen. Eine solche Erfassungsweise konnte jedoch in der Berliner Altersstudie aufgrund des querschnittlichen Designs der Studie nicht verwirklicht werden. Dennoch können aufgrund der unterschiedlichen Formen und verschiedenen Grundlagen des Verhaltens, die sich in unserem Modell und unserer Operationalisierung widerspiegeln, „elements of competence" erschlossen werden. Analog zu der Unterscheidung in der kognitiven Psychologie in fluide, kompetenzbezogene und kristalline, erfahrungsbezogene Intelligenz kann man argumentieren, daß BaCo aufgrund der Abhängigkeit von erhalten gebliebener sensomotorischer Funktionsfähigkeit eher auf der Kompetenzebene, ExCo aufgrund der stärkeren Abhängigkeit von Kontextmerkmalen eher auf der Performanzebene angesiedelt ist.

Im folgenden möchten wir nun zunächst eine Beschreibung der Alltagskompetenz im hohen Alter geben, wie sie in BASE erfaßt wurde. Drei Datenbereiche, die jeweils einem der drei theoretischen Perspektiven entsprechen, stehen uns zur Verfügung. Die subjektiven Ratings der Selbstpflegeaktivitäten („mastery"-Perspektive) wurden von der Forschungseinheit Innere Medizin/Geriatrie erfaßt. Die Anzahl der Engagements im außerhäuslichen ExCo-Bereich beruht auf der Aktivitätenliste (Fertigkeitsperspektive), die von der Forschungseinheit Soziologie/Sozialpolitik angewandt wurde. Die zeitliche, räumliche und soziale Dimension von allen möglichen Aktivitäten, die im Tagesablauf vorkommen können, wurden von der Forschungseinheit Psychiatrie mit dem Yesterday-Interview („adaptive-fit"-Perspektive) erhoben.

In einem zweiten Schritt wird dann beschrieben, welche Indikatoren aus diesen Instrumenten für BaCo und ExCo herangezogen wurden, und es wird die Beziehung zwischen Alter und den beiden Komponenten BaCo und ExCo analysiert. In einem dritten Schritt schließlich wird das Prädiktorensystem eingeführt und die Hypothese der unterschiedlichen Prädiktoren von BaCo und ExCo mit Hilfe des Verfahrens der Strukturgleichungsmodelle für die Gesamtstichprobe von BASE überprüft.

2. Methode

2.1 Stichprobe

Wie in Kapitel 1 (P. B. Baltes et al.) im Detail beschrieben, ist die BASE-Stichprobe repräsentativ für die Altersgruppe von 70 bis über 100 Jahren in West-Berlin und nach Geschlecht und Alter geschichtet. Die Gesamtstichprobe beträgt N=516 mit je 43 Männern und Frauen in jeder Altersgruppe (70–74, 75–79, 80–84, 85–89, 90–94, 95+). 86% der Studienteilnehmer lebten in Privathaushalten, 14% waren Heimbewohner. Wir benutzen die für diese Stichprobe gewonnenen Daten in unseren Analysen, ohne sie nach Geschlecht und Alter zu gewichten.

2.2 Instrumente zur Erfassung der Alltagskompetenz

2.2.1 Yesterday-Interview („adaptive-fit"-Perspektive)

Mit Hilfe des Yesterday-Interviews (Moss & Lawton, 1982) wird die Sequenz (Zeit und Dauer) und der räumliche und soziale Kontext der Aktivitäten, die der Befragte am vorhergehenden Tag vom Aufwachen bis zum Einschlafen durchgeführt hat, möglichst genau rekonstruiert. Außerdem wird der erlebte Schwierigkeitsgrad der Aktivitäten erfaßt. Die von den Teilnehmern berichteten Aktivitäten wurden auf Formblättern in der genauen zeitlichen Reihenfolge zusammen mit dem Ort des Geschehens und den teilnehmenden Partnern weitestgehend wortwörtlich notiert. Aktivitäten, Orte und Partner wurden später kodiert und in Oberkategorien wie Selbstpflege-, Haushalts-, Freizeit- und soziale Aktivitäten sowie nach dem Ort und dem sozialen Kontext (in öffentlichen Gebäuden, im Haus, mit Freunden, mit der Familie usw.) klassifiziert (siehe Tabelle 1 mit der Auflistung der Kategorien für den räumlichen und sozialen Kontext, Tabelle 2 mit der Auflistung der Aktivitäten). Jede Person erhielt pro Aktivitätstyp einen Häufigkeitswert und einen Zeitwert zur Dauer der Aktivität, wobei keinerlei Aussagen über den Schwierigkeitsgrad der Aktivitäten getroffen werden. Die nachfolgenden Analysen beruhen auf dem Zeitwert der Aktivitäten der Teilnehmer.

Tabelle 1: Räumlicher und sozialer Kontext der Aktivitäten.

Kontextuelle Kategorien Unterkategorien	**Oberkategorien**
Sozialer Kontext	
Allein	Allein
Ehepartner	Familie
Kinder	"
Verwandte	"
Professionelle Helfer	Andere
Bekannte/Freunde	"
Zimmergefährte	"
Gruppen	"
Räumlicher Kontext	
Wohnung/Zimmer	Wohnung
Im Freien	Im Freien
Öffentliche Gebäude	"
In Verkehrsmitteln	"
Gebäude	Sonstiges
Fremde Privatwohnung	"
Sonstiges	"

2.2.2 Barthel-Index und IADL-Fragebogen: Subjektive Wahrnehmung der Hilfsbedürftigkeit („mastery"-Perspektive)

Subjektive Einschätzung der ADL wurde mit dem Barthel-Index (Mahoney & Barthel, 1965) erfaßt. Die Studienteilnehmer wurden aufgefordert, den von ihnen benötigten Hilfegrad bei zehn Aktivitäten wie sich Anziehen, Essen usw. (siehe Tabelle 3 weiter unten für eine Auflistung der Aktivitäten) anhand einer dreistufigen Skala (keine Hilfe nötig, mit Hilfe möglich, nicht möglich) einzuschätzen. Mit Hilfe der gleichen Skala wurde von den Teilnehmern die Hilfsbedürftigkeit in zwei IADL, und zwar Einkaufen und Benutzung von Verkehrsmitteln, aus dem IADL-Fragebogen nach Lawton und Brody (1969) eingeschätzt. Eine genauere Beschreibung dieser zwei Instrumente findet sich in Kapitel 6 von Steinhagen-Thiessen und Borchelt.

2.2.3 Aktivitätenliste (Fertigkeitsperspektive)

Mit der Aktivitätenliste wurde das Engagement in außerhäuslichen Aktivitäten über die letzten zwölf Monate hinweg festgehalten. Die Gesamtzahl der genannten Aktivitäten, die die Person aus einem Stoß von zwölf Karten (jede zeigte ein Beispiel für eine Aktivität) auswählte, bildete den Häufigkeitswert (siehe Tabelle 4 weiter unten für eine Auflistung der

Tabelle 2: Kategorien der Aktivitäten im Yesterday-Interview.

Oberkategorie	Verhaltenskategorie
ADL[1]	Aufstehen
	Morgenpflege
	Essen
	Zu Bett gehen
	Sonstige ADL
IADL (einfache)[1]	Einkaufen gehen
IADL (komplexe)[2]	Leichte Hausarbeiten
	Schwere Hausarbeiten
	Handwerken
	Sonstige IADL
Formalitäten[2]	Bankgeschäfte erledigen
	Behördengänge
	Postangelegenheiten
	Sonstige Formalitäten
Medizinische Versorgung[2]	Behandlung von Krankheit
	- durch andere
	- durch eigene Bemühungen
Freizeitaktivitäten[3]	Kulturelle Aktivitäten
	Fortbildung
	Sportliche Betätigung
	Schöpferische Aktivitäten
	Gartenarbeit/Blumenpflege
	Spazierengehen
	Ausflüge unternehmen
	Lesen
	Schreiben
	Spielen
	Fernsehen
	Radio/Tonband/ Schallplatte hören
	Religiöse Aktivitäten
	Politische Aktivitäten
	Sonstige Freizeitaktivitäten
Soziale Aktivitäten[4]	Vis-à-vis-Kontakte
	Besuche machen
	Telefongespräche
	Sonstige soziale Aktivitäten
Arbeit[5]	Regelmäßige Arbeit mit Verdienst
	Sonstige Arbeit
Hilfe[6]	Familienmitgliedern helfen
	Sonstigen Personen helfen
Transportmittel benutzen[1]	Passive Fortbewegung
IADL (komplexe)[2]	Aktive Fortbewegung
Ruhen[7]	Schlafen während des Tages
	Sonstiges passives Verhalten
Sonstiges	Aufwachen
	Einschlafen
	Antwort verweigern
	Fehlende Angaben

1–7 Die Zahlen beziehen sich auf die sieben Aktivitätsgruppen (siehe Abschnitt 3.1.1).

Aktivitäten). Die höchstmögliche Zahl betrug 12, die Streuung reichte von 0 bis 9. Bei der Bildung des Gesamtwertes wurde keine Rücksicht auf unterschiedliche Schwierigkeitsgrade oder Kontinuierlichkeit der Aktivitäten genommen.

3. Ergebnisse

In einem ersten Schritt sollen die wesentlichen deskriptiven Befunde zur Alltagskompetenz, wie sie mit diesen drei Instrumenten erfaßt wurden, dargestellt werden. In einem zweiten Schritt soll dann die Zusammensetzung von BaCo und ExCo aus diesen drei Instrumenten beschrieben und der Zusammenhang zwischen BaCo, ExCo und Alter analysiert werden. Schließlich soll das Zweikomponentenmodell der Alltagskompetenz mit seinen differentiellen Prädiktoren, das an einer ersten BASE-Stichprobe von N=156 (M. M. Baltes et al., 1993) getestet worden ist, an der gesamten BASE-Stichprobe überprüft werden.

3.1 Deskriptive Befunde über die Alltagskompetenz

3.1.1 Daten zum Yesterday-Interview

Abbildung 1 zeigt den durchschnittlichen Alltagsrhythmus, d. h. die durchschnittliche Zeit, die in sieben Aktivitätsgruppen (Oberkategorien in Tabelle 2) während eines Tages von der Altersgruppe der 70- bis 103jährigen Westberliner verbracht wurde. Es zeigte sich, daß alte Menschen jeweils 19% ihrer Wachzeit mit Ruhen bzw. obligatorischen ADL und einfachen IADL verbringen, also weniger als die Hälfte des Tages (38%). Ebenfalls 38% der Zeit eines Tages nehmen Freizeitaktivitäten und weitere 15% komplexe IADL ein. Soziale Aktivitäten sind lediglich mit 7% im Alltag vertreten. Insgesamt nehmen also Freizeit- und soziale Aktivitäten mehr als die Hälfte des Tages, nämlich 60% der Tageszeit in Anspruch (siehe Abb. 1, linker Kreis).

Betrachtet man die Verteilung der Aktivitäten über den Tag hinweg, so fallen, wie erwartet und den kulturellen Gewohnheiten entsprechend, die Selbstpflegeaktivitäten hauptsächlich auf den Morgen, die anderen – meist nicht-obligatorischen – Aktivitäten auf den Nachmittag. Alte Menschen unterscheiden sich in dieser Hinsicht im Durchschnitt wenig von den in der Literatur bekannten Tagesrhythmen von Hausfrauen.

Abbildung 1: Aktivitätsprofile in Abhängigkeit von Geschlecht und Alter (N=485).

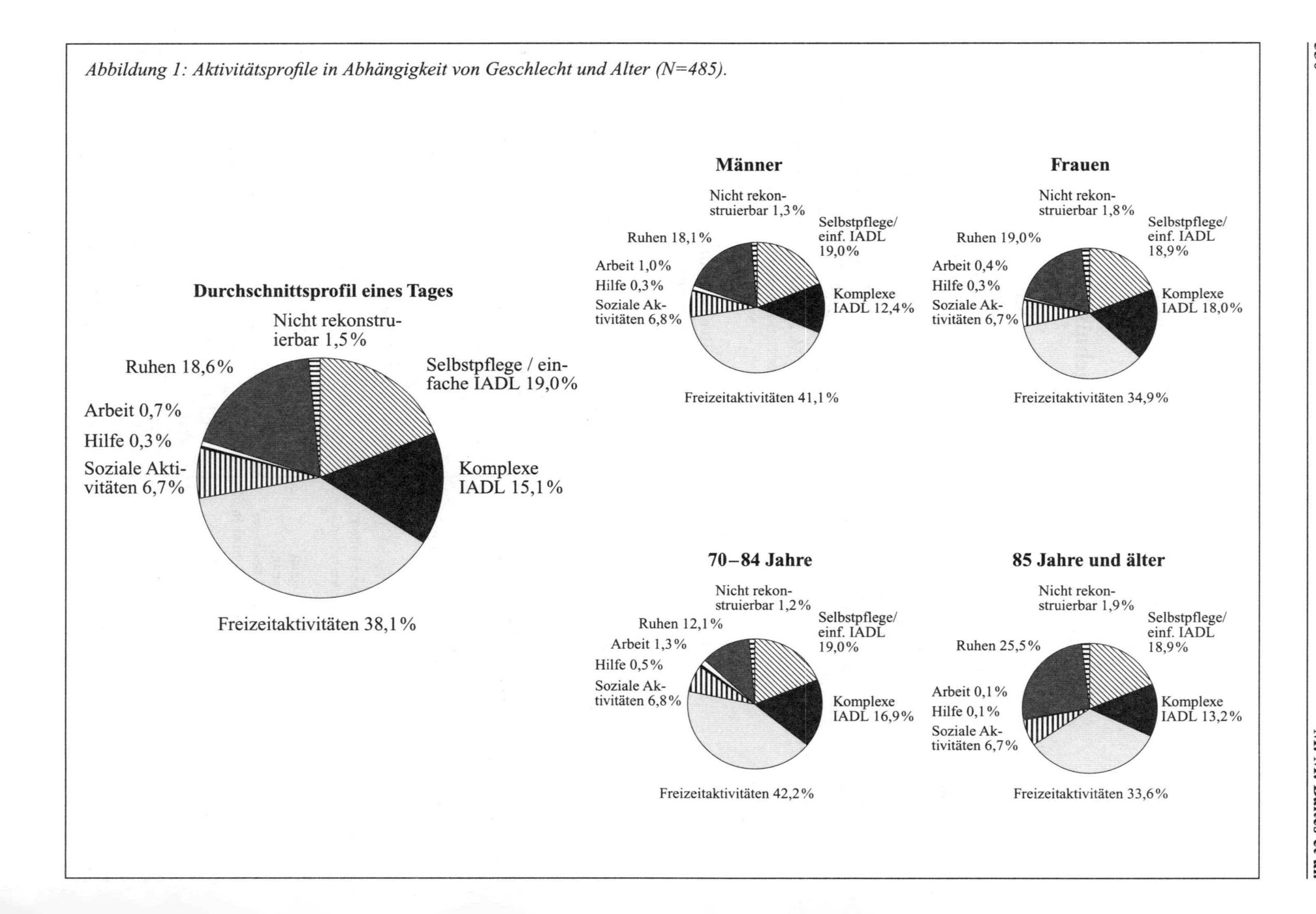

Abbildung 1 zeigt außerdem die durchschnittlichen Alltagsrhythmen, getrennt für die jüngere und ältere Altersgruppe (70–84 und 85 Jahre und älter in den unteren beiden Kreisen) sowie getrennt für Männer und Frauen (in den oberen zwei Kreisen). Die Alltagsrhythmen für in Privathaushalten lebende alte Menschen versus Heimbewohner sind nicht gesondert dargestellt, da sie weitestgehend mit denen der beiden Altersgruppen übereinstimmen. Der Alterseffekt zeigte sich in insgesamt drei Aktivitätstypen: Bei den 85jährigen und Älteren waren Ruhen/Schlafen mit einem signifikant höheren Zeitanteil und komplexe IADL und Freizeitaktivitäten mit einem signifikant niedrigeren Zeitanteil vertreten.

Betrachtet man die Wohnsituation, so zeigte sich für die Heimbewohner ähnlich wie für die 85jährigen und Älteren eine beträchtliche Erhöhung der Ruhe- und Schlafzeiten während des Tages und eine signifikante Reduktion in den komplexen IADL und Freizeitaktivitäten.

Der Alltagsrhythmus von alten Frauen und Männern unterschied sich lediglich in zwei Aktivitäten. Während die Frauen mehr komplexe IADL aufwiesen, verbrachten Männer mehr Zeit mit Freizeitaktivitäten. Alle Unterschiede sind auf dem Niveau von p=0,001 signifikant.

Was den räumlichen und sozialen Kontext angeht, so wurden die meisten Aktivitäten alleine (64%) und zu Hause (80%) durchgeführt.

3.1.2 Daten zum Barthel-Index und zum IADL-Fragebogen

Bei der selbst eingeschätzten Bewertung der Durchführung von basalen Fertigkeiten gaben 32% der 70-jährigen und Älteren in BASE an, keinerlei Hilfe bei den zehn ADL (Barthel-Index) und zwei IADL (aus der Skala nach Lawton & Brody, 1969) zu benötigen. Rund die Hälfte der Teilnehmer gab an, Hilfe beim Einkaufen und beim Transport zu benötigen.

Aus Tabelle 3 geht hervor, daß auch hier signifikante Alters-, Wohnsituations- und Geschlechtseffekte zu beobachten waren. Bei acht der zwölf Aktivitäten konnte ein Wohnsituationseffekt und bei neun ein Alterseffekt vermerkt werden; Ausnahmen bildeten die Aktivitäten Essen und Haare kämmen. In den Aktivitäten Einkaufen, Baden/Duschen, Treppensteigen und Benutzung öffentlicher Verkehrsmittel schätzten sich Frauen hilfsbedürftiger ein als Männer. Außerdem waren Frauen und die Gruppe der 85-jährigen und Älteren signifikant häufiger inkontinent.

3.1.3 Aktivitätenliste

Tabelle 4 gibt eine Aufstellung der genannten Aktivitäten (vgl. Maas & Staudinger, Kapitel 21). Insgesamt zeigte sich, daß Restaurantbesuche mit 55% am häufigsten genannt wurden. Künstlerische und politische Aktivitäten sowie Weiterbildung wurden selten

Tabelle 3: Subjektiv eingeschätzte Hilfsbedürftigkeit bei zehn ADL und zwei IADL, getrennt nach Geschlecht, Alter und Wohnsituation.

Aktivitäten des täglichen Lebens	Gesamt	Männer	Frauen	70–84	85+	Privathaushalt	Heimbewohner
Einkaufen	46,5	39,1	53,9**	22,9	70,2**	40,2	87,1**
Transportmittel benutzen	46,5	39,9	53,1*	20,2	72,9**	40,2	85,7**
Baden/Duschen	27,5	20,4	34,5**	8,9	46,1**	21,6	65,7**
Treppensteigen	19,2	12,8	25,6**	5,8	32,6**	13,7	54,3**
Spazierengehen	20,3	16,3	24,4	5,8	34,0**	17,3	40,0**
Anziehen	11,0	8,5	13,6	4,3	17,8**	7,2	35,7**
Toilette benutzen	6,2	3,5	8,9	1,6	10,9**	2,5	30,0**
Aufstehen/Hinlegen	5,8	3,1	8,5	1,6	10,1**	3,4	21,4**
Haare kämmen	2,5	1,6	3,5	0,4	4,7	2,5	2,9
Essen	1,0	0,4	1,6	0,4	1,6	0,9	1,4
Blasenkontrolle	32,4	25,2	39,5**	22,5	42,2**	31,7	37,1
Darmkontrolle	13,8	9,3	18,2*	14,0	13,6	13,0	18,6

Signifikanzniveau: ** p<0,001; * p<0,01.

genannt und wiesen entsprechend die geringsten Häufigkeiten auf. Beim Vergleich der 70- bis 84jährigen mit den 85jährigen und älteren Teilnehmern zeigten sich in allen zwölf Aktivitäten signifikante Unterschiede zugunsten der jüngeren. Die Teilnahme an Aktivitäten war weitaus geringer bei den 85jährigen und Älteren. Ähnlich wie das Alter wirkte sich die Wohnsituation auf die Teilnahme an Aktivitäten aus; nur bei vier Aktivitäten – ehrenamtliche Tätigkeiten, künstlerische und politische Aktivitäten sowie Weiterbildung, also den Aktivitäten mit den ohnehin niedrigsten Häufigkeiten – zeigten sich keine signifikanten Unterschiede zwischen Heimbewohnern und in Privathaushalten lebenden Studienteilnehmern. Es konnten nur geringe Geschlechtseffekte beobachtet werden. Nur bei zwei Aktivitäten, Tanzen und politische Aktivitäten, fanden sich signifikante Unterschiede zwischen Frauen und Männern.

3.1.4 Zusammenfassung

Die deskriptiven Befunde bezüglich des Alltagsrhythmus, des Engagements in außerhäuslichen Aktivitäten sowie der subjektiven Wahrnehmung des Hilfegrades in basalen alltäglichen Aktivitäten lassen sich dahingehend zusammenfassen, daß sie einem starken Alters- und Wohnsituationseffekt unterliegen, während das Geschlecht nur geringe Auswirkungen hatte. So zeigten die 85jährigen und Älteren sowie die Heimbewohner signifikante Aktivitätsausfälle und gleichzeitig eine höhere Einschätzung des benötigten Hilfegrades bei der Durchführung von basalen Aktivitäten.

4. Prüfung des Zweikomponentenmodells

Zur Prüfung des theoretischen Zweikomponentenmodells der Alltagskompetenz und seines Bedingungsgefüges wurde die Methode der Strukturgleichungsmodelle benutzt. Im folgenden sollen zunächst die abhängigen Variablen und das Prädiktorensystem beschrieben werden. In einem zweiten Schritt soll kurz das statistische Vorgehen geschildert werden, um dann auf die Ergebnisse einzugehen.

4.1 Beschreibung der abhängigen Variablen BaCo und ExCo

Wie werden nun diese mit den gerade beschriebenen unterschiedlichen Instrumenten gewonnenen Daten der Alltagskompetenz für die Messung von BaCo und ExCo genutzt? Für BaCo wurden die zehn ADL-

Tabelle 4: Häufigkeiten der zwölf Aktivitäten (Prozentanteil der Studienteilnehmer, die angaben, sie durchgeführt zu haben), getrennt nach Geschlecht, Alter und Wohnsituation.

Aktivitäten	Gesamt	Männer	Frauen	70–84	85+	Privathaushalt	Heimbewohner
Sport treiben	27,5	28,4	26,7	43,2	11,8**	31,1	5,6**
Restaurantbesuche	55,4	54,3	56,4	66,1	44,5**	60,7	23,3**
Tanzen	9,7	14,1	5,4**	17,9	1,6**	11,1	1,4**
Ausflüge machen	46,5	46,9	46,1	59,9	32,9**	50,1	24,7**
Kulturelle Ereignisse	40,5	37,9	43,1	56,2	24,5**	43,6	21,1**
Hobbys	11,1	14,0	8,2	14,7	3,5*	12,7	1,4*
Ehrenamtliche Tätigkeiten	9,0	10,6	7,4	14,4	3,5**	10,0	2,8
Reisen	48,3	50,0	46,7	69,0	27,5**	55,1	6,9**
Künstlerische Aktivitäten	3,7	3,5	3,9	5,8	1,6*	4,1	1,4
Spiele	21,8	21,0	22,6	34,5	9,0**	24,9	2,7**
Weiterbildung	8,6	7,8	9,4	13,6	3,5**	9,5	2,8
Politische Aktivitäten	6,0	9,7	2,3**	8,5	3,5*	7,0	0,0
Personenzahl	516	258	258	258	258	442	74

Signifikanzniveau: ** $p<0{,}001$; * $p<0{,}01$.

Tabelle 5: Die Indikatoren der Alltagskompetenz (abhängige Variable).

Konstrukt	Meßebene	Instrument	Autoren	Forschungseinheit
BaCo Basale Kompetenz	Subjektives Rating der benötigten Hilfe	a) Zehn ADL-Items	Mahoney & Barthel, 1965	Geriatrie
		b) Zwei IADL-Items	Lawton & Brody, 1969	
ExCo Erweiterte Kompetenz	Card-Sort: Zwölf Kategorien außerhäuslicher Aktivitäten	Aktivitätenliste		Soziologie
	Rekonstruktion des gestrigen Tages nach der in sieben Aktivitätsgruppen verbrachten Zeit	Yesterday-Interview	Moss & Lawton, 1982	Psychiatrie

Items aus dem Barthel-Index und die zwei IADL-Items des Fragebogens nach Lawton und Brody (1969) herangezogen. Um zwei äquivalente Indikatoren für BaCo zu bekommen, wurden alle zwölf Items (zehn ADL und zwei IADL) nach ihrem Schwierigkeitsgrad geordnet und numeriert. Die Items mit den geraden Nummern bildeten dann den ersten, die Items mit den ungeraden Nummern den zweiten Indikator für BaCo.

Die zwei Indikatoren für ExCo wurden zum einen aus dem Yesterday-Interview, zum anderen aus der Aktivitätenliste gebildet. Aus dem Yesterday-Interview wurden die Zeitwerte der Freizeitaktivitäten, der sozialen Aktivitäten und komplexen IADL pro Person aufsummiert. Der zweite Indikator spiegelt die Summe der genannten Aktivitäten in der Aktivitätenliste pro Person wider. In Tabelle 5 sind die abhängigen Variablen zusammengefaßt.

4.2 Beziehung zwischen Alter und den beiden Komponenten der Alltagskompetenz, BaCo und ExCo

Zur Prüfung des Zusammenhangs zwischen Alter und den beiden Komponenten der Alltagskompetenz wurden die ungewichteten standardisierten Mittelwerte der Indikatoren von BaCo und ExCo mit dem Alter korreliert. Diese Korrelationen zeigten, wie schon aus den deskriptiven Einzeldaten zu erwarten war, hoch signifikante negative Korrelationen von -0,54 für BaCo und -0,57 für ExCo. Abbildung 2 veranschaulicht getrennt für BaCo und ExCo (in z-Werten) die signifikant negative Beziehung mit dem Alter. In der Abbildung wird aber gleichzeitig die große Streuung in ExCo und BaCo über die Altersgruppen hinweg sowie ein Deckeneffekt in BaCo deutlich.

Wie ist nun die Beziehung zwischen den drei Faktoren? Ist BaCo z. B. der wesentliche Faktor für die negative Korrelation zwischen Alter und ExCo? Wenn BaCo als erster Faktor in eine Regressionsgleichung eingegeben wurde, erklärte BaCo 39% der

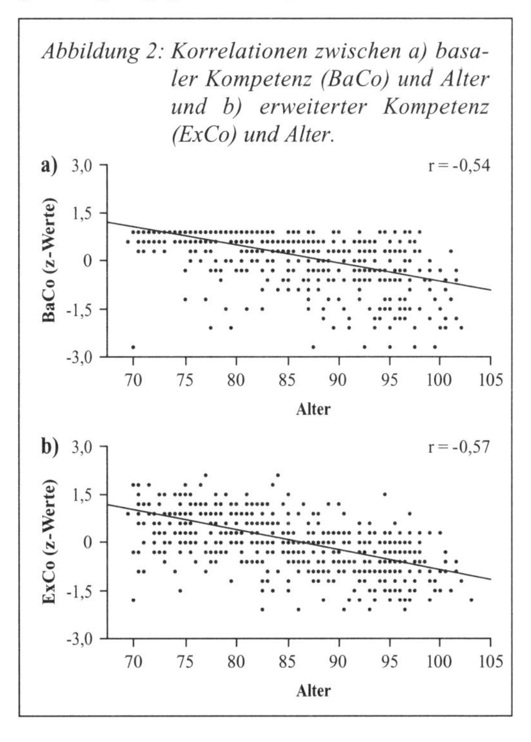

Abbildung 2: Korrelationen zwischen a) basaler Kompetenz (BaCo) und Alter und b) erweiterter Kompetenz (ExCo) und Alter.

Varianz von ExCo; Alter, in einem zweiten Schritt eingegeben, erklärte zusätzliche 6%[1]. Die gesamte Varianzaufklärung in ExCo betrug also 44%. Um genauer feststellen zu können, wieviel der aufgeklärten Varianz jeweils spezifische oder beiden gemeinsame Varianz von Alter und BaCo darstellt, wurde eine Kommunalitätenanalyse gerechnet (Hertzog, 1989). Es zeigte sich, daß Alter 9% und BaCo 11% spezifische Varianzanteile von ExCo aufklärten; der gemeinsam aufgeklärte Varianzanteil betrug 24%.

Beide Faktoren, BaCo und Alter, sind somit wichtige, unabhängige Vorhersagekriterien für ExCo. Man kann daraus ableiten, daß BaCo und ExCo unterschiedliche Varianzanteile von Alter besetzen. Dieser Befund liefert schon einen ersten Hinweis für die Plausibilität des Zweikomponentenmodells.

4.3 Beschreibung der Prädiktoren

Die hier benutzten Variablen zur Vorhersage von Alltagskompetenz sind in Tabelle 6 aufgelistet. Gemäß der eingangs erwähnten Hypothese stellen die Prädiktoren ein System von persönlichen Ressourcen dar, die sowohl den Gesundheits- als auch den psychosozialen Bereich umfassen.

Gesundheitsbezogene Ressourcen waren körperliche Gesundheit, Gleichgewicht/Gang (Schrittanzahl bei der Drehung um 360° und Standsicherheit beim Romberg-Versuch, vgl. Steinhagen-Thiessen & Borchelt, Kapitel 6) sowie Depression. Die psychosozialen Ressourcen umfaßten Intelligenz- und Persönlichkeitsmaße und den sozioökonomischen Status. Die Meßinstrumente für diese Variablen sind meist wohlbekannt und außerdem in den entsprechenden Kapiteln in diesem Band eingehend beschrieben (vgl. Smith & Baltes, Kapitel 8; Mayer & Wagner, Kapitel 9). Alle Konstrukte werden durch zwei oder mehr Variablen indiziert. Im Vergleich zu der früheren Arbeit von M. M. Baltes und Mitarbeitern (1993) wurden zwei Veränderungen an den Indikatoren vorgenommen. Zur Darstellung der körperlichen Gesundheit wurde als zweiter Indikator die Variable „Anzahl der Medikamente" hinzugefügt. Der Indikator des Wertes auf der Center for Epidemiologic Studies-Depression Scale (CES-D) für das Konstrukt Depression wurde durch die Diagnose nach DSM-III-R, die eine Spezifizierung des Schweregrades der Depression beinhaltet, ersetzt. Alter wurde als zusätzliche, aber unabhängige Ressource behandelt.

4.4 Methodisches Vorgehen

Bei Strukturgleichungsmodellen wird zunächst auf der Basis theoretischer Überlegungen eine Beziehungsstruktur (ein Modell) zwischen den abhängigen und unabhängigen Variablen spezifiziert. Beim Modell unterscheidet man dabei zwei Aspekte, das *Meßmodell* und das *Strukturmodell.* Das Meßmodell beruht auf den linearen Beziehungen zwischen den latenten Konstrukten (dargestellt als Ovale in Abb. 3) und ihren gemessenen Indikatoren. Das Strukturmodell spezifiziert die Beziehungen zwischen den latenten Konstrukten. Diese Beziehungen werden Pfade genannt, wobei man direkte Pfade von indirekten Pfaden zwischen Prädiktoren und den abhängigen Variablen unterscheidet (als Pfeile dargestellt in Abb. 3). Außerdem unterscheidet man zwischen distalen und proximalen Faktoren, wobei diese Unterscheidung lediglich auf der Annahme basiert, daß der Effekt der distalen Faktoren auf die abhängigen Variablen durch proximale Faktoren moderiert wird.

Zweifelsohne sind Strukturgleichungsmodelle von der theoretischen Position des Forschers abhängig. Da es immer eine große Zahl rivalisierender Modelle mit ähnlich guter Datenpassung (Fit), aber unterschiedlichen theoretischen Hintergründen gibt, ist klar, daß die eingenommene theoretische Position nur *eine* mögliche ist und eine Präferenz oder auch ein Bias der Autoren darstellt.

Die Passung des hypothetischen Strukturmodells mit dem Meßmodell ist also der Fit zwischen zwei Varianz-Kovarianzmatrizen, d. h. zwischen der Matrix, die mit den beobachteten Daten empirisch gewonnen wurde, und der Matrix, die durch das Strukturmodell theoretisch formuliert wird. Für das Modelltesten in dieser Arbeit wurde das LISREL-Programm (Jöreskog & Sörbom, 1989) verwendet.

4.4.1 Meßmodell

Wie eben ausgeführt, wird im Meßmodell der Meßraum zwischen allen Indikatoren und ihren latenten Konstrukten bestimmt. Die Varianz-Kovarianzmatrix der beiden abhängigen Variablen, BaCo und ExCo, sowie der sieben Prädiktoren ist in Tabelle 7 dargestellt.

Es soll hier angemerkt werden, daß ursprünglich kontextuelle Ressourcen wie Wohnsituation, Wohnqualität und soziale Unterstützung sowie Kontrollüberzeugungen als zusätzliche Ressourcen Beach-

1 Ergebnisse der Regressionsanalyse waren $F_{(1;514)}=325{,}9$; $p<0{,}01$ für BaCo und $\Delta F=52{,}3$; $p<0{,}01$ für Alter. Wegen des Deckeneffektes in BaCo wurde die hierarchische Analyse ein zweites Mal ohne die 32% der Teilnehmer gerechnet, die angaben, keinerlei Hilfe zu benötigen. Die Reststichprobe betrug N=351. BaCo erklärte hier 26% und Alter zusätzliche 7% der Varianz von ExCo.

Tabelle 6: Latente Konstrukte und Indikatoren (Prädiktoren).

Konstrukte	Instrumente/Indikatoren	Autor	Forschungseinheit
Distale Ressourcen			
Körperliche Gesundheit	a) Anzahl der Diagnosen b) Anzahl der Medikamente		Geriatrie
Sozioökonomischer Status (SES)	a) Einkommen b) Magnitude Prestige Scale	G. Wagner, 1991 Wegener, 1988	Soziologie
Proximale Ressourcen			
Gleichgewicht/Gang	a) Romberg-Versuch b) Drehung um 360°	Tinetti, 1986	Geriatrie
Depression	a) HAMD b) DSM-III-R	Hamilton, 1960, 1967 American Psychiatric Association, 1987	Psychiatrie
Fluide Intelligenz[1]	a) Denkfähigkeit - Figurale Analogien - Praktische Probleme - Buchstabenfolgen b) Geschwindigkeit - Gleiche Bilder - Zahlen-Buchstaben-Test - Zahlensymboltest c) Gedächtnis - Wortpaare - Aufgaben erinnern - Geschichte erinnern	Lindenberger, Mayr & Kliegl, 1993 „ „	Psychologie
Persönlichkeit	Persönlichkeit a) Extraversion (NEO) b) Offenheit (NEO) c) Lebensinvestment	Costa & McCrae, 1985 Staudinger, Smith & Freund, 1992	Psychologie

1 Vgl. Reischies und Lindenberger, Kapitel 13 in diesem Band, für genauere Literaturangaben zu den einzelnen Tests.

tung fanden. Sie werden im Modell nicht als Prädiktoren aufgeführt, weil sie keine zusätzliche Varianz in beiden Komponenten der Alltagskompetenz aufklärten oder das Modell sogar verschlechterten.

Um den Meßraum zu bestimmen, wurden verschiedene Meßmodelle der in Tabelle 7 dargestellten empirischen Varianz-Kovarianzmatrix angepaßt. Aufgrund der Güte der Fitindizes wurde das Modell M2 als Meßmodell für das Strukturgleichungsmodell angenommen (siehe Tabelle 8).

4.4.2 Strukturmodell

Basierend auf den theoretischen Überlegungen, den daraus folgenden Hypothesen (siehe Einleitung) und der ersten empirischen Bestätigung (M. M. Baltes et al., 1993) sollte das Zweikomponentenmodell mit seinem differentiellen Bedingungsgefüge an der gesamten BASE-Stichprobe von N=516 validiert werden.

Die Validierung an der Gesamtstichprobe bringt eine Bestätigung für das Zweikomponentenmodell mit seinem differentiellen Bedingungsgefüge. Für das Strukturgleichungsmodell (S1 in Tabelle 8) konnte in allen Passungsindikatoren ein zum Meßmodell M2

Tabelle 7: Korrelationen zwischen latenten Konstrukten (obere Diagonale) und den ungewichteten standardisierten Mittelwerten der Indikatoren (untere Diagonale).

	1	2	3	4	5	6	7	8	9
1 Alter		-0,06	-0,13	-0,65*	-0,64*	-0,31*	0,09*	-0,63*	-0,72*
2 SES	-0,03		-0,00	-0,19*	0,64*	-0,45*	-0,01	0,22*	0,46*
3 Körperliche Gesundheit	-0,10*	0,05		0,29*	0,15*	0,03	-0,52*	0,33*	0,15*
4 Gleichgewicht/ Gang	-0,60*	0,12*	0,22*		0,65*	0,32*	-0,28*	0,91*	0,78*
5 Fluide Intelligenz	-0,59*	0,29*	0,09*	0,55*		0,51*	-0,20*	0,65*	0,88*
6 Persönlichkeit	-0,25*	0,21*	-0,01	0,23*	0,35*		-0,03	0,32*	0,62*
7 Depression	0,08	0,02	-0,43*	-0,24*	-0,16*	-0,09*		-0,34*	-0,19*
8 BaCo	-0,60*	0,13*	0,25*	0,79*	0,56*	0,24*	-0,30*		0,83*
9 ExCo	-0,56*	0,23*	0,09*	0,56*	0,63*	0,39*	-0,14*	-0,62*	

Signifikanzniveau: * $p<0,05$.

analog guter Fit festgestellt werden; alle Fitindizes entsprechen den aufgestellten Forderungen und erlauben somit eine Annahme des Modells[2]. Abbildung 3 zeigt das Strukturmodell für die gesamte BASE-Stichprobe von N=516[3].

Fünf wesentliche Ergebnisse lassen sich ableiten. Erstens, die Gesamtaufklärung der Varianz von BaCo betrug 0,85 (im Vergleich zu 0,82 bei M. M. Baltes et al., 1993) und die Aufklärung der Varianz von ExCo 0,94 (im Vergleich zu 0,91). Zweitens, die gesundheitsbezogenen Prädiktoren – körperliche Gesundheit, Depression und Gleichgewicht/Gang – beeinflussen hauptsächlich BaCo und nur über BaCo auch ExCo. Drittens, ExCo wurde im wesentlichen durch psychosoziale Faktoren – sozioökonomischer Status, fluide Intelligenz und Persönlichkeitsfaktoren – vorhergesagt. Viertens, der Alterseffekt auf BaCo und ExCo konnte vollständig durch die proximalen Faktoren moderiert werden. Fünftens, wie bei M. M. Baltes und Mitarbeitern (1993) war auch in diesem Strukturgleichungsmodell der Prädiktionseffekt von Depression auf ExCo nicht signifikant (S2 in Tabelle 8).

Um die Bedeutung des Prädiktors Gleichgewicht/Gang besser zu verstehen, wurden verschiedene Modellveränderungen systematisch getestet und direkte Pfade zwischen Alter und BaCo (S3 in Tabelle 8), zwischen Intelligenz und BaCo (S4 in Tabelle 8) und zwischen körperlicher Gesundheit und BaCo zugelassen (S5 in Tabelle 8). Das angenommene Modell S1 ergibt die höchste Varianzaufklärung und im allgemeinen den besten Fit.

2 Die Passung wird mit Hilfe verschiedener Fitindizes bestimmt, wie χ^2, Root Mean Square Residuals (RMR), Goodness of Fit Index (GFI) and Adjusted Goodness of Fit Index (AGFI), die sich allerdings auf unterschiedliche Aspekte des Fits beziehen. Ein signifikantes χ^2-Ergebnis z. B. bedeutet, daß zwischen den zwei Matrizen kein Fit besteht und das getestete Modell zurückgewiesen werden muß. Es ist jedoch bekannt, daß große Stichproben die Passungskriterien in Strukturgleichungsmodellen, vor allem das χ^2, negativ beeinflussen (Matsueda & Bielby, 1986) und daß selbst Modelle mit einer engen Passung mit der Kovarianzmatrix abgelehnt werden (Browne & Cudeck, 1993). Aufgrund dieser Argumente sollen neben dem χ^2 zusätzliche Fitkriterien zur Annahme oder zur Ablehnung des Modells herangezogen werden. Generell gilt die Regel, daß χ^2-Werte das Zwei- bis Fünffache der Anzahl der Freiheitsgrade nicht überschreiten sollten, es sollte $RMR \leq 0,05$ sein, während $GFI \geq 0,90$ und $AGFI \geq 0,90$ sein sollten.

3 Zunächst wurde eine Kreuzvalidierung an einer zweiten unabhängigen BASE-Substichprobe von N=156 durchgeführt, die das Modell bestätigte. Die Gesamtaufklärung der Varianz betrug 0,83 in BaCo und 0,93 in ExCo im Vergleich zu 0,82 und 0,91 bei den ersten N=156 (M. M. Baltes et al., 1993). Die Effekte der distalen Faktoren, wie körperliche Gesundheit, sozioökonomischer Status und Alter wurden durch die proximalen Faktoren – Persönlichkeit, Depression, fluide Intelligenz und Gleichgewicht/Gang – moderiert. Der differentielle Zusammenhang zwischen BaCo und gesundheitsbezogenen Faktoren (körperliche Gesundheit, Gleichgewicht/Gang, Depression) und zwischen ExCo und psychosozialen Faktoren (sozioökonomischer Status, Persönlichkeit und Intelligenz) konnte in der Kreuzvalidierung ebenfalls bestätigt werden.

Tabelle 8: Zusammenfassung der Prozedur des Modelltestens.

Modell	df	χ^2	p	GFI	AGFI	RMR	R^2 BaCo	R^2 ExCo
M1	117	226,06	0,00	0,957	0,930	0,040		
M2	115	194,53	0,00	0,962	0,937	0,035		
M3	123	331,41	0,00	0,936	0,901	0,053		
S1	137	253,53	0,00	0,952	0,934	0,056	0,85	0,94
S2	136	250,81	0,00	0,953	0,934	0,057	0,85	0,94
S3	107	253,03	0,00	0,948	0,925	0,064	0,48	0,94
S4	106	200,14	0,00	0,957	0,938	0,047	0,55	0,94
S5	105	190,51	0,00	0,959	0,940	0,046	0,56	0,94

Anmerkungen: M1 (=Meßmodell ohne Restriktionen) zeigt signifikantes χ^2 bei guten Fitindizes; M2 (=Meßmodell mit Korrelation zwischen Depression und Extraversion) zeigt Verbesserung in allen Fitindizes; M3 (=Meßmodell mit BaCo und ExCo als einem Faktor) zeigt generelle Verschlechterung.
S1 (=angenommenes Strukturmodell) zeigt gute Fitindizes, aber signifikantes χ^2. Vier Verbesserungsmöglichkeiten wurden getestet: S2 (=Strukturmodell mit direktem Pfad zwischen Depression und ExCo) bringt keine wesentliche Verbesserung; S3 (=Strukturmodell mit direktem Pfad von Alter auf BaCo und ohne Pfad zwischen Gleichgewicht und BaCo) bringt eine allgemeine Verschlechterung; S4 (=Strukturmodell mit direktem Pfad zwischen Intelligenz und BaCo) und S5 (=Strukturmodell mit direktem Pfad von Gesundheit auf BaCo) bringen Verbesserungen in den Fitindizes, aber eine erhebliche Verschlechterung in der Varianzaufklärung von BaCo.

5. Zusammenfassung und Diskussion

Insgesamt bestätigen die Befunde das Zweikomponentenmodell der Alltagskompetenz und somit den Versuch, Alltagskompetenz als multidimensionales Konstrukt zu betrachten. ExCo und BaCo sind zwei inhaltlich unterschiedliche Komponenten der Alltagskompetenz. Besonders wichtig scheint dabei, daß es in beiden Kompetenzkomponenten große interindividuelle Unterschiede gibt. Differentielles Altern, eine der Grundhypothesen der Berliner Altersstudie, bestätigt sich also auch im Bereich der Alltagskompetenz.

Auch die differentielle Vorhersage der beiden Komponenten, BaCo und ExCo, findet Unterstützung. So wird die *basale Kompetenz*, BaCo, hauptsächlich durch gesundheitsbezogene, die *erweiterte Kompetenz*, ExCo, durch psychosoziale Faktoren prädiziert. Der Effekt der Variablen Alter und sozioökonomischer Status wird durch diese beiden Faktorengruppen gänzlich moderiert.

Mit der empirischen Evidenz für das Zweikomponentenmodell gelingt erstmalig die Zusammenführung von drei bisher völlig separaten Forschungsrichtungen, der eher klinischen ADL/IADL-Forschung, der eher soziologischen Freizeitforschung und der praktischen Intelligenzforschung. Alle drei Forschungsansätze erfahren durch die hier angestrebte Einbettung in das Konzept der Alltagskompetenz mit seinem breiten konzeptuellen Rahmen (Ford, 1985) eine theoretische und methodische Befruchtung. Auf theoretischer Ebene ermöglicht die Anwendung des psychologischen Konstrukts der Alltagskompetenz diesen Forschungsansätzen, über den Rahmen der bloßen Beschreibung von Aktivitäten hinauszugehen und Erklärungsmuster für deren Vorhandensein oder Fehlen anzubieten.

Auf methodischer Ebene liefert das Einsetzen unterschiedlicher Meßinstrumente – subjektive Bewertung der Selbstpflegeaktivitäten, Häufigkeit des Engagements in außerhäuslichen Aktivitäten und Rekonstruktion des Aktivitätsrhythmus im Alltag – im Sinne „konvergenter Operationen" (McCall, 1977) ein umfassenderes Bild von Alltagskompetenz. Natürlich ist dieser empirische Zugang lediglich ein erster Versuch, Alltagskompetenz zu erfassen, und von daher verbesserungsbedürftig.

Wenn wir das Zweikomponentenmodell näher betrachten, so fallen einige Aspekte auf. Dies ist erstens der signifikante Zusammenhang zwischen BaCo und ExCo. Obwohl ExCo stärker von psychosozialen Faktoren und weniger von Gesundheitsfaktoren vorhergesagt wird, besteht ein signifikanter positiver Effekt von BaCo auf ExCo. Betrachtet man BaCo eher als Kompetenzindikator und ExCo eher als Performanzindikator, signalisiert der Einfluß von BaCo auf ExCo, daß eine gewisse Kompetenz und Performanz in Basisfunktionen des täglichen Lebens notwendige Voraussetzung für die Ausführung der Aktivitäten ist, die die Lebensqualität bestimmen. Dies bedeutet also, daß psychosoziale Ressourcen, wie

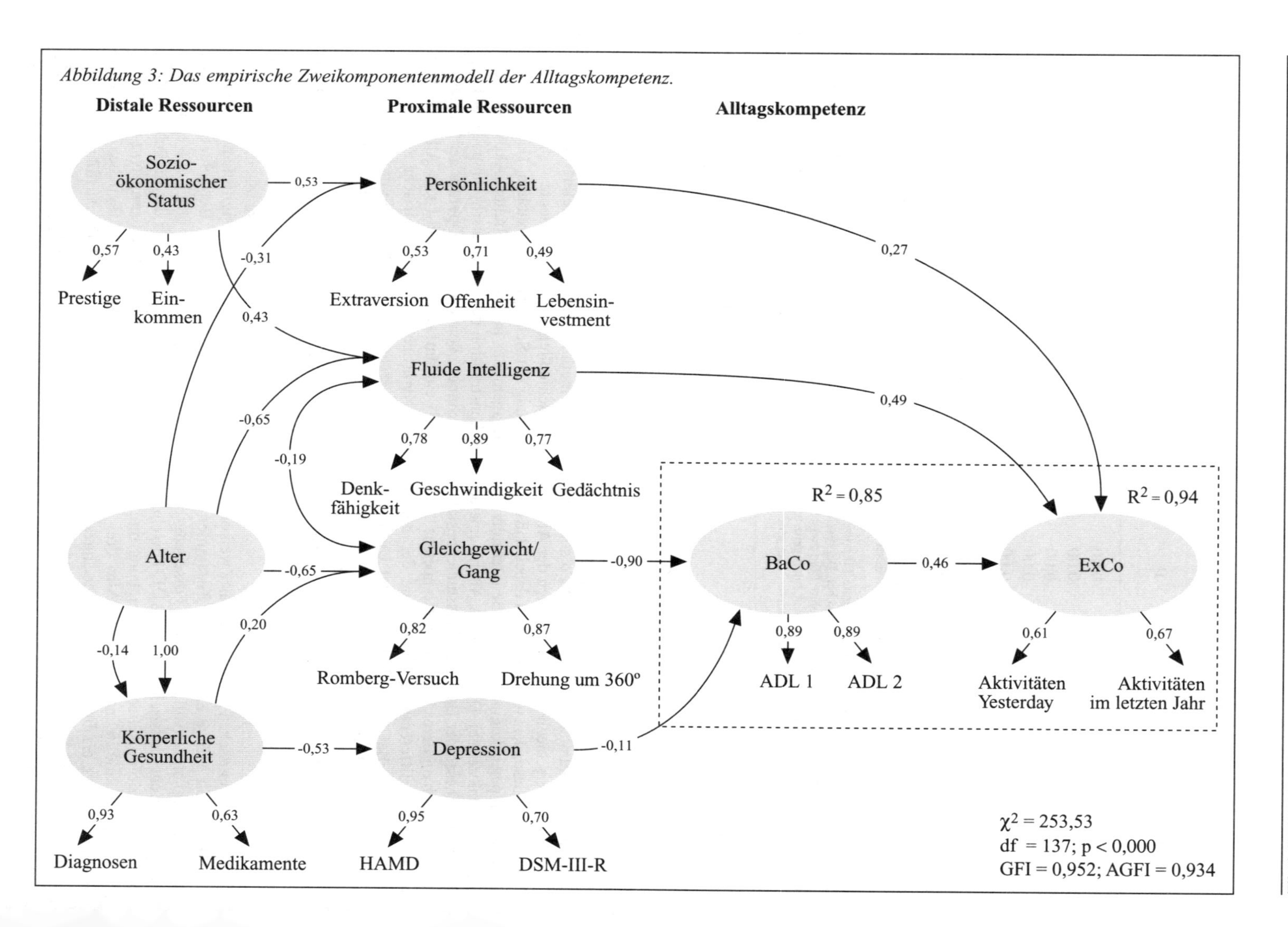

Abbildung 3: Das empirische Zweikomponentenmodell der Alltagskompetenz.

Bildung oder finanzielle Sicherheit, allein nicht ausreichen, um erweiterte Kompetenz, ExCo, zu verwirklichen. Interessant wäre hier die Frage, ob und inwieweit Kompensation durch die soziale Umwelt in der Durchführung von BaCo-Aktivitäten – also Hilfe bei der Durchführung oder Delegation von BaCo-Aktivitäten an andere – ausreicht, um ExCo-Aktivitäten zu gewährleisten. Erste Vergleiche zwischen dementen und gesunden Teilnehmern (M. M. Baltes & Wilms, 1995b; Wilms & Baltes, 1994) und zwischen in Privathaushalten lebenden und institutionalisierten Teilnehmern (M. M. Baltes & Horgas, im Druck) deuten auf solche Kompensationen hin.

Dieser Zusammenhang hat auch Implikationen für theoretische und praktische Überlegungen zum erfolgreichen Altern. Das Bestreben nach erfolgreichem Altern kann also nicht darin bestehen, möglichst nur ExCo-Aktivitäten, d. h. vielleicht auch die anspruchsvolleren und eher sinnstiftenden Aktivitäten aufrechtzuerhalten. Die Daten lassen vermuten, daß eine gewisse basale Kompetenz vorhanden sein muß, um den ExCo-Aktivitäten nachgehen zu können.

Zweitens ist der Zusammenhang zwischen den beiden Prädiktoren fluide Intelligenz und Gleichgewicht/Gang auffällig. Um den Faktor Gleichgewicht/Gang genauer zu verstehen, wurde dieser beim Modelltesten entfernt und wurden statt dessen direkte Pfade zwischen den Faktoren körperliche Gesundheit sowie Intelligenz und BaCo zugelassen. Es zeigte sich, daß dadurch die Varianzaufklärung von BaCo drastisch zurückgeht, während diejenige von ExCo unverändert bleibt. Könnte also die Korrelation zwischen fluider Intelligenz und Gleichgewicht/Gang auf eine gemeinsame neurologische Basis und damit gemeinsame Basisprozesse wie Geschwindigkeit, Identifikation von Schemata usw. deuten (vgl. auch Marsiske et al., Kapitel 14)? Es wäre in diesem Sinne wichtig zu erkunden, was mit dem Pfad zwischen Intelligenz und Gleichgewicht/Gang passierte, wenn die Stichprobe ausschließlich aus gesunden alten Personen bestünde. Hier könnte also eine Diskontinuität aufgrund des mentalen Gesundheitsstatus im Bedingungsgefüge von BaCo und ExCo vorliegen: Fluide Intelligenz übt dann einen Einfluß auf BaCo aus, wenn strukturelle hirnorganische Veränderungen, wie dementielle Erkrankungen, vorliegen.

Ein dritter Aspekt, der auffällt, ist der hoch signifikante, aber moderierte negative Alterseffekt auf BaCo und ExCo. Trotz der signifikant negativen Korrelationen zwischen Alter und BaCo sowie Alter und ExCo zeigt sich gleichzeitig eine große Heterogenität, also auch im Bereich Alltagskompetenz ein Beweis für differentielles Altern. Die Bedingungen für diese Heterogenität können in den Faktoren, die den Alterseffekt gänzlich moderieren – Gleichgewicht/Gang, Intelligenz und Persönlichkeit –, gesehen werden. Das heißt, daß Alter an sich nicht verantwortlich für Verluste in BaCo und ExCo ist, vielmehr sind es gesundheitsbezogene und psychosoziale Faktoren, welche die altersbezogenen Unterschiede in BaCo und ExCo verursachen. Dies eröffnet positive Möglichkeiten für Interventionen, wobei die Interventionsziele für demente Personen wiederum anders aussehen könnten oder sollten als für gesunde (M. M. Baltes & Wilms, 1995b).

Ein vierter Aspekt betrifft den Effekt der körperlichen Gesundheit. Zwischen Gesundheit und BaCo sowie ExCo gibt es keinen direkten Pfad, der Effekt von Gesundheit wird vielmehr durch die Variable Gleichgewicht/Gang moderiert. Dies könnte bedeuten, daß körperliche Einbußen kompensiert werden, solange sie nicht grundlegende Hirnprozesse betreffen. Körperliche Gesundheit zeigt ebenfalls einen hochsignifikanten Pfad zu Depression, die jedoch nur schwache negative Auswirkungen auf BaCo und keinerlei Einfluß auf ExCo hat. Dies entspricht sicherlich nicht den klinisch-psychiatrischen Erfahrungen, da gerade Antriebsarmut und Motivationslosigkeit Schlüsselelemente der Depression darstellen und somit das Aktivitätsniveau direkt beeinträchtigen müßten. Hier ist zu bedenken, daß die BASE-Stichprobe keine Personen mit schweren Depressionen beinhaltete, was die fehlende Beziehung zwischen Depression und ExCo erklären könnte. Dennoch stellt sich hier die Frage, ob Depression nicht eher eine Konsequenz als ein Antezedens von Veränderungen in BaCo und ExCo darstellt. Eine solche Vorstellung kommt dem Modell von Willis (1991) entgegen, in dem sie Alltagskompetenz als die moderierende Variable zwischen altersbedingten Verlusten im gesundheitlichen und psychosozialen Bereich auf der einen Seite und Wohlbefinden auf der anderen Seite beschreibt.

Ein fünfter Aspekt bezieht sich auf den Effekt des sozioökonomischen Status auf ExCo, der durch die Faktoren Persönlichkeit und Intelligenz moderiert wird. Mit anderen Worten: finanzielle oder ökonomische Sicherheit allein garantiert noch keine Alltagskompetenz. Vielmehr können Persönlichkeits- und Intelligenzfaktoren den Effekt des sozioökonomischen Status auf ExCo behindern oder erleichtern. Es scheint hier wichtig, noch einmal auf die Bedingungsstruktur des Modells zu sprechen zu kommen. Wir haben oben betont, daß diese Struktur von theoretischen Annahmen abhängig gemacht werden muß und daß es eine Vielfalt solcher Annahmen gibt. So wäre es aus einem biographischen Ansatz denkbar, daß Persönlichkeit und Intelligenz den sozioökonomischen Status bedingen und nicht wie im Modell umgekehrt. Im hier gewählten Ansatz, in dem das Zusammenspiel von Altersveränderungen in den psychosozialen Faktoren wie Intelligenz und Persönlichkeit und Alltagskompetenz im Mittelpunkt stehen, kann der sozioökonomische Status jedoch als Rahmenbedingung für die Altersveränderungen sowie für das Zusammenspiel gesehen werden.

In diesem Zusammenhang ist auch wichtig festzuhalten, daß andere Kontextvariablen, wie z. B. Wohnsituation oder Wohnqualität, keine signifikanten Faktoren im Modell bildeten. Dies liegt offensichtlich daran, daß sie in der BASE-Stichprobe hoch mit dem sozioökonomischen Status korrelieren. Einzelvergleiche auf der Ebene der Aktivitätsprofile zeigen nämlich sehr wohl Einflüsse der Wohnsituation, vor allem im ExCo-Bereich (M. M. Baltes & Horgas, im Druck).

Das Zweikomponentenmodell der Alltagskompetenz mit seinem differentiellen Bedingungsgefüge und bedeutsamen Zusammenhang zwischen basaler Kompetenz und erweiterter Kompetenz eröffnet wichtige praktische Implikationen. Sowohl Präventions- als auch Rehabilitationsversuche müssen an verschiedenen Fronten ansetzen. Sozioökonomischer Status, Alter und körperliche Gesundheit spielen eine wichtige Rolle bei der Alltagskompetenz, werden aber durch Variablen wie Intelligenz, Persönlichkeit und sensomotorische Funktionstüchtigkeit moderiert. Auch kann man sich nicht nur auf eine Komponente der Alltagskompetenz konzentrieren. Das Vorhandensein von basaler Kompetenz ist zwar keineswegs eine ausreichende, wohl aber eine notwendige Bedingung für Kompetenz im Sozial- und Freizeitbereich. Umgekehrt ist diese erweiterte Kompetenz nicht ausschlaggebend für BaCo, sicherlich aber eine hervorstechende Voraussetzung für die subjektive Lebensqualität. Ein fundiertes Wissen über das genaue Zusammenspiel zwischen den beiden Kompetenzen und ihren Bedingungen sowie zwischen den beiden Kompetenzbereichen selbst und deren Veränderungen im Altersverlauf kann jedoch nur aufgrund eines Längsschnittdesigns genauer überprüft werden. Ein solches Wissen würde uns als Wissenschaftler und auch als Betroffene Möglichkeiten und Grenzen der Kompensation, der Selektion und der Optimierung im Bereich der Alltagskompetenz aufzeigen.

Literaturverzeichnis

American Psychiatric Association (APA) (Hrsg.) (1987). *Diagnostic and statistical manual of mental disorders (DSM-III-R)*. Washington, DC: American Psychiatric Association.

Argyris, C. (1965). Exploration in interpersonal competence. *Journal of Applied Behavioral Science, 1*, 58–63.

Baltes, M. M. & Horgas, A. (im Druck). Long-term care institutions and the maintenance of competence. In K. W. Schaie & S. L. Willis (Hrsg.), *Societal mechanisms for maintaining competence in old age*. New York: Springer.

Baltes, M. M. & Kindermann, T. (1985). Die Bedeutung der Plastizität für die klinische Beurteilung des Leistungsverhaltens im Alter. In D. Bente, H. Coper & S. Kanowski (Hrsg.), *Hirnorganische Psychosyndrome im Alter: II. Methoden zur Objektivierung pharmakotherapeutischer Wirkung* (Bd. 2, S. 171–184). Berlin: Springer-Verlag.

Baltes, M. M., Mayr, U., Borchelt, M., Maas, I. & Wilms, H.-U. (1993). Everyday competence in old and very old age: An inter-disciplinary perspective. *Ageing and Society, 13*, 657–680.

Baltes, M. M. & Wilms, H.-U. (1995a). Alltagskompetenz im Alter. In R. Oerter & L. Montada (Hrsg.), *Entwicklungspsychologie* (S. 1127–1136). Weinheim: Psychologie Verlags Union.

Baltes, M. M. & Wilms, H.-U. (1995b). *Alltagskompetenz und Gesundheit*. Vortrag auf der Tagung der Deutschen Gesellschaft für Gerontopsychiatrie, Hamburg.

Baltes, M. M., Wilms, H.-U. & Horgas, A. (1996). *Everyday competence: A descriptive and model-testing analysis*. Zur Veröffentlichung eingereichtes Manuskript, Freie Universität Berlin.

Baltes, P. B. (1993). The aging mind: Potentials and limits. *The Gerontologist, 13*, 458–467.

Baltes, P. B. & Baltes, M. M. (1989). Optimierung durch Selektion und Kompensation: Ein psychologisches Modell erfolgreichen Alterns. *Zeitschrift für Pädagogik, 35*, 85–105.

Baltes, P. B. & Baltes, M. M. (1990). Psychological perspectives on successful aging: The model of selective optimization with compensation. In P. B. Baltes & M. M. Baltes (Hrsg.), *Successful aging: Perspectives from the behavioral sciences* (S. 1–34). Cambridge: Cambridge University Press.

Bandura, A. (1977). Self-efficacy: Toward a unifying theory of behavioral change. *Psychological Review, 84*, 191–215.

Bandura, A. (1989). Human agency in social cognitive theory. *American Psychologist, 44*, 1175–1184.

Bandura, A. (1990). Conclusion: Reflections on nonability determinants of competence. In R. J. Sternberg & J. Kolligian, Jr. (Hrsg.), *Competence considered* (S. 315–362). New Haven, CT: Yale University Press.

Bandura, A. (1991). Self-regulation of motivation through anticipatory and self-reactive mechanisms. *Nebraska Symposium on Motivation, 38*, 69–164.

Berg, C. A. (1990). What is intellectual efficiency over the life course? Using adults' conceptions to address the question. In J. Rodin, C. Schooler & K. W. Schaie (Hrsg.), *Self-directedness: Cause and effects throughout the life course* (S. 155–182). Hillsdale, NJ: Erlbaum.

Braudel, F. (1992). *The structures of everyday life* (Bd. 1). Berkeley, CA: University of California Press.

Browne, M. & Cudeck, R. (1993). Alternative ways of assessing model fit. In K. A. Bollen & J. S. Long (Hrsg.), *Testing structural equation models* (S. 136–162). Newbury Park, CA: Sage.

Cornelius, S. W. & Caspi, A. (1987). Everyday problem solving in adulthood and old age. *Psychology and Aging, 2*, 144–153.

Costa, P. T., Jr. & McCrae, R. R. (1985). *NEO: Five-factor personality inventory.* Talahassee, FL: Psychological Assessment Resources.

Denney, N. W. (1989). Everyday problem solving: Methodological issues, research findings, and a model. In L. W. Poon, D. C. Rubin & B. A. Wilson (Hrsg.), *Everyday cognition in adulthood and late life* (S. 330–351). New York: Cambridge University Press.

Fitzgerald, J. F., Smith, D. M., Martin, D. K., Freedman, J. A. & Wolinsky, F. D. (1993). Replication of the multidimensionality of activities of daily living. *Journal of Gerontology: Social Sciences, 48*, S28–S31.

Ford, M. E. (1985). The concept of competence: Themes and variations. In J. H. A. Marlowe & R. B. Weinberg (Hrsg.), *Competence development: Theory and practice in special populations* (S. 3–49). Springfield, IL: C. C. Thomas.

Gatz, K., Gease, E. I., Forrest, B. T. & Moran, J. A. (1982). Psychological competence characteristics of black and white women: The constraining effects of „triple jeopardy". *The Black Scholar, 13*, 5–13.

Hamilton, M. (1960). A rating scale for depression. *Journal of Neurology, Neurosurgery and Psychiatry, 23*, 56–62.

Hamilton, M. (1967). Development of a rating scale for primary depressive illness. *British Journal of Consulting and Clinical Psychology, 6*, 278–296.

Hertzog, C. (1989). Influences of cognitive slowing on age differences in intelligence. *Developmental Psychology, 25*, 636–651.

Jöreskog, K. G. & Sörbom, D. (1989). LISREL 7: *User's reference guide*. Mooresville, IN: Scientific Software.

Katz, S., Ford, A. B., Moskowitz, R. W., Jackson, B. A. & Jaffe, M. W. (1963). Studies of illness in the aged. The index of ADL: A standardized measure of biological and psychosocial function. *Journal of the American Medical Association, 185*, 914–919.

Kruse, A. (1987). Kompetenz bei chronischer Krankheit im Alter. *Zeitschrift für Gerontologie, 20*, 355–366.

Kruse, A. (1989). Rehabilitation in der Gerontologie: Theoretische Grundlagen und empirische Forschungsergebnisse. In C. Rott & F. Oswald (Hrsg.), *Kompetenz im Alter* (S. 81–110). Vaduz: Liechtenstein.

Lawton, M. P. (1982). Competence, environmental press, and the adaptation of older people. In M. P. Lawton, P. G. Windley & T. O. Byerts (Hrsg.), *Aging and the environment: Theoretical approaches* (S. 33–59). New York: Springer.

Lawton, M. P. (1983a). Assessment of behaviors required to maintain residence in the community. In T. Crook, S. H. Ferris & R. Bartus (Hrsg.), *Assessment in geriatric psychopharmacology* (S. 119–135). New Canaan, CT: Powley.

Lawton, M. P. (1983b). Environment and other determinants of well-being in older people. *The Gerontologist, 23*, 349–357.

Lawton, M. P. (1987). Environment and the need satisfaction of the aging. In L. L. Carstensen & B. A. Edelstein (Hrsg.), *Handbook of clinical gerontology* (S. 33–40). New York: Pergamon Press.

Lawton, M. P. (1989). Environmental proactivity and affect in older people. In S. Spacapan & S. Oskamp (Hrsg.), *The social psychology of aging* (S. 135–163). Newbury Park, CA: Sage.

Lawton, M. P. & Brody, E. M. (1969). Assessment of older people: Self-maintaining and instrumental activities of daily living. *The Gerontologist, 9*, 179–186.

Lawton, M. P., Moss, M., Fulcomer, M. & Kleban, M. H. (1982). A research and service-oriented multilevel assessment instrument. *Journal of Gerontology, 37*, 91–99.

Lawton, M. P. & Nahemow, L. (1973). Ecology and the aging process. In C. Eisdorfer & M. P. Lawton (Hrsg.), *Psychology of adult development and aging* (S. 619–674). Washington, DC: American Psychological Association.

Lehr, U. (1989). Kompetenz im Alter: Beiträge aus gerontologischer Forschung und Praxis. In C. Rott & F. Oswald (Hrsg.), *Kompetenz im Alter* (S. 1–14). Vaduz: Liechtenstein.

Lehr, U. M. & Thomae, H. (1991). *Alltagspsychologie.* Darmstadt: Wissenschaftliche Buchgesellschaft.

Lewin, K. (1951). *Field theory in social sciences.* New York: Harper & Row.

Lindenberger, U., Mayr, U. & Kliegl, R. (1993). Speed and intelligence in old age. *Psychology and Aging, 8,* 207–220.

Mahoney, F. I. & Barthel, D. W. (1965). Functional evaluation: The Barthel Index. *Maryland Medical Journal, 14,* 61–65.

Marsiske, M., Lang, F. R., Baltes, P. B. & Baltes, M. M. (1995). Selective optimization with compensation: Life-span perspectives. In R. A. Dixon & L. Bäckman (Hrsg.), *Psychological compensation: Managing losses and promoting gains* (S. 35–79). Hillsdale, NJ: Erlbaum.

Matsueda, R. L. & Bielby, W. T. (1986). Statistical power in covariance structure models. In N. B. Tuma (Hrsg.), *Sociological methodology 1986* (S. 120–158). San Francisco, CA: Jossey-Bass.

McCall, R. B. (1977). Challenges to a science of developmental psychology. *Child Development, 48,* 333–344.

Moss, M. & Lawton, M. P. (1982). Time budgets of older people: A window on four lifestyles. *Journal of Gerontology, 37*, 576–582.

North, A. J. & Ulatowska, H. K. (1981). Competence in independently living older adults. *Journal of Gerontology, 36,* 576–582.

Olbrich, E. (1987). Kompetenz im Alter. *Zeitschrift für Gerontologie, 20,* 319–330.

Sansone, C. & Berg, C. A. (1993). Adapting to the environment across the life span: Different process or different inputs? *International Journal of Behavioral Development, 16,* 215–241.

Staudinger, U., Smith, J. & Freund, A. (1992). *The goal system: A facet of the resilient self in old age?* Presented at the 25th International Congress of Psychology, Brussels, Belgium.

Sternberg, R. J. (1985). *Beyond IQ: A triarchic theory of human intelligence.* New York: Cambridge University Press.

Tinetti, M. E. (1986). A performance-oriented assessment of mobility problems in elderly patients. *Journal of the American Geriatrics Society, 34,* 119–126.

Wagner, G. (1991). Die Erhebung von Einkommensdaten im Sozio-ökonomischen Panel (SOEP). In U. Rendtel & G. Wagner (Hrsg.), *Lebenslagen im Wandel: Zur Einkommensdynamik in Deutschland seit 1984* (S. 26–33). Frankfurt/M.: Campus.

Wegener, B. (1988). *Kritik des Prestiges.* Opladen: Westdeutscher Verlag.

Willis, S. L. (1991). Cognition and everyday competence. *Annual Review of Gerontology and Geriatrics, 11,* 80–109.

Willis, S. L. & Marsiske, M. (1991). Life-span perspective on practical intelligence. In D. E. Tupper & K. D. Cicerone (Hrsg.), *The neuropsychology of everyday life: Issues in development and rehabilitation* (S. 183–198). Boston, MA: Kluwer.

Wilms, H.-U. & Baltes, M. M. (1994). *Dementia related influence on everyday competence.* Poster presented at the 47th Annual Scientific Meeting of the Gerontological Society of America, Atlanta, GA.

Wolinsky, F. D. & Johnson, R. J. (1991). The use of health services by older adults. *Journal of Gerontology: Social Sciences, 46,* S345–S357.

Wolinsky, F. D. & Johnson, R. J. (1992a). Perceived health status and mortality among older men and women. *Journal of Gerontology: Social Sciences, 47,* S304–S312.

Wolinsky, F. D. & Johnson, R. J. (1992b). Widowhood, health status, and the use of health services by older adults: A cross-sectional and prospective approach. *Journal of Gerontology: Social Sciences, 47,* S8–S15.

21. Lebensverlauf und Altern: Kontinuität und Diskontinuität der gesellschaftlichen Beteiligung, des Lebensinvestments und ökonomischer Ressourcen

Ineke Maas & Ursula M. Staudinger

Zusammenfassung

Unter der Überschrift Kontinuität und Diskontinuität von Entwicklung haben wir uns in diesem Kapitel zwei Fragen gestellt. Erstens, ob Verhaltensweisen oder Eigenschaften, wenn man verschiedene Personen in der Höhe der Ausprägung und in der Rangfolge miteinander vergleicht, im Lebensverlauf gleich bleiben (deskriptive Kontinuität) oder sich verändern. Zweitens, ob die diesen beobachteten Verhaltensweisen oder Merkmalen zuzuordnenden Erklärungszusammenhänge die gleichen bleiben (erklärende Kontinuität). Als Beispiele dienten drei Merkmale: gesellschaftliche Beteiligung, subjektives Lebensinvestment (selbsteingeschätztes Ausmaß des Denkens und Tuns in zehn zentralen Lebensbereichen) und ökonomische Ressourcen einer Person. Insgesamt weisen die Ergebnisse darauf hin, daß deskriptive Kontinuität vorherrscht, es gibt jedoch auch Hinweise auf diskontinuierliche Prozesse. Besonders altersbedingte Einbußen in der körperlich-geistigen Funktionsfähigkeit tragen zum Auftreten solcher Diskontinuitäten im hohen Alter bei und weniger externe sozialstrukturelle Merkmale (z. B. Bildungsniveau, Schichtzugehörigkeit, Umzüge, Arbeitslosigkeit). Einen ähnlich diskontinuitätserzeugenden Effekt hatte nur noch die Scheidung für die ökonomischen Ressourcen von Frauen im Alter. Es fiel weiterhin auf, daß interne Entwicklungskontexte wie Persönlichkeitsmerkmale und geistige Fähigkeiten kontinuierlichere Auswirkungen zu haben scheinen als sozialstrukturelle Merkmale. Die subjektive Rekonstruktion von Entwicklung schließlich zeichnete sich zum einen durch einen starken Trend zur Konstruktion von Kontinuität aus, aber dies nicht um jeden Preis. Denn zum anderen spiegelten sich in der Entwicklungsrekonstruktion durchaus auch externe Entwicklungskontexte wider. Die relativ starke Rolle, die kontinuierlichen Einflußprozessen bei der Erklärung der von uns untersuchten Beispiele zukam, legt den Schluß nahe, daß Kenntnisse über den vorangegangenen Lebensverlauf wesentlich zum Verständnis des Alterns beitragen.

1. Einleitung

Die Ansicht, daß „das Alter" ein abgegrenzter Lebensabschnitt ist, der bei einem bestimmten chronologischen Alter, z. B. mit 65 Jahren, beginnt und durch Merkmale gekennzeichnet ist, die allen älteren Menschen gemeinsam sind, macht mehr und mehr einer differenzierteren Sichtweise Platz. Eine chronologische Festlegung des Beginns des Alters ist nicht möglich. Aus der Perspektive sowohl der Entwicklungspsychologie der Lebensspanne (P. B. Baltes, 1987) als auch der Soziologie des Lebensverlaufs (Mayer, 1990) sind Altern und Entwicklung zwei Prozesse, die von der Zeugung des Menschen an wirksam sind und sich nicht zu einem bestimmten Zeitpunkt ablösen.

Doch darüber hinaus gibt es mindestens drei Gründe, warum Personen gleichen chronologischen Alters sehr verschieden sind. Erstens liegt es daran, daß Menschen verschiedene genetische Ausstattungen für die Auseinandersetzung mit wechselnden Kontexten im Alter und in den vorangegangenen Lebensabschnitten mitbringen. Zweitens sind ältere Menschen sich nicht besonders ähnlich, weil sie sehr verschiedene Lebensverläufe hinter sich haben: So waren einige Frauen ihr Leben lang Hausfrauen, andere übten über 40 Jahre lang einen Beruf aus, einige verloren im Krieg ihren Mann, während einige gar nicht heirateten oder andere heute noch glücklich verheiratet sind (vgl. z. B. Schütze et al., Kapitel 5 in diesem Band). Drittens leben ältere Menschen, wie jüngere, unter verschiedenen internen und externen Bedingungen: in der Stadt oder auf dem Land, reich oder arm, allein oder in einer größeren Familie, krank oder gesund. In der Tat sind alle drei Ursachen schwer voneinander zu trennen, weil die verschiedenen Lebensumstände im Alter ihrerseits das Resultat von unterschiedlichen Lebensverläufen und genetischen Ausstattungen sind.

Vor diesem Hintergrund wird einsichtig, daß man zum vollen Verständnis der Charakteristika und Prozesse des höheren Alters auch die vorhergehende Lebensgeschichte untersuchen sollte (Atchley, 1989; P. B. Baltes, 1987; Kohli, 1983; Lehr, 1980; Simic, 1978). „Nicht die Anzahl der Lebensjahre, sondern ureigenste Erfahrungen und Erlebnisse während eines ganzen Lebens bestimmen sowohl den Alterszustand zu einem gegebenen Zeitpunkt als auch die Art und Weise, wie der weitere Alternsprozeß (...) verläuft." (Lehr, 1987, S. 21). Die Entwicklung der Denktraditionen der Entwicklungspsychologie der Lebensspanne, der Biographieforschung und der Lebensverlaufsforschung sind deutliche Anzeichen einer veränderten Sichtweise auf das höhere Alter in den Sozialwissenschaften. Bei diesen Theorie- und Forschungsrichtungen liegen die Schwerpunkte (1) auf der Verbindung von Lebensphasen anstelle der Betrachtung jeder einzelnen Phase für sich, (2) auf der Interaktion zwischen dem Vergehen individueller Zeit, „sozialer" Zeit und historischer Zeit, (3) auf der Untersuchung der Möglichkeiten und Grenzen von Entwicklung und (4) auf der kumulativen Auswirkung früherer Abschnitte des Lebensverlaufs auf die folgenden (Arber & Evandrou, 1993b; Elder, 1974, 1978; Hareven, 1978; Mayer, 1990).

Eine solche Sichtweise hat offensichtlich großen heuristischen Wert. Sie stimulierte Forschung über den Lebensverlauf und das Altern (siehe z. B. Arber & Evandrou, 1993a; P. B. Baltes, 1987; Elder & O'Rand, 1992; Lehr & Thomae, 1987). Dennoch ist es im Rahmen dieser Ansätze (mit einigen Ausnahmen, auf die wir später zurückkommen werden) noch nicht gelungen, eine Theorie oder einen Satz von Hypothesen über die vermittelnden Mechanismen zu entwickeln, die einen Zusammenhang zwischen dem Lebensverlauf, dem Verhalten und den Lebenslagen im höheren Alter herstellen. Noch seltener sind empirisch bestätigte Hypothesen über diese Verknüpfungen. Die Hauptursache für das Fehlen profunder Kenntnisse über die Zusammenhänge zwischen dem Lebensverlauf und dem Altern besteht im Mangel geeigneter Daten. Die ältesten Teilnehmer an umfassenden längsschnittlichen Untersuchungen, die unter einer Lebensspannenperspektive durchgeführt werden, erreichen erst jetzt das höhere Alter. Untersuchungen von Gerontologen enthalten dagegen oft nur sehr wenige Informationen über die vorangegangene Lebensgeschichte.

Eine der wichtigen theoretischen Orientierungen der Berliner Altersstudie (BASE) fragte angesichts dieser Erkenntnislücke deshalb danach, inwieweit Phänomene des Alter(n)s durch die Kenntnis des vorangegangenen Lebensverlaufs vorausgesagt bzw. besser verstanden werden können (vgl. P. B. Baltes et al., Kapitel 1). Im vorliegenden Kapitel wird zur Beantwortung dieser Frage zunächst eine theoretische Konzeption zur Untersuchung von Kontinuität und Diskontinuität dargestellt, wie sie in Lebensspannen- und Lebensverlaufsansätzen entwickelt worden ist (z. B. Atchley, 1989; P. B. Baltes, Reese & Lipsitt, 1980; Elder, 1974, 1975; Lerner, 1984). Es soll dann versucht werden, deren Implikationen anhand des BASE-Datensatzes zu überprüfen. Diese Zielsetzung ist allerdings klar durch den querschnittlichen Charakter des zur Zeit vorliegenden BASE-Datensatzes begrenzt. Die einzigen Quasi-Ausnahmen von der Querschnittlichkeit des verfügbaren Datensatzes bilden retrospektive Fragen und Informationen, die als mehr oder weniger subjektive Rekonstruktionen bestimmter Aspekte der Vergangenheit zu verstehen sind.

Über diese Begrenzungen des vorliegenden Datensatzes hinaus stellt sich jedoch eine noch viel grundlegendere theoretische Frage im Zusammenhang mit der Untersuchung von Kontinuität und Diskontinuität von Entwicklung. Ist es überhaupt nützlich, nach allgemeineren Mechanismen zu suchen, die die Verbindung zwischen früheren Lebensabschnitten und Altern herstellen? Einige Faktoren verkomplizieren das Bild: Erstens sind sowohl der Lebensverlauf als auch das Altern ungeheuer vielfältig. Es gibt so viele Aspekte, die als Forschungsgegenstand dienen können, daß es möglicherweise besser wäre, sich auf einen von ihnen zu konzentrieren, als überhaupt den Versuch zu unternehmen, an der Formulierung einer allgemeineren Theorie über Lebensverlauf und Altern zu arbeiten. Zweitens sind Lebensgeschichten durch einzigartige historische Bedingungen und Ereignisse beeinflußt. Was nützt uns Wissen über die Auswirkungen von Kriegserfahrungen auf das hohe Alter, wenn die nächsten Generationen (wie wir hoffen) ihr ganzes Leben in Friedenszeiten verbringen werden? Obwohl beide Argumente teilweise zutreffen, glauben wir, daß es dennoch sinnvoll ist, nach allgemeineren Mechanismen zu suchen. So könnten die gleichen Mechanismen in verschiedenen Lebensbereichen eine Rolle spielen (vgl. z. B. Mayer & Wagner, Kapitel 9,

Tabelle 1: Fragestellungen zu Zusammenhängen zwischen Lebensverlauf und Alter(n).

Fragestellung	Merkmal des Alters oder Auswirkung des Lebensverlaufs?	Subjektive Rekonstruktion von Kontinuität	Familiengeschichte und Diskontinuität
Beispiel	Gesellschaftliche Beteiligung	Subjektives Lebensinvestment	Ökonomische Ressourcen

in dem die Bedeutung sozialer Schichtzugehörigkeit für eine Reihe von Altersmerkmalen gezeigt wird). Und obwohl historische Ereignisse teilweise einzigartig sind, lassen sich meist abstraktere Charakteristiken identifizieren, die dann auch auf andere konkrete historische Konstellationen anwendbar sind.

Aus der Vielzahl potentieller Fragestellungen, die aus dem Interesse an Kontinuität und Diskontinuität lebenslanger Entwicklung folgen, konzentrieren wir uns auf drei Themen (Tabelle 1). Erstens geht es um die Frage, inwiefern individuelle Unterschiede im Alter mit den internen oder externen Bedingungen des Alters selbst erklärt werden können und inwiefern sie mit interindividuellen Unterschieden und Bedingungen aus früheren Lebensabschnitten in Zusammenhang stehen. Wir werden dies am Beispiel der gesellschaftlichen Beteiligung im höheren Alter diskutieren. Zweitens werden wir die subjektive Rekonstruktion von Kontinuität und Diskontinuität und deren Bedingungskonstellationen untersuchen, und zwar am Beispiel des subjektiven Lebensinvestments im Alter und deren selbstwahrgenommene Veränderung im Vergleich zum mittleren Erwachsenenalter. Drittens untersuchen wir den Zusammenhang von sozialen, also eher objektiven Merkmalen der Lebensgeschichte und individuellen Unterschieden im hohen Alter am Beispiel der Auswirkungen der Familiengeschichte auf die ökonomischen Ressourcen im Alter.

2. Kontinuität und Diskontinuität von Entwicklung: Ein begrifflicher Rahmen

Für die Untersuchung der Frage, ob Veränderungen und Charakteristiken im höheren Alter die Konsequenzen eines lebenslangen Prozesses sind oder eine dem Alter eigene Konstellation darstellen, sind die Konzepte der Kontinuität und Diskontinuität von lebenslanger Entwicklung zentral. Eine Reihe von Autoren haben gezeigt, daß es irreführend ist, von „dem" Konzept der Kontinuität zu reden (Alwin, 1994; Asendorpf & Weinert, 1990; P. B. Baltes, 1973; Kagan, 1980; Lerner, 1984; Mortimer, Finch & Kumka, 1982). Vielmehr lassen sich verschiedene Aspekte von Kontinuität und Diskontinuität unterscheiden. Wir haben eine dieser Konzeptualisierungen, die in der Literatur auch auf breiteren Konsens stößt, ausgewählt und stellen sie im folgenden kurz dar, bevor wir zu den eigentlichen Analysen der BASE-Daten übergehen, die durch die vorgestellte Konzeption motiviert sind.

Zunächst lassen sich eine *deskriptive* und eine *erklärende* Kontinuität voneinander abgrenzen (z. B. Lerner, 1984). Wenn sich Verhalten oder Eigenschaften, die zu einem Zeitpunkt im Lebensverlauf beobachtet werden, genauso beschreiben lassen wie Eigenschaften oder Verhalten zu einem anderen Zeitpunkt im Leben, so spricht man von deskriptiver Kontinuität. Lassen sich auf dieses beobachtete Verhalten oder diese Eigenschaften dann noch zu verschiedenen Zeitpunkten im Lebensverlauf die gleichen „kausalen" Bedingungskonstellationen anwenden, so spricht man von erklärender Kontinuität. Die Variablen bzw. Bedingungsfaktoren, die sich zu diesem Erklärungsmuster zusammenfügen, lassen sich auch als interne und externe Ressourcen oder Restriktionen konzeptualisieren, auf deren Grundlage individuelles Verhalten und Erleben zustande kommt.

Im einfachsten Falle beruht deskriptive Kontinuität darauf, daß sich das einem Merkmal zugrundeliegende Erklärungsmuster über die Zeit nicht verändert. Es kann aber auch sein, daß deskriptive Kontinuität zu beobachten ist, das zugrundeliegende Erklärungsmuster sich allerdings verändert: Sowohl junge als auch ältere Personen sind also in vergleichbarer Weise gesellschaftlich aktiv, doch die Ursachen dafür sind unterschiedlicher Natur. Oder umgekehrt, wir beobachten deskriptive Diskontinuität, aber die zugrundeliegenden Erklärungsmuster bleiben gleich.

Mortimer und Mitarbeiter (1982) unterscheiden im einzelnen vier Arten von deskriptiver Kontinuität:

1. *Niveaustabilität*: Erhalt der quantitativen Ausprägung eines Phänomens über die Zeit. Niveausta-

bilität liegt also vor, wenn beispielsweise eine Person unter Verwendung des gleichen Erhebungsinstrumentes in der Jugend und im Alter den gleichen numerischen Wert für ihre gesellschaftliche Beteiligung erhielt.

2. *Normative (interindividuelle) Stabilität*: Erhalt von interindividuellen Unterschieden über die Zeit. Diese Art der Kontinuität wird meistens mit Hilfe der Korrelation der Merkmalsausprägungen in einer Gruppe von Individuen zu zwei verschiedenen Zeitpunkten gemessen. Es geht hierbei also um den Erhalt von Rangreihen über verschiedene Individuen zu verschiedenen Zeitpunkten.
   Normative Stabilität und Niveaustabilität sind im Prinzip unabhängig voneinander. Ein Individuum kann einerseits den gleichen Wert auf einer bestimmten Variable erhalten und dennoch seine Position im Vergleich zu anderen geändert haben. Andererseits kann sich der von der Person erreichte Wert verändert haben, aber seine relative Position in der Verteilung erhalten geblieben sein. Persönliches Einkommen ist oft ein gutes Beispiel für die zweite Variante.
3. *Strukturelle Invarianz*: Erhalten bleibt nicht die Ausprägung, sondern die korrelative Struktur des untersuchten Merkmalsbereiches. Im Falle gesellschaftlicher Beteiligung ist es beispielsweise klar, daß der Inhalt von Aktivitäten (oder das Zusammenhangsmuster der einzelnen Aktivitäten) sich auch bei gleichbleibenden Aktivitätsniveaus vom jüngeren Erwachsenenalter zum höheren Alter verändern kann.
4. *Ipsative Stabilität*: Die intraindividuelle Rangfolge von Charakteristiken, d. h. innerhalb einer Person, bleibt über die Zeit stabil. Ein Beispiel hierfür ist die relative Bedeutung, die eine Person gesellschaftlicher Beteiligung und Medienkonsum jeweils im jüngeren Erwachsenenalter und im höheren Alter beimißt.

In den folgenden Analysen der Kontinuität und Diskontinuität von gesellschaftlicher Beteiligung, subjektivem Lebensinvestment und ökonomischen Ressourcen im hohen und sehr hohen Erwachsenenalter konzentrieren wir uns auf das Konzept der normativen Stabilität, sowohl was die Betrachtung der deskriptiven als auch der erklärenden Ebene angeht. Wir sind also an der Frage interessiert, ob die Rangfolgen über verschiedene Personen hinweg zu den betrachteten Merkmalen gleich bleiben oder sich verändern. Niveaustabilität und strukturelle Stabilität finden auch vereinzelt Erwähnung, sind aber in den Analysen weniger zentral.

3. Gesellschaftliche Beteiligung im Alter

Beteiligung an gesellschaftlichen Aktivitäten ist oft ein Thema gerontologischer Forschung gewesen. Es ist nicht nur aus einer sozialen Perspektive interessant festzustellen, ob ältere Menschen sich vom gesellschaftlichen Leben zurückziehen und es den Jüngeren überlassen. Denn gesellschaftliche Beteiligung steht auch in starkem Zusammenhang mit individueller Lebensqualität. So weist gesellschaftliche Beteiligung z. B. starke Zusammenhänge mit psychischer und körperlicher Gesundheit, Wohnsituation und Mortalität auf (Arnetz & Theorell, 1983; Harel & Noelker, 1982; Jeffers & Nichols, 1970; Lehr, 1982; Okun, Stock, Haring & Witter, 1984). Obwohl kausale Beziehungen schwer auszumachen sind, gibt es einige Hinweise darauf, daß das Ausmaß der gesellschaftlichen Beteiligung im Alter nicht nur die Folge von Unterschieden in der gesundheitlichen Verfassung im Alter ist. Einige Untersuchungen weisen darauf hin, daß gesellschaftliche Beteiligung in jüngeren Jahren sogar positive Auswirkungen auf den Gesundheitszustand im höheren Alter (Kelly, 1987; Maddox, 1970) und auf Langlebigkeit hat (Moen, Dempster-McClain & Williams, 1989).

3.1 Deskriptive Kontinuität gesellschaftlicher Beteiligung

In bezug auf deskriptive Kontinuität scheinen viele Studien starke Kontinuität des Aktivitätsniveaus (Niveaustabilität) und interindividueller Unterschiede (normative Stabilität) von der Jugend, über das jüngere und mittlere Erwachsenenalter bis in das hohe Alter nachzuweisen (Tokarski & Schmitz-Scherzer, 1984; Ward, 1981–82). Trotzdem wird eine Vielzahl von sozialen Aktivitäten erst im Erwachsenenalter erlernt und ausgeführt (Kelly, 1974). Allerdings betrachteten nur wenige Studien die gesamte Lebensspanne. Es ist deshalb noch ungeklärt, inwieweit sich die Entwicklung der gesellschaftlichen Beteiligung über die Lebensspanne durch strukturelle Invarianz, normative und Niveaustabilität kennzeichnet.

3.1.1 Erhebung der gesellschaftlichen Beteiligung

Im querschnittlichen Erhebungsdesign der Berliner Altersstudie wurden retrospektive Daten über die Beteiligung an gesellschaftlichen Aktivitäten für drei

Lebenszeitpunkte erhoben: im letzten Jahr vor der Befragung, seit dem 60. Lebensjahr des Studienteilnehmers und während des jungen Erwachsenenalters (vor dem 25. Lebensjahr)[1]. Um ein möglichst vollständiges Bild zu erhalten, wurden den BASE-Teilnehmern Karten gezeigt, die je eine Aktivitätskategorie darstellten. Für das letzte Jahr und die Zeit seit dem 60. Lebensjahr führten die Karten die folgenden Kategorien auf: Sport treiben, Restaurantbesuche, Tanzen, Tagesausflüge machen, Reisen, Besuch kultureller Veranstaltungen, künstlerische Aktivitäten (wie das Spielen von Musikinstrumenten), Hobbys, politisches Engagement, Weiterbildung, ehrenamtliche Tätigkeiten und Spiele. Für das junge Erwachsenenalter wurden keine Fragen über Weiterbildung, Spiele und Restaurantbesuche gestellt, in der Annahme, daß diese Aktivitäten von fast allen ausgeführt wurden. Statt dessen wurde eine Karte über den Besuch von Sportveranstaltungen gezeigt. Die Karten wurden den Studienteilnehmern in einer festgelegten Reihenfolge vorgelegt, und es wurde jeweils gefragt, ob sie Aktivitäten dieser Art ausgeführt hätten (ja/nein).

Bei den Aktivitäten im letzten Jahr und in der Zeit seit dem 60. Lebensjahr wurde nach dem Ort gefragt, an dem diese stattfanden. Dies erlaubte den Ausschluß von Aktivitäten im Privatbereich, wie z. B. von Hobbys, die ausschließlich zu Hause ausgeübt werden. Die Erhebung der gesellschaftlichen Beteiligung im jüngeren Alter ist etwas weniger präzise, da die Daten diese Korrektur nicht zulassen.

Wenn Personen nach eigenen Angaben nach dem 60. Lebensjahr eine Aktivität ausgeführt hatten, aber zum Zeitpunkt der Befragung nicht mehr, wurden sie jeweils nach dem letzten Jahr der Ausführung gefragt. Entsprechend wurde nach dem Jahr der Aufnahme von Aktivitäten gefragt, die nach dem 60. Lebensjahr erstmals ausgeführt wurden. Auf diese Weise konnte ein Bild der gesellschaftlichen Beteiligung für jedes Jahr – angefangen vom 60. Lebensjahr bis zum Zeitpunkt der Befragung (d. h. dem 70. bis 103. Lebensjahr) – entworfen werden. Diese Daten stellen subjektive Berichte über frühere Aktivitäten dar, die vermutlich teilweise auch die geistige Fitneß und die Bemühungen der Studienteilnehmer, ein kohärentes Bild ihres Lebensverlaufs zu entwerfen, widerspiegeln.

Für die folgenden Analysen standen pro Erhebungsalter (vor dem 25. Lebensjahr, 60. Lebensjahr, im Jahr vor der BASE-Erhebung) zehn respektive zwölf Einzelscores zu Verfügung. Außerdem wurden drei Gesamtscores gesellschaftlicher Beteiligung berechnet. Dazu wurden pro Person jeweils die Anzahl der berichteten Aktivitäten vor dem 25. Lebensjahr, im 60. Lebensjahr und während des letzten Jahres addiert.

3.1.2 Ergebnisse

Betrachtet man zunächst das Ausmaß der gesellschaftlichen Aktivitäten unabhängig von ihrem Inhalt, stellt man Instabilität (im Sinne von Niveauinstabilität) fest ($t=25{,}4$; $p<0{,}01$). Alte (70- bis 85jährige) und sehr alte (85jährige und ältere) Menschen berichten eine geringere gesellschaftliche Beteiligung als vor ihrem 25. Lebensjahr. Auch die normative Stabilität ist mit einer Korrelation von $r=0{,}27$ ($p<0{,}01$) nicht sehr hoch.

Mit Tabelle 2 wenden wir uns nun den Inhalten der gesellschaftlichen Aktivitäten und damit einer Form der strukturellen Kontinuität zu. Die erste Spalte enthält die absolute Anzahl der Personen, die im letzten Jahr nach eigenen Angaben eine bestimmte Aktivität ausgeübt haben.

Betrachtet man in der zweiten Spalte, wie viele der im letzten Jahr in dieser Tätigkeit aktiven Personen die gleiche Aktivität (nach eigenen Angaben) auch schon vor dem 25. Lebensjahr ausgeführt haben, so zeigt sich ein etwas anderes Bild der Kontinuität oder Diskontinuität. Zum Beispiel übten 80% der Personen, die im letzten Jahr Sport trieben, diese Aktivität auch schon im jungen Erwachsenenalter aus. Dies ist ein weiteres mögliches Maß für die oben eingeführte Niveaustabilität. Nach den Aussagen der BASE-Teilnehmer waren die meisten Aktivitäten, die sie im vergangenen Jahr ausgeübt hatten (vgl. auch M. M. Baltes et al., Kapitel 20, Tabelle 4), auch Teil des Aktivitätsmusters im jungen Erwachsenenalter. Aus dieser Perspektive ergibt sich also starke Kontinuität. Ehrenamtliche Tätigkeiten und politische Aktivitäten sind Ausnahmen, auf die wir weiter unten zurückkommen.

Es ist jedoch auch möglich, die in diesem Sinne operationalisierte strukturelle Stabilität gesellschaftlicher Beteiligung aus der umgekehrten Perspektive zu betrachten. Man geht vom jungen Erwachsenenalter aus und stellt fest, wie viele und welche Akti-

1 Für die retrospektive Erhebung von gesellschaftlicher Beteiligung und der Zeitpunkte des Anfangs und des Aufgebens bestimmter gesellschaftlicher Aktivitäten gab es keine Vorlagen in der Literatur. Das Instrument wurde von Dr. Gisela Clausen entworfen. Erfahrungen während der Untersuchung und die Qualität der Daten zeigen, daß das Erheben derartiger retrospektiver Daten zwar nicht immer einfach, aber dennoch sehr gut möglich ist.

Tabelle 2: Gesellschaftliche Beteiligung im höheren Alter und im jungen Erwachsenenalter.

Aktivität	Anzahl der Personen, die Aktivitäten im letzten Jahr ausführten	Kontinuität der Beteiligung an Aktivitäten aus der Perspektive des höheren Alters[1]	aus der Perspektive des jungen Erwachsenenalters[2]
Sport treiben	219	79,9%	51,6%
Tanzen	54	83,3%	13,8%
Ausflüge machen	239	81,6%	50,6%
Besuch kultureller Ereignisse	207	92,8%	43,4%
Künstlerische Aktivitäten	65	80,0%	20,3%
Hobbys	294	59,2%	64,7%
Reisen	248	66,1%	56,0%
Ehrenamtliche Tätigkeiten	45	20,0%	14,1%
Politische Aktivitäten	31	35,5%	18,6%

1 Anteil der heute Aktiven, die die gleiche Aktivität schon vor dem 25. Lebensjahr ausübten.
2 Anteil der vor dem 25. Lebensjahr Aktiven, die die gleiche Aktivität noch heute ausführen.

vitäten bis in das höhere Alter fortgesetzt wurden. Diese Anteile sind in der dritten Spalte von Tabelle 2 dargestellt. Aus dieser Perspektive erscheint die Kontinuität deutlich niedriger als aufgrund der Prozentanteile in der zweiten Spalte. Zum Beispiel übten nur knapp 52% der Personen, die nach eigenen Angaben im jungen Erwachsenenalter Sport getrieben haben, diese Aktivität auch noch im hohen Alter (im letzten Jahr vor der Befragung) aus. Diese strukturelle Diskontinuität steht in Zusammenhang mit der oben konstatierten Niveauinstabilität, daß im Alter gesellschaftliche Beteiligung im allgemeinen im Vergleich zu jüngeren Jahren abnimmt. Auch hier weisen die politischen Aktivitäten und die ehrenamtlichen Tätigkeiten die geringste Kontinuität auf. Die geringe Kontinuität der politischen Aktivitäten könnte allerdings auf einem Artefakt beruhen: Es könnte sein, daß die Mitglieder dieser Generationen nicht an die politischen Aktivitäten ihrer Jugend erinnert werden wollen und sie deswegen auch nicht erwähnen. Doch es könnte auch echte Diskontinuität sein, da es eher unwahrscheinlich scheint, daß die in der Nazizeit politisch Aktiven auch unter den heutigen veränderten Bedingungen politisch aktiv wären.

Eine detaillierte Betrachtung der Daten zu ehrenamtlichen Tätigkeiten zeigt, daß sich ihre Art über die Jahre unterscheidet: In jüngeren Jahren waren es vor allem führende Positionen in Sportvereinen, während im Alter eher kranken Nachbarn geholfen wird. Damit übten in unterschiedlichen Altersphasen auch unterschiedliche Personengruppen diese Aktivität aus (erst junge Männer und später ältere Frauen) (vgl. die Unterscheidung zwischen „sozialem Ehrenamt" and „politischem Ehrenamt" von Backes, 1991).

Betrachtet man die Ergebnisse zu den verschiedenen Operationalisierungen von Kontinuität gemeinsam, so halten sich insgesamt die Anzeichen für deskriptive Kontinuität und für Diskontinuität gesellschaftlicher Beteiligung wohl die Waage.

3.2 Ein Modell erklärender Kontinuität und Diskontinuität gesellschaftlicher Beteiligung

Ausgehend von der getroffenen Unterscheidung zwischen deskriptiver und erklärender Kontinuität stellt sich nun die Frage, ob die Faktoren, die gesellschaftliche Beteiligung erklären, über die Lebensspanne gleich bleiben. Man kann wohl davon ausgehen, daß Erleben und Verhalten zu jedem Zeitpunkt des Lebens in Wechselwirkung mit internen und externen Ressourcen und Restriktionen steht. Es läßt sich auch vermuten, daß die deskriptive Kontinuität von Verhalten und Einstellungen mit der Kontinuität oder Diskontinuität solcher internen und externen Ressourcen (Entwicklungsbedingungen) zusammenhängt.

Aus zahlreichen Längsschnittstudien gibt es Hinweise darauf, daß interne Ressourcen (wie Intelligenz und Persönlichkeitseigenschaften) trotz intraindividueller Niveauveränderungen verschiedenen Grades über die Lebensspanne (z. B. Costa & McCrae, 1993; Hertzog & Schaie, 1988) normative, interindividuelle Stabilität aufweisen. Von externen Ressourcen wie Einkommen weiß man zwar, daß sie hinsichtlich der Niveaustabilität über die Lebensspanne fluktuieren, aber dennoch scheinen diejenigen, die aus Familien mit mehr sozioökonomischen Ressourcen kommen, auch eher selbst finanzielle Ressourcen in ähnlichem Umfang zu erlangen und sie über die Lebensspanne erhalten oder sogar vermehren zu können (z. B. Blossfeld, 1985; Blossfeld, Hannan & Schömann, 1988; vgl. auch Abschnitt 5). Ein weiterer Aspekt externer Ressourcen oder Entwicklungsbedingungen, der wahrscheinlich zu Kontinuität führt, sind schließlich die sozialen Erwartungen und Normen, die mit der langfristigen Einbindung von Personen in ihre sozialen Netzwerke verbunden sind (Kahn & Antonucci, 1980).

Welches wären auf der anderen Seite die Faktoren, die Instabilität und Diskontinuität verursachen? Alle Faktoren, die Menschen dazu bringen könnten, ihr gewohntes Verhaltensrepertoire nicht mehr zu nutzen, auch nur über eine kurze Zeit, können schließlich zu Diskontinuität führen. Wie bei den Kontinuität unterstützenden Faktoren können die störenden Faktoren entsprechend interner oder externer Art sein. Die externen Faktoren lassen sich noch weiter unterteilen in solche von eher individueller (Unfall), altersbedingter (Ehe) oder eher gesellschaftlich-historischer Art (Krieg). Im Alter stellen wahrscheinlich gesundheitliche und biologische Einflüsse die stärksten Ursachen für Diskontinuität dar (vgl. z. B. P. B. Baltes & Graf, 1996; Lindenberger & Baltes, 1995; Reischies & Lindenberger, Kapitel 13).

3.2.1 Prädiktoren und Korrelate gesellschaftlicher Beteiligung

Um zu untersuchen, ob Prädiktoren und Korrelate gesellschaftlicher Beteiligung über verschiedene Lebensalter hinweg konstant bleiben, berechneten wir eine Reihe multipler Regressionen. Als ersten Schritt der Untersuchung von Kontinuität gesellschaftlicher Beteiligung wollten wir sicherstellen, daß die hohen Korrelationen nicht ein Artefakt der psychischen Gesundheit einiger Studienteilnehmer darstellte. Im ersten Modell (Abb. 1a) überprüften wir deswegen, inwieweit die deskriptive Kontinuität darauf zurückgeht, daß einige unserer Studienteilnehmer an Demenz erkrankt sind (vgl. Helmchen et al., Kapitel 7).

Im zweiten Modell (Abb. 1b) wurden drei Variablengruppen zur Vorhersage der selbstberichteten gesellschaftlichen Beteiligung zu drei Zeitpunkten im Lebensverlauf hinzugefügt: (1) externe Ressourcen, (2) interne Ressourcen und (3) Geschlechtszugehörigkeit (die als Mischung interner und externer Ressourcen aufgefaßt werden kann).

Zur Vorhersage gesellschaftlicher Beteiligung vor dem 25. Lebensjahr wurden die Schichtzugehörigkeit des Vaters und das eigene Bildungsniveau als externe Ressourcen, d. h. als Kennzeichen der sozialen Lebenslage, eingesetzt (vgl. Mayer & Wagner, Kapitel 9). Aus der Literatur geht hervor, daß höhere Schichtzugehörigkeit der Herkunftsfamilie und höheres eigenes Bildungsniveau stark mit vermehrter gesellschaftlicher Beteiligung zusammenhängen (Bourdieu, 1982; Lawton, 1985; Scitovsky, 1976).

Um gesellschaftliche Beteiligung im 60. Lebensjahr und in der Gegenwart (d. h. zum Zeitpunkt der Befragung) vorherzusagen, nutzten wir die höchste erreichte Schicht und das Bildungsniveau als externe Ressourcen. Als interne Bedingungen für alle drei Zeitpunkte wurden allgemeine Intelligenz und Persönlichkeit (Extraversion, internale Kontrollüberzeugungen, Neurotizismus) eingesetzt, wie sie zum Zeitpunkt der Befragung erhoben wurden (vgl. Smith & Baltes, Kapitel 8). Dies schien uns eine zulässige Annäherung an die tatsächlichen Ausprägungen zu den jeweiligen Erhebungszeitpunkten, da aus Längsschnittstudien bekannt ist, daß diese Merkmale durch hohe normative Stabilität gekennzeichnet sind. Das heißt, daß sich die Mittelwerte zwar verändern, aber die Rangordnungen von Personen im Lebensverlauf gleich bleiben (z. B. Costa & McCrae, 1993; Schaie, 1983). Und uns ging es in diesen Analysen nicht um Niveaustabilität, sondern gerade um interindividuelle Stabilität der Rangreihen von Personen. Die Geschlechtszugehörigkeit wurde zu allen drei Zeitpunkten einbezogen.

Im dritten Modell (Abb. 1c) fügten wir schließlich Faktoren hinzu, die zu Diskontinuität führen könnten. Die zwei wesentlichen Prozesse des Erwachsenenalters, Familiengründung und Berufskarriere, können beide als Ursachen für die Unterbrechung gesellschaftlicher Beteiligung angesehen werden. So ist beispielsweise gezeigt worden, daß Frauen mit kleinen Kindern (Gordon, Gaitz & Scott, 1976; Harry, 1970; Kelly, 1974), Arbeitslose (Kieselbach & Schindler, 1984) und Menschen, die kürzlich umgezogen sind (Babchuk & Booth, 1969), weniger Aktivitäten berichten als andere. Hier wollten wir prüfen, ob und inwieweit diese Unterbrechungen mit einer geringeren gesellschaftlichen Beteiligung in einer späteren Lebensphase zusammenhängen. Wir fügten deswegen als mögliche Prädiktoren der gesellschaftlichen Beteiligung im 60. Lebensjahr die Anzahl der Umzüge (zwischen dem 25. und 60. Le-

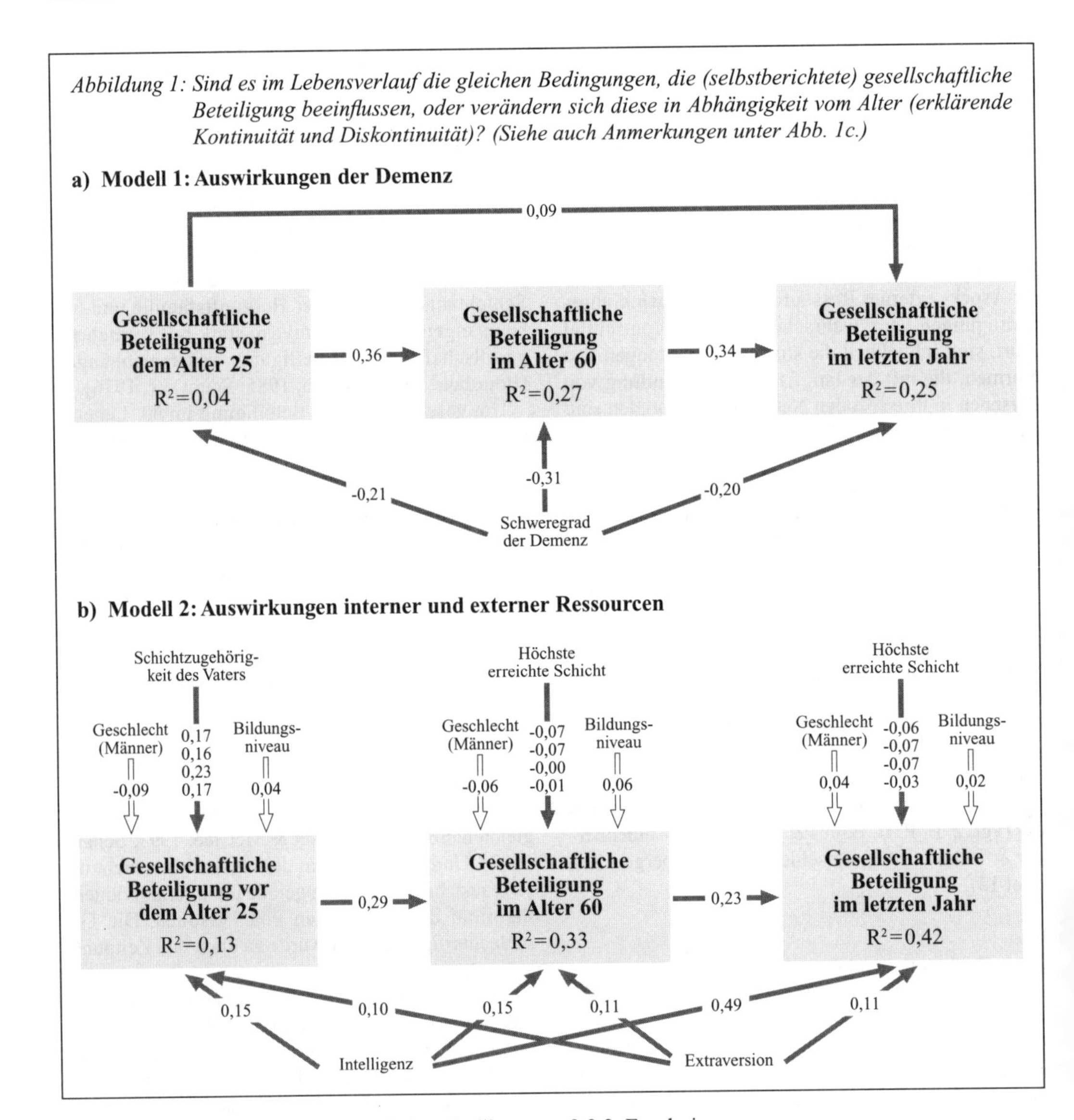

Abbildung 1: Sind es im Lebensverlauf die gleichen Bedingungen, die (selbstberichtete) gesellschaftliche Beteiligung beeinflussen, oder verändern sich diese in Abhängigkeit vom Alter (erklärende Kontinuität und Diskontinuität)? (Siehe auch Anmerkungen unter Abb. 1c.)

bensjahr), die Anzahl der Kinder und einen Indikator der Arbeitslosigkeit (mindestens eine einjährige Phase) hinzu. Nach dem 60. Lebensjahr können Ereignisse wie der kürzliche Verlust des Partners (vor höchstens zwei Jahren), der Übergang in ein Heim (als externe Faktoren) und körperliche bzw. sensorische Behinderung (Sehvermögen und Gehmobilität als interne Faktoren; vgl. Steinhagen-Thiessen & Borchelt, Kapitel 6) Diskontinuität in der Anzahl der berichteten gesellschaftlichen Aktivitäten zwischen dem 60. Lebensjahr und dem Zeitpunkt der Befragung verursachen und damit auch Diskontinuität in ihrem Erklärungsmuster.

3.2.2 Ergebnisse

In Modell 1 (Abb. 1a) zeigten sich zunächst, wie erwartet, starke Zusammenhänge zwischen dem Schweregrad der Demenz (wahrscheinlich einer der besten Indikatoren eingeschränkter geistiger Leistungsfähigkeit in diesem Alter; vgl. Helmchen et al., Kapitel 7) und der Anzahl der sozialen Aktivitäten, die für jede der drei erhobenen Lebensphasen genannt wurden. Diese Beziehungen erklären einen beträchtlichen Anteil der deskriptiven Kontinuität der gesellschaftlichen Beteiligung. Der Zusammenhang zwischen früheren Aktivitäten und Beteiligung im 60. Lebens-

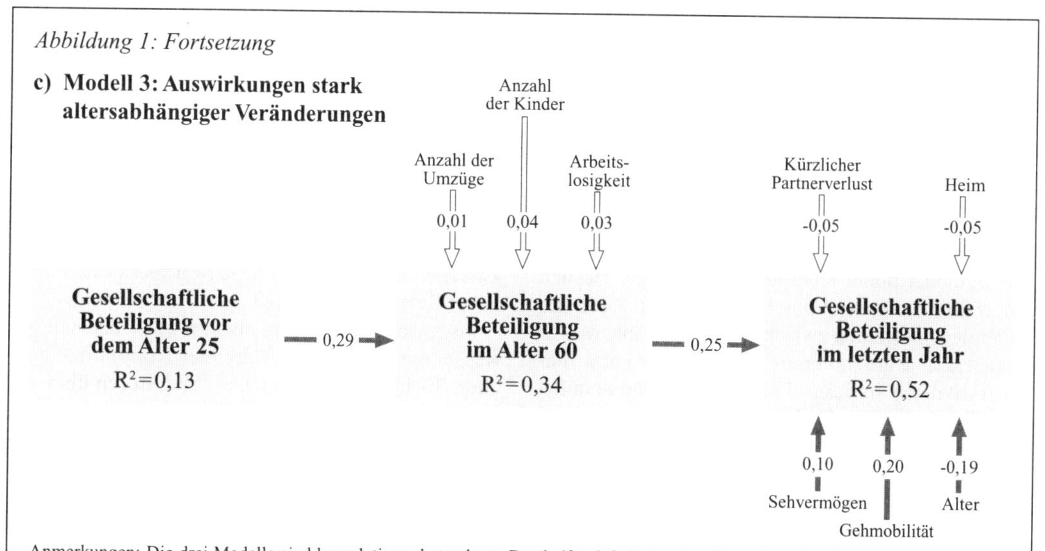

Anmerkungen: Die drei Modelle sind kumulativ zu betrachten. Das heißt, daß die im jeweils vorhergehenden Modell betrachteten Variablen auch im folgenden berücksichtigt werden. Zur Steigerung der Übersichtlichkeit sind sie nicht noch einmal aufgeführt. Die Fälle, in denen die Einführung neuer Variablen die Auswirkungen der Variablen in früheren Modellen merklich veränderte, werden im Text diskutiert. Nicht-signifikante Effekte werden durch weiße Pfeile, signifikante Effekte durch schwarze angezeigt.
Ungelernte Arbeiter (Unterschicht) stellen die Referenzkategorie der Schichtzugehörigkeit dar. Von oben nach unten beziehen sich die Koeffizienten auf Effekte der Zugehörigkeit zur unteren, mittleren, gehobenen und oberen Mittelschicht (vgl. Mayer & Wagner, Kapitel 9, für Angaben zur Messung der Schichtzugehörigkeit).

jahr nimmt um 14% ab (von 0,42 auf 0,36), der Zusammenhang von gesellschaftlicher Beteiligung im 60. Lebensjahr und gegenwärtiger Beteiligung um 17% (von 0,41 auf 0,34).

Diese Beziehung ist nicht verwunderlich, stellt man in Rechnung, daß die Nennung von Aktivitäten selbst bei vorgegebenen Beispielen eine Aufgabe ist, die eine gewisse mentale Leistungsfähigkeit erfordert. Der hohe Zusammenhang zwischen der Anzahl der Aktivitäten im jungen Erwachsenenalter und im höheren Alter mag daher die Konsequenz einer allgemeinen Tendenz kognitiv eingeschränkter Personen sein, weniger Aktivitäten (im Rückblick und für die Gegenwart) zu nennen.

Allerdings bleibt auch nach Kontrolle des Demenzschweregrads eine starke Korrelation zwischen früher gesellschaftlicher Partizipation und derjenigen im 60. Lebensjahr (0,36) und ein Zusammenhang ähnlicher Größenordnung zwischen Beteiligung im 60. Lebensjahr und gegenwärtiger Beteiligung (0,34) erhalten. Auch der schwache direkte Zusammenhang zwischen früher Beteiligung und gegenwärtiger Beteiligung bleibt signifikant (0,09).

Modell 2 (Abb. 1b), in dem der Einfluß externer und interner Ressourcen auf die gesellschaftlichen Aktivitäten zu drei verschiedenen Zeitpunkten im Lebensverlauf untersucht wurde, zeigt, daß der Mangel an sozioökonomischen Ressourcen die Hauptursache für die Nichtbeteiligung an sozialen Aktivitäten im jungen Erwachsenenalter zu sein scheint. Die Schichtzugehörigkeit des Vaters hat starke Auswirkungen. Vor allem die Kinder ungelernter Arbeiter unterscheiden sich durch eine geringere gesellschaftliche Beteiligung von Kindern von Vätern höherer Schichten. Überraschenderweise beteiligten sich nach eigenen Angaben nicht die Kinder der höchsten Schicht (z. B. Kinder von Angehörigen freier akademischer Berufe und von Selbständigen mit zehn und mehr Angestellten), sondern die der gehobenen Mittelschicht (Kinder von Beamten im gehobenen Dienst und von Selbständigen mit bis zu neun Angestellten) am meisten an gesellschaftlichen Aktivitäten. Man würde auch erwarten, daß sich die allgemein schlechte wirtschaftliche Lage aufgrund des Ersten Weltkriegs und der Weltwirtschaftskrise ungünstig auf die gesellschaftliche Beteiligung der in diesen Zeiten aufwachsenden Menschen auswirkte. Wir können diesen Effekt allerdings nicht überprüfen, weil alle BASE-Teilnehmer mindestens eine dieser Perioden in ihrer Jugend erfuhren.

Der Nettoeffekt der eigenen Bildung auf die gesellschaftliche Beteiligung im Laufe des Lebens ist überraschend klein im Vergleich zur Auswirkung der sozioökonomischen Ressourcen der Herkunftsfamilie und der Intelligenz. Wie viele andere Studien (z. B. Schmitz-Scherzer, 1976), fanden wir, daß Personen mit höherer Bildung zu allen drei betrachteten Zeitpunkten höhere Aktivitätsniveaus angaben. Wenn wir jedoch für die sozioökonomischen Ressourcen der Herkunftsfamilie und insbesondere für Intelligenz kontrollieren, verliert der direkte Effekt der Bildung die Signifikanz. Natürlich könnten Bildungseffekte deutlich werden, wenn nur Aktivitäten mit hohem Prestige oder hoher Komplexität (z. B. der Besuch kultureller Ereignisse) untersucht werden. Auch der fehlende Unterschied zwischen jungen Männern und Frauen könnte auf das breite Spektrum der betrachteten Aktivitäten zurückzuführen sein. Einige könnten für Männer, andere für Frauen attraktiver gewesen sein.

Obwohl sozioökonomische Ressourcen ein wichtiger Prädiktor gesellschaftlicher Beteiligung im jungen Erwachsenenalter sind, scheinen sie keine Rolle bei der Erklärung der Weiterführung sozialer Aktivitäten zu spielen. Die für spätere Lebensphasen erhobenen sozioökonomischen Ressourcen haben keine direkten Auswirkungen auf spätere gesellschaftliche Beteiligung. Wie im Falle der Bildung berichten Menschen aus höheren Schichten auch über höhere Aktivitätsniveaus (vgl. Mayer & Wagner, Kapitel 9). Wenn man allerdings für frühere gesellschaftliche Beteiligung und interne Ressourcen (vor allem Intelligenz) kontrolliert, verliert der direkte Effekt der sozioökonomischen Ressourcen auf die gesellschaftliche Beteiligung im 60. Lebensjahr und im letzten Jahr die Signifikanz.

Insgesamt kann man bezüglich externer Ressourcen also wohl von erklärender Diskontinuität sprechen. Die soziale Lebenslage im Sinne externer Ressourcen ist wichtig für die Erklärung gesellschaftlicher Beteiligung im jungen Erwachsenenalter, verliert aber ihre Bedeutung im Laufe des Lebens.

Bei den internen Ressourcen (Intelligenz, Persönlichkeit) zeigt sich ein anderes Bild. Intelligentere und extravertiertere Personen geben für alle drei Zeitpunkte höhere Aktivitätsniveaus an, auch wenn Unterschiede in externen Ressourcen berücksichtigt werden. In ihrer Analyse gesellschaftlicher Beteiligung fand George (1978), daß die Effekte der internen Ressourcen verschwinden, wenn die externen Ressourcen kontrolliert werden. Im Gegensatz dazu verringert sich in unserer Untersuchung der Effekt der externen Ressourcen bei Aufnahme der internen Ressourcen in das Modell. Neurotizismus und internale Kontrollüberzeugungen tragen zu keinem Zeitpunkt etwas zur Vorhersage des selbstberichteten Aktivitätsniveaus bei (und sind deshalb nicht in der Abbildung dargestellt). Der Zusammenhang zwischen Intelligenzleistung und den Angaben zur gegenwärtigen gesellschaftlichen Beteiligung im höheren Alter ist sehr groß (0,49). Die Vermutung lag nahe, daß dies mit der hohen Alterskorrelation der Intelligenz und ihrem Zusammenhang mit körperlichen Einschränkungen und Krankheit in Verbindung steht. Wenn wir für diese Merkmale kontrollieren (in Modell 3; vgl. Abb. 1c), sinkt der Zusammenhang zwischen Intelligenz und gegenwärtiger gesellschaftlicher Beteiligung auf 0,23.

Insgesamt könnte man also im Falle der internen Ressourcen eher von erklärender Kontinuität sprechen. Es bleiben die gleichen Prädiktoren über den Lebensverlauf hinweg von Bedeutung. Sogar die Größenordnungen der Korrelationen bleiben vergleichbar. Zusammen erklären Intelligenz und Extraversion 22% des Zusammenhangs von gesellschaftlicher Beteiligung vor dem 25. und im 60. Lebensjahr und sogar 32% des Zusammenhangs von gesellschaftlicher Beteiligung im 60. Lebensjahr und zum Zeitpunkt der Befragung.

Das dritte Modell sollte, wie gesagt, dazu dienen, mögliche diskontinuitätserzeugende Variablen in ihren Auswirkungen zu verschiedenen Zeitpunkten im Lebensverlauf zu untersuchen. Keiner der Unterbrechungsfaktoren (Umzüge, Anzahl der Kinder, Arbeitslosigkeit) beeinflußt gesellschaftliche Beteiligung im 60. Lebensjahr, wenn wir die gesellschaftliche Beteiligung im jungen Erwachsenenalter kontrollieren. In einzelnen Modellen für Männer und Frauen prüften wir auch, ob die Dauer des Militärdienstes im Zweiten Weltkrieg negative langfristige Auswirkungen auf die gesellschaftliche Beteiligung der Männer hatte und ob viele Jahre der Berufstätigkeit das Aktivitätsniveau der Frauen beeinflußte (vgl. Lehr, 1983, 1987). Es ergaben sich jedoch keine Effekte dieser beiden Merkmale des jungen und mittleren Erwachsenenalters auf die berichteten sozialen Aktivitäten im hohen Alter.

Schließlich wurde überprüft, ob Merkmale des Lebens nach dem 60. Lebensjahr, wie der kürzliche Verlust des Partners, der Übergang in ein Heim, Behinderung und das Alter selbst, die gesellschaftliche Beteiligung zum Zeitpunkt der Befragung beeinflussen, wenn die gesellschaftliche Beteiligung im 60. Lebensjahr kontrolliert wird. Im allgemeinen sind keine langfristigen Auswirkungen des Partnerverlustes und des Heimübergangs erkennbar, wenn man für Alter, Gehmobilität und Sehvermögen kontrolliert. Dies entspricht der Forschung zu adaptiven Prozessen des Selbst (z. B. P. B. Baltes & Baltes, 1990; Brandtstädter & Greve, 1994; Staudinger,

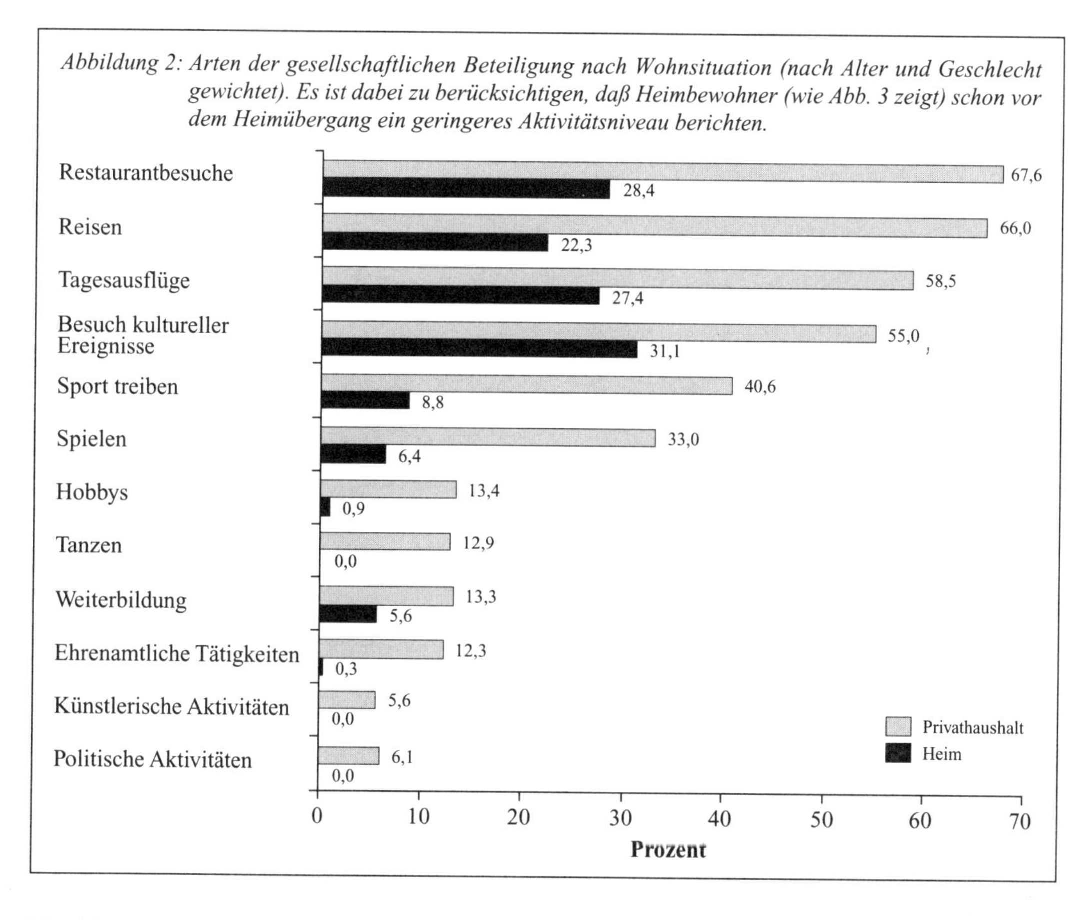

Abbildung 2: Arten der gesellschaftlichen Beteiligung nach Wohnsituation (nach Alter und Geschlecht gewichtet). Es ist dabei zu berücksichtigen, daß Heimbewohner (wie Abb. 3 zeigt) schon vor dem Heimübergang ein geringeres Aktivitätsniveau berichten.

Marsiske & Baltes, 1995). Auswirkungen kritischer Lebensereignisse sind wahrscheinlich nur gleich nach ihrem Auftreten festzustellen oder dann, wenn die psychologische Widerstandsfähigkeit des Selbst durch eine Häufung solcher Ereignisse überlastet ist (Staudinger et al., Kapitel 12). Um so überraschender ist die hochsignifikant negative Auswirkung des Verlustes des Partners, den wir für Frauen finden, wenn wir Männer und Frauen getrennt analysieren. Frauen, die vor kurzer Zeit ihren Partner verloren hatten, nahmen an deutlich weniger gesellschaftlichen Aktivitäten teil als Frauen ohne diesen Verlust. Für Männer finden wir diesen Unterschied nicht. Es ist unklar, warum Frauen sich nach dem Tod ihres Partners von sozialen Aktivitäten zurückziehen und Männer nicht. Vielleicht setzt dieser Unterschied schon in der Phase vor dem Tod des Partners ein, weil Frauen häufig viel Zeit mit der Pflege des Ehemannes verbringen und sich deshalb von anderen Kontakten zurückziehen. Eine alternative Erklärung besteht darin, daß dieser Befund eher zufällig ist, weil die Anzahl der kürzlich verwitweten Frauen in unserer Stichprobe sehr klein ist (N=12).

Indikatoren der Behinderung (Sehschärfe und Gehmobilität; vgl. Steinhagen-Thiessen & Borchelt, Kapitel 6) zeigten ein klares Zusammenhangsmuster. Wie zu erwarten, berichten Personen, die Schwierigkeiten haben, längere Strecken zu gehen, und diejenigen, deren Sehschärfe eingeschränkt ist, weniger Aktivitäten als von solchen Einschränkungen nicht betroffene Personen. Die darüber hinaus verbleibende Auswirkung des Alters selbst weist auf das Vorhandensein weiterer altersabhängiger Einflüsse hin, die gesellschaftliche Beteiligung negativ zu beeinflussen scheinen.

Zusammenfassend ergeben diese Regressionsmodelle ein Bild moderater deskriptiver Kontinuität gesellschaftlicher Beteiligung im Lebensverlauf. Individuelle Unterschiede schienen schon früh im Leben als Folge verschiedenen Zugriffs auf sozioökonomische Ressourcen und unterschiedlicher interner Bedingungen wie Intelligenz und Persönlich-

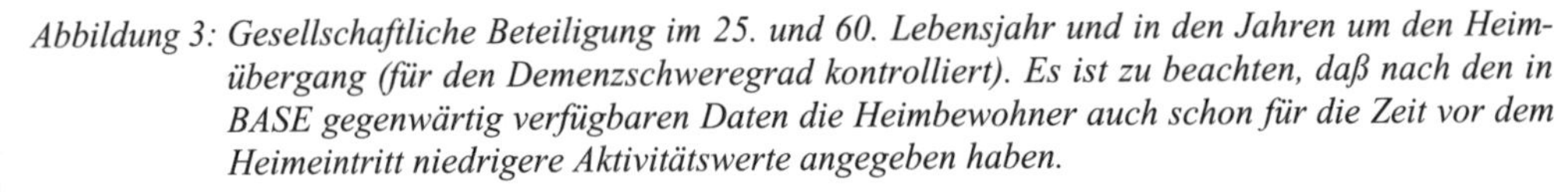

Abbildung 3: Gesellschaftliche Beteiligung im 25. und 60. Lebensjahr und in den Jahren um den Heimübergang (für den Demenzschweregrad kontrolliert). Es ist zu beachten, daß nach den in BASE gegenwärtig verfügbaren Daten die Heimbewohner auch schon für die Zeit vor dem Heimeintritt niedrigere Aktivitätswerte angegeben haben.

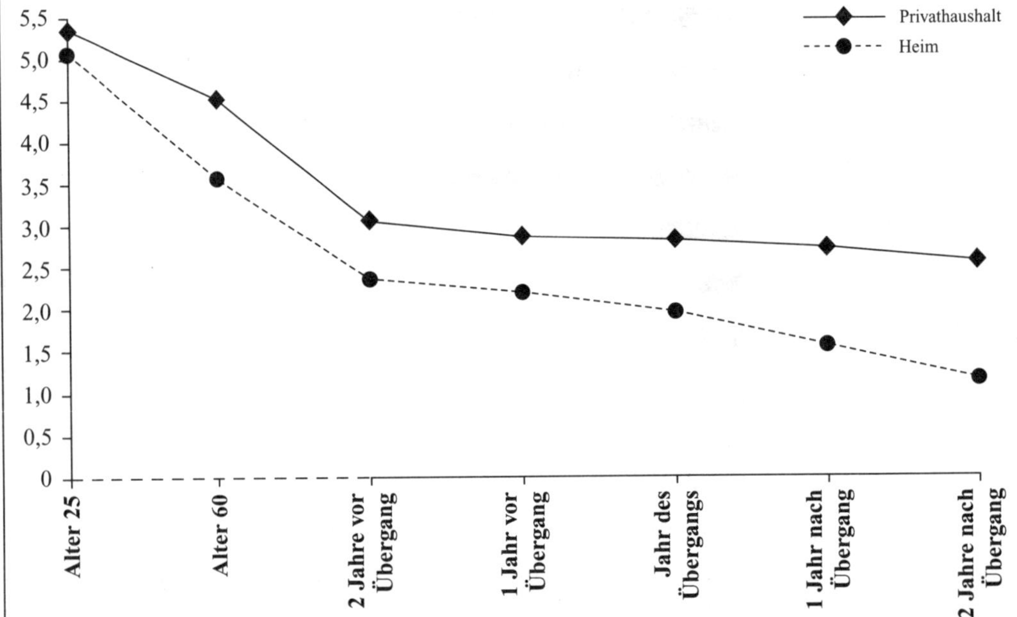

Anmerkung: Die gesellschaftliche Beteiligung der in Privathaushalten Lebenden ist zum gleichen Alter dargestellt, in dem der Heimübergang der Heimbewohner im Mittel stattfand.

keitseigenschaften zu entstehen. Ein Teil der Varianz selbstberichteter gesellschaftlicher Beteiligung im Lebensverlauf ist durch die Kontinuität ihrer Zusammenhänge mit den betrachteten internen Bedingungen zu erklären. Es verblieben aber auch 48% der Varianz in unserer Zielvariable der gesellschaftlichen Beteiligung im letzten Jahr, die durch die verwendeten Variablen nicht vorhersagbar waren.

Die Daten zur gesellschaftlichen Beteiligung zu verschiedenen Lebensaltern weisen darauf hin, daß sich Personen im Erwachsenenalter von bestimmten Aktivitäten zurückziehen, aber auch mit neuen anfangen. Diese Wechsel scheinen jedoch nicht mit Eigenschaften des Familienlebens, der Berufs- und Migrationsgeschichte zusammenzuhängen. Körperbezogene Faktoren, d. h. nachlassende Gesundheit und zunehmende Behinderung, scheinen für diese Diskontinuität der im Alter berichteten gesellschaftlichen Beteiligung am wichtigsten zu sein.

3.3 Ist der Heimübergang eine Ursache für Diskontinuität?

Ein Ereignis, das in der gerontologischen Literatur immer wieder als wichtige diskontinuitätserzeugende Kraft diskutiert wird, ist der Heimübergang. Aus diesem Grund haben wir den Zusammenhang dieses Ereignisses mit gesellschaftlicher Beteiligung gesondert untersucht.

Die Veränderung der sozialen Umgebung wird als eine wichtige Ursache für Diskontinuität gesellschaftlicher Beteiligung angesehen (Babchuk & Booth, 1969; Clausen, 1980). Der Übergang in ein Seniorenheim stellt ein extremes Beispiel einer solchen Veränderung der sozialen Umgebung dar. Nicht nur der Umzug, der unter anderem den Verlust sozialer Kontakte und der gewohnten Umgebung bedeutet (Lawton, 1977), sondern auch Charakteristika des Seniorenheims selbst, wie z. B. Regeln über das Verlassen des Gebäudes, das gemeinsame Abendessen, die Zimmerreinigung, das Verhalten des Pflegepersonals usw., gelten als Ursachen für den Rückzug aus sozialen Aktivitäten (Arnetz & Theorell, 1983; Lemke & Moos, 1989; Solomon, 1982).

In der Tat geben Heimbewohner signifikant niedrigere Aktivitätsniveaus als in Privathaushalten lebende Personen an (siehe Abb. 2; vgl. Maas & Gilberg, 1994). Dieses Ergebnis trifft auf alle Arten sozialer und Freizeitaktivitäten zu. Allerdings haben die im letzten Abschnitt dargestellten Analysen gezeigt, daß der direkte Effekt des Heimübergangs auf die gesellschaftliche Beteiligung nach der Kontrolle von Behinderungsindikatoren, Alter und gesellschaftlicher Beteiligung im 60. Lebensjahr verschwindet.

Im folgenden werden wir der Frage genauer nachgehen, ob der Unterschied zwischen in Privathaushalten Lebenden und Heimbewohnern ausschließlich auf deren größere gesundheitliche Einschränkungen zurückzuführen ist. Abbildung 3 wirft ein neues Licht auf die gesellschaftliche Beteiligung der in Privathaushalten und der in Heimen wohnenden alten Menschen. Gemäß ihren Selbstberichten über ihre früheren Aktivitäten (und nach Kontrolle des Demenzschweregrads) ist die niedrigere gesellschaftliche Beteiligung der Heimbewohner nur teilweise auf den Heimübergang selbst zurückzuführen, sondern bestand zu einem gewissen Grade schon zuvor. Im 60. Lebensjahr, lange bevor irgendeiner der BASE-Teilnehmer über einen Umzug in ein Heim nachdachte, ist schon ein deutlicher Unterschied der berichteten gesellschaftlichen Beteiligung zu erkennen.

Neben diesem Unterschied findet sich auch eine Vergrößerung des Unterschieds in der gesellschaftlichen Beteiligung von Heimbewohnern und in Privathaushalten Lebenden in den Jahren nach dem Heimübergang. Dieser Schereneffekt ist wahrscheinlich auf die zunehmenden Unterschiede der körperlichen und psychischen Gesundheit beider Gruppen zurückzuführen. Es ist nicht auszuschließen, daß es sich hierbei um einen kumulativen Effekt der Heimökologie handelt.

Aufgrund der querschnittlich-retrospektiven Daten können diese Interpretationen über die Wirkrichtung nur vorläufig sein. Die Befunde weisen aber auf eine wichtige alternative Erklärung der niedrigeren gesellschaftlichen Beteiligung von Heimbewohnern hin. Es könnte durchaus sein, daß dieses niedrigere Aktivitätsniveau nicht nur durch Eigenschaften der Heime selbst oder durch den Gesundheitszustand der Heimbewohner zu erklären ist, sondern es könnte auch dadurch zustande kommen, daß Personen, die schon über lange Abschnitte ihres Lebens weniger aktiv waren, aufgrund ihrer geringeren Aktivität mit höherer Wahrscheinlichkeit ins Heim gehen. Zu einem gewissen Grade könnte der Heimübergang also sowohl Folge als auch Ursache geringer gesellschaftlicher Beteiligung sein. Diesen vermuteten a priori Selektionseffekt von Personen, die ins Heim gehen, könnte man, falls die Daten dies erlauben würden, noch klarer herausarbeiten, wenn man die körperlich-geistigen Veränderungen *kurz vor* dem Übergang ins Heim als Information zur Verfügung hätte.

4. Selbstwahrgenommene Veränderung und Kontinuität subjektiven Lebensinvestments

4.1 Nehmen wir Veränderungen wahr, wenn sich die Umstände verändern?

Beim nun folgenden Beispiel zur Untersuchung von Kontinuität und Diskontinuität über die Lebensspanne ging es uns explizit um die Frage der subjektiven (Re-)Konstruktion von Kontinuität. Für eine Facette des alternden Selbst, das *subjektive Lebensinvestment*, haben wir zu dieser Frage Informationen von den BASE-Teilnehmern erhoben. Das subjektive Lebensinvestment ist ein psychologisches Konstrukt, das auf die motivational-energetischen Aspekte im Prozeß der Umsetzung gefaßter Ziele gerichtet ist. Dieses Konstrukt will erfassen, in welchem Ausmaß sich Personen in ihrem Denken und Tun in zehn zentralen Lebensbereichen investieren (vgl. Staudinger et al., Kapitel 12). Es interessierte uns, ob und inwieweit sich Veränderungen und Unterschiede in den externen und internen Ressourcen in der selbstwahrgenommenen Veränderung des Lebensinvestments widerspiegeln. Zur Untersuchung dieser Frage benutzten wir drei verschiedene Analysestrategien. Erstens verwendeten wir die subjektiven Veränderungseinschätzungen als solche, zweitens kontrollierten wir in den Analysen der Veränderungseinschätzungen für das gegenwärtig berichtete Investitionsniveau, und drittens bildeten wir aus beiden Informationen, d. h. dem gegenwärtigen Investment und der selbsteingeschätzten Veränderung, Typen, die beide Informationen gleichzeitig berücksichtigten. Alle drei Analysearten führten zu leicht unterschiedlichen Ergebnissen und scheinen jeweils für unterschiedliche Fragestellungen angemessen.

Die Fragestellung nach der Kontinuität und Veränderung des subjektiven Lebensinvestments bzw. der Rekonstruktion dieser Kontinuität oder Veränderung ist eingebettet in die Untersuchung des Selbst und der Selbstregulation. In diesen Forschungen finden sich mehr und mehr Hinweise auf das transformierende Potential des Selbst im Umgang mit Veränderungen interner und externer Entwicklungskontexte (vgl. P. B. Baltes & Baltes, 1990; Brandtstädter & Greve, 1994; Filipp & Klauer, 1991; Staudinger, Marsiske & Baltes, 1995; Staudinger et al., Kapitel 12; Smith et al., Kapitel 19). Mit dem transformierenden Potential des Selbst ist gemeint, daß der Mensch mit Hilfe verschiedener Mechanismen wie Veränderungen seines Anspruchsniveaus, Veränderung in den Zielsetzungen, Veränderung in den Vergleichsgruppen, Einsatz von bestimmten Bewältigungsstilen usw. in der Lage zu sein scheint, sich mit vielen, auch einschneidenden negativen Veränderungen des Lebenskontexts erfolgreich auseinanderzusetzen und auf diese Weise sein subjektives Wohlbefinden auch unter widrigen Umständen aufrechtzuerhalten. Dies wurde in der Literatur auch immer wieder als das Zufriedenheitsparadox (z. B. P. B. Baltes & Baltes, 1990; Glatzer, 1992; Staudinger & Fleeson, im Druck) bezeichnet.

Zwei Hypothesen begrenzen das Spektrum möglicher Annahmen über das Zusammenhangsmuster zwischen internen und externen Entwicklungskontexten auf der einen und der Art der Rekonstruktion auf der anderen Seite. Geht man von der Annahme aus, daß das Selbst eine innere Repräsentation von Ereignissen und äußeren Gegebenheiten aufbaut, könnte man einerseits erwarten, daß sich die gegenwärtige körperliche Funktionsfähigkeit und gesundheitliche Einbußen oder andere Veränderungen der Lebenssituation, wie Partnerverlust oder der Umzug ins Heim, in der wahrgenommenen Veränderung des subjektiven Lebensinvestments widerspiegeln. Von externen Merkmalen, die über den gesamten Lebensverlauf hinweg wirksam waren, würde man dagegen wahrscheinlich keinen direkten, sondern – wenn überhaupt – eher einen über körperliche oder Persönlichkeitsmerkmale vermittelten Einfluß auf die subjektive Veränderungskonstruktion erwarten.

Andererseits könnte man aber die Hypothese entwickeln, daß, wie auch aus immer zahlreicheren Untersuchungen bekannt ist, das Selbst erstaunliche Fähigkeiten besitzt, das, was *ist*, zu transformieren und konform mit bisherigen Vorstellungen vom Selbst darzustellen (siehe z. B. Untersuchungen zur subjektiven Gesundheit; Idler & Kasl, 1991; Krause & Jay, 1994; vgl. auch Borchelt et al., Kapitel 17; Smith et al., Kapitel 19). Dies würde dann bedeuten, daß objektive Ereignisse wie gesundheitliche Veränderungen oder Heimeintritt und Partnerverlust sich nicht diskontinuitätserzeugend in einer wahrgenommenen Veränderung im Lebensinvestment widerspiegeln. Statt dessen wären es dann vor allem andere Facetten des Selbst, die mit dem Maß der rekonstruierten Veränderung im Lebensinvestment zusammenhingen.

4.2 Erhebung subjektiven Lebensinvestments und seiner Veränderung

Das Ausmaß des selbsteingeschätzten *gegenwärtigen* Lebensinvestments wurde mit Hilfe einer fünfstufigen Skala für zehn zentrale Lebensbereiche erhoben. Die Bereiche sind Gesundheit, geistige Leistungsfähigkeit, Hobbys und andere Interessen, das Wohlergehen der Angehörigen, Beziehungen zu Freunden und Bekannten, Sexualität, Beruf oder berufsähnliche Tätigkeit, Unabhängigkeit, Nachdenken über das Leben, Sterben und Tod (für eine detaillierte Beschreibung des Instruments siehe Staudinger et al., Kapitel 12). Die BASE-Teilnehmer sollten also für diese zehn Bereiche auf einer fünfstufigen Skala angeben, wie sehr sie sich in ihrem Denken und Tun mit diesem Bereich beschäftigen.

Die selbstwahrgenommene *Veränderung* in dieser Art des Lebensinvestments wurde im Vergleich zum mittleren Erwachsenenalter erhoben. Das heißt: Die Studienteilnehmer wurden gebeten, an die Zeit zurückzudenken, als sie zwischen 30 und 50 Jahre alt waren, und sollten dann wieder auf einer fünfstufigen Skala (von „starke Abnahme" bis „starke Zunahme") angeben, wie sehr sich ihr Lebensinvestment in den zehn genannten Bereichen verändert hat.

4.3 Deskriptive Kontinuität im Spiegel der subjektiven Rekonstruktion von Entwicklung am Beispiel des Lebensinvestments

Dieses Maß der selbstwahrgenommenen Veränderung haben wir zunächst verwendet, um die deskriptive Kontinuität rekonstruierter Entwicklung zu untersuchen. Bei diesem Maß subjektiv (re-)konstruierter Veränderung bedeutet dies, sich den Gruppenmittelwert der Veränderungsratings anzusehen. Außerdem überprüften wir, ob sich diese Veränderungswahrnehmung mit zunehmendem Alter verändert oder stabil bleibt.

Was den Mittelwert der Veränderungseinschätzungen in der BASE-Stichprobe angeht, so zeigte sich auf einer Skala von 1 (starke Abnahme) bis 5 (starke Zunahme), wobei der Wert 2,5 dementsprechend für

Stabilität steht, ein Wert von 2,95. Es läßt sich also feststellen, daß die BASE-Teilnehmer im Durchschnitt die Entwicklung ihres subjektiven Lebensinvestments seit dem mittleren Erwachsenenalter als kontinuierlich, im Sinne von Niveaustabilität, rekonstruierten. Mit zunehmendem Alter neigt diese Rekonstruktion der Entwicklung als stabil hin zu einer Rekonstruktion als Abnahme, was sich in einer signifikanten negativen Alterskorrelation von $r=-0{,}19$ ($p<0{,}01$) ausdrückt.

An dieser Stelle könnte man also als Zwischenbilanz zweierlei vermerken. Einerseits spricht der Gruppenmittelwert auch in dieser Altersgruppe von 70- bis über 100jährigen für eine starke Tendenz zur Rekonstruktion von Kontinuität (etwa nach dem Motto: „Ich bin der, der ich immer war"; vgl. dazu Bengtson, Reedy & Gordon, 1985; Filipp & Klauer, 1985; Greve, 1989). Andererseits weist die signifikante, wenn auch nicht sehr hohe Korrelation mit dem Alter darauf hin, daß sich mit zunehmendem Alter Ereignisse, die Diskontinuität in der Wahrnehmung erzeugen, doch in gewissem Ausmaß in der Selbstwahrnehmung niederzuschlagen scheinen. Diese Befunde passen in die empirischen Erkenntnisse über das Selbst im früheren Erwachsenenalter, daß nämlich das Selbst sowohl durch den Wunsch nach Kontinuität gekennzeichnet ist als auch erhebliche Flexibilität besitzt und fähig ist, wenn die Veränderung der Umstände es erfordert, sich in der Selbstwahrnehmung anzupassen (vgl. Atchley, 1989; Breytspaak, 1984).

4.4 Erklärende Kontinuität wahrgenommener Veränderung im Lebensinvestment

4.4.1 Erklärende Kontinuität wahrgenommener Veränderung im Lebensinvestment unabhängig vom gegenwärtigen Investmentniveau

In einem zweiten Schritt haben wir dieses Maß der subjektiven Veränderung des Lebensinvestments, also wie sehr sich nach eigener Einschätzung der Studienteilnehmer ihr Investment in den zehn Lebensbereichen im Vergleich zum mittleren Erwachsenenalter verändert hat, verwendet, um zu prüfen, wie die subjektiv rekonstruierte Kontinuität und Veränderung mit internen und externen Entwicklungskontexten oder Risikofaktoren zusammenhängen. Es ging uns dabei also um die erklärende Kontinuität. In bezug auf externe Ressourcen oder die soziale Lage betrachteten wir sozioökonomische Merkmale (Einkommen, Schichtzugehörigkeit und Bildungsniveau), Merkmale und Ereignisse des Lebensverlaufs (Anzahl der Umzüge, Anzahl der Kinder, Anzahl der Monate auf dem Arbeitsmarkt und Arbeitslosigkeit) und jüngste Lebensereignisse, wie den Verlust des Partners und den Heimübergang. Als interne Ressourcen wurden Persönlichkeitseigenschaften (wie Neurotizismus, Extraversion, Offenheit, Kontrollüberzeugungen) und ein allgemeines Maß der Intelligenz einbezogen (siehe Smith & Baltes, Kapitel 8; Reischies & Lindenberger, Kapitel 13). Untersucht wurde bei den internen Ressourcen auch der Zusammenhang zwischen selbstwahrgenommener Veränderung des subjektiven Lebensinvestments und verschiedenen objektiven Maßen der körperlichen Gesundheit und Funktionsfähigkeit, wie Sehschärfe und Gehör, Anzahl der medizinischen Diagnosen (nach Schweregrad gewichtet, ohne Erkältungen) und Aktivitäten des täglichen Lebens (Activities of Daily Living [ADL]) (siehe Steinhagen-Thiessen & Borchelt, Kapitel 6).

Verschiedene multiple Regressionsmodelle wurden berechnet und sind in Abbildung 4 dargestellt, um die Beziehung zwischen der selbstwahrgenommenen Veränderung des Lebensinvestments und den aufgeführten internen und externen Ressourcen zu untersuchen. In der ersten Reihe von Modellen wurde die wahrgenommene Veränderung vorhergesagt, ohne für das gegenwärtige Lebensinvestment zu kontrollieren. Im zweiten Satz von Regressionen wurde dann für das gegenwärtige Lebensinvestment kontrolliert. Die sich ergebenden Ähnlichkeiten und Unterschiede der beiden Vorhersagemodelle werden im folgenden diskutiert. In allen Modellen wurden Demenzdiagnosen leichten, mittleren und schweren Grades in Rechnung gestellt (siehe Helmchen et al., Kapitel 7). Demenz wies einen signifikanten negativen Zusammenhang von $r=-0{,}15$ mit selbstwahrgenommener Veränderung des Lebensinvestments auf. Studienteilnehmer ohne Demenzdiagnose berichteten also eher Stabilität oder Zunahme des subjektiven Lebensinvestments als eine Abnahme.

Zunächst betrachteten wir die Vorhersagekraft der externen, über den Lebensverlauf hinweg wirksamen Ressourcen hinsichtlich der selbstwahrgenommenen Veränderung des Lebensinvestments (unabhängig vom gegenwärtigen Niveau). Nur die Dauer der Berufstätigkeit zeigte einen signifikanten positiven Zusammenhang ($\beta=0{,}10$; $p=0{,}03$). Interessanterweise gab es für diesen Effekt keine Interaktion mit Geschlecht, sondern er traf auf Männer und Frauen gleichermaßen zu. Dieser Zusammenhang blieb auch erhalten, wenn man für sozialstrukturelle Merkmale wie Einkommen, Sozialprestige und Schichtzugehörigkeit kontrollierte,

Abbildung 4: Wovon hängt es ab, ob wir uns als die gleichen oder als andere wahrnehmen? Erklärende Kontinuität und Diskontinuität der subjektiven Rekonstruktion des Lebensinvestments.

Modell 1: Externe Entwicklungskontexte (sozioökonomische Lage)

Modell 2: Altersbedingte Ereignisse

Demenz -0,15
(Modell 3) n.s.
Monate auf dem Arbeitsmarkt 0,10
Sonstige sozialstrukturelle Variablen n.s.
(Modell 2) -0,10
Umzüge n.s.
Heimübergang
(Modell 4) n.s.
-0,13
Verlust des Partners n.s

Wahrgenommene Veränderung im subjektiven Lebensinvestment

Sonstige körperliche Funktionsfähigkeit n.s.
Einschränkung der Sehschärfe -0,14
Allgemeine Intelligenz 0,13
Offenheit 0,13
Extraversion 0,09
Neurotizismus 0,17
Externale Kontrollüberzeugung 0,09

Modell 3: Geistig-körperliche Bedingungen

Modell 4: Persönlichkeitscharakteristiken

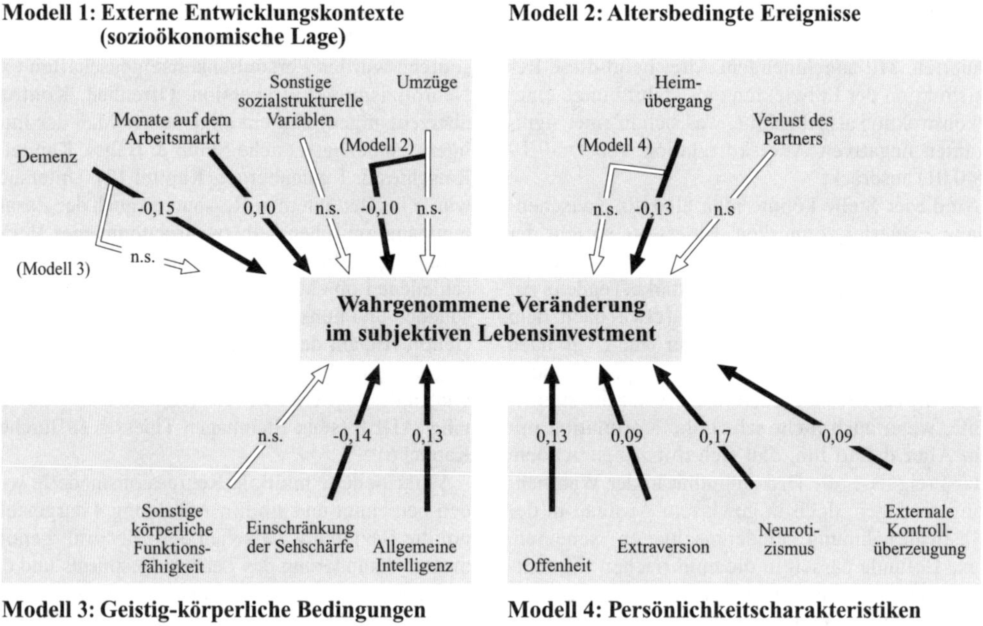

Anmerkung: Die vier Modelle sind kumulativ zu verstehen, so daß die im jeweils vorhergehenden Modell betrachteten Variablen auch im folgenden berücksichtigt werden.

die selbst keinen signifikanten Zusammenhang mit der wahrgenommenen Veränderung des Lebensinvestments aufwiesen. Die BASE-Teilnehmer mit längerer Lebensarbeitszeit schätzten ihr Lebensinvestment im Vergleich zum mittleren Erwachsenenalter eher als stabil oder sogar als zunehmend ein.

Aufgrund der vorliegenden Daten können wir keine endgültige Interpretation dieses Befundes liefern. Wir möchten aber einige Vermutungen anstellen. Zunächst lassen sich bei der Interpretation verschiedene Aspekte unterscheiden. Der Effekt läßt sich auf das Niveau des Lebensinvestments im mittleren Erwachsenenalter beziehen und/oder auf das Niveau des gegenwärtigen Investments und schließlich auch auf die Art und Weise, wie Veränderung rekonstruiert wird.

Wir werden in Abschnitt 4.4.2 noch sehen, daß bei Kontrolle des gegenwärtigen Investmentniveaus die Länge der Lebensarbeitszeit als Prädiktor nicht mehr signifikant ist. Dies legt die Interpretation nahe, daß der Effekt in der Tat etwas mit dem gegenwärtigen Investmentniveau und eventuell noch mit der Art zu rekonstruieren zu tun haben könnte. Geht man von diesen Vorannahmen aus, so ist beispielsweise bekannt, daß sich körperliche Beeinträchtigungen auf das gegenwärtige Investmentniveau absenkend auswirken. Allerdings kann der signifikante positive Effekt der Lebensarbeitszeit auf die Rekonstruktion von Veränderung nicht alleine darauf zurückzuführen sein, da er auch erhalten bleibt, wenn gesundheitliche Variablen in die Gleichung aufgenommen werden. Man ist also versucht, eine weitere Interpretation anzuschließen, die sich auf den Konstruktionsprozeß selbst bezieht. Es wäre beispielsweise vorstellbar, daß Personen, die ein Leben lang viel gearbeitet haben, den Rückzug aus dem Erwerbsleben als etwas Befreiendes und Stimulierendes erlebt haben und von daher im Vergleich zum mittleren Erwachsenenalter, als sie noch voll im Erwerbsleben standen, eine Zunahme ihres Lebensinvestments erleben.

Im nächsten Schritt der Analysen fügten wir Variablen hinzu, die jüngste Lebensereignisse beschreiben, wie den Verlust des Partners und den Umzug ins Heim. Der Heimübergang zeigte einen signifikanten negativen Effekt (β=-0,13). Das heißt, daß der Heimübergang es wahrscheinlich werden läßt, eine Abnahme des Lebensinvestments wahrzunehmen. Der Verlust des Partners hatte dagegen keinen signifikanten Effekt. Interessant ist auch, daß die Anzahl der Umzüge bis zum Alter 60 signifikant wird, wenn man berücksichtigt, ob eine Person ins Heim übergesiedelt ist oder nicht. Untersucht man diesen Effekt weiter, stellt er sich allerdings als das Produkt von Kollinearitäten heraus, das nicht weiter inhaltlich interpretiert werden soll.

Im nächsten Schritt wurden dann interne Ressourcen in das Modell aufgenommen. Zunächst waren dies die geistige Leistungsfähigkeit und die körperliche Funktionsfähigkeit. Aus dieser Gruppe von Prädiktoren hatten geistige Leistungsfähigkeit und Sehvermögen einen signifikanten Effekt. Wie wir aus anderen Untersuchungen in diesem Band wissen, liegt in dem in BASE untersuchten Altersspektrum ein sehr starker positiver Zusammenhang zwischen Sehvermögen und Intelligenz vor, der eine gemeinsame körperliche Grundlage beider Funktionsbereiche vermuten läßt (vgl. Smith & Baltes, Kapitel 8; Reischies & Lindenberger, Kapitel 13; Marsiske et al., Kapitel 14).

Je schlechter die Sehschärfe, desto mehr wird Veränderung als Abnahme rekonstruiert (β=-0,14), und je höher die geistige Leistungsfähigkeit, desto mehr wird Zunahme oder Stabilität im Lebensinvestment wahrgenommen (β=0,13). Das heißt: Wenn Teilnehmer zum Zeitpunkt der Befragung in schlechter körperlich-geistiger Verfassung waren, gaben sie eher an, daß ihr Lebensinvestment sich im Vergleich zum mittleren Erwachsenenalter eher verringert als verstärkt hat. Körperliche Veränderungen bewirken also auch in der subjektiven Rekonstruktion von Entwicklung Diskontinuitäten. Stellt man den Zusammenhang zwischen der körperlich-geistigen Leistungsfähigkeit und der wahrgenommenen Veränderung im Lebensinvestment in Rechnung, so verliert die Demenzdiagnose ihre Signifikanz. Dieser Befund ist auf den engen negativen Zusammenhang zwischen geistiger Leistungsfähigkeit und dem Vorliegen einer Demenzdiagnose zurückzuführen (vgl. Reischies & Lindenberger, Kapitel 13).

Die Persönlichkeitseigenschaften schließlich wurden in Modell 4 in die Gleichung aufgenommen und wiesen insgesamt die stärksten Zusammenhänge mit der wahrgenommenen Veränderung des Lebensinvestments auf. Dies entspricht einer der beiden anfangs geäußerten Erwartungen, nämlich daß das Selbst über Möglichkeiten verfügt, Realität z. B. im Interesse des Erhalts von Kontinuität zu transformieren (z. B. Greve, 1990; Swann, 1985). In diesem Sinne hing die Überzeugung, daß andere großen Einfluß auf das eigene Leben haben (externale Kontrollüberzeugung), mit der wahrgenommenen Stabilität oder Zunahme des Lebensinvestments zusammen (β= 0,09). Personen, die stärker glauben, daß ihr Leben durch andere bestimmt ist, scheinen eher eine Zunahme des Lebensinvestments seit dem mittleren Erwachsenenalter wahrzunehmen als Personen, die weniger dieser Überzeugung sind. Alle drei klassischen Persönlichkeitsdimensionen, Extraversion (β=0,09), Neurotizismus oder emotionale Labilität (β=0,17) und Offenheit für neue Erfahrungen (β=0,13), zeigten einen signifikanten positiven Zusammenhang mit der wahrgenommenen Veränderung des Lebensinvestments, auch nachdem alle anderen Einflußgrößen in der Gleichung waren. Stärker extravertierte, emotional eher labile und für neue Erfahrungen offene Personen scheinen also eine Tendenz zu haben, ihr Lebensinvestment als stabil oder zunehmend zu empfinden. Das Hinzufügen der Persönlichkeitsmerkmale führte dazu, daß die Variable Heimübergang ihre Signifikanz verlor. Dieser Effekt steht wohl in Zusammenhang mit den positiven Korrelationen zwischen emotionaler Labilität (Neurotizismus) und externaler Kontrollüberzeugung und Heimübergang. Es sind eher die neurotischen und die sich external kontrolliert fühlenden Personen, die ins Heim gehen.

4.4.2 Erklärende Kontinuität wahrgenommener Veränderung bei statistischer Kontrolle für das gegenwärtige Niveau des Lebensinvestments

Die Ergebnisse der eben präsentierten Pfadanalysen veränderten sich deutlich, wenn man das Niveau des gegenwärtigen Lebensinvestments statistisch in Rechnung stellte. Man kann argumentieren, daß man so ein „reineres“ Maß der rekonstruierten *Veränderung* erhält, weil es statistisch unabhängig von dem gegenwärtigen Investment ist. Aus anderen Untersuchungen ist bekannt (Cantor & Fleeson, 1991), daß das selbstberichtete Investment in verschiedenen Lebensbereichen tatsächlich gut mit dem beobachteten oder berichteten Verhalten übereinstimmt. Von daher ist zu erwarten, daß das „pure“ Maß der Veränderung wahrscheinlich die stärksten Zusammenhänge mit anderen Facetten des Selbst zeigen wird. Bei diesen Analysen ist aber zu beachten, daß aufgrund des relativ starken Zusammenhangs zwischen der wahrgenommenen Veränderung und dem gegenwärtigen Lebensinvestment (r=0,49) die noch aufzuklärende Varianz stark vermindert wird, wenn das Niveau des gegenwärtigen Lebensinvestments statistisch kontrolliert wird.

Die Befunde zeigten, daß nur zwei der Ressourcen für die Vorhersage der selbstwahrgenommenen Veränderung signifikant blieben, wenn für das gegenwärtige subjektive Lebensinvestment statistisch kontrolliert wurde. Von den körperlichen Indikatoren blieb nur die Sehschärfe signifikant (β=-0,10). Und von den Persönlichkeitsdimensionen behielt der Neurotizismus seine Signifikanz (β=0,11). Alle externen Ressourcen verloren ihre Signifikanz in der Vorhersage der wahrgenommenen Veränderung des Lebensinvestments.

Diese Ergebnisse deuten darauf hin, daß zum einen Personen mit größerer körperlicher Einschränkung unabhängig vom gegenwärtigen Investment dazu neigen, Veränderung als Abnahme zu konstruieren. Zum anderen rekonstruieren Personen mit einer stärkeren Tendenz zu emotionaler Labilität und Ängstlichkeit Veränderung so, daß sie ihr Lebensinvestment (eventuell im Sinne einer Überkompensation ihrer Angst und Unsicherheit) als stabil oder zunehmend wahrnehmen. Es wird deutlich, daß das Selbst gegen Veränderungen in externen Lebensbedingungen besser gewappnet scheint als gegen körperlich-geistige Veränderungen. Veränderungen in den körperlich-geistigen Funktionen scheinen nach den vorliegenden Ergebnissen stärker auf die Selbstwahrnehmung und -repräsentation durchzuschlagen.

4.4.3 Erklärende Kontinuität bei gleichzeitiger Berücksichtigung von wahrgenommener Veränderung und gegenwärtigem Investmentniveau

Im nächsten Schritt wollten wir nun nicht für das gegenwärtige subjektive Lebensinvestment kontrollieren, sondern beide Informationen gleichzeitig berücksichtigen. Diesem Vorgehen lag die Überlegung zugrunde, daß Veränderungskonstruktionen durchaus in Abhängigkeit vom gegenwärtigen Niveau des Lebensinvestments mit unterschiedlichen Ressourcen im Zusammenhang stehen könnten. Wenn eine Person sich beispielsweise gegenwärtig auf einem relativ hohen Investmentniveau befindet, könnten auftretende gesundheitliche Einschränkungen im Sinne eines Kontrasteffektes zu stärkeren Auswirkungen führen, als wenn eine Person sich schon auf einem niedrigeren Niveau befindet. Es könnte aber auch umgekehrt so sein, daß das höhere Ausgangsniveau eine Art Schutzmauer (Puffer) gegen die auftretenden körperlichen Einschränkungen darstellt.

Zur Untersuchung solcher Hypothesen ordneten wir die vorhandenen Informationen über das gegenwärtige Investmentniveau und die Veränderungsbewertung so um, daß neun Kombinationen aus Status und Veränderung subjektiven Lebensinvestments zu unterscheiden waren (siehe Tabelle 3). Dazu wurden drei Niveaus des gegenwärtigen Lebensinvestments (niedrig, mittel, hoch) mit drei Arten der Rekonstruktion von Veränderung gekreuzt (Abnahme, Stabilität, Zunahme). Es gab also beispielsweise Personen, die bei hohem gegenwärtigem Investmentniveau eine Zunahme ihres Lebensinvestments berichteten, solche, die Stabilität angaben, und solche, die Abnahme berichteten. Genauso gab es auf niedrigem gegenwärtigem Investmentniveau Personen, die bei sich eine Zunahme im Investment wahrgenommenen hatten, solche, die Stabilität verspürten, und solche, die eine Abnahme berichteten.

Tabelle 3: Zellbesetzungen in neun „Status × Veränderung"-Gruppen: Wahrgenommene Veränderung in Abhängigkeit vom gegenwärtigen Lebensinvestment.

Subjektives Lebens-investment	**Wahrgenommene Veränderung des Lebensinvestments seit dem mittleren Erwachsenenalter**	**N**
Hoch	Zunahme	45
Hoch	Stabilität	130
Hoch	Abnahme	12
Mittel	Zunahme	7
Mittel	Stabilität	100
Mittel	Abnahme	20
Niedrig	Zunahme	8
Niedrig	Stabilität	136
Niedrig	Abnahme	56

Die relativ hohe Korrelation zwischen gegenwärtigem Lebensinvestment und berichteter Veränderung im Vergleich zum mittleren Erwachsenenalter (r=0,49) spiegelt sich auch in den Zellbesetzungen der neun Gruppen wider (siehe Tabelle 3; $\chi^2_{(6)}$=67,27; p=0,00). Auf einer rein deskriptiven Ebene wird schon deutlich, daß es signifikant mehr Personen mit niedrigem Ausgangsniveau und berichteter Investmentabnahme (N=56) gibt als solche mit hohem Ausgangsniveau und berichteter Abnahme (N=12). Und umgekehrt gibt es mehr Personen mit hohem Ausgangsniveau (N=45), die in der Zunahmegruppe sind, als solche mit niedrigem Ausgangsniveau (N=8). Interessant

Tabelle 4: Ergebnisse der Diskriminanzanalyse zur Trennung der neun „Status × Veränderung"-Gruppen.

	Diskriminanz-funktions-koeffizient [1]	**Struktur-koeffizient**
Einschränkung der Sehschärfe	-0,17	-0,33
Einschränkung des Gehörs	-0,14	-0,33
ADL	-0,21	-0,20
Anzahl der Diagnosen	0,13	0,09
Schichtzugehörigkeit	-0,26	-0,22
Sozialprestige	0,23	-0,04
Äquivalenzeinkommen	0,02	-0,12
Bildung	0,08	-0,06
Heimübergang	-0,13	-0,27
Verlust des Partners	0,05	0,09
Anzahl der Kinder	0,12	0,11
Monate auf dem Arbeitsmarkt	0,29	0,26
Monate der Arbeitslosigkeit	-0,05	-0,02
Anzahl der Umzüge	0,00	0,00
Extraversion	0,26	0,42
Neurotizismus	0,25	0,22
Offenheit für neue Erfahrungen	0,56	0,70
Internale Kontroll-überzeugungen	0,00	0,12
Externale Kontroll-überzeugungen	0,27	0,11
Glaube an Glück und Zufall	-0,05	0,12
Intelligenz	0,22	0,39

1 Standardisiert.

ist auch, daß sich die Anzahl in der Gruppe der Stabilen über die drei verschiedenen gegenwärtigen Investmentniveaus hinweg nicht unterscheidet. Die Wahrscheinlichkeit der Wahrnehmung von Veränderung als Abnahme des Investments scheint also in der Gruppe mit niedrigem Ausgangsniveau gegenüber derjenigen mit hohem Ausgangsniveau erhöht. Dies würde eher der oben dargestellten Puffer-Hypothese entsprechen.

Im Anschluß an diese Gruppenbildung wurde dann eine Diskriminanzanalyse berechnet, die darauf abzielte, die neun „Status × Veränderung"-Gruppen im Hinblick auf die Gruppe der vorher verwendeten externen und internen Ressourcen voneinander zu unterscheiden. Der Unterschied zwischen den neun Gruppen war hoch signifikant (Pillai's Trace=0,52; p=0,005). Dieses Ergebnis spricht zunächst dafür, daß die Rekonstruktion von Veränderung auf unterschiedlichen Niveaus des Lebensinvestments in der Tat in verschiedener Weise mit externen und internen Ressourcen in Verbindung steht. Die Konstruktion einer Zunahme des Lebensinvestments bei gegenwärtig hohem berichtetem Investment steht beispielsweise mit anderen Variablen in Zusammenhang als bei einer Person, die berichtete, gegenwärtig eher wenig zu investieren.

Tabelle 4 zeigt die Koeffizienten der einzigen signifikanten Diskriminanzfunktion und die dazugehörigen Strukturkoeffizienten. Es wird allgemein empfohlen, sich zur Interpretation von Diskriminanzfunktionen auf die Strukturkoeffizienten zu beziehen, unter anderem deshalb, weil diese weniger von Korrelationen zwischen den diskriminierenden Variablen beeinflußt sind. Es wird geraten, Koeffizienten mit einem Wert von 0,30 oder mehr als bedeutungsvoll in Rechnung zu stellen (z. B. Pedhazur, 1982).

Betrachtet man nun die entsprechenden Strukturkoeffizienten, so wird deutlich, daß vor allem Einschränkungen der Sehschärfe (-0,33) und des Gehörs (-0,33), Extraversion (0,42), Offenheit (0,70) und allgemeine Intelligenz (0,39) zwischen den neun Gruppen differenzierten. Diese Ergebnisse bestätigten sich übrigens auch in den univariaten Analysen.

Untersucht man in weiteren Berechnungen, auf welche Art und Weise sich die neun Veränderungsgruppen voneinander unterscheiden, so zeigt sich über alle sechs der bedeutungsvollen, diskriminierenden Variablen das gleiche Grundmuster. Teilnehmer in der Gruppe mit „niedrigem gegenwärtigem Lebensinvestment und gleichzeitig berichteter Abnahme des Investments" zeigten jeweils den schlechtesten Funktionsstatus, während die Personen in den beiden Gruppen mit „hohem gegenwärtigem Lebensinvestment und Investmentzunahme oder -stabilität" den jeweils im Vergleich höchsten Funktionsstatus aufwiesen.

Weiterhin unterschieden sich beispielsweise die Personen mit hohem Ausgangsniveau und berichteter Abnahme von denen mit niedrigem Ausgangsniveau und berichteter Abnahme in der Anzahl der Monate, die sie im Verlauf ihres Lebens gearbeitet hatten ($F_{(1;57)}$=4,5; p=0,04) und in dem Ausmaß der Offenheit für neue Erfahrungen ($F_{(1;65)}$=10,6; p=0,002). In beiden Funktionen lagen die Personen mit höherem gegenwärtigem Investmentniveau höher. Betrachtet man nun die Frage, durch welche Variablen sich

Personen unterscheiden, die bei gleichem gegenwärtigem Investmentniveau verschiedene Veränderungswahrnehmungen berichten, so zeigte sich, daß sich Personen mit niedrigem Ausgangsniveau, die eine Abnahme ihres Investments berichtet hatten, sich von solchen mit vergleichbarem Ausgangsniveau, die eine Zunahme berichtet hatten, durch niedrigere Intelligenzwerte und einen geringeren Glauben an Glück und Zufall auszeichneten. Bei den Personen mit gegenwärtig hohem Investment unterschieden sich die „Abnehmer" von den „Zunehmern" auf den Variablen der Sehschärfe ($F_{(1;55)}=3{,}46$; $p=0{,}07$) und der Extraversion ($F_{(1;54)}=4{,}24$; $p=0{,}04$) und dem Neurotizismus ($F_{(1;54)}=3{,}73$; $p=0{,}06$). Die „Zunehmer" hatten besseres Sehvermögen und gaben an, extravertierter und emotional labiler zu sein als die „Abnehmer".

Zusammenfassend deuten diese Ergebnisse darauf hin, daß Personen, die gegenwärtig niedriges Lebensinvestment berichten und gleichzeitig eine Abnahme ihres Investments im Vergleich zum mittleren Erwachsenenalter wahrnehmen, auch „objektiven" Grund zu dieser Rekonstruktion haben. Genau wie es für Personen mit hohem gegenwärtigem Investment und wahrgenommener Stabilität oder Zunahme auch Kontinuität in den objektiven Gegebenheiten gibt. Was die Persönlichkeitscharakteristika angeht, so läßt sich anhand der BASE-Daten nicht abschließend klären, inwieweit bestimmte Persönlichkeitscharakteristika dazu prädestinieren, Lebensinvestment und dessen wahrgenommene Veränderung in bestimmter Weise zu rekonstruieren, inwieweit diese Beziehung über bestimmte objektive Gegebenheiten moderiert ist oder inwieweit Persönlichkeitscharakteristika sogar durch diese Gegebenheiten vielleicht erst zur Ausprägung kommen. Behält man also gegenwärtiges subjektives Lebensinvestment und dessen wahrgenommene Veränderung gleichzeitig im Blick, anstatt für das Investmentniveau statistisch zu kontrollieren, bekommen die objektiven Lebensumstände in der subjektiven Veränderungskonstruktion etwas stärkeres Gewicht (vgl. z. B. Atchley, 1989; Bengtson et al., 1985).

Im Hinblick auf die Frage der erklärenden Kontinuität legen die Befunde nahe, daß die körperlichen Einschränkungen des hohen Alters tatsächlich mit der Wahrnehmung einer Abnahme des subjektiven Lebensinvestments einhergehen, aber auch, daß Eigenschaften des Lebensverlaufs wie die Dauer der Berufstätigkeit die wahrgenommene Veränderung beeinflussen. Personen, die im Laufe ihres Lebens länger gearbeitet hatten, nahmen eher eine Zunahme ihres Lebensinvestments im Vergleich zum mittleren Erwachsenenalter wahr. Dies könnte auch als subjektive Reflexion kumulativer Ungleichheiten interpretiert werden.

5. Ökonomisches Wohlergehen im Alter: Ressourcenakkumulation in Familien

5.1 Ressourcenakkumulation

Zweifellos sind Ressourcen wie das Einkommen, das soziale Netzwerk und die Gesundheit von großer Bedeutung für das Wohlbefinden[2]. Offensichtlich entstehen diese Ressourcen aber nicht erst im Alter, sondern entwickeln sich im Rahmen von Anlage-Umwelt-Konstellationen im Laufe des Lebens. Wir wollen uns im folgenden speziell mit ökonomischen Ressourcen und ihrer deskriptiven und erklärenden Kontinuität über die Lebensspanne beschäftigen. Da wir nicht über Daten zur finanziellen Situation (Einkommen, Wohlstand) der Studienteilnehmer in früheren Lebensphasen bzw. deren genetische Ausstattung verfügen, haben wir untersucht, inwieweit sich Bildung und Berufskarrieren von Alleinstehenden und Ehepaaren auf das Einkommen im höheren Alter auswirken.

Der Hauptmechanismus, der vermutlich für die Kontinuität in der Verfügbarkeit von ökonomischen Ressourcen über den Lebensverlauf hinweg verantwortlich ist, besteht einfach darin, daß, wie der Volksmund sagt, „wo was ist, was dazu kommt". Wissenschaftlicher ausgedrückt, entsteht in diesem Fall normative interindividuelle Kontinuität dadurch, daß diejenigen mit besseren bzw. vielen genetischen, sozialen und ökonomischen Ressourcen Vorteile im Wettbewerb um weitere Ressourcen haben. Die Akkumulation ökonomischer Ressourcen im Lebensverlauf ist das Thema vieler Studien, die z. B. zur Entwicklung der sogenannten „status-attainment"-Modelle (Blau & Duncan, 1967; Müller, 1975) führten. In diesen Modellen werden enge Zusammenhänge zwischen sozioökonomischen Ressourcen der Herkunftsfamilie, erreichter Bildung, beruflicher Stellung und Einkommen nachgewiesen. Das gleiche

2 Natürlich kann Gesundheit als Ressource betrachtet werden, sie ist aber auch ein Aspekt des Wohlbefindens selbst (vgl. Smith et al., Kapitel 19).

trifft auch auf das Hauseigentum zu, das die Chancen, auch im Alter eine adäquate Wohnung zu haben und den Heimübergang zu vermeiden, erheblich steigert (Clapham, Means & Munro, 1993; Higgs & Victor, 1993). Nicht nur verursacht, erhält und vergrößert der Prozeß der Akkumulation Unterschiede zwischen Individuen einer Kohorte, sondern er führt auch zu Unterschieden zwischen Kohorten. Veränderungen des Bildungssystems, Frühpensionierung, Phasen der Arbeitslosigkeit während der Wirtschaftskrisen oder in der Nachkriegszeit und (erzwungene) Berufstätigkeit (der Frauen) während der Kriege beeinflußten unmittelbar die finanzielle Situation der betroffenen Kohorten im Alter (Schmähl, 1983).

Ressourcen neigen aber dazu, nicht nur innerhalb eines Bereiches, also beispielsweise des monetären, sondern auch über verschiedene Bereiche hinweg zu akkumulieren. Bekannte Beispiele sind die schlechteren ökonomischen Chancen Behinderter, bessere Berufskarrieren für Personen mit besserem sozialem Kapital, bessere Chancen gutaussehender Frauen, wohlhabende Männer zu heiraten. In Erklärungsansätzen der Zusammenhänge zwischen sozialer Schichtzugehörigkeit, Gesundheit und Mortalität wird von einer solchen Akkumulation von Gesundheits- und ökonomischen Ressourcen ausgegangen (Fox, Goldblatt & Jones, 1985; Marmot, Shipley & Rose, 1984). Dabei haben weder gesundheitliche noch ökonomische Ressourcen Vorrang. Statt dessen wird angenommen, daß gesundheitliche und ökonomische Ressourcen sich über den gesamten Lebensverlauf hinweg wechselseitig beeinflussen.

Zwei wesentliche Ursachen für Diskontinuität in der Erklärung der Akkumulation von ökonomischen Ressourcen sind im Familienleben und in der Sozialpolitik zu suchen. Das Familienleben beeinflußt die Akkumulation auf vielfache Weise. Die Ehe stellt die Verbindung von zwei mehr oder weniger „gleichen" Personen dar (z. B. Frenzel, 1995). Die Forschung zeigt, daß die Ehe auf diese Weise beträchtliche Ungleichheit erzeugen kann. Sowohl ökonomischer Erfolg als auch Arbeitslosigkeit treten meistens paarweise auf. Die in der Ungleichheitsforschung übliche empirische Konzentration auf das Individuum führt daher zu einer Unterschätzung der tatsächlichen Ungleichheit und zu einer Fehlinterpretation des erklärenden Mechanismus.

Auf zwei Aspekte, die durch die Berücksichtigung beider Ehepartner in den Blick rücken, sei besonders verwiesen. Da ist zunächst der Effekt der *Homogamie* – d. h., Männer und Frauen neigen dazu, Partner mit gleichen oder ähnlichen sozioökonomischen Merkmalen zu heiraten – auf die ökonomische Ressourcenlage im Alter. So waren z. B. kinderlose Ehepaare mit langen und erfolgreichen Berufskarrieren schon während ihrer Berufstätigkeit ökonomisch im Vorteil, sind dann aber auch nach ihrer Pensionierung besonders gut gestellt. Sie erhalten zwei große Renten und haben zusätzliche Vorteile dadurch, daß sie sich ihre Haushaltskosten teilen. In Diskussionen der finanziellen Ungleichheit im Alter wird dies oft als ungerecht bezeichnet, weil diese Paare durch ihre Kinderlosigkeit oder im demographischen Sinne nicht zu der Generation „beigetragen" haben, die ihre Renten bezahlt (Tews, 1993).

Zweitens trifft es zweifellos zu, daß Partner sich auch nach der Heirat gegenseitig auf vielfache Weise beeinflussen. Aus theoretischen Überlegungen ergibt sich die Unterscheidung zwischen *Auswirkungen der Anwesenheit* von Familienmitgliedern und *bleibenden Effekten*, die auch ohne Anwesenheit des Partners noch wirksam sind. Für die Erklärung individueller Unterschiede im Alter ist die Anwesenheit von Familienmitgliedern von großer Bedeutung. Sie helfen einander, streiten sich, stimulieren einander geistig, müssen sich Dinge teilen, pflegen einander usw. Bezüglich der Frage nach der Auswirkung des Lebensverlaufs auf die ökonomischen Ressourcen im Alter könnten die bleibenden Effekte allerdings interessanter sein. Dies sind die Auswirkungen des früheren Vorhandenseins von Familienmitgliedern, die andauern, auch wenn diese Menschen aus verschiedenen Gründen (z. B. Scheidung, Tod) nicht mehr anwesend sind.

Beispielsweise hat die traditionelle Arbeitsteilung in Partnerschaften solche langanhaltenden Auswirkungen. Sie verursacht z. B. zunächst Unterschiede in der Berufstätigkeit und dann in den Rentenansprüchen. Beides ist für die Akkumulation von ökonomischen Ressourcen wichtig, besonders wenn eine Ehe endet.

Neben dem Familienleben können auch sozialpolitische Maßnahmen den Mechanismus der Ressourcenakkumulation beeinflussen. In westlichen Ländern arbeitet der Staat oft darauf hin, die kumulativen Auswirkungen der anfänglich ungleichen ökonomischen Ressourcenverteilung abzuschwächen. So wurden mit der Entwicklung einer allgemeinen Krankenversicherung die Unterschiede zwischen ökonomischen Gruppen im Zugang zu Gesundheitsdiensten deutlich verringert. Die Einführung der Pflegeversicherung kann als jüngster Schritt in diese Richtung gesehen werden. Verbleibende Differenzen wirken sich nicht mehr darauf aus, *ob* pflegerische Hilfe geboten wird, sondern auf die *Art* der Pflege. Professionelle Pflege zu Hause ist beispielsweise ein Luxus, den sich nur wenige leisten können, auch trotz Pflegeversicherung (Linden et al., Kapitel 18). Schulpflicht, besondere Hilfen für benachteiligte Kinder und progressive Besteuerung sind andere Beispiele der staatlichen Beeinflussung von Ressourcen. Maßnahmen gegen die Akkumulation ökonomischer Ressourcen sind allerdings nicht so weitreichend wie auf dem Gebiet der Gesundheit. Während es ein politisches Ziel ist, das Verschwinden aller Gesundheitsunterschiede zwischen sozioökonomischen Gruppen herbeizuführen, steht die völlige Aufhebung jeglicher ökonomischen Ungleichheit nicht zur Debatte.

5.2 Spuren der Kontinuität und Diskontinuität: Befunde zu ökonomischen Ressourcen im Alter

In diesem Abschnitt wollen wir nun Auswirkungen des Lebensverlaufs und insbesondere der Familienbildung und Familiengeschichte auf die ökonomischen Ressourcen im hohen und sehr hohen Alter betrachten und auf diese Weise Diskontinuität in der Erklärung der ökonomischen Ressourcenakkumulation veranschaulichen. Ökonomische Ressourcen lassen sich am besten anhand des Äquivalenzeinkommens operationalisieren (d. h. anhand des nach der Anzahl der Haushaltsmitglieder gewichteten Netto-Einkommens; vgl. G. Wagner et al., Kapitel 10).

Auf der individuellen Ebene gibt es einen engen Zusammenhang zwischen Merkmalen der Berufskarriere und Renten im Alter. Diese „eins-zu-eins"-Beziehung begründet wahrscheinlich die verbreitete Meinung, daß ältere Frauen wegen ihrer unvollständigen Berufskarrieren ein hohes Verarmungsrisiko tragen (Ginn & Arber, 1995). Allerdings werden Ressourcenunterschiede im Alter auch durch das *vergangene* und *gegenwärtige Zusammenspiel* zwischen Familiengründung und ökonomischen Ressourcen verursacht.

Das gegenwärtige Zusammenspiel ist darauf zurückzuführen, daß Paare ihr gemeinsames Einkommen teilen müssen und Alleinstehende nicht. Unter vergangenem Zusammenspiel verstehen wir dreierlei:

1. Homogamie: Männer mit guten Chancen auf dem Arbeitsmarkt heiraten eher Frauen mit gleichermaßen guten Chancen;
2. Austausch von Ressourcen innerhalb der Familie: Männer und Frauen könnten einander helfen, beruflich erfolgreich zu sein (z. B. Bernasco, 1994);
3. Familiengründung und Rollenspezialisierung: Ehe und Geburt von Kindern haben Auswirkungen auf die Berufstätigkeit von Frauen.

Wir wenden uns zunächst der Homogamie und den Auswirkungen der Partner auf ihre gegenseitigen Karrieren zu. Es finden sich signifikante Korrelationen des Bildungsniveaus (r=0,28) und des beruflichen Status von Partnern bei der Heirat (r=0,35). Dementsprechend ist das Potential der Ungleichheit im Vergleich zwischen Paaren beträchtlich. Allerdings korreliert für die in BASE untersuchten Kohorten der berufliche Status am Ende der Berufskarrieren beider Partner mit nur r=0,18 – viel weniger als zu Beginn ihrer Ehe. Aus diesen Korrelationen läßt sich schließen, daß die Partner sich nicht gegenseitig in ihrer Karriereentwicklung gefördert haben. Im Laufe der Zeit wurde deshalb nicht mehr Gleichheit, sondern eher mehr Ungleichheit erreicht. Dies ist in der untersuchten Generation die deutliche Folge des Einsatzes eines Partners (meist des Mannes) für seine berufliche Karriere, während der andere Partner (meist die Frau) sich auf die Familie konzentriert hat.

Die Konzentration der Frauen dieser Kohorten auf die Familie bedeutete nun aber nicht, daß sie überhaupt nicht erwerbstätig waren. In Kapitel 4 (Maas et al.) wird gezeigt, daß die um die Jahrhundertwende geborenen Berlinerinnen sich über einen beträchtlichen Teil ihres erwachsenen Lebens auf dem Arbeitsmarkt befanden. Im Mittel leisteten sie 25 Jahre lang bezahlte Arbeit. Handl (1988) fand für die 1920 bis 1940 geborenen Kohorten eine deutliche negative Beziehung zwischen der beruflichen Stellung der Ehemänner und der Berufstätigkeit ihrer Frauen – ein Hinweis darauf, daß der Hauptgrund für Berufstätigkeit der Frauen ökonomische Notwendigkeit war. In der BASE-Stichprobe ist dieser Zusammenhang nur schwach ausgeprägt. Die Anzahl der Jahre auf dem Arbeitsmarkt korreliert nur mit r=-0,10 (p>0,05) mit der höchsten beruflichen Stellung des Ehemannes. Frauen mit Kindern befanden sich kürzer auf dem Arbeitsmarkt (aber immerhin noch 21 Jahre). Von allen Gruppen weisen sie die größte Varianz in ihrer Berufstätigkeit auf. Es waren also auch viele Frauen mit Kindern länger berufstätig (Tabelle 5).

Die Ehe selbst scheint eine wichtigere Determinante der Berufstätigkeit gewesen zu sein als die Geburt von Kindern, da verheiratete Frauen ohne Kinder nur unwesentlich länger arbeiteten (24 Jahre) als solche mit Kindern. Frauen (mit oder ohne Kinder), die ihre Partner im oder direkt nach dem Zweiten Weltkrieg verloren und nicht wieder heirateten, unterscheiden sich überraschenderweise nicht von den verheirateten Frauen. Sie arbeiteten auch durchschnittlich 23 Jahre lang.

Eine weitere Auswirkung des Krieges auf Familienverläufe war der Anstieg der Scheidungsrate.

Tabelle 5: Beteiligung am Arbeitsmarkt und ökonomische Ressourcen im höheren Alter.

Gruppe	N	Jahre auf dem Arbeitsmarkt		Äquivalenzeinkommen[1] (in DM)	
		$\bar{x}$	s	$\bar{x}$	s
Verwitwete Männer	93	38,1	9,4	2.820	1.600
Gegenwärtig verheiratete Männer	129	37,2	6,3	2.130	970
Ledige Frauen	26	38,8	6,9	2.180	870
Geschiedene Frauen	25	27,2	14,0	1.700	750
Durch den Zweiten Weltkrieg verwitwete Frauen	36	22,6	14,0	1.880	600
Kürzlich verwitwete Frauen ohne Kinder	25	24,0	13,7	1.900	660
Kürzlich verwitwete Frauen mit Kindern	94	20,6	15,1	2.070	810

1 Äquivalenzeinkommen: Nach Haushaltsgröße gewichtetes Einkommen (vgl. G. Wagner et al., Kapitel 10).
$\bar{x}$: Mittelwert.
s: Standardabweichung.

Frauen, die sich scheiden ließen und nicht wieder heirateten (mit oder ohne Kinder), arbeiteten länger als verwitwete Frauen (27 Jahre). Wahrscheinlich erhielten sie keine finanzielle Unterstützung von ihrem ehemaligen Partner. Ledige Frauen unterscheiden sich nicht von den Männern in bezug auf die Dauer ihrer Berufstätigkeit (38 Jahre).

Ein großer Anteil potentieller Ungleichheit der ökonomischen Ressourcen, die es bei der Eheschließung noch gab, ist im höheren Alter verschwunden – einerseits wegen der relativ niedrigen Berufstätigkeit der verheirateten Frauen, auch bei Kinderlosigkeit, und anderseits wegen des schwach negativen Zusammenhangs zwischen Berufstätigkeit der Frauen und beruflichem Erfolg ihres Partners.

Tabelle 5 gibt einen Überblick über Einkommen und Lebensarbeitszeiten von Männern und Frauen mit verschiedenem Familienstand. Es gibt klare und höchst signifikante Einkommensunterschiede ($F_{(6;477)}=6,2$; $p<0,01$). Die echten Verliererinnen sind die geschiedenen Frauen. Obwohl sie länger als die meisten anderen Frauen arbeiteten, sind ihre ökonomischen Ressourcen im Alter am geringsten. Sie investierten zu Beginn in ihre Ehe und nicht in ihre eigene Karriere und konnten diese Fehlinvestition später nicht wiedergutmachen. Das geringere Einkommen geschiedener älterer Frauen ist dabei nicht durch geringere Ressourcen zu Beginn ihrer Karrieren zu erklären: Die beruflichen Stellungen der ehemaligen Partner geschiedener und verwitweter Frauen unterscheiden sich nicht, und geschiedene Frauen hatten sogar eine etwas höhere Bildung (Mittelwert $\bar{x}=10,3$ Jahre) als die drei Gruppen der Witwen ($\bar{x}=9,7$ Jahre), wenn auch eine etwas geringere Bildung im Vergleich zu den ledigen Frauen ($\bar{x}=10,7$ Jahre; $F_{(2;233)}=3,3$; $p<0,05$).

Neben diesem vergangenen Einfluß der Familiengründung und der Scheidung auf die Investitionen der Frauen in ihre Berufskarriere zeigt Tabelle 5 auch eine deutliche Beziehung zwischen dem gegenwärtigen Familienstand und ökonomischen Ressourcen. Verwitwete Männer hatten in unserer Stichprobe deutlich die höchsten ökonomischen Ressourcen. Das Einkommen aller anderen Gruppen schwankt um 2.000 DM, während die Witwer fast 3.000 DM zur Verfügung haben (wir diskutieren hier nicht die Frage, ob Witwer höhere Unkosten als verheiratete Männer haben). Offensichtlich ist der Gewinn ökonomischer Ressourcen aufgrund der Tatsache, daß Witwer ihre Ressourcen nicht teilen müssen, größer als die Benachteiligung durch die Tatsache, daß Renten, die auf der Erwerbstätigkeit des Partners basieren, niedriger sind als eigene Renten.

Die ökonomischen Ressourcen lediger und verwitweter Frauen mit und ohne Kinder unterscheiden sich dagegen kaum. Es findet sich auch kein Unterschied beim Vergleich mit der Gruppe der noch verheirateten Männern. Die Gruppe der verheirateten Männer ist auch die einzige Datenquelle über den ökonomischen Status von noch verheirateten Frauen in BASE. Diese Ehefrauen von BASE-Teilnehmern sind im Mittel jünger als die BASE-Teilnehmerinnen (schätzungsweise drei Jahre), aber ökonomisch nicht besser gestellt. Man könnte also schließen, daß die Investition in die eigene Karriere (ohne zu heiraten) aus ökonomischer Warte für Frauen die beste Stra-

Tabelle 6: Zusammenhänge zwischen ökonomischen Ressourcen im hohen Alter und Merkmalen der Berufskarriere (Regressionsanalyse).

	Verheiratete Männer (N=129)		Witwer (N=93)		Kürzlich verwitwete Frauen (N=122)	
	β	p	β	p	β	p
Beruflicher Status des ersten Berufes	0,19	0,05	0,25	0,06	-0,16	0,17
Beruflicher Status des letzten Berufes	0,29	0,00	0,30	0,03	-0,08	0,49
Jahre auf dem Arbeitsmarkt	0,09	0,32	-0,06	0,59	0,09	0,37
Höchster beruflicher Status des Partners	0,12	0,22	-0,01	0,93	0,46	0,00
R^2	0,20		0,18		0,16	

tegie gewesen wäre, da sie so nicht das ökonomische Risiko einer frühen Scheidung eingingen (vgl. Allmendinger, 1994).

Wie aus Tabelle 6 hervorgeht, ist der Beitrag der Frauen zu den ökonomischen Ressourcen älterer Paare in den untersuchten Kohorten tatsächlich sehr gering. Für noch verheiratete Männer, Witwer und Witwen sind die Auswirkungen der Berufskarrieren der Frauen auf die ökonomischen Ressourcen im Alter zu vernachlässigen. Im Gegensatz dazu korreliert das Einkommen lediger Frauen mit r=0,47 mit dem Status ihres letzten Berufs und das der geschiedenen Frauen mit r=0,50.

Da wir feststellten, daß Witwen im Mittel über 20 Jahre lang berufstätig waren, überrascht dieses Ergebnis. Das Fehlen einer Auswirkung der beruflichen Stellung von verwitweten Frauen auf die ökonomischen Ressourcen im Alter könnte dadurch zustande kommen, daß sie geringere Chancen hatten, einen Rentenanspruch aufzubauen, weil sie in kleineren Betrieben arbeiteten, Teilzeitarbeit leisteten oder weil sie der früheren Auszahlung ihrer Rente zustimmten (z. B. anläßlich ihrer Heirat)[3].

Insgesamt war das Muster der Erarbeitung von Einkommen für das Alter trotz der verhältnismäßig hohen Berufstätigkeit der Frauen traditionell. Homogamie – also daß Männer und Frauen dazu neigen, Partner mit gleichen oder ähnlichen sozioökonomischen Merkmalen zu heiraten – verursachte ein hohes Ungleichheitspotential. Die wirkliche Ungleichheit ist allerdings nicht so groß, weil die Frauen nicht wesentlich zum Einkommen im Alter beitrugen. Aus ökonomischer Perspektive sind in diesen Kohorten die Witwer klar die Gewinner und die geschiedenen Frauen die Verliererinnen. Es ist natürlich eine spannende Frage, inwieweit die Befunde für diese Kohorten auf die Zukunft – mit ihren veränderten gesellschaftlichen Bedingungen – generalisiert werden können.

6. Zusammenfassung und Diskussion

Dieses Kapitel ging von der Annahme aus, daß sich Prozesse und Merkmale des Alter(n)s mit Hilfe des Wissens über den vorangegangenen Lebensverlauf besser verstehen lassen würden. Die Betrachtung der Konzepte der Kontinuität und Diskontinuität schienen dabei unerläßlich. Wir entschieden uns, sowohl deskriptive Kontinuität – die Entwicklung des Phänotyps eines Merkmals über den Lebensverlauf hinweg – als auch erklärende Kontinuität – mögliche Veränderungen der zugrundeliegenden erklärenden Mechanismen im Lebensverlauf – zu untersuchen.

Der Interpretationsspielraum ist durch das querschnittliche Design der Berliner Altersstudie begrenzt. Dennoch lieferten retrospektive Fragen eine reichhaltige quasi-längsschnittliche Informationsbasis über die individuellen Lebensgeschichten der BASE-Teilnehmer. Die Tatsache, daß retrospektive

3 Vgl. Allmendinger, 1994; Allmendinger, Brückner & Brückner, 1993. Diese Autorinnen zeigten für die 1919/1921 geborenen Kohorten, daß abgeleitete Renten in allen Einkommensgruppen die von Frauen erarbeiteten eigenen Renten überstiegen.

Fragen immer nur subjektive Rekonstruktionen der Vergangenheit sein können, wurde berücksichtigt. Soweit möglich, wurden Faktoren, von denen anzunehmen ist, daß sie besonders verzerrend wirken (z. B. Demenz), kontrolliert. In einem Teil unserer Untersuchungen zur Kontinuität haben wir uns sogar explizit mit den Mechanismen der Rekonstruktion durch das Selbst beschäftigt.

Aspekte der Kontinuität und Diskontinuität, vor allem Stabilität im Niveau und von interindividuellen Unterschieden, wurden für drei Merkmale untersucht: gesellschaftliche Beteiligung, subjektives Lebensinvestment und ökonomische Ressourcen. BASE-Teilnehmer berichteten über ihre sozialen Aktivitäten während des jungen Erwachsenenalters, im Jahr vor dem Interview und in der Phase seit ihrem 60. Lebensjahr. Die Veränderung des subjektiven Lebensinvestments seit dem mittleren Erwachsenenalter wurde durch die Studienteilnehmer selbst bewertet. Ökonomische Ressourcen (das Einkommen) wurden nur für das Alter erhoben. Information über vorhersagende Faktoren, wie die berufliche Stellung und die Dauer der Berufstätigkeit, wurde jedoch für den gesamten Lebensverlauf erfragt.

Nur die Daten über gesellschaftliche Beteiligung erlaubten die Betrachtung deskriptiver und erklärender Kontinuität im engen Sinne. Im Einklang mit anderen Studien fanden wir zum einen *deskriptive Kontinuität* gesellschaftlicher Beteiligung vom jungen Erwachsenenalter über das 60. Lebensjahr bis ins höhere Alter. Rund 80% der Personen, die sich im hohen Alter an einer bestimmten Aktivität beteiligten, übten die gleiche Aktivität schon im jungen Erwachsenenalter aus. Die Korrelationen zwischen den Gesamtscores für gesellschaftliche Beteiligung im jungen Erwachsenenalter, im 60. Lebensjahr und im letzten Jahr vor der Untersuchung lagen bei 0,40.

Zum anderen weisen diese Korrelationen und Prozentzahlen aber auch auf Diskontinuität hin. Sie wird häufiger durch den Rückzug aus sozialen und aus Freizeitaktivitäten verursacht als durch die Aufnahme von neuen sozialen Aktivitäten. Außerdem verändern sich die Arten der Aktivitäten, weil (1) Aktivitäten, die hohen körperlichen oder geistigen Einsatz erfordern, schon in früheren Lebensphasen abgebaut werden und (2) politisches Engagement und ehrenamtliche Tätigkeiten niedrige Kontinuität aufweisen.

Zusammenfassend läßt sich feststellen, daß zumindest ein Teil der deskriptiven Kontinuität in der angegebenen gesellschaftlichen Beteiligung durch ein stabiles *Erklärungssystem* verursacht wird. Interne und externe Bedingungen wurden daraufhin überprüft, ob sie gesellschaftliche Beteiligung zu allen drei betrachteten Zeitpunkten gleichermaßen beeinflußten. Dies traf für die internen Ressourcen der Intelligenz und der Extraversion zu. Intelligentere und Extravertiertere gaben mehr Aktivitäten während des jungen Erwachsenenalters, im 60. Lebensjahr und im Jahr vor der Befragung an. Zusammen erklären Intelligenz und Extraversion 32% der Kontinuität in gesellschaftlicher Beteiligung zwischen dem 60. Lebensjahr und dem Zeitpunkt der Befragung.

Die externen Ressourcen Bildung und Schichtzugehörigkeit scheinen dagegen über den Lebensverlauf hinweg keine stabile Auswirkung zu haben. Im jungen Erwachsenenalter ist gesellschaftliche Beteiligung unter Kindern aus höheren Schichten verbreiteter. Bei Kontrolle der internen Ressourcen und früherer gesellschaftlicher Beteiligung bleiben jedoch keine unmittelbaren Auswirkung der Bildung und der beruflichen Stellung auf die berichtete gesellschaftliche Beteiligung im späteren Leben bestehen.

Bei der Erklärung der Diskontinuität waren wir weniger erfolgreich. Von den verschiedenen Ereignissen, die wir als mögliche Ursachen für Diskontinuität gesellschaftlicher Beteiligung untersuchten, zeigten nur körperliche Einbußen die erwarteten Auswirkungen. Dieser Befund scheint mit anderen Ergebnissen vergleichbar, die auf die besondere Rolle der Biologie im Alter als eine Quelle neuartiger Ungleichheiten hinweisen (z. B. Lindenberger & Baltes, 1995). Von den individuellen Unterschieden in der gesellschaftlichen Beteiligung im hohen Alter konnten wir 52% erklären, 48% blieben unerklärt, selbst unter Berücksichtigung von Merkmalen des Lebensverlaufs.

Mit der im Vergleich zum mittleren Erwachsenenalter wahrgenommenen Veränderung des subjektiven Lebensinvestments wollten wir untersuchen, wie das Selbst sich Kontinuität und Diskontinuität rekonstruiert und ob diese Rekonstruktion Bezüge zu internen und externen Entwicklungskontexten aufweist. Die Ergebnisse zeigten, daß das Selbst durch seine Rekonstruktionen sowohl Kontinuität herstellt als auch Diskontinuität zuläßt. Denn neben anderen Charakteristiken des Selbst, wie Offenheit für neue Erfahrungen und emotionale Labilität oder externale Kontrollüberzeugungen, hatten ebenso die körperlich-geistige Leistungskraft und die Lebensarbeitszeit Einfluß auf den Rekonstruktionsprozeß. Diese zweifache Leistung des Selbst, d. h. Herstellen von Kontinuität und Erhalt von Flexibilität, blieb – wenn auch abgeschwächt – auch dann erhalten, wenn man bei der Vorhersage der subjektiven Veränderung das gegenwärtige Niveau des Lebensinvestments in Rechnung stellte. Interessant war weiterhin der Befund, daß dieser Rekonstruktionsprozeß in Abhängigkeit vom Ausgangsniveau durchaus unterschiedliche Determinanten zu haben scheint. Es wurde deutlich, daß körperliche Funktionsfähigkeit dann wiederum ein Hauptgrund für Diskontinuität zu sein scheint und die Lebensarbeitszeit dagegen zur Kontinuität beizutragen scheint.

Das dritte Beispiel der ökonomischen Ressourcen im Alter wurde vor allem aufgegriffen, um darzustellen, wie das Familienleben zu erklärender Diskontinuität führt. Die hohen Zusammenhänge zwischen individueller Bildung, Berufstätigkeit, Einkommen und Renten reichen zur Erklärung der ökonomischen Ressourcen im Alter nicht aus. Homogamie, Arbeitsteilung in Haushalten und die Auflösung von Ehen verändern den erklärenden Mechanismus der ökonomischen Ressourcen im Alter. Beim Vergleich der ökonomischen Ressourcen lediger, lange und kürzlich verwitweter und noch verheirateter Frauen sind im Mittel kaum Unterschiede zu erkennen. Für diese Generation von Frauen wirkte sich der Familienstand kaum auf die ökonomischen Ressourcen im Alter aus. Die einzige Ausnahme ist hier die frühe Scheidung. Dieses in den untersuchten Kohorten recht häufige Ereignis (vgl. Maas et al., Kapitel 4) führte zu vergleichsweise niedrigen ökonomischen Ressourcen im höheren Alter.

Am Anfang dieses Kapitels haben wir uns gefragt, ob die Arbeit an einem Satz von allgemeinen Hypothesen über den Zusammenhang von Lebensverlauf und Merkmalen des hohen Alters überhaupt sinnvoll ist. Die Antwort auf diese Frage hängt von der Generalisierbarkeit unserer Befunde ab.

Lassen sich unsere Ergebnisse auf andere Phänomene generalisieren? Wir meinen, daß dies für einige unserer Ergebnisse der Fall sein könnte. Mit großer Wahrscheinlichkeit findet sich der durchschlagende diskontinuitätserzeugende Effekt körperlich-geistiger Leistungskraft auch in anderen Bereichen wieder. Auch unser Befund, daß Kontinuität der gesellschaftlichen Beteiligung durch Kontinuität von internen Bedingungen wie Intelligenz und Extraversion besser erklärt werden kann als mit externen Ressourcen, trifft möglicherweise auch auf andere Verhaltensweisen zu. Das gleiche gilt für das Ergebnis, daß wir für Ereignisse in der Familien- und Berufsgeschichte keine langanhaltenden Auswirkungen auf die gesellschaftliche Beteiligung gefunden haben.

In bezug auf die subjektive Rekonstruktion von Kontinuität läßt sich unsere Schlußfolgerung, daß diese Rekonstruktion zwar stark von der Persönlichkeit der Personen beeinflußt wird, aber auch externe Bedingungen reflektiert, mit Sicherheit auch auf andere Bereiche ausweiten. Auch in dem Bereich der Akkumulation von Ressourcen gibt es einen Befund, der Kandidat für Verallgemeinerung ist. Innerhalb von Familien fanden wir eher Arbeitsteilung als gegenseitige Unterstützung in der Berufskarriere und damit eine Verminderung von Ungleichheit zwischen Familien.

Eine andere Frage ist, ob unsere Ergebnisse auf andere Kohorten in einer anderen historischen Zeit zu verallgemeinern sind. Für die erklärenden Mechanismen wird dies eher als für die deskriptiven Befunde der Fall sein. Aber auch bei den Mechanismen können nur weitere Untersuchungen eine endgültige Antwort auf diese Frage geben. Zum Beispiel könnte es sein, daß wir relativ wenig Einfluß von externen Bedingungen auf die subjektive Rekonstruktion von Kontinuität finden, weil die Mitglieder der BASE-Kohorten alle, bewußt oder unbewußt, den Zweiten Weltkrieg als Referenzpunkt benutzen. Auch unser Befund von Arbeitsteilung innerhalb der Familien und damit Abbau der Ungleichheit zwischen Familien wird möglicherweise auf jüngere Kohorten nicht mehr zutreffen. Trotzdem: Selbst wenn sich die erklärenden Mechanismen über die Kohorten verändern, sind die Befunde dieser Studie als Vergleichspunkt nützlich und können vielleicht etwas zum Verständnis des Zusammenhangs von Lebensverlauf und Altern auch für jüngere Kohorten beitragen.

Literaturverzeichnis

Allmendinger, J. (1994). *Lebensverlauf und Sozialpolitik: Die Ungleichheit von Mann und Frau und ihr öffentlicher Ertrag*. Frankfurt/M.: Campus.

Allmendinger, J., Brückner, H. & Brückner, E. (1993). The production of gender disparities over the life course and their effects in old age: Results from the West German Life History Study. In A. B. Atkinson & M. Rein (Hrsg.), *Age, work, and social security* (S. 188–223). New York: St. Martin's Press.

Alwin, D. F. (1994). Aging, personality, and social change: The stability of individual differences over the adult life span. In D. L. Featherman, R. M. Lerner & M. Perlmutter (Hrsg.), *Life-span development and behavior* (Bd. 12, S. 135–185). Hillsdale, NJ: Erlbaum.

Arber, S. & Evandrou, M. (Hrsg.) (1993a). *Ageing, independence, and the life course*. London: Jessica Kingsley Publishers.

Arber, S. & Evandrou, M. (1993b). Mapping the territory: Ageing, independence, and the life course. In S. Arber & M. Evandrou (Hrsg.), *Ageing, independence, and the life course* (S. 9–26). London: Jessica Kingsley Publishers.

Arnetz, B. B. & Theorell, T. (1983). Psychological, sociological and health behaviour aspects of a long term activation programme for institutionalized elderly people. *Social Science and Medicine, 17,* 449–456.

Asendorpf, J. B. & Weinert, F. E. (1990). Stability of patterns and patterns of stability in personality development. In D. Magnusson & L. R. Bergman (Hrsg.), *Data quality in longitudinal research* (S. 181–197). Cambridge: Cambridge University Press.

Atchley, R. C. (1989). A continuity theory of normal aging. *The Gerontologist, 29,* 183–190.

Babchuk, N. & Booth, A. (1969). Voluntary association membership: A longitudinal analysis. *American Sociological Review, 34,* 31–45.

Backes, G. M. (1991). Ehrenamtliche Arbeit älterer und alter Frauen: Ein Beitrag zu ihrer sozialen Integration? *Frauenforschung, 3,* 89–100.

Baltes, P. B. (1973). Prototypical paradigms and questions in life-span research on development and aging. *The Gerontologist, 13,* 458–467.

Baltes, P. B. (1987). Theoretical propositions of life-span developmental psychology: On the dynamics between growth and decline. *Developmental Psychology, 23,* 611–626.

Baltes, P. B. & Baltes, M. M. (Hrsg.) (1990). *Successful aging: Perspectives from the behavioral sciences*. Cambridge: Cambridge University Press.

Baltes, P. B. & Graf, P. (1996). Psychological and social aspects of aging: Facts and frontiers. In D. Magnusson (Hrsg.), *The life-span development of individuals: Behavioural, neurobiological and psychosocial perspectives* (S. 427–459). Cambridge: Cambridge University Press.

Baltes, P. B., Reese, H. W. & Lipsitt, L. P. (1980). Life-span developmental psychology. *Annual Review of Psychology, 31,* 65–110.

Bengtson, V. L., Reedy, M. N. & Gordon, C. (1985). Aging and self-conceptions: Personality processes and social contexts. In J. E. Birren & K. W. Schaie (Hrsg.), *Handbook of the psychology of aging* (2. Aufl., S. 544–593). New York: Van Nostrand Reinhold.

Bernasco, W. (1994). *Coupled careers: The effects of spouses' resources on success at work*. Amsterdam: Thesis Publishers.

Blau, P. M. & Duncan, O. D. (1967). *The American occupational structure*. New York: Wiley.

Blossfeld, H.-P. (1985). Berufseintritt und Berufsverlauf: Eine Kohortenanalyse über die Bedeutung des ersten Berufs in der Erwerbsbiographie. *Mitteilungen aus der Arbeitsmarkt- und Berufsforschung, 18,* 177–197.

Blossfeld, H.-P., Hannan, M. T. & Schömann, K. (1988). Erwerbsverlauf und die Entwicklung der Arbeitseinkommen bei Männern: Eine Längsschnittanalyse unter Verwendung einer stochastischen Differentialgleichung. *Zeitschrift für Soziologie, 17,* 407–423.

Bourdieu, P. (1982). *Die feinen Unterschiede: Kritik der gesellschaftlichen Urteilskraft*. Frankfurt/M.: Suhrkamp.

Brandtstädter, J. & Greve, W. (1994). The aging self: Stabilizing and protective processes. *Developmental Review, 14,* 52–80.

Breytspaak, L. M. (1984). *The development of the self in later life*. Boston, MA: Little, Brown & Co.

Cantor, N. & Fleeson, W. (1991). Life tasks and self-regulatory processes. In M. Maehr & P. Pintrich (Hrsg.), *Advances in motivation and achievement* (Bd. 7, S. 327–369). Greenwich, CT: JAI Press.

Clapham, D., Means, R. & Munro, M. (1993). Housing, the life course, and older people. In S. Arber & M. Evandrou (Hrsg.), *Ageing, independence, and the life course* (S. 132–148). London: Jessica Kingsley Publishers.

Clausen, G. (1980). Lebensgeschichtliche Erfahrungen und Ortsgebundenheit alter Menschen. *Zeitschrift für Bevölkerungswissenschaft, 3/4,* 421–432.

Costa, P. T., Jr. & McCrae, R. R. (1993). Psychologische Forschung in der Baltimore Längsschnittstudie des Alterns. *Zeitschrift für Gerontologie, 26,* 123–128.

Elder, G. H., Jr. (1974). *Children of the Great Depression: Social change in life experience*. Chicago, IL: University of Chicago Press.

Elder, G. H., Jr. (1975). Age differentiation and the life course. *Annual Review of Sociology, 1,* 165–190.

Elder, G. H., Jr. (1978). Family history and the life course. In T. K. Hareven (Hrsg.), *Transitions: The family and the life course in historical perspective* (S. 17–64). New York: Academic Press.

Elder, G. H., Jr. & O'Rand, A. M. (1992). Adult lives in a changing society. In K. Cook, G. Fine & J. S. House (Hrsg.), *Sociological perspectives on social psychology* (S. 452–475). Boston, MA: Allyn and Bacon.

Filipp, S.-H. & Klauer, T. (1991). Subjective well-being in the face of critical life events: The case of successful copers. In F. Strack, M. Argyle & N. Schwarz (Hrsg.), *Subjective well-being: An interdisciplinary perspective* (S. 213–234). Oxford: Pergamon Press.

Fox, A. J., Goldblatt, P. O. & Jones, D. R. (1985). Social class mortality differentials: Artefact, selection or life circumstances? *Journal of Epidemiology and Community Health, 39,* 1–8.

Frenzel, H. (1995). Bildung und Partnerwahl. *ZUMA-Nachrichten, 36,* 61–88.

George, L. K. (1978). The impact of personality and social status factors upon levels of activity and psychological well-being. *Journal of Gerontology, 33,* 840–847.

Ginn, J. & Arber, S. (1995). Exploring mid-life women's employment. *Sociology, 29,* 73–94.

Glatzer, W. (1992). Die Lebensqualität älterer Menschen in Deutschland. *Zeitschrift für Gerontologie, 25,* 137–144.

Gordon, C., Gaitz, C. M. & Scott, J. (1976). Leisure and lives: Personal expressivity across the life span. In R. H. Binstock & E. Shanas (Hrsg.), *Handbook of aging and the social sciences* (1. Aufl., S. 310–341). New York: Van Nostrand Reinhold.

Greve, W. (1989). *Selbstkonzeptimmunisierung, Verteidigung und Entwicklung zentraler Selbstkonzeptbereiche im Erwachsenenalter.* Dissertation, Universität Trier.

Greve, W. (1990). Stabilisierung und Modifikation des Selbstkonzeptes im Erwachsenenalter: Strategien der Immunisierung. *Sprache und Kognition, 9,* 218–230.

Handl, J. (1988). *Berufschancen und Heiratsmuster von Frauen: Empirische Untersuchungen zu Prozessen sozialer Mobilität.* Frankfurt/M.: Campus.

Harel, Z. & Noelker, L. (1982). Social integration, health, and choice. *Research on Aging, 4,* 97–111.

Hareven, T. K. (1978). The historical study of the life course. In T. K. Hareven (Hrsg.), *Transitions: The family and the life course in historical perspective* (S. 1–16). New York: Academic Press.

Harry, J. (1970). Family localism and social participation. *American Journal of Sociology, 75,* 821–827.

Hertzog, C. & Schaie, K. W. (1988). Stability and change in adult intelligence: 2. Simultaneous analysis of longitudinal means and covariance structures. *Psychology and Aging, 3,* 122–130.

Higgs, P. & Victor, C. (1993). Institutional care and the life course. In S. Arber & M. Evandrou (Hrsg.), *Ageing, independence, and the life course* (S. 186–200). London: Jessica Kingsley Publishers.

Idler, E. L. & Kasl, S. (1991). Health perception and survival: Do global evaluations of health status really predict mortality? *Journal of Gerontology: Medical Sciences, 46,* M55–M65.

Jeffers, F. C. & Nichols, C. R. (1970). The relationship of activities and attitudes to physical well-being in older people. In E. Palmore (Hrsg.), *Normal aging: Reports from the Duke Longitudinal Study, 1955–1969* (S. 304–310). Durham, NC: Duke University Press.

Kagan, J. (1980). Perspectives on continuity. In O. G. Brim, Jr. & J. Kagan (Hrsg.), *Constancy and change in human development* (S. 26–74). Cambridge, MA: Harvard University Press.

Kahn, R. L. & Antonucci, T. C. (1980). Convoys over the life course: Attachment, roles, and social support. In P. B. Baltes & O. G. Brim, Jr. (Hrsg.), *Life-span development and behavior* (Bd. 3, S. 254–283). New York: Academic Press.

Kelly, J. R. (1974). Socialization toward leisure: A developmental approach. *Journal of Leisure Research, 6,* 181–193.

Kelly, J. R. (1987). *Peoria winter: Styles and resources in later life.* Lexington, MA: D. C. Heath.

Kieselbach, T. & Schindler, H. (1984). *Psychosoziale Auswirkungen von Arbeitslosigkeit und Hindernisse für eine Aktivierung Arbeitsloser* (Bremer Beiträge zur Psychologie, Nr. 32). Bremen: Universität Bremen.

Kohli, M. (1983). Thesen zur Geschichte des Lebenslaufs als soziale Institution. In C. Conrad & H.-J. von Kondratowitz (Hrsg.), *Gerontologie und Sozialgeschichte: Wege zu einer historischen Betrachtung des Alters* (S. 133–147). Berlin: Deutsches Zentrum für Altersfragen.

Krause, N. M. & Jay, G. M. (1994). What do global self-rated health items measure? *Medical Care, 32,* 930–942.

Lawton, M. P. (1977). The impact of the environment on aging and behavior. In J. E. Birren & K. W. Schaie (Hrsg.), *Handbook of the psychology of aging* (1. Aufl., S. 276–301). New York: Van Nostrand Reinhold.

Lawton, M. P. (1985). The elderly in context: Perspectives from environmental psychology and gerontology. *Environment and Behavior, 17,* 501–519.

Lehr, U. (1980). Die Bedeutung der Lebenslaufpsychologie für die Gerontologie. *Aktuelle Gerontologie, 10,* 257–269.

Lehr, U. (1982). Social-psychological correlates of longevity. *Annual Review of Gerontology and Geriatrics, 3,* 102–147.

Lehr, U. (1983). Altern im sozialkulturellen Kontext: Ein Kommentar. In C. Conrad & H.-J. von Kondratowitz (Hrsg.), *Gerontologie und Sozialgeschichte: Wege zu einer historischen Betrachtung des Alters* (S. 121–131). Berlin: Deutsches Zentrum für Altersfragen.

Lehr, U. (1987). *Zur Situation der älterwerdenden Frau: Bestandsaufnahme und Perspektiven bis zum Jahre 2000.* München: Beck.

Lehr, U. & Thomae, H. (Hrsg.) (1987). *Formen seelischen Alterns: Ergebnisse der Bonner Gerontologischen Längsschnittstudie (BOLSA).* Stuttgart: Enke.

Lemke, S. & Moos, R. H. (1989). Personal and environmental determinants of activity involvement among elderly residents of congregate facilities. *Journal of Gerontology: Social Sciences, 44,* 139–148.

Lerner, R. M. (1984). *On the nature of human plasticity.* Cambridge: Cambridge University Press.

Lindenberger, U. & Baltes, P. B. (1995). Kognitive Leistungsfähigkeit im Alter: Erste Ergebnisse aus der Berliner Altersstudie. *Zeitschrift für Psychologie, 203,* 283–317.

Maas, I. & Gilberg, R. (1994). *Participation in societal activities: What difference does institutionalization make?* Presented at the COST A5 Workshop on social integration of elderly people: Present circumstances, the role of technology, and future challenges, Berlin.

Maddox, G. L. (1970). Fact and artifact: Evidence bearing on disengagement theory. In E. Palmore (Hrsg.), *Normal aging: Reports from the Duke Longitudinal Study, 1955–1969* (S. 318–328). Durham, NC: Duke University Press.

Marmot, M. G., Shipley, M. J. & Rose, G. (1984). Inequalities in death: Specific explanations of a general pattern? *The Lancet, i,* 1003–1006.

Mayer, K. U. (1990). Lebensverläufe und sozialer Wandel: Anmerkungen zu einem Forschungsprogramm. *Kölner Zeitschrift für Soziologie und Sozialpsychologie, 42,* 7–21.

Moen, P., Dempster-McClain, D. & Williams, R. M., Jr. (1989). Social integration and longevity: An event history analysis of women's roles and resilience. *American Sociological Review, 54,* 635–647.

Mortimer, J. T., Finch, M. D. & Kumka, D. (1982). Persistence and change in development: The multidimensional self-concept. In P. B. Baltes & O. G. Brim, Jr. (Hrsg.), *Life-span development and behavior* (Bd. 4, S. 263–313). New York: Academic Press.

Müller, W. (1975). *Familie, Schule und Beruf: Analysen zur sozialen Mobilität und Statuszuweisung in der Bundesrepublik.* Opladen: Westdeutscher Verlag.

Okun, M. A., Stock, W. A., Haring, M. J. & Witter, R. A. (1984). The social activity/subjective well-being relation: A quantitative synthesis. *Research on Aging, 6,* 45–65.

Pedhazur, E. J. (1982). *Multiple regression in behavioral research.* New York: Holt.

Schmähl, W. (1983). Historische Verlaufsanalysen in ihrer Bedeutung für die Sozialpolitik und die Gestalt von Lebensverdienstkurven. In C. Conrad & H.-J. von Kondratowitz (Hrsg.), *Gerontologie und Sozialgeschichte: Wege zu einer historischen Betrachtung des Alters* (S. 351–362). Berlin: Deutsches Zentrum für Altersfragen.

Schmitz-Scherzer, R. (1976). Longitudinal change in leisure behavior of the elderly. In H. Thomae (Hrsg.), *Patterns of aging: Findings from the Bonn Longitudinal Study of Aging. Contributions to human development* (S. 127–136). Basel: Karger.

Scitovsky, T. (1976). *The joyless economy: An inquiry into human satisfaction and consumer dissatisfaction.* New York: Oxford University Press.

Simic, A. (1978). Aging and the aged in cultural perspective. In B. G. Myerhoff & A. Simic (Hrsg.), *Life's career – aging: Cultural variations on growing old* (S. 9–22). Beverly Hills, CA: Sage.

Solomon, K. (1982). Social antecedents of learned helplessness in the health care setting. *The Gerontologist, 22,* 282–287.

Staudinger, U. M. & Fleeson, W. (im Druck). Self and personality in very old age: A sample case of resilience? *Development and Psychopathology.*

Staudinger, U. M., Marsiske, M. & Baltes, P. B. (1995). Resilience and reserve capacity in later adulthood: Potentials and limits of development across the life span. In D. Cicchetti & D. J. Cohen (Hrsg.), *Developmental psychopathology. Vol. 2: Risk, disorder, and adaptation* (S. 801–847). New York: Wiley.

Swann, W. B. (1985). The self as architect of social reality. In B. R. Schlenker (Hrsg.), *The self and social life* (S. 100–126). New York: McGraw-Hill.
Tews, H. P. (1993). Neue und alte Aspekte des Strukturwandels des Alters. In G. Naegele & H. P. Tews (Hrsg.), *Lebenslagen im Strukturwandel des Alters: Alternde Gesellschaft – Folgen für die Politik* (S. 15–42). Opladen: Westdeutscher Verlag.
Tokarski, W. & Schmitz-Scherzer, R. (1984). Gesundheit und Freizeit im Alter. In A. Kniel (Hrsg.), *Sozialpädagogik im Wandel: Geschichte, Methoden, Entwicklungstendenzen* (S. 209–220). Kassel: Gesamthochschulbibliothek.
Ward, R. A. (1981–82). Aging, the use of time, and social change. *International Journal of Aging and Human Development, 14,* 177–187.

22. Geschlechtsunterschiede in der Berliner Altersstudie

Margret M. Baltes, Ann L. Horgas, Barbara Klingenspor,
Alexandra M. Freund & Laura L. Carstensen

Zusammenfassung

Ziel dieses Kapitels ist es, in einer konzentrierten Form eine Beschreibung von Geschlechtsunterschieden in einigen wichtigen Lebensbereichen zu liefern. Ein eigenes Kapitel dem Thema Geschlechtsunterschiede im hohen Alter zu widmen scheint aufgrund der Feminisierung des Alters angebracht. Ein gesondertes Kapitel über Geschlechtsunterschiede verhindert allerdings keineswegs, daß sich dieses Thema durch die gesamte Monographie zieht und auch Daten in einzelnen Kapiteln erwähnt werden, die hier keine Beachtung finden. Insgesamt kann die Befundlage dahingehend zusammengefaßt werden, daß die Geschlechtsunterschiede bereichsspezifisch sind und daß es für diese Gruppe der 70- bis 103jährigen nur wenige Altersdifferenzen in den Geschlechtsunterschieden gibt. Die größten Differenzen liegen in dem Bereich der körperlichen, funktionellen und psychischen Gesundheit. Damit bestätigen wir die in der Literatur vorliegenden Befunde, können aber zum ersten Mal zeigen, daß die Variable Alter nur einen geringen Einfluß auf die Geschlechtsunterschiede hat. Lediglich in der funktionellen Kapazität zeigt sich ein deutlicher Schereneffekt zwischen Männern und Frauen mit dem Alter. Geschlechtsunterschiede im sozialen Bereich machen deutlich, wie sehr die Variable Geschlecht mit sozialer Schicht und ehelichem Status verwoben ist; im Bereich psychischer Gesundheit ist es die Bildung, die mit dem Geschlecht hoch korreliert. Zur Erklärung der von Frauen erlebten Diskriminierungen im Alltagsleben werden zwei Grunde angeboten. Einmal das Vorhandensein äußerer Barrieren, die sich nicht in Unterschieden in der Persönlichkeit, sozialer Integration oder Gesundheit widerspiegeln müssen, aber in Unterschieden in den soziodemographischen Faktoren. Zum anderen scheint der häufigst benutzte Forschungsansatz, der nur auf individuellen Differenzen, also einer differentiellen Gerontologie, aufbaut, zu kurz zu greifen. Unterschiede zwischen Männern und Frauen werden durch den Kontext moderiert. Sie werden nur dann entdeckt, wenn der Kontext als Bedingungsfaktor systematisch mit in die Analyse einbezogen wird. Zum dritten scheinen sich auch kleine Geschlechtsunterschiede zu akkumulieren, so daß bei einer systematischen Betrachtungsweise eine viel dramatischere Benachteiligung der Frau zutage tritt (siehe Mayer et al., Kapitel 23 in diesem Band). Wir schließen mit der Frage, ob die Feminisierung des Alters Fragen nach Geschlechtsunterschieden obsolet macht.

1. Einleitung

Im Mittelpunkt des folgenden Kapitels stehen die Unterschiede, die im Rahmen der Berliner Altersstudie (BASE) zwischen Frauen und Männern in den Bereichen körperliche Gesundheit und allgemeine funktionelle Kapazität, psychische Gesundheit, Persönlichkeit und soziale Integration festgestellt werden konnten. Obwohl alle Bereiche eng miteinander verflochten sind und bei der Auswirkung belastender Ereignisse auf die Gesundheit von Frauen eine wichtige Mittlerrolle spielen (Barnett, Biener & Baruch, 1987; Ory & Warner, 1990), können diese komplexen Zusammenhänge an dieser Stelle nicht dargelegt, sondern lediglich die Befunde deskriptiv vorgestellt werden.

Geschlecht und Alter haben interessante Gemeinsamkeiten. Beides betrachtet man als sogenannte „natürliche Phänomene". Aber die Tatsache allein, daß es sich hier um universell anzutreffende Erscheinungen handelt, die praktisch für jeden Menschen erfahrbar sind, bedeutet nicht notwendigerweise auch, daß diese Phänomene so, wie sie in den meisten Gesellschaften ihre Ausgestaltung finden, einer „natürlichen Ordnung" folgen. Bemühungen in der gerontologischen Forschung, über das hinauszusehen, was ist, und sich vorzustellen, was sein könnte, haben zu völlig neuen Interpretationen vom Alternsprozeß und zu neuen Perspektiven für alte Menschen geführt. Sie haben nicht zuletzt die bislang als eine Selbstverständlichkeit hingenommene Verknüpfung von Alter mit Abbauprozessen fraglich werden lassen. Vergleichbare Bemühungen in der Erforschung der Geschlechtsdifferenzen haben deutlich gemacht, daß „what we have all this time called 'human nature' (...) was in great part only male nature" („das, was bislang immer als 'Natur des Menschen' bezeichnet worden ist, [...] zum großen Teil nur die Natur des Mannes war") (Gilman, 1911/1971, zitiert in Bem, 1993, S. 41).

Es gibt noch ein weiteres interessantes Phänomen im Zusammenhang mit Altern und Geschlecht, etwas, das als „Feminisierung des Alternsprozesses" bezeichnet wird (Neugarten, 1993). Frauen leben länger als Männer, und die Welt der Alten ist daher zumeist eine Frauenwelt. So ist in der Altersgruppe der 65- bis 70jährigen das Verhältnis von Männern zu Frauen noch 1:1,2. Jenseits des Alters von 85 Jahren beträgt es 1:2,6 (Neugarten, 1993). Die Frage, die in diesem Zusammenhang entsteht, ist, was Feminisierung für die Frauen und für die Gesellschaft bedeutet. Führt die quantitative Überlegenheit der Frauen gegenüber den Männern im Alter dazu, daß es eine freundlichere, sanftere, fürsorglichere, „fraulichere" Gesellschaft gibt? Bis heute lassen sich nur zwei wesentliche Geschlechtsunterschiede erkennen, die Frauen bis ins hohe Alter zu schaffen machen und sich negativ auf ihr Leben auswirken, nämlich der soziale Status und das Einkommen.

Es erscheint sinnvoll, kurz auf das theoretische Konzept der Geschlechtsunterschiede einzugehen. Die englische Sprache verfügt über die Möglichkeit, durch verschiedene Wörter zwei unterschiedliche Aspekte derselben Sache hervorzuheben, indem „sex" zur Bezeichnung des sogenannten natürlichen, also biologisch bedingten Geschlechts benutzt wird und mit „gender" die Geschlechtsrolle, also die soziokulturelle Ausformung der je geschlechtstypischen Verhaltensvorschriften und Verhaltensweisen, Stereotypen, sozialen Rollen usw., bezeichnet wird. Diese sind zwar jeweils mit einem (biologischen) Geschlecht assoziiert, können in der Realität aber durchaus auch unabhängig davon beim jeweils anderen Geschlecht auftreten. Im Deutschen versucht man, durch Rückgriff auf das Lateinische diesen Unterschied zwischen biologisch festgelegtem Geschlecht und soziologisch oder sozialpsychologisch definierter Geschlechtsrolle durch die Wörterpaare männlich-weiblich bzw. maskulin-feminin sprachlich sichtbar zu machen (Deaux, 1984; Knäpper, 1984; Landweer & Rumpf, 1993; Maccoby, 1988).

Geschlechtszuschreibungen finden sich, auch wenn sie nicht immer gleich sind, durchweg in allen Gesellschaften, was Gailey (1986) dazu veranlaßte festzustellen: „Our society typecasts women and men from birth through death – pink and blue from baby clothes to caskets" („Unsere Gesellschaft legt Frauen und Männer von der Geburt bis zum Tod eindeutig fest – auf Rosa und Hellblau vom Babyjäckchen bis zum Sarg") (S. 35). Auch wenn einige behaupten, Geschlechtsunterschiede seien im Grunde doch alles nur soziokulturelle Rollendifferenzierungen zwischen Frauen und Männern (Hagemann-White, 1993), vertritt die Mehrheit wohl eher die Auffassung, daß biologische und soziokulturelle Merkmale, also beides zugleich, zu den Unterschieden zwischen Männern und Frauen beitragen. Lediglich in der Frage der Gewichtung, also der Bedeutung, die man der biologischen bzw. sozialpsychologischen Komponente beimißt, divergieren die Meinungen.

Aus biologischer Perspektive wird zur Erklärung der Unterschiede zwischen Mann und Frau das Schwergewicht auf genetische, angeborene Faktoren gelegt. In diesem Zusammenhang wird z. B. stärkere Aggression und Dominanz bei Männern als Ergebnis von Selektionsprozessen betrachtet: Die aggressivsten männlichen Wesen konnten mit der größten Wahrscheinlichkeit ihre Fortpflanzung sichern. Einige Feministinnen (z. B. Firestone, 1971) haben vergleichbare soziobiologische Sichtweisen übernommen, die von den Unterschieden zwischen Männern und Frauen im Reproduktionsverhalten ausgehen (für einen Überblick siehe Bem, 1993; Knäpper, 1984; Wieczorek-Zeul, 1984). Kulturgebundene und kulturtypische Geschlechtsunterscheidungen, also die Geschlechtsrollen, werden für einige dieser Feministinnen erst dann verschwinden, wenn die Austragung von Kindern unabhängig von der biologisch bedingten Reproduktionsfähigkeit möglich ist, d. h., wenn Technologie die Biologie ersetzt und für das Gebären von Kindern nicht länger die Frauen zuständig sind (zur Diskussion siehe auch Knäpper, 1984).

Diejenigen, die Geschlechtsunterschiede als gelernt ansehen, stützen sich auf die soziale Lerntheorie (Mischel, 1966). Danach wird eine Geschlechtsrolle gelernt durch Verstärkung, Imitation und Beobachtung sowie die Möglichkeiten zum Ausprobieren und

Üben der Rolle (Lott, 1990). Geschlechtsrollen werden in den meisten Gesellschaften wie andere soziale Kategorien, z. B. Volksgruppenzugehörigkeit und sozioökonomische Schicht, zur Sozialisation eingesetzt (Maccoby & Jacklin, 1974). Da der jeweilige Kulturkreis die Geschlechtsrollen definiert und seinen Mitgliedern Situationen bereitstellt, sie zu erlernen und zu üben, sind Unterschiede zwischen Männern und Frauen in den sozialen Situationen am deutlichsten, in denen die größten Erwartungen an das Geschlechtsrollenverhalten gestellt werden und unterschiedliche Konsequenzen für männliches und weibliches Verhalten daraus resultieren.

Im Unterschied zur sozialen Lerntheorie, in der die Umwelt (d. h. die Kultur) als die Komponente betrachtet wird, die den größten Einfluß auf das Individuum ausübt, betont man in kognitiven Entwicklungstheorien stärker die aktive Rolle des Einzelnen. So werden Informationen nach ihrer Geschlechtsrollendienlichkeit verarbeitet; solche, die den Erwartungen entsprechen, werden aufgenommen, erwartungsentgegengesetzte werden abgelehnt oder verändert. In kognitiven Entwicklungstheorien wird die Bedeutung des Wissens um anatomische Unterschiede für die Entwicklung einer überdauernden Geschlechtsrolle betont (Kohlberg, 1966).

Geschlechtsrollenidentität entsteht danach jedoch erst durch die Verarbeitung geschlechtsgeprägter Schemata, die zur Entwicklung von geschlechtsrollentypischen Verhaltenszügen, Verhaltensweisen und Einstellungen beitragen (Bem, 1981, 1993; Eagly, 1987). Bem (1993) spricht in diesem Zusammenhang von der „encultured lens theory".

Schließlich bietet die soziale Identitätstheorie (Tajfel & Turner, 1986) noch eine weitere Interpretation an. Danach steht mit der Kategorie „Geschlecht" nicht nur der Kultur ein Mittel zur Sozialisierung zur Verfügung, sondern auch dem Einzelnen eine Möglichkeit, eine eigene Identität zu finden, indem man sich entweder mit der Gruppe der Männer oder der Frauen identifiziert. Die Geschlechtsrollenidentität (Ashmore, 1990) gibt also Auskunft darüber, ob sich jemand eher die männlichen oder die weiblichen Merkmale zuschreibt, und spielt auf diese Weise die Mittlerrolle zwischen Geschlechtsgruppenzugehörigkeit und Selbstwertgefühl (Klingenspor, 1994). Da weibliche und männliche Merkmale in den meisten Gesellschaften verschieden bewertet und erwünscht sind, ist anzunehmen, daß der Einfluß auf das Selbstwertgefühl unterschiedlich ist.

2. Altern und Geschlechtsunterschiede

Geschlechtsunterschiede im hohen Alter haben bislang geringe Beachtung gefunden (Barer, 1994). Zentral wichtige Alternsmodelle basieren ausschließlich auf Untersuchungen an Männern (z. B. die Baltimore Longitudinal Study on Aging [Shock et al., 1984], Vaillants Untersuchung männlicher Personen in Harvard [Vaillant, 1990] sowie Levinsons Studie [Levinson, 1978], um nur einige zu nennen). Werden in einer Studie einmal beide Geschlechter berücksichtigt, sind paradoxerweise die männlichen Personen (im Verhältnis zur Altenpopulation) zumeist in der Unterzahl, und die Geschlechtsvariable wird häufig völlig vernachlässigt. Und wenn es tatsächlich einmal um Geschlechtsunterschiede im hohen Alter geht, dann meist nur in bezug auf demographische Variablen wie sozioökonomische Schicht, Einkommen und Armut (siehe auch Mayer & Wagner, Kapitel 9 in diesem Band). Variablen wie körperliche und seelisch-geistige Gesundheit, Selbst und Persönlichkeit sowie soziale Integration werden häufig nur im Zusammenhang mit frauenspezifischen Belangen, z. B. den materiellen und psychosozialen Benachteiligungen im Alter (Backes, 1991; Gather, Gerhard, Prinz & Veil, 1991; Müller-Dahn & Fooken, 1993; Niederfranke, 1991) oder dem Bereich familiärer Pflege mit den entsprechenden Auswirkungen auf die Pflegeperson untersucht (Fischer et al., 1995; Schneekloth & Potthoff, 1993). Weniger Aufmerksamkeit gilt der Frage, ob es – und wenn ja, wie große – Unterschiede zwischen Männern und Frauen in bezug auf diese Variablen gibt.

Im folgenden geht es nicht darum, frauenspezifische Belange und/oder die materiellen und psychosozialen Benachteiligungen von Frauen im Alter zu beschreiben (siehe Backes, 1991; Lehr, 1987; Müller-Dahn & Fooken, 1993). Es geht auch nicht darum, Konsequenzen von Lebensverläufen im Alter zu behandeln (Gather et al., 1991; Mayer, Allmendinger & Huinink, 1991), Auswirkungen von Berufsaufgabe, Partnerverlust oder familiärer Pflegeverantwortung zu erkunden (Niederfranke, 1991) oder spezifische Bereiche wie Sexualität (Fooken, von Sydow & Vetter, 1989; von Sydow, 1991), Frauenbildung (Müller-Dahn & Fooken, 1993), Lebenszufriedenheit (Everwien, 1992) oder die generelle Lebenssituation lediger Frauen zu beschreiben (Wilken, 1992). Es geht einfach um die Darstellung von Geschlechtsunterschieden, um den Vergleich von Frauen und Männern im Alter, und zwar in bezug auf körperliche und psychische Gesundheit, Selbst und Persönlichkeit sowie soziale Integration.

Für einen solchen Vergleich ist BASE besonders geeignet, da sie Zugang bietet zu einem bislang so nicht verfügbaren interdisziplinären Datensatz, der dieselbe Anzahl von Frauen wie Männern in sechs Altersgruppen von 70 bis über 100 Jahren umfaßt. Bevor die Ergebnisse dargestellt werden, soll ein kurzer Exkurs in die empirische Literatur zu den hier betrachteten Bereichen gemacht werden.

2.1 Körperliche Gesundheit im hohen Alter

Lebenslänge, Morbidität und Invalidität sind die Komponenten, die im Gesundheitsbereich am intensivsten untersucht worden sind. Bei dem Aspekt der Lebenslänge steht im Vordergrund, daß Frauen im Durchschnitt länger leben als Männer. Die Gründe dafür sind vielfältig (für eine detaillierte Diskussion siehe Ory & Warner, 1990). Ein Ursachenbündel bilden biologische Faktoren wie genetische und hormonelle Unterschiede, ein anderes sind soziokulturelle Faktoren wie sozioökonomische Schicht und Bildungsstand sowie bestimmte Verhaltensweisen, etwa daß Männer mehr rauchen, Alkohol trinken und stärker zu risikoreichem und gewalttätigem Verhalten neigen (Nathanson, 1990; Verbrugge, 1989). Außerdem sind im Arbeitsleben Männer stärker als Frauen beruflichen Risiken und Streßfaktoren ausgesetzt (Frankenhaeuser, 1991; Waldron, 1991). Sollten allerdings noch mehr Frauen berufstätig werden und es bis zum Rentenalter auch bleiben und sollten sie im selben Maße rauchen wie die Männer, könnte sich dieses Bild in Zukunft eventuell verändern (Theorell, 1991). Bislang gibt es dafür allerdings keine Hinweise. Ganz im Gegenteil. Vorläufige Befunde des National Institute on Aging in den USA deuten darauf hin, daß die Lebenserwartung bei Frauen nicht sinkt, wenn sie belastende Berufe ausüben (Frankenhaeuser, Lundberg & Chesney, 1991). Und Lebensstatistiken aus Rußland etwa, wo Frauen schon seit langem Teil des Arbeitsmarktes sind, weisen sogar einen noch größeren Unterschied zwischen Männern und Frauen auf als im Westen (Kussmann, 1995).

Geschlechtsunterschiede in der Lebenserwartung können bis zu einem gewissen Grad auf Unterschiede in den Todesursachen zurückgeführt werden. Unter den Personen im Alter von 65 Jahren und darüber sind Herzkrankheiten sowohl für Männer wie für Frauen die Haupttodesursache (Markides, 1990). Malignome (bösartige Geschwülste) und zerebrovaskuläre Erkrankungen sind die zweit- und dritthäufigste Todesursache bei Männern und Frauen, wobei der Rangplatz je nach Altersgruppe variiert. Obwohl es sich hierbei um Todesursachen für beide Geschlechter handelt, treten diese Krankheiten doch konsistent häufiger bei Männern als bei Frauen auf (Markides, 1990; Verbrugge, 1989).

Im zweiten Bereich körperlicher Gesundheit, bei dem sich gravierende Geschlechtsunterschiede zeigen, handelt es sich um die Morbiditätsraten und die Krankheitsmuster (Huyck, 1990), vor allem bei chronischen Zuständen. Zwar werden dieselben chronischen Krankheiten bei Frauen wie bei Männern im fortgeschrittenen Alter diagnostiziert, ihre Rangordnungen unterscheiden sich jedoch voneinander. Bei Frauen zählen Osteoarthrose und erhöhter Blutdruck zu den hauptsächlichen chronischen Beschwerden, während es bei den Männern Erkrankungen der Herzkranzgefäße sind (Fischer et al., 1995; Verbrugge, 1989). Ein anderer Unterschied manifestiert sich im Medikamentenverbrauch: Frauen verwenden häufiger verordnete und ohne Verschreibung erhältliche Arzneien als Männer (Dean, 1992).

Chronische Krankheiten im hohen Alter werden häufig danach beurteilt, inwieweit sie funktionelle Kapazität, den dritten Aspekt der körperlichen Gesundheit, beeinträchtigen (Verbrugge, 1989). Um Invalidität festzustellen, wird meist die Beeinträchtigung bei Tätigkeiten des täglichen Lebens, z. B. Anziehen und Körperpflege, Einkaufen und Benutzung von Verkehrsmitteln, mit Hilfe von ADL- und IADL-Skalen (Activities of Daily Living bzw. Instrumental Activities of Daily Living; vgl. Steinhagen-Thiessen & Borchelt, Kapitel 6; M. M. Baltes et al., Kapitel 20) erfaßt. Frauen sind danach durchweg stärker beeinträchtigt als Männer (Fischer et al., 1995; Guralnik & Simonsick, 1993; Verbrugge, 1989).

Vor dem Hintergrund des Ergebnisses, daß Männer und Frauen im Alter unterschiedliche Erfahrungen mit ihrem körperlichen Allgemeinzustand machen, überrascht es nicht, daß sie auch ihre Gesundheit subjektiv unterschiedlich wahrnehmen. Im sehr hohen Alter beurteilen Männer ihre körperliche Verfassung besser als Frauen (Markides, 1990). Verbrugge (1989) berichtet, daß Männer die Urteilsextreme (z. B. entweder „ausgezeichnet“ oder „schlecht“) bevorzugen, während Frauen mehr zu den mittleren Urteilskategorien neigen. Generell wird die subjektive Wahrnehmung der Gesundheit mit fortschreitendem Alter schlechter, die Unterschiede zwischen Frauen und Männern bleiben trotzdem bestehen (Levkoff, Cleary & Wetle, 1987).

Insgesamt bleibt festzuhalten, daß Männer und Frauen ihren Gesundheitszustand im hohen Alter unterschiedlich erleben. Die vorherrschenden Beschwerden sind ihrer Art nach bei denjenigen, die sehr alt werden, zwar insgesamt gleich, sie treten aber bei Männern und Frauen in unterschiedlicher Rangfolge auf. Das offenbart sich auch darin, daß Frauen stärker zu krankheitsbedingter Invalidität neigen und subjektiv ihre Gesundheit eher als mäßig beurteilen. Man kann sagen, daß Männer eher an lebensbedrohlichen Erkrankungen leiden, während Frauen stärker nicht-lebensbedrohliche, aber chronische Beschwerden haben. Dabei ist nicht zu übersehen, daß bei denselben Krankheiten die Mortalitätsrate bei Frauen niedriger ist als bei Männern (Manton, 1990).

2.2 Psychische Gesundheit im hohen Alter

Bei jüngeren Altersgruppen gibt es zahlreiche Hinweise auf zuverlässige und relativ stabile Geschlechtsunterschiede im Bereich der seelisch-geistigen Gesundheit. Männer und Frauen unterscheiden sich sowohl in der Inanspruchnahme von ambulanten psychologisch-psychiatrischen Diensten wie auch in der Prävalenz für bestimmte psychische Erkrankungen. Frauen tendieren zu häufigerem Aufsuchen von Psychologen oder Psychiatern und werden eher als seelisch krank diagnostiziert als Männer.

Obwohl lange Zeit vermutet wurde, daß mit steigendem Alter die Probleme im Bereich der psychischen Gesundheit wegen der Belastungen aufgrund altersbedingter Verluste zunehmen, haben empirische Untersuchungen diese Annahme nicht bestätigen können (für einen Überblick siehe Häfner, 1992; siehe auch LaRue, Dessonville & Jarvik, 1985; Myers et al., 1984; Robins et al., 1984). So haben sich z. B. frühere Behauptungen, daß das Depressionsrisiko linear mit dem Alter ansteige (z. B. Gurland, 1976), als übertrieben herausgestellt (George, Blazer, Winfield-Laird, Leaf & Fischback, 1988; Häfner, 1992). In der Gruppe der über 75jährigen scheinen dysphorische Zustände zuzunehmen, erreichen aber nicht das Niveau klinischer Erscheinungsbilder. Eher lassen die Untersuchungen sogar die Interpretation zu, daß dysphorische Verstimmungen (im Gegensatz zur klinischen Depression) eine leichte, aber zuverlässige kurvilineare Beziehung zum Alter aufweisen, mit der größten Auftretenshäufigkeit bei Personen unter 35 und über 75 Jahren (Kessler, Foster, Webster & House, 1992). Auch sollte nicht übersehen werden, daß Depression doch die häufigste psychische Erkrankung bei stationären älteren Patienten in Krankenhäusern und psychiatrischen Anstalten ist (Fisher, Zeiss & Carstensen, 1992).

Was nun die Geschlechtsunterschiede in bezug auf Depression betrifft, so lassen einige Studien die Annahme zu, daß sie im hohen Alter geringer werden (George, 1990; Rodin, McAvay & Timko, 1988), während andere Untersuchungen wiederum darauf hinzudeuten scheinen, daß sich das Verhältnis von Männern zu Frauen in der Weise umkehrt, daß Männer mit größerer Wahrscheinlichkeit Depressionen bekommen als Frauen (Berkman et al., 1986).

Verglichen mit den affektiven Störungen ist über Ängste im hohen Alter wenig bekannt. Ersterkrankungen nehmen im Alter im Vergleich zu den vorangehenden Lebensphasen eher deutlich ab (Burke, Burke, Regier & Rae, 1990; Lehtinen et al., 1990). Befunde aus den „Epidemiological Catchment Area"-(ECA-)Untersuchungen zur Auftretenshäufigkeit von Ängsten deuten darauf hin, daß diese im Unterschied zu Personen im jüngeren und mittleren Erwachsenenalter in der Gruppe der über 65jährigen sehr viel seltener festzustellen sind (Myers et al., 1984). Es konnten in den ECA-Untersuchungen jedoch deutliche Geschlechtsunterschiede nachgewiesen werden: Mit Ausnahme der Zwangserkrankungen neigen Frauen etwa doppelt so häufig wie Männer zu irgendeiner Form von Angst.

Die einzigen psychischen Erkrankungen, die mit fortschreitendem Alter zunehmen, sind die dementiellen. In der Gruppe der 65- bis 70jährigen ist Demenz erst nur bei knapp 2% zu beobachten, während in der Gruppe der 75- bis 85jährigen schon mehr als 10% an ihr erkrankt sind. In der Gruppe der über 85jährigen wird Demenz sogar bei 40% vermutet (Cooper & Bickel, 1989; George et al., 1988). Nach den absoluten Zahlen zu urteilen, sind mehr Frauen als Männer von Demenz betroffen, wobei jedoch anzunehmen ist, daß dieses Bild durch die zwischen Männern und Frauen bestehenden Unterschiede in der Lebenslänge und nicht durch Unterschiede in der Disposition zur Demenz zustande kommt (Gatz, Harris & Turk-Charles, im Druck).

Zusammenfassend muß man feststellen, daß es zwar einige Evidenzen dafür gibt, daß Unterschiede zwischen Männern und Frauen im hohen Alter insgesamt schwinden (George, 1990), sich diese Aussage aber wegen der methodischen Probleme vieler Untersuchungen anzweifeln läßt. Da nur relativ wenige Männer wirklich sehr alt werden, ist ihre Zahl in vielen vergleichenden Studien entsprechend extrem niedrig. Mit anderen Worten: Alter und nicht Geschlecht ist der Risikofaktor (Anthony & Aboraya, 1992; Gatz et al., im Druck). Zum anderen muß eine mögliche Konfundierung von Alter und Kohorte beachtet werden. Kohortenunterschiede, die auf geschlechtsrollenspezifische Erwartungen während einer bestimmten Zeitepoche zurückgeführt werden können, sind für affektive und somatische Erkrankungen gut belegt (Klerman et al., 1985). Die Depressionshäufigkeit ist beispielsweise unter berufstätigen Frauen geringer als unter Hausfrauen, wodurch die Interpretation nahegelegt wird, daß soziokulturelle Veränderungen die psychische Gesundheit von Frauen in verschiedenen historischen Zeitabschnitten unterschiedlich beeinflußt. Kohorteneffekte in Prävalenzraten lassen auf jeden Fall die mit Hilfe von Querschnittsuntersuchungen ermittelten Geschlechtsunterschiede als höchst fragwürdig und vorläufig erscheinen (vgl. Maas et al., Kapitel 4).

2.3 Selbst und Persönlichkeit

In der Literatur zum Erwachsenenalter nehmen im Bereich von Selbst und Persönlichkeit die Fragen nach Stabilität und Wandel den größten Raum ein (z. B. Bengtson, Reedy & Gordon, 1985; Costa & McCrae, 1980; McCrae, 1993). Geschlechtsunterschiede finden dagegen kaum Erwähnung, wie man beim Durchblättern von Büchern über Persönlichkeit und Altern schnell feststellen kann. Zum Beispiel, zwei klassische Lehrbücher – „Personality in Adulthood" von McCrae und Costa (1990) sowie „Adult Development" von Whitbourne und Weinstock (1986) – enthalten kein Kapitel zur Rolle des Geschlechts. Diese geringe Forschungsaktivität deutet eventuell auf einen Mangel an einer umfassenden Theorie der Geschlechtsunterschiede in der Persönlichkeitsentwicklung im hohen Alter hin, was seinerseits wiederum durch einen Mangel an Interesse an dieser Fragestellung überhaupt bedingt sein könnte (Fooken, 1980).

Feingold (1994), der eine Meta-Analyse vorgelegt hat, berichtet von einigen wenigen Persönlichkeitsunterschieden zwischen Männern und Frauen, wobei die beiden größten bei Assertivität (Selbstwirksamkeit) und Mitgefühl festgestellt wurden. Diese Differenzen finden sich konstant bei allen Altersgruppen, Generationen und Kulturen. In guter Übereinstimmung mit dieser Hypothese eines stabilen Persönlichkeits-"traits" und eines darin enthaltenen Geschlechtsunterschieds (McCrae & Costa, 1990; Neugarten, 1964) stellten auch Costa und Mitarbeiter (1986) in einer Querschnittsstudie an 32- bis 88jährigen eine hohe Stabilität fest. Aber im Gegensatz zu Feingold (1994) berichten sie, daß Frauen, verglichen mit Männern, in allen Altersgruppen signifikant höhere Werte für Neurotizismus und Offenheit für Erfahrungen erhalten.

In bezug auf Bewältigungsstile (Coping) konnten einige Unterschiede zwischen jungen Frauen und Männern nachgewiesen werden (z. B. Hamilton & Fagot, 1988). Danach scheinen Frauen eher emotionsorientiertes Coping und Suche nach Unterstützung vorzuziehen (Nolen-Hoksema, 1987), während Männer häufiger das problemorientierte Coping wählen (z. B. Ptacek, Smith & Zanas, 1992). Allerdings scheint dieses Ergebnis nicht auf alte Menschen übertragbar zu sein. Poon und Mitarbeiter (1992) fanden beispielsweise in einer Stichprobe von 60- bis 100jährigen keinerlei Geschlechtsunterschiede in den Bewältigungsstilen.

Was emotionale Befindlichkeit betrifft, so berichten Frauen mehr über negative Gefühle als Männer, in bezug auf positive Emotionen unterscheiden sich die beiden Geschlechter jedoch nicht (z. B. Fujita, Diener & Sandvik, 1991). Kontrollüberzeugungen sind nach Kunhikrishnan und Manikandan (1992) z. B. bei jungen Frauen stärker als bei Männern außengeleitet. Feingold (1994) findet jedoch in seiner Meta-Analyse bei keiner der Altersgruppen Geschlechtsunterschiede in bezug auf Kontrollüberzeugungen.

Zusammenfassend läßt sich aufgrund älterer (Maccoby & Jacklin, 1974) und neuerer Meta-Analysen (Feingold, 1994; Hyde, 1991) sagen, daß im Persönlichkeitsbereich nur wenige bedeutsame Geschlechtsunterschiede festgestellt werden konnten. Die Persönlichkeitsmerkmale, um die es sich dabei handelt, sind männliche Selbstwirksamkeit und weibliche Sozialbezogenheit (Bakan, 1966; Feingold, 1994).

Aus der Perspektive der Entwicklungspsychologie der Lebensspanne (z. B. P. B. Baltes, 1990; Thomae, 1971, 1979) sind Persönlichkeitsveränderungen auch noch im hohen Alter möglich. In diesem Sinne argumentiert Jung (1969), daß in diesem Lebensabschnitt – wenn die kulturell definierten Geschlechtsrollen immer weniger verbindlichen Charakter bekommen – auch Unterschiede aufgrund des Geschlechts höchstwahrscheinlich verschwinden. Eine ähnliche Auffassung vertritt Gutmann (1975, 1987): Geschlechtsunterschiede verwischen sich dann, wenn die Aufgaben der Kindererziehung und des Erhalts einer Familie irrelevant geworden sind. Empirische Untersuchungen scheinen diese Hypothese zu stützen: Mit fortschreitendem Alter lassen sich an Frauen Verhaltenszüge beobachten, die zur Dimension Männlichkeit gerechnet werden (z. B. Assertivität,

Dominanz), während Männer sich eher in Richtung auf feminine Verhaltenszüge hin entwickeln (z. B. emotionale Wärme, fürsorgliches Interesse am anderen) (Feldman, Biringen & Nash, 1981; Lowenthal, Thurnher & Chiriboga, 1975; Monge, 1975; Ryff & Baltes, 1976; Wink & Helson, 1993; aber siehe auch Reedy, 1982). Darüber hinaus scheint Androgynität im hohen Alter adaptiv zu sein (Fooken, 1987).

Die Auffassungen scheinen also zu divergieren, ob während der gesamten Lebensspanne Persönlichkeitsmerkmale allgemein, und Geschlechtsunterschiede bei Persönlichkeitsmerkmalen im besonderen, stabil bleiben oder nicht. Entsprechend der traditionellen Eigenschaftspsychologie bleiben Persönlichkeitsunterschiede zwischen Männern und Frauen stabil über die Lebensspanne hinweg bestehen. Aus der Perspektive der Entwicklungspsychologie der Lebensspanne dagegen kommt es gleichzeitig mit Veränderungen in den Lebenskontexten und jeweiligen Entwicklungsaufgaben auch zu entsprechenden Persönlichkeitsänderungen. Demnach wären im hohen Alter weniger geschlechtsbezogene Unterschiede zu erwarten und vielleicht sogar Umkehrungen vorher gegebener Unterschiede möglich.

2.4 Soziale Integration

Die Untersuchungen zu Geschlechtsunterschieden im Bereich des Sozialverhaltens beziehen sich im wesentlichen auf jüngere Altersgruppen und auf Aspekte wie Aggression, Hilfeleistung, nonverbale Kommunikation oder Beeinflußbarkeit (für einen Literaturüberblick siehe Eagly, 1987; Hyde, 1991). Generell kann man davon ausgehen, daß Frauen stärker als Männer soziale Bezüge aufbauen und pflegen. Von ihnen wird ganz einfach als Gruppe erwartet, stärker sozialorientierte und weniger handlungsorientierte Qualitäten an den Tag zu legen als Männer (M. M. Baltes & Silverberg, 1994). Hagestad (1981) sowie Marshall und Bengtson (1983) haben die Bedeutung von Solidarität und die Bedeutung der Rolle von Frauen bei der Pflege von Verwandtschaftsbeziehungen nachgewiesen (siehe auch Kruse, 1983). Aus diesem Zusammenhang heraus ist zu verstehen, daß Hagestad (1985) Frauen als „Minister für Inneres" bezeichnet. In einer ganzen Reihe von Untersuchungen ist aufgezeigt worden, daß es Geschlechtsunterschiede in bezug auf die Größe des sozialen Netzwerks gibt in dem Sinne, daß verheiratete Frauen einen größeren Bekannten- und Freundeskreis haben als verheiratete Männer, wobei die Männer überdies dazu neigen, sich stärker einfach auf ihren Ehepartner zu verlassen (siehe Antonucci & Akiyama, 1987).

Soziale Verhaltensweisen wie Hilfeleistung sind ihrer Bedeutung gemäß am intensivsten in Studien des Unterstützungsverhaltens erforscht worden. Soziale Unterstützung wird als ein Puffer gegen die negativen Effekte von Belastungen in Krisenzeiten angesehen. Sowohl in der klinisch ausgerichteten sozialpsychologischen (Cohen & Willis, 1985; Kessler, Price & Wortman, 1985) als auch in der gerontologischen Literatur (Kahn & Antonucci, 1980) wird der sozialen Unterstützung ein hoher Stellenwert für das Wohlergehen während des gesamten Lebens und ganz besonders im hohen Alter eingeräumt (Fooken, 1980; Niederfranke, 1991; Saup, 1991). Obwohl lange Zeit nur über positive Effekte berichtet wurde, haben Antonucci und Mitarbeiter (z. B. Antonucci & Akiyama, 1987) negative Korrelationen zwischen der Größe des sozialen Netzwerks und dem Glücksgefühl ermittelt.

Das mag daran liegen, daß Frauen nicht nur eher emotionale und soziale Unterstützung in Anspruch nehmen (Saup, 1990), sondern selbst auch eher soziale und emotionale Hilfe leisten (Wyrwich, Malek, Lambrecht & Bracker, 1991). Von Frauen nimmt man an, daß sie mit zwischenmenschlichen Beziehungen besser umgehen und geschickter Unterstützung gewähren können (Antonucci, 1994; Rossi & Rossi, 1990), so daß während des gesamten Lebens bis ins hohe Alter hinein eher Frauen als Männer als Beziehungs- und Pflegeperson geeignet erscheinen. Mütter, nicht Väter, werden von der Schulleitung angerufen, wenn ein Kind im Unterricht krank wird (Bem, 1984). Es ist daher nicht überraschend, daß es deutliche Geschlechtsunterschiede in bezug auf die Rolle der Pflegeperson gibt, d. h., Ehefrauen spielen diese Rolle gegenüber ihren Ehemännern und Frauen gegenüber dem Bekannten- und Freundeskreis ganz allgemein (Kivitt & Atkinson, 1984). Die meisten Dienste – also Hilfe, Unterstützung, Gefälligkeiten – werden von Frauen erbracht, entweder von Ehefrauen gegenüber ihren Männern oder von Töchtern gegenüber ihren Eltern und Schwiegereltern (Bruder, 1988; Turner, 1994), und dies wird von den Frauen nicht immer als positiv erlebt. In einer großen Zahl von Untersuchungen wird die Verantwortlichkeit und die Last, die Frauen als Pflegepersonen zu tragen haben, nachgewiesen (Pillemer & Suttor, 1991; Walsh, Steffen & Gallagher-Thompson, 1992).

2.5 Zusammenfassung

Aus der Forschungsliteratur zu Geschlechtsunterschieden in den zur Diskussion stehenden vier Bereichen lassen sich die folgenden Aspekte herauskristallisieren:

1. Signifikante Geschlechtsunterschiede sind im Bereich der körperlichen Gesundheit zu erwarten, wobei Unterschiede zwischen Männern und Frauen vor allem in der Prävalenz und der Art der Krankheitsdiagnosen sowie den Auswirkungen von Krankheit auf die funktionelle Kapazität und das subjektive Gesundheitsempfinden sichtbar werden.
2. Da sich die Stichprobe der Berliner Altersstudie aus der gleichen Anzahl von Männern wie Frauen zusammensetzt, ist nicht zu erwarten, daß in höherem Maße Depression und Demenz auftreten, da beide mit der Lebenserwartung oder, anders gesagt, der Überzahl von Frauen im hohen Alter korreliert sind.
3. Die Muster anderer geschlechtsabhängiger seelisch-geistiger Erkrankungen bei sehr alten Menschen sind weniger deutlich zu prognostizieren.
4. Es gibt Hinweise auf die Ausprägung zweier unterschiedlicher Persönlichkeitsmuster im hohen Alter: eines, das durch Stabilität gekennzeichnet ist, und ein anderes, in dem gerade im Alter Veränderungen in geschlechtsabhängigen Persönlichkeitsmerkmalen auftreten, und zwar in Richtung auf mehr Androgynität.
5. Allem Anschein nach unterscheiden sich Männer und Frauen in bezug auf die Größe und Struktur ihres Bekannten- und Freundeskreises sowie die Art ihres Unterstützungsverhaltens, was aber durch Unterschiede im Familienstand im hohen Alter mitbedingt sein kann.

Mit BASE eröffnet sich die Möglichkeit, diese Problemfelder anhand der Daten einer repräsentativen, nach Geschlecht und Alter geschichteten Stichprobe zu untersuchen. Und es ist darüber hinaus möglich, nicht allein die Geschlechtsunterschiede, sondern zugleich Alterseffekte in Geschlechtsunterschieden zu erforschen.

3. Stichprobenmerkmale der Berliner Altersstudie (BASE)

Im Durchschnitt sind die 516 BASE-Teilnehmer ungefähr 85 Jahre alt (Frauen: 85,1 Jahre; Männer: 84,7 Jahre), wobei die Gesamtaltersspanne von 70 bis 103 Jahren reicht. Frauen sind häufiger verwitwet, alleinstehend oder geschieden, während Männer eher noch mit einem Ehepartner zusammenleben (χ^2=127,96; df=3; p=0,000). Mehr Frauen als Männer wohnen allein (χ^2=94,01; df=1; p=0,000) oder in Heimen (χ^2=6,70; df=1; p=0,01). Signifikante Unterschiede bestehen im sozioökonomischen Status, der über das Sozialprestige bestimmt wurde (siehe Mayer & Wagner, Kapitel 9). Männer haben danach einen höheren Status inne als Frauen (t=2,93; df=504; p=0,004). Tabelle 1 zeigt die Verteilung von Frauen und Männern hinsichtlich Alter, Familienstand, sozioökonomischen Status und Wohnsituation (Alleinlebende versus mit anderen Lebende und im Privathaushalt Lebende versus Heimbewohner).

Um für den Vergleich von Männern und Frauen in unserer Stichprobe die statistische Aussagekraft voll nutzen zu können (also eine gleiche Anzahl Männer wie Frauen zu vergleichen), haben wir für die folgenden Analysen die Daten ungewichtet verwendet. Das ist deshalb sinnvoll, weil wir nicht an Vergleichen hinsichtlich bestehender Prävalenzraten, z. B. für seelisch-geistige Krankheiten, interessiert sind, sondern lediglich die Unterschiede zwischen Männern und Frauen aufdecken wollen (vgl. P. B. Baltes et al., Kapitel 1).

Tabelle 1: Vergleich von Männern und Frauen in BASE hinsichtlich ihres Alters, Familienstands, ihrer Wohnsituation und ihres sozioökonomischen Status.

Geschlecht	Alter	Familienstand[1] (in %)				Wohnsituation[2] (in %)				Sozialprestige
		1	2	3	4	1	2	3	4	
Frauen	85,11	7	70	11	12	73	27	18	82	72,63
Männer	84,73	52	40	4	4	43	57	10	90	80,94

1 Familienstand: 1 = verheiratet, 2 = verwitwet, 3 = geschieden, 4 = alleinstehend.
2 Wohnsituation: 1 = alleinlebend, 2 = mit anderen lebend, 3 = Heimbewohner, 4 = im Privathaushalt lebend.

Drei Problempunkte müssen dennoch im Auge behalten werden. Erstens stehen für bestimmte Geschlechtsvergleiche, absolut gesehen, nur sehr wenige Personen in der Stichprobe zur Verfügung. Beispielsweise ist die absolute Auftretenshäufigkeit schwerer psychischer Störungen in unserer Stichprobe natürlich sehr klein. Oder: Da in der Gesamtbevölkerung nur noch vergleichsweise wenige Frauen über 70 Jahre verheiratet sind, ist auch die absolute Zahl verheirateter Frauen in unserer Stichprobe sehr niedrig (N=19).

Zweitens bilden aufgrund der unterschiedlichen Lebenserwartung die älteren Männer eventuell eine „ausgewähltere" Stichprobe als die älteren Frauen. In diesem Fall wäre ein positiver Verzerrungseffekt für Männer zu erwarten. Allerdings würde ein solcher Effekt dann nur eine auch in der allgemeinen Bevölkerung bestehende Gegebenheit widerspiegeln.

Drittens hängen Geschlecht, Alter, Familienstand und Wohnsituation sehr eng zusammen, d. h., Frauen leben länger, sind eher allein und wohnen eher im Heim. Wenn im vorliegenden Zusammenhang also

Tabelle 2: Variablennamen, Instrumente und Forschungseinheiten.

Variable	Instrument	Forschungseinheit
Körperliche Gesundheit[1]		
Medizinische Diagnosen	Körperliche Untersuchung	Geriatrie
Medikamentenverbrauch	Arzneimittel-Interview	"
Funktionelle Kapazität	ADL- und IADL-Index	"
	Romberg-Versuch	"
	Unterberger-Tretversuch	"
	Drehung um 360°	"
	Finger-Boden-Abstand	"
Alltagskompetenz	Yesterday-Interview	Psychiatrie
Subjektive Gesundheit	Interview	Geriatrie
Seelisch-geistige Gesundheit[2]		
Depression	HAMD	Psychiatrie
	CES-D	"
	DSM-III-R	"
Demenz	MMSE	"
	DSM-III-R	"
	Neuropsychologische Tests	"
Psychose	BPRS	"
Hypochondrie	Whiteley-Index	"
Körperliche Beschwerden	Beschwerden-Liste	"
Selbst und Persönlichkeit[3]		
Persönlichkeitsmerkmale	NEO	Psychologie
Emotionale Befindlichkeit	PANAS	"
Bewältigungsstile	Fragebogen	"
Kontrollüberzeugungen	Fragebogen	"
Soziale Integration[4]		
Größe des sozialen Netzwerks	Netzwerk-Fragebogen	Psychologie
Soziale Unterstützung	Netzwerk-Fragebogen	Soziologie/Psychologie
Erhaltene und geleistete Hilfe	Netzwerk-Fragebogen	"
Einsamkeit	UCLA Loneliness Scale	Psychologie
Lebenszufriedenheit	PGCMS	"

1 Vgl. Steinhagen-Thiessen & Borchelt, Kapitel 6 in diesem Band.
2 Vgl. Helmchen et al., Kapitel 7.
3 Vgl. Smith & Baltes, Kapitel 8; Staudinger et al., Kapitel 12.
4 Vgl. M. Wagner et al., Kapitel 11.

von Geschlechtsunterschieden gesprochen wird, ist immer zu bedenken, daß Geschlecht mit den anderen demographischen Faktoren korreliert ist. Das legt im Grunde die Interpretation nahe, daß Geschlecht eine „Proxy-Variable" ist, die zum besseren Verständnis unterschiedlicher Ergebnisse unbedingt präzisiert werden müßte (siehe auch Maddox & Clark, 1992).

4. Instrumente

Für die Analyse der Beziehungen zwischen Geschlechtsunterschieden und Indikatoren für körperliche und seelisch-geistige Gesundheit, Selbst und Persönlichkeit sowie soziale Integration sind Daten der verschiedenen BASE-Forschungseinheiten verwendet worden. Da diese Meßinstrumente bereits ausführlich in vorangehenden Kapiteln beschrieben worden sind, reicht es aus, hier die Instrumente nur namentlich und nach Forschungseinheit vorzustellen (siehe Tabelle 2).

5. Ergebnisse

Im folgenden stellen wir die in BASE ermittelten Ergebnisse zu den Geschlechtsunterschieden in jedem Bereich einzeln dar und diskutieren darüber hinaus die Effekte der demographischen Variablen Alter, Familienstand und Wohnsituation.

5.1 Körperliche Gesundheit

Zwei verschiedene Befunde gab es in bezug auf ärztliche Diagnosen. Erstens konnten bei der Analyse des Geschlechtseffekts auf die Anzahl medizinischer Diagnosen nur schwach signifikante Unterschiede zwischen Männern und Frauen festgestellt werden ($t=2{,}2$; $p=0{,}03$). Während im Durchschnitt bei Männern sieben Krankheiten diagnostiziert wurden, waren es bei Frauen ungefähr acht verschiedene Krankheiten. Geschlecht zeigt jedoch keinen Einfluß mehr, wenn in hierarchischen Regressionsmodellen für die demographischen Variablen Alter, Wohnsituation und Familienstand kontrolliert wird. Außerdem ist der Unterschied zwischen Männern und Frauen in

Tabelle 3: Geschlechtsunterschiede in der Prävalenz spezifischer Erkrankungen.

Spezifische Diagnose	**Männer** N	**Männer** (%)	**Frauen** N	**Frauen** (%)
Kardiovaskuläre Erkrankungen				
Herzrhythmusstörung	59	(22,9)	47	(18,2)
Koronare Herzkrankheit	94	(36,4)	93	(36,0)
Herzinsuffizienz	134	(51,2)	169	(65,5)***
Hypertonie	85	(32,9)	108	(41,9)**
Arterielle Verschlußkrankheit	65	(25,2)	52	(20,2)
Myokardinfarkt	27	(10,5)	15	(5,8)
Zerebrovaskuläre Erkrankungen				
Zerebralarteriosklerose	11	(4,3)	8	(3,1)
Schlaganfall	12	(4,7)	18	(7,0)
Diabetes mellitus	32	(12,5)	36	(14,0)
Chronisch obstruktive Lungenerkrankung	52	(20,2)	24	(9,3)***
Osteoarthrose	61	(23,6)	92	(35,7)**
Osteoporose	7	(2,7)	25	(9,7)***
Sensorische Beeinträchtigungen				
Beeinträchtigungen des Sehsystems	87	(33,7)	82	(31,8)
Beeinträchtigungen des Gehörs	68	(26,4)	64	(24,8)
Niereninsuffizienz	40	(15,5)	21	(8,1)**
Schilddrüsenerkrankungen	1	(0,4)	7	(2,7)

Signifikanzniveau: *** $p<0{,}001$; ** $p<0{,}01$.

bezug auf die Anzahl der Diagnosen bei den verschiedenen Altersdekaden gleich.

Zweitens gibt es Geschlechtsunterschiede im Auftreten bestimmter Erkrankungen (siehe Tabelle 3). Frauen haben häufiger chronische Krankheiten wie Osteoarthrose, Osteoporose, Bluthochdruck (Hypertonie) und Herzinsuffizienz, während bei Männern öfter Niereninsuffizienz und chronisch obstruktive Lungenerkrankung im Vordergrund stehen. Diese Lungenerkrankungen sind dabei sicherlich auf das signifikant stärkere Rauchen bei Männern zurückzuführen (χ^2=15,0; df=1; p=0,0001). Bei Kontrolle der Faktoren Alter, Wohnsituation und Familienstand bleiben Geschlechtsunterschiede nur noch bei chronisch obstruktiver Lungenerkrankung (χ^2=15,00; df=1; p<0,001) und Osteoporose (χ^2=8,20; df=1; p<0,01) bestehen. Diese Geschlechtsunterschiede sind stabil über die verschiedenen Altersgruppen hinweg.

Die Rangfolge der Diagnosen ist in Tabelle 4 getrennt für Männer und Frauen aufgeführt. Dabei ist festzustellen, daß die am häufigsten auftretenden Erkrankungen – mit wenigen Ausnahmen – bei beiden Geschlechtern dieselben sind.

Die Analyse von Unterschieden zwischen Männern und Frauen im Arzneiverbrauch zeigt, daß es in der Gesamtzahl, der Anzahl verschriebener und der Anzahl im freien Handel erworbener Medikamente keine signifikanten Geschlechtsdifferenzen gibt. Im Mittel nehmen Männer wie Frauen nach eigenen Angaben regelmäßig etwa sechs verschiedene Medikamente ein, wobei es sich durchschnittlich jeweils bei einem Medikament um ein nicht vom Arzt verschriebenes Präparat handelt.

Obwohl Männer und Frauen sich nur geringfügig in der Anzahl der Diagnosen und überhaupt nicht in bezug auf Medikamentenverbrauch unterscheiden, gibt es bei Frauen bei objektiven wie bei subjektiven Maßen konsistent den Hinweis auf eine im Vergleich zu Männern niedrigere funktionelle Kapazität. Bei den objektiven Maßen der Mobilität schneiden die Frauen in drei von vier Indikatoren schlechter ab als die Männer, und zwar im Romberg-Versuch (t=4,11; p=0,000), bei der Drehung um 360° (t=3,12; p=0,002) und im Unterberger-Tretversuch (t=3,03; p=0,003). Nur beim Vornüberbeugen (Finger-Boden-Abstand) gibt es keinen signifikanten Geschlechtsunterschied.

Bei der subjektiven Beurteilung der Selbständigkeit in den ADL und IADL unterscheiden sich Männer und Frauen signifikant voneinander. Frauen berichten über mehr Hilfsbedürftigkeit als Männer bei der Erledigung von ADL, wie z. B. Baden, Anziehen, (t=4,13; p=0,000) sowie von IADL, wie z. B. Einkaufen und Benutzung von Transportmitteln (t=3,32; p=0,000).

Anhand der Daten des Yesterday-Interviews (siehe M. M. Baltes et al., Kapitel 20; M. M. Baltes, Wilms & Horgas, 1996) wurden die Zeiten verglichen, die jeweils mit sozialen und Freizeitaktivitäten sowie ADL und IADL verbracht wurden. Dabei zeigt sich bei den ADL kein signifikanter Geschlechtsunterschied (t=1,84; p=0,067). In bezug auf die IADL dagegen gibt es, wie erwartet, einen großen Unterschied; Frauen verbringen sehr viel mehr Zeit als Männer mit IADL (t=-5,58; p=0,000), was allerdings nicht unbedingt am Hilfebedarf, sondern auch an der Menge der IADL, die von Frauen durchgeführt werden, liegt.

Diese Geschlechtsunterschiede in den meisten objektiven und subjektiven Maßen der funktionellen Kapazität bleiben auch nach Kontrolle der Effekte von Alter, Wohnsituation und Familienstand bestehen. In hierarchischen Regressionsmodellen liefert

Tabelle 4: Die zehn Erkrankungen mit den höchsten Prävalenzen für Männer und Frauen.

Rang	Männer	Frauen
1.	Herzinsuffizienz	Herzinsuffizienz
2.	Koronare Herzkrankheit	Hypertonie
3.	Beeinträchtigungen des Sehsystems	Koronare Herzkrankheit
4.	Hypertonie	Osteoarthrose
5.	Beeinträchtigungen des Gehörs	Beeinträchtigungen des Sehsystems
6.	Arterielle Verschlußkrankheit	Beeinträchtigungen des Gehörs
7.	Osteoarthrose	Arterielle Verschlußkrankheit
8.	Herzrhythmusstörung	Herzrhythmusstörung
9.	Chronisch obstruktive Lungenerkrankung	Diabetes mellitus
10.	Niereninsuffizienz	Osteoporose

Geschlecht einen signifikanten zusätzlichen Beitrag in den objektiven Maßen (z. B. Romberg-Versuch [$\Delta R^2=0{,}02$], Drehung um 360° [$\Delta R^2=0{,}007$], Unterberger-Tretversuch [$\Delta R^2=0{,}01$]), in der subjektiven Einschätzung der Erledigung von ADL ($\Delta R^2=0{,}02$) und IADL ($\Delta R^2=0{,}01$) sowie der Zeit, die mit IADL ($\Delta R^2=0{,}036$) verbracht wird.

Dabei taucht auch hier wieder die Frage auf, ob diese Geschlechtsunterschiede in allen Altersgruppen der Stichprobe gleich sind. Wird in den Regressionsmodellen der Interaktionseffekt von Alter und Geschlecht mit einbezogen, wird dieser signifikant, und zwar beim Unterberger-Tretversuch ($\beta=-0{,}16$; $p<0{,}05$), beim Finger-Boden-Abstand ($\beta=-0{,}23$; $p<0{,}001$) sowie beim ADL- ($\beta=-0{,}13$; $p<0{,}05$) und IADL-Wert ($\beta=-0{,}17$; $p<0{,}05$). Mit zunehmendem Alter verschlechtert sich die funktionelle Kapazität bei Frauen, nicht jedoch bei Männern. Besonders ausgeprägt ist dieser Effekt bei den ADL. Der signifikante Interaktionseffekt von Alter und Geschlecht zeigt sich auch in der Zeit, die mit IADL verbracht wird. Unabhängig vom Alter verbringen Männer immer gleich viel Zeit mit IADL, während Frauen mit zunehmendem Alter immer weniger Zeit damit verbringen ($\beta=-0{,}34$; $p<0{,}001$).

Betrachtet man schließlich die subjektive Beurteilung des eigenen Gesundheitszustandes, so fällt diese bei Frauen schlechter aus als bei Männern; d. h., Frauen antworten signifikant häufiger mit Urteilen wie befriedigend, ausreichend oder mangelhaft, während Männer ihren Zustand als gut oder sehr gut einstufen ($\chi^2=11{,}54$; df=4; $p=0{,}02$). Geschlecht klärt einen signifikanten, wenn auch kleinen Teil zusätzlicher Varianz auf ($R^2=0{,}02$; $p<0{,}01$) nach Kontrolle der Effekte von Alter, Wohnsituation und Familienstand, die alle statistisch nicht signifikant sind. Dieser Geschlechtsunterschied in der Selbstbeurteilung des Gesundheitszustandes bleibt stabil über alle Altersgruppen.

5.1.1 Zusammenfassung

Im Bereich der körperlichen Gesundheit weisen Frauen mehr medizinische Diagnosen auf als Männer. Die Krankheitsbilder entsprechen den Erwartungen: Bei Männern treten häufiger Herzinfarkte und chronisch obstruktive Lungenerkrankung, also potentiell lebensbedrohliche Zustände, auf, während Frauen stärker zu chronischen Leiden wie Osteoarthrose, Osteoporose und Herzinsuffizienz neigen.

Trotz dieser Unterschiede gibt es auch Ähnlichkeiten bei den am häufigsten auftretenden Beschwerden. Herzinsuffizienz, Hypertonie und Herzkranzgefäßerkrankungen finden sich durchgängig unter den ersten fünf Diagnosen bei Männern und Frauen. Dieses Ergebnis steht mit der Literatur nicht im Einklang (z. B. Verbrugge, 1989), was aber möglicherweise auf Unterschiede in den Klassifizierungs- und Aggregierungsschritten sowie auf kohortenspezifische Effekte zurückzuführen ist. Trotz der zwischen Männern und Frauen aufgedeckten Unterschiede in der Anzahl verschiedener Diagnosen ließen sich im Medikamentenverbrauch keine signifikanten Differenzen feststellen. Hingegen treten den Unterschieden in den Diagnosen entsprechend auch unterschiedliche Funktionseinschränkungen zutage, und zwar sowohl bei subjektiver Beurteilung als auch bei objektiver Erfassung. In allen Bereichen ist das Funktionsniveau der Frauen konsistent niedriger als das der Männer. Nach ihrer subjektiven Einschätzung halten die in BASE befragten Frauen ihren körperlichen Allgemeinzustand eher für mäßig bis schlecht, während Männer ihn für gut oder sehr gut halten. Dieser Geschlechtsunterschied bleibt auch dann bestehen, wenn die Effekte von Alter, Wohnsituation und Familienstand kontrolliert werden. Im Rahmen dieser Differenzen zwischen Männern und Frauen gibt es Unterschiede zwischen verschiedenen Altersgruppen nur bei den Frauen, nicht aber bei den Männern.

5.2 Seelisch-geistige Gesundheit

Die Geschlechtsunterschiede bei den in BASE erfaßten psychiatrischen Variablen sind in Tabelle 5 dargestellt. Dabei wird als erstes deutlich, daß Frauen häufiger über psychische Störungen klagen als Männer: Im Durchschnitt kamen von Frauenseite 24, von Männerseite 19 Beschwerden.

Schwere Depressionen und depressive Symptome sind bei den Teilnehmern der Studie nur sehr selten zu beobachten. Geschlechtsunterschiede kommen durch Formen milder Depression zustande, die man eher als Dysthymien bezeichnen könnte. Bei der Hamilton Depression Scale (HAMD) und der Center of Epidemiologic Studies-Depression Scale (CES-D) ergeben sich für Frauen signifikant höhere Werte als für Männer. Interessant ist, daß auf der CES-D bei Männern mehr somatische Beschwerden zum Ausdruck kommen als bei Frauen, die dagegen höhere Werte sowohl bei den positiven als auch depressiven Affekten erhalten. Ein strukturiertes Interview auf der Basis der Brief Psychiatric Rating Scale (BPRS) ergab, daß Frauen höhere Werte in den Subskalen für Angst und Agitiertheit zeigen. In den Skalen, die

Wahnvorstellungen, zwischenmenschliche Beziehungen, Hypochondrie oder Feindseligkeit erfassen, sind keine Geschlechtsunterschiede zu erkennen.

Nach klinischer Beurteilung der Depressionsschwere (siehe Tabelle 6) erhalten Frauen zwar in allen Kategorien leicht erhöhte Werte, statistisch signifikant ist jedoch nur der Unterschied in der Depressionshäufigkeit insgesamt. Auch bei der Häufigkeit von Demenz (siehe Tabelle 6) rangieren Frauen vor Männern. Dieser Geschlechtsunterschied verschwindet allerdings, wenn der Effekt des Bildungsstandes kontrolliert wird (siehe Helmchen et al., Kapitel 7). Bezüglich des klinischen Schweregrads der Demenz gibt es keine statistisch signifikanten Unterschiede zwischen Männern und Frauen.

Da Familienstand und Wohnsituation mit Geschlecht kovariieren, wurden auch hier Regressionsanalysen durchgeführt. Nur bei Depression und Agitiertheit wird über die Hintergrundvariablen hinaus durch Geschlecht signifikante Varianz aufgeklärt ($\Delta R^2=0{,}01$; $p=0{,}01$). Bei Depression gilt das für alle Erfassungsinstrumente – also HAMD ($\Delta R^2=0{,}01$; $p=0{,}01$), CES-D ($\Delta R^2=0{,}01$; $p=0{,}01$) sowie Beurteilung durch den untersuchenden Psychiater ($\Delta R^2=0{,}01$; $p=0{,}01$). Bei Berücksichtigung des Interaktionseffektes von Alter und Geschlecht wurde dieser bei keiner der Variablen für psychische Gesundheit signifikant.

5.2.1 Zusammenfassung

Den Befunden nach zu urteilen ist der seelisch-geistige Zustand der Personen in der Berliner Altersstudie recht gut. Schwere klinische Störungen sind selten zu beobachten gewesen. Im Durchschnitt neigen ältere Frauen eher als ältere Männer zu Angst- und Depressionssymptomen. Dieser Befund ist stabil und zeigt sich auch nach Kontrolle der Effekte von Alter, Familienstand und Wohnsituation. Der Geschlechtsunterschied ist stabil über alle Altersgruppen.3

Tabelle 5: Geschlechtsunterschiede in Variablen zur seelisch-geistigen Gesundheit; Mittelwerte und (in Klammern) Standardabweichungen.

Konstrukt	**Männer**		**Frauen**	
	$\bar{x}$	(s)	$\bar{x}$	(s)
Depression				
Hamilton Depression Scale (HAMD)	4,6	(5,6)	6,7**	(6,4)
CES-Depression Scale (CES-D)				
Gesamtwert	12,3	(8,0)	15,8**	(10,2)
Subskalen:				
- Depressiver Affekt	2,4	(3,3)	3,7**	(4,6)
- Körperliche Symptome	5,9	(2,8)	5,2*	(2,9)
- Positiver Affekt	3,6	(3,5)	5,1**	(4,4)
- Zwischenmenschliche Beziehungen	0,2	(0,7)	0,2	(0,8)
Hypochondrie				
Whiteley-Index	4,6	(3,2)	4,7	(3,1)
Psychose				
Brief Psychiatric Rating Scale (BPRS)				
Gesamtwert	24,8	(6,2)	26,7*	(7,2)
Subskalen:				
- Wahnvorstellungen	4,4	(1,2)	4,5	(1,2)
- Feindseligkeit	3,3	(1,2)	3,4	(1,4)
- Agitiertheit	3,6	(1,4)	4,1**	(1,8)
- Ängstlichkeit und Depression	7,4	(3,5)	8,2	(3,4)
- Lethargie	6,0	(3,1)	6,5	(3,8)
- Beschwerden	19,1	(3,1)	24,1*	(13,2)

Signifikanzniveau: ** $p<0{,}0001$; * $p<0{,}001$; alle Vergleiche basieren auf t-Tests.

Tabelle 6: Klinisch beurteilte Schweregrade von Depression und Demenz nach Geschlecht.

Erkrankung	Männer N	Männer (%)	Frauen N	Frauen (%)
Depression[1]				
Keine	206	(79,8)	177	(68,6)
Leicht	20	(7,8)	40	(15,5)
Mittel	31	(12,0)	38	(14,7)
Schwer	1	(0,4)	3	(1,2)
Demenz[2]				
Keine	213	(82,6)	194	(75,2)
Leicht	15	(5,8)	22	(8,5)
Mittel	16	(6,2)	17	(6,6)
Schwer	14	(5,4)	25	(9,7)

1 χ^2=10,10; df=3; p=0,02; bei Neuberechnung in einer 2×2 Tabelle mit Depression/keine Depression: χ^2=8,06; df=1; p=0,005.
2 χ^2=5,34; df=3, p=0,15; bei Neuberechnung in einer 2×2 Tabelle mit Demenz/keine Demenz: χ^2=4,19; df=1; p=0,04.

5.3 Selbst und Persönlichkeit

Wie Tabelle 7 erkennen läßt, unterscheiden sich ältere Frauen und Männer hinsichtlich einiger Persönlichkeitsaspekte. Frauen erhalten höhere Werte bei Neurotizismus, unterscheiden sich von Männern aber nicht in bezug auf Extraversion.

Abweichend von den bei jüngeren Altersgruppen festgestellten Befunden, zeigt sich in BASE kein Geschlechtsunterschied in bezug auf Offenheit für Erfahrungen. Dagegen entspricht den im jüngeren Erwachsenenalter ermittelten Geschlechtsunterschieden, daß ältere Frauen häufiger als Männer negative Gefühle erleben, sich hinsichtlich der positiven Gefühle aber nicht unterscheiden.

Bei den Bewältigungsstilen erhalten Frauen signifikant höhere Werte für den Stil „Sich selbst von Schwierigkeiten ablenken". In Übereinstimmung mit ihren höheren Neurotizismuswerten reagieren Frauen stärker mit wechselnden Emotionen auf das Problem, mit dem sie sich auseinanderzusetzen haben, und bitten häufiger darum, daß ein anderer an ihrer Stelle das Problem lösen möge. Bei Kontrollüberzeugungen gibt es keine Geschlechtsunterschiede (siehe Tabelle 7). Diese Effekte sind stabil über alle Altersgruppen. Bei Kontrolle der Auswirkungen von Alter, Wohnsituation und Familienstand behält Geschlecht die obengenannten signifikanten Effekte.

5.3.1 Zusammenfassung

Die Persönlichkeitsmerkmale von Männern und Frauen weisen im hohen Alter – wie im frühen Erwachsenenalter – mehr Ähnlichkeiten als Unterschiede auf. Nur ganz wenige Aspekte werden durch die Geschlechtsdimension beeinflußt. So treten in Übereinstimmung mit der Literatur Geschlechtsunterschiede im Bereich von Neurotizismus und Bewältigungsstilen auf. Diese Effekte sind zwar klein, aber überdauernd, wenn Alter, Wohnsituation und Familienstand kontrolliert werden.

5.4 Soziale Integration

Zunächst soll kurz beschrieben werden, wie sich das soziale Netzwerk der alten Menschen aus der Berliner Altersstudie zusammensetzt. Dabei wird der Familienstand wegen der Unterschiede, die es gerade im Alter zwischen Männern und Frauen in bezug darauf gibt, und wegen seiner zentralen Bedeutung für das soziale Netzwerk überhaupt (z. B. Zugriff auf private Hilfeleistungen, Größe des Verwandtenkreises) besonders berücksichtigt (Fooken, 1990; Heekerens, 1987; Niederfranke, 1991; Vaskovics & Buba, 1988). Wie Tabelle 8 zu entnehmen ist, setzt sich das soziale Netzwerk von Männern und Frauen im Alter, was Geschlecht und Alter der darin enthaltenen Personen betrifft, ähnlich zusammen. Ein Unterschied besteht lediglich darin, daß die Frauen ihre Partner innerhalb des Netzwerkes meist länger kennen als die Männer. Auch wenn unverheiratete Frauen und Männer älter sind als Ehepaare, ist das Alter ihrer Netzwerkpartner doch sehr ähnlich.

Das soziale Netzwerk der Gruppe der unverheirateten Frauen ist in bezug auf das Verhältnis männlicher und weiblicher Partner am unausgewogensten (70% Frauen gegenüber 30% Männern), während das der unverheirateten Männer am ausgewogensten ist (55% Männer gegenüber 45% Frauen).

Tabelle 9 zeigt, getrennt für die verheirateten und unverheirateten Männer und Frauen in BASE, den Durchschnittsanteil von Beziehungsmustern, die im sozialen Netz erscheinen. Wie man leicht erkennen kann, sind die Beziehungsmuster bei beiden Geschlechtern sehr ähnlich. Daß der Ehepartner im Netzwerk der Männer häufiger als in demjenigen der Frauen auftaucht, entspricht ganz den in der Literatur berichteten Befunden, daß Männer dazu neigen, sich stärker auf ihre Frauen zu verlassen als umgekehrt (Antonucci & Akiyama, 1987).

Tabelle 7: Unterschiede in Persönlichkeitskonstrukten älterer Männer und Frauen; Mittelwerte und (in Klammern) Standardabweichungen.

Konstrukt	**Männer**		**Frauen**	
	$\bar{x}$	**(s)**	$\bar{x}$	**(s)**
Persönlichkeitsmerkmale (NEO)				
Neurotizismus	2,2	(0,7)	2,6*	(0,8)
Offenheit	3,8	(0,7)	3,7	(0,8)
Extraversion	3,3	(0,6)	3,3	(0,6)
Emotionale Befindlichkeit				
Positive Gefühle	3,2	(0,6)	3,2	(0,6)
Negative Gefühle	2,2	(0,6)	2,4*	(0,6)
Bewältigungsstile				
Vergleich mit früher	4,2	(0,7)	4,2	(0,7)
Nicht aufgeben	3,9	(0,8)	3,0	(0,8)
Ablenkung	3,1	(1,1)	3,4*	(1,0)
Sich abfinden	3,5	(0,9)	3,7	(1,0)
Glaube	3,4	(1,2)	3,7	(1,3)
Wunsch nach Information	4,0	(0,8)	4,0	(0,8)
Soziale Unterstützung	2,8	(1,6)	2,0	(1,1)
Stärke und Schwäche im Wechsel	3,4	(0,9)	3,8*	(0,8)
Laufen lassen	2,4	(1,0)	2,7	(1,1)
Sinnverlust	2,2	(1,0)	2,7	(1,1)
Vergleich mit anderen	3,8	(0,9)	4,0	(0,8)
Verantwortung abgeben	2,5	(1,1)	3,0*	(1,2)
Humor	3,4	(1,1)	3,2	(1,0)
Kontrollüberzeugungen				
Internale Kontrolle über positive Ereignisse	3,4	(0,6)	3,3	(1,0)
Internale Kontrolle über negative Ereignisse	3,3	(0,7)	3,2	(0,8)
Externale Kontrolle durch andere	2,9	(1,1)	2,9	(1,1)
Externale Kontrolle durch das Schicksal	2,5	(1,0)	2,8	(1,1)

Signifikanzniveau: * $p<0{,}001$; alle $F \geq 12{,}2$.

Um zu prüfen, ob Männer und Frauen sich in bezug auf soziale Unterstützung (z. B. Hilfe leisten und empfangen), die Größe ihres sozialen Netzwerks und ihr subjektives Wohlbefinden (d. h. emotionale und soziale Einsamkeit, Lebenszufriedenheit) unterscheiden, wurden Korrelationen zwischen den Indikatoren und Mittelwerten für diese Konstrukte berechnet.

Die Datenanalyse wurde mit dem Computerprogramm EQS (Version 3.0; Bentler, 1989) durchgeführt[1]. Zunächst wurde die Gleichheit der Korrelationsmatrizen und Mittelwerte zwischen Männern und Frauen, unabhängig von demographischen Faktoren (Familienstand, Alter und Wohnsituation), überprüft. In jeder Analyseeinheit wurden die Hypothesen mittels genesteter Modellvergleiche getestet. Die Hypothese gleicher Mittelwerte von Frauen und Männern konnte zurückgewiesen werden ($\chi^2=23{,}05$; df=8; p=0,003). Es gibt allerdings nur einen signifikanten Unterschied, und zwar in bezug auf emotionale Einsamkeit. Hier weisen Frauen höhere Mittel-

1 Die Daten wurden auf multivariate Normalität hin untersucht. Univariate Ausreißer wurden durch Subtraktion der Differenz zu der 99. Perzentile behandelt, so daß die Rangfolge der Werte aufrechterhalten wurde. Eine Überprüfung der Schiefe und des Exzesses ergab erhöhte Schätzungen der Variablen soziale Einsamkeit, Anzahl der Helfer, Anzahl der unterstützten Personen und Größe des sozialen Netzwerks. Diese Variablen wurden deshalb durch Bildung des Logarithmus transformiert (Tabachnik & Fidell, 1989). Zwei Modelle wurden überprüft – Modell 1, bei dem die Kovarianzen über die Gruppen hinweg gleichgesetzt und die Standardabweichungen frei geschätzt wurden ($\chi^2=35{,}58$; df=28; p=0,15), und Modell 2, bei dem Kovarianzen wie auch Standardabweichungen als über die Gruppen gleich festgesetzt wurden ($\chi^2=47{,}47$; df=36; p=0,10). Die nicht-signifikanten χ^2-Werte unterstützten die Annahme der Gleichheit der Standardabweichungen über die Gruppen hinweg ($\chi^2=11{,}89$; df=8; n.s.).

Tabelle 8: Alters- und Geschlechtszusammensetzung der sozialen Netzwerke.

Merkmale des Studienteilnehmers				**Merkmale des Netzwerks**					
Familienstand		**Alter**		**Alter**		**Beziehungsdauer**		**weiblich**	
	(N)	$\bar{x}$	**(s)**	$\bar{x}$	**(s)**	$\bar{x}$	**(s)**	**%**	**(s)**
Verheiratete									
Frauen	(19)	79,0	(9,5)	58,4	(10,0)	44,4	(18,1)	60	(14)
Männer	(135)	82,4	(8,4)	56,4	(11,3)	40,9	(12,9)	59	(16)
Unverheiratete									
Frauen	(239)	85,6	(8,7)	58,7	(11,8)	43,9	(14,4)	70	(18)
Männer	(123)	87,3	(8,0)	56,5	(10,9)	40,5	(15,3)	55	(19)

$\bar{x}$: Mittelwert.
s: Standardabweichung.

werte auf als Männer (2,56 gegenüber 2,27; p=0,01). Kontrolliert man für die demographischen Variablen, verschwindet dieser Unterschied (χ^2=9,02; df=8; p=0,34).

Betrachtet man die Korrelationen zwischen den Indikatoren für soziale Unterstützung, Größe des sozialen Netzwerks und Wohlbefinden für Männer und Frauen (siehe Tabelle 10), so konnten keine Geschlechtsunterschiede ermittelt werden. Die Gleichheitshypothese wird somit bestätigt.

Da die Möglichkeit bestand, daß die multivariate Analysetechnik univariate Effekte verdecken könnte, wurden zusätzliche univariate Tests durchgeführt[2]. Dabei zeigt sich, daß bei Männern die Beziehung zwischen Anzahl der Helfer und Größe des sozialen Netzwerks (p=0,01) sowie Anzahl der Helfer und der Überzeugung, Hilfe zu empfangen, signifikant größer (p=0,02) ist als bei Frauen.

Obwohl in jeder Altersgruppe der Stichprobe die gleiche Anzahl von Männern und Frauen vertreten ist, gibt es dennoch Kollinearität zwischen Geschlechtszugehörigkeit, Familienstand und Wohnsituation (d. h., die meisten Frauen sind unverheiratet, leben allein, und sie leben häufiger in Heimen als Männer). Es wurde deshalb vermutet, daß Familienstand und Wohnsituation tatsächlich bestehende Unterschiede zwischen Männern und Frauen überdecken könnten. Eine wiederholte Analyse der Korrelationsmatrizen schien aus diesem Grunde angezeigt, wobei dieses Mal Alter, Familienstand und

Tabelle 9: Eigenschaften der sozialen Netzwerke.

Studienteilnehmer		**Art der Beziehung (in %)**[1]						**Netzwerkmitglieder**[2]		
	(N)	**1**	**2**	**3**	**4**	**5**	**6**	**1**	**2**	$\bar{x}$[a]
Verheiratete										
Frauen	(19)	8	15	38	17	10	12	1	1	14,4
Männer	(135)	13	15	40	16	10	6	0	5	11,9
Unverheiratete										
Frauen	(239)	0	11	43	18	14	14	10	43	8,9
Männer	(123)	3	13	39	16	16	13	6	32	8,3

1 Art der Beziehung: 1=Ehepartner oder Lebensgefährte; 2=Kind; 3=andere Verwandte; 4=Freund/in; 5=Bekannte(r); 6=andere.
2 Netzwerkmitglieder: 1=keine; 2=keine sehr eng Verbundenen.
a $\bar{x}$: Mittlere Anzahl der genannten Netzwerkpartner.

2 Für die Untersuchung der Ungleichheit univariater Vergleiche wurde der Lagrange Multiplier Test (Bentler, 1989) verwendet.

Tabelle 10: Beziehungen zwischen subjektivem Wohlbefinden, sozialer Unterstützung und Größe des sozialen Netzwerkes für Frauen (N=249) und Männer (in Klammern; N=252).

		1	2	3	4	5	6	7
1	Emotionale Einsamkeit							
2	Soziale Einsamkeit	0,38* (0,30*)						
3	Lebenszufriedenheit	-0,43* (-0,41*)	-0,23* (-0,15)					
4	Anzahl der Helfer	-0,07 (0,02)	-0,26* (-0,26*)	-0,13 (-0,05)				
5	Anzahl der unterstützten Personen	-0,27* (-0,25*)	-0,29* (-0,30*)	0,17 (0,10)	0,25 (0,11)			
6	Überzeugungen über erhaltene Hilfe	-0,10 (0,03)	-0,29* (-0,21*)	0,04 (-0,09)	0,10 (0,25*)	0,09 (0,03)		
7	Überzeugungen über geleistete Hilfe	-0,12 (-0,11)	-0,22* (-0,10)	0,06 (-0,03)	0,12 (-0,09)	0,30* (0,24*)	0,16 (0,23*)	
8	Größe des sozialen Netzwerks	-0,38* (-0,25)	-0,49* (-0,40*)	0,13 (0,14)	0,31* (0,36*)	0,50* (0,51*)	0,15 (-0,16)	0,25* (0,17*)

Signifikanzniveau: * p<0,01.

Wohnsituation auspartialisiert wurden. Die Gleichheitshypothese wird jedoch wiederum gestützt[3]. Regressionsanalysen, die durchgeführt wurden, um mögliche Alterseffekte in Geschlechtsunterschieden aufzudecken, zeigten keine bedeutsamen Effekte.

5.4.1 Zusammenfassung

Im Bereich der sozialen Integration gibt es praktisch keine Unterschiede zwischen Männern und Frauen. Sowohl Größe und Zusammensetzung des sozialen Netzwerks als auch die Beziehungen zwischen Netzwerkgröße, sozialer Unterstützung und subjektivem Wohlbefinden zeigen mehr Ähnlichkeiten als Unterschiede bei beiden Geschlechtern. Männer tendieren lediglich dazu, die Beziehung zwischen der Netzwerkgröße und der Helferzahl sowie zwischen Helferzahl und empfangener Hilfe als ausgewogener wahrzunehmen als Frauen. Die Mittelwertsunterschiede bei der emotionalen Einsamkeit kommen durch die Faktoren Familienstand und Wohnsituation zustande, nicht durch die Variable Geschlecht. Es gibt keinen Alterseffekt in diesen Ähnlichkeiten bzw. Unterschieden.

6. Zusammenfassung und Diskussion

Die Befunde der Berliner Altersstudie deuten darauf hin, daß sich Männer und Frauen in den untersuchten Bereichen körperliche Gesundheit, seelisch-geistige Gesundheit, Selbst und Persönlichkeit sowie soziale Integration nur wenig voneinander unterscheiden. Das negativere Gesundheitsbild bestätigt den häufig beklagten Zustand, daß Frauen zwar länger, darum aber nicht besser leben (Barer, 1994). Die funktionelle Kapazität alter Frauen ist schlechter als die von Männern, ein Unterschied, der mit ansteigendem Alter immer deutlicher wird. Daß die Frauen in der Berliner Altersstudie, im Unterschied zu denen in der Studie von Verbrugge (1989), ihre Gesundheit subjektiv als schlechter einschätzen, wird vielleicht durch die größere Anzahl klinisch bedeutsamer Diagnosen und das häufigere Auftreten kardiovaskulärer Erkrankungen in der vorliegenden Untersuchung widergespiegelt, zwei Tatsachen, die realistische Beurteilungen des Gesundheitszustandes darstellen und zu niedrigeren Selbsteinschätzungen führen können.

3 Die Auspartialisierung der Effekte des Alters, des Familienstands und der Wohnsituation der Studienteilnehmer wurde mit Hilfe des GLM-Programms im SAS-Paket durchgeführt (SAS, 1992). Die gleichen Modelle wurden überprüft (Modell 1: χ^2=39,95; df=28; p=0,8; Modell 2: χ^2=55,26; df=36; p=0,02). Auch hier unterstützt der χ^2-Wert die Annahme der Gleichheit der Standardabweichungen (χ^2=15,91; df=8; n.s.).

Depressionen sind, selbst bei Kontrolle der demographischen Variablen, bei Frauen häufiger als bei Männern. Frauen zeigen darüber hinaus mehr negative Emotionen und haben höhere Neurotizismuswerte als die Männer. Emotionsorientiertes Coping findet sich ebenfalls häufiger bei Frauen als bei Männern, was entsprechend der einschlägigen Literatur die angepaßtere Strategie bei unkontrollierbaren Ereignissen darstellt (Miller & Kirsch, 1987; vgl. auch Staudinger et al., Kapitel 12).

Da sich allem Anschein nach die für das hohe Alter ermittelten Ergebnisse nicht von denen für das frühe Erwachsenenalter unterscheiden, fehlt die Basis zur Überprüfung der These, die Jung (1969) und Gutmann (1975, 1987) aufgestellt haben. Beide argumentieren, daß es zu einer Angleichung der Persönlichkeitscharakteristika bei Männern und Frauen käme, was sich mit dem Verlust sozialer Rollen begründen ließe, die zuvor die Ausprägung unterschiedlicher Merkmale bei Frauen und Männern begünstigt und verstärkt hätten. Daß die Ähnlichkeiten in Selbst- und Persönlichkeitscharakteristika größer sind als die Unterschiede, entspricht Forschungsanstrengungen, die um die Frage kreisen, ob mit Androgynität das ideale Geschlechtsbild gegeben sei (Bem, 1993; Hyde, 1991).

Bei Männern, nicht aber bei Frauen, findet sich eine positive Beziehung zwischen Netzwerkgröße und Helferzahl sowie der Überzeugung, Hilfe empfangen zu haben. Ob dieser Befund nun darauf zurückzuführen ist, daß Männer ein effektiveres, effizienteres und weniger forderndes soziales Netzwerk haben oder aber leichter zufriedenzustellen sind als Frauen, muß offen bleiben. Vielleicht ist beides richtig, und Männer sowie ihre Sozialpartner sind sich einig darin und akzeptieren, daß Hilfe von den Netzwerkmitgliedern erwartet und gegeben wird. Soziale Beziehungen könnten in diesem Sinne dann für Männer eindimensionaler sein und hauptsächlich positive Effekte haben. Die Mehrdimensionalität sozialer Beziehungen – ihre positiven und negativen Seiten (Antonucci & Akiyama, 1987; Morgan, 1989) – ist vielleicht vor allem bei Frauen zu beobachten. Belastungen, die Frauen in sozialen Beziehungen erleben, hängen möglicherweise mit der Erwartungshaltung und dem Geschlechtsrollenstereotyp zusammen, daß Frauen selbst noch im hohen Alter eher als Hilfeleistende denn als Hilfeempfangende angesehen werden (siehe auch Chodorow, 1978). Diese Befunde scheinen darauf hinzudeuten, daß Prozesse, die die Geschlechtsrollenerwartung bestätigen, auch im hohen Alter bedeutsam sind (Eagly, 1987). Dennoch scheint die Variable Geschlecht – ebenso wie Alter – mit einem „Schleier der Unwissenheit" versehen zu sein. Geschlechtsunterschiede können durch andere soziale Kategorien verstärkt, vermittelt oder verdeckt werden (Kite, Deaux & Miele, 1991).

Der Befund, daß nur geringfügige Unterschiede im psychischen Bereich zwischen Männern und Frauen bestehen, entspricht einer ganzen Reihe anderer Meta-Analysen der vergangenen 10 oder 15 Jahre, die Geschlechtsunterschiede in der räumlichen Wahrnehmung (Linn & Peterson, 1985), der mathematischen Fähigkeit (Rossi, 1983), dem operativen Denken (Meehan, 1984), der Motorik (Thomas & French, 1985), im Sozialverhalten (Eagly & Wood, 1991), aggressiven Verhalten (Eagly & Steffen, 1986; Hyde, 1984, 1986), Führungsverhalten (Eagly, Makhijani & Konsky, 1992), in elterlichen Sozialisationspraktiken (Lytton & Romney, 1991) sowie Persönlichkeitsmerkmalen (Feingold, 1994) zum Gegenstand hatten. Immer wieder ist in diesen Meta-Analysen darauf hingewiesen worden (Hyde & Linn, 1986), daß es nur wenige und wenn, dann ziemlich kleine Unterschiede gibt, die – mit Ausnahme des motorischen Verhaltens – gewöhnlich nicht mehr als 5% der Varianz aufklären. Diese Schlußfolgerung entspricht etwa dem, was Maccoby schon früher festgestellt hat (Maccoby & Jacklin, 1974). Angesichts der Daten aus diesen Meta-Analysen kann man nicht umhin, Hyde (1991, S. 88) zuzustimmen, die sagt: „It is important to remember that gender similarities are probably more the rule than gender differences." („Man darf nicht vergessen, daß Ähnlichkeiten eher als Unterschiede zwischen den Geschlechtern die Regel sind.")

Es ist verblüffend und paradox, daß sich so wenige Geschlechtsunterschiede in intellektuellen Fähigkeiten, Persönlichkeitsmerkmalen, Verhaltensweisen und Einstellungen nachweisen lassen und es dennoch weiterhin die Männer sind, die die höheren Positionen in der Arbeitswelt erreichen, mehr Macht und Status haben und die meisten Entscheidungen treffen – in der Erziehung wie in der Politik, Wirtschaft und Sexualität. Geschlechtsunterschiede existieren nun einmal im alltäglichen Leben und haben manchmal sogar recht dramatische Auswirkungen (siehe Carstensen & Pasupathi, 1993).

Für dieses Rätsel sind zwei Erklärungsmöglichkeiten denkbar.

1. Die Unterschiede im Lebensstil von Männern und Frauen, einschließlich der Macht- und Statusunterschiede, werden nicht durch innere, sondern durch äußere Barrieren bewirkt, wie beispielsweisedie in der Gesellschaft verbreitete Überzeugung von der Unvereinbarkeit von Karriere und Frau-

lichkeit, die ebenfalls gesellschaftlich geprägte Diskriminierung im Beruf sowie die Makrostrukturen unserer Gesellschaft, die in Erziehung und sozialer Stratifizierung ihren Niederschlag finden.
2. Unterschiede zwischen Männern und Frauen lassen sich vielleicht so lange nicht aufdecken, als die Forschung immer nur interindividuelle Differenzen im Auge hat, wobei die Frage ist, welches die Gründe dafür sein könnten, daß dieser methodische Ansatz inadäquat ist.

Autorinnen wie z. B. Eagly (1987) und Maccoby (1991) haben, wenn auch auf ganz unterschiedlichen Wegen, mögliche Begründungen geliefert für den augenscheinlichen Widerspruch zwischen den relativ kleinen, unbestimmten Effekten, von denen in der Literatur berichtet wird, und der nicht übersehbaren Bedeutung, die Geschlechtsunterschiede im realen Leben haben.

Für Eagly (1987) liegt der Grund für diese Inkonsistenz in der Heterogenität von Stichproben, Umwelten und Situationen, wie sie in der empirischen Forschung auftauchen, sowie einer grundsätzlichen Verzerrung in experimentellen Untersuchungen in Richtung „handlungsaktiver", d. h. männlicher, statt „sozialorientierter", d. h. weiblicher Rollen. Zur Verbesserung dieses Problems schlägt sie vor, eine größere Homogenität in Stichproben, Umwelten und Situationen anzustreben.

Maccoby (1991) dagegen führt den Widerspruch darauf zurück, daß bei der Betonung individueller Differenzen typischerweise der Kontext vernachlässigt wird. Sie fordert daher konsequenterweise anstelle von mehr Kontrolle und Homogenität des Kontextes, der Stichprobe und der Situation, wie es Eagly (1987) tut, gerade die systematische Einbeziehung und Analyse unterschiedlichster Kontexte. Diese Position läßt sich durch viele empirische Befunde untermauern, die alle darauf hindeuten, daß die Variable Geschlecht bei vielen Verhaltensweisen – vor allem im Sozialbereich – zwar eine große Rolle spielt, ihre Wirkung jedoch dadurch verdeckt wird, daß Effekte von Situationen und Ökologien nicht beachtet werden. Die meisten Verhaltensweisen, insbesondere sozialer Art, laufen in sozialen Kontexten ab, und Menschen verhalten sich in verschiedenen Kontexten unterschiedlich. Wenn der Kontext berücksichtigt wird, z. B. indem eine gleichgeschlechtliche mit einer gemischtgeschlechtlichen Gruppe verglichen wird, weisen dieselben Messungen im einen Kontext (dem gleichgeschlechtlichen) auf keine, im anderen Kontext (dem gemischtgeschlechtlichen) dagegen auf geradezu dramatische Geschlechtsunterschiede hin. Um es mit Eaglys Worten auszudrücken: Soziale Rollen werden in einem (gemischtgeschlechtlichen) Kontext durch Geschlechtsrollenerwartungen genauer festgelegt, während im anderen Kontext andere Erwartungen die Bedeutung der Geschlechtsrolle in den Hintergrund drängen.

Der starke Effekt, den der Kontext ausübt, ist ein Argument gegen die Auffassung, Geschlechtsunterschiede seien festgelegte Dispositionen oder Verhaltensmerkmale; vielmehr wird dadurch die Interpretation nahegelegt, daß es sich um gelernte Verhaltensweisen handelt, die kontextspezifisch auftauchen. Unterschiede zwischen Frauen und Männern könnten so zuverlässig für bestimmte Verhaltenssektoren, in bestimmten Altersphasen und Situationen, zu bestimmten Zeiten und an bestimmten Orten beobachtet werden.

Diese kontextorientierte Sichtweise hat sich inzwischen bei den meisten, die in diesem Bereich forschen, durchgesetzt (Deaux & Major, 1987; Eagly, 1987; Hyde, 1991; Lott & Maluso, 1993). Als ein Beispiel sei Greeno (1989, zitiert in Maccoby, 1990) angeführt, die nachweisen konnte, daß das „Aufsuchen von Nähe" („proximity seeking"), das bei Mädchen meist auf das Persönlichkeitsmerkmal „Anhänglichkeit" zurückgeführt wird, nur dann zu beobachten ist, wenn Mädchen sich in gemischtgeschlechtlichen Gruppen aufhalten, daß in gleichgeschlechtlichen Gruppen dagegen diese Verhaltensweise nicht auftaucht. Untersuchungen zu Unterschieden zwischen Frauen und Männern im Bereich von Leistungsmotivation und Attribuierungsstil, die alle auf die Bedeutung des situativen Kontextes schließen lassen, hat Hyde (1991) zusammenfassend dargestellt. Frauen zeigen demnach nur dann niedrigere Leistungsmotivation, wenn sie sich in Konkurrenzsituationen mit Männern befinden (Cronin, 1980). Und der Attribuierungsstil hängt davon ab, ob die betreffende Aufgabe z. B. mit räumlicher Wahrnehmungsfähigkeit oder dem Schließen einer Freundschaft zu tun hat (Frieze, Whitley, Hanusa & McHugh, 1982). Schließlich weisen Meyer, Murphy, Cascardi und Birns (1991) noch darauf hin, daß Mädchen zu Passivität und Abhängigkeit nur dann tendieren, wenn Jungen anwesend sind.

Die Sozialisierung im Bereich der Geschlechtsdimension variiert außerdem in beträchtlichem Umfang, je nachdem, in welcher sozialen Schicht und welcher ethnischen Gruppe, vor welchem Familienhintergrund und innerhalb welcher Biographie sie stattfindet. Die meisten Verhaltensweisen – sei es nun unabhängiges oder abhängiges Verhalten, Lächeln, aggressives oder submissives, umsorgendes oder aktiv tätiges Verhalten – gibt es im Repertoire fast aller

Menschen; lediglich die Situationen und damit die Möglichkeiten, diese Verhaltensweisen auch an den Tag legen zu können, unterscheiden sich beträchtlich, je nachdem, ob es sich bei den Handelnden um Männer oder Frauen, Angehörige niedriger oder höherer sozialer Schicht, um Weiße oder Schwarze handelt.

Die Beseitigung von Unterschieden zwischen den beiden Geschlechtern wird also nicht nur Änderungen auf dem Individualniveau, z. B. in Richtung auf mehr Androgynität, sondern viel mehr im institutionellen Bereich erfordern. Wahrscheinlich würde eine Zunahme an Androgynität sogar vom eigentlichen Problem ablenken, nämlich die Rolle zu analysieren, die soziale Mikro- und Makrostrukturen bei der Aufrechterhaltung von Geschlechtsunterschieden spielen.

Die Einbeziehung und Berücksichtigung des Kontextes eröffnet eine interessante Perspektive: Wenn die Welt der Älterwerdenden immer mehr eine „weibliche Welt" wird, bedeutet das dann auch, daß es immer weniger – nämlich weniger gemischtgeschlechtliche – Kontexte gibt, die Geschlechtsunterschiede erst aufscheinen lassen? Ist das Vorherrschen gleichgeschlechtlicher Gruppen vielleicht der Grund, warum man bei Frauen im Alter häufiger durchsetzungsstarke, behauptende Verhaltensweisen feststellen kann? Es scheint so, als ob die längere Lebensdauer Frauen doch mehr als nur Verluste beschert. Falls sich die Kontexte, d. h. die institutionellen Mikro- und Makroumwelten, einmal ändern sollten, könnte man in Zukunft vielleicht eine größere Flexibilität in bezug auf die Verteilung von Ausbildung, Arbeit und Freizeit im Lebensablauf beobachten (Riley & Riley, 1994), was zur Gleichheit der Geschlechter führen könnte. Bei tiefergreifenden Veränderungen im familiären, wirtschaftlichen und politischen Leben wird es auch zu einer Umstrukturierung sozialer Kategorien, einschließlich der Geschlechtsdimension, kommen. Und in der Folge davon kann die längere Lebensdauer für Frauen bedeuten, mehr Freiheiten zu haben, ihr eigenes Schicksal unabhängig zu kontrollieren und zu gestalten.

Im Moment und sehr wahrscheinlich auch in der nahen Zukunft scheinen sich solche Visionen allerdings nicht zu bestätigen. Wendet man sich nämlich von einer spezifischen, einzelne Funktionsbereiche für sich betrachtenden, zu einer systemischen Sichtweise hin, wie dies z. B. bei der im Abschlußkapitel dieses Bandes (Mayer et al.) vorgestellten Clusteranalyse geschieht, so zeigen sich einige eher männliche und einige eher weibliche Cluster. So sind im „glücklichen und gesunden" Cluster hauptsächlich Männer zu finden, im „behinderten, einsamen und unglücklichen" Cluster hauptsächlich Frauen.

Literaturverzeichnis

Anthony, J. C. & Aboraya, A. (1992). The epidemiology of selected mental disorders in later life. In J. E. Birren, R. B. Sloane & G. D. Cohen (Hrsg.), *Handbook of mental health and aging* (2. Aufl., S. 26–73). San Diego, CA: Academic Press.

Antonucci, T. C. (1994). A life-span view of women's social relations. In B. F. Turner & L. E. Troll (Hrsg.), *Women growing older* (S. 239–269). Thousand Oaks, CA: Sage.

Antonucci, T. C. & Akiyama, H. (1987). An examination of sex differences in social support among older men and women. *Sex Roles, 17,* 737–749.

Ashmore, R. D. (1990). Sex, gender, and the individual. In L. A. Pervin (Hrsg.), *Handbook of personality: Theory and research* (S. 486–526). New York: Guilford.

Backes, G. (1991). Was bedeuten sich verändernde Lebens- und Arbeitsbedingungen von Frauen für ihre künftige Situation im Alter. In C. Gather, U. Gerhard, K. Prinz & M. Veil (Hrsg.), *Frauenalterssicherung: Lebensläufe von Frauen und ihre Benachteiligung im Alter* (S. 266–276). Berlin: Edition Sigma.

Bakan, D. (1966). *The duality of human existence.* Chicago: Rand McNally.

Baltes, M. M. & Silverberg, S. (1994). The dialectic between autonomy and dependency throughout the life course. In D. L. Featherman, R. M. Lerner & M. Perlmutter (Hrsg.), *Life-span development and behavior* (Bd. 12, S. 41–90). Hillsdale, NJ: Erlbaum.

Baltes, M. M., Wilms, H.-U. & Horgas, A. (1996). *Everyday competence: A descriptive and model-testing analysis.* Zur Veröffentlichung eingereichtes Manuskript, Freie Universität Berlin.

Baltes, P. B. (1990). Entwicklungspsychologie der Lebensspanne: Theoretische Leitsätze. *Psychologische Rundschau, 41,* 1–24.

Barer, B. M. (1994). Men and women aging differently. *International Journal of Aging and Human Development, 38,* 29–40.

Barnett, R. C., Biener, L. & Baruch, G. K. (Hrsg.) (1987). *Gender and stress.* New York: Free Press.

Bem, S. L. (1981). Gender schema theory: A cognitive account of sex typing. *Psychological Review, 88,* 354–364.

Bem, S. L. (1984). Androgyny and gender schema theory: A conceptual and empirical integration. *Nebraska Symposium on Motivation, 32,* 179–226.

Bem, S. L. (1993). *The lenses of gender.* New Haven, CT: Yale University Press.

Bengtson, V. L., Reedy, M. N. & Gordon, C. (1985). Aging and self-conceptions: Personality processes and social contexts. In J. E. Birren & K. W. Schaie (Hrsg.), *Handbook of the psychology of aging* (2. Aufl., S. 544–593). New York: Van Nostrand Reinhold.

Bentler, P. M. (1989). *EQS: Structural equations manual* (Version 3.0). Los Angeles, CA: BMDP Statistical Software, Inc.

Berkman, L. F., Berkman, C. S., Kasl, S., Freeman, D. H., Leo, L., Ostfeld, A. M., Cornoni-Huntley, J. & Brody, J. A. (1986). Depressive symptoms in relation to physical health and function in the elderly. *American Journal of Epidemiology, 124,* 372–388.

Bruder, J. (1988). Alterskrankheit und Familie. In E. Lang (Hrsg.), *Praktische Geriatrie* (S. 91–95). Stuttgart: Enke.

Burke, K. C., Burke, J. D., Regier, D. A. & Rae, D. S. (1990). Age at onset of selected mental disorders in five community populations. *Archives of General Psychiatry, 47,* 511–518.

Carstensen, L. L. & Pasupathi, M. (1993). Women of a certain age. In S. Matteo (Hrsg.), *American women in the '90s: Today's critical issues* (S. 66–78). Boston, MA: Northeastern University Press.

Chodorow, N. (1978). *The reproduction of mothering: Psychoanalysis and the sociology of gender.* Berkeley, CA: University of California Press.

Cohen, S. & Willis, T. A. (1985) Stress, social support, and the buffering hypothesis. *Psychological Bulletin, 98,* 310–357.

Cooper, B. & Bickel, H. (1989). Prävalenz und Inzidenz von Demenzerkrankungen in der Altenbevölkerung: Ergebnisse einer populationsbezogenen Längsschnittstudie in Mannheim. *Der Nervenarzt, 60,* 472–482.

Costa, P. T., Jr. & McCrae, R. R. (1980). Still stable after all these years: Personality as a key to some issues in adulthood and old age. In P. B. Baltes & O. G. Brim, Jr. (Hrsg.), *Life-span development and behavior* (Bd. 3, S. 65–102). New York: Academic Press.

Costa, P. T., Jr., McCrae, R. R., Zondermann, A. B., Barbano, H. E., Lebowitz, B. & Larson, D. M. (1986). Cross-sectional studies of personality in a national sample: 2. Stability in neuroticism, extraversion, and openness. *Psychology and Aging, 2,* 144–149.

Cronin, C. L. (1980). Dominance relations and females. In D. R. Omark, F. F. Strazer & D. G. Freedman (Hrsg.), *Dominance relations: An ethological view of human conflict and social interaction* (S. 299–318). New York: Garland Press.

Dean, K. (1992). Health-related behavior: Concepts and methods. In M. G. Ory, R. P. Abeles & P. D. Lipman (Hrsg.), *Aging, health, and behavior* (S. 27–56). Newbury Park, CA: Sage.

Deaux, K. (1984). From individual differences to social categories: Analysis of a decade's research on gender. *American Psychologist, 39,* 105–116.

Deaux, K. & Major, B. (1987). Putting gender into context: An interactive model of gender-related behavior. *Psychological Review, 94,* 369–389.

Eagly, A. H. (1987). *Sex differences in social behavior: A social-role interpretation.* Hillsdale, NJ: Erlbaum.

Eagly, A. H., Makhijani, M. G. & Konsky, B. G. (1992). Gender and the evaluation of leaders: A meta-analysis. *Psychological Bulletin, 111,* 3–22.

Eagly, A. H. & Steffen, V. J. (1986). Gender and aggressive behavior: A meta-analytic review of the social psychological literature. *Psychological Bulletin, 100,* 309–330.

Eagly, A. H. & Wood, W. (1991). Explaining sex differences in social behavior: A meta-analytic perspective. *Personality and Social Psychology Bulletin, 17,* 306–315.

Everwien, S. (1992). *Lebenszufriedenheit bei Frauen.* Münster: Waxmann.

Feingold, A. (1994). Gender differences in personality: A meta-analysis. *Psychological Bulletin, 116,* 429–456.

Feldman, S. S., Biringen, Z. C. & Nash, S. C. (1981). Fluctuations of sex-related self-attributions as a function of stage of the family life cycle. *Developmental Psychology, 17,* 24–35.

Firestone, S. (1971). *The dialectic of sex.* New York: Morrow.

Fischer, G. C., Rhode, J. J., Tewes, U., Schug, S. H., Koppelin, F., Koschera, A., Pangrits, J. & Pulvitt, S. H. (1995). *Die Situation von über 60 Jahre alten Frauen mit einem pflegebedürftigen Ehemann* (Abschlußbericht eines vom BMFuS geförderten Forschungsprojektes). Bonn: Bundesministerium für Familie und Senioren.

Fisher, J. E., Zeiss, A. & Carstensen, L. L. (1992). Psychopathology in the aged. In P. B. Sutker & H. E. Adams (Hrsg.), *Comprehensive handbook of psychopathology* (S. 815–842). New York: Plenum Press.

Fooken, I. (1980). *Frauen im Alter: Eine Analyse intra- und interindividueller Differenzen.* Frankfurt/M.: Lang Verlag.

Fooken, I. (1987). Älterwerden als Frau. In A. Kruse, U. Lehr & C. Rott (Hrsg.), *Gerontologie: Eine interdisziplinäre Wissenschaft. Beiträge zur 1. Gerontologischen Woche Heidelberg 1986. Peutinger Kolloquium* (S. 238–271). München: Bayrischer Monatsspiegel Verlagsgesellschaft.

Fooken, I. (1990). Partnerverlust im Alter. In P. Mayring & W. Saup (Hrsg.), *Entwicklungsprozesse im Alter* (S. 57–73). Stuttgart: Kohlhammer.

Fooken, I., v. Sydow, K. & Vetter, C. (1989). *Human sexuality and human aging* (Abschlußbericht über eine empirische Studie im Auftrag der WHO-Kopenhagen). Bonn: Psychologisches Institut, Universität Bonn.

Frankenhaeuser, M. (1991). The psychophysiology of sex differences as related to occupational status. In M. Frankenhaeuser, U. Lundberg & M. Chesney (Hrsg.), *Women, work, and health: Stress and opportunities* (S. 39–64). New York: Plenum Press.

Frankenhaeuser, M., Lundberg, U. & Chesney, M. (Hrsg.) (1991). *Women, work, and health: Stress and opportunities.* New York: Plenum Press.

Frieze, I. H., Whitley, B. E., Jr., Hanusa, B. H. & McHugh, M. C. (1982). Assessing the theoretical models for sex differences in causal attributions for success and failure. *Sex Roles, 8,* 333–343.

Fujita, F., Diener, E. & Sandvik, E. (1991). Gender differences in negative affect and well-being: The case for emotional intensity. *Journal of Personality and Social Psychology, 61,* 427–434.

Gailey, C. W. (1986). Evolutionary perspectives on gender hierarchy. In B. B. Hess & M. M. Ferree (Hrsg.), *Analyzing gender: A handbook of social science research* (S. 32–67). Newbury Park, CA: Sage.

Gather, C., Gerhard, U., Prinz, K. & Veil, M. (Hrsg.) (1991). *Frauenalterssicherung: Lebensläufe von Frauen und ihre Benachteiligung im Alter.* Berlin: Edition Sigma.

Gatz, M., Harris, J. R. & Turk-Charles, S. (im Druck). Older women and health. In A. L. Stanton & S. J. Gallant (Hrsg.), *Women's psychological and physical health: A scholarly and social agenda.* Washington, DC: American Psychological Association.

George, L. K. (1990). Gender, age and psychiatric disorders: Why do gender differences in rates of disorders narrow with age? *Generations, 2,* 22–27.

George, L. K., Blazer, D. F., Winfield-Laird, I., Leaf, P. J. & Fischback, R. L. (1988). Psychiatric disorders and mental health service use in later life: Evidence from the Epidemiologic Catchment Area Program. In J. Brody & G. Maddox (Hrsg.), *Epidemiology and aging* (S. 189–219). New York: Springer.

Gilman, C. P. (1911/1971). *The man-made world; or our androcentric culture.* New York: Johnson Reprint.

Greeno, C. G. (1989). *Gender differences in children's proximity to adults.* Unveröffentlichte Dissertation, Stanford University.

Guralnik, J. M. & Simonsick, E. M. (1993). Physical disability in older Americans. *Journal of Gerontology, 48* (Sonderheft), 3–10.

Gurland, B. J. (1976). The comparative frequency of depression in various adult age groups. *Journal of Gerontology, 31,* 283–292.

Gutmann, D. L. (1975). Parenthood: Key to the comparative psychology of the life cycle? In N. Datan & L. Ginsberg (Hrsg.), *Life-span developmental psychology: Normative life crises* (S. 167–184). New York: Academic Press.

Gutmann, D. L. (1987). *Reclaimed powers.* New York: Basic Books.

Häfner, H. (1992). Psychiatrie des höheren Lebensalters. In P. B. Baltes & J. Mittelstraß (Hrsg.), *Zukunft des Alterns und gesellschaftliche Entwicklung* (S. 151–179). Berlin: de Gruyter.

Hagemann-White, C. (1993). Die Konstrukteure des Geschlechts auf frischer Tat ertappen? Methodische Konsequenzen einer theoretischen Einsicht. *Feministische Studien, 11,* 68–78.

Hagestad, G. O. (1981). Problems and promises in the social psychology of intergenerational relations. In R. W. Fogel, E. Hatfield, S. B. Kiesler & E. Shanas (Hrsg.), *Aging* (S. 11–46). New York: Academic Press.

Hagestad, G. O. (1985). Continuity and connectedness. In V. L. Bengtson & J. F. Robertson (Hrsg.), *Grandparenthood* (S. 31–48). Beverly Hills, CA: Sage.

Hamilton, S. & Fagot, B. I. (1988). Chronic stress and coping styles: A comparison of male and female undergraduates. *Journal of Personality and Social Psychology, 55,* 819–823.

Heekerens, H. P. (1987). Wiederheirat im Alter. *Zeitschrift für Gerontologie, 20,* 263–268.

Huyck, M. H. (1990). Gender differences in aging. In J. E. Birren & K. W. Schaie (Hrsg.), *Handbook of the psychology of aging* (3. Aufl., S. 124–132). New York: Academic Press.

Hyde, G. S. (1984). How large are gender differences in aggression? A developmental meta-analysis. *Developmental Psychology, 20,* 722–736.

Hyde, G. S. (1986). Gender differences in aggression. In G. S. Hyde & M. C. Linn (Hrsg.), *The psychology of gender: Advances through meta-analysis* (S. 51–66). Baltimore, MD: John Hopkins University Press.

Hyde, G. S. (1991). *Half the human experience.* Lexington, MA: D. C. Heath.

Hyde, G. S. & Linn, M. C. (1986). *The psychology of gender: Advances through meta-analysis.* Baltimore, MD: John Hopkins University.

Jung, C. G. (1969). *The structure and dynamics of the psyche.* Princeton, NJ: Princeton University Press.

Kahn, R. L. & Antonucci, T. C. (1980). Convoys over the life course: Attachment, roles, and social support. In P. B. Baltes & O. G. Brim, Jr. (Hrsg.), *Life-span development and behavior* (Bd. 3, S. 254–283). New York: Academic Press.

Kessler, R., Foster, C., Webster, P. S. & House, J. S. (1992). The relationship between age and depressive symptoms in two national surveys. *Psychology and Aging, 7,* 119–126.

Kessler, R. C., Price, R. H. & Wortman, C. B. (1985). Social factors in psychopathology: Stress, social support, and coping processes. *Annual Review of Psychology, 36,* 531–572.

Kite, M. E., Deaux, K. & Miele, M. (1991). Stereotypes of young and old: Does age outweigh gender? *Psychology and Aging, 6,* 19–27.

Kivitt, V. & Atkinson, M. P. (1984). Filial expectations, association and helping as a function of number of children among older rural-transitional parents. *Journal of Gerontology, 39,* 499–503.

Klerman, G. L., Lavori, P. W., Rice, J., Reich, T., Endicott, J., Andreasen, N. C., Keller, M. B. & Hirschfield, R. M. A. (1985). Birth-cohort trends in rates of major depressive disorder among relatives of patients with affective disorder. *Archives of General Psychiatry, 42,* 689–693.

Klingenspor, B. (1994). Geschlecht, soziale Identität und bulimisches Eßverhalten. *Zeitschrift für Sozialpsychologie, 25,* 108–125.

Knäpper, M.-T. (1984). *Feminismus – Autonomie – Subjektivität.* Bochum: Germinal Verlag.

Kohlberg, L. (1966). A cognitive-developmental analysis of children's sex role concepts and attitudes. In E. E. Maccoby (Hrsg.), *The development of sex differences* (S. 82–173). Stanford, CA: Stanford University Press.

Kruse, A. (1983). Die Fünf-Generationen-Familie: Interaktion, Kooperation, Konflikt. *Zeitschrift für Gerontologie, 16,* 205–209.

Kunhikrishnan, K. & Manikandan, K. (1992). Sex differences in locus of control: An analysis based on Calicut L.O.C. Scale. *Psychological Studies, 37,* 121–125.

Kussmann, T. (1995). *Altern in Russland.* Köln: Bundesinstitut für ostwissenschaftliche und internationale Studien.

Landweer, H. & Rumpf, M. (1993). Kritik der Kategorie „Geschlecht". *Feministische Studien, 11,* 3–9.

LaRue, A., Dessonville, C. & Jarvik, L. (1985). Aging and mental disorders. In J. E. Birren & K. W. Schaie (Hrsg.), *Handbook of the psychology of aging* (2. Aufl., S. 664–702). New York: Van Nostrand Reinhold.

Lehr, U. (1987). *Zur Situation der älterwerdenden Frau: Bestandsaufnahme und Perspektiven bis zum Jahre 2000.* München: Beck.

Lehtinen, V., Joukamaa, M., Lahtela, K., Raitasalo, R., Jyrkinen, E., Maatela, J. & Aromaa, A. (1990). Prevalence of mental disorders among adults in Finland: Basic results from the Mini Finland Health Survey. *Acta Psychiatrica Scandinavica, 81,* 418–425.

Levinson, D. J. (1978). *The seasons of a man's life.* New York: Ballantine.

Levkoff, S. E., Cleary, P. D. & Wetle, T. (1987). Differences in the appraisal of health between aged and middle-aged adults. *Journal of Gerontology, 42,* 114–120.

Linn, M. C. & Peterson, A. C. (1985). Emergence and characterization of sex differences in spatial ability: A meta-analysis. *Child Development, 56,* 1479–1498.

Lott, B. (1990). Dual natures or learned behavior: The challenge to feminist psychology. In R. T. Hare-Mustin & J. Marecek (Hrsg.), *Making a difference: Psychology and the construction of gender* (S. 65–101). New Haven, CT: Yale University Press.

Lott, B. & Maluso, D. (1993). The social learning of gender. In A. E. Beall & R. J. Sternberg (Hrsg.), *The psychology of gender* (S. 99–123). New York: Guilford.

Lowenthal, M. F., Thurnher, M. & Chiriboga, D. (1975). *Four stages of life.* San Francisco, CA: Jossey-Bass.

Lytton, H. & Romney, D. M. (1991). Parents' differential socialization of boys and girls: A meta-analysis. *Psychological Bulletin, 109,* 267–296.

Maccoby, E. E. (1988). Gender as social category. *Developmental Psychology, 24,* 755–765.

Maccoby, E. E. (1990). Gender and relationships. *American Psychologist, 45,* 513–520.

Maccoby, E. E. (1991). Gender segregation in the workplace. In M. Frankenhaeuser, U. Lundberg & M. Chesney (Hrsg.), *Women, work, and health: Stress and opportunities* (S. 3–15). New York: Plenum Press.

Maccoby, E. E. & Jacklin, C. N. (1974). *The psychology of sex differences.* Stanford, CA: Stanford University Press.

Maddox, G. L. & Clark, D. O. (1992). Trajectories of functional impairment in later life. *Journal of Health and Social Behavior, 33,* 114–125.

Manton, K. G. (1990). Population models of gender difference, in mortality, morbidity, and disability risks. In M. G. Ory & H. R. Warner (Hrsg.), *Gender, health, and longevity: Multidisciplinary perspectives* (S. 201–254). New York: Springer.

Markides, K. S. (1990). Risk factors, gender and health. *Generations, 2,* 17–21.

Marshall, V. W. & Bengtson, V. L. (1983). Generations: Conflict and cooperation. In M. Bergener, U. Lehr, E. Lang & R. Schmitz-Scherzer (Hrsg.), *Aging in the eighties and beyond* (S. 298–310). New York: Springer.

Mayer, K. U., Allmendinger, J. & Huinink, J. (Hrsg.) (1991). *Vom Regen in die Traufe: Frauen zwischen Beruf und Familie.* Frankfurt/M.: Campus.

McCrae, R. R., Jr. (1993). Moderated analyses of longitudinal personality stability. *Journal of Personality and Social Psychology, 65,* 577–585.

McCrae, R. R., Jr. & Costa, P. T., Jr. (1990). *Personality in adulthood.* New York: Guilford.

Meehan, A. M. (1984). Meta-analysis of sex differences in formal operational thought. *Child Development, 55,* 1110–1124.

Meyer, S. L., Murphy, C. M., Cascardi, M. & Birns, B. (1991). Gender and relationships: Beyond the peer group. *American Psychologist, 46,* 537.

Miller, S. M. & Kirsch, N. (1987). Sex differences in cognitive coping with stress. In R. C. Barnett, L. Biener & G. K. Baruch (Hrsg.), *Gender and stress* (S. 308–329). New York: Free Press.

Mischel, W. (1966). A social-learning view of sex differences in behavior. In E. E. Maccoby (Hrsg.), *The development of sex differences* (S. 56–81). Stanford, CA: Stanford University Press.

Monge, R. (1975). Structure of the self-concept from adolescence through old age. *Experimental Aging Research, 1,* 281–291.

Morgan, D. L. (1989). Adjustment to widowhood: Do social networks really help? *The Gerontologist, 29,* 101–107.

Müller-Dahn, S. & Fooken, I. (1993). Besondere Belange der Situation von Frauen im Alter. In Deutsches Zentrum für Altersforschung (DZA) (Hrsg.), *Expertisen zum ersten Altenbericht der Bundesregierung* (Bd. 3, S. 281–395). Berlin: DZA.

Myers, J. K., Weissmann, M. M., Tischler, G. L., Holyer, C. E., Leaf, P. J., Orvaschel, H., Anthony, J. C., Boyd, J. D., Kramer, M. & Stolzman, R. (1984). Six-month prevalence of psychiatric disorders in three communities. *Archives of General Psychiatry, 41,* 959–967.

Nathanson, C. A. (1990). The gender-mortality differential in developed countries: Demographic and sociocultural dimensions. In M. G. Ory & H. R. Warner (Hrsg.), *Gender, health, and longevity: Multidisciplinary perspectives* (S. 3–24). New York: Springer.

Neugarten, B. L. (1964). *Personality in middle and late life.* New York: Atherton Press.

Neugarten, B. L. (1993). *New psychological findings of the mysteries of the life-cycle* (Kassettenaufnahme Nr. 8). Alexandria, VA: Audio Transcripts Ltd.

Niederfranke, A. (1991). *Ältere Frauen in der Auseinandersetzung mit Berufsaufgabe und Partnerverlust.* Stuttgart: Kohlhammer.

Nolen-Hoksema, S. (1987). Sex differences in unipolar depression: Evidence and theory. *Psychological Bulletin, 101,* 259–282.

Ory, M. G. & Warner, H. R. (1990). *Gender, health, and longevity.* New York: Springer.

Pillemer, K. & Suttor, J. J. (1991). „Will I ever escape my child's problems?" Effects of adult children's problems on elderly parents. *Journal of Marriage and the Family, 53,* 585–594.

Poon, L. W., Clayton, G. M., Martin, P., Johnson, M. A., Courtenay, B. C., Sweaney, A. L., Merrian, S. B., Pless, B. S. & Thilman, S. B. (1992). The Georgia Centenarian Study. *International Journal of Aging and Human Development, 34,* 1–17.

Ptacek, J. T., Smith, R. E. & Zanas, J. (1992). Gender appraisal and coping: A longitudinal analysis. *Journal of Personality, 60,* 747–770.

Reedy, M. N. (1982). Personality and aging. In D. S. Woodruff & J. E. Birren (Hrsg.), *Aging: Scientific perspective and social issues* (S. 112–136). Monterey, CA: Brooks/Cole.

Riley, M. W. & Riley, J. W., Jr. (1994). Age integration and the lives of older people. *The Gerontologist, 34,* 110–115.

Robins, N., Helzer, J. E., Weissman, M. W., Orvaschel, H., Gruenberg, E., Burke, J. D. & Regier, D. A. (1984). Lifetime prevalence of specific psychiatric disorders in three sites. *Archives of General Psychiatry, 41,* 949–958.

Rodin, J., McAvay, G. & Timko, C. (1988). A longitudinal study of depressed mood and sleep disturbances in elderly adults. *Journal of Gerontology, 43,* 45–53.

Rossi, A. S. (1983). The future in the making: Recent trends in the work-family interface. *American Journal of Orthopsychiatry, 63,* 166–176.

Rossi, A. S. & Rossi, P. H. (1990). *Of human bonding: Parent-child-relationships across the life course.* Hawthorne, NY: de Gruyter.

Ryff, C. D. & Baltes, P. B. (1976). Value transition and adult development in women: The instrumentality-terminality hypothesis. *Developmental Psychology, 12,* 567–568.

SAS (1992). *SAS/STAT user's guide* (Bd. 2, Version 6, 4. Aufl.). Cary, NC: SAS Institute Inc.

Saup, W. (1990). Formen der Lebensbewältigung im Alter. In P. Mayring & W. Saup (Hrsg.), *Entwicklungsprozesse im Alter* (S. 185–200). Stuttgart: Kohlhammer.

Saup, W. (1991). *Konstruktives Altern: Ein Beitrag zum Alter von Frauen aus entwicklungspsychologischer Sicht.* Göttingen: Hogrefe.

Schneekloth, U. & Potthoff, P. (1993). *Hilfs- und Pflegebedürftige in privaten Haushalten* (Bericht zur Repräsentativerhebung im Forschungsprojekt „Möglichkeiten und Grenzen selbständiger Lebensführung" im Auftrag des Bundesministeriums für Familie und Senioren). Stuttgart: Kohlhammer.

Shock, N. W., Greulich, R. C., Costa, P. T., Jr., Andres, R., Lakatta, E. G., Arenberg, D. & Tobin, J. D. (1984). *Normal human aging: The Baltimore Longitudinal Study on Aging* (NIH Publication Nr. 84-2450). Washington, DC: Government Printing Office.

Sydow, K. von (1991). *Psychosexuelle Entwicklung im Lebenslauf: Eine biographische Studie bei Frauen der Geburtenjahrgänge 1895–1945.* Regensburg: Verlag S. Roderer.

Tabachnik, B. G. & Fidell, L. S. (1989). *Using multivariate statistics.* New York: Harper & Row.

Tajfel, H. & Turner, J. C. (1986). The social identity theory of intergroup behavior. In S. Worchel & W. G. Austin (Hrsg.), *Psychology of intergroup relations* (S. 7–24). Chicago, IL: Nelson-Hall.

Theorell, T. (1991). On cardiovascular health in women: Results from epidemiological and psychosocial studies in Sweden. In M. Frankenhaeuser, U. Lundberg & M. Chesney (Hrsg.), *Women, work, and health: Stress and opportunities* (S. 187–206). New York: Plenum Press.

Thomae, H. (1971). Die Bedeutung einer kognitiven Persönlichkeitstheorie für die Theorie des Alterns. *Zeitschrift für Gerontologie, 4,* 8–18.

Thomae, H. (1979). The concept of development and life-span developmental psychology. In P. B. Baltes & O. G. Brim, Jr. (Hrsg.), *Life-span development and behavior* (Bd. 2, S. 282–312). New York: Academic Press.

Thomas, G. R. & French, K. E. (1985). Gender differences across age in motor performance: A meta-analysis. *Psychological Bulletin, 98,* 260–282.

Turner, B. F. (1994). Introduction. In B. F. Turner & L. E. Troll (Hrsg.), *Women growing older* (S. 1–34). Thousand Oaks, CA: Sage.

Vaillant, G. E. (1990). Avoiding negative life outcomes: Evidence from a forty-five year study. In P. B. Baltes & M. M. Baltes (Hrsg.), *Successful aging: Perspectives from the behavioral sciences* (S. 332–358). New York: Cambridge University Press.

Vaskovics, L. & Buba, H. P. (1988). *Soziale Lage von Verwitweten: Vergleichende Datenanalyse zur demographischen, sozialen und wirtschaftlichen Lage von Verwitweten in der Bundesrepublik Deutschland* (Schriftenreihe des Bundesministers für Jugend, Familie, Frauen und Gesundheit, Bd. 199). Stuttgart: Kohlhammer.

Verbrugge, L. M. (1989). Gender, aging, and health. In K. S. Markides (Hrsg.), *Aging and health: Perspectives on gender, race, ethnicity, and class* (S. 23–78). Newbury Park, CA: Sage.

Waldron, I. (1991). Effects of labor force participation on sex differences in mortality and morbidity. In M. Frankenhaeuser, U. Lundberg & M. Chesney (Hrsg.), *Women, work, and health: Stress and opportunities* (S. 17–38). New York: Plenum Press.

Walsh, W. A., Steffen, A. & Gallagher-Thompson, D. (1992). Depressionsniveau und Belastungsverarbeitung bei Betreuern körperlich und geistig beeinträchtigter älterer Menschen. *Verhaltenstherapie, 2,* 231–236.

Whitbourne, S. K. & Weinstock, C. S. (Hrsg.) (1986). *Adult development.* New York: Holt, Rinehart & Winston.
Wieczorek-Zeul, H. (1984). Sozialdemokratie und Feminismus. In I. Leirer, R. Seidelmann & H. Wieczorek-Zeul (Hrsg.), *Sozialistische Fraueninternationale und Feminismus* (Bd. 15, S. 10–19). Berlin: Schriftenreihe der Hochschulinitiative Demokratischer Sozialismus.
Wilken, B. (1992). *Aspekte der Lebenssituation älterer lediger Frauen.* Münster: Waxmann.
Wink, P. & Helson, R. (1993). Personality change in women and their partners. *Journal of Personality and Social Psychology, 65,* 597–605.
Wyrwich, K., Malek, R., Lambrecht, P. & Bracker, M. (1991). *Die Lebenssituation von älteren alleinstehenden Frauen in der Stadt und auf dem Land unter Einbeziehung einer Kontrollgruppe Verheirateter.* Wiesbaden: Die Bevollmächtigte der Hessischen Landesregierung für Frauenangelegenheiten.

D. Zusammenfassende Perspektiven

23. Wissen über das Alter(n): Eine Zwischenbilanz der Berliner Altersstudie

Karl Ulrich Mayer, Paul B. Baltes, Margret M. Baltes, Markus Borchelt, Julia Delius, Hanfried Helmchen, Michael Linden, Jacqui Smith, Ursula M. Staudinger, Elisabeth Steinhagen-Thiessen & Michael Wagner

1. Einleitung

Was wir über das Alter als Lebensphase und über das Altern als Prozeß zu wissen meinen, ist außerordentlich folgenreich. Vorstellungen über das Alter beeinflussen unser alltägliches Verhalten gegenüber alten Menschen, die Einstellungen älterer Menschen zu sich selbst, unsere eigene Lebensführung und nicht zuletzt die staatliche Sozialpolitik und die Vielzahl derjenigen Personen, die beruflich mit alten Menschen zu tun haben. Die Gerontologie prangerte zu Recht für lange Zeit negative Altersstereotypen an und setzte Befunde und Postulate vom „aktiven", „produktiven" und „erfolgreichen" Altern dagegen. Mit der Unterscheidung zwischen „jungen Alten" und „alten Alten" erschien es dann möglich, ein positives und ein negatives Altersbild nebeneinander aufrechtzuerhalten.

Zunehmend verstärken sich freilich die Zweifel, ob Abwehr und Zurückweisung negativer Behauptungen über das Alter nicht zu weit gegangen sind und durch unsere Neigung zum Verdrängen von Gebrechlichkeit, Leiden und Tod sowie unsere Hoffnung auf ein langes und gesundes Leben bestimmt werden. Ebenso wie die Hinweise auf relativ gesunde und aktive alte Menschen die Möglichkeit erfolgreicher individueller Selbstgestaltung und sozial- bzw. gesundheitspolitischer Intervention stützen, kann die Abwehr von negativen Altersvorstellungen des Abbaus und der Beeinträchtigung die Chancen und Notwendigkeiten zum Handeln auch behindern. Es gibt wohl nur wenige wissenschaftliche Arbeitsgebiete, in denen Vorstellungen der Forscher und der Gesellschaft über das Wünschenswerte und Notwendige die Auswahl der Fragestellungen und die Interpretation der Befunde so stark prägen wie in der Alter(n)sforschung. Es erscheint uns also in besonderer Weise geboten, in diesem abschließenden Kapitel zu bilanzieren und zu interpretieren, was wir als Wissen über das Alter und Altern bisher aus der Berliner Altersstudie (BASE) lernen konnten.

Wir gehen diese Aufgabe in diesem Kapitel auf mehrere Weisen an, auch um verschiedene Gruppen von Lesern anzusprechen. Die Abschnitte dieses Kapitels sind daher eher parallel als systematisch aufeinander aufbauend angelegt.

Im anschließenden zweiten Abschnitt wenden wir uns in erster Linie an den „allgemeinen" Leser und gehen von Altersstereotypen aus, wie sie in der Gesellschaft weit verbreitet sind. Wir wollen damit einsichtig machen, wie unsicher und kontrovers viele der Vorstellungen über das Alter sind. Wir konfrontieren dazu die Leser in Anlehnung an den Palmore Aging Quiz (Palmore, 1988) mit einer Liste von Thesen über das Alter(n), anhand derer sie zunächst für sich entscheiden können, welche sie für richtig halten. Daran anschließend erläutern wir, ob die jeweilige These aufgrund der Befunde der Berliner Altersstudie bestätigt oder widerlegt werden kann. Im dritten Abschnitt wenden wir uns vorrangig an die Fachwissenschaftler. Es werden dort wichtige Befunde der Berliner Altersstudie aus der Sicht der einzelnen beteiligten Forschungseinheiten zusammenfassend dargestellt. Im vierten Abschnitt bringen wir diese fachspezifischen Befunde wieder zusammen und fragen, ob sich – auf der Basis dieser Befunde – so etwas wie bestimmte Gruppierungen unter alten Menschen bzw. bestimmte Muster des Alterns feststellen lassen. Auf diese Weise wollen wir herausarbeiten, in welchem Ausmaß verschiedene Dimensionen des Alters miteinander verknüpft sind.

Schließlich versuchen wir im fünften Abschnitt, eine Antwort auf die Frage zu geben, ob und in welcher Weise die Befunde der Berliner Altersstudie zu einer Korrektur von eher zu „positiven" oder eher zu „negativen" Vorstellungen über das hohe Alter Anlaß geben. Ferner fragen wir, welche übergreifenden Interpretationen durch die BASE-Befunde zum differentiellen Altern, zum hohen Alter und zum systemischen Aspekt des Alterns nahegelegt werden. Besteht das hohe Alter vor allem aus einer Fortschreibung des jungen Alters, oder gibt es Hinweise auf Diskontinuitäten, die das hohe Alter als eine neue Lebenslage im Sinne eines vierten Lebensalters erscheinen lassen?

Übersicht 1: Behauptungen über das Alter (in Anlehnung an Palmore, 1988).

		Richtig	Falsch
A1	Die meisten alten Menschen erhalten zu viele Medikamente.	❑	❑
A2	Die meisten alten Menschen haben eine Krankheit.	❑	❑
A3	Die meisten alten Menschen fühlen sich krank.	❑	❑
A4	Alte Frauen leben länger und sind deshalb weniger krank.	❑	❑
A5	Mehr als die Hälfte der hochbetagten Frauen braucht Hilfe beim Baden oder Duschen.	❑	❑
A6	Die meisten Blutwerte ändern sich nicht im Alter.	❑	❑
B1	Depressionen werden im hohen Alter häufiger.	❑	❑
B2	Die meisten Menschen über 70 Jahre leiden an einer ernsthaften Beeinträchtigung ihrer geistigen Leistungsfähigkeit.	❑	❑
B3	Etwa die Hälfte der 90jährigen und älteren Menschen leidet an einem deutlichen geistigen Abbau (Demenz).	❑	❑
B4	Die meisten alten Menschen erhalten zu viele Psychopharmaka.	❑	❑
B5	Der Alltag sehr alter Menschen besteht vorwiegend aus Inaktivität und Ausruhen.	❑	❑
C1	Wenn man alte Menschen fragt, womit sie sich stark oder sehr stark beschäftigen, hat das Thema Sterben und Tod bei den meisten hohe Priorität.	❑	❑
C2	Das Gedächtnis wird mit zunehmendem Alter immer schlechter.	❑	❑
C3	Die meisten alten Menschen können nichts Neues mehr lernen.	❑	❑
C4	Eine gute Ausbildung und ein anspruchsvoller Beruf schützen vor dem Altersabbau der geistigen Leistungsfähigkeit.	❑	❑
C5	Die meisten alten Menschen glauben, daß sie ihr Leben nicht mehr selbst bestimmen können.	❑	❑
C6	Nur ganz wenige alte Menschen haben noch ausgeprägte Lebensziele.	❑	❑
C7	Alte Menschen leben vor allem in der Vergangenheit.	❑	❑
C8	Fast alle alten Menschen haben eine vertraute Person, mit der sie über schwierige Probleme sprechen können.	❑	❑
D1	In West-Berlin sind sehr viele alte Menschen arm.	❑	❑
D2	Die Anzahl sozialer Beziehungen nimmt mit dem Alter ab.	❑	❑
D3	Die Mehrzahl der 95jährigen und Älteren lebt in Heimen.	❑	❑
D4	Pflegebedürftige alte Menschen in Privathaushalten werden überwiegend von ihren Kindern gepflegt.	❑	❑
D5	Menschen, die in ihrer Jugend sozial aktiver waren, beteiligen sich auch im Alter stärker am gesellschaftlichen Leben.	❑	❑
D6	Ärmere Menschen sind im Alter kränker, reichere Menschen gesünder.	❑	❑
D7	Frauen, die ihr Leben lang überwiegend Hausfrauen waren, sind im hohen Alter schlechter gestellt als Frauen, die über lange Zeit erwerbstätig waren.	❑	❑

2. Vorstellungen über das Alter(n)

In Anlehnung an Palmore (1988; vgl. P. B. Baltes & Staudinger, 1993) legen wir dem Leser eine Liste von Behauptungen über das Alter(n) vor, die jeweils mit „Richtig" oder „Falsch" beantwortet werden können (Übersicht 1). Die Leser können anhand dieser Liste selbst prüfen, welche dieser Aussagen sie für richtig halten. Wir haben dabei folgende Kriterien verwandt: Die Aussagen sollten sich auf wichtige Aspekte des Alter(n)s beziehen. Sie sollten nach unserer Kenntnis entweder innerhalb der Gerontologie oder der Öffentlichkeit umstritten oder kontraintuitiv sein. Und sie sollten mit den Daten der Berliner Altersstudie überprüfbar sein. Im Anschluß wird für jede der Thesen erläutert, welche Antwort aufgrund der bisherigen Erkenntnisse aus BASE zutrifft.

2.1 Innere Medizin und Geriatrie

Die erste Gruppe von Thesen bezieht sich auf Beeinträchtigungen der körperlichen Gesundheit im Alter.

A1 Die meisten alten Menschen erhalten zu viele Medikamente.

Falsch

Es ist zwar richtig, daß die meisten alten Menschen regelmäßig ärztlich verordnete Medikamente erhalten. Nach den BASE-Daten (gewichtet auf die Westberliner Altenpopulation) werden 92% der 70jährigen und älteren Personen mit mindestens einem Medikament, 24% mit fünf und mehr Medikamenten gleichzeitig behandelt (Steinhagen-Thiessen & Borchelt, Kapitel 6, Abschnitt 5.3).

Ob sich hinter diesen Zahlen aber ein Zuviel an Medikamentenverordnungen verbirgt, ließ sich in BASE aufgrund von Einzelfallanalysen und -konferenzen erstmals detailliert untersuchen. Danach erhielten 14% der 70jährigen und Älteren ein Medikament, das aufgrund der individuellen Behandlungssituation als eindeutig nicht indiziert oder kontraindiziert eingestuft werden muß. Unabhängig von der individuellen Situation erhielten 19% ein Medikament, das nach Expertenkonsens (Beers et al., 1991; Stuck et al., 1994) prinzipiell für die Behandlung älterer Patienten ungeeignet ist. Insgesamt kann – unter Vernachlässigung von Selbstmedikationen – bei 28% ein nicht indiziertes, kontraindiziertes oder prinzipiell ungeeignetes Medikament identifiziert werden – also bei vielen, nicht aber den meisten.

Demgegenüber kann beispielsweise – trotz der hohen medikamentösen Behandlungsintensität – auch eine Untermedikation im Sinne unbehandelter, mittel- bis schwergradiger körperlicher Erkrankungen bei etwa 24% identifiziert werden. Das wesentliche Problem der medikamentösen Behandlung im Alter liegt damit insgesamt eher in der Qualität und weniger in der Quantität (Borchelt, 1995).

A2 Die meisten alten Menschen haben eine Krankheit.

Richtig

Die Richtigkeit dieser These über das Alter ist im Grunde nicht einfach zu bewerten, weil dies immer und in hohem Maße davon abhängig ist, welcher Krankheitsbegriff zugrunde gelegt wird (siehe auch These A3). Aus medizinischer Sicht läßt sich aber durchaus bei nahezu allen 70jährigen und Älteren mindestens eine Krankheit diagnostizieren, die nach der (noch) gültigen internationalen Klassifikation der Krankheiten und Todesursachen (ICD-9, 1988) verschlüsselt werden kann. Auch bei Eingrenzung des Diagnosespektrums und des Schweregrads der Erkrankung läßt sich bei 96% der 70jährigen und Älteren mindestens eine objektiv mittel- bis schwergradige internistisch, neurologisch oder orthopädisch definierte Erkrankung feststellen (Steinhagen-Thiessen & Borchelt, Kapitel 6, Abschnitt 3.2). Insofern ist richtig, daß die meisten alten Menschen eine Krankheit haben.

Demgegenüber ist nicht richtig, daß die meisten alten Menschen unter einer ernsthaften (im Sinne von akut oder mittelfristig lebensbedrohlichen) Erkrankung leiden. Lebensbedrohliche Erkrankungen wie die koronare Herzerkrankung oder eine Herzinsuffizienz wurden bei deutlich weniger als der Hälfte der 70jährigen und Älteren (33%) festgestellt. Bei der Bewertung dieser Befundlage ist natürlich auch das Problem des selektiven Überlebens von eher Gesunden zu berücksichtigen: Wenn lebensbedrohliche Erkrankungen vorliegen, erhöht sich die Wahrscheinlichkeit eines verfrühten Todes.

A3 Die meisten alten Menschen fühlen sich krank.

Falsch

29% der 70jährigen und Älteren beurteilen ihre körperliche Gesundheit global als gut bis sehr gut, 38% als befriedigend. Nur 33% bewerten ihre körperliche Gesundheit als ausreichend (19%) oder mangelhaft (14%). Wenn ältere Menschen nach der Einschätzung ihrer Gesundheit im Vergleich zu Gleichaltrigen gefragt werden, beurteilen sogar 62% ihre körperliche Gesundheit als besser oder viel besser, 18% als gleich gut und nur 10% als schlechter oder viel schlechter.

Die globale, subjektive Einschätzung der Gesundheit ist zudem nicht alterskorreliert (r=-0,01), d. h., sie verschlechtert sich nicht mit zunehmendem Alter wie etwa die objektive körperlich-organische Gesundheit (r=-0,28), und der subjektive Vergleich zu Gleichaltrigen fällt mit zunehmendem Alter sogar immer mehr zugunsten der eigenen körperlichen Gesundheit aus (r=0,19; vgl. Borchelt et al., Kapitel 17, Abschnitt 4.1).

A4 Alte Frauen leben länger und sind deshalb weniger krank.

Falsch

Obwohl Frauen eine höhere Lebenserwartung haben, unterscheiden sie sich im hohen Alter insgesamt nicht wesentlich in ihrer körperlich-organischen Gesundheit von gleichaltrigen Männern (M. M. Baltes et al., Kapitel 22, Abschnitt 5.1). In einzelnen Aspekten sind sie sogar bei schlechterer Gesundheit als gleichaltrige Männer. Frauen leiden im Alter beispielsweise statistisch signifikant häufiger als Männer unter multiplen chronischen Krankheiten (41% der 70jährigen und älteren Frauen haben fünf und mehr nebeneinander bestehende körperliche Erkrankungen gegenüber 30% der gleichaltrigen Männer). Zudem ist die körperlich-funktionelle Gesundheit der älteren Frauen deutlich schlechter als die gleichaltriger Männer, d. h., sie sind häufiger von körperlichen Behinderungen betroffen (vgl. These A5; Steinhagen-Thiessen & Borchelt, Kapitel 6, Abschnitt 6.2; sowie die in diesem Kapitel dargestellte Clusteranalyse, Abschnitt 4).

A5 Mehr als die Hälfte der hochbetagten Frauen braucht Hilfe beim Baden oder Duschen.

Richtig

60% der 85jährigen und älteren Frauen sagen, daß sie Hilfe oder Unterstützung beim Baden oder Duschen brauchen. Im Vergleich dazu liegt der entsprechende Prozentanteil bei den 85jährigen und älteren Männern bei 32% (Steinhagen-Thiessen & Borchelt, Kapitel 6, Tabelle 7). Bei den 70jährigen und Älteren insgesamt liegt dieser Anteil bei 16%.

Dieser subjektiv empfundene Bedarf an Hilfe- oder Unterstützungsleistungen darf allerdings nicht gleichgesetzt werden mit Pflegebedürftigkeit nach gesetzlicher Definition (vgl. Linden et al., Kapitel 18, Abschnitt 3.4).

A6 Die meisten Blutwerte ändern sich nicht im Alter.

Richtig

Die Analysen der breitangelegten laborchemischen Blutuntersuchungen in BASE zeigen, daß, abgesehen von den Laborkenngrößen für die Nierenfunktion (Kreatinin und Harnstoff), die Blutbildung und den Calciumstoffwechsel, keine wesentlichen altersbedingten Abweichungen von den auch für jüngere Menschen geltenden Referenzbereichen (Normalwerte) festzustellen sind (Kage et al., Kapitel 15, Abschnitt 4). Hierbei ist allerdings zu beachten, daß die gemessenen Blutwerte unter Umständen bereits medikamentös reguliert bzw. beeinflußt sind.

2.2 Psychiatrie

Die zweite Gruppe von Erwartungen über das Alter betrifft krankhafte Störungen der seelisch-geistigen Gesundheit im Alter.

B1 Depressionen werden im hohen Alter häufiger.

Falsch

Die Häufigkeit depressiver Erkrankungen unterscheidet sich zwischen den verschiedenen Altersgruppen von 70 bis über 100 Jahre nicht signifikant. In der Selbstbeurteilung der depressiven Stimmungslage (mittels der CES-D, einer Selbstbeurteilungsskala für depressive Störungen) nehmen die Durchschnittswerte mit dem Alter etwas zu. Dies liegt aber vermutlich daran, daß mit diesem Instrument auch andere Beschwerden und Gefühle des Belastetseins im Rahmen der mit dem Alter zunehmenden Multimorbidität (Mehrfach-Erkrankungen) erfaßt werden (siehe Helmchen et al., Kapitel 7, Abschnitt 3.1.2).

B2 Die meisten Menschen über 70 Jahre leiden an einer ernsthaften Beeinträchtigung ihrer geistigen Leistungsfähigkeit.

Falsch

Nur etwa 17% der 70jährigen und Älteren haben kognitive Störungen im pathologischen Sinne, nur 14% vom Ausmaß einer Demenz (von denen auch nur gut zwei Drittel eine mittlere oder schwere Demenz haben, die in der Regel Hilfsbedürftigkeit bedingt) (Helmchen et al., Kapitel 7, Tabelle 5). Es gibt aber einen allgemeinen Rückgang in der geistigen Leistungsfähigkeit (siehe Smith & Baltes, Kapitel 8, Abschnitt 3.2; Reischies & Lindenberger, Kapitel 13, Abschnitt 3). Doch ist dieser altersbedingte Leistungsverlust in der Intelligenz nicht so groß, daß er bei den meisten älteren Menschen pathologische Werte aufweisen würde.

B3 Etwa die Hälfte der 90jährigen und älteren Menschen leidet an einem deutlichen geistigen Abbau (Demenz).

Richtig

Die Demenzhäufigkeit steigt mit dem Alter stark an. In BASE wurden in der Altersgruppe von 70 bis 74 Jahren keine Demenzen diagnostiziert, in der Altersgruppe der 90jährigen und Älteren hingegen etwa 43% (Helmchen et al., Kapitel 7, Abb. 3). Berücksichtigt man dazu noch Selektionseffekte wegen Nichteinwilligungsfähigkeit und Nichtuntersuchbarkeit infolge körperlicher Gebrechlichkeit oder Unzugänglichkeit, dann kann die Prävalenz in der höchsten Altersgruppe der 95jährigen und Älteren sogar bis auf 60% geschätzt werden (siehe Lindenberger et al., Kapitel 3, Abb. 6).

B4 Die meisten alten Menschen erhalten zu viele Psychopharmaka.

Falsch

Zwar nehmen zwei Drittel aller alten Menschen psychotrope Pharmaka im weiteren Sinne ein, d. h. einschließlich pflanzlicher Beruhigungsmittel, Schlafmittel und Schmerzmittel, und immerhin ein Viertel Psychopharmaka im eigentlichen Sinne, d. h. chemisch definierte Arzneimittel mit obligater psychotroper Wirkung (entsprechend der Gruppe 70B der Roten Liste [1990]).

Ob dies aber ein Zuviel bedeutet, kann nur anhand der erstmals in BASE vorgenommenen Einzelfall prüfung der Indikationen beurteilt werden. Danach war in rund 70% der Verordnungen von Psychopharmaka im eigentlichen Sinne die Verordnung medizinisch erforderlich, in weiteren 17% waren keine Einwände gegen die Verordnung zu erheben, und bei 13% wurde eine möglicherweise vorliegende oder eindeutige (6%) Kontraindikation festgestellt. Eine Unterdosierung wurde in gut einem Drittel der Psychopharmakaverordnungen erfaßt, eine Überdosierung überhaupt nicht beobachtet. Eine Untermedikation, d. h. eine Nichtverordnung von indizierten Arzneimitteln, wurde bei Demenzen in 4%, bei Depressionen sogar in 44% ermittelt.

Insgesamt ist festzuhalten, daß die Beurteilung der Verordnung von Psychopharmaka, zumal im Alter unter Berücksichtigung der Multimorbidität, einer differenzierten Betrachtung bedarf. Psychopharmaka sind danach überwiegend indiziert (d. h. angemessen verschrieben), allerdings zu einem nicht vernachlässigbaren Anteil als kontraindiziert bzw. möglicherweise kontraindiziert zu bezeichnen (vgl. Helmchen et al., Kapitel 7, Abschnitt 3.3.1).

B5 Der Alltag alter Menschen besteht vorwiegend aus Inaktivität und Ausruhen.

Falsch

Die Rekonstruktion von Tagesläufen zeigt für die BASE-Teilnehmer insgesamt, daß 19% der Wachzeit mit Ruhephasen verbracht wurden. Bei den 70- bis 84jährigen waren es sogar nur 12%. Allerdings nehmen die Ruhephasen mit dem Alter zu und machen bei den 85jährigen und Älteren einen durchschnittlichen Anteil von 26% aus (Helmchen et al., Kapitel 7, Abschnitt 3.3.2).

2.3 Psychologie

Die dritte Gruppe von Thesen bezieht sich auf die Intelligenz, das Selbst und die Persönlichkeit sowie die sozialen Beziehungen alter Menschen.

C1 Wenn man alte Menschen fragt, womit sie sich stark oder sehr stark beschäftigen, hat das Thema Sterben und Tod bei den meisten hohe Priorität.

Falsch

Bei Vorgabe von zehn Lebensbereichen und -themen gaben 70% der BASE-Teilnehmer an, sich stark oder sehr stark mit dem Wohlergehen ihrer Angehörigen zu beschäftigen, und 60% sagten, daß sie sich mit ihrer eigenen geistigen Leistungsfähigkeit auseinandersetzten. Nur 30% beschäftigten sich nach eigenen Angaben stark oder sehr stark mit ihrem Sterben und Tod (vgl. Staudinger et al., Kapitel 12, Abschnitt 2.4.3). Dieser Prozentsatz verändert sich auch kaum, wenn man 70- bis 84jährige (27%) mit den hochbetagten 85- bis 103jährigen (32%) vergleicht. Auch bei spontanen Selbstbeschreibungen wurde das Thema Sterben und Tod nur von 7% der BASE-Teilnehmer genannt (Freund, 1995; Smith & Baltes, Kapitel 8, Abschnitt 4.2). Von psychiatrischer Seite wurde bei etwa 8% der BASE-Teilnehmer ein Wunsch zu sterben und bei 1% Suizidalität beobachtet. Dies sind Werte, die mit jüngeren Lebensaltern vergleichbar sind (Barnow & Linden, 1995).

C2 Das Gedächtnis wird mit zunehmendem Alter immer schlechter.

Richtig

Es finden sich beträchtliche negative Zusammenhänge zwischen dem Alter und der Leistung in den drei Gedächtnisaufgaben in der kognitiven Testbatterie von BASE (r=-0,49; vgl. Lindenberger & Baltes, 1995; Reischies & Lindenberger, Kapitel 13, Abb. 1). Dieser negative Zusammenhang bleibt erhalten, wenn Personen mit einer Demenzdiagnose aus der Analyse ausgeschlossen werden. Zwei Beispiele verschiedener Gedächtnisaufgaben veranschaulichen diesen Befund: Aus einer Liste von acht Wortpaaren konnten sich 35% der 90jährigen und Älteren im Vergleich zu 9% der 70- bis 79jährigen an nur ein oder gar kein Wortpaar erinnern (dies umfaßt nur die Personen ohne Demenzdiagnose, die die visuelle Darbietung des Tests ausführen konnten; vgl. Smith & Baltes, Kapitel 8, Abschnitt 3.2).

In einer zweiten Aufgabe wurde den BASE-Teilnehmern eine kurze Geschichte vorgelesen. Gleich anschließend wurden ihnen mehrere Fragen über den zentralen Handlungsabschnitt und Details der Geschichte gestellt. Insgesamt erinnerten sich die Teilnehmer eher an zentrale Merkmale als an Details. Die 70- bis 79jährigen erinnerten sich an mehr als die 90jährigen und Älteren. Die Altersunterschiede in den Gedächtnisleistungen waren bei Detailfragen größer als bei Fragen nach zentralen Merkmalen der Geschichte (vgl. Reischies & Lindenberger, Kapitel 13, Tabelle 6). Dies kann als Hinweis für selektive Optimierung gedeutet werden. Interessanterweise erinnerten sich Teilnehmer mit einer Demenzdiagnose auch sehr viel besser an zentrale Handlungsmerkmale (46%) als an Details (2%).

C3 Die meisten alten Menschen können nichts Neues mehr lernen.

Falsch

Bis ins hohe Alter hinein sind alte Menschen (zumindest diejenigen ohne Demenz) noch lernfähig, auch wenn die Gedächtnisleistungen mit dem Alter schlechter werden. Die Lernfähigkeit der BASE-Teilnehmer wurde beispielsweise durch den Enhanced Cued Recall Test erfaßt, bei dem eine Liste von 16 Worten in drei Lerndurchgängen mit Hilfestellung gelernt werden sollte. Im ersten Durchgang konnten sich die Teilnehmer im Durchschnitt 7,8 Worte und nach dem dritten Durchgang 10,9 merken. 64% der BASE-Teilnehmer waren in der Lage, ihre Leistung über die drei Durchgänge hinweg um zwei oder mehr Worte zu verbessern. Bei alten Menschen mit der Diagnose einer mittel- oder schwergradigen Demenz ist allerdings kein bzw. ein nur geringer Lerngewinn zu beobachten (Reischies & Lindenberger, Kapitel 13, Abb. 5). In der Tat sind Schwierigkeiten beim Lernen ein wichtiges Frühdiagnostikum der Alzheimerschen Demenz (siehe auch M. M. Baltes, Kühl & Sowarka, 1992).

C4 Eine gute Ausbildung und ein anspruchsvoller Beruf schützen vor dem Altersabbau der geistigen Leistungsfähigkeit.

Falsch

Menschen mit überdurchschnittlicher Bildung, Sozialprestige, höherer Schichtzugehörigkeit und Einkommen haben zwar zu Beginn des hohen Alters ein höheres Niveau geistiger Leistungsfähigkeit. Der dann auftretende Verlust (von 70 bis über 100 Jahren) in den Gruppen mit überdurchschnittlichen sozialstrukturell-biographischen Ressourcen ist dann aber in der gleichen Größenordnung wie bei denjenigen mit unterdurchschnittlichen sozialstrukturell-biographischen Ressourcen ($r=-0{,}58$ vs. $r=-0{,}59$; vgl. Lindenberger & Baltes, 1995; Reischies & Lindenberger, Kapitel 13, Abb. 4). Obwohl das Ausmaß des Altersabbaus gleich ist, haben Personen mit höherem Bildungsniveau allerdings den Vorteil, daß sie wegen ihres höheren Ausgangsniveaus auch im Alter eine bessere geistige Leistungsfähigkeit beibehalten und so für den Umgang mit Alltagsproblemen bei zunehmender körperlicher Behinderung länger gewappnet sind.

C5 Die meisten alten Menschen glauben, daß sie ihr Leben nicht mehr selbst bestimmen können.

Falsch

70% der BASE-Teilnehmer gaben an, daß sie das Gefühl haben, ihre Geschicke vor allem selbst beeinflussen zu können. 27% der BASE-Stichprobe glaubten, daß sowohl sie selbst als auch andere großen Einfluß auf ihr Leben haben (Smith & Baltes, Kapitel 8, Abschnitt 4.5).

C6 Nur ganz wenige alte Menschen haben noch ausgeprägte Lebensziele.

Falsch

94% der BASE-Teilnehmer entwarfen Zukunftsszenarien, die ein breites Spektrum an Bereichen und Lebenszielen abdeckten (Smith & Baltes, Kapitel 8, Abschnitt 4.2.3). Der Zusammenhang zwischen subjektivem Lebensinvestment und Alter liegt bei $r=-0{,}19$. Im Altersbereich von 70 bis über 100 Jahren gibt es also nur sehr geringe negative Altersunterschiede in dem Grad, zu dem ältere Menschen ausgeprägte Lebensziele haben (vgl. Staudinger et al., Kapitel 12, Abschnitt 2.4.2).

C7 Alte Menschen leben vor allem in der Vergangenheit.

Falsch

40% der BASE-Teilnehmer gaben an, daß sie am meisten über die Gegenwart nachdenken, 30% berichteten vor allem von Gedanken über die Vergangenheit und 25% von Gedanken über die Zukunft (Staudinger et al., Kapitel 12, Abschnitt 2.5). Auch in ihren Selbstcharakterisierungen bezogen sich die BASE-Teilnehmer hauptsächlich auf die Gegenwart (Freund, 1995; Smith & Baltes, Kapitel 8, Abschnitt 4.2).

C8 Fast alle alten Menschen haben eine vertraute Person, mit der sie über schwierige Probleme sprechen können.

Falsch

Fast die Hälfte (45%) der BASE-Teilnehmer gab an, daß sie niemanden haben, mit dem sie über persönliche Probleme reden können (vgl. Smith & Baltes, Kapitel 8, Abschnitt 5.3). Es gibt also wahrscheinlich zu wenige vertraute Personen bei älteren Menschen – unter anderem deshalb, weil diese zum Teil bereits verstorben sind. Wir wissen allerdings nicht, wie sehr sich dieser Befund von Ergebnissen in jüngeren Altersgruppen unterscheidet.

2.4 Soziologie und Sozialpolitik

Die vierte Gruppe von Thesen bezieht sich auf die soziale und wirtschaftliche Situation älterer Menschen.

D1 In West-Berlin sind sehr viele alte Menschen arm.

Falsch

Über absolute Armutsniveaus lassen sich nur sehr schwer Feststellungen treffen, die wissenschaftlich unumstritten sind. Orientiert man sich jedoch an den in der Armutsforschung akzeptierten Konventionen relativer Armut, kommt man für die 70jährigen und älteren Westberliner auf eine Armutsquote von 3%. Diese liegt damit unter dem Wert für die deutsche Gesamtbevölkerung. Zwar ist die Armutsquote bei sehr alten (85jährigen und älteren) Frauen (8%) sowie bei Geschiedenen (10%) höher, insgesamt sind das höhere und hohe Alter aber nicht mit großen finanziellen Benachteiligungen verbunden (Motel & Wagner, 1993; G. Wagner et al., Kapitel 10, Abschnitt 3.1). Aus anderen Studien ist bekannt, daß die alten Menschen weder in den alten noch in den neuen Bundesländern die am meisten von Armut betroffene Gruppe bilden, sondern alleinstehende Mütter mit Kindern (Hauser, 1996; Hauser & Wagner, 1996). Allerdings kann der Einkommensbedarf im hohen Alter auch überproportional steigen, so z. B. für Hilfe im Haushalt bei Gebrechlichkeit und insbesondere bei Pflegebedürftigkeit.

D2 Die Anzahl sozialer Beziehungen nimmt mit dem Alter ab.

Richtig

Die Größe des sozialen Netzwerks, das in BASE im Durchschnitt zehn Personen umfaßt, nimmt mit dem Alter ab (r=-0,33; M. Wagner et al., Kapitel 11, Abb. 5). Während beispielsweise die 70- bis 74jährigen im Durchschnitt 12,7 Netzwerkmitglieder nannten, waren es bei den 95jährigen und Älteren nur noch 6,6 Personen. Zu bedenken ist, daß Altersunterschiede in der Netzwerkgröße auch Generations- bzw. Kohortenunterschiede abbilden können. So sind insbesondere viele der sehr alten Westberlinerinnen lebenslang kinderlos geblieben. Bemerkenswert ist in diesem Zusammenhang, daß Kinderlosigkeit per se beispielsweise Einsamkeitsgefühle nur leicht verstärkt (r=0,17 bei Berücksichtigung von Alter, Geschlecht, Familienstand und Wohnsituation, vgl. M. Wagner et al., Kapitel 11, Tabelle 5).

D3 Die Mehrzahl der 95jährigen und Älteren lebt in Heimen.

Falsch

Unter den Westberliner 70- bis über 100jährigen leben etwa 9% in Heimen, d. h., sie sind in einem Altenheim oder einem Altenpflegeheim untergebracht. Allerdings sind 37% der 95jährigen und Älteren Heimbewohner (vgl. Linden et al., Kapitel 18, Abschnitte 3.1.4 und 3.2.1). In diesem Zusammenhang müssen für die Abschätzung des „Institutionalisierungsgrades" freilich auch diejenigen alten Menschen berücksichtigt werden, die sich in einem Akutkrankenhaus befinden. Dies waren in der BASE-Intensivstichprobe 1,5%. Mit großer Wahrscheinlichkeit war der Anteil im Akutkrankenhaus unter den Ausfällen, d. h. Nicht-Erreichbaren und Nicht-Befragbaren, höher. Dies kann man z. B. daraus ablesen, daß etwa ein Fünftel aller BASE-Teilnehmer angaben, daß sie in dem der Befragung vorangegangenen Jahr mindestens einen Krankenhausaufenthalt hatten. Für die gesamte Bundesrepublik (alte Bundesländer) schätzt man auf der Grundlage einer Erhebung von Heimplätzen einen Heimanteil für die über 70jährigen von etwa 5% (Krug & Reh, 1992).

D4 Pflegebedürftige alte Menschen in Privathaushalten werden überwiegend von ihren Kindern gepflegt.

Falsch

Nach den Befunden von BASE sind es in der Regel nicht die Kinder, die ihre Eltern pflegen, wenn diese sich nicht mehr alleine versorgen, waschen oder anziehen können. Etwa 54% der hilfs- und pflegebedürftigen alten Menschen haben Kinder in Berlin. Innerhalb dieser Gruppe erhalten 8 % von ihren Kindern regelmäßige Haushalts-, Einkaufs- oder Pflegehilfen. Wenn bedürftigen alten Menschen in West-Berlin zu Hause geholfen wird, dann meistens von den (in der Regel weiblichen) Ehepartnern oder von formellen Hilfs- und Pflegediensten (Mayer & Wagner, Kapitel 9, Abschnitt 4.5). Allerdings ist zu vermuten, daß bei diesen Befunden, die sich auf die Angaben der alten Menschen stützen, nicht die teilweise erheblichen Organisationshilfen bei der Pflege berücksichtigt sind, die von Kindern oder Schwiegertöchtern geleistet werden. So sagten z. B. 40 % der Hilfs- und Pflegebedürftigen in Privathaushalten mit Kindern in Berlin, daß sie von ihnen emotional unterstützt werden, und 65 %, daß sie von ihnen praktische Hilfen erhielten (Gilberg, 1996). Das geringe alltägliche und dauerhafte Engagement der Kinder bei der Pflege scheint nicht darauf zurückführbar zu sein, daß diese selbst schon zu alt sind. Das mittlere Alter der Kinder der hilfs- und pflegebedürftigen BASE-Teilnehmer betrug 56 Jahre. In 35 % der Fälle waren die Kinder über 60.

D5 Menschen, die in ihrer Jugend sozial aktiver waren, beteiligen sich auch im Alter stärker am gesellschaftlichen Leben.

Richtig

Zwischen dem von den BASE-Befragten angegebenen Aktivitätsniveau im frühen Erwachsenenalter und im hohen Alter gibt es in der Tat einen positiven Zusammenhang. Wer früher sozial aktiv war, ist es auch eher im Alter. So besteht zwischen dem Aktivitätsniveau in der Jugend und dem Aktivitätsniveau im Alter von 60 Jahren eine Korrelation von $r=0{,}42$. Vergleicht man das (retrospektiv von den Befragten eingeschätzte) Aktivitätsniveau im 60. Lebensjahr mit dem Aktivitätsniveau im Alter über 70, so besteht ein ähnlich starker Zusammenhang von $r=0{,}41$ (Maas & Staudinger, Kapitel 21, Abschnitt 3.2.2).

D6 Ärmere Menschen sind im Alter kränker, reichere Menschen gesünder.

Falsch

Wir fanden in der BASE-Stichprobe kaum Unterschiede zwischen sozialen Schichten oder Einkommensgruppen im Hinblick auf körperliche und geistige Funktionseinbußen und Krankheitsbefunde (Mayer & Wagner, Kapitel 9, Abschnitt 4.5; Borchelt et al., Kapitel 17, Abschnitt 3.3). Dies könnte darauf zurückzuführen sein, daß die bis ins hohe Alter Überlebenden aus niedrigeren sozioökonomischen Gruppen aufgrund selektiver Sterblichkeit gesünder sind. Eine bemerkenswerte Ausnahme zu diesem allgemeinen Befund ist aber der höhere Anteil Dementer in niedrigeren Bildungsgruppen (vgl. Helmchen et al., Kapitel 7, Abschnitt 3.2.1).

D7 Frauen, die ihr Leben lang überwiegend Hausfrauen waren, sind im hohen Alter schlechter gestellt als Frauen, die über lange Zeit erwerbstätig waren.

Falsch

Innerhalb der Gruppe der verheirateten und verwitweten Frauen hat die Dauer der Erwerbstätigkeit überraschenderweise keinen Einfluß auf die finanzielle Situation des Haushalts im Alter. Vergleicht man die verheirateten und verwitweten Frauen mit den ledigen Frauen, die meist länger und kontinuierlicher erwerbstätig waren, so haben die ledigen Frauen im Alter nur eine etwa gleich gute finanzielle Situation. Die Erklärung für diese Befunde liegt vor allem darin, daß verheiratete und verwitwete Frauen den überwiegenden Teil ihrer Altersversorgung ihrem Ehepartner verdanken. Darüber hinaus zeigt es sich aber, daß diese Frauen selbst dann, wenn sie lange Erwerbstätigkeitszeiten hatten, oft keine entsprechenden Ansprüche auf eine eigenständige Altersversorgung aufbauen konnten (Maas & Staudinger, Kapitel 21, Abschnitt 5.2; vgl. Allmendinger, 1994).

3. Zentrale disziplinspezifische Befunde

In diesem Abschnitt fassen die vier an der Berliner Altersstudie beteiligten Forschungseinheiten – Innere Medizin und Geriatrie, Psychiatrie, Psychologie, Soziologie und Sozialpolitik – ihre wichtigsten Forschungsresultate zusammen. Diese Darstellungen eignen sich unter anderem dazu, einen raschen Überblick zu den Themen zu gewinnen, die in den einzelnen Kapiteln ausführlich behandelt werden.

3.1 Innere Medizin und Geriatrie

Mit den internistisch-geriatrischen Untersuchungen in BASE sollte ein möglichst umfassendes Bild des körperlichen Gesundheitszustandes im Alter hinsichtlich des objektiven Diagnosenspektrums (Multimorbidität), der subjektiven Gesundheit, der medikamentösen Behandlung sowie der funktionellen Kapazität und der Hilfsbedürftigkeit bei Aktivitäten des täglichen Lebens gewonnen werden. Die zentralen

Fragestellungen bezogen sich auf die Häufigkeit körperlicher Krankheit und Multimorbidität, medikamentöser Behandlung und Multimedikation, sensorisch-motorischer Funktionseinbußen und Behinderungen sowie auf die spezifischen Zusammenhänge zwischen Krankheit, Medikation und körperlichen Behinderungen im Alter (vgl. vor allem Steinhagen-Thiessen & Borchelt, Kapitel 6).

Die medizinischen Untersuchungen der Stichprobe alter (70- bis 84jährige) und sehr alter Personen (85- bis 103jährige) kommen hochgerechnet auf die Westberliner Population zu dem Ergebnis, daß bei 96% der 70jährigen und Älteren mindestens eine und bei 30% fünf und mehr internistische, neurologische oder orthopädische Erkrankungen diagnostiziert werden können. Objektiv betrachtet stehen dabei die mit einer deutlichen Verkürzung der weiteren Lebenserwartung einhergehenden Herz-Kreislauf-Erkrankungen im Vordergrund. Gefäßerkrankungen wie die koronare Herzkrankheit (KHK), die peripher-arterielle Verschlußkrankheit (AVK) und die zerebrovaskuläre Krankheit (ZVK) ließen sich in mittel- bis schwergradiger Ausprägung bei 36% und eine mittel- bis schwergradige Herzinsuffizienz (verminderte Pumpleistung) bei 24% der 70jährigen und Älteren finden. Von den Personen mit einer dieser Erkrankungen sind bis 28 Monate nach der Untersuchung 20% verstorben, im Vergleich zu 6% der übrigen Personen, die überwiegend an anderen, zum Teil auch an keinen Erkrankungen litten. Auch unter multimorbiden Personen mit fünf und mehr mittel- bis schwergradigen Erkrankungen war die Mortalität in den folgenden 28 Monaten mit 26% deutlich höher als in der Gruppe mit weniger als fünf Diagnosen (9%).

Diese Ergebnisse lassen sich dahingehend zusammenfassen, daß zwar nahezu alle 70jährigen und Älteren aus medizinischer Perspektive auf die eine oder andere Art „krank" sind, aber nur etwa ein Drittel tatsächlich lebensbedrohlich erkrankt ist und in vielen Fällen die objektivierbaren Krankheiten zwar Behandlungsbedarf nach sich ziehen (z. B. Bluthochdruck, Fettstoffwechselstörungen), aber keine oder nur geringe subjektive Beschwerden. „Krankheit" in diesem Sinne ist deshalb keinesfalls gleichbedeutend mit „Kranksein".

Alter wird dennoch häufig mit Krankheit gleichgesetzt. Ein Grund dafür könnte sein, daß körperliche „Krankheit" im objektiv-medizinischen Sinne im Alter insgesamt tatsächlich sehr häufig ist. Die Häufigkeit medizinisch definierter Krankheiten kann jedoch höchstens mit der Häufigkeit von Behandlungsbedürftigkeit, aber weder mit der Häufigkeit subjektiven „Krankseins" noch mit der Häufigkeit objektiver Lebensbedrohung durch Krankheit gleichgesetzt werden. Die BASE-Ergebnisse zeigen, daß selbst unter den 85jährigen und Älteren etwa 44% frei von klinisch manifesten Gefäßerkrankungen (wie AVK oder KHK) sind und eine entsprechend geringe Mortalitätsrate aufweisen (5% in 28 Monaten). Weiterhin stehen vom subjektiven Beschwerdegrad her betrachtet nicht die Herz-Kreislauf-Erkrankungen, sondern die Krankheiten des Bewegungsapparates wie Arthrosen (Gelenkverschleiß) und Osteoporose (Knochenschwund) im Vordergrund. Deutliche bis erhebliche Beschwerden (zumeist chronische Schmerzzustände) aufgrund von Arthrosen, Osteoporose oder Dorsopathien (Wirbelsäulenleiden) lassen sich bei insgesamt 49% der 70jährigen und Älteren finden, wobei die Arthrosen überwiegen (32%). Diese Befunde bestätigen für das sehr hohe Alter, daß Krankheit durchaus unterschiedliche objektive und subjektive Bedeutungen hat, und unterstreichen damit, daß „Krankheit" im Alter sehr differenziert betrachtet werden muß.

In bezug auf Geschlechtsunterschiede zeigt sich, daß alte Frauen besonders häufig an Erkrankungen des Bewegungsapparates leiden. Dies äußert sich auch in den Mobilitätsindikatoren (wie dem Romberg-Versuch und der Drehung um 360°) und der funktionellen Kapazität (ADL/IADL) (M. M. Baltes et al., Kapitel 22, Abschnitt 5.1; vgl. Steinhagen-Thiessen & Borchelt, Kapitel 6, Abschnitt 6.2).

Der körperlichen Morbidität im Alter entsprechende Befunde ergeben sich aus der Perspektive der *medikamentösen Behandlungsintensität und -qualität* von Krankheit im Alter. Insgesamt wird wiederum fast die ganze Gruppe der 70jährigen und Älteren mit ärztlich verordneten Medikamenten behandelt (92%), wobei etwa ein Viertel (24%) fünf und mehr Medikamente gleichzeitig erhält. Auf der Grundlage detaillierter, fall- und diagnosebezogener Konsensuskonferenzen mit den Psychiatern der Studie ließ sich in BASE erstmals für eine repräsentative Stichprobe sehr alter Menschen zeigen, daß diese hohe Behandlungsprävalenz zwar einerseits durchaus Fehl- und Übermedikationen einschließt (bei insgesamt 28% der 70jährigen und Älteren), daß aber andererseits auch Untermedikationen in etwa gleicher Häufigkeit (etwa 24%) vorkommen. Individuelle Fehlmedikationen im Sinne von nicht indizierten oder kontraindizierten Behandlungen fanden sich vor allem für Psychopharmaka (3% der Population), Magen-Darm-Mittel (2%) und Diuretika (2%). Untermedikationen im Sinne von nicht behandelten, aber als behandlungsbedürftig einzustufenden, mittel- bis schwergradigen körperlichen Erkrankungen fanden sich vor allem für Bluthochdruck, Fettstoffwechselstörungen, Herzinsuffizienz und Zuckerkrankheit.

Auf der Grundlage dieser Befunde muß konstatiert werden, daß das gängige negative Bild der Multimedikation, die oft mit Übermedikation gleichgesetzt wird, auf einem revisionsbedürftigen Vorurteil beruht. Gesetzt den Fall, die BASE-internen Konsenskonferenzen hätten die individuell je erforderlichen und optimalen Medikationsschemata identifiziert, so würde eine auf dieser Grundlage erfolgende Modifikation der vorgefundenen Behandlungen im Ergebnis insgesamt zu einer ähnlichen Prävalenzrate der medikamentösen Therapie im Alter gelangen. Dieser rein quantitative Aspekt darf aber den Blick auf die qualitativen Merkmale der medikamentösen Therapie im Alter nicht verstellen. Mit BASE ist es erstmals möglich, die auf der Basis von Einzelfallabwägungen gewonnenen Daten zur Medikationsqualität mit solchen zu vergleichen, die auf der Basis allgemeiner Kriterien für eine geriatrisch inadäquate Pharmakotherapie (prinzipielle Fehlmedikation) gewonnen werden können. Unter Anwendung der Kriterien nach Beers et al. (1991) und Stuck et al. (1994), die sich im wesentlichen auf die Vermeidung einzelner, im Alter als sehr problematisch einzustufender Substanzen (z. B. Diazepam, Reserpin) beziehen, ergibt sich eine Populationsprävalenz von etwa 19% für prinzipielle Fehlmedikationen bei 70jährigen und Älteren. Betrachtet man die verschiedenen in BASE analysierten Qualitätsaspekte der Medikation im Alter kumulativ, so ergibt sich eine Populationsprävalenz von etwa 44% für das Vorliegen eines der drei Probleme (Unter-, Über- oder Fehlmedikation) und von 1% für das Vorliegen aller Probleme nebeneinander.

Zusammenfassend haben die BASE-Befunde damit gezeigt, daß die geriatrisch-qualitative Optimierung der medikamentösen Therapie im Alter ein vordringlich zu lösendes Problem darstellt, um Über-, Unter- und Fehlmedikation zu vermeiden, auch wenn voraussichtlich die rein quantitative medikamentöse Behandlungsintensität dadurch nicht wesentlich zu ändern sein wird. Zu ergänzen ist an dieser Stelle allerdings, daß andere Behandlungformen neben der medikamentösen Therapie – wie z. B. diätetische und physikalische Therapie, Physio- und Ergotherapie sowie andere rehabilitative Maßnahmen, Hilfsmittelverordnungen, Wohnungsanpassungen und anderes mehr – stärker als bislang zu berücksichtigen sind. Obwohl zum jetzigen Zeitpunkt noch keine detaillierten Analysen der BASE-Daten hierzu vorliegen, sei angemerkt, daß diese alternativen Behandlungsformen gegenüber der Medikation eine verschwindend geringe Rolle in der ambulanten Betreuung und Therapie der Studienteilnehmer spielten.

Ein weiterer wesentlicher Aspekt für die Beurteilung von Krankheit im Alter ist die Häufigkeit und Ausprägung von *funktionellen Behinderungen*. Im Vergleich zur körperlichen Morbidität zeigen die BASE-Daten eine sehr viel geringere Verbreitung der Hilfsbedürftigkeit in den basalen Aktivitäten des täglichen Lebens (Activities of Daily Living, ADL). So benötigen beispielsweise 16% der 70jährigen und Älteren Hilfe beim Baden und Duschen und 6% Hilfe beim Anziehen. Bei instrumentellen Aktivitäten (IADL) wie Einkaufen oder Benutzen von Transportmitteln benötigen etwa 33% der 70jährigen und Älteren Hilfe durch eine andere Person. Betrachtet man allerdings die 85jährigen und Älteren, steigt dieser Anteil bei beiden dieser IADL auf etwa 70% an.

Die altersbedingte Zunahme in der Hilfsbedürftigkeit bei basalen und instrumentellen Aktivitäten des täglichen Lebens hängt vor allem mit der Entwicklung von Funktionseinbußen im sensorischen (Gehör und Sehvermögen), sensomotorischen (Gleichgewicht/Gang), motorischen (Beweglichkeit und Muskelkraft) und kognitiven (Intelligenz) Bereich zusammen, die wiederum durch körperliche Morbidität begünstigt wird. Von Bedeutung ist hierbei jedoch, daß die Entwicklung von Funktionseinbußen in den genannten Bereichen ebensowenig wie die Entwicklung von Hilfsbedürftigkeit allein durch körperliche Morbidität erklärt werden kann. Die Analysen machen wahrscheinlich, daß es unvermeidliche biologische Alternsprozesse gibt, die unabhängig von Morbidität an der Entwicklung von körperlicher Behinderung beteiligt sind. Der stark ausgeprägte, negative Alterseffekt ließ sich nur etwa zur Hälfte durch andere Faktoren wie körperliche und psychische Krankheit, psychosoziale Lebenssituation oder medikamentöse Behandlung erklären. Allerdings konnten neben dem Alter zahlreiche weitere, vor allem auch modifizierbare Faktoren identifiziert werden, die die Entwicklung von Behinderung im Alter wesentlich begünstigen oder hemmen können (vor allem kardiovaskuläre Risikofaktoren, Medikationsqualität, psychiatrische Komorbidität und psychosoziale Faktoren).

Hinsichtlich diagnose- und therapierelevanter Aspekte im Alter sind aus den bisherigen Analysen, deren Ergebnisse in verschiedenen Kapiteln des vorliegenden Bandes detailliert dargestellt und diskutiert werden, vor allem vier weitere Befunde hervorzuheben. Erstens zeigen die Analysen, daß das *kardiovaskuläre Risiko* vor allem infolge von Fettstoffwechselstörungen bei kardiovaskulär gesunden 70- bis 84jährigen wesentlich größer ist als bei den 85jährigen und Älteren (Steinhagen-Thiessen & Borchelt, Kapitel 6, Abschnitt 4.3). Da bislang keine Longitudinalstudie zeigen konnte, daß sich das Risikoprofil intraindividuell mit dem Altern verbessert, liegt es nahe anzunehmen, daß dieser Befund durch selektive Mortalität zustande kommt. Daraus kann der Hinweis abgeleitet werden, daß insbesondere bei kardiovaskulär gesunden älteren Menschen Risikofaktoren für Gefäßerkrankungen wie Bluthochdruck und Fettstoffwechselstörungen behandelt werden sollten.

Zweitens deuten die detaillierten Medikationsanalysen in BASE darauf hin, daß individuelle Symptom- und Befundprofile, insbesondere auch pathologische Laborwerte, sehr oft spezifisch auf Arzneimittel mit entsprechenden Profilen unerwünschter Wirkungen (UAW) beziehbar sind (Borchelt, 1995) und im Kontext der Querschnittsstudie (die einen UAW-Nachweis nicht ermöglicht) als *UAW-analoge Befunde* bezeichnet werden können (Borchelt & Horgas, 1994; Steinhagen-Thiessen & Borchelt, Kapitel 6, Abschnitt 5.5). Auf der Grundlage der BASE-Befunde ist bei knapp 87% der 70jährigen und Älteren eine solche prinzipielle Medikation-Befund-Übereinstimmung im Sinne UAW-analoger Befunde zu erwarten. Bei einer querschnittlichen Beurteilung dieser Konstellationen bleibt auch unter Berücksichtigung retrospektiver Angaben zur Krankheitsgeschichte bei etwa 58% der betroffenen Personen mindestens ein Symptom oder ein pathologischer Befund bestehen, der oder das nicht durch eine bestehende Krankheit erklärt werden kann, so daß ein UAW-Verdacht ausgesprochen werden muß. Besonders auffällig waren in diesem Zusammenhang die Gruppen, die mit Schleifendiuretika (72% mit UAW-Verdacht), mit ACE-Hemmstoffen (70%), mit Betablockern (64%), mit Thiazid-Diuretika (61%), mit Calciumantagonisten vom Verapamiltyp (58%), mit Neuroleptika (56%) oder mit Antidepressiva (55%) behandelt wurden. Bei der überwiegenden Zahl der übrigen Arzneimittel ergab sich ein UAW-Verdacht in selten mehr als einem von drei Fällen. Auch wenn UAW als Begleiterscheinungen einer medikamentösen Behandlung nicht völlig vermeidbar sind, gewinnt die möglicherweise hohe tatsächliche UAW-Prävalenz im Alter durch potentielle negative funktionelle Konsequenzen an Bedeutung. Die durchgeführten Analysen in BASE belegen jedenfalls eine signifikante negative Korrelation zwischen der Zahl der objektiven UAW-analogen Befunde (Laborwerte, EKG-Befunde und pathologische Lungenfunktionsergebnisse) und der globalen funktionellen Kapazität im Sinne von sensomotorischer Funktionsfähigkeit und ADL-Selbständigkeit ($r=-0{,}25$).

Drittens zeigen die laborchemischen Analysen, daß sich insgesamt keine erheblichen Abweichungen der *Referenzbereiche im Alter* im Vergleich zu jüngeren Vergleichsstichproben finden (Kage et al., Kapitel 15, Tabelle 4). Im einzelnen fand sich allerdings in Übereinstimmung mit Ergebnissen anderer Studien eine krankheitsunabhängige, alterskorrelierte Verschlechterung von Laborkenngrößen der Nierenfunktion wie Kreatinin ($\beta=0{,}26$) und Harnstoff ($\beta=0{,}24$), von Kenngrößen der Blutbildung wie Hämoglobin ($\beta=-0{,}35$) sowie des Calciums ($\beta=-0{,}24$) als Kenngröße für den Calciumstoffwechsel. Umgekehrt treten altersunabhängig mit zunehmender Morbidität vor allem Elektrolytveränderungen und eine Abnahme der Eiweißkonzentration im Blut auf.

Viertens konnten die zahnmedizinischen Untersuchungen in BASE zeigen, daß die *zahnmedizinische Versorgungsquantität und -qualität* älterer Menschen insgesamt und besonders bei institutionalisierten und zahnmedizinisch wenig belastbaren Senioren einem modernen Standard nicht entsprechen (Nitschke & Hopfenmüller, Kapitel 16, Abschnitt 4). Auch unter Berücksichtigung der individuellen Situation, vor allem der Belastbarkeit, war bei insgesamt drei Vierteln der Studienteilnehmer (75%) ein parodontaler, bei 72% ein prothetischer und bei 23% ein oralchirurgischer Behandlungsbedarf zu konstatieren. In überdeutlichem Kontrast dazu standen die Ergebnisse zur Selbsteinschätzung des Behandlungsbedarfs, den nur 23% der Studienteilnehmer für sich annahmen. Insgesamt erscheint es daher vordringlich, gerade auch die bereits vollständig zahnlosen älteren Menschen (52% der Stichprobe) für regelmäßige Kontrolluntersuchungen zu gewinnen, um negative Folgen der Unterversorgung zu vermeiden. So könnten die Folgen von schlechtsitzenden Prothesen (z. B. Sprechstörungen und Schwierigkeiten beim Kauen) längerfristig auch zu einem Rückzug aus sozialen Kontakten und Aktivitäten führen.

3.2 Psychiatrie

Die psychiatrischen Fragestellungen der Berliner Altersstudie zielen auf Art und Verbreitung psychischer Störungen im Alter, weiterhin auf die Bedingungen psychiatrischer Altersmorbidität und nicht zuletzt auf ihre Konsequenzen. Einige der wichtigsten hier zusammengefaßten Befunde regen zu einer Differenzierung allgemein vorherrschender Meinungen an, andere tragen zur weiteren Präzisierung und Klärung wissenschaftlich offener Fragen bei. Dementsprechend sollen zunächst Globaldaten zur Häufigkeit[1] und danach differenzierte Daten zur Altersabhängigkeit psychischer Erkrankungen im Alter berichtet werden (vgl. vor allem Helmchen et al., Kapitel 7).

Die Befunde zur *Verbreitung* psychischer Erkrankungen kontrastieren mit einflußreichen Meinungsstereotypen über das Altwerden. So ist der Anteil diagnostizierbarer psychischer Erkrankungen mit 24% der 70jährigen und Älteren global betrachtet nicht erkennbar höher als in jüngeren Jahren. Das bedeutet einerseits, daß Alter nicht zwangsläufig mit einem geistig-seelischen Abbau einhergeht, wie ihn der Volksmund z. B. als „Verkalkung" benennt. Die Mehrheit der alten Menschen ist psychiatrisch also nicht auffällig. Andererseits ist diese Prävalenzrate doch so hoch, daß zu Recht von „Volkskrankheiten" gesprochen werden kann (Helmchen et al., Kapitel 7, Tabelle 5). Dies gilt nicht nur für Demenzerkrankungen, sondern auch für andere psychische Störungen wie z. B. Depressionen und Depressivität, was in der öffentlichen Diskussion jedoch bisher nicht hinreichend berücksichtigt wird. Beachtet man zusätzlich alle jene psychischen Störungen, die zwar nach ärztlichem Urteil behandlungsbedürftig und damit krankheitswertig sind (Helmchen et al., Kapitel 7, Tabelle 5: 17%), aber die Kriterien (z. B. Zahl, Dauer, Intensität psychopathologischer Symptome) für eine psychische Störung im DSM-III-R, einem der heute gültigen Diagnosesysteme (American Psychiatric Association, 1987), nicht erfüllen, dann ergibt sich mit 40% eine sehr beachtliche, jedoch mit anderen Populationen dieses Alters durchaus vergleichbare Prävalenzrate psychiatrischer Gesamtmorbidität. Diese Prävalenzrate steigt übrigens – worauf später noch eingegangen wird – mit dem Alter an: Sie liegt bei den 70- bis 74jährigen bei 30%, bei den 95jährigen und Älteren jedoch bei knapp 70% (Helmchen et al., Kapitel 7, Abb. 3).

Ob die unterhalb der Schwelle einer spezifizierten DSM-III-R-Diagnose feststellbare psychiatrische Morbidität auch in jüngeren Lebensabschnitten in ähnlicher Häufigkeit auftritt, ist nicht sicher zu sagen, da solche epidemiologischen Erhebungen in Deutschland bisher nicht durchgeführt wurden, es kann aber aufgrund analoger Studien vermutet werden (Linden, Meier, Achberger, Helmchen & Benkert, im Druck). Dieser Bereich psychiatrischer Morbidität zwischen psychischer Gesundheit (einschließlich vereinzelter nicht krankheitswertiger psychopathologischer Symptome) einerseits und durch spezifizierte DSM-III-R-Diagnosen erfaßbarer psychiatrischer Morbidität andererseits stellt in BASE einen Untersuchungsschwerpunkt dar. Obwohl dieser Zwischenbereich mit 17% nicht nur erheblichen Umfang aufweist, sondern auch folgenreich ist, z. B. hinsichtlich der Inanspruchnahme ärztlicher und pflegerischer Hilfe und der Medikation (Helmchen et al., Kapitel 7, Tabelle 6), sind verläßliche Befunde dazu bisher kaum bekannt. Bei den psychischen Störungen in diesem Zwischenbereich unterschwelliger Diagnosen, den wir als Bereich „subdiagnostischer Morbidität" bezeichnen, handelt es sich in erster Linie um affektive Störungen.

Die häufigsten psychiatrischen Krankheitsgruppen im höheren Lebensalter sind Demenzen und Depressionen. In BASE liegt die Prävalenz von *Demenzen* aller Schweregrade bei 14% der 70jährigen und Älteren in der Bevölkerung. Die Prävalenz nur der mittel und schwer ausgeprägten Demenzen entspricht mit 8% völlig den aus anderen Studien bekannten Befunden (Helmchen et al., Kapitel 7, Abschnitt 3.1).

Die zweithäufigste Krankheitsgruppe sind mit 9% die *Depressionen,* von denen 25% als leicht, 68% als mittel und nur 7% als schwer ausgeprägt beurteilt werden. Die Behandlungsbedürftigkeit der als leicht beurteilten Depressionen darf aber nicht unterschätzt werden, zumal sie mit Folgerisiken, z. B. mit Suizidalität oder mit einem überdurchschnittlich hohen Arzneimittelverbrauch (Helmchen et al., Kapitel 7, Tabelle 9), belastet sind. Diese Aussage erhält dadurch besonderes Gewicht, daß die Depressionsprävalenz bei Berücksichtigung der insgesamt nur leicht (55%) bis mittel (45%) ausgeprägten „subdiagnostischen Morbidität" auf 27% steigt und damit an die Spitze des Morbiditätsspektrums alter Menschen rückt (wobei, um Mißverständnisse zu vermeiden, nochmals betont werden sollte, daß Depressionen im Alter im Vergleich zu jüngeren Erwachsenen nicht zunehmen).

Die dritthäufigste Krankheitsgruppe sind mit deutlichem Abstand primäre Angsterkrankungen (4%), d. h. ohne jene Angstsyndrome (18%), die komorbid, meist zusammen mit Depressionen, auftreten. Drogenabhängigkeit spielt in den untersuchten Altersgruppen keine Rolle, Medikamentenabhängigkeit mit 0,7% eine geringe und Alkoholabhängigkeit und -mißbrauch mit 1,1% eine deutlich geringere Rolle als im jüngeren Alter (Helmchen et al., Kapitel 7, Tabelle 5).

Dieses Globalprofil der psychiatrischen Morbidität im Alter über 70 Jahren differenziert sich bei Berück-

1 Alle Häufigkeiten werden als (Stichtags-) Prävalenzen, d. h. als auf die Westberliner Altenbevölkerung hochgerechnete Häufigkeiten angegeben.

sichtigung der *Altersabhängigkeit* sehr eindrucksvoll dadurch, daß im Vergleich mit den anderen psychiatrischen Erkrankungen *allein die Demenzprävalenz mit dem Alter stark zunimmt* (Helmchen et al., Kapitel 7, Abb. 3). Vergleicht man die in BASE untersuchten Altersgruppen miteinander, dann zeigt die *Demenz* als einzige Krankheitsgruppe einen deutlichen Anstieg von den 70- bis 74jährigen bis zur Altersgruppe der 90- bis 94jährigen von 0 auf über 40%. (Diese Alterskorrelation bleibt auch erhalten, wenn man sich nur auf die mittel und schwer ausgeprägten Demenzen beschränkt.) Der in den bisherigen Studien vorhergesagte weitere exponentielle Anstieg jenseits des 95. Lebensjahres konnte jedoch nicht festgestellt werden. Auf Rohdatenbasis bleibt die Prävalenz bei 95jährigen und Älteren mit unter 40% in etwa auf der gleichen Höhe wie in der vorausgehenden Altersgruppe. Dies gilt besonders für mittelschwere und schwere Demenz sowie für Männer. Es könnte allerdings sein, daß ein weiterer Anstieg der Demenz im höheren Alter deshalb nicht beobachtet wurde, weil ältere Demente weniger oft an der BASE-Untersuchung teilgenommen haben und vorzeitig ausgeschieden sind. Tatsächlich haben Selektivitätsanalysen eine geschätzte Demenzprävalenz von etwa 60% der 95jährigen und Älteren ergeben (vgl. Lindenberger et al., Kapitel 3, Abb. 6). Ob sich hinter den Hinweisen auf eine Abschwächung des Anstiegs der Demenzprävalenz auch eine Abnahme der Demenz-Neuerkrankungen (Inzidenz) verbirgt (Bickel & Cooper, 1994; Henderson, 1994), ist ebenfalls bisher nicht bekannt und kann nur longitudinal untersucht werden. Dies ist unter anderem Gegenstand der laufenden Follow-up-Untersuchung von BASE. Somit kann die theoretisch höchst bedeutsame Hypothese noch nicht ausgeschlossen werden, daß Demenzen vom Alternsprozeß abgrenzbare Krankheiten sind, z. B. genetisch disponierte Erkrankungen mit altersabhängiger Expression (Lishman, 1991; Mohs, Breitner, Silverman & Davis, 1987) wie die Chorea Huntington oder die Parkinsonsche Erkrankung. Nach dieser Hypothese würde also Altern nicht per se und automatisch zur Demenz führen (Drachman, 1994).

Im Gegensatz zur Demenz gibt es keinen eindeutigen Anstieg der *Depressionshäufigkeit* über die untersuchten Altersgruppen hinweg. Dieser Querschnittsbefund auf der Grundlage eines Vergleichs zwischen Altersgruppen sollte allerdings vorsichtig interpretiert werden. Es kann bisher nicht ausgeschlossen werden, daß Depression im höheren Alter unterdiagnostiziert wird, sei es wegen somatischer Komorbidität oder eines Nachlassens der emotionalen Ausdrucksfähigkeit. (Der letztere Umstand könnte allerdings auch darauf zurückzuführen sein, daß alte Menschen Situationen vermeiden, in denen sie starken emotionalen Belastungen ausgesetzt sind.) Auch ist ein negativer Zusammenhang zwischen Depressivität und ausgeprägter Demenz (Helmchen et al., Kapitel 7, Abb. 5) nicht auszuschließen. Diese Beobachtungen müßten sich in einem Rückgang der Depressionsprävalenz von einer Altersgruppe zur nächsten niederschlagen, was aber nach den Daten allenfalls für die älteste Altersgruppe zutrifft. Im Gegensatz dazu würde der Befund des positiven Zusammenhanges von Depressivität und dementiellen Syndromen leichterer Ausprägung (Helmchen et al., Kapitel 7, Abb. 5) mit der eindeutigen Zunahme der Demenzen auch eine Zunahme der Depressionen in höheren Altersgruppen erwarten lassen. Diese Erklärung wäre allerdings nur dann berechtigt, wenn sich die Zusammensetzung der Demenzen insgesamt mit zunehmendem Alter nicht ändern würde, also beispielsweise die Häufigkeit von Demenzerkrankungen mit bevorzugt depressiver Komorbidität (z. B. vaskuläre Demenz [Sultzer, Levin, Mahler, High & Cummings, 1993] oder Demenz mit argyrophilen Körnchen [Braak & Braak, 1988]) in allen Altersgruppen gleich wäre. Die Frage nach der Beziehung von Depression und höchstem Lebensalter ist also weiterhin offen, jedoch durch die Daten der Berliner Altersstudie um wichtige Gesichtspunkte erweitert worden. Insbesondere ermöglicht es die intensive interdisziplinäre Untersuchung aller Studienteilnehmer, die Qualität depressiver Symptomatik in Bezug zu somatischer Morbidität, sozialer Lage und auch allgemeiner Emotionalität näher zu bestimmen; dies wiederum ist eine Voraussetzung zur Klärung der diagnostischen Validität der beobachteten Merkmale wie der weiteren Untersuchung ihres Verlaufes mit zunehmendem Alter.

Aus der Vielzahl möglicher *Bedingungen* bzw. *Prädiktoren* psychiatrischer Morbidität im Alter wurden ausgewählte somatische und soziale Einflußfaktoren untersucht. Danach gibt es deutliche Zusammenhänge zwischen psychischer und somatischer Morbidität. So weisen depressive alte Menschen häufiger als psychisch Gesunde chronische körperliche Erkrankungen, insbesondere Herz-Kreislauf-Erkrankungen, und sensorische wie motorische Behinderungen auf (siehe auch Borchelt et al., Kapitel 17, Tabelle 3). Bei dementen alten Menschen hingegen finden sich gehäuft Funktionsstörungen einzelner Organe (Helmchen et al., Kapitel 7, Tabelle 9). Ob diese Zusammenhänge nur so zu interpretieren sind, daß körperliche Erkrankungen zu psychischen Folgeerkrankungen führen, bedarf weiterer Analysen, da auch umgekehrt psychische Störungen, z. B. über gestörtes Bewegungs-, Ernährungs- oder Medikationsverhalten, somatische Morbidität bedingen können.

Es gibt gleichfalls Zusammenhänge zwischen soziodemographischen Merkmalen und psychischen Erkrankungen. Theoretisch und praktisch von besonderem Interesse ist der hier replizierte Befund einer negativen Beziehung zwischen Bildungsniveau und Demenz (nach Mini Mental State Examination [MMSE]: r=-0,30; nach klinischer Diagnose: r=-0,14). Er gewinnt noch an Bedeutung durch den weiteren Befund, daß die höhere Demenzhäufigkeit bei Frauen verschwindet, wenn das unterschiedliche Bildungsniveau zwischen den Geschlechtern berücksichtigt wird (Helmchen et al., Kapitel 7, Tabelle 8). Der Befund selbst ist eindeutig: Menschen mit höherem Ausbildungsniveau erhalten seltener eine Demenzdiagnose. Offen bleiben muß aber vorerst die Erklärung dafür. Schützt Bildung unmittelbar vor Demenz? Führen besser ausgebildete Menschen ein Leben, z. B. hinsichtlich Ernährung oder Arbeitsplatz, das einer Demenzentwicklung weniger Vorschub leistet? Können Menschen mit hoher Bildung Ressourcen mobilisieren, um den Krankheitsbeginn bzw. -verlauf von Demenz zu verzögern? Können sie dementielle Ausfälle länger ausgleichen oder überspielen, also das Unterschreiten eines diagnoserelevanten Schwellenwertes hinauszögern, obwohl der Krankheitsprozeß in ähnlichem Ausmaß wie bei Menschen mit niedrigerem kognitiven Ausgangsniveau vorhanden ist? Wenn letzteres der Fall wäre, würde das bedeuten, daß das Unterschreiten eines vorgegebenen Schwellenwertes ein wesentlich weniger spezifisches Diagnosekriterium ist als der Gradient der Abnahme kognitiver Leistungsfähigkeit innerhalb einer bestimmten Zeit? Ob sich die negative Assoziation von Bildung und Demenz auflöst, wenn man Demenz nach diesem letztgenannten Kriterium diagnostiziert, kann nur durch eine prospektive Verlaufsuntersuchung geklärt werden, wie sie von BASE derzeit durchgeführt wird. Jedenfalls eröffnen alle genannten Hypothesen Ansatzpunkte für weiterführende Analysen und auch praktische Konsequenzen, weshalb dem genannten Ausgangsbefund große Bedeutung zuzumessen ist.

Alterscharakteristische *Konsequenzen* psychischer Erkrankungen lassen sich beispielhaft an der sozialen Anpassung und auch der Inanspruchnahme ärztlicher und pflegerischer Hilfe zeigen. Untersuchungen zum Alltagsverhalten belegen, daß Demenz erwartungsgemäß zu Veränderungen im Aktivitätsprofil führt: Es nehmen vor allem Ruhephasen auf Kosten intentionaler Aktivitäten zu (Helmchen et al., Kapitel 7, Abb. 6). Dementielle Erkrankungen sind auch ein wesentlicher Faktor, der zu pflegerischem und institutionellem Versorgungsbedarf führt (vgl. Linden et al., Kapitel 18, Abschnitt 3.2.2). Depressive Störungen gehen mit einem nicht nur psychopharmakotherapeutischen, sondern insgesamt erhöhten Arzneimittelverbrauch einher.

Mit der in BASE entwickelten Konsensuskonferenz können epidemiologische Medikationsdaten erstmals auch hinsichtlich der Angemessenheit einer Medikation unter gleichzeitiger Berücksichtigung alterstypischer Multimorbidität bewertet werden. Danach ist in der Arzneimitteltherapie psychischer Störungen im hohen Alter entgegen landläufiger Annahmen weniger eine Übermedikation als vielmehr eine Untermedikation das primäre Problem (Helmchen et al., Kapitel 7, Tabelle 13). So erhalten nur 10% der depressiv Erkrankten eine spezifisch antidepressive Medikation. Gründe und Bedeutung dieses Befundes bedürfen aber weiterer Analysen.

3.3 Psychologie

In der psychologischen Forschungseinheit wurden alte Menschen in drei Bereichen untersucht: (1) ihrer intellektuellen und geistigen Leistungsfähigkeit, (2) ihrem Selbst und ihrer Persönlichkeit und (3) ihren sozialen Beziehungen. Aus der Vielzahl der Befunde, die in den Kapiteln 8 (Smith & Baltes), 12 (Staudinger et al.), 13 (Reischies & Lindenberger), 14 (Marsiske et al.) und 19 (Smith et al.) detailliert dargestellt sind, sollen im folgenden primär solche Befunde hervorgehoben werden, die sich auf Altersunterschiede beziehen und den allgemeinen Erwartungshaltungen über das psychische Altern eher widersprechen.

Wenn man die drei psychologischen Funktions- und Handlungsbereiche betrachtet, fällt zunächst auf, daß man von *dem* psychischen Altern nicht sprechen kann. Die drei Bereiche, Intelligenz und geistige Leistungsfähigkeit, Selbst und Persönlichkeit sowie soziale Beziehungen, sind weitgehend voneinander unabhängig. Dies ist ein zentraler Befund, weil er zeigt, daß es keine uniforme Meßlatte gibt, die man an das psychische Altern anlegen kann. Deshalb ist es auch notwendig, im folgenden die zentralen Alter(n)sbefunde für die drei Bereiche zunächst getrennt darzustellen.

Was die *Intelligenz* oder *geistige Leistungsfähigkeit* im hohen und sehr hohen Alter angeht, die mit 14 Tests gemessen wurde (Lindenberger & Baltes, 1995; Smith & Baltes, Kapitel 8, Abschnitt 3; Reischies &

Lindenberger, Kapitel 13, Abschnitt 2.2.1), muß man sowohl die durchschnittlichen, über die Stichprobe gemittelten Befunde als auch die Bandbreite interindividueller Unterschiede gemeinsam im Blick behalten. In bezug auf die durchschnittlichen Befunde zeigen die Ergebnisse *gemittelt* über alle Tests (Generalfaktor der Intelligenz) zunächst eine deutlich negative Alterskorrelation (r=-0,57). Dieser negative Altersgradient bleibt auch erhalten, wenn die Berechnungen ohne die Personen durchgeführt werden, die als dement diagnostiziert wurden, oder wenn die Altersgradienten für sozial überdurchschnittliche und sozial unterdurchschnittliche Gruppierungen getrennt berechnet werden. Dabei ist allerdings zu beachten, daß die intellektuelle Leistungsfähigkeit der sozialstrukturell-biographisch Bevorteilten trotz des gleichen negativen Altersgradienten um etwa 0,9 Standardabweichungen über den Leistungen der Benachteiligten liegt. Über die Altersspanne von 70 bis 103 Jahren liegt der altersgebundene Verlust in der geistigen Leistungsfähigkeit bei einer Größenordnung von 1,5 Standardabweichungen. Diese Größenordnung entspricht (meßfehlerbereinigt) etwa 35% der gesamten Varianz. Für die kristallin-pragmatische Intelligenz (z. B. Wortschatz, praktisches Wissen), die relativ gesehen stärker durch kulturelle Faktoren determiniert wird, ist der negative Altersgradient etwas schwächer (r=-0,47) als für fluid-mechanische Maße der Intelligenz (z. B. logisches Schließen). Doch letztlich ist ein altersbedingter Leistungsverlust über alle Facetten der Intelligenz (d. h. die 14 Tests) zu beobachten. Dies führt gleichzeitig im Vergleich zum jungen und mittleren Erwachsenenalter zu einer Homogenisierung der *Struktur* der Intelligenz, d. h. zu einem größeren Zusammenhang zwischen den einzelnen Testleistungen und Facetten der Intelligenz. Darüber hinaus legt der außerordentlich hohe Zusammenhang zwischen geistiger Leistungsfähigkeit und sensorischer Funktionsfähigkeit (Hören, Sehen, Gleichgewicht/Gang) nahe, daß es sich beim altersgebundenen Verlust der geistigen Leistungsfähigkeit wahrscheinlich vor allem um die Wirkung neurobiologischer Prozesse der Hirnalterung handelt (vgl. Lindenberger & Baltes, 1994; Reischies & Lindenberger, Kapitel 13, Abb. 2; Marsiske et al., Kapitel 14, Abschnitt 4).

Dieses Bild eines im allgemeinen alle Personen und Fähigkeiten betreffenden altersbedingten Verlustes in der geistigen Leistungsfähigkeit von 70 bis über 100 Jahren ist gleichzeitig von sehr großen Leistungsunterschieden (interindividueller Variabilität) zwischen den einzelnen alten Menschen überlagert. Unter den 90jährigen gibt es beispielsweise 4%, die sich auf dem durchschnittlichen Niveau von 70jährigen befinden. Ebenso gibt es unter den 70jährigen etwa 5%, die unter dem Mittelwert der 90jährigen und Älteren liegen. Außerdem sind die meisten alten und sehr alten Menschen trotz dieser negativen Altersunterschiede durchaus noch lernfähig, wenn auch in einem zunehmend geringeren Ausmaß. Bei Personen, die sich in einem fortgeschrittenen Stadium der Demenz befinden, läßt sich diese beträchtliche Plastizität geistiger Leistungsfähigkeit allerdings nicht mehr feststellen (vgl. M. M. Baltes et al., 1992; Reischies & Lindenberger, Kapitel 13, Abb. 5).

Der zweite psychologische Funktionsbereich, der uns in BASE interessierte, ist *das Selbst und die Persönlichkeit.* Zur Erfassung wurden insgesamt etwa 20 Verfahren eingesetzt. Diese Verfahren erheben Persönlichkeitsmerkmale, Selbstbeschreibungen, Gefühle, Motivation und verhaltensbezogene Strategien der Selbstregulation und Lebensbewältigung.

Im Bereich des Selbst und der Persönlichkeit sind im Unterschied zur geistigen Leistungsfähigkeit keine oder eher geringe negative Altersunterschiede zu beobachten. Mit negativen Altersunterschieden meinen wir *Verluste* in gemeinhin als erwünscht eingestuften Eigenschaften (wie z. B. Abnahme der Lebenszufriedenheit) oder *Zunahmen* von Merkmalen, die vor dem Hintergrund klinischer Forschung eher als dysfunktional bezeichnet werden können (wie z. B. stärkerer Neurotizismus). Wo Altersgradienten gefunden wurden, so gering diese auch waren, zeigten sie allerdings *alle* in die (nach üblichen Standards) unerwünschte Richtung. Es handelt sich also in allen Fällen im obigen Sinn um negative Altersgradienten. Hochbetagte berichteten weniger positive Emotionen (r=-0,22), geringere Zufriedenheit mit dem eigenen Altern (r=-0,25), waren emotional einsamer (r=0,28) und fühlten sich stärker external (durch andere) kontrolliert als die jüngeren Alten (r= 0,32). Die Stärke dieser negativen Altereffekte bewegt sich in einer Größenordnung von weniger als einer halben Standardabweichung. Das heißt: Einzeln betrachtet betragen diese altersbezogenen Varianzanteile maximal 10%. In den Altersgruppen zwischen 20 und 70 Jahren gibt es allerdings so gut wie keine Korrelation mit dem Alter (Staudinger, 1996).

Die relativ geringen Altersverluste, die sich im Vergleich zu kognitiven Tests in Maßen des Selbst und der Persönlichkeit (z. B. Lebenszufriedenheit) zeigen, weisen unseres Erachtens vor allem auf die psychologische Widerstandsfähigkeit bzw. Plastizität des Selbst und der Persönlichkeit im Alter hin (Staudinger, Marsiske & Baltes, 1995). Es gilt jedoch auch hier zu differenzieren. Dies wird deutlich, wenn man das *Gesamtmuster* aller Informationen über das Selbst und die Persönlichkeit im hohen Alter systemisch betrachtet. Die beobachteten relativ geringen Altersverluste (wie etwas abnehmende Offenheit und leichte Abnahme der positiven Gefühle) fügen sich zu einem Gesamtmuster (z. B. emotional einsamer, mehr Gefühle der externalen Kontrolle, geringeres subjektives Wohlbefinden), wie man es aus den Forschungen zu kumulativen Streßreaktionen kennt (Smith & Baltes, Kapitel 8, Abschnitt 7).

Man kann vor dem Hintergrund dieses Gesamtmusters annehmen, daß das hohe und sehr hohe Alter eine streßähnliche Anforderungssituation für den Menschen darstellt, die eine beträchtliche Anpassungsleistung erfordert. Im Unterschied zum jüngeren und mittleren Erwachsenenalter, wo die Beschäftigung mit Beruf, Freunden und Familie im Mittelpunkt steht, hat im hohen Alter nach den Angaben der BASE-Teilnehmer beispielsweise die Beschäftigung mit der eigenen Gesundheit und geistigen Leistungsfähigkeit einen zentralen Stellenwert. Wie sich an den relativ hohen Werten der allgemeinen Lebenszufriedenheit zeigt, wird diese Anpassungsleistung von den alten und sehr alten Menschen auch meist erbracht. Es ist allerdings zu beobachten, daß die Anpassungsleistung bzw. psychologische Widerstandsfähigkeit (z. B. wegen starker gesundheitlicher Beeinträchtigungen und gleichzeitiger Verluste im sozialen Bereich) im sehr hohen Alter an ihre Grenzen zu stoßen scheint (vgl. Staudinger et al., Kapitel 12, Abschnitt 4; Smith et al., Kapitel 19, Abschnitt 5). Man könnte die zu erbringende Anpassungsleistung in Form eines Schwellenmodells konzeptualisieren. Das heißt: Es wird gerade im hohen Alter bei stetiger Zunahme der Anforderungen und ohne die Möglichkeit zu ausreichender Kompensation durch externe Ressourcen der Zusammenbruch dieses „Bewältigungssystems" immer wahrscheinlicher.

Auch im Bereich der *sozialen Beziehungen* stellen sich die Befunde eher so dar, daß sie die allgemeinen gesellschaftlichen Erwartungen über das Alter differenzieren. Einerseits benennen die alten und sehr alten Menschen in der BASE-Stichprobe zwar insgesamt weniger Personen, mit denen sie in Beziehung stehen, als man das aus früheren Altersabschnitten kennt. Sie sind sozial also weniger eingebettet, was die Anzahl der Personen angeht (vgl. auch unten, Abschnitt 3.4). Andererseits bleibt allerdings die Anzahl der Personen, mit denen sich die alten Menschen „sehr eng verbunden" fühlen, bis ins höchste Alter hinein relativ konstant (Smith & Baltes, Kapitel 8, Abb. 8; siehe auch M. Wagner et al., Kapitel 11, Abschnitt 4.6).

Dieser Befund spiegelt sich auch in den Ergebnissen aus dem Yesterday-Interview wider (vgl. M. M. Baltes et al., Kapitel 20, Abschnitt 3.1), indem deutlich wurde, daß alte und sehr alte Menschen berichten, im Tagesverlauf weniger Zeit im Kontakt mit anderen und mehr Zeit alleine zu verbringen, als man das aus anderen Studien über frühere Lebensabschnitte weiß. Allein verbrachte Zeit ist aber nicht gleichbedeutend mit dem Erleben von Gefühlen der Einsamkeit. Zwar wurde, wie bereits erwähnt, eine Zunahme der emotionalen Einsamkeit im hohen Alter festgestellt ($r=0{,}28$), aber doch nicht in einem Ausmaß, wie man es aufgrund der Abnahme der Größe des sozialen Netzwerks und der Zunahme der allein verbrachten Zeit erwarten könnte. Bedenkt man den altersgebundenen Verlust an sozialen Rollen und die im Alter erhöhte Mortalität von Netzwerkpartnern, zeigt sich also auch im Bereich der sozialen Beziehungen bis ins hohe Alter eine erstaunliche Adaptivität auf der psychischen Erlebensebene. Der erhöhte Anforderungsdruck kommt allerdings in der größeren emotionalen Einsamkeit zum Ausdruck, die Hochbetagte im Vergleich zu jüngeren Alten berichten.

Wie steht es nun mit den *Zusammenhängen* zwischen den drei Bereichen psychologischer Funktionsfähigkeit? Welche Profile ergeben sich beispielsweise, wenn man die Ausprägungen der Leistungs- und Funktionsfähigkeit (Höhen und Tiefen) über die drei Bereiche hinweg betrachtet?

Es lassen sich Untergruppen der BASE-Teilnehmer identifizieren, die unter anderem mehr oder weniger „gut" oder auch „unterschiedlich" altern. Insgesamt fanden wir zwölf dieser Subgruppen, die in ihrer Größe zwischen 4 und 12% der Gesamtstichprobe variieren. Dieser Befund unterstreicht zunächst die große Vielfalt des Alter(n)s. So zeigte sich beispielsweise, daß es alte und sehr alte Menschen in BASE gibt, die sich in ihrem Profil über die drei Bereiche hinweg und im Vergleich mit den anderen Studienteilnehmern eher als die „Erfolgreichen" bezeichnen lassen; sie sind durch vergleichsweise hohe Leistungsfähigkeit im kognitiven Bereich und eher mittlere Funktionsfähigkeit in den anderen beiden Bereichen gekennzeichnet. Dann gibt es eine Gruppe von Personen, die sich im Vergleich zum Gruppenmittel als Familien- und Beziehungsorientierte beschreiben lassen, d. h., sie zeichnen sich durch höhere Werte im Bereich der sozialen Beziehungen aus und weisen keine übergreifenden Funktionsdefizite auf (vgl. Smith & Baltes, Kapitel 8, Abb. 10). Gemeinsam machen diese beiden Gruppen zu etwa gleichen Teilen etwa ein Drittel der BASE-Stichprobe aus. Außerdem läßt sich etwa ein

Drittel im Vergleich zum Stichprobenmittelwert als ängstlich, einsam und isoliert charakterisieren.

Solche Befunde weisen auf eine andere Art differentiellen Alterns hin, nämlich auf Unterschiede in den Profilen psychologischer Funktionsfähigkeit. Und hierbei ist der Anteil der sehr alten Personen (85 bis 103 Jahre) in den eher negativ zu bewertenden Untergruppen höher als der der jüngeren alten Personen (70 bis 84 Jahre). Das gleiche trifft auf Frauen im Vergleich zu Männern zu. Auch dieser Befund weist wiederum darauf hin, daß die negativen Aspekte psychischen Alterns in der Betrachtung von „systemischen" Funktionsprofilen deutlicher zutage treten, als dies bei der Untersuchung von Einzelvariablen (wie z. B. subjektives Wohlbefinden) der Fall ist. Man sollte also trotz der offensichtlich vorhandenen psychologischen Widerstands- und Adaptationsfähigkeit älterer Menschen deren anforderungsbedingte psychische Vulnerabilität und Risikostatus nicht unterschätzen.

3.4 Soziologie und Sozialpolitik

Im Hinblick auf die *soziale und ökonomische Situation* im Alter interessieren unter anderem folgende Fragen: Sind alte Menschen arm und ökonomisch benachteiligt? Ziehen sich alte Menschen aus der Gesellschaft und sozialen Beziehungsnetzen zurück, oder werden sie daraus verdrängt? Wie beeinflußt die sozioökonomische Situation den Alternsprozeß in psychischer und körperlicher Hinsicht? Gibt es soziale Unterschiede in Betreuung und Versorgung bei Hilfs- und Pflegebedürftigkeit?

Von welchen Erwartungen geht die wissenschaftliche und nicht-wissenschaftliche Öffentlichkeit in bezug auf diese Fragen aus? Es wird oft vermutet, daß alte Menschen von anderen abhängig sind und sich ökonomisch einschränken müssen, daß alte Menschen zurückgezogener und einsamer sind, daß sie weniger soziale Kontakte und Freunde haben. Es wird auch häufig vermutet, daß ärmere alte Menschen kränker sind und weniger lange leben, daß sie weniger Hilfe bekommen, während wohlhabendere alte Menschen sich länger wie jüngere Personen verhalten.

Im Rahmen der Berliner Altersstudie war es das Ziel der Forschungseinheit Soziologie und Sozialpolitik, solche Fragen auf der Grundlage der bei den 70- bis 103jährigen Westberlinerinnen und Westberlinern erhobenen Daten zu beantworten (vgl. Mayer & Wagner, Kapitel 9; G. Wagner et al., Kapitel 10; M. Wagner et al., Kapitel 11; siehe auch Maas et al., Kapitel 4; Linden et al., Kapitel 18; Maas & Staudinger, Kapitel 21). Im folgenden Abschnitt werden vor allem Befunde der Studie hervorgehoben, die es erlauben, diese Gesamtgruppe zu charakterisieren. Es werden daher in diesem Abschnitt gewichtete, d. h. auf die Westberliner Bevölkerung der Alten hochgerechnete Informationen dargestellt.

Die Westberliner Alten sind, wenn man ihre *Einkommen* mit denen der aktiven Bevölkerung vergleicht, überwiegend materiell ausreichend bis gut gestellt (Motel & Wagner, 1993; G. Wagner et al., Kapitel 10, Abschnitt 3.1). Im Studienzeitraum (1990–1993) verfügten die alten Westberliner in Privathaushalten über ein bedarfsgewichtetes Pro-Kopf-Einkommen (Äquivalenzeinkommen)[2] zwischen 1.900 und 2.000 DM; dies entspricht etwa dem westdeutschen Durchschnitt der Gesamtbevölkerung (vgl. dazu auch Hauser & Wagner, 1992). Es gibt aber eine Restgruppe ökonomisch benachteiligter und gar armer Personen, die je nach Kriterium zwischen 3% und 15% ausmacht. So verfügen z. B. etwa 3% über ein Pro-Kopf-Einkommen, das unter der Armutsgrenze von etwa 850 DM liegt (zur Definition und Bedeutung von Armutsgrenzen vgl. Motel & Wagner, 1993).

15% haben keinerlei Vermögen, etwa ein Viertel gibt noch nicht einmal ein Sparbuch an. Die Anteile der ökonomisch schwachen Alten sind besonders hoch in den Teilgruppen der ältesten Frauen und der Geschiedenen. Problematisch ist auch die Einkommenssituation derjenigen Heimbewohner, deren Rente allein schon durch die Unterbringungskosten aufgebraucht wird und die zum großen Teil auf Sozialhilfe angewiesen sind. Umgekehrt finden wir eine etwa 4% große Gruppe, die man als besonders wohlhabend bezeichnen kann[3]. Beide ökonomischen Extremgruppen sind also sehr klein.

Insgesamt bestätigen unsere Befunde, daß das staatliche System der Alterssicherung sein Ziel einer ausreichenden Einkommenssicherung für Alte – gemessen an der Einkommenssituation der Bevölkerung und an der Einkommenssituation vor dem Übergang in den Ruhestand – bisher weitgehend zu erfüllen scheint. Dies bedeutet aber zugleich, daß Disparitäten, die sich aus der vergangenen Erwerbs- und Berufsbiographie ergeben, im Alter fortwirken.

2 Das Äquivalenzeinkommen stellt eine verfeinerte „Pro-Kopf-Rechnung" dar, bei der größere Haushalte im Vergleich zu kleineren besser abschneiden, weil berücksichtigt wird, daß in größeren Haushalten bei gleichem Einkommen das Leben relativ billiger als in kleineren Haushalten ist (vgl. G. Wagner et al., Kapitel 10, Abschnitt 2.4).

3 Sie verfügen über das Doppelte des bedarfsgewichteten Durchschnittseinkommens der Gesamtbevölkerung.

In drei Punkten sind deswegen Defizite des Systems der Alterssicherung festzuhalten: (1) bei der Versorgung von Frauen, die zwar zum Teil langjährig gearbeitet haben, aber trotzdem keine ausreichenden Rentenanwartschaften erwerben konnten und nicht durch eine Witwenrente versorgt werden, (2) bei der Versorgung von Geschiedenen und (3) bei Pflegebedarf. In allen drei Punkten kann – solange die Rahmenbedingungen sich nicht verschlechtern – zwar aufgrund der „Versicherungsbiographie" der kommenden Rentnergenerationen mit Verbesserungen gerechnet werden; gleichwohl ist noch Reformbedarf gegeben. Obwohl unsere Ergebnisse bestätigen, daß die Alten nicht mehr zur wichtigsten Armutsgruppe in unserer Gesellschaft zählen, kann aber trotzdem bei der betrachteten Großstadtpopulation nicht davon gesprochen werden, daß es sich bei den älteren Menschen um eine ökonomisch privilegierte Gruppe handelte. Ferner muß man bei Vergleichen der Einkommenssituation älterer Menschen mit jüngeren Altersgruppen berücksichtigen, daß sich bei einem Teil, z. B. aufgrund von Gebrechlichkeit, auch ein erhöhter Einkommensbedarf ergeben kann, der nicht ohne weiteres abgedeckt ist.

Auch im Hinblick auf die *Wohnsituation* lassen sich die Westberliner Alten nicht als eine Problemgruppe charakterisieren. Die Westberliner Alten zahlten um 1992 inklusive Nebenkosten durchschnittlich etwa 630 DM Miete. Dies entspricht einem Anteil ihres Netto-Haushaltseinkommens von knapp unter 30%. Die Wohnungsausstattung lag für 10% der Männer und 4% der Frauen unter dem gesellschaftlichen Standard, d. h., die Wohnungen waren nicht mit Bad/Dusche und Sammelheizung ausgestattet. Die Westberliner Alten in Privathaushalten verfügten im Mittel über knapp zwei Wohnräume pro Kopf, und 13% waren Wohneigentümer. Wohnungsgröße, Haus- und Eigentümeranteil spiegeln vor allem großstädtische und spezifisch Berliner Wohnverhältnisse wider (G. Wagner et al., Kapitel 10, Abschnitt 3.3). Insgesamt sind die Westberliner Alten im Hinblick auf den Wohnraum ähnlich gut versorgt wie andere Bevölkerungsgruppen. Es gibt aber von der Zimmerzahl her auch keinen wesentlichen Handlungsbedarf in bezug auf eine Fehlbelegung von Wohnungen. Man darf aus diesen Daten allerdings nicht schließen, daß die verfügbaren Wohnungen auch bei Hilfsbedürftigkeit den spezifischen Bedürfnissen alter Menschen entsprechen: Es gibt sicherlich einen Mangel an speziellen alters- und behindertengerechten Wohnungen.

Etwa 60% der Westberliner Alten leben alleine in einer Privatwohnung (davon sind 72% Frauen). Ein Viertel wohnt mit dem (Ehe-)Partner in einer Privatwohnung, jeder zwanzigste mit anderen Personen (z. B. mit Kindern), und 9% leben in einem Heim[4]. Daß so viele Frauen im Alter allein leben, ist eine Folge der höheren Lebenserwartung der Frauen, aber auch eine Folge der geringeren Heirats- und Wiederverheiratungsquoten (nach Verwitwung und Scheidung) der Frauen in den in BASE untersuchten Geburtsjahrgängen (vgl. Maas et al., Kapitel 4, Abschnitt 5.1). Unter den Heimbewohnern sind die Frauen mit 87% überproportional (im Vergleich mit ihrem Populationsanteil von 74%) vertreten, aber auch Männer ohne (Ehe-)Partnerin sind besonders häufig in Heimen untergebracht. Unter den 85jährigen und Älteren leben noch 80% in Privathaushalten und nur jeder fünfte in einem Heim. Männer haben also eine viel höhere Chance, ihr Alter mit einem (Ehe-)Partner und in einem Privathaushalt zu verbringen. Sozial höher Gestellte leben häufiger mit einem Partner zusammen und kaum im Heim, und Angehörige der Unterschicht leben häufiger bei ihren Kindern.

Im Bereich der *familialen Beziehungen und gesellschaftlichen Beteiligung* müssen die Altersunterschiede sehr differenziert interpretiert werden. So haben fast zwei Fünftel der sehr alten (85jährigen und älteren) Westberliner keine Kinder: zum einen als Folge eines historisch spezifischen Generationsschicksals, das die Berliner besonders betrifft, zum anderen aber auch, weil sehr alte Eltern ihre Kinder überleben können (vgl. M. Wagner et al., Kapitel 11, Abschnitt 4.3; siehe auch Maas et al., Kapitel 4, Abschnitt 5.2). Wir finden somit unter den sehr Alten zwei sehr unterschiedliche Gruppen: etwa ein Viertel mit gar keinen näheren Verwandten und knapp zwei Fünftel, die zu Viergenerationenfamilien mit Kindern, Enkeln und Urenkeln gehören.

Mit dem Alter nimmt erwartungsgemäß die Gesamtgröße des sozialen Netzwerks ab ($r=-0{,}33$). Allerdings muß man auch berücksichtigen, daß sich kaum Altersunterschiede in den Besuchshäufigkeiten zu Kindern und Freunden zeigen (wenn man nur diejenigen alten Menschen betrachtet, die Kinder bzw. Freunde haben). Vergleicht man die Altersgruppen der 70- bis 84jährigen und der 85jährigen und Älteren miteinander, so stellen Bekannte, Nachbarn und andere Nicht-Verwandte vergleichbare Anteile am genannten sozialen Netzwerk.

4 Diese Heimquote von 9% stützt sich auf die Hochrechnung der Daten der Intensivstichprobe. Zieht man die weniger verzerrte Ersterhebung als Basis der Hochrechnung heran, so ergibt sich eine Heimquote von 6% (Gilberg, 1996).

Überraschend ist ein Aspekt sozialer Beziehungen, nämlich daß sehr alte Menschen, insbesondere ältere Frauen, bis ins sehr hohe Alter angeben, nicht nur Hilfe zu empfangen, sondern auch selbst Hilfe zu leisten. Etwa 40% der alten Menschen, die Kinder haben, sagten, daß sie diese finanziell unterstützen, und zwar mit durchaus beachtlichen Beträgen (sieht man von Extremwerten ab, durchschnittlich 4.000 DM im Jahr, vgl. G. Wagner et al., Kapitel 10, Abschnitt 3.5.3). Dies ist nicht nur ein Hinweis auf die Selbstgenügsamkeit eines beträchtlichen Teils dieser Altengeneration, da sie die ihnen zur Verfügung stehenden Einkommen nicht selbst voll in Anspruch nehmen. Es könnte auch ein Hinweis darauf sein, daß finanzielle Transfers nicht nur dazu dienen, Kindern finanziell unter die Arme zu greifen, sondern auch ein symbolischer Ausdruck für das Interesse der alten Eltern an den sozialen Beziehungen mit den Kindern und Enkeln sind.

Die Anzahl der genannten Beziehungspersonen unterscheidet sich zwischen den verheirateten, verwitweten und ledigen Studienteilnehmern nicht. Nur die Geschiedenen gaben weniger Personen in ihrem Netzwerk an. Verheiratete sind aber im Vergleich zu Alleinstehenden seltener subjektiv einsam. Daraus kann man einerseits schließen, daß verwitwete und ledige alte Menschen kein größeres soziales Beziehungsnetz aufbauen als Verheiratete, andererseits aber auch, daß sich alte Menschen mit Partner nicht stark von ihrer Umwelt isolieren. Hierbei muß man allerdings bedenken, daß die meisten Verheirateten Männer sind und die Mehrheit der Verwitweten, Ledigen oder Geschiedenen Frauen. In der Literatur wird angenommen, daß es im höheren Erwachsenenalter die Frauen sind, die für das Organisieren und die Aufrechterhaltung des sozialen Netzwerks zuständig sind (vgl. auch M. M. Baltes et al., Kapitel 22, Abschnitt 5.4). Den vorliegenden Daten ist nicht zu entnehmen, ob das Fehlen von Unterschieden zwischen Männern und Frauen einfach an den sozialen Fertigkeiten der Frauen liegt (ob in der Organisation sozialer Beziehungen für sich allein oder mit/für einen Partner). So könnten die Netzwerke verheirateter Männer hauptsächlich durch ihre Frauen aufrechterhalten werden. Kinder sind hingegen für die sozialen Kontakte von großer Bedeutung: Alte Menschen mit Kindern haben größere Netzwerke und fühlen sich weniger einsam als alte Menschen ohne Kinder (M. Wagner et al., Kapitel 11, Abschnitt 6).

Wie steht es um das Aktivitätsprofil und die gesellschaftliche Beteiligung alter Westberliner? Im allgemeinen sind alte Menschen noch in einem ganz erheblichen Maße außerhäuslich aktiv: Durchschnittlich nennen sie – bei zwölf Vorgaben – knapp vier Arten von außerhäuslichen Aktivitäten, am häufigsten Restaurantbesuche, Reisen und Ausflüge, Sport sowie kulturelle Aktivitäten wie Kino-, Theater- und Konzertbesuche. Immerhin sind 40% Mitglied eines Vereins (33% sind aktive Mitglieder), 11% üben ehrenamtliche Tätigkeiten aus, und 13% nehmen an Weiterbildungsaktivitäten teil (14% der 70- bis 84jährigen, 6% der 85jährigen und Älteren). Unter den Weiterbildungsaktivitäten haben mit 8% Besuche von Vorträgen die größte Bedeutung. Außerhäusliche Aktivitäten (wie auch die Mediennutzung) sind in den höheren Altersgruppen weniger häufig, und es sind in der Tat gesundheitliche Einschränkungen, die dafür verantwortlich sind (siehe Mayer & Wagner, Kapitel 9, Tabellen 9, 10 und 11; M. M. Baltes et al., Kapitel 20, Abschnitt 5).

Im Bereich der gesellschaftlichen Beteiligung gibt es trotz großer interindividueller Unterschiede keine großen Differenzen zwischen sozialen Schichten oder zwischen Männern und Frauen. Hervorzuheben ist aber ein sehr viel geringerer Grad soziokultureller Integration der alten Menschen in un- und angelernten Arbeiterhaushalten. Dies zeigt sich nicht nur bei den von den Studienteilnehmern angegebenen außerhäuslichen Aktivitäten, sondern auch in einem geringeren politischen Interesse und einer sehr geringen Wahlbeteiligung (34% Nichtwähler bei un- und angelernten Arbeiterhaushalten im Vergleich zum Mittel von 9%; vgl. Mayer & Wagner, Kapitel 9, Tabelle 9). Wie bei der sozioökonomischen Lage finden wir auch bei der gesellschaftlichen Beteiligung eine hohe Kontinuität im Vergleich zur vorangegangenen Lebensgeschichte. So gehören diejenigen, die nach ihren Angaben schon in ihrer Jugend zu den Aktiven zählten, mit recht hoher Wahrscheinlichkeit auch im Alter zu den Aktiveren (vgl. Maas & Staudinger, Kapitel 21, Abschnitt 3.2).

Ein sozialpolitisch besonders brisantes Thema ist die Frage nach einer angemessenen *Versorgung und Betreuung bei Hilfs- und Pflegebedürftigkeit.* Etwa sieben von zehn der in Privathaushalten lebenden alten Westberliner berichten, daß sie keine regelmäßige Hilfe von Personen außerhalb ihres Haushaltes erhalten. 92% aller Westberliner Alten sind völlig selbständig oder nur leicht hilfsbedürftig, d. h., 8% sind pflegebedürftig (definiert in Anlehnung an das Pflege-Versicherungsgesetz). Etwa 60% der Pflegebedürftigen leben in Privathaushalten und werden von ihren Angehörigen bzw. ambulantem Hilfspersonal unterstützt, etwa 40% der Pflegebedürftigen leben in Heimen. Alle diese Indikatoren variieren sehr stark mit dem Alter. Unter den 85jährigen und

Älteren ist ein Fünftel pflegebedürftig und fast ein Drittel hilfsbedürftig (vgl. Linden et al., Kapitel 18, Abschnitt 3). Kinder unterstützen (sofern sie in Berlin wohnen) ihre alten Eltern, wenn diese hilfs- und pflegebedürftig werden, z. B. sagen 65 % der Hilfs- und Pflegebedürftigen mit Kindern in Berlin, daß sie von ihren Kindern praktische Unterstützung im Privathaushalt bekommen. Aber Kinder ersetzen kaum professionelle Hilfeleistungen. Einkommensstärkere alte Menschen sind ganz selten im Heim und erhalten häufiger ambulante professionelle Hilfeleistungen (Gilberg, 1996).

Wir finden keinen einfachen linearen Zusammenhang zwischen sozialer Schicht und der Inanspruchnahme fremder Hilfe. Ebensowenig gibt es ein klares schichtabhängiges Muster, was die Inanspruchnahme informeller und professioneller Hilfe anbelangt (vgl. Mayer & Wagner, Kapitel 9, Tabelle 14). Aber die Angehörigen der oberen Mittelschicht weichen von den anderen Gruppen insofern ab, als sie fast keine informelle und in sehr viel höherem Maße (zu fast einem Drittel) professionelle Pflege und Hilfe zur Verfügung haben und nur in seltenen Fällen in Heimen untergebracht werden.

Sind sozial und ökonomisch schwächere Gruppen von alten Menschen eher krank, behindert und pflegebedürftig? Für einige Indikatoren körperlicher und geistiger Gesundheit finden wir Zusammenhänge mit verschiedenen Indikatoren der sozioökonomischen Lage, so z. B. für die erfragte maximale Gehstrecke, das Gehör, die Demenz und die Hilfsbedürftigkeit bei alltäglichen Verrichtungen. Allerdings sind die statistischen Zusammenhänge zwischen den verschiedenen Aspekten der sozioökonomischen Lage und den Gesundheitsindikatoren nicht sehr stark, und ihre Erklärungskraft ist meist gering. Diese Befunde lassen sich dahingehend interpretieren, daß es sozial und einkommensstärkeren alten Menschen zum Teil etwas besser zu gelingen scheint, organische Beeinträchtigungen zu kompensieren, so z. B. durch die Organisation effektiverer Hilfeleistungen. Hinzu kommt, daß Bildung, Einkommen und die Anwesenheit eines Partners als protektive Faktoren bei der Entwicklung von Krankheit oder Hilfsbedürftigkeit wirken könnten. Dies gilt z. B. für die Ausbildung und die Sozialschicht in der Auswirkung auf das Demenzrisiko bei Frauen oder die Auswirkungen des Vorhandenseins eines Partners, des Einkommens und der Sozialschicht auf die Wahrscheinlichkeit einer Heimunterbringung.

Insgesamt war es für uns jedoch überraschend, welch geringer Zusammenhang zwischen gesundheitlichen Beeinträchtigungen bei den 70jährigen und Älteren und ihrer unterschiedlichen sozioökonomischen Lage bestand. Dies könnte zum einen darauf zurückzuführen sein, daß besonders gravierende sozioökonomische Benachteiligungen sich bereits darauf auswirken, daß man das Alter 70 nicht erreicht und aus den unteren Schichten nur die Gesünderen ein höheres Alter erreichen. Zum anderen könnten das effektive und sozial wenig differenzierende deutsche Krankenversicherungssystem sowie ein entsprechend egalitärer Zugang zu medizinischen Leistungen diese Befunde verständlich machen. Bei den sehr Alten haben anscheinend körperliche und geistige Einbußen und Persönlichkeitsmerkmale stärkere Auswirkungen als die Sozialgestalt des Alters. Dies könnte bereits eine Konsequenz eines hochentwickelten Wohlfahrtsstaates sein.

Zudem haben wir auch eine Reihe von Ergebnissen, nach denen bei den sehr Alten (85jährigen und Älteren) die Auswirkungen sozioökonomischer Differenzierungen, z. B. auf außerhäusliche Aktivitäten oder den Medienkonsum, schwächer sind als bei den Alten (70- bis 84jährigen). Es gibt kaum Hinweise darauf, daß soziale Unterschiede mit dem Alter zunehmen. Insofern kann man vermuten, daß Krankheit im Alter soziale Differenzierungen nicht verstärkt, sondern sie eher nivelliert (Mayer & Wagner, Kapitel 9, Abschnitt 4.3).

4. Profile und Muster des Alter(n)s

Im vorangegangenen Abschnitt haben wir wichtige Befunde der Berliner Altersstudie aus der Sicht der einzelnen beteiligten Fachdisziplinen dargestellt. Die Besonderheit unserer Studie liegt jedoch neben der Intensität der disziplinären Untersuchungen in der Chance zur Durchführung interdisziplinärer Analysen, die sich vor allem auf systemische Zusammenhänge zwischen verschiedenen Funktionsbereichen und Dimensionen des Alters beziehen.

In dem vorliegenden Band sowie in weiteren Veröffentlichungen haben wir eine Vielzahl solcher systemischer Befunde dokumentiert, so z. B. den Zusammenhang zwischen kognitiver Leistungsfähigkeit und Funktionseinschränkungen der Sinnessysteme (Smith & Baltes, Kapitel 8; Marsiske et al., Kapitel 14; Lindenberger & Baltes, 1994), zwischen Sozialprestige, kognitiven Fähigkeiten und gesellschaftlicher Beteiligung (Maas & Staudinger, Kapitel 21; Lindenberger & Baltes, 1995), zwischen körperlichen und sensorischen Einbußen und Depressivität (Borchelt et al., Kapitel 17), zwischen Kognition,

Gesundheit, Persönlichkeit und Alltagskompetenz (M. M. Baltes et al., Kapitel 20) sowie zwischen den aufgrund der Geschlechtszugehörigkeit unterschiedlichen Lebensverläufen und Funktionsprofilen im Alter (M. M. Baltes et al., Kapitel 22; Smith & Baltes, im Druck). In diesem Abschnitt wollen wir diese Einzelbefunde nicht einfach noch einmal zusammenfassen, sondern einen weiteren empirischen Versuch unternehmen, disziplin- bzw. bereichs- und funktionsübergreifende Altersmuster zu identifizieren. Wir berichten zu diesem Zweck über die Ergebnisse einer multidisziplinären Clusteranalyse [5] (vgl. Smith et al., 1996).

Mit Hilfe des statistischen Instrumentariums der Clusteranalyse mit 23 Indikatoren wollen wir die folgenden Fragen beantworten:

1. In wie viele Untergruppen bzw. Alter(n)smuster lassen sich unsere Studienteilnehmer auf der Grundlage ihres Merkmalsprofils unterteilen?
2. Wie sind diese Untergruppen zu interpretieren (z. B. im Hinblick auf positive oder negative Vorstellungen vom Alter, im Hinblick auf Funktionsausprägungen oder im Hinblick auf Formen erfolgreichen Alterns)?
3. Unterscheiden sich die gefundenen Untergruppen in bezug auf ihre Alters- und Geschlechtsverteilung? Ist es beispielsweise so, daß mehr Männer als Frauen in den wünschenswerten Untergruppen zu finden sind oder mehr jüngere Alte als Hochbetagte?

Die 23 Variablen, die in der Clusteranalyse verwandt wurden, sind in den vorangegangenen Kapiteln dieses Buches im einzelnen erläutert. Sie sollen als summarische Indices möglichst gut die Forschungsschwerpunkte der vier Forschungseinheiten von BASE repräsentieren. Sechs Konstrukte stammen aus dem Bereich der Inneren Medizin und Geriatrie (vgl. Steinhagen-Thiessen & Borchelt, Kapitel 6): die Anzahl der Diagnosen mittel- und schwergradiger kardiovaskulärer Erkrankungen, mittel- und schwergradiger Krankheiten des Bewegungsapparates und mittel- und schwergradiger anderer Erkrankungen. Hinzu kommen Maße der ADL/IADL-Hilfsbedürftigkeit, der sensorischen Funktionsfähigkeit (ein ungewichtetes Konstrukt aus Gehör und Sehvermögen, vgl. Marsiske et al., Kapitel 14) sowie der subjektiven Gesundheit.

Zwei Konstrukte stammen aus der Psychiatrie: Die häufigsten psychiatrischen Störungen im Alter werden durch die Hamilton-Skala für Depressivität (HAMD) und die Mini Mental State Examination (MMSE) für Demenz (vgl. Helmchen et al., Kapitel 7) gemessen. Aus dem Bereich Soziologie und Sozialpolitik kommen sechs Konstrukte. Sozioökonomische Merkmale der BASE-Stichprobe werden erfaßt durch das Sozialprestige des Haushaltsvorstandes (Mayer & Wagner, Kapitel 9), die Dauer der Ausbildung in Jahren, die Familiengröße (Anzahl der Verwandten ersten Grades; M. Wagner et al., Kapitel 11), die gesellschaftliche Beteiligung in Form der Anzahl der außerhäuslichen Aktivitäten (Maas & Staudinger, Kapitel 21) sowie durch mehrere Aspekte des sozialen Beziehungsnetzes: die Anzahl der sehr eng Verbundenen, die subjektiv empfundene instrumentelle und emotionale Unterstützung und die emotionale Einsamkeit (M. Wagner et al., Kapitel 11).

Die psychologischen Funktionsbereiche werden in der Clusteranalyse durch neun Konstrukte erfaßt: durch ein allgemeines Maß der Intelligenz sowie durch verschiedene Facetten von Persönlichkeitseigenschaften und selbstregulativen Prozessen (Extraversion, positive emotionale Befindlichkeit, Neurotizismus, internale und externale Kontrollüberzeugungen sowie subjektives Lebensinvestment; vgl. Smith & Baltes, Kapitel 8; Staudinger et al., Kapitel 12). Zusätzlich wurde ein Maß für das subjektive Wohlbefinden in die Analyse aufgenommen (vgl. Smith et al., Kapitel 19).

Insgesamt wurden für die am BASE-Intensivprotokoll Beteiligten elf Untergruppen identifiziert [6]. Tabelle 1 zeigt die standardisierten Merkmalswertprofile über die 23 Variablen aus den vier Forschungseinheiten. *Die Untergruppen wurden von 1 bis 11 durchnumeriert und nach dem relativen Gewicht eher positiver und negativer Charakteristika (Profilscores) geordnet.* Tabelle 2 gibt eine Übersicht über die interpretierenden Namen, die wir den elf Untergruppen nach einer Art Konsensuskonferenz gegeben haben, und über ihre relative Größe (Anzahl der Personen und Anteil in der BASE-Stichprobe).

Die Gruppen mit Mittelwerten über dem Durchschnitt lassen sich als diejenigen interpretieren, die mehr positive und wünschenswerte Altersmuster aufweisen (Gruppen 1–6), und diejenigen mit Mittelwerten unter dem Durchschnitt als diejenigen mit eher negativen und weniger wünschenswerten Altersmustern. Ein derartiges, auf Verteilungscharakteristika basierendes Verfahren wurde gewählt, weil es für die meisten der 23 Kriteriumskonstrukte keine

5 Zur Beschreibung der Methode und der Grenzen der Clusteranalyse siehe Smith & Baltes, Kapitel 8, Abschnitt 6.

6 In einem ersten Analyseschritt wurde eine weitere Gruppe von drei Personen identifiziert, deren Mitglieder aus der anschließenden Analyse herausgenommen wurden. Diese drei Personen zeichneten sich durch extrem große Mehrgenerationenfamilien aus (mit sieben bis elf Kindern und insgesamt 27 bis 46 Verwandten). Ferner wurden fünf Personen wegen fehlender Merkmalswerte aus der Analyse ausgeschlossen.

Tabelle 1: Profile der elf Gruppen über 23 BASE-Konstrukte (standardisierte T-Werte; $\bar{x}=50$; $s=10$).

Konstrukt	**Gruppen**										
	1	**2**	**3**	**4**	**5**	**6**	**7**	**8**	**9**	**10**	**11**
	N=28	**N=18**	**N=44**	**N=56**	**N=47**	**N=69**	**N=55**	**N=67**	**N=44**	**N=45**	**N=35**
Mittlerer Score	57	56	55	53	52	52	48	48	47	45	43
Innere Medizin/Geriatrie											
Anzahl der Diagnosen											
- kardiovaskulärer Erkrankungen[1]	*59*	52	*56*	50	*42*	*57*	48	47	48	48	47
- muskuloskeletaler Erkrankungen[1]	53	52	50	55	47	55	48	48	49	48	*44*
- anderer Erkrankungen[1]	*58*	50	51	53	48	53	49	*44*	48	50	50
ADL/IADL-Hilfsbedürftigkeit[1]	*57*	53	*56*	55	53	*56*	*43*	49	51	*39*	*35*
Subjektive Gesundheit[1]	*60*	53	52	50	56	53	50	*42*	47	*42*	*38*
Sensorische Funktionsfähigkeit (Gehör, Sehvermögen)[1]	*62*	52	*56*	54	47	53	*43*	51	49	*42*	*42*
Psychiatrie											
Depressivität (HAMD)[2]	*58*	52	53	52	55	55	53	*37*	51	53	*34*
MMSE[2]	*56*	55	*56*	53	51	55	48	52	52	*27*	46
Psychologie											
Allgemeine Intelligenz	*64*	*56*	*62*	55	48	54	*43*	49	48	*36*	*40*
Extraversion	*60*	*56*	50	52	54	51	54	48	*41*	46	*41*
Positive emotionale Befindlichkeit	*60*	*57*	54	53	52	54	53	51	*39*	*40*	*40*
Subjektives Wohlbefinden (PGCMS)	*59*	54	55	51	*58*	54	50	*38*	51	51	*35*
Lebensinvestment	55	*59*	52	55	49	50	50	55	*39*	*42*	49
Neurotizismus[3]	*57*	53	*56*	51	*59*	53	49	*40*	51	51	*35*
Internale Kontrolle	54	54	45	51	52	52	*57*	49	*41*	49	47
Externale Kontrolle[3]	*57*	55	55	47	*57*	54	*40*	49	*57*	*43*	*43*
Emotionale Einsamkeit[3]	*63*	*58*	55	55	*56*	50	47	*42*	48	49	*38*
Soziologie/Sozialpolitik											
Anzahl der sehr eng Verbundenen	49	*84*	52	53	51	47	50	49	*44*	45	46
Empfangene soziale Unterstützung	49	51	51	*57*	52	*42*	54	55	*41*	46	53
Sozialprestige	51	*56*	*68*	50	52	47	46	50	45	*43*	46
Bildung in Jahren	*57*	52	*65*	50	52	47	45	50	45	45	47
Anzahl der Verwandten	49	*58*	53	53	54	47	48	48	47	48	47
Aktivitätsniveau	*60*	*57*	*59*	*58*	48	53	*43*	50	*44*	*41*	*42*

Anmerkung: Alle Konstrukte wurden so standardisiert, daß höhere Scores positivere Funktionsniveaus bedeuten. Alle deutlich höheren bzw. niedrigeren Werte (über 55 bzw. unter 45) sind *kursiv* gedruckt.

1 Höhere Werte: bessere körperliche Gesundheit.

2 Höhere Werte: bessere psychische Gesundheit.

3 Höhere Werte: positive psychologische Funktionsfähigkeit (z. B. wenig Neurotizismus, wenig Einsamkeit).

Tabelle 2: Übersicht über die elf Untergruppenmit der Anzahl der in ihnen befindlichen Personen und ihrem jeweiligenAnteil an der BASE-Stichprobe.

Gruppe	Kurzcharakteristika	N	%
1	körperlich und geistig sehr fit, lebensfroh	28	5,5
2	sozial verankert, engagiert und lebensfroh	18	3,5
3	geistig fit, sozial aktiv, hoher Sozialstatus	44	8,7
4	durchschnittlich leistungsfähig, aktiv und unterstützt	56	11,0
5	herzkrank, aber zufrieden, psychisch stabil	47	9,3
6	relativ gesund und selbständig	69	13,5
7	kognitiv und sensorisch eingeschränkt, hilfsbedürftig, aber selbstbestimmt	55	10,8
8	krank, depressiv, ängstlich und einsam	67	13,2
9	zurückgezogen, passiv, freudlos, wenig unterstützt	44	8,7
10	kognitiv und sensorisch sehr eingeschränkt (dement), hilfsbedürftig, passiv, fremdbestimmt, sozial benachteiligt, freudlos	45	8,9
11	sehr gebrechlich, kognitiv und sensorisch sehr eingeschränkt, depressiv und einsam	35	6,9

Meßlatte gibt, die eine Unterteilung nach Funktionalität oder Dysfunktionalität erlaubt. Lediglich die Richtung von Funktionalität (Erwünschtheit) oder Dysfunktionalität (Unerwünschtheit) ist spezifizierbar. Zur Erleichterung des Vergleichs über die Konstrukte hinweg wurden in Tabelle 1 die T-Werte aller Variablen umkodiert, so daß höhere Werte einen besseren (oder positiveren) Wert bedeuten[7].

Die Namen, mit denen wir die Untergruppen umschreiben (Tabelle 2), sind als Kürzel zu verstehen, die nicht den vollen Bedeutungsgehalt der jeweiligen Merkmalsprofile (vgl. Tabelle 1) erfassen. Die Verwendung solcher umschreibenden Kürzel soll verdeutlichen, daß wir keine Realtypen reklamieren. Auch aus diesem Grund werden wir im folgenden eher knappe Charakterisierungen der spezifischen Profile der Untergruppen vornehmen. Es ist also zu bedenken, daß die Kürzel die für die Mitglieder der Untergruppen gemeinsamen Merkmale überbetonen und die Variationsbreite innerhalb der Untergruppen in den Hintergrund treten lassen.

Wir beginnen mit den eher erwünschten bzw. funktionstüchtigen Gruppierungen. Die ersten drei Untergruppen (N=90; 17,7% der BASE-Stichprobe) bezeichnen Personen, die für ihr Alter relativ gesund und sozial aktiv sind und eine hohe geistige Leistungsfähigkeit aufweisen. Untereinander unterscheiden sich diese Gruppen vor allem im Hinblick auf psychologische und soziale Aspekte, vielleicht überraschenderweise aber weniger im Hinblick auf das Profil der diagnostizierten Krankheiten und die von ihnen berichtete subjektive Gesundheit. Was die sozialen Aspekte anbelangt, so gibt es Unterschiede im sozialen Status: Gruppe 3 sticht hier mit einem hohen Sozialprestige des Haushaltsvorstandes und einem Durchschnitt von 14 Bildungsjahren besonders hervor. Diese drei Gruppen unterscheiden sich auch in der angegebenen Größe der sozialen Netzwerke und ihrer Familie: Gruppe 2 fällt in dieser Hinsicht mit einem Mittelwert von acht direkten Verwandten und 27 Personen im engeren sozialen Netzwerk auf. Die Mitglieder von Gruppen 1 und 2 haben eine vergleichsweise mehr nach außen gerichtete Persönlichkeit: Sie wiesen einen höheren Grad an Extraversion und höheres Lebensinvestment auf als die Mitglieder der dritten Gruppe. Während die Personen in Gruppen 1 und 2 eher an persönliche (internale) Kontrolle glaubten, waren die Personen in Gruppe 3 eher der Überzeugung, daß das, was ihnen im Leben geschehe, sowohl ihrer eigenen Kontrolle als auch der anderer Personen (externale Kontrolle) unterliege.

Die Personen in Gruppen 4, 5 und 6 (N=172; 33,3%) sind durch durchschnittliche Niveaus psychologischer und intellektueller Leistungsfähigkeit, aber durch unterschiedliche sozioökonomische Kontexte und unterschiedliche Gesundheit charakteri-

7 Bei $\bar{x}=50$ für körperliche Gesundheit bedeutet der Wert 60 also einen Schritt von einer Standardabweichung über den Mittelwert in positiver Richtung und gibt deshalb relativ gesehen bessere Gesundheit an. Für den Wert 40 gilt das Umgekehrte: Er liegt eine Standardabweichung unter dem Durchschnitt und zeigt damit relativ gesehen mehr Krankheiten oder schlechtere Gesundheit an.

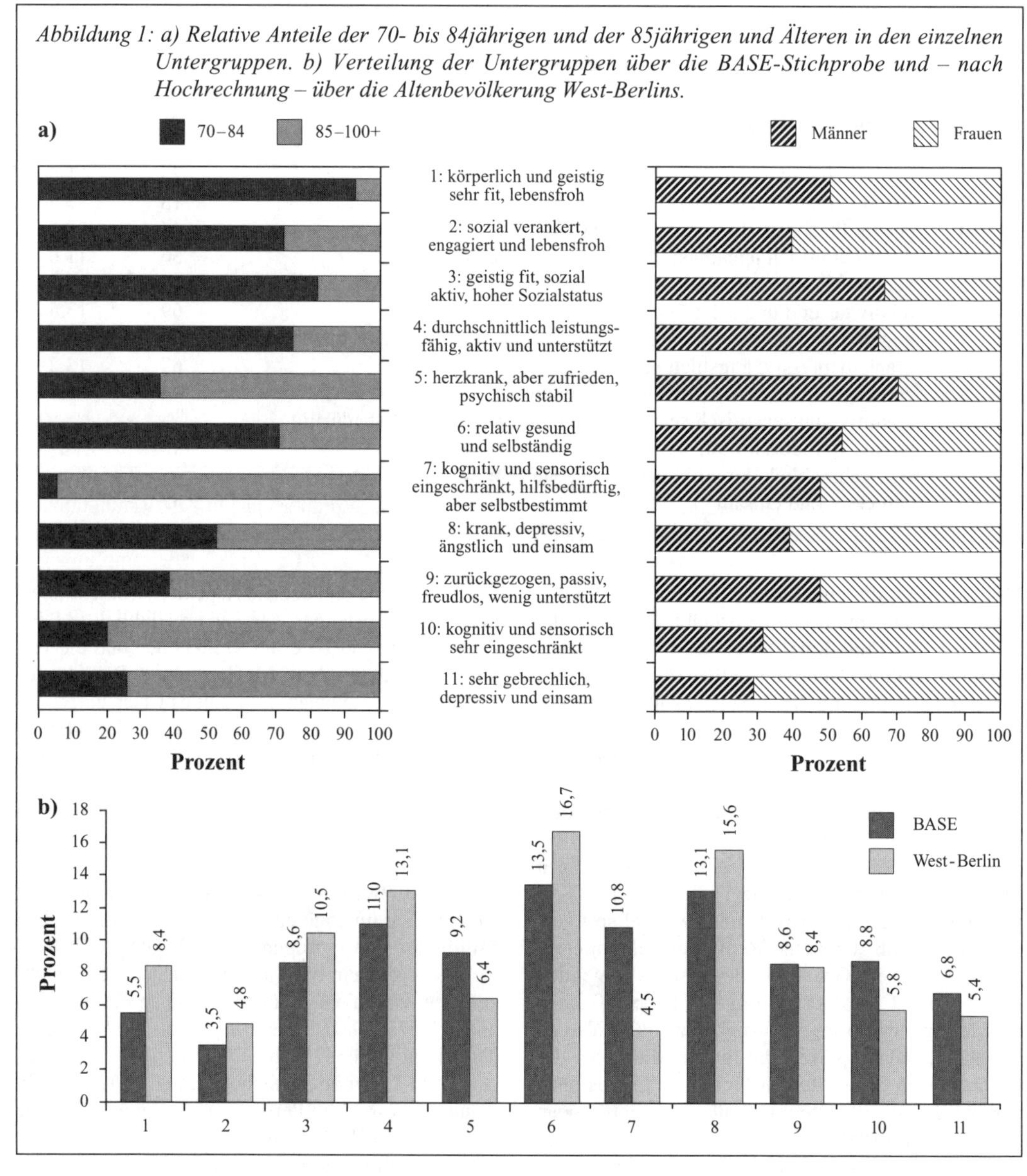

Abbildung 1: a) Relative Anteile der 70- bis 84jährigen und der 85jährigen und Älteren in den einzelnen Untergruppen. b) Verteilung der Untergruppen über die BASE-Stichprobe und – nach Hochrechnung – über die Altenbevölkerung West-Berlins.

siert. Eine dieser Gruppen (Gruppe 4: N=56) unterscheidet sich von den anderen durch einen hohen Grad empfangener instrumenteller und emotionaler Unterstützung, während eine zweite Gruppe (Gruppe 6: N=69; 13,5%) wenige Verwandte (Mittelwert $\bar{x}$=2) und geringe empfangene Unterstützung angab. Die Lebenssituationen dieser beiden Gruppen scheinen eher unterschiedliche Lebensschicksale und Persönlichkeitsstrukturen widerzuspiegeln als unterschiedliche Alternsprozesse. Im Vergleich mit den Gruppen 4 und 6 wurde das Leben der Personen in Gruppe 5 durch Herz-Kreislauf-Erkrankungen beeinträchtigt (Mittelwert von drei Diagnosen bei einem möglichen Maximalwert von sechs Diagnosen). Aber obgleich die Personen in der Gruppe 5 objektiv in schlechter gesundheitlicher Verfassung sind, bringen sie dennoch eine relativ hohe allgemeine Lebenszufriedenheit zum Ausdruck.

Die übrigen fünf Gruppen (7 bis 11) weisen immer weniger positive Altersmuster auf (N=246; 48,4%).

Abbildung 2: Verteilung der Studienteilnehmer nach Alter und Geschlecht über die Gruppen, deren Lage als eher gut, durchschnittlich, schlecht oder sehr schlecht zu bezeichnen ist.

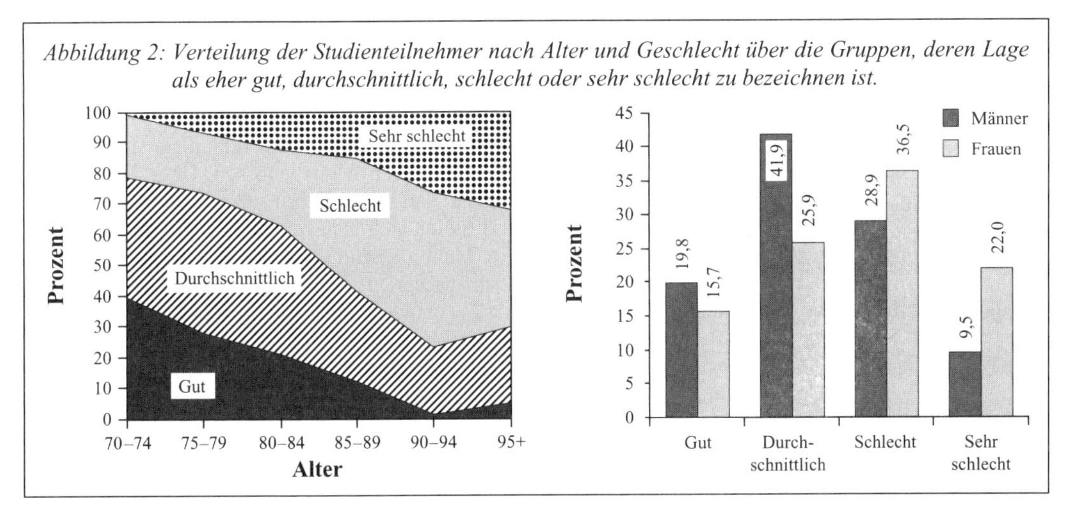

Die Gruppen 7, 10 und 11 vereinigen Personen mit verschiedenen Niveaus kognitiver, körperlicher und sensorischer Einbußen – häufig mit mehreren Beeinträchtigungen gleichzeitig. 85% der älteren Menschen in Heimen (N=67) finden sich in diesen drei Gruppen. In Gruppen 8 und 9 finden sich Personen mit unterschiedlichen Depressivitätsprofilen: diejenigen, die „körperlich krank und depressiv" sind, und diejenigen, die „zurückgezogen, wenig unterstützt und freudlos" sind. Gruppe 10 charakterisieren wir als Gruppe der Dementen (N=45; 8,5%); allerdings gilt dies mit der Einschränkung, daß es sich hier nicht nur um als psychiatrisch eindeutig dement diagnostizierte Personen handelt, sondern auch um Fälle vermuteter und subdiagnostischer Demenz unterschiedlichen Schweregrades (siehe Helmchen et al., Kapitel 7)[8].

Wie steht es um die Alters- und Geschlechtsverteilungen in den elf Gruppen? Abbildung 1a zeigt die relativen Anteile der 70- bis 84jährigen im Vergleich zu den 85jährigen und Älteren in jeder der einzelnen Gruppen sowie die jeweiligen Anteile von Frauen und Männern. Abbildung 1b vergleicht die Verteilungen für die BASE-Stichproben mit den entsprechenden gewichteten Anteilen in der Westberliner Altenbevölkerung.

Wie man aus Abbildung 1a ersieht, sind die verschiedenen Gruppen deutlich alterskorreliert. Die 70- bis 84jährigen finden sich vor allem in den Gruppen mit den eher positiven Merkmalen (1, 2, 3, 4 und 6), und die sehr Alten, d. h. 85jährigen und Älteren, finden sich vor allem in den Gruppen mit den eher negativen Merkmalen (insbesondere 7, 10 und 11). Frauen sind überproportional in den dysfunktionalen Gruppen 10 und 11 vertreten, Männer in den Gruppen 3 und 5. Wie aufgrund des Übersamplings von Hochbetagten und Männern in BASE zu erwarten, ist der Umfang jener Gruppen, in denen mehr jüngere Alte und mehr Frauen vertreten sind (die Gruppen 1, 2, 3, 6 und 8), in der Westberliner Altenbevölkerung größer als in der BASE-Stichprobe, während die Gruppen 7, 10 und 11 in der BASE-Stichprobe stärker vertreten sind als in der Altenpopulation.

Abbildung 2 zeigt im linken Teil die relativen Anteile der Personen in jeder Altersgruppe, deren Lage man hinsichtlich ihrer sozialen und psychischen Situation und ihres körperlichen und geistigen Funktionsniveaus als gut (Gruppen 1, 2, 3), als durchschnittlich (Gruppen 4, 5, 6), als schlecht (Gruppen 7, 8, 9) und als sehr schlecht (10, 11) charakterisieren könnte. Diese Abbildung veranschaulicht die unterschiedlichen Lebenslagen von Menschen in ihren 70er, 80er und 90er Jahren und die zunehmende Wahrscheinlichkeit negativer und weniger wünschenswerter Merkmalsprofile im sehr hohen Alter. Der leichte Anstieg der Anteile in den „guten" und „durchschnittlichen" Gruppen in der ältesten Altersgruppe verweist vermutlich auf die selektive Überlebenswahrscheinlichkeit von Personen mit hoher Funktionstüchtigkeit. Der rechte Teil der Abbildung macht ferner deutlich, daß Männer sich mit höherer Wahrscheinlichkeit in den eher positiveren Untergruppen finden, alte Frauen eher in den negativen Untergruppen. In dieser Gegenüberstellung zeigt sich der Risikofaktor Geschlecht am deutlichsten. Die längere Lebenserwartung von Frauen ist mit einer höheren

8 Nachfolgeanalysen erbrachten, daß Personen mit diagnostizierter schwerer Demenz alle in diese Gruppe fallen.

Gebrechlichkeit verbunden. Frauen sind entsprechend mehr als zweimal so häufig in den dysfunktionalsten Gruppen (10, 11) vertreten (vgl. auch Abb. 1a).

Im Anschluß an diese Analyse stellen sich einige Forschungsfragen, die erst durch die laufenden Längsschnitterhebungen von BASE beantwortet werden können. Auf allgemeinster Ebene geht es darum zu prüfen, wie, wann und warum Personen in die dysfunktionalen Gruppen wandern und unter welchen körperlichen, psychischen und sozialen Bedingungen Resilienz bzw. Widerstandsfähigkeit zu beobachten ist. So könnte man z. B. vermuten, daß die psychologisch robusteren, aber körperlich und geistig beeinträchtigten Gruppen eine größere Überlebenswahrscheinlichkeit aufweisen und auch jene mit starker sozialer Unterstützung und Einbettung länger und zufriedener leben als die subjektiv und objektiv sozial Vereinsamten.

5. Zusammenfassung und Schlußfolgerungen

Wir sind uns der Gefahr bewußt, die differenzierte und vielschichtige Gestalt der Ergebnisse der Berliner Altersstudie durch einige zusammenfassende Schlußfolgerungen und Perspektiven zu vereinfachen. Dennoch versuchen wir im folgenden, einige Akzente zu setzen. Im Einleitungskapitel (P. B. Baltes et al.) haben wir die theoretischen Leitlinien der Studie expliziert und wollen diese nun als Bezugsrahmen wieder aufgreifen: Kapazitätsreserven im Alter, differentielles Altern, Kontinuität versus Diskontinuität (mit einem Fokus auf das sehr hohe Alter) und Altern als systemisches Phänomen.

5.1 Reserven und ihre Grenzen: Positive und negative Aspekte des Alter(n)s[9]

Die Berliner Altersstudie hat eine Fülle empirischer Belege dafür erbracht, daß die Vorstellung vom Alter als eine insgesamt negativ und problematisch zu bewertende Lebensphase der Wirklichkeit nicht entspricht. Befunde, die gegen eine solche negative Vorstellung sprechen, finden sich zunächst einmal im Bereich der subjektiven Befindlichkeit alter Menschen. So sind die meisten alten Menschen mit ihrem Leben zufrieden. Zwei Drittel fühlen sich gesund, fast zwei Drittel fühlen sich gesünder als ihre Altersgenossen, fast ein Fünftel mindestens ebenso gesund wie Gleichaltrige. Solche positiven Vergleichsurteile nehmen mit dem Alter sogar noch zu: Je älter Menschen sind, desto gesünder fühlen sie sich im Vergleich zu ihren Altersgenossen. Über zwei Drittel meinen, daß sie ihr Leben selbst bestimmen können, und fühlen sich insoweit selbständig und unabhängig. Mehr als neun von zehn alten Menschen haben noch ausgeprägte Lebensziele, und nur ein Drittel ist stark vergangenheitsorientiert. Weniger als ein Zehntel der Westberliner Alten beschäftigte sich stark mit Tod und Sterben.

Diese überwiegend positiven Einstellungen der alten Menschen können und dürfen allerdings nicht nur als bloße Widerspiegelung ihrer objektiven Situation interpretiert werden. Die subjektive Situation ist besser als die objektive Lage. Die überwiegend positiven Einstellungen sind auch das Ergebnis wirksamer Prozesse der psychischen Auseinandersetzung mit widrigen Bedingungen (so z. B. in den oben unterschiedenen Gruppen 5 und 7) und vermutlich zum Teil auch Folgen generationsspezifischer Genügsamkeitsnormen.

Es gibt aber in der Berliner Altersstudie auch viele Belege für positive Aspekte der objektiven Alterssituation. So fühlen sich alte Menschen nicht nur überwiegend selbständig, sie sind es auch weitgehend in ihrer Lebensführung. Mehr als neun von zehn leben in Privathaushalten. Trotz des aufgrund der Großstadtsituation und der historischen Generationslage hohen Anteils an Kinderlosen leben weniger als 10% in Heimen. Drei Viertel der in Privathaushalten lebenden alten Menschen erhalten keine regelmäßige Hilfe von außerhalb. Neun von zehn sind nicht pflegebedürftig. Selbst unter den 85jährigen und Älteren ist nur ein Fünftel pflegebedürftig, und nur ein Drittel ist hilfsbedürftig. Diese Befunde über selbständige Lebensführung im Alter sind positiver für Männer als für Frauen.

Zu den guten Nachrichten aus BASE über das Alter kann man auch zählen, daß im Hinblick auf die geistige Gesundheit nur ein knappes Viertel der 70jährigen und Älteren psychiatrische Störungen aufweist und nur etwa ein Zehntel solche psychiatrische Störungen, die mit Hilfsbedürftigkeit verbunden sind. Depressionen nehmen mit dem Alter nicht zu. Auch was die körperliche Gesundheit anbelangt, wäre die Gleichsetzung von Alter und Gebrechlichkeit irreführend. So sind fast die Hälfte der 70jähri-

9 Mit Ausnahme der Angaben, die sich auf Altersgruppen beziehen, sind alle angegebenen Werte auf die Westberliner Altenpopulation hochgerechnet.

gen und Älteren frei von gravierenden Beschwerden über Einschränkungen des Bewegungsapparates und selbst unter den 85jährigen und Älteren knapp die Hälfte frei von klinisch manifesten Gefäßkrankheiten. In bezug auf die geistige und körperliche Gesundheit ist es darüber hinaus ein bemerkenswertes Ergebnis der Studie, daß wir im Hinblick auf Morbidität und Behandlungsbedürftigkeit kaum Unterschiede nach der Sozialschicht und anderen Merkmalen sozioökonomischer Ungleichheit gefunden haben. Dies könnte allerdings zum Teil ein Resultat selektiver Sterblichkeit vor dem Alter 70 sein, ist aber vermutlich auch eine Auswirkung eines effektiven Krankenversicherungssystems und einer medizinischen Betreuung, die wenig nach Zahlungskraft und Versichertenstatus diskriminiert.

Auch die Vorstellung vom Alter als Phase von sozialer Isolation, gesellschaftlichem Rückzug und von Nichtstun im Alltagsleben kann als überwiegend falsch abgewiesen werden. Die alten Menschen in BASE sind aktiv, und zwar sowohl außerhäuslich als auch zu Hause. Sehr alte Menschen haben zwar insgesamt weniger soziale Beziehungen und fühlen sich emotional einsamer, sie geben aber eine gleichbleibende Anzahl sehr eng verbundener Personen an. Es gibt auch kaum altersbedingte Unterschiede in den Kontakthäufigkeiten mit Kindern und Freunden. Alte Menschen sind ferner weder in besonderem Maße einkommensarm, noch leben sie unter grundsätzlich schlechteren Wohnbedingungen. Wichtig ist schließlich, daß die meisten alten Menschen dann Hilfe und Pflege erhalten, wenn sie sie brauchen und wollen. Ein wichtiger Befund der Berliner Altersstudie ist ferner, daß alte Menschen nicht nur Hilfe erhalten, sondern nach ihren Berichten sehr häufig auch anderen helfen. Sie leisten damit einen wichtigen Beitrag für ihre Familien und die Gesellschaft.

Man darf freilich die Zurückweisung eines negativen Altersbildes nicht überziehen. Die Befunde der Berliner Altersstudie belegen ebenso die Unausweichlichkeit körperlichen und geistigen Abbaus, die Zunahme chronischer Leiden mit höherem Alter und die vielfältigen Folgen sensorischer, geistiger und körperlicher Einschränkungen für eine aktive und selbständige Lebensführung. Sich z. B. gesund zu fühlen bedeutet nicht, daß man objektiv gesund ist. Fast alle alten Menschen in BASE haben mindestens eine mittel- bis schwergradige Erkrankung, etwa ein Drittel leidet an einer lebensbedrohlichen Erkrankung. Fast die Hälfte leidet an einer meist chronischen und schmerzhaften Erkrankung des Bewegungsapparates. Die Demenz steigt mit dem hohen Alter rasch an. In der Altersgruppe der 95jährigen und Älteren liegt dieser Anteil bei mindestens etwa 40%, höchstens etwa 60%. Neben Beobachtungen von teilweise schädlicher Übermedikation wurde in BASE auch ein erheblicher nicht erfüllter medizinischer Behandlungsbedarf festgestellt. Ein ganz besonders gravierendes Defizit zeigt sich bei der zahnärztlichen Versorgung: Drei Viertel der alten Menschen hätten zahnärztliche Behandlung nötig.

Auch die sensorische Funktionsfähigkeit (Gehör und Sehvermögen) läßt aufgrund physiologischer und pathologischer Prozesse im Alter deutlich nach: Unter Anwendung einer Beeinträchtigungsklassifikation der World Health Organization (WHO, 1980) erweist sich immerhin ein Drittel der älteren Westberliner als visuell mäßig bis schwer beeinträchtigt[10]. Während dieser Anteil noch bei den 70- bis 79jährigen knapp 20% beträgt, sind bei den 90- bis 103jährigen etwa 80% mäßig bis schwer beeinträchtigt. Was das unkorrigierte Gehör angeht, so ist dies bei insgesamt sechs von zehn Älteren mäßig bis schwer beeinträchtigt (nach WHO-Klassifikation). Schon knapp die Hälfte der 70- bis 79jährigen ist betroffen, mehr als 90% der 90- bis 103jährigen. Ein Viertel der 70jährigen und Älteren ist in beiden Sinnesmodalitäten (Sehen und Hören) mäßig bis schwer beeinträchtigt, wobei der Anteil von etwa 10% der 70- bis 79jährigen auf etwa 70% der 90- bis 103jährigen ansteigt.

Alle alten Menschen unterliegen einem graduellen Abbau ihrer geistigen Fähigkeiten. Alte Menschen können zwar noch Neues hinzulernen, aber mit zunehmendem Alter immer weniger. Nicht nur das Gedächtnis, sondern auch alle anderen kognitiven Fähigkeiten verschlechtern sich kontinuierlich von Altersgruppe zu Altersgruppe. Das gilt für die pragmatischen Aspekte der Intelligenz (wie z. B. Wortschatz und praktisches Wissen) und für die mechanischen Aspekte (z. B. logisches Schließen und Schnelligkeit des Denkens), wenn auch für letztere in etwas stärkerem Maße. Es gibt hier einen engen Zusammenhang mit dem Abbau sensorischer Fähigkeiten (Hören, Sehen, Gleichgewicht).

Trotz der relativ hohen Lebenszufriedenheit verstärken sich mit dem Alter negative Persönlichkeitsaspekte, wie etwa geringere Offenheit, weniger positive Emotionen sowie Gefühle, zunehmend fremdbestimmt zu sein. Die anscheinend hohen psychischen

10 Die Sehschärfe wurde in diesem Falle ohne korrigierende Brillen gemessen. Auch bei Messung des Visus mit Brillen liegt der Mittelwert des Sehvermögens der BASE-Teilnehmer unter der WHO-Schwelle mäßiger Beeinträchtigung (vgl. Marsiske et al., Kapitel 14, Abb. 4).

Anpassungsleistungen stoßen im hohen Alter an ihre Grenzen. Wie schon erwähnt, fühlen sich ältere Menschen einsamer. Mit dem Alter nehmen soziale Aktivitäten ab, vor allem aufgrund gesundheitlicher Einschränkungen. Viele alte Menschen dieser Generation sind kinderlos oder haben keine Kontakte zu ihren Kindern und fühlen sich wahrscheinlich auch deshalb einsamer. Fast die Hälfte hat keine Vertrauensperson, wobei wir nicht wissen, inwieweit sich dieser Befund bei jüngeren Erwachsenen unterscheidet. Vor allem alte Menschen, die im Heim wohnen, haben weniger Kontakte zur Außenwelt.

Fast ein Drittel der nach unseren Messungen Hilfs- und Pflegebedürftigen gibt an, von niemandem betreut zu werden. Dies könnte bedeuten, daß zumindest ein Teil der beobachteten selbständigen Lebensführung auf einen Interventionsbedarf und nicht auf eine optimale Lebenssituation verweist. In unserem Versuch, Alterslagen über viele Dimensionen und Funktionsbereiche hinweg zu charakterisieren, hat sich nicht nur ergeben, daß ein Drittel körperlich und geistig sehr eingeschränkt, sensorisch beeinträchtigt, schwer krank und behindert ist, sondern auch, daß dies zumindest bei einem Viertel mit einer sehr negativen seelisch-geistigen Verfassung verbunden ist. In diesem Zusammenhang ist darüber hinaus aber besonders hervorzuheben, daß sich im hohen Alter (85 Jahre und darüber) über die Hälfte der alten Menschen in den als schlecht zu charakterisierenden Alterslagen befindet und sogar zwei Drittel der 90jährigen und Älteren. Die negativen Aspekte des Alters nehmen also mit zunehmendem Alter kumulativ zu.

5.2 Differentielles Altern bis ins hohe Alter

Ein zweiter Schwerpunkt der Berliner Altersstudie beschäftigte sich mit der Frage, ob die große Verschiedenartigkeit im Altern zwischen Personen und zwischen verschiedenen Funktionsbereichen auch noch für das hohe Alter gilt.

Die Antwort auf diese Frage scheint einerseits eindeutig, andererseits bedarf sie einer gewissen Qualifizierung. Interindividuell, d. h., was die Verschiedenartigkeit zwischen Personen betrifft, scheint die Variationsbreite im hohen Alter insgesamt ebensogroß wie in jüngeren Jahren des Alters. Die Altersgruppen unterscheiden sich zwar voneinander in den Mittelwerten, aber nicht in der Streuung. Dieser Eindruck zieht sich durch fast alle Kapitel dieses Buches und schließt die geriatrischen und medizinischen Befunde ein. Aus unserer Sicht ist dies ein höchst bedeutsamer Befund, da er deutlich macht, wie wichtig es ist, auch für das hohe Alter ein differenziertes Altersbild geltend zu machen.

Gleichzeitig gibt es aber auch wichtige Ausnahmen. Wahrscheinlich aufgrund von selektiver Mortalität gibt es beispielsweise bestimmte medizinisch relevante Indikatoren, die im hohen Alter fast nicht mehr vorzufinden sind. So wurden beispielsweise in der BASE-Stichprobe auffällig geringe Prävalenzen der Apolipoprotein-Genotypen Apo-E 2/2 und 4/4 (genetische Marker sehr hohen Arterioskleroserisikos) beobachtet (vgl. Steinhagen-Thiessen & Borchelt, Kapitel 6, Abschnitt 4.1). Abweichungen vom kontinuierlich vorhandenen Variabilitätsmuster können also bedeutsam sein, weil die Abwesenheit bestimmter Merkmale oder Merkmalsausprägungen (oder auch überzufällige Befundlagen) wichtige Hinweise auf altersbezogene Krankheitsprozesse liefert.

Ebenso zeigt sich, daß auf intraindividueller Ebene (also innerhalb einer Person) die Variationsbreite einzelner Merkmale zurückgeht und so die Ähnlichkeit im Funktionsstatus zwischen den Merkmalen zunimmt. Das ausgeprägteste Beispiel ist das im hohen Alter außerordentlich starke Zusammenwachsen der verschiedenen Fähigkeiten, die den Bereich der Intelligenz markieren (vgl. Lindenberger & Baltes, 1995). Ferner bildet sich im hohen Alter auch ein sehr enger Zusammenhang zwischen Sensorik und Intelligenz heraus. Diese Beobachtung ist bedeutsam, auch wenn noch ungeklärt ist, wie diese Verkoppelung bzw. Entdifferenzierung erklärt werden kann.

Vorsichtig formuliert heißt dies, daß es auch im hohen Alter eine beträchtliche und unverminderte Variabilität zwischen Personen gibt, daß diese Personen aber, jede für sich genommen, über die verschiedenen Funktionsbereiche hinweg gleichsinnige Altersveränderungen erfahren. Es gibt zunehmend seltener den Fall, daß nur einige wenige Funktionen sich wandeln, während der verbleibende Teil des Systems gleich bleibt. Immer häufiger scheint sich das Gesamtsystem in gleichsinniger Weise zu verändern. Auf pathologischer Ebene spiegelt sich dies in einer ansteigenden Multimorbidität. Die große Ausnahme von dieser zunehmenden Gleichförmigkeit sind psychologische Persönlichkeitsmerkmale und selbstregulative Prozesse. Diese scheinen sich als besonders widerstandsfähig gegenüber der Gemeinsamkeit des Alterungsprozesses auszuweisen. Letztlich gilt aber auch hier das anfangs gemachte Monitum. Wir müssen die Auswertung der längsschnittlichen Wiederholungsbefragungen abwarten, um dieser Frage mit hinreichender methodischer Präzision nachgehen zu können.

5.3 Fokus hohes Alter: Ein neuer Blickwinkel?

Ein dritter Schwerpunkt von BASE lag auf dem hohen Alter. Dies basierte darauf, daß der überwiegende Teil gerontologischer Forschung sich mit den sogenannten jungen Alten, den 60- und 70jährigen, beschäftigt. Daraus ergibt sich die Frage, ob Altern im hohen Alter qualitativ und quantitativ vor allem eine Weiterentwicklung dessen ist, was das junge Alter kennzeichnet. Ist es beispielsweise vertretbar, die relativ positiven Ergebnisse über die Vitalität und Kapazitätsreserven jüngerer Alter, also etwa der 70jährigen, auf das hohe Alter zu übertragen? Oder gibt es doch einen Sprung und Diskontinuität, wenn man den Fokus auf die Hochbetagten legt?

Eine endgültige Bewertung dieser Fragestellung steht noch aus, vor allem, weil es hierzu längsschnittlicher und kohortenvergleichender Daten bedarf. Wenn man allerdings die vorliegenden querschnittlichen Ergebnisse zur Grundlage nimmt, dann scheint es uns doch, daß das hohe Alter nicht als eine einfache Fortschreibung des jungen Alters verstanden werden kann, sondern daß sich im hohen Alter eine veränderte Konstellation zeigt.

Was die jungen Alten angeht, so bestätigen unsere Befunde im großen und ganzen die im letzten Jahrzehnt entstandene Sichtweise, daß ältere Menschen einen überraschend hohen körperlichen, psychischen und sozialen Funktionsstatus haben (P. B. Baltes & Mittelstraß, 1992; Karl & Tokarski, 1989; Lehr, 1991). In der Tat, auch unsere Ergebnisse bestätigen die Schlußfolgerung: „The young old are on the move." Es gibt die jungen Alten mit einem beträchtlichen Ausmaß an Optimismus und Vitalität, und das „junge Alter" schiebt sich bis in ein höheres Lebensalter. In diesem Altersbereich gibt es also mehr als Hoffnung auf eine Zukunft des Alters. Unsere Beobachtungen und Messungen bieten ein empirisches Fundament für diese optimistische Sicht.

Wie wir in der Berliner Altersstudie gefunden haben, bietet sich jenseits des achten Lebensjahrzehnts aber doch ein anderes Bild. Auf psychologischer Ebene wird beispielsweise deutlich, daß das hohe Alter eine beträchtliche Herausforderung an die psychische Widerstandsfähigkeit und Bewältigungskapazität darstellt. Auch im Bereich der geistigen Leistungsfähigkeit zeigt sich, daß sich der im jüngeren Alter eher vereinzelte und spezifische Leistungsrückgang in einen allgemeinen und alle Bereiche betreffenden Leistungsverlust transformiert. Und dies scheint auch auf diejenigen zuzutreffen, deren Lebensverlauf durch überdurchschnittliche personale, soziale und ökonomische Ressourcen gekennzeichnet war.

Dieses Bild einer qualitativen Veränderung vom jungen ins höhere Alter wird weiterhin vor allem durch die psychiatrische Betrachtungsweise unterstützt. Wenn auch die meisten psychiatrischen Krankheitsbilder sich im hohen Alter in ihrer Prävalenz nicht verändern, so trifft dies auf die Altersdemenz nicht zu. Nach dem 80. Lebensjahr nimmt diese in ihrer manifesten Auftretenshäufigkeit stark zu, bis sie bei den 90- und 100jährigen eine Wahrscheinlichkeit zwischen 40 und 60% erreicht. Diese Zunahme der Demenzprävalenz ist ein Kennzeichen des hohen Alters und beinhaltet, daß viele sehr alte Menschen sich qualitativ verändern – gelegentlich so sehr, daß sie von anderen nicht mehr als dieselbe Person erlebt werden.

Auch die Befunde aus der Geriatrie, beispielsweise zur Pflegebedürftigkeit und Multimorbidität, stimmen mit der Sichtweise überein, daß das hohe Alter eine neue und weniger gute körperliche und seelische Funktionslage schafft (wenn sich dies dank der immer noch beachtlichen Anpassungskräfte auch nicht in globalen subjektiven Maßen der Gesundheit unmittelbar niederschlägt). Auch im Hinblick auf die sozioökonomische Lebenslage erweist sich das sehr hohe Alter als qualitativ andersartig: Die emotionale Einsamkeit nimmt zu, und die außerhäusliche gesellschaftliche Beteiligung nimmt ab, vor allem aber erhöht sich die Abhängigkeit von anderen bis hin zur Heimunterbringung. Auf systemischer Ebene (d. h. bei gleichzeitiger Berücksichtigung von mehr als 20 Meßindikatoren) befinden sich also die Hochbetagten und gerade die älteren Frauen zunehmend häufiger in den Gruppierungen, mit deren Funktionsstatus und Lebensbedingungen echte Risikolagen und unbefriedigende Lebenskonstellationen verknüpft sind (vgl. Abb. 1 und 2).

Nach unserer Einschätzung liegt in diesem Befund eine Herausforderung für die gerontologische Theorienbildung. So drängt sich etwa die Hypothese auf, das hohe Alter werde zunehmend durch andere und von früheren Lebenskonstellationen unabhängige, etwa biologisch-genetische Faktoren bestimmt, deren Auftreten weniger durch soziokulturelle Ressourcen steuerbar ist, als dies auf frühere Phasen des Erwachsenenalters zutrifft (zum Ausmaß genetischer Einflüsse siehe aber auch McGue, Vaupel, Holm & Harvald, 1993; Yashin & Iashine, 1994).

5.4 Altern als systemisches Phänomen

Ein vierter Schwerpunkt der Berliner Altersstudie war der Versuch, das umzusetzen, was Gerontologen immer wieder als ein wesentliches Kennzeichen des

Alters und des Alterns darstellen: daß Alter und Altern gleichzeitig ein biologisches, psychisches, soziales und institutionelles Phänomen seien und daß es notwendig sei, gerontologische Studien so anzulegen, daß sie das gesamte Spektrum disziplinärer und interdisziplinärer Arbeit einschließen (z. B. Mittelstraß et al., 1992). Wir haben uns um die Umsetzung dieser Grundvoraussetzung bemüht. Wenn diese Arbeit aber auch in wesentlichen Teilen noch nicht abgeschlossen ist (beispielsweise wurden die vorliegenden Blutproben noch nicht gründlich hinsichtlich biologisch-genetischer Marker untersucht), so gibt es doch schon eine Reihe von wichtigen Befunden, die den Aufwand als lohnend erscheinen lassen.

Erinnert sei nur an die in diesem Kapitel vorgelegten multidisziplinären Profilanalysen und deren analytische Stärke, um das Essentielle der Unterschiede zwischen den alten und hochbetagten Menschen sowie zwischen Männern und Frauen auf aggregierter Ebene zu erfassen. Nur mit Hilfe dieses multidisziplinären Makroskops war es möglich, die Variabilität zu entzerren und eine umfassende Sicht auf das für das Alter und das Geschlecht Wesentliche zu werfen. Und genau aus diesen Gründen erwarten wir, daß beispielsweise die in den Abbildungen 1 und 2 dargestellten Profilbefunde als bedeutsam und neuartig bewertet werden.

Ein anderes Beispiel für die Fruchtbarkeit des interdisziplinären Zugangs waren die von Psychiatern und Geriatern durchgeführten Konsensuskonferenzen. Nur so war es möglich, die Validitätsgrenzen bestimmter medizinischer Kategorisierungen festzulegen oder auch die Frage einer Über- bzw. Untermedikation der Altenbevölkerung Berlins anzugehen – mit dem für viele Nichtmediziner überraschenden Befund, daß die ältere Bevölkerung keineswegs vorrangig übermediziert ist, sondern daß sich, je nach Funktionsbereich, Über- bzw. Fehlmedikation und Untermedikation eher die Waage halten.

Ein letztes Beispiel für den Nutzen des in BASE angelegten interdisziplinären Zugangs sind die Befunde zum Zusammenhang zwischen Sensorik und Intelligenz. Wir erinnern daran, daß dieser intersystemische Zusammenhang im hohen Alter außerordentlich stark ist. Obwohl es auf diesem Feld der Altersintelligenzforschung Hunderte, wenn nicht Tausende von früheren Untersuchungen gibt, ist dieser Befund neu – vor allem, weil es bisher nur selten eine enge Kooperation zwischen Medizinern und Psychologen auf diesem Gebiet gegeben hat. Nun, da dieser Befund vorliegt, ergeben sich völlig neue Fragen zur Erklärung des Intelligenzverlaufs im hohen Alter, Fragen, die vor allem nach neurobiologischen Erklärungsansätzen drängen.

5.5 Ausblick

Wie in dem Einleitungskapitel zu diesem Band dargelegt wurde, hat die Akademie-Arbeitsgruppe „Altern und gesellschaftliche Entwicklung“ in der Vorbereitung zu der vorliegenden Studie eine Publikation vorgelegt, die einen umfassenden Überblick über Stand und Perspektiven der Alternsforschung gibt (P. B. Baltes & Mittelstraß, 1992; P. B. Baltes, Mittelstraß & Staudinger, 1994). In dieser Veröffentlichung wurden auch Fragen der weiteren Forschungsentwicklung in der Gerontologie (Mittelstraß et al., 1992) sowie Fragen der gerontologischen und sozialpolitischen Praxis (Mayer et al., 1992) ausführlich erörtert.

Die Zielrichtung der Berliner Altersstudie lag in der Erarbeitung gerontologischer Erkenntnisse und dem Beitrag zur gerontologischen Theorienbildung. Wir wollen daher Aspekte der Forschungsimplikationen sowie der gesundheits- und sozialpolitischen Schlußfolgerungen für die in der Berliner Altersstudie erarbeiteten Befunde nicht im Detail thematisieren. Zudem sind die an BASE beteiligten Wissenschaftler nur zu einem kleineren Teil Experten für praktische Umsetzungen und nur in wenigen Fällen die praktischen Ableitungen aus den Befunden so eindeutig und zwingend, daß sie einen Konsens unter den BASE-Wissenschaftlern leicht ermöglichen würden. Es gibt allerdings eine Reihe von Veröffentlichungen einzelner aus der BASE-Arbeitsgruppe (z. B. M. M. Baltes & Montada, 1996; P. B. Baltes, 1996; Helmchen, Linden & Wernicke, im Druck; Linden, Horgas, Gilberg & Steinhagen-Thiessen, im Druck; Mayer, 1994; G. Wagner, 1995), die explizit Fragen der Anwendung und der Alter(n)spolitik gewidmet sind sowie Umsetzungen in einem Modellversuch der geriatrischen Rehabilitation (Borchelt & Steinhagen-Thiessen, 1995; Steinhagen-Thiessen, Gerok & Borchelt, 1994).

Dennoch möchten wir bei diesem Ausblick auf Überlegungen zur weiteren Forschung und zu gesellschaftlichen Perspektiven nicht ganz verzichten und nicht im Elfenbeinturm reiner Forschung verharren. Wir tun dies allerdings in der Form zugespitzter Thesen, die vor allem als Leitlinien zukünftigen Handelns und Forschens dienen sollen. In ihrer Pointiertheit sind manche dieser Thesen eher daraufhin angelegt, die forschungs- und gesellschaftspolitische Diskussion anzustoßen als schon rezeptartige Lösungsvorschläge vorzulegen.

Zur Forschungslage. Die Berliner Altersstudie hat nicht nur gezeigt, daß ein interdisziplinärer Zugang zum Alter(n) von 70 bis über 100 Jahren diesem Ge-

genstandsbereich sachlich angemessen und daher unverzichtbar ist. Sie hat vor allem den Nachweis erbracht, daß dies forschungspraktisch möglich ist. Die beteiligten Kliniker, Theoretiker und empirischen Sozialforscher, Sozial-, Wirtschafts-, Verhaltens- und Naturwissenschaftler haben ihre ganz unterschiedlichen und bis zum Schluß wechselseitig kontroversen Formen der Theorienbildung und Realitätserfassung soweit einander vermitteln können, daß gemeinsame Untersuchungen und Analysen möglich wurden. Dabei ist den an der Studie unmittelbar Beteiligten als allerersten bewußt, daß selbst das breite Spektrum der interdisziplinären Zugangsweisen in BASE von der Laborchemie und Röntgendiagnostik bis zur Sozialstrukturanalyse und biographischen Fallinterpretation noch keineswegs ausreichend war. So halten wir eine Ausweitung um molekulargenetische Analysen (der vorhandenen Blutproben) für ebenso notwendig wie phänomenologisch-hermeneutische Verfahren und institutionenbezogene Untersuchungen (z. B. des Heimübergangs). Auch stärker mit Interventionsmodellen gekoppelte Erhebungen sind dringlich – allerdings nicht nur im engen Rahmen technologischer Hilfen, sondern in einem weitgefaßten Alternskontext, der auch Persönlichkeit und den engeren sozialen Kreis einschließt.

Interdisziplinarität findet allerdings nicht nur in Gruppen, sondern vor allem in je einzelnen Köpfen statt, aber auch dann meist nur unter Bedingungen langerfristiger Kooperation bei hohem interdisziplinärem Anforderungsdruck. Daher hat eine auf längere Dauer gestellte Sicherung interdisziplinärer Forschungszusammenhänge neben der Förderung gerontologischer Forschung in den Einzeldisziplinen in der Alternsforschung höchste Priorität. Regierungsressorts und Akademien können dazu Impulse geben, die Einrichtung und Förderung dafür geeigneter Forschungszentren bleibt aber eine ungelöste Zukunftsaufgabe der Forschungspolitik.

Man sollte sich vor einer hohen Konzentration von Forschungsmitteln in aller Regel zwar hüten, und oft ist das Motto „Laßt tausend Blumen blühen" (mit je weniger Geld) eine ganz gute Leitlinie für die Forschungsförderung. Für die gegenwärtige Lage der gerontologischen Forschung gilt dies aber eindeutig nicht. Wünschenswert sind Formen der Forschungsorganisation, die die *disziplinäre Verortung* garantieren und eine sehr enge *interdisziplinäre Kooperation* fördern, aber zugleich die hohen ethischen und professionellen Voraussetzungen für Forschung mit sehr alten Menschen garantieren. Dies könnte in inner- und interuniversitären Zentren, Sonderforschungsbereichen und Graduiertenkollegs erfolgversprechend sein. Auch bei Berufungen auf Lehrstühle müssen interdisziplinäre Erfahrungen und Kompetenzen stärker als bisher gewürdigt werden.

Es gibt noch zwei weitere Themen zur Lage gerontologischer Forschung, die sich bei der Bilanzierung unserer Ergebnisse aufdrängen. BASE ist eine Querschnittsstudie mit einer besonderen historischen Einbettung. Auf dieser Grundlage ergibt sich dringlich die Notwendigkeit von *Längsschnittstudien und Kohortenvergleichen*. Die Berliner Altersstudie hat zum einen eine Fülle von Befunden erbracht, deren ursächliche Mechanismen erst hinreichend verstanden und überprüft werden können, wenn für ausreichend große Stichproben Längsschnittdaten vom frühen Alter bis zum Tode vorliegen. Für den wissenschaftlichen Erkenntnisfortschritt in der Gerontologie, aber gleichermaßen für eine mehr als spekulativ dramatisierende, nämlich begründet vorausschauende Gesundheits- und Sozialpolitik sind z. B. die relative Dauer, die Art und der Verlauf von chronischer Krankheit und Multimorbidität vor dem Tode sowie das Verständnis ihrer Bedingungen die zentralen Größen. Interdisziplinäre Längsschnittstudien erfordern aber einen langen Atem und beträchtliche Forschungsinvestitionen.

Zum anderen hat gerade auch die erstmalige Integration der soziologischen Lebensverlaufsforschung in die gerontologische Forschung durch BASE an vielen konkreten Punkten, wie z. B. in bezug auf den Anteil der Kinderlosen oder auf die Erwerbsbiographien, belegt, daß Untersuchungen „alter" Menschen auch immer gleichzeitig Untersuchungen der Angehörigen historisch ganz spezifisch gelagerter Generationen sind. Manches, was die Alterssituation und den Alterungsprozeß der BASE-Teilnehmer beeinflußt hat, ist schon vor dem Ersten Weltkrieg geschehen, wie z. B. die Ernährungssituation in der frühen Kindheit. Auch die Zwischenkriegszeit mit der Weltwirtschaftskrise, der Zweite Weltkrieg und die unmittelbare Nachkriegszeit haben die BASE-Geburtsjahrgänge in spezifischer Weise geformt. Nur über Längsschnittstudien verschiedener Geburtsjahrgangsgruppen, sogenannte Kohortensequenzerhebungen, läßt sich herausfinden, was an Alternsprozessen universell ist, was daran historisch ganz partikulär ist und was sich daran trendartig wandelt. In diesem Sinne ist BASE vor allem als eine „base-line"-Studie zu verstehen, an die sich weitere Kohortenstudien anschließen müßten.

Einfache Extrapolierungen in die Zukunft hinein können also leicht irreführend sein, da Veränderungen der äußeren natürlichen und gesellschaftlichen Umwelt, aber auch der Ressourcen und Orientierungen der zukünftigen Alten sich rasch wandeln (P. B. Baltes, 1996; Bengtson & Schütze, 1992). Ein sehr wahrscheinliches Ergebnis dieser Veränderungen werden weiterhin ansteigende Überlebenswahrscheinlichkeiten sehr alter Menschen sein (Jeune & Vaupel, 1995; Kannisto, 1994). Gerade neuere Entwicklungen der Biomedizin und der medizinischen Rehabilitation legen es nahe, weitere Impulse für eine verlängerte Lebensspanne und eine bessere Lebensqualität für das Alter zu erwarten. Wenn man also die in der Berliner Altersstudie erarbeiteten Befunde bewertet, ist mitzubedenken, in welchem Ausmaß diese bereits von den gesellschaftlichen Bedingungen überholt sein könnten. Und hierbei geht es sicherlich nicht nur um Fortschritte, sondern auch darum, ob der bisher gerade in der Bundesrepublik vorbildliche Generationenvertrag gefährdet wird.

Gesellschaftspolitische Leitlinien. Wir schlagen eine Reihe von Konzepten vor, die aufgrund der Befunde der Berliner Altersstudie in der künftigen Diskussion um die Zukunft des Altern(s) als Leitlinien im Vordergrund stehen sollten.

Erstens scheint es uns wichtig, die *Vielfalt des Alterns* zwischen Gruppen, Personen, zwischen Funktionsbereichen einzelner Personen und zwischen Alternsverläufen zu unterstreichen, also das, was Gerontologen differentielles Altern nennen. Diese Betonung der Unterschiedlichkeiten des Alterns ist keine Entdeckung von BASE, sondern geht auf frühere gerontologische Studien zurück (P. B. Baltes & Baltes, 1992; Lehr & Thomae, 1987; Maddox, 1987; Nelson & Dannefer, 1992). Neu ist aber, daß wir in BASE diese Variationsbreite für eine noch größere Anzahl von Dimensionen und Merkmalen gemessen haben, und vor allem, daß wir diese Strukturen auch für das sehr hohe Alter, also für die 80-, 90- und 100jährigen nachweisen konnten. Auch im hohen Alter gibt es viele Gesichter des Alters und damit das menschliche und politische Gebot, alte Menschen in ihrer jeweiligen Besonderheit und Individualität anzunehmen.

Eine zweite Leitlinie bezieht sich auf die *Gestaltbarkeit des Alterns*. Vieles, was wir in BASE von alten Menschen erfragt und beobachtet haben, ist weder zwangsläufig noch naturnotwendig. Zum Teil wird dies durch die Befunde relativ eindeutig belegt, zum Teil liefern die Daten Grundlagen, die solche Einschätzungen und Erwartungen berechtigt erscheinen lassen. Es gibt viele Altersbeeinträchtigungen, die mit teilweise geringen Ressourcen aufhebbar, verminderbar, rehabilitierbar oder aufschiebbar sind – es gibt noch viele unausgenutzte Reserven und Potentiale des Alters und damit ein weites Feld individueller und gesellschaftlicher Gestaltbarkeit des Alterns. Es geht also um die Suche nach Wegen der institutionellen, sozialen und kulturellen Unterstützung des Lebens im Alter. Dabei scheinen uns Verbesserungen von Lücken der Alterssicherung und Pflegeversicherung, die Entwicklung von nachfrageorientierten Altenpflege- und Beratungsmärkten sowie von neuen Technologien (z. B. im Gesundheits-, Kommunikations- und Verkehrswesen) notwendig. Vordringlich ist aber die gesellschaftliche Entwicklungshilfe bei der *Gestaltung des Lebenssinns* im Alter (M. M. Baltes & Montada, 1996; Rentsch, 1992; Rosenmayr, 1990; Staudinger & Dittmann-Kohli, 1992). Es gibt große Defizite in der Entwicklung von Chancen für ein subjektiv „produktives“ und selbstgesteuertes Alter über die passiven Rollen als Konsument und als Objekt der Sozialpolitik hinaus. Produktivität im Alter muß in einer Weise verstanden werden, die sich von Vorstellungen wirtschaftlichen Nutzens löst. Dies wird unter anderem deshalb schwierig sein, weil der weitaus größere Anteil aller alten Menschen Frauen sind und weibliche Eigenschaften und Leistungen gesellschaftlich geringer geschätzt werden (Friedan, 1996).

Ferner gehört zum Thema der Gestaltbarkeit des Alters die Suche nach neuen Wegen in der Gesundheitspolitik, die die „relative“ Selbständigkeit und Autonomie alter Menschen noch stärker als bisher unterstützt (M. M. Baltes, 1995). Allzuhäufig werden nur einseitig die Fragen der „Alterslast“ in den Gesundheitskosten diskutiert und viel weniger die möglichen Kosteneinsparungen durch gezielte Prävention und Rehabilitation. Die Ergebnisse der Berliner Altersstudie machen deutlich, daß aufgrund der latenten Kapazitätsreserven älterer Menschen es prinzipiell einen größeren Spielraum der Erfolgswahrscheinlichkeit solcher Interventionen gibt, als man dies annimmt. Hierbei erscheint uns vordringlich, neben der somatischen auch die psychiatrisch-psychologische Diagnostik und Therapie stärker zu entwickeln und anzuwenden. Gerade auch im Bereich der kognitiven Leistungsfähigkeit und sensorischen Störungen gibt es teilweise noch erhebliche Spielräume für Intervention.

Drittens untermauert die Berliner Altersstudie eine viel weniger positive und optimistische Sicht des sehr hohen Alters. Die *Endlichkeit und Vulnerabilität* des Lebens und die mit dem Lebensende verbundenen Belastungen und Leiden werden hier zum vorherrschenden Thema. Wie die verschiedenen Altersvergleiche, vor allem auf interdisziplinärer und systemischer Ebene, zeigen, legt die empirische Evidenz nahe, daß man zwar bei den 70jährigen und zum Teil bei den frühen 80jährigen im großen und ganzen davon ausgehen kann, daß es viele Kontinuitäten zum vorangehenden Leben gibt. In diesem oft als das junge Alter bezeichneten Altersbereich kann man für die überwältigende Anzahl älterer Menschen feststellen, daß sie noch über Reserven verfügen, ihr Leben autonom und zielorientiert zu gestalten, vor allem dann, wenn sie einen Partner oder andere enge Vertraute sowie ausreichende ökonomische und soziale Stützsysteme haben. In diesem Altersbereich des jungen Alters kann auch noch besonders viel verbessert werden: Mehr Menschen können ein solches Alter erreichen und selbständig leben.

Ein „viertes Lebensalter"? Ziemlich sicher erscheint uns indes, daß diese optimistische Grundhaltung des in den 80er Jahren gerade auch in Deutschland herausgebildeten positiven Altersbildes für die über 85jährigen nicht angemessen ist und eine sehr problematische Verharmlosung bedeuten würde (siehe auch Cole, 1991). Zumindest in der Gegenwart und absehbaren Zukunft scheinen sich in den Gruppen der älteren Alten (die sich vor allem aus überlebenden Frauen zusammensetzen) die biologisch-organischen Risiken zunehmend zu verdichten und mit zunehmendem Alter über die Hälfte der Hochbetagten zu erfassen. In einem anderen Zusammenhang hat einer von uns (P. B. Baltes, 1996) deshalb von „Hoffnung mit Trauerflor" gesprochen und argumentiert, daß es in der unmittelbaren Zukunft keine „Belle Époque" des hohen Alters geben wird. Für die gerontologische Theorienbildung wäre es daher angebracht, die Lebensphase des Alters wegen der damit verbundenen, jeweils unterschiedlichen Bedingungen und Anforderungen weiter zu differenzieren und den von dem Historiker Peter Laslett (1991) geprägten Begriff des dritten Lebensalters durch ein *viertes Lebensalter* zu ergänzen. Eine solche differenzierte Betrachtungsweise des Altersganges ist für das andere Ende der Lebensspanne, die frühkindliche Entwicklung, eine Selbstverständlichkeit.

Die große Unsicherheitszone der Zukunft des Alters bezieht sich also vor allem auf das *Altern der Hochbetagten*. Hier ist keineswegs auszuschließen, daß eine weitere Verlängerung der durchschnittlichen Lebensspanne – die als solche sehr wahrscheinlich ist – zugleich eine Verlängerung der Lebensphase schwerwiegender körperlicher und geistiger Beeinträchtigungen mit sich bringt (vgl. dagegen für die USA Committee on National Statistics, 1994).

Es ist deshalb vordringlich, nicht nur sehr viel bessere Daten über die Qualität des Zuwachses an Jahren im Alter zu gewinnen, sondern auch die künftige gerontologische Forschung sowie die medizinische, psychiatrische, psychologische und sozialpolitische Praxis gerade auf dieses *neue vierte Lebensalter* zu richten. Es gilt hier, neue Formen des Lebens in und mit dem sehr hohen Alter, das stark durch geistig-sensorische Beeinträchtigungen, Gebrechlichkeit und Pflegebedürftigkeit bestimmt ist, zu finden. Denn in der Zukunft ist der Entwicklungsstand einer modernen Gesellschaft auch daran zu messen, ob sie neben der Erweiterung und Sicherung von Gestaltungsmöglichkeiten des dritten Lebensalters auch menschenwürdige Formen des Lebensendes entwickelt und stützt. Im sehr hohen Alter, etwa jenseits des 85. Lebensjahres, ist in der allerletzten Phase des Lebens die persönliche, familiäre und gesellschaftliche Not am größten, und in dieser Altersgruppe geschieht es am häufigsten, daß die Probleme der alten Menschen und derjenigen, die sie betreuen, verdrängt und vergessen werden.

Literaturverzeichnis

Allmendinger, J. (1994). *Lebensverlauf und Sozialpolitik: Die Ungleichheit von Frau und Mann und ihr öffentlicher Ertrag*. Frankfurt/M.: Campus.

American Psychiatric Association (APA) (Hrsg.) (1987). *Diagnostic and statistical manual of mental disorders (DSM-III-R)*. Washington, DC: American Psychiatric Association.

Baltes, M. M. (1995). Verlust der Selbständigkeit im Alter: Theoretische Überlegungen und empirische Befunde. *Psychologische Rundschau, 46,* 159–170.

Baltes, M. M., Kühl, K.-P. & Sowarka, D. (1992). Testing for limits of cognitive research capacity: A promising strategy for early diagnosis of dementia? *Journal of Gerontology: Psychological Sciences, 47,* P165–P167.

Baltes, M. M. & Montada, L. (Hrsg.) (1996). *Produktives Leben im Alter*. Frankfurt/M.: Campus.

Baltes, P. B. (1996). Über die Zukunft des Alterns: Hoffnung mit Trauerflor. In M. M. Baltes & L. Montada (Hrsg.), *Produktives Leben im Alter* (S. 29–68). Frankfurt/M.: Campus.

Baltes, P. B. & Baltes, M. M. (1992). Gerontologie: Begriff, Herausforderung und Brennpunkte. In P. B. Baltes & J. Mittelstraß (Hrsg.), *Zukunft des Alterns und gesellschaftliche Entwicklung* (S. 1–34). Berlin: de Gruyter.

Baltes, P. B. & Mittelstraß, J. (Hrsg.) (1992). *Zukunft des Alterns und gesellschaftliche Entwicklung*. Berlin: de Gruyter.

Baltes, P. B., Mittelstraß, J. & Staudinger, U. M. (Hrsg.) (1994). *Alter und Altern: Ein interdisziplinärer Studientext zur Gerontologie*. Berlin: de Gruyter.

Baltes, P. B. & Staudinger, U. M. (1993). Über die Gegenwart und Zukunft des Alterns: Ergebnisse und Implikationen psychologischer Forschung. *Berichte und Mitteilungen der Max-Planck-Gesellschaft, 4,* 154–185.

Barnow, S. & Linden, M. (1995). *Epidemiology of suicidality and tiredness of life among very old persons (70–105 years): Results from the Berlin Aging Study (BASE).* Zur Veröffentlichung eingereichtes Manuskript, Psychiatrische Klinik und Poliklinik, Universitätsklinikum Benjamin Franklin, Freie Universität Berlin.

Beers, M. H., Ouslander, J. G., Rollingher, I., Reuben, D. B., Brooks, J. & Beck, J. C. (1991). Explicit criteria for determining inappropriate medication use in nursing home residents. *Archives of Internal Medicine, 151,* 1825–1832.

Bengtson, V. L. & Schütze, Y. (1992). Altern und Generationenbeziehungen: Aussichten für das kommende Jahrhundert. In P. B. Baltes & J. Mittelstraß (Hrsg.), *Zukunft des Alterns und gesellschaftliche Entwicklung* (S. 492–517). Berlin: de Gruyter.

Bickel, H. & Cooper, B. (1994). Incidence and relative risk of dementia in an urban elderly population: Findings of a prospective field study. *Psychological Medicine, 24,* 179–192.

Borchelt, M. (1995). Potentielle Neben- und Wechselwirkungen der Multimedikation im Alter. *Zeitschrift für Gerontologie und Geriatrie, 28,* 420–428.

Borchelt, M. & Horgas, A. L. (1994). Screening an elderly population for verifiable adverse drug reactions: Methodological approach and initial data analysis of the Berlin Aging Study (BASE). *Annals of the New York Academy of Sciences, 717,* 270–281.

Borchelt, M. & Steinhagen-Thiessen, E. (1995). Medikamentöse Therapie. In I. Füsgen (Hrsg.), *Der ältere Patient: Problemorientierte Diagnostik und Therapie* (S. 538–572). München: Urban & Schwarzenberg.

Braak, H. & Braak, E. (1988). Demenz mit agyrophilen Körnchen: Morphologie einer bisher unbekannten zur Demenz führenden Erkrankung. In H. Helmchen (Hrsg.), *Wirkungen und Wirksamkeit von Nootropika* (S. 19–28). Berlin: Springer-Verlag.

Cole, T. R. (1991). *The journey of life: A cultural history of aging in America*. New York: Cambridge University Press.

Committee on National Statistics (Hrsg.) (1994). *Trends in disability at older ages: Summary of a workshop.* Washington, DC: National Academy Press.

Drachman, D. A. (1994). If we live long enough, will we all be demented? *Neurology, 44,* 1563–1565.

Freund, A. M. (1995). *Wer bin ich? Die Selbstdefinition alter Menschen* (Studien und Berichte des Max-Planck-Instituts für Bildungsforschung). Berlin: Edition Sigma.

Friedan, B. (1996). Retirement as a new beginning. In M. M. Baltes & L. Montada (Hrsg.), *Produktives Leben im Alter* (S. 14–28). Frankfurt/M.: Campus.

Gilberg, R. (1996). *Inanspruchnahme von Hilfe- und Pflegeleistungen im höheren Lebensalter*. Dissertation, Freie Universität Berlin.

Hauser, R. (1996). Die Entwicklung der Einkommensverteilung in den neuen Bundesländern seit der Wende. In M. Diewald & K. U. Mayer (Hrsg.), *Zwischenbilanz der Wiedervereinigung: Strukturwandel und Mobilität im Transformationsprozeß* (S. 165–188). Opladen: Leske + Budrich.

Hauser, R. & Wagner, G. (1992). Altern und soziale Sicherung. In P. B. Baltes & J. Mittelstraß (Hrsg.), *Zukunft des Alterns und gesellschaftliche Entwicklung* (S. 581–613). Berlin: de Gruyter.

Hauser, R. & Wagner, G. (1996). Die Einkommensverteilung in Ostdeutschland: Darstellung, Vergleich und Determinanten für die Jahre 1990–1994. In R. Hauser (Hrsg.), *Soziale Probleme der deutschen Einheit* (S. 165–188). Berlin: Duncker & Humblot.

Helmchen, H., Linden, M. & Wernicke, T. (im Druck). Psychiatrische Morbidität bei Hochbetagten: Ergebnisse aus der Berliner Altersstudie. *Der Nervenarzt.*

Henderson, A. S. (1994). *Dementia*. Genf: World Health Organization.

ICD-9 (1988). *Internationale Klassifikation der Krankheiten (ICD): 9. Revision*. Köln: Kohlhammer.

Jeune, B. & Vaupel, J. W. (Hrsg.) (1995). *Exceptional longevity: From prehistory to the present* (Monographs on Population Aging, Bd. 2). Odense: Odense University Press.

Kannisto, V. (Hrsg.) (1994). *Development of oldest-old mortality, 1950–1990: Evidence from 28 developed countries* (Monographs on Population Aging, Bd. 1). Odense: Odense University Press.

Karl, F. & Tokarski, W. (1989). *Die neuen Alten*. Kassel: Gesamthochschulbibliothek.

Krug, W. & Reh, G. (1992). *Pflegebedürftige in Heimen: Statistische Erhebung und Ergebnisse* (Studie im Auftrag des Bundesministeriums für Familie und Senioren, Schriftenreihe des BMFuS, Bd. 4). Stuttgart: Bundesministerium für Familie und Senioren.

Laslett, P. (1991). *A fresh map of life: The emergence of the Third Age*. London: Weidenfeld.

Lehr, U. (1991). *Psychologie des Alterns* (7. Aufl.). Heidelberg: Quelle & Meyer.

Lehr, U. & Thomae, H. (Hrsg.) (1987). *Formen seelischen Alterns: Ergebnisse der Bonner Gerontologischen Längsschnittstudie (BOLSA)*. Stuttgart: Enke.

Linden, M., Horgas, A. L., Gilberg, R. & Steinhagen-Thiessen, E. (im Druck). Predicting health care utilization in the very old: The role of physical health, mental health, attitudinal and social factors. *Journal of Aging and Health*.

Linden, M., Meier, W., Achberger, M., Helmchen, H. & Benkert, O. (im Druck). Psychische Erkrankungen und ihre Behandlung in Allgemeinarztpraxen in Deutschland: Ergebnisse aus einer Studie der Weltgesundheitsorganisation. *Der Nervenarzt*.

Lindenberger, U. & Baltes, P. B. (1994). Sensory functioning and intelligence in old age: A strong connection. *Psychology and Aging, 9*, 339–355.

Lindenberger, U. & Baltes, P. B. (1995). Kognitive Leistungsfähigkeit im Alter: Erste Ergebnisse aus der Berliner Altersstudie. *Zeitschrift für Psychologie, 203*, 283–317.

Lishmann, W. A. (1991). The evolution of research into the dementias. *Dementia, 2*, 177–185.

Maddox, G. L. (1987). Aging differently. *The Gerontologist, 27*, 557–564.

Mayer, K. U. (1994). Wider die einfachen Rezepte. *Argumente* (SPD-Bundestagsfraktion [Hrsg.], Schlagseite – Bevölkerungsentwicklung und politisches Handeln), 54.

Mayer, K. U., Baltes, P. B., Gerok, W., Häfner, H., Helmchen, H., Kruse, A., Mittelstraß, J., Staudinger, U. M., Steinhagen-Thiessen, E. & Wagner, G. (1992). Gesellschaft, Politik und Altern. In P. B. Baltes & J. Mittelstraß (Hrsg.), *Zukunft des Alterns und gesellschaftliche Entwicklung* (S. 721–757). Berlin: de Gruyter.

McGue, M., Vaupel, J. W., Holm, N. V. & Harvald, B. (1993). Longevity is moderately inheritable in a sample of Danish twins born 1870–1880. *Journal of Gerontology: Biological Sciences, 48*, B237–B244.

Mittelstraß, J., Baltes, P. B., Gerok, W., Häfner, H., Helmchen, H., Kruse, A., Mayer, K. U., Staudinger, U. M., Steinhagen-Thiessen, E. & Wagner, G. (1992). Wissenschaft und Altern. In P. B. Baltes & J. Mittelstraß (Hrsg.), *Zukunft des Alterns und gesellschaftliche Entwicklung* (S. 695–720). Berlin: de Gruyter.

Mohs, R. C., Breitner, J. C. S., Silverman, J. M. & Davis, K. L. (1987). Alzheimer's disease: Morbid risk among first-degree relatives approximates 50% by 90 years of age. *Archives of General Psychiatry, 44*, 405–408.

Motel, A. & Wagner, M. (1993). Armut im Alter? Ergebnisse der Berliner Altersstudie zur Einkommenslage alter und sehr alter Menschen. *Zeitschrift für Soziologie, 22*, 433–448.

Nelson, A. E. & Dannefer, D. (1992). Aged heterogeneity: Fact or fiction? The fate of diversity in gerontological research. *The Gerontologist, 32*, 17–23.

Palmore, E. B. (1988). *The facts on aging quiz: A handbook of uses and results*. New York: Springer.

Rentsch, T. (1992). Philosophische Anthropologie und Ethik der späten Lebenszeit. In P. B. Baltes & J. Mittelstraß (Hrsg.), *Zukunft des Alterns und gesellschaftliche Entwicklung* (S. 283–304). Berlin: de Gruyter.

Rosenmayr, L. (1990). *Die Kräfte des Alters*. Wien: Edition Atelier.

Rote Liste (1990). Aulendorf: Editio Cantor.

Smith, J. & Baltes, M. M. (im Druck). The role of gender in very old age: Profiles of functioning and everyday life patterns. *Developmental Psychology*.

Smith, J. et al. (1996). *A systemic view of aging: A cluster analysis of the Berlin Aging Study data*. Unveröffentlichtes Manuskript, Max-Planck-Institut für Bildungsforschung, Berlin.

Staudinger, U. M. (1996). Psychologische Produktivität und Selbstentfaltung im Alter. In M. M. Baltes & L. Montada (Hrsg.), *Produktives Leben im Alter* (S. 344–373). Frankfurt/M.: Campus.

Staudinger, U. M. & Dittmann-Kohli, F. (1992). Lebenserfahrung und Lebenssinn. In P. B. Baltes & J. Mittelstraß (Hrsg.), *Zukunft des Alterns und gesellschaftliche Entwicklung* (S. 408–436). Berlin: de Gruyter.

Staudinger, U. M., Marsiske, M. & Baltes, P. B. (1995). Resilience and reserve capacity in later adulthood: Potentials and limits of development across the life span. In D. Cicchetti & D. J. Cohen (Hrsg.), *Developmental psychopathology. Vol. 2: Risk, disorder, and adaptation* (S. 801–847). New York: Wiley.

Steinhagen-Thiessen, E., Gerok, W. & Borchelt, M. (1994). Innere Medizin und Geriatrie. In P. B. Baltes, J. Mittelstraß & U. M. Staudinger (Hrsg.), *Alter und Altern: Ein interdisziplinärer Studientext zur Gerontologie* (S. 124–150). Berlin: de Gruyter.

Stuck, A. E., Beers, M. H., Steiner, A., Aronow, H. U., Rubenstein, L. Z. & Beck, J. (1994). Inappropriate medication use in community-residing older persons. *Archives of Internal Medicine, 154,* 2195–2200.

Sultzer, D. L., Levin, H. S., Mahler, M. E., High, W. M. & Cummings, J. L. (1993). A comparison of psychiatric symptoms in vascular dementia and Alzheimer's disease. *American Journal of Psychiatry, 150,* 1806–1812.

Wagner, G. (1995). *Kriterien einer rationalen Organisationsreform der gesetzlichen Rentenversicherung.* Diskussionspapier, Ruhr-Universität Bochum, Fakultät für Sozialwissenschaft.

World Health Organization (WHO) (1980). *International classification of impairments, disabilities, and handicaps*. Genf: Eigenverlag.

Yashin, A. I. & Iashine, I. A. (1994). *Environment determines 50% of variability in individual frailty: Results from a study of Danish twins born 1870–1900* (Population Studies of Aging Nr. 10). Odense, Denmark: Center for Health and Social Policy, Odense University.

Angaben zu den Autoren

Baltes, Margret M., Ph. D., Professorin für Psychologische Gerontologie und Leiterin der Forschungsgruppe für Psychologische Gerontologie in der Abteilung für Gerontopsychiatrie an der Freien Universität Berlin. Forschungsschwerpunkte: Alltagskompetenz bzw. Unselbständigkeit im Alter, kognitive Plastizität im Bereich der Alzheimer Krankheit und erfolgreiches Altern.

Baltes, Paul B., Prof. Dr. phil., Direktor am Max-Planck-Institut für Bildungsforschung in Berlin und Leiter des Forschungsbereichs Psychologie und Humanentwicklung, Honorar-Professor für Psychologie an der Freien Universität Berlin. Er ist Sprecher der Arbeitsgruppe „Altern und gesellschaftliche Entwicklung" (AGE) der Berlin-Brandenburgischen Akademie der Wissenschaften, Ko-Leiter der Berliner Altersstudie und der FE Psychologie. Forschungsschwerpunkte: Entwicklungspsychologie der Lebensspanne, Psychologie der Intelligenz und Persönlichkeit, Gerontologie, Theorien erfolgreicher Entwicklung und erfolgreichen Alterns.

Borchelt, Markus, Dr. med., stellvertretender Leiter der Forschungsgruppe Geriatrie am Evangelischen Geriatriezentrum Berlin, Medizinische Fakultät der Humboldt-Universität zu Berlin, und der FE Innere Medizin und Geriatrie der Berliner Altersstudie. Forschungsschwerpunkte: Geriatrische Pharmakotherapie und Pharmakoepidemiologie, funktionelle Kapazität im Alter, geriatrisches Assessment, Ernährung im Alter.

Borchers, Cornelia, M.A., Ergotherapeutin und Sozialwissenschaftlerin, Referentin bei der Stiftung Deutsche Schlaganfall-Hilfe, Gütersloh. Bis 1993 war sie wissenschaftliche Angestellte in der Zentralen Projektkoordination der Berliner Altersstudie.

Carstensen, Laura L., Ph. D., Professorin der Psychologie an der Stanford University, USA. Sie war Gastwissenschaftlerin bei der FE Psychologie. Forschungsschwerpunkte: Veränderungen sozialer Beziehungen und emotionaler Regulation im Lebensverlauf unter besonderer Berücksichtigung des hohen Alters.

Delius, Julia, Dr. med., ist wissenschaftliche Redakteurin der Berliner Altersstudie. Interessen: Neurobiologische Grundlagen der Entwicklung des visuellen Systems, sensorische Systeme im Alter, interdisziplinäre Forschungsansätze.

Fimmel, Sabine, Dr. rer. nat., Biochemikerin, arbeitet in dem von E. Köttgen geleiteten Institut für Klinische Chemie und Biochemie des Virchow-Klinikums der Humboldt-Universität zu Berlin. Forschungsschwerpunkte: Spurenelemente und deren Trägerproteine.

Fleeson, William, Ph. D., Postdoktorand im Forschungsbereich Psychologie und Humanentwicklung des Max-Planck-Instituts für Bildungsforschung in Berlin. Forschungsschwerpunkte: Wohlbefinden, Selbstkonzepte, Motivation, Persönlichkeitsveränderungen.

Freund, Alexandra M., Dr. phil., wissenschaftliche Mitarbeiterin im Forschungsbereich Psychologie und Humanentwicklung des Max-Planck-Instituts für Bildungsforschung in Berlin. Forschungsschwerpunkte: Bedingungen und Prozesse erfolgreicher Entwicklung, psychologische Prozesse der Selektion im Erwachsenenalter, Entwicklung des Inhaltes, der Struktur und der Funktion selbst- und personenbezogener Kognitionen und Emotionen über die Lebensspanne.

Geiselmann, Bernhard, Dr. med., Arzt für Neurologie und Psychiatrie, Oberarzt der Abteilung Gerontopsychiatrie im Max-Bürger-Zentrum in Berlin. Psychiatrische Untersuchung von Studienteilnehmern in der Erhebungsphase von BASE. Forschungsschwerpunkte: Korrelate leichter psychischer Störungen, psychiatrische Falldefinition.

Gilberg, Reiner, Dipl.-Soz., Doktorand am Forschungsbereich Bildung, Arbeit und gesellschaftliche Entwicklung des Max-Planck-Instituts für Bildungsforschung in Berlin. Forschungsschwerpunkte: Inanspruchnahme von Hilfeleistungen im Alter, Medizinsoziologie, Sozialpolitik, Methoden der empirischen Sozialforschung.

Helmchen, Hanfried, Prof. Dr. med., geschäftsführender Direktor der Psychiatrischen Klinik und Poliklinik der Freien Universität Berlin. In BASE Leiter der FE Psychiatrie. Forschungsschwerpunkte in BASE: Ethische Probleme, epidemiologische Fragen, subdiagnostische Morbidität.

Hopfenmüller, Werner, Priv.Doz. Dr.rer.nat. Dr.med., Privatdozent am Institut für Medizinische Statistik und Klinische Epidemiologie der Freien Universität Berlin. Forschungsschwerpunkte: Verteilungsfreie statistische Methoden innerhalb klinischer Studien, Biometrie und multiple Testproblematik, Computertomographie und Mustererkennung; mathematische Modelle in Biologie und Medizin.

Horgas, Ann L., Ph.D., wissenschaftliche Mitarbeiterin in der Forschungsgruppe Psychologische Gerontologie der Freien Universität Berlin. Forschungsschwerpunkte: Gesundheit im Alter, insbesondere chronische Schmerzen und Medikation bei älteren Menschen. Sie wurde im Zeitraum des Entstehens der Monographie durch ein postdoktorales „National Research Service Award" (Stipendium # 1 F32 H000 77) der „Agency for Health Care Policy and Research" der USA gefördert. Seit August 1995 ist sie „Assistant Professor" für Gerontologie und Pflegewissenschaft an der Wayne State University, USA.

Kage, Andreas, Dr. med., wissenschaftlicher Mitarbeiter im Institut für Klinische Chemie und Biochemie des Virchow-Klinikums der Humboldt-Universität zu Berlin. Forschungsschwerpunkte: Regulation und biologische Funktion des Glykananteils von Glykokonjugaten, insbesondere im Bereich der Schleimhäute.

Kanowski, Siegfried, Prof. Dr. med., stellvertretender geschäftsführender Direktor der Psychiatrischen Klinik und Poliklinik der Freien Universität Berlin; Leiter der Abteilung für Gerontopsychiatrie. Forschungsschwerpunkte: Bedingungen psychischer Erkrankungen im Alter, Psychopharmakotherapie, ethische Probleme, Diagnostik und Therapie dementieller Erkrankungen.

Klingenspor, Barbara, Dr. phil., war bis 1995 Forschungsstipendiatin am Max-Planck-Institut für Bildungsforschung. Forschungsschwerpunkte: International vergleichende Studien zum Geschlecht als soziale Kategorie und Gesundheit, statistische Strukturmodelle.

Köttgen, Eckart, Prof. Dr. med., Direktor des Instituts für Klinische Chemie und Biochemie, Virchow-Klinikum, Medizinische Fakultät der Humboldt-Universität zu Berlin. Forschungsschwerpunkte: Glykoprotein-Stoffwechsel, Lektin-Glykokonjugat-Wechselwirkung, Regulationsmechanismen der interzellulären Wechselwirkung.

Kunzmann, Ute, Dipl.-Psych., Doktorandin am Forschungsbereich Psychologie und Humanentwicklung des Max-Planck-Instituts für Bildungsforschung in Berlin. Forschungsschwerpunkte: Persönlichkeit über die Lebensspanne, emotionales Wohlbefinden und Bewältigungsverhalten im Alter.

Lang, Frieder R., Dr. phil., wissenschaftlicher Mitarbeiter in der Forschungsgruppe Psychologische Gerontologie der Freien Universität Berlin. Forschungsschwerpunkte: Sozialverhalten und soziale Beziehungen, Alltagskompetenz, erfolgreiches Altern.

Linden, Michael, Prof. Dr. med. Dipl.-Psych., Leiter der Forschungsgruppe Ambulante Therapie und Oberarzt an der Psychiatrischen Klinik und Poliklinik der Freien Universität Berlin, stellvertretender Leiter der FE Psychiatrie in BASE. Forschungsschwerpunkte: Versorgungsforschung, Therapieevaluation, Compliance, Mittelabusus, Angst, Depression.

Lindenberger, Ulman, Dr. phil., wissenschaftlicher Mitarbeiter am Forschungsbereich Psychologie und Humanentwicklung des Max-Planck-Instituts für Bildungsforschung in Berlin. Forschungsschwerpunkte: Messung, Entwicklung und Strukturen kognitiver Fähigkeiten über die Lebensspanne, Arbeitsgedächtnis und kognitive Kontrolle, methodische Probleme entwicklungspsychologischer Forschung.

Little, Todd D., Ph.D., wissenschaftlicher Mitarbeiter am Forschungsbereich Psychologie und Humanentwicklung des Max-Planck-Instituts für Bildungsforschung in Berlin. Forschungsschwerpunkte: Statistische Strukturmodelle zu individuellen und Entwicklungsunterschieden in Kognition, Fertigkeiten, adaptivem Verhalten, Selbstkonzept und Handlungskontrollüberzeugungen.

Maas, Ineke, Dr. (Sociology), wissenschaftliche Mitarbeiterin am Forschungsbereich Bildung, Arbeit und gesellschaftliche Entwicklung des Max-Planck-Instituts für Bildungsforschung in Berlin. Forschungsschwerpunkte: Gesellschaftliche Beteiligung im Alter, Lebenslauf und Altern, soziale Mobilität und Ungleichheit.

Marsiske, Michael, Ph.D., wissenschaftlicher Mitarbeiter am Forschungsbereich Psychologie und Humanentwicklung des Max-Planck-Instituts für Bildungsforschung in Berlin. Forschungsschwerpunkte: Entwicklungspsychologie der Lebensspanne, Intelligenzentwicklung und Plastizität über die Lebensspanne, intellektuelle Aspekte der Alltagskompetenz im Erwachsenenalter, Beziehungen zwischen Sensomotorik und Kognition im Erwachsenenalter. Seit August 1995 ist er „Assistant Professor" der Gerontologie und Psychologie an der Wayne State University, USA.

Mayer, Karl Ulrich, Prof. Dr. rer. soc., Direktor am Max-Planck-Institut für Bildungsforschung, Leiter des Forschungsbereiches Bildung, Arbeit und gesellschaftliche Entwicklung und Honorar-Professor für Soziologie an der Freien Universität Berlin. Er ist stellvertretender Sprecher der Arbeitsgruppe „Altern und gesellschaftliche Entwicklung" (AGE) der Berlin-Brandenburgischen Akademie der Wissenschaften und Ko-Leiter der Berliner Altersstudie und der FE Soziologie und Sozialpolitik. Forschungsschwerpunkte: Sozialstrukturanalyse, soziale Ungleichheit und soziale Mobilität, Arbeitsmarktprozesse, Soziologie des Lebensverlaufs, Methoden der empirischen Sozialforschung.

Motel, Andreas, Dipl.-Soz., wissenschaftlicher Mitarbeiter am Institut für Soziologie der Freien Universität Berlin. Forschungsschwerpunkte: Soziale Ungleichheit und Alter, intergenerationelle Transferleistungen, Wohlfahrtsstaat.

Nitschke, Ina, Dr. med. dent., wissenschaftliche Assistentin in der Abteilung für Zahnärztliche Prothetik und Alterszahnmedizin des Zentrums für Zahnmedizin der Humboldt-Universität zu Berlin. Sie ist Leiterin der Arbeitsgruppe Orale Gerontologie in Berlin. Forschungsschwerpunkte: Grundlagenforschung in der oralen Gerontologie und Erarbeitung zahnmedizinischer Betreuungskonzepte für ältere Menschen.

Nuthmann, Reinhard, Dr. rer. pol., Soziologe, ist seit 1990 Projektkoordinator der Berliner Altersstudie. Forschungsschwerpunkte: Altern und gesellschaftliche Entwicklung; Bildung und Beschäftigung.

Pötter, Ulrich, Dr. rer. pol., wissenschaftlicher Mitarbeiter am Forschungsbereich Bildung, Arbeit und gesellschaftliche Entwicklung des Max-Planck-Instituts für Bildungsforschung in Berlin, seit 1996 an der Universität Frankfurt am Main. Forschungsschwerpunkte: Statistik mit unvollständigen Daten, semiparametrische Modelle.

Reischies, Friedel M., Priv. Doz. Dr. med., Arzt für Neurologie und Psychiatrie, Oberarzt der Psychiatrischen Klinik und Poliklinik der Freien Universität Berlin, Leiter der Forschungsgruppe Neuropsychologie und Brain Imaging. Forschungsschwerpunkte: Neuropsychologische Untersuchung, Diagnostik von Demenz und Depression.

Scherer, Hans, Prof. Dr. med., Direktor der Hals-Nasen-Ohren-Klinik mit Poliklinik des Klinikums Benjamin Franklin der Freien Universität Berlin. Forschungsschwerpunkte: Gleichgewichtsforschung, Forschung in Schwerelosigkeit, Laserchirurgie.

Schütze, Yvonne, Dr. phil., Professorin für Soziologie und Pädagogik an der Humboldt-Universität zu Berlin. Forschungsschwerpunkte: Familienentwicklung im Lebensverlauf, Sozialisation, soziale Beziehungen, Migration.

Settersten, Richard, Ph. D., ist Assistant Professor im Department of Sociology der Case Western Reserve University, Cleveland, OH und war bis 1993 Forschungsstipendiat am Forschungsbereich Bildung, Arbeit und gesellschaftliche Entwicklung des Max-Planck-Instituts für Bildungsforschung. Forschungsschwerpunkte: Formale und informale Organisation des Lebensverlaufs, Strukturierung des Alterns, individuelle und kulturelle Interpretation von Alter und Lebensverlauf.

Smith, Jacqui, Ph.D., wissenschaftliche Mitarbeiterin am Forschungsbereich Psychologie und Humanentwicklung des Max-Planck-Instituts für Bildungsforschung in Berlin, Ko-Leiterin der FE Psychologie in BASE. Forschungsschwerpunkte: Selbstkonzepte und selbstregulative Prozesse im hohen Alter, Langlebigkeit aus psychologischer Sicht, Lebensplanung und lebenslange Entwicklung von Alltagswissen.

Spieß, Katharina, Dipl.-Volksw., zur Zeit Mitarbeiterin im DFG-Projekt „Soziale Sicherung und Arbeitsangebot" am Lehrstuhl für Sozialpolitik und Öffentliche Wirtschaft der Ruhr-Universität Bochum. Forschungsschwerpunkte: Ökonomische Analyse des Sozialstaats, „Economics of Aging", „Economics of Child Care.

Staudinger, Ursula M., Dr. phil., wissenschaftliche Mitarbeiterin am Forschungsbereich Psychologie und Humanentwicklung des Max-Planck-Instituts für Bildungsforschung in Berlin. Forschungsschwerpunkte: Lebenslange Entwicklung geistiger Fähigkeiten und der Persönlichkeit, gesellschaftliches und individuelles Potential des Alterns.

Steinhagen-Thiessen, Elisabeth, Prof. Dr. med., Leiterin des Evangelischen Geriatriezentrums Berlin und Professorin am Fachbereich Innere Medizin des Virchow-Klinikums an der Humboldt-Universität zu Berlin. Sie ist Leiterin der FE Innere Medizin und Geriatrie in BASE. Forschungsschwerpunkte: Geriatrie/Gerontologie, altersabhängige Phänomene des Bewegungsapparates, Arteriosklerose und Fettstoffwechselstörungen, Konzepte der geriatrischen Versorgung, Rehabilitation von Hemiplegiepatienten.

Tesch-Römer, Clemens, Dr. phil., wissenschaftlicher Mitarbeiter an der Greifswalder Ernst-Moritz-Arndt-Universität, Lehrstuhl für Entwicklungspsychologie der Lebensspanne und Pädagogische Psychologie. Forschungsschwerpunkte: Belastungsbewältigung im Alter unter besonderer Berücksichtigung der Presbyakusis, Rehabilitation im Alter, biographische Analyse des Lebenslaufs.

Wagner, Gert, Prof. Dr. rer. oec., Lehrstuhlinhaber für Sozialpolitik und Öffentliche Wirtschaft an der Ruhr-Universität Bochum, Leiter der Projektgruppe „Sozio-oekonomisches Panel" (SOEP) am Deutschen Institut für Wirtschaftsforschung (DIW) in Berlin. Forschungsschwerpunkte: Sozial- und Wirtschaftspolitik, empirische Sozial- und Wirtschaftsforschung. Seit 1995 sachverständiges Mitglied der Enquete-Kommission „Demographischer Wandel" des Deutschen Bundestages.

Wagner, Michael, Dr. phil., wissenschaftlicher Mitarbeiter am Forschungsbereich Bildung, Arbeit und gesellschaftliche Entwicklung des Max-Planck-Instituts für Bildungsforschung. Ko-Leiter der FE Soziologie und Sozialpolitik in BASE. Forschungsschwerpunkte: Lebensverlaufsforschung, Ehe und Familie, räumliche Mobilität. In BASE: Soziale Ungleichheit im Alter, späte Phasen des Familienverlaufs.

Wahl, Hans-Werner, Priv. Doz. Dr. phil., wissenschaftlicher Mitarbeiter des Deutschen Zentrums für Alternsforschung an der Universität Heidelberg, von 1989–1990 Projektkoordinator und Honorarmitarbeiter der Berliner Altersstudie. Forschungsschwerpunkte: Unselbständigkeit/Pflegebedürftigkeit im Alter, ökologische Fragen des Alterns, Bewältigung von alterskorrelierter Sehbeeinträchtigung.

Wilms, Hans-Ulrich, Dr. phil., wissenschaftlicher Mitarbeiter an der Psychiatrischen Klinik und Poliklinik der Freien Universität Berlin, Forschungsgruppe Psychologische Gerontologie. Forschungsschwerpunkte: Alltagskompetenz im hohen Lebensalter, Krankheitskonzeptforschung, computergestützte Diagnostik.

Abkürzungen

ADL: Activities of Daily Living
AGE: Arbeitsgruppe „Altern und gesellschaftliche Entwicklung“
AGFI: Adjusted Goodness of Fit Index
ALLBUS: Allgemeine Bevölkerungsumfrage der Sozialwissenschaften
ANOVA: Analysis of Variance
Apo-E 2/2: Apolipoprotein E, Genotyp 2/2
AVK: Arterielle Verschlußkrankheit
BaCO: Basic Competence
BASE: Berliner Altersstudie
BBAW: Berlin-Brandenburgische Akademie der Wissenschaften
BL: Beschwerden-Liste
BMFuS: Bundesministerium für Familie und Senioren
BMFSFJ: Bundesministerium für Familie, Senioren, Frauen und Jugend
BMI: Body-Mass-Index
BOLSA: Bonner Gerontologische Längsschnittstudie
BPRS: Brief Psychiatric Rating Scale
CES-D: Center for Epidemiologic Studies-Depression Scale
CFI: Comparative Fit Index
CIPS: Collegium Internationale Psychiatriae Scalarum
CT: Computertomographie
DSM-III-R: Diagnostic and Statistical Manual of Mental Disorders (3rd revision)
DZA: Deutsches Zentrum für Altersfragen
EAS: European Atherosclerosis Society
ECA: Epidemiological Catchment Area
ECR: Enhanced Cued Recall Test
EDV: Elektronische Datenverarbeitung
EE: Ersterhebung
EKG: Elektrokardiogramm
ELISA: Enzyme Linked Immunosorbent Assay
EPESE: Established Populations for Epidemiological Studies of the Elderly
ETS: Educational Testing Service
ExCo: Expanded Competence
FE: Forschungseinheit
FTA: Forschungstechnische Assistentinnen und Assistenten
GAF-Scale: Global Assessment of Functioning Scale
GFI: Goodness of Fit Index
GKV: Gesetzliche Krankenversicherung
GMS-A/HAS: Geriatric Mental State Examination, Community Version A; History and Aetiology Schedule
HAMD: Hamilton Depression Scale
Hb: Hämoglobin
HbA1: Hämoglobin A1
HDL: High Density Lipoprotein
IADL: Instrumental Activities of Daily Living
ICD-9: International Classification of Diseases (9th revision)
ICD-10: International Classification of Diseases (10th revision)
IFCC: International Federation of Clinical Chemistry
Ig: Immunglobulin
IP: Intensivprotokoll
KHK: Koronare Herzkrankheit
KK-Skala: Krankheitskonzept-Skala
LDL: Low Density Lipoprotein
LISREL: Linear Structural Relationships
Lp (a): Lipoprotein a
LSI-A: Life Satisfaction Index A
MMSE: Mini Mental State Examination
MPS: Magnitude Prestige Scale
NEO: Neurotizismus, Extraversion, Offenheit
NNB: Nicht näher bezeichnet
NNFI: Non-Normed Fit Index
n.s.: nicht signifikant
OECD: Organization for Economic Cooperation and Development
OLS: Ordinary Least Squares
PANAS: Positive And Negative Affect Schedule
PGCMS: Philadelphia Geriatric Center Morale Scale
qCT: quantitative Computertomographie
RL: Rote Liste
RMR: Root Mean Square Residuals
s: Standardabweichung
SMMCO: Short Mini Mental Cut-Off
SOEP: Sozio-oekonomisches Panel
SES: Socio-economic Status
ST: Studienteilnehmerinnen und -teilnehmer
UAW: Unerwünschte Arzneimittelwirkungen
UK: Unterkiefer
UKRV: Universitätsklinikum Rudolf Virchow
WHO: World Health Organization
$\bar{x}$: Mittelwert
ZVK: Zerebrovaskuläre Krankheit

Personenregister

Sachregister

Anmerkung: Die kursiv gedruckten Zahlen verweisen auf Seiten, auf denen nähere Angaben zur Durchführung der einzelnen Tests und Messungen gemacht werden.